Hommel / Knecht
Wertorientiertes Start-Up-Management

Wertorientiertes Start-Up-Management

Grundlagen – Konzepte – Strategien

herausgegeben von

Ulrich Hommel

und

Thomas C. Knecht

Verlag Franz Vahlen München

ISBN 3 8006 2736 1

© 2002 Verlag Franz Vahlen GmbH
Wilhelmstraße 9, 80801 München
Satz: DTP-Vorlagen der Herausgeber
Druck und Bindung: Druckhaus „Thomas Müntzer" GmbH
Neustädter Str. 1–4, 99947 Bad Langensalza
Gedruckt auf säurefreiem, alterungsbeständigem Papier
(hergestellt aus chlorfrei gebleichtem Zellstoff)

Geleitwort

Unternehmensgründer sind die neuen Helden! Egal ob Politik oder Medien, alle haben die Bedeutung der Gründer erkannt. Und das ist gut so, denn die deutsche Industrie wird noch immer durch die klassischen Branchen Automobilbau, Maschinenbau, Elektrotechnik, Stahlbau und Chemie geprägt. In diesen Industriezweigen sind mehr als die Hälfte der Beschäftigten des verarbeitenden Gewerbes konzentriert!

Schnell entsteht die Gefahr, dass diese Unternehmen in stagnierenden oder sogar schrumpfenden Märkten tätig sind. Hier gibt es lediglich durch die Optimierung des Produktionsprozesses noch Gewinne zu erwirtschaften. Die radikalen Kostensenkungsprogramme, oft verbunden mit Entlassungen, und die Fusionen der letzten Zeit belegen dies. Von industriellen Grossunternehmen ist also kein Beitrag zur Lösung des Problems der hohen Arbeitslosigkeit zu erwarten. Umso erfreulicher ist die Diskussion in Politik und Gesellschaft über das Thema Existenzgründungen.

Für den Erfolg einer Unternehmensgründung gibt es kein Patentrezept. Die Erfolgsstories sind so unterschiedlich wie die Menschen, die sie begründet haben, oder die Branchen, in der sie tätig sind. Daher kann es **das** Erfolgsrezept nicht geben. Umso wichtiger ist es, dass die politischen und gesellschaftlichen Rahmenbedingungen für die potenziellen Unternehmensgründer stimmen, so dass zu den wirtschaftlichen Unwägbarkeiten nicht noch staatliche hinzukommen. Das neue Insolvenzrecht ist ein positives Beispiel. Nach diesem besteht nun im Falle eines Misserfolgs die Möglichkeit einer geregelten Entschuldung innerhalb von sieben Jahren. Damit wird der Einsicht Rechnung getragen, dass man nur durch Versuch und Irrtum herausfinden kann, welche Geschäftsidee am Markt ankommt und welche nicht.

Unternehmensgründungen und deren Dynamik hängen aber auch eng mit dem Bildungssystem zusammen. Die Wahrscheinlichkeit des Aufbaus einer selbständigen Existenz nimmt mit dem Bildungsstand zu. Umso bedenklicher ist es, dass in Deutschland nur ein kleiner Teil der Studenten über die Selbständigkeit nachdenkt.

Um diesem Manko zu begegnen, wurden in ganz Deutschland 1998 sogenannte „Start-up-Initiativen" begonnen. Im Mittelpunkt der Bemühungen stehen dabei technologie- und wissensorientierte Unternehmensgründungen aus dem hochschulnahen Bereich. Hintergrund ist der momentan stattfindende Strukturwandel, der durch die Förderung dieser Unternehmen angekurbelt werden soll. Während des Gründungsprozesses werden die Unternehmer durch Experten aus der Geschäfts- und Finanzwelt beraten. Auf diese Weise werden sie motiviert und erhalten das fehlende ökonomische Know-how.

Das vorliegende Buch verfolgt das gleiche Ziel, nämlich jungen Menschen das Unternehmertum nahe zu bringen. Es soll ihnen zeigen, wie man an eine Unternehmensgründung herangeht, welche Probleme man wie löst und welche Fehler man von Anfang an vermeiden kann. Und was mir am wichtigsten erscheint, das Buch zeigt, dass es lohnenswert ist, etwas zu wagen und zu unternehmen. Wenn es uns so gelingt, junge Menschen zur Gründung einer selbständigen Existenz zu bewegen, dann sind wir sowohl im gesellschaftlichen als auch im wirtschaftlichen Strukturwandel bereits ein gehöriges Stück vorangekommen.

Dr. h.c. Lothar Späth
Vorstandsvorsitzender Jenoptik AG, Jena

Vorwort

Wertorientiertes Start-up-Management rückt zunehmend inden Mittelpunkt/Fokus der unternehmerischen Praxis und der wissenschaftlichen Theorie. Getrieben durch neue Technologien und innovative Produkte sind seit einigen Jahren vermehrt Start-up-Unternehmen entstanden, die ein rasantes Aufbrechen bestehender Märkte verursachen und bisher unbekannte Märkte etablieren. Durch die verbesserten Rahmenbedingungen, wie die Einführung des Neuen Marktes – der als Börsensegment für innovative Wachstumsunternehmen nicht nur die Unternehmen mit Eigenkapital ausstattet, sondern auch für Investoren Chancen bietet –, wurden einerseits die Grundlagen für die Realisierung einzelner Innovations- und Gründungsvorhaben geschaffen und andererseits das öffentliche Interesse an Neugründungen und deren Entwicklung gesteigert. Diese wirtschaftliche Neuausrichtung wird durch Entrepreneurs und ihre innovativen Start-up-Unternehmen getrieben, in denen ständig neu generiertes Wissen und Kreativität im internationalen Wettbewerb als wichtigste Güter zu betrachten sind.

Bei wenigen Unternehmensgruppen lassen sich derart ambivalente Argumente, differenziertes Ansehen und unterschiedliche Ergebnisse in einer relativ kurzen Zeitspanne beobachten wie bei den Start-up-Unternehmen. In den ausklingenden Neunzigerjahren entstanden schillernde Mythen von überproportional gewachsenen Start-up-Unternehmen, die mit Millionenbeträgen von Venture Capital-finanziert und durch dreißigjährige Vorstandsvorsitzende geführt wurden. Mit einer innovativen Geschäftsidee konnten sie atemberaubende Martkbewertungen erzielen. Gegenwärtig ist der Gründungsboom mit der Konjunktur etwas abgeflaut. Start-up-Unternehmen, deren Geschäftsmodelle lediglich in der Imitation realisierter „Success-Stories" bestehen, bekommen mittlerweile nur schwerlich externes Eigenkapital. Vielmehr sehen sich die Entrepreneurs, die ein Start-up-Unternehmen gründen, mit einer erheblich gesteigerten Wertorientierung im Geschäftsmodell und in den Diskussionen mit Investoren und Stakeholdern konfrontiert. Die Wertorientierung ist daher bereits in der Vorgründungsphase zu berücksichtigen und sollte im Wachstums- und Etablierungsprozess des Start-ups nachhaltig berücksichtigt werden.

Um eine solide Informationsgrundlage für all jene zu schaffen, die sich überlegen, in diesem Bereich aktiv zu werden bzw. bereits nachhaltig mit Start-up-Unternehmen betraut sind, war es unsere Absicht, ein Grundlagenwerk über wertorientiertes Start-up-Management zu verfassen. Das hier vorliegende Buch ist dabei im wahrsten Sinne des Wortes ein Gemeinschaftswerk. Seit knapp drei Jahren haben wir in die „Seed"-Phase und in das „Going Public" dieses Buches nachhaltig investiert, wobei wir viele Höhen und einige Tiefen durchleben durften. Bei allem unserem Einsatz wäre die vorliegende Publikation nicht möglich gewesen, wenn uns nicht namhafte Autoren aus Wissenschaft und Praxis maßgeblich unterstützt hätten. Die umfangreiche Liste von ausgewählten Experten, die beträchtliche Zeit investiert und uns mit Anregungen und Informationen begleitet haben, spricht für sich. Der

Kontakt mit diesen Experten war für uns sehr wichtig, so dass wir allen diesen Autoren nachhaltig zu sehr großem Dank verpflichtet sind. Nicht zuletzt deshalb, weil sie den langwierigen Entstehungsprozess geduldig und unterstützend mitgetragen haben. Das Gleiche gilt auch für jene, die uns durch das Lesen der Entwürfe mit Hinweisen und Kommentaren geholfen haben, das Manuskript lesefreundlicher zu gestalten.

Ganz besonderen Dank sagen wir Frau Gudrun Fehler. Als „organisatorische Schaltzentrale" des Stiftungslehrstuhls für Investitions- und Risikomanamgement an der EUROPEAN BUSINESS SCHOOL (**ebs**), hat sie diesem Projekt überdurchschnittliche Beachtung und ausserordentliches Engagement zukommen lassen. Neben der umfangreichen Korrespondenz zwischen der Vielzahl der Beteiligten hat sie vor allem auch unermüdlich die sprachliche und orthographische Gestaltung der Publikation geführt. Besonderer Dank geht ferner an die Assistenten Frau Dipl.-Kffr. Hanna Lehmann, Herrn Dipl.-Kfm. Philipp Baecker, Herrn Dipl.-Kfm. Mischa Ritter, Herrn Dipl.-Kfm. Hilmar Schneider und Herrn Dipl.-Kfm. Marc Schuhmacher für umfassende Unterstützung in der letzten Projektphase. Abschließend gilt unser besonderer Dank Herrn Dipl.-Volkswirt Hermann Schenk vom Vahlen Verlag. Ohne die Annahme des vorliegenden Titels zur Publikation durch den Vahlen Verlag wäre dieses Werk nicht zu realisieren gewesen. Für die stets sehr kompetente und vertrauensvolle Zusammenarbeit und für das großzügige Tolerieren der wesentlichen, zeitlichen Verzögerung sind wir ihm sehr zu Dank verpflichtet.

Alle Leser der vorliegenden Publikation dürfen wir bitten, uns jegliche Form von konstruktiver Anregung, die zur Verbesserung des Buches beitragen könnte, zukommen zu lassen. Über die E-Mail-Adresse gudrun.fehler@ebs.de berücksichtigen wir die Hinweise und Kommentare gerne.

Oestrich-Winkel, im August 2002

ULRICH HOMMEL

THOMAS C. KNECHT

Inhaltsübersicht

Abbildungsverzeichnis XXXII

Abkürzungsverzeichnis XL

Kapitel I: Einführung 1

Kapitel II: Grundlagen 21

Kapitel III: Infrastruktur und Ressourcen 127

Kapitel IV: Markt und Wettbewerb 249

Kapitel V: Finanzierungsquellen und Vertragsgestaltung 355

Kapitel VI: Kontrolle und Berichterstattung 429

Kapitel VII: Kapitalmarkt und Bewertung 541

Kapitel VIII: Wachstum und Etablierung 659

Literaturverzeichnis 765

Personenverzeichnis 843

Inhaltsverzeichnis

Abbildungsverzeichnis XXXII

Abkürzungsverzeichnis XL

Kapitel I: Einführung 1

1. Marktwertorientierte Entwicklung von Start-up-Unternehmen 1
   Ulrich Hommel / Thomas C. Knecht

   1.1 Start-up-Unternehmen im Spannungsfeld zwischen Innovation und Markt 1

   1.2 Grundlegende Typologisierung 3
      1.2.1 Gründung und Management 3
      1.2.2 Existenzgründung, Unternehmensgründung und Entrepreneurship 5
      1.2.3 Formen der Unternehmensgründung 6
      1.2.4 Zentrale Charakteristika von Start-up-Unternehmen 8

   1.3 Konzeptionelle Erkenntnisse und Erklärungsansätze 10
      1.3.1 Ökonomische Einflüsse auf eine "Theorie der Unternehmens-
            gründung" 10
      1.3.2 Evolutionstheoretische Entwicklung von Start-up-Unternehmen 11
      1.3.3 Ansätze zur Strukturierung der Ressourcen des Geschäftsmodells ... 13

   1.4 Marktwertorientierung bei dynamischer Entwicklung des Start-up-
       Unternehmens 14
      1.4.1 Relevanz und Grundzüge einer differenzierten Wertbetrachtung 14
      1.4.2 Praktische Auswirkungen einer wertorientierten Start-up-Entwicklung 16

   1.5 Konzeptioneller Rahmen zur Systematisierung eines wertorientierten
       Start-up-Managements 17

Kapitel II: Grundlagen 21

1. Theoretische und empirische Implikationen wachstumsstarker Start-ups – Stand.
   der Forschung 21
   Michael Schefczyk / Frank Pankotsch

   1.1 Der Start-up-Begriff 21
      1.1.1 Verwendung des Start-up-Begriffs 21

1.1.2 Phasenkonzepte der Entwicklung junger Unternehmen 22

1.2 Merkmale von Start-ups 23
    1.2.1 Start-ups als kleine und mittlere Unternehmen (KMU) 23
    1.2.2 Start-ups als junge, technologieorientierte Unternehmen (JTU) 25

1.3 Typische Managementaufgaben in den Entwicklungsphasen 26
    1.3.1 Gründungsphase 26
    1.3.2 Etablierungsphase 28
    1.3.3 Wachstumsphase 29

1.4 Betriebswirtschaftliche Forschung und deren Ergebnisse zu den Managementaufgaben 30
    1.4.1 Gründungsphase 32
    1.4.2 Etablierungsphase 33
    1.4.3 Wachstumsphase 34

1.5 Weitere Fragestellungen im Start-up-Kontext 35
    1.5.1 Gesamtwirtschaftliche Bedeutung von Start-ups 35
    1.5.2 Start-ups im regionalen Kontext 36
    1.5.3 Start-ups und Hochschulen 37

1.6 Überblick zukünftiger Herausforderungen 38

2. Gewinnung von Geschäftsideen 39
Christian Lüthje

2.1 Die Gewinnung von Geschäftsideen als gestaltbarer Problemlösungsprozess 39

2.2 Der Prozess zur Gewinnung von Geschäftsideen 40

2.3 Informationsbeschaffung zur Gewinnung von Geschäftsideen 42
    2.3.1 Umfeldinformationen 44
        2.3.1.1 Dynamische Marktstrukturen 45
        2.3.1.2 Sozio-demographische Entwicklungen 45
        2.3.1.3 Veränderungen in den Werthaltungen der Bevölkerung 46
    2.3.2 Kundeninformationen 47
        2.3.2.1 Kundenbefragungen 47
        2.3.2.2 Befragungen von Kundenexperten 48
        2.3.2.3 Focus Groups 48
        2.3.2.4 Bibliometrie 49
    2.3.3 Technologieinformationen 49
        2.3.3.1 Bibliometrie 50
        2.3.3.2 Patentrecherche 50
        2.3.3.3 Analyse der Angebote existierender Anbieter 51

2.4 Vorgehensweisen zur Ideengenerierung 51
    2.4.1 Brainstorming 53
    2.4.2 Brainwriting 53
    2.4.3 Morphologische Matrix 54

2.5 Vorgehensweisen zur Ideenbewertung 54
  2.5.1 Marktkriterien 55
  2.5.2 Ökonomische Größen 55
  2.5.3 Wettbewerbskriterien 56
  2.5.4 Personenbezogene Kriterien 56
2.6 Notwendigkeit zur situationsgerechten Gewinnung von Geschäftsideen 57

3. Anforderungen und Gestaltungskriterien eines integrativen Geschäftskonzeptes.. (Business Model) 59
   Niklas Bartelt / Silke Brandts

   3.1 Geschäftskonzept 59
     3.1.1 Definitionen und thematische Abgrenzung 59
     3.1.2 Vorgehensweise 60
   3.2 Ausgewählte Empfehlungen der Theorie 60
     3.2.1 Anforderungen an strategische Positionierungen 61
       3.2.1.1 Analyse externer Faktoren 61
       3.2.1.2 Analyse interner Faktoren 65
       3.2.1.3 Wahl der Strategieoptionen 67
       3.2.1.4 Methoden der Strategiebewertung 69
       3.2.1.5 Abbildung im Finanzwerk: Teil I 70
     3.2.2 Anforderungen an Realisierungskonzpetion 71
       3.2.2.1 Gestaltung der Wertschöpfungstiefe 71
       3.2.2.2 Organisatorische Umsetzung 76
       3.2.2.3 Abbildung im Finanzwerk: Teil II 80
   3.3 Vorgehensweise der Praxis – Business Plan Screening 80
     3.3.1 Prozess 81
     3.3.2 Kriterien 82
   3.4 Synthese zwischen Theorie und Praxis 84

4. Aufgabe und Struktur des Business Plans 86
   Bert Elsenmüller / Michael Grampp

   4.1 Funktionen und Nutzen des Business Plans und seiner Erstellung 86
     4.1.1 Der Business Plan als Grundlage unternehmerischer Entscheidungen... 86
     4.1.2 Der Business Plan als Instrument zur Beurteilung von Investitions-......
           objekten 87
     4.1.3 Die Rolle des Business Plans aus der Sicht des Prinziplal-Agenten- .....
           Ansatzes 88
   4.2 Struktur eines Business Plans 89
     4.2.1 Executive Summary 90
     4.2.2 Produkt oder Dienstleistung 91

4.2.3 Markt und Wettbewerb ... 92
4.2.4 Strategie ... 94
4.2.5 Marketing ... 96
4.2.6 Unternehmerteam ... 98
4.2.7 Geschäftssystem und Organisation ... 100
4.2.8 Chancen und Risiken ... 101
4.2.9 Finanzplanung und Finanzierung ... 102
4.2.10 Anhang ... 103

5. Erfolgsfaktoren, Investitionskriterien und Werttreiber ... 104
Thomas C. Knecht

5.1 Wachstumsoptionen und Unternehmenserfolg ... 104

5.2 Unternehmerischer Erfolg von Start-up-Unternehmen ... 106
   5.2.1 Grundlagen und Herausforderungen der Erfolgsmessung ... 106
   5.2.2 Marktorientierte Analyse unternehmerischen Erfolgs ... 108
   5.2.3 Beurteilungsmaßstäbe zwischen akademischer Konzeption und unternehmerischer Praxis ... 110
   5.2.4 Profitabilität und Wachstum als Erfolgsgrößen ... 112

5.3 Erfolgsfaktoren und Investitionskriterien ... 113
   5.3.1 Beeinflussende Variablen des Erfolgs von Start-up-Unternehmen ... 113
   5.3.2 Systematisierung und Methodik der Literaturanalyse ... 115
   5.3.3 Erkenntnisse zum Stand der Forschung ... 116

5.4 Markt- und ressourcenbasierte Werttreiber ... 120
   5.4.1 Werttreiber zur Steuerung des Unternehmenswerts ... 120
   5.4.2 Einfluss auf den Unternehmenswert ... 122
   5.4.3 Kritische Betrachtung der empirisch identifizierten Werttreiber ... 124

5.5 Stellenwert von Werttreibern für die Unternehmensentwicklung ... 125

Kapitel III: Infrastruktur und Ressourcen ... 127

1. Wertorientierte Komposition und Entwicklung der Unternehmensführung ... 127
Joachim Wolf / Martin Haberstroh

1.1 Bedeutung der Unternehmensführung für wertorientierte Start-ups ... 128

1.2 Unterschiedliche Perspektiven bezüglch der Bedeutung der Unternehmensführung für den Erfolg wertorientierter Start-ups ... 129

1.3 Individuelle Perspektive ... 129
   1.3.1 Theoretisch hergeleitete Eigenschaften von Unternehmensgründern ... 129
   1.3.2 Empirisch nachgewiesene Eigenschaften von Unternehmensgründern ... 131
   1.3.3 Ganzheitliche Unternehmertypologien ... 134

1.4 Teamperspektive ... 137

Inhaltsverzeichnis

    1.4.1 Strukturelle Charakterisitika von Start-up-Teams 138
    1.4.2 Interaktionsmuster als Erfolgsfaktor von Start-up-Teams 141
  1.5 Vergleichende Bewertung von Individual- versus Teamgründungen 143
  1.6 Veränderung der Unternehmensführung im Prozess der Entwicklung von ....
    Start-ups 145
    1.6.1 Veränderung aus der individuellen Perspektive 145
    1.6.2 Veränderung aus der Teamperspektive 147
  1.7 Gesamtergebnis und forschungsprogrammatische Hinweise 149

2. Ausgestaltung der Corporate Governance bei Start-up-Unternehmen 150
   Alexander Bassen
  2.1 Einleitung 150
    2.1.1 Abgrenzung des Corporate-Governance-Begriffs 150
    2.1.2 Ursachen der Corporate-Governance-Diskussion 151
  2.2 Corporate Governanve in Deutschland 153
    2.2.1 Grundsatzkommission Corporate Governance 153
    2.2.2 Empirische Ergebnisse zur Bedeutung der Corporate Governance ....
        bei Start-up-Unternehmen in Deutschland... 155
  2.3 Aufsichtsrat als Instrument effizienter Corporate Governance 157
    2.3.1 Aufgaben des Aufsichtsrats 157
    2.3.2 Gestaltung der Aufsichtsräte bei Start-up-Unternehmen 158
        2.3.2.1 Zusammensetzung und Qualifikation der Mitglieder 158
        2.3.2.2 Größe 160
        2.3.2.3 Anzahl und Dauer der Sitzungen 160
        2.3.2.4 Fristigkeit der Aufsichtsratsmandate 161
        2.3.2.5 Ausschüsse 161
  2.4 Zusammenfassung 161

3. Wertorientierte Entlohnungssysteme für Führungskräfte und Mitarbeiter 163
   Christoph von Einem
  3.1 Stock Options als Prototyp moderner Entlohnungssysteme 163
  3.2 Gründe für wertorientierte Entlohnung 164
    3.2.1 Prinzipal-Agent-Konflikt und Shareholder Value 164
    3.2.2 Höhere Attraktivität des Unternehmens für qualifizierte Führungs- ......
        kräfte und Anpassung an internationale Standards 164
    3.2.3 Eingehen auf die Forderungen des Kapitalmarktes: Verbesserungen.....
        der Konditionen der Kapitalaufnahme... 165
  3.3 Mögliche Gestaltungswege wertorientierter Entlohnung 165
    3.3.1 Traditionelle Formen der Mitarbeiterbeteiligung 166
        3.3.1.1 Mitarbeiterdarlehen... 166

3.3.1.2 Schuldverschreibungen 167
3.3.1.3 Genussscheine bzw. Genussrechte 168
3.3.1.4 Stille Beteiligungen 168
3.3.2 Echte Eigenkapitalinstrumente 168
3.3.2.1 GmbH- und Kommanditbeteiligung 168
3.3.2.2 Belegschaftsaktien 169
3.3.2.3 Stock Options 170
3.3.3 Virtuelle Eigenkapitalinstrumente 171
3.3.4 Entlohnung anhand interner wertorientierter Steuerungskennzahlen 172
3.4 Speziell: Stock Options 174
3.4.1 Gesellschaftsrechtliche Aspekte 175
3.4.1.1 Erwerb eigener Aktien 175
3.4.1.2 Ordentliche Kapitalerhöhung 176
3.4.1.3 Schaffung eines genehmigten Kapitals 176
3.4.1.4 Schaffung eines bedingten Kapitals 176
3.4.2 Steuerrechtliche Aspekte 180
3.4.3 Vorzüge und Nachteile von Stock Options 182
3.4.4 Hinweise zur optimalen Gestaltung 182
3.4.4.1 Begünstigte 183
3.4.4.2 Wartezeit und Vesting 183
3.4.4.3 Übertragbarkeit 184
3.4.4.4 Erfolgsziele 184
3.4.4.5 Laufzeit 184
3.4.4.6 Ausübungspreis 185
3.4.4.7 Sonstige Bedingungen 185
3.5 Stock Options sind nicht tot, aber brauchen politische Hilfe 185

4. Gestaltung und Entwicklung organisatorischer Infrastruktur 187
Jean-Paul Thommen / Nicola Struß
4.1 Bedeutung der organisatorischen Infrastruktur 187
4.2 Grundlagen der organisatorischen Infrastruktur 187
4.3 Organisationsmodelle der Pionier- und Wachstumsphase 190
4.3.1 Traditionelle Organisationsformen 190
4.3.2 Innovative Organisationsformen 192
4.3.2.1 Team-orientierte Strukturmodelle 192
4.3.2.2 Netzwerk 193
4.3.2.3 Virtuelle Organisation 194
4.4 Organisationsentwicklung 196
4.4.1 Begriff und Ziele 196
4.4.2 Phasen und Strategien 197
4.4.3 Methoden 198
4.4.3.1 Prozessberatung 199

4.4.3.2 Coaching 200
4.4.3.3 Grid Organisationsentwicklung 201
4.4.3.4 Teamentwicklung 201
4.4.3.5 Kulturentwicklung 202
4.4.4 Konzept des Business Reengineering 203
4.5 Organisationales Lernen 205
4.5.1 Bedeutung 205
4.5.2 Formen 207
4.5.3 Lernen und Verlernen 209
4.6 Organisationsformen und Unternehmensentwicklung 211

5. Strategische Partner in virtuellen Netzwerken 212
   Arnold Picot / Rahild Neuburger
   5.1 Virtuelle Netzwerke als zunehmend wichtige Organisationsform ... 212
   5.2 Prinzip und Potenziale virtueller Netze 213
       5.2.1 Konzept virtueller Netzwerke 213
       5.2.2 Potenziale virtueller Netzwerke 214
   5.3 Rolle strategischer Partner 216
       5.3.1 Abgrenzung und Bedeutung strategischer Partner 216
       5.3.2 Auswahl strategischer Partner 216
   5.4 Konfiguration und Steuerung virtueller Netze 218
       5.4.1 Konfiguration virtueller Netzwerke 218
       5.4.2 Steuerung und Koordination virtueller Netzwerke 220
   5.5 Fazit: Neue Anforderungen an das Start-up-Management 223

6. Entwicklung innovativer Produkte 225
   Jan R. Göpfert
   6.1 Der Produktentstehungsprozess 226
       6.1.1 Produktentwicklung und Lebensphasen 226
       6.1.2 Das Zusammenspiel von Marktbearbeitung, Produkt- und Prozess-
             entwicklung 227
             6.1.2.1 Marktbearbeitung 227
             6.1.2.2 Produktentwicklung 228
             6.1.2.3 Prozessentwicklung 229
       6.1.3 Typen von Entwicklungsaufgaben 230
   6.2 Die Lösung von Entwicklungsaufgaben 232
       6.2.1 Die Erfassung von Marktanforderungen 232
       6.2.2 Funktionen, Funktionsstruktur und Produktarchitektur 233
   6.3 Das Produkt im Kreise seiner Familie 237
       6.3.1 Klassifikation von Entwicklungsprojekten 238

6.3.2 Produktplattformen als Basis für Produktfamilien 240

6.4 Schlussbetrachtung 242

    6.4.1 Produktentwicklung als technisches und organisatorisches................ Gestaltungsproblem 242

    6.4.2 Konsequenzen für das Entwicklungsmanagement in Start-up-............ Unternehmen 244

Kapitel IV: Markt und Wettbewerb 249

1. Methoden und Kriterien zur Bestimmung des Zielmarktes und zur Marktanalyse 249
Markus Zinnbauer / Manfred Schwaiger

  1.1 Bedeutung der Marktanalyse für junge Unternehmen 249

    1.1.1 Zum Begriff der Marktanalyse 250

    1.1.2 Anwendungsgebiete der Marktanalyse 252

    1.1.3 Der Marktanalyseprozess 253

  1.2 Definition und Basisanalyse des relevanten Marktes 255

    1.2.1 Abgrenzung des relevanten Marktes 255

    1.2.2 Branchenstrukturanalyse 256

  1.3 Methodische Durchführung der Marktanalyse 259

    1.3.1 Definition der Zielgruppe und Stichprobenauswahlverfahren 259

        1.3.1.1 Verfahen der willkürlichen Auswahl 260

        1.3.1.2 Verfahren der bewußten Auswahl 261

        1.3.1.3 Verfahren der Zufallsauswahl 262

    1.3.2 Erhebungsverfahren 262

    1.3.3 Auswertungsverfahren 265

    1.3.4 Gütekriterien 269

  1.4 Strategisch verwertbare Informationen als Ziel der Marktanalyse 270

2. Erster Eintritt in den Markt 272
Cornelius Boersch / Rainer Elschen

  2.1 Besonderheiten beim Markteintritt von Start-Up-Unternehmen 272

  2.2 Strategien des Markteintritts 273

    2.2.1 "Eignungsprüfung" für strategische Modelle 273

    2.2.2 SWOT-Analyse als strategisches Instrument 275

    2.2.3 Nischenstrategie, Kostenführerschaft und Leistungsdifferenzierung 277

  2.3 Erstaufträge und „Track Record" 279

    2.3.1 Marktbedingungen und Markteintritt 279

    2.3.2 Informationsökonomische Eigenschaften als Schlüsselfaktoren ... 280

  2.4 Timing des Markteintritts 283

    2.4.1 Vor- und Nachteile bei Pionier- und Folgerstrategien 283

  2.4.2 Früher oder später Markteintritt.. 285
 2.5 Markteintritt und Kapitalmarktschwäche.. 287
 2.6 Gesamtempfehlung für junge Gründungsunternehmen 289

3. **Strategisches Intellectual Property-Management** 292
 Holger Ernst
 3.1 Einführung 292
 3.2 Schutzinstrumente für neues Wissen 294
  3.2.1 Notwendigkeit des Schutzes neuen Wissens 294
  3.2.2 Arten von Schutzinstrumenten 295
  3.2.3 Patentschutz versus Geheimhaltung 300
  3.2.4 Einflussfaktoren auf die Patentierneigung 301
  3.2.5 Erfolgsfaktoren des Patentschutzes 303
  3.2.6 Schutz von Geschäftsmodellen im E-Business 304
 3.3 Strategisches Patentmanagement 309
  3.3.1 Aufgaben und Ziele 309
  3.3.2 Schutz und Verwertung von patentiertem Wissen 310
   3.3.2.1 Merkmale von Patentstrategien 311
   3.3.2.2 Erfolgsfaktoren der Umsetzung von Patentstrategien 313
  3.3.3 Auswertung von Patentinformationen 315
   3.3.3.1 F&E-Management 316
   3.3.3.2 Externe Technologiebeschaffung 317
   3.3.3.3 Patentinformationssysteme und Personalmanagement 318
 3.4 Zusammenfassung 318

4. **Generierung und nachhaltige Sicherung komparativer Wettbewerbsvorteile** 320
 Marc Gruber / Dietmar Harhoff
 4.1 Wettbewerbsvorteile und Gründungsplanung 320
 4.2 Theoretische Analysen von Wettbewerbsvorteilen – Eine Übersicht 321
  4.2.1 Kernaussagen des marktorientierten Ansatzes 321
  4.2.2 Kernaussagen des ressourcenorientierten Ansatzes 323
  4.2.3 Kernaussagen des beziehungsorientierten Ansatzes 326
  4.2.3 Kernaussagen des chancenorientierten Ansatzes 327
 4.3 Implikationen für Start-ups und die frühe Unternehmensentwicklung 328
 4.4 Nachhaltige Sicherung von Wettbewerbsvorteilen 331
  4.4.1 Dynamische Fähigkeiten als Grundlage der Entwicklungsfähigkeit 331
  4.4.2 Transformationsfähigkeiten als Grundlage der Unternehmens-
   etablierung 332
 4.5 Abschließende Würdigung 334

5. Zur Bedeutung von Marken und Markenwert für Anbieter und Nachfrager 335
   Roland Mattmüller / Ralph Tunder
   5.1 Der Markenbegriff und Perspektiven der Markenbewertung 335
   5.2 Bedeutung und Wert der Marke aus Anbieterperspektive 338
       5.2.1 Der Brand Equity 338
       5.2.2 Ausgewählte Ansätze zur Ermittlung des Brand Equity 399
           5.2.2.1 Ertragswertorientierte Ansätze 339
           5.2.2.2 Marktwertorientierter Ansatz 341
   5.3 Bedeutung und Wert der Marke aus Nachfragerperspektive 344
       5.3.1 Der Brand Value 344
       5.3.2 Informationsökonomische Wertdimensionen der Marke 346
           5.3.2.1 Rationalisierungsfunktion 348
           5.3.2.2 Substitutionsfunktion 350
   5.4 Fazit 354

Kapitel V: Finanzierungsquellen und Vertragsgestaltung 355

1. Business Angels – Finanzierung und informelle Hilfen in frühen Phasen 355
   Malte Brettel
   1.1 Business Angels als engelhafte Geldgeber auch in Deutschland? 355
   1.2 Abgrenzung von Business Angels 356
   1.3 Markt für informelles Beteiligungskapital 357
   1.4 Business Angels in Deutschland: Empirische Erkenntnisse und Einordnung .. 359
       1.4.1 Methodische Vorbemerkungen 359
       1.4.2 Demographische Merkmale deutscher Business Angels 359
       1.4.3 Beteiligungsgelegenheiten 361
       1.4.4 Selektion der Beteiligung 362
       1.4.5 Rendite der Beteiligung und Ausstieg 363
       1.4.6 Beteiligungsaktivitäten 365
       1.4.7 Engagement der Business Angels in den Beteiligungen 366
   1.5 Business Angels helfen, aber anders als anderen Ländern 368

2. Venture Capital 370
   Axel Hochgesand
   2.1 Einführung 370
       2.1.1 Alternative Finanzierungsformen 370
       2.1.2 Definitorische Abgrenzung von Venture Capital und Private Equity ... 374
       2.1.2 Einsatzbereiche von Venture Capital 375

2.1.3 Historische Entwicklung von Venture Capital und wirtschaftlicher Nutzen.. 376
2.2 Venture Capital aus der Perspektive der Venture-Capital-Gesellschaft........... 378
    2.2.1 Kapitalaufbringung und Management eines Venture-Capital-Fonds 378
    2.2.2 Erfolgsmodelle für Venture-Capital-Gesellschaften............................... 382
    2.2.3 Auswahlkriterien für Beteiligungen 383
    2.2.4 Meilensteinbasierte Ausschüttungen des Kapitals.................................. 385
    2.2.5 Ausstieg des Venture-Capital-Gebers... 386
2.3 Venture Capital aus der Perspektive des zu gründenden Unternehmens 387
    2.3.1 Vorbereitung auf die Kontaktaufnahme mit einer Venture-Capital- Gesellschaft 388
    2.3.2 Auswahl geeigneter Venture-Capital-Gesellschaften............................. 388
    2.3.3 Typischer Ablauf eines Finanzierungsprozesses 390
    2.3.4 Konsequenzen von Risikokapital für die Gründer.................................. 393
2.4 Tendenzen und Schlussfolgerung 394

3. Vertragsgestaltung zwischen Start-up-Unternehmen und Investoren .... (Contracting) 396
Theodor Baums / Matthias Möller
3.1 Grundlagen der Vertragsbeziehung 396
    3.1.1 Bereitstellung von Eigenkapital und Managementbetreuung 396
    3.1.2 Interessengegensätze und Agency-Probleme.. 397
3.2 Einflusssichernde und verhaltenssteuernde Vertragsgestaltung....................... 398
    3.2.1 Gestaffelte Finanzierung... 398
        3.2.1.1 Mechanismus der gestaffelten Finanzierung............................ 398
        3.2.1.2 Anreiz- und verhaltenssteuernde Wirkung............................... 398
        3.2.1.3 Rechtstechnische Gestaltung... 399
    3.2.2 Verstärkte Investorenrechte 401
        3.2.2.1 Anknüpfung und Inhalt der Investorenrechte........................... 401
        3.2.2.2 Rechtfertigung und Regelungszweck.. 401
        3.2.2.3 Rechtliche Gestaltung 401
    3.2.3 Vorzugsdividenden, Veräusserungserlös- und Liquidationsvorzüge...... 403
        3.2.3.1 Vorzugsdividenden 403
        3.2.3.2 Veräusserungserlös- und Liquidationsvorzüge 403
        3.2.3.2 Anreiz- und verhaltenssteuernde Wirkung............................... 403
        3.2.3.4 Rechtliche Gestaltung 404
    3.2.4 Ermöglichung von Bewertungskorrekturen.. 404
        3.2.4.1 Das Bewertungsproblem 404
        3.2.4.2 Anreiz- und verhaltenssteuernde Wirkung............................... 405
        3.2.4.3 Rechtliche Gestaltung 405
    3.2.5 Übertragungsbeschränkung und Veräusserungsregelungen 407
        3.2.5.1 Die einzelnen Regelungen 407

3.2.5.2 Wirkungsweise der Regelungen ... 407
3.2.5.3 Rechtliche Gestaltung ... 408
3.2.6 Exit-Strategien ... 410
3.2.6.1 Die Exitvarianten ... 410
3.2.6.2 Bedeutung des Beteiligungs-Exits ... 410
3.2.6.3 Rechtliche Gestaltung ... 411
3.3 Vorrang des Individualvertrages ... 411

4. Nutzen und Wirkung öffentlicher Förderprogramme für Wachstums- unternehmen ... 413
Eckart von Reden / Jochen Struck
4.1 Gründungs- und Mittelstandsfinanzierung im Zeitalter der New Economy ... 413
4.1.1 Motive und Ziele der Gründungs- und Mittelstandsförderung ... 413
4.1.2 Förderung im Wandel von der Industrie- zur Dienstleistungs- gesellschaft ... 414
4.1.2.1 Risikoübernahme statt Zinsverbilligung ... 414
4.1.2.2 Baseler Eigenkapitalstandards ... 414
4.1.2.3 Tendenz zu Kapitalmarktprodukten ... 415
4.1.3 Ebenen der Gründungs- und Mittelstandsförderung ... 415
4.1.4 Förderinstrumente ... 417
4.1.4.1 Förderdarlehen ... 417
4.1.4.2 Beteiligungsfinanzierung ... 418
4.1.4.3 Mezzanine-Finanzierung ... 419
4.1.4.4 Bürgschaften ... 419
4.1.4.5 Gründungsprämien/Investitionszuschüsse ... 420
4.1.5 Netzwerk der beteiligten Institutionen ... 420
4.2 Wirkung öffentlicher Förderprogramme ... 421
4.2.1 Zugang zu Finanzierungsquellen ... 421
4.2.2 Wachstum geförderter Unternehmen ... 424
4.2.3 Sterblichkeit geförderter Wachstumsunternehmen ... 425
4.2.4 Volkswirtschaftliche Bedeutung der Gründungs- und Mittelstands- finanzierung ... 427

Kapitel VI: Kontrolle und Berichterstattung ... 429

1. Controlling in jungen High-Tech-Unternehmen ... 429
Andreas Bausch / Gunnar Walter
1.1 Controlling als ergebnis- und wertsteigerungsorientierte Führungs- unterstützungsfunktion ... 429

1.2 Bezugsrahmen zur Ausgestaltung des Controlling in jungen High-Tech-Unternehmen 433

1.3 Lebenszyklusspezifische Aufgaben und Organisation des Controlling 438

1.4 Instrumente des Controlling 443
    1.4.1 Business Plan 444
    1.4.2 Verfahren des Projektcontrolling 448
    1.4.3 Planungs- und Kontrollsystem mit integrierter Unternehmensrechnung 450
    1.4.4 Performance Measurement und Verfahren zur monetären Erfassung immaterieller Ressourcen 454

2. Risikomanagement 458
   Martin Glaum

   2.1 Risikomanagement in Wachstumsunternehmen 458

   2.2 Risiko und Risikomanagement: Begriffsbestimmungen 459

   2.3 Risikomanagement und Wertsteigerung 460

   2.4 Gesetzliche Anforderungen an das unternehmerische Risikomanagement 461
       2.4.1 Die Verpflichtung zur Einrichtung eines Risikomanagment nach KonTraG 461
       2.4.2 Die Pflicht zur Risikoberichterstattung nach HGB 462
       2.4.3 Risikoberichterstattung am Neuen Markt 463

   2.5 Der Prozess des Risikomanagement 464
       2.5.1 Zielbildung 464
       2.5.2 Risikoidentifikation 465
       2.5.3 Risikomessung 466
       2.5.4 Risikosteuerung 468
       2.5.5 Risikocontrolling 470

   2.6 Organisation des Risikomanagement 471

   2.7 Zusammenfassung 472

3. Wertorientierte Bilanzierung und Berichterstattung 474
   Karlheinz Küting / Sascha Dawo / Matthias Heiden

   3.1 Zunehmende Bedeutung des Kapitalmarktes 474

   3.2 Defizite der gegenwärtigen Rechnungslegungskonzeption 475

   3.3 Zum Begriff der wertorientierten Bilanzierung und Berichterstattung 476

   3.4 Inhaltlicher Wandel des Rechnungswesens – erweitertes Informationsangebot 479
       3.4.1 Zusätzliche Informationen zu den Rechenwerken 479
           3.4.1.1 Anhang und Lagebericht 479
           3.4.1.2 Internationale Anforderungen und Empfehlungen 480

3.4.2 Zwischenfazit I – Notwendigkeit zur erweiterten Berichterstattung 482
3.4.3 Erweiterte Ansätze 482
    3.4.3.1 Vielfalt der Lösungsvorschläge 482
    3.4.3.2 Vorschläge von Standardsettern und Rechnungslegungs- ....
    organisationen 483
    3.4.3.3 Vorschläge in der Literatur 488
3.4.4 Zwischenfazit II – Hinwendung zu quantitativen Informationen 495
3.4.5 Strategieorientierte Berichterstattung – Orientierung an der Wert- ....
schöpfung 495
    3.4.5.1 Ansatz 495
    3.4.5.2 Unternehmensverfassung – Rahmen der Leistungserstellung 497
    3.4.5.3 Markt- und Umfeldbedingungen – Entwicklung der Strategie .. 498
    3.4.5.4 Transaktion mit den Beschaffungsmärkten – die finanzielle .....
    Dimension des Input 499
    3.4.5.5 Leistungserstellungsprozess – Umsetzung der Strategie 499
    3.4.5.6 Output und Outcome – Erfolg der Strategie 501
    3.4.5.7 Verknüpfung von Erläuterungen, Kennzahlen und Finanzdaten 502
3.5 Einfluss der Informationstechnik auf den Informationsfluss zwischen ....
Kapitalmarkt und Unternehmen 502
3.6 Praxisbeispiel: NEMAX Media & Entertainment 504
3.7 Kapitelfazit 507

4. Investor Relations 508
Peter Witt

4.1 Zum Begriff der Investor Relations 508
4.2 Aufgaben und Ziele der Investor Relations 509
    4.2.1 Erfüllung der gesetzlichen Pflichten 509
        4.2.1.1 Durchführung der Hauptversammlung 509
        4.2.1.2 Laufene Berichterstattung an die Aktionäre 510
        4.2.1.3 Ad-hoc-Publizität 511
    4.2.2 Senkung der Eigenkapitalkosten 512
        4.2.2.1 Definition der Eigenkapitalkosten 512
        4.2.2.2 Verbesserung des Unternehmensimage 514
        4.2.2.3 Beeinflussung der Aktionärsstruktur 516
4.3 Maßnahmen der Investor Relations 518
    4.3.1 Kommunikation mit privaten Investoren 518
    4.3.2 Kommunikation mit institutionellen Investoren 519
    4.3.3 Kommunikation mit Pressevertretern, Finanzanalysten und ....
    Öffentlichkeit 520
4.4 Praktische Probleme der Investor Relations in jungen, schnell wachsenden ...
Unternehmen 521

4.4.1 Organisation der Investor Relations 521
4.4.2 Mitarbeitergewinnung 522
4.4.3 Aufmerksamkeit bei Analysten 523
4.5 Die zukünftige Entwicklung der Investor Relations in deutschen Wachsumsunternehmen 523

5. Equity Story 526
Otto Loistl / Robert Vollrath

5.1 Bedeutung der Equity Story 526
5.2 Kommunikationswege 527
5.3 Kernkomponenten der Equity Story 528
    5.3.1 Strategische Positionierung der Gesellschaft 528
        5.3.1.1 Wettbewerb in der Branche 529
        5.3.1.2 Potenzielle neue Konkurrenten 530
        5.3.1.3 Ersatzprodukte 530
        5.3.1.4 Lieferanten 531
        5.3.1.5 Abnehmer 531
    5.3.2 Signalling-Aktivitäten und Überwindung von Interessendivergenzen ... 532
        5.3.2.1 Eigentümerstruktur 532
        5.3.2.2 Reputation der Emissionsbank 533
        5.3.2.3 Kapitalstruktur/Dividendenpolitik 534
        5.3.2.4 Entlohnung der Unternehmensleitung 534
5.4 Empirische Erkenntnisse 535
5.5 Gestaltungsempfehlungen 538
5.6 Zusammenfassende Betrachtung 539

Kapitel VII: Kapitalmarkt und Bewertung 541

1. Marktformen zum Handel von Unternehmensanteilen 541
Reto Francioni

1.1 Die Option Börse 541
1.2 Börsengang und Wertpapiermarkt 542
    1.2.1 Aktie und Initial Public Offering (IPO) 542
    1.2.2 Zulassung zur Börse 543
1.3 Ausgangslage 544
1.4 Primärtrends 546
    1.4.1 Elektronisierung 546
    1.4.2 Europäisierung und Internationalisierung der Aktienmärkte 547
1.5 Die Akteure der Wertschöpfungskette – Einflussgrößen und Entwicklungen . 549

1.5.1 Der Investor 549
1.5.2 Der Broker 550
1.5.3 Clearing und Settlement (Abwicklung und Verrechnung) 552
1.5.4 Die Preisbildungsakteure 554
    1.5.4.1 Börse 554
    1.5.4.2 Electronic Communication Networks (ECN) 556
    1.5.4.3 Europäische Konsolidierungs- und Segmentierungstendenzen.. 558
    1.5.4.4 Hybride Marktmodelle 560
1.6 Börse auch in Zukunft ein Königsweg 561

2. Ansätze und Methoden zur Bewertung von Wachstumsunternehmen 563
    Martin Scholich / Chrisitan Wulff
2.1 Erfordern Wachstumsunternehmen neue Bewertungsmethoden? 563
2.2 Überblick über Bewertungsanlässe und -methoden 564
2.3 Discounted-Cash-Flow-Verfahren 566
    2.3.1 Grundlagen 566
    2.3.2 Planung der Free Cash Flows 568
    2.3.3 Kapitalkosten 571
2.4 Multiplikatoransätze 575
2.5 Venture-Capital-Methode 577
2.6 Realoptionsansatz 578
2.7 Zusammenfassung 579

3. Multiples 580
    Bernhard Schwetzler
3.1 Grundlegung: Anlässe und Probleme der Bewertung von Wachstums-
    unternehmen 580
3.2 Die Vorgehensweise bei der Multiple-Bewertung 582
3.3 Das Kurs-Gewinn-Verhältnis (KGV) 584
    3.3.1 Grundsätzliches 584
    3.3.2 Die Überschussgröße: Der Gewinn 585
        3.3.2.1 Auf der Suche nach dem "nachhaltigen" Gewinn:
        Bereinigungen 585
        3.3.2.2 Gewinne/Verluste und Ausschüttungen bei Wachstums-
        unternehmen 587
    3.3.3 Das KGV-Multiple 588
        3.3.3.1 Der Ausgangspunkt: das Rentenmodell 588
        3.3.3.2 Die Einbeziehung von Wachstum: von der "aggressiven"
        Wachstumsformel zum Value-Driver-Modell 592

3.3.4 "Price/Earnings to Growth" (PEG) als Bewertungsmaßstab für Wachstumsunternehmen? 595
3.4 Enterprise Value – EBIT Multiple 597
    3.4.1 Grundsätzliches 597
    3.4.2 Die Überschussgröße: Earnings before Interest and Taxes 598
    3.4.3 Das EBIT-Multiple 599
        3.4.3.1 Der Ausgangspunkt: das Rentenmodell 599
        3.4.3.2 Die Einbeziehung von Wachstum 601
    3.4.4 Die Abzugsposten vom Enterprise Value 602
3.5 Multiples für Wachstumsunternehmen 603
    3.5.1 Spezielle Financial Multiples für Wachstumsunternehmen 603
        3.5.1.1 Umsatzmultiple 603
        3.5.1.2 Kurs-Buchwert-Verhältnis 604
    3.5.2 Non-financial Multiples 606
        3.5.2.1 Internet-Firmen 606
        3.5.2.2 Biotechnologie 608

4. Discounted Cash-Flow 610
Holger Wohlenberg
4.1 Das Bewertungsproblem bei Start-ups 610
4.2 Grundlagen der DCF-Bewertung 612
    4.2.1 Grundmodell 613
    4.2.2 Inputfaktoren 614
        4.2.2.1 Cash Flows 614
        4.2.2.2 Eigenkapitalkosten 616
        4.2.2.3 Fremdkapitalkosten 617
        4.2.2.4 Kapitalstruktur 618
    4.2.3 Datenquellen 619
4.3 Varianten von DCF-Verfahren 620
    4.3.1 Free-Cash-Flow (FCF)-Variante 621
    4.3.2 Adjusted-Prestent-Value (APV)-Variante 622
    4.3.3 Total-Cash-Flow (TCF)-Variante 623
    4.3.4 Flow-to-Equity-Variante 624
4.4 Anwendbarkeit von DCF-Methoden bei Start-ups 625
    4.4.1 Bewertungsrelevante Eigenschaften von Start-ups 625
    4.4.2 Eignung der DCF-Methoden für die Bewertung von Start-ups 626
    4.4.3 Implikationen für die Anwendung von DCF-Methoden 628
4.5 Anregungen zum Praxiseinsatz 629

5. Realoptionen 633
   Ulrich Hommel / Philipp Baecker
   5.1 Realoptionen und wertorientiertes Management 633
   5.2 Bewertungsinstrument und Managementphilosophie 634
   5.3 Vorstellung eines dreistufigen Führungszyklus 635
   5.4 Realoptionen identifizieren 637
      5.4.1 Analogie zwischen Realoptionen und Finanzoptionen 638
      5.4.2 Realoptionstypen 640
      5.4.3 Grenzen der Analogie 642
         5.4.3.1 Marktunvollkommenheiten 642
         5.4.3.2 Komplexitätsprobleme 642
         5.4.3.3 Wettbewerb 643
         5.4.3.4 Endogenitätsprobleme 643
         5.4.3.5 Agency-Probleme 644
   5.5 Realoptionen bewerten 644
      5.5.1 Evolution der Bewertungsverfahren 644
      5.5.2 Wahl des Verfahrens 646
         5.5.2.1 Analytische Verfahren 647
         5.5.2.2 Lattice-Verfahren 647
      5.5.3 Bestimmung der Parameter 648
      5.5.4 Interaktion einzelner Optionsrechte 649
      5.5.5 Anwendung bei einem pharmazeutischen F&E-Prozess 650
   5.6 Realoptionen managen 655
   5.7 Zukunft des Realoptionsansatzes in der Praxis 657

Kapitel VIII: Wachstum und Etablierung 659

1. Wachstumsmanagement 659
   Carl Joachim Kock
   1.1 Wachstum 659
      1.1.1 Wachstumsdefintiion und Wachstumsmaßstab 660
      1.1.2 Unternehmenswachstum in der volks- und betriebswirtschaftlichen
             Forschung 661
   1.2 Unternehmenswachstum und Wachstumsmanagement 663
      1.2.1 Bestimmungsgründe und Triebkräfte des Wachstums von
             Unternehmen 664
         1.2.1.1 Wachstumsintention 664
         1.2.1.2 Wachstumsfähigkeit 665
         1.2.1.3 Wachstumszwang 667
         1.2.1.4 Zusammenfassung 668

      1.2.2 Wachstumsstrategien 668
             1.2.2.1 Innovationsinduzierte Wettbewerbsvorteile als Wachstums- .... grundlage 668
             1.2.2.2 Konzentration versus Diversifikation... 671
             1.2.2.3 Internes versus externes Wachstum 672
      1.2.3 Implikationen für Etablierte und Start-up-Unternehmen 673
1.3 Probleme des Unternehmenswachstums: Unternehmensentwicklung und ...... Wachstumsmanagement 674
      1.3.1 Grundgedanken der Unternehmensevolution 675
      1.3.2 Modellansätze.. 676
             1.3.2.1 Der Ansatz von BECKER: Das marktphasenorientierte.............. Unternehmen... 676
             1.3.2.2 Der Ansatz von GREINER: Das wachsende Unternehmen 678
      1.3.3 Implikationen.. 681
1.4 Wachstum ist kein Allheilmittel 683

2. Konstitution und Leistung von Inkubatoren bei der Unterstützung .... von Unternehmensgründungen 684
Ann-Kristin Achleitner / Ronald Engel
   2.1 Inkubatoren – eine bloße Zeiterscheinung? 684
   2.2 Konstitution von Inkubatoren 685
      2.2.1 Inkubatoren als Mehrwertschaffer... 685
      2.2.2 USA: Von klassischen Inkubatoren zu EcoNets.................................... 687
      2.2.3 Deutschland: Boom der New-Economy-Inkubatoren............................ 688
   2.3 Differenzierung des deuschen Inkubator-Angebotes 689
      2.3.1 Differenzierung nach Betreiber 689
      2.3.2 Differenzierung nach Grad und Art der Fokussierung 690
   2.4 Leistungsspektrum von Inkubatoren.. 693
      2.4.1 Dienstleistungsspektrum im Überblick... 693
      2.4.2 Finanzierung 694
      2.4.3 Sachmittel 694
      2.4.4 Beratungsleistungen 695
      2.4.5 Networking 696
   2.5 Potenzial für eine wertorientierte Unterstützung von Unternehmens- .... gründugnen 696

3. Partizipation an globalen strategischen Netzwerken.. 698
Michael Behnam / Dirk Ulrich Gilbert
   3.1 Determinanten der Globalisierung 698
      3.1.1 Globalisierung von Märkten 699

3.1.2 Globalisierung von Unternehmen 700
3.1.3 Deregulierungs- und Integrationstendenzen 701
3.1.4 Technologische Entwicklung 702
3.1.5 Sozio-ökonomische Aspekte 703

3.2 Technologieorientierte Start-up-Unternehmen 704

3.3 Wettbewerbsstrategische Schwerpunkte im Rahmen der Internationalisierung 706
3.3.1 Wettbewerbsstrategische Problematik: Eindimensionalität 706
3.3.2 Wettbewerbsstrategische Notwendigkeit: Multidimensionalität 708
3.3.3 Wettbewerbsstrategische Möglichkeit: Netzwerke 710

3.4 Partizipation technologieorientierter Start-up-Unternehmen an globalen strategischen Netzwerken 711
3.4.1 Typologie interorganisatorischer Netzwerke 711
3.4.2 Chancen und Risiken der Partizipation an globalen strategischen Netzwerken 715
3.4.3 Strategische Entwicklungspfade für technologieorientierte Start-up-Unternehmen 717

4. Mergers & Acquisitions 721
   Siegfried Druecker / Heike Albrecht / Robin Majer

4.1 Mergers & Acquisitions bei Start-up-Unternehmen 721

4.2 Transaktionsstrukturen zum Unternehmenskauf/-verkauf 722
4.2.1 Akquisitionen 723
4.2.2 Fusionen 724

4.3 Motive für Akquisitionen und Fusionen 724

4.4 Der Transaktionsprozess 728
4.4.1 Vorbereitungsphase 729
4.4.2 Screening-Phase 731
4.4.3 Durchführungs- und Verhandlungsphase 732
4.4.4 Integrationsphase 735

4.5 Erfolgsfaktoren zur Umsetzung von Akquisitionen 737

4.6 Fazit 739

5. Buy-out-Strategien 741
   Stefan Constantin / Helge Rau

5.1 Innovative Geschäftsideen und neue Finanzierungsquellen 741

5.2 Finanzinvestoren/Kapitalbeteiligungsgesellschaften und Buy-Outs 742

5.3 Anlässe für Buy-outs in der New Economy 743
5.3.1 Der Wechsel vom Venture Capitalist zum Finanzinvestor 744

        5.3.2 Taking Private 746
        5.3.3 Spin-Off.. 747
    5.4 Die Gestaltung eines Buy-Outs... 748
        5.4.1 Ablauf... 748
        5.4.2 Übernahmestruktur und Finanzierung 751
        5.4.3 Die Einbindung des Managements 754
                5.4.3.1 Beteiligungseinstieg.. 756
                5.4.3.2 Laufzeit der Beteiligung... 758
                5.4.3.3 Der Exit... 759
        5.4.4 Managementpflichten 759
        5.4.5 Bewertung 759
    5.5 Buy-out Strategien... 760
        5.5.1 Buy-and-Build und Branchenkonsolidierung..................................... 761
        5.5.2 Transition von der Old zur New Economy.. 762
        5.5.3 Der Buy-Out als Management von Optionen 762
    5.6 Taking Private für die Profitablen.. 763

Literaturverzeichnis... 765

Personenverzeichnis 843

Abbildungsverzeichnis

Abbildung I.1:	Gründungsformen	7
Abbildung I.2:	Shareholder-Value-Netzwerk nach RAPPAPORT	15
Abbildung I.3:	Kursentwicklung von Netscape und *Amazon.com* und *eBay.com* für die ersten drei Jahre nach Börsengang	16
Abbildung I.4:	Systematisierung der Elemente eines wertorientierten Start-up-Managements	18
Abbildung II.1:	Managementaufgaben je Entwicklungsphase	26
Abbildung II.2:	Systematisierung des Literaturfeldes	30
Abbildung II.3:	Prozessmodell zur Gewinnung von Geschäftsideen	42
Abbildung II.4:	Informationsquellen und Methoden zur Informationsbeschaffung	44
Abbildung II.5:	Grundprinzipien und Leistungsvorteile der Kreativitätstechniken	52
Abbildung II.6:	Anwendung von Bewertungskriterien und -verfahren im Prozessfortschritt	57
Abbildung II.7:	Beispiel eines Chancen- und Risikoprofils eines „Online-brokerage"-Anbieter	65
Abbildung II.8:	Beispielhafte Wertschöpfungskette eines Internet-Brokers	66
Abbildung II.9:	Produktions- und Transaktionskostenvorteile des externen Bezugs. in Abhängigkeit der Spezifität	73
Abbildung II.10:	Strategieempfehlungen für bislang eigenerstellte bzw. fremdbezogene Leistungen	74
Abbildung II.11:	Einflussfaktoren der Gestaltung der Wertschöpfungstiefe (1)	75
Abbildung II.12:	Einflussfaktoren der Gestaltung der Wertschöpfungstiefe (2)	75
Abbildung II.13:	Prozessdesigntechniken mittels Funktionsanalyse	77
Abbildung II.14:	Prozessdesigntechniken mittels organisatorischer Maßnahmen	77
Abbildung II.15:	Prozessdesigntechniken mittels verhaltensbeeinflussender Aktionen	78
Abbildung II.16:	Typische Anforderungen an Prozessdesign	79
Abbildung II.17:	Systematisierung der Stellhebel des Prozessdesign	79
Abbildung II.18:	Bewertungsprozess aus Sicht befragter Investoren	82

Abbildung II.19:	Auswertung der Systematisierung des Literaturfeldes zu Erfolgsvariablen von Start-up-Unternehmen	117
Abbildung II.20:	Relevanz ausgewählter Werttreiber für die marktorientierte Bewertung innovativer Spin-off-Unternehmen	124
Abbildung III.1:	Singuläre Merkmale erfolgreicher Gründer	134
Abbildung III.2:	MINERS Typen erfolgreicher Unternehmensgründer	136
Abbildung III.3:	Bedeutung von Corporate Governance für Venture-Capital-Gesellschaften	156
Abbildung III.4:	Formen wertorientierter Mitarbeiterentlohnung	166
Abbildung III.5:	Überblick der Vor- und Nachteile von Mitarbeiterbeteiligungsmodellen	174
Abbildung III.6:	Überblick über die Bedienung der Optionen	179
Abbildung III.7:	Anfangs- und Endbesteuerung	181
Abbildung III.8:	Optimaler Organisationsgrad	188
Abbildung III.9:	Substitutionsprinzip der Organisation	189
Abbildung III.10:	Organisationsformen und Unternehmensentwicklung	190
Abbildung III.11:	Ergänzung von personalem und strukturalem Ansatz	198
Abbildung III.12:	Gegenüberstellung von Business Reengineering und Organisationsentwicklung	203
Abbildung III.13:	Wertschöpfungskette mit Kernprozessen	204
Abbildung III.14:	Beurteilung von Business Reengineering und Organisationsentwicklung	205
Abbildung III.15:	Kreislauf des organisationalen Lernens	206
Abbildung III.16:	Formen der Wissensgenerierung	208
Abbildung III.17:	Prinzip virtueller Netzwerke	214
Abbildung III.18:	Prinzip des „Enterprise Engineering"	219
Abbildung III.19:	Entstehung eines Produktes und damit verbundene Aufgaben	227
Abbildung III.20:	Typen von Entwicklungsaufgaben	231
Abbildung III.21:	Die Funktionsstruktur eines Produktes wird in eine Baustruktur transformiert	234
Abbildung III.22:	Zyklus aus Generierung, Evaluierung und Kritik von Lösungen	236
Abbildung III.23:	Grad der Veränderung der Produktarchitektur	238
Abbildung III.24:	Entwicklungsobjekte bei *DaimlerChrysler* 1970–1998	240

Abbildung III.25:	Trade-Off zwischen Produktvielfalt und Häufigkeit des Plattformwechsels	241
Abbildung III.26:	Produktpalette des *Sony* Walkman	242
Abbildung III.27:	Wechselwirkung zwischen technischem und organisatorischem System im Produktentwicklungsprozess	243
Abbildung III.28:	Barriere der Unklarheit aus technischer und organisatorischer Perspektive und exemplarische Problembereiche	244
Abbildung IV.1:	Informationsbereiche	252
Abbildung IV.2:	Schätzbeispiel: Tagesverbrauch von Papierwindeln in der Schweiz	254
Abbildung IV.3:	Elemente der Branchenstruktur	257
Abbildung IV.4:	Analysemethoden und Anwendungsfelder	269
Abbildung IV.5:	Typische Vor- und Nachteile des Pioniers	284
Abbildung IV.6:	Typische Vor- und Nachteile des Folgers	285
Abbildung IV.7:	Aspekte eines frühen bzw. eines späten Markteintritts	286
Abbildung IV.8:	Entwicklung der Patentanmeldungen am europäischen Patentamt	292
Abbildung IV.9:	Systematisierung von Schutz- und Aneignungsinstrumenten	296
Abbildung IV.10:	Überblick über verschiedene Arten von Schutzrechten	297
Abbildung IV.11:	Einflussfaktoren auf die Patentierneigung	302
Abbildung IV.12:	Befunde neuerer Arbeiten zur Erfolgswirkung des Patentschutzes	304
Abbildung IV.13:	Entwicklung der erteilten Patentanmeldungen für Geschäftsmethoden am amerikanischen Patentamt USPTO	306
Abbildung IV.14:	Beispiel zum Schutz einer Web-Seite durch Trade Dress	308
Abbildung IV.15:	Strategie zum Schutz geistigen Eigentums im Internet	309
Abbildung IV.16:	Aufgaben des strategischen Patentmanagements	310
Abbildung IV.17:	Checkliste zur Beurteilung der Vorteilhaftigkeit einer Patentanmeldung	312
Abbildung IV.18:	Das Patent-Portfolio für ein Elektronikunternehmen	317
Abbildung IV.19:	Der strategische Wert von Ressourcen	325
Abbildung IV.20:	Grundlagen für überdurchschnittlichen Unternehmenserfolg	329
Abbildung IV.21:	Wichtige wettbewerbsstrategische Fragestellungen für Start-ups	330
Abbildung IV.22:	Der Wandel von Erfolgsfaktoren in der frühen Unternehmensentwicklung	333
Abbildung IV.23:	Das „Inside-outside"-Paradigma	337

Abbildung IV.24:	Überblick über den marktorientierten Ansatz zur Markenbewertung nach BEKMEIER-FEUERHAHN	343
Abbildung IV.25:	Informationsökonomische Wertdimension der Marke	353
Abbildung V.1:	Übersicht unterschiedlicher Typen von Privatinvestoren	356
Abbildung V.2:	Managementerfahrung der informellen Investoren nach Funktionsbereichen	360
Abbildung V.3:	Privatvermögen informeller Investoren	360
Abbildung V.4:	Faktoren bei der Entscheidungsfindung über informelle Beteiligungen	363
Abbildung V.5:	Durchschnittliche Renditeerwartungen informeller Investoren	364
Abbildung V.6:	Erwarteter Exit-Mechanismus für informelle Beteiligungen	365
Abbildung V.7:	Verteilung der Beteiligungen nach Investitionssumme	365
Abbildung V.8:	Anteil der Business Angels mit Stimmrechtsmehrheiten und empfundene Bedeutung von Mehrheiten	366
Abbildung V.9:	Aus Sicht der Business Angels geleistete Beiträge in ihren Beteiligungen	367
Abbildung V.10:	Zufriedenheit der informellen Investoren mit der Entwicklung ihrer Beteiligungen	368
Abbildung V.11:	Alternativen der Kapitalaufbringung	371
Abbildung V.12:	Finanzielle Förderprogramme der öffentlichen Hand	373
Abbildung V.13:	Aufteilung des „Private Equity"-Marktes	375
Abbildung V.14:	Private Equity-Performance in 2001	378
Abbildung V.15:	Fundraising nach Kapitalgeber 2001	379
Abbildung V.16:	Mögliche Unterstützung des VC-Gebers in jeder Phase	380
Abbildung V.17:	Lebenszyklus eines Venture-Capital-Fonds	381
Abbildung V.18:	Beteiligungsportfolio	381
Abbildung V.19:	Worauf professionelle Investoren Wert legen	384
Abbildung V.20:	Primäre Fragestellungen eines Start-ups	388
Abbildung V.21:	Investitionsprozess einer typischen Venture-Capital-Investition	390
Abbildung V.22:	Due-Diligence-Prüfung	392
Abbildung V.23:	Unterstützung und Monitoring	393
Abbildung V.24:	Vor- und Nachteile der Venture-Capital-Finanzierung	394
Abbildung V.25:	Gründungs- und Wachstumsförderung der *DtA* im Überblick	417
Abbildung V.26:	Entwicklung der Gründungs- und Wachstumsförderung der *DtA*	424

Abbildung V.27:	Investitionshemmnisse hochinnovativer Unternehmen	425
Abbildung V.28:	Höhe der Ausfallquote etwa fünf Jahre nach der Gründung	427
Abbildung V.29:	Motive und Ziele der Gründungs- und Mittelstandsförderung	427
Abbildung V.30:	Adressaten der Gründungsförderung	428
Abbildung VI.1:	Aufgaben des Controlling	431
Abbildung VI.2:	MVA und EVA als primäre Wertsteigerungsziele des Controlling	432
Abbildung VI.3:	Bezugsrahmen zur Ausgestaltung des Controlling	434
Abbildung VI.4:	Kernaufgaben des Controlling im Rahmen der idealtypischen Lebenszyklusphasen junger High-Tech-Unternehmen	441
Abbildung VI.5:	Typische Formen aufbauorganisatorischer Bündelung von (zentralen) Controllingaufgaben	443
Abbildung VI.6:	Kernelemente des quantitativen Teils eines Business Plans	444
Abbildung VI.7:	Branchenspezifische Umsatzprognose	445
Abbildung VI.8:	Netzwerkeffekte bei der Diffusion von Technologien und Etablierung von Produktstandards (Prinzipdarstellung)	446
Abbildung VI.9:	Ein- und Auszahlungskategorien bei der direkten Finanzplanung	447
Abbildung VI.10:	Kennzahlensystem mit integrierter Ergebnis-, Wertsteigerungs- und Finanzrechnung (1)	451
Abbildung VI.11:	Kennzahlensystem mit integrierter Ergebnis-, Wertsteigerungs- und Finanzrechnung (2)	452
Abbildung VI.12:	Marktwertbasierte, retrograde Ableitung des immateriellen Vermögens	456
Abbildung VI.13:	Wichtige Risikofaktoren bei der Emission der T-Online-Aktie	464
Abbildung VI.14:	Die Phasen des Risikomanagement-Prozesses	465
Abbildung VI.15:	Beispiel einer Risikoklassifikation	466
Abbildung VI.16:	Schematische Darstellung eines Risikoportfolios	467
Abbildung VI.17:	Maßnahmen des Risikomanagement	469
Abbildung VI.18:	Mindestinhalt des Jahresberichts an die Aktionäre	480
Abbildung VI.19:	Model of Business Reporting – Major Components	484
Abbildung VI.20:	Festgestellte Zusatzinformationen in der "Computer Systems Industry"	485
Abbildung VI.21:	Beispiele für Leistungsindikatoren	487
Abbildung VI.22:	Intangible Asset Statement	489
Abbildung VI.23:	Bestandteile des Intellectual Capitals	491

Abbildung VI.24:	Indikatoren zur Messung und Steuerung des Human Capitals	492
Abbildung VI.25:	Indikatoren zur Messung und Steuerung des Structural Capitals	493
Abbildung VI.26:	Indikatoren zur Messung und Steuerung des Customer Capitals	493
Abbildung VI.27:	Skandia Navigator	494
Abbildung VI.28:	Wertschöpfungsorientierte Berichterstattung	497
Abbildung VI.29:	Beispiele nicht finanzieller Leistungsmessgrößen	501
Abbildung VI.30:	Indikatoren der Kundenzufriedenheit	502
Abbildung VI.31:	Data Desk der BP plc	503
Abbildung VI.32:	Geschäftstätigkeiten im M&E-Index	505
Abbildung VI.33:	Mögliche Verwertungs-/Wertschöpfungskette für den Bereich Production/Licence Trader	505
Abbildung VI.34:	Systematisierung von Instrumenten der Investor-Relations-Arbeit	527
Abbildung VI.35:	Wettbewerbskräfte nach PORTER	529
Abbildung VI.36:	Kumulierte abnormle Rendite in Abhängigkeit des Vorzeichen des Jahresüberschusses	536
Abbildung VI.37:	Kumulierte abnormle Rendite in Abhängigkeit der Existenz von Regulierungsrisiken	537
Abbildung VII.1:	Ausgangslage am Sekundärmarkt	545
Abbildung VII.2:	Investorenattraktivität	559
Abbildung VII.3:	Häufige Bewertungsanlässe und die dabei angewandten gebräuchlichsten Bewertungsmethoden	565
Abbildung VII.4:	Ableitung der Free Cash Flows im DCF-Verfahren (Bruttomethode)	567
Abbildung VII.5:	Beispiel zur Umsatz- und Ergebnisplanung eines jungen Wachstumsunternehmens	568
Abbildung VII.6:	Beispiel zur Verlängerung des Planungszeitraums bei Wachstumsunternehmen im Rahmen einer Drei-Phasen-DCF-Bewertung	570
Abbildung VII.7:	Historische Marktrisikoprämien in Deutschland und den USA über verschiedene Zeiträume	573
Abbildung VII.8:	Ermittlung von Multiples für Vergleichsunternehmen	582
Abbildung VII.9:	Retrograde Ermittlung des Free Cash Flow to Equity	588
Abbildung VII.10:	Der Einfluss von risikolosen Wertpapiererträgen auf das KGV	591
Abbildung VII.11:	Branchen KGVs NEMAX zum 31.12.01	592
Abbildung VII.12:	Überrendite und KGV	595

Abbildung VII.13:	KGV und Wachstumsraten ausgewählter NM-Unternehmen	596
Abbildung VII.14:	Der Einfluss der Profitabilität der Erweiterungsinvestitionen auf PEG	597
Abbildung VII.15:	Retrograde Ermittlung des Freien Cash Flow	598
Abbildung VII.16:	Funktionen der Unternehmensbewertung – Kölner Funktionslehre	611
Abbildung VII.17:	Merkmale der Unternehmensbewertungsanlässe	612
Abbildung VII.18:	Total-Cash-Flow-Ermittlung	614
Abbildung VII.19:	Free Cash-Flow Ermittlung	615
Abbildung VII.20:	Cash-Flow an die Eigentümer	615
Abbildung VII.21:	Operating-Free-Cash-Flow-Ermittlung	615
Abbildung VII.22:	Varianten von DCF-Verfahren	620
Abbildung VII.23:	Merkmale von DCF-Verfahren	629
Abbildung VII.24:	Hexagon Wert-Framework	631
Abbildung VII.25:	Führungszyklus von Realoptionen	636
Abbildung VII.26:	Optionsanalogie der Werttreiber des Investitionsprojektes	640
Abbildung VII.27:	Charakterisierung typischer Realoptionsrechte	641
Abbildung VII.28:	Evolutorische Entwicklung der Bewertungsmethoden	645
Abbildung VII.29:	Traditionelle Methoden vs. Optionspreismethoden	646
Abbildung VII.30:	Beispielrechnung Entscheidungsbaumanalyse	652
Abbildung VII.30:	Shareholder-Value-orientiertes Management des unternehmerischen Realoptionsportfolio	656
Abbildung VIII.1:	Innovationswirkung auf Unternehmen und Technologiefeld	671
Abbildung VIII.2:	Produkt-Markt-Matrix nach ANSOFF	672
Abbildung VIII.3:	Der marktphasenorientierte Unternehmenslebenszyklus	677
Abbildung VIII.4:	Das wachsende Unternehmen nach GREINER	679
Abbildung VIII.5:	Branchenstruktur	691
Abbildung VIII.6:	Branchenfokus der Inkubatoren in Deutschland	691
Abbildung VIII.7:	Tiefer gehende Fokussierung von Inkubatoren	692
Abbildung VIII.8:	Dienstleistungsspektrum von Inkubatoren	693
Abbildung VIII.9:	Investitionsvolumen pro Incubatee	694
Abbildung VIII.10:	Abdeckung der Leistungsbedürfnisse durch Inkubatoren und Wettbewerber	697
Abbildung VIII.11:	Globalisierungs- versus Lokalisierungskräfte	707

Abbildung VIII.12: Notwendigkeit multidimensionaler strategischer Fähigkeiten.......... 709

Abbildung VIII.13: Eine Typologie interorganisationaler Netzwerke 712

Abbildung VIII.14: Strategische Entwicklungspfade für technologieorientierte Start- ...
up-Unternehmen 720

Abbildung VIII.15: Möglichkeiten des Unternehmenswachstums................................. 725

Abbildung VIII.16: Phasen des Akquisitionsprozesses und wesentliche Aufgaben ....
innerhalb der Phasen 729

Abbildung VIII.17: Anzahl der MBO-Transaktionen/Durchschnittlicher Transaktions-.
wert... 744

Abbildung VIII.18: Unternehmensentwicklung und Kapitalbedarf................................ 745

Abbildung VIII.19: „Mezzanine"... 753

Abbildung VIII.20: Beispielrechnung zur Kaufpreisfinanzierung 757

Abkürzungsverzeichnis

AG	Aktiengesellschaft
AICPA	American Institute of Certified Public Accountants
AktG	Aktiengesetz
APV	Adjusted Present Value
ATS	Alternative Trading Systems
B2B	Business to business
BASYC	Benefit Assessment for System Change
BAW	Bundesaufsichtsamt für den Wertpapierhandel
BfuP	Betriebswirtschaftliche Forschung und Praxis (BfuP)
BGH	Bundesgerichtshof
BIMBO	Buy-In-Management-Buy-Out
BörsG	Börsengesetz
BörsZulVO	Börsenzulassungsverordnung
BTU	Beteiligungen an kleinen Technologieunternehmen
CAGR	Compound Annual Growth Rate
CalPERS	California Public Employees' Retirement System
CAPM	Capital Asset Pricing Model
CDMA	Code Division Multiple Access
CDS	Credit Default Swaps
CEO	Chief Executive Officer
CF_{EK}	Cash Flow des Eigenkapitals
CFO	Chief Financial Officer
CFPS	Cash Flow Per Share
CFROI	Cash Flow Return on Investment
CG	Corporate Governance
CLO	Collateralized Loan Obligations
CMO	Chief Marketing Officer
CREF	College Retirement Equities Funds

DBW	Die Betriebswirtschaft
DCF	Discounted Cash Flow
DIRK	Deutsche Investor Relations Kreis
DRSC	Deutsche Rechnungslegungs Standards Committee
DTA	Decision Tree Analysis
DtA	Deutsche Ausgleichsbank
DTCC	Depositary Trust und Clearing Corp.
EBIT	Earnings before Interest and Taxes
EBITDA	Earnings before Interest, Taxes, Depreciation, and Amortization
EBO	Employee-Buy-Out
ECN	Electronic Communication Networks
EIB	Europäische Investitionsbank
EIF	Europäische Investitionsfonds
EK	Eigenkapital
EK_{BW}	Buchwert des Eigenkapitals
EKH	Eigenkapitalhilfe
EK_{MW}	Marktwert des Eigenkapitals
EPS	Earnings Per Share
EPÜ	Europäischen Patentübereinkommens
EstG	Einkommensteuergesetz
ETP	Entrepreneurship Theory and Practice
EVA	Economic Value Added
EVCA	European Private Equity & Venture Capital Association
F&E	Forschung und Entwicklung
FASB	Framework for Voluntary Disclosure
FB	Finanz Betrieb
FCF	Free Cash Flow
GEM	Global Entrepreneurship Monitor
GK	Grundkapital
GmbH	Gesellschaft mit beschränkter Haftung
GmbHG	GmbH-Gesetz
GuV	Gewinn- und Verlustrechnung

HGB	Handelsgesetzbuch
HTML	Hypertext Markup Language
HÜSt	Handelsüberwachungsstelle
IAS	International Accounting Standards
IC	Intellectual Capital
ICAEW	Institute of Chartered Accountants in England & Wales
IFRS	International Financial Reporting Standards
IPO	Initial Public Offering
IR	Investor Relations
IRR	Internal Rate of Return
ISR	Institute for Social Research
JBV	Journal of Business Venturing
JF	Journal of Finance
JPIM	Journal of Product Innovation Management
JTU	Junges Technologieunternehmen
JÜ	Jahresüberschuss
KapCoRiLiG	Kapitalgesellschaften- und Co-Richtlinie-Gesetz
KCFV	Kurs-Cash-Flow-Verhältnis
K_{EK}	Kapitalkosten des Eigenkapitals
KfW	Kreditanstalt für Wiederaufbau
KG	Kommanditgesellschaft
KGV	Kurs-Gewinn-Verhältnis
KMU	Kleine und mittelständische Unternehmen
KonTraG	Gesetz zur Kontrolle und Transparenz im Unternehmensbereich
KStG	Körperschaftssteuergesetz
KÜR	kumulierten Überrenditen
LBO	Leveraged Buy-Out
LOI	Letter of Intent
LSE	London Stock Exchange
M&A	Mergers & Acquisitions
MBG	Mittelständische Beteiligungsgesellschaften
MBI	Management-Buy-In

MBO	Management-Buy-Out
MDS	Mehrdimensionale Skalierung
MIRS	Modular Integrated Robotized System
MIS	Management Information System
MVA	Market Value Added
NBIA	National Business Incubators Association
NDA	Non-Disclosure-Agreement
NOPAT	Net Operating Profit after Taxes
NPI	Nederlands Pedagogisch Instituut
NPV	Net Present Value
NYSE	New York Stock Exchange
OBO	Owners-Buy-Out
OTC	over the counter
PatG	Patentgesetzes
PEG	Price-Earnings-Growth
PMI	Post-Merger-Integration
PTS	Proprietary Trading Systems
ROCE	Return on Capital Employed
ROE	Return-on-Equity
ROI	Return on Investment
RONA	Return on Net Assets
SBIC	Small Business Investment Corporations
SMJ	Strategic Management Journal
SOP	Stock Option Plans
TAK	Transaktionskosten
TCF	Total Cash Flow
TGZ	Technologie- und Gründungszentren
TIAA	Teachers Insurance and Annuity Association
TransPuG	Gesetz zu Transparenz und Publizität
US-GAAP	United States Generally Accepted Accounting Principles
USP	Unique Selling Proposition
VBM	Value-Based Management

VC	Venture Capital
VGA	verdeckte Gewinnausschüttung
WACC	Weighted Average Cost of Capital
WAP	Wired Application Protocol
WpHG	Wertpapierhandelsgesetzes
XBRL	eXtensible Business Reporting Language
XML	eXtensible Markup Language
ZEW	Zentrums für Europäische Wirtschaftsforschung
ZfB	Zeitschrift für Betriebswirtschaft
Zfbf	Zeitschrift für betriebswirtschaftliche Forschung

Kapitel I: Einführung

1. Marktwertorientierte Entwicklung von Start-up-Unternehmen

ULRICH HOMMEL / THOMAS C. KNECHT

Der Gewinn ist der Lohn für das Ergreifen des Vorteils beim Wandel.
(Joseph Schumpeter)

1.1 Start-up-Unternehmen im Spannungsfeld zwischen Innovation und Markt

Die Geschäftsmodelle innovativer Start-up-Unternehmen fußen meist auf technologiebasierten Erfindungen, deren wirtschaftliche Verwertung das Unternehmenswachstum forcieren soll. Ihre Umsetzung in ein unternehmerisches Geschäftsmodell, aus dem sich letztlich ein Wachstumsunternehmen entwickeln soll, stellt die an diesem Gründungs- und Entwicklungsprozess Beteiligten vor große Herausforderungen und setzt sie manchmal auch Spannungen aus. Die Konfrontation mit diesen Herausforderungen bereits in einer frühen Phase der Unternehmensentwicklung hat ein amerikanischer Silicon-Valley-Entrepreneur einmal als „Start-up-Game" bezeichnet, dessen Ziel ein wertorientiertes Start-up-Management ist:

> „It begins with an aspiring entrepreneur who is willing to step right up and be tested. As in many other games, the player starts with an artificial currency – in this case, the stock of the venture. The goal is simple. Increase the value of the entrepreneur's shares, because when the game is over, these can be cashed for real money. The trick is to swap some of the stock for three resources – ideas, money and people – then use these resources to increase the value of the remaining stock." (Kaplan, 1995, S. 64)

In diesem „Start-up-Game" bedingen sich Erfindungen bzw. ihre wirtschaftliche Verwertung und die Gründung neuer betriebswirtschaftlicher Einheiten. Induziert wird dieses „Spiel" durch den Wandel der Ressourcen. Dabei wird dieser Wandel sowohl in den unternehmerischen Umfeld- als auch in den Marktbedingungen deutlich: Unternehmen wurden bislang sowohl in der wissenschaftlichen Theorie als auch in der unternehmerischen Praxis als geschlossene und integrierte Systeme betrachtet, deren Ablaufprozesse innerhalb eines Büro- oder Fabrikgebäudes vollzogen wurden. Der Stellenwert von unternehmens- und gesellschaftsrechtlichen Verträgen und interagierenden Netzwerkbeziehungen trat bislang hinter der starren Leistungserstellung an einem ausgewählten Standort zurück. Die Geschäftsmodelle innovativer Wachstumsunternehmen verändern jedoch die Umfeldstruktur, indem modulare Organisationsstrukturen, Netzwerk- und Kooperationsgeflechte und elektronische Märkte zum Einsatz kommen. Die Keimzelle dieser „New-Economy"-Gründungen sind innovative Technologieprodukte, welche die klassischen Unternehmensgrenzen wandeln, indem sie diese sowohl für die Innensicht des Unternehmens als auch für deren Marktauftritt modifizieren bzw. auflösen. Die modifizierten Marktbedingungen bringen also veränderte Spielregeln zur Erzielung von Wettbewerbsvorteilen für Unternehmen mit sich. Dies verdeutlichen auch die zunehmende Internationalisierung der Märkte bzw. der Unternehmen, die zunehmende Innovationsdynamik in der Lebenszeit von Produkten und die zunehmende Herausbildung von Käufermärkten – alle diese Faktoren rücken neue Unternehmensziele in den Vordergrund.

Durch die integrative Zusammenarbeit von wissenschaftlicher Theorie und unternehmerischer Praxis sind weltweit Wachstumsunternehmen entstanden, die den Wandel ganzer Industrien veranlasst haben und rückblickend als „Start-up-Unternehmen" bezeichnet werden können. Die Unternehmen sind heute teilweise selbst zu Weltkonzernen herangewachsen. So leitete beispielsweise WERNER VON SIEMENS durch die Erfindung des dynamoelektrischen Prinzips im Jahre 1866 den Siegeszug der Elektrizität ein. Das von ihm gegründete Unternehmen, die heutige *Siemens AG*, ist mit einem Jahresumsatz von 87 Milliarden Euro und 477.100 Mitarbeitern im Jahr 2001 der größte Elektronikkonzern der Welt. VON SIEMENS folgte eine Reihe weiterer Forscher, die ebenfalls ihre Erfindungen über die Gründung neuer Unternehmen am Markt zu etablieren versuchten. Dieser Effekt lässt sich auch in den USA aufzeigen. Durch die 1947 gegründeten *Bell Laboratories* des Telefongiganten *AT&T* wurde die Entwicklung des ersten Transistors vermarktet. Aus dieser Industrieinnovation sind weitere Weltmarktführer wie *Texas Instruments* oder *Intel* hervorgegangen.

Die Bereitschaft, dieses Innovationsrisiko durch Unternehmensgründungen wirtschaftlich zu realisieren, war in den letzten Jahrzehnten in Deutschland in den Hintergrund getreten, teilweise gesellschaftlich sogar verpönt. Neue Produkte sollten durch etablierte Unternehmen hervorgebracht werden, die sowohl für die Ausbildung an Schulen und Universitäten als auch für die Vielzahl der Absolventen und Praktiker die Zielsetzung allen Handelns waren. Doch wie die oben angeführten Beispiele gezeigt haben, verändert gerade die Bereitschaft, Tradition durch Innovation in Frage zu stellen, das Umfeld und den Markt. Ausgewählte Fakten der jüngsten Vergangenheit unterstreichen diese Basis für wachstumsstarke Start-up-Unternehmen:

- Die Gründungsaktivität von Studenten bzw. wissenschaftlichen Mitarbeitern ist signifikant gestiegen und nimmt Werte von bis zu 50 % der Grundgesamtheit an (Welter/von Rosenbladt, 1998; Franke/Lüthje, 2002; Knecht, 1998). Dies ist nicht zuletzt auf die Einrichtung öffentlicher Förderaktivitäten wie Gründerlehrstühle, Inkubatoren und Business-Plan-Wettbewerbe zurückzuführen. Die Anzahl der jährlich gegründeten Unternehmen aus nicht-erwerbswirtschaftlichen Inkubatoren hat sich seit 1996 nahezu verdoppelt (Knecht, 2002).

- Mit der Einrichtung des Börsensegmentes Neuer Markt im März 1997 wurde sowohl eine unternehmerische Plattform zur Kapitalbeschaffung für die mehr als 350 notierten Unternehmen geschaffen, als auch eine Möglichkeit für viele Millionen Eigentümer (Aktionäre) eröffnet, am wertorientierten Wachstum der Start-ups teilzuhaben. Darüber hinaus hat sich eine neue Aktien- und Unternehmenskultur etabliert, die eine nachhaltige

Umsetzung von Innovationen durch Start-up-Unternehmen erst ermöglicht. Seit Herbst 2000 sind mit dem allgemeinen Rückgang der Kurswerte die Kritiker des Marktsegments und der Start-up-Unternehmen in der Vordergrund getreten. Dieser Kritik kann allerdings durch eine noch stärkere Betonung der wertorientierten Entwicklung und Steuerung der Wachstumsunternehmen begegnet werden.

- Um unterschiedliche Personen bzw. Gesellschaften an der Umsetzung des Innovationsprojektes durch das Start-up-Unternehmen beteiligen zu können und gleichzeitig die persönliche Haftung zu beschränken wurden seit 1997 zunehmend mehr Unternehmen als Kapitalgesellschaften gegründet: Während im Jahr 1997 lediglich 576 Unternehmenszentralen als Aktiengesellschaft gegründet wurden, waren dies im Jahr 2001 bereits 1.815 Unternehmen. Neben der Verdreifachung der Gründungen mit der „großen" Rechtsform wird evident, dass auch die Gründungen in der Rechtsform der Gesellschaft mit beschränkter Haftung (GmbH) seit 1997 um 4 %, die Gründungen in der Rechtsform der GmbH&Co. KG seit 1997 um 27% angestiegen sind (Statistisches Bundesamt, 2002).

Bereits diese ausgewählten Fakten zeigen, dass die Gründung wachstumsstarker Start-up-Unternehmen im Spannungsfeld zwischen Innovation und Markt noch stärker in den Betrachtungsfokus von Wissenschaft und Wirtschaft zu rücken ist. Durch das Eigenleben der Start-up-Unternehmen der sogenannten "New Economy" werden die Spielregeln zwischen den Marktteilnehmern so verschoben, dass eine Interaktion zwischen den Beteiligten zunehmend komplexer wird und die Wertorientierung als gemeinsame Maxime noch weiter an Bedeutung gewinnt. Diese Gemeinsamkeit erfordert eine gemeinsame „Sprachbasis" bzw. ein gemeinsames Grundverständnis, das im folgenden Abschnitt im Mittelpunkt steht. Darauf aufbauend werden die Ursachen und Zusammenhänge in der ökonomischen Forschung beleuchtet, sowie die Basis der Wertorientierung dargelegt. Vor diesem Hintergrund wird dann ein Bezugsrahmen konstituiert, der die verschiedenen Facetten integriert und gleichzeitig die „Klammer" um die diversen inhaltlichen Themen des vorliegenden Herausgeberbandes bildet.

1.2 Grundlegende Typologisierung

1.2.1 Gründung und Management

Entgegen der weit verbreiteten Meinung ist die „Gründung" von Unternehmen nicht nur die Legalisierung eines individuellen Organisationskonstruktes aus juristischer Perspektive, sondern sie umfasst darüber hinaus eine Vielzahl von sozialen, technischen und ökonomischen Aspekten, die hier Beachtung finden sollen. Das aus dem Altdeutschen stammende Substantiv „Gründung" bzw. das Verb „gründen" können in ihrer grundlegenden Bedeutung mit „den Grund zu etwas legen, errichten, ins Leben rufen" verdeutlicht werden. Übertragen steht der Begriff „Unternehmensgründung" hier für den Initiierungsprozess eines neuen ökonomischen Systems, das gegenüber seiner Umwelt qualitativ abgrenzbar ist und zuvor in identischer, struktureller Zusammensetzung nicht existierte. Dabei definiert die Gründung als zeitlicher Prozess die konzeptionellen Voraussetzungen für die Zusammensetzung und

Entwicklung des neuen Unternehmens (Szyperski/Nathusius, 1999, S. 23–34). Getrieben wird dieses System durch die Erstellung und wirtschaftliche Verwertung von physischen Waren bzw. Dienstleistungen mit dem Zweck der Gewinnerzielung.

Da diese Gründungen einen wertvollen Beitrag zur Gestaltung von funktionierenden Märkten bzw. Industrien leisten, haben die Gründer und Führungskräfte sowohl prozessuale und infrastrukturelle Entscheidungen im Unternehmen zu treffen als auch Entscheidungen im Umgang mit den spezifischen Märkten, um die definierten Ziele zu erreichen. Die Aufgabe der Entscheidungsfindung, mit all ihren vor- und nachbereitenden Facetten, obliegt dabei den Gründern bzw. denjenigen Individuen des Gründungsunternehmens, die mit der „Führung" dieses Unternehmens konfrontiert sind. Die folgende Herleitung und umfassende Definition des Begriffs „Gründungsmanagement" verdeutlicht, dass diese „unternehmerische Führung" Bestandteil des Managements von Gründungen ist.

Die „ins Leben gerufene" Gründung wurde bereits begrifflich verdeutlicht. Der Begriff „Management" dieser Gründung findet seine Wurzeln im lateinischen „manus agere", was mit „an der Hand führen" oder genauer „ein Pferd in allen Gangarten üben" übersetzt werden kann (Braverman, 1974). Dabei lässt sich das „Üben des Pferdes in allen Gangarten" aus einer institutionellen und einer funktionalen Perspektive betrachten. Die institutionelle Perspektive fokussiert dabei die Person bzw. die Personengruppe, die mit der „Übung" betraut ist. Im vorliegenden Falle ist das der Gründer bzw. das Gründungsteam. Dabei werden vor allem die Eigenschaften der Gründerpersonen wie Einstellung oder Qualifikation, Situationswahrnehmung und Lernverhalten, Motivation und Konfliktverhalten, Kommunikations- und Führungsfähigkeiten beleuchtet. Die funktionale Perspektive konzentriert sich hingegen auf die einzelnen Steuerungshandlungen innerhalb der „Übung". Dazu zählen jegliche Aspekte innerhalb des Gründungsunternehmens und die damit verbundenen Prozessaufgaben. Dies sind beispielsweise die Zielsetzungen und Effizienz der Strukturen, die Planungs-, Entscheidungs- und Kontrollprozesse oder auch die Gestaltung des Wachstums und Wandels des Gründungsunternehmens. Gründungsmanagement wird somit als Komplex von Einzelaufgaben verstanden, die zur Generierung, Steuerung und Etablierung einer neuen betriebswirtschaftlichen Einheit erfüllt werden müssen. Dabei werden aus den Einzelaufgaben sogenannte „Steuerungshandlungen" abgeleitet, die einerseits die Konstitution und Interaktion der beteiligten Individuen fokussieren, andererseits die planenden, organisierenden und kontrollierenden Steuerungsaufgaben beinhalten, die zur Leistungserstellung im arbeitsteiligen System erbracht werden müssen. Ziel ist dabei die nachhaltige Wertsteigerung für alle Interessengruppen des Gründungsunternehmens.

Der Gründungsprozess vereint die institutionelle und die funktionale Perspektive. Dabei werden Chancen und Risiken bzw. Probleme und Herausforderungen im strategischen Planungsprozess des Gründungsunternehmens thematisiert. Der Gründungsprozess reicht von der Ideengenerierung über den Aufbau unternehmerischer Strukturen bis hin zur betrieblichen Steuerung des jungen Unternehmens. Die ausgeprägte Problemorientierung des Gründungsmanagements in diesem Prozess veranlasst, über die Disziplingrenzen hinweg, auftretende Probleme im Gründungsprozess zu erkennen, zu definieren und problemlösungsbezogenes Wissen zu generieren. Dem Gründungsmanagement fällt somit die Aufgabe zu, Instrumentarien bereit zu stellen, die im Stande sind, die Erkenntnisse der verschiedenen Wissens- und Erkenntnisdisziplinen zu integrieren. (Klandt/Knecht, 1999).

1.2.2 Existenzgründung, Unternehmensgründung und Entrepreneurship

Die Begriffe „Existenzgründung" und „Unternehmensgründung" haben nur sehr bedingte Überschneidungsbereiche, auch wenn sie im öffentlichen Sprachgebrauch oft als Synonyme verwendet werden. So findet die Existenzgründung ihre begrifflichen Wurzeln im Wort „Existenz", das aus dem Lateinischen stammt und soviel bedeutet wie „Dasein, faktisches Vorhandensein". Im übertragenen Sinn kann unter einer Existenzgründung das „Auskommen" mit einem lebensinhaltlichen Existenzminimum verstanden werden, das zur Fristung des Lebens eines Individuums oder einer Gruppe unbedingt erforderlich bzw. das zur Realisierung eines durch Sitte und Umgebung bestimmten Lebensstandards notwendig ist. Existenzgründung ist somit stark auf einzelne Individuen bezogen und nicht auf die Generierung einer neuen ökonomischen Institution. Eine äußerst detaillierte Betrachtung des Begriffs Existenzgründung lässt sogar die Behauptung zu, dass diese von nahezu jedem Individuum im Laufe eines Lebens vollzogen wird, wenn dieses versucht, seinen Lebensunterhalt selbst zu sichern. Eine Aussage, ob diese Darstellung des Lebensunterhaltes durch angestellte oder selbständige Erwerbstätigkeit vollzogen wird, wird in diesem Zusammenhang nicht getroffen. Eine Unternehmensgründung und vor allem die Gründung eines Start-up-Unternehmens, wie sie hier verstanden werden soll, fokussiert hingegen den Aufbau und das nachhaltige Wachstum individuenübergreifender Systemstrukturen, die durch selbständige Erwerbstätigkeit des Gründers bzw. der Gründerpersonen getrieben werden.

Im Angloamerikanischen wird die Gründung von Start-up-Unternehmen und deren Management im Rahmen des „Entrepreneurship" betrachtet (Klandt/Knecht, 1999). Der Dachbegriff „Entrepreneurship" schließt, neben weiterführenden Implikationen, auch die Bausteine Gründungsforschung („Entrepreneurship Research") und Unternehmerausbildung („Entrepreneurship Education") mit ein. „Entrepreneurship", das übersetzte Synonym für die Gründung und das Management von Wachstumsunternehmen, konzentriert sich sowohl auf das dynamische Interagieren von Individuen, das zur Generierung und Weiterentwicklung neuer betrieblicher Strukturen nötig ist als auch auf die Unternehmenslebensphasen. Dabei finden die Ideengenerierung, die Machbarkeitsprüfung und der Geschäftsplan (Business Plan) besondere Beachtung (Sahlman, 1997; Dollinger, 1999). Im Rahmen der Gründungsforschung, dem sogenannten „Entrepreneurship Research", liegt der Betrachtungsschwerpunkt auf der Beschreibung, Erklärung und Prognose von Phänomenen im Zusammenhang mit der Gründung neuer betriebswirtschaftlicher Institutionen und dem Management dieser Systeme durch die Gründerpersonen und beteiligten Share- und Stakeholder (Low/MacMillan, 1988; Ratnatunga/Romano, 1997). Die Begrifflichkeiten „Entrepreneurship Research" und „Gründungsforschung" sind nicht absolut deckungsgleich, da eine Vielzahl traditioneller mittelständischer Unternehmen im deutschsprachigen Bereich im Rahmen der kleinen und mittleren Unternehmen (KMU) behandelt werden. Diese werden jedoch oft zur Gründungsforschung gezählt und erweitern dadurch das Begriffsverständnis. Im „Entrepreneurship Research" werden diese Unternehmen weitgehend vernachlässigt. „Unternehmerausbildung" und ternehmerausbildung" und „Entrepreneurship Education" werden nahezu deckungsgleich gebraucht. Hier sollen Chancen und Risiken und das Aufgabenfeld des Unternehmers bzw. der Unternehmerpersonen von der Vorgründungs- bis zur Etablierungsphase des Gründungsunternehmens erklärt werden, um sie mit Methoden und Instrumenten handhabbar zu machen. Besondere Bedeutung erfährt die Unternehmerausbildung in Phasen des Wandels des wachsenden Systems (vgl. Kapitel VIII.1). Die Besonderheit des eigenverantwortlichen, selbständigen Handelns unter Unsicherheit bzw. Risiko und die Verantwortung für die eigene Person, angestellte Mitarbeiter und die externen Interessengruppen des Unternehmens verleihen dieser Ausbildung besondere Bedeutung.

Ein abschließender Konsens in der Abgrenzung des „Entrepreneurship" vom viel zitierten „Entrepreneur" kann bis heute nicht erzielt werden, auch die deutschen Begrifflichkeiten „Gründungsmanagement" und „Unternehmer" liefern keine eindeutige Klarheit. Der „Entrepreneur" findet bei CANTILLON vor mehr als 250 Jahren erstmals Erwähnung, wobei dort ein Individuum beschrieben wird, das seine Kompetenz zur Zielerreichung unter Unsicherheit einsetzt (Bull/Willard, 1993, S. 183–195). SAY erweitert diese Abgrenzung, indem er die ökonomisch zielgerichtete Steuerung der Produktionsfaktoren als zentralen Bestandteil des Entrepreneurs sieht (Stevenson, 1989). KNIGHT, SCHUMPETER und KIRZNER beeinflussen die Entwicklung des Gründungsmanagements im 20. Jahrhundert, indem sie die Eigentümerfunktion (Knight, 1967), die Innovationsfunktion (Schumpeter, 1934, S. 66–75) und auch die Marktungleichgewichtsfunktion (Kirzner, 1973, S. 13–14) als zentrale Bestandteile des „Entrepreneur" definieren. Seit Mitte der achtziger Jahre unterscheidet das Gründungsmanagement die institutionellen und funktionalen Aspekte, die auch den Unternehmer als Person, neben einer Vielzahl anderer Variablen, miteinbeziehen (Gartner, 1985).

1.2.3 Formen der Unternehmensgründung

Nicht zuletzt durch die von KNIGHT eingeführten Charakteristika des unter Risiko agierenden Eigentümerunternehmers wird deutlich, dass verschiedene institutionelle Organisationsgebilde existieren, durch die Unternehmer agieren können. Diese verschiedenen Gebilde sollen näher beleuchtet werden.

In Anlehnung an die Eigentümerfunktion kann zwischen *selbständigen* und *unselbständigen Gründungen* unterschieden werden. Eine *selbständige Gründung* liegt dann vor, wenn der Gründer einer unabhängigen Vollzeitbeschäftigung in dem von ihm aufgebauten ökonomischen System nachgeht. Darüber hinaus ist eine Gründung als selbständig anzusehen, wenn dieses System rechtlich unabhängig von sonstigen Institutionen entscheiden kann. Demgegenüber existieren *unselbständige Gründungen*. Hierbei erfolgt die Gründung eines Unternehmens als Bestandteil des Aufgabenumfangs des Betroffenen im Rahmen einer Anstellung bei einem anderen Unternehmen. Dies liegt beispielsweise vor, wenn ein angestellter Geschäftsführer mit der Gründung einer Tochtergesellschaft beauftragt wird. Von unselbständigen Gründungen wird auch gesprochen, wenn die neue Institution kein rechtlich eigenständiges System darstellt.

Eine andere Abgrenzung der Gründungsformen ergibt sich, falls zwischen *originären* und *derivativen Gründungen* unterschieden wird. Dieses Abgrenzungskriterium prüft den Umfang der bereits zum Zeitpunkt der Geschäftsaufnahme existierenden betrieblichen Strukturen. Im Falle einer originären Gründung existieren keine betrieblichen Strukturen, diese sind gänzlich „von der grünen Wiese weg" zu errichten. Die Mehrzahl der „High-Tech-Startups" entstammen dieser Gründungsform. Vorteilhaft zeigt sich dabei die Vielzahl der Entscheidungsmöglichkeiten, da keine Restriktionen durch die „Altorganisation" vorliegen. Demgegenüber sind natürlich auch keine Erfahrungswerte oder Unternehmensroutinen etabliert, was als Nachteil dieser Gründungsform anzuführen ist. Ist die Gründung den derivativen Gründungsformen zuzuordnen, so wurden wesentliche Teile einer Mutter- bzw. Altorganisation übernommen. Diese Art von Gründung kommt hauptsächlich durch Übernahmen, Fusionen oder Umgründungen zustande, die auch im Bereich der kleinen und mittleren Unternehmen zunehmende Bedeutung erlangen. Im Rahmen der derivativen Gründungen verliert die Mutter- oder Altorganisation wesentlich ihre Identität, die sich unter anderem durch den Firmennamen oder auch die Organisationsstruktur ausdrückte. SZYPERSKI/NATHUSIUS entwickeln aus der Kombination dieser vier alternativen Gründungsformen eine Matrix (Abbildung I.1), aus der auch die verschiedenen Gründungsarten abgeleitet werden können (Szyperski/Nathusius, 1999, S. 26–30).

	Derivative Gründung	Originäre Gründung
Unselbständige Gründung	Fusion Übernahme Umgründung	Konzern- bzw. Betriebsgründung
Selbständige Gründung	Betriebliche Existenzgründung	Unternehmensgründung

Abbildung I.1: Gründungsformen (Quelle: Szyperski/Nathusius, 1999, S. 27)

Im Falle einer *Fusion, Übernahme* oder auch *Umgründung* wird auch von einer „unechten Gründung" gesprochen, da hier lediglich der Umfang der Geschäftstätigkeit modifiziert wird. Besonders deutlich wird das am Falle einer Unternehmensübernahme. So erfolgt hier in der Regel eine Erweiterung der Geschäftstätigkeit des erwerbenden Unternehmens auf den entsprechenden Zielmärkten, Mitarbeiterstämmen, Produktprogrammen oder auch Technologiefeldern. Generiert eine bestehende Unternehmung ein neues ökonomisches System, so wird diese unselbständig-originäre Gründung als *Konzern- oder Betriebsgründung* bezeichnet. Nicht selten werden im Zuge von Diversifikationsstrategien neue Institutionen geschaffen, die von der Muttergesellschaft abhängig sind. Es entstehen somit neue Gebilde, die vom Inkubator mehr oder weniger abhängig sind. Diese Konzern- oder Betriebsgründungen treten nicht selten als „Spin-off"- bzw. „Split-off"-Gründungen am Markt auf. Die *betriebliche Existenzgründung* stellt den Ausnahmefall der unselbständig-derivativen Gründungen dar, da hier lediglich die berufliche Veränderung des Gründers im

Zentrum der Betrachtung steht. So wechselt dieser hier von einem angestellten Beschäftigungsverhältnis in die unternehmerische Selbständigkeit, indem er ein vorhandenes Unternehmen übernimmt. Diese Form der betrieblichen Existenzgründung ist vor allem bei der Übernahme von Handwerksbetrieben anzutreffen, wenn lediglich ein Personenwechsel, nicht aber ein Struktur- oder Arbeitsablaufwechsel vorgenommen wird, der jedoch diese Modifikationen nicht ausschließt. Im Rahmen der selbständig-originären Gründung erfolgt die *Unternehmensgründung*. Sie ist verbunden mit einem gänzlich neuen Aufbau des Systems, das lediglich durch die eingebrachten Ressourcen (z. B. Fähigkeiten der Gründer, Marktfähigkeit des Produktes) und Unterstützungsleistungen (z. B. Gründungshelfer, Netzwerkkontakte) getrieben wird. Aus der Perspektive dieser Gründungsform sind wesentliche Teile des vorliegenden Buches betrachtet.

Neben diesen unterschiedlichen Gründungsformen haben sich noch weitere Unterscheidungskriterien etabliert, wie die Differenzierung zwischen *innovativen* und *imitatorischen Gründungen*. Von *innovativen Gründungen* wird dann gesprochen, wenn diese Produkte oder Prozesse inkorporieren, die zumindest für das jeweilige Unternehmen eine Neuheit darstellen (Schrader, 1996). *Imitatorische Gründungen* verfügen hingegen über Produkte oder Prozesse, die in gleicher oder ähnlicher Weise bereits am Markt vorhanden sind. Zu den imitatorischen Gründungen kann beispielsweise auch die Vielzahl der Franchisegründungen (z. B. *McDonald's*) gezählt werden, die zwar stets neue ökonomische Einheiten generieren, jedoch identische Produkte verkaufen.

1.2.4 Zentrale Charakteristika von Start-up-Unternehmen

Innovative Wachstumsunternehmen, wie sie hier im Betrachtungsmittelpunkt stehen, werden synonym unter den Begriffen Start-up-Unternehmen, High-Tech-Start-up, New-Economy-Unternehmen oder junges Technologieunternehmen (JTU) geführt. Dabei handelt es sich um Unternehmensgründungen, die als selbständige und unabhängige betriebswirtschaftliche Einheiten im Markt auftreten und dabei „die erstmalige Umsetzung einer innovativen Produktidee (Problemlösung) in ein wirtschaftlich tragfähiges Produkt mit dem Ziel einer erfolgreichen Vermarktung" (Laub, 1989, S. 11) verfolgen.

Die Start-up-Unternehmen weisen dabei bereits vor bzw. ab dem Zeitpunkt der Gründung inhaltliche Besonderheiten auf, die sie von etablierten Unternehmen differenzieren und in ihren Charakteristika zum Ausdruck kommen (Knecht, 2002):

- **Unternehmenshistorie:**
  Eine Vielzahl der wachstumsstarken Start-up-Unternehmen verfügt über eine kurze Unternehmenshistorie, da nachhaltige Gründungsaktivität dieser Unternehmen erst seit Ende der Neunziger Jahre in Deutschland zu beobachten ist. Als Kriterium zur Feststellung des Umfangs der Unternehmenshistorie wird die Existenz des Unternehmens betrachtet, die sich in eine rechtliche und eine wirtschaftliche Facette unterteilen lässt. Rechtlich geht die spezifische Unternehmenshistorie auf den Tag der Eintragung im Handelsregister zurück, der leicht nachzuvollziehen und genau zu bestimmen ist. Wirtschaftlich lässt sich der Umfang der Unternehmenshistorie nur bedingt objektiv nachvollziehen, da hier

auch die Vorgründungsphase mit eingeschlossen werden soll. Somit umfasst die Unternehmenshistorie beispielsweise auch bereits die formalen Beschäftigungsverhältnisse von Gründern an der Muttergesellschaft oder die Aufwendungen für Forschungsaktivitäten, bevor diese in die Gründung eingebracht werden.

- **Unternehmensdaten**:
Nicht zuletzt durch ihre überschaubare Unternehmenshistorie bedingt, verfügen Start-up-Unternehmen meist nur über sehr wenige (Quantität) als auch über meist bedingt gut erfasste (Qualität) Unternehmensdaten. Im Bereich der Bilanz bzw. der Gewinn- und Verlustrechnung (GuV) entstehen beispielsweise Zurechnungsdifferenzen. So werden unter anderem Gründungs- und Ingangsetzungskosten, die oft nicht eindeutig einem Jahr bzw. einem Aufwandsposten zuzuordnen sind, in das Zahlenwerk integriert. Ferner liefern Bilanzen und GuV aufgrund der fehlenden Anzahl der Abschlüsse nur einen bedingten Eindruck im zeitlichen Ablauf. Im operativen Bereich, wie beispielsweise dem „Produktabsatz" liegen auch kaum valide Unternehmensdaten vor, da oft weder die Anzahl der Kunden noch deren Kaufintensität- und -anreizstrukturen bekannt sind. Sollen die mangelnden Unternehmensdaten zur Unternehmensanalyse herangezogen werden, sind sie daher sehr genau zu analysieren (Hayn, 1998, S. 22–24).

- **Unternehmensplanung**:
Sowohl zur Kapitalbudgetierung als auch zur Abschätzung der langfristigen Gewinnrealisierung hat eine strategische Planungsrechnung für Gründer, Investoren und sonstige Stakeholder von Start-up-Unternehmen eine herausragende Bedeutung. Über eine plausibilisierte Planungsrechnung wird evident, wie hoch die „cash-burn-rate" in der frühen Unternehmensentwicklung ist, wie hoch die zeitpunktspezifische Aufnahme von „frischem Eigenkapital" ist und wann das Unternehmen mit Hilfe der Innovation Umsätze bzw. Gewinne realisieren kann. So liefert die Planungsrechung Orientierungsansätze für den Entwicklungsstand des Unternehmens, mittels dessen versucht wird, kritische Situationen zu antizipieren und erfolgversprechende Strategien zu entwickeln. Die Gesamtrelevanz der Planungsrechnung wird dadurch unterstrichen, dass sie für Investoren eine Grundlage für die Bewertung des Start-up-Unternehmens darstellt (Berens/Strauch, 1999, S. 5–19).

- **Unternehmenswachstum**:
Verglichen mit traditionellen Unternehmensgründungen weisen Start-up-Unternehmen bereits unmittelbar nach der formalen Gründung ein deutlich überproportionales, quantitatives Wachstum auf (Almus/Nerlinger, 1998, S. 157–173; Heil, 1999, S. 9–46). Wachstum wird hier als positiver, qualitativer oder quantitativer Veränderungsprozess des Start-up-Unternehmens aufgefasst, der sich durch Messgrößen wie beispielsweise Umsatz oder Anzahl der Mitarbeiter operationalisieren lässt. Der qualitative bzw. quantitative Veränderungsprozess ist in der Vergangenheit zu beobachten und in der Zukunft über das Wachstumspotenzial zu prognostizieren. Das Wachstumspotenzial von Start-up-Unternehmen kann sowohl in einer hohen Kompetenz in den Bereichen Produktentwicklung und -vermarktung begründet sein als auch im Aufbau eines funktionsfähigen Geschäftssystems (Freier, 2000, S. 119–136; Zahra/Bogner, 1999, S. 135–173). Aus

dem Wachstumspotenzial und dem Umfang seiner Realisierung resultiert letztlich auch die Unsicherheit für Gründer, Investoren und sonstige Stakeholder.

- **Technologieprodukt:**
Im Zentrum der Geschäftsmodelle der Start-up-Unternehmen stehen die Technologieprodukte, die sich aus einem überdurchschnittlich hohen Anteil von Aufwendungen für Forschung und Entwicklung (F&E), einem überdurchschnittlich hohen Anteil von F&E-Beschäftigten bzw. einer erheblichen Ausstattung an Labor- und Entwicklungstechnik ergeben. Um die gewonnene Invention mit einem positiven Ergebnis für die Umsatz- und Ertragssituation des Start-up-Unternehmens absetzen zu können, gilt es, diese im Rahmen der wirtschaftlichen Verwertung mit einem Innovationsschutz zu versehen (Teece, 1986, S. 286–305). Abhängig vom Grad der Innovation wird es somit auch gelingen, über die Realisierung von Zeit- und Marktvorsprüngen Wettbewerbsvorteile zu schaffen (Schrader, 1996, S. 743–758).

- **Technologiefeld:**
Start-up-Unternehmen und ihre Technologieprodukte sehen sich in der Regel Wettbewerbern ausgesetzt, die im gleichen Markt bzw. im gleichen Technologiefeld aktiv sind. Die Technologiefelder sind durch hohe Dynamik aus den Innovationen der Start-up-Unternehmen gekennzeichnet, da letztlich alle Marktteilnehmer des Technologiefeldes versuchen, durch die Modifikationen von Ressourcenkombinationen innovative Technologieprodukte zu generieren. Dies erfordert neben einer ständigen F&E-Aktivität auch einen kontinuierlichen Veränderungs- und Anpassungsprozess der Geschäftsmodelle der Start-ups. Somit bedingt die Dynamik im Technologiefeld wiederum kürzere Produktlebenszyklen und eine erhöhte Bedeutung von First-Mover-Vorteilen für die Wachstumsunternehmen (Lieberman/Montgomery, 1998, S. 1111–1125).

1.3 Konzeptionelle Erkenntnisse und Erklärungsansätze

1.3.1 Ökonomische Einflüsse auf eine „Theorie der Unternehmensgründung"

Bislang liegt eine „Theorie der Unternehmensgründung" nicht vor. Eine der möglichen Ursachen hierfür sind bereits die fehlenden, eindeutigen Begriffsabgrenzungen und klaren Zusammenhangsdarstellungen (Klandt/Schulte, 1996, S. 46). Positiv betrachtet kann hingegen konstatiert werden, dass diese Inkonsistenz auch weitreichende Entwicklungsmöglichkeiten dieses wissenschaftlichen Feldes offen gelassen hat. Die zentralen Problem- und Fragestellungen sind somit nicht eindeutig vorgegeben. Obwohl die Unternehmensgründungen und ihre angrenzenden Facetten – vor allem in Deutschland – ein bislang relativ junges ökonomisches Forschungsfeld darstellen, zeigt sich, dass es sich hier um ein wissenschaftliches Gebiet handelt, aus dem konzeptionelle und praktische Lehren zu ziehen sind. In diesem Gebiet sind durch Beschreibung, Erklärung, Bewertung, Vorhersage und Kontrolle von Ereignissen theoretische und praktische Begebenheiten im Zusammenhang mit Gründungsunternehmen zu erfahren. Dieser mehrstufige Prozess der Entwicklung einer neuen Wissenschaft verspricht den Gewinn von allgemeingültigen Aussagen oder Gesetzen.

Im Rahmen der ökonomischen Forschung haben sich im Zeitablauf verschiedene konzeptionelle Ansätze entwickelt, die zu einer Dynamisierung der Erkenntnisse über Start-up-Unternehmen beitragen können. Ausgewählte, wesentliche Ergebnisse dieser Entwicklungstendenzen waren

- die **monopolistische Konkurrenz**, die verdeutlicht, dass heterogene Produkte der Gründungen und die bei der Produktion zu realisierenden Skalenerträge auf die fallende Preis-Absatz-Funktion wirken;

- die **neoklassische Gleichgewichtstheorie**, welche den Markt als ökonomischen Koordinationsmechanismus für Austauschprozesse auffasst und gleichzeitig die Bedingungen klarstellt, die zu Marktfehlern führen, die schließlich neue Chancen für Unternehmensgründungen liefern. CHANDLER zeigt, dass eine Vielzahl von Unternehmen sich entwickelt hat, weil die entsprechenden Märkte für diese Unternehmen nicht vorhanden waren bzw. nicht funktioniert haben (Chandler, 1962; Chandler, 1977);

- die **Institutionenökonomie**, welche die Transaktionskostentheorie, die Informationsökonomie und die ökonomische Vertragstheorie umfasst. Ergreift ein Start-up-Unternehmen die sich aus Ungleichgewichten am Markt bietenden Möglichkeiten, so übernimmt es Aufgaben bzw. verursacht Transaktionskosten, die zu koordinieren sind und somit wiederum Kosten verursachen. Die Kosten für die Transaktion werden fällig für die Prozessschritte Anbahnung, Vereinbarung, Abwicklung, Kontrolle und Anpassung eines Leistungsaustausches, die von der Transaktionskostenanalyse untersucht werden (Coase, 1937; Williamson, 1975; Picot, 1982). Im Rahmen der Informationsökonomie werden die Bedingungen und die Kosten der Informationsbeschaffung und -verwertung sowie deren Ungleichverteilung zwischen den beteiligten Individuen thematisiert. Die ökonomischen Vertragstheorie schließlich macht deutlich, wie Verträge selbst bei bekanntem Informationsnachteil vorteilhaft gestaltet werden können (Alchian/Demsetz, 1973, S. 16–27; Jensen/Meckling, 1976, S. 305–360, Pratt/Zeckhauser, 1985).

Als Konsequenz aus diesen Entwicklungstendenzen ist das Start-up-Unternehmen nicht mehr als Optimierungskalkül zur Realisierung von Skalenerträgen zu sehen, sondern als komplexes System zur Koordination und Kooperation verschiedener Akteure, die durch mannigfaltige Verträge verbunden sind (Milgrom/Roberts, 1992).

1.3.2 Evolutionstheoretische Entwicklung von Start-up-Unternehmen

Die Akteure, die die Gründung eines Start-up-Unternehmen vornehmen, stehen auch in den evolutionstheoretischen Ansätzen zur Entwicklung von Start-up-Unternehmen zunächst im Betrachtungsmittelpunkt. Dabei gehen die Anhänger der sogenannten österreichischen Schule beispielsweise davon aus, dass sich das Potenzial eines Wachstumsunternehmens zunächst an der Person des Unternehmensgründers widerspiegelt. So bezeichnet beispielsweise SCHUMPETER den Entrepreneur als einen „schöpferischen Zerstörer", der durch seine individuellen Fähigkeiten und Ressourcen das Wachstum und die Innovation identifiziert (Hayek, 1945, S. 519–530; Schumpeter, 1934, S. 66–75). In der zeitlich fortschreitenden

Entwicklung des Unternehmens gewinnen auch interaktive, strategische Prozesse einer Organisation als Ressourcen an Bedeutung, wie CHANDLER und ANDREWS nachweisen konnten (Chandler, 1962; Andrews, 1971). So verdeutlicht die evolutionstheoretische Entwicklung von Unternehmen, dass die Gründung von Start-ups als Folge von Vorgängen interpretiert werden kann, die sich aus der Interaktion von Individuen (bspw. Gründer und Investor) im Zeitablauf ergeben. BYGRAVE/HOFER definieren diesen Prozess wie folgt:

> „It involves all the functions, activities, and actions associated with the perceiving of opportunity and the creation of organizations to pursue them." (Bygrave/ Hofer, 1991, S. 14).

Um den Zusammenhang der spezifischen Ressourcen eines Start-up-Unternehmens im Gründungs- und Etablierungsprozess zu verdeutlichen, hat sich in der Ökonomie der evolutionstheoretische Ansatz von HANNAN/FREEMAN etabliert (Hannan/Freeman, 1977). Dieser findet seinen Ursprung in der Biologie und wurde in Analogie zu Geburt, Leben bzw. Überleben und Sterben eines Organismus auf Unternehmen übertragen.

In diesem Prozessablauf verdeutlichen HANNAN/FREEMAN, dass sowohl biologische als auch organisatorische Systemstrukturen im Zeitablauf einem ähnlichen Wandel unterliegen. So durchläuft ein biologisches System drei Prozessphasen im Zeitablauf: (1) die Variation, (2) die Selektion und (3) die Retention. In der Variationsphase steht die Übertragung von Erbanlagen mit allen möglichen Störungen wie beispielsweise der Mutation im Mittelpunkt. Daraus entwickelt sich ein Organismus mit spezifischer Konfiguration, der letztlich mit seiner Umwelt konfrontiert wird. In der Selektionsphase wird ermittelt, ob sich der Organismus in seiner Umgebung zurechtfinden kann bzw. konnte. Ist diese Zweckmäßigkeit gegeben, so wird sich der Organismus vermutlich im Rahmen der Retentionsphase fortpflanzen. Ein Start-up-Unternehmen kann in seiner Entwicklung ähnliche Stufen durchlaufen. So wird in der ersten Phase, aufbauend auf den Ressourcen der Gründer und der Infrastruktur, ein innovatives Technologieprodukt geschaffen und in ein Geschäftsmodell integriert, das die Basis der neuen Organisation im Wettbewerb darstellt. In der zweiten Phase begegnet das Start-up-Unternehmen sowohl unternehmensinternen als auch -externen Rahmenbedingungen, mit deren Einfluss eine Wettbewerbsposition markiert wird. Das Unternehmen wird dabei positiv selektiert, sofern es über das Geschäftsmodell mindestens einen Wettbewerbsvorteil erzielen kann (Nelson/Winter, 1982). In der dritten Phase entwickeln sich diejenigen Start-up-Unternehmen weiter, die den Rahmenbedingungen entsprechend die angepassten Produktkombinationen und Geschäftsmodelle darbieten können. Dadurch wird ein erster „Shake-out"-Prozess eingeleitet, der sich in Abhängigkeit vom Selektionsumfeld vollzieht. Daher sehen HANNAN/FREEMAN die Steuerung der Ressourcen des Start-up-Unternehmens durch ein vernetztes System, das sowohl das Management und die Mitarbeiter als auch externe Share- und sonstige Stakeholder einschließt, als grundlegend für die wertorientierte Entwicklung des Unternehmens an.

Um die Zusammenhänge der Ressourcen des Unternehmens im Zeitablauf nicht nur aus der Makroperspektive verstehen, sondern auch deren Potenzial abschätzen zu können, sind die im Geschäftsmodell des Start-up-Unternehmens integrierten Facetten zu strukturieren.

1.3.3 Ansätze zur Strukturierung des Geschäftsmodells

Im Geschäftsmodell des Start-up-Unternehmens spiegeln sich die unternehmensspezifischen Ressourcen wider, durch die am Markt Wettbewerbsvorteile erzielt werden sollen. Diese Quellen liefern somit Variablen der individuellen Unternehmenskonfiguration, die differenziert in zwei Ansätzen beleuchtet werden sollen (Mahoney/Pandian, 1992, S. 363–380; Hall, 1993, S. 607–618).

Mit dem Ansatz der „market-based-view" erfolgt eine Strukturierung der Potenziale des Start-ups aus der Perspektive des (Absatz-) Marktes, indem die Marktstruktur und das Wettbewerbsverhalten besonderes herausgehoben werden, um die verfügbaren und die erwerbbaren Potenziale des Start-up-Unternehmens abzuschätzen. Diese Klassifizierung erfolgt über das Wirken der Wettbewerbskräfte, die Abschätzung des Gesamtmarktes sowie die Platzierung des Produktes im Wettbewerb. Dabei wird unterstellt, dass über die Potenziale Überrenditen für das Start-up erzeugt werden können, wenn ein vorteilhaftes Wettbewerbsklima geschaffen worden ist. PORTER unterstreicht dies, indem er konstatiert, dass Unternehmen der gleichen Branche die gleichen Möglichkeiten haben, ihre Potenziale gewinnbringend einzusetzen. Diese Möglichkeiten analysiert PORTER über die Branchenstrukturanalyse (Porter, 1992, S. 25–61). Dabei ergibt sich die Existenz von Wettbewerbsvorteilen und die Realisierung möglicher Übergewinne aus dem Zusammenspiel der Wettbewerbskräfte und der relativen Positionierung des Start-up-Unternehmens.

Mit dem Ansatz der „resource-based-view" erfolgt eine Strukturierung der Potenziale des Start-ups aus der Perspektive des Faktormarktes, indem das spezifische Start-up-Unternehmen als einzigartiges Bündel von Ressourcen[1] gesehen wird, über das potenzielle Wettbewerber nicht problemlos verfügen bzw. sie auch nicht bedingungslos beschaffen können. Anhand des Ressourcenbündels gewinnt das Start-up-Unternehmen seine Einzigartigkeit und ermöglicht eine Abschätzung des Potenzials des Unternehmens, Wettbewerbsvorteile und ökonomische Gewinne zu realisieren (Wernerfelt, 1984, S. 171–180; Peteraf, 1993, S. 179–191). Um einzuschätzen, welchen Stellenwert ausgewählte Potenziale des Unternehmens für die Realisierung ressourcenbasierter Übergewinne (sog. Renten) haben, werden diese an den Kriterien (1) Heterogenität (Einzigartigkeit der Ressourcenkombination), (2) Markteintrittsbarrieren, (3) Nachhaltigkeit der Ressourcennutzung und (4) Unvollkommenheit der Faktormärkte gespiegelt. Über einen strategischen Ressourcenwert wird letztlich evident, welche Ressourcen Wert schaffen und welche Wert erhalten. Die wertschaffenden Ressourcen erzeugen einen Wettbewerbsvorsprung und dokumentieren die Einzigartigkeit der Ressource. Die werterhaltenden Ressourcen wirken über die wirtschaftliche Verfügbar-

---

[1] Als Ressourcen eines Start-up-Unternehmens werden alle Variablen bezeichnet, die einen Beitrag zum strategischen Wert der Firma leisten können. AMIT/SCHOEMAKER gehen explizit auf die Unternehmensressourcen ein und definieren diese dabei: „The firm's resources will be defined as stocks of available factors that are owned or controlled by the firm. Resources are converted into final products or services by using a wide range of other firm assets and bonding mechanisms such as technology, management information systems, incentive systems, trust between management and labor, and more. The resources consist, inter alia, of know-how that can be traded (e. g. patents and licenses), financial or physical assets (e. g. property, plant and equipment), human capital, etc." (Amit/Schoemaker, 1993, S. 35).

keit sowie die zeitliche Positionierung zur Sicherung der Position des Unternehmens. Um einen möglichst maximalen Wert für das Unternehmen zu generieren, gilt es, die Ressourcen so auszuwählen und zu bündeln, dass sie besonders wertvoll, selten, dauerhaft und heterogen sind. Die Entwicklung und Steuerung dieses möglichen Wertbeitrags obliegt dabei wesentlich dem Management bzw. den Eigentümern, die versuchen sollten, stets neue Kernkompetenzen bzw. „dynamic capabilities" herauszubilden (Teece/Pisano, 1998, S. 193–212).

Gelingt es den Start-up-Unternehmen, ihre Potenziale im Geschäftsmodell aus der markt- und ressourcenorientierten Perspektive zu strukturieren, so können diese ein zumindest temporäres Monopol, basierend auf erhöhtem Kundennutzen und erhöhter interner Effizienz, einnehmen (McGrath/Venkataraman/MacMillan, 1994, S. 351–369). Die so realisierten Übergewinne führen somit zu steigenden Unternehmenswerten.

1.4 Marktwertorientierung bei dynamischer Entwicklung des Start-up-Unternehmens

1.4.1 Relevanz und Grundzüge einer differenzierten Wertbetrachtung

Der erfolgreiche Einsatz der spezifischen Potenziale eines Start-up-Unternehmens kann aus der Betrachterperspektive beurteilt werden. Die unternehmensorientierte Perspektive misst den wirtschaftlichen Erfolg des Start-ups an den realisierten ökonomischen Gewinnen. Die kapitalmarktorientierte Perspektive bemisst diesen hingegen an der realisierten Wertsteigerung. Entsprechend den Spielregeln des eingangs formulierten „Start-up-Games" und den Charakteristika der Wachstumsunternehmen ist es legitim, die Entwicklung des Unternehmens an der Steigerung des Marktwerts auszurichten. Die marktwertorientierte Entwicklung des Start-up-Unternehmens erfolgt, ausgehend von den im Geschäftsmodell integrierten Ressourcen, über einen Analyseansatz[2], der systematisch Wertsteigerungspotenziale aufzeigen kann. Eine konsequente Ausschöpfung dieser Potenziale steigert nachhaltig den Unternehmenswert (Rappaport, 1999; Copeland/Koller/Murrin, 1998). Dabei unterstützt die Marktwertorientierung des Start-up-Unternehmens nicht nur die Bewertung des Unternehmens, sondern auch die interne Steuerung und Entwicklung.

Die Analyse der Wertsteigerungspotenziale basiert im Wesentlichen auf der Zielsetzung der Erreichung maximaler Eigentümerrenditen. Über die Schätzung zukünftiger Cash Flows, die aus den Potenzialen des Start-up-Unternehmens hervorgehen, wird der ökonomische Wert abgeleitet. Im Rahmen der marktwertorientierten Entwicklung von Start-up-Unternehmen setzt sich der Marktwert des Eigenkapitals aus der Differenz zwischen dem Unternehmenswert und dem Marktwert des Fremdkapitals zusammen. Der Unternehmenswert ergibt sich schließlich aus den Komponenten des (1) Barwerts der betrieblichen Cash Flows des Start-

---

[2] Zur Analyse des wertorientierten Ansatzes haben sich im Zeitablauf eine Vielzahl von Varianten entwickelt, die Günther im Überblick darstellt (Günther, 1997, S. 113–116). Die klassische Shareholder-Value-Analyse von RAPPAPORT wird hier als exemplarische Basis angeführt (Rappaport, 1999; Copeland/Koller/Murrin, 1998).

up-Unternehmens innerhalb der Prognoseperiode, des (2) Restwerts (Barwert aller zukünftigen Cash Flows nach der Prognosemethode) des Start-up-Unternehmens und des (3) Marktwerts des nicht betriebsnotwendigen Vermögens. Für die zu diskontierenden Cash Flows werden hier die Differenz der betrieblichen Ein- und Auszahlungen vor Fremdkapitalzinsen sowie nach Steuern und Nettoinvestitionen in das Anlage- und Umlaufvermögen betrachtet. In der Analyse werden die Cash Flows und der Restwert für den Planungszeitraum auf den Gegenwartswert diskontiert. Im Diskontierungsfaktor spiegeln sich die Kapitalkosten, durch die gleichzeitig Risiko und Zeitwert des Geldes erfasst werden und die sich aus dem gewichteten Mittel von Eigen- und Fremdkapitalkosten ermitteln lassen. Für die Berechnung des Restwertes wird im Regelfall die Methode der „ewigen Rente" benutzt. Um die Zielgröße, den Marktwert des Eigenkapitals, zu berechnen, wird der Unternehmenswert letztlich um den Marktwert des Fremdkapitals korrigiert, der Kredite, Pensionsrückstellungen und anderen Verbindlichkeiten enthält. Die konzeptionellen Limitationen dieser Analyse des Marktwerts des Eigenkapitals können über den Einsatz von Realoptionen (vgl. Kapitel VI.5) überwunden werden, wenngleich dieser Ansatz in der unternehmerischen Praxis bislang erst wenig Verbreitung gefunden hat.

Die Berechnung des Marktwerts des Eigenkapitals geht auf eine Vielzahl von Variablen zurück, die im Rahmen der Analyse des Wertsteigerungspotenzials Bedeutung gewinnen (Abbildung I.2). So finden hier neben den Bewertungskomponenten auch eine Vielzahl von Werttreibern Beachtung, die sich unter anderem aus den Triebkräften der Markt- und Ressourcenorientierung zur Strukturierung der Potenziale des Unternehmens zusammensetzen. Dort finden beispielsweise die über die Branchenstrukturanalyse ermittelte Branchenattraktivität und Wettbewerbsposition Eingang, sowie die spezifischen Ressourcen und Fähigkeiten, die für die wertsteigernde Etablierung in einem dynamischen Umfeld nötig sind.

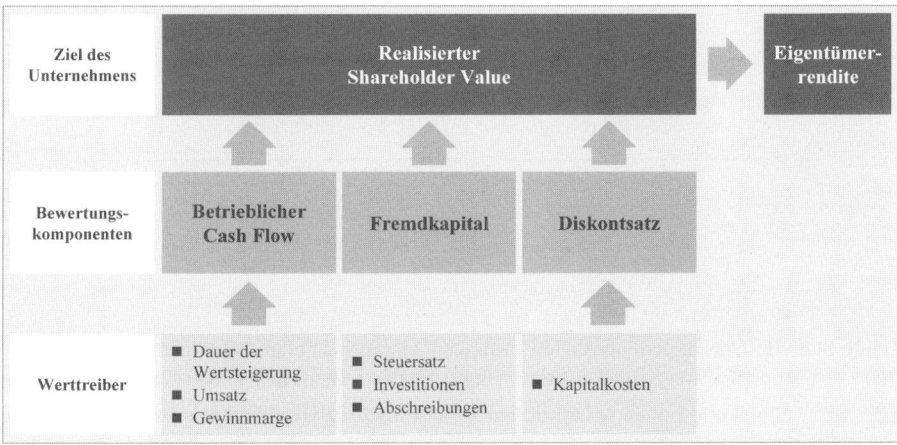

Abbildung I.2: Shareholder-Value-Netzwerk nach RAPPAPORT (Quelle: in Anlehnung an Rappaport, 1995, S. 79)

Über die Analyse des Wertsteigerungspotenzials werden sowohl die Ansätze der Markt- und Ressourcenorientierung im Geschäftsmodell abgebildet als auch die Hebel zur Entwicklung und Steuerung aufgezeigt. Zu thematisieren ist dabei unter anderem, welche Werttreiber im

Rahmen der marktwertorientierten Entwicklung zu berücksichtigen (vgl. Kapitel II.5) und welche praktischen Beobachtungen dabei zu notieren sind.

1.4.2 Praktische Auswirkungen einer wertorientierten Start-up-Entwicklung

Zentrale Faktoren, die den Unternehmenswert von etablierten Geschäftsmodellen beeinflussen, sind beispielsweise die Umsatzentwicklung, die Gewinnspannen im operativen Geschäft, die Investitionssummen, die Kapitalkosten und der Restwert (Rappaport, 1999). Welche der Faktoren auf die Bestimmung des Marktwert des Eigenkapitals von Start-up-Unternehmen nachhaltigen Einfluss haben, ist in der unternehmerischen Praxis, aufgrund der relativen Instabilität und großen Flexibilität der Geschäftsmodelle, nur ungenau erklärbar (Knecht, 2002). So ist es beispielsweise nicht eindeutig klar, warum sich junge Start-up-Unternehmen mit teilweise enormen Investitionen und Kapitalkosten in der „Seed"-Phase zu wahren Marktwertriesen entwickelt haben. Besonders evident wird dies anhand der ausgewählten Technologiewerte *Amazon.com* oder *eBay.com*. Beide Unternehmen haben in ihrer Wertentwicklung den Gesamtmarkt nachhaltig überflügelt (Abbildung I.3).

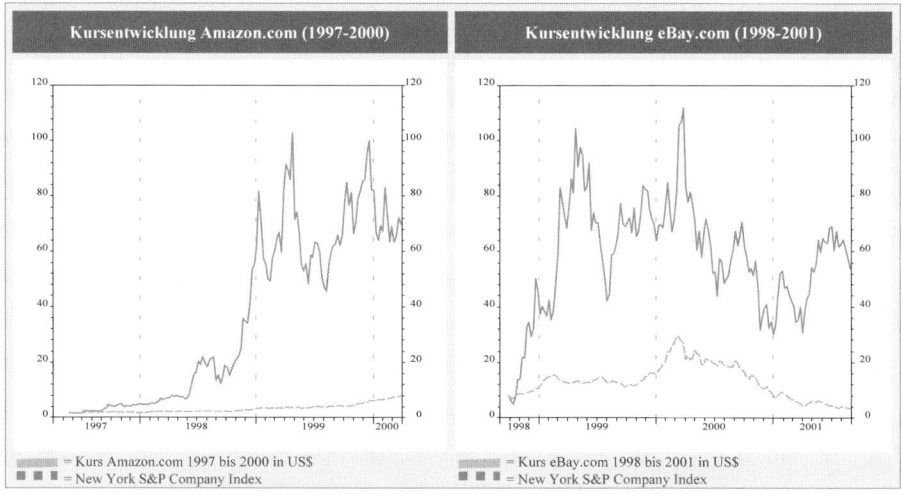

Abbildung I.3: Kursentwicklung von Amazon.com und eBay.com für die ersten drei Jahre nach Börsengang (Quelle: Datastream, 2002)

Beide Start-up-Unternehmen erzielen in jungen Jahren bei relativ geringen Umsätzen (beispielsweise. *Amazon.com*: (1995): US$ 0,5 Mio., (1996): US$ 15,7 Mio., (1997): US$ 147,7 Mio.) und hohen Investitionen zum Aufbau der Kundenbasis bzw. zum Aufbau der Infrastruktur erhebliche Verluste (beispielsweise *Amazon.com*: (1995): US$ 0,3 Mio., (1996): US$ 5,8 Mio., (1997): US$ 31,0 Mio.). Der Kapitalmarkt ordnet diesen Unternehmen trotz dieser Ergebniszahlen einen erheblichen Wert zu: So weist *Amazon.com* bereits beim ersten Kapitalmarktauftritt eine Marktkapitalisierung von ca. US$ 430 Mio. aus, heute sind dies mehr als US$ 5,2 Mrd.. Bei *eBay.com* beträgt der Marktwert heute sogar mehr als US$ 15,9 Mrd. (bei einem Umsatz von rund US$ 725 Mio.). Ähnlich deutlich wird dies häufig bei Biotech-Start-ups, die beispielsweise wie im Falle von *Synergen*, bereits mit deutlich über US$ 1 Mrd. am Markt bewertet wurden, wobei noch nicht ein einziger Dollar Umsatz erzielt wurde. Daraus wird bereits evident, dass die marktwertorientierte Entwicklung von Start-ups nicht trivial ist, da die Identifikation und Abschätzung der Werttreiber mit erheblichen Prognoserisiken behaftet sind.

Während die aufgrund hoher Investitionen in Anlage- und Umlaufvermögen abfließenden Cash Flows rechnerisch genau erfassbar sind, ist der in der „Seed"-Phase generierte Wert nur bedingt quantifizierbar. Nicht selten werden in dieser Phase der Unternehmensentwicklung Potenziale geschaffen, die sich gegenwärtig nicht positiv bemerkbar machen, sondern im Restwert Berücksichtigung finden sollten. Eine unspezifizierte Analyse der Marktwerts des Eigenkapitals könnte für den adressierten Planungshorizont eine Wertvernichtung anzeigen und somit die Abkehr aus einem grundsätzlich Erfolg versprechenden Investment bedeuten. Dabei wird deutlich, dass dem Restwert eine erheblicher Stellenwert zukommt, der in dieser Analyse allerdings mit zwei Problemkreisen behaftet ist. Einerseits ist die Entwicklung eines Geschäftsmodells in einem dynamischen Geschäftsfeld nur bedingt vorauszusagen, andererseits geht diese Analyseform von einem nahezu gleichverteilten Verhältnis von Prognose- und Restwert aus. Für etablierte Unternehmen in stabilen Märkten ist diese Annahme haltbar, für Start-up-Unternehmen, vor allem in der „Seed"-Phase, jedoch nur sehr bedingt. In dieser Phase kann der Restwert des Wachstumsunternehmens unter Umständen deutlich über 100 % des Unternehmenswertes betragen. Daher verliert bei solchen Unternehmen tendenziell die Aussagekraft des prognostizierten Planungszeitraums und es entsteht eine weitgehende Unterbewertung. Für Unternehmen wie *Amazon.com* sind die enormen Investitionen lediglich mit den Zukunftserwartungen des Marktes zu rechtfertigen, die über die langfristige Entwicklung der Werttreiber darzustellen sind, welche mit den thematisierten Prognoseherausforderungen behaftet sind.

1.5 Konzeptioneller Rahmen zur Systematisierung eines wertorientierten Start-up-Managements

Eine Zielsetzung des wertorientierten Start-up-Managements ist die Identifikation, Darstellung und Analyse von Grundlagen, Instrumenten und Strategien wachstumsstarker Start-up-Unternehmen im Unternehmenslebenszyklus. Ein einziges und vollständig umfassendes Kompendium, in dem die vielschichtigen Facetten thematisiert bzw. gelöst werden, existiert bislang nicht. Um die zentralen Herausforderungen der Start-up-Unternehmen möglichst vollständig zu erfassen, hat es in der wissenschaftlichen Forschung einige Bemühungen gegeben, methodisch begründbare Bezugsrahmen zu schaffen (Low/MacMillan, 1988; Timmons, 1999). Diese Rahmen ermöglichen die Formulierung der unternehmerischen Steuerungsprobleme und die Formulierung erster allgemeiner Handlungsanweisungen. Sie enthalten dabei keine individuellen Lösungen, sondern zeigen generelle Zusammenhänge auf. Unter Berücksichtigung dieser Erkenntnisse sollen die Inhalte der vorliegenden Gesamtpublikation die relevanten Facetten eines wertorientierten Start-up-Managements abbilden. Dabei setzt sich der konzeptionelle Rahmen zur Systematisierung der Erkenntnisfelder wie folgt zusammen (Abbildung I.4): Grundlagen, Infrastruktur und Ressourcen, Markt und

Wettbewerb, Finanzierungsquellen und Vertragsgestaltung, Kontrolle und Berichterstattung, Kapitalmarkt und Bewertung sowie Wachstum und Etablierung.

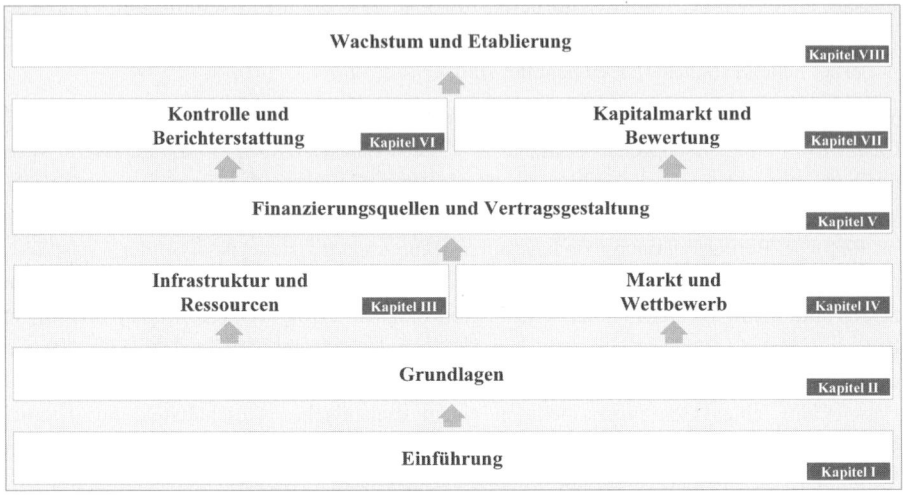

Abbildung I.4: Systematisierung der Elemente eines wertorientierten Start-up-Managements

Das einführende **Kapitel I** versucht einerseits das Thema zu motivieren, indem es die grundlegenden Zusammenhänge darstellt. Andererseits liefert dieses Kapitel eine gemeinsame begriffliche Basis, die durch die Integration der verschiedenen Ansätze und Facetten eines wertorientierten Start-up-Managements den Aufbau des vorliegenden Buchs widerspiegelt.

Kapitel II widmet sich den inhaltlichen Grundlagen eines wertorientierten Start-up-Managements. Ausgehend vom Stand der Forschung werden theoretische und empirische Implikationen für wachstumsstarke Start-ups thematisiert. Diese Erkenntnisse werden am Lebenszyklus der Unternehmen gespiegelt und vor dem Hintergrund verschiedener ökonomischer Perspektiven diskutiert. Dabei wird evident, dass am Anfang eines jeden Unternehmenslebenszyklus eine Geschäftsidee steht, deren Prozess mit den entsprechenden Vorgehensweisen und Instrumenten dargestellt wird. Soll aus der Geschäftsidee ein vollständig funktionstüchtiges Unternehmen geformt werden, gilt es, ein integratives Geschäftskonzept zu entwickeln, das verdeutlicht, wodurch Geld verdient werden soll. Über den Geschäftsplan wird dieses Geschäftskonzept sowohl an interne als auch an externe Adressaten kommuniziert. Dabei wird sowohl auf die Funktionen als auch auf die Ausgestaltung der einzelnen Elemente detailliert eingegangen. Um die Werttreiber in dieser marktorientierten Entwicklung der Start-up-Unternehmen adressieren zu können, werden diese vor dem Hintergrund der Erfolgsfaktoren des Unternehmens und den Investitionskriterien der institutionellen Anleger abschließend ausgeführt.

Auf diesen Grundlagen aufbauend, konzentriert sich **Kapitel III** auf die Infrastruktur und die Ressourcen des Start-up-Unternehmens. Dabei wird zunächst auf die wertorientierte Zusammenstellung und Entwicklung des Gründers/Gründerteams bzw. des Managements/Managementteams eingegangen. Diskutiert werden sowohl personenbezogene als auch teamrelevante Untersuchungsdeterminanten und deren Relevanz und Wandel im

Wachstums- und Etablierungsprozess. Daneben findet die Ausgestaltung der Organe der Start-up-Unternehmen im Rahmen der Corporate Governance Beachtung. Dabei wird unter anderem klar, welche Bedeutung und welche Funktionen Aufsichtsräte für Start-up-Unternehmen haben. Um ferner qualifizierte Mitarbeiter für das Start-up-Unternehmen zu gewinnen und langfristig zu binden, wird die Option der wertorientierten Entlohnung für Führungskräfte und Mitarbeiter dargestellt. So wird deutlich, welche Möglichkeiten und Ausgestaltungsalternativen zur Verfügung stehen. Neben den handelnden Personen rückt auch der Aufbau einer Organisationsstruktur mit zunehmendem Unternehmenswachstum mehr in den Betrachtungsmittelpunkt. Dabei wird veranschaulicht, wie Start-up-Unternehmen Strukturen aufbauen und effizient weiterentwickeln können. Gerade für junge Wachstumsunternehmen rückt die Anbindung externer, strategischer Partnerschaften weiter in den Fokus. Mit der Konfiguration von Mitarbeitern und deren struktureller Gesamtanordnung sowie mit der Darstellung der innovativen Produktentwicklung dieser Unternehmen schließt dieses Kapitel. Dabei werden sowohl die Personen und Strukturen beachtet, als auch die Erfordernisse eines erfolgversprechenden Geschäftskonzeptes.

Kapitel IV verdeutlicht die Anforderungen, Instrumente und Strategien, die Start-up-Unternehmen im Markt und im Wettbewerb berücksichtigen sollten. Um im Geschäftsmodell entsprechende Quantifizierungen vornehmen zu können, ist es zunächst wichtig, die Methoden und Kriterien zur Bestimmung des Zielmarktes und zur Marktanalyse zu beachten. Unter Berücksichtigung dieser Erkenntnisse gilt es den Markteintritt vorzunehmen. Für Start-up-Unternehmen sind dabei sowohl das Timing, der sogenannte „track record" oder aber auch der Schutz der Innovation von besonderer Bedeutung. Dabei werden neben Strategien auch die Instrumente zum Innovationsschutz angeführt, über die sich letztlich das Wachstumsunternehmen nachhaltige Wettbewerbsvorteile sichern und behaupten kann. Neben den klassischen Kräften des Wettbewerbs gewinnt dabei auch die Marke eine besondere Stellung in Markt und Wettbewerb. Konstitution und perspektivenbasierte Entwicklung der Marke werden thematisiert.

Zur Realisierung der Aktivitäten in Markt und Wettbewerb stellt **Kapitel V** die Finanzierungsquellen und die Vertragsgestaltung möglicher Aktivitäten des Start-up-Unternehmens in den Betrachtungsmittelpunkt. Die sogenannten Business Angels stellen eine valide Quelle zur Finanzierung in einer sehr frühen Phase der Unternehmensentwicklung dar. Dabei wird eine Typologisierung vorgenommen und der Beteiligungsumfang geschildert. Haben Start-up-Unternehmen die „Seed"-Phase verlassen, rücken Venture-Capital-Firmen vermehrt in die Finanzierungsrunden der Wachstumsunternehmen. Dabei wird erläutert, welche Anforderungen und Leistungen sowohl aus der Perspektive des Unternehmens erforderlich sind als auch welche aus der Perspektive der Finanzierungsgesellschaft erbracht werden können. Der klaren Abgrenzung von Aufgaben und Kompetenzen zwischen Unternehmen und Investoren dient die Vertragsgestaltung. Sie regelt sowohl die Grundlagen der Vertragsbeziehung als auch die gestaffelte Finanzierung, die verstärkten Investorenrechte oder die möglichen Bewertungskorrekturen in Bezug auf das gesamte Unternehmen. Daneben liefern auch öffentliche Finanzierungsprogramme für Wachstumsunternehmen Kapital. Nutzen und Wirkung dieser Programme werden spezifisch erläutert.

Kapitel VI rückt die Kontrolle und Berichterstattung bei Start-up-Unternehmen in den Mittelpunkt. Über das Controlling und das Risikomanagement gelingt es, ergebnis- und wertsteigerungsorientierte Führungsfunktionen zu installieren, die integrativ die Elemente aus dem Geschäftskonzept berücksichtigen. Im Rahmen einer wertorientierten Bilanzierung und Berichterstattung werden sowohl die Defizite der gegenwärtigen Rechnungslegung als auch die Aspekte einer strategieorientierten Berichterstattung thematisiert. Fortgeführt wird diese Berichterstattung im Rahmen der „Investor Relations" bzw. der „Equity Story", indem sowohl die Maßnahmen als auch die entsprechenden Kommunikationspartner und -inhalte integrativ dargestellt werden.

Gerade bei wachstumsstarken Start-up-Unternehmen ist es keine Seltenheit, dass Unternehmensanteile den Besitzer wechseln. **Kapitel VII** berücksichtigt dies im Rahmen des Kapitalmarktes und der Bewertung der Unternehmen. Dabei werden zunächst die Marktformen zum Handel von Unternehmensanteilen dargelegt. Abhängig von der marktlichen Notierung erfolgt unter anderem die Wahl der möglichen Bewertungsmethodik. Die verschiedenen Ansätze und Kriterien werden dabei im Überblick dargestellt, wobei detailliert die Herausforderungen und Besonderheiten der Mutliple-Bewertung und des Discounted-Cash-Flow-Ansatzes erörtert werden. Da gerade bei Start-up-Unternehmen mit ihrem überdurchschnittlichen Wachstum sowohl Flexibilität als auch Unsicherheit in das Geschäftsmodell einfließen, was sich mit traditionellen Bewertungsansätzen nur bedingt abbilden lässt, zeigt die Ausführung des Instrumentariums der Realoptionen die Linderung dieser Schwierigkeiten.

Das abschließenden **Kapitel VIII** diskutiert das Wachstum und die Etablierung der Start-up-Unternehmen. Dabei wird zunächst erläutert, worin Wachstum für Start-up-Unternehmen bestehen kann und welche methodischen Ansätze und Strategien zum Management dieses Wachstums existieren. Das ist in der frühen Unternehmensentwicklung nicht einfach, weshalb explizit Inkubatoren Beachtung finden, deren Zusammenstellung und Leistung angeführt wird. Über ihre Infrastruktur versuchen die Start-up-Unternehmen im Wachstumsprozess auch eine Internationalisierung voranzutreiben, die sich durch Partizipation an globalen strategischen Netzwerken vollzieht. Dabei werden sowohl die Bedingungen als auch das mögliche Vorgehen thematisiert. Im erfolgreichen Wachstums- und Etablierungsprozess kann eine Kauf- bzw. Verkaufsaktivität des Unternehmens erfolgen. Dies kann einerseits Bestandteil der Wachstumsstrategie des Start-ups sein, andererseits Bestandteil der Exitstrategie eines Investors. Dabei besteht auch die Möglichkeit, dass sich Externe in das Unternehmen einkaufen, wobei diese Besonderheit im Fall eines Buy-out spezifisch beleuchtet wird. Gerade in Phasen eines schwachen Kapitalmarktumfeldes ist für Start-up-Unternehmen eine eventuelle Restrukturierung mit allen Konsequenzen nicht zu vernachlässigen. Mit diesem Gedanken schließt die Systematisierung der Elemente eines wertorientierten Start-up-Managements.

Kapitel II: Grundlagen

1. Theoretische und empirische Implikationen wachstumsstarker Start-ups – Stand der Forschung

MICHAEL SCHEFCZYK / FRANK PANKOTSCH

Management is the single most important determinant of success.
(Robert H. Keeley/Juan B. Roure)

1.1 Der Start-up-Begriff

1.1.1 Verwendung des Start-up-Begriffs

Der Begriff „Start-up" bedeutet in seiner wörtlichen Übersetzung „beginnen, anfangen" und steht im angloamerikanischen Sprachraum auch für „Neugründung, junges Unternehmen". Im deutschen Sprachraum hat der Start-up-Begriff Ende der Neunzigerjahre Einzug gehalten. Mit Aufkommen der sogenannten New Economy fanden zunehmend auch englische Bezeichnungen für bekannte Tatbestände Verwendung. So wird „Start-up" im Sprachgebrauch teilweise für eine Gründung im Bereich der New Economy verwendet. Mittlerweile ist der Start-up-Begriff auch auf Gründungen in anderen Bereichen übertragen worden. Dabei bezeichnet er nach wie vor fast ausschließlich Unternehmensneugründungen, wie sie typisch für den Bereich der New Economy sind.

Bei einer Neugründung besteht für den Gründer die Notwendigkeit, seinen Geschäftsbetrieb selbst zu planen und aufzubauen. Grundlage dafür bildet die Erarbeitung eines Unternehmenskonzeptes. Er kann weder auf einen Kunden- noch einen Lieferantenstamm zurückgreifen. Dementsprechend ist eine Neugründung mit einem hohen Planungsaufwand und einem hohem Scheiterrisiko verbunden. Andererseits bietet sie aber auch einen großen Gestaltungsspielraum.

Neben der Neugründung gibt es weitere mögliche Formen der Gründung. Bei einer Unternehmensübernahme kauft oder pachtet der Gründer ein bestehendes Unternehmen. Steigt der Gründer in ein Unternehmen als tätiger Gesellschafter neben den bereits Aktiven ein, so handelt es sich um eine Gründung in Form einer tätigen Beteiligung. Eine weitere Gründungsform ist die Franchisegründung, bei der der Gründer ein fertiges Unternehmenskonzept übernimmt. All diese Gründungsformen zeichnet im Gegensatz zur Neugründung aus, dass sie ein geringeres Gründungsrisiko und teilweise weniger Planungsaufwand erfordern, die Einflussmöglichkeiten des Gründers aber eingeengt sind. Alle drei Formen werden üblicherweise nicht mit dem Start-up-Begriff assoziiert.

Im hier vertreten Begriffsverständnis steht Start-up für ein neu gegründetes Unternehmen. Der folgende Unterabschnitt ordnet den Begriff Start-up in Phasenkonzepte der Unternehmensentwicklung ein.

1.1.2 Phasenkonzepte der Entwicklung junger Unternehmen

Phasenmodelle untersuchen die Entwicklung von Unternehmen im Zeitablauf mit dem Ziel, klar abgegrenzte Phasen mit spezifischen Charakteristika darzustellen. Der Wechsel in eine neue Phase ist dabei mit der Veränderung bestimmter Unternehmensvariablen verbunden. Phasenmodelle lassen sich in die Gruppe der deskriptiven Modelle der Unternehmensentwicklung einordnen. Diese beschreiben den komplexen Sachverhalt der Entwicklung eines Unternehmens unter Einbeziehung qualitativer Faktoren in vereinfachter Weise. Im Gegensatz dazu sind mathematisch formale Modelle eher auf die Erklärung des Unternehmenswachstums als abhängige Variable ausgerichtet. Innerhalb der Gruppe der deskriptiven Modelle können neben den Phasenmodellen noch Metamorphose- und Marktentwicklungsmodelle unterschieden werden. Während sich erstere an biologische Systeme anlehnen, stellen letztere eine Analogie zum Produktlebenszyklus her (Kaiser/Gläser, 1999, S. 8–12).

Phasenmodelle können dazu dienen, typische Entwicklungsstadien von Unternehmen aufzuzeigen und die zentralen Aufgaben und Entscheidungssituationen zu erkennen (Werner, 2000, S. 37–38). In der Literatur wurde dazu eine Vielzahl von Modellen entwickelt, die von allgemeinen Modellen (Bleicher, 1990, S. 793–798) bis zu Modellen für spezielle Unternehmenstypen (Pleschak, 1997, S. 14–15; Werner, 2000, S. 36–37) (für Technologieunternehmen) reichen[1]. Unterschiede zwischen den Modellen treten insbesondere hinsichtlich der Anzahl und Abgrenzung der einzelnen Phasen auf. Zumeist haben diese Modelle zwischen drei und fünf Phasen. Einigen Modellen dient die formale Gründung des Unternehmens als ein wichtiges Abgrenzungskriterium (z. B. SZYPERSKI/NATHUSIUS) während andere Modelle – wie beispielsweise PLESCHAK – eher eine inhaltliche Abgrenzung wählen. Dabei treten die Unterschiede zwischen den Modellen verstärkt in der Definition der ersten Phasen auf, während die meisten Modelle mit Phasen wie Wachstum und Konsolidierung enden.

Für die im Folgenden vorzunehmende Darstellung der Diskussionen und Erkenntnisse der Forschung zu Start-ups, soll zur groben Einteilung ebenfalls auf ein Phasenmodell zurück gegriffen werden. Um dieses einfach zu gestalten, sollen drei Phasen definiert werden:

- *Gründungsphase:* Diese Phase umfasst die Zeit vor und während der eigentlichen Gründung des Unternehmens. Sie endet mit dem Abschluss aller mit der formalen Gründung im direkten Zusammenhang stehenden Aktivitäten.

---

[1] Übersichten dazu finden sich u. a. bei KAISER/GLÄSER oder WIMMER (Kaiser/Gläser, 2000, S. 12; Wimmer, 1996, S. 35–36). Weitere Modelle in WIPPLER oder SZYPERSKI/NATHUSIUS (Wippler, 1998, S. 12–13; Szyperski/Nathusius, 1999, S. 30–34).

- *Etablierungsphase:* Diese Phase ist geprägt von der nach außen sichtbaren Teilnahme des Unternehmens am Wirtschaftsprozess. Hierzu zählen insbesondere der Aufbau eines Lieferanten-, Partner- und Kundenstammes sowie der Markteintritt mit zumindest einem Produkt oder einer Dienstleistung.

- *Wachstumsphase*: Mit dem Eintritt in diese Phase ist eine, zumeist sprunghafte, Erweiterung der Tätigkeit des Unternehmens verbunden. Dies kann beispielsweise mit der Einführung neuer Produkte, der Erschließung neuer Märkte oder dem Eingehen von Kooperationen verbunden sein.

Mit diesen drei Phasen ist der Verlauf der Entwicklung nach dem Start-up bewusst offen gestaltet, da die weiteren möglichen Entwicklungswege derart differieren, dass keine zusammenhängende Darstellung der Forschungsergebnisse mehr möglich ist. Ebenfalls bewusst verzichtet wurde auf eine Einbeziehung der in vielen Modellen verwendeten Konsolidierungsphase. Diese stellt im Gegensatz zu den anderen unseres Erachtens keine für Start-ups typische Phase dar, so dass sie hier nicht näher betrachtet wird. Unter Anwendung dieses Phasenmodells werden in Abschnitt 1.3 wichtige Managementaufgaben und in Abschnitt 1.4 zugehörige Forschungsergebnisse sowie -defizite dargestellt. In Abschnitt 1.5 werden dann Start-up-Themen außerhalb dieses Phasenmodells aufgegriffen.

1.2 Merkmale von Start-ups

Nachdem im ersten Abschnitt ein Begriffsverständnis für die Bezeichnung „Start-up" geschaffen wurde, soll jetzt der Frage nachgegangen werden, ob derartige Unternehmen spezifische Merkmale aufweisen, die sie von anderen Unternehmenstypen unterscheiden.

Dabei kann auf die Analogie von Start-up-Unternehmen mit anderen, seit längerem untersuchten Unternehmenstypen zurückgegriffen werden. Aufgrund der Definition als Neugründung sind dies zunächst die kleinen und mittlerer Unternehmen (KMU). Eine Neugründung impliziert stets den Start mit einer begrenzten Ressourcenausstattung (Personal, Kapital usw.), so dass regelmäßig von einer Einordnung in die Gruppe der KMU ausgegangen werden kann.

Mit Blick auf die Historie der Einführung des Start-up-Begriffs kann als eine weitere Gruppe die der jungen, technologieorientierten Unternehmen (JTU) herangezogen werden. Der Ursprung des Start-up-Begriffes in der New Economy legt einen Technologiebezug nahe, wenn auch damit nicht alle Unternehmen, die heute unter dem Start-up-Begriff subsummiert werden, erfasst werden.

1.2.1 Start-ups als kleine und mittlere Unternehmen (KMU)

Neben der bekannten, an dieser Stelle nicht weiter zu diskutierenden Abgrenzung nach Größenmerkmalen (siehe dazu Abschnitt 1.5.1), lassen sich KMU nach qualitativen Merkmalen von Großunternehmen unterscheiden. Dazu wurde eine Reihe von Merkmalskatalogen aufgestellt, ohne dass sich bisher ein einheitliches Verständnis von Merkmalsgruppen, deren Wertigkeit und dem jeweiligen Trennungskriterium durchgesetzt hat. Dies ist aber kein typisches Problem im Bereich der KMU-Beschreibung, sondern ist in jeder Anwendung qualitativer Beschreibungsmerkmale zu finden.

Ein sehr umfangreicher Merkmalskatalog für KMU wurde von POHL (Pohl 1997, S. 19–22) aufgestellt. Er definiert insgesamt zehn Merkmalsgruppen für die Abgrenzung von KMU. Diese sind im Folgenden mit der Anzahl der jeweils enthaltenen Einzelmerkmale dargestellt:

- Unternehmensführung   12 Merkmale
- Organisation   10 Merkmale
- Beschaffung   2 Merkmale
- Produktion   5 Merkmale
- Absatz   2 Merkmale
- Entsorgung   2 Merkmale
- Forschung und Entwicklung   4 Merkmale
- Finanzierung   3 Merkmale
- Personal   5 Merkmale
- Logistik   3 Merkmale

Mit insgesamt 48 Einzelmerkmalen ist damit eine Fülle von möglichen Unterschieden aufgezählt, die jedoch nie in ihrer Gesamtheit zutreffend sein wird. Eine kleinere, überschaubarere Anzahl von Merkmalen ermöglicht hingegen eine akzentuiertere Differenzierung von KMU und Großbetrieben. Eine solche Zusammenstellung hat MUGLER aus verschiedenen Quellen extrahiert. Seine Aufstellung umfasst die folgenden neun Merkmale (Mugler, 1998, S. 20):

(1) Der Betrieb wird durch die Persönlichkeit des Unternehmers geprägt, der Leiter und oft auch Eigentümer des Betriebes ist.

(2) Der Unternehmer verfügt über ein Netz von persönlichen Kontakten zu Kunden, Lieferanten und der für ihn relevanten Öffentlichkeit.

(3) Der Betrieb erstellt Leistungen nach den individuellen Wünschen der Kunden.

(4) Die Kontakte zwischen der Unternehmensleitung und den Mitarbeitern sind eng und informell.

(5) Die Organisation ist gering formalisiert.

(6) Der Betrieb kann rasch auf Umweltveränderungen reagieren

(7) Der Betrieb wird nicht von einem größeren Betrieb, z. B. im Rahmen eines Konzerns, beherrscht.

(8) Der Betrieb hat nur einen kleinen Marktanteil.

(9) Der Betrieb hat nur ein Produkt oder ist wenig diversifiziert.

Nach unserer Auffassung sind insbesondere die Merkmale 1 sowie 4–7 zur Definition von Start-ups geeignet, da diese stärker generalisierbar sind als die markt- und produktstrategischen Kriterien.

1.2.2 Start-ups als junge, technologieorientierte Unternehmen (JTU)

Der Start-up-Begriff hat neben dem dominierenden Aspekt der Neugründung in seiner Verwendung zumeist auch einen Bezug zu einer Technologie- oder Innovationsorientierung dieser Unternehmen. Dementsprechend können aus den Erkenntnissen zu dieser Unternehmensgruppe auch Aussagen zu Start-ups abgeleitet werden.

Für innovative Unternehmensgründungen, d. h. „Wirtschaftseinheiten die zum Zwecke der Realisierung und kommerziellen Vermarktung einer technologischen Innovation errichtet werden" (Wippler, 1998, S. 16), hat WIPPLER folgende Unterscheidungsmerkmale herausgearbeitet:

- höheres technisches und marktliches Risiko
- ungewisse Konkurrenzsituation
- hohes Entwicklungs- und Wachstumspotenzial
- großer Kapitalbedarf und Liquiditätsrisiko und
- hoher Betreuungsaufwand im kaufmännischen Bereich

Für junge Technologieunternehmen, die ähnlich wie bei WIPPLER definiert sind, sprechen PLESCHAK/WERNER von folgenden, kennzeichnenden Merkmalen (Pleschak/Werner, 1998, S. 1):

- hoher Anteil von F&E-Aufwendungen am Umsatz
- hoher Anteil von F&E-Beschäftigten an der Gesamtbeschäftigtenzahl und gute Ausstattung mit Forschungs-, Entwicklungs- und Labortechnik
- maßgeblicher Einfluss der neuen Produkte und Verfahren auf den Umsatz und Gewinn der Unternehmen
- umfangreiche Aktivitäten für den Fertigungsaufbau und die Markteinführung neuer Produkte und Verfahren
- hoher Kapitalbedarf für F&E, Fertigungsaufbau und Marketing bei zeitlich verzögertem Rückfluss des Kapitals
- Existenz besonders hoher technischer, marktbezogener sowie finanzieller Risiken
- Komplexe Anforderungen an das Management

Auch wenn PLESCHAK/WERNER stärker auf den F&E-Aspekt fokussieren, so kann doch eine weitgehende Übereinstimmung der Merkmale mit WIPPLER festgestellt werden. Ähnliche Darstellungen von Merkmalen der JTU finden sich beispielsweise auch bei EGELN (Egeln, 2000, S. 12).

Die Merkmale für JTU halten wir zur Beschreibung von Start-ups in zahlreichen Fällen für gut geeignet. Lediglich bei nicht technologieorientierten jungen Unternehmen sollte auf die zuvor dargestellten KMU-Kriterien zurückgegriffen werden.

1.3 Typische Managementaufgaben in den Entwicklungsphasen

Den im vorangegangenen Abschnitt definierten Entwicklungsphasen junger Unternehmen lassen sich jeweils typische Managementaufgaben zuordnen. Bei unserer Zuordnung stellen wir lediglich auf wesentliche, in der betreffenden Phase neu hinzukommende Aufgaben ab. In den folgenden Entwicklungsphasen gehen diese Aufgaben in der Regel nicht verloren, sondern müssen entweder ständig oder zu bestimmten Anlässen (z. B. Innovation, Erschließung neuer Märkte, Unternehmenstransaktionen) verstärkt wieder durchgeführt werden.

Die einzelnen Aufgaben sind – wie auch die Phasenabgrenzung insgesamt – nur typisierender Natur und werden in vielen realen Fällen gar nicht (z. B. keine Investor Relations bei Start-ups mit nur wenigen Gesellschaftern) oder in einer anderen Phase auftreten (z. B. Aufbau Marketing/Vertrieb erst in der Wachstumsphase, bei F&E-intensiven Start-ups). Die so verstandenen typischen Managementaufgaben sind in Abbildung II.1 zusammengestellt.

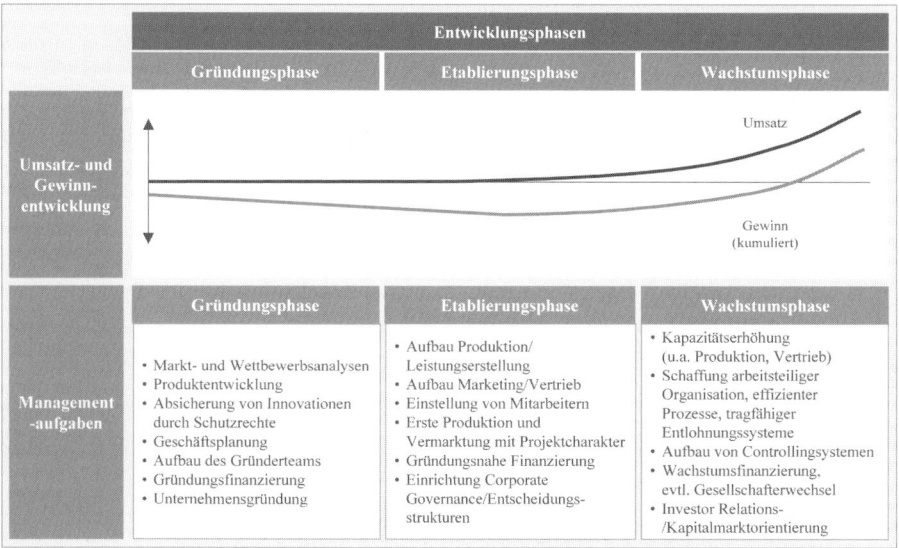

Abbildung II.1: Managementaufgaben je Entwicklungsphase

1.3.1 Gründungsphase

In der Gründungsphase lassen sich grob drei Typen von Aufgaben für die Gründer bzw. das Start-up unterscheiden, nämlich Innovation, Gründungsplanung und -strukturierung sowie die eigentliche Gründung:

(1) *Innovationsaufgaben* bestehen aus der Entwicklung des zentralen Produktes bzw. der Dienstleistung des Unternehmens und flankierenden Maßnahmen:

- *Markt- und Wettbewerbsanalysen* dienen der Ausrichtung der Innovation an den Markterfordernissen. Hier besteht eine enge Verzahnung mit den unten dargestellten Aufgaben zur Geschäftsplanung und -strukturierung. Die Schwerpunktsetzung wird im Einzelfall davon abhängen, ob für ein bereits entwickeltes Produkt ein Geschäftsplan erstellt oder ob die Produktentwicklung erst nach Fertigstellung des Geschäftsplanes durchgeführt wird.

- Die *Produktentwicklung* stellt den Kern der Innovationsaufgaben dar, bei denen typische Entwicklungsaufgaben sowie seltener echte Forschungsaufgaben bewältigt werden müssen. In sehr vielen praxistypischen Gründungsfällen wird ein erheblicher Teil der Produktentwicklung bereits vor der Etablierungsphase und sogar vor der eigentlichen Unternehmensgründung durchgeführt (vor allem Spin-offs, Existenzgründungen aus Hochschulen).

- Die *Absicherung von Innovationen durch Schutzrechte* (z. B. Patente, Gebrauchs- oder Geschmacksmuster, Marken) sichert die Innovation gegen Imitation. Dieser Schritt wird vor allem dann vor der eigentlichen Gründung durchgeführt, wenn ein Teil der Gründer ein Schutzrecht mit in das zu gründende Unternehmen einbringen möchte (unabhängig davon, inwieweit dies im Anschluss gesellschaftsrechtlich umsetzbar ist).

(2) *Gründungsplanung und -strukturierung* sind auf Vorbereitungs- und Abstimmungsprozesse zwischen den Gründern und deren (Finanzierungs-)Partnern ausgerichtet:

- Die *Geschäftsplanung* führt primär zur Erstellung des ausführlichen Planes mit externen und internen Aspekten sowie der Finanzierungsplanung für externe Adressaten durch das ursprüngliche Gründerteam. In erster Linie dient ein solcher Plan vielfach als Instrument zur Einwerbung externer Finanzmittel durch das Start-up. In zweiter Linie dient er aber regelmäßig auch der verbindlichen unternehmensinternen Fixierung der Planung.

- Der *Aufbau des Gründerteams* besteht im engeren Sinne in der Gewinnung von Personen, die sich während oder kurz nach der Gründung wesentlich am Start-up beteiligen und regelmäßig zusätzlich Arbeitskraft oder andere Ressourcen einbringen. Zum Gründerteam im weiteren Sinne können auch früh eingestellte Mitarbeiter von zentraler Bedeutung, aber ohne wesentliche Beteiligung am Unternehmen gezählt werden.

- Die *Gründungsfinanzierung* kann unterschieden werden in Finanzierungsgeschäfte seitens der Gründer (z. B. Refinanzierung des Erwerbs von Anteilen durch Eigenkapitalhilfe) sowie seitens des Start-ups (z. B. Einwerbung von Venture Capital für die Gründung). Die Gründungsfinanzierung erfolgt regelmäßig vor der formalen Gründung, bei öffentlichen Fördermitteln sogar vor Beginn einer geförderten Maßnahme.

(3) *Gründung* wird hier als Gründungsvorgang im gesellschaftsrechtlichen Sinne definiert, also insbesondere als Abschluss eines Gesellschaftsvertrages. So verstanden findet die

eigentliche Gründung in der Regel erst nach Durchführung erheblicher Vorbereitungsarbeiten statt. Während der Vorbereitungsarbeiten werden also häufig rechtlich und steuerlich relevante Vorgründungsgesellschaften bestehen, die von den Gründern jedoch selten bewusst und explizit vereinbart werden. Zeitlich schwerer einzuordnen ist die Gründung von Einzelunternehmen mit einem gleitenden Übergang vom Kleingewerbebetrieb zu einem vollkaufmännischen Gewerbe.

1.3.2 Etablierungsphase

In der Entwicklungsphase stehen für das Start-up ebenfalls drei Haupttypen von Aufgaben im Vordergrund, und zwar den Aufbau operativer Funktionen, die erstmalige Durchführung der operativen Aufgaben sowie diverse nicht-operative Aufgaben (Entwicklung der Unternehmensstruktur, Finanzierung):

(1) *Aufbau operativer Funktionen* bestehend aus der Einrichtung von Infrastrukturen für die wichtigsten Funktionen sowie der Einstellung von Mitarbeitern:

- *Aufbau Produktion/Leistungserstellung* durch Planung sowie Beschaffung der erforderlichen Sachressourcen und Organisation der Leistungserstellungsprozesse. Als Leitbild wird hier ein produzierendes Unternehmen unterstellt. Bei andersartiger Wertschöpfung (z. B. F&E-fokussiertes Unternehmen) können andere interne operative Funktionen im Zentrum stehen.

- *Aufbau Marketing/Vertrieb* durch Planung der Marketing- und Absatzinstrumente, Erschließung der angestrebten Vertriebskanäle, Beschaffung der erforderlichen Sachressourcen und Organisation der absatzmarktbezogenen Prozesse. Ergänzend kommen hier je nach Unternehmensausrichtung auch andere marktbezogene Prozesse in Betracht, z. B. Beschaffungsprozesse.

- Die *Einstellung von Mitarbeitern* kann angesichts ihrer zentralen Bedeutung separat betrachtet werden. Spezifisch bedeutsam für Start-ups in der Etablierungsphase ist die Wahl der Entlohnungsform für Mitarbeiter, die häufig unter Einbeziehung von Beteiligungskomponenten geschieht.

(2) *Erste Produktion und Vermarktung mit Projektcharakter* stellt die Pilotphase der Durchführung der operativen Funktionen dar. Dieser Projektcharakter in der Etablierungsphase von Start-ups verursacht regelmäßig erhebliche Zusatzkosten und nimmt die Aufmerksamkeit des Managements in Konkurrenz zu den anderen hier genannten Aufgaben stark in Anspruch.

(3) *Nicht-operative Aufgaben* begleiten den Aufbau und Anlauf operativer Funktionen. In der Etablierungsphase stehen hier Finanzierungsthemen im Vordergrund:

- *Gründungsnahe Finanzierung* bedeutet häufig externe Einwerbung von Eigenkapital und öffentlichen Fördermitteln. Beide Bereiche sind durch einen hohen Verhandlungs- bzw. Beantragungsaufwand gekennzeichnet. Spätestens bei der gründungsnahen Finanzierung mit Venture Capital wird das Start-up außerdem komplexe Finanzierungsverträge abschließen.

- Für die *Einrichtung von Corporate Governance/Entscheidungsstrukturen* ist prinzipiell der Übergang von einer durch wenige Personen steuerbaren projektorientierten Organisationsform zu einer professionell-arbeitsteiligen Struktur erforderlich. Entsprechende Maßnahmen werden in der Etablierungsphase häufig aber auf Anforderung externer Investoren veranlasst.

1.3.3 Wachstumsphase

In der Wachstumsphase lassen sich die typischen Managementaufgaben prinzipiell ähnlich strukturieren wie in der Etablierungsphase. Wenn für das Ende der Wachstumsphase ein Gesellschafterwechsel oder ein Börsengang angestrebt wird, treten in dieser Phase allerdings Aufgaben der Strukturierung und Finanzierung vergleichsweise stark in den Vordergrund:

(1) *Erweiterung/Kapazitätserhöhung* ist eine typische Aufgabe sobald die erste Stufe von Produktion und Vertrieb aufgebaut ist und über das Stadium des Projektcharakters hinaus regulär funktioniert. Zur Kapazitätserhöhung im engeren Sinne kann die Erhöhung von Stückzahlen in der Produktion und im Vertrieb gezählt werden. Im weiteren Sinne umfasst die Erweiterung bzw. Kapazitätserhöhung auch die Einbeziehung zusätzlicher Fähigkeiten und die Erschließung neuer Märkte.

(2) Die *strukturelle Unternehmensentwicklung* ist als nicht-operative Aufgabe zur Anpassung des jungen Unternehmens an das Wachstum erforderlich:

- *Schaffung arbeitsteiliger Organisation, effizienter Prozesse und tragfähiger Entlohnungssysteme* stellt ein Arbeitspaket für Start-ups aus den Bereichen Personal und Organisation dar. Aufbau und Abläufe werden zumeist erst nach dem Auftreten erster Probleme an die Unternehmensgröße angepasst. Im Personal- und Entlohnungsbereich bereitet die Unterscheidung von Mitarbeitern der ersten und zweiten Generation häufig Probleme.

- *Aufbau von Controllingsystemen* ist zumeist eine Konsequenz stärker dezentralisierter Entscheidungen und erhöhter Anforderungen der Investoren. Ein besonderes Augenmerk sollte bei Start-ups – auch noch in der Wachstumsphase – auf die Planung und Kontrolle der Liquidität gelegt werden. Wenn von mehreren externen Investoren Eigenkapital eingeworben wurde, sind zudem häufig komplexe Investorenanforderungen zu erfüllen.

(3) Die *Finanzierung des Wachstums* besteht im Kern aus Finanzierungsgeschäften, ergänzend aber auch aus verstärkter Kommunikation mit den Investoren:

- Die *Wachstumsfinanzierung* ähnelt häufig der gründungsnahen Finanzierung, ist aber oft stärker auf einen *Gesellschafterwechsel* ausgerichtet. Gesellschafterwechsel können einerseits durch einen Börsengang oder einen Verkauf an einen Industrieinvestor als Exitstrategie von Gründern und Venture-Capital-Gesellschaften, andererseits aber auch durch die Notwendigkeit der Ablösung finanziell oder strategisch ungeeigneter Altgesellschafter bedingt sein.

- *Investor Relations/Kapitalmarktorientierung* stellt zunächst eine Kommunikationsaufgabe gegenüber aktuellen und potenziellen Gesellschaftern dar, bedingt aber auch eine konsequente Ausrichtung des Unternehmens an den Erfordernissen des Kapitalmarktes (vgl. Corporate Governance/Entscheidungsstrukturen), vor allem an der Steigerung des Unternehmenswertes.

1.4 Betriebswirtschaftliche Forschung und deren Ergebnisse zu den Managementaufgaben

Während im erheblichen Umfang betriebswirtschaftliche Literatur mit kursorischer Bedeutung für Start-ups existiert, stehen spezifische Fragen mit direktem Bezug zu Start-ups nach wie vor nur im Zentrum eines kleineren Literaturfeldes. Zur Systematisierung dieses Literaturfeldes dient die in Abbildung II.2 dargestellte Matrix[2].

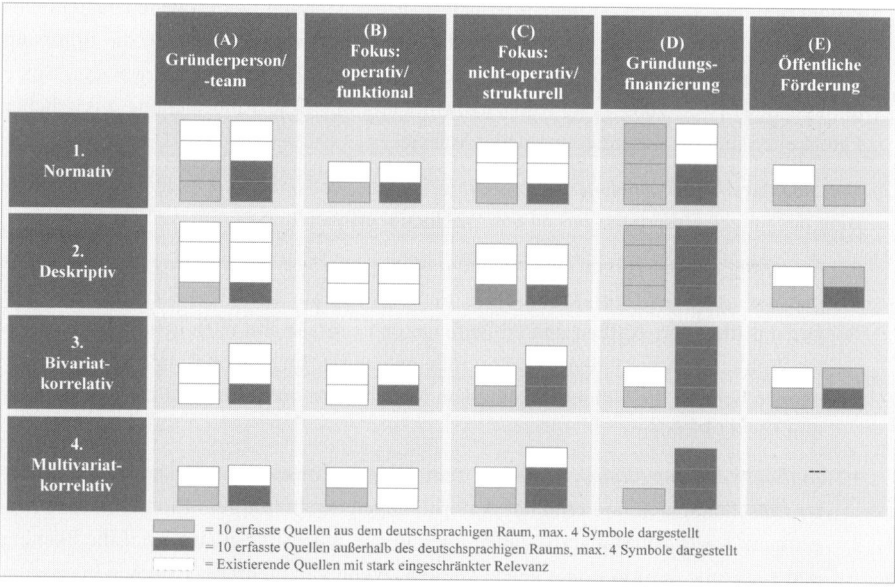

Abbildung II.2: Systematisierung des Literaturfeldes

In dieser Matrix sind jüngere Quellen (< 5 Jahre) und auch häufiger zitierte ältere Quellen repräsentiert, die primär einzelwirtschaftlich relevante Aussagen anstreben. Nicht einbezogen wurden finanzierungstheoretische Untersuchungen, reine Literaturanalysen, Lehrbücher und Praktikerliteratur. Hierfür wurden die in Deutschland erschienenen einschlägigen Dissertationen sowie sechs deutschsprachige Fachzeitschriften, die *Zeitschrift für Betriebswirtschaft*, die *Zeitschrift für betriebswirtschaftliche Forschung*, *Die Betriebswirtschaft* und *Betriebswirtschaftliche Forschung und Praxis* sowie die Praxiszeitschriften *Die Bank* und

---

[2] Für eine angemessene Zeit nach Veröffentlichung dieser Schrift werden Details zu Abbildung II.2 im Internet unter www.gruenderlehrstuhl.de veröffentlicht.

Sparkasse, ausgewertet. Hinsichtlich der englischsprachigen Quellen wurden ebenfalls sechs Fachzeitschriften, und zwar *Journal of Business Venturing, Journal of Finance, Journal of Financial Economics, American Economic Review, Strategic Management Journal* and *Academy of Management Journal,* analysiert. Außerdem wurden für englischsprachige Quellen die Datenbank *Academic Search Fulltext Elite* sowie die einschlägigen Jahrgänge 1985 bis 1992 des Konferenzbandes *Frontiers of Entrepreneurship Research* berücksichtigt. Zahlreiche weitere Veröffentlichungen konnten durch Lektüre des so gewonnenen Anfangsbestandes an relevanter Literatur erschlossen werden.

Um eine straffe und übersichtliche Darstellung zu gewährleisten, gibt Abbildung II.2 nur die Systematik und Anhaltspunkte für die Besetzungsdichte der einzelnen Literaturzellen wieder[3]. In der horizontalen Dimension werden fünf Kategorien unterschieden:

- *Spalte A* fasst Untersuchungen zusammen, bei denen die Gründerperson oder das Gründerteam eines jungen Unternehmens im Vordergrund steht.
- *Spalte B* bezieht sich auf Untersuchungen auf operativer/funktionaler Ebene. Hier werden in der Regel betriebswirtschaftliche Einzelfunktionen junger Unternehmen (z. B. Forschung & Entwicklung, Marketing) untersucht. Angesichts der besonderen Bedeutung wird die Finanzierung separat in Spalte D betrachtet.
- *Spalte C* bündelt Untersuchungen auf nicht-operativer/struktureller Ebene. Hier werden Themen untersucht, die mehrere Funktionen betreffen und häufig strategische Fragen (Umfeld, Ressourcen, Marktpositionierung) oder die Anpassung der Organisation an Situationen des rapiden Wachstums ins Zentrum stellen.
- *Spalte D* fasst Untersuchungen im Themenfeld Gründungsfinanzierung zusammen und schließt dabei auch Kapitalmarktthemen für Start-ups sowie die Managementunterstützung durch Investoren – nicht aber Förderfinanzierungen – mit ein.
- *Spalte E* enthält Untersuchungen zur öffentlichen Förderung junger Unternehmen bzw. der für diese Unternehmen relevanten Kapitalgeber.

In der vertikalen Dimension wurden vier Kategorien gebildet:

- *Normative* Untersuchungen (Nr. 1) gewinnen Erkenntnisse auf Basis praktischer Einzelfallerfahrungen, theoretischer Überlegungen, Analysen der Forschungsergebnisse vorangegangener Untersuchungen, der Analyse rechtlicher und wirtschaftlicher Rahmenbedingungen oder durch Übertragung aus verwandten Disziplinen.
- *Deskriptive* Untersuchungen (Nr. 2) beschreiben zumeist realwirtschaftliche Zustände. Dazu werden teilweise Informationen durch Befragungen erhoben.
- *Bivariat-korrelative* Arbeiten (Nr. 3) setzen auch schließende statistische Instrumente (z. B. Korrelationsanalysen, Hypothesentests) zur Informationsauswertung ein.
- *Multivariat-korrelative* Untersuchungen (Nr. 4) verwenden überwiegend Regressionsanalysen zur Auswertung großzahliger Erhebungen.

---

[3] Für aktuelle Literaturanalysen vgl. WIPPLER sowie spezifisch für Finanzierungsthemen WRIGHT/ROBBIE (Wippler, 1998, S. 21–102 und S. 267–283; Wright/Robbie, 1998, S. 521–570).

Im Normalfall stellen die vier vertikalen Literaturkategorien hierarchisch jeweils auch Erkenntnisse der in der Matrix übergeordneten Kategorie bereit. In der horizontalen Dimension wurden Untersuchungen im Zweifel nach ihrem inhaltlichen Schwerpunkt zugeordnet.

Bei Betrachtung der Literaturmatrix fällt zunächst auf, dass die Themenfelder Gründerperson/-team und Gründungsfinanzierung wesentlich dichter besetzt sind als die operativ/funktionalen Themen sowie die öffentliche Förderung. Gerade in der Erforschung der Spezifika von Einzelfunktionen junger Unternehmen (z. B. Marketing, Produktion, Controlling) dürfte daher erhebliches Potenzial liegen. Besonders in der Literatur aus dem deutschsprachigen Raum mangelt es zudem an methodisch anspruchsvolleren bivariat- und besonders multivariat-korrelativen Untersuchungen. Dieses Gefälle wird besonders bei den korrelativen Arbeiten zur Gründungsfinanzierung (z. B. Kapitalmarktforschung) deutlich.

Wichtige, in dieser Literatur fundierte Erkenntnisse zu einzelnen Entwicklungsphasen junger Unternehmen werden nachfolgend – in Anlehnung an die im vorangegangenen Abschnitt dargestellten Managementaufgaben – beschrieben. Dabei drängt sich der Eindruck auf, dass die Dichte der spezifischen Forschungsergebnisse von Phase zu Phase abnimmt – vielleicht weil Unternehmen in der Wachstumsphase von manchen Forschern nicht mehr als Start-up bzw. junges Unternehmen begriffen werden.

1.4.1 Gründungsphase

Die Innovationsaufgaben in der Gründungsphase werden einerseits in der Literatur zum Technologie- und Innovationsmanagement und andererseits in Schriften zur Businessplanung für Start-ups beschrieben[4]. Während besonders die Gründungsplanung von der Praktikerliteratur ausgiebig und weitgehend einhellig behandelt wird, liegen nur wenige wissenschaftlich fundierte und für Start-ups spezifische Befunde zu Markt- und Wettbewerbsanalysen, zur Produktentwicklung und zur Absicherung von Innovationen durch Schutzrechte vor. Auch insgesamt mangelt es an wissenschaftlichen Untersuchungen zur Geschäftsplanung junger Unternehmen. Wesentlich ausführlicher behandelt werden dagegen Fragen zum Aufbau des Gründerteams und zur Gründungsfinanzierung.

Als problematisch hat sich besonders in Deutschland der *Aufbau des Gründerteams* erwiesen. Anhand empirischer Studien kann konstatiert werden, dass sowohl der Anteil von Teamgründungen als auch die Größe der Gründerteams in Deutschland hinter den Vergleichswerten in den USA zurückbleiben (Wippler, 1998, S. 113–117; Cooper/Gimeno-Gascón/Woo, 1994, S. 390; Kulicke, 1993, S. 155). Gleichzeitig darf als gesichert angesehen werden, dass die kaufmännische Qualifikation vieler Gründer hinter ihrer technischen Qualifikation zurückbleibt, während aber die funktionale Erfahrung in den Feldern Marketing/Vertrieb und Planung/Strategie sowie möglichst in der Branche des jungen Unternehmens überaus erfolgskritisch sind (Schefczyk, 2000a, S. 349–353; Wupperfeld, 1994,

---

[4] Zur Produktentwicklung und zur Absicherung von Innovationen siehe HAUSCHILDT und GERPOTT sowie zur Erstellung von Businessplänen STRUCK, WUPPERFELD, und KUBR/ILAR/MARCHESI (Hauschildt, 1997; Gerpott, 1999; Struck, 1998; Wupperfeld, 1999; Kubr/Ilar/Marchesi, 1999).

S. 151–153). Ausgehend davon, dass nur selten ein Gründer allein alle personenbezogenen Anforderungen – die sich zudem in den nachfolgenden Phasen gravierend verändern – erfüllen kann, tritt die Notwendigkeit (interdisziplinärer) Teamgründungen deutlich hervor.

Für die *Gründungsfinanzierung* hat die betriebswirtschaftliche Forschung klar die Charakteristika der einzelnen Finanzierungsarten junger Unternehmen herausgearbeitet und in ein Phasenkonzept eingearbeitet (Schefczyk, 2000b, S. 182–192; Leopold, 1993, S. 356). Nicht vollends in der Praxis gelebt wird die Tatsache, dass Finanzierungskosten junger Unternehmen dann optimiert werden können, wenn eine Mischung aus mehreren Kapitalquellen anhand der Prinzipien einer strukturierten Finanzierung zusammengestellt wird. In der Praxis stärker vorangeschritten als in der Wissenschaft ist dagegen die Berücksichtigung von Fragen der Bewertung junger Unternehmen sowie der optimalen gesellschaftsrechtlichen Verankerung einer Beteiligungsfinanzierung.

Bei einer externen Eigenkapitalfinanzierung ist außerdem ein guter „Fit" zwischen dem jungen Unternehmen und seinem Investor kritisch, wobei der Investor neben der Kapitaleinlage inhaltsorientierte Beratungsunterstützung anbieten sollte (Schefczyk, 2000a, S. 353–354; Schween, 1996, S. 156; Zemke, 1995, S. 264–272). Problematisch ist allerdings, dass die Kosten einer solchen Beratungsunterstützung im Vergleich zu den in der Gründungsphase typischen Finanzierungsvolumina hoch sind. Alternative Konzepte zur intensiveren Betreuung junger Unternehmen werden daher von Gründungs- und Technologiezentren bzw. Inkubatoren verfolgt[5]. Aufgrund der starken Veränderungen bei den Anbietern in diesem Bereich, besteht hier in Deutschland wieder erheblicher Forschungsbedarf.

Der eigentliche Gründungsvorgang im engeren Sinne ist kaum Gegenstand der aktuellen Forschung. Die einschlägige Praktikerliteratur bietet hier aktuelle Handlungsempfehlungen zur Rechtsform- und Standortwahl sowie zu den – teilweise in Deutschland als zu kompliziert kritisierten – Gründungsformalitäten und -meldeerfordernissen an.

1.4.2 Etablierungsphase

Zu den zentralen, aber in der betriebswirtschaftlichen Forschung nicht ausreichend berücksichtigten Aufgaben in der Etablierungsphase gehört der *Aufbau operativer Funktionen* (Spalte B in Abbildung II.2). Fragen der Forschung und Entwicklung und des Marketings[6] bei jungen Unternehmen wurden bislang ansatzweise behandelt. Besonders aus rechtlicher und steuerlicher Sicht ebenfalls nur ansatzweise thematisiert wurden außerdem Entlohungsmodelle mit Mitarbeiterbeteiligung (Peltzer, 1996; Dautel, 2000), obwohl es hier noch an einer Verknüpfung formaler Aspekte (Rechts- und Steuerfragen) und inhaltlicher Probleme (Wahl der Vergütungsparameter) mangelt. Praktisch nur in der Innovationsliteratur, nicht aber in der Literatur zu jungen Unternehmen wurde der Aufbau der Produktion oder sonstigen Leistungserstellung bei Start-ups behandelt. Gleichfalls weitgehend offen bleiben

---

[5] Zu Technologie- und Gründerzentren vgl. beispielsweise MEYER, PLESCHAK; zu Inkubatoren ACHLEITNER/ENGEL (Meyer, 1999; Pleschak, 1995; Achleitner/Engel, 2001).
[6] Zum Marketing junger Unternehmen s. v. a. MEIER (Meier, 1998).

operative und strategische Fragen des erstmaligen Anlaufs von Produktion und Vermarktung mit Projektcharakter.

Hinsichtlich der *gründungsnahen Finanzierung* besteht traditionell in Bezug auf die externe Eigenkapitalfinanzierung ein Akzeptanzdefizit. Zumindest bis zur Boomphase am Neuen Markt in den Jahren 1999 und 2000 konnte in Deutschland eine deutliche Zurückhaltung gegenüber der Finanzierung mit externem Eigenkapital und dem damit verbundenen Einflussverlust festgestellt werden (Wippler, 1998, S. 131–135; Gerke et al., 1995, S. 25; Kulicke, 1993, S. 36–38). Grundsätzlich sind diese Befunde auch heute von Bedeutung. Während in der Gründungsphase eine Mischung aus öffentlichen Fördermitteln und externem Eigenkapital mittlerweile eher akzeptiert wird, bleibt in der Etablierungsphase die Schwierigkeit bestehen, dass die Verfügbarkeit von Fördermitteln abnimmt, aber die Möglichkeiten der Kreditfinanzierung noch nicht entsprechend zunehmen. Darüber hinaus gelten die Aussagen zur Gründungsfinanzierung auch für diese Phase.

Besonders in Deutschland noch wenig diskutiert wurde die *Einrichtung von Entscheidungsstrukturen* (Corporate Governance) in der Etablierungsphase der Start-ups. Hierbei handelt es sich primär um Organisationsfragen, die allerdings häufig durch externe Investoren im Kontext von Finanzierungsgeschäften aufgeworfen werden. Der Forschungsbedarf in diesem Feld wird dadurch verstärkt, dass die rechtzeitige Einrichtung von Corporate Governance geeignet erscheint, den Erfolg eines Start-ups zu fördern.

1.4.3 Wachstumsphase

Zu den Aufgabenfeldern *Erweiterung/Kapazitätserhöhung* und *strukturelle Unternehmensentwicklung* in der Wachstumsphase bestehen – analog zur Etablierungsphase – erhebliche Forschungsdefizite. Thematisch deutlich im Vordergrund stehen sollten (a) die Schaffung arbeitsteiliger Organisationen und effizienter Prozesse zur Bewältigung des Wachstums und (b) die Einrichtung von Controllingsystemen, die die Anforderungen von Investoren – ggf. auch mehrerer Investoren mit unterschiedlichen Erwartungen – erfüllen können.

Hinsichtlich der *Wachstumsfinanzierung* wird deutlich, dass Start-ups in Deutschland in dieser Phase stark auf die Finanzierung mit Fremdkapital ausgerichtet sind (Wippler, 1998, S. 214–219; Bösl, 1996, S. 187–207). Hieraus ergeben sich erhöhte Risiken für die weitere Unternehmensentwicklung sowie letztlich ein reduziertes Wachstumspotenzial. Als Forschungsfrage relevant sind hier die zu erwartenden Auswirkungen der neuen Eigenkapitalvorschriften für Kreditinstitute auf deren Finanzierungsverhalten. Als Hypothese könnte angenommen werden, dass Banken zukünftig verstärkt Eigenkapitalfinanzierungen mit einem beiderseitigen Anspruchsniveau unterhalb der heutigen Venture-Capital-Finanzierung anbieten werden, um diejenige Finanzierungsnachfrage zu decken, die künftig nicht mehr mit Krediten bedienbar ist.

In der angelsächsischen Forschung wurde jüngst intensiv die *Kapitalmarktorientierung* junger Unternehmen im Umfeld von Erstemissionen an Börsen untersucht (Schanz, 2000; Zacharias, 2000). Große Teile der Kapitalmarktforschung bestätigen dabei die Reputation des Emissionsführers als Determinante für den Erfolg eines Börsengangs (Gompers/Lerner,

1998, S. 2161–2183; Brav/Gompers, 1997, S. 1791–1821; Lin, 1996, S. 55–65). Weitgehend unbeleuchtet bleibt das Feld der Kapitalmarktforschung in Deutschland und hier speziell für den Neuen Markt. Immerhin jüngst aufgegriffen wurde aber das Feld der unternehmensinternen Maßnahmen zur Steigerung der Kapitalmarktorientierung sowie die Funktion Investor Relations (Sänger, 2001; Schumacher, 2001).

1.5 Weitere Fragestellungen im Start-up-Kontext

Neben den bisher diskutierten Fragestellungen im Zusammenhang mit der Entwicklung und dem Wachstum von Start-ups werden in der Wissenschaft weitere Problemkreise untersucht, von denen die wichtigsten im Folgenden näher vorgestellt werden, und zwar zunächst zwei Themen mit Berührung zur Volkswirtschaftslehre, dann ein Thema mit Bezug zum Innovationsmanagement und zur Pädagogik.

1.5.1 Gesamtwirtschaftliche Bedeutung von Start-ups

Die Frage nach der volkswirtschaftlichen Relevanz von Start-ups steht in einem engen Zusammenhang mit der Bedeutung kleiner und mittlere Unternehmen (KMU). Als KMU werden dabei solche Unternehmen verstanden, die eine bestimmte Beschäftigtenzahl und einen bestimmten Jahresumsatz nicht überschreiten. Eine solche Abgrenzung nach quantitativen Merkmalen ist einfach zu handhaben und somit allgemein akzeptiert, wenngleich auch die konkrete Grenzziehung nicht einheitlich ist. So wird in Deutschland zumeist die Definition des Institutes für Mittelstandsforschung angewandt, die die Grenze bei 500 Beschäftigten und einen Jahresumsatz von € 50 Mio. zieht. Demgegenüber sind nach den Kriterien der Europäischen Kommission solche Unternehmen als klein und mittel einzustufen, die bis zu 250 Beschäftigte und einen Jahresumsatz von weniger € 40 Mio. bzw. einen Bilanzsumme kleiner als € 27 Mio. aufweisen. Daneben ist auch eine qualitative Abgrenzung möglich, die insbesondere für Fragen der Unternehmensführung von Relevanz ist[7].

Start-ups in dem Begriffsverständnis, das hier vertreten wird (vgl. Abschnitt 1.1.1), fallen regelmäßig in diese Größenklasse, so dass Erkenntnisse aus der KMU-Forschung auf Start-ups übertragen werden können. Die Beschäftigung mit KMU kann in der deutschsprachigen Landschaft auf eine lange Tradition zurückblicken (Lagemann/Löbbe, 1999, S. 44–45), in der auch der Aspekt der Neuerrichtung von Unternehmen stets Beachtung fand.

Die Untersuchungen zur gesamtwirtschaftlichen Bedeutung von KMU bzw. Start-ups lassen sich zu vier wesentlichen Bereichen zusammenfassen:

(1) Beschäftigungswirkungen,

(2) Auswirkung auf Wachstum und Wettbewerb,

---

[7] Zu den Möglichkeiten der Abgrenzung vgl. insbesondere HAMER, MUGLER und HAGEMANN (Hamer, 1997, S. 28–32; Mugler, 1998, S. 18–31; Hagemann, 1999, S. 136–143).

(3) Beitrag zum Strukturwandel,

(4) Beitrag zur Innovationsfähigkeit.

Die Bedeutung für die *Beschäftigung* lässt sich zunächst daraus ableiten, dass etwa 70 % aller Beschäftigten und 80 % aller Auszubildenden in KMU tätig sind (IfM Bonn, 2001). Unstrittig ist auch, dass KMU bzw. Start-ups einen positiven Beitrag zur Schaffung neuer Arbeitplätze leisten. Strittig ist in der Wissenschaft hingegen, wie stark dieser Beitrag ist. Diskutiert werden hierbei Fragen der tatsächlichen Neugründung, des Wachstums und Überlebens der Unternehmen (Hamer, 1997, S. 32–40; Egeln, 2000, S. 15–16). Daneben spielt in der Diskussion die Qualität der geschaffenen Arbeitsplätze eine Rolle. Dabei wird argumentiert, dass insbesondere technologieorientierte Unternehmen in der Lage sind, langfristig Arbeitplätze in überdurchschnittlicher Anzahl zu schaffen (Lessat et al., 1999, S. 57–70; Egeln, 2000, S. 16).

In Bezug auf *Wachstum und Wettbewerb* leisten Neugründungen und auch KMU einen wichtigen Beitrag zum Funktionieren des marktwirtschaftlichen Systems. Sie stellen für etablierte Unternehmen neue bzw. weitere Konkurrenten dar und garantieren somit den zentralen Effizienzmechanismus des Marktes, den Wettbewerb (Hamer, 1997, S. 32–33; Egeln, 2000, S. 6–8; Mrzyk, 1999, S. 10).

KMU und insbesondere Start-ups leisten einen Beitrag zur *strukturellen Veränderung* einer Volkswirtschaft, indem sie eher als andere Unternehmen auf geänderte Bedürfnisse und Umfeldbedingungen reagieren. Durch die Anpassung der Geschäftsfelder anderer, etablierter Unternehmen kann diese Anpassung nicht in dem Maße vollzogen werden, wie sie für eine funktionierende Volkswirtschaft notwendig ist (Egeln, 2000, S. 8–10; Lagemann/ Löbbe, 1999, S. 87; Mrzyk, 1999, S. 11–15).

Der Beitrag von KMU und Start-ups zur Stärkung der *Innovationsfähigkeit* leitet sich aus qualitativen Eigenschaften dieser Unternehmensgruppe (wie z. B. Flexibilität, weniger Bürokratie) ab. Diese ermöglichen es ihnen, schneller und wirkungsvoller auf technologische Veränderungen zu reagieren. Dem steht als Hemmnis aber die zumeist geringe Ressourcenausstattung gegenüber. Anzumerken ist weiterhin, dass dieser Beitrag nur von einem kleinen Teil der Gründungen, den tatsächlich technologieorientierten, geleistet wird (Egeln, 2000, S. 10–14; Mrzyk, 1999, S. 10).

1.5.2 Start-ups im regionalen Kontext

Der eben diskutierten gesamtwirtschaftlichen Bedeutung verwandt sind die regionalwirtschaftlichen Wirkungen, die von Start-ups ausgehen. Dabei werden die genannten Problemkreise auf einen kleineren geografischen Bezugsraum abgebildet.

Als Bezugsräume dienen dabei regionale Arbeitsmärkte, Ballungsräume oder Verwaltungseinheiten (Regierungsbezirke, Bundesländer o. ä.). Letztere haben den Vorteil, dass Unterschiede in den regionalen Standortbedingungen (z. B. Steuer- und Abgabenlast, Qualität der Verwaltung, Infrastrukturangebot) zumeist zwischen eben diesen Verwaltungseinheiten auftreten. Studien mit einem solchen Bezugsrahmen haben des Weiteren hohe Bedeutung für wirtschaftspolitisches Handeln, da sich ihre Ergebnisse unmittelbar in den jeweiligen Verwaltungseinheiten umsetzen lassen. Zu beachten ist allerdings, dass sich nicht für alle Einflussvariablen auf das Gründungsgeschehen die Wirkung regional einheitlich abgrenzen lässt, vielfach treten hier räumliche „Spill-over"-Effekte auf (beispielsweise Großstädte und ihr Umland) (Steil, 1999, S. 47–48; Brüderl/Preisendörfer/Ziegler, 1996, S. 38).

Start-ups rücken insbesondere deswegen, in den Fokus regionaler Wirtschaftspolitik, weil in ihnen ein Mittel zur Verbesserung der Wirtschaftsstruktur gesehen wird. Flexibilität und Innovationskraft der Start-ups sollen dazu beitragen, das Entwicklungspotenzial einer Region zu nutzen und zukunftsfähige Arbeitsplätze zu schaffen (Wimmer, 1996, S. 7–10).

1.5.3 Start-ups und Hochschulen

Im Start-up-Kontext kommt den Hochschulen in zweifacher Hinsicht besondere Bedeutung zu. Zum einen als Ausbildungs- und zum anderen als Forschungsstätte.

Wie bereits in Abschnitt 1.3.1 diskutiert, nimmt die Person des bzw. der Gründer eine zentrale Rolle in der Anfangsphase eines Unternehmens ein. Daraus leitet sich die Frage ab, ob und wenn ja, wie eine Ausbildung für diese Personengruppe gestaltet werden kann. Bei der Frage des „ob" geht es in erster Linie darum, inwieweit unternehmerische Eigenschaften erlernbar sind und ob Hochschulen die dafür geeigneten Ausbildungsstätten sind. Obwohl die grundsätzliche Erlernbarkeit umstritten ist, herrscht weitgehend Einigkeit darin, dass eine geeignete Ausbildung diese Unternehmereigenschaften fördern kann. Auch die Hochschule als Ausbildungsstätte wird als geeignet angesehen. Eine Unternehmerausbildung erfordert ein hohes Maß an Komplexität, sie muss neben der Vermittlung von Fachwissen verschiedener Disziplinen auch die Persönlichkeit und die Sozialkompetenz des potenziellen Gründers fortentwickeln. Während deutsche Hochschulen letzterem Anspruch derzeit generell nur eingeschränkt gerecht werden, verfügen sie über ein breites Reservoir an für Gründer verwertbarem Fachwissen, insbesondere in betriebswirtschaftlichen Disziplinen. Allerdings ist die Auswahl und Vermittlung dieses Fachwissens derzeit noch stark an einem abhängig beschäftigten und spezialisiert tätigen Absolventen orientiert. An diesem Punkt setzt die Frage des „wie" der Ausbildung an. Bei der Didaktik einer Unternehmerausbildung wird verstärkt auf aktive Lehrformen wie die Fall- und die Projektmethode gesetzt, da sie dem aufgezeigten Anspruchsprofil eher gerecht werden als klassische Lehrformen. Sie unterstützen nicht nur eine fächerübergreifende Arbeitsweise, sondern fördern auch die Weiterentwicklung sozialer Kompetenzen der Studenten (Pinkwart, 2000, S. 188–191; Klandt/Knecht, 1999, S. 79–81 sowie 83–85; Schefczyk/Pankotsch, 2000, S. 46–48).

Neben der Ausbildung haben Hochschulen als Quelle von Gründungsideen eine besondere Bedeutung für Start-ups. Dies trifft insbesondere für technologieorientierte Gründungen zu, deren Bedeutung bereits diskutiert wurde und für die Erfindungen ein wichtiger Grundstein sind. Sie können im Rahmen eines Wissens- und Technologietransfers von dem Know-how sowie den Produkt- und Verfahrensideen der Hochschulen profitieren. Dieser Transfer kann zum einen über Patente oder Nutzungsrechte erfolgen, von zentraler Bedeutung ist aber zum anderen der „Transfer über Köpfe". Werden wissenschaftliche Mitarbeiter der Hochschulen als Gründer aktiv, so wird das an diese Personen gebundene wissenschaftlich-technische Know-how direkt in das neue Unternehmen transferiert (Lagemann, 1999, S. 115; Baumann/Meißner, 1999, S. 166).

In der Wissenschaft wird dazu untersucht, wie diese Möglichkeit der Ausgründung aus Hochschulen genutzt und bewertet wird, welche Faktoren hemmend und welche fördernd wirken. Als bedeutende Hemmnisse haben sich fehlende Kenntnisse und Erfahrungen, besonders im betriebswirtschaftlichen Bereich (zur Bedeutung vgl. Abschnitt 1.3.1), sowie mangelnde Gründungsbereitschaft erwiesen (Kriegesmann, 2000, S. 398). Obwohl der Unternehmensgründung durch Mitarbeiter von Hochschulen im Gegensatz zu anderen Kanälen des Wissens- und Technologietransfers eine eher geringe Bedeutung beigemessen wird, ist diese Art der Gründung zugleich der Kanal mit der höchsten erwarteten Zuwachsrate (BMBF, 2001, S. 131). Ebenfalls positiv zu bewerten ist, dass insbesondere Technische Universitäten unter den öffentlichen Forschungseinrichtungen als potenzielle Transferquellen den höchsten Anteil an Unternehmensgründungen als Zielsektor für eine Personalmobilität aufweisen (BMBF, 2001, S. 137).

1.6 Überblick zukünftiger Herausforderungen

Es kann festgehalten werden, dass Start-ups mittlerweile eine breite Aufmerksamkeit in der Forschung gefunden haben. So liegen insbesondere für den Bereich der Finanzierung, zur Person des Gründers und zu den Umfeldbedingungen sowie zur volkswirtschaftlichen Bedeutung zahlreiche Erkenntnisse vor. Forschungsbedarf besteht nach wie vor zur Gestaltung betriebswirtschaftlicher Funktionen in Start-ups. Weiter mangelt es an methodisch anspruchsvoller Empirie.

Aus wissenschaftlicher Sicht ebenfalls zu untersuchen und zu bewerten ist, ob und welche Veränderungen sich aus dem derzeit stattfindenden Wechsel in der Beurteilung von Start-ups durch den Kapitalmarkt ergeben.

2. Gewinnung von Geschäftsideen

CHRISTIAN LÜTHJE

„Successful entrepreneurs do not wait until 'the Muse kisses them' and gives them a bright idea; they go to work."
(Peter F. Drucker)

2.1 Die Gewinnung von Geschäftsideen als gestaltbarer Problemlösungsprozess

Unternehmerische Initiativen entstehen, wenn zwischen dem Erkennen einer erfolgversprechenden Geschäftsidee und der Marktumsetzung dieser Idee eine Handlungslücke klafft. Unternehmertum bzw. Entrepreneurship besteht daher im Wesentlichen aus Aktivitäten zur Findung und Realisierung von Chancen für erfolgreiche Geschäfte (Brazeal/Herbert, 1997, S. 6; Stevenson/Jarillo, 1990, S. 23).

An dieser Definition wird deutlich, dass der Geschäftsidee eine zentrale Rolle im Gründungsprozess zukommt (Singh/Hills/Lumpkin, 1999). Sie markiert den Übergang von einer zunächst ungerichteten Gründungsintention zu konkreten Planungsaktivitäten für die Aufnahme einer Geschäftstätigkeit. Die Gewinnung und Bewertung einer Idee ist insofern ein, wenn auch nicht hinreichender so doch sicherlich notwendiger, Meilenstein auf dem Weg zur Gründung eines Unternehmens (Timmons, 1994).

Die Entwicklung einer Geschäftsidee mit hohem Erfolgspotenzial stellt jedoch keine triviale Aufgabe dar. Hierfür ist die hohe Anzahl der Insolvenzen junger Unternehmen ein erster Hinweis. Noch direkter zeigt sich die Problematik der Ideengewinnung in der Tatsache, dass nur ein Bruchteil der von Gründern formulierten Geschäftsideen realisiert wird. Ihre Umsetzung scheitert häufig bereits an der fehlenden Bereitschaft potenzieller Kapitalgeber zur Unterstützung der Unternehmenstätigkeit. So schätzen STEVENS/BURLEY auf der Grundlage einer Befragung kalifornischer Venture-Capital-Firmen, dass im Durchschnitt nur 3 % der eingereichten Ideen alle Prüfschritte erfolgreich überstehen und letztlich Venture Capital erhalten (Stevens/Burley, 1997, S. 24). Ideen für Unternehmensgründungen, denen unmittelbar eine hohe Attraktivität und große Durchsetzungschancen zuerkannt werden, stellen somit die Ausnahme dar.

Vor diesem Hintergrund verwundert es, dass die Gründungsliteratur der Entwicklung von Geschäftsideen relativ wenig Aufmerksamkeit widmet (Hills/Lumpkin/Singh, 1997, S. 169; Puhakka, 1999, S. 13). Dies trifft insbesondere auf die zahlreichen handlungsorientierten „Leitfäden" für Existenzgründungen zu, obwohl doch gerade diese Beiträge konkrete Planungs- und Entscheidungshilfen für angehende Unternehmer vermitteln wollen (Singh/Hills/Lumpkin, 1999). Die Ideenentwicklung wird entweder als bereits abgeschlossen vorausgesetzt (z. B. Käppeler/Sanft, 1998) oder ohne Bezug auf methodische Ansätze behandelt (z. B. Schwarz, 1999).

Die Vernachlässigung des Themas „Gewinnung von Geschäftsideen" könnte aus der häufig beobachteten Tendenz resultieren, Kreativität als magische Gabe zu mystifizieren und Ideen auf plötzliche, nicht erklärbare Eingebungen kreativer Talente zurückzuführen. Gemäß dieser Vorstellung wären Intuition, Originalität und schöpferische Energie ohnehin nicht durch methodische Vorgehensweisen systematisierbar (de Bono, 1986, S. 7). Folglich könnten von den Gründungshandbüchern gar keine Hilfestellungen zur Bewältigung dieser kreativen Aufgabe in der Vorgründungsphase erwartet werden. Schließlich kann etwas, was nicht verstanden wird, auch nicht gefördert werden (Drucker, 1999, S. 119–121).

Dieser Ansicht wird jedoch in der wissenschaftlichen Literatur weitestgehend widersprochen. Es besteht innerhalb der Kreativitätsforschung Einigkeit darüber, dass die Ideenentwicklung nichts anderes als eine Variante eines Problemlösungsprozesses mit den üblichen Bestandteilen der Problemerkennung, Problemlösung und Realisierung darstellt (Linneweh, 1984, S. 16; Kaufmann, 1988, S. 91). Systematische Ansätze können zwar individuelle Kreativität bei der Entwicklung von Geschäftsideen nicht ersetzen, sie unterstützen jedoch die zielgerichtete Planung, Steuerung und Bewertung dieses Prozesses (Schlicksupp, 1999, S. 57–58).

Insgesamt kann festgehalten werden, dass der Prozess zur Generierung und Bewertung von Ideen für Unternehmensgründungen erfolgskritisch, schwierig und systematischen Ansätzen zugänglich ist. Ziel der folgenden Ausführungen ist daher, Möglichkeiten zur methodischen Unterstützung dieses Prozesses aufzuzeigen und deren Anwendbarkeit im Vorfeld einer Unternehmensgründung zu diskutieren. Dazu wird zunächst ein einfaches Modell entwickelt, mit dem die einzelnen Bestandteile des Prozesses zur Ideengewinnung strukturiert werden: die Informationsbeschaffung, die Ideengenerierung und die Ideenbewertung. Anschließend werden Instrumente und Methoden behandelt, die zur Bewältigung der drei Teilaufgaben zur Verfügung stehen. Als These liegt hierbei zugrunde, dass ein situationsgerechter Methodeneinsatz zu einer Erhöhung der Effizienz und zur Reduzierung des Mißerfolgsrisikos einer Unternehmensgründung beiträgt.

2.2 Der Prozess zur Gewinnung von Geschäftsideen

Wie die Unternehmensgründung selbst vollzieht sich auch die Gewinnung von Geschäftsideen nicht als punktueller Akt sondern als Prozess, der sich aus mehreren Teilschritten zusammensetzt (Puhakka, 1999, S. 13). Die Reduzierung der Ideengewinnung auf einen plötzlichen „Geistesblitz", der einem potenziellen Unternehmensgründer unmittelbar den Weg für eine erfolgreiche Geschäftstätigkeit eröffnet, entspricht nur in seltenen Fällen der Realität (Hauschildt, 1993, S. 241).[8]

In der Gründungsliteratur werden zahlreiche Prozessmodelle zur Gewinnung von Geschäftsideen diskutiert, die häufig unter dem Titel der „opportunity recognition" eingeordnet wer-

---

[8] HILLS/SHRADER stellen in einer Befragung US-amerikanischer Unternehmer fest, dass über 90 % der Befragten ihre Geschäftsideen erst nach einem zeitintensiven Lernprozess entwickelt haben (Hills/Shrader, 1998).

den. Die einzelnen Modelle unterscheiden sich in Zahl und Abgrenzung einzelner Prozessschritte. Zudem betonen sie jeweils verschiedene Faktoren, die letztlich dafür verantwortlich sind, dass Personen mit konkreten unternehmerischen Aktivitäten beginnen (Gaglio, 1997, S. 143–191).

Bei fast allen bekannten Prozessmodellen der Unternehmensgründung steht eine grundsätzliche Gründungsintention am Anfang des Prozesses (Abbildung.II.3).[9] Sie ist Voraussetzung dafür, dass ein potenzieller Gründer fähig und gewillt ist, sich ergebende Gelegenheiten zu erkennen und weiterzuverfolgen (Brazeal/Herbert, 1997; Puhakka, 1999, S. 4–5). Die aus der Gründungsbereitschaft resultierende „alertness" (Kirzner, 1985, S. 56) oder „prevision" (Long/McMullan, 1984) erklärt, weshalb nicht alle Personen, die über ähnliche Erfahrungen, Know-how und Informationen verfügen, Möglichkeiten zur Schaffung erfolgversprechender Geschäfte wahrnehmen und verfolgen. HILLS/LUMPKIN/SINGH können in einer großzahligen Fragebogenerhebung zeigen, dass sich Unternehmer als überdurchschnittlich sensibel für schwache Umweltsignale einschätzen und dass ihnen das Nachdenken über neue Geschäftschancen generell Spaß macht (Hills/Lumpkin/Singh, 1997, S. 176).

Den nächsten Meilenstein im Prozessmodell markiert die Generierung einer ersten Idee (Singh/Hills/Lumpkin, 1999). Diese besteht zu diesem frühen Zeitpunkt im Wesentlichen aus der Beschreibung einer Zweck-Mittel-Kombination. Es wird damit festgelegt, welcher Zweck, d. h. welche Nachfrage (z. B. spezifische Kundenbedürfnisse, Anwendungsfelder, Zielgruppen) mit welchen Mitteln (z. B. Technologie, Produktkonzept, Know-how) bedient werden soll (Hauschildt, 1993, S. 7–10). Welche Ideen von einer Person oder Personengruppe generiert werden, hängt wesentlich von dem Erfahrungsschatz ab, den die beteiligten Gründer mitbringen. Die Informationen, die eine Person in ihrem Leben gesammelt hat, bilden einen „Wissenskorridor", innerhalb dessen überhaupt nur Geschäftschancen entdeckt werden können (Venkataraman, 1997, S. 121–124; Shane, 2000).

Im Prozessmodell erfolgt anschließend die Ideenbewertung, bei der im Wesentlichen die Marktattraktivität und das ökonomische Potenzial der Idee abzuschätzen ist. Meist ist die avisierte Geschäftstätigkeit mit starken Konsequenzen für die beteiligten Unternehmensgründer verbunden, so dass zusätzlich persönliche Kriterien bei der Ideenbewertung einbezogen werden sollten. Der Bewertungsvorgang wird in der Regel von einer weiteren Detaillierung und Modifikation der ursprünglichen Idee begleitet. Ihre systematische Überprüfung macht deutlich, wo weitere Konkretisierung notwendig ist und bei welchen Teilaspekten Veränderungsbedarf besteht (Long/McMullan, 1984). Erst wenn das Potenzial eines Einfalls überprüft und als hoch eingeschätzt wird, soll von einer Geschäftsidee gesprochen werden. Sie bildet die Grundlage für weitere Planungen im Gründungsprozess.[10]

---

[9] Anders ist dies bei einer „internally stimulated opportunity recognition". Hier geht das Erkennen einer Geschäftschance der Entscheidung zur Gründung eines Unternehmens voraus (Bhave, 1994, S. 230).

[10] SINGH/HILLS/LUMPKIN unterscheiden in diesem Zusammenhang zwischen „ideas" und „opportunities". Sie können in ihrer Untersuchung zeigen, dass zwischen einer ersten „idea" und einer tatsächlichen „opportunity" häufig Monate, bei ca. 10 % der befragten Gründer sogar Jahre vergehen. Insgesamt 80,9 % der Gründer geben an, dass in diesem Zeitraum weitere Detaillierungen und Modifikationen der ersten Idee vorgenommen wurden (Singh/Hills/Lumpkin, 1999).

Die Gewinnung von Geschäftsideen bedarf einer informatorischen Basis in Form von Informationen über potenzielle Kunden und Wettbewerber, über relevante Technologiesegmente sowie über sich abzeichnende Entwicklungen im Umfeld der avisierten Branche. Ob diese Informationen bereits als Grundlage der Ideengenerierung dienen oder primär zur anschließenden Bewertung der ersten Ideen verwendet werden, dürfte sich in der Realität von Fall zu Fall unterscheiden. Wie BHAVE in seinem Prozessmodell für Unternehmensgründungen darstellt, lassen sich zwei Extreme unterscheiden (Bhave, 1994). Es ist zum einen denkbar, dass Ideen vorwiegend auf der Grundlage von Intuition und vagen Einschätzungen entstehen und erst dann mit relevanten marktlichen, technischen und Umfeldentwicklungen abgeglichen werden. Im anderen Extrem ist jedoch auch vorstellbar, dass umfangreiche Informationen die wesentliche Grundlage zur Ableitung erster Einfälle bilden, dafür aber im Bewertungsprozess eine geringere Rolle spielen. Ganz gleich in welchen Phasen des Prozesses die Informationen hauptsächlich eingesetzt werden, die Entwicklung erfolgversprechender Ideen ist wohl schwer unter völliger Negierung relevanter Informationen über das Umfeld, die Märkte und wichtige Technologiefelder möglich.

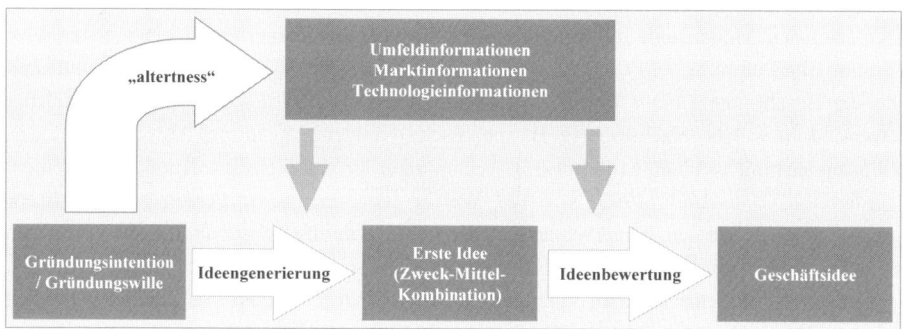

Abbildung II.3: Prozessmodell zur Gewinnung von Geschäftsideen

Das in Abbildung II.3 dargestellte Modell bildet die Grundlage für die Strukturierung der folgenden Ausführungen. Zunächst werden relevante Informationsquellen beschrieben und Methoden zur ihrer Beschaffung erläutert. Anschließend stehen Vorgehensweisen zur Generierung und Bewertung von Ideen im Mittelpunkt, wobei insbesondere auf deren Einsatzmöglichkeit im spezifischen Kontext einer Unternehmensgründung eingegangen wird.

2.3 Informationsbeschaffung zur Gewinnung von Geschäftsideen

Die Entwicklung von Geschäftsideen kann im Wesentlichen als Informationsbeschaffungs-, Informationsverarbeitungs- und Informationsverwertungsprozess interpretiert werden (Hauschildt, 1993, S. 244). Unternehmensgründer benötigen in der Regel Informationen über Märkte, Technologien und relevante Umfeldentwicklungen, um Ideen zu generieren und hinsichtlich ihres Potenzials realistisch zu bewerten. Es stellt sich daher unmittelbar die Frage, welcher Informationsquellen sich Gründer überwiegend bedienen.

Empirische Studien zeigen, dass Unternehmensgründer bei der Informationsbeschaffung vorwiegend auf ihr persönliches Netzwerk zurückgreifen. Im typischen Fall besitzen Gründer nur begrenzte finanzielle und zeitliche Ressourcen, die sie auf zahlreiche Aufgaben in der Vorgründungsphase verteilen müssen. Weiterhin sind sie als Einzelperson in ihrer kognitiven Aufnahmekapazität beschränkt (Singh/Hills/Lumpkin, 1999). Sie können daher der Informationsbeschaffung keine umfangreichen Aktivitäten widmen. So ist es gerade für Unternehmensgründer wichtig, über entsprechende persönliche Kontakte zu verfügen, durch die Markt-, Technologie- und Umfeldinformationen schnell und mit geringem finanziellen Aufwand erfragt werden können. Dieses Netzwerk umfasst zunächst Familie, Freunde und Bekannte, es besteht aber vor allem aus lockeren Kontakten zu Geschäftspartnern, Kunden, Lieferanten, Technologie- und Marktexperten sowie zu ehemaligen Studien- oder Arbeitskollegen (Hills/Lumpkin/Singh, 1997, S. 169). Diese persönlichen Kontakte können aktiviert werden, um an Kenntnisse zu gelangen, die über andere Wege kaum zu beschaffen wären.

Die fördernde Wirkung dieser Netzwerke für die Ideengenerierung können HILLS/LUMPKIN/ SINGH in einer empirischen Studie demonstrieren. Unternehmer, die sich ihrer sozialen Kontakte bedienen („network entrepreneurs"), generieren durchschnittlich mehr Ideen für neue Geschäfte als Gründer, die sich ausschließlich auf ihre eigenen Kenntnisse verlassen („solo entrepreneurs"). Eine Untersuchung von HILLS/SHRADER zeigt, dass ca. 50 % der befragten Unternehmer sogar wesentliche Teile der Idee von anderen Personen erhalten haben (Hills/Shrader, 1998). Auch bei der Bewertung und Weiterentwicklung der ersten Ideen spielt das persönliche Umfeld eine große Rolle. In einer Studie von SINGH/HILLS/ LUMPKIN gibt etwa die Hälfte der befragten Gründer an, dass sie bei der Bewertung und Weiterentwicklung ihrer Ideen mit Geschäftspartnern sowie Personen aus dem Familien- und Bekanntenkreis reden (Singh/Hills/Lumpkin, 1999).

Dass ein derartiges Netzwerk zur Verfügung steht, liegt in dem Umstand begründet, dass die meisten Gründer über Jahre in derjenigen Branche tätig sind, in der sie sich selbständig machen möchten. Anscheinend determinieren die bisher gemachten Erfahrungen, in welchen Bereichen Chancen für Unternehmensgründungen erkannt werden und für welche Branchen nach Ideen gesucht wird. In der bereits zitierten Studie von SINGH/HILLS/LUMPKIN kann gezeigt werden, dass die Befragten durchschnittlich zehn Jahre Berufserfahrung in dem Feld ihrer Unternehmensgründung aufwiesen. Weiterhin geben über 70 % der Befragten an, dass vorhandene Erfahrungen die Basis für ihre Geschäftsideen bildeten (Singh/Hills/ Lumpkin, 1999). Ein großer Teil der relevanten Informationen für die Entwicklung von Geschäftsideen muss also nicht gesondert beschafft werden, sondern ist bereits im Erfahrungsschatz des potenziellen Gründers vorhanden.[11]

Insgesamt lässt sich festhalten, dass die Beschaffung von Informationen zur Entwicklung von Geschäftsideen überwiegend informal unter Ausnutzung des persönlichen Netzwerkes potenzieller Gründer erfolgt. Darüber hinaus verfügen die meisten Entrepreneurs bereits

---

[11] Erfahrungen in der entsprechenden Industrie stehen mit dem Erfolg der gegründeten Unternehmen in positivem Zusammenhang. In einer Studie von BOX/WATTS/HISRICH kann eine signifikante Korrelation zwischen den Industrieerfahrungen der Eigentümer und dem Beschäftigtenwachstum ihrer Unternehmen festgestellt werden (Box/Watts/Hisrich, 1992).

über einen umfangreichen Informationsstand, da die Gründung häufig dort stattfindet, wo zuvor langjährige Berufserfahrungen gesammelt wurden.

Daraus sollte jedoch nicht der Schluss gezogen werden, Gründer könnten aus einer systematischen Informationsbeschaffung keinen Nutzen für die Generierung und Bewertung von Ideen ziehen. Intuition kann sich im negativen Fall in Willkür wandeln, eigene Erfahrungen können zu verzerrten Wahrnehmungen der Realität führen. Nicht zuletzt die hohen Flop-Raten neuer Geschäftsideen zeigen einen Bedarf für die zielgerichtete Suche nach Informationen, um die Rationalität bei der Ideengenerierung und -bewertung zu erhöhen.[12] Unternehmensgründer können die Erfolgswahrscheinlichkeit ihrer Vorhaben verbessern, wenn sie ihre Erfahrungen nochmals an der Realität überprüfen und bestehende Informationslücken durch einen effizienten Suchprozess schließen. Daher sollen im Folgenden Informationsquellen dargestellt werden, die zur Gewinnung von Geschäftsideen eine Rolle spielen können, wobei zwischen Umfeld-, Markt- und Technologieinformationen unterschieden wird. Zusätzlich werden Methoden diskutiert, die potenzielle Unternehmensgründer zur Informationsbeschaffung einsetzen können (Abbildung.II.4).

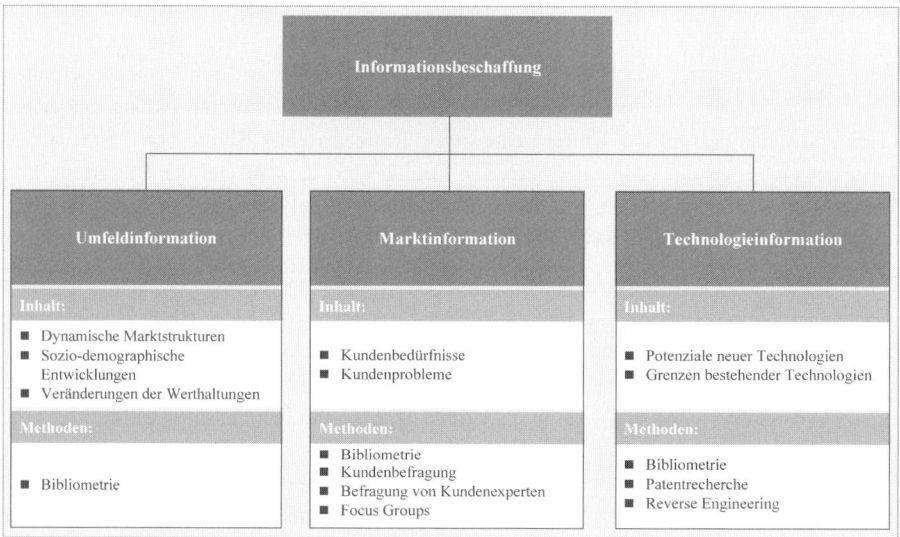

Abbildung II.4: Informationsquellen und Methoden zur Informationsbeschaffung

2.3.1 Umfeldinformationen

Umfeldinformationen umfassen im Wesentlichen Daten über gesellschaftliche, ökonomische und rechtliche Entwicklungen. Sie betreffen umfassende, langfristige Trends im Umfeld der Branche, in der sich die Unternehmensgründer betätigen möchten. Zweifellos entstehen

---

[12] Unter diesem hohen Misserfolgsrisiko leiden nicht nur Geschäftsideen für Unternehmensgründungen. Zahlreiche Studien zeigen auch für etablierte Unternehmen erschreckend hohe Flop-Raten bei der Entwicklung von Innovationen und neuen Geschäftsfeldern (Brockhoff, 1988, S. 2–3).

Möglichkeiten für unternehmerisches Handeln häufig aus der Dynamik des relevanten Umfeldes. Diese Veränderungen führen oft dazu, dass bestehende Problemlösungen, die auf dem Markt angeboten werden, nicht mehr effektiv mit den Problemparametern übereinstimmen und sich somit Chancen für neue Produkte oder Dienstleistungen ergeben (Brazeal/Herbert, 1997). Studien zeigen, dass neu gegründete Unternehmen ein höheres Wachstum der Mitarbeiterzahl aufweisen, wenn sie eine systematische Beobachtung ihres Umfeldes („environmental scanning") betreiben (Box/Watts/Hisrich, 1992).

Bei den relevanten Umfeldentwicklungen lassen sich Bewegungen in den Marktstrukturen, sozio-demographische Entwicklungen und Veränderungen in den Werthaltungen der Bevölkerung unterscheiden.

2.3.1.1 Dynamische Marktstrukturen

Zum einen bieten Informationen über ein extrem hohes Marktwachstum Chancen für profitable Unternehmensgründungen. Aufgrund ihres großen Erfolges vernachlässigen etablierte Anbieter auf diesen attraktiven Märkten häufig das Nachdenken über neue Prozesse, Produkte oder Dienstleistungen. Ihre Angebote sind unter Umständen nicht mehr zeitgemäß oder sogar obsolet geworden (Drucker, 1999, S. 75). Hier ergeben sich Chancen für „newcomers", die vom Erfolg träge gemachten Unternehmen in ihren eigenen Märkten zu schlagen.

Veränderte Marktstrukturen oder ganz neue Märkte entstehen zum Zweiten immer dann, wenn eine völlig neue Zielgruppe auf den Markt tritt, die keine auf ihre Bedürfnisse angepassten Produkte oder Dienstleistungen vorfindet. Gründer, die dies erkennen, können mit einem spezifischen Angebot in den Markt gehen und sich gegen etablierte Unternehmen durchsetzen. Erfolgreiche Unternehmensgründungen im Bereich der Finanz- und Anlageberatung für Privatkunden sind hierfür ein Beispiel. Die neuen Unternehmer erkannten sehr früh, dass Privatkunden zunehmend in den Aktien- und Fondsbereich strömten, der zuvor von institutionellen Anlegern dominiert wurde.

Drittens können veränderte Industrie- und Marktstrukturen entstehen, wenn zuvor getrennte (technologische) Bereiche zusammenwachsen. Neben fehlendem Know-how sind häufig kulturelle Akzeptanzhemmnisse dafür verantwortlich, dass etablierte Unternehmen sich nur zögernd gänzlich neuen Bereichen zuwenden. Als Beispiel lässt sich das Konvergieren der Musik- und Computerindustrie anführen. Hier ergaben sich Möglichkeiten für junge Unternehmen, da die großen Anbieter nur langsam auf die veränderten Marktstrukturen reagierten (z. B. *MP3-Player*; Levitt, 1997, S. 76).

2.3.1.2 Sozio-demographische Entwicklungen

Der zweite große Bereich der Umfeldinformationen betrifft sozio-demographische Entwicklungen in der Bevölkerung (Drucker, 1999, S. 80–89). Dazu gehören Veränderungen der Bevölkerungsgröße, der Altersverteilung, der Beschäftigungsstruktur, des Bildungsstatus, der Einkommensverteilung etc.. Diese Tendenzen haben einen sehr großen Einfluss darauf, welche Produkte bzw. Dienstleistungen von welchen Gruppen in welcher Menge nachgefragt werden (Otto, 1993, S. 148). Gründer sollten versuchen, die unmittelbaren Auswirkungen der Entwicklungen auf die eigene Branche festzustellen (z. B. Erhöhung der Kaufkraft für bestimmte Angebote, Vergrößerung spezifischer Zielgruppen).

Beispielsweise enthalten sozio-demographische Veränderungen deutliche Hinweise für neue Geschäftsideen in der Tourismusbranche. So war der *Club Mediterranée* eine Reaktion auf die Zunahme von Einzelhaushalten in den entwickelten Ländern (weitere Umfeldveränderungen in der Touristikbranche sind bei KURZ/ENTENMANN (Kurz/Entenmann, 1997) dargestellt).

2.3.1.3 Veränderungen in den Werthaltungen der Bevölkerung

Die dritte Klasse von Umfeldinformationen umfasst Angaben über generelle Werthaltungen, Einstellungen und Wahrnehmungen in der Gesellschaft (Otto, 1993, S. 149). Ein Beispiel für relevante Veränderungen in diesem Bereich ist das zunehmende Gesundheitsbewusstsein in entwickelten Volkswirtschaften. Unternehmer haben diese Entwicklung erkannt und sie zur Umsetzung innovativer Geschäftsideen im Gesundheitssektor genutzt (z. B. ökologische Landwirtschaft, Reformläden, Gesundheitszeitschriften, Vitaminpräparate). Veränderte Werthaltungen müssen nicht bedeuten, dass sich tatsächliche Änderungen in der objektiven Umwelt ergeben haben (Drucker, 1999, S. 94–95). So ist das gestiegene Gesundheitsbewusstsein keine Reaktion auf eine Zunahme der Sterberate in der Bevölkerung. Daher ist der Bereich der Werthaltungen, Einstellungen und Wahrnehmungen schwerer zu erfassen als die beiden zuvor behandelten Informationsklassen.[13]

In den seltensten Fällen wird ein angehender Gründer in der Lage sein, Informationen über wichtige Umfeldentwicklungen durch Primäruntersuchungen zu erheben und zu analysieren.[14] Es steht jedoch eine Vielzahl an Sekundärdatenquellen zur Verfügung, die im Rahmen eines systematischen Suchprozesses (Bibliometrie) ermittelt werden können und zum Zwecke der Gewinnung und Bewertung von Ideen völlig ausreichen. Dazu gehören Broschüren öffentlicher Stellen (z. B. statistisches Bundesamt, Ministerien), Berichte von Kammern und Fachverbänden, Veröffentlichungen von Wirtschafts-, Markt- und Trendforschungsinstituten, Arbeiten aus Hochschulen sowie entsprechende Fachliteratur (Vahs/Burmester, 1999, S. 143). Diese Informationen stehen auch zunehmend im World Wide Web zur Verfügung.[15]

---

[13] Beispielsweise beruhen sozio-demographische Prognosen in der Regel auf quantitativen Analysen. Sie werden in Mittelwerten und Prozentzahlen ausgedrückt. Veränderungen folgen häufig bekannten Mustern und können daher mit entsprechenden Vorlaufzeiten erkannt werden (Drucker, 1999, S. 90).

[14] Hierzu stehen zahlreiche, allerdings sehr aufwendige Methoden zur Verfügung (z. B. Delphi-Befragung, Szenario-Technik).

[15] Beispiele sind die Internetseiten des ZEW in Mannnheim (http://www.zew.de) oder des Weltwirtschaftsinstituts in Kiel (http://www.uni-kiel.de:8080/IfW/zbw/econis.htm).

2.3.2 Kundeninformationen

Die überragende Bedeutung der Kundenbedürfnisse und Kundenwünsche für den Erfolg innovativer Produkte und Dienstleistungen wird weder in der wissenschaftlichen Literatur noch in der Unternehmenspraxis angezweifelt. In einer Vielzahl empirischer Erfolgsfaktorenstudien kann gezeigt werden, dass innovative Marktangebote, die durch konkrete Kundenbedürfnisse ausgelöst werden („need pull"), höhere Erfolgsraten aufweisen als ausschließlich technologiegetriebene Innovationen (Voss, 1985, S. 124–126; Staudt/Kriegesmann, 1994, S. 133). Die Begründung für dieses eindeutige Ergebnis ist naheliegend. Letztlich werden auf dem Markt nur diejenigen Produkte und Dienstleistungen akzeptiert, die den Kunden einen zusätzlichen Nutzen bieten (Kotzbauer, 1992, S. 116). Sie müssen also beispielsweise neuartige Funktionen aufweisen, bisher nicht angesprochene Probleme lösen oder zu wesentlichen Kostenreduktionen bei den Abnehmern führen (Kleinchmidt/Geschka/Cooper, 1996, S. 10).

Unternehmensgründer scheinen entsprechend dieser Befunde vorzugehen. In der Studie von HILLS/SHRADER bestätigen die befragten Gründer, dass ihre Ideen zu ca. 70 % aus dem Markt abgeleitet sind. Weiterhin geben sie an, genau darauf zu hören, was Kunden zu sagen haben (Hills/Shrader, 1998). Dennoch verzichten die meisten Unternehmer gemäß der Studie von SINGH/HILLS/LUMPKIN auf systematische Marktforschung (nur 11,3 % der befragten Entrepreneure greifen bei der Ideengenerierung auf Marktstudien zurück; Singh/Hills/Lumpkin, 1999). Anscheinend erkennen sie den hohen Erfolgsbeitrag einer konsequenten Kundenorientierung, scheuen aber den Aufwand, der mit dem Einsatz von Marktforschungsmethoden verbunden ist. Vor diesem Hintergrund sollen im Folgenden lediglich Instrumente zur Beschaffung von Kundeninformationen dargestellt werden, die für frühe Phasen des Gründungsprozesses praktikabel, d. h. mit vertretbarem Ressourceneinsatz durchzuführen sind.

Weitgehend auszuschließen ist dabei die Durchführung großzahliger, quantitativer Studien (z. B. Paneluntersuchungen, Marktexperimente). Für sie sind im Gründungsprozess meist keine ausreichenden Ressourcen vorhanden. Darüber hinaus sind die dabei eingesetzten Methoden eher für die testende Marktforschung geeignet, wenn eine Geschäftsidee samt der relevanten Produkte bzw. Dienstleistungen bereits entwickelt ist und bezüglich ihrer Akzeptanz auf dem Markt eingeschätzt werden soll (Hansen/Raabe, 1988, S. 2). Um Anregungen für die Gewinnung innovativer Ideen zu erhalten, sind vornehmlich „entdeckende", qualitative Untersuchungen geeignet.

2.3.2.1 Kundenbefragungen

Qualitative Kundenbefragungen beruhen auf einer kleinen Anzahl von Befragten und werden meist in halb-standardisierter Form durchgeführt.[16] Inhalte der Gespräche sind im Wesentlichen die Entdeckung und Bewertung von Kundenbedürfnissen, die eingehende Beurteilung existierender Marktangebote und die Ableitung konkreter Anforderungen an zukünftige Problemlösungen (Vahs/Burmester, 1999, S. 153). Häufig fällt es den Kunden jedoch schwer, ihre Bedürfnisse und Anforderungen klar zu formulieren. In diesen Fällen empfiehlt es sich, nicht nach Bedürfnissen, sondern nach Problemen der Kunden zu fragen. Bereits erlebte Einschränkungen bei der Nutzung von Produkten oder Dienstleistungen sind stärker im Bewusstsein der Kunden verankert und führen u. U. zu verlässlicheren Erkenntnissen als die Abfrage von Bedürfnissen (Fornell, 1981, S. 63–65). Weiterhin lassen sich aus Problemen meist unmittelbar Möglichkeiten zu deren Lösungen ableiten. Tatsächlich stellen HILLS/SHRADER in ihrer bereits zitierten Studie fest, dass die meisten Geschäftsideen der befragten Unternehmer (ca. 90 %) aus dem Versuch entstanden, konkrete Probleme der Kunden zu lösen (Hills/Shrader, 1998).

Ein attraktives Verfahren zur Gewinnung zukunftsorientierter Ideen in direkter Zusammenarbeit mit Kunden ist die „Lead-user"-Methode. Hier wird gezielt nach besonders fortschrittlichen Kunden gesucht, die bezüglich ihrer Bedürfnisse und Expertise dem Markt zeitlich voraus sind. Im Vergleich zu traditionellen Vorgehensweisen zur Ideengenerierung konnte die „Lead-user"-Methode in zahlreichen Anwendungen wesentlich vielversprechendere und innovativere Ideen hervorbringen (Morrison et al., 2001).

2.3.2.2 Befragung von Kundenexperten

Ist die Kontaktierung von Kunden nicht möglich bzw. zu aufwändig, können Kundenexperten befragt werden, die den Gründern aufgrund ihrer langjährigen Berufstätigkeit in der Branche meist bekannt sind (z. B. Vertriebsmitarbeiter, Vertreter des Handels). Dem geringeren Kontaktierungsaufwand steht bei der Befragung von Kundenexperten eine größere Gefahr subjektiv verzerrter Antworten gegenüber (Baxter, 1995, S. 193).

2.3.2.3 Focus Groups

Focus Groups bestehen aus offen gestalteten Diskussionen von ein bis zwei Stunden, an denen je nach Problemstellung sechs bis zwölf Kunden teilnehmen. Dabei können sehr unterschiedliche Problemstellungen zum Gesprächsgegenstand gemacht werden (Bristol/Fern, 1996, S. 186):

(1) Diskussion der Probleme mit aktuellen Marktangeboten („pheonomenological discussion"),

(2) Gespräch über Kundenbedürfnisse und Kundenpräferenzen („clinical discussion"),

---

[16] Die halb-standardisierte Interviewführung hat den Vorteil, dass Kunden Informationen liefern können, an die der Gründer nicht gedacht und die er daher auch nicht erfragt hätte. Ein Mindestmaß an standardisierten Fragen gewährt gleichzeitig vergleichbare Antworten und erleichtert so die Auswertung der Gespräche.

(3) Generierung bzw. Test von innovativen Ideen („exploratory discussion").

„Focus groups" ermöglichen qualitative Erkenntnisse, die in individuellen Befragungen nicht gewonnen werden können. So ist beispielsweise der Prozess der Meinungsbildung und Produktbeurteilung eines Kunden in Gruppen besser beobachtbar als in Einzelinterviews. Weiterhin können sich die Beteiligten wechselseitig stimulieren, indem sie die Wortbeiträge anderer Teilnehmer aufgreifen und weiterdenken (Bristol/Fern, 1996, S. 186).

2.3.2.4 Bibliometrie

Auch für den Bereich der Kundeninformationen existieren Sekundärquellen, auf die Gründer bei ihrer Suche zurückgreifen können (Kotler/Bliemel, 1995, S. 193–194; Baxter, 1995, S. 156). Dazu gehören Veröffentlichungen von Wirtschaftsinstituten (z. B. Ifo, ZEW, WZB), Marktforschungs-Dienstleistern (z. B. *GfK, Nielsen*) und der Fachpresse (z. B. Absatzwirtschaft). Der Nachteil der Sekundärdaten liegt darin, dass sie einen eher allgemeinen bzw. abstrakten Charakter aufweisen und selten spezifische Antworten auf die Fragen des Gründers liefern. Daher sollte in der Regel nicht gänzlich auf eine eigene Primäruntersuchung der Kundenbedürfnisse verzichtet werden.

2.3.3 Technologieinformationen

Die hohe Bedeutung, die marktgetriebenen Innovationen in der Realität zukommt, könnte zu der Ansicht führen, Technologieinformationen hätten bei der Gewinnung von Geschäftsideen eine untergeordnete Bedeutung. Dies ist ein Fehlschluss: Obwohl „Need-pull-Innovationen" häufiger vorkommen und höhere Erfolgsraten aufweisen, entsteht erst durch die Verknüpfung von Marktbedürfnissen mit einer technologischen Chance („technology push") eine erfolgversprechende Idee (Hauschildt, 1993, S. 8). Der aussichtsreichste Geschäftsplan ist wertlos, wenn die Technologien zur Verwirklichung der Idee nicht zur Verfügung stehen.

Technologische Informationen können zur Identifizierung neuer und zur Beurteilung der Grenzen bestehender Technologien herangezogen werden. Zu ihrer Beschaffung und Analyse stehen zahlreiche Methoden zur Verfügung. Das Spektrum reicht von bibliometrischen Verfahren und Patentrecherchen über qualitative Prognoseverfahren wie der Expertenbefragung und der Delphi-Methode bis hin zu komplexen Umweltanalysen durch Szenariotechniken, „Cross-impact"-Analysen und Technologie-Monitoring (Martin, 1994, S. 101). Ein großer Teil dieser Verfahren ist aufwändig oder erfordert ein umfangreiches Know-how seitens der Anwender und ist daher für die Frühphase einer Unternehmensgründung nur bedingt geeignet. Daher werden im Folgenden lediglich Methoden zur Beschaffung technologischer Informationen erläutert, die im Vorfeld der Gründung praktikabel erscheinen.

2.3.3.1 Bibliometrie

Durch bibliometrische Verfahren wird die wissenschaftliche Literatur zu den jeweils relevanten Technologiebereichen gesichtet und ausgewertet.[17] Damit können Hinweise für neue Ergebnisse der aktuellen Grundlagen- und Anwendungsforschung gewonnen werden. Während die Beschaffung von Publikationen noch vor zehn Jahren sehr aufwändig war, wird heute der direkte Zugriff auf Fachliteratur durch Online-Datenbanken erleichtert (z. B. *OPACs* der Bibliotheken, *TEMA*, *FORIS*, *FTN* oder *SIGLE*).[18] Damit wird es auch für angehende Unternehmensgründer vorstellbar, sich mit Hilfe der Bibliometrie einen Überblick des aktuellen Standes der Technik zu verschaffen.

Ein Nachteil der Bibliometrie besteht in der geringen Akutalität der gewonnenen Informationen. Forschungsergebnisse werden erst mit einer zeitlichen Verzögerung veröffentlicht und spiegeln somit u. U. nicht die aktuellsten Entwicklungen wider (Lange, 1994, S. 51). Weiterhin ist zu bedenken, dass sich die Veröffentlichungen vornehmlich auf Universitäten und öffentlich geförderte Forschungseinrichtungen konzentrieren. Technologische Entwicklungen, die in privaten Forschungsinstituten und F&E-Abteilungen der Unternehmen stattfinden, werden weitaus seltener publiziert.

2.3.3.2 Patentrecherche

Die fokussierte Durchsicht der Patenterteilungen, die in schriftlicher und elektronischer Form von den Patentämtern veröffentlicht werden (Patent- und Gebrauchsmusterrolle, Patentblatt), sind ebenfalls eine fruchtbare Quelle für Technologieinformationen. Mit Hilfe einer Patentrecherche kann untersucht werden, welche Unternehmen im betreffenden Technologiefeld aktiv sind, bei welchen Technologien vermehrt Patente angemeldet werden und welche neuen technischen Problemlösungen entstehen (Wolfrum, 1991, S. 128). Diese Informationen dienen unter anderem dazu, potenziellen Gründern Anregungen für die Entwicklung eigener Geschäftsideen zu geben (Impulsfunktion von Patenten; Wittmann, 1992, S. 11).

Aufgrund der Informationsangebote der Patentämter und anderer Dienstleister sind Patentrecherchen mittlerweile mit einem vertretbaren Aufwand durchführbar. Beispielsweise können beim Deutschen Patentamt Auskünfte über den aktuellen Stand der Technik zu geringen Kosten abgefragt werden. Erleichternd haben sich auch hier die vielfältigen Online- (z. B. *PATDPA*, *PATOS*, *INPADOC/EPIDOS*) und CD-ROM-Datenbanken (z. B. *ESPACE*, *OG-PLUS*, *CASSIS*) ausgewirkt, die bei den Patentämtern und den Patentinformationsstellen verfügbar sind (Bresemann/Zimdars/Skalski, 1995).

---

[17] Die Durchsicht relevanter Veröffentlichungen, die Hinweise auf zukünftige Veränderungen in Technologiebereichen andeuten (schwache Signale), ist ein wesentlicher Bestandteil des „technology monitoring" (Martino, 1993, S. 187).

[18] Eine Übersicht bekannter Datenbanken findet sich bei BRESEMANN/ZIMDARS/SKALSKI (Bresemann/Zimdars/Skalski, 1995, S. 225).

Die undurchschaubare Flut von Patentinformationen könnte Unternehmensgründer von Patentrecherchen abhalten. Informationsüberlastungen können jedoch mit Hilfe elektronischer Datenbanken vermieden werden, wenn eine Stichwort- und Klassifikationsliste als Grundlage einer strukturierten Suchstrategie erstellt wird (Wolfrum, 1991, S. 131–132). Wie bei der Bibliometrie wird auch der Wert von Patentanalysen durch mangelnde Vollständigkeit gemindert. Insbesondere kleine und mittlere Unternehmen verzichten häufig auf eine Patentierung ihrer Entwicklungen und setzen beim Schutz vor Imitationen eher auf Geheimhaltung (Vahs/Burmester, 1999, S. 145–146).

2.3.3.3 Analyse der Angebote existierender Anbieter

Die letzte hier diskutierte Möglichkeit zur Beschaffung technologischer Informationen besteht in der Analyse der Produkte und Dienstleistungen existierender Anbieter. Da diese die potenziellen Wettbewerber für das zu gründende Unternehmen sind, handelt es sich hierbei auch um eine einfache Form der Wettbewerbsanalyse. Ziel ist die Ermittlung der technologischen Stärken und Schwächen aktueller Marktangebote. Die Stärken geben Anregungen zur Imitation, die Schwächen zeigen Chancen für Verbesserungen auf.

Durch den Besuch von Messen, Tagungen und Ausstellungen können sich Unternehmensgründer einen ersten Eindruck über die Problemlösungen der Konkurrenz verschaffen (Brockhoff, 1988, S. 104). Ein direkterer Zugang zu den Produkten erfolgt durch das „reverse engineering". Hierbei werden die Produkte der Wettbewerber konstruktiv zerlegt, um daraus Einsichten über die Funktions- und Designspezifikationen zu erhalten. Dieses Verfahren scheint, zumindest bei Produkten moderater technischer Komplexität, für Unternehmensgründer praktikabel.

Nachteile des „reverse engineering" bestehen darin, dass anhand der Produkte nicht unmittelbar auf die zugrundeliegenden Fertigungsverfahren geschlossen werden kann. Häufig liegt aber die Stärke potenzieller Wettbewerber gerade in den Prozesstechnologien begründet. Eine weitere Einschränkung resultiert aus dem primär reaktiven Charakter der Geschäftsideen, die sich aus dem „reverse engineering" ergeben können. Es besteht die Gefahr, dass die Stärken der analysierten Produkte lediglich imitiert werden und die Entwicklung neuartiger Problemlösungen vernachlässigt wird (Vahs/Burmester, 1999, S. 150).

2.4 Vorgehensweisen zur Ideengenerierung

Die Gewinnung von Geschäftsideen setzt sich aus den beiden Teilprozessen der Ideengenerierung und Ideenbewertung zusammen (vgl. Abschnitt 2.2). Die Ideengenerierung hat eine erste Idee zum Ergebnis, durch welche die Festlegung auf eine (neuartige) Zweck-Mittel-Kombination erfolgt.

Empirische Studien zeigen, dass Unternehmensgründer Kreativität als wichtige Voraussetzung zur Generierung erfolgversprechender Geschäftsideen beurteilen (Hills/Lumpkin/Singh, 1997, S. 178). Weiterhin schätzen sich die meisten Unternehmer als überdurchschnittlich kreativ ein (Hills/Shrader, 1998). Kreativität spielt also bei der Entwicklung von Geschäftsideen eine wichtige Rolle.

Es wurde bereits angedeutet, dass es sich beim kreativen Prozess der Ideengenerierung um eine Variante schlecht strukturierter Problemlösungsprozesse handelt. Obwohl man derartige Probleme nicht mit starren Algorithmen bearbeiten kann, können durchaus Suchregeln angewendet werden, durch welche die Denkprozesse der Problemlöser angeregt und strukturiert werden (Linneweh, 1984, S. 80–81). Diese heuristischen Methoden zur Förderung der Kreativität von Einzelpersonen und Personengruppen werden unter dem Begriff der Kreativitätstechniken zusammengefasst.[19] Die Zahl der in der Literatur behandelten Methoden ist nahezu unüberschaubar.[20] Jedoch werden nur wenige dieser Techniken in der Praxis eingesetzt. Wie eine Studie von UEBELE zeigt, entfallen zwei Drittel aller Anwendungen auf die Methode des Brainstorming, mit weitem Abstand gefolgt vom Morphologischen Kasten (Uebele, 1988, S. 780). Viele der entwickelten Techniken sind darüber hinaus mit einem hohen zeitlichen Aufwand verbunden oder erfordern große Erfahrung in der Planung und Durchführung (z. B. Synektik, TILMAG, progressive Abstraktion).

Im Folgenden werden daher zunächst „Brainstorming" und „Brainwriting" als Vertreter intuitiv-kreativer Methoden dargestellt. Diese beiden Techniken sind relativ weit verbreitet und einfach in der Anwendung. Anschließend wird die Morphologische Matrix als Beispiel systematisch-analytischer Methoden behandelt. Sie erfordert nicht notwendigerweise die Beteiligung einer Gruppe und ist daher auch für Einzelgründer brauchbar.

In Abbildung II.5 sind die Grundprinzipien und die Leistungsvorteile der einzelnen Methoden in einer Übersicht dargestellt.

	Grundprinzip	Leistungsvorteile
Brainstorming	• Gruppensitzung von ca. 45 Minuten mit 5-10 Teilnehmern (TN) unter Anleitung eines Moderators. Spontane Äußerungen und Aufgreifen der Ideen ist gewünscht. Kritik ist verboten.	• Viele Ideen • Förderung der Spontaneität • Schaffung eines kritikfreien Umfeldes • Wechselseitige Stimulierung
Brainwriting (Methode 635)	• Schriftliche Ideengewinnung, bei der 6 TN in ein Formular jeweils zeilenweise 3 Ideen aufschreiben und das Formular fünfmal weitergeben.	• Individuelle Konzentrationsphasen • Aufgreifen der Ideen gefördert • Passivität der TN verhindert • Bei räumlich getrennten TN einsetzbar
Morphologische Matrix	• Zerlegung eines Problems durch Parameter und Ausprägungen. Lösungen entstehen durch Kombination der Ausprägungen.	• Analytische Durchdringung komplexer Probleme • Von Einzelpersonen durchführbar • In frühen Phasen der Ideengenerierung einsetzbar

Abbildung II.5: Grundprinzipien und Leistungsvorteile der Kreativitätstechniken

---

[19] Wie bei jeder Heuristik kann die Entwicklung erfolgversprechender Lösungen auch durch den Einsatz von Kreativitätstechniken nicht garantiert werden. Überhaupt ist der empirische Nachweis ihrer Überlegenheit gegenüber individuellen, nicht strukturierten Denkprozessen noch unzureichend (Brockhoff, 1988, S. 104–105).

[20] Zum Beispiel listet SCHLICKSUPP insgesamt 44 Kreativitätstechniken auf (Schlicksupp, 1999, S. 62).

2.4.1 Brainstorming

Die wohl älteste und am weitesten verbreitete Kreativitätstechnik ist das von OSBORN entwickelte „Brainstorming" (Osborn, 1966). Ziel der Methode ist, dass die Teilnehmer ihren Ideen freien Lauf lassen („free-wheeling"), Gedanken ohne Angst vor Kritik äußern („criticism is ruled out"), eine hohe Anzahl an Ideen produzieren („quantity is wanted") und durch Einfälle der anderen Teilnehmer angeregt werden („combination is sought"). In einer Gruppensitzung mit fünf bis zehn Personen und einer Dauer von 20 bis 60 Minuten werden die Teilnehmer zur spontanen Äußerung von Ideen aufgefordert. Der Moderator überwacht die Einhaltung der Regeln (z. B. Kritikverbot) und aktiviert durch Fragen und die Eingabe von Reizwörtern den Ideenfluss (Linneweh, 1984, S. 94–95). Die geäußerten Einfälle sollten während der Sitzung auf Metaplan-Karten protokolliert und für die Teilnehmer sichtbar aufgehängt werden.

„Brainstorming" ist primär geeignet, um Einfälle zu formulieren, die in den Köpfen der Mitglieder des Gründungsteams bereits gespeichert sind. In der Sitzung werden diese Ideen häufig zum ersten Mal in einem konfliktfreien Umfeld laut ausgesprochen und können so von den anderen Teilnehmern ergänzt und verbessert werden. Revolutionäre Ansätze sind im Rahmen einer Brainstorming-Sitzung eher selten zu erwarten (Schlicksupp, 1995, Sp. 1293).

2.4.2 Brainwriting

Eine Weiterentwicklung des „Brainstorming" ist das „Brainwriting" als schriftliches Verfahren der Ideengewinnung. Als bekannteste Variante gilt die sogenannte „Methode 635", bei der sechs Teilnehmer jeweils drei Ideen auf einem Formblatt (Tabelle mit drei Spalten und sechs Zeilen) festhalten. Danach werden die Formulare in einer vorgegebenen Reihenfolge an den nächsten Teilnehmer weitergeben. Dieser kann die Anmerkungen des Vorgängers weiterentwickeln oder ergänzen. Die Weitergabe erfolgt fünfmal, bis jeder Mitwirkende sämtliche umlaufenden Formblätter bearbeitet hat. Ein Moderator wird nicht benötigt, die Protokollierung der Ideen erfolgt quasi automatisch bei der Anwendung der Methode (Geschka, 1996, S. 87–88).

„Brainwriting" verfolgt ähnliche Ziele wie „Brainstorming" (wechselseitige Anregungen, große Ideenanzahl, freie und kritikfreie Ideenentwicklung). Zusätzlich wird jedoch durch den Einbau ungestörter Einzelarbeit versucht, den Teilnehmern eine größere Konzentration zu ermöglichen (Hauschildt, 1993, S. 257). Ein großer Vorteil des „Brainwriting" liegt zudem darin, dass die Gruppe, also beispielsweise das Gründungsteam, nicht an einem Ort zusammenkommen muss. Es ist vorstellbar, die Formulare am Computer auszufüllen und während der Sitzung über vernetzte Rechner oder E-Mail weiterzuleiten.

2.4.3 Morphologische Matrix

Die Morphologische Matrix baut auf der Erkenntnis auf, dass Kreativität häufig aus der Konfiguration bekannter Elemente zu neuen Gebilden besteht. Zunächst wird das Gesamtproblem durch die Festlegung auf die beiden wichtigsten Teilkomplexe (Parameter) strukturiert. Anschließend sind die Ausprägungen dieser Parameter zu bestimmen und in die Kopfzeile und Vorspalte einer Matrix einzutragen. Lösungen entstehen durch die Kombination der Ausprägungen beider Parameter und werden einem Feld in der Matrix zugeordnet. Als Beispiel kann die Suche nach neuen Produkten im Kosmetik- und Hygienebereich dienen (Schlicksupp, 1999, S. 96–97). Die beiden Parameter des Problems sind avisierte „Zielgruppen" (Ausprägung z. B. alte Menschen, Autofahrer) und denkbare „Anwendungszwecke" (Ausprägung z. B. Geruchsbindung, Wundbehandlung) der Produkte. Eine kreative Idee kann nun beispielsweise durch die Verbindung der beiden Ausprägungen „Geruchsbindung" und „Autofahrer" entstehen (Abbildung II.5).

Die Morphologische Matrix eignet sich insbesondere, um komplexe Sachverhalte durch eine zerlegende Analyse zu durchdringen (Uebele, 1988, S. 778). Darüber hinaus ist sie brauchbar, um in einer sehr frühen Phase des Gründungsprozesses Anregungen für attraktive Suchfelder und Chancen zu erbringen, in welche die Kräfte des Gründers gelenkt werden könnten. Wie am Beispiel gezeigt, können damit hervorragend Produkt- und Dienstleistungsnischen aufgezeigt werden (Schlicksupp, 1995, Sp. 1303).

2.5 Vorgehensweisen zur Ideenbewertung

Mit der Gewinnung von Geschäftsideen ist lediglich der erste Meilenstein in der Vorgründungsphase erreicht. Wurden Ideen für neue Geschäfte identifiziert, sind diese anschließend hinsichtlich ihres potenziellen Erfolges einzuschätzen und zu vergleichen. Die Idee, die das größte Potenzial aufweist, ist dann mit der Attraktivität alternativer Einnahmequellen zu vergleichen.

Der Ideenbewertung in frühen Phasen der Vorgründung wird häufig ein höherer Schwierigkeitsgrad zugeordnet als der Generierung der Ideen (Müller-Böling/Klandt, 1990, S. 143–163). Zu diesem frühen Zeitpunkt sind die Ideen häufig nicht detailliert ausgearbeitet, die zugehörigen Produkte und Dienstleistungen sind noch nicht entwickelt, über den potenziellen Markt liegen häufig nur grobe und wenig abgesicherte Erkenntnisse vor. Empirische Untersuchungen bestätigen, dass potenzielle Entrepreneurs häufig keinen Engpass an Geschäftsideen haben, sondern die Schwierigkeit vor allem in der Bewertung und Auswahl erfolgversprechender Ideen sehen (Hills/Shrader, 1998).

Studien zeigen, dass die Schwierigkeit der Ideenbewertung dazu führt, dass potenzielle Entrepreneurs diese Aufgabe vernachlässigen und kaum rationale Bewertungsprozesse durchlaufen. In einer umfangreichen Untersuchung kanadischer High-Tech-Entrepreneurs geben lediglich 19,2 % der befragten Personen an, ihre Idee einer systematischen Beurteilung unterzogen zu haben. Knapp die Hälfte dieser Gründer unternahm diese Bewertung erst nach der Entscheidung, ein Unternehmen zu gründen (Zietsma, 1999). Eine Studie von

CRAWFORD (Crawford, 1980) führt zu ähnlichen Befunden. Die meisten der interviewten Unternehmensgründer übersprangen die Bewertung und Ausarbeitung ihrer Geschäftsidee und gingen direkt in die Produktions- und Distributionsplanung über. Diese Ergebnisse legen nahe, dass Entrepreneurs Geschäftsideen erst im Verlauf ihrer Umsetzung detailliert analysieren und bewerten.

Auch wenn mit einer frühen Ideenbewertung Schwierigkeiten verbunden sind, erscheint ihre Verschiebung in spätere Phasen riskant. Gerade zu Beginn des Gründungsprozesses müssen potenzielle Gründer eigene Investitionen tätigen, um ihre Ideen weiterzuverfolgen. Nicht selten steht bereits in frühen Phasen eine Entscheidung an, die Idee mit voller Arbeitskraft weiterzuverfolgen. Diese persönlichen Risiken sollten nur eingegangen werden, nachdem die Geschäftsidee einer grundsätzlichen Beurteilung unterzogen worden ist.

In der Gründungsliteratur wird eine Vielzahl von Kriterien zur Bewertung von Geschäftsmodellen potenzieller Gründer vorgeschlagen. Empirisch bewährte Kriterien zur Bewertung von Gründungsideen resultieren insbesondere aus der Analyse von Evaluationsverfahren durch Venture-Capital-Firmen. In diesen Studien kann zum einen festgestellt werden, welche Kriterien besonders häufig herangezogen werden. Zudem können durch den Vergleich erfolgreicher und nicht erfolgreicher Gründungen Hinweise für die prognostische Validität der einzelnen Kriterien gewonnen werden (Timmons et al., 1987). Die Beurteilungsgrößen, die in diesen Studien diskutiert werden, können in die vier folgenden Kategorien eingeteilt werden (vgl. beispielsweise Vesper, 1990; Timmons, 1994):

2.5.1 Marktkriterien

Eine essenzielle Voraussetzung für den Erfolg einer Idee ist vor allem, dass es für sie tatsächlich einen Markt gibt. Es gilt hierzu kritisch zu prüfen, ob das skizzierte Produkt oder die angedachte Dienstleistung ein wichtiges Kundenbedürfnis anspricht und im Vergleich zu bestehenden Marktangeboten einen zusätzlichen Nutzen erbringt. Daneben spielen die Charakteristika des Marktes, auf dem die Leistung angeboten werden soll, eine entscheidende Rolle für den Erfolg einer Geschäftsidee. Hierzu gehören vor allem die Gesamtgröße des Marktes, seine Wachstumschancen, die Möglichkeit zur Erzielung hoher Umsatzrenditen und der Marktanteil, der mit dem Angebot maximal erzielt werden kann.

2.5.2 Ökonomische Größen

In diese Kategorie fallen zunächst die Erfolgsgrößen, die auch in etablierten Unternehmen zur Bewertungen von Geschäftsideen und Projekten standardmäßig herangezogen werden (z. B. Gewinn nach Steuern, Zeitspanne bis zum Erreichen des „Breakeven", Cash Flow und ROI). Die Prognose dieser Größen münden beispielsweise in umfangreiche Investitions-, Liquiditäts- und Cash-Flow-Analysen. Darüber hinaus sind auch die Investitionserfordernisse zur Umsetzung der Geschäftsidee zu prognostizieren.

2.5.3 Wettbewerbskriterien

Der Erfolg einer Geschäftsidee ist stark von der Situation und dem Verhalten aktueller und potenzieller Wettbewerber abhängig. Daher sollten angehende Entrepreneurs zum einen die eigenen Kostenstrukturen in Produktion, im Marketing und im Vertrieb prognostizieren und mit den Kosten möglicher Konkurrenten vergleichen. Zum anderen ist zu prüfen, ob die für den Erfolg entscheidenden komplementären Ressourcen (z. B. notwendige Bezugsquellen und Distributionskanäle) zur Verfügung stehen. Für den Fall, dass eine Geschäftsidee auf einen neuen, attraktiven Markt abzielt, sollte zudem eine Einschätzung erfolgen, inwieweit wirksame Markteintrittsbarrieren für Imitatoren aufgebaut werden können.

2.5.4 Personenbezogene Kriterien

Entscheidend für die Zufriedenheit eines Gründers und damit auch für den Erfolg des neuen Unternehmens ist, dass die Geschäftsidee mit den Fähigkeiten und Präferenzen der beteiligten Gründer kompatibel ist.[21] Ob dies der Fall ist, wird durch die Abschätzung des individuellen Gewinnpotenzials und des Verlustrisikos besonders deutlich. Das persönliche Gewinnpotenzial ist hoch, wenn mit der Umsetzung der Geschäftsidee die individuelle Nutzenfunktion der Gründer angesprochen wird. Dies kann beispielsweise durch die Aussicht auf Unabhängigkeit, Wohlstand oder Selbstverwirklichung geschehen (Ronen, 1983, S. 140–141). Den persönlichen Chancen stehen die individuellen Verluste gegenüber, mit denen im Falle eines Mißerfolges zu rechnen ist. Das Abwägen des „upside and downside risk" kann sinnvoller Weise nur unter Einbeziehung zur Verfügung stehender Alternativen geschehen; denn in der Regel stehen potenziellen Unternehmensgründern andere Beschäftigungsmöglichkeiten zur Verfügung. Sind die Opportunitätskosten einer Unternehmensgründung hoch, muss die Bewertung der Idee unter sonst gleichen Umständen positiver ausfallen, um als beste Alternative hervorzugehen.

Bei Geschäftsideen mit hohem Innovationsgrad dürfte es teilweise schwerfallen, alle beschriebenen Bewertungskriterien mit ausreichender Präzision zu prognostizieren. In diesen Fällen besteht in frühen Phasen der Vorgründung eine hohe Informationsunsicherheit, die sich vor allem bei der Prognose der ökonomischen Größen und der zuverlässigen Vorhersage des Wettbewerbsverhaltens als hinderlich erweist. So dürfte die Prognose des Investitionsbedarfs und damit auch des ROI schwerfallen, wenn die Entwicklung des Produktes oder der Dienstleistung noch ansteht. In dieser Situation sind auch die Wettbewerbskriterien kaum zu bewerten, da mögliche Konkurrenten unter Umständen noch nicht genau feststehen und die Märkte zum Teil noch nicht entwickelt sind.

Geringere Schwierigkeiten sollte die Abschätzung der grundsätzlichen Marktchancen bereiten. Fällt es dem angehenden Entrepreneur schwer zu spezifizieren, welches Kundenbedürf-

---

[21] Die persönlichen Kriterien können sehr spezifisch sein. Beispielsweise kann für einen potenziellen Gründer entscheidend sein, ob die Geschäftsidee in einer bestimmten Region oder Stadt umgesetzt werden kann. Andere Entrepreneurs werden nur dann zur Umsetzung einer Idee bereit sein, wenn damit ein bestimmter Lebensstil ermöglicht wird.

nis durch seine Geschäftsidee angesprochen und welcher zusätzliche Kundennutzen erbracht wird, ist kaum damit zu rechnen, dass die anschließende Produkt- oder Dienstleistungsentwicklung zu marktorientierten Lösungen führen wird. Es erscheint ebenfalls möglich, die Beurteilung der personenbezogenen Kriterien zu einem frühen Stadium der Geschäftsidee durchzuführen.

Es lässt sich damit festhalten, dass nicht alle Kriterien zum gleichen Zeitpunkt mit hoher Präzision bewertet werden können. Die Fragen, ob für die neu angebotene Leistung überhaupt Kunden existieren und ob die Geschäftstätigkeit mit der eigenen Person vereinbar ist, können bereits früh beantwortet werden und sollten daher hauptsächlicher Gegenstand eines ersten, schnellen „screening" sein („pencil-and-paper-checkout"; Vesper, 1990). Die Erfolgsgrößen und Wettbewerbskriterien können bei nachfolgenden Evaluationen im Verlauf des Vorgründungsprozesses immer stärker in den Vordergrund rücken (Abbildung II.6).

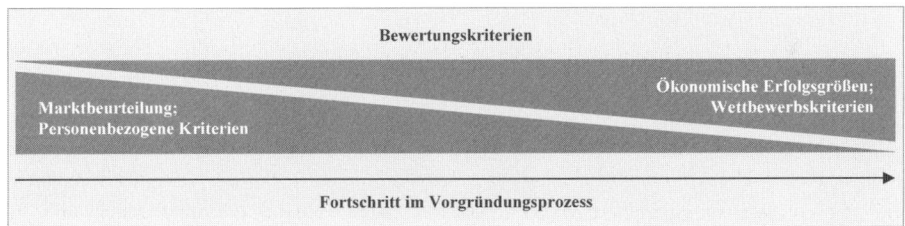

Abbildung II.6: Anwendung von Bewertungskriterien und -verfahren im Prozessfortschritt

2.6 Notwendigkeit zur situationsgerechten Gewinnung von Geschäftsideen

Die Gewinnung einer Geschäftsidee ist ein Meilenstein im Vorfeld der Unternehmensgründung. Wesentlicher Bestandteil der Idee ist die Verknüpfung eines Marktbedarfs (Zweck) mit den Produkten bzw. Dienstleistungen zur Befriedigung dieses Bedarfs (Mittel). Die Entstehung einer erfolgversprechenden Geschäftsidee darf dabei nicht als punktueller, kaum beeinflussbarer Akt eines kreativen Talents verstanden werden. Die Ideengenerierung und -bewertung vollzieht sich vielmehr als Prozess und bedarf der Unterstützung durch Informationen und Heuristiken.

In diesem Beitrag wurde dargestellt, dass verschiedene Informationen (Umfeld-, Markt-, und Technologieinformationen) als Basis zur Entwicklung von Geschäftsideen herangezogen werden können, wobei jeweils verschiedene Vorgehensweisen zur Informationsbeschaffung in Frage kommen. Das unüberschaubare Angebot an Informationen und die große Anzahl an Möglichkeiten zu deren Beschaffung erfordern von potenziellen Gründern eine konsequente Fokussierung. Die Herausforderung besteht zunächst darin, durch eine systematische Analyse die spezifischen Informationslücken zu ermitteln. Anschließend müssen Methoden ausgewählt werden, die zur gezielten Deckung des Informationsbedarfs geeignet und mit den zur Verfügung stehenden Ressourcen durchführbar sind.

Die Ideengenerierung beruht zum großen Teil auf kreativen Prozessen, die mittels geeigneter Suchheuristiken unterstützt werden können. Hierzu stehen zahlreiche Kreativitätstechniken mit jeweils unterschiedlichen Einsatzvoraussetzungen und Leistungsvorteilen zur Verfügung. Der Erfolg ihrer Anwendung wird davon abhängen, ob es den Gründern gelingt, mit ihren Zielsetzungen, Kenntnissen und Ressourcen kompatible Techniken auszuwählen. Ähnliches gilt auch für den Prozess der Ideenbewertung. Nicht alle der empirisch bewährten Bewertungskriterien sind gleichermaßen für eine sehr frühen Evaluation der Idee geeignet. Auch hier kommt es darauf an, dass die herangezogenen Kriterien der spezifischen Situation angemessen, d. h. mit den Bewertungszielen und den zur Verfügung stehenden Informationen kompatibel sind.

3. Anforderungen und Gestaltungskriterien eines integrativen Geschäftskonzeptes (Business Model)

NIKLAS BARTELT / SILKE BRANDTS

*You look at any giant corporation, and I mean the biggies,
and they all started with a guy with an idea, doing it well.*
(Irvine Robbins)

3.1 Geschäftskonzept

Die Diskussion von Anforderungen und Gestaltungskriterien eines integrativen Geschäftskonzepts ist spannend, aber auch gleich doppelt problematisch: Zum einen erschwert die Breite der Definitionen des Begriffs „Geschäftskonzept/Business Model" eine eindeutige begriffliche Zuordnung, die einen breiten Konsens finden könnte. Zum anderen suggerieren die Begriffe „Anforderungen" und „Gestaltungskriterien" die Existenz klarer, allgemeingültiger Regeln, deren Einhaltung den Erfolg eines Geschäftskonzeptes garantieren. Dies ist natürlich nicht der Fall. Die Gründung eines Start-up-Unternehmens oder die Investition in ein Start-up wäre ansonsten kaum mit Risiko behaftet. Im Folgenden sollen deshalb Entscheidungen und Optionen aufgezeigt werden, mit denen ein Unternehmer auf dem Weg von seiner ersten Produktidee[22] zu einem in sich geschlossenen Geschäftskonzept und einer erfolgversprechenden strategischen Positionierung konfrontiert wird. Der Rahmen wird hierbei einerseits durch die Empfehlungen der klassischen Strategie- und Organisationsliteratur, andererseits aber auch durch die Anforderungen und Kriterien der Kapitalgeber gespannt.

3.1.1 Definitionen und thematische Abgrenzung

In Literatur und Praxis wird der Begriff des integrativen Geschäftskonzepts (Business Model) sehr unterschiedlich und sehr breit verwendet. Zwei Themen tauchen aber immer wieder auf: das Business Model als Ausdruck der strategischen Positionierung (strategische Dimension) und als Beschreibung der Umsetzung der Geschäftsidee in der Aufbau- und insbesondere Ablauforganisation (Realisierungsdimension).

Die strategische Positionierung beschreibt, wo und wie ein Unternehmen sich dem Wettbewerb erfolgreich stellen will („where to compete"?). Die Anforderungen an das Geschäftsmodell werden dabei sowohl durch die externen Marktkräfte als auch durch die initiale,

---

[22] Die „Value Proposition" eines Start-ups kann ein reales Produkt, eine Dienstleistung oder eine Mischung von beidem sein. Wenn hier von Produkt gesprochen wird, sind alle drei Optionen gemeint. Anteil und Bedeutung von Dienstleistungen steigen aber an, so dass darauf – insbesondere in der Realisierungsdimension – ein besonderer Schwerpunkt gelegt werden soll.

interne Ausstattung des Unternehmens (z. B. Patente, Humankapital) determiniert. Die geschickte Analyse und Gestaltung beider Komponenten führen zu einem potenziell erfolgreichen Geschäftskonzept. Bei der Realisierungsdimension des Business Modells („how to compete?") sind die Anforderungen und Gestaltungskriterien hauptsächlich auf eine Ausgestaltung der Organisationsstruktur und der Unternehmensprozesse ausgerichtet, die sicherstellt, dass das Erfolgspotenzial einer Unternehmensidee bestmöglich realisiert wird.

Es hat sich gezeigt, dass ökonomischen Spielregeln in selbem Maße für die „New"- wie für die „Old" Economy gelten (Zeller, 2001). Es wird daher auch von der „one economy" gesprochen, so dass Unterschiede zwischen den Anforderungen und Kriterien eines Business Modells für New-Economy-Start-ups versus anderer Unternehmen nicht im Zentrum dieses Artikels stehen sollen.

3.1.2 Vorgehensweise

Zunächst sollen ausgewählte Empfehlungen der Theorie zur Gestaltung eines Geschäftskonzepts dargestellt und ansatzweise anhand von praktischen Beispielen diskutiert werden. Parallel dazu wird das Vorgehen der Praxis anhand der Vorgehensweise und Kriterien der Beurteilung von Geschäftskonzepten professioneller Investoren[23] beschrieben. Dies erscheint besonders geeignet, da es die Kernherausforderung dieser Investoren ist, erfolgreiche Business Models zu identifizieren und sie letztendlich mit dem ihnen zur Verfügung stehenden Geld zu unterlegen.[24] Im letzen Teil werden die Ergebnisse zusammengefasst und dabei die Empfehlungen der Theorie und das Vorgehen der Praxis gespiegelt, um Gemeinsamkeiten sowie Widersprüche aufzuzeigen.

3.2 Ausgewählte Empfehlungen der Theorie

Im ersten Abschnitt sollen zunächst Anforderungen der Strategie-Literatur – hauptsächlich vertreten durch PORTER – an die Bewertung der strategischen Dimension des Business-Modells vorgestellt und auszugsweise anhand des Beispiels eines Online-Brokers verdeutlicht werden.[25] Dabei ergeben sich formale und inhaltliche Kriterien, wobei in diesem Beitrag letztere im Vordergrund stehen.[26] Im zweiten Abschnitt wird dies an der Vorgehensweise der Praxis gespiegelt. Dazu werden Vorgehensweise und Kriterien der Beurteilung von Geschäftskonzepten von professionellen Investoren in Deutschland untersucht.

---

[23] "Early-stage Venture Capital" bis "Later-stage LBO-Investors".
[24] Die Vorgehensweise und die Kriterien wurden anhand eines strukturierten Fragebogens erhoben. Aufgrund der explorativen Natur der empirischen Untersuchung kann hier kein Anspruch auf Allgemeingültigkeit erhoben werden. Der Vergleich mit anderen Untersuchungen und die abgedeckte Breite der Investoren und ihrer Investitionsschwerpunkte lässt aber hoffen, dass hier ein typisches Bild aufgezeigt werden kann.
[25] Dieses Beispiel eignet sich besonders, da der Markt bereits eine gewisse Reife erreicht hat und die vorgestellten Strategieoptionen zumindest unter den Rahmenbedingungen dieser Produktidee bewertet werden können.
[26] Die formalen Kriterien werden im Beitrag II.4 (Business Plan) thematisiert.

3.2.1 Anforderungen an strategische Positionierungen

Kernstück und Grundstein für das erfolgreiche Management von Unternehmen ist die strategische Analyse. Die Gliederung dieses Abschnitts orientiert sich dabei an dem typischen Bewertungsprozess der strategischen Positionierung – es werden die externe Analyse der Unternehmensumwelt sowie eine interne Analyse der strategischen Potenziale und möglicher Wettbewerbsvorteile, die Auswahl der strategischen Optionen sowie deren Bewertung beschrieben.

3.2.1.1 Analyse externer Faktoren

Um die branchenspezifischen Möglichkeiten und Gefahren bei der Strategieformulierung und -bewertung zu berücksichtigen, werden fünf Einflussgruppen untersucht: Kunden, Lieferanten, Substitutionskonkurrenz, direkte Wettbewerber sowie Markteintrittsbarrieren. Die Ergebnisse der Analyse werden dann in einem Chancen- und Risikoprofil verdichtet, um eine Position zu finden, in der das Unternehmen vor den Wettbewerbskräften möglichst gut geschützt ist bzw. diese zu seinen eigenen Gunsten ausnutzen kann.

Kunden

Hinsichtlich der Analyse der Kunden und der Auswahl der Zielgruppe müssen folgende Fragestellungen beachtet werden: Wie groß ist das Marktpotenzial im Zielsegment? Welche Präferenzen haben die Kunden? Wie stark ist ihre Verhandlungsmacht?

Das Marktpotenzial ergibt sich aus der Größe des Zielmarktes, seines Wachstums und der erreichbaren Margen – ein ausreichend großes Potenzial ist eine notwendige Bedingung für den zukünftigen Erfolg. Während das grobe Marktumfeld bereits durch die Produktidee determiniert ist, ermöglicht eine sorgfältige Marktsegmentierung nicht nur die genaue Auswahl der Zielsegmente – im „Online-Brokerage" reicht die Optionenbreite von hochgradig preissensitiven „intra-day traders" bis hin zu serviceorientierten „high-net-worth individuals" – sondern auch eine bestmögliche Gestaltung der „value proposition" für den Kunden. Dabei hängt die Segmentierung einerseits vom Kundennutzen des Produktes ab und somit auch von den erreichbaren Margen, andererseits jedoch auch von der Wahl der Vertriebskanäle – eine Einschränkung, die besonders Internet-Start-ups betrifft.

Eine weitere Determinante der Zielgruppenwahl ist die Verhandlungsmacht der Kunden: Eine starke Verhandlungsmacht verursacht eine Abhängigkeit der Wettbewerber von ihren Käufern und erlaubt diesen, Preise sowie Service zu einem gewissen Maß zu beeinflussen.[27] Fehlt zudem eine ausreichende Produktdifferenzierung, kann ein resultierender Preiskampf den Profit-Pool bis zum Erreichen eines „shake-out" reduzieren: Da im „Online-Brokerage"

---

[27] Faktoren, welche die Verhandlungsmacht der Kunden erhöhen, sind eine hohe Konzentration der Kunden, große Abnahmevolumina, eine hohe Preissensitivität, eine große Bedeutung des Produktes als Kostenfaktor für das Abnehmerprodukt sowie die Drohung der Rückwärtsintegration. Umgekehrt senken hohe Umstellungskosten oder ein niedriger Informationsstand die Verhandlungsmacht.

der Preis lange als wichtigstes Merkmal galt, senkten neue Anbieter im Kampf um Kunden die Margen dramatisch, was schließlich zu einem Verdrängungswettkampf führte.

Im Rahmen eines erfolgreichen Geschäftskonzeptes sollten also nach Möglichkeit diejenigen Kundensegmente ausgewählt werden, denen das Produkt einen großen Mehrwert verspricht und die somit bereit sind, höhere Margen zu bezahlen, wobei die Fixkostendeckung durch das adressierbare Geschäftsvolumen zu berücksichtigen ist. Zudem kann sich ein Anbieter durch eine genaue Analyse des Kundennutzens einzelner Funktionen sowie der Spezialisierung auf diese derart differenzieren, dass er einen Mehrwert gegenüber anderen Substitutionsprodukten generiert und auf dieser Basis eine höhere Marge vom Kunden verlangen kann: So hat sich im Kontext des „Online Brokerage" die Direktanlagebank unter anderem durch ein maßgeschneidertes B2B-Angebot auf Finanzdienstleister konzentriert.

Lieferanten

Analog zur Kundenseite kann auch eine starke Verhandlungsmacht der Lieferanten den Profit-Pool einer Industrie beschränken:[28] Eine starke Verhandlungsmacht reduziert die Attraktivität des Geschäftskonzeptes und kann – bei Beibehaltung der Produktpalette – häufig nur durch langfristige Beziehungspflege, Rückwärtsintegration, Einkaufsallianzen oder die Partizipation an verhandlungsstarken B2B-Märkten umgangen werden.

Konkurrenz durch Substitutionsprodukte

Substitutions-Konkurrenz entsteht durch Anbieter von Produkten, die denselben Kundennutzen generieren wie das eigene Produkt, aber auf eine andere – meist kostengünstigere oder qualitativ hochwertigere – Art und Weise. Zu ihrer Identifikation müssen die Funktionen des Produktes und ihr Nutzen für die Käufer analysiert werden. Für Start-ups ist es häufig gerade das Ziel, aufgrund von neueren Technologien oder Vertriebsmöglichkeiten selbst Substitutionskonkurrenz zu bereits bestehenden Produkten darzustellen – ihre „value proposition" besteht dann im Ausnutzen der Schwächen bereits vorhandener Produkte.

Das Gefahrenpotenzial bzw. die Ansatzpunkte der Substitution ergeben sich aufgrund von drei Faktoren: Preis-Leistungsverhältnis, Umstellungskosten sowie Substitutionsneigung der Abnehmer.[29] Ob ein Start-up das Preis-Leistungs-Verhältnis zum eigenen Vorteil nutzen kann, hängt stark vom Innovationsgrad – und somit höherer Qualität respektive niedrigeren Kosten – sowie von der Bedeutung von Erfahrungen und Skaleneffekten im Produktionsprozess ab. Die Umstellungskosten stellen dagegen eine Eintrittsbarriere dar, die bei der Ausarbeitung der Markteintrittsstrategie in jedem Fall berücksichtigt werden muss. Für Start-ups spielt im Rahmen der Substitutionsneigung besonders das Risikoprofil der Kunden

---

[28] Faktoren für eine starke Verhandlungsmacht der Lieferanten gleichen denen der Kundenseite – nur mit umgekehrtem Vorzeichen.

[29] Zu den Einflussfaktoren der Substitutionsneigung gehören nach PORTER u. a. das Risikoprofil der Entscheider, ihre Preis- bzw. Kostensensitivität sowie ihre Erfahrungen mit Substitutionen in der Vergangenheit. Diese Teilfaktoren sind zumeist nur im konkreten Kontext durch eine empirische Erhebung unter den relevanten Abnehmern oder durch Expertenschätzungen ermittelbar.

eine große Rolle, da ein Start-up in der Regel keine Marke und damit keine Reputation auf dem entsprechenden Markt besitzt.

Wettbewerber

Ziel der brancheninternen Konkurrenzanalyse ist es, zum einen die Strategie und das Angebot einzelner Wettbewerber, zum anderen den allgemeinen Wettbewerbsdruck der Branche zu bewerten. Dazu ist eine genaue Analyse unerlässlich, in welcher Branche sich ein Unternehmen befindet und welche anderen Unternehmen folglich Konkurrenten darstellen. Idealerweise wird die Branche über den Wert eines Produktes für den Kunden definiert – direkte Wettbewerber haben somit gleiche Kunden. So kommen als Wettbewerber von Banken beispielsweise nicht nur andere Finanzdienstleister in Frage, sondern auch Anbieter von Verschlüsselungstechnologien, die ihren Kunden Cybercash-Dienste für sichere Onlinetransaktionen bieten. Stärken und Schwächen der Hauptwettbewerber sowie eine Prognose über deren Reaktionsweise und -vermögen bieten einen Ansatz zur eigenen strategischen Positionierung, die sich in der Wahl der in Abschnitt 3.2.1.3 diskutierten Wettbewerbsstrategien niederschlägt.[30] Zudem eröffnen Diskrepanzen zwischen den Annahmen des Konkurrenten über die eigene Position und der Realität („blind spots") oft interessante strategische Chancen.[31]

Neben der Analyse einzelner Wettbewerber hat auch der Konkurrenzdruck innerhalb der gesamten Branche einen großen Einfluss auf die strategische Positionierung und den anschließenden Erfolg eines Start-ups. So erhöhen zahlreiche ähnlich ausgestattete Wettbewerber sowie ein langsames Branchenwachstum den Konkurrenzdruck, während ein hoher Grad an Differenzierung bzw. Umstellungskosten ihn senkt. Generell ist für ein Start-up eine Branche mit geringerem Konkurrenzdruck wünschenswert, da es seine Position in der Branche sowie seine Reputation gegenüber Kunden schneller aufbauen sowie aufgrund von höheren Margen den „break-even" in vergleichsweise kürzerer Zeit erreichen kann. Eine ausreichend hohe Produktdifferenzierung kann jedoch helfen, selbst in Branchen mit allgemein hohem Konkurrenzdruck aus einer Nische heraus Marktanteile zu gewinnen und langfristig profitabel zu sein.

---

[30] Einen Analyserahmen zur Beurteilung von Reaktionsbereitschaft und -vermögen bietet hierbei die Spieltheorie sowie die Vorgehensweise von PORTER. So kann anhand eines Vergleichs der zukünftigen Ziele eines Unternehmens mit der gegenwärtigen Position prognostiziert werden, ob eine Strategieänderung wahrscheinlich und wie groß die Bereitschaft zu Reaktionen ist (Brandenburger/Nalebuff, 1996).

[31] Hinweise auf Annahmen und eventuell vorhandene „blind spots" können in historischen oder emotionalen Bindungen, kulturellen, regionalen oder nationalen Unterschieden, organisatorischen Werten, Verhaftung in konventionellen Branchenweisheiten sowie in der Einschätzung der eigenen relativen Position und von Branchentrends zu finden sein.

Markteintrittsbarrieren

Bei der Ausgestaltung des Geschäftskonzeptes dient die Analyse der Markteintrittsbarrieren[32] nicht nur der Bewertung der eigenen Positionierung und möglicher Ansatzpunkte zu einer möglichst langen geschützten Marktführerschaft in neuen Segmenten, sondern bestimmt auch, mit welchen eigentlich branchenexternen Wettbewerbern ein Start-up in Zukunft potenziell direkt konkurriert. Generell sieht ein Start-up sich oft mit produktionsrelevanten Barrieren wie „economies of scale and scope" konfrontiert: Je größer diese sind, desto höher sind die Anfangsinvestitionen, um wettbewerbsfähige Kapazitäten aufzubauen.[33] Andere Barrieren ergeben sich aus der Marktpräsenz etablierter Wettbewerber, deren Vertriebsstrukturen, Markenimage und der damit verbundenen höheren Kundenloyalität, die von neuen Konkurrenten erst mit hohem Kostenaufwand überwunden werden muss.[34]

Für ein Start-up sind diejenigen Barrieren förderlich, die allein von ihm zu überwinden sind. Dies kann sich aufgrund von einzigartigen Fähigkeiten, die von Wettbewerbern nicht oder nur schwer zu imitieren sind und gleichzeitig hohen Kundennutzen haben, ergeben. Ein Beispiel ist eine spezielle Mitarbeiterqualifikation oder kurz vor dem Durchbruch stehende Innovationen. Eine ähnlich Wirkung hat die eigene Einführung von Umstellungskosten: Durch notwendige technische Rahmeninfrastruktur oder Vertragslaufzeiten wie beispielsweise im Mobilfunkbereich können Umstellungskosten erhöht werden, so dass Kunden einem Produkt treu bleiben, auch wenn Substitutionsprodukte zu einem geringeren Preis angeboten werden.

Chancen- und Risikoprofil

Abschließend werden die Ergebnisse der externen Analyse in einem Chancen- und Risikoprofil zusammengefasst. Dies hat nicht nur den Vorteil der übersichtlichen Präsentation der Ergebnisse, sondern zwingt auch dazu, die Resultate der Analyse vor dem Hintergrund der Formulierung einer entsprechenden Strategie noch einmal zu konkretisieren und zu bewerten. Das folgende Beispiel verdeutlicht ausschnittweise das Chancen- und Risikoprofil eines Anbieters im „Online-brokerage"-Sektor:

---

[32] Generell werden Markteintrittsbarrieren definiert als Hemmnisse, die den Markteintritt erschweren oder gar unmöglich machen. Entscheidend ist dabei, ob ein Unternehmen ein reines Start-up ist, oder ob es eine existierende Basis ggf. sogar in einem verwandten Markt hat.

[33] Kostensenkungen aufgrund von Erfahrungseffekten werden nicht automatisch realisiert, sondern nur wenn entsprechende Anstrengungen unternommen werden. Auch besteht die Gefahr, dass ein Konkurrent diese Erfahrung zu geringeren Kosten sich aneignen kann, indem er beispielsweise die entscheidenden Mitarbeiter abwirbt.

[34] Insbesondere im Systemgeschäft spielt die Kompatibilität eine große Rolle, da der neue Konkurrent entweder durch seinen höheren Nutzen oder niedrigeren Preis die Umstellungskosten des Abnehmers kompensieren muss.

	Bewertung Verhandlungsmacht	Chancen	Risiken
Abnehmer	■ Preissensitiv (-) ■ Standardisierte Produkte (-) ■ Geringe Wechselkurse (-)	■ Zunehmende Differenzierung	■ Preiskampf mit Zerstörung der Margen
Lieferanten	■ Standardisierte Dienstleistungen (+) ■ Geringe Konzentration (+)	■ Starke Verhandlungsposition für eigenes hohes Volumen	
Substitutionskonkurrenz	■ Existent, da Standardprodukte und geringe Wechselkosten - z.B. Direktvertrieb von Fonds oder anderen Investmentprodukten	■ Substitution selbst vorantreiben	■ Irrelevanz der Value Proposition ■ Preiskampf
Branchen-interne Konkurrenz	■ Starke Rivalität (-) ■ Hohe Konzentration (-)	■ Konsolidierungsspiel	■ Weiter steigende Rivalität mit Preis- oder Differenzierungs-/Investitionswettkampf
Markteintrittsbarrieren	■ Starke Konkurrenz mit nötigen Scale und Scope (Non- and Near-Banks, z.B. Versandhandel)	■ Kooperationspotenziale (z.B. White Labeling)	■ Erschwerte Kundenakquisition, da Wettbewerb mit privilegiertem Kundenzugang; Preis- oder Differenzierungs-/Investitionswettkampf (z.B. Marketing)

Abbildung II.7: Beispiel eines Chancen- und Risikoprofils eines „Online-brokerage"-Anbieter

3.2.1.2 Analyse interner Faktoren

Die internen Fähigkeitspotenziale des Start-ups, welche die Basis für die Gestaltung des Geschäftsmodells bilden, sind schwer zu ermitteln und nicht ohne den konkreten Kontext zu bewerten. Im Gegensatz zu etablierten Unternehmen, bei denen die Vielzahl zur Verfügung stehender Informationen zumindest eine erste Indikation, wenn nicht sogar einen detaillierten Überblick über die Potenziale des Unternehmens geben, basiert die Identifikation strategischer Potenziale eines Start-ups eher auf qualitativen Daten.

Identifikation strategischer Potenziale

In der Literatur werden üblicherweise zwei Ansätze zur Erkennung strategischer Potenziale beschrieben: funktionsbereichsbezogener und wertorientierter Ansatz. Ersterer basiert auf der Untersuchung einzelner Funktionsbereiche anhand von entsprechenden Checklisten. Obwohl dieser Ansatz einfach umzusetzen ist, besteht aufgrund der generischen Struktur der Checklisten die Gefahr, keine vollständige unternehmensspezifische Identifikation der strategischen Potenziale durchführen zu können.

Der wertorientierte Ansatz zielt auf die Zerlegung der Tätigkeiten des Unternehmens in strategisch relevante Aktivitäten anhand einer Wertschöpfungskette, wobei der Wert aus Sicht des Kunden definiert wird. Anhand dieser Tätigkeiten ist dann zu ermitteln, welche Aktivitäten preiswerter oder besser als von der Konkurrenz ausgeführt werden können.

Diese hängen im Fall eines Start-ups sehr stark von dem Innovationsgrad der Produktidee, den Fähigkeiten des Management-Teams sowie potenziellem Zugang zu einzigartigen Technologien ab, da nur diese vor dem Hintergrund der fehlenden Infrastruktur und Kundenbasis einen zugleich schnellen aber auch längerfristig garantierbaren Erfolg sichern können. Im Hinblick auf die Formulierung der auf den strategischen Potenzialen basierenden Wettbewerbsstrategie sind vor allem Tätigkeiten, die über hohe Differenzierungspotenziale bzw. signifikante Kostenbestandteile verfügen, zu separieren.

Front-End	Brokerage	Back-End
Customer Acquisition / CRM / Customer Support / Content Provision / Order Interface	Trading / Execution / Risk Assessment / R&D	Admin/Infrastructure / Reporting/Data Warehouse / Account Management Systems / Clearing/Settlement

Abbildung II.8: Beispielhafte Wertschöpfungskette eines Internet-Brokers

Bewertung strategischer Potenziale

Die identifizierten Potenziale sind in ihrer Bedeutung vor dem Hintergrund der Chancen und Risiken im angestrebten Wettbewerbsumfeld zu evaluieren. Aufgrund des Fehlens einer optimalen generischen Strategie als Messlatte werden in der Theorie verschiedene, möglichst transparente Kriterien zur Bewertung vorgeschlagen, wie die historische Entwicklung, Produktlebenszyklus, kritische Erfolgsfaktoren und Wettbewerbsvergleiche (Stevenson, 1976; Welge/Al-Laham, 1992). Mangels Historie sowie der häufig neuartigen Technologie kann die Bewertung der Stärken und Schwächen eines Start-ups meist nur über den Vergleich mit den kritischen Erfolgsfaktoren erreicht werden. Dieses Konzept besagt, dass der Erfolg in einer Branche von einigen wenigen Faktoren abhängt. Quellen sind u. a. Fallstudien sowie Experteninterviews, bekanntestes Beispiel ist die *PIMS*-Studie (Weber, 1995). Bei neuen Marktsegmenten müssen gegebenenfalls Analogien mit vergleichbaren Industrien herangezogen werden: Beispielsweise könnten für Start-ups im Firmenkunden-Segment des Financial-Service-Bereichs zu einem gewissen Grad die von BENTANI/COOPER für den Bankensektor als kritische Erfolgsfaktoren identifizierten Kriterien der Synergien, Produktvorteile, Service-Expertise, Produkt-Markt-Fit sowie Qualität der Produktion, der Einführung und des Marketing angewandt werden.

Stärken- und Schwächenprofil

Die identifizierten strategischen Stärken und Schwächen können zur endgültigen Bewertung in einem Stärken- und Schwächenprofil zusammengeführt werden. Die quantitative Verdichtung der Ergebnisse ist wegen ihrer qualitativen Natur jedoch problematisch. Einen Ausweg bietet beispielsweise das Scoring-Verfahren, bei dem einzelne Merkmale gemäß einer vorher definierten Zielfunktion mit unterschiedlichen Werten gewichtet werden:[35] Die Zielfunktion bei der Bewertung der strategischen Potenziale eines Start-ups ist das Erreichen eines dauerhaften Wettbewerbsvorteils. Die einzelnen zuvor identifizierten Kriterien werden nach ihrer Bedeutung für die Zielerreichung gewichtet, was stark von der Qualität und Quantität der zur Verfügung stehenden Daten abhängt. Ferner wird eine Punktbewertungsskala aufgestellt, mit deren Hilfe die Erfüllung der Kriterien bewertet wird. Der sich ergebende Punktwert stellt dann die quantitative Bewertung der strategischen Potenziale dar, ermöglicht einen Vergleich und eine Priorisierung.

3.2.1.3 Wahl der Strategieoptionen

Aus der bisher durchgeführten Analyse der Rahmenbedingungen für die Umsetzung der initialen Produktidee ergibt sich nun ein Optionenraum für die strategische Positionierung und damit für die Gestaltung des Geschäftskonzeptes. Der Erfolg des Konzeptes steht und fällt mit der Auswahl der richtigen Strategien für die im individuellen Fall gegebenen Ergebnisse der Analyse externer und interner Faktoren. Zu unterscheiden sind dabei die Marktsegmentwahl, die Markteintrittsstrategie (Timing und Wachstum) sowie eine Wettbewerbsstrategie. Die genaue Segmentwahl des Marktes sowie die strategische Positionierung gegenüber Kunden und Wettbewerbern werden dabei vor allem durch die Ergebnisse der externen Analyse determiniert, die bereits oben diskutiert wurden.

Timing-Strategien: Der Zeitpunkt des Markteintritts wird in der Literatur als bedeutend für die Erringung von Wettbewerbsvorteilen angesehen.[36] Aus mikroökonomischer Sicht beruhen „First-mover-Vorteile" auf einer zeitweiligen Monopolsituation des Pioniers, und auf Markteintrittsbarrieren, die nicht für Pioniere, wohl aber für Folger gelten. Der Pionier kann somit durch Reputationseffekte einen größeren Marktanteil aufbauen, aufgrund dessen er „economies of scale and scope" und „Cross-selling-Potenziale" realisieren kann. Zudem ergibt sich die Möglichkeit, eine Preisprämie bei den besonders zahlungsbereiten „early adopters" zu erzielen, das Idealbild des Produktes zu beeinflussen, und aufgrund der Prominenz als Pionier Markentreue aufzubauen.[37] Die Gefahren der „First-mover-Strategie" bestehen jedoch darin, dass keine Erfahrungen bezüglich des Nachfrageverhaltens sowie der

---

[35] Der große Vorteil dieses Verfahrens ist das systematische Vorgehen, was es nachvollziehbar und damit überprüfbar macht. Ein Nachteil des „Scoring" liegt darin, dass die Validität der Ergebnisse von der Qualifikation und Objektivität der Modellentwickler abhängt (Laudeman, 1993, S. 38–39). Die zudem implizit unterstellte Additivität der Teilscores setzt voraus, dass die Kriterien einheitlich kardinal messbar und voneinander unabhängig sind, was hier nicht immer gegeben ist.

[36] Für eine Übersicht der empirischen Überprüfung der „First-mover"-Vorteile KERIN/VARADARAJAN/PETERSON (Kerin/Varadarajan/Peterson, 1992, S. 35–39).

[37] Die Mehrheit der Studien bestätigt einen Zusammenhang zwischen Reihenfolge des Markteintritts und Marktanteil bzw. Profitabilität (Kerin/Varadarajan/Peterson, 1992, S. 35–39).

Kundenpräferenzen vorliegen – die strategische Positionierung ist schwierig. Existiert zudem kein Patentschutz, so haben „follower" die Möglichkeit, Technologien sowie Produkte zu geringeren Kosten zu kopieren.[38]

Ein reines Start-up muss jedoch aufgrund seiner fehlenden Kundenbasis und Infrastruktur entweder der „first mover" oder ein früher „follower" sein, da es nur so nachhaltig Markanteile und damit Profitabilität erreichen kann. Dabei sollte es das Ziel sein, eine derartige Reputation bzw. Differenzierung aufzubauen, die durch etablierte Unternehmen nicht durch Nachahmung zu – aufgrund von „economies of scale and scope" – geringeren Kosten unterminiert werden kann. Ein Beispiel für die notwendige, wenn auch langfristig nicht hinreichende Wichtigkeit des Timings für den Erfolg zeigt der „first-mover advantage" im „Online Brokerage": Über lange Zeit profitierte beispielsweise *Consors* von dem frühzeitig aufgebauten Markenimage und der damit gewonnenen Kundenbasis im Bereich der volumenträchtigen und preissensitiven „intra-day trader". Dies alleine garantiert jedoch nicht den langfristigen Erfolg des Konzepts: Nur eine genaue Segmentierung und einzigartige „value proposition" verhindern den schnellen Verlust der Marktführerschaft an etablierte Konkurrenten wie beispielsweise die bezüglich „scale and scope" besser positionierten Großbanken. Aus dem Zusammenspiel der Anforderungen des Marktes und internen Kompetenzen ergibt sich schließlich für jedes Unternehmen ein individuelles „window of opportunity".

Wachstumsstrategien: Ein Markteintritt kann entweder selbständig (internes Wachstum) oder unselbständig (externes Wachstum) erfolgen. Externes Wachstum kann dabei sowohl über Kooperation als auch durch Zukauf erreicht werden, wobei letzteres bei einem Start-up per definitionem ausscheidet. Der Vorteil eines selbständigen Markteintritts liegt in dem hohen Grad der Kontrolle sowie der alleinigen Nutzbarkeit der ökonomischen Vorteile. Eine Kooperation dagegen weist Stärken in der Finanzierung, Erschließung von Kundenpotenzialen, Realisierung von „economies of scale and scope", Zeiteffekten und der Wettbewerbsabwehr auf, kann aber auch hohe monetäre wie nicht-monetäre Integrationskosten nach sich ziehen.[39]

Besonders in Märkten, in denen hohe Kundenloyalität sowie eine Markenreputation wichtig ist, können Start-ups jedoch durch eine intelligente „Partnering"-Strategie wertvolle Synergie-Effekte – vor allem in der Kundenakquisition – nutzen und so über den Erfolg ihres Konzeptes entscheiden. Dabei ist zur Gewinnung einer ausreichend großen Kundenbasis nicht unbedingt eine Partnerschaft mit Spielern in der eigenen Branche entscheidend, vielmehr bietet sich – gerade bei dem im Finanzsektor zur Zeit üblichen Trend zu „one-stop-shops" – eine Partnerschaft mit Anbietern komplementärer Dienste an, was zum nächsten Punkt – Wettbewerbsstrategien – überleitet.

Wettbewerbsstrategien : Nach PORTER existieren zwei grundsätzliche Wettbewerbsvorteile, die angestrebt werden können: Differenzierung und Kostenführerschaft. Unter Differenzie-

---

[38] Es werden 25 % – 50 % Kostenersparnis der Imitatoren angeführt (Tufano, 1989, S. 104–106).

[39] Als Erfolgsfaktoren einer Kooperation werden Komplementarität und strategisches Interesse, frühzeitige Fixierung der Austrittsregeln, „Tit-for-tat"-Verhalten, Transparenz, gemeinsame Interessen, Entwicklungsfähigkeit sowie angemessene Anreize und Beiträge genannt (Kutschker, 1995, S. 1085–1087).

rung wird dabei verstanden, dass die Leistung zumindest von einem Teil der Kunden als branchenweit einzigartig angesehen wird. Voraussetzung für den Erfolg einer Differenzierungsstrategie ist zunächst, dass die Kunden die gewählte Differenzierung wahrnehmen und bereit sind, die Differenzierungsmerkmale mit einer Preisprämie zu honorieren, die über den Kosten des Differenzierungsvorteils liegt. In der Literatur werden zudem interne Voraussetzungen identifiziert.[40] Die Chancen einer Strategie der Kostenführerschaft liegen dagegen darin, dass der Preis als objektives Kriterium in vielen Fällen von besonderer Bedeutung für die Kaufentscheidung ist. Die Risiken bestehen darin, dass es per definitionem nur einen Kostenführer geben kann und der technische Wandel die relative Kostenposition eines Unternehmens gefährdet. Ebenso bedrohlich kann sich die Möglichkeit zur „low-cost-imitation" durch „follower" auswirken. Ansatzpunkte einer Kostensenkungsstrategie ergeben sich aufgrund von „economies of scale and scope", welche sich besonders durch Standardisierung und hohes Volumen realisieren lassen.

Für ein Start-up bietet sich in erster Linie eine Differenzierungsstrategie für den Markteintritt an, da am Anfang kaum „economies of scale and scope" erreicht werden können und die meisten Produktideen ex definitione auf einer neuartigen „value proposition" für den Kunden basieren. Kostenführerschaft kann dagegen durch neuartige Technologien erreicht werden, aber nur, wenn diese einen nachhaltigen Kostenvorsprung (z. B. durch Patent gesichert) ermöglichen, was bei den meisten Internet-Geschäftsmodellen nicht gegeben war.

3.2.1.4 Methoden der Strategiebewertung

Abschließend müssen die aufgeführten Strategie-Optionen formal sowie ökonomisch bewertet werden: Bei der formalen Bewertung wird die Strategie auf ihre Konsistenz mit den durch die potenziellen Investoren geforderten Mindestkriterien und ihre Realisierbarkeit im Kontext der internen strategischen Potenziale und Ressourcen hin geprüft.[41] Hinsichtlich der ökonomischen Bewertung – der Bewertung der finanziellen Profitabilität bestimmter Strategien – gibt es eine Reihe von Performance-Maßstäben, zu denen im Hinblick auf die schwierige Daten- und Prognoselage eines Start-ups in erster Linie der Shareholder-Value-Ansatz sowie Realoptionen gehören. Eine detaillierte Diskussion dieser Methoden erfolgt in Kapitel VII.

---

[40] Im Marketing ist ein effizienter Einsatz der Instrumente des Marketing-Mixes gefordert, insbesondere eine wirkungsvolle Kommunikation, damit die Kunden die Differenzierungsmerkmale wahrnehmen. In der Produktion sind ein hoher technischer Standard und eine Beherrschung des Produktionsablaufs Vorbedingung, um eine exzellente Produktqualität sicherzustellen. Ein Element der Differenzierung kann aber auch die Forschung und damit Innovationskraft sein (Welge/Al-Laham, 1992, S. 233–235).

[41] Des Weiteren ist die Strategie hinsichtlich allgemeiner Kriterien, wie Realitätsnähe der Annahmen, Berücksichtigung der Unsicherheit und Güte der Informationsgrundlage, zu überprüfen.

3.2.1.5 Abbildung im Finanzwerk: Teil I

Die Ausgestaltung des Geschäftskonzeptes und damit die Auswahl der Strategieoptionen hat einen direkten Einfluss auf die finanzielle Planung und damit auf den Finanzteil des Business-Planes, d. h. die Planbilanz und die Plan-Gewinn- und Verlustrechnung (GuV). Für ein Start-up hat die Finanzplanung in erster Linie zwei Funktionen: Zum einen muss das Unternehmen die Fähigkeit zur Profitabilität dokumentieren und diese in der Folge auch erreichen. Dieses – zu Zeiten des Internet-„Hype" häufig in den Hintergrund gerückte – Ziel sollte für einen möglichst frühen Zeitpunkt im „Leben" des Start-ups, spätestens jedoch etwa für das dritte Geschäftsjahr angestrebt werden. Zum anderen ist sicherzustellen, dass die für die Realisierung des Geschäftskonzeptes erforderlichen Finanzmittel (Liquidität) zur Verfügung stehen. Der ökonomischen Strategiebewertung sowie dem Controlling der Liquidität dient die sog. Cash-Flow-Rechnung, in der die Einzahlungen und Auszahlungen des Unternehmens gegenübergestellt werden.[42] Des Weiteren ist der Net Present Value (NPV) – der sich vereinfacht aus den auf den heutigen Zeitpunkt diskontierten Cash Flows der Zukunft errechnet und somit den ökonomischen Wert der einzelnen Strategieoptionen darstellt – das wichtigste Zielkriterium bei der Entscheidung für die richtigen Strategieoptionen und damit für das optimale Business Model.[43]

Gegenstand der ökonomischen Bewertung der Strategieoptionen muss es somit sein, den Wert der Strategie anhand des NPV zu beurteilen und zu prüfen, ob die für die Strategieumsetzung erforderlichen Finanzmittel zu dem jeweils erforderlichen Zeitpunkt bereitstehen, bzw. beschafft werden können.[44] Unter der Voraussetzung eines gleichen NPV ist diejenige Option, deren Finanzierungsbedarf sich möglichst niedrig, möglichst gleichmäßig und im Zeitverlauf eher später darstellt, dabei die vorteilhafteste. Wie sich die Wahl der Strategieoptionen auf die Cash-Flow-Rechnung und damit auch auf die Plan-GuV und indirekt die Plan-Bilanz auswirkt, kann am Beispiel des oben dargestellten Optionenraumes verdeutlicht werden: Verfolgt ein Unternehmen eine Kostenführerschaftsstrategie, so sind potenziell bereits am Anfang hohe Investitionen in die Infrastruktur notwendig, ebenso muss eine kritische Menge an Kunden unter Aufwendung entsprechender Akquisitionskosten zu einem möglichst frühen Zeitpunkt gewonnen werden, um Skaleneffekte kostenmindernd auszunutzen. Ähnliche Effekte kann eine „First-mover"-Strategie haben, bei der hohe Anfangsinvestitionen in F&E nötig sind. Werden derartige Strategien gewählt, so muss später ein entsprechend großer Cash Flow aus der Geschäftstätigkeit generiert, d. h. hohe Margen oder hohe Marktanteile erreicht werden. Zudem muss die Liquidität gesichert sein, da das Unterneh-

---

[42] Insbesondere in der ersten Phase – in der den zahlreichen Investitionen in den Aufbau von Infrastruktur, Marketing und anderen Bereichen noch keine Einzahlungen aus der eigentlichen Geschäftstätigkeit gegenüberstehen – gilt der Steuerungsgröße Cash-Flow hohe Aufmerksamkeit.

[43] Die eng mit der Cash-Flow-Rechnung verwandte Gewinn- und Verlustrechnung ist Bestandteil des formalisierten Business-Planes, eignet sich aber aufgrund einiger technischer Unterschiede weniger für die kurzfristige Finanzplanung und Bewertung der Strategien als eher für die langfristige Profitabilitätsaussichten des Unternehmens. Unterschiede zur Cash-Flow-Rechnung ergeben sich z. B. daraus, dass die Investition in eine Produktionsstätte dort in voller Höhe im Jahr der Auszahlung der Gelder eingeht, während in der GuV nur die über die Nutzung verteilten jährlichen Abschreibungen gerechnet werden.

[44] Zur Beschaffung von Finanzmitteln vgl. Kapitel V (Finanzierungsquellen).

men sonst bereits in der Aufbauphase insolvent wird, wie es eine größere Anzahl von Internet-Start-ups zu Zeiten des knapper werdenden Kapitals Ende 2000/Anfang 2001 passierte.

3.2.2 Anforderungen an die Realisierungskonzeption

Nachdem die Gestaltungskriterien der strategischen Dimension des Business Modells diskutiert wurden, sollen nun die Anforderungen an die Realisierungsdimension als Beschreibung der Umsetzung der Geschäftsidee untersucht werden. Dabei liegt der Schwerpunkt auf der Ausgestaltung der Wertschöpfungstiefe sowie den klassischen Elementen der Organisationsstruktur und der Unternehmensprozesse. Diese sind entscheidend, um die strategische Positionierung bestmöglich umzusetzen. Hier liegen erfahrungsgemäß auch einige der entscheidenden „Klippen" für ein Start-up, da keine etablierten Strukturen und Abläufe vorhanden sind und aufgrund des Innovationsgrades auf etablierte Vorgehensweisen nur beschränkt zurückgegriffen werden kann.

3.2.2.1 Gestaltung der Wertschöpfungstiefe

Bei den Gestaltungskriterien der Realisierungsdimension des Business Modells ist die Gestaltung der Wertschöpfungstiefe von besonderer Bedeutung, weil dies die grundlegenden „economics" des Geschäftsmodells festlegt (Quinn/Doorlea/Parquette, 1996, S. 337–354). Darüber hinaus ist zu berücksichtigen, dass eine zu starke vertikale Integration Managementkapazitäten sowie Kapital bindet und diese somit für innovative Entwicklungen nicht zur Verfügung stehen. Eine zu geringe Integration dagegen kann zu Abhängigkeiten und Verzögerungen führen. Die Literatur hat verschiedene Ansätze für die zugrunde liegende Entscheidung der Produktionstiefe („make-or-buy") entwickelt[45], die zunächst diskutiert werden sollen. Darauf basierend werden die Einflussfaktoren der Entscheidung erörtert, um Kriterien für die Bewertung des Geschäftsmodells hinsichtlich der Gestaltung der Wertschöpfungstiefe zu erhalten.

Ansätze zur Bestimmung der Wertschöpfungstiefe

Von den Ansätzen zur Bestimmung der Wertschöpfungstiefe werden die kostenrechnerischen und pragmatisch-unternehmenspolitischen nur kurz vorgestellt, um aufzuzeigen, dass der an Transaktionskosten orientierte Ansatz diese integriert und weiterentwickelt.

Kostenrechnerische Ansätze basieren auf der Gegenüberstellung von Fremdbezugskosten und entscheidungsrelevanten Kosten der Eigenerstellung als Kapitalwerte (Schneider/Baur/Hopfman, 1994, S. 59). Die Abgrenzung der entscheidungsrelevanten Kosten der Eigenerstellung hängt dabei von Auslastung und Fristigkeit der Entscheidung ab. Es sind

---

[45] Dies ist keine binäre Fragestellung. Es besteht ein Kontinuum, dessen Extreme die Eigenerstellung und der freie Einkauf am Markt darstellen (Schneider/Zieringer, 1992, S. 44–46).

zusätzlich Kostenremanenzen zu berücksichtigen, da die Daten der Vollkostenrechnung diese in der Regel nicht berücksichtigen (Männel, 1981, S. 108–244). Dies hat den Vorzug, dass es intuitiv verständlich ist, die Werkzeuge der Kostenrechnung zumeist bekannt sind und es eindeutige Entscheidungsparameter liefert. Gefahren aus praktischer Sicht ergeben sich aus Scheinobjektivität aufgrund schlechter Datenqualität und der resultierenden Ermessenspielräume.[46] Aus theoretischer Sicht ist diesem Vorgehen vorzuwerfen, dass es nur die Extreme der organisatorischen Ausgestaltungsmöglichkeiten des Leistungsaustausches berücksichtigt. Zudem werden nicht, oder nur zu unverhältnismäßigen Kosten, monetarisierbare Einflussfaktoren wie Flexibilität, Abhängigkeiten und Transaktionskosten berücksichtigt (Helber, 1996, S. 1604; Fischer, 1993, S. 20–23). Daher erscheint dieser Ansatz nur in Extremfällen als geeignet.

Zahlreiche *pragmatische unternehmenspolitische* bzw. strategische *Ansätze* konzentrieren sich auf die weichen Faktoren der „Make-or-buy-Entscheidung". Dabei werden die Vor- und Nachteile oft in Form von Checklisten zusammengestellt (Buzzell, 1983, S. 92–102; Dichtl, 1991, S. 54–59; Harrigan, 1985a, S. 686–697; Harrigan, 1985b, S. 402–408). Vorteilhaft ist die strategische Perspektive, die den langfristigen Auswirkungen der Entscheidung oft mehr gerecht wird als kurzfristige Kostenkalküle. Zudem werden Faktoren berücksichtigt, die aufgrund ihrer mangelnden Monetarisierbarkeit ansonsten vernachlässigt werden. Problematisch ist, dass viele der angeführten Argumente umstritten sind.[47] Ferner fehlt diesen Checklisten die inhaltliche Systematik, insbesondere was Auswahl, Gewichtung und Operationalisierung der Faktoren angeht. So kann jeder Beteiligte ausreichende Argumente für seine Position finden.[48] Daher sind diese Ansätze auch nur in Ausnahmefällen für die Beurteilung der Ausgestaltung der Wertschöpfungstiefe eines Geschäftsmodells relevant.

Die *Transaktionskostentheorie*[49] kann auch auf die „Make-or-buy-Entscheidung" angewendet werden. So zeigt WILLIAMSON, dass die Integration eines Teilprozesses in das Unternehmen (hierarchische Koordinationsform) dann sinnvoll ist, wenn die Summe der Transaktions- und Produktionskosten im Unternehmen geringer ist als bei einem externen Bezug (marktliche Koordinationsform) (Abbildung II.9). Bei einer geringen Spezifität[50] (k) können Produktionskostenvorteile (ΔG) durch Skaleneffekte mittels einer Auslagerung und Konzentration der Tätigkeiten bei einem externen Produzenten realisiert werden. Dieser Produktionskostenvorteil des Fremdbezugs sinkt mit zunehmender Spezifität. Wenn das Gut so

---

[46] So kann z. B. die Eigenerstellung durch Aufspaltung einer langfristigen in mehrere scheinbar kurzfristige Ersatzinvestitionsentscheidungen favorisiert werden (Schneider/Baur/Hopfman, 1994, S. 60–64).

[47] So ist beispielsweise nicht allgemein zu klären, ob die Eigen- oder die Fremderstellung ein besseres Qualitätsniveau sicherstellen kann.

[48] Zum Teil konzentrieren sich die pragmatischen Ansätze auch nur auf wenige Faktoren wie z. B. Lernkurveneffekte, Wertschöpfung etc. (Fischer, 1993, S. 23–26).

[49] Vgl. u. a. für Operationalisierung TILMAN/NIPPA/PICOT (Tilman/Nippa/Picot, 1992, S. 139–142) und SCHNEIDER/BAUR/HOPFMAN (Schneider/Baur/Hopfman, 1994, S. 74–76).

[50] Kann einem Wirtschaftsgut in einer bestimmten Wirtschaftsbeziehung ein höherer Wert (Quasirente) zugemessen werden als in anderen, so wird dies als Spezifität bezeichnet. Diese Spezifität begründet ein – zumeist zweiseitiges – Abhängigkeitsverhältnis, was in bestimmten Situationen von einer Seite durch opportunistisches Verhalten zu ihrem eigenen Vorteil und zum Nachteil der anderen Partei ausgenutzt werden kann (Hold-up) (Picot/Dietl, 1990).

spezifisch ist, dass nur noch ein einziger Abnehmer existiert, ist der Produktionskostenvorteil gleich Null. Auch die Transaktionskosten (TAK) werden hauptsächlich von der Spezifität des Transaktionsobjekts beeinflusst[51]. Bei unspezifischen Gütern erweist sich die marktliche Koordination und damit der Fremdbezug überlegen, so dass ein Transaktionskostenvorteil (ΔC) entsteht. Je spezifischer aber das Gut wird, desto eher treten Anreizprobleme auf, die den Transaktionskostenvorteil des Fremdbezugs reduzieren, bis dieser negativ wird. Abbildung II.9 zeigt aber, dass die Eigenerstellung sich nicht dann schon lohnt, wenn der Transaktionskostenvorteil des externen Bezugs negativ wird, sondern erst, wenn der Transaktionskostennachteil des externen Bezugs den Produktionskostenvorteil in Punkt k* überkompensiert. Folglich sind Produktions- und TAK gemeinsam zu betrachten (Helber, 1996, S. 1613–1614).

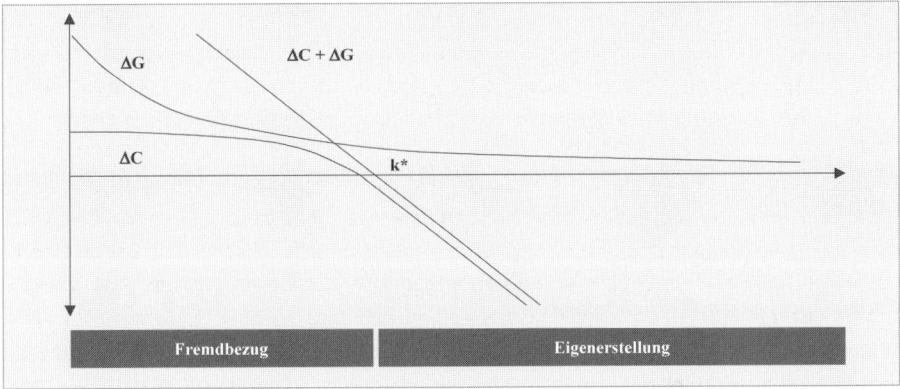

Abbildung II.9: Produktions- und Transaktionskostenvorteile des externen Bezugs in Abhängigkeit der Spezifität (Quelle: Williamson, 1975, S. 106)

Die Erklärungsbedürftigkeit des Transaktionskostenbegriffs und die Erhebung der TAK – genau wie bei langfristigen Produktionskostenvergleichen – sind mit erheblichem Aufwand verbunden. Positiv ist aber, dass der Ansatz kostenrechnerische Aspekte (Produktionskosten) und strategische Aspekte (Spezifität) in einem systematischen, theoretisch fundierten Rahmen integriert. Weiterhin spricht für den Ansatz, dass theoretisch geleitete und praxiserprobte Vorgehensweisen zur Operationalisierung des Ansatzes vorliegen, die zu klaren Strategieempfehlungen führen (Abbildung II.10). Diese können dann als Kriterien für die Überprüfung eines Geschäftsmodells herangezogen werden (Tilman/Nippa/Picot, 1992, S. 136–142; Fischer, 1993, S. 158–262).

---

[51] TAK werden durch weitere, im Folgenden diskutierte Faktoren beeinflusst.

Bislang eigenerstellte Leistungen			Bislang fremdbezogene Leistungen		
Hoch	Wettbewerbsposition überprüfen	Eigenerstellung und Eigenentwicklung	Hoch	Eigenerstellung und Eigenentwicklung	Kapitalbeteiligung, strategisches Netzwerk
Mittel	Eigenerstellung in Frage stellen	Eigenerstellung nur mittelfristig beibehalten	Mittel	Partielle Integration, Kooperation mit Wettbewerbern	Langfristverträge, Kooperation mit Wettbewerbern
Gering	Eigenerstellung abbauen	Eigenerstellung nur kurzfristig beibehalten	Gering	Aufbau von weiteren Lieferanten	Aufbau von weiteren Lieferanten
Spezifität, strategische Bedeutung, Unsicherheit	Niedrig	Hoch	Spezifität, strategische Bedeutung, Unsicherheit	Niedrig	Hoch
	Barrieren für die Auslagerung			Barrieren für die Eigenfertigung	

Abbildung II.10: Strategieempfehlungen für bislang eigenerstellte bzw. fremdbezogene Leistungen (Quelle: Helber, 1996, S. 1616)

Einflussfaktoren der Wertschöpfungstiefe

Wie schon diskutiert, sind Transaktions- und Produktionskosten sowie Barrieren die relevanten Einflussfaktoren der „Make-or-buy-Entscheidung". Sie sollen hier mit ihrer Wirkung, Treibern und Operationalisierungsmöglichkeiten in Abbildung II.11 und Abbildung II.12 diskutiert werden.

Hinsichtlich der Bedeutung der Faktoren hebt PICOT hervor, dass die Mehrdeutigkeit der Transaktionssituation für die TAK von entscheidender Bedeutung ist und die strategische Bedeutung auch eine relativ hohen Einfluss hat (Picot, 1982, S. 267–284; Picot/Dietl, 1990, S. 178–184). Häufigkeit der Transaktion, Unsicherheit der Umwelt und Infrastruktur haben dagegen nur unterstützenden Charakter (Picot/Dietl/Franck, 1999).

Business Model

Beschreibung	Beschreibung
I.) Transaktionskosten (Eigenschaften der Transaktion)	
Mehrdeutigkeit der Transaktionssituation	*Mehrdeutigkeit der Transaktionssituation* kennzeichnet die Quellen für Informationsunvollkommenheiten und Einigungsschwierigkeiten der Transaktion. Dies fokussiert sich zumeist auf die Problematik, den Wert des Transaktionsobjekts zu bestimmen. Je höher die Mehrdeutigkeit desto höher auch die TAK diese zu vermeiden bzw. zu umgehen. Damit wird auch ein Outsourcing ceteris paribus weniger attraktiv. Treiber der Mehrdeutigkeit sind: 1. *Spezifität des Transaktionsobjekt*, was die wichtigste Komponente der Mehrdeutigkeit ist. Damit ist Kontrolle über ein Objekt umso wünschenswerter, je spezifischer es ist (Hold-up). 2. Abhängigkeiten aufgrund geringer *Anzahl möglicher Transaktionspartnern*. 3. *Informationen über das Transaktionsobjekt* stellen seinen eigentlichen Wert dar (Informationsparadoxon). 4. Mangelnder Übereinstimmung *grundsätzlicher Wertvorstellungen*. 5. Ausreichende *Qualifikationen der Beteiligten*. 6. *Vergleichs- oder Messprobleme*, wie z.B. in der Kuppel- oder Teamproduktion. 7. *Asymmetrische Informationsverteilung* hinsichtlich der Qualität des Leistungsobjektes.
Unsicherheit der Umwelt	*Unsicherheit der Umwelt* ist ein sekundärer Faktor, da die Mehrdeutigkeit ceteris paribus bei steigender Unsicherheit der Umwelt mehr ins Gewicht fällt, weil so das Ergebnis noch weniger vorhersehbar wird. Operationalisierungsopt.: Die Definition der relevanten Umwelt und deren Unsicherheit richtet sich nach der konkreten Entscheidungssituation, ist aber i.d.R. von der Volatilität der Entwicklung der jeweiligen Branche und Volkswirtschaft dominiert. Dies kann anhand von entsprechenden Vorhersagen (z.B. OECD) einfach opernationalisiert werden.
Häufigkeit der Transaktion	Auch *Häufigkeit der Transaktion* hat sekundären Charakter, da sie sich nur auf die Fixkostendegression / Lerneffekte einmaliger TAK (nicht Produktionskosten) bezieht. Operationalisierungsopt.: Dieser Einflussfaktor lässt sich durch die Anzahl der geplanten Transaktionen messen. Je komplexer und fixkostenintensiver die Koordinationsmechanismus ist, desto eher kann man folglich von der Häufigkeit der Transaktion profitieren.
Strategische Bedeutung	Die *strategische Bedeutung* der Leistung erhöht die TAK aufgrund des höheren Hold up Potentials. Operationalisierungsopt.: Die strategische Bedeutung kann durch das Ausmaß, in dem die Leistung Wettbewerbsvorteile aus Kundensicht erzeugt, abschätzen werden.

Abbildung II.11: Einflussfaktoren der Gestaltung der Wertschöpfungstiefe (1)

Beschreibung	Beschreibung
I.) Transaktionskosten	
Infrastruktur der Transaktion	*Infrastruktur der Transaktionen* kann auf rechtlicher bzw. technologischer Ebene die Transaktion unterstützen oder behindern und so die TAK beeinflussen. Operationalisierungsopt.: Auf rechtlicher Ebene ist sie durch das lokale Rechtssystems - durch dessen allgemeine Effizienz und die Effektivität für die jeweilige rechtliche Ausgestaltung (z.B. Rechtsform) geprägt. Ähnlich ist es auf technologischer Ebene, wo zunächst lokalen Voraussetzungen (Telekom Netz etc.) zu prüfen sind und dann Existenz von Technologien, welche die konkrete Transaktion unterstützen.
II.) Barrieren	
	Barrieren stellen einmalige, unternehmensspezifische Kosten des Wechsels einer Koordinationsform (Eigenerstellung vs. Fremdbezug) dar und können daher auch als einmalige oder fixe TAK verstanden werden. Operationalisierungsopt.: Aufgrund der explizit unternehmensspezifischen Natur können sie nur im konkreten betrieblichen Zusammenhang untersucht werden. Empirisch beziehen Barrieren sich insbesondere auf Qualität, Kapazitäten, Kapital, Know-how, Kompetenz und Reputation des Unternehmens bzw. der Lieferanten.
III.) Produktionskosten	
	Die Produktionskosten werden insbesondere durch Economies of Scale und Scope beeinflusst. Operationalisierungsopt.: Die Produktionskosten werden im jeweiligen betrieblichen Kontext ermittelt. Falls die relevanten kostenrechnerischen Daten nicht vorhanden sind, ist in Betracht zu ziehen, sie durch Experten anhand der Einflussgrößen der Produktionskosten abzuschätzen. Es resultiert eine Ranking, dass zu präzisieren ist, wenn sich mit dem TAK keine klare Strategieempfehlung ergibt

Abbildung II.12: Einflussfaktoren der Gestaltung der Wertschöpfungstiefe (2)

3.2.2.2 Organisatorische Umsetzung

Für denjenigen Teil der Wertschöpfung, der im Unternehmen verbleiben soll, sollen Hinweise der Literatur für Anforderungen und Kriterien dargestellt werden, wie die strategische Positionierung durch Strukturen und Abläufe realisiert werden soll. Da es vor allem Prozesse sind, welche die strategische Intention in konkrete Aktionen umsetzen, sollen sie hier auch der Fokus der Untersuchung sein.

Umsetzung in organisatorischen Strukturen

Die Kernanforderung an die Aufbauorganisation aus Sicht des Business Modells wurde schon von CHANDLER mit „structure follows strategy" beschrieben. Die „mechanischen" Konfigurationsmöglichkeiten der Struktur (Stab, Linie, Matrix, Prozess etc.) und die inhaltlichen Kriterien (Regionen, Kundengruppen, Wertschöpfungskette etc.) sind so zu konfigurieren, dass sie die strategische Positionierung optimal unterstützen.

Folglich sollte sich ein Unternehmen, dessen Positionierung auf dem Kundenfokus aufbaut, in der Regel eine Aufbauorganisation geben, bei der das primäre Kriterium kundenorientiert ist z. B. Kundengruppen, Regionen oder „key accounts". In einem solchen Fall können sogar die zusätzlichen Kosten einer komplexen Matrixstruktur durch die Vorteile einer besseren Kundenabdeckung aufgewogen werden. Bei einer Kostenführerschaftsstrategie dagegen kann eine Struktur nach funktionalen oder prozessorientierten Organisationskriterien die Kostenorientierung unterstützen und es bietet sich beispielsweise eine schlanke Stab-Linien-Struktur mit wenigen Hierarchie-Ebenen an.

Gleichzeitig sollten sowohl Überschneidungen/Duplikationen von Aktivitäten und Prozessbrüche minimiert als auch Übereinstimmung der rechtlichen-, finanziellen- und Management-Strukturen/Verantwortung maximiert werden. Ferner ist zu beachten, dass Strukturänderungen erfahrungsgemäß sechs bis 24 Monate brauchen, um umgesetzt zu werden und ihre Wirkung zu zeigen. Daher ist es zumeist sinnvoll, in eine passende und robuste Grundstruktur zu investieren und kurzfristige Anpassungen über Projektstrukturen abzufedern.

Umsetzung in Prozessen

Anforderungen an die Gestaltung von Prozessen zu postulieren, ist auf einer allgemeinen Basis – aufgrund ihrer kontextorientierten Natur – nur bis zu einem gewissen Punkt sinnvoll. Daher werden hier vor allem Vorgehensweisen zur Prozessoptimierung – Optimierung nicht im mathematischen Sinn – dargestellt und nach Anwendungsgebieten klassifiziert. Dies ermöglicht, indirekt auf die Prozessqualität zu schließen indem – neben der Qualifikation der Beteiligten – sichergestellt wird, dass die adäquaten Techniken beim Prozessdesign angewandt wurden. Beim Prozessdesign sind Art und Reihenfolge der Bearbeitungsschritte festzulegen. Dies kann anhand eines Referenzprozesses bzw. Prozessdesign-Techniken erfolgen.

„Best demonstrated practice" in Form eines Referenzmodells[52] kann für die Neugestaltung oder Überprüfung eines vorhandenen Prozesses genutzt werden. Dazu wird zuerst der Ist-Prozess aufgenommen, um ihn dann mit einem aus dem Referenzmodell abgeleiteten Soll-Prozess zu vergleichen (Leinbach, 1996, S. 31–38). In der Abweichungsanalyse werden dann der endgültige Soll-Prozess und die Maßnahmen zu seiner Implementierung festgelegt (Holland/Löbel, 1997, S. 187). Dabei ist die Güte des Referenzprozesses von entscheidender Bedeutung, aber gleichzeitig auch schwer zu bestimmen. Indikatoren sind unter anderem Erfahrung der Ersteller und Erfolg derjenigen Unternehmen, die als Quelle dienen.

Soll durch einen Teil- oder Subprozess ein nachhaltiger Wettbewerbsvorteil errungen werden (Porter, 1996, S. 61–69; Homburg/Simon, 1995, S. 2754), so reicht ex definitione eine Anpassung an „best practice" über ein Referenzmodell nicht aus, kann aber die Ausgangsbasis für eine Eigenentwicklung sein. Deshalb werden hier verschiedene Prozessdesign-Techniken vorgestellt, wobei nicht nur wie üblich auf Produktionsprozesse sondern insbesondere auf die Dienstleistungsprozesse eingegangen wird, welche bei Start-ups eine immer größere Bedeutung haben. Die Auswahl der richtigen Prozessdesign-Techniken orientiert sich an der konkreten Situation und der strategischen Grundausrichtung. Deshalb werden sie Wettbewerbsstrategien, die sie schwerpunktmäßig unterstützen, zugeordnet (Abbildungen II.13–II.15).

Prozessdesign	Idee des Ansatzes	Strategische Ausrichtung
Gemeinkostenwertanalyse	Ziel ist die Kostensenkung. Dazu wird zunächst die Kostenstruktur der Prozesse analysiert. Die Verantwortlichen der Leistungserstellung müssen dann mit den Leistungsempfängern Kostenreduktionsvorschläge erstellen. Dies kann durch rationellere Gestaltung von Funktionen der Leistungserstellung, Verminderung des Leistungsumfangs oder Verzicht auf Leistungen geschehen. Die Vorgabe der Kosteneinsparung beträgt dabei in der Regel 40%, damit Tabus gebrochen und signifikante Fortschritte erzielt werden.	Kostenführerschaft
Wertanalyse	Wie die Gemeinkostenwertanalyse, es wird aber zusätzlich der Trade-off zwischen Kosten und Nutzen der Leistungen bei der Kostenreduktion berücksichtigt.	Kostenführerschaft
Zero-Based-Budgeting	Das relative Kosten-Nutzen-Verhältnis wird im Rahmen des Budgets verbessert. Es werden Leistungsniveaus zur Zielerreichung durch die Prozesse definiert und neue Vorschläge zur Erreichung dieser Niveaus generiert. Daraus werden alternative Entscheidungspakete gebildet, die mittels der Präferenzen des Managements gerankt werden. Welche davon realisierbar sind, hängt dann vom Budget ab.	Kostenführerschaft und Differenzierung
Business-Process-Redesign	Ziel ist es, durch ein grundlegendes Überdenken der Prozesse, unter besonderer Berücksichtigung neuer Möglichkeiten der EDV-Unterstützung und einer prozessorientierten Organisation, eine signifikante prozessübergreifende Steigerung der Effizienz der Prozesse zu erreichen.	Kostenführerschaft und Differenzierung

Abbildung II.13: Prozessdesigntechniken mittels Funktionsanalysen

---

[52] Ein Referenzmodell ergibt sich induktiv aus der Abstraktion erfolgreicher unternehmensspezifischer Modelle und deduktiv durch den Einbezug theoretischer Erkenntnisse (Becker/Rosemann/Schütte, 1995, S. 436).

(Dienstleistungs)-Prozessdesign	Ziel des Ansatzes	Strategische Ausrichtung
Industrialisierungs-Ansatz	Durch Minimierung des Kundeninvolvements in die (Dienst)Leistungserstellung soll eine Standardisierung der (Dienst)Leistungsproduktion erreicht werden, um auf diese die Techniken der industriellen Produktion (z.B. Fließbandfertigung) zu übertragen.	Kostenführerschaft
Kundenkontakt-Ansatz	Beim Kundenkontakt-Ansatz wird dagegen die verbesserte Gestaltung des Kundenkontaktes angestrebt. Aber auch hier soll das Kundeninvolvement reduziert werden, um industrielle Techniken einzuführen. Gleichzeitig kann der Kundenkontakt aber auch bei der Dienstleistungserstellung nützlich sein, wenn schneller Informationsaustausch nötig ist, eine Spezialisierung der Dienstleistungsproduzenten auf bestimmte Funktionen der Strategie des Produzenten widerspricht oder der Kontakt wesentliches Element der Leistung darstellt (z.B. medizinische Diagnose, Beratung). In diesen Bereichen wird der Kundenkontakt sogar intensiviert. Fokus ist damit der Kunde und seine Bedürfnisse.	Kostenführerschaft und Differenzierung

Abbildung II.14: Prozessdesigntechniken mittels organisatorischer Maßnahmen

Effizienzsteigerung Dienstleistungsprozess	Ziel des Ansatzes	Strategische Ausrichtung
Produzenten Beeinflussung	Die Dienstleistungsproduzenten sollen sich hinsichtlich der Art und des Inhalts des Kundenkontaktes im Sinne des Unternehmens verhalten. Dies wird zumeist über Personalschulungen, motivatorische Anreize und ein entsprechendes Wertesystem versucht zu erreichen.	Differenzierung
Abnehmer Beeinflussung	Ziel ist die Erforschung von Kundenwünschen und deren Beeinflussung im Sinne einer effizienteren Dienstleistungsproduktion. Zunächst wird dazu die sachliche und emotionale Motivationsstruktur der Kunden erhoben, die zu dem derzeitigen Verhalten führt.	Kostenführerschaft und Differenzierung

Abbildung II.15: Prozessdesigntechniken mittels verhaltensbeeinflussender Aktionen

Das Prozess(re)design ist „...eher eine Kunst als eine Wissenschaft..." (Davenport, 1993, S. 18), weshalb auch der Diskussion der Vorgehensweisen breiter Raum eingeräumt wurde. Dennoch haben sich neben Kreativitätstechniken einige Gestaltungskriterien als besonders sinnvoll erwiesen (Abbildung II.16).

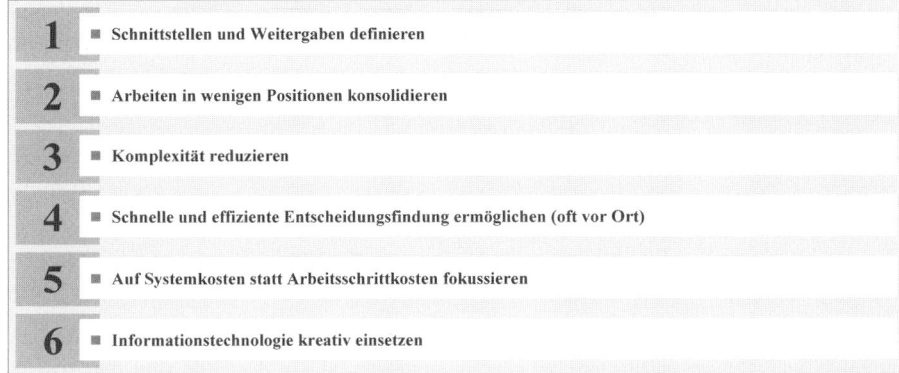

Abbildung II.16: Typische Anforderungen an Prozessdesign (Quelle: in Anlehnung an Zeller, 1995, S. 17)

Darauf aufbauend soll hier eine Systematisierung der Optionen zum Prozessdesign vorgestellt werden. Ziel ist es, prüfen zu können, ob keine offensichtliche Verbesserungsmöglichkeit vernachlässigt wurde.

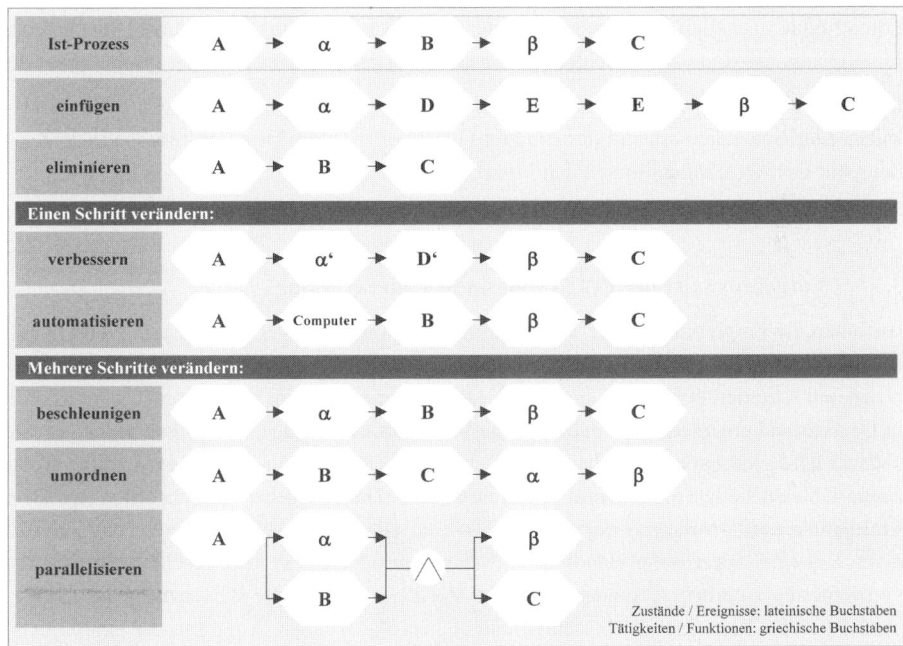

Abbildung II.17: Systematisierung der Stellhebel des Prozessdesign (am Beispiel einer ABS-Erstellung)

Die Veränderung der Ist-Prozesse zu Soll-Prozessen kann sich dabei sowohl auf die Rahmenbedingungen des Prozesses – die gegebenen Inputs und die geforderten Outputs – als auch auf die Prozessschritte selbst beziehen. Eine Veränderung der Rahmenbedingungen und die Zusammenführung/Koordination mit anderen Prozessen jenseits der Abteilungs- oder gar Unternehmensgrenzen kann in großen Verbesserungspotenzialen resultieren, die sich aber zumeist gleichzeitig in einer Veränderung des Prozesses niederschlagen, wie hier diskutiert (Abbildung II.17).

3.2.2.3 Abbildung im Finanzwerk: Teil II

Die Ausgestaltung der Wertschöpfungstiefe, Organisationsstruktur und Unternehmensprozesse bilden sich direkt in der Plan-GuV und der Plan-Bilanz ab.

Eine Erhöhung der Wertschöpfungstiefe bildet sich in der Bilanz über die Aktiva, welche die jeweiligen Prozessschritte ermöglichen/unterstützen, ab. In der GuV sind die Auswirkungen noch klarer: die zusätzlichen Mitarbeiterkapazitäten treiben nicht nur die direkten und indirekten Personalkosten sondern auch die personalinduzierten Sachkosten (zumeist ein unterschätzter Kostenblock). Zu beachten ist dabei, dass die Remanenz der Personalkosten zusammen mit den Aktiva die Fixkostenintensität treibt.

Die Organisationsstruktur bildet sich direkt in der Anzahl der Mitarbeiter analog zur Wertschöpfungstiefe ab. Zusätzlich ist zu beachten, dass der Grad der Komplexität der Organisationsstruktur zusätzlich die Corporate Center treibt, was zu sprung-fixen Managementkosten führen kann, die zumeist vernachlässigt werden, aber ggf. nicht unerheblich sind.

Die Ausgestaltung der Unternehmensprozesse determiniert indirekt die Plan-Mitarbeiterkapazitäten anhand der Produktivitätskoeffizienten. Diese bestimmen in Verbindung mit dem Geschäftsvolumen den Mitarbeiterbedarf.

3.3 Vorgehensweise der Praxis – Business Plan Screening

Nachdem die Empfehlungen der Theorie zumindest ausschnittsweise dargestellt wurden, soll dies kurz an der Vorgehensweise der Praxis gespiegelt werden. Dazu wurden Vorgehensweise und Kriterien der Beurteilung von Geschäftskonzepten von professionellen Investoren in Deutschland untersucht. Da der deutsche Markt für diese Fragestellung erst anfangsweise abdeckt wird, wurden die bestehenden Untersuchungen durch eine eigene explorative empirische Untersuchung validiert und weiterentwickelt. Dabei ergeben sich insbesondere zwei Einschränkungen: Aufgrund der empirischen und allgemeinen Natur dieses Teils kann es nicht Ziel sein, spezifische Handlungsanweisungen oder ein in sich geschlossenes Gerüst von Kriterien zu erheben, sondern typische Vorgehensweisen der Bewertung und Schwerpunkte bei den Kriterien für Geschäftsmodelle herauszuarbeiten. Aufgrund der explorativen Natur kann dabei kein Anspruch auf Allgemeingültigkeit erhoben werden. Der Vergleich mit anderen, auch internationalen Untersuchungen, und die abgedeckte Breite der Investoren und deren Schwerpunkte[53] lässt aber hoffen, hier dennoch ein typisches Bild zu zeichnen.

Anhand eines strukturierten Fragebogens wurden insbesondere der „Screening"-Prozess und die Gewichtung der Kriterien untersucht. So konnte die zeitliche Dimension des „screening" beleuchtet werden, d. h. welche Kriterien möglicherweise als frühe Knock-out-Kriterien fungieren und welche später, dafür aber möglicherweise umso intensiver, evaluiert werden. Die Untersuchung der Gewichtung der einzelnen Kriterien im Gesamtzusammenhang der Evaluation hinterfragt, inwieweit potenzielle Schwachstellen möglicherweise durch andere Kriterien kompensiert werden können.

3.3.1 Prozess

Der Evaluations-Prozess dient den Investoren in erster Linie zur Beantwortung von zwei zentralen Fragen: Ist zum einen das betrachtete Marktsegment profitabel genug, d. h. der Profit-Pool ausreichend groß, um eine entsprechende Anzahl von Wettbewerbern finanziell zu tragen? Und besitzt zum anderen das Unternehmen ausreichende Fähigkeiten, d. h. entsprechende personelle und technologische Ressourcen sowie eine gewinnbringende Strategie, um im gewählten Marktsegment erfolgreich zu sein und sich gegen die bereits etablierte Konkurrenz durchzusetzen? Zur Beantwortung der ersten Frage werden hauptsächlich Evaluationskriterien bezüglich der Marktattraktivität, der kompetitiven Situation sowie der strategischen Positionierung gegenüber Zielkunden, Lieferanten und Mitwettbewerbern herangezogen – also tendenziell die in der klassischen Theorie der strategischen Planung verwurzelten Aspekte. Einige dieser Merkmale wie beispielsweise die Marktattraktivität dienen als Ausschlusskriterien: Ist der Profit-Pool zu klein bzw. sein Wachstum zu gering, so generiert auch ein noch so erfolgreiches Konzept keine Profite. Stellen sich die Rahmenbedingungen dagegen positiv dar, kommt es bei Beantwortung der zweiten Frage auf die internen Stärken des zu fördernden Unternehmens an: Hat gerade dieses individuelle Unternehmen einen ausreichenden strategischen, personellen sowie technologischen Vorsprung bzw. die dazu nötigen Ressourcen, eine solide oder gar herausragende Marktstellung zu erreichen und entsprechend große Margen zu generieren? Erfolgsfaktoren für eine positive Beantwortung der Frage sind neben der Existenz von bahnbrechenden Technologien bzw. entsprechender Patente vor allem Anforderungen an das Management-Team wie Branchenerfahrung, Führungsqualität sowie eine „stimmige Chemie" zwischen Start-up und Kapitalgeber.

Die von den befragten Investoren angewandten Bewertungsprozesse sowie der chronologische Ablauf ähneln sich sehr. Ein auf den Ergebnissen der Umfrage basierender repräsentativer Prozess kann in fünf inhaltliche, zeitlich aufeinanderfolgende Stufen unterteilt werden. Hintergrund für diesen Prozess ist in erster Linie eine Denkweise in Knock-out-Kriterien, die vielen Investoren eigen ist und den Auswahlprozess beschleunigen soll.

---

[53] In der Untersuchungsstichprobe sind von „early-stage Venture Capital" bis „later-stage LBO-Investors" zahlreiche Investitionsschwerpunkte abgedeckt. Auch wurden unterschiedliche Herkunftsformen der Fonds – zu Banken und anderen Unternehmen gehörend als auch unabhängig – abgedeckt und damit unterschiedliche Motivationsstrukturen berücksichtigt.

Den Anfang bildet ein kurzes „Zehn-Minuten-Screening", in dem die Entscheidung bezüglich einer detaillierteren Analyse fällt. Schon hier werden etwa 40 % bis 50 % der vorliegenden Business Pläne herausgefiltert. Betrachtete Kriterien beziehen sich in erster Linie auf den Fit des Start-ups zur Philosophie des Finanziers, wie beispielsweise Branche, Region und Entwicklungsstadium des betrachteten Unternehmens.

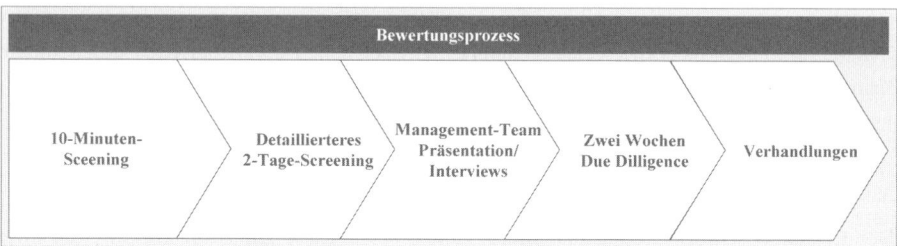

Abbildung II.18: Bewertungsprozess aus Sicht befragter Investoren

Als zweite Stufe schließt sich ein zweitägiges intensives „screening" des Business Modells an. Hierbei kommt es in erster Linie auf die Attraktivität des Marktes und die Positionierung gegenüber Wettbewerbern an. Die Kriterien basieren zumindest zum Teil auf den bereits diskutierten Konzepten der strategischen Positionierung, beispielsweise der Auswahl der Kundensegmente, möglicher Nischenabdeckung etc. Im zweiten Schritt werden die Hauptannahmen des vorliegenden Business Plans auf Plausibilität überprüft und eine grobe Unternehmensbewertung durchgeführt. Weitere 30 % bis 40 % der potenziellen Investitionskandidaten werden in diesem Schritt abgelehnt.

Im dritten Schritt werden Interviews mit führenden Mitgliedern des Management-Teams durchgeführt, um Kompetenz sowie vorhandene Expertise zu überprüfen. Ein zentrales Thema ist hierbei die „Chemie" zwischen Management und Kapitalgeber. Gerade in einem unsicheren, schnelllebigen Marktumfeld ist das Vertrauen zum Management-Team und in seine Kompetenz, aber auch in seine Bereitschaft, sich an die Bedingungen des Finanziers zu halten, ein wichtiger Aspekt in der Finanzierungsentscheidung. Von den verbleibenden 10 % bis 30 % der ursprünglichen Aspiranten scheitert etwa die Hälfte an dieser Stufe.

Bewerten Venture Capitalist und Management-Team einander positiv, so folgt eine ausführliche (ca. zweiwöchige) „Due Dilligence", die im Wesentlichen die Analysen des ersten zweitägigen „screening" vertieft. Hinzu kommen Sensitivitätsanalysen der für den Business Plan relevanten Annahmen sowie detaillierte NPV- bzw. IRR-Berechnungen. Die Detail- und Finanzierungsverhandlungen schließen dann die Due Dilligence ab – doch nur maximal 1 % bis 5 % der Unternehmen erreichen diesen Status.

3.3.2 Kriterien

Aus den oben analysierten strategischen Rahmenbedingungen und den darauf basierenden Empfehlungen lassen sich eine Reihe von Kriterien herausfiltern, die aus Sicht der Investoren für den Erfolg eines Start-ups von entscheidender Wichtigkeit sind und dementsprechend als Grundlage für die Evaluation durch einen Kapitalgeber dienen. Die Hauptkategorien sind Markt, Wettbewerb, strategische Positionierung, Business Situation, Management-Team und relevante operative Aspekte sowie die Kapitalmarktperspektive. Operative Kriterien stehen mit 23 % und Markt mit 18 % der Punktnennungen (bei 100 zu vergebenden Punkten) an erster Stelle. Obwohl die operativen Merkmale eine sehr starke Bedeutung haben, werden sie chronologisch meist erst nach der Evaluation des Marktumfeldes relevant, das häufig als Knock-out-Kriterium vorausgeschaltet wird.

Bei der Beurteilung des Marktumfeldes sticht hier besonders der Aspekt der Marktattraktivität mit 64 % der auf diese Hauptkategorie entfallenen Punkte hervor, während die Verhandlungsmacht von Kunden und Lieferanten nur eine untergeordnete Rolle spielt (jeweils 11 %). Ein schrumpfender Markt oder stagnierende Margen können häufig schon im ersten Schritt als Knock-out-Kriterium fungieren. Werden Marktgröße, Wachstum sowie die Margen jedoch als ausreichend empfunden, so können potenzielle Nachteile bezüglich der Verhandlungsmacht durch eine intelligente strategische Positionierung wettgemacht werden.

Hinsichtlich der strategischen Positionierung gibt es teilweise eindeutige, teilweise aber auch sehr ambivalente Beurteilungen, die stark durch die Philosophie und die Risikostrategie des Finanziers bedingt sind. Ein Element der strategischen Positionierung im Markt ist jedoch für alle befragten Investoren entscheidend: die „unique selling proposition". Ein einzigartiger und kurz- bis mittelfristig nicht replizierbarer Kundennutzen stellt ein zentrales Element für den Erfolg eines Start-ups dar – vor allem, da es eine Reihe von Nachteilen gegenüber etablierten Mitspielern, wie beispielsweise mangelnde Bekanntheit und Erfahrungen/Skaleneffekte in der Produktion kompensieren kann. Bemerkenswert erscheint jedoch auch die geringe Bedeutung der Konkurrenzsituation: Die klassischen Eintrittsbarrieren – wobei eine „unique selling proposition" vorausgesetzt wird – und die „competitor map" gehören ebenso wie die Markteintrittsstrategie zu den am geringsten gewichteten Kriterien. Hinsichtlich anderer Aspekte unterscheiden sich die Maßgaben für ein erfolgreiches Engagement jedoch weitgehend. Beurteilt der eine Venture Capitalist eine Nischenmarktorientierung möglicherweise als vielversprechend, so kann bei einem anderen eine Einproduktstrategie dagegen als Ausschlusskriterium gelten.

Diese Ergebnisse werden teilweise auch in einer besonders umfangreichen und aktuellen Studie, die von Dr. Christiana WEBER im Rahmen ihrer Habilitation durchgeführt wurde bestätigt:[54] Von den elf (von insgesamt 21) am höchsten eingestuften Kriterien („sehr wichtig" bzw. „wichtig") betreffen vier die Marktattraktivität, wobei an erster Stelle die „unique selling proposition" bzw. der Innovationsgrad des Produkts von 83 % der ungefähr 80 befragten Risikokapitalgeber als „sehr wichtig" bis „wichtig" für die Entscheidung über ein Investment eingeschätzt wurde. Die weiteren marktrelevanten Kriterien sind die Aufnahmefähigkeit des Marktes, in dem das Start-up-Unternehmen aktiv ist sowie die potenzielle Marktakzeptanz des speziellen „offering". Auch in WEBERS Studie wird wieder die relative Unwichtigkeit der Konkurrenzsituation bestätigt: Nur für ein Zehntel ist die Erwartung von großer Bedeutung, dass innerhalb der ersten drei Jahre kein relevanter Wettbewerb für das Unternehmen und sein Produkt auf den Plan tritt; und sogar nur 6 % würden sich bei der

---

[54] Für den detaillierten Befragungs- und Bewertungsprozess siehe WEBER/DIERKES (Weber/Dierkes, 2002).

Planung ihres Investments davon leiten lassen, ob Wettbewerber aktuell das in Betracht gezogene Marktsegment auch für attraktiv halten.

Auf dem operativen Gebiet führen die geschäftlichen und branchenbezogenen Kapazitäten des Management-Teams mit 49 % der Punkte, die auf diese Hauptkategorie entfallen sind, gefolgt von dem Aspekt „Technologie und Patente" mit 24 %. Die kritische Frage lautet hier: „Can they do it?". Ist das Team in der Lage, eine erfolgversprechende Strategie auch in die Praxis umzusetzen und auf unerwartete Marktveränderungen und neue innovative Konkurrenten zu reagieren? Das Team muss entweder bereits eine gewisse Vollständigkeit aufweisen – alle Schlüsselfunktionen mit erfahrenen oder besonders geeigneten Personen besetzt sein – oder aber nach Maßgaben des Venture Capitalist ergänzbar sein. Herausragende Management-Erfahrung ist unerlässlich und besonders bei technologie- und biochemie-orientierten Start-ups muss der R&D-Bereich idealer Weise durch hoch qualifiziertes Personal mit Branchenkenntnis besetzt sein. Ein besonders wichtiges Element, welches nur schwer durch quantifizierbare Kriterien abgedeckt wird, ist in diesem Zusammenhang die „stimmige Chemie" zwischen Kapitalgeber und Management-Team. Eine derartige Vertrauensbasis ist beispielsweise dann wichtig, wenn aufgrund von Veränderungen der Marktsituation die Geschäftsstrategie angepasst werden muss oder das Unternehmen zur Sicherstellung der Finanzierung gewisse Auflagen erfüllen muss. Auch diese Ergebnisse spiegeln sich in WEBERs Studie wider: Von den elf wichtigsten Kriterien sind sieben Anforderungen an das Management-Team, die nach Ansicht der VC-Entscheider erfüllt sein sollten. Dazu zählen Branchenerfahrung („sehr wichtig" oder „wichtig": 86 %), Führungsqualität (80 %), Fähigkeit, hochqualifizierte Mitarbeiter anzuziehen/zu binden (79 %), Mitglieder im Team, mit denen die „Chemie stimmt" (69 %), Kommunikationsfähigkeit (68 %), Vollständigkeit des Teams (65 %) sowie Komplementarität (69 %).

Weitere wichtige Kriterien sind vornehmlich finanzieller Natur: Großer Wert wird auf die Bewertung des Unternehmens („financials und multiples") sowie die Exit-Möglichkeiten gelegt; dies spiegelt das Risikobewusstsein der Investoren angesichts einer volatilen und angespannten Marktlage wider. Gerade die Kapitalmarktperspektive rückt in einem schwierigeren Umfeld mehr in das Blickfeld der Investoren; eine hohe Wahrscheinlichkeit für einen erfolgreichen IPO wird Voraussetzung für ein finanzielles sowie ideelles Engagement.

3.4 Synthese zwischen Theorie und Praxis

Nachdem sowohl ein selektiver Überblick über die Kriterien zur Gestaltung von Business Models aus der Theorie als auch aus der Praxis dargestellt wurde, sollen im Rahmen des Fazits beide Sichten verglichen werden.

In den Kernpunkten der Anforderungen an ein Geschäftskonzept gab es keine Überraschungen – sowohl Praxis als auch Theorie messen dem ökonomischen Ertrag – zumeist in Form des Barwerts – als Zielwert höchste Priorität zu. Als wichtiger Indikator dafür gilt jeweils der Wettbewerbsvorteil/USP des Unternehmens. Unterschiede ergeben sich jedoch nicht nur beim Vorgehen. Die Praxis bevorzugt ein pragmatisches Knock-out-orientiertes Verfahren, um Ressourcen zu schonen und akzeptiert die Vernachlässigung von Interdependenzen. Die

Theorie versucht dies naturgemäß zu vermeiden. Darüber hinaus ergeben sich bei der Bewertung der Bedeutung des Managements, der operativen Elemente und des Exits Unterschiede. Diese werden in der klassischen Strategie-Literatur wenig diskutiert, sind aber für die Praxis von hoher Bedeutung. Für den Exit ist dies nichts anderes als das Eingeständnis, dass die Märkte nicht immer vollkommen rational sind und deshalb versucht wird, die „Stimmungslage" für die Verwertung eines Investments vorherzusehen, auch wenn dies als anspruchsvolle Aufgabe erscheint. Die Vermutung liegt nahe, dass die Vernachlässigung der anderen Kriterien in der Theorie nicht notwendigerweise auf einer geringeren Bewertung dieser Kriterien basiert, sondern auf der Tatsache, dass diese Kriterien sich einer wissenschaftlichen Ansprüchen genügenden Diskussion weitgehend entziehen. Sie sind schwer messbar und situativ und deshalb mit quantitativen Methoden der BWL schwer zugänglich. Die Praxis zeigt aber, dass die Umsetzbarkeit – sowohl was die operativen Fähigkeiten als auch die Kapazitäten des Managements angeht – ebenso wichtig und deshalb für Start-ups von ebenso großer Bedeutung ist wie eine intellektuell brillante strategische Positionierung.

4. Aufgabe und Struktur des Business Plans

BERT ELSENMÜLLER / MICHAEL GRAMPP

Business is like chess: To be successful, you must anticipate several moves in advance.
(William A. Sahlman)

4.1 Funktionen und Nutzen des Business Plans und seiner Erstellung

Wer ein Unternehmen gründen will, braucht neben einem überzeugenden Produkt- oder einer Dienstleistungsidee und einem erfolgversprechenden Gründerteam eine klare Vorstellung, welche Unternehmensziele in welchen Zeiträumen mit welchen Mitteln erreicht werden sollen. Das beste Instrument, um dies strukturiert zu analysieren und darzustellen, ist ein umfassender Business Plan. Der Business Plan beschreibt detailliert die Unternehmensidee inklusive des Unternehmenskonzepts, beleuchtet den Markt, in dem dieses Unternehmen aktiv werden will, erläutert das Marketingkonzept, die Personalplanung und die aufzuwendenden finanziellen Ressourcen. Er zwingt den Verfasser, seine Geschäftsidee systematisch zu durchdenken, vorhandene Wissenslücken zu schließen und ein fokussiertes und strukturiertes Vorgehen anzuwenden (Bhidé, 1994, S. 120–130).

4.1.1 Der Business Plan als Grundlage unternehmerischer Entscheidungen

Die meisten Unternehmerteams sehen den Business Plan primär als ein Dokument, das der Gewinnung von Eigenkapital-Investoren dient. Darüber hinaus erfüllt jedoch der Prozess der Erstellung des Business Plans für das Unternehmerteam selbst eine Reihe wichtiger Funktionen.

Insbesondere gibt der Prozess der Erstellung des Business Plans dem zukünftigen Unternehmerteam die Sicherheit, das geplante Projekt umfassend analysiert und keine für seine Realisierung relevanten Aspekte übersehen zu haben (Rich/Gumpert, 1985, S. 2–8). Da der Business Plan Abschnitte zu allen relevanten Aspekten des zukünftigen Unternehmens enthalten sollte, ist das Team geradezu gezwungen, diese systematisch durchzugehen. Hierbei identifizieren Gründerteams erfahrungsgemäß Hindernisse und Probleme, die bei einer ersten groben Skizzierung des Projekts nicht gesehen wurden (Bhidé, 1994, S. 120–130). Lassen sich diese im Zuge der Business-Plan-Erstellung nicht lösen, so ist häufig eine Modifikation des grundsätzlichen Geschäftsmodells erforderlich. Da in dieser frühen Planungsphase solche Anpassungen ohne größeren Aufwand vorgenommen werden können, bewahrt die systematische Erstellung des Business Plans viele Gründerteams vor überhasteten unternehmerischen Entscheidungen, die in späteren Realisierungsphasen zu teilweise kostenintensiven Restrukturierungs- oder Repositionierungsmaßnahmen führen würden.

Darüber hinaus dient der Business Plan auch den Unternehmern selbst zur Beurteilung der Erfolgschancen respektive der Attraktivität des Projektes. Die Planerstellung bereitet somit die endgültige „Go"-/"No-go"-Entscheidung zur Realisierung des Projektes vor. Hierbei ist zu beachten, dass jedes einzelne Teammitglied über eine individuelle Opportunitätskostenstruktur verfügt, die gegen die persönlichen Gewinnchancen durch Partizipation an dem geplanten Projekt abgewogen wird. Zum Beispiel opfern häufig Teammitglieder eine gesicherte berufliche Position mit klaren Karriereperspektiven. Bei anderen unternehmerisch sehr aktiven Teammitgliedern steht oft eine Auswahlentscheidung zwischen alternativen unternehmerischen Projekten an, so dass die Erstellung des Business Plans und ein Vergleich mit diesen anderen Projekten auch einer optimalen Allokation der knappen Ressourcen an persönlicher Managementkapazität dient.

Die Erstellung eines Business Planes erfolgt häufig unter erheblichem Zeitdruck (Struck, 1998). Hinzu kommt eine große Unsicherheit über die Realisierungswahrscheinlichkeit des diskutierten Projektes. Da die Erstellung des Plans selbst mit erheblichem Arbeitsaufwand verbunden ist, bedeutet sie daher eine erste Feuerprobe für den Zusammenhalt des zukünftigen Unternehmerteams. Insbesondere gibt der Planungsprozess Gelegenheit zu erproben, inwieweit die einzelnen Mitglieder des Teams kreativ interagieren und bereit sind, sich persönlich zu engagieren. Potenzielle Trittbrettfahrer, die später eine starke Belastung des Unternehmerteams darstellen könnten, werden somit frühzeitig erkannt. Treten während der Diskussionen des Business Modells massive Divergenzen auf oder zeigt sich, dass die Teammitglieder nicht erfolgreich miteinander interagieren können, besteht zu diesem frühen Zeitpunkt immer noch die Möglichkeit, das Unternehmerteam zu modifizieren. Zu einem späteren Zeitpunkt, zum Beispiel während der Investorensuche, kann eine substanzielle Veränderung des Unternehmerteams hingegen die Erfolgschancen des Projekts deutlich reduzieren.

4.1.2 Der Business Plan als Instrument zur Beurteilung von Investitionsobjekten

Wird von altruistischen und/oder rein strategischen Motiven abstrahiert, verfolgen die meisten Investoren ein klar definiertes Renditeziel (beispielsweise Schefczyk, 2000a). Häufig werden Mindestrenditen im Sinne von „hurdle rates" formuliert, deren Unterschreitung zu einer sofortigen Eliminierung des Projekts aus dem Investitionsentscheidungsprozess führt. Darüber hinaus sollte der Investor zu einer Bewertung des Unternehmens gelangen, um bei gegebenem Finanzierungsbedarf die von ihm zu fordernde Beteiligungsquote zu bestimmen.

Für beide Zwecke benötigt ein potenzieller Investor schlüssige Planungsrechnungen, die üblicherweise die drei Bestandteile Plan-Gewinn- und Verlustrechnung, Planbilanz und Liquiditätsplanung umfassen (Hax, 1998, S. 177–232). Die Planungsprämissen, auf denen dieses Zahlenwerk aufbaut, sollten im Business Plan klar und eindeutig dargestellt werden. Sämtliche im Business Plan enthaltenen qualitativen Informationen – angefangen von der Definition der Zielkunden bis zur Festlegung der Aufbau- und Ablauforganisation – dienen dazu, potenzielle Investoren in die Lage zu versetzen, die Schlüssigkeit der dem Zahlenwerk zugrunde liegenden Planungsprämissen beurteilen zu können.

Aus Sicht eines Finanzinvestors weisen Managementteams die gleichen Eigenschaften auf wie „Erfahrungsgüter"; d. h. der Investor kann die tatsächliche Qualität des Managementteams –seine Kreativität, Innovationsfähigkeit und Umsetzungsstärke – erst nach Durchführung der Investition, also ex post, beurteilen. Analog zu Nachfragern von Gütern, die primär durch „experience properties" gekennzeichnet sind, orientieren sich Investoren bei der Qualitätsbeurteilung des Managementteams daher primär an Qualitätsindikatoren (Weiber/Adler, 1995). Einer der am häufigsten in die Investitionsentscheidung einbezogenen Qualitätsindikatoren ist z. B. der „track record" des Teams. Hierbei schließt der Investor aus historischen Erfolgen des Managementteams auf die zukünftigen Erfolgschancen des ihm zur Beurteilung vorliegenden Investitionsprojektes. Der Business Plan ist meist ein weiterer wesentlicher Qualitätsindikator (beispielsweise Theis, 1995, S. 155; Wupperfeld, 1994; Fendel, 1987). Aus seiner Vollständigkeit, Schlüssigkeit und sinnvollen Struktur schließen Investoren häufig auf die Qualität des Unternehmerteams. Hieraus erklärt sich, warum einige Investoren eine ablehnende Haltung gegenüber Business Plänen einnehmen, die (im Auftrag von Gründern) von Unternehmensberatern erstellt wurden.

4.1.3 Die Rolle des Business Plans aus der Sicht des Prinzipal-Agenten-Ansatzes

Zur Analyse des Verhältnisses von Investor und Managementteam sowie der Rolle, die der Business Plan in diesem Kontext spielt, bietet sich ein Rückgriff auf den Prinzipal-Agenten-Ansatz an (Amit/Brander/Zott, 1998, S. 441–446). In diesem Denkmodell ist der Investor der Prinzipal, dessen Wohlstand von den Handlungen des Managementteams – des Agenten – beeinflusst wird, wobei weder eine vollständige Übereinstimmung der Interessen angenommen werden kann noch eine komplette Überwachung des Agenten durch den Prinzipal möglich ist.

Finanzinvestoren, wie z. B. Venture-Capital-Geber, werden mit einer Vielzahl potenzieller Investitionsobjekte konfrontiert. Angesichts beschränkter Managementressourcen müssen Venture-Capital-Geber aus dieser Flut von Investitionsvorschlägen mit Hilfe einfacher Heuristiken eine Vorauswahl treffen, mit welchen der Projekte sie sich intensiver befassen sollen. Hierbei stehen dem Entscheider nur relativ wenig Informationen über die zu beurteilenden Objekte zur Verfügung. Insbesondere sind ihm häufig Zusammensetzung, Professionalität und Erfahrungshintergrund des hinter den Projekten stehenden Managementteams nicht bekannt. Diese Situation ähnelt der im Prinzipal-Agenten-Ansatz als „hidden characteristics" bezeichneten Situation. Stützt sich der Entscheider bei seiner Vorselektion primär auf Gestaltung und Qualität des Business Plans, so dient der Plan wie oben ausgeführt als Indikator für die Qualität des Managementteams und enthüllt dem Prinzipal somit einige der bislang verborgenen Charakteristika des potenziellen Agenten.

Der Wohlstand des Prinzipals wird in erster Linie von den Maßnahmen des Agenten zur systematischen Steigerung des Unternehmenswerts beeinflusst. Trotz weit reichender Informations- und Kontrollrechte sowie einer teilweise sehr engen Begleitung der Investition durch den Investmentmanager kann der Prinzipal nicht sämtliche Aktivitäten des Agenten – des Managementteams – vollständig überwachen. Dies wird in der Prinzipal-Agenten-Literatur als „hidden action" bezeichnet.

Hinzu kommt ein „Hidden-information"-Problem, das daraus resultiert, dass der Investor zwar bestimmte Maßnahmen zur Steigerung des Unternehmenswerts beobachten kann, jedoch nicht in jedem Fall in der Lage ist, deren Vorteilhaftigkeit oder auch nur Sinnhaftigkeit zu beurteilen. Hierbei handelt es sich häufig um Maßnahmen im Rahmen des F&E-Prozesses, zu deren Beurteilung wissenschaftlich qualifizierte Experten erforderlich sind. Zwar verfügen die meisten Venture-Capital-Geber über ein Netzwerk solcher Experten, die jedoch aufgrund ihrer hohen Kosten primär für die Due Diligence vor Durchführung einer Investition eingesetzt werden (Berens/Strauch, 1999, S. 3–21). Eine Einbindung dieser Experten in ein kontinuierliches Monitoring des Investitionsobjekts ist meist zu aufwändig.

Das Verhältnis zwischen Investor und Managementteam ist demnach durch ein massives Informationsgefälle gekennzeichnet, das der Agent zur Maximierung des eigenen Vorteils auf Kosten des Prinzipals nutzen könnte. Vor diesem Hintergrund dient der Business Plan zum partiellen Abbau dieses Informationsgefälles, indem er den Prinzipal systematisch über die geplanten Maßnahmen zur Steigerung des Unternehmenswertes informiert und für den Prinzipal rational nachvollziehbare Begründungen für diese Maßnahmen liefert. Das Informationsbündel Business Plan trägt somit zum Abbau des vom Prinzipal subjektiv empfundenen Risikos bei und reduziert die bei der Diskontierung zukünftiger Zahlungsströme zugrunde gelegte Risikoprämie.

4.2 Struktur eines Business Plans

So unterschiedlich Business Pläne gestaltet sein können, sollten sie doch bestimmte Hauptelemente enthalten (beispielsweise Bangs, 1995; Scarborough/Zimmerer, 1999; Kubr/Ilar/Marchesi, 1997). Die hier vorgegebene Struktur ist in erster Linie als Anregung zu sehen. Je nach der Unternehmenssituation können weitere Inhalte hinzugefügt oder Aspekte, welche keine Rolle spielen, weggelassen werden (Hisrich/Peters, 1988). Ist der Business Plan primär für die Investorensuche vorgesehen, ist es von Vorteil spezifische Belange der anzusprechenden Investorengruppen besonders zu berücksichtigen.

Die Mehrzahl der gängigen Bewertungsmethoden beruht auf der Abdiskontierung zukünftiger Zahlungsströme (z. B. Discounted-Cash-Flow-Methode). Der hierbei angewandte Diskontierungsfaktor umfasst den risikolosen Basiszinssatz zuzüglich eines Risikozuschlags. Eine der Zielsetzungen des Business Plans sollte es sein, den vom Investor gewählten Risikozuschlag zu minimieren.

Zwei wesentliche Einflussfaktoren des Risikozuschlags sind unter anderem die Höhe des Entwicklungsrisikos und das Marktrisiko. Existiert bereits ein Prototyp oder konnte der Beweis erbracht werden, dass das Produkt funktionsfähig ist, wird dies die Risikoprämie verringern. Analog hierzu wird das Marktrisiko – und damit der Risikozuschlag – reduziert, wenn es bereits erste Referenzkunden gibt.

Im Mittelpunkt des Business Plans sollten die Zielkunden des Unternehmens und deren Kundennutzen stehen. Diese Sichtweise darf nicht durch eine technologie- oder produktgetriebene Darstellung des Projekts in den Hintergrund gedrängt werden.

Der Plan muss auch für den Leser, der über keine speziellen Fachkenntnisse verfügt, verständlich sein. Ist das zu beschreibende Produkt zu abstrakt oder komplex, sollte mit anschaulichen und realistischen Beispielen versucht werden, den Sachverhalt darzustellen. Unverzichtbare technische Details sind im Anhang aufzuführen.

Einzelaussagen müssen belegbar und Deduktionen logisch nachvollziehbar sein. Persönliche Einschätzungen und Annahmen sind klar zu kennzeichnen. Bestehende Risiken oder Defizite sollten offen angesprochen werden. Jede verwendete Quelle, wie z. B. Statistiken, ist mit Quellenangaben zu versehen.

Obwohl der Plan auch ein Marketinginstrument ist, sollte er sachlich bleiben. Schwärmereien und Superlative sollten vermieden werden.

4.2.1 Executive Summary

Angesichts der zunehmenden Anzahl an Businessplänen, die bei einer Venture-Capital-Gesellschaft eingehen, ist verständlich, dass die meisten Investment-Manager zuerst nur die „Executive Summary" lesen. Weckt diese nicht ihr Interesse, wird das Projekt in der Regel nicht weiter verfolgt.

Die Executive Summary enthält einen Abriss aller wichtigen Aspekte des Business Plans und ist ein eigener Baustein, der vor allen anderen steht. Die Summary sollte maximal drei Seiten lang sein und in fünf Minuten gelesen und verstanden werden können.

Technische Spezialausdrücke sind zu vermeiden bzw., falls dies nicht möglich ist, zu erklären. Am einfachsten ist es, die Summary zu schreiben, nachdem alle anderen Teile des Business Plans geschrieben wurden. Die Summary einer branchenfremden Person vorzulegen, um zu testen, ob alles verständlich geschrieben ist, stellt ein effektives Hilfsmittel dar.

Die folgenden Punkte sollten in jeder Executive Summary erwähnt werden:

- Zielkunden und Kundenbedürfnisse,
- Produkt/Dienstleistung und Kundennutzen, insbesondere Wettbewerbsvorteile,
- Unternehmensstrategie,
- Geschäftsmodell, insbesondere „Revenue"-Modell,
- Wesentliche Aussagen zum Zielmarkt,
- Wesentliche Elemente der Marketingstrategie,
- Status Quo des Projekts (z. B. Referenzkunden, Stand der Entwicklung),
- Managementteam (Erfahrung, Marktkenntnis, etc.),
- Investitionsbedarf und mögliche Exitstrategie für den Investor.

Beim Investitionsbedarf besteht generell die Möglichkeit, diesen in Verbindung mit der gewünschten Beteiligungsquote zu nennen. Aus verhandlungstaktischen Gründen wird allerdings häufig empfohlen, die Höhe der angestrebten Beteiligung offen zu lassen. Sollten die Verhandlungen mit den Investoren auf einen höheren Unternehmenswert hinauslaufen, würde die Beteiligungsquote des Investors sinken.

4.2.2 Produkt oder Dienstleistung

Für den Aufbau dieses Kapitels wird folgende Struktur empfohlen:

a) Analyse der Zielkunden,

b) Bedürfnisse der Kunden,

c) Produktbeschreibung,

d) Kundennutzen,

e) Wettbewerbsvorteil,

f) Stand der Entwicklung und nächste Schritte.

Bei geringer Komplexität des Geschäftsmodells kann dieses ebenfalls im Kapitel „Produkt" oder „Dienstleistung" beschrieben werden. Zeichnet sich die Geschäftsidee durch hohe Komplexität aus, empfiehlt es sich jedoch, das Geschäftsmodell ausführlich im Kapitel „Geschäftssystem und Organisation" zu beschreiben. Von großer Bedeutung ist es in jedem Fall, das „Revenue"-Modell zu erklären, damit klar erkennbar wird, wie das Unternehmen Geld verdienen wird.

Die sorgfältige Analyse der Zielkunden ist unverzichtbar für die Festlegung der konkreten Produkteigenschaften sowie der Gestaltung des Angebots. Weiterhin ist sie eine notwendige Voraussetzung für die spätere Analyse des Zielmarkts. Fehlerhafte oder unsaubere Definitionen der Zielkunden führen fast zwangsläufig zur Generierung irrelevanter Marktdaten sowie zur Entwicklung einer ihre Ziele verfehlenden Marketingstrategie.

Grundsätzlich sind potenzielle Investoren davon zu überzeugen, dass das neue Produkt bzw. die angebotene Dienstleistung von den Zielkunden nachgefragt werden wird. Dies bedeutet, dass ein von den Zielkunden auch als solches erkanntes Bedürfnis vorliegt und zugleich die Zielkunden über die Kaufkraft verfügen, dieses Bedürfnis zu befriedigen (Belz, 1991). Häufig resultieren akute Kundenbedürfnisse zum Beispiel aus der suboptimalen Leistung gegenwärtiger Produkte oder Verfahren.

Bei der Produktbeschreibung sollte dargestellt werden, welche Unterschiede es zu gegenwärtigen Produkten oder Verfahren gibt und inwieweit die neue Geschäftsidee auf einer Innovation basiert. Dies gilt insbesondere, falls das neue Produkt ein existierendes Produkt verdrängen soll. Um die Überlegenheit des neuen Produktes darzustellen, empfiehlt es sich, die Vor- und Nachteile der gesamten Angebotspalette aus der Sicht des Kunden zu analysieren. Eine genauere Konkurrentenanalyse wird im Abschnitt „Markt und Wettbewerb" vorgenommen.

Es ist wichtig, den Kundennutzen des Produkts nachvollziehbar herauszuarbeiten. Hierbei ist zwischen Kern- und Zusatznutzen zu differenzieren. Nach Möglichkeit sollte dieser

Nutzen quantifiziert werden. Ist dies auf einer abstrakten Ebene nicht möglich, sollte die Quantifizierung an einem Beispiel erfolgen.

Die aus dem innovativen Charakter des angebotenen Produktes und/oder neu geschaffenem Kundennutzen resultierenden Wettbewerbsvorteile müssen klar beschrieben werden (Porter, 1999a; Porter, 1999b). Insbesondere ist zu quantifizieren, wie lange diese Wettbewerbsvorteile erhalten bleiben werden und wie sie gegebenenfalls gegen Nachahmer geschützt werden können. Nach Möglichkeit sollte der zeitliche Vorsprung quantifiziert werden. Die zeitliche Dauer des Wettbewerbsvorsprungs hat wesentliche Auswirkungen auf die Markteintritts- und die Wachstumsstrategie.

Auf notwendige Kooperationspartner kann bereits in diesem Abschnitt eingegangen werden. Wichtig in diesem Zusammenhang ist es darzustellen, inwieweit solche Kooperationen erforderlich sind, welche Vorteile sie bringen und ob dadurch ein Abhängigkeitsverhältnis entsteht.

Hinsichtlich potenzieller Konkurrenten muss auf das Thema Schutz vor Nachbau oder Nachahmung eingegangen werden (Harhoff/Reitzig, 2001, S. 509–529). Sind Patente oder sonstige Schutzrechte im Besitz des Unternehmens, so sollte dies erwähnt werden (Ernst, 1996). Details dazu können im Anhang erläutert werden.

Der Entwicklungsprozess ist ebenfalls zu schildern; insbesondere sind die nächsten geplanten Schritte zu erläutern. Wesentliche Meilensteine wie z. B. die Fertigstellung eines Prototyps oder die Marktreife des Serienprodukts sollten zeitlich fixiert werden. Falls bereits ein Prototyp existiert, wird dies einen Kapitalgeber zuversichtlich stimmen, dass das Gründungsteam den technischen Herausforderungen gewachsen ist.

Soweit es der Verständlichkeit dient, können dem Plan auch Skizzen, Abbildungen oder Fotos beigelegt werden. Allerdings ist davon abzuraten, auf dieser Stufe bereits wichtige Details (Konstruktionsskizzen etc.) zu veröffentlichen.

Neben dem Risiko der Nachahmung sollte auf mögliche andere Risikoquellen eingegangen werden. Dies sind zum Beispiel Anforderungen des Gesetzgebers (z. B. Datenschutz, Zulassungen, TÜV, Industriestandards) oder mögliche Engpässe bei der Beschaffung kritischer Ressourcen.

4.2.3 Markt und Wettbewerb

Die empfohlene Gliederung für dieses Kapitel sieht wie folgt aus:

a) Abgrenzung des relevanten Absatzmarktes,

b) Marktsegmentierung,

c) Quantifizierung des gegenwärtigen und zukünftigen Marktpotenzials nach Segmenten,

d) Qualitative Beschreibung der Faktoren, die diesen Markt beeinflussen,

e) Wettbewerberanalyse,

f) Entscheidungsträger und kaufentscheidende Faktoren.

Eine sorgfältige Marktsegmentierung ist eine zwingende Vorraussetzung für die Entwicklung einer zielgruppenorientierten Marketingstrategie und eines differenzierten Marketing-Mix. Die gebräuchlichsten Segmentierungskriterien für den Bereich Konsumgüter sind geographische, demographische und Lifestyle-Variablen sowie das Einkaufsverhalten. Segmentierungskriterien für industrielle Produkte sind zum Beispiel die technologische Nutzung des angebotenen Gutes, Einkaufsverhalten, Preissensibilität oder Einkaufsmacht.

Zur Einschätzung des Marktpotenzials für die angebotenen Produkte oder Dienstleistungen sollten folgende Größen (möglichst nach Segmenten) quantifiziert werden:

- die Anzahl der potenziellen Nachfrager,
- die Anzahl der absetzbaren Mengeneinheiten und
- der hieraus resultierende potenzielle Gesamtumsatz.

Bei der Ableitung dieser Größen ist zu berücksichtigen, dass die Zahlungskraft und Zahlungsbereitschaft verschiedener Nachfragergruppen variiert, wobei letztere unter anderem durch den gruppenspezifischen Kundennutzen bestimmt wird.

Neben dem gegenwärtigen Marktpotenzial ist es empfehlenswert, eine Einschätzung der zukünftigen Entwicklung dieses Potenzials herzuleiten. Sollten keine umfassenden Zahlen verfügbar sein, können aus recherchierten Einzelinformationen plausible Schätzungen abgeleitet werden.

In der qualitativen Analyse des Zielmarktes sind die Haupteinflussfaktoren dieser Branche zu untersuchen:

- Welche Marktstruktur liegt auf der Angebots- und Nachfrageseite vor (Oligopol, Monopol etc.)? Insbesondere ist zu untersuchen, ob es dominierende Wettbewerber gibt.
- Welche Art von Wettbewerb herrscht in dieser Branche (Verdrängungswettbewerb, Preiswettbewerb etc.)?
- Gibt es Eintrittsbarrieren für neue Unternehmen auf diesem Markt?
- Durch welche Technologien und Innovationen wird die Branche beeinflusst?
- Wann vollzog sich der letzte Quantensprung in der Branche?
- Beeinflussen sonstige Trends die Marktentwicklung?
- Üben ökonomische Einflussfaktoren oder gesetzgeberische Initiativen einen großen Einfluß auf die Branche aus?

Zusätzlicher Bestandteil ist, eine Wettbewerberanalyse vorzunehmen. Folgende Fragen sollten beantwortet werden:

- Welche Wettbewerber bieten vergleichbare Produkte an? Adressieren diese das gleiche Marktsegment?
- Welche Ziele und Strategien verfolgen diese Unternehmen?
- Welchen Marktanteil halten diese und mit welcher Wachstumsrate entwickeln sie sich?
- Welche Vertriebskanäle benutzen die potenziellen Konkurrenten?

- Was sind die Stärken und Schwächen der Wettbewerber?

Neben gegenwärtig bereits am Markt aktiven Wettbewerbern sollte auch analysiert werden, mit welchen potenziellen Konkurrenten das neue Unternehmen bei einem erfolgreichen Markteintritt zu rechnen hat.

Handelt es sich bei den Zielkunden des neuen Unternehmens überwiegend nicht um Individuen, sondern um Organisationen, so ist deren Einkaufsprozess zu analysieren. Insbesondere sollte untersucht werden, welche Personen innerhalb der Zielorganisation Einfluss auf die Kaufentscheidung haben und welche Faktoren deren Votum beeinflussen.

Eine Analyse des Käuferverhaltens unterstützt ebenfalls die Erstellung einer überzeugenden Marketing- und Vertriebsstrategie. Kaufentscheidende Faktoren wie Preis, Qualität, Image/Marke oder Funktionalität sind zu analysieren. Die Bedeutung von Serviceleistungen wie Wartung und Beratung innerhalb des Marktsegments gewährt ebenfalls Aufschluss über das Erwartungsprofil der Kunden.

Das Thema „Markt und Wettbewerb" bereitet Gründern erfahrungsgemäß mit die größten Probleme bei der Erstellung eines Business Plans. Der Hauptgrund sind meist die Schwierigkeiten bei der Generierung von Marktdaten. Es ist empfehlenswert, sich zuerst einen Branchenüberblick zu verschaffen. Mögliche Informationsquellen hierfür sind Branchenstudien (Banken, Broker, Forschungsinstitute), Presseartikel, Informationen im Internet und Datenbanken. Auch Informationen über Branchenteilnehmer liefern wichtiges Material. Weiterhin bieten regierungsamtliche Quellen (Statistisches Bundesamt, Handelskammer) und Fachverbände Daten über den Markt. Im Rahmen von Feldstudien können verstärkt Handelsverbände, Branchenbeobachter (Journalisten, Unternehmensberater etc.) und Branchenteilnehmer (Lieferanten, Abnehmer etc.) einbezogen werden.

Bei der Vielzahl der gesammelten Einzelinformationen ist zu beachten, dass alle Angaben auf einer sicheren Basis aufbauen. Ein Vergleich mehrerer Quellen hilft, die Zuverlässigkeit der präsentierten Daten zu überprüfen. Jede Schätzung muss hinsichtlich ihrer Plausibilität überprüft werden.

4.2.4 Strategie

Bei der Festlegung der Unternehmensstrategie sind neben den Kernkompetenzen des Unternehmens vor allem die Bedingungen auf dem gewählten Zielmarkt zu berücksichtigen. Ein weiterer wesentlicher Aspekt bei der Formulierung der Unternehmensstrategie ist die Frage nach der Dauerhaftigkeit des Wettbewerbsvorteils des neuen Unternehmens.

Verfügt das Unternehmen z. B. über eine proprietäre Technologie, die durch eine Reihe von Patenten dauerhaft geschützt ist, so lässt sich auf dieser Basis eine andere Strategie formulieren als bei einem Unternehmen, dessen Innovation vor allem auf einem bislang in dieser Form nicht vorhandenen, jedoch grundsätzlich von Wettbewerbern imitierbaren Unternehmenskonzept beruht.

Besteht ein auf absehbare Zeit von Wettbewerbern nicht aufholbarer zeitlicher Wettbewerbsvorsprung, so kann das Unternehmen grundsätzlich eine Strategie verfolgen, die auf ein langsames, solides Wachstum setzt. Häufig ist eine solche Strategie mit einer Hochpreispolitik zur Abschöpfung der Produzentenrente verknüpft.

Solche konservativen Wachstumsstrategien weisen eine Reihe von Vorteilen auf: Zum Beispiel erlaubt das langsame Wachstum einem unerfahrenen Managementteam, langsam in seine Aufgabe hineinzuwachsen. Zudem können Lernkurveneffekte systematisch genutzt werden. Insbesondere begrenzt ein vorsichtiger Expansionskurs häufig die Auswirkungen von „Anfängerfehlern" eines unerfahrenen Teams. Außerdem erlaubt ein auf nicht kopierbaren technologischen Aspekten beruhender Wettbewerbsvorteil dem Unternehmen, sich initial auf ein Marktsegment zu konzentrieren, in dem das junge Managementteam über die meisten Kontakte, Informationen und Erfahrungen verfügt. Die systematische Erschließung dieses Marktsegments schafft dann die Basis für eine spätere Expansion in benachbarte Segmente.

Beruht das Geschäftsmodell hingegen lediglich auf einer innovativen Idee und kann grundsätzlich von jedem Wettbewerber imitiert werden, sollte die Strategie des Unternehmens darauf abzielen, den voraussichtlich nur kurz bestehenden zeitlichen Wettbewerbsvorsprung optimal zu nutzen. In diesem Fall wird die Strategie voraussichtlich auf der Maxime „Angriff ist die beste Verteidigung" aufbauen.

Ziel der Unternehmensstrategie wird in diesem Fall sein, den Markteintritt für potenzielle „second mover" möglichst unattraktiv zu gestalten. Dies kann dadurch geschehen, dass das Unternehmen zügig und systematisch Marktanteile gewinnt, so dass der „second mover" auf eine Situation stößt, in der er etablierte Lieferantenbeziehungen aufzubrechen hat, anstatt Neukunden zu akquirieren.

Diese Strategie ist vor allem dann erfolgversprechend, wenn Chancen bestehen, einen neuen Industriestandard zu etablieren (Abernathy/Utterback, 1975, S. 639–656).

Gleiches gilt, wenn durch die Eigenschaften des Produktes bzw. der angebotenen Dienstleistung Wechselbarrieren bestehen, die es einem einmal gewonnenen Kunden erschweren, aus der etablierten Kunden-Lieferanten-Beziehung auszuscheiden. Wechselbarrieren erhöhen somit für einen „second mover" die Kosten der Kundengewinnung dramatisch; häufig führen sie dazu, dass in bestehende Kunden-Lieferanten-Beziehungen nur eingebrochen werden kann, wenn massive Fehlleistungen des ursprünglichen Lieferanten vorliegen (Schrader, 1995, S. 455–468).

Eine aggressive Wachstumsstrategie ist auch dann sinnvoll, wenn entweder hohe Fixkostenblöcke gedeckt werden müssen oder sich sonstige „economies of scale" realisieren lassen.

Die Umsetzung einer solchen Expansionsstrategie bedingt meist

- eine Preispolitik des „penetration pricing",
- eine zügige geographische Expansion,
- ein substantielles Marketing- und/oder Vertriebs-Budget sowie
- ein erfahrenes Managementteam.

Die hieraus resultierende Kombination aus einer reduzierten Innenfinanzierungskraft mit substantiellen Investitionen in Infrastruktur, Kommunikation und Management führt dazu, dass diese Strategie nur mit erheblichen finanziellen Ressourcen realisiert werden kann. Nur temporär existierende Wettbewerbsvorteile erhöhen somit systematisch den Kapitalbedarf eines neuen Venture. Hieraus resultiert unter anderem die Präferenz von Finanzinvestoren für Unternehmen, deren „sustainable advantage" (Ghemawat, 1986) auf einer proprietären Technologie beruht.

4.2.5 Marketing

Viele Konzepte von Unternehmensgründern konzentrieren sich stark auf den Produktteil und die Forschung und Entwicklung. Die Bedeutung des Marketing im Zusammenhang mit der notwendigen erfolgreichen Markteinführung des Produkts wird aber häufig unterschätzt.

Folgender Aufbau des Kapitels wird empfohlen:

a) Marketing-Mix,

b) Markteintrittsstrategie,

c) Marketing-Budget.

Eine gute Orientierung bei der Ausarbeitung des Marketing-Mix bieten die sogenannten „4P" (Product, Price, Place, Promotion). Diese „4P" beziehen sich jedoch auf das Konsumgütermarketing und sind sowohl im Investitionsgütermarketing als auch im Dienstleistungsmarketing ggf. anzupassen bzw. zu erweitern.

Product (Produktpolitik):

Bezüglich der einzelnen Kundensegmente ist zu entscheiden, ob lediglich ein uniformes Produkt herzustellen ist oder ob das Produkt gezielt den Anforderungen einzelner Segmente angepaßt werden soll. Die Positionierung innerhalb des Wettbewerbsumfeldes kann anhand eines Koordinatenkreuzes („positioning map"), auf deren Achsen die wesentlichen kaufentscheidenden Faktoren abgetragen werden, dargestellt werden.

Price (Preispolitik):

Im Produktteil wurde der Kundennutzen beschrieben und eventuell bereits quantifiziert. In Anlehnung an den quantifizierten Kundennutzen kann nun die Preisobergrenze bestimmt werden.

Die Preisuntergrenze ist meistens mit den durchschnittlichen Herstellungskosten identisch. Kann der erzielbare Preis diese Kosten nicht decken, entstehen Verluste, die nur dann in Kauf genommen werden können, wenn

- diese Anlaufverluste später kompensiert werden können (z. B. bei Vollauslastung oder nach Etablierung als Technologieführer) und
- die Finanzierung dieser Anlaufverluste sichergestellt ist.

Hinsichtlich der Preisstrategie gilt es zu entscheiden, ob eine Abschöpfungsstrategie oder eine Penetrationsstrategie verfolgt werden soll. Diese Entscheidung hängt davon ab, ob das Unternehmen von Anfang an einen möglichst hohen Ertrag erzielen möchte (Abschöpfungsstrategie) oder mit einem tiefen Preis den Markt schnell durchdringen will

(Penetrationsstrategie). Bei Verfolgung einer Abschöpfungsstrategie können höhere Margen erzielt werden, womit die Innenfinanzierungskraft gestärkt wird, ein höherer Kapitaldienst bedient werden kann und somit eine verstärkte Aufnahme von Fremdkapital möglich wird.

Place (Distributionspolitik):

Bei der Bestimmung der Vertriebsform ist grundsätzlich zwischen dem Direktvertrieb (z. B. eigene Vertriebsmitarbeiter, Handelsvertreter, Direct Marketing) und der Nutzung mehrstufiger Vertriebskanäle (z. B. Einzelhandel, Großhandel) zu entscheiden. Diese Wahl wird von mehreren Faktoren beeinflußt, wie z. B. der Kundenstruktur und dem Einkaufsverhalten.

Die Wahl eines bestimmten Vertriebswegs ist umfassend zu begründen (Vorteile, Nachteile, Chancen, Risiken). Anschließend ist der gewählte Vertriebsweg detailliert zu beschreiben. Dies umfasst Informationen wie z. B.:

- Identifikation, Selektion und Kompensation von Absatzmittlern wie Händlern und Vertretern,
- Anforderungsprofil, Schulung und Kompensation von eigenem Vertriebspersonal

In diesem Kontext ist vor allem die Vertriebssteuerung – von der Entwicklung der Zielvorgaben über die Kontrolle der Zielerreichung bis zur Schaffung spezifischer Anreizmechanismen – von besonderer Bedeutung.

Promotion (Kommunikationspolitik):

Aufgabe der Kommunikationspolitik ist es, den Zielkunden über das Angebot zu informieren, ihn von dessen Vorteilen zu überzeugen und Vertrauen in die zugesicherten Produkteigenschaften zu schaffen. Der Nutzen des Produkts, insbesondere im Vergleich zu konkurrierenden Produkten, muss vermittelt werden.

Um Streuverluste zu reduzieren, sollten zielgruppengerechte Kommunikationskanäle ausgewählt werden. Eine fokussierte Kommunikation ist nicht nur effizienter als eine zu breit angelegte, sondern oft auch effektiver (z. B. durch zielgruppenspezifische Werbebotschaften). Marketingmaßnahmen sollten zudem auf die persönlichen Entscheidungsfaktoren der Personen ausgerichtet sein, welche die Kaufentscheidung treffen.

Die Markteintrittsstrategie umfasst alle Maßnahmen in den ersten Monaten der Produkteinführung (Rüggeberg, 1997). Um das Vertrauen der Investoren in die Umsetzungsfähigkeit des Teams zu stärken, ist es ratsam, ein konkretes Markteintrittskonzept zu entwickeln, das folgende Fragen beantworten sollte:

- Wie gewinnen Sie erste Referenzkunden?
- Wie erzeugen Sie Vertrauen in die (noch nicht bewiesene) Leistungsfähigkeit des neuen Unternehmens?

- Über welche Kommunikationskanäle erreichen Sie Ihre Zielkunden?
- Wie minimieren Sie Streuverluste?
- Inwieweit lässt sich der Einsatz finanzieller Ressourcen durch Kreativität und innovative Werbemaßnahmen reduzieren?
- Wie bringen Sie die Medien dazu, über Sie zu berichten?
- Wie involvieren Sie die Belegschaft in den Marketingprozess?

Ein ausgefeiltes Marketingkonzept für den Markteintritt gilt als Indikator für die Fähigkeit des Teams, das Produkt erfolgreich zu vermarkten. Fließen wesentliche Teile der Finanzierung in das Marketing, wird das Vorliegen solch eines detaillierten Konzeptes von potenziellen Investoren häufig als ein kritischer Erfolgsfaktor gesehen.

Können die Einzelmaßnahmen dieses detaillierten Markteintrittskonzepts bereits mit Kosten untersetzt werden, wird mit Verabschiedung dieses Plans zugleich das Marketingbudget für die Eintrittsphase festgelegt. Hierbei ist es wünschenswert, die einzelnen Kostenpositionen möglichst umfangreich auf Monatsbasis aufzulisten. Dies erleichtert dem Leser die Beurteilung, ob einzelne Marketingmaßnahmen gerechtfertigt sind.

4.2.6 Unternehmerteam

Das Potenzial des Managementteams und der Mitarbeiter in Schlüsselpositionen ist einer der entscheidenden Faktoren für die zukünftige Unternehmensentwicklung (Klandt, 1984; Cooper/Gimeno-Gascon/Woo, 1994; Brüderl/Preisendörfer, 2000, S.°45–70). Daher finden potenzielle Investoren das Thema Management mindestens genauso wichtig wie die eigentliche Produktidee. Da Gründer häufig die Bedeutung dieses Kapitels unterschätzen, gerät es meist zu kurz und ist zu wenig aussagefähig.

Kapitalgeber bevorzugen es, wenn ein Team aus mindestens drei Personen besteht. „Einzelkämpfer" werden aufgrund des für den Investor höheren Risikos einen in der Regel geringen Unternehmenswert erzielen. Dies beruht vor allem auf der Tatsache, dass eine Einzelperson in der Regel nicht das gesamte erforderliche Know-how vorweisen kann (Roberts, 1991). Es besteht zudem nicht die Möglichkeit, Entscheidungen im Managementteam zu diskutieren. Die Stress- und Überlastungsgefahr steigt und es besteht der Verdacht auf patriarchalisches Verhalten.

Wesentliche Aufgaben des Chief Executive Officer (CEO) umfassen:

- Gestaltung der strategischen Ausrichtung des Unternehmens,
- Interaktion mit externen Interessengruppen (Schlüsselkunden, wesentliche Lieferanten und Kooperationspartner, Investoren),
- Führung und Motivation von Belegschaft und Management.

Erfahrungsgemäß lasten allein diese drei Aufgabenfelder die Gründer neuer Unternehmen aus. Auch die erste Aufbauphase erfordert daher meist bereits einen „Chief Financial Officer" (CFO), der

- unternehmerische Entscheidungen durch die Generierung aussagefähiger, quantitativer Entscheidungsgrundlagen vorbereitet,
- erforderliche Strukturen für ein sich flexibel an das Unternehmenswachstum anpassendes Management Information System (MIS) schafft und
- die notwendigen Daten für ein professionelles Management der Investor Relations zusammenstellt.

Steht die Markteinführung des Produktes bevor, sollte zudem frühzeitig die Position eines „Chief Marketing Officer" (CMO) besetzt werden.

Investoren wollen wissen, ob das Gründerteam die notwendigen Kenntnisse und Erfahrungen zur Realisierung des geplanten Projektes besitzt. Nur wenn Know-how und Fähigkeiten optimal aufeinander abgestimmt sind, kann eine gute Idee auch erfolgreich umgesetzt werden. Hat das Unternehmerteam in der Vergangenheit bereits erfolgreich zusammengearbeitet, sollte dieser Pluspunkt herausgehoben werden.

Bei der Darstellung der Managementqualifikationen müssen diejenigen Aspekte hervorgehoben werden, die für die Umsetzung des Geschäftsvorhabens von Bedeutung sind. Hierbei zählen berufliche Erfolge mehr als akademische. Daher sollten bei der Vorstellung der Einzelpersonen der berufliche Werdegang und Erfolg im Mittelpunkt stehen. Sollten wichtige Positionen mit unerfahrenen Mitarbeitern besetzt werden, muss dies begründet werden.

Es ist zu erläutern, wie die Verantwortlichkeiten im Unternehmen aufgeteilt sind. Sich überschneidende Zuständigkeiten sind zu vermeiden, da diese häufig später zu Konflikten führen.

Gibt es noch unbesetzte Positionen im Managementteam, sollte erklärt werden, wie und wann diese besetzt werden. Insbesondere sollten umfassende Anforderungsprofile für die einzustellenden Manager erarbeitet und im Anhang beigefügt werden. Die Vergütung der Leistungsträger (Gehalt, Tantieme, Erfolgsbeteiligung etc.) ist darzustellen.

Wenn es bereits einen Beirat/Aufsichtsrat gibt, ist dessen Zusammensetzung darzulegen; insbesondere welche Vorteile dem Unternehmen aus der Mitwirkung der Mitglieder im Board entstehen. Grundsätzlich existieren drei Typen von Beiratsmitgliedern:

- Zum einen der „Coach" als kritischer Sparringspartner für das Managementteam. Er hat meist ein großes Interesse am Unternehmen, ist aber zudem durch seine alternative Sichtweise in der Lage, das Management kritisch zu beraten.
- Einen weiterer Typus stellt der „Figure Head" dar. Dieser verfügt über eine hervorragende Reputation und sieht sich in erster Linie als Repräsentant des Unternehmens. Seine Hauptfunktion ist es, die Akzeptanz des Projekts bei Investoren und strategischen Partnern zu erhöhen.
- Der „Door Opener" verfügt über langjährige Berufserfahrung in leitenden Positionen innerhalb der Branche. Seine Aufgabe ist es, Zugang zu potenziellen Referenzkunden, Partnern oder Lieferanten zu vermitteln.

Es ist durchaus sinnvoll, die wichtigsten externen Berater anzugeben. Nur wenige Teams bringen bei der Unternehmensgründung alle notwendigen Erfahrungen und Qualifikationen mit. Es wird von Investoren als positiv und professionell angesehen, wenn in vernünftigem Umfang externe Berater (z. B. M&A Berater, Wirtschaftsprüfer, Personalberater, erfahrene Unternehmensgründer) einbezogen werden.

Ist die geplante Mitarbeiterzahl noch gering, kann bereits in diesem Abschnitt auf die Organisationsstruktur eingegangen werden. Ein Organigramm kann helfen, einzelne Zuständigkeitsbereiche besser aufzuzeigen. Liegen bereits komplexere Organisationsstrukturen vor oder ist vorhersehbar, dass diese in naher Zukunft erforderlich werden, kann diese Thematik auch in einem gesonderten Kapitel abgehandelt werden (siehe 4.2.7 Geschäftssystem und Organisation).

4.2.7 Geschäftssystem und Organisation

Das Modell des Geschäftssystems beschreibt die Aktivitäten des Unternehmens, die zur Bereitstellung und Auslieferung des Endprodukts an den Kunden notwendig sind. Meist wird ein generisches Geschäftssystem zur besseren Übersicht in funktionalen Blöcken (z. B. Forschung & Entwicklung, Produktion, Marketing, Vertrieb, Service) dargestellt. Abhängig von der Art der Unternehmung ist es sinnvoll, einzelne dieser Blöcke weiter aufzuteilen. So kann der Bereich „Produktion" einer Produktionsfirma in die Teilbereiche Einkauf, Verarbeitung, Teileherstellung und Montage zerlegt werden. Hierbei ist zu beachten, dass die genannte Abfolge für Produktionsunternehmen typisch ist. Bei Dienstleistern hingegen folgt auf den Aufbau des Leistungserstellungssystems die Vermarktung des Leistungsangebots, die erst bei erfolgreicher Kundengewinnung die eigentliche Leistungserstellung auslöst.

Stehen nur limitierte Ressourcen zur Verfügung, wird häufig propagiert, ein virtuelles Unternehmen aufzubauen. Dies bedingt eine Konzentration auf die Kernkompetenzen des Unternehmens sowie auf Bereiche mit hoher Wertschöpfung (Prahalad/Hamel, 1990). Alle anderen Funktionen können ausgegliedert werden. Allerdings stellt die Führung eines virtuellen Unternehmens hohe Anforderungen an das Managementteam, das ein loses Netzwerk von unabhängigen Unternehmen steuern und koordinieren muss, ohne über direkte Weisungsbefugnis zu verfügen.

Ergänzend zum Geschäftssystem sind auch organisatorische Fragen zu behandeln. Zuständigkeiten und Verantwortungen müssen klar geregelt sein und am Anfang sollte eine relativ einfache Organisationsstruktur gewählt werden. Da ein Start-up erfahrungsgemäß in den ersten Jahren häufig umorganisiert wird, ist es wichtig, eine flexible und anpassungsfähige Organisationsstruktur zu etablieren. Ein einfaches Organigramm hilft bei der Darstellung der Organisationsstruktur. Im Rahmen der Darstellung der Organisationsstruktur sollte insbesondere auf folgende Punkte eingegangen werden:

- Führungsstruktur,
- Planungsinstrumentarium,
- Controllingsysteme,
- Kommunikationsmechanismen.

Sollen bestimmte Stufen der Wertschöpfungskette ausgelagert oder betriebliche Teilaufgaben nicht innerhalb des Unternehmens wahrgenommen werden, sollten die Geschäftspartner benannt werden, die diese Tätigkeiten übernehmen werden. Soweit dieser Schritt nicht branchenüblich ist, sollten die Vor- und Nachteile einer Ausgliederung betrieblicher Teilaufgaben genau analysiert und überzeugend dargelegt werden.

Die Darstellung der Organisationsstruktur kann durch eine prozessorientierte Betrachtung ergänzt werden. Die Beschreibung des gesamten Produktions- oder Leistungserstellungsprozesses sollte insbesondere eine detailliertere Schilderung der intern ablaufenden Teilprozesse sowie der Einbindung gegebenenfalls vorhandener externer Partner umfassen.

Partnerschaften bieten jungen Unternehmen die Chance, von den Stärken etablierter Firmen zu profitieren und sich somit auf den Aufbau eigener Kernkompetenzen zu konzentrieren. Es sollten daher an dieser Stelle des Business Plans bereits vorhandene sowie zukünftig mögliche Kooperationspartner erwähnt werden. Darüber hinaus ist zu erläutern, unter welchen Gesichtspunkten das neue Unternehmen seine zukünftigen Kooperationspartner auswählt. Hierbei ist darauf einzugehen, welche Motivation diese (Wunsch-) Partner haben, eine Geschäftsbeziehung mit dem neuen Unternehmen aufzubauen. Letztlich muss klar werden, wie es dem Management des neuen Unternehmens gelingt, das entstehende Netzwerk aus Zulieferern und sonstigen strategischen Partnern effizient zu koordinieren.

Viele Business Pläne beschränken sich im Bereich „Human Resources" auf eine weitgehend statische und funktional gegliederte Personalplanung, die den Personalbedarf für die einzelnen Bereiche für die nächsten drei bis fünf Jahre abschätzt. Die prognostizierte Entwicklung der Personalkosten geht später in die Finanzplanung ein. Darüber hinaus sollte das Managementteam sich jedoch auch mit den folgenden Fragestellungen auseinandersetzen:

- fachliche und soziale Qualifikation der zukünftigen Mitarbeiter,
- Recruiting-Maßnahmen,
- Schulung und Weiterbildung,
- Kompensation und Incentives,
- Maßnahmen zur Mitarbeiterbindung.

4.2.8 Chancen und Risiken

Dieses Kapitel umfaßt unter anderem eine Darstellung der wesentlichsten projekt- oder unternehmensspezifischen Risiken sowie die Schilderung der Eventualpläne der Unternehmensleitung für das Eintreten dieser möglichen zukünftigen Situationen.

Basierend auf der Schilderung möglicher Szenarien müssen Reaktionen und Gegenstrategien dargestellt werden, die einerseits die Flexibilität der Geschäftsführung demonstrieren und andererseits Investoren überzeugen, dass die Risiken kalkulierbar und kontrollierbar sind.

Der Basisplan („base case") ist darauf zu überprüfen, wieviel Spielraum für Abweichungen von den getroffenen Planungsprämissen besteht. Ausgehend von diesem als realistisch eingeschätzten Basisplan sollten optimistische und pessimistische Szenarien entwickelt werden. Diese Szenarioanalyse ist im folgenden Abschnitt „Finanzplanung" durch eine Sensitivitätsanalyse zu vertiefen.

Bei den Chancen ist zu erläutern, welche zusätzlichen Erfolgspotenziale in der neuen Geschäftsidee stecken und unter welchen Bedingungen diese realisiert werden können. Außergewöhnliche Geschäftsmöglichkeiten sind ebenso zu erwähnen wie zukünftige Wachstumsfelder, die der neuen Unternehmung ein dauerhaftes Wachstum ermöglichen werden.

Um auf eine Situation vorbereitet zu sein, in der Investoren eine Summe anbieten, die den im Plan spezifizierten Kapitalbedarf übersteigt, sollten Eventualpläne erarbeitet werden, die darlegen, wie zusätzliche Mittel am effektivsten eingesetzt werden können.

4.2.9 Finanzplanung und Finanzierung

Zu Beginn dieses Kapitels sind alle relevanten Prämissen, die in die Erstellung der Planungsrechnung einfließen, explizit aufzulisten. Hierbei ist zu beachten, dass diese Planungsprämissen mit den qualitativen Aussagen der vorhergehenden Kapitel korrespondieren. Viele Gründer tendieren dazu, bei den Planungsrechnungen einen wesentlich konservativeren Ansatz zu wählen, als dies nach ihren eigenen qualitativen Analysen erforderlich ist.

Die Finanzplanung stellt ein integriertes Rechenwerk dar, das die folgenden drei Komponenten umfasst:

- Liquiditätsplanung,
- Ergebnisplanung (Gewinn- und Verlustrechnung) sowie
- Planbilanzen.

Als Planungshorizont werden üblicherweise drei bis fünf Jahre gewählt. Um eine möglichst exakte Erfassung der Liquiditätsspitzen zu erreichen, ist es erforderlich, die Liquidität in den ersten ein bis zwei Jahren monatlich zu planen.

Da die Wahrung des finanziellen Gleichgewichts für das Überleben des neuen Unternehmens von zentraler Bedeutung ist, stellt die Liquiditätsplanung das Herzstück der Planungsrechnung dar. In ihr müssen alle prognostizierten Ein- und Auszahlungen eines Jahres möglichst zeitgenau erfasst werden. Sind in einem Zeitraum die Auszahlungen größer als die Einzahlungen, muss Liquidität generiert oder aus externen Quellen zugeführt werden. Bei der Liquiditätsplanung sollte unbedingt eine ausreichende Reserve einkalkuliert werden.

In der Ergebnisplanung wird die Entwicklung der Aufwendungen und Erträge dargestellt. Aus der Differenz aller Erträge und Aufwendungen eines Geschäftsjahres wird der Jahresüberschuss oder Fehlbetrag entwickelt. Daraus ergibt sich, ob das Eigenkapital eines Unternehmens vermehrt (Überschuss) oder aufgezehrt wird (Fehlbetrag). Übersteigen die kumulierten Fehlbeträge die ursprüngliche Ausstattung mit Eigenkapital, droht eine Überschuldung. Dieser muss frühzeitig entgegengewirkt werden, indem entweder eine Umwandlung von Fremdkapital in Eigenkapital oder die Zuführung weiteren Eigenkapitals geplant wird.

Es ist zu empfehlen, in diesem Kapitel eine quantitative Analyse der im Kapitel „Chancen und Risiken" entwickelten Szenarien durchzuführen. Eine solche Szenarioanalyse sollte mindestens drei Szenarien umfassen. Gewöhnlich werden dabei ein pessimistisches, ein realistisches und ein optimistisches Szenario dargestellt. Damit ein Außenstehender die Szenarien nachvollziehen kann, ist anzugeben, welche Prämissen sich jeweils verändert haben. Anhand dieser Szenarien bekommt ein Investor ein besseres Gefühl für die Stabilität der Planungsrechnungen sowie die Wert- und Kostentreiber.

Aufbauend auf den identifizierten „value drivers" kann eine Sensitivitätsanalyse durchgeführt werden, die die Abhängigkeit einer Zielgröße wie z. B. Cash Flow oder Unternehmenswert von Veränderungen dieser Variablen verdeutlicht.

Erst nach Aufstellung dieser Planungsrechnungen ist eine Ermittlung des Finanzierungsbedarfs möglich. Dieser Finanzierungsbedarf ist nun den verfügbaren Finanzierungsquellen (Kreditlinien, öffentliche Fördermittel, Einlagen der Gründer, Familiendarlehen, Venture Capital, etc.) gegenüberzustellen. Aus dieser Gegenüberstellung ist ein unter Risiko- und Kapitalkostengesichtspunkten optimiertes Finanzierungsmodell zu entwickeln. Hierbei ist zu überprüfen, inwieweit unterschiedliche Finanzierungsmodelle für die einzelnen Szenarien erforderlich sind.

Da Investoren den Erfolg einer Investition anhand der Rendite, die sie mit dem eingesetzten Kapital erzielen werden, beurteilen, sollte – sofern dies aus verhandlungstaktischen Gründen nicht unterbleibt – ausgehend von dem gegebenen Kapitalbedarf und der dem Investor angebotenen Beteiligungsquote die erzielbare Rendite errechnet werden.

4.2.10 Anhang

Im Anhang sollten die Informationen aufgeführt werden, die für das unmittelbare Verständnis des Textteils nicht notwendig sind. Dies können weitere Unterlagen wie z. B. Patente, Lizenzen oder Produktskizzen sein.

Sollte die Marktanalyse detaillierte Marktinformationen bzw. Informationen zu Wettbewerbern ergeben haben, ist es zu empfehlen, diese im Anhang darzustellen, um eine Überfrachtung des Marktteils zu vermeiden.

Gleiches gilt für eine sehr detaillierte Darstellung der Markteintrittsstrategie.

Gibt es bereits Presseveröffentlichungen zum Unternehmen oder seinem Produkt sollten diese auch im Anhang eingefügt werden.

Ein tabellarischer Lebenslauf der Gründer bzw. der Mitglieder des Managementteams ist ebenfalls dem Anhang beizufügen.

5. Erfolgsfaktoren, Investitionskriterien und Werttreiber

THOMAS C. KNECHT

Success is never final.
(Winston Churchill)

5.1 Wachstumsoptionen und Unternehmenserfolg

New York im Frühjahr 1994: JEFF BEZOS hat soeben sein Studium in „Electrical Engineering and Computer Science" in Princeton mit „Summa cum laude" abgeschlossen und eine Anstellung bei einem „hedge fund" an der Wall Street angenommen. Die Auseinandersetzung und Analyse mit den Herausforderungen des World Wide Web (www.) lassen ihn erkennen, dass diesem Technologiefeld ein jährliches Wachstum von mehr als 2.000 % vorhergesagt wird. Die prognostizierte Nachfrageexplosion inspiriert ihn über Geschäftsideen und -modelle im „Online"-Handel nachzudenken, die er auf der Grundlage einiger Kriterien, wie zum Beispiel der Größe des Gesamtmarktes, der traditionell erzielbaren Marge, der Produktdistribution oder der konkurrierenden Wettbewerber analysiert. BEZOS entscheidet sich für Bücher und formt ein Geschäftsmodell, in dem das Unternehmen als Informations-Broker die elektronischen Buchbestellungen der Kunden mit dem Sortiment der verschiedenen Verlagsgruppen verbindet. Im Juli 1995 gründet er sein Unternehmen und nennt es in Anlehnung an den weltlängsten Fluss *„Amazon.com"*. Bereits kurz nach der Gründung nimmt das Unternehmen externes Eigenkapital (hier: Venture Capital) von *Kleiner Perkins Caufield & Byer* zur Operationalisierung des Geschäftsmodells auf (bis Frühjahr 1997 rund $ 8 Mio.). Die Umsätze des Start-ups entwickeln sich überdurchschnittlich von $ 0,5 Mio. in 1995 über $ 15,7 Mio. in 1996 auf $ 147,7 Mio. in 1997. Gleichzeitig steigen auch die Jahresverluste von $ 0,3 Mio. in 1995 über $ 5,8 Mio. in 1996 auf $ 31,0 Mio. in 1997. Diese Geschäftsentwicklung hat BEZOS bereits im Business Plan berücksichtigt und unter Darlegung der enormen Wachstumsoptionen des Unternehmens als Investitionssumme deklariert, so das *Amazon.com* im Mai 1997 einen Börsengang erwirken konnte, der dem Unternehmen $ 49 Mio. einbrachte. Bereits bei der ersten marktlichen Notierung wird das Unternehmen mit einem Gesamtwert in Höhe von $ 429 Mio. bewertet. Nach dem Börsengang hält der 33-jährige Gründer noch ungefähr 41 % am Unternehmen, weitere 10 % werden durch Treuhänder und Familienmitglieder kontrolliert. Die höchste Marktkapitalisierung erzielt das Unternehmen im Dezember 1999 mit einem Wert von $ 36,4 Mrd., der somit 136 mal über dem Buchwert liegt. In 2001 realisiert das Unternehmen einen Umsatz von $ 3.122 Mio. mit 7.800 Mitarbeitern und mehr als 25 Mio. Kunden aus der ganzen Welt.

Die Erfolgsgeschichte von *Amazon.com* repräsentiert in der jüngsten Vergangenheit keinen Einzelfall. Start-up-Unternehmen wie *Netscape, Yahoo!,* oder *eBay.com* waren vor rund einem Jahrzehnt noch nicht gegründet, haben aber zwischenzeitlich Bewertungen von mehreren Hundert Millionen Dollar erfahren. Auch Deutschland kann diese Erfolgsgeschichten aufweisen. Gründungen wie *Ricardo.de*, *Medigene* oder *Morphosys* beweisen die Investition und erfolgreiche Ausübung von Wachstumsoptionen für Gründer und Investoren.

Als Gemeinsamkeit weisen alle diese Erfolgsgeschichten ein Technologieprodukt im Zentrum des Geschäftsmodells auf, das es erlaubt, Wachstumsoptionen zu formulieren und deren erfolgreiche Ausübung zu vermitteln. Mit dem Technologieprodukt sind dabei stets zwei Seiten einer Medaille verbunden: Einerseits kennzeichnet es die Leistung des Unternehmens, für die die Kunden bezahlen und die vom Wettbewerb kritisch begutachtet wird. So realisiert *Amazon.com* beispielsweise Umsatzerlöse mit einer funktionierenden Infrastruktur und einer ausgetüftelten Informationstechnologie, um eine Online-Buchbestellung zügig und preisgerecht abzuwickeln. Obwohl *Amazon.com* nicht der „first mover" in diesem Marktsegment war, konnte es sich mit dem Technologieprodukt vom Wettbewerb differenzieren und eine marktführende Stellung einnehmen. Andererseits repräsentiert das Technologieprodukt das Herzstück des Unternehmens, für dessen Entwicklung die optimalen materiellen und immateriellen Ressourcen zu nutzen versucht wurden. Für *Amazon.com* sind hier sicherlich die enormen finanziellen Aufwendungen für die Entwicklung der sichtbaren Kundenplattform sowie für die Gewinnung bzw. Bindung der Vielzahl der Kunden anzuführen. Darüber hinaus ist hier auch die Anbindung an die Verlagshäuser sowie die Zusammenarbeit mit den Distributionszentren zu erwähnen. Der Erfolg des Produktes und somit des Unternehmens lässt sich daher durch die Merkmalsausprägungen und Potenziale bestimmen, die in einem umfassenden Innovationsprozess mit institutionellen und inhaltlichen Implikationen begründet werden.

Zur Realisierung des Innovationsprozesses ist es für wachstumsstarke Start-up-Unternehmen charakteristisch, dass sie teilweise über mehrere Jahre umfangreiche finanzielle Ressourcen für die Entwicklung aufwenden, bevor sie erste positive Ergebnisse erzielen können. Diese „Cash-Burn"-Raten in den Wachstumsoptionen erfordern im Regelfall eine Finanzierung durch einen externen Eigenkapitalinvestor. Umfang und Ausgestaltung des finanziellen Engagements des Kapitalgebers orientieren sich dabei an der individuellen Risiko- und Renditehaltung, die nachhaltig von den Merkmalsausprägungen und Potenzialen im Geschäftsmodell gesteuert wird. Um zu verdeutlichen, dass die Potenziale zu einer soliden wirtschaftlichen Basis des Unternehmens führen und die Wachstumsoption erfolgreich ausgeübt werden kann, wird eine integrierte Finanzplanung erstellt. Sowohl über die Ausgestaltung der Entwicklungsannahmen als auch über die abschließende Beurteilung des wirtschaftlichen Erfolgs sind Gründer bzw. Management und Investoren nicht immer der gleichen Auffassung. Die relativ hohen Ausfallquoten der institutionellen Investoren dokumentieren[55], dass die Abschätzung des Erfolgs von Start-up-Unternehmen nicht trivial ist. Die Implikationen der Erfolgsfaktoren der Unternehmen aus der Perspektive Gründer einerseits und die Investitionskriterien für Start-ups aus der Perspektive der Investoren andererseits nehmen dabei nachhaltigen Einfluss auf den Entwicklung der Wachstumsunternehmen und deren Wertmaximierung.

---

[55] So dokumentieren RUHNKA/FELDMAN/DEAN in ihrer empirischen Untersuchung zu den Auswahlfähigkeiten von institutionellen Investoren, dass diese lediglich einen aus 100 eingesandten Businessplänen finanzieren. Unter den Finanzierten lassen sich trotzdem nur ca. 20 % der Finanzierten zu den wirklichen „winners" klassifizieren (Ruhnka/Feldman/Dean, 1992,S. 137–155).

Um gleichzeitig einen Beitrag zur Wertmaximierung des Unternehmens aus der Perspektive der Gründer bzw. des Managements sowie zur Wertmaximierung des Investitionsobjektes aus der Perspektive der Investoren zu erzielen, konzentriert sich der vorliegende Beitrag zunächst auf die Abgrenzung und Operationalisierung von unternehmerischem Erfolg. Zur Messung des Erfolgs gilt es, den Stand der Erfolgsfaktoren- und Investitionskriterienforschung zu ermitteln und deren Beitrag zur Erfolgserklärung zu verdeutlichen. Abschließend soll der Beitrag darstellen, ob aus der Perspektive des Kapitalmarktes Werttreiber eine gemeinsame Basis zur Erfolgsbeurteilung für Gründer und Investoren sein können.

5.2 Unternehmerischer Erfolg von Start-up-Unternehmen

5.2.1 Grundlagen und Herausforderungen der Erfolgsmessung

Um den unternehmerischen Erfolg von Start-up-Unternehmen operationalisieren zu können, gilt es die unterschiedlichen Facetten von Erfolg zu thematisieren. Im allgemeinen Begriffsverständnis bedeutet Erfolg

> *„das Erreichen eines Ziels. Das Erlebnis des Erfolgs bzw. des Mißerfolgs hängt weniger von der absoluten Höhe der Leistung als von ihrer Übereinstimmung mit den selbstgesetzten Erwartungen ab. Liegt die Leistung unter dem erwarteten Niveau, so wird dies als Mißerfolg, liegt sie darüber, als Erfolg gewertet."*
> *(Meyers, 1980, S. 104–105).*

Über dieses allgemeine Verständnis von Erfolg als subjektives Maß der Zielerreichung schließt sich der Kreis zu einem weiter gefassten Verständnis von ökonomischem, unternehmerischem Erfolg, das den „richtigen" Erfolg mit der Effizienz von Organisationen bzw. Unternehmen gleichsetzt und die Effizienz dabei als Grad der Zielerreichung versteht (Staehle, 1999, S. 411–412).

Die Ermittlung des „richtigen" Erfolgs ist der wesentliche Maßstab zur Beurteilung eines Unternehmens (Born, 2001, S. 361–412). Um den „richtigen" Erfolg zu ermitteln, rückt die Erfolgsanalyse in den Betrachtungsmittelpunkt, die im Gegensatz zur Vielzahl der Publikationen über die verschiedenen Bewertungsmethoden sowohl in der wissenschaftlichen als auch in der praktischen Literatur nachrangig behandelt wird. Die Erfolgsanalyse verfolgt dabei zwei Zielsetzungen: Erstes Ziel ist die Ermittlung der Erfolge der vergangenen Geschäftsjahre und die Aufdeckung der Ergebnisglättung, um eine Ergebnisvergleichbarkeit zu gewährleisten. Zur Feststellung des „richtigen" Erfolgs eines Unternehmens sind neben der Umgliederung und Zusammenfassung einzelner Positionen der Gewinn- und Verlustrechnung auch die Bereinigung der Umverteilung von Aufwands- und Ertragsposten auf die verschiedenen Geschäftsjahre darzulegen. Die Analyse einer möglichst großen Zahl von vergangenen Geschäftsjahren ist hier hilfreich. Zweites Ziel ist die Identifikation der Zusammensetzung der Aufwendungen und Erträge – und somit des Erfolges, um vor dem Hintergrund von markt- und ressourcenorientierten Informationen Annahmen über die zukünftig zu erwartenden Erfolge und damit über die zukünftig zu erwartende Ertragskraft des

Unternehmens machen zu können. Sowohl die zur ökonomischen Erfolgsanalyse hilfreiche, langjährige Unternehmenshistorie als auch die Erfolgsprognose auf Basis von Aufwands- und Ertragspositionen läuft den Charakteristika der wachstumsstarken Start-up-Unternehmen entgegen und verursacht daher Probleme in der Ermittlung des „richtigen" Erfolgs dieser Unternehmen. Daher ist auch verständlich, dass unternehmerischer Erfolg aus der Perspektive der Gründer und aus der Perspektive der Investoren unterschiedliche Herausforderungen liefert.

Ein wesentliches Problem zur Ermittlung des „richtigen" Erfolgs von Start-up-Unternehmen liegt in der Identifikation der geeigneten Indikatoren, um den Erfolg zu messen (Brüderl/ Preisendörfer/Ziegler, 1996, S. 91). Als potenzielle Indikatoren werden dabei Kennzahlen wie Profitabilität, Wachstumsraten oder die Börsenkursentwicklung herangezogen, mittels derer versucht wird, den „richtigen" Erfolg nachzuvollziehen und seine Einflussfaktoren zu finden. Die teilweise signifikanten Ungenauigkeiten ergeben sich letztlich durch die Wahl von Indikatoren, die die Realität nicht in ausreichendem Maße widerspiegeln. Die zentrale Bedeutung der Bestimmung der Indikatoren zur Erfolgsermittlung betonen daher auch bereits CHANDLER/HANKS in ihrer empirischen Untersuchung zum Erfolg von Start-up-Unternehmen (Chandler/Hanks, 1993, S. 391).

Gerade für Start-up-Unternehmen sind die Abbildung der vom Unternehmen verfolgten Ziele und die Verfügbarkeit der entsprechenden Daten zentral für die Bestimmung der Erfolgsindikatoren. Die Zielsetzungen der Unternehmen können sowohl strategische, finanzielle als auch persönliche Elemente umfassen. BAMBERGER/PLEITNER identifizieren in einer empirischen Studie fünf wesentliche Zielsetzungen von Wachstumsunternehmen (Bamberger/Pleitner, 1988, S. 65): (1) Unternehmerisches Überleben, (2) Erzielung von Gewinnen, (3) Realisierung nachhaltiger Produktqualität, (4) Erreichung finanzieller Unabhängigkeit und (5) unternehmerisches Wachstum. Die Liste möglicher Zielsetzungen lässt sich beispielsweise um die Erlangung von besonderen Kenntnissen bzw. spezifischem Wissen, um langfristige Wettbewerbsvorteile erreichen zu können (Tsai/MacMillan/Low, 1991, S. 13–15), oder um rein subjektive Größen wie die Zufriedenheit von Management und Anteilseignern erweitern (Chandler/Hanks, 1993, S. 391; Schefczyk, 2000a, S. 164). Aus der Vielzahl der unterschiedlichen Zielsetzungen wird bereits ersichtlich, dass sich nicht alle Erfolgsindikatoren im Rahmen empirischer Studien gleichermaßen gut operationalisieren lassen. So erlaubt eine Erfolgsmessung über das Ziel „unternehmerisches Überleben" lediglich eine digitale Erfolgsfeststellung, das Ziel „unternehmerisches Wachstum" ist hingegen der möglicherweise volatilen Unternehmensentwicklung ausgesetzt (Tsai/MacMillan/Low, 1991, S. 14). Dies leitet daher unmittelbar zum zweiten wesentlichen Aspekt der Indikatorenfestlegung über, der Verfügbarkeit des benötigten Datenmaterials. So scheiden häufig quantitative Erfolgsgrößen wie der „Return on Investment" (ROI) bzw. der Jahresüberschuss als Indikator aus, da Start-up-Unternehmen in der frühen Entwicklung oft keine positiven Ergebnisse aufweisen können. Andere Indikatoren wie der Umsatz oder die Anzahl der Kunden beherbergen enormes Potenzial für Verzerrungen in der Erfolgsgrößenabbildung. Mindestens ebenso kritisch ist die Erfolgsfeststellung mittels qualitativer Indikatoren, die meist empirisch nicht überprüfbar sind und eine Verallgemeinerung aufgrund der

Subjektivität der erlangten Ergebnisse im Regelfall nicht standhalten (Chandler/Hanks, 1993, S. 391–408; Müller, 2000, S. 74–76).

Zur Bestimmung des unternehmerischen Erfolgs von Start-up-Unternehmen aus der Perspektive von institutionellen Investoren sind die Zielsetzungen der Investorengruppen als Unternehmen zu berücksichtigen. Abhängig davon, ob die institutionellen Investoren von privaten, staatlich getragenen oder industriell orientierten Unternehmen initiiert werden, werden diesen unterschiedliche Zielsetzungen zugeschrieben[56]. So differenziert SCHEFCZYK bei den Zielen von Venture-Capital-Gesellschaften ferner zwischen derivativen und originären Zielen (Schefczyk, 2000a, S. 31–32). Die derivativen Ziele lassen sich direkt aus den Interessen der Investoren der Venture-Capital-Gesellschaften ableiten und beinhalten Rendite- und Sicherheitsziele sowie die Schaffung eines Interessenausgleichs zwischen Portfoliounternehmen[57] und Investoren, der eine Beteiligung überhaupt erst ermöglicht. Die originären Ziele der Venture-Capital-Gesellschaft setzen sich aus Kapitalerwerbszielen, Effizienzzielen und Entlohnungszielen zusammen. Kapitalerwerbsziele beziehen sich auf die Akquirierung von Kapital von Investoren. Effizienzziele stellen auf die internen Prozesse der Venture-Capital-Gesellschaft ab. Entlohnungsziele betreffen die finanzielle Entlohnung der Venture-Capital-Gesellschaft und ihrer Mitarbeiter und setzen sich aus einem fixen sowie einem erfolgsabhängigen Betrag zusammen.

Eine allgemeine Einigung auf eine umfassende Abgrenzung des unternehmerischen Erfolgs als Zielgröße der Entwicklung und Steuerung von Start-up-Unternehmen zwischen den Interessen der Bezugsgruppen stellt folglich eine nicht unproblematische Herausforderung dar. Insgesamt darf festgestellt werden, dass eine operationalisierbare Abgrenzung des unternehmerischen Erfolgs von der spezifischen Situation der Person wie vom zugrundeliegenden Objektivitätsgrad abhängt (Seibert, 1987, S. 53). Die Grundmanifeste der ökonomischen Theorie konzentrieren sich allerdings auf die Ermittlung des „richtigen" Erfolgs, der das langfristige Überleben von Unternehmen sicherstellt (Küting/Weber, 2000, S. 185–188; Coenenberg, 1997, S. 665–667)[58]. Als kleinste gemeinsame Zielsetzung der verschiedenen Interessengruppen zur Beurteilung des unternehmerischen Erfolgs wird somit der Gewinn definiert (Hax/Majluf, 1988, S. 226).

5.2.2 Marktorientierte Analyse unternehmerischen Erfolgs

Mit der zunehmenden Notierung von Start-up-Unternehmen an Kapitalmärkten hat die Marktkapitalisierung als Beurteilungsmaßstab unternehmerischen Erfolgs an Bedeutung gewonnen (Hommel, 2001, S. 1–27; Rabe/Lefteroff, 1999, S. 467–488). So war zu beobach-

---

[56] Für eine ausführliche Darstellung der verschiedenen Formen und Zielsetzungen institutioneller Investoren, insbesondere von Venture-Capital-Gesellschaften, vgl. beispielsweise SCHEFCZYK (Schefczyk, 2000a, S. 28–32) oder VESPER (Vesper, 1996, S. 318).

[57] Unter einem Portfoliounternehmen werden die sich im Portfolio der Venture-Capital-Gesellschaft befindlichen Unternehmen, d. h. die Unternehmen, welche von der Venture-Capital-Gesellschaft finanziert und gefördert werden, verstanden.

[58] Der Erfolg ergibt sich somit als wertmäßige Differenz zwischen Ertrag und Aufwand einer Periode, der sich im Gewinn oder Verlust des Unternehmens widerspiegelt.

ten, dass typische Wachstumsunternehmen, die teilweise weder Produkte noch Gewinne vorweisen konnten, in der jüngsten Vergangenheit oft eine sehr hohe Marktbewertungen realisiert haben (Hamel, 1999, S. 71–84). Das Beispiel *Amazon.com* verdeutlicht dies. Nach knapp zweijähriger Existenz hat das Unternehmen im Mai 1997 eine erste Börsennotierung mit $ 429 Mio. erfahren, wobei es damals noch keinen Gewinn erzielt hatte, weil das Produkt noch nicht gänzlich ausgereift war.

Insbesondere bei Orientierung an der Marktkapitalisierung eines Start-ups zur Beurteilung unternehmerischen Erfolgs haben sich die Investoren bei den Investitionsentscheidungen auf die Wachstumsoptionen und deren renditeträchtige Ausübung konzentriert (Zahra, 1996, S. 289–321; Amit/Zott, 2001, S. 493–520). Diese basieren letztlich auf den gebündelten Fähigkeiten und Fertigkeiten des Start-ups, aus verschiedenen Technologien ein marktfähiges Technologieprodukt zu erstellen und somit eine überdurchschnittliche Marktbewertung zu realisieren. Der daraus hervorgehende Wettbewerbsvorteil wird im Rahmen einer visionären „Equity Story" an den Kapitalmarkt kommuniziert, wie das Beispiel *Amazon.com* verdeutlicht. Kritisch anzumerken ist dem marktorientierten Erfolgsmaßstab, dass über die kommunizierte Vision ein Zukunftsszenario im Marktwert des Unternehmens abgebildet wird, das weitgehend auf den Erwartungen der Investoren basiert und nur sehr bedingt mit dem tatsächlichen Buchwert des Unternehmens übereinstimmt. Ein Vergleich von Markt- und Buchwert am Beispiel *Amazon.com* zeigt dies deutlich: Ende 1999 beträgt der Marktwert rund $ 25,9 Mrd. und somit mehr als 60 mal so viel wie der Buchwert. Somit leuchtet auch ein, dass Wachstumsunternehmen mit hohen „cash-burn"-Raten ihr Fortbestehen am Markt über den Marktwert des Unternehmens absichern. Der Marktwert repräsentiert also die Quantifizierung des Erfolgspotenzials des Unternehmens und liefert eine wertorientierte Grundlage für den Investor.

Ob der Marktwert für die Ermittlung des unternehmerischen Erfolgs von Start-up-Unternehmen den geeigneten Maßstab darstellt, wurde in der Literatur bereits weitreichend diskutiert (Cooper, 1995, S. 109–128; Murphy/Trailer/Hill, 1996, S. 15–23). Da jedoch der Marktwert als Maßstabsgröße sowohl die bereits realisierten als auch zukünftigen Handlungsflexibilitäten sinnvoll abdecken kann, wurde er bereits bei einer Vielzahl empirischer Untersuchungen zur Beurteilung eingesetzt (Deeds/DeCarolis/Coombs, 1998, S. 55–73). DEEDS/DECAROLIS/COOMBS begründen die Eignung des Marktwerts als Wertmaßstabs für Start-up-Unternehmen explizit:

> *"It represents the market's perception of the present value of the expected future earnings stream; it is the market mechanism used by stockholders to assess managers' actions; and it is an objective measure of firm performance that captures all available relevant information about a company."* (Deeds/DeCarolis/ Coombs, 1997, S. 31)

Der Marktwert als Maßstab zur Beurteilung unternehmerischen Erfolgs ist allerdings ausschließlich für bereits marktnotierte Gesellschaften generierbar. Am Marktplatz Börse werden über das Zusammentreffen von „Kapital" und „Unternehmensanteilen" Marktpreise ermittelt. In die aktuelle Preisbildung fließen dabei die öffentlich zugänglichen Informationen über Unternehmen und deren Umwelt ein, so dass der aktuelle Marktpreis den unternehmerischen Erfolg möglichst trennscharf abbildet (inklusive der zukünftigen „rentearning-capacity"). Im Umkehrschluss bedeutet dies allerdings, dass die unternehmerische Leistung der Vielzahl der nicht an einem Kapitalmarkt notierten Wachstumsunternehmen mit diesem Maßstab zu keinem adäquaten Wert führt. Da die Anteile dieser Gesellschaften nicht fortlaufend an einem Kapitalmarkt bewertet werden, bleibt hier zunächst die Ermittlung des unternehmerischen Erfolgs über die Integration von ressourcen- und marktorientierten Kennziffern bzw. die adäquat gebildeten Indikatoren. Um eine annähernd realistische Beurteilung zu erhalten, sind dabei sowohl profit- als auch wachstumsorientierte Aspekte des Start-up-Unternehmens aufzugreifen (Brush/Vanderwerf, 1992, S. 157–170; Zahra/Bogner, 1999, S. 135–170).

5.2.3 Beurteilungsmaßstäbe zwischen akademischer Konzeption und unternehmerischer Praxis

Beurteilungsmaßstäbe unternehmerischen Erfolgs werden über die Integration der verschiedenen Informationsbestände von Start-up-Unternehmen zusammengestellt, um sowohl dem Gründer bzw. Management als auch dem Investor einen nachhaltigen Einblick in die Entwicklung bzw. Leistung des Unternehmens zu ermöglichen. Da für Start-up-Unternehmen eine ausgewählte Kennzahl zur Messung des unternehmerischen Erfolgs nicht existiert, erfolgt die Abbildung über ein Kennzahlensystem, das die verschiedenen Bereiche des Unternehmens beleuchtet. Um ein möglichst umfassendes Bild abzugeben, werden dazu sowohl verschiedene Zeitperioden als auch verschiedene Unternehmen ins Kalkül mit aufgenommen. Dadurch wird letztlich sowohl die ex-post Erfolgsmessung als auch die ex-ante Erfolgsschätzung für das Investitionsobjekt unterstützt (Schefczyk, 2000a, S. 236–268; Tybjee/Bruno, 1984, S. 1051–1066).

Aus der Analyse von bi- und multivariaten Studien ergeben sich zur Messung des unternehmerischen Erfolgs von Start-up-Unternehmen vier grundlegende Beurteilungsmaßstäbe: (1) *Ressourcenorientierte Erfolgsmaße*, (2) *marktorientierte Erfolgsmaße*, (3) *subjektive Erfolgsmaße* und (4) die *Insolvenzvermeidung*.

- Die *ressourcenorientierten Erfolgsmaße* konzentrieren sich auf die intern im Unternehmen akkumulierten Größen und werden daher so bezeichnet (Bygrave et al., 1998, S. 544–555). Diese quantitativen Kennzahlen zeigen den bisherigen Ressourceneinsatz auf und signalisieren das zukünftige Unternehmenspotenzial. Typische ressourcenorientierte Erfolgsmaße ergeben sich aus den finanz- und erfolgswirtschaftlichen Kennzahlen des Jahresabschlusses des Start-ups. Zu den absoluten Kennzahlen zählen hier beispielsweise der Gewinn bzw. der Verlust, der Umsatz oder die Umsatzkosten. Mit den relativen Kennzahlen werden beispielsweise Finanzierungsrisiken abgeschätzt. Hierzu zählen unter anderem die Eigenkapitalquote zu Verkehrswerten oder die Fremdkapitalzinslast bzw. die Investitionsquote. Zur Beurteilung des unternehmerischen Erfolgs liefern ressourcenorientierte Erfolgsmaße im Vergleich in einer homogenen Auswahl von Wachstumsunternehmen im identischen Zeitfenster somit sinnvolle Erkenntnisse.

- Die *marktorientierten Erfolgsmaße* berücksichtigen unternehmensexterne Kennzahlen, die für das spezifische Start-up-Unternehmen bzw. für den ausgewählten externen Investor von Bedeutung sind (Tsai/MacMillan/Low, 1991, S. 9–28). Zu diesen Erfolgsmaßen zählt unter anderem das Marktpotenzial, mit dem die Marktgröße und das Marktwachstum betrachtet werden. Im Marktwachstum spiegeln sich Informationen über den Entwicklungsstand eines Branchen-/Industriesegments bzw. eines Technologiefeldes. Im Rahmen der Marktstruktur werden Kunden, Wettbewerber und die relevanten Rahmenbedingungen beleuchtet, über die letztlich die Produktdiffusion bestimmt werden kann bzw. der preispolitische Spielraum des Start-ups abgegrenzt wird. Auch wenn diese Erfolgsmaße vom Investor im Regelfall bevorzugt werden, sind diese zur Bestimmung des unternehmerischen Erfolgs nur bedingt geeignet, da beispielsweise die Kenntnis über den Marktanteil des Unternehmens per se noch keine Information über dessen Rentabilität vermittelt. Diese Erfolgsmaße liefern jedoch eine wesentliche Informations- und Beurteilungsgrundlage, um die Wachstumsoptionen des Start-ups abzuschätzen.

- Die *subjektiven Erfolgsmaße* umfassen im Wesentlichen Aussagen und Einschätzungen des unternehmerischen Erfolgs durch ausgewählte Experten für Start-up-Unternehmen (Chandler/Hanks, 1993, S. 391–408). Zur Validierung der Erfolgsmaße werden die Expertenmeinungen nicht selten an Vergleichsmaßstäben gespiegelt, was sich insbesondere bei direkten Erfolgsabschätzungen empfiehlt. So wird beispielsweise das Umsatzwachstum im Zeitablauf mit den im Geschäftsplan definierten Zielsetzungen verglichen. Durch die subjektiven Erfolgsmaße gelingt es letztlich, Erfolgsaspekte zur quantifizieren, die nur durch die umfassenden Einblicke und Erkenntnisse des Experten offensichtlich werden. Kritisch ist hingegen anzumerken, dass diese Quantifizierung eine nicht unerhebliche Gefahr potenzieller Schätz- bzw. Messfehler beherbergt. Daher sollten die subjektiven Erfolgsmaße keinen eigenständigen Maßstab zur Beurteilung des unternehmerischen Erfolgs darstellen, sondern zur Pointierung der bereits ermittelten Erkenntnisse eingesetzt werden.

- Der Erfolgsmaßstab *Insolvenzvermeidung* ermöglicht nur eine digitale, wenn auch sehr wesentliche Maßstabsgröße zur Feststellung des unternehmerischen Erfolgs (Stearns et at., 1995, S. 23–42). Sowohl für Gründer bzw. Management als auch für Investoren soll hier nur dann von einem unternehmerischen Erfolg gesprochen werden, wenn das Unternehmen nicht aufgrund akuter Zahlungsunfähigkeit oder aufgrund mangelnder Substanz Insolvenz anzumelden hat. Gerade für institutionelle Eigenkapitalinvestoren repräsentieren Start-ups, die von einer Insolvenz bedroht sind, kein wirklich „spannendes" Beteiligungsobjekt. Die Insolvenzvermeidung soll daher eher als wesentliche Voraussetzung zur Ermittlung des unternehmerischen Erfolgs angesehen werden.

Aus den unterschiedlichen Erfolgsmaßstäben, die allesamt in empirischen Studien zur Beurteilung des unternehmerischen Erfolgs Anwendung gefunden haben, wird evident, dass eine einzige aggregierte Kennzahl für dieses Ziel bislang nicht existiert. Über die unterschiedlichen Maßstäbe wird es allerdings möglich, den Erfolg in Facetten abzubilden.

5.2.4 Profitabilität und Wachstum als Erfolgsgrößen

Um auf der Basis der verschiedenen Erfolgsmaße eine wertorientierte Erfassung des unternehmerischen Erfolgs von (meist) nicht börsennotierten Start-up-Unternehmen zu ermöglichen, bietet sich eine Annäherung über die adäquate Kombination von ressourcen- und marktorientierten Erfolgsmaßen an. Dazu werden, ausgehend von der Zielsetzung der wertorientierten Erfolgsmessung (vgl. Kapitel I), die einzelnen Bewertungskomponenten auf den Marktwert des Eigenkapitals differenziert und ihr Zusammenhang beleuchtet (Knecht, 2002)[59]. Die Operationalisierung mit Hilfe des Discounted-Cash-Flow (DCF)-Ansatzes (vgl. Kapitel VII.2) verdeutlicht, dass die Bewertungskomponenten *betrieblicher Cash Flow*, *Fremdkapital* und *Diskontsatz* hier relevant sind. Über die Möglichkeit zukünftige Zahlungsströme in gegenwärtige Marktwerte zu transformieren, wird hier eine bedingte ex-ante Erfolgsmessung ermöglicht.

Durch Umwandlung der ursprünglichen Berechnung des Marktwerts des Eigenkapitals im DCF-Ansatz lässt sich zeigen, dass dieser Wert einem Verhältnis von „Return-on-Equity" (ROE) zu den Kosten des Eigenkapitals entspricht. Dies ergibt sich aus der Darstellung des Marktwert des Eigenkapitals (EK_{MW}) durch den Barwert der Cash Flows des zukünftigen Eigenkapitals und dem periodenbezogenen Verhältnis des Zahlungsstroms von Cash Flows des Eigenkapitals (CF_{EK}) sowie einem risikoangepassten Diskontsatz, der die Kapitalkosten des Eigenkapitals (K_{EK}) enthält[60]:

$$EK_{MW} = \sum_{t=1}^{T} \frac{CF_{EK}}{(1+K_{EK})^t}$$

Mit der Unterstellung, dass die Cash Flows des Eigenkapitals dem ROE multipliziert mit dem Buchwert des Eigenkapitals (EK_{BW}) der jeweiligen Periode entsprechen, lässt sich der Marktwert des Eigenkapitals differenziert ermitteln. Diese Annahme besitzt allerdings keine Allgemeingültigkeit, da Abweichungen entstehen können, die beispielsweise durch Transaktionen verursacht werden, die zwar Cash Flows generieren, aber nicht die Gewinn- und Verlustrechnung tangieren, wie z. B. Veränderungen im „working capital". Durch die Erweiterung durch den Buchwert des Eigenkapitals wird deutlich, dass das Verhältnis des Marktwerts des Eigenkapitals zum Buchwert des Eigenkapitals dem Verhältnis von ROE zu den Kosten des Eigenkapitals entspricht.

$$\frac{EK_{MW}}{EK_{BW}} = \frac{ROE}{K_{EK}}$$

---

[59] Mit dieser Annäherung wird den Wachstumsoptionen im Geschäftsmodell nur bedingt Rechnung getragen. Aus pragmatischen Gründen einer Annäherung an eine wertorientierte Erfassung des unternehmerischen Erfolgs soll dies hier akzeptiert werden.

[60] Dabei wird unterstellt, dass die Cash Flows des Eigenkapitals und der Diskontsatz im Zeitablauf konstant sind. Diese Annahme ist für Start-up-Unternehmen haltbar, da diese in der Seed-Phase überdurchschnittliche Verluste generieren, in der Etablierungsphase nachhaltige Gewinne. Diese lineare Entwicklung wird durch empirische Untersuchungen unterstützt (Ghemawat, 1991, S. 81–105).

Daraus wird evident, dass die Profitabilität, gemessen durch die Relation ROE/K_{EK}, wesentlichen Einfluss auf den Wert des Unternehmens hat. Die Bestimmung der Profitabilität der Vergangenheit des Start-ups umfasst dabei eine relativ geringe Zeitspanne, so dass neben der Vergangenheit vor allem die Profitabilität der Zukunft, die sich im Wachstum widerspiegelt, von Bedeutung ist. Diese Gleichung stellt die Basis der Analyse des Zusammenhangs der Profitabilität und des Wachstums mit dem unternehmerischen Erfolg dar.

Insgesamt bleibt allerdings festzustellen, dass die Bestimmung des unternehmerischen Erfolgs eine zentrale Größe für die verschiedenen Bezugsgruppen des Start-up-Unternehmens darstellt, die bislang in einer absoluten Exaktheit nicht bestimmt werden kann. Ursache dafür sind einerseits die unterschiedlichen Vorstellungen von unternehmerischem Erfolg, andererseits die Herausforderungen seiner empirischen Messbarkeit.

5.3 Erfolgsfaktoren und Investitionskriterien

5.3.1 Beeinflussende Variablen des Erfolgs von Start-up-Unternehmen

Der Erfolg von Start-up-Unternehmen repräsentiert die Zielsetzung der verschiedenen Bezugsgruppen und wird daher in einer Vielzahl empirischer Untersuchungen als die abhängige Variable dargestellt. Wie in jedem ordnungsgemäß strukturierten Variablensystem wird auch der Erfolg von einer Vielzahl unabhängiger, beeinflussender Variablen gesteuert und determiniert. Somit wird deutlich, dass der unternehmerische Erfolg wesentlich von den Ausprägungen und Zusammenhängen der einzelnen Einflussvariablen und Variablengruppen abhängig ist. Diese gilt es daher zu identifizieren, um die Potenziale abzuschätzen zu können.

In der wissenschaftlichen Literatur werden diese den Erfolg beeinflussenden Variablen mit Begriffen wie „kritische Faktoren", „Schlüsselfaktoren" oder „Erfolgsfaktoren" bezeichnet (Klenter, 1995, S. 18; Müller, 2000, S. 52–84), die hier synonym verwendet werden können sollen. Die Erfolgsfaktoren hat DANIEL bereits 1961 in einem Konzept integriert und dabei festgestellt, dass

> „in most industries there are usually three to six factors that determine success;
> these key jobs must be done exceedingly well for a company to be successful"
> (Daniel, 1961, S. 116).

In Anlehnung an dieses Konzept ist es Ziel der Erfolgsfaktorenforschung, diejenigen Einflussvariablen eines Start-up-Unternehmens zu ermitteln, die den Erfolg des Unternehmens wesentlich beeinflussen und steuern (Baaken, 1989, S. 54). Als Erfolgsfaktoren sollen daher die Faktoren bezeichnet werden, die einen wesentlichen und langfristigen Einfluss auf den Unternehmenserfolg verzeichnen und gleichzeitig dem Unternehmenserfolg positiv zuträglich sind (Müller, 2000, S. 53). Im Regelfall sind es nicht ausgewählte einzelne Faktoren, die den Unternehmenserfolg determinieren, sondern das Zusammenwirken einer Vielzahl von Variablen. Dazu werden sowohl unternehmensinterne als auch unternehmensexterne Faktoren berücksichtigt. Auch die zeitliche Komponente wird in das Variablensystem aufgenommen.

Mit dem Konzept der kritischen Erfolgsfaktoren hat DANIEL gleichzeitig erste empirische Untersuchungen vorgelegt, die die unterschiedlichen Faktoren in der Automobil-, der Lebensmittel- oder Lebensversicherungsbranche zeigen (Daniel, 1961, S. 111–121). Der Ermittlung von branchenübergreifenden Erfolgsfaktoren haben sich schließlich PETERS/ WATERMAN in ihrer Studie gewidmet, die aufgrund ihrer Erhebungsmethodik kritisch beäugt wurde (Peters/Waterman, 1982). Akzeptierte empirische Befunde[61] zur branchenübergreifenden Erfolgsfaktorenforschung hat schließlich die PIMS-Studie erreicht, in der anhand von mehr als 1.000 Geschäftseinheiten versucht wurde, allgemein gültige Erfolgsfaktoren abzuleiten (Buzzell/Gale, 1987).

Gerade für innovative Wachstumsunternehmen liefert die Erfolgsfaktorenforschung eine Orientierungsmöglichkeit zur Strukturierung der Vielzahl der potenziellen erfolgbeeinflussenden Variablen. In diesem Konzept werden sowohl die unternehmensinternen, also ressourcenorientierten, Aspekte berücksichtigt als auch die unternehmensexternen, also marktorientierten Aspekte. Es ist daher nicht verwunderlich, dass eine Vielzahl von Gründern bzw. Mitgliedern der Unternehmensführung von Start-up-Unternehmen den Erfolg ihres Wirkens anhand dieser Einflussfaktoren orientiert.

Die Investoren hingegen orientieren sich bei der Beurteilung der Engagements vielmehr an den Investitionskriterien. Dabei dürfen die Investitionskriterien aufgefasst werden als

> „criteria used in the initial stages of the decision process (i.e. proposal screening and proposal evaluation)" (Hall/Hofer, 1993, S. 26).

Die Kapitalgeber setzen die Investitionskriterien wesentlich zur Entscheidung darüber ein, ob ein Start-up-Unternehmen eine Eigenkapitalfinanzierung durch den institutionellen Investor erfahren soll oder nicht. Da diese Entscheidung sowohl vom Erfolg des einzelnen Portfoliounternehmens als auch von der Gesamtsituation des Investors geprägt ist, erfährt die Berücksichtigung von Investitionskriterien zur Beurteilung des Erfolges der Start-up-Unternehmen Bedeutung.

Um zu verdeutlichen, ob die Erfolgsfaktoren und die Investitionskriterien die gleichen Variablen zur Steuerung bzw. Beeinflussung des Unternehmenserfolgs adressieren und um eventuelle Möglichkeiten für weitere Forschungsaktivitäten zu öffnen, gilt es, den Stand der Forschung im Rahmen einer Literaturanalyse darzustellen. Dadurch soll ein Beitrag zur Systematisierung der Einflussvariablen und den möglichen Zusammenhängen zwischen den Erfolgsbestimmungsgrößen und dem Unternehmenserfolg von Start-ups geliefert werden können. Dies ermöglicht ferner die Annäherung der Perspektiven der Gründer bzw. des Managements und der Investoren.

---

[61] Gesicherte und umfassende abschließende empirische Erkenntnisse liegen bis heute nicht vor. Die Vielzahl der Publikationen in welchen die Erfolgsfaktorenforschung sehr kritisch diskutiert wird, belegt dies. (Müller, 2000; Patt, 1990).

5.3.2 Systematisierung und Methodik der Literaturanalyse

Zur Systematisierung des Literaturfeldes wird der Betrachtungsschwerpunkt auf empirische Untersuchungen gelegt, deren Erkenntnisinteresse sich auf den Bereich der Einflussvariablen auf den Unternehmenserfolg von Start-ups richtet. Dabei soll ermittelt werden, welche Erkenntnisse über die verschiedenen Merkmalsausprägungen und Zusammenhänge der Einflussvariablen und dem Unternehmenserfolg bereits existieren und welche Gewichtung diese erfahren haben. Um ein strukturiertes Vorgehen zu erwirken, erfolgt dies in Anlehnung an die Ressourcen- und Marktorientierung zur Strukturierung der Unternehmenspotenziale, die davon ausgehen, dass Unternehmen zwar einer Vielzahl von Einflüssen unterliegen, letztlich aber nur einige wenige Faktoren für den Unternehmenserfolg relevant sind. Ziel ist es somit, die „Ausprägungen und Strukturen des Unternehmens bzw. der Unternehmensumwelt" (Daschmann, 1994, S. 1) zu ermitteln, die einen nachhaltigen Einfluss auf das Unternehmen haben und zur Realisierung von Wettbewerbsvorteilen eingesetzt werden. Dies ermöglicht gleichzeitig die Integration der Perspektive von Gründern bzw. Management und der Perspektive von Investoren, die sich beide an den Strukturen und Potenzialen des Start-up-Unternehmens orientieren.

Um den Stand der Forschung der markt- und ressourcenorientierten Einflussvariablen auf den Erfolg von Start-up-Unternehmen zu ermitteln, werden daher empirische Untersuchungen, die sich einerseits auf die Erfolgsfaktoren von Wachstumsunternehmen und andererseits auf die Investitionskriterien von institutionellen Investoren konzentrieren, zur Strukturierung des Literaturfeldes herangezogen. Über die Methode der kritischen Erfolgsfaktoren werden einerseits die bereits bekannten Einflussvariablen der Unternehmen und deren Umfeld berücksichtigt. Dabei wird explizit eine unternehmensorientierte Perspektive der möglichen Einflussfaktoren eingenommen, die allerdings vergangenheitsorientiert ist. Die andere Seite stellen die empirischen Studien zu den Investitionskriterien der institutionellen Kapitalgeber dar. Die in den Untersuchungen enthaltenen Faktoren zu deren Auswahl- und Beteiligungsprozess zeigen ex ante an, ob das Unternehmen in der Lage sein wird, die Erwartungen der Investoren zu treffen. Diese beiden Perspektiven enthalten potenzielle Werttreiber der Start-up-Unternehmen, die helfen können, zu erklären, warum einige Unternehmen erfolgreicher gesehen werden als andere.

Um die relevanten empirischen Untersuchungen[62] zu identifizieren, wurden mittels einer Datenbankrecherche über die adäquaten deutschsprachigen Dissertationen und die entsprechenden Beiträge der folgenden zehn einschlägigen deutschen und anglo-amerikanischen Fachzeitschriften der letzten 15 Jahre erfasst:

- deutschsprachige Fachzeitschriften: *Betriebswirtschaftliche Forschung und Praxis* (BfuP), *Die Betriebswirtschaft* (DBW), *Finanz Betrieb* (FB), *Zeitschrift für betriebswirtschaftliche Forschung* (zfbf), *Zeitschrift für Betriebswirtschaft* (ZfB).

---

[62] Dabei finden lediglich die empirischen Studien Beachtung, die einen bi- oder multivariaten Zusammenhang zwischen Einflussfaktoren und der abhängigen Variablen aufweisen.

- anglo-amerikanische Fachzeitschriften: *Journal of Business Venturing* (JBV), *Entrepreneurship Theory and Practice* (ETP), *Journal of Product Innovation Management* (JPIM), *Journal of Finance* (JF), *Strategic Management Journal* (SMJ).

Daneben wurden die Konferenzbände *Frontiers of Entrepreneurship Research* der Jahrgänge 1986 bis einschließlich 2000 in die Literaturauswertung integriert. Dabei waren die Bibliographien der einzelnen Beiträge zur Erschließung der relevanten Studien hilfreich.

5.3.3 Erkenntnisse zum Stand der Forschung

Die Auswertung der Systematisierung des Literaturfeldes zur Identifikation der markt- und ressourcenorientierten Einflussvariablen auf den Erfolg von Start-up-Unternehmen zeigt, dass eine absolute Vergleichbarkeit der Vielzahl der genutzten Variablen kaum gewährleistet werden kann. Um den Stand der Forschung in diesem weitgreifenden Segment darstellen und diskutieren zu können, wurden die in den empirischen Untersuchungen genutzten Variablen in ein einheitliches Analyseraster einsortiert. In Anlehnung sowohl an die am häufigsten benutzten Variablen als auch an die themenverwandten Aspekte umfasst das Analyseraster folgende sieben Kategorien: (1) *Person/Team*, (2) *Produkt/Technologie*, (3) *Kunden/Wettbewerb*, (4) *Industrie/Markt*, (5) S*trategie*, (6) *Facts/Financials* und (7) *Netzwerk/Transaktion*. Durch die teilweise extreme Heterogenität der Argumente in den zu vergleichenden Studien sind diese Kategorien sowohl durch bedingt unterschiedliche Variablen als auch durch bedingt unterschiedliche Bedeutungsausprägungen der einzelnen Variablen gekennzeichnet. Im Rahmen der Darlegung der Ergebnisse werden diese berücksichtigt.

Die Analyse der empirischen Untersuchungen, welche die den Erfolg beeinflussenden Variablen aus der Perspektive der Gründer bzw. des Managements thematisiert haben, stellen deutlich die Variablen der Kategorien *Produkt/Technologie* und *Facts/Financials* in den Untersuchungsvordergrund. In den 42 identifizierten bi- und/oder multivariaten, empirischen Untersuchungen wurden diese Variablen in mehr als 60 % aller Studien analysiert (Abbildung II.19). Eine untergeordnete Bedeutung nehmen bislang die empirischen Untersuchungen den Kategorien Netzwerk/Transaktion und Strategie ein. Beide Kategorien werden lediglich in jeder fünften Studie angeschnitten. Die empirischen Ergebnisse der analysierten Studien weisen dabei insgesamt durchaus methodisch valide Ergebnisse auf. So umfassen beispielsweise die Anzahl der empirischen Untersuchungseinheiten (sog. Stichprobenumfang) im Mittelwert 84, im Maximum sogar 1909. Kritisch anzumerken ist dabei, dass leider nur rund 10 % der Untersuchungen auf deutsche Unternehmen zurückgehen.

Die Analyse der empirischen Untersuchungen, welche die investitionsbeeinflussenden Variablen aus der Perspektive der Investoren thematisiert haben, stellen hingegen deutlich die Variablen der Kategorie Person/Team in den Untersuchungsvordergrund. In den 20 identifizierten bi- und/oder multivariaten, empirischen Untersuchungen wurden diese Variablen in mehr als 80 % aller Studien untersucht (Abbildung II.19). Dem gegenüber haben Elemente der Kategorie Kunden/Wettbewerb nahezu keine empirische Beachtung gefunden, indem lediglich zwei empirische Studien Variablen aus diesem Segment aufgreifen. Auch wenn diese Perspektive gegenüber der Perspektive der Gründer bzw. des Managements eine bislang geringere empirische Untersuchungsintensität erfahren hat, so dürfen die Ergebnisse durchaus als valide und repräsentativ bezeichnet werden. Der durchschnittliche Stichprobenumfang der Studien liegt bei rund 74 untersuchten Unternehmen, im Maximum waren dies immerhin 318 Unternehmen. Die absolute Mehrzahl der Untersuchungen hierzu entstammen aus US-amerikanischen Daten.

	Erfolgsfaktoren	Investitionskriterien	Vergleichbarkeit der Studien	Zentrale Argumente
1.) Person / Team	38,1%	80,0%	80,0%	■ Alter ■ Erfahrung ■ Qualifikation
2.) Industrie / Markt	42,9%	40,0%	80,0%	■ Marktdynamik ■ Gesamtmarkt ■ Marktanteil
3.) Produkt / Technologie	71,4%	50,0%	40,0%	■ Innovationsgrad ■ Innovationszeit ■ Produktentwicklung
4.) Fakten / Finanzdaten	61,9%	40,0%	60,0%	■ Umsatz ■ Jahresüberschuss ■ Mitarbeiteranzahl
5.) Kunde / Wettbewerb	28,6%	10,0%	60,0%	■ Kundenzugang ■ Anzahl Kunden ■ Anzahl Wettbewerber
6.) Netzwerk / Transaktion	19,0%	40,0%	20,0%	■ Wissenstransfer ■ Anzahl Partner ■ Beratungsleistung
7.) Strategie	19,0%	35,0%	20,0%	■ Markteintritt ■ Strat. Positionierung ■ Patentierung

Abbildung II.19: Auswertung der Systematisierung des Literaturfeldes zu Erfolgsvariablen von Start-up-Unternehmen

Um die Vielzahl der in den empirischen Untersuchungen genutzten Einflussvariablen auf den Erfolg von Start-up-Unternehmen in den einzelnen Kategorien besser nachvollziehen und darüber hinaus möglichen Forschungsbedarf aufzeigen zu können, gilt es, diese detailliert für jede Kategorie auszuführen:

- *Person/Team*: Da sowohl vom einzelnen Gründer als auch vom mehrköpfigen Managementteam bereits ab der Vorgründungsphase unterschiedliche Qualifikationen verlangt werden und inhaltliche Herausforderungen zu meistern sind, ist der hohe Stellenwert dieser Variablenkategorie ersichtlich. Die meisten der analysierten Studien konzentrieren sich dabei auf die personenspezifischen Merkmale bzw. auf Merkmale, die dem mikro-sozialen Umfeld des Gründers zuzuordnen sind. Zu diesen Merkmalen zählen beispielsweise das Alter bzw. das Geschlecht der Gründer, die Ausbildung und das Erfahrungsspektrum (Cooper/Gimeno-Gascon/Woo, 1994, S. 371–395; Shepherd/Ettenson/
Crouch, 2000, S. 449–467). Auch die Aspekte des Managementteams sind diesen Merk-

malskategorien zuzuordnen (Feeser/Willard, 1990, S. 89). Hier überrascht, dass die Existenz eines Managementteams und dessen Zusammensetzung als Investitionskriterium in keiner der analysierten Studien überprüft wurde. Aus der Perspektive der Investoren wird allerdings dieser Variablenrubrik eine insgesamt überdurchschnittlich hohe Aufmerksamkeit gewidmet, denn rund 80 % aller Studien enthalten derartige Einflussvariablen. Dem gegenüber weisen nur knapp 40 % aller Studien aus der Perspektive der Gründer bzw. des Managements diese Variablen auf. Ursache dafür mag darin gesehen werden, dass letztlich den Gründern bzw. dem Management die finanziellen Mittel aus der Beteiligung überlassen werden und somit eine Prinzipal-Agenten-Beziehung entsteht.

- *Produkt/Technologie*: Das Technologieprodukt repräsentiert das eigentliche Herzstück des Geschäftsmodells und adressiert daher sowohl Variablen, die auf die Ressourcenausstattung zurückgehen als auch Variablen, die die marktliche Verwertung betreffen. Am häufigsten werden dabei Variablen zur Operationalisierung der Innovationsgeschwindigkeit, der Produktqualität, des Innovationsgrades oder des Innovationsschutzes zu ermitteln versucht (Zahra/Bogner, 1999, S. 135–173; MacMillan/Zemann/Subbanarasimha, 1987, S. 123–137). Empirische Untersuchungen, die die Perspektive der Gründer einnehmen, konzentrieren sich dabei vor allem auf die Produktqualität und den Entwicklungsumfang der Technologie. Dies kommt dabei meist im Rahmen des Innovationsgrads zur Operationalisierung, der insgesamt als überdurchschnittlich bedeutsam angesehen wird, zum Tragen. Da rund 71,4 % aller empirischen Studien dieser Perspektive Variablen aus der Kategorie *Produkt/Technologie* adressieren, scheinen diese nachhaltig höhere Relevanz zu haben als für die Untersuchungen aus der Perspektive der Investoren. Dort weist durchschnittlich jede zweite Studie Facetten von Produkt und Technologie auf, wobei der Innovationsschutz die dominierende Variable darstellt. Mögliche Ursache für diese erheblichen Unterschiede mögen in der mangelnden Produktkenntnis und im nicht so fortgeschrittenen technologischen Verständnis der Investoren liegen (Rah/Jung/Lee, 1994, S. 523). Als Konsequenz achten die Investoren mehr auf die Einzigartigkeit und den Schutz des Produktes statt auf die produktbezogenen Qualitäten, was die Ergebnisse der Studie von MACMILLAN/KULOW/KHOYLIAN unterstreichen (MacMillan/Kulow/Khoylian, 1988, S. 27).

- *Kunden/Wettbewerb*: Ziel aller Anstrengungen des Start-up-Unternehmens ist auch die Leistung bzw. das Produkt an den Kunden zu verkaufen und sich gegenüber dem Wettbewerb zu differenzieren. Entsprechend umfasst diese Kategorie sowohl Variablen, die Facetten des Kunden abdecken als auch Variablen in Bezug auf den Wettbewerb am Markt. Die empirischen Untersuchungen operationalisieren dabei beispielsweise die Anzahl der Kunden, den Umsatz pro Kunde oder den Kundenzugang (Chandler/Hanks, 1994, S. 331–349; Rah/Jung/Lee, 1994, S. 509–524). Als wettbewerbsbezogene Variablen werden beispielsweise die Wettbewerbsintensität oder die Markteintrittsbarrieren operationalisiert (Covin/Slevin/Heeley, 2000, S. 175–210; Zahra/Bogner, 1999, S. 135–173). Insgesamt werden diese Variablen allerdings sowohl bei Untersuchungen aus der Perspektive des Gründers bzw. Managements als auch bei Untersuchungen aus der Perspektive des Investors weitgehend vernachlässigt. In Relation der Perspektiven darf hier konstatiert werden, dass die Investoren diese Facette nahezu gänzlich vernachlässigen. Ursache dafür mag die problematische empirische Erfassung sowie die weitgehende Konzentration auf finanzwirtschaftliche Interessen sein.

- *Industrie/Markt*: Durch die Industrie bzw. den Markt wird sowohl das Potenzial als auch die Dynamik im Segment evident. Die empirische Erfassung erfolgt dabei beispielsweise über die Größe des Gesamtmarktes, die Marktanteile des Start-ups oder über das Marktwachstum (Keeley/Roure, 1990; Schefczyk, 2000a, S. 266–275). Die Bedeutung dieser Einflussvariablen wird sowohl in Untersuchungen, die aus der Perspektive des Gründers bzw. des Managements als auch in Untersuchungen, die aus der Perspektive des Investors operationalisiert werden, als wesentlich beziffert. Dies belegt die Anzahl der empirischen Erhebung der Variablen, die für beide Gruppen bei rund 43 % aller Studien enthalten sind. Ein möglicher Grund für die Bedeutsamkeit liegt unter Umständen in der relativ leichten Verfügbarkeit von Marktdaten. Gerade für institutionelle Investoren, die die im Portfolio befindlichen Unternehmen gegenüber ihren Anlegern erklären wollen, ermöglichen die Variablen aus Industrie bzw. Markt einen erleichterte Diskussion.

- *Strategie*: In enger Anlehnung an die Facetten der Gründerperson(en) bzw. des Managements wird die Strategie thematisiert, die im Regelfall als Weg zur Zielerreichung der Unternehmensführung interpretiert werden kann. Die nachhaltige Unterschiedlichkeit der Einflussfaktoren auf die Strategie lässt hier jedoch keine sinnvolle Abstraktion zu, da die Studien, genauso wie die Unternehmen selbst, sehr spezifische Aspekte beleuchten. Dies halten auch MCDOUGALL/ROBINSON/DENISI in ihrer Studie fest, indem sie pointieren: „Of the variety of strategies, no single strategy appears to always work best on every performance measure. And even for those cluster groups that ranked low in performance, their strategies were successful in specified industry sectors" (McDougall/Robinson/DeNisi, 1992, S. 282). Insgesamt darf jedoch festgestellt werden, dass strategische Facetten in den Untersuchungen aus der Perspektive der Investoren mit rund 40°% aller Studien weit größere Bedeutung gefunden haben. Ursache dafür mag die bereits angesprochene Prinzipal-Agenten-Beziehung sein, für die im Rahmen der Strategie zumindest Optionen skizziert werden können.

- *Facts/Financials*: Die quantitativen Kennzahlen umfassen sowohl Variablen aus den finanziellen Gewerken (Bilanz, Gewinn- und Verlustrechnung, Cash-Flow-Rechnung) als auch Variablen aus dem Unternehmen die als Fakten aufgenommen werden können. Aus dem finanzwirtschaftlichen Bereich wird der Umsatz (die am häufigsten operationalisierte Variable), der Jahresgewinn/-verlust oder die Kapitalausstattung betrachtet, aus dem Bereich der unternehmensbezogenen Fakten findet beispielsweise das Unternehmensalter oder die Anzahl der Mitarbeiter Beachtung. Aus der Perspektive der Gründer bzw. des Managements nimmt diese Kategorie an Variablen mit rund 62 % aller Studien eine überaus wichtige Stellung ein; diese Variablen stellen neben dem Leistungsstand der Parameter auch ein wichtiges Kommunikationsmedium mit den Kapitalgebern dar. Untersuchungen aus der Perspektive des Investors bedienen sich demgegenüber lediglich mit 40 % aller Studien dieser Variablen. Als eindeutig bedeutendster Aspekt wird dabei die Rendite als Investitionskriterium genannt. Diese wird im Rahmen der Profitabilität analysiert, die somit aus beiden Perspektiven Beachtung findet. Insgesamt kann hier festgehalten werden, dass Untersuchungen aus der Gründerperspektive deutlich umfangreicher die Variablenvielfalt untersuchen.

- *Netzwerk/Transaktion*: Die Kommunikations- und Austauschbeziehungen zu anderen Marktteilnehmern, wie strategischen Partnern, institutionellen Kapitalgebern oder öffentlichen Institutionen, stellen Einflussfaktoren auf den Erfolg von Start-ups dar, die nicht zu unterschätzen sind. Neben dem positiven Einfluss auf das operative Geschäftsmodell sind sie auch eine Facette für den Investor zur Beurteilung des Investitionsobjektes. Der Investor sieht daneben auch die möglichen Transaktionsbeziehungen als eine wesentliche Komponente für das Engagement an. Operationalisiert werden diese Facetten beispielsweise über die Variablen Anzahl der strategischen Partner, Transfer von Wissen zwischen den Institutionen oder die Möglichkeiten der Nutzung alternativer Exit-Kanäle (Deeds/DeCarolis/Coombs, 2000, S. 211–229; Shan/Walker/Kogut, 1994, S. 387–394). Auch wenn diese Facetten in den Forschungsergebnissen bisher wenig repräsentiert sind, kann zum einen festgestellt werden, dass Studien aus der Perspektive der Investoren diese relativ häufiger erfasst haben und zum anderen, dass diese Variablen auf einen hohen Erklärungsgehalt für den Erfolg der Start-ups hindeuten können. Um einen derartigen Schluss abschließend zu ziehen, bedarf es allerdings weiterer Forschungsergebnisse.

Einschränkend ist jedoch zu den erlangten Ergebnissen anzumerken, dass eine bloße Verfolgung einzelner Faktoren den Erfolg eines Start-up-Unternehmens nicht sicherstellen kann. Eine solche Einzelverfolgung würde dazu führen, dass unter Beachtung der wissenschaftlichen Forschungsergebnisse jedes Start-up-Unternehmen erfolgreich sein könnte und es somit keine erfolglosen Unternehmen mehr gäbe. Ein derartiger Schluss ist jedoch unter Berücksichtigung der unternehmensspezifischen Kontextfaktoren nicht haltbar. Gleichzeitig verdeutlicht die Analyse, dass die Bedeutung sowohl der einzelnen Argumente als auch deren Gewichtung in Abhängigkeit von der Betrachtungsperspektive unterschiedlich intensiv beurteilt wird. Sowohl Studien aus der Perspektive der Gründer bzw. des Managements als diejenigen aus der Perspektive der Investoren ermöglichen keine Annäherung an die Einflussvariablen auf den Marktwert des Eigenkapitals als Erfolgsmaßstab.

5.4 Markt- und ressourcenbasierte Werttreiber

5.4.1 Werttreiber zur Steuerung des Unternehmenswerts

Die markt- und ressourcenbasierten Potenziale der Start-up-Unternehmen kennzeichnen die Basis für den wirtschaftlichen Erfolg, der in Abhängigkeit von der Betrachtungsperspektive differiert. Klassische Erfolgsfaktoren oder Investitionskriterien orientieren sich im Regelfall am erzielten Jahresüberschuss des Unternehmens (vgl. Abschnitt 5.3). Für die Bewertung des Unternehmenserfolgs aus einer kapitalmarktorientierten Perspektive rückt die Wertorientierung in den Betrachtungsmittelpunkt. Sowohl aus der Perspektive der Gründer bzw. des Managements als auch aus der Perspektive der Investoren liefert die Wertorientierung mit der Maximierung des Wertes des Eigenkapitals eine trennschärfere Beurteilung des Unternehmenserfolgs als dies traditionelle Maßstäbe wie der „Return on Investment" leisten könnten. Somit ist es ratsam, den Unternehmenswert als Maßstab unternehmerischen Erfolgs anzuwenden.

Über die verschiedenen Konzepte der Operationalisierung des Unternehmenswertes wird evident, wie die einzelnen markt- und ressourcenorientierten Potenziale der Unternehmen über ihre Werttreiber Einfluss auf den Maßstab unternehmerischen Erfolgs nehmen. Um diese Einfluss- und Steuerparameter zu gewinnen, gilt es zunächst ein Verständnis für die Begrifflichkeiten Potenzial und Werttreiber zu gewinnen. Dabei sollen unter den Potenzialen der Start-up-Unternehmen die

> „*Merkmalsausprägungen und deren Wachstumsoptionen der Unternehmen verstanden werden. Dabei avancieren jedoch nur die Potenziale zu Werttreibern, die über einen strategischen Ressourcenwert verfügen. Daher sollen unter Werttreibern alle Variablen des Unternehmens gefasst werden, die einen nachhaltigen Einfluss auf die Wertorientierung als Handlungsdirektive, also auf den Marktwert des Eigenkapitals des Unternehmens, nehmen können."* (Knecht, 2002).

Für die Ableitung der Werttreiber aus den Potenzialen der Start-up-Unternehmen lassen sich zur strukturierten Analyse zwei Arten von Werttreibern unterscheiden: die finanziellen und die nicht-finanziellen Werttreiber. Dabei umfassen die finanziellen Werttreiber alle Potenziale, die den „Return on Net Assets" (RONA) oder die Kapitalkosten betreffen (Young/ O'Byrne, 2000, S. 272–278). Dadurch wird sichergestellt, dass über die finanziellen Werttreiber zunächst eine adäquate Kompensation der externen Investoren erfolgt, bevor mögliche Zahlungen an das Management der Gesellschaft fließen. Dies legt die Vermutung nahe, dass die finanziellen Werttreiber den nicht-finanziellen Werttreibern zeitlich voranstehen, da diese die Wertgenerierung der Vergangenheit mit abbilden[63]. Da jedoch gerade für wachstumsstarke Start-up-Unternehmen die Abschätzung der zukünftigen Potenziale in den Werttreibern Bedeutung aufweist, rücken die nicht-finanziellen Werttreiber in den Betrachtungsmittelpunkt. Eine Potenzialabschätzung geht dabei auf die Markt- und Ressourcenorientierung zurück, die durch die Strukturierung der Konfiguration des Unternehmens festgelegt wird. Daraus wird wiederum die bereits in Abschnitt 5.2.4 thematisierte Differenzierung des Unternehmenswertes nahegelegt. Der eine Teil des Wertes sollte möglichst die gegenwärtige Profitabilität des Start-ups anzeigen, der andere Teil die zukünftigen, quantifizierten Wachstumsoptionen.

Der Zusammenhang von markt- und ressourcenbasierten Werttreibern mit dem Marktwert des Eigenkapitals verdeutlicht, dass diese Einfluss auf die abhängige Variable nehmen. Zu klären sind allerdings sowohl die Identifikation der Werttreiber als auch die Bestimmung des Umfangs des Einflusses auf den Unternehmenswert. Eine Annäherung an diese Herausforderungen liefern die folgenden empirischen Erkenntnisse, die auf eine Studie von KNECHT zurückgehen (Knecht, 2002).

---

[63] KAPLAN/NORTON konstatieren beispielsweise, dass finanzielle Werttreiber eine ausgesprochene Vergangenheitsorientierung aufweisen. Dem gegenüber wird die Zukunftsorientierung der Potenziale weitgehend vernachlässigt (Kaplan/Norton, 1996, S. 24).

5.4.2 Einfluss auf den Unternehmenswert

Die Bestimmung der den Unternehmenswert beeinflussenden Werttreiber erfolgt im Rahmen der empirischen Untersuchung über eine multivariate Diskriminanzanalyse. Dabei handelt es sich um ein die Struktur prüfendes Verfahren, das zur Analyse von Zusammenhängen zwischen Variablen genutzt werden kann, über deren Interaktion bereits konzeptionelle Zusammenhänge thematisiert werden können (Backhaus et al., 2000).

Aus mehr als 160 Variablen hat die Auswahlprozedur der Merkmalsvariablen im Rahmen der Diskriminanzanalyse folgende zwölf Werttreiber identifiziert (vgl. Abbildung VII.29): (1) Formalqualifikation des Managements, (2) Innovationsgrad des Produktes, (3) Unsicherheit in der technologischen Leistungsfähigkeit des Produktes, (4) wissenschaftliche Zugangsbarrieren zum Technologiewissen, (5) Innovationszeit in der Phase Forschung, (6) Erfassung der Kundenbedürfnisse über die Integration ausgewählter Kunden in den Entwicklungsprozess, (7) Kundeninformation über Publikationen in Fachzeitschriften bzw. Zeitungen, (8) Festsetzung eines marktdurchdringenden Verkaufspreises, (9) Marktführerschaft in Deutschland, (10) Marktführerschaft in Europa, (11) Innovationsschutz durch Patente und (12) Innovationsschutz durch Geheimhaltung.

Zur Berechnung der Diskriminanzfunktion und somit zur Bestimmung der relativen Bedeutung der einzelnen Werttreiber für die marktorientierte Bewertung der Start-up-Unternehmen sind statistische Vorarbeiten zu erledigen. So sind die spezifischen Koeffizienten b_j jedes Werttreibers zu bestimmen, die als Maß zur Differenzierung der Merkmale zwischen den Untersuchungsgruppen dienen. Ferner wird die Güte der Diskriminanzfunktion untersucht und die Beurteilung der Merkmalsvariablen über Wilks' Lambda vorgenommen. Um die Bedeutung der Merkmalsvariablen abschließen zu können, werden die Diskriminanz-Koeffizienten schließlich standardisiert, um potenzielle Verzerrungen durch Skalierungseffekte auszuschalten (Backhaus et al., 2000, S. 176–179).

Rückschlüsse auf die relative Bedeutung der spezifischen Werttreiber der Start-up-Unternehmen werden über die standardisierten Diskriminanz-Koeffizienten ermöglicht. Für diesen Zweck werden die Diskriminanz-Koeffizienten b_j in drei Gruppen aufgeteilt: (1) Diskriminanz-Koeffizienten b_j, deren Wert kleiner –1,0 ist, verdeutlichen einen schwachen Einfluss im Rahmen der marktorientierten Bewertung, (2) Diskriminanz-Koeffizienten b_j, deren Wert zwischen –1,0 und +1,0 liegt, erklären einen mittleren Einfluss im Rahmen der marktorientierten Bewertung, und (3) Diskriminanz-Koeffizienten b_j, deren Wert größer als +1,0 ist, markieren einen starken Einfluss im Rahmen der marktorientierten Bewertung. Die spezifische Bedeutung der identifizierten Werttreiber zeigt dabei auch diverse Ursachen auf, die individuell zu beleuchten sind:

- Die *Formalqualifikation des Managements* repräsentiert einen Werttreiber mit schwachem Einfluss auf den Unternehmenswert des Start-ups. Ursache dafür könnte das allgemein relativ hohe Qualifikationsniveau der Unternehmensführung in innovativen Wachstumsunternehmen sein. Verstärkt wird dies durch die Tatsache, dass ein hohes Qualifikationsniveau per se noch kein homogenes, zielorientiertes Managementteam auszeichnet (Zacharkakis/Meyer, 1998, S. 57–76).

- Auch die *Unsicherheit in der technologischen Leistungsfähigkeit des Produktes* weist einen schwachen Einfluss auf den Unternehmenswert aus. Da die Fähigkeiten und die Fertigkeiten der technischen Kompetenz der Unternehmen als positives Vertrauen gewertet werden sollen (Brown/Eisenhardt, 1995, S. 343–378), kann die Unsicherheit in der technischen Leistungsfähigkeit des Produktes zwar als vorhanden, aber nachrangig für den Einfluss auf den Unternehmenswert klassifiziert werden. Der starke Einfluss des Werttreibers *Innovationsgrad des Produktes* auf den Unternehmenswert fängt dies auf, da im Innovationsgrad sowohl technische als auch marktliche Aspekte abgebildet werden (Zahra/Bogner, 1999, S. 135–173).

- Die *Kundeninformation über die Medien Fachzeitschriften/Zeitungen* wird zwar als Werttreiber klassifiziert, weist aber den mit Abstand geringsten Koeffizienten auf. Dies mag auf die Tatsache zurückzuführen sein, dass die Kundeninformation über ein neues Produkt zwar bedeutsam ist, das *Medium Zeitschrift/Zeitung* jedoch nur eine von mehreren Möglichkeiten darstellt. Sehr starken Einfluss auf den Unternehmenswert scheint hingegen die *Integration ausgewählter Kunden in den Produktentwicklungsprozess* auszuüben. Ursache dafür mag die reduzierte Gefahr kostenintensiver Fehl- bzw. Mehrentwicklungen zu sein, die am Markt nicht aufgenommen werden (von Hippel, 1988, S. 11–56).

- Die *Marktführerschaft* repräsentiert ebenfalls einen bedeutenden Werttreiber. Dabei wird eine Marktführerschaft in Deutschland als Werttreiber mit sehr starkem Einfluss, eine Marktführerschaft in Europa als Werttreiber mit schwachem Einfluss klassifiziert. Da sich die Vielzahl der betrachteten Unternehmen in einem frühen Entwicklungsstadium befindet, ist es wesentlich, zunächst im Heimatmarkt eine wesentliche Rolle einzunehmen und gleichzeitig die Internationalisierungsoption nicht aus den Augen zu verlieren (Lieberman/Montgomery, 1998, S. 1111–1125).

- Die *Zeitspanne der Innovation in der Entwicklungsphase Forschung* wird als ein mittlerer Einflussparameter auf den Unternehmenswert gesehen. Dieses Ergebnis erstaunt etwas, da verschiedene empirische Studien aufzeigen konnten, dass eine verlängerte Entwicklungszeit des Produktes negative Auswirkungen auf den Innovationsgewinn haben kann (Schoonhoven/Eisenhardt/Lyman, 1990, S. 177–207; Kelm/Narayanan/Pinches, 1995, S. 770–786). Bei Unterstellung einer möglichen Qualitätsverbesserung mit einer verlängerten Innovationsphase relativiert sich dieser Befund allerdings.

- Ein bedeutsamer Werttreiber mit mittlerem Einfluss ist der *Innovationsschutz* sowohl über die Patentierung als auch über die Geheimhaltung. Bereits aus der Analyse der Investitionskriterien wurde deutlich, dass diesem Aspekt erhöhte Beachtung geschenkt wird. Kritisch ist dabei allerdings anzumerken, dass der Innovationsschutz, vor allem im Falle einer Patentierung, erhebliche Kosten- und Zeitressourcen in Anspruch nehmen kann, was als Erklärungsansatz für die mittlere Relevanz dienen soll (Teece, 1986, S. 286–305).

- Auch der *Zugang zu Technologiewissen* aus den Forschungsaktivitäten der wissenschaftlichen Einrichtungen nimmt über einen mittelstarken Werttreiber Einfluss auf den Wert. Dadurch wird einerseits evident, dass auch externes Know-how für die Innovationsentwicklung der Start-ups nützlich integriert werden kann. Andererseits darf dabei allerdings angemerkt werden, dass dieser Wissenstransfer durchaus Effizienzsteigerungspotenziale aufweisen könnte.

- Starken Einfluss auf den Unternehmenswert nimmt der Werttreiber der Festsetzung des *marktdurchdringenden Verkaufspreises*. Da der marktdurchdringende Verkaufspreis als Indikator für eine gute Wettbewerbsposition angesehen werden kann, kann dieser die Etablierung eines Industriestandards ermöglichen. Am starken Einfluss des Werttreibers wird dieses Potenzial in der Wachstumsoption gespiegelt (Abernathy/Utterback, 1988, S. 25–36).

Die thematisierten Werttreiber verdeutlichen die Relevanz für den marktorientierten Unternehmenserfolg von Wachstumsunternehmen, die im Einzelfall spezifisch zu diskutieren sind. Abbildung II.20 klassifiziert die identifizierten Werttreiber im Überblick.

Werttreiber mit SCHWACHEM Einfluss	Werttreiber mit MITTLEREM Einfluss	Werttreiber mit STARKEM Einfluss
▪ Formalqualifikation des Managements ▪ Unsicherheit in der technologischen Leistungsfähigkeit des Produktes ▪ Kundeninformation über Publikationen in Fachzeitschriften/Zeitungen ▪ Marktführerschaft in Europa	▪ Wissenschaftliche Zugangsbarrieren zum Technologiewissen ▪ Innovationszeit in der Phase Forschung ▪ Innovationsschutz durch Patente ▪ Innovationsschutz durch Geheimhaltung	▪ Innovationsgrad des Produktes ▪ Erfassung der Kundenbedürfnisse über die Integration ausgewählter Kunden in den Entwicklungsprozess ▪ Festsetzung eines marktdurchdringenden Verkaufspreises ▪ Marktführerschaft in Deutschland

Abbildung II.20: Relevanz ausgewählter Werttreiber für die marktorientierte Bewertung innovativer Spin-off-Unternehmen (Quelle: Knecht, 2002)

5.4.3 Kritische Betrachtung der empirisch identifizierten Werttreiber

Die empirisch identifizierten Werttreiber liefern einen wesentlichen Beitrag, um den marktorientierten Unternehmenserfolg von Start-up-Unternehmen greifbar zu machen. Sie zeigen auf, welchen Variablen Einfluss und Bedeutung ausüben. In der ökonomischen Fachliteratur ist diese Art der empirischen Ermittlung von Einflussvariablen über eine Diskriminanzanalyse allerdings nicht ohne Kritik (Hauschildt/Leker, 1995, S. 262–268).

So bemängeln beispielsweise KÜTING/WEBER, dass Unternehmen im Rahmen der Diskriminanzanalyse weitgehend als „black box" dargestellt werden, bei der nicht umfassend einsichtig ist, wie die teilweise auf dem Jahresabschluss basierten Eingangsinformationen verarbeitet werden (Küting/Weber, 2000, S. 366–368). BURGER kritisiert ferner, dass Unternehmen und deren charakteristische Ausprägungen klassifiziert werden, „ohne sich Gedanken über den theoretischen Zusammenhang zwischen einem Unternehmensereignis ... einerseits und Ausprägungen von Kennzahlen aus Jahresabschlüssen andererseits zu machen" (Burger, 1995, S. 334–335). Für die Entscheidungsfindung eines externen Investors sind diese Erkenntnisse im Einzelfall aufgrund der politischen Beeinflussbarkeit durch die Unternehmen kritisch zu hinterfragen. So führt hier beispielsweise eine Modifikation des

Wachstumspotenzials des Marktes zu erheblichen Veränderungen der Auswirkungen, die es zu berücksichtigen gilt, – was den Stellenwert der gleichzeitigen Betrachtung aller relevanten Werttreiber wiederum unterstreicht.

Insgesamt verdeutlichen die empirisch ermittelten Werttreiber, dass eine multivariate Diskriminanzanalyse den „Traum" von einer einzigen Entscheidungsgröße für Gründer, Manager und Investoren nicht realisieren kann. Über diese empirische Analyse wird es allerdings möglich, eine quantitative Verbindung zwischen den Werttreibern und den Bewertungskomponenten zu liefern, die einen ersten Ansatzpunkt für den Marktwert eines Unternehmens darstellen können.

5.5 Stellenwert von Werttreibern für die Unternehmensentwicklung

Die differenzierten deskriptiven, bi- und multivariaten Erkenntnisse aus den analysierten, konzeptionellen und empirischen Beiträgen ermöglichen eine abschließende Reflexion des Stellenwerts von Werttreibern für die Entwicklung von Start-up-Unternehmen.

Eine umfangreiche Diskussion der einheitlichen Messung des unternehmerischen Erfolgs zeigt, dass eine marktorientierte Operationalisierung weder durch die wissenschaftliche Forschung noch durch die unternehmerische Praxis per se bislang möglich ist. Einzig und allein der Kapitalmarkt ist in der Lage, diese Bewertung vorzunehmen. Die Annäherung der marktorientierten Erfolgsmessung über die Komponenten *Profitabilität* und *Wachstum* lässt sich konzeptionell eindeutig begründen. Deskriptive Befunde, die den Entwicklungsverlauf der ex post auch börsennotierten Start-up-Unternehmen simuliert haben, belegen dies. Zur Realisierung einer größeren Genauigkeit in der Simulation bleibt der empirische Test über Optionsmodelle offen, der gegenwärtig in der akademischen Forschung thematisiert wird.

Die ermittelten Erfolgsfaktoren, Investitionskriterien und Werttreiber liefern sowohl für Gründer und Manager als auch Investoren innovativer Start-up-Unternehmen grundlegende Erkenntnisse. So wird beispielsweise ersichtlich, dass die Qualifikation des Managements, der insgesamt ein sehr hoher Stellenwert beigemessen wird, die intellektuelle Leistungsfähigkeit des Unternehmens widerspiegelt. Gerade Investoren werden dadurch bestärkt, die personelle Konfiguration des Managementteams aktiv zu beeinflussen und über die Werttreiber den Unternehmenswert zu steuern. Die Erkenntnisse bestätigen ferner, dass das Herzstück des Geschäftsmodells eines innovativen Start-ups zurecht im Technologieprodukt besteht. Die verschiedenen empirischen Studien messen ihm in der Gesamtschau nicht nur erhöhte Bedeutung bei, sondern es repräsentiert als technologie- und wissensbasiertes Innovationsprodukt die Basis für das Unternehmenswachstum. Dabei eignen sich gerade die identifizierten Werttreiber als Indikatoren zur wertorientierten Steuerung des Technologieproduktes. Über die integrative Kundeneinbindung in die Produktentwicklung wird ferner Marktakzeptanz geschaffen, die wiederum als aktives Steuerungsinstrumentarium definiert werden kann. Um die Unternehmensentwicklung schnellstmöglich voranzutreiben, gilt es für die Start-ups Wettbewerbsvorteile zu sichern, die beispielsweise über die Marktführerschaft und den Innovationsschutz zu erreichen sind.

Der unternehmerische Erfolg und seine verschiedenen Einflussvariablen verdeutlichen in der Gesamtschau, dass ein wertorientiertes Management des Start-up-Unternehmens eine facettenreiche und erfüllbare Aufgabe darstellt. Die Beachtung der grundlegenden Anforderungen in den einzelnen Bereichen, die Definition von Strategien und der Nutzung von adäquaten Instrumenten ermöglicht es, unternehmerischen Erfolg aus der jeweiligen Perspektive des Gründers, des Managers und des Investors zu erreichen.

Teil III: Infrastruktur und Ressourcen

1. Wertorientierte Komposition und Entwicklung der Unternehmensführung

JOACHIM WOLF / MARTIN HABERSTROH

Entrepreneurs are risk takers, willing to roll the dice with their money or reputations on the line in support of an idea or enterprise. They willingly assume responsibility for the success or failure of a venture and are answerable for all its facets.
(Victor Kiam)

Unternehmensführung besteht im Wesentlichen in der zielgerichteten Koordination des Unternehmens mit seiner Umwelt (Macharzina, 1999). Im Kontext der wertorientierten Unternehmensführung, die in den letzten Jahren stark an Bedeutung gewonnen hat, erhält diese Kernaufgabe eine neuartige Qualität, da das Schaffen ökonomischer Werte in den Mittelpunkt der Zielhemisphäre gestellt wird.

Entscheidungen hinsichtlich der Unternehmens-Umwelt-Koordination fallen in den Kompetenzbereich des Top-Managements; es handelt sich um originäre Führungsaufgaben, die nur bedingt delegierbar sind. Diese Nicht-Delegierbarkeit gilt insbesondere für Gründungsentscheidungen. Sie sind vom Unternehmensgründer bzw. einem Start-up-Team zu treffen – er bzw. es kann und darf sie nicht weiterreichen.

Wenn der vorliegende Beitrag die wertorientierte Komposition und Entwicklung der Unternehmensführung thematisiert, dann ist ihm ein institutionelles bzw. personales Verständnis des Unternehmensführungs-Begriffs zugrundegelegt (Macharzina, 1999). Der Beitrag diskutiert vorrangig die Merkmale der Personen bzw. Institutionen, welche die Führung des neugegründeten Unternehmens verantworten und weniger die im Tagesablauf zu vollziehenden Handlungen.

Ausgehend von dieser institutionellen bzw. personalen Perspektive werden im Rahmen des Beitrags insbesondere zwei zentrale Fragen gestellt: Welche Eigenschaften von Unternehmensgründern bzw. Start-up-Teams begünstigen die wertorientierte Unternehmensführung? Wie verändern sich diese kritischen Eigenschaften von Unternehmensgründern bzw. Start-up-Teams in den ersten Phasen nach der Unternehmensgründung? Diese Fragen sollen im Folgenden theoriegeleitet sowie auf den Ergebnissen empirischer Managementforschung über junge, schnellwachsende und hochprofitable Unternehmen basierend beantwortet werden.

Der Beitrag ist im Wesentlichen in sechs Abschnitte gegliedert: Zunächst wird die Bedeutung der Unternehmensführung für wertorientierte Start-ups aufgezeigt. Da wertorientierte

Start-ups sowohl von Individuen als auch von Teams gegründet werden können, wird im darauf folgenden Abschnitt eine Unterscheidung zwischen einer individuellen und einer Teamperspektive vollzogen. Im dritten, dem individualzentrierten Abschnitt wird zunächst auf theoretisch hergeleitete, dann auf empirisch belegte Eigenschaften von Unternehmensgründern sowie letztlich auf ganzheitliche Unternehmertypologien eingegangen. Der vierte, gruppenzentrierte Abschnitt stellt strukturelle Charakteristika und Interaktionsmuster von Start-up-Teams in den Mittelpunkt. Abschnitt fünf leistet eine vergleichende Bewertung von Einzel- versus Teamgründungen. Der auf dynamische Aspekte ausgerichtete sechste Abschnitt differenziert ebenfalls zeitraumbezogen zwischen einer individuellen und einer Teamperspektive, bevor der Beitrag mit dem Gesamtergebnis und forschungsprogrammatischen Hinweisen schließt.

1.1 Bedeutung der Unternehmensführung für wertorientierte Start-ups

Personen bzw. Individuen sind für Unternehmen von einer zentralen Bedeutung, weil ihnen fundamentale Entscheidungen wie die Identifikation der Geschäftsidee, die Entwicklung von Strategien zu deren Umsetzung, die Implementierung dieser Strategien, die organisatorische Strukturierung des Unternehmens sowie die Auswahl von Schlüsselmitarbeitern obliegt (Naffziger, 1995). In den ersten Entwicklungsphasen von Unternehmen (Start-up-Phase) sind sie von nochmals gesteigerter Bedeutung, weil hier grundlegende, vorstrukturierende Impulse hinsichtlich später zu treffender Entscheidungen gesetzt werden.

Trotz der Plausibilität dieser Argumente sind sich Gründerforscher hinsichtlich der relativen Bedeutung der Merkmale von Unternehmern bzw. Start-up-Teams uneins. Bisweilen wird argumentiert, dass Unternehmens- und Branchencharakteristika wesentlich wichtiger seien als personale Einflussgrößen (Sandberg/Hofer, 1987). Diese Sichtweise soll hier jedoch nicht geteilt werden, weil federführende Akteure bzw. die sie bündelnden „dominante Koalitionen" grundlegende Unternehmensentscheidungen treffen (Cyert/March, 1963; Hambrick/Mason, 1984; Gupta, 1984; Birley/Stockley, 2000). Die Wichtigkeit personenbezogener Merkmale von Unternehmensgründern wird im Übrigen durch Wagniskapitalgeber betont; sie vermuten hierin einen wesentlichen Erfolgsfaktor von Start-ups und berücksichtigen diesen Aspekt bei ihrer Mittelvergabe in erheblichem Maße. Außerdem sollte nicht der Fehler begangen werden, Schwierigkeiten, die sich beim empirischen Nachweis des Einflusses von Unternehmermerkmalen ergeben, als Begründung für eine generelle Abwertung dieser Merkmale zu nehmen. Vielmehr sollte durch eine Messung indirekter Wirkungen und/oder eine Berücksichtigung von zusätzlichen, neuen personalen Einflussgrößen versucht werden, eine zufriedenstellende Antwort auf die relative Wichtigkeit des Einflusses personenbezogener Merkmale hinsichtlich der Führung von Start-up-Unternehmen zu geben (Naffziger, 1995; Ensley, 1999; Baum/Locke/Smith, 2001).

1.2 Unterschiedliche Perspektiven bezüglich der Bedeutung der Unternehmensführung für den Erfolg wertorientierter Start-ups

Im Gestaltungsfeld „Unternehmensgründung" sind zwei Varianten zu unterscheiden: Einzelgründungen und Teamgründungen. Bei einer Einzelgründung erfolgt die Unternehmensgründung durch ein Individuum, bei einer Teamgründung durch eine Gruppe (Werner, 2000). Da sich diese beiden Formen grundlegend hinsichtlich der an die Entscheidungsträger gestellten Anforderungen unterscheiden, werden die nachfolgenden Abschnitte unseres Beitrags entlang dieser Dualität organisiert.

Die individuelle Perspektive beschäftigt sich mit den Eigenschaften einzelner erfolgreicher Unternehmensgründer. Bei Einnahme einer Teamperspektive wird darüber hinaus die Stimmigkeit von sowie die Interaktionsmuster zwischen den am Gründungsprozess teilhabenden Individuen untersucht. Im Folgenden sollen diese beiden Betrachtungsweisen nicht vollständig voneinander isoliert behandelt werden. So können beispielsweise auf der individuellen Ebene gewonnene Ergebnisse bezüglich der Eigenschaften erfolgreicher Unternehmer auch Aufschluss über die Zusammensetzung von Start-up-Teams geben.

1.3 Individuelle Perspektive

Zur Identifikation erfolgsstiftender Merkmale von Einzelgründern verfolgt die individuelle Perspektive zwei zentrale Forschungsfragen: Was unterscheidet Unternehmer vom „normalen", vom Durchschnittsmenschen? Und was unterscheidet erfolgreiche von erfolglosen Unternehmern? Im Schrifttum werden die Antworten auf diese Fragen sowohl theoretisch als auch empirisch hergeleitet. Der theoretische Zugang scheint insbesondere in volkswirtschaftlich ausgerichteten Schriften vorzuherrschen. Im Bereich der empirischen Arbeiten lassen sich wiederum zwei Gruppen ausmachen, je nachdem, ob psychologische oder nicht-psychologische Eigenschaften in den Mittelpunkt der Erfolgserklärung gerückt werden. Wie sich zeigen wird, weisen sowohl die psychologischen als auch die nicht-psychologischen empirischen Arbeiten einen relativ geringen Integrationsgrad auf. Vielfach bestehen sie aus einer enumerativen Identifikation einzelner Gründungserfolgsstifter, deren Wechselspiel unbeachtet bleibt. Eine derartige integrative Betrachtung strebt MINER (Miner, 1997) mit seiner Unternehmertypologie an, die später vorgestellt wird. Sie fügt bereits untersuchte Eigenschaften zu Typen zusammen, sie ist theoretisch schlüssig sowie intuitiv einleuchtend und berechtigt aufgrund der Ergebnisse der bislang vorliegenden empirischen Tests zu einer positiven Gesamtbewertung.

1.3.1 Theoretisch hergeleitete Eigenschaften von Unternehmensgründern

KNIGHT (Knight, 1921) und SCHUMPETER (Schumpeter, 1928) gehören zu den Ersten, die sich systematisch mit der Bedeutung von Unternehmern und ihren Merkmalen im Wirtschaftsprozess beschäftigt haben. LEIBENSTEIN (Leibenstein, 1968) und KIRZNER (Kirzner, 1978) haben ihre Argumentation vorangetrieben und die gesamtwirtschaftliche Bedeutung von Unternehmern noch stärker verdeutlicht. Aus diesen Abhandlungen lassen sich wesentliche Einsichten hinsichtlich der Merkmale von Unternehmern gewinnen (Picot/Laub/ Schneider, 1989; Hinkel, 2001).

KNIGHT (Knight, 1921) hat bereits darauf hingewiesen, dass Unternehmer sich vor allem durch das Tätigen unsicherer Investitionen auszeichnen. Die Unsicherheit rührt daher, dass die unternehmerseitig erhofften Rückzahlungen weder bezüglich ihrer Höhe noch bezüglich ihrer Wahrscheinlichkeitsverteilung bekannt sind. Dies liegt wiederum vor allem daran, dass Unternehmer einzigartige, neuartige Faktorkombinationen vornehmen und somit in einer Situation unvollständigen Wissens handeln müssen. Großes Vertrauen in das eigene Urteilsvermögen, Weitsicht hinsichtlich der an zukünftigen Konsumentenpräferenzen ausgerichteten Produktionsentscheidungen sowie insbesondere eine sehr geringe Unsicherheitsaversion sind nach KNIGHT somit für Unternehmer typisch (Knight, 1921).

Bei SCHUMPETER (Schumpeter 1928; Schumpeter, 1975; Schumpeter, 1987) wird die „Durchsetzung neuer Kombinationen" in den Mittelpunkt der Argumentation gestellt; er strebt nach neuartigen Konfigurationen vorhandener volkswirtschaftlicher Produktionsmittel. Der Unternehmer erkennt die Notwendigkeit zur Neuerung, vollzieht eine „schöpferische Zerstörung" und setzt diese gegen eigene Zweifel und äußere Widerstände durch. SCHUMPETER hat erkannt, dass die Durchsetzung neuer Kombinationen als zentrale Unternehmertätigkeit nicht notwendigerweise an Selbständigkeit und Eigentum gekoppelt ist. Basierend auf diesen Gedanken differenziert SCHUMPETER zwischen vier Unternehmertypen: „Fabrikherr", „Industriekapitän", „angestellter Direktor" sowie „Gründer". Der „Gründer" ist dabei derjenige, der am stärksten die Unternehmerfunktion verkörpert. Vielfach ist er ein „Emporkömmling" – unsicher, ängstlich, nicht akzeptiert im Kreis etablierter Industrieller sowie traditions- und beziehungslos. Ferner misst er instinktivem Handeln eine große Bedeutung zu; vor allem deshalb, weil eine genaue, detaillierte Planung dem Erfolg abträglich sein könnte.

LEIBENSTEIN (Leibenstein, 1968) entwickelt sein Unternehmerbild auf der Basis einer Generalkritik der traditionellen ökonomischen Argumentation. Er verweist darauf, dass der Verlauf von Produktionsfunktionen nicht bekannt sei, die Produktion üblicherweise in einer suboptimalen Kombination von Inputfaktoren erfolge, die Märkte für Inputfaktoren wie die Managementleistung nur schwach entwickelt seien und die Unvollständigkeit von Arbeitsverträgen opportunistisches Verhalten bei abhängig Beschäftigten begünstige. Demzufolge präsentiere sich ein erfolgreicher Unternehmer vor allem als ein effizienter Ressourcenkoordinator, der unvollkommene Märkte geschickt zu seinen Gunsten ausnutze. Neben diesem „gap-filling" betreibe er im Rahmen eines „input-completing" vor allem die Beschaffung aller notwendigen Ressourcen, die Koordination von Märkten sowie die Errichtung effizienter Organisationsformen.

KIRZNERS (Kirzner, 1978) Unternehmerbild weist erhebliche Parallelen zu demjenigen von LEIBENSTEIN auf. KIRZNER sieht in dem Unternehmer vor allem einen Arbitrageur mit einer besonderen Fähigkeit, die in Marktungleichgewichten bestehenden Fehlbewertungen aufzuspüren und auszunutzen. Der Unternehmer erzielt so Gewinne ohne Gegenleistung, indem er erkennt, „wo Käufer zuviel bezahlt und Verkäufer zu wenig erhalten haben", um dann „diese Diskrepanz dadurch zu beseitigen, dass er bei letzteren kauft und an erstere etwas billiger verkauft" (Kirzner, 1978, S. 39). Wie SCHUMPETER trennt KIRZNER die Unternehmerfunktion von der Rolle des Produzenten und des Kapitalgebers. Der wesentliche Unterschied ist jedoch damit gegeben, dass nach KIRZNER die Rolle des Unternehmers nicht darin besteht, die ihm gegenüberstehenden Kosten- und Erlöskurven zu verschieben, sondern bereits verschobene Kosten- und Erlöskurven zu eigenen Gunsten zu instrumentalisieren.

Dieser kurze Abriss zeigt bereits, dass KNIGHT, SCHUMPETER, LEIBENSTEIN und KIRZNER eher Unternehmerfunktionen als Unternehmermerkmale thematisieren. Überdies wird deutlich, dass die Autoren recht unterschiedliche Vorstellungen von den Funktionen des Unternehmers haben. LAUB (Laub, 1989) hat diese Unternehmermerkmale oder -funktionen systhematisiert, gebündelt bzw. integriert. In der Funktion des Informationskoordinators agiert der Unternehmer als „Erfinder", indem er Informationen aufnimmt und zu einem innovativen Konzept verarbeitet. Diese Funktion spiegelt sich in SCHUMPETERS „Entwurf neuer Kombinationen" und in KIRZNERS „Erkennen von Marktungleichgewichten" wider. In der Funktion des Ressourcenkoordinators agiert der Unternehmer als „Organisator", in dessen Rahmen er die für die Umsetzung des Konzepts notwendigen Ressourcen beschafft und kombiniert. Diese Funktion findet sich bei SCHUMPETER in der „Durchsetzung neuer Kombinationen" und insbesondere auch bei LEIBENSTEIN wieder. In der Funktion des Marktkoordinators agiert er als „Marktöffner", indem er aufgrund seines Wissensvorsprungs in (transaktions-)kostensenkender Weise Angebot und Nachfrage zusammenbringt. Die marktkoordinierende Funktion ist bei KIRZNER besonders stark akzentuiert, dessen Unternehmer sich vor allem als Arbitrageur auszeichnet.

Interessant ist schließlich LAUBS These, dass die Wichtigkeit der Unternehmerfunktionen von der jeweiligen Phase des Innovationsprozesses – Invention, Transformation und Diffusion – bestimmt wird. Auf diese Zuordnung kann hier freilich nicht eingegangen werden (bspw. Picot/Laub/Schneider, 1989). Stattdessen werden diese Funktionen bzw. Merkmale von Unternehmern in dem Abschnitt über empirische, nicht-psychologische Eigenschaften von Unternehmern nochmals aufgegriffen.

1.3.2 Empirisch nachgewiesene Eigenschaften von Unternehmensgründern

Wie oben bereits spezifiziert, sind im Kreise empirischer Untersuchungen über Eigenschaften von Unternehmensgründern psychologische und nicht-psychologische Untersuchungen voneinander zu trennen.

- Nach den theoretisch hergeleiteten Merkmalen bzw. Funktionen von Unternehmern sollen nun zuerst jene empirischen Befunde hinsichtlich Unternehmer-Eigenschaften diskutiert werden, die psychologisch ausgerichtet sind. In diesem Erkenntnisbereich liegen Sammelreferate vor (Miner, 1997), die im Wesentlichen drei psychologische Merkmale hinsichtlich ihres Einflusses auf den Gründungserfolg diskutieren: (1) hohe Leistungsmotivation, (2) interne Kontrollüberzeugung und (3) hohe Risikobereitschaft.

    (1) Personen mit einer hohen Leistungsmotivation zeichnen sich dadurch aus, dass sie Verantwortung für ihre Entscheidungen übernehmen, sich Ziele setzen, diese mit

hohem Einsatz verfolgen und konsequent nach Feedback für ihre Leistungen suchen. Das Merkmal „Leistungsmotivation" ist jedoch insofern problematisch, als es sich auch bei vielen Nicht-Unternehmern nachweisen lässt. Ein hohes Maß an unternehmerischem Erfolg vermag es somit nur bedingt zu gewährleisten.

(2) Das Merkmal „interne Kontrollüberzeugung" beschreibt das Ausmaß, in dem eine Person meint, eine Situation selbst beherrschen zu können (Amit/Glosten/Muller, 1993; Naffziger, 1995). Dieses Merkmal ist auf das ROTTERSCHE „Locus-of-Control"-Konzept zurückzuführen (Rotter, 1954). Doch auch diese Eigenschaft ist nicht ausschließlich bei Unternehmern vorzufinden.

(3) Eine gesicherte Befundlage besteht schließlich im Bereich einer hohen Risikobereitschaft, die als ein typisches Merkmal von Unternehmern gilt (Johnson, 1990; Cooper/Gascón, 1992; Ray, 1993; Simon/Houghton/Aquino, 1999). Interessanterweise wurde jedoch festgestellt, dass Unternehmer das Risiko ihrer Handlungen als nicht hoch wahrnehmen.

Neben diesen Eigenschaften werden in Sammelreferaten noch weitere Persönlichkeitseigenschaften ausgewiesen. Hierzu zählen vor allem Energie (Block/MacMillan, 1993; Caird, 1993; Naffziger, 1995), Toleranz gegenüber mehrdeutigen Situationen (Begley/Boyd, 1987; Amit/Glosten/Muller, 1993), Autonomieneigung (Block/MacMillan, 1993; Caird, 1993), Aggressivität und Ehrgeiz (Aldrich/Zimmer, 1986), ein hohes Kontrollbedürfnis (Bird, 1989), Einfallsreichtum (Block/MacMillan, 1993), eine aktive Informationsorientierung (Ray, 1993), Dominanz, soziale Gewandtheit, eine handlungs- und experimentierorientierte Lernhaltung sowie allgemein ein intuitives Vorgehen (Caird, 1993).

Im Rahmen einer Gesamtbetrachtung dieser fraglos mit großer Seriosität und Akribie zusammengetragenen empirischen Forschungsergebnisse muss man zu dem Ergebnis kommen, dass die Befundlage völlig unbefriedigend ist. Trotz ihres informationsverdichtenden Charakters haben die Sammelreferate nämlich ein überaus breites, kaum zielstrebig anwendbares Spektrum psychologischer Merkmale (erfolgreicher) Unternehmer erbracht. Hinzu kommt, dass sich im Schrifttum überaus heterogene Meinungen bezüglich der Aussagefähigkeit der psychologischen Merkmale von Unternehmern finden. Daher kann man sich des Eindrucks nicht ganz erwehren, dass im Bereich der unternehmerbezogenen Psychologie bislang keine klaren, übereinstimmenden Antworten zu den Fragen: Was unterscheidet Unternehmer von „anderen" Menschen? bzw.: Was unterscheidet erfolgreiche von erfolglosen Unternehmern? entfaltet worden sind. Stattdessen kulminieren die Erkenntnisse in dem minimalistischen Befund, dass Persönlichkeitsmerkmale von Unternehmensgründern für die Entscheidung zu und den Erfolg von Unternehmensgründungen wichtig sind und dass die Forschung zur Erkundung dieser Eigenschaften vielversprechend ist (z. B. Naffziger, 1995; Miner, 1997; van Olffen, 1999) – mit anderen Worten also noch in der Zukunft liegt.

- Unter dem Sammelbegriff „nicht-psychologische Eigenschaften von Unternehmern bzw. erfolgreichen Unternehmern" sollen weitere, oft diskutierte Merkmale von Unternehmern vorgestellt werden, die nicht direkt mit deren „inneren Gesetzmäßigkeiten" zusammenhängen. Als strukturgebendes Denkgerüst wird hierfür auf die weiter oben theoretisch hergeleiteten Funktionen von Unternehmern (Laub, 1989; Picot/Laub/Schneider, 1989) zurückgegriffen und es werden empirisch nachvollzogene Kriterien eingeführt, die diesen Funktionen zuordenbar sind bzw. diese charakterisieren (eine Übersicht über die nachfolgend referierten Befunde findet sich bei HINKEL (Hinkel, 2001, S. 317 ff.)).

Die Befähigung des Unternehmers als Informationskoordinator lässt sich durch die Kriterien (1) „Fachwissen", (2) „Kreativität" und (3) „Problemorientierung" erschließen (Laub, 1989).

(1) Ein hohes Maß an Fachwissen ist für Unternehmer von Vorteil, weil es ihnen einen Informationsvorteil verschafft (Laub, 1989). Eine unlängst abgeschlossene Literaturübersicht relevanter Studien zu Start-ups (Hinkel, 2001) hat gezeigt, dass tendenziell ein positiver Zusammenhang zwischen Fachwissen und Unternehmensgründungen besteht, wobei das Ergebnis in „High-potential"-Gründungen erstaunlicherweise weniger eindeutig ausfiel. Unabhängig davon ist zu vermuten, dass ein gewisses Maß an Fachwissen notwendig, aber nicht ausreichend für eine erfolgreiche Unternehmensgründung ist (Hinkel, 2001).

(2) Bedeutsam erscheint auch die „Kreativität" des jeweiligen Unternehmers; in zwei Studien stand sie in einem statistisch wesentlichen Zusammenhang mit dem Erfolg des jeweiligen Unternehmens (Khan, 1987; Hinkel, 2001).

(3) Nachhaltig erfolgswirksam erscheinen schließlich die technische und die ökonomische Problemorientierung des Gründers. Einerseits konnte in sechs Studien ein positiver Zusammenhang bestimmt werden; andererseits erwies sich auch die assoziierte Eigenschaft, gute Gelegenheiten zu erkennen und auszunutzen, mehrfach als erfolgsrelevant (Chandler/Jansen, 1992; Hinkel, 2001).

Die Befähigung des Unternehmers als Ressourcenkoordinator lässt sich am besten noch durch das Kriterium „branchenspezifischer Informationsstand" konkretisieren. Gemeint ist der Informationsstand der Gründerperson hinsichtlich der Lieferantenstruktur, der Abnehmerstruktur sowie der produktspezifischen Eigenheiten und Entwicklungen (Laub, 1989). Auch hier sind die Zusammenhänge tendenziell positiv, wobei jedoch auffällt, dass recht häufig kein Zusammenhang ermittelt werden konnte (Laub, 1989; Hinkel, 2001).

Die Befähigung des Unternehmers als Marktkoordinator lässt sich durch das Kriterium „Kompetenz im Bereich Marketing/Vertrieb" bzw. generell durch dessen betriebswirtschaftliches Wissen erschließen. Die Wichtigkeit dieses Kriteriums spiegelt sich in der Häufigkeit wider, mit der es empirisch getestet worden ist. Konzeptionell gesehen erscheint es insbesondere deshalb bedeutsam, da viele Unternehmensgründer fachlich einen rein technischen Hintergrund und daher möglicherweise Schwachpunkte bezüglich betriebswirtschaftlichen Wissens haben. Auch für diese Merkmale wurde mehrheitlich ein positiver Zusammenhang bestimmt (Laub, 1989; Hinkel, 2001).

Des Weiteren haben sich die Führungsfähigkeit sowie die Teamfähigkeit der Gründer als erfolgsrelevant erwiesen (Laub, 1989) – zwei Merkmale, die sich nicht eindeutig den drei Hauptkriterien zuordnen lassen. Führungsfähigkeit umfasst vor allem die effiziente Verteilung bzw. richtige Delegation von Aufgaben (Laub, 1989). Sie ist in der Start-up-Phase hoch relevant, da im Verlauf des unternehmerischen Entwicklungsprozesses das Ausmaß an Delegation zunehmen sollte. Die Teamfähigkeit des Gründers ist zu beachten, weil aufgrund „der Vielfalt der im Rahmen einer innovativen Unternehmensgründung wahrzunehmenden Aufgaben" (Laub, 1989, S. 83) diese wohl am besten durch ein Team erledigt werden können. Die verfügbaren Sammelreferate zeigen, dass die beiden letztgenannten Kriterien tendenziell positiv mit dem Gründungserfolg assoziiert sind.

In Abbildung III.1 sind die Merkmale von Unternehmensgründern zusammengestellt, die in theoretischen sowie empirischen Arbeiten bestimmt worden sind. Es zeigt sich, dass die unterschiedlichen Typen von Untersuchungen ein relativ heterogenes, überschneidungsarmes Bündel an Eigenschaften hervorgebracht haben.

Abbildung III.1: Singuläre Merkmale erfolgreicher Gründer

1.3.3 Ganzheitliche Unternehmertypologien

Die bisherige Diskussion von Merkmalen (erfolgreicher) Unternehmer bzw. Unternehmensgründer ist in vieler Hinsicht problemverkürzend. Einerseits wurden die einzelnen Merkmale nacheinander im Rahmen eines sequenziellen Prozesses unabhängig voneinander betrachtet, was mit der Einsicht in Konflikt gerät, dass sich unternehmerischer bzw. Gründungserfolg als Ergebnis des Zusammenwirkens mehrerer Merkmale präsentiert. Andererseits verleitet eine derartige sequenzielle Zusammenhangsanalyse zu der verfehlten Annahme, dass es möglich ist, „den" (Start-up-)Unternehmer zu spezifizieren.

Bei der nunmehr erfolgenden Erarbeitung von Unternehmertypologien wird die Annahme, dass es „den" Unternehmer gibt, aufgegeben. Stattdessen wird in Anlehnung an gestalttheoretisches Denken (Wolf, 2000) vermutet, dass Unternehmenserfolg auch in der Gründungsphase auf mehreren Wegen erzielt werden kann. Es lassen sich unterschiedliche Typen von

Gründern identifizieren, die zu Typologien zusammengefasst werden können (Sanchez, 1993).

Die Entwicklung unternehmerbezogener Typologien reicht relativ weit zurück. Zu denken ist etwa an die Unterscheidung zwischen dem Handwerker („craftsman") und dem Opportunisten („opportunist") (Collins/Moore, 1964; Smith, 1967); eine zweigliedrige Unternehmertypologie, die empirischen Überprüfungen relativ gut standgehalten hat, vergleichsweise häufig diskutiert worden ist und deshalb trotz ihres hohen Alters kurz erwähnt werden soll. Der „Handwerker-Typ" ist ein bodenständiger Unternehmer herkömmlicher Prägung. Er ist eine eher unflexible, wenig eloquente Persönlichkeit mit einer paternalistischen, wenig delegativen Beziehung zu den Mitarbeitern. Der Opportunist dagegen ist durch eine Vertragskultur und ein schnelllebigeres Wesen geprägt. Er ist ein hoch flexibler und sprachlich versierter Netzwerkspinner und delegiert gerne im Rahmen seines Tagesgeschäfts. Es hat sich gezeigt, dass „Handwerker" langsamer wachsende, rigide Unternehmen (relative Stabilität hinsichtlich Produktprogramm, Produktionsprozessen, räumliche Erstreckung von Märkten, Kundenstruktur) führen, während opportunistische Unternehmer schneller wachsende, adaptive Unternehmen (schneller Wandel hinsichtlich Produktprogramm, Produktionsprozessen, räumliche Erstreckung von Märkten, Kundenstruktur) leiten (Smith, 1967; Miner, 1997).

Dem Anspruch eines hohen intellektuellen Gehalts, Facettenreichtums und hinreichender empirischer Bewährung genügt die von MINER (Miner, 1997) vorgelegte viergliedrige Typologie. Sie differenziert zwischen dem (1) wahrhaftigen Manager („real manager"), dem (2) empathischen Starverkäufer („empathic super-salesperson"), dem (3) Tüftler („expert idea generator") sowie dem (4) Leistungsorientierten („personal achiever") (Miner, 1996; Miner, 1997).

(1) Der wahrhaftige Manager ist durch eine hohe Entscheidungsfreudigkeit sowie die Vorliebe für Anordnungen geprägt. Auch hinsichtlich des oben erwähnten allgemeinen Erfolgskriteriums „Führungsfähigkeit" schneidet er gut ab.

(2) Der empathische Starverkäufer ist eine sich „sorgende", kundenorientierte Person. Die sich auf den Absatzmarkt beziehenden Eigenschaften des Ressourcenkoordinators sind bei ihm genauso stark ausgeprägt wie die Teamfähigkeit.

(3) Der Tüftler zeichnet sich durch eine hohe Intelligenz und einen starken Glauben an seine Ideen aus. In diesen Typ sind die Eigenschaften des Informationskoordinators eingebettet.

(4) Der Leistungsorientierte ist durch einen starken Willen angetrieben. Ein hohes Maß an Zielerreichung ist für ihn von vorrangiger Wichtigkeit

Neben diesen vier reinen Typen hat MINER noch einen Mischtyp des komplexen Unternehmers entworfen, der mindestens zwei der genannten Eigenschaftsprofile in sich vereinigt. Er präsentiert sich somit als ein inhaltlich nicht genau spezifizierbarer, „verwaschener" Hypertyp. Abbildung III.2 (Miner, 1997) hält eine umfassendere Beschreibung der MINERSCHEN Unternehmertypen bereit.

MINER hat ein innovatives, aus Persönlichkeitstests und Fragebogen bestehendes, gleichwohl kritisch beurteiltes (van Olffen, 1999) Instrumentarium entworfen mit dem Ziel, den Verbreitungsgrad und die Zweckhaftigkeit seiner Idealtypen empirisch zu prüfen (Miner, 1997). MINERS Untersuchungen (Miner, 1996; Miner 1997; Miner 2000) belegen, dass junge bzw. im Übergang befindliche Unternehmen, die von Personen geführt werden, die einen der dargestellten Typen vertreten, überdurchschnittliche Wachstumsraten aufweisen. Überdies hat sich gezeigt, dass Personen, die einem dieser Typen zugeordnet werden können, überproportional häufig Unternehmen gründen (Miner, 2000).

Der wesentliche Vorzug der MINERSCHEN Typologie besteht neben ihrer empirischen Bestätigung darin, dass mit ihrer Hilfe der Kreis von Personen erweitert werden kann, die für eine Unternehmensgründung in Betracht kommen (Miner, 2000). Hinzu kommt, dass es auf der Basis dieser Typologie möglich ist, Trainings- und Entwicklungsprogramme zur Stärkung der einzelnen Unternehmertypen zu konzipieren. Auf die positive Seite der Waagschale zu werfen sind auch die hohe Plausibilität dieses Alternativenrasters und die Möglichkeit, für unterschiedliche Unternehmertypen angemessene Karrierepfade vorzuzeichnen (vgl. Abschnitt 1.6.1). Dem steht jedoch negativ gegenüber, dass MINERS Anspruch, eine durchweg auf psychologische Merkmale abzielende Typologie vorzulegen, letztlich nicht eingelöst wird. Einige der berücksichtigten Merkmale liegen nämlich außerhalb des psychologischen Bereichs (van Olffen, 1999). Angesichts der oben genannten Grenzen der psychologischen Unternehmerforscher kann hierin jedoch auch ein Vorteil gesehen werden, da die Forschung nach psychologisch ausgerichteten Unternehmermerkmalen hierdurch wesentliche Ergänzung erfahren könnte.

Typ 1: Der wahrhaftige Manager	Typ 2: Der empathische Starverkäufer
■ Hohe Führungsfähigkeit ■ Ausgeprägtes Selbstbewusstsein ■ Starkes Bedürfnis nach beruflichem Aufstieg ■ Starkes Bedürfnis nach Selbstverwirklichung ■ Geringes Bedürfnis nach Arbeitsplatzsicherheit ■ Hohe Entscheidungsfreudigkeit ■ Positive Einstellung gegenüber Autorität ■ Bedürfnis nach Wettbewerb mit Anderen ■ Starker Behauptungswille ■ Starkes Bedürfnis, Macht auszuüben ■ Kognitiver, richtlinienorientierter Denkstil ■ Starkes Bedürfnis, sich von der Masse abzuheben ■ Freude am Erledigen routineartiger Managementaufgaben	■ Hohes Einfühlungsvermögen ■ Große Hilfsbereitschaft ■ Hohe Wertschätzung sozialer Prozesse ■ Ausgeprägtes Harmoniebedürfnis ■ Glaube an die Schlüsselrolle von Verkaufspersonal im Managementprozess
Typ 3: Der Tüftler	**Typ 4: Der Leistungsorientierte**
■ Starkes Bedürfnis, an Innovationsprozessen persönlich teilzuhaben ■ Ausgeprägtes konzeptionelles Denken ■ Glaube an die Schlüsselrolle der Neuproduktentwicklung im Managementprozess ■ Hohe Intelligenz ■ Ausgeprägte Risikovermeidungsorientierung	■ Starke Leistungsmotivation ■ Aggressivität und Wettbewerbsorientierung ■ Ausgeprägte Feedback-Suche ■ Starke Tendenz zu zielorientiertem und geplantem Vorgehen ■ Hohes Maß an persönlicher Initiative ■ Starkes persönliches Commitment gegenüber dem Unternehmen ■ Pragmatismus in der Informationssuche und -verarbeitung ■ Interne Kontrollüberzeugung ■ Starke Kundenorientierung und Tendenz zu Berufsmenschentum ■ Geringe Wertschätzung einer Karriere in einer Gruppe Gleichrangiger

Abbildung III.2: MINERS Typen erfolgreicher Unternehmensgründer

1.4 Teamperspektive

Nach der Diskussion der individuellen Perspektive der wertorientierten Unternehmensführung bei Start-ups soll im Folgenden die Teamperspektive behandelt werden. Diese ist bedeutsam, weil technologieorientierte und schnellwachsende Neugründungen häufig von Start-up-Teams gegründet werden. Diese Erkenntnis steht im Widerspruch zum empirischen Tatbestand, dass die Merkmale von Gründerteams als wichtige, erfolgskritische Einflussfaktoren bislang kaum untersucht worden sind (Wicher, 1992; Cooper/Daily, 1997; Birley/Stockley, 2000).

Im Folgenden sollen zunächst die auch als Gründerteams bezeichneten Start-up-Teams inhaltlich spezifiziert werden. Dies ist nicht einfach, weil sich in der Gründungsforschung bislang noch keine einheitliche Definition durchgesetzt hat. Folgende Merkmalskomponenten bzw. Definitionen wurden bisher häufiger verwendet:

- Ein Start-up-Team umfasst zwei oder mehr Personen, die gemeinsam ein Unternehmen errichten wollen und sich bereits vor der Gründung mit dem zukünftigen Unternehmen beschäftigen (Kamm/Shuman/Nurick, 1989).
- Die Mitglieder eines Start-up-Teams sind kapitalmäßig am Unternehmen beteiligt (Kamm/Nurick, 1993).
- Die Mitglieder eines Start-up-Teams nehmen sowohl in finanzieller als auch in arbeitsbezogener Hinsicht mehr oder weniger gleichberechtigt am Gründungsprozess teil (Wicher, 1992).
- Die Mitglieder eines Start-up-Teams besitzen die Absicht, das Unternehmen auch nach Abschluss des Gründungsprozesses gemeinsam zu führen (Watson/Ponthieu/Critelli, 1995).
- Das Start-up-Team setzt sich aus Personen zusammen, die zum Zeitpunkt der Gründung in Vollzeit am Gründungsprozess teilhaben (Eisenhardt/Schoonhoven, 1990). Nur so erscheint gewährleistet, dass sie sich in hinreichendem Maße mit dem Gründungsprozess identifizieren. Dieses Merkmal ist jedoch umstritten. Mitunter wird die Ansicht vertreten, dass auch in Teilzeit arbeitende Personen „Schlüsselunternehmer" sein können, und zwar dann, wenn sie die Quelle von neuen Ideen und Antrieb für das Unternehmen sind (Roberts, 1970; Cooper/Daily, 1997).
- Die Mitglieder von Start-up-Teams sind in erheblichem Maße (z. B. mehr als 5 %) am Kapital des zu gründenden Unternehmens beteiligt und wirken wesentlich auf dessen konstitutive, strategische Entscheidungen ein (Ensley, 1999).
- Die Mitglieder von Start-up-Teams tragen persönlich die Geschäftsrisiken des Unternehmens (Lechler/Gemünden, 2001).

Die Durchsicht dieser Merkmalskomponenten bzw. Definitionen lässt deutlich werden, dass in der Pluralität von Gründerpersonen sowie in der gemeinsamen Beteiligung an zentralen Unternehmensentscheidungen die bedeutsamsten konstitutiven Merkmale von Start-up-Teams bestehen. In der Literatur besteht Uneinigkeit darüber, wann das Engagement der Mitglieder von Start-up-Teams beginnt (vor, während oder nach dem eigentlichen Gründungsakt), welches zeitliche Ausmaß die Tätigkeit der Start-up-Mitglieder einzunehmen hat (Teil- oder Vollzeit) und ob eine bestimmte Kapitalbeteiligung durch die einzelnen Mitglieder eines Start-up-Teams erforderlich ist., Die Antworten auf diese Frage sind von der jeweiligen Forschungsfrage abhängig (Cooper/Daily, 1997).

1.4.1 Strukturelle Charakteristika von Start-up-Teams

Nachdem Start-up-Teams jetzt inhaltlich hinreichend verortet sind, sollen in der Literatur häufig diskutierte strukturelle Charakteristika von Start-up-Teams vorgestellt und deren Wirkungen hinsichtlich des Gründungserfolgs diskutiert werden. Unter „strukturellen Charakteristika" werden jene Eigenschaften eines Start-up-Teams verstanden, die schwer veränderliche „Input"-Faktoren" der Teamgestaltung darstellen. Diese „Input"-Faktoren bedingen die in den Start-up-Teams sich vollziehenden (Team-)Prozesse bzw. Interaktionsmuster in fundamentaler Weise (McGrath, 1964).

(1) Im vorliegenden Abschnitt werden folgende strukturellen Charakteristika diskutiert: (1) die Größe des Start-up-Teams, (2) die Heterogenität der Teammitglieder sowie (3) die Kontakte der Teammitglieder im Vorfeld des Gründungsprozesses. Da die strukturellen Charakteristika den Erfolg von Start-up-Teams nicht direkt, sondern indirekt über die im Team ablaufenden Interaktionsprozesse beeinflussen, sollen nachfolgend nicht nur die einzelnen strukturellen Merkmale, sondern – sofern erforderlich – auch die sich vollziehenden Interaktionsprozesse angesprochen werden. Das erste behandelte strukturelle Merkmal von Start-up-Teams ist mit dessen Größe gegeben. Bevor wir uns dem Zusammenhang von Teamgröße und Gründungserfolg zuwenden, nennen wir die aktuellen, von LECHLER und GEMÜNDEN (Lechler/Gemünden, 2001) erarbeiteten deskriptiven Daten, wonach 57 % der untersuchten Teams aus zwei, 29 % aus drei, 9 % aus vier, 3 % aus fünf und letztlich 1 % aus sechs Teammitgliedern bestehen. Dies bedeutet, dass in Deutschland – wie im übrigen auch anderswo – eine hohe Anzahl von Mitgliedern in Start-up-Teams relativ unüblich ist.

Diese Beobachtung ist insofern erstaunlich, als die empirische Forschung zu zeigen scheint, dass die Größe eines Start-up-Teams positiv mit dem Erfolg von Unternehmensgründungen zusammenhängt. Dieser allgemeine Befund beinhaltet auch, dass von Start-up-Teams gegründete Unternehmen tendenziell erfolgreicher sind als von Einzelpersonen geschaffene. Eine Überlegenheit von Team- gegenüber Einzelgründungen trat auch in der von COOPER und GIMENO-GASCÓN (Cooper/Gimeno-Gascón, 1992) durchgeführten Sammelrezension zu Tage; dort waren in vier der fünf gesichteten Studien Unternehmen erfolgreicher, die von Start-up-Teams gegründet wurden (bspw. Cooper/Daily, 1997; Wicher, 1994). Bezüglich der Anzahl der Gründer kommt diese Sammelrezension zu dem Schluss, dass in sechs von acht Studien Unternehmen mit einer größeren Anzahl von Gründern überdurchschnittlich erfolgreich sind (Cooper/Gimeno-Gascón, 1992). In ein kompatibles Ergebnis mündet die von LECHLER und GEMÜNDEN (Lechler/Gemünden, 2001) durchgeführte aktuelle Literaturübersicht ein; auch hier waren Teamgründungen erfolgreicher als Einzelgründungen.

Diese Befunde sind insofern plausibel, als größere Teams ein höheres Maß an Spezialisierung aufweisen und somit zu qualitativ besseren Entscheidungen gelangen können (Eisenhardt/Schoonhoven, 1990; Cooper/Daily, 1997). Überdies korrespondiert eine hohe Teamgröße in besserem Maße mit dem Umfang der zu bewältigenden Gründungsaufgabe. Weiterhin ist zu bedenken, dass größere Start-up-Teams aufgrund des erhöhten agglomerierten Individualvermögens eine bessere Kapitalausstattung haben dürften als kleinere Teams (Brüderl/Preisendörfer/Ziegler, 1996).

Auf der anderen Seite sollte der Zusammenhang zwischen der Anzahl der Start-up-Gründer und dem Gründungserfolg jedoch nicht überschätzt werden. So ist zu berücksichtigen, dass die Komplexität zu gründender Unternehmen erheblich streut. So dürfte auch heutzutage kaum eine Notwendigkeit bestehen, ein wenig komplexes Unternehmen, wie beispielsweise einen Handwerksbetrieb, durch eine Personengruppe gründen zu lassen, wohingegen sich bei Hochtechnologiegründungen eine Personenmehrzahl in hohem Maße positiv auswirken dürfte. Dies bedeutet, dass der originäre Effekt zwischen Teamgröße und Gründungserfolg in nicht unwesentlichem Maße durch die Art der Unternehmensgründung überlagert wird. Des Weiteren könnte auch das Erfolgspotenzial der Geschäftsidee ins Spiel gebracht und argumentiert werden, dass eine sehr Erfolg versprechende Geschäftsidee eine größere Anzahl von Gründern ökonomisch zu tragen in der Lage ist (Cooper/Daily, 1997). Auch dies spricht gegen die Annahme eines universell durchschlagenden Größeneffekts im Kontext von Gründungsprozessen. Schließlich lässt sich argumentieren, dass neben der Teamgröße auch das Ausmaß der Ergänzung der Teammitglieder, die Heterogenität, eine Rolle spielt, womit freilich bereits das nächste strukturelle Charakteristikum von Start-up-Teams angesprochen wäre.

(2) Im vorliegenden Zusammenhang wird unter „Heterogenität" die Unterschiedlichkeit der Start-up-Teammitglieder bezüglich ihrer Fähigkeiten und/oder demographischen Eigenschaften verstanden.

Da im Bereich dieses strukturellen Charakteristikums sehr unterschiedliche, häufig widersprüchliche Argumentationen vorgetragen werden, wollen wir nachfolgend die empirische Datenlage zum Ausgangspunkt der Berichterstattung nehmen. Diesbezüglich ist festzustellen, dass das Konstrukt „Heterogenität" in empirischen Untersuchungen auf unterschiedlichste Weise operationalisiert worden ist. Erhoben wird beispielsweise die Vollständigkeit der Fähigkeiten der Teammitglieder, das Ausmaß der im Team bestehenden funktionalen Balance, die dort vorhandenen Fähigkeitsunterschiede, die Streuung der Branchenerfahrung, die Streuung des Lebensalters, die Unterschiedlichkeit des Erfahrungs- und funktionalen Hintergrunds oder die Spezialisierung des höchsten Bildungsabschlusses der Teammitglieder. Diese Vielfalt an Operationalisierungen ist insofern zu erwähnen, als die Stärke des Zusammenhangs zwischen Heterogenität einerseits und Gründungserfolg andererseits in Abhängigkeit von der jeweils gewählten Operationalisierung streut. So konnte ein positiver Zusammenhang dann festgestellt werden, wenn die Vollständigkeit der Fähigkeiten (Roure/Maidique, 1986), das Ausmaß der funktionalen Balance (Siegel/Siegel/MacMillan, 1993), die Fähigkeitsunterschiede (Eisenhardt/Schoonhoven, 1990), die Streuung der Branchenerfahrungen (Lechler/Gemünden, 2001), die Unterschiedlichkeit des funktionalen Hintergrunds (Smith et al.,

1994; Cooper/Daily, 1997) oder die Spezialisierung im höchsten Bildungsabschluss (Ensley, 1999) der Analyse zugrunde gelegt wurden. Demgegenüber korrelierte die über das Lebensalter operationalisierte Heterogenität nicht systematisch mit dem Gründungserfolg (Lechler/Gemünden, 2001). Dies ist insofern nicht weiter verwunderlich, als es sich bei der Größe „Lebensalter" um eine aggregierte, äußerliche Größe ohne spezifischen inhaltlichen Kern handelt. Bei der Variable „Unterschiedlichkeit der Erfahrungen" findet sich sogar eine noch größere Abweichung: Sie korrespondierte in der Studie von SMITH et al. (Smith et al., 1994) negativ mit dem Gründungserfolg.

Aufgrund der Uneinheitlichkeit der Befundlage – Heterogenität kann sich sowohl in positiver als auch negativer Weise auf den Gründungserfolg auswirken – sollen nachfolgend die in beide Richtungen weisenden Argumente vorgetragen werden. Für die Annahme eines positiven Zusammenhangs spricht das Argument, dass eine heterogene Zusammensetzung von Start-up-Teams der bei Unternehmensgründungen existierenden hohen Komplexität am besten entspricht (Kamm et al., 1990; Gartner, 1985; Ensley, 1999). Überdies beachten heterogene Teams bei ihren Entscheidungen eine größere Anzahl von Handlungsalternativen, die sie überdies relativ ausführlich diskutieren und im Rahmen positiver kognitiver Konflikte gewinnbringend umsetzen (Murray, 1989). Weiterhin dürfte sich ein hoher Heterogenitätsgrad in einer überdurchschnittlichen Innovationskraft niederschlagen, weil ein umfangreicheres Fähigkeitsbündel die kognitive Kapazität des Teams erhöht (Bantel/Jackson, 1989).

Auf der anderen Seite ist jedoch zu beachten, dass sich eine große Heterogenität in Reibungen während der Entscheidungsprozesse sowie in einer überdurchschnittlichen Fluktuationsrate der Teammitglieder niederschlägt (Jackson/Brett/Sessa, 1991). Dies dürfte sich ebenso negativ auf den Gründungserfolg auswirken wie die beobachtete Langsamkeit heterogener Arbeitsgruppen während ihres Arbeitsvollzugs (Hambrick/Cho/Chen, 1996; Birley/Stockley, 2000). Aber auch die allgemeine Gruppenkohäsion – die Stärke des Zusammenhalts innerhalb einer Gruppe – ist in heterogenen Arbeitsgruppen gering. Diese Beobachtung ist für den Gründungserfolg relevant, weil sich das Ausmaß der Gruppenkohäsion erfahrungsgemäß positiv auf die Gruppenleistung auswirkt (Festinger, 1950; Ensley, 1999). Zusammenhalt fördert Orientierung und Orientierung fördert Leistung.

Insgesamt gesehen fällt auf, dass die gruppenheterogenitätsbezogenen Befunde weniger eindeutig ausfallen als diejenigen, welche die Größe von Start-up-Gruppen betreffen. Neben der konzeptionellen Offenheit des „Heterogenitätskonstrukts" und den daraus resultierenden vorgenannten Messproblemen dürfte dies nicht zuletzt darin begründet sein, dass mit der Größe und der Heterogenität des Start-up-Teams zwei stark interkorrelierende strukturelle Charakteristika von Start-up-Teams gegeben sind. Die erwünschte Neutralisierung von Heterogenitätseffekten dürfte somit überaus schwierig sein.

(3) Ein weiteres strukturelles Merkmal von Start-up-Teams besteht schließlich in dem Ausmaß der Kontakte, welche die Mitglieder von Start-up-Teams bereits im Vorfeld des Gründungsprozesses aufweisen. Dieses Merkmal ist allein schon deshalb untersuchenswert, weil sich drei Viertel aller Mitglieder deutscher Start-up-Teams bereits im Vorfeld

des Gründungsprozesses kannten (Lechler/Gemünden, 2001). Diesbezüglich wurde festgestellt, dass eine bereits bestehende Bekanntschaft mit zukünftigen Start-up-Teamkollegen die Fähigkeit bzw. das Wissen vermittelt, um später effektiv und effizient zusammenzuarbeiten (Roure/Maidique, 1986; Eisenhardt/Schoonhoven, 1990; Roure/Keeley, 1990; Wicher, 1994; Cooper/Daily, 1997; Ensley, 1999; Birely/Stockley, 2000). Gerade in als komplex zu vermutenden Gründungsprozessen wird ein derartiges Wissen einen großen Vorteil darstellen. Andererseits vermindern solche Ad-hoc-Bekanntschaften jedoch die Wahrscheinlichkeit, dass Teampositionen ausschließlich entsprechend ihrer funktionalen Anforderungen besetzt werden (Lechler/Gemünden, 2001). Dieser nachteilige Effekt dürfte die zuvor angesprochenen positiven Wirkungen vorgelagerter Kontakte aber nicht gänzlich erodieren. Daher erscheint der Hinweis angemessen, dass angehende Start-up-Teammitglieder nützliche Vorab-Kontakte unter anderem im Rahmen einer vorherigen Zusammenarbeit, einer gemeinsamen Familienangehörigkeit oder einer bestehenden Freundschaft schließen können.

1.4.2 Interaktionsmuster als Erfolgsfaktor von Start-up-Teams

Die Erfolgswirkungen von Start-up-Teams werden nicht nur durch deren strukturelle Charakteristika, sondern auch durch die sich in ihnen vollziehenden spezifischen Interaktionsmuster der Gruppenmitglieder bestimmt. Im Gegensatz zu den strukturellen Charakteristika, welche die „Eingangskonstellation" von Start-up-Teams modellieren, sind Interaktionsmuster prozessorientiert und beschreiben, in welcher Form die Mitglieder eines Start-up-Teams miteinander umgehen. Im Kreise dieser Interaktionsmuster erscheinen (1) die Qualität der Teamarbeit sowie (2) kognitive und affektive Konflikte samt deren Einfluss auf Gruppenentscheidungen besonders bedeutsam. Auch ist zu vermuten, dass beide in erheblichem Maße den Erfolg von Start-up-Teams beeinflussen. Neben diesen beiden Erfolgsfaktoren wird nachfolgend auch noch das Realphänomen (3) „Trennung der Teamgründer" behandelt werden. Dieses ist zwar eher eine Konsequenz denn eine Ursache eines (unzureichenden) Start-up-Erfolgs. Es darf in einer Abhandlung über Interaktionsmuster von bzw. in Start-up-Teams nicht ausgeblendet werden.

(1) Das Konstrukt „Qualität der Teamarbeit" ist komplex und empirisch nur schwer zugänglich. Dementsprechend wird es in Feldforschungen üblicherweise mehrdimensional abgebildet. LECHLER und GEMÜNDEN haben vorgeschlagen, es über die Teilaspekte Kommunikation, Kohäsion, Arbeitsnormen, gegenseitige Unterstützung, Koordination sowie Konfliktbewältigung zu erschließen. Dabei bezieht sich Kommunikation auf die Intensität, den Grad der Formalisierung, die Kommunikationsstruktur sowie die Offenheit der ausgetauschten Informationen innerhalb des Start-up-Teams. Unter Kohäsion wird die Stärke des Zusammenhalts zwischen den Teammitgliedern verstanden. Arbeitsnormen beziehen sich auf die Höhe des Leistungsstandards innerhalb des Teams. Gegenseitige Unterstützung bezeichnet, wie spontan sich die Teammitglieder bei der Aufgabenerfüllung helfen. Die Qualität der Koordination beschreibt, wie gut die oft voneinander abhängigen und parallel zu bearbeitenden Aufgabenbestandteile durch das Team integriert

werden. Konfliktbewältigung bezeichnet die Fähigkeiten von Start-up-Teams, Meinungsverschiedenheiten konstruktiv zu bewältigen (Lechler/Gemünden, 2001).

Basierend auf diesem Operationalisierungsraster haben LECHLER und GEMÜNDEN die Qualität der Teamarbeit deutscher Start-up-Teams untersucht. In beschreibender Hinsicht hat sich dabei zunächst gezeigt, dass die untersuchten Start-up-Teams im Durchschnitt eine recht hohe Teamarbeits-Qualität aufwiesen. Die beobachteten Erfolgswirkungen qualitativ hochwertiger Teamarbeit waren jedoch nicht allzu deutlich; in der Datenbasis war lediglich ein mäßig positiver Zusammenhang zwischen der Qualität der Teamarbeit und der Ausprägung des Gründungserfolgs festzustellen. Gleichwohl gewannen die Verfasser den Eindruck, dass sich eine qualitätsvolle Teamarbeit insbesondere in dynamischen Start-up-Kontexten lohnt; sie ermögliche den Gründern, ihre innovativen Aufgaben erfolgreich zu erledigen (Lechler/Gemünden, 2001).

Oben wurde erwähnt, dass die Mehrzahl von Start-up-Teams aus zwei Mitgliedern besteht. Vor der Kulisse dieses empirischen Tatbestands sind Forschungsergebnisse interessant, die sich gezielt auf zweiköpfige Start-up-Teams beziehen (Watson/Ponthieu/Critelli, 1995). Sie zeigen, dass in dieser Konstellation der Gründungserfolg dann hoch ist, wenn (a) die Partner systematisch zu den Führungsfunktionen Problemlösen, Setzen von Qualitätsstandards, kontinuierliche Verbesserung und Setzen von Zielen beitragen, (b) wenn sie flexibel mit ihrem Kollegen umgehen, Konflikte lösen, offen Informationen austauschen und einen persönlichen Kommunikationsstil zur Unterstützung der Problemlösung pflegen, (c) wenn sie sich für die Teamleistung begeistern können und sich auf die gemeinsamen Ziele konzentrieren sowie (d) ihrem Kollegen über das erforderliche Maß hinaus helfen sowie freundlich und kooperativ eingestellt sind.

(2) Es verwundert nicht, dass Konflikte den Verlauf und das Ergebnis von Gründungsentscheidungen und damit den Gründungserfolg beeinflussen. Genauso wie in anderen Kontexten sind auch in der „Gründungswelt" kognitive und affektive Konflikte voneinander zu unterscheiden. Kognitive Konflikte sind aufgaben- bzw. sachorientiert; die Meinungen der Gruppenmitglieder über den Inhalt von Entscheidungen und den darauf bezogenen Ideen divergieren. Demgegenüber beinhalten affektive Konflikte – diese werden mitunter auch als soziale, persönliche oder emotionale Konflikte bezeichnet – die Wahrnehmung von persönlicher Unverträglichkeit sowie Spannungen, Ärgernis und Feindseligkeit zwischen den Start-up-Teammitgliedern (Simons/Peterson, 2000).

Die Unterscheidung zwischen diesen beiden Konflikttypen ist im vorliegenden Fragenzusammenhang essentiell, weil sie sich in völlig unterschiedlicher Weise auf den Start-up-Erfolg auswirken. Wenn sich kognitiver Konflikt positiv auf den Gründungserfolg ausgewiesen hat (Ensley/Pearce, 2001), dann liegt dies vor allem daran, dass kognitiv konfliktreiche Start-up-Teams in ihren Entscheidungsprozessen eine relativ große Anzahl an Lösungsalternativen berücksichtigen und diese relativ sorgfältig bewerten (Ensley, 1999). Überdies dürfte in diesem Fall eine vergleichsweise hohe Akzeptanz der ausführlich diskutierten strategischen Entscheidungen vorliegen (Simons/Peterson, 2000). Affektiver Konflikt hingegen mindert den Start-up-Erfolg (Ensley/Pearce, 2001), weil in diesem Fall im Team keine Klarheit über die grundsätzlich einzuschlagende Richtung herrscht und aufgrund der feindseligen Grundstimmung erhebliche Identifikations- und Implementationsschwierigkeiten bestehen (Ensley, 1999). Weiterhin dürften affektive Konflikte die Aufmerksamkeit der Teammitglieder für die Lösung der anstehenden Sachprobleme reduzieren. Durch den Aufbau von Vertrauen beispielsweise über einen freien Informationsfluss, eine klare Spezifikation von Zielen und Aufgaben oder eine gemeinsame Durchführung außerberuflicher Aktivitäten scheint es möglich, die positiven Aspekte von kognitiven Konflikten unter Inkaufnahme von möglichst geringen negativen Wirkungen von affektiven Konflikten zu realisieren (Simons/Peterson, 2000).

(3) Genauso wie Konflikte gehört der abschließend zu behandelnde Aspekt der Trennung von Start-up-Teammitgliedern zu den vielfach nicht hinreichend beachteten Schattenseiten von Teamgründungen. Konzeptionell gesehen stellt die Trennung eine Konsequenz ernsthafter, unbeherrschter Konflikte dar, die sich Untersuchungen zufolge in nahezu jedem dritten Start-up-Team finden. Probleme beim Arbeitseinsatz, bei finanziellen Angelegenheiten sowie im persönlichen Bereich sind die vorherrschenden Ursachen derartiger Konflikte (Brüderl/Preisendörfer/Ziegler, 1996).

Demzufolge trennen sich Start-up-Teams relativ häufig von einzelnen Mitgliedern, und dies nicht nur im Falle erfolglos verlaufender Gründungsprozesse (Wicher, 1994). Dementsprechend kommt die Gründungsforschung zu dem Befund, dass wenige Jahre nach der Gründung lediglich jedes zweite der Unternehmen noch von seinem ursprünglichen Start-up-Team geführt wurde (Wicher, 1992). Zu den wichtigsten Trennungsursachen zählen unterschiedliche Präferenz- und Wertvorstellungen, ein Dissens bei der Aufgabenteilung und Leistungsbewertung, Konkurrenz und Machtkämpfe, Qualifikationsdefizite, Risikofehleinschätzungen sowie ein Kontrollverlust (Wicher, 1992; Wicher, 1994; Cooper/Daily, 1997).

Als Präventivmaßnahmen gegen die stets zu gewissen disruptiven Effekten führende Trennung von Teammitgliedern bieten sich an: (a) eine frühzeitige Überprüfung der Teamfähigkeit der potenziellen Start-up-Teammitglieder (b) ein verstärktes Verfolgen unternehmensexterner sozialer Ziele, (c) eine klare vertragliche Regelung der Partnerschaftsbeziehungen, (d) die Einrichtung festvereinbarter Gründertreffen sowie (e) die Anstellung eines konfliktlösenden Gründungsmanagers (Wicher, 1992).

1.5 Vergleichende Bewertung von Individual- versus Teamgründungen

Einzel- und Teamgründungen sind als Alternativen zu begreifen, zwischen denen gründungswillige Personen wählen können. Daher bietet es sich an, diese beiden Gründungsvarianten einer vergleichenden Bewertung zu unterziehen. Aufgrund ihres gegensätzlichen Charakters präsentieren sich die Vorteile der einen Gründungsart jeweils als Nachteile der anderen. Aus diesem Grund ist es im Folgenden möglich, die Analyse auf die spezifischen Vorteile der beiden Gründungsvarianten zu konzentrieren.

Ein wesentlicher Vorteil der Einzelgründung besteht zunächst darin, dass mit ihr der „einfachste Weg" einer Unternehmensgründung gegeben ist. Insbesondere muss kein Aufwand betrieben werden, um gute Beziehungen mit den Teamkollegen oder Schlüsselmitgliedern des Teams aufzubauen bzw. zu pflegen. Genauso wenig ist es erforderlich, einen Konsens über das zeitliche und finanzielle Engagement der einzelnen Start-up-Teammitglieder hinsichtlich der Strategie des zu gründenden bzw. gegründeten Unternehmens herzustellen. Überdies besteht im Falle der Einzelgründung keine Notwendigkeit, die Entscheidungsgewalt zu teilen. Der Unternehmer kann ein Maximum an dispositorischer Unabhängigkeit erreichen und ist überdies hinsichtlich der Gestaltung seines Arbeitsinhalts weitgehend frei. Gerade dieser macht- und arbeitsinhaltsbezogene Aspekt ist besonders bedeutsam, weil viele im Gründungsprozess stehende Personen von „ihren" Ideen und „ihrem" Unternehmen sehr überzeugt und somit nicht bereit sind, ihre Absichten durch die Einmischung anderer Personen relativieren zu lassen. Zu bedenken ist überdies, dass eine Individualgründung einer „Verwässerung" des Eigentums und, daraus resultierend, möglichen negativen Konflikten im Start-up-Management vorbeugt. Bei einer Gesamtbetrachtung dieser Vorteile ist davon auszugehen, dass im Falle einer Einzelgründung vergleichsweise geringe nicht-produktive Koordinationskosten anzusetzen sind. Der Einzelgründer muss keine Rücksicht auf familiäre, freundschaftliche oder Arbeitsbeziehungen nehmen und hat somit die Möglichkeit, sein Führungsteam nach den Aufgabenerfordernissen und dem Harmonieren dieser Personen auszuwählen. Weiterhin ist es für ihn vergleichsweise einfach, sich von nicht adäquaten Personen zu trennen (Lechler/Gemünden, 2001). Schließlich fällt es bei einer Individualgründung leichter, das Unternehmen im Falle eines Misserfolgs wieder aufzugeben (Stolze, 1989; Cooper/Daily, 1997). Angesichts dieser erheblichen Vorteile verwundert es nicht, dass eine umfangreiche, von der *National Federation of Independent Business* in den U.S.A. durchgeführte Studie zu dem Ergebnis kommt, dass zwei Drittel der Gründerpersonen eine Individualgründung präferieren (Cooper et al., 1990; Cooper/Daily, 1997).

Die Vorteile von Teamgründungen manifestieren sich in vier Bereichen: (1) kapazitative, (2) sozialpsychologische, (3) fähigkeits- und wissensbezogene sowie (4) finanzielle Vorteile (Werner, 2000; Lechler/Gemünden, 2001).

(1) Die kapazitativen Vorteile von Start-up-Teams sind vor allem darin begründet, dass eine größere Anzahl verantwortlicher Start-up-Teammitglieder dem neugegründeten Unternehmen ein relativ hohes Führungs- bzw. Arbeitspotenzial zur Verfügung stellt (Vesper, 1990; Cooper/Daily, 1997; Werner, 2000). Diese ausgeprägtere Verteilung der Führungslast bewirkt eine geringere Abhängigkeit des neugegründeten Unternehmens von einzelnen Mitgliedern des Start-up-Teams. Dies ist besonders dann relevant, wenn diese sich dazu entscheiden sollten, das Unternehmen zu verlassen (Cooper/Daily, 1997).

(2) Ein wesentlicher sozialpsychologischer Vorteil von Teamgründungen besteht darin, dass sich die Teammitglieder gegenseitig unterstützen können. Dies ist deshalb äußerst bedeutsam, weil Unternehmer üblicherweise einer ausgeprägten Stress- und Isolationssituation ausgesetzt sind (Boyd/Gumpert, 1983; Cooper/Daily, 1997). Insbesondere kann im Rahmen einer Teamkonstellation mit der häufig vorhandenen Sorge, während der Unternehmensgründung und -führung überfordert zu sein, besser umgegangen werden. Überdies ist davon auszugehen, dass ein Start-up-Team aufgrund der bestehenden kognitiven Vielfalt eher als ein Alleingründer in der Lage ist, anstehende Probleme zu antizipieren und zu lösen (Wicher, 1994). In den sozialpsychologischen Bereich fällt schließlich auch, dass sich die Start-up-Teammitglieder gegenseitig kontrollieren und

auf eine allseitige Einhaltung der bestehenden Gruppennormen achten können (Hofer/Sandberg, 1987; Kamm, 1987; Hansen, 1991; Watson/Ponthieu/Critelli, 1995). Dieses Spektrum an sozialpsychologischen Vorteilen dürfte jedoch nur dann wirksam werden, wenn bei den Gründern ein wahrhaftiger Wunsch nach einer Teamgründung sowie ein hohes Maß an Grundvertrauen vorliegt (Wicher, 1992).

(3) Während die kapazitativen Vorteile den Umfang der verfügbaren Führungsleistung beschreiben, charakterisieren die fähigkeitsbezogenen Vorteile deren Struktur bzw. Ergänzungspotenzial. In fähigkeitsbezogener Hinsicht sind Gruppengründungen den Einzelgründungen überlegen, weil sich bei einer geschickten Handhabung die Erfahrungen, Fähigkeiten, Qualifikationen und Wissenspotenziale der Gründer gegenseitig komplettieren lassen. So können sie ein breiteres Spektrum an Ideen generieren, Entscheidungen besser diskutieren, reflektieren und schließlich treffen (Kamm, 1987; Hofer/Sandberg, 1987; Vesper, 1990; Hansen, 1991; Watson/Ponthieu/Critelli, 1995; Cooper/Daily, 1997; Werner, 2000).

(4) Schließlich dürfen auch die finanziellen Vorteile von Teamgründungen nicht außer Acht gelassen werden. Bei Teamlösungen können die Gründungskosten zwischen den Mitgliedern des Start-up-Teams aufgeteilt und in Kreditaufnahmeprozessen kann eine höhere Bonität mit dem Ergebnis eines erweiterten Kreditrahmens erreicht werden. Dieser Vorteil erscheint insbesondere in der Venture-Capital-Welt bedeutsam. Es ist nämlich bekannt, dass Risikokapitalgeber Teamgründungen präferieren. Finanzielle Vorteile sind dann besonders groß, wenn auch der Bekannten- und Freundeskreis des Start-up-Teams an der Finanzmittelbereitstellung mitwirkt (Hofer/Sandberg, 1987; Kamm, 1987; Hansen, 1991; Wicher, 1994; Watson/Ponthieu/Critelli, 1995; Werner, 2000).

1.6 Veränderung der Unternehmensführung im Prozess der Entwicklung von Start-ups

Die bisherige Behandlung der wertorientierten Unternehmensführung erfolgte in einer statisch-querschnittbezogenen Weise. Da ein derartiger Ansatz jedoch verkennt, dass sich die an Gründerpersönlichkeiten gerichteten Anforderungen im Verlaufe des Gründungsprozesses verändern, soll nunmehr eine dynamisch-längsschnittorientierte Betrachtung erfolgen. Eine sorgfältige Literaturdurchsicht führt allerdings zu dem Ergebnis, dass derartige zeitraumbezogene Untersuchungen äußerst selten durchgeführt worden sind. Der in der Managementlehre generell zu beklagende Zustand ist somit auch im Teilbereich der Gründungsforschung gegeben.

1.6.1 Veränderung aus der individuellen Perspektive

In der Literatur wird vielfach die These vertreten, dass Unternehmen verschiedene Lebensphasen durchlaufen. Dementsprechend hat die Forschergemeinschaft eine Vielzahl phasengegliederter Unternehmensentwicklungsmodelle vorgelegt (zu einem Überblick vgl. Manstedten, 1996). Vor dem Hintergrund dieser Modelle wird vermutet, dass die Fähigkeiten des Gründers in Zeiten starken Wachstums unzureichend bzw. unpassend sind. Dementsprechend würden in sich entwickelnden Unternehmen eine Reihe von Veränderungen vorgenommen: Die Bündelung von Entscheidungskompetenzen beim Gründer würde zugunsten einer dezentralen Organisation mit zunehmender Delegation abgebaut, der Formalisierungsgrad des Kommunikationssystems würde gesteigert und das Ausmaß der in der Form einer Spezialisierung vollzogenen Arbeitsteilung nähme zu. Im Zuge dieser Veränderungen ereigne sich ein erhebliche Anforderungen aufweisender Übergang von einem „entrepreneurial management" zu einem „professional management" (Stevenson/Roberts/Grousbeck, 1989; Manstedten, 1996).

Aus personenbezogener Sicht bedeutet dies, dass gründergeführte Unternehmen ab einem gewissen Entwicklungsstadium an Erfolg verlieren und es dementsprechend sinnvoll ist, professionelle, erfahrene Manager in das Unternehmen hineinzubringen. Trotz ihrer nicht von der Hand zu weisenden Plausibilität konnte diese These jedoch empirisch nicht voll bestätigt werden (Willard/Krueger/Feeser, 1992). Eine mögliche Erklärung für dieses Auseinanderfallen von Theorie und Empirie bzw. für die Tatsache, dass manche gründergeführten Unternehmen in eine Unternehmenskrise geraten, während andere prosperieren, liefert die Unternehmertypologie von MINER. Die darin enthaltenen vier bzw. fünf Unternehmertypen beinhalten unterschiedliche, spezifische Karrierewege, denen die Gründer folgen sollten, wollen sie erfolgreich sein (Miner, 1997). Diese spezifischen Karrierewege geben über die in den unterschiedlichen Phasen der Unternehmensentwicklung vorherrschenden Potenziale und Probleme der einzelnen Unternehmertypen Auskunft (zum Nachfolgenden vgl. Miner, 1997).

- Da der *Leistungsorientierte* ein Generalist mit einem starken Unabhängigkeitswillen, ausgeprägtem Selbstbewusstsein und hohem Arbeitseinsatz ist, wird er sich vermutlich insbesondere in den ersten Entwicklungsphasen des Unternehmens bewähren. In diesem Stadium ist nämlich ein bei ihm schwach ausgeprägtes spezialisiertes, professionalisiertes Know-how nur in geringem Maße erforderlich. Anders sieht es jedoch in späteren Phasen der Unternehmensentwicklung aus. Hier sind Spezialisierung und Professionalisierung gefragt und der Leistungsorientierte muss einsehen, dass er ohne ein vielfach über neue Partner eingebrachtes Fach- bzw. Managementwissen die Entwicklung des Unternehmens gefährdet.

- Während Leistungsorientierte insbesondere in den ersten Entwicklungsphasen ihre Stärke entfalten werden, können die *wahrhaftigen Manager* dann ihre Trümpfe am besten ausspielen, wenn das Unternehmen eine gewisse Größe aufweist. In diesem Stadium werden ein gezieltes Wachstumsmanagement sowie eine systematische Etablierung von Prozessen, Organisationsstrukturen etc. benötigt. In einer derartigen Situation kann der wahrhaftige Manager eine sich anbahnende Krise, wie sie sich in von Leistungsorientierten oder Tüftlern gegründeten Unternehmen abzeichnet, verhindern helfen. Umgekehrt bedeutet dies, dass die spezifischen Fähigkeiten des wahrhaftigen Managers in den allerersten Phasen des Gründungsprozesses allein nicht ausreichen, wenn nicht sogar fehl am Platze sind.

- Die Stärken des zahlreiche Parallelen zum Fachpromotor (Hauschildt, 1997) aufweisenden *Tüftlers* liegen in der Entwicklung und Umsetzung neuer Ideen. Diese Herausforderungen bewältigt er mit viel Enthusiasmus und Leistungsbereitschaft. Sein Kompetenzschwerpunkt besteht in Innovationen und er ist daher kein typischer Unternehmer ökonomischer Prägung. Aufgrund dieses Persönlichkeitsprofils stößt auch der Tüftler während des unternehmerischen Wachstumsprozesses an seine Grenzen; wie beim Leistungsorientierten fehlt es auch ihm immer mehr an Managementkompetenz. Auch ihm muss ein wahrhaftiger Manager zur Seite gestellt werden, was für ihn bedeutet, dass er sich am besten in die Position eines Visionärs begibt, der sich aus dem operativen Geschäft zurückgezogen hat.

- Das Persönlichkeitsprofil des *empathischen Starverkäufers* ist weniger von produktspezifischem Wissen als von Verkaufskompetenz geprägt. Er entspricht somit nicht allzu sehr dem Modell der klassischen Unternehmerpersönlichkeit. Aufgrund seines Fähigkeitsprofils läuft der empathische Starverkäufer Gefahr, dass er seine Karriere zu früh ohne hinreichendes produktspezifisches Wissen beginnt. Daher ist es für ihn noch mehr als für den Leistungsorientierten wichtig, Managementunterstützung zu bekommen.

Zusammenfassend bleibt festzuhalten, dass in den allerersten Entwicklungsphasen des Unternehmens schwerpunktmäßig die Fähigkeiten des Leistungsorientierten sowie die des Tüftlers, in späteren hingegen diejenigen des empathischen Starverkäufers und des Managers gefragt sind. Auf dieser Erkenntnis basierend kommt MINER (Miner, 1997) zu dem Schluss, dass jene Gründer über „die besten Karten" verfügen, die seinem komplexen Hypertyp entsprechen bzw. in der Lage sind, sich zu einem solchen zu entwickeln. Die Vertreter dieses komplexen Hypertyps sind fähig, entweder sequenziell oder gleichzeitig die Eigenschaften mehrerer Typen einzusetzen. Dadurch sind sie in vergleichsweise geringem Maße auf andere Personen angewiesen.

1.6.2 Veränderung aus der Teamperspektive

Es ist anzunehmen, dass die ersten Entwicklungsphasen eines Unternehmens nicht nur im Rahmen von Einzelgründungen, sondern genauso bei Teamgründungen relevant sind. Mehr noch als im Falle der Einzelgründung hinkt in diesem Untersuchungsfeld der Forschungsstand dem Wissensbedarf hinterher; bislang wurde die Formierung und Entwicklung von Start-up-Teams nämlich kaum systematisch untersucht. Eine Ausnahme machen VYAKARNAM, JACOBS und HANDELBERG (Vyakarnam/Jacobs/Handelberg, 1997); auf die Befunde ihrer explorativen und daher empirisch noch zu erhärtenden Studie soll nachfolgend kurz eingegangen werden. Basierend auf Interviews mit vierzehn sehr erfolgreichen, schnell wachsenden Start-up-Teams konnten mit dem (1) „spontanen Start", dem (2) „Wachstumsstreben", der (3) „Visionsetablierung" und der (4) „Institutionalisierung" vier Phasen der Teamformierung und -entwicklung identifiziert werden (Vyakarnam/Jacobs/Handelberg, 1997).

(1) Die erste Phase – der spontane Start – ist durch das Zusammenfinden der Teamgründer aufgrund einer gemeinsam geteilten Geschäftsidee oder aufgrund gegenseitiger Sympa-

thie geprägt. Vielfach kennen sich die Teamgründer bereits aus einem anderweitigen beruflichen oder privaten Kontext. Da sich ihre gegenseitige Bekanntschaft jedoch nicht auf den Gründungskontext erstreckt, wird die erste Phase dazu genutzt, Kommunikationsbeziehungen aufzubauen, gemeinsame Arbeitserfahrungen zu sammeln und somit die berufsspezifische Interaktionsbeziehung zu vertiefen. In dieser Phase beruht die Motivation der Teamgründer auf dem Testen bzw. Umsetzen der Unternehmensidee sowie der Möglichkeit, eventuell hohe Gewinne zu erzielen. Des Weiteren werden in dieser Phase Unterstützungsnetzwerke zur Etablierung des Start-ups aufgebaut, die meist auf persönlichen Kontakten beruhen.

(2) In der nachfolgenden Phase ist das Handeln der Teammitglieder vorrangig durch Wachstumsmotive bestimmt, weshalb diese Phase auch als Wachstumsstreben bezeichnet wird. Jetzt beginnen die Gründer, sich mit dem Aufbau wachstumsrelevanter Ressourcen, wie z. B. Wissen und Fähigkeiten, zu beschäftigen. Im Gründungsunternehmen macht sich eine allgemeine Erfolgsorientierung breit; mehr als in der vorherigen Phase werden Entscheidungen und Strategien auf ihre Erfolgsträchtigkeit hin überprüft. Die Teammitglieder sind bestrebt, erste Erfolge vorweisen zu können und die Basis für ein „richtiges" Unternehmen zu legen. Aufgrund des Hinzustoßens neuer Führungskräfte besteht die Tendenz zur Herausbildung eines inneren und eines äußeren Führungszirkels. Diese Tendenz ist gefährlich, weil bei einer derartigen Ausdifferenzierung die aus den ursprünglichen Gründern bestehenden Mitglieder des inneren Zirkels die im äußeren Zirkel versammelten neu hinzugekommenen Führungskräfte nicht schnell genug in wichtige unternehmerische Überlegungen einbinden. Hierdurch werden die angestrebten Vorteile eines integrierten Start-up-Teams vergeben. Die Empirie zeigt, dass Gründungsunternehmen zu lange in dieser Phase verharren und zu viel Zeit benötigen, bis sie ihre wachstumskritischen Ressourcen formiert haben.

(3) In der Phase der Visionsetablierung bildet sich im Start-up-Team eine klare Vision mit konkreten Zielen zu deren Umsetzung heraus. Die Rollen, Aufgaben sowie die Beiträge der einzelnen Teammitglieder klären sich. Überdies gewinnen die Teammitglieder ein Verständnis für ihre Zusammenarbeit, und es werden Kriterien zur Beurteilung des Teamerfolgs sowie für die Aufnahme neuer Teammitglieder festgelegt.

(4) Die Phase der Institutionalisierung ist durch einen Wechsel der Loyalität weg von dem ursprünglichen Start-up-Team hin zu dem abstrakten Unternehmenskörper und dessen Interessen geprägt. Dies bedeutet jedoch nicht notwendigerweise, dass das Unternehmen einen Bürokratisierungsprozess durchläuft. Das aus dem Start-up-Team hervorgegangene Topmanagement-Team zieht sich zunehmend aus dem Tagesgeschäft zurück und widmet sich vorrangig strategischen Aufgaben sowie der Zufriedenstellung externer Stakeholder.

In Ergänzung hierzu konnten DRAZIN und KAZANJIAN (Drazin/Kazanjian, 1993) zeigen, dass Start-up-Teams im Verlauf ihrer Entwicklung ihre funktionale Zusammensetzung ändern. Konkret erfolgt ein Wandel von einer anfänglich technologieorientierten über eine technologie- und marketing-orientierte hin zu einer technologie-, marketing- und administrationsorientierten Teamkomposition, in der auch die Personal- und Finanzfunktion eine hohe Bedeutung besitzen. Außerdem zeigte sich, dass im Verlauf des vierstufigen Entwicklungsprozesses die Größe des Top-Managements tendenziell zunimmt. Diese Entwicklung korrespondiert mit den in Abschnitt 1.6.1 diskutierten Karrierepfaden von Unternehmertypen.

1.7 Gesamtergebnis und forschungsprogrammatische Hinweise

Im vorliegenden Beitrag ist die personale Seite der wertorientierten Unternehmensführung von Start-ups anhand einer Durchsicht, Strukturierung und Synopse der hierzu vorliegenden konzeptionellen und empirischen Arbeiten beleuchtet worden. Im Rahmen der Diskussion hat sich gezeigt, dass mit der Person des Unternehmers bzw. mit dem Start-up-Team ein wichtiger Einflussfaktor wertorientierter Gründungsprozesse gegeben ist. Zahlreiche Merkmale von Gründerpersönlichkeiten bzw. Gründerteams standen in einem deutlichen Zusammenhang mit Erfolgsgrößen, die für eine wertorientierte Unternehmensführung typisch sind. Anderseits ist im Rahmen der Literaturdurchsicht deutlich geworden, dass sich die Fachgemeinschaft bislang äußerst schwer getan hat, diesen zentralen Einflussfaktor des Gründungserfolgs konzeptionell und empirisch angemessen zu behandeln. Dies zeigt sich zum Beispiel daran, dass nebeneinander zahlreiche, teilweise inkompatible Definitionen entfaltet, stark voneinander abweichende Bezugsrahmen zugrundegelegt, divergierende Operationalisierungsformen genutzt und demzufolge äußerst heterogene Forschungsergebnisse vorgelegt worden sind. Daher verwundert es nicht, dass die Forschung über personale Einflussfaktoren des Gründungserfolgs unter starken Desintegrationstendenzen leidet. Ein interessanter, vielversprechender Ansatz ist jedoch mit Typologien bzw. Mehr-Ebenen-Modellen gegeben, weil diese die verfügbaren Einzelbefunde in sich aufnehmen können und überdies stärker als die herkömmlichen Forschungszugänge die zwischen den einzelnen Erfolgsprädiktoren bestehenden Interaktionseffekte berücksichtigen.

Angesichts des verfügbaren Wissensbestands sollten zukünftig vor allem vier forschungsprogrammatische Hinweise berücksichtigt werden. Erstens sollte die Anzahl der Studien, die Persönlichkeitsmerkmale von Führungspersonen in Start-up-Situationen untersuchen, gesteigert werden. In zahlreichen Arbeiten wird nämlich auf der Basis von Analogieschlüssen aus der Welt der Führung etablierter, alter Unternehmen argumentiert. Zweitens sollten sich zukünftige Untersuchungen in stärkerem Maße auf den verfügbaren Wissensbestand stützen. Erforderlich ist nicht eine weitere Ausdehnung des Kreises personenbezogener Erfolgsprädiktoren, sondern eine Integration derselben. Drittens ist die Anzahl der längsschnittorientierten Untersuchungen auszuweiten, da die wenigen in diesem Bereich bestehenden Arbeiten darauf hindeuten, dass in unterschiedlichen Gründungsstadien verschiedenartige Anforderungen an die Führungspersonen gestellt werden. Und schließlich sollte sich die zukünftige Forschung viertens nicht nur auf die Identifikation bzw. Prüfung erfolgsstiftender Merkmale von Gründerpersönlichkeiten konzentrieren. Geforscht werden sollte vielmehr auch nach einem handhabbaren Instrumentarium, das die verantwortlichen Akteure einsetzen können, um auf der Basis der ermittelten Kriterien geeignete Führungspersönlichkeiten zu identifizieren.

2. Ausgestaltung der Corporate Governance bei Start-up-Unternehmen

ALEXANDER BASSEN

„Successful entrepreneurs do not wait until 'the Muse kisses them' and gives them a bright idea; they go to work."
(Peter F. Drucker)

2.1 Einleitung

2.1.1 Abgrenzung des Corporate-Governance-Begriffs

Die Diskussion über Corporate Governance hat sich bisher überwiegend auf etablierte Unternehmen konzentriert. Start-up-Unternehmen werden häufig ausgeklammert, da hier die Interessensdivergenzen zwischen Management und Eigentümern aufgrund des zumeist hohen Anteilbesitzes des Managements weniger stark ausgeprägt sein können. Nachfolgend soll deshalb der Frage nachgegangen werden, welche besonderen Anforderungen an die Corporate Governance bei Start-up-Unternehmen gestellt werden und wie sich diese auf die Ausgestaltung der Corporate Governance auswirken.

Der angelsächsische Begriff „Corporate Governance" wird in der Diskussion über die Überwachung des Managements (Berle/Means, 1932, S. 64–65; Smith, 1971, S. 229) sehr unterschiedlich interpretiert (vgl. hierzu für Deutschland: Grundsatzkommission Corporate Governance, 2000, Berliner Initiativkreis Corporate Governance, 2000). Dies liegt sicherlich auch darin begründet, dass der Begriff erst Ende der 80er Jahre in die Literatur Eingang gefunden hat.

Das US-amerikanische Verständnis von Corporate Governance spiegelt sich in der Definition von SHLEIFER/VISHNY wider (Shleifer/Vishny, 1997). Sie grenzen Corporate Governance ab als den Prozess, *„that deals with the way in which suppliers of finance to corporations assure themselves of getting a return on their investment"* (Shleifer/Vishny, 1997, S. 737). Im Mittelpunkt steht somit die Beziehung zwischen den Gruppen Eigenkapitalgebern, Fremdkapitalgebern und Management.

Die Ansätze zur Übersetzung des Begriffs Corporate Governance ins Deutsche sind facettenreich. So wird Corporate Governance in einer engen Fassung durch Begriffe wie Unternehmensaufsicht, Unternehmensüberwachung, Unternehmenskontrolle, Herrschaft im Unternehmen, Unternehmensverfassung als institutioneller Rahmen und Leitungskontrolle übersetzt (Malik 1997; Achleitner, 1995, S. 881–882; Hommel/Riemer-Hommel, 1999, S. 151; Schäfer, 1997, S. 143; Seger, 1997, S. 6–7; Assmann, 1995, S. 28). Seltener wird Corporate Governance mit Unternehmensführung gleichgesetzt (vgl. Berliner Initiativkreis Corporate Governance, 2000; Wymeersch 1995, S. 299 ff.).

Nachfolgend wird unter Corporate Governance eine auf die langfristige Wertschöpfung ausgerichtete Leitung und Kontrolle des Unternehmens verstanden (Schneider/Strenger, 2000). Die konkrete Ausgestaltung der Corporate Governance wird dabei wesentlich durch die wirtschafts- und unternehmenskulturellen sowie die institutionellen und rechtlichen Rahmenbedingungen bestimmt (Bassen, 2002). Aus diesem Grund wird nachfolgend die mögliche Notwendigkeit der Anpassung der Diskussionsschwerpunkte über Corporate Governance bei Start-up-Unternehmen erörtert, bevor auf die konkrete konzeptionelle und bisherige empirische Ausgestaltung von Corporate Governance eingegangen wird.

2.1.2 Ursachen der Corporate-Governance-Diskussion

Die Notwendigkeit der Etablierung einer effizienten Corporate Governance geht im Sinne des Prinzipal-Agenten-Ansatzes von der Grundlogik eines potenziellen Konflikts zwischen Management und Anteilseignern aus (Jensen/Meckling, 1976, S. 308 ff.): Die Anteilseigner verfügen über das Kapital, das Management verfügt über das Know-how der Unternehmensführung. Die Ziele der Anteilseigner richten sich an der Maximierung einer risikoadjustierten Rendite aus. Die Ziele des aufgrund seines Informations- und Spezialisierungsvorteils zur Unternehmensführung beauftragten Managements können allerdings von denen der Anteilseigner abweichen. Neben der entgeltlichen Vergütung können auch Faktoren wie Macht, Status und Ansehen das Management zu einem gegen die Interessen der Anteilseigner gerichteten Verhalten animieren.

Zwar sind die Spielräume des Managements für ein opportunistisches Verhalten durch Arbeitsverträge eingeschränkt. Innerhalb dieser vertraglichen Grenzen bestehen jedoch weiterhin Möglichkeiten zur Verfolgung der eigenen Ziele. Aufgrund der asymmetrischen Informationsverteilung sind die Anteilseigner nicht in der Lage, die Handlungen des Managements vollständig zu überwachen. Aufgrund der hohen Dynamik der Umweltveränderungen gilt dies besonders für Start-up-Unternehmen. Das Verhalten des Managements lässt sich daher schwer aus externer Perspektive der Anteilseigner bewerten (Smith/Watts, 1992, S. 275).

Die bei Start-up-Unternehmen durch die starken Informationsasymmetrien begründete Möglichkeit, entgegen den Interessen der Anteilseigner zu handeln, wird jedoch kompensiert durch eine potenziell geringere Zieldivergenz zwischen dem Management und den Anteilseignern. Häufig ist das Management durch große Anteilspositionen am Unternehmen beteiligt, was eine Zielkonvergenz bewirkt. Dennoch verbleiben Spielräume, die das Management aus folgenden Gründen entgegen den Zielen der anderen Anteilseigner nutzen kann (Hommel/Pritsch, 1998, S. 9):

Leistungsanreiz: Ein ungenügender Anreiz zur Marktwertsteigerung veranlasst das Management, verstärkt seine eigenen Ziele zu verfolgen. Bei Start-up-Unternehmen ist dieses Leistungsanreizproblem besonders dann gegeben, wenn der Anteil der Beteiligung des Managements im Vergleich zu dessen gesamtem Vermögen relativ gering ist. Dies ist vor allem in Phasen nach dem Börsengang relevant.

Risiko: Aus Sicht des Managements ist es rational, aufgrund der Konzentration der Einkommensströme aus einem Unternehmen, ein geringeres Risiko als die anderen Anteilseigner einzugehen, um dieses Einkommen zu sichern. Anders als die anderen Anteilseigner kann das Management zumeist das unsystematische, unternehmensspezifische Risiko nicht durch Diversifikation eliminieren (Fama, 1980, S. 288 ff.; Fama/French, 1983, S. 307 ff.) Aus diesem Grund kann das Management durch folgende Maßnahmen versuchen, das Risiko eines möglichen Arbeitsplatz- und Einkommensverlusts zu vermindern:

- Die Diversifikation in neue Geschäftsfelder mit einer Verringerung des unsystematischen und damit auch des persönlichen Risikos des Managements (May, 1995, S. 1291–1308). Diese Vorgehensweise widerspricht den Zielen der Anteilseigner, da sie eine solche Veränderung des Risikos effizienter am Kapitalmarkt durchführen können, da hiermit zumeist Kosten (Berger/Ofek, 1994, S. 39–65 sowie zu einem Überblick Suter, 2000, S. 73–74) verbunden sind. Besonders für Start-up-Unternehmen kann eine solche Diversifikation in frühen Phasen der Unternehmensentwicklung starke Wettbewerbsnachteile mit sich bringen (Bassen, 2002). Dies ist vor allem deshalb bei Start-up-Unternehmen als problematisch einzustufen, weil der Drang des Managements zur Diversifikation aufgrund der konzentrierten Einkommensströme besonders hoch ist. Es besteht somit eine hohe Motivation zur Risikosenkung durch Diversifikation.

- Einen geringen, im Hinblick auf den „Leverage"-Effekt nicht optimalen Verschuldungsgrad. Dadurch wird zwar das Risiko gesenkt (Berger/Ofek/Yermack, 1997, S. 1411–1438), den grundsätzlich höheren Eigenkapitalkosten kommt aber ein stärkeres Gewicht in der Unternehmensfinanzierung zu und auch die Steuerlast nimmt zu aufgrund des Wegfalls des gewinn- und damit steuersenkenden Zinsaufwands („tax shield"). Start-up-Unternehmen steht jedoch in frühen Finanzierungsphasen die Nutzung des „Leverage"-Effekts zumeist nicht offen, da Fremdkapital aufgrund des hohen Risikos dem Unternehmen nicht oder nur im begrenzten Umfang zur Verfügung gestellt wird. Da weitgehend keine Gewinne realisiert werden, ist auch ein „tax shield" nicht wirksam, so dass der „Leverage"-Effekt für Start-up-Unternehmen zumeist unbedeutend ist.

- Nutzung des Ausbaus bestehender Geschäftsbereiche, ohne die Wachstumschancen innovativer Produkte, die allerdings mit einem höheren Risiko verbunden sind. Dieses Problem trifft auf Start-up-Unternehmen wiederum nur bedingt zu, da die Dynamik der Umwelt die Unternehmen bereits dazu zwingt, kurzfristig solche Anpassungen vorzunehmen, um nicht vom Markt verdrängt zu werden.

Zeitpräferenz: Der Wert der Aktie ergibt sich für Anteilseigner aus dem Gegenwartswert aller erwarteten, zukünftigen freien Cash Flows. Der Planungshorizont des Managements bezieht sich dagegen nur auf die Zeit der Tätigkeit für das Unternehmen und kann somit deutlich kürzer ausfallen (Bushee, 1998, S. 305–333). Besonders kurz vor dem Ausscheiden des Managements (Kündigung, Pensionierung) kann eine Orientierung an kurzfristigen Zielen gegeben sein. Diese durch den „Retirement"-Effekt (Elschen, 1991, S. 214) hervorgerufene Kurzfristorientierung des Managements kann dazu führen, dass Projekte mit einem positiven Kapitalwert, aber kurzfristig gewinnschmälernden F&E-Aufwendungen, unterlassen werden und so der gegenwärtige Gewinn zu Ungunsten zukünftiger Gewinne optimiert wird (Bushee, 1998, S. 330; Gibbons/Murphy, 1992). Dies wirkt sich negativ auf die Zielerreichung der Anteilseigner aus. Für Start-up-Unternehmen stellt sich dieses Problem nur dann, wenn das Management seine hohen Anteilspositionen verringern will und sich gegenwärtige Gewinne steigernd auf den Wert der Anteile auswirken.

Überinvestition: Die Entlohnung, aber auch das Ansehen des Managements orientieren sich häufig an Größenkennzahlen wie Umsatz oder Bilanzsumme. Aus diesem Grund kann deren Steigerung vom Management durch Investitionen in Projekte mit eventuell negativen Kapitalwerten angestrebt werden. Dies kann ebenfalls zu einer Verringerung der Rendite der Anteilseigner führen. Empirische Studien für die USA zeigen, dass freie Cash Flows, die das Management entgegen der ursprünglichen Planung des Unternehmens generiert hat, in kurzfristig geplante und überwiegend branchenfremde Akquisitionen investiert wurden (Blanchard/Lopez-de-Silanes/Shleifer, 1994, S. 348). Hierdurch werden zwar die Größenkennzahlen wie Umsatz oder Bilanzsumme, aber nicht automatisch der Barwert der zukünftigen Erträge des Unternehmens gesteigert. Diese Probleme bestehen auch für Start-up-Unternehmen, da zukünftige Ertragsgrößen aufgrund der jungen Historie der Unternehmen zumeist nicht ermittelt werden können und durch Wachstumsgrößen (Umsatzwachstum, Kundenwachstum) in der Unternehmensbewertung ersetzt werden müssen. Diese Bewertungsproblematik könnte die Bereitschaft zur Überinvestition in Start-up-Unternehmen erhöhen.

Die Summe der aufgeführten Faktoren kann dazu führen, dass sich das Verhalten des Managements auch in Start-up-Unternehmen gegen die Interessen der Anteilseigner richtet. Diese Faktoren bilden die Grundlage für die generelle Notwendigkeit der Implementierung einer effizienten Corporate Governance als Rahmen der Beratung und Kontrolle des Managements durch Anteilseigner.

2.2 Corporate Governance in Deutschland

Vor dem geschilderten Hintergrund überrascht es nicht, dass die Diskussion über Corporate Governance auch in Deutschland in den letzten Jahren an Bedeutung gewonnen hat. Die Ergebnisse dieser Diskussion werden durch die Empfehlungen unterschiedlicher Institutionen zur Gestaltung der Corporate Governance in Deutschland zusammengefasst. Diese Empfehlungen beziehen sich häufig auf börsennotierte Unternehmen, so dass zu prüfen ist, inwieweit die Empfehlungen auf wachstumsstarke Start-up-Unternehmen übertragbar sind. Die Empfehlungen werden nachfolgend analysiert, um Handlungsempfehlungen für Start-up-Unternehmen abzuleiten.

2.2.1 Grundsatzkommission Corporate Governance

Die Umsetzung von Corporate Governance in Deutschland kann durch einen dreistufigen Ansatz gekennzeichnet werden. 1999 stellte die OECD-Leitlinien zur Verbesserung und Vereinheitlichung der Corporate Governance vor (OECD, 1999). Diese hatten einen allgemeinen, länderübergreifenden Charakter. Aus diesem Grund nahm in einem zweiten Schritt die Grundsatzkommission Corporate Governance im Januar 2000 eine Ausgestaltung der OECD-Leitlinien für die kulturellen und legislativen deutschen Besonderheiten vor (Grundsatzkommission Corporate Governance, 2000, S. 2; Schneider/Strenger, 2000, S. 106–113; www.corgov.de. Der Deutsche Corporate Governance Kodex als Ergebnis der Regierungskommission Corporate Governance lag zu Redaktionsschluss dieses Beitrags noch nicht in seiner endgültigen Form vor; vgl. www.corporate-governance-code.de). Hierauf aufbauend hat der Arbeitskreis Corporate Governance der *DVFA* in einem dritten Schritt eine „Corporate-Governance-Scorecard" entwickelt, die der Operationalisierung der Corporate Governance dient (Bassen/Böcking/Loistl/Strenger, 2000, S. 693–698 sowie zur aktuellsten Version der CG-Scorecard www.dvfa.de).

Grundlagen der weiteren Untersuchung bildet der „Code of Best Practice" der Grundsatzkommission. Dieser setzt sich aus folgenden Kriterien zusammen, die nachfolgend aus der Perspektive von Start-up-Unternehmen beleuchtet werden:

- *Leitung und Kontrolle des Unternehmens sind auf langfristige Wertschöpfung ausgerichtet.* Diese Grundaussage wird aufgrund des geringen Konkretisierungsgrades auf alle Start-up-Unternehmen übertragbar sein.

- *Vorstand und Aufsichtsrat wahren die Rechte aller Anteilseigner nach dem Grundsatz der Gleichbehandlung (Übernahmen, Kapitalmaßnahmen, Aktienrückkäufe).* Dieser Aspekt ist für Start-up-Unternehmen ebenfalls relevant, wenn es sich um Maßnahmen zur Gleichbehandlung von unterschiedlichen Aktionärsgruppen, etwa Business Angels und Venture-Capital-Gesellschaften, handelt. Diese Frage ist zumeist in den Vertragsbeziehungen zwischen den Kapitalgebern und den Unternehmen geregelt und bezieht sich unter anderem auf die Gestaltung der Mitspracherechte und der Bezugsrechte bei Kapitalerhöhungen.

- *Über alle wesentlichen Fragen der Geschäftsentwicklung und der zukünftigen Politik wird zeitnah, umfassend und gleichberechtigt informiert.* Diese Regelungen können für Start-up-Unternehmen dahingehend interpretiert werden, dass Informationsasymmetrien gegenüber den Eigen- und Fremdkapitalgebern von Start-up-Unternehmen abgebaut werden sollen. So kann beispielsweise bezogen auf die Transparenz ein spezielles Reporting aufgebaut werden, das gegenüber allen Kapitalgebern die Spezifika des Unternehmens und deren veränderte Positionierung im Wettbewerbsumfeld zeitnah aufzeigt.

- *Risikomanagement und" Compliance"-Wesen gewährleisten eine adäquate Behandlung von Risikofragen, Insider- und Interessenskonflikten.* Vor allem die Fragen des Risikomanagements, aber auch divergierende Interessen zwischen Management und Kapitalgebern verdienen eine explizite Behandlung im Rahmen der Corporate Governance von Start-up-Unternehmen. Dabei scheinen vor allem die Fragen des Risikomanagements bisher nur unzureichend abgedeckt.

- *Das Rechnungswesen gewährleistet Transparenz und Vergleichbarkeit (z. B. durch US-GAAP oder IAS).* Da das externe Rechnungswesen bei Start-up-Unternehmen zumeist nur den handelsgesetzlichen Anforderungen entsprechen muss, die Daten somit vergangenheitsorientiert sind und überwiegend wenig komplexe Einzelabschlüsse erstellt werden müssen, kann durch eine internationale Rechnungslegung die Transparenz vor allem durch die Erfassung immaterieller Vermögensgegenstände erhöht werden. Allerdings erscheint dies erst in späteren Phasen der Unternehmensentwicklung, nahe am Börsengang, relevant, da die Kosten von Doppelabschlüssen ansonsten leicht den Nutzen überkompensieren würden.

- *Die Überwachung des Vorstands wird durch einen unabhängigen Aufsichtsrat, dessen umfassende und zeitnahe Information sowie durch die Bildung von Ausschüssen gewährleistet.* Hier liegt sicherlich ein Schwerpunkt der Corporate Governance bei Start-up-Unternehmen, so dass nachfolgend eine detaillierte Analyse erfolgt.

- *Die Vergütung von Vorstand und leitenden Mitarbeitern orientiert sich an der langfristigen Steigerung des Unternehmenswertes.* Auch dieser Punkt scheint eindeutig auf Start-up-Unternehmen anwendbar. Zumeist sind die Mitarbeiter über ihre Eigenkapitalanteile direkt am Unternehmen beteiligt. Ergänzend kann die Entlohung durch entsprechend gestaltete Stock-Option-Programme an die Wertsteigerung gekoppelt werden (Achleitner/Bassen, 2001, S. 121–141).

Auch wenn die Kriterien grundsätzlich aus den Forderungen von Anteilseignern an organisierten Kapitalmärkten abgeleitet wurden, scheinen sie weitgehend auch auf Start-up-Unternehmen übertragbar zu sein. Einzig die auf gesetzlichen Regelungen basierenden Kriterien wie Insiderregelungen, internationale Rechnungslegung und Geschäftsberichte machen an dieser Stelle eine Anpassungsnotwendigkeit an Start-up-Unternehmen in vorbörslichen Finanzierungsphasen deutlich.

Aufbauend auf diesen generellen Überlegungen ist nun zu prüfen, wie die Bedeutung der Corporate Governance von Kapitalgebern eingeschätzt wird, um hieraus Handlungsempfehlungen für Start-up-Unternehmen abzuleiten.

2.2.3 Empirische Ergebnisse zur Bedeutung der Corporate Governance bei Start-up-Unternehmen in Deutschland

Gestaltungsempfehlungen für Start-up-Unternehmen lassen sich aus empirischen Ergebnissen zur Bedeutung der Corporate Governance für Venture-Capital-Gesellschaften ableiten, da diese im Finanzierungszyklus des Unternehmens eine Vorstufe institutioneller Investoren an der Börse darstellen.

Eine umfassende Untersuchung zu diesem Thema wurde von BASSEN durchgeführt (Bassen, 2002). Hier zeigt sich, dass Venture-Capital-Gesellschaften der Corporate Governance von Start-up-Unternehmen eine besonders hohe Bedeutung beimessen. Aufgrund der besseren Übertragbarkeit auf Start-up-Unternehmen auch im vorbörslichen Bereich diente dabei die Systematik des „Code of Best Practice" der Grundsatzkommission Corporate Governance als Orientierung.

Venture-Capital-Gesellschaften messen besonders einer umfassenden Information durch das Unternehmen sowie einem transparenten Rechnungswesen eine sehr hohe Bedeutung bei (zur Informationsversorgung im Rahmen der Investor Relations WITT, Kapitel VI.4). Ebenfalls von hoher Bedeutung sind eine Überwachung des Vorstands durch den Aufsichtsrat, eine auf die Wertschöpfung ausgerichtete Unternehmensführung und Entlohnung, die Gleichbehandlung aller Aktionäre sowie ein umfassendes Risikomanagement.

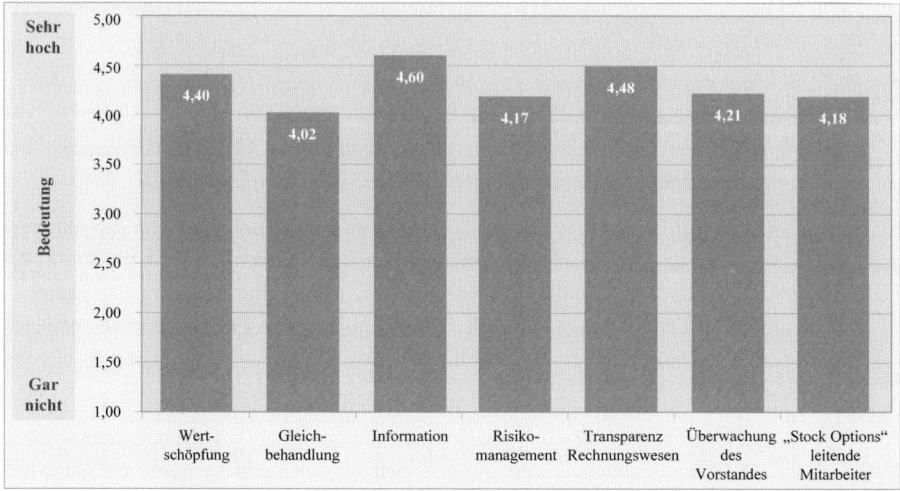

Abbildung III.3: Bedeutung von Corporate Governance für Venture-Capital-Gesellschaften, (Quelle: Bassen, 2002)

Venture-Capital-Gesellschaften setzen die hohe Bedeutung der Corporate Governance auch in konkrete Maßnahmen um. So wird Aufsichtsratmandaten im vorbörslichen Bereich von Venture-Capital-Gesellschaften mit einem Wert von 3,7 auf einer fünfstufigen Skala eine signifikant höhere Bedeutung beigemessen als von Banken (1,4) und Investmentgesellschaften (1,2), die überwiegend erst nach einem Börsengang direkt investiert sind. Sie schätzen nicht nur die Bedeutung des Aufsichtsrats als Instrument zur Beeinflussung des Managements signifikant höher ein, sondern nehmen auch signifikant häufiger Aufsichtsratsmandate wahr. Begründet werden kann dies mit der aus Sicht von Venture-Capital-Gesellschaften deutlich stärkeren Möglichkeit der Beeinflussung der Handlungen des Managements durch den Aufsichtsrat in Start-up-Unternehmen als in etablierten Unternehmen. Hiermit können Ergebnisse von SCHEFCZYK bestätigt und erweitert werden: In seiner Untersuchung gaben bereits 87 % aller Venture-Capital-Gesellschaften an, in Aufsichts- oder Beiräten ihrer Portfoliounternehmen engagiert zu sein (Schefczyk, 2000a, S. 42 und S. 210). Der Vergleich mit anderen institutionellen Investoren in der Untersuchung von BASSEN verdeutlicht, dass die Bedeutung des Aufsichtsrats in späteren Phasen der Unternehmensentwicklung abnimmt.

Aufgrund der hohen Bedeutung der Aufsichtsräte als Teilbereich der Corporate Governance in Start-up-Unternehmen werden diese nachfolgend, differenziert hinsichtlich ihrer Gestaltung in den Start-ups, analysiert. Auf eine Darstellung des Beirats in einer GmbH wird an dieser Stelle verzichtet, da eine Vielzahl wachstumsstarker Start-up-Unternehmen bereits als Aktiengesellschaft gegründet wird (zum Beirat exemplarisch Bea/Scheurer/Gutwein, 1994, S. 1193 ff.).

2.3 Aufsichtsrat als Instrument effizienter Corporate Governance

Kaum ein Thema hat im Rahmen der Corporate-Governance-Diskussion sowohl in der juristischen als auch in der betriebswirtschaftlichen Literatur so viel Beachtung gefunden wie die Gestaltung des Aufsichtsrats (vgl. zu einer Systematisierung unterschiedlicher Erklärungsansätze der Funktionserfüllung durch den Aufsichtsrat in koalitionsbezogene, finanzwirtschaftliche und personalwirtschaftliche Ansätze MARTENS (Martens, 2000, S. 34 ff.)). Zur Einordnung in verschiedene Theorien vgl. HESLIN/DONALDSON (Heslin/Donaldson, 1999, S. 81 ff.; Hung, 1998, S. 101–111; Muth/Donaldson, 1999, S. 5–29). Einen umfassenden internationalen Literaturüberblick geben HERMALIN/WEISBACH (Hermalin/Weisbach, 2000). Ohne diese Diskussion hier nachvollziehen zu wollen (vgl. zu einem aktuellen, ausführlichen Überblick HOPT ET AL. (Hopt et al., 1998)), ist es notwendig, auf einige wesentliche, für die hier vorliegende Problemstellung relevante, Faktoren einzugehen, denn die tatsächliche Funktionsweise des Aufsichtsrats weicht in fast allen Bereichen deutlich vom gesetzlichen Grundgedanken ab (Theisen, 1999, S. 206).

2.3.1 Aufgaben des Aufsichtsrats

Ausgangspunkt für die Analyse des Aufsichtsrats bilden die Regelungen des Aktiengesetzes (AktG). Folgende wesentliche Aufgaben werden einheitlich in der Literatur herausgearbeitet:

- Überwachung der Geschäftsführung nach § 111 Abs. 1 AktG. Hierzu zählen vor allem die einzelnen Teilbereiche der Unternehmensplanung (Theisen, 1999, S. 216 ff. sowie zur aktuellen Regelung nach dem KonTraG § 90 AktG und zum Risikomanagement § 91 AktG).
- Bestellung und Anstellung des Vorstands nach § 84 AktG. Dieser Punkt umfasst die Übertragung der Geschäftsführungs- und Vertretungsmacht sowie die Ausarbeitung des Anstellungsvertrags.
- Vergabe und Konkretisierung des Prüfungsauftrags nach § 111 Abs. 2 Satz 3. Eine Aufgabe, die vor dem KonTraG dem Vorstand zukam.
- Prüfung und Feststellung des Jahresabschlusses, Lageberichts und Gewinnverwendung nach § 171 AktG. Der Prüfungsbericht soll dabei eine solche Qualität aufweisen, dass er auch von nicht sachverständigen Aufsichtsratsmitgliedern verstanden werden kann (Theisen, 1999, S. 226.)

Zusätzlich wird in der Literatur kontrovers die Beratung des Unternehmens durch den Aufsichtsrat diskutiert, wobei diese Aufgabe nicht gesetzlich festgeschrieben ist (Semler, 1983, S. 141–142; Theisen, 1992, S. 1106; Pfannschmidt, 1993, S. 33 ff.). Auch der Bundesgerichtshof interpretiert die Kontrolle als Beratung (BGH, 1991, S. 1212 ff.). Diese Beratung des Vorstands wird in einem Übergang von einer Ex-post-Kontrolle hin zu einer Entscheidungsunterstützung gesehen, die sich aus der Diskussion der Unternehmensplanung durch den Aufsichtsrat im Rahmen der Erfüllung seiner Kontrollfunktion ableitet (Nippel, 1999,

S. 136–153; Theisen, 1987, S. 344 ff.). Für Start-up-Unternehmen scheint diese juristische Diskussion obsolet, da in diesen Unternehmen der Beratungsfunktion eine besondere Bedeutung zukommt (Reingold, 2000, S. 56EU4). Die Beratungs- und Kontrollfunktion ist hier verstärkt auf die Kapitalgeber verlagert, begründet durch die historische Rolle der Venture-Capital-Gesellschaft (Scherer, 2000. S. 61–68, Whincop, 2001, S. 10). So stellt SCHEFCZYK auf Basis vorhandener empirischer Untersuchungen heraus, dass 42 % aller Venture-Capital-Gesellschaften eine Beratungsfunktion in ihren Portfoliounternehmen wahrnehmen (Schefczyk, 2000a, S. 301). TALAULICAR/GRUNDEI/V. WERDER arbeiten sogar heraus, dass 84 % der Start-up-Unternehmen in Deutschland eine Beratung als zentrale Aufgabe des Aufsichtsrats angeben (Talaulicar/Grundei/v. Werder, 2001, S. 517). Deshalb müssen an die Gestaltung der Aufsichtsräte Anforderungen gestellt werden, die zum Teil von denen etablierter Unternehmen abweichen.

2.3.2 Gestaltung der Aufsichtsräte bei Start-up-Unternehmen

Die in der Literatur diskutierte Ausgestaltung der Aufsichtsräte lässt sich anhand der folgenden Merkmale diskutieren:

- Zusammensetzung und Qualifikation der Mitglieder,
- Größe,
- Anzahl und Dauer der Sitzungen,
- Fristigkeit und
- Ausschüsse.

Diese werden nachfolgend auf ihre Anwendbarkeit auf Start-up-Unternehmen überprüft.

2.3.2.1 Zusammensetzung und Qualifikation der Mitglieder

In einem ersten Schritt ist zu klären, wie sich die Besetzungspraxis gestaltet, da diese wesentlich die weiteren Parameter der Aufsichtsratstätigkeit determiniert.

Gesetzlich festgeschrieben ist die Wahl des Aufsichtsrats durch die Hauptversammlung. Die Nominierung zur Wahl als Aufsichtsratsmitglied wird allerdings von einem breiteren Personenkreis als den Anteilseignern beeinflusst, so dass der Hauptversammlung zumeist nur eine legitimierende Funktion zukommt. Aussagekräftige empirische Untersuchungen zu dem die Wahl beeinflussenden Kreis liegen nur begrenzt vor.

In den USA haben HERMALIN und WEISBACH herausgearbeitet, dass die Zusammensetzung des „Board of Directors" als amerikanischem Äquivalent des Aufsichtsrats durch die Verhandlungsmacht des Vorsitzenden und der externen Mitgliedern geprägt ist (Hermalin/Weisbach, 1998, S. 96–119; ähnlich auch Baker/Gompers, 1999, S. 2.; Faccio/Lasfer, 1999; Shivdasani/Yermack, 1999, S. 1829–1853). Konkretisierend arbeiten BAKER/GOMPERS heraus, dass in Unternehmen, deren CEO eine größere Verhandlungsmacht aufweist, vermehrt „Inside Directors" im Board vertreten sind, die jedoch wahrscheinlich nur eine geringere Kontrollfunktion ausüben (Baker/Gompers, 1999, S. 15 und S. 18–19). Junge Unternehmen setzen dagegen häufiger „Outside Directors" ein, so dass aufgrund der Besetzungspraxis hier von einer anteilseignerorientierten Funktionserfüllung ausgegangen werden kann.

Auch in Deutschland sind einige Tendenzaussagen ableitbar (Korn Ferry International, 1998, S. 12 sowie zu einem historischen Vergleich Korn Ferry International, 1996, S. 12). So finden sich in deutschen Aufsichtsräten vor allem ehemalige oder aktuelle Vorstandsvorsitzende anderer Unternehmen (82 %, diese teilen sich auf in 46 % ohne und 36 % mit Anteilen an dem Unternehmen), Arbeitnehmervertreter aufgrund der Mitbestimmungsregeln (79 %), Vertreter von Universalbanken (43 %), Anteilseigner (43 %) sowie ehemalige Vorstände des jeweiligen Unternehmens (36 %). Empirisch erklärt werden kann die Zusammensetzung durch eine Untersuchung von PFANNSCHMIDT. Er stellt einen signifikanten Zusammenhang zwischen Höhe des Anteilsbesitzes und Anzahl der Aufsichtsratsmandate von Vorständen der die Beteiligung haltenden Gesellschaft fest (Pfannschmidt, 1993, S. 148–149). Allerdings können auch Anteilseigner mit geringem oder keinem Anteilsbesitz in den Aufsichtsrat gewählt werden, wenn sie eine enge Beziehung zur nominierenden Institution – etwa dem Aufsichtsrats- oder dem Vorstandsvorsitzenden – aufgebaut haben. So weist eine ältere empirische Untersuchung einen Anteil von 50 % der Aktionärsvertreter im Aufsichtsrat aus, die selbst oder über ihre Institution keinen Eigenkapitalanteil am Unternehmen halten (Gerum/Steinmann/Fees, 1988, S. 47 ff.).

Somit muss zum Prozess der Nominierung die Hypothese aufgestellt werden, dass aufgrund der engen Verflechtung, Aufsichtsrat(svorsitzende) oder sogar Vorstand(svorsitzende) eigenständig die Nominierung vornehmen, was die Kontrollfunktion des Aufsichtsrats einschränken kann (Püschel/Specht, 1997, S. 17). Bei 61 % der deutschen Unternehmen werden Mitglieder des Aufsichtsrats durch den Vorstands- oder Aufsichtsratsvorsitzenden nominiert (Korn Ferry International, 1998, S. 17). Oft wird vom Aufsichtsrat sogar ein Nominierungsvorschlag des Managements erwartet (Lambsdorff, 1996, S. 221). Dem Einsatz von Ausschüssen kommt für die Nominierungen nur eine untergeordnete Bedeutung zu (Prigge, 1998, S. 957). Nur 36 % der deutschen Aufsichtsräte haben einen solchen Ausschuss (Korn Ferry International, 1998, S. 30).

Anders ist die Situation bei Start-up-Unternehmen. Da hier die Aufsichtsräte häufig mit den Unternehmensgründern besetzt sind, ist ein Besitz von Anteilen üblich (Baker/Gompers, 1999, S. 9). Exemplarisch sei hier *Yahoo* genannt: Die sechs Mitglieder des Aufsichtsrats vertreten ca. 15 % des Aktienbesitzes (Reingold, 2000, S. 56EU4). Somit ist zwar grundsätzlich ein Zugang für Anteilseigner mit großen Stimmrechtsanteilen leichter, aber auch anderen Personen ist der Zugang möglich.

Durch die Vorgehensweise der Nominierung bei etablierten Unternehmen wird die Unabhängigkeit der Aufsichtsratsmitglieder zumindest eingeschränkt. Aufgrund der Beratungsfunktion, die Aufsichtsratsmitglieder in Start-up-Unternehmen übernehmen sollen, ist es aus Sicht der Anteilseigner jedoch besonders wichtig, die Mitglieder sorgfältig auszuwählen.

Erhöht wird die Qualität der Aufgabenerfüllung durch die Besetzung der Aufsichtsräte mit Branchen-Iinsidern. In den USA wurde festgestellt, dass in sehr dynamischen Branchen die

Aufsichtsratsmitglieder signifikant häufiger aus der selben Branche kommen und somit eine effiziente Wahrnehmung der Aufsichtsratsfunktionen aufgrund des Branchen-Know-hows möglich ist (Baker/Gompers, 1999, S. 16). Eine Nominierungspraxis wie in etablierten Unternehmen könnte diese Funktionserfüllung erschweren.

2.3.2.2 Größe

Die Wirksamkeit der Überwachung kann durch weitere Faktoren eingeschränkt werden. Hierzu zählen die Anzahl der Mitglieder im Aufsichtsrat (vgl. zu empirischen Studien über die Zusammenhänge von Aufsichtsratsgröße und Unternehmensperformance Baysinger/Butler, 1985, S. 101–124; Hermalin/Weisbach, 1998, S. 96–119; Yermack, 1996, S. 185–211). Gesetzlich sind hier in Abhängigkeit von Unternehmensgröße und Mitbestimmung zwischen 3 und 21 Mitglieder festgelegt worden (vgl. § 95 AktG). Empirische Untersuchungen weisen durchschnittliche Mitgliederzahlen zwischen 9,39 (Leimkühler, 1996, S. 308) und 13,25 (Pfannschmidt, 1993, S. 83) für deutsche Aufsichtsräte aus.

Hieraus wird die Forderung abgeleitet, die Anzahl der Aufsichtsratsmitglieder zu verringern, um so die Aufgabenerfüllung des Aufsichtsrats zu verbessern (Überblick bei Prigge, 1998, S. 956). In Start-up-Unternehmen sind die Aufsichtsräte jedoch überwiegend kleiner als in etablierten Unternehmen (Baker/Gompers, 1999, S. 2; Lerner, 1995, S. 301 ff.). Die Board-Größe in den USA entspricht mit durchschnittlich sechs Mitgliedern nur ca. 50 % derer von großen börsennotierten Unternehmen (Baker/Gompers, 1999, S. 10; Reingold, 2000, S. 56EU4). Die in diesen Studien ebenfalls vorgenommene Analyse interner und externer Mitglieder auf Deutschland zu übertragen, ist aufgrund der unterschiedlichen Aufsichtssysteme problematisch. Diese geringe Zahl der Aufsichtsratsmitglieder ist für Start-up-Unternehmen von elementarer Bedeutung, erschwert doch eine höhere Zahl von Mitgliedern deutlich die Aufgabenerfüllung. Nur so ist eine kurzfristige Abstimmung auch ohne persönliche Treffen zu ermöglichen (Reingold, 2000, S. 56EU4). Solche Abstimmungen würden auch die von SCHEFCZYK geäußerte Kritik an der Funktionserfüllung von Aufsichtsräten in Start-up-Unternehmen abschwächen, der zwar die Erfüllung einer Kontrollfunktion, aber aufgrund der fehlenden Differenzierungsmöglichkeiten der Venture-Capital-Gesellschaften untereinander, kein Potenzial für Beratungsfunktion sieht (Schefczyk, 2000a, S. 302).

2.3.2.3 Anzahl und Dauer der Sitzungen

Beeinflusst wird die Aufgabenerfüllung auch durch die Anzahl und Dauer der Sitzungen. Mit den nach dem KonTraG festgelegten 4 Sitzungen liegt Deutschland im europäischen Vergleich an letzter Stelle (Heidrick and Stuggles International, 1999, S. 8). Unterstrichen wird die häufig unzureichende Aufgabenerfüllung anhand der durchschnittlichen Sitzungsdauer von 2 bis 4 Stunden (Theisen, 1999, S. 207). Die Inhalte der Sitzung (z. B. Tagesordnung, bereitgestellte Unterlagen) werden häufig durch den Vorstand vorbereitet (Sarrazin, 1995, S. 128). Auch hierdurch kann der Vorstand den zur Kontrolle notwendigen Informationsfluss lenken (Prigge, 1998, S. 962).

Für Start-up-Unternehmen lässt sich hieraus die Gestaltungsempfehlung ableiten, die Zahl der Sitzungen deutlich über dem gesetzlichen Standard anzusetzen. Durch verstärkte Abstimmung zwischen den Sitzungen ist es jedoch nicht zwingend notwendig, deren Dauer zu erhöhen.

2.3.2.4 Fristigkeit der Aufsichtsratsmandate

Die Fristigkeit der Bindung von Aufsichtsratsmitgliedern kann die Erfüllung der Kontrollfunktionen zusätzlich erschweren. Zwar beschränkt § 102 AktG die Amtszeit auf fünf Jahre, aber eine Verlängerung ist möglich, so dass die Amtszeit als unbeschränkt eingestuft werden muss (Prigge, 1998, S. 956). Gerade diese Möglichkeit der Verlängerung kann potenziell die Bereitschaft zu einer kritischen Kontrolle durch Aufsichtsratsmitglieder verringern, da dies die Chance einer Wiederwahl vor dem Hintergrund des geschilderten Nominierungsprozesses verschlechtern kann.

Jedoch kann eine längerfristige Bindung dahingehend positiv wirken, dass Aufsichtsräte mit den Details der Unternehmen(sentwicklung) vertraut sind und aufgrund ihrer Erfahrung die in der Planung abgebildeten zukünftigen Entwicklungen umfassender evaluieren können. Es ist somit nicht die Verweildauer im Aufsichtsrat zu kritisieren, sondern die durch die Nominierungspraxis potenziell eingeschränkte Aufgabenerfüllung.

2.3.2.5 Ausschüsse

Eine Verbesserung der Arbeit des Aufsichtsrats wird durch die Verlagerung von Funktionen in Ausschüsse gesehen (Hopt et al., 1998, S. 233–234). Diese dienen der Vorbereitung und teilweise auch Beschlussfassung über Sachverhalte aus dem Aufgabenbereich des Aufsichtsrats (Lück, 1990, S. 995–1013). Vorteilhaft wirkt sich aus, dass zu speziellen Themenbereichen wie Strategie, Prüfung oder Personal Mitglieder entsprechend ihrer Qualifikationen ausgewählt werden und unter weitgehender Aufhebung der Nachteile des Aufsichtsrats die Kontrollfunktion ausüben können.

Die Bildung von Ausschüssen kann für Start-up-Unternehmen wiederum nicht notwendig sein, wenn der Aufsichtsrat nur aus wenigen Mitgliedern besteht und diese entsprechend der Aufgabenerfüllung ausgewählt wurden. Die Bildung von Ausschüssen ist dort weder inhaltlich noch finanziell als zielführend einzustufen.

2.4 Zusammenfassung

Es hat sich gezeigt, dass die Notwendigkeit einer effizienten Corporate Governance für Start-up-Unternehmen und etablierte Unternehmen unterschiedlich begründet ist. Während bei etablierten Unternehmen die Kontrollfunktion aufgrund von Zieldivergenzen im Vordergrund steht, führt ein hoher Anteilsbesitz des Managements in Start-up-Unternehmen, sowohl absolut als auch relativ zu dessen Vermögen, üblicherweise so lange zu einer Zielkonvergenz, bis ein Verkauf der Anteile beim Management unmittelbar bevor- bzw. diesem offen steht. Diese Situation kann dazu führen, dass aufgrund der unterschiedlichen Bindungsdauer Überinvestitionen und den Cash Flow erhöhende Maßnahmen umgesetzt werden. Eine effiziente Corporate Governance trägt dazu bei, eine wertorientierte Unternehmensleitung und Kontrolle im Sinne der Anteilseigner sicherzustellen. Wesentlich ist dabei die Aufgabenerfüllung des Aufsichtsrats. Hinsichtlich seiner Ausgestaltung innerhalb der gesetzlichen Regelungen konnten Freiheitsgrade für Start-up-Unternehmen verdeutlicht werden, die bereits bei der Besetzung beginnen. Als weitere wesentliche Faktoren für Start-up-Unternehmen konnten die Größe und die Anzahl der Sitzungen herausgearbeitet werden. Für etablierte Unternehmen relevante Faktoren wie Ausschüsse und die Fristigkeit der Mandate haben dagegen eine deutlich geringere Bedeutung. In zukünftigen Untersuchungen ist zu prüfen, ob die vorgestellten Gestaltungsempfehlungen mit Hypothesencharakter empirisch bestätigt werden können.

3. Wertorientierte Entlohnungssysteme für Führungskräfte und Mitarbeiter

CHRISTOPH VON EINEM[1]

One of the greatest myths about entrepreneurs is that they are risk seekers.
All sane people want to avoid risk.
(William A. Sahlman)

3.1 „Stock Options" als Prototyp moderner Entlohnungssysteme

Seit einiger Zeit wird – nach US-amerikanischem Vorbild – auch in Deutschland verstärkt der Gedanke des Shareholder Value propagiert. Damit eng verbunden ist auch die Idee, die Unternehmensführung nicht nur durch ein festes Gehalt zu entlohnen, sondern das Gehalt am Unternehmenswert zu orientieren. Vor allem die immer stärkere Forderung institutioneller Kapitalanleger nach der Einführung einer wertorientierten Unternehmensführung hat die Diskussion über derartige Entlohnungssysteme entfacht. Im Mittelpunkt dieser Entwicklung steht insbesondere die Gewährung von Aktienoptionen, sog. *„Stock Options"*, an führende Mitarbeiter als die gerade für meist in der Form der Aktiengesellschaft organisierten Start-up-Unternehmen ideale Form der Mitarbeiterentlohnung. Die meisten Unternehmen der „New Economy", aber auch viele sogenannte „Blue Chips" haben mittlerweile einen solchen Stock-Option-Plan (Feddersen/Pohl, AG 2001, S. 26; Wulff, 2000, S. 271 ff.).

Der Gedanke wertorientierter Entlohnung von Mitarbeitern, insbesondere von Führungskräften eines Unternehmens, ist nicht neu, sondern wird bereits seit langem in verschiedensten Formen, je nach den aktuellen rechtlichen Gegebenheiten, praktiziert. So war es beispielsweise im 19. Jahrhundert in den meist als Kommanditgesellschaften organisierten Hamburger Handelsfirmen üblich, denjenigen Prokuristen, die maßgeblich an der Erwirtschaftung des Gewinns beteiligt waren, ihre Jahrestantieme ganz oder teilweise als Kommanditeinlage in „ihre Firma" einzubringen (v. Einem, 1998b, S. 390–391).

Gegenstand dieses Beitrages wird zunächst die Darstellung der wesentlichen Gründe wertorientierter Entlohnung sein. Unter 3.3 sollen danach die verschiedenen Möglichkeiten der Mitarbeiterbeteiligung vorgestellt werden, ehe dann im Schwerpunkt ausführlicher auf die „Stock Options" eingegangen wird, da sie das zur Zeit in Praxis und Literatur dominierende Modell darstellen.

---

[1] Der Verfasser dankt Frau Rechtsanwältin STEFANIE SCHMID sowie Herrn Rechtsreferendar MARKUS FEIL für ihre sehr tatkräftige Unterstützung bei der Erstellung dieses Beitrags.

3.2 Gründe für wertorientierte Entlohnung

Die Gründe für die Gewährung wertorientierter Entlohnung sind vielfältig. Wesentliche Zielsetzung ist in erster Linie die Mitarbeitermotivation und, hiermit eng zusammenhängend, die Entschärfung des sog. „Prinzipal-Agenten-Konflikts". Des Weiteren steigern derartige Systeme die Attraktivität des Unternehmens für qualifizierte Führungskräfte und mögliche Kapitalgeber.

3.2.1 Prinzipal-Agenten-Konflikt und Shareholder Value

Die meist jungen und innovativen Gründer von Start-up-Unternehmen führen zwar in der Regel das operative Geschäft, sind jedoch häufig auf fremdes Kapital angewiesen. Bei der sich hierfür anbietenden Wahl der Aktiengesellschaft als Unternehmensstruktur ist die Trennung von Kapitalgebern und Unternehmensleitung von vornherein organschaftlich bedingt. Die Anteilseigner („principals") geben die Geschäftsführung in die Hände eines angestellten Vorstands („agent"). Hierbei liegt der große Vorteil darin, dass somit Kapital und Managementkompetenz flexibel miteinander kombiniert werden können, ohne dass sie in einer Person vereint sein müssen. Darüber hinaus ist die Bündelung großer Kapitalmengen und gleichzeitig die Streuung von Verlustrisiken möglich.

Leistung wird von den Führungskräften häufig nur dann erbracht, wenn es sich für sie persönlich lohnt. Nachteil dieser Aufspaltung von Kapital und Management ist der damit verbundene Verlust des Anreizes für die „Agenten". Diese profitieren nicht mehr unmittelbar vom Erfolg ihrer Leistungen und Misserfolge wirken sich nicht direkt aus. Somit bringt fehlendes Eigeninteresse der Unternehmensleitung die Notwendigkeit seiner Überwachung mit sich, was jedoch mit gewissen Agency-Kosten verbunden ist (Achleitner/Wichels, 2002, S. 5–6).

In den letzten Jahren tritt auch in Deutschland eine zunehmend wertorientierte Unternehmensstrategie in den Vordergrund. Diese Ausrichtung am Shareholder Value als primärem Unternehmensziel verlangt in der Folge zur Lösung des Prinzipal-Agenten-Konflikts eine entsprechende Gleichrichtung der Interessen der Anteilseigner mit denen des Managements. Genau hier setzen die verschiedenen Konzepte wertorientierter Entlohnung an. Dadurch, dass die Geschäftsführung – heute meist in der Form von „Stock Options" – unmittelbar am Unternehmenswert beteiligt wird und so Chancen und Risiken mitträgt, hat sie ein starkes eigenes Interesse an der Wertsteigerung des Unternehmens. Insofern soll der Shareholder-Value-Gedanke auch ins Management übertragen werden und so dementsprechend eine Senkung der Agency-Kosten bewerkstelligen (Seibert, 1998, S. 31–32).

3.2.2 Höhere Attraktivität des Unternehmens für qualifizierte Führungskräfte und Anpassung an internationale Standards

Einer der Grundpfeiler der heutigen sogenannten Dienstleistungsgesellschaft ist die Gewinnung hoch qualifizierten Personals. Deshalb ist es von großer Bedeutung für aufstrebende

Unternehmen, potenziellen Führungskräften möglichst attraktive (Entlohnungs-) Bedingungen zu bieten, um sie auf diese Weise langfristig an sich zu binden. Da die Globalisierung auch auf dem Arbeitsmarkt fortschreitet, konkurrieren vor allem international ausgerichtete Firmen, wie etwa die der IT- oder Biotech-Branche – auch grenzüberschreitend – um geeignetes Führungspersonal. Im Vergleich mit internationalen Entlohnungsstandards gehört es heute nahezu zur Pflicht eines Unternehmens, seine Mitarbeiter entsprechend am (Börsen-) Wert zu beteiligen, um so Wettbewerbsnachteile im Kampf um die Ressource „Management" zu verhindern.

3.2.3 Eingehen auf die Forderungen des Kapitalmarktes: Verbesserungen der Konditionen der Kapitalaufnahme

Wertorientierte Entlohnung dient jedoch nicht nur der unternehmensinternen Mitarbeitermotivation. Internationale Kapitalgeber und institutionelle Investoren setzen heute das Vorhandensein solcher Vergütungssysteme für ihre Investmententscheidung voraus und werten dies als Zeichen für die Ausrichtung des Unternehmens am Shareholder Value (Ettinger, 1999, S. 13–14). Wie verschiedene Studien belegen, wird die Auflage speziell von „Stock-Option"-Plänen vom Kapitalmarkt insgesamt sehr positiv bewertet: So wurde in Bezug auf die kurzfristige Aktienperformance (30 bis 50 Tage nach Auflage der „Stock-Option"-Pläne) eine Steigerung der kumulierten Überrenditen (KÜR), also der markt- und risikobereinigten Renditen, im Durchschnitt je nach Studie zwischen 1,7 % und 4,0 % ermittelt (Löwe/Sieber, 2002, S. 53–54).

3.3 Mögliche Gestaltungswege wertorientierter Entlohnung

Die Möglichkeiten zur wert- bzw. erfolgsorientierten Entlohnung von Führungskräften und Mitarbeitern sind vielfältig und zum Teil an die jeweilige Rechtsform des Unternehmens gebunden. Die richtige Wahl des einzelnen Systems kann nicht pauschal bewertet werden, da diese Frage sehr stark von der Struktur der Gesellschaft und auch von der hierarchischen Stellung des begünstigten Mitarbeiters abhängt. In der Praxis finden sich auch häufig Kombinationen mehrerer dieser Spielarten und stellen zusätzliche Komponenten neben dem festen Gehalt dar, wobei das Verhältnis von fester und variabler Entlohnung sehr unterschiedlich ausfallen kann. Zu beachten ist allerdings, dass der Erfolg solcher Entlohnungssysteme, insbesondere der von Eigenkapitalinstrumenten, nur dann gegeben ist, wenn diese in die Gesamtvergütungsstrategie des Unternehmens passen und optimal ausgestaltet sind, um so eine Zusammenführung der Interessen von Managern und Anteilseignern zu erreichen. Insgesamt können die einzelnen Formen der wertorientierten Mitarbeiterentlohnung wie folgt eingeteilt werden: traditionelle Formen, echte Eigenkapitalinstrumente, virtuelle Eigenkapitalinstrumente und Entlohnung anhand interner wertorientierter Steuerungskennzahlen (Abbildung III.4).

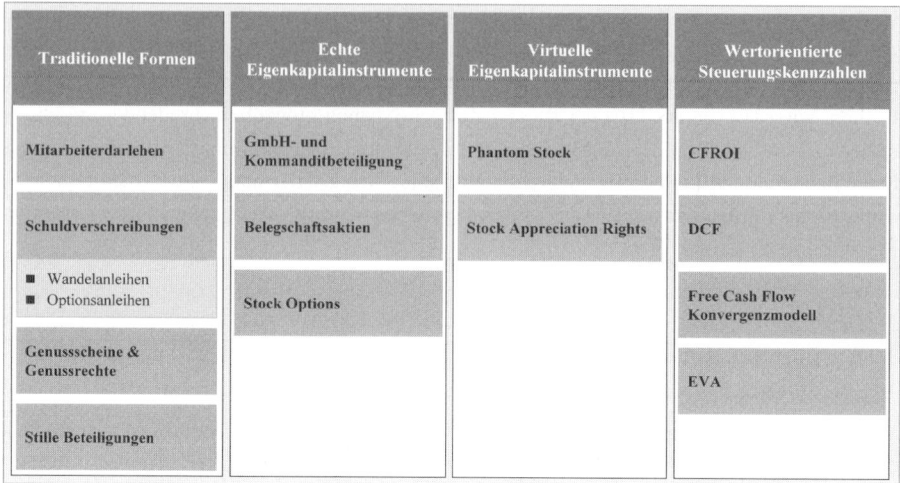

Abbildung III.4: Formen wertorientierter Mitarbeiterentlohnung

3.3.1 Traditionelle Formen der Mitarbeiterbeteiligung

3.3.1.1 Mitarbeiterdarlehen

Mitarbeiterdarlehen zeichnen sich dadurch aus, dass der Arbeitnehmer seinem Arbeitgeber ein Darlehen gewährt, das fest oder partiarisch (gewinnabhängig) verzinst wird. Es ist im Hinblick auf eine Mitarbeiterbeteiligung jedoch nur in der Form des partiarischen Darlehens sinnvoll, denn nur so wird beim Arbeitnehmer durch den gewinnabhängigen Zinssatz eine spezifische Motivation ausgelöst.

Diese Form der Mitarbeiterbeteiligung hat in erster Linie den Vorteil der einfachen und flexiblen Gestaltung und ist unabhängig von der spezifischen Rechtsform des Arbeitgebers. Auch profitiert der Arbeitgeber hierdurch von einer Liquiditätssteigerung. Für junge High-Tech- und Bio-Tech-Unternehmen scheidet diese Möglichkeit jedoch in der Regel aus: Einerseits verfügen die überwiegend aus der Wissenschaft kommenden Mitarbeiter typischerweise nur über wenig Vermögen, andererseits machen diese Unternehmen häufig über Jahre statt Gewinnen nur mit dem Aufbau verbundene Verluste (v. Einem, 1998b, S. 391–392), so dass kein kurz- oder mittelfristiger Gewinn für eine erhöhte Verzinsung des eingesetzten Kapitals zur Verfügung steht. Schließlich erlangt der Mitarbeiter eher die Stellung eines Kreditgebers, was eine entsprechend niedrigere Motivation zur Folge hat (Harrer-Roschmann/Erwe, 2000, S. 46). Zu einer niedrigeren Motivation trägt auch das extrem hohe Ausfallrisiko bei jungen Unternehmen bei.

3.3.1.2 Schuldverschreibungen

Wird das Unternehmen in der Rechtsform der Aktiengesellschaft betrieben, besteht eine weitere Möglichkeit wertorientierter Entlohnung in der Gewährung von Schuldverschreibungen, speziell von Options- oder Wandelanleihen. Hierbei gewährt der Arbeitnehmer dem Arbeitgeber ein (fest oder partiarisch verzinsliches) Darlehen, das dem Arbeitnehmer ein Umtauschrecht (Wandelanleihe) oder ein Bezugsrecht (Optionsanleihe) auf Aktien einräumt (Roschmann/Erwe, 2000, S. 55).

Bei der Wandelanleihe („convertible bond") hat der Mitarbeiter nach Ablauf des vereinbarten Zeitraumes die Möglichkeit, entweder die Rückzahlung des Darlehens zu verlangen oder seinen Rückzahlungsanspruch in eine bestimmte Anzahl von Aktien einzutauschen. Übt der Arbeitnehmer sein Wandlungsrecht aus, wählt er also anstatt der Rückzahlung der Darlehensvaluta den Erwerb der Aktien, so erlischt sein Rückzahlungsanspruch. Rechtsdogmatisch stellt dies einen Fall der Ersetzungsbefugnis dar (Hüffer, 2002, § 221 Rn. 4).

Bei der Optionsanleihe („warrant bond") erhält der Arbeitnehmer das Recht (Option), innerhalb eines bestimmten Zeitraums zu einem festgelegten Preis eine bestimmte Zahl von Aktien zu erwerben. Während bei der Wandelanleihe nur alternativ Darlehensrückzahlung oder Aktienerwerb verlangt werden kann, ist der Arbeitgeber in jedem Fall zum vereinbarten Zeitpunkt zur Rückzahlung verpflichtet, unabhängig davon, ob das Optionsrecht ausgeübt wird oder nicht.

Die Bedeutung der Options- oder Wandelanleihen für den gesellschaftsinternen Bereich der Mitarbeiterentlohnung ist durch das am 1. Mai 1998 in Kraft getretene Gesetz zur Kontrolle und Transparenz im Unternehmensbereich (KonTraG) jedoch erheblich gesunken. War bis dahin zur Gewährung von „„Stock Options",, der Umweg über Options- oder Wandelanleihen der einzig rechtlich gangbare, so bietet § 192 Abs. 2 Nr. 3 AktG jetzt die Möglichkeit, auch sog. nackte Optionen („naked warrants") zu gewähren. „„Stock Options",, können also Vergütungsbestandteil sein, ohne dass eine andere Form erfolgsabhängiger Vergütung zwischengeschaltet werden muss. Dennoch bleibt der Weg über die Schuldverschreibungen weiterhin möglich (Hüffer, 2002, § 192 Rn. 15) und auch in vielen Fällen erstrebenswert.

Unabhängig vom Wegfall der erforderlichen Brückenfunktion für Aktienoptionen eignet sich dieses Modell jedoch für wertorientierte Mitarbeiterentlohnung nicht besonders gut. Zwar gestattet es einen größeren Gestaltungsspielraum im Vergleich zu den nackten Optionen. So ist gemäß § 192 Abs. 2 AktG der Nennbetrag des bedingten Kapitals bei Options- oder Wandelschuldverschreibungen lediglich auf die Hälfte, bei nackten „Stock Options" aber auf 10 % des Grundkapitals beschränkt. In erster Linie dienen Schuldverschreibungen der Gesellschaft jedoch als Finanzierungsinstrument. Wie beim Mitarbeiterdarlehen bedarf es daher seitens des Mitarbeiters einer gewissen Liquidität, um der Gesellschaft das erforderliche Darlehen zu gewähren. Dies dürfte vor allem bei den meist jungen Fachkräften der High-Tech-Branche in der Regel schwierig sein. Zwar besteht in der Praxis (wie beim ersten deutschen „Stock Options"-Modell, dem 1988 bei der *SAP* eingeführten Wandelschuldverschreibungsmodell) die Möglichkeit der Zwischenschaltung eines Kreditinstituts. Dies ändert jedoch nichts an der Tatsache, dass der Arbeitnehmer das Insolvenzrisiko seines Arbeitgebers trägt, was in den seltensten Fällen gewollt sein wird.

3.3.1.3 Genussscheine bzw. Genussrechte

Eine weitere Möglichkeit der Mitarbeiterbeteiligung stellt auch die Gewährung von Genussscheinen bzw. Genussrechten dar. Dies geschieht üblicherweise derart, dass die vom Arbeitgeber ausgegebenen Genussscheine den Anspruch auf eine bestimmte Ergebnisbeteiligung am Unternehmen des Arbeitgebers gewähren. Solche Genussscheine sind regelmäßig übertragbar und bieten den Vorteil variabler Gestaltung, insbesondere können sie je nach Gestaltung beim Arbeitgeber steuerlich abzugsfähig oder steuerlich nicht abzugsfähig sein.

Da mit der Gewährung von Genussscheinen keine Beteiligung an der Entwicklung des Unternehmens einhergeht, entsteht keine zwingende Bindung des Arbeitnehmers an das Unternehmen; sie ist somit zur Motivationsförderung nur bedingt geeignet (v. Einem, 1998b, S. 393).

3.3.1.4 Stille Beteiligungen

Eine stille Beteiligung des Mitarbeiters am Unternehmen ist grundsätzlich in zweifacher Hinsicht möglich: die typisch und die atypisch stille Beteiligung. Bei der typisch stillen Beteiligung, die sich weitgehend an dem gesetzlich vorgesehenen Regelfall der §§ 230 ff. HGB orientiert, erhält der Mitarbeiter im Gegensatz zum partiarischen Darlehen gewisse Kontrollrechte und trägt daher Mitunternehmerinitiative. Bei der atypisch stillen Beteiligung wird aufgrund der weitgehenden Abdingbarkeit der gesetzlichen Vorschriften meist eine Beteiligung des stillen Gesellschafters auch am Unternehmensvermögen und, damit verbunden, auch ein gewisses Mitunternehmerrisiko vereinbart.

Zwar bietet die stille Beteiligung den Vorteil, dass sie für alle Rechtsformen geeignet ist und den Parteien einen großen Gestaltungsspielraum lässt. Auch gewährt sie eine erhöhte gesellschaftsrechtliche Bindung und Identifikation des Arbeitnehmers an den bzw. mit dem Arbeitgeber, jedoch ist dieses Modell dann nicht mehr sinnvoll, wenn die breite Verwendung von Mitarbeiterbeteiligungen gewollt ist. Auch steuerlich ist die stille Beteiligung nicht gerade attraktiv: Bei der Gewerbesteuer ist der Gewinnanteil des Arbeitnehmers als stiller Gesellschafter nicht abzugsfähig. Im Falle der atypisch stillen Beteiligung liegt zusätzlich eine Mitunternehmerschaft vor, so dass auch das Gehalt des beteiligten Arbeitnehmers nicht mehr gewerbesteuerabzugsfähig ist (v. Einem, 1998b, S. 392–393). Schließlich hat der Mitarbeiter seine Einlage in Geld zu leisten, was bei Mitarbeitern junger Start-up-Unternehmen in aller Regel nicht in Betracht kommen wird (Roschmann/Erwe, 2000, S. 47).

3.3.2 Echte Eigenkapitalinstrumente

3.3.2.1 GmbH- und Kommanditbeteiligung

Die Beteiligung des Mitarbeiters als Kommanditist ist nur bei der Rechtsform der Kommanditgesellschaft (KG) denkbar, welche aber für die meisten Start-up-Unternehmen wegen der damit verbundenen Haftungsregelungen nicht in Frage kommt. Weiterhin ist die Kommanditbeteiligung lediglich für leitende Angestellte in Betracht zu ziehen, da der Mitarbeiter mit der Kommanditistenstellung, ähnlich wie bei der atypisch stillen Beteiligung, einerseits zwar die Unternehmerinitiative erlangt, andererseits aber auch das Mitunternehmerrisiko übernimmt.

Aufgrund der nicht unerheblichen Anzahl von Start-up-Unternehmen in der Rechtsform der GmbH bietet sich eine direkte Beteiligung der Mitarbeiter als Mitgesellschafter in der Form von „restricted stock" grundsätzlich an. Auch ist die Überlassung von GmbH-Geschäftsanteilen in der Regel für alle Mitarbeiter des Unternehmens denkbar. Allerdings ist zu bedenken, dass die Übertragung von GmbH Anteilen nur in relativ großen Portionen und nur unter Zuhilfenahme eines Notars möglich ist. Zudem eignet sich die GmbH nicht als Publikumsgesellschaft. Dies gilt nicht zuletzt deshalb, weil GmbH-Gesellschafter ein unbeschränktes Informations- und Einsichtsrecht haben.

3.3.2.2 Belegschaftsaktien

Die Ausgabe von Mitarbeiter- oder Belegschaftsaktien stellt im Falle von Aktiengesellschaften neben den Tantieme- und Bonussystemen das Standardinstrument der Beteiligung dar, das in Verbindung mit Aktienkaufplänen zur Incentivierung von Mitarbeitern eingesetzt werden kann. Hierbei handelt es sich um eine unmittelbare Beteiligung des Mitarbeiters am Unternehmen seines Arbeitgebers. Er hat die Möglichkeit, über einen bestimmten Zeitraum in regelmäßigen Abständen Aktien des Arbeitgebers zu erwerben. Dabei ist der Kaufpreis entweder gegenüber dem jeweiligen Marktpreis reduziert oder der Arbeitgeber gibt einen Zuschuss zum Aktienkauf durch den Mitarbeiter (v. Einem, 1998b S. 394). Gelegentlich werden in Anlehnung an US-amerikanische „Restricted-stock"-Modelle auch bestimmte Einschränkungen des Aktieninhabers vereinbart, etwa dass ein Weiterverkauf erst nach einer gewissen Sperrfrist zulässig ist, um so den Mitarbeiter längerfristig an das Unternehmen zu binden.

Aktienrechtlich kann die Ausgabe von Belegschaftsaktien grundsätzlich im Rahmen einer ordentlichen Bar-Kapitalerhöhung durchgeführt werden. Die Praxis verwendet jedoch für eine derartige Mitarbeiterbeteiligung häufig das Instrument des genehmigten Kapitals gem. § 202 Abs. 4 AktG. Danach kann die Hauptversammlung den Vorstand der Gesellschaft ermächtigen, das Grundkapital bis zu einem bestimmten Nennbetrag durch Ausgabe neuer Mitarbeiteraktien gegen Einlage zu erhöhen. Genehmigtes Kapital kann schon Inhalt der Gründungssatzung sein (§ 202 Abs. 1 AktG), aber auch durch Satzungsänderung beschlossen werden (§ 202 Abs. 2 Satz 1 AktG). Der Höhe nach ist der Nennbetrag des genehmigten Kapitals auf die Hälfte des Grundkapitals beschränkt, (§ 202 Abs. 3 AktG). Zeitlich ist die Ermächtigung des Vorstandes auf fünf Jahre limitiert, (§ 202 Abs. 1 und 2 AktG).

Zu beachten ist, dass die Gründungssatzung bzw. der satzungsändernde Hauptversammlungsbeschluss zwingend auch eine Entscheidung über den Ausschluss des gesetzlichen Bezugsrechts der Altaktionäre enthalten muss (Hüffer, 2002, § 202 Rn. 25). Im Falle der Satzungsänderung sind die formellen Voraussetzungen des Bezugsrechtsausschlusses gem. § 186 in Verbindung mit § 203 AktG einzuhalten, also insbesondere eine Mehrheit von ¾ des vertretenen Grundkapitals und die Erstellung eines Vorstandsberichts. Besonderer materieller Rechtfertigung bedarf der Bezugsrechtsausschluss dagegen nicht, da ihn der Gesetzgeber in § 202 Abs. 4 AktG für die Ausgabe von Arbeitnehmeraktien allgemein anerkannt hat (Hüffer, 2002, § 202 Rn. 27).

Bei der Gewährung von Belegschaftsaktien muss der Mitarbeiter in der Regel grundsätzlich die Einlage für die gezeichneten Aktien sofort leisten. Die Ausgabe von Aktien an den Mitarbeiter kann ausnahmsweise aber auch ohne unmittelbare Einlageleistung erfolgen. Der Vorstand kann etwa gem. § 204 Abs. 3 AktG beschließen, dass diese Einlagen aus dem Jahresüberschuss gedeckt werden. In der Sache handelt es sich dann um eine Kapitalerhöhung aus Gesellschaftsmitteln, welche wie eine Kapitalerhöhung mit Bareinlage durchgeführt wird. Wirtschaftlich betrachtet handelt es sich hierbei um eine besondere Art der Gewinnbeteiligung, bei der die Auszahlung des Gewinnanteils gegen die Einlageschuld „verrechnet" wird (Roschmann/Erwe, 2000, S. 49; Hüffer, 2002, § 204 Rn. 12).

Der Vorteil der Gewährung von Mitarbeiteraktien besteht darin, dass sie grundsätzlich an alle Hierarchiestufen des Unternehmens sinnvoll ausgegeben werden können. Im Gegensatz dazu ist es etwa bei „Stock-Option"-Plänen ratsam, lediglich nur die Führungsebene teilhaben zu lassen, da eine unmittelbare Einflussnahme auf den Unternehmenswert nur durch die Unternehmensleitung angenommen wird. Insofern stellt die Beteiligung von Mitarbeitern unterer Hierarchieebenen kein unmittelbares Anreizinstrument dar. Im Vordergrund steht deshalb bei Belegschaftsaktienplänen an die breite Mitarbeiterbasis eher die Stärkung der Identifikation mit dem und die langfristige Bindung an das Unternehmen (Pellens/Crasselt/Rockholtz, 1998, S. 15).

Allerdings geht der Arbeitnehmer durch den Kauf von Aktien in voller Höhe das Kursrisiko ein und muss sich unter Umständen sogar verschulden, um Aktien erwerben zu können. Er hat es insbesondere nicht in der Hand, aus einer ihm eingeräumten Rechtsposition (z. B. einer Option), das „Ob" und das „Wann" des Aktienerwerbs selbst zu bestimmen und sein Risiko ist nicht auf den Wert der von ihm gegebenenfalls nicht ausgeübten Option reduziert. An dieser Stelle wird daher die Einräumung von Aktienoptionen für den Mitarbeiter attraktiv (v. Einem, 1998b, S. 394).

3.3.2.3 „Stock Options"

„Stock Options" sind Bezugsrechte auf Aktien, die insbesondere Organen und Mitarbeitern die Möglichkeit einräumen, innerhalb einer vorgegebenen Ausübungsfrist eine vom Arbeitgeber bestimmte Zahl von Aktien zu einem fest vereinbarten Preis (sog. Basispreis oder „strike price") zu erwerben. Der Optionsinhaber ist nicht verpflichtet, die ihm gewährten Optionen gegen Zahlung des „strike price" auszuüben, er kann sie ohne weiteres und ohne weitere Konsequenzen verfallen lassen (v. Einem, 1998b, S. 389–390).

Die Gewährung erfolgt in der Regel unentgeltlich, häufig sinnvollerweise aufgrund eines (teilweisen) Lohnverzichts des Mitarbeiters. Dabei werden für den Fall einer Beendigung des Dienst- oder Beratungsverhältnisses vor Ablauf einer vereinbarten Mindestverweildauer bei dem die Option begebenden Unternehmen (der „vesting period" – meist 3 bis 4 Jahre) gestaffelte Sonderkündigungsrechte vereinbart. Für den gegenwärtigen Regelfall der Gewährung von „Stock Options" mittels bedingter Kapitalerhöhung (Einzelheiten s. u.) kann der Mitarbeiter seine Optionen frühestens zwei Jahre nach Gewährung ausüben und wird dies dann oder zu einem späteren Zeitpunkt nur tun, wenn der Basispreis im Zeitpunkt der beabsichtigten Ausübung (deutlich) niedriger ist als der Aktienkurs. Bei Ausübung der Option werden dem Mitarbeiter nach der Zahlung des Basispreises sog. Bezugsaktien unter Ausnutzung des bedingten Kapitals ausgegeben. Dies kostet das Unternehmen kein Geld. Lediglich die Altaktionäre tragen wirtschaftlich den „Aufwand", der durch die Verwässerung ihrer Beteiligung aufgrund der ausgegebenen neuen Aktien entsteht (v. Einem/Pajunk, 1999, S. 65).

3.3.3 Virtuelle Eigenkapitalinstrumente

Die sog. virtuellen Eigenkapitalinstrumente – welche regelmäßig nur im Falle von Aktiengesellschaften in Betracht kommen – stellen Modelle der Mitarbeiterentlohnung dar, bei denen der Mitarbeiter zwar nicht am Eigenkapital der Gesellschaft beteiligt ist, die Konsequenzen echter Eigenkapitalinstrumente jedoch finanziell nachgebildet werden. Er erhält eine Bar-Tantieme, die an die Unternehmensperformance am Kapitalmarkt gekoppelt ist und sich somit am Shareholder Value orientiert.

In der Unternehmenspraxis haben sich in diesem Bereich insbesondere zwei mögliche Gestaltungsmodelle herausgebildet: zum einen die virtuellen Aktien („phantom stock") und die virtuellen Optionen („stock appreciation rights") (v. Rosen/Leven, 2000, S. 7).

Bei der Einräumung von Phantom Stock wird der berechtigte Mitarbeiter arbeitsvertraglich so gestellt, als sei er Inhaber einer bestimmten Anzahl von Aktien des Unternehmens. Zu einem bestimmten Stichtag werden ihm die Aktienkursgewinne und Dividenden des zurückliegenden Zeitraums vergütet. Je nach Ausgestaltung nimmt der Betreffende auch an den Aktienkursverlusten teil (Feddersen, 1997, S. 285).

„Stock appreciation rights" sind virtuelle Optionen, die dem Begünstigten das Recht auf Zahlung der Differenz zwischen vereinbartem Basispreis und Aktienkurs zum Zeitpunkt der Ausübung der virtuellen Option einräumen. Wie bei echten Aktienoptionen kann dieses Recht in der Regel erst nach Ablauf einer Sperrfrist und bei fortgesetzter Unternehmenszugehörigkeit ausgeübt werden. Teilweise werden die „stock appreciation rights" auch mit dem Erreichen weiterer Voraussetzungen verknüpft, wie beispielsweise dem Erreichen einer bestimmten Börsenkurssteigerung oder bestimmter Planungs- oder Absatzziele. Der signifikante Unterschied zur Gewährung von „Stock Options" ist, dass im Falle der Optionsausübung keine Gesellschaftsanteile übertragen werden, sondern lediglich eine finanzielle Kompensation auf schuldrechtlicher Basis erfolgt (Hayn/Ostheim/Sulzbach, 2002, S. 332).

Besonderes Aufsehen hat in diesem Zusammenhang das sogenannte „STAR-Programm" der *SAP AG* vom Mai 1998 hervorgerufen. Danach partizipierte der Mitarbeiter zu 100 % an einem Kursanstieg der Aktie um bis zu DM 100 innerhalb eines bestimmten Zeitraumes (Mai 1998 bis April 1999), an einem weiteren Anstieg bis DM 200 zu 50 %, bei einem Kurssprung über DM 200 noch zu 25 % (Roschmann/Erwe, 2000, S. 45).

Der Vorteil virtueller Eigenkapitalinstrumente besteht darin, dass im Gegensatz zu echten Beteiligungen kein Verwässerungseffekt auf der Ebene der Altaktionäre eintritt. Auch kann es bei der Auflegung eines „echten" Aktienoptionsprogrammes dazu kommen, dass – in den Fällen des bedingten Kapitals oder des Erwerbs eigener Aktien – die nach § 192 Abs. 3 bzw. § 71 Abs. 1 Nr. 8 AktG zugebilligten Aktien in Höhe von 10 % des Grundkapitals nicht ausreichen, um den Führungskräften ein attraktives Optionsprogramm anzubieten (Klawitter/Waskönig, 2002, S. 81). Ein weiterer Punkt, der für die virtuellen Beteiligungsmodelle spricht, ist die einfache Handhabung, die insbesondere keine gesellschaftsrechtlichen Komponenten wie besonderes Aktienkapital mit den damit verbundenen Konsequenzen (z. B. Hauptversammlungsbeschluss oder Bezugsrechtsausschluss) erfordert. Auch ergeben sich keine Insiderprobleme und der Mitarbeiter ist unabhängig von etwaigen Zufallsprofiten („windfall profit") unmittelbar an der konkreten Kurssteigerung der Aktien seines Unternehmens beteiligt (Roschmann/Erwe, 2000, S. 45).

Ein gewichtiger Nachteil der virtuellen Eigenkapitalinstrumente besteht jedoch darin, dass sie zu einem zum Teil sehr erheblichen Liquiditätsabfluss für die Gesellschaft führen, (Wulff, 2000, S. 11 f.), dessen Bedienung insbesondere bei Wachstumsunternehmen nachhaltige Schwierigkeiten hervorrufen kann. Diese sind häufig gerade auf einen Mittelzufluss durch Kapitalbeteiligungsmodelle angewiesen, um die operative Expansion der betrieblichen Umsatzprozesse nicht zu gefährden (Achleitner/Wichels, 2002, S. 14). In diesem Zusammenhang ebenfalls zu beachten ist die Akzeptanz des Kapitalmarktes in Bezug auf derartige Regelungen. So wird ein Barausgleich wegen der Auswirkungen auf die Gewinn- und Verlustrechnung typischerweise bei Emissionen am Neuen Markt von den Analysten kritisch gewürdigt. Allerdings lässt sich eine negative Würdigung dieser durchaus sinnvollen und flexiblen Regelung durch eine entsprechende Kommunikation gegenüber den Emissionsbanken bzw. Darstellung im Börsenverkaufsprospekt vermeiden (v. Einem/Pajunk, 2002, S. 97). Aus Sicht des Mitarbeiters weisen die virtuellen Modelle den „Makel" auf, dass ihre Bedienung nur schuldrechtlich gesichert ist. Anders als im Falle der echten Eigenkapitalinstrumente fehlt hier eine dinglich, sprich satzungsmäßig verankerte, Sicherheit, das Zugesagte auch tatsächlich zu erhalten (Feddersen/Pohl, 2001, S. 28). Gegen diese Modelle sprechen aber auch steuerrechtliche Aspekte. In Deutschland sind solche Bonuszahlungen vollständig als Einkünfte aus nichtselbständiger Arbeit zu versteuern, was im Vergleich bei „Stock Options" nicht zwingend der Fall sein muss (vgl. Abschnitt 3.4.3). Auch sind Veräußerungsgewinne aus im Privatvermögen gehaltenen (echten) Aktien außerhalb der Spekulationsfrist nicht steuerbar, sofern es sich nicht um eine „qualifizierte" Beteiligung im Sinne des § 17 EStG handelt (Feddersen, 1997, S. 286).

3.3.4 Entlohnung anhand interner wertorientierter Steuerungskennzahlen

Schon seit langem erfolgt zusätzlich zum festen Gehalt eine variable Entlohnung von Mitarbeitern aufgrund traditioneller Kennzahlen des Unternehmens. Zu nennen sind in diesem Zusammenhang insbesondere buchhalterische Leistungsgrößen wie z. B. Gewinn, Umsatz, „Return on Equity" (ROE) oder „Return on Investment" (ROI). Auch sonstige persönliche Zielvereinbarungen verbunden mit entsprechend (z. T. gestaffelten) Bonusleistungen sind weit verbreitet. Mit der sich in der Unternehmenspraxis jedoch immer stärker durchsetzenden Orientierung am Shareholder Value wird in der Literatur zunehmend auch die Wertsteigerung des Unternehmens als Bezugsgröße für Anreiz- und Entlohnungssysteme propagiert. Entsprechend werden traditionelle Kennzahlen als ungeeignet zur Messung des Geschäftserfolges im Rahmen einer wertorientierten Unternehmensführung angesehen (Achleitner/Wichels, 2002, S. 7 ff.).

In der jüngeren Vergangenheit wurden verschiedene wertorientierte Steuerungskennzahlen entwickelt, die es erlauben, die interne Wertschöpfung zu quantifizieren und die eine signifikante Korrelation zur Entwicklung der Aktienrendite aufweisen. Zu nennen sind in diesem Zusammenhang der „Cash Flow Return on Investment" (CFROI) und Verfahren wie der „Discounted Cash Flow" (DCF) oder das „Free-Cash-Flow"-Konvergenzmodell.

Besondere Beachtung in der jüngeren Literatur hat der sog. „Economic Value Added" (EVA) gefunden, worauf hier kurz eingegangen werden soll. Das Konzept des „Economic Value Added" (EVA) wurde in den USA von der Unternehmensberatung *Stern Stewart & Co.* erarbeitet und geht auf eine kaufmännische Grundregel zurück, wonach zusätzlicher Wert erst dann geschaffen wird, wenn ein Geschäft langfristig mindestens die Kosten des eingesetzten Kapitals verdient. Demgegenüber berücksichtigen die traditionellen Kennzahlen zwar die Fremdkapitalkosten, lassen aber die Kosten für das eingesetzte Eigenkapital außer Acht (Pertl/Koch/Santorum, 2002, S. 364–365). An dieser Stelle wird EVA interessant.

EVA errechnet sich aus der Differenz zwischen dem Geschäftsergebnis und den Kapitalkosten des investierten Gesamtvermögens:

$$\text{EVA} = \text{Geschäftsergebnis} - (\text{Geschäftsvermögen} \times \text{Kapitalkostensatz})$$

Das Geschäftsvermögen ist das Kapital, das die Investoren dem Unternehmen als Fremd- oder Eigenkapital zur Verfügung gestellt haben und entspricht der Summe aus Anlage- und Netto-Umlaufvermögen. Der Kapitalkostensatz errechnet sich aus dem gewogenen Durchschnitt aus Fremd- und Eigenkapitalkostensatz. Der Eigenkapitalkostensatz wiederum ist die Mindestrendite, welche die Aktionäre von einer alternativen Anlage mit vergleichbarem Risiko erwarten würden, der aber in der konventionellen Buchhaltung nicht berücksichtigt wird. Deshalb sind zur Berechnung des EVA einige Anpassungen der externen Rechnungslegung erforderlich. So werden etwa bestimmte Ausgaben, die sonst in der Buchhaltung sofort als Aufwand erfasst werden, obwohl sie eigentlich dem Wesen nach Investitionen darstellen (z. B. Investitionen für Forschung und Entwicklung, Werbung oder Ausbildung), im EVA-Konzept aktiviert und über die Nutzungsdauer abgeschrieben (Pertl/Koch/Santorum, 2002, S. 366).

Ein positives Ergebnis für den EVA bedeutet dann, dass das Ergebnis der betrieblichen Tätigkeit über die Deckung der gesamten Finanzierungskosten des betrieblich genutzten Vermögens (Eigen- und Fremdkapital) hinaus zu einem betrieblichen Übergewinn geführt hat. Ist der EVA demgegenüber negativ, reichte das Ergebnis der betrieblichen Tätigkeit nicht aus, die Finanzierungskosten zu decken (Greth, 1998, S. 73).

	Bonus-/ Tantieme-regelung	Patriarisches (Mitarbeiter-) Darlehen	Stille Beteiligung	Genussrecht bzw. Genussschein	Gesellschafts-rechtliche Beteiligung	Aktien-optionen
Stl. Förderung (§19a EStG, §5 VermBG)	nein	ja	ja (typisch); nein (atypisch)	ja	ja (Aktie, GmbH-Anteil)	nein
Einfachheit	ja	ja	mittel	mittel	nein	nein
Langfristige Kapitalzufuhr (AG)	nein	nein	ja	ja	ja	ja
Breiter Einsatz	ja	ja	ja	ja	nein	ja
Motivationseffekt	gering	gering	mittel	mittel	groß	groß
Risiko (AN)	nein	Zinsrisiko (AN)	Beteiligungs-verlust	ggf. Verlust	Beteiligungs-verlust	nein
Finanzieller Einsatz des AN	nein	ja	nicht zwingend	nicht zwingend	nicht zwingend	nicht zwingend
Übertragbarkeit	nein	i.d.R. nein	ja	ja	grds. ja	grds. ja; i.d.R. nein
Einfluss unternehm. Entscheidung	nein	nein	nein	nein	ja	nein
Eignung für junge Unternehmen	ja	ja	ja	ja	ja	ja
Verwässerung	nein	nein	nein	möglich	ja	ja (als Ausübung)
Bewertungsprobleme	nein	nein	nein	ja	nein	grds. nein

Abbildung III.5: Überblick der Vor- und Nachteile von Mitarbeiterbeteiligungsmodellen

3.4 Speziell: „Stock Options"

„Stock Options" sind in aller Munde und gewinnen gerade für junge, innovative Wachstumsunternehmen wegen ihrer positiven Effekte auf die Mitarbeitermotivation und deren Bindung an das Unternehmen zunehmend an Bedeutung. Dies liegt aber auch daran, dass in den Bereichen IT, Bio- und Gentechnologie sowie Medien die Nachfrage nach qualifiziertem Fachpersonal immens groß ist und die Bewerber immer häufiger ein international wettbewerbsfähiges Vergütungssystem erwarten. So fehlt heute bei fast keinem Börsenkandidaten am Neuen Markt oder bei den aufstrebenden Start-up-Gesellschaften im High-Tech-Bereich mit Börsenambitionen ein solches Aktienoptionsprogramm (v. Einem/Pajunk, 2002, S. 286–287). Im Folgenden wird zunächst auf gesellschafts- und steuerrechtliche Fragen im Zusammenhang mit „Stock Options" eingegangen, bevor dann die Vorzüge und Risiken dieser Art der Mitarbeiterbeteiligung diskutiert werden. Schließlich werden noch Hinweise zur möglichst optimalen Gestaltung von Aktienoptionsplänen gegeben.

3.4.1 Gesellschaftsrechtliche Aspekte

Aktienoptionsprogramme lassen sich gesellschaftsrechtlich unterschiedlich gestalten. Während vor dem KonTraG die Beschaffung der Aktien problematisch war, ist die Gewährung von „Stock Options" nunmehr – vor allem durch die Anerkennung „nackter" Optionen in § 192 Abs. 2 Nr. 3 AktG – wesentlich erleichtert. Heutzutage sind für die Ausgabe von Aktienoptionen folgende Gestaltungsmodelle denkbar:

3.4.1.1 Erwerb eigener Aktien

Eine Methode zur Beschaffung der den Mitarbeitern zugesagten Aktien ist der Erwerb eigener Aktien durch die Gesellschaft nach dem durch das KonTraG neu eingeführten § 71 Abs. 1 Nr. 8 AktG. Hierzu kann die Gesellschaft eigene Aktien börslich oder außerbörslich erwerben, um sie dann an die Bezugsberechtigten abzugeben.

Für den Erwerb eigener Aktien ist ein Ermächtigungsbeschluss der Hauptversammlung nötig, welcher einer Dreiviertelmehrheit bedarf (§ 71 Abs. 1 Nr. 8 Satz 5 i.V.m. § 186 Abs. 3 Satz 2 AktG) und der als Zweckbestimmung vorsieht, dass diese Aktien zur Bedienung von Aktienoptionen verwendet werden dürfen. Der Beschluss hat auch den niedrigsten und höchsten Gegenwert der Aktien festzulegen. Zu beachten ist weiterhin, dass die Ermächtigung auf 10 % des Grundkapitals beschränkt ist; die Gesellschaft darf also zu keinem Zeitpunkt mehr als 10 % des Grundkapitals an eigenen Aktien besitzen. Dies hat zur Konsequenz, dass etwa im Falle des Erwerbs eigener Aktien zum Zwecke der Ausgabe von Belegschaftsaktien die Möglichkeit der Finanzierung eines Aktienoptionsplans durch Erwerb eigener Aktien eingeschränkt ist (Kallmeyer, AG 1999, S. 101).

Im Gegensatz zur Ausgabe von Belegschaftsaktien (vgl. § 71 Abs. 1 Nr. 2, Abs. 3 Satz 2 AktG) ist die Veräußerung der erworbenen Aktien zeitlich nicht begrenzt. Die Frist von 18 Monaten in § 71 Abs. 1 Nr. 8 AktG gilt nur für den Erwerb, nicht für das Halten der eigenen erworbenen Aktien (Roschmann/Erwe, 2000, S. 53).

Mit dem KonTraG können nun eigene Aktien der Gesellschaft auch Organmitgliedern angeboten werden, während nach § 71 Abs. 1 Nr. 2 AktG a. F. eigene Aktien lediglich an Arbeitnehmer übertragen werden durften und etwa Vorstandsmitglieder ausgeschlossen waren (v. Einem, 1998b, S. 396).

Über § 71 Abs. 1 Nr. 8 Satz 4 AktG gilt § 193 Abs. 2 Nr. 4 AktG entsprechend. Dadurch soll vermieden werden, dass die für die Schaffung eines bedingten Kapitals geltenden Regelungen – insbesondere die Ausübungssperrfrist von zwei Jahren – umgangen werden können (Hüffer, 2002, § 71 Rn. 19l).

Der Vorteil der Bedienung von „Stock Options" über den Erwerb eigener Aktien besteht für die Altaktionäre darin, dass hierbei keine Verwässerung ihrer Anteile stattfindet. Sie profitieren im Gegenteil beim Aktienrückkauf von Kurssteigerungen, weil der Gewinn je Aktie gesteigert wird, solange die Option nicht ausgeübt wird (Kallmeyer, AG, 1999, S. 101).

Der Erwerb eigener Aktien kostet die Gesellschaft allerdings Liquidität und ist für sie erfolgsbelastend, da der Rückkaufpreis für die eigenen Aktien nach § 71 Abs. 2 AktG in Verbindung mit § 272 Abs. 4 Satz 1 HGB durch Gewinnrücklagen gedeckt sein muss. Allerdings stellen die damit verbundenen Kosten steuerlich (Personal-) Aufwand dar (v. Einem/Pajunk, 2002, S. 96). Weiterhin ist problematisch, dass sowohl der Zeitpunkt der Optionsausübung als auch die Menge der benötigten Aktien nur schwer planbare Größen sind. Entweder müssten die Aktien über einen längeren Zeitraum als Vorrat gehalten oder aber jeweils ad hoc beschafft werden. Beide Möglichkeiten sind also nicht nur liquiditätsbindend, sondern auch risikobehaftet (Kallmeyer, AG 1999, S. 101; Kau/Leverenz, 1998, S. 2274).

3.4.1.2 Ordentliche Kapitalerhöhung

Grundsätzlich ist eine ordentliche Kapitalerhöhung gem. §§ 182 ff. AktG zur Gewährung von Aktienoptionen möglich. Dies erscheint jedoch nicht zweckmäßig, da die Modalitäten der Kapitalerhöhung – insbesondere die eng begrenzte Zeichnungsfrist - in der Hauptversammlung abschließend und hinreichend bestimmt sein müssen. Zudem fehlt es im Unterschied zur genehmigten und bedingten Kapitalerhöhung an Erleichterungen für die Ausgabe von Aktien an Mitarbeiter, was sich insbesondere auf das Erfordernis der Begründung des Bezugsrechtsausschlusses auswirkt (v. Einem, 1998b, S. 396). Im Übrigen sind auch die Einlagevorschriften zu beachten (Roschmann/Erwe, 2000, S. 54).

3.4.1.3 Schaffung eines genehmigten Kapitals

Eine Gewährung von Aktienoptionen im Zusammenhang mit der Schaffung eines genehmigten Kapitals nach § 202 Abs. 4 AktG ist ebenfalls denkbar. Hierbei kann die Satzung vorsehen, dass die neuen Aktien aus dem genehmigten Kapital ausgegeben werden. Wesentlicher Nachteil dieser Variante ist jedoch, dass die Optionen nach § 202 Abs. 1 AktG innerhalb von fünf Jahren nach Eintragung des Ermächtigungsbeschlusses ausgeübt werden müssen. Aktienoptionsmodellen mit einer überwiegend zehnjährigen Ausübungsfrist kann diese Form der Kapitalerhöhung damit nicht ausreichend gerecht werden (v. Einem, 1998b, S. 396–397).

Neben dieser zeitlichen Begrenzung enthält das genehmigte Kapital im Vergleich zum bedingten Kapital eine weitere Erschwernis, die für die Praxis von noch größerer Bedeutung ist. Die Rechte aus den Aktien entstehen nach §§ 203 Abs. 1, 191 AktG erst mit der Eintragung der durchgeführten Kapitalerhöhung. Somit wird durch die Ausübung des Bezugsrechts noch keine aktienrechtliche Mitgliedschaft erworben, dazu bedarf es außerdem der korrespondierenden Eintragung der Kapitalerhöhung (Martens, 1996, S. 346).

3.4.1.4 Schaffung eines bedingten Kapitals

Den gegenwärtigen Regelfall der Umsetzung eines „Stock-Option"-Planes stellt die Schaffung eines bedingten Kapitals gem. § 192 ff. AktG dar. Mit dem KonTraG hat der Gesetzgeber in diesem Rahmen nun grundsätzlich zwei Varianten zur Auflegung eines Aktienoptionsplanes anerkannt. Neben dem bisher einzig zulässigen (Um-) Weg über die Gewährung von Wandel- oder Optionsanleihen – der auch weiterhin nicht abgeschnitten ist – sind mit der Neufassung des § 192 Abs. 2 Nr. 3 AktG auch reine, „nackte" Optionen rechtlich möglich, was nach alter Rechtslage nicht der Fall war.

Wandel- und Optionsanleihen

Der Weg über Wandelanleihen ist wegen der recht umständlichen Koppelung des eigentlich benötigten Optionsrechts mit einer Anleihe mit erheblichen rechtlichen Risiken verbunden (Weiß, 1999a, S. 354). Selbst die Regierungsbegründung zum KonTraG bezeichnet diese Variante als „kompliziert", „rechtlich aufwendig und wenig transparent" (BR-Drucks. 872/97 v. 7.11.1997, S. 61). Erstaunlicherweise wird dieses Modell in der AG-Praxis jedoch weiterhin recht häufig umgesetzt (vgl. Untersuchung von Feddersen/Pohl, AG 2001, S. 28: danach haben im Jahre 1999 gut ein Fünftel der untersuchten Unternehmen den Weg über die Wandelanleihe beschritten; eine Besonderheit weist der sog. „Long-term-incentive-Plan" der *SAP AG* aus dem Jahr 2000 auf, der wahlweise ein nacktes Aktienoptionsprogramm oder eine Wandelschuldverschreibung zum Gegenstand hat, (Bundesanzeiger Nr. 233 vom 9. Dezember 1999, S. 19/780 ff.). Als Gründe hierfür werden zum einen die Nichtanwendbarkeit der Kontrollvorschrift des § 193 Abs. 2 Nr. 4 AktG auf Wandel- bzw. Optionsanleihen gesehen. Demnach ist im Gegensatz zu den reinen Bezugsrechten gesetzlich keine Wartefrist für die erstmalige Ausübung vorgeschrieben. Möglich ist zum anderen auch die Beteiligung von Aufsichtsratsmitgliedern oder externen Beratern. Schließlich gilt die 10 %-Grenze des § 192 Abs. 3 AktG nicht.

Dagegen findet die Optionsanleihe heute keine Verwendung mehr als Element der Mitarbeiterbeteiligung, da sie in erster Linie als Fremdkapitalinstrument dient (Feddersen/Pohl, 2001, S. 30).

„Nackte" Optionen

Die Mehrzahl der Unternehmen greift heute auf die durch das KonTraG eröffnete Möglichkeit zurück, „naked warrants" zu gewähren. Nunmehr gilt, dass die Hauptversammlung im Wege des Zustimmungs- oder Ermächtigungsbeschlusses bedingtes Kapital zur Gewährung von Bezugsrechten an Arbeitnehmer und Mitglieder der Geschäftsführung der Gesellschaft oder verbundener Unternehmen schaffen kann (vgl. § 192 Abs. 2 Nr. 3 AktG). Nach § 200 AktG – der auch für die Variante der Wandel- oder Optionsanleihen gilt – ist das Grundkapital bereits mit der Ausgabe der Aktien aus bedingtem Kapital erhöht, so dass der nachfolgenden Eintragung der Kapitalerhöhung nur noch deklaratorische Bedeutung zukommt (v. Einem, 1998b, S. 397).das auf diese Weise geschaffene Kapital darf gem. § 192 Abs. 3 AktG 10 % des Grundkapitals, das zur Zeit der Beschlussfassung vorhanden ist, nicht übersteigen, was in der Praxis vor allem bei jungen Unternehmen mit noch niedrigem Grundkapital zu alternativen Gestaltungen oder Kapitalmaßnahmen zwingt, um zumindest die nominelle Anzahl von Optionen, nicht aber gleichzeitig die prozentuale Quote zu erhöhen (v. Einem/Pajunk, 2002, S. 94).

Hinsichtlich des möglichen Teilnehmerkreises gilt, dass nach § 192 Abs. 2 Nr. 3 AktG Arbeitnehmer und Mitglieder der Geschäftsführung sowohl bei der ausgebenden Gesellschaft als auch bei verbundenen Unternehmen berücksichtigt werden können. Dies lässt der Gesellschaft einen recht weiten Entscheidungsspielraum, welche Personengruppen innerhalb des Unternehmens bzw. Konzerns sie am „Stock-Option"-Plan teilnehmen lassen will. Jedoch sind Mitglieder des Aufsichtsrates ausdrücklich ausgeschlossen (Weiß, 1999a, S. 356–357).

Der der bedingten Kapitalerhöhung zugrunde liegende Hauptversammlungsbeschluss bedarf der Mehrheit von ¾ des anwesenden Grundkapitals (§ 193 Abs. 1 AktG) und muss gem. § 193 Abs. 2 AktG gewissen inhaltlichen Mindesterfordernissen genügen:

Nach § 193 Abs. 2 Nr. 1 AktG ist der Zweck der bedingten Kapitalerhöhung festzustellen, in diesem Zusammenhang also die Auflage eines „Stock-Option"-Plans.

§ 193 Abs. 2 Nr. 2, 4 AktG verlangen, dass der Kreis der Bezugsberechtigten und die Aufteilung der Bezugsrechte im Hauptversammlungsbeschluss bestimmt werden. Hierbei genügt eine prozentuale oder zahlenmäßige Angabe der auf die einzelnen Personengruppen von Bezugsberechtigten entfallenden Aktienoptionen. Dabei bilden jeweils eine Personengruppe die Vorstände der Gesellschaft, die Geschäftsführungsmitglieder verbundener Unternehmen sowie die Arbeitnehmer von Mutter- und Tochtergesellschaften zusammen (v. Einem/Pajunk, 2002, S. 100; Hüffer, 2002, § 193 Rn. 9).

Gemäß § 192 Abs. 2 Nr. 3 AktG muss der Ausgabebetrag (Basispreis oder „strike price") der Bezugsaktien oder die Grundlagen festgesetzt werden, nach denen dieser Betrag errechnet wird. In der Praxis wird der Basispreis regelmäßig dem Verkehrswert bzw. bei börsennotierten Gesellschaften dem Kurs der Aktie im Zeitpunkt der Optionsgewährung entsprechen, um eine zu große Verwässerung für die Altaktionäre zu vermeiden. Eine Unterschreitung dieses Wertes findet ihre Grenzen in einer entsprechenden Anwendung des § 255 Abs. 2 AktG und im Verbot der Unterpari-Emission (§ 9 Abs. 1 AktG). Die Festsetzung eines Basispreises unterhalb des (Kurs-) Werts der Aktie kann aber sowohl steuerliche als auch insbesondere bilanzielle Auswirkungen haben (v. Einem/Pajunk, 2002, S. 98 ff.).

Der Hauptversammlungsbeschluss hat ferner zwingend Erfolgsziele anzugeben, die bis zur Ausübung der Bezugsrechte erreicht sein müssen (§ 193 Abs. 2 Nr. 4 AktG). Dadurch soll erreicht werden, dass die durch den gesetzlichen Bezugsrechtsausschluss für die Altaktionäre eintretende Verwässerung durch das Erreichen von Erfolgszielen und der damit erhofften Unternehmenswertsteigerung (zumindest teilweise) kompensiert wird. Die gesetzliche Regelung lässt dem Unternehmen weitgehende Freiheit im Hinblick auf die Wahl der geeigneten Erfolgsparameter. So ist etwa die Verwendung des Aktienkurses, das Erreichen buchhalterischer Daten sowie der Vergleich mit Branchen- oder Marktindizes möglich (Weiß, 1999a, S. 358). Als problematisch erweist sich jedoch das Erfordernis von Erfolgszielen in bilanzieller Hinsicht für diejenigen Unternehmen, die nach US-GAAP bilanzieren. Die Festlegung von Erfolgszielen im „Stock-Option"-Plan hat nach US-GAAP grundsätzlich zur Folge, dass zwingend Personalaufwand auszuweisen ist (näheres bei v. Einem/Pajunk, 2002, S. 104 ff.; grundlegend Haarmann, 2002, S. 119–149; Oser/Vater, 2001, S. 1261–1268).

Darüber hinaus sind als wesentliche Eckdaten des Hauptversammlungsbeschlusses gem. § 193 Abs. 2 Nr. 4 AktG Erwerbs- und Ausübungszeiträume zu bestimmen (sog. Zeitfenster), innerhalb derer die Aktienoptionen gezeichnet bzw. ausgeübt werden können. Nach der Gesetzesbegründung soll die Platzierung von Zeitfenstern in Phasen maximaler Kapitalmarktinformation (z. B. nach der Veröffentlichung von Geschäftsberichten, Bilanzpressekonferenzen oder Hauptversammlungen) zur Vermeidung von Insiderverstößen nach dem Wertpapierhandelsgesetz dienen (abgedruckt in ZIP 1997, S. 2059, S. 2068). Zumindest in bezug auf Ausübungszeiträume vermag diese Begründung allerdings nicht zu überzeugen: Da es sich bei Aktienoptionen nicht um Insiderpapiere handelt, kann auch die Ausübung solcher Optionen per se keinen Insiderverstoß darstellen (v. Einem/Pajunk, 2002, S. 109–110; Weiß, 1999a, S. 358).

Um die langfristige Anreizwirkung eines Aktienoptionsprogramms zu gewährleisten, sieht das Gesetz schließlich in § 193 Abs. 2 Nr. 4 eine Wartefrist zwischen Optionseinräumung und Optionsausübung von mindestens zwei Jahren vor. Zwar ist diese Regelung im Hinblick auf eine langfristige Verhaltenssteuerung und Mitarbeiterbindung missglückt (v. Einem/Pajunk, 2002, S. 110 ff.), jedoch angesichts des eindeutigen Wortlauts unumgänglich. Diese Wartefrist sollte in der Praxis nicht verwechselt werden mit der „vesting period", d. h. dem zeitlich gestaffelten Wegfall eines Sonderkündigungsrechts seitens der optionsbegebenden Gesellschaft, falls der Optionsberechtigte vor Ablauf von (z. B.) drei bis vier Jahren das Unternehmen verlässt.

	Bedingtes Kapital	Erwerb eigener Aktien	Wandel-/Optionsanleihen	Genehmigtes Kapital
Gesetzliche Regelung	§§ 192, 193 AktG	§§ 71, 193 AktG	§ 221	§ 202 AktG
Gesetzliche Anforderung	Ja (Erfolgsziel, Ausgabezeit, Teilnehmerkreis, Wartezeit)		Nein (aber: Ausschluss des Bezugsrechts, d.h. materielle Rechtfertigung)	
Umfang		10% des GK	50% des GK	
Vorteile	• Einfache Ausgabe der Aktien • Gesicherte Rechtsposition der Optionsinhaber		• Keine Einschränkungen von Ausgestaltung	
Nachteile		• Erwerb der Aktien nur innerhalb max. 18 Monaten ab Beschluss	• Koppelung mit Anleihe	• Befristung auf 5 Jahre • Kein gesicherter Anspruch auf Aktien
Kreis der Begünstigten	• Nur Mitglieder der Geschäftsführung und Arbeitnehmer	• Keine Einschränkungen		

Abbildung III.6: Überblick über die Bedienung der Optionen

Besonders erwähnenswert ist, dass das Bezugsrecht der Altaktionäre kraft Gesetzes ausgeschlossen ist, was unterschiedlich gewürdigt wird. Zum Teil werden trotzdem ein formeller Bezugsrechtsausschluss und eine materielle Beschlusskontrolle (Fuchs, 1997, S. 663–664) gefordert. Richtigerweise ist jedoch weder das eine noch das andere erforderlich. Ein formeller Ausschluss findet im Gesetz keinen Anhaltspunkt und ist auch hinsichtlich Transparenz und Minderheitenschutz nicht notwendig (Seibert, S. 47; Weiß, 1999a, S. 359). Auch inhaltlich trägt ein auf der Grundlage des § 192 Abs. 2 Nr. 3 AktG ergehender Hauptversammlungsbeschluss seine sachliche Rechtfertigung in sich, da der Gesetzgeber darin bereits eine Abwägungsentscheidung getroffen hat. Eine darüber hinausgehende materielle Inhaltskontrolle ist somit nicht vonnöten (Weiß, 1999a, S. 359; Weiß, 1999b, S. 225 ff.).

3.4.2 Steuerrechtliche Aspekte

In der Regel stehen die Begünstigten von Aktienoptionsprogrammen in einem Dienstverhältnis zu der die Aktienoptionen ausgebenden Gesellschaft oder deren Tochtergesellschaft, so dass sie aus steuerlicher Sicht als Arbeitnehmer zu qualifizieren sind (und zwar auch dann, wenn die Optionen von der Muttergesellschaft ausgegeben werden, die arbeitsrechtlich nicht Arbeitgeberin ist). Damit sind grundsätzlich auch alle dem Begünstigten im Rahmen seiner Beschäftigung aus Mitarbeiterbeteiligungsprogrammen zufließenden Vorteile nach h. M. als Einkünfte aus nichtselbständiger Tätigkeit im Sinne von § 19 EStG von diesem zu versteuern (Jacobs/Portner, 2002, S. 173–193; v. Einem/Pajunk, 1999, S. 66).

Äußerst umstritten ist jedoch die Frage nach dem „richtigen" Besteuerungszeitpunkt. Grundsätzlich denkbar sind mindestens vier verschiedene Zeitpunkte, von denen in Deutschland aber nur zwei ernsthaft diskutiert werden. Diese vier Zeitpunkte sind die Optionseinräumung (sog. „Anfangsbesteuerung"); der Zeitpunkt, zu dem die Optionen unkündbar (Ende des „vesting") bzw. erstmalig ausübbar werden; der Zeitpunkt der Optionsausübung (sog. „Endbesteuerung") und schließlich der Zeitpunkt, in dem die aus der Optionsausübung erworbenen Aktien veräußert werden (so die Praxis in England). Die Diskussion in Deutschland bewegt sich weitgehend zwischen Anfangs- und Endbesteuerung. Bei der Anfangsbesteuerung wird ein steuerbarer Vermögenszufluss bereits im Zeitpunkt der Einräumung der Option angenommen, wobei die Differenz zwischen dem Wert der Option und dem vom Mitarbeiter zu zahlenden Optionspreis (meist erfolgt die Einräumung jedoch unentgeltlich) als geldwerter Vorteil besteuert wird. Übt der Optionsberechtigte später dann die Option aus, so ist ein gegebenenfalls dabei erzielter Gewinn als ein Vorgang in dessen Privatvermögen anzusehen und nicht mehr steuerbar (v. Einem, 1998a, S. 466). Bei der Endbesteuerung wird der steuerpflichtige geldwerte Vorteil mit der Differenz zwischen dem zu zahlenden Basispreis und dem Wert der Aktie im Zeitpunkt der Ausübung beziffert (v. Einem/Pajunk, 1999, S. 66).

Geht man – und darauf basiert ja das Konzept der „Stock Options" – von einem stetig steigenden Aktienkurs des Unternehmens aus, so wäre die Steuerlast des Begünstigten bei der Anfangsbesteuerung deutlich niedriger als bei der Endbesteuerung (Abbildung III.7). Auf der anderen Seite liegt ein gewichtiger Nachteil der Anfangsbesteuerung darin, dass der Mitarbeiter auch dann mit der bereits bezahlten Steuer belastet bleibt, wenn er sich aufgrund sinkender Kurse entscheidet, die Option verfallen zu lassen.

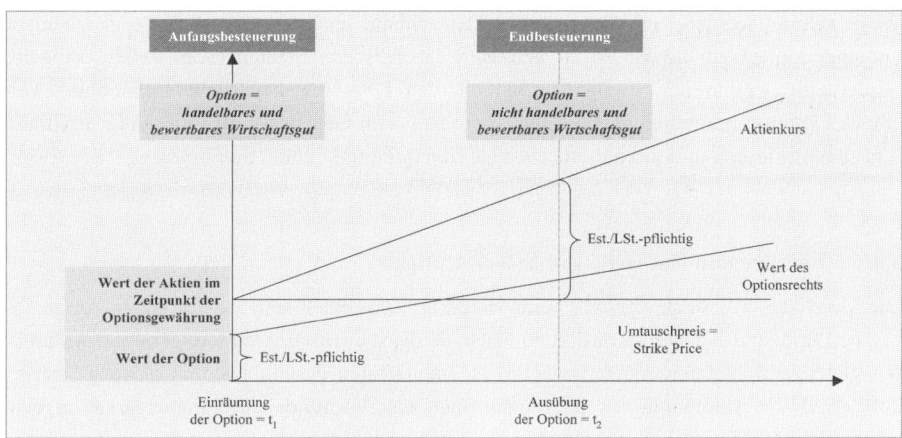

Abbildung III.7: Anfangs- und Endbesteuerung

Die Rechtsprechung des BFH zu nicht übertragbaren und damit nicht handelbaren Optionen geht von der Endbesteuerung aus. Die Optionsgewährung ist demnach lediglich mit der Einräumung einer Gewinnchance vergleichbar, bei der kein Vermögenszufluss im Zeitpunkt der Einräumung des Rechts, sondern erst bei der Ausübung desselben angenommen wird (Bestätigung der früheren BFH-Rechtsprechung durch die Urteile des 1. Senats vom 24. 01. 2001, S. 931 ff. sowie ein Urteil des 6. Senats vom 20. 06. 2001, Az. VI R). Ob dasselbe für handelbare Optionen gilt, hat der BFH in den Urteilen vom Januar 2001 ausdrücklich offen gelassen.

Das vom Verfasser entwickelte „Münchener Modell" basiert demgegenüber auf der Annahme, dass bei handelbaren bzw. marktfähigen Optionen der geldwerte Vorteil dem Begünstigten bereits im Zeitpunkt der Optionseinräumung zufließt, (v. Einem, 1998b, S. 399; v. Einem/Pajunk 1999, S. 66).

Mittlerweile haben sich zwar die obersten Finanzbehörden des Bundes und der Länder im Rahmen der Fachkonferenz der Lohnsteuerreferenten gegen eine Besteuerung nach dem Münchener Modell bei nicht „marktgängigen Optionen" ausgesprochen, (OFD Berlin, Verfügung vom 25.3.1999, St 423 – S. 2347 – 1/99, DB 1999, S. 1241). Der dabei zu Tage getretene Konflikt, ob es sich für die Verkehrsfähigkeit von Optionen wirklich um „marktgängige" oder doch nur um „marktfähige" Optionen handeln muss, ist gerichtlich aber bislang nicht entschieden. Richtigerweise dürften marktfähige Optionen ausreichen, so wie es auch der VCI/BDI und die gegenwärtige Bundesregierung in ihren nach Sachverhalten differenzierten Vorschlägen für eine gesetzliche Regelung vorschlagen. Dies aber ist genau nichts anderes, als die vom Verfasser im Rahmen der Etablierung des Münchener Modells und der Differenzierung zwischen Modellen, die der Anfangs- und solchen, die der Endversteuerung unterliegen, vertretene Auffassung.

Diese Entwicklung ist zu bedauern, da sich das Münchener Modell bei zahlreichen Wachstumsunternehmen als Motivationsfaktor für die Mitarbeiter und als Akquisitionsvehikel bei der Personalsuche und Personalkostensenkung bewährt hat. Es muss deshalb möglichst schnell ein einheitliches, vernünftiges System zur Besteuerung von „Stock Options" in die

Wege geleitet werden, um den Standort Deutschland im internationalen Vergleich nicht hinterher hinken zu lassen. So ist in vielen europäischen Staaten (u. a. Italien, Belgien, Niederlande, Frankreich, England) sowie in den USA die steuerliche Behandlung von „Stock Options" gesetzlich geregelt und sorgt dort – im Gegensatz zur Lage in Deutschland – für Rechtsklarheit und Rechtssicherheit (v. Einem/Pajunk, 2002, S. 87–88).

3.4.3 Vorzüge und Nachteile von „Stock Options"

Die Vorzüge von „Stock Options" sind vielfältig. Zum einen sind sie besonders gut geeignet, den Prinzipal-Agenten-Konflikt zu lösen, da die Interessen von Managern und Aktionären gleichgeschaltet und somit auch die Agency-Kosten gesenkt werden (Jacobs/Portner, 2002, S. 217). Aktienoptionen begründen auch das Vertrauen der Finanzmärkte in eine entsprechende Motivation des Managements; gerade internationale Anleger investieren vorzugsweise in Aktiengesellschaften mit „Stock-Option"-Plan. Darüber hinaus erwarten ausländische Führungskräfte solche Vergütungskomponenten und deutsche Unternehmen können sie als Faktor im Wettbewerb um Führungskräfte einsetzen sowie mittels dieser die Führungskräfte an sich binden. Gerade junge innovative Unternehmen können dadurch geeignetes Führungspersonal gewinnen, ohne durch hohe fixe Gehaltskosten belastet zu sein (v. Einem/Pajunk, 2002, S. 86). Auch haben sie im Vergleich etwa zu Belegschaftsaktien, die direkt ausgegeben werden, eine höhere Hebelwirkung im Hinblick auf die Mitarbeitermotivation (Pertl/Koch/Santorum, 2002, S. 328–329). Von eher untergeordneter Bedeutung ist die Tatsache, dass die Gesellschaft bei Ausübung der Optionen einen zusätzlichen Liquiditätszufluss erhält.

Es bestehen jedoch auch nicht unerhebliche Nachteile bei der Praktizierung solcher Programme. Zum einen ist die Missbrauchsgefahr durch Insiderwissen gegeben. Die Gefahr von Kursmanipulationen steigt auch mit dem Einfluss auf die Kursentwicklung und so kann es zu einer Selbstbedienung des Managements kommen. Auch ist der Aktienkurs nicht immer ein geeignetes Mittel, die Leistung der Unternehmensführung zu beurteilen. Des Weiteren findet eine Verwässerung bei den Altaktionären statt, die im Falle von sinkenden oder nur gering steigenden Aktienkursen nicht kompensiert werden. Schließlich kann sich in Zeiten sinkender Börsenkurse der erwartete positive Effekt von „Stock Options" ins Gegenteil verkehren. Gerade die Mitarbeiter vieler Start-up-Unternehmen, die ein relativ bescheidenes Festgehalt haben und sich den großen Gewinn durch die Ausübung ihrer Optionen versprochen haben, bleiben „auf der Strecke" und sind dementsprechend demotiviert.

3.4.4 Hinweise zur optimalen Gestaltung

Es ist von eminenter Bedeutung, den erwähnten Nachteilen, die ein „Stock-Option"-Plan für das Unternehmen haben kann, durch einen verantwortungsvollen Einsatz und eine entsprechende rechtliche Gestaltung der Optionspläne zu begegnen. Höchstes Gebot ist also, dass ein Aktienoptionsprogramm auf die individuellen Interessen des Unternehmens, der ggf. auch im Ausland tätigen Mitarbeiter und des Kapitalmarktes maßgeschneidert ist und darüber hinaus die erforderliche Flexibilität für künftige Unternehmensentwicklungen beinhaltet und antizipiert. Ist dies nicht der Fall, kann mit einem Optionsprogramm mehr Schaden für Unternehmen und Mitarbeiter angerichtet werden, als damit positive Effekte erreicht werden können (v. Einem/Pajunk, 2002, S. 89). Es versteht sich jedoch beinahe von selbst, dass es hierbei keine Patentlösung geben kann. Je nach Kapitalausstattung, Finanzstärke, Risikobereitschaft und Steuerquote, um nur einige Kriterien zu nennen, kann die Antwort der Fragen hinsichtlich des „Ob" und des „Wie" eines Aktienoptionsplanes völlig unterschiedlich ausfallen. Um die gewünschte „Triple-win"-Situation zu erreichen, d.h. das Profitieren des Unternehmens, der Anleger und des Managements (Clotten, 1999, S. 108 ff.), ist auf vielerlei Dinge zu achten. Die nachfolgenden Kriterien können gewisse Anhaltspunkte geben und sollen als Leitlinien zum möglichst optimalen Umgang mit Stock-Options-Programmen dienen.

3.4.4.1 Begünstigte

Die Frage, wer aus dem Kreise der Mitarbeiter an einem „Stock-Options"-Programm teilnehmen soll, muss sorgfältig geprüft werden. Unter dem Gesichtspunkt der Steigerung des Shareholder Value ist eine Vergabe von „Stock Options" überwiegend an die Geschäftsleitung und die übrigen Führungsebenen sinnvoll, da nur diese – im Gegensatz zu den unteren Hierarchieebenen – durch ihre operativen, investitionellen und finanziellen Entscheidungen unmittelbaren Einfluss auf den Unternehmenswert nehmen können. Auf der anderen Seite kann die Einbindung nicht aller Mitarbeiter gerade in kleineren Wachstumsunternehmen das negative Gefühl einer Zwei-Klassengesellschaft hervorrufen (v. Einem/Pajunk, 2002, S. 100).

3.4.4.2 Wartezeit und Vesting

Die angestrebte Mitarbeiterbindung wird dadurch erreicht, dass die Aktienoptionen nur ausgeübt werden können, wenn sich der Optionsberechtigte im Zeitpunkt der Ausübung in einem ungekündigten Arbeitsverhältnis befindet oder er zumindest eine bestimmte Zeit nach der Ausgabe der Optionen ununterbrochen für das Unternehmen tätig war und sich insofern die Aktienoptionen „erdient" hat. Unter diesem Gesichtspunkt hat der Gesetzgeber im Falle der Gewährung von „naked warrants" im Zusammenhang mit der Schaffung eines bedingten Kapitals bereits eine gesetzliche Wartefrist von mindestens zwei Jahren festgelegt (§ 193 Abs. 2 Nr. 4 AktG).

Darüber hinaus empfiehlt es sich – und dies ist auch meist Gegenstand der Optionsverträge – Sonderkündigungsrechte zu vereinbaren, die das Unternehmen zur Kündigung derjenigen Aktienoptionen berechtigen, die sich der Optionsberechtigte im Zeitpunkt der Kündigung bzw. Beendigung des Arbeitsverhältnisses noch nicht vollständig erdient hat (v. Einem/Pajunk, 2002, S. 92). Üblicherweise werden die ausgegebenen Aktienoptionen in monatlichen, quartalsweisen oder jährlichen Tranchen über 3 oder 4 Jahre „ge-vested", d. h. die Befugnis zur Ausübung der Option wächst linear oder progressiv an. Eine derartige „Vesting"-Regelung kann etwa ein „cliff vesting" von üblicherweise 6 bis 12 Monaten vorsehen. Anschließend werden weitere Tranchen bis zum Ablauf der „vesting period" monatlich oder vierteljährlich unkündbar.

3.4.4.3 Übertragbarkeit

Hinsichtlich der Übertrag- bzw. Handelbarkeit von Optionen sagt das Gesetz nichts aus, so dass diese in den Optionsbedingungen („Vesting"-Abrede) nach allgemeinen Rechtsgrundsätzen übertragbar ausgestaltet werden können (v. Einem/Pajunk, 2000, S. 106–107). Um jedoch dem Umstand der längerfristigen Bindung des Mitarbeiters an das Unternehmen Rechnung zu tragen und auch den gewünschten „Incentive"-Effekt zu erreichen, sollte die Möglichkeit zur Übertragung, Beleihung oder Abtretung zur anderweitigen wirtschaftlichen Verwendung in der Praxis regelmäßig ausgeschlossen bzw. eine rechtsgeschäftliche Übertragung nur mit Zustimmung der Gesellschaft, üblicherweise des Aufsichtsrats, ermöglicht werden (Vinkulierung). Die Übertragbarkeit kann jedoch für das Kriterium der Handelbarkeit und somit für die steuerliche Behandlung der Optionen von Bedeutung sein (vgl. Abschnitt 3.4.2 zu Anfangs- oder Endbesteuerung).

3.4.4.4 Erfolgsziele

Grundlegende Bedeutung hat die Bestimmung der Erfolgsziele und damit des Maßstabs, an dem die wertschöpfende Leistung des Managements gemessen wird. Hierbei ist grundsätzlich die Ausrichtung an der relativen Performance zu einem Aktienindex – im Gegensatz zum Aktienkurs der Gesellschaft – empfehlenswert, um durch das Herausfiltern unternehmensexterner Einflüsse auf den Börsenkurs möglichen Zufallsgewinnen („windfall profits") des Managements vorzubeugen (so die Gesetzesbegründung zum KonTraG, abgedruckt in ZIP 1997, S. 2059, S. 2068). Auf der anderen Seite ist das Festlegen auf einen Branchenindex in der Praxis mangels angemessener Vergleichswerte gerade bei jungen Unternehmen mit stark spekulativer Marktbewertung oder bei sehr innovativen Unternehmen schwierig (v. Einem/Pajunk, 2002, S. 105; Weiß, 1999b, S. 358). In der Unternehmenspraxis haben sich in der Hauptversammlungssaison 1999 rund 43 % der Gesellschaften dafür entschieden, das Erfolgsziel an die eigene Börsenkursentwicklung zu koppeln, während 57 % branchenspezifisch gewählte Börsenindizes dem Erfolgsziel zugrunde gelegt haben (Untersuchung von Feddersen/Pohl, 2001, S. 31). Um das Erfolgsziel konsequent als Ansporn für mehr Leistung zu nutzen, muss aber auch dessen Höhe klug bemessen sein. Leicht kann ein Aktienoptionsprogramm demotivierend wirken, „wenn die Trauben zu hoch gehängt werden". Hier gilt es, ein ausgewogenes Verhältnis zwischen den Interessen der Aktionäre und denen der Mitarbeiter zu finden (v. Einem/Pajunk, 2002, S. 105).

3.4.4.5 Laufzeit

Der Zeitraum für die Optionsausübung kann, abgesehen von der zweijährigen Wartefrist in § 193 Abs. 2 Nr. 4 AktG, frei bestimmt werden. Üblicherweise wird in Optionsbedingungen geregelt, dass Optionen, die nicht innerhalb der Gesamtlaufzeit der einzelnen Option von üblicherweise 10 Jahren ausgeübt werden, entschädigungslos verfallen. Gleichzeitig kann die Ausübungsfrist aber auch durch die Gesellschaft verlängert werden.

3.4.4.6 Ausübungspreis

Der Ausübungs- oder Basispreis wird sinnvoller Weise dem wirklichen Wert der Aktie im Gewährungszeitpunkt entsprechend festgelegt. Bei börsennotierten Gesellschaften ist dies regelmäßig der Aktienkurs, wobei es sich anbietet, etwa die Schlusskurse der letzten fünf oder zehn Börsenhandelstage vor der Optionsgewährung zugrunde zu legen, um kurzfristige Kursspitzen auszugleichen. Ist die Gesellschaft nicht an der Börse notiert, sollte der Verkehrswert der Aktie etwa in Anlehnung an die Regelung des Bewertungsgesetzes auf der Basis der letzten Kapitalerhöhung oder des letzten Aktienverkaufs an Dritte ermittelt werden (Roschmann/Erwe, 2000, S. 50). Im Rahmen des Münchner Modells war diese Vorgehensweise zwingend (v. Einem/Pajunk, 2002, S. 102).

In der Praxis häufig anzutreffen ist auch die Festlegung eines Aufgeldes. Gerade für Unternehmen, die nach US-GAAP bilanzieren, ist die Festlegung eines rechtlichen Erfolgsziels als Ausübungshürde wegen des damit zwar nicht in Bezug auf Cash Flow aber bilanziell entstehenden Personalaufwands unerwünscht. In solchen Fällen ist zu erwägen, ein sogenanntes wirtschaftliches Erfolgsziel zu vereinbaren. Der Optionsberechtigte hat dann einen Preisaufschlag (Premium oder Agio) von z. B. 20 %–50 % auf den Ausübungspreis zu zahlen (sog. Premiummodell). Rein rechtlich ist er dann zwar nicht an der Optionsausübung gehindert, er wird die Option aber nur dann ausüben, wenn sie „im Geld" ist, d. h. der Aktienwert über der Summe von Ausübungspreis und Agio liegt (v. Einem/Pajunk, 2002, S. 106 ff.). Eine weitere Möglichkeit besteht in der Indexierung des Ausübungspreises, d. h. einer Koppelung des Ausübungspreises an einen bestimmten Börsen- oder Branchenindex (Ettinger, 1999, S. 36–37).

3.4.4.7 Sonstige Bedingungen

Der Größe nach sollen die individuellen Beteiligungen schließlich so substantiell sein, dass sie für den einzelnen Mitarbeiter einen realen Anreiz zu einem fortwährenden, starken Engagement für die Gesellschaft darstellen und auf der anderen Seite in der Summe der Mitarbeiterbeteiligungen begrenzt bleiben, um hierdurch keine Verwerfungen der Beteiligungs- und Stimmrechtsverhältnisse (Verwässerung) herbeizuführen.

3.5 „Stock Options" sind nicht tot, brauchen aber politische Hilfe

Die wertorientierte Entlohnung von Mitarbeitern spielt in immer mehr Unternehmen eine entscheidende Rolle. Gerade im Start-up Bereich stellt sie beinahe schon eine Selbstverständlichkeit dar. Im Vordergrund steht diesbezüglich, sollte das Unternehmen in der Form der Aktiengesellschaft betrieben werden, die Ausgabe von „Stock Options" als dem idealen Mittel zur Motivation und wertgerechten Entlohnung. Trotz der anhaltenden Börsenschwäche und der derzeit allgemein schlechten Stimmung auf dem Kapitalmarkt hat das Thema „Stock Options" nicht an Aktualität verloren. So bleibt es richtigerweise auch auf der Tagesordnung des *Bündnisses für Arbeit*, wo die gegenwärtige Bundesregierung genauso wie der BDI ein sich an den Grundzügen des Münchner Modells ausgerichtetes Zwei-Stufen-Modell vorschlägt, das Deutschland wieder wettbewerbsfähig machen kann.

Viele Mitarbeiter von Gesellschaften, die mit niedrigen Börsenkurs- oder sonstigen negativen Bewertungen zu kämpfen haben, sind derzeit frustriert angesichts der Wertlosigkeit ihrer „Stock Options". Dies ist insbesondere dann bitter, wenn das eigentlich gesunde Unternehmen durch die aktuell angespannte Lage „in den Keller gezogen wird". Die eigentlich zur Motivation gedachten „Stock Options" haben dann einen gegenteiligen Effekt. Häufig sind jedoch insbesondere bei einigen Start-ups leider auch gravierende Management-Defizite zu Tage getreten, die letztendlich zum Kursverfall geführt haben. Hier zeigt sich die Kehrseite der Medaille des Systems, welche auch – zumindest in gewissen Grenzen – vom Shareholder-Value-Konzept durchaus so gewollt und richtig ist. Trotz allem bleibt zu hoffen, dass durch die derzeitige Lage ein gewisser Konsolidierungsprozess erfolgen wird, der zu einer Erholung der Börsenkurse führt.

4. Gestaltung und Entwicklung organisatorischer Infrastruktur

JEAN-PAUL THOMMEN / NICOLA STRUß

*Survival is a function of the total organization of any system that does survive,
and it includes its capacity to learn, to adopt, to evolve.*
(Stafford Beer)

4.1 Bedeutung der organisatorischen Infrastruktur

Organisationsgestaltung und Organisationsentwicklung sind wesentliche Eckpfeiler jeder existenten betriebswirtschaftlichen Einheit (Picot/Dietl/Franck, 1999, S. 67). Die Gestaltung und Entwicklung organisatorischer Infrastruktur ist nicht nur für etablierte Unternehmen von Bedeutung, sondern konzeptionelle, methodische und operationelle Inhalte dieser Wissenschaftsbereiche nehmen bereits in der Frühgründungsphase von Unternehmen einen wesentlichen Stellenwert ein (Manstedten, 1997).

Vorliegender Beitrag zeigt auf, welche alternativen Modelle der organisatorischen Gestaltung in den einzelnen Lebensphasen des Unternehmens eingesetzt werden können. In einem zweiten Schritt wird auf die Methoden der Organisationsentwicklung eingegangen, die eine Anpassung schnell wachsender Unternehmen an neue oder sich verändernde Umweltgegebenheiten unterstützen. Nicht nur der Aufbau und die Gestaltung der optimalen Organisation unter gegebenen Bedingungen stehen im Mittelpunkt der Betrachtung, sondern gleichzeitig die Berücksichtigung dynamischer Veränderungen (Grochla, 1995, S. 2).[2] Hier kann das Konzept der „Lernenden Organisation" wertvolle Hinweise geben und Hilfestellung leisten.

4.2 Grundlagen der organisatorischen Gestaltung

Die unternehmerischen Ziele und die daraus abgeleiteten Aufgaben stehen im Fokus jeder Organisationsgestaltung und -entwicklung. Es gilt, organisatorische Strukturen zu schaffen, die für die bestmögliche Erfüllung der unternehmerischen Zielsetzung geeignet sind und die die Faktoren *Mensch, Sachmittel, Aufgabe und Information* optimal aufeinander abstimmen (Frese, 2000b, S. 62–64).[3]

---

[2] Vergleiche hierzu auch die Diskussion um den Aufbau von „Organizational Slack", das ein Unternehmen in die Lage versetzt, sich ohne nennenswerte zeitliche Verzögerung auf die jeweiligen Marktverhältnisse einzustellen (Scharfenkamp, 1987, S. 41).

[3] Der Begriff Organisation kann sich zum einen auf eine Institution mit bestimmten Eigenschaften beziehen und zum anderen auf bestimmte Instrumente, mit deren Hilfe die Ziele dieser Institution erreicht werden sollen. Die dritte, funktionale Betrachtungsrichtung sieht die Organisation als Tätigkeit bzw. Funktion und zielt somit auf die Führungsaufgabe bzw. Managementfunktion der Organisationsgestaltung (Schulte-Zurhausen, 1999, S. 317; Thommen, 1996a, S. 132–133).

Der Zustand des organisatorischen Optimums ist dann erreicht, wenn alle gleichartigen und sich wiederholenden betrieblichen Vorgänge allgemeinen und keinen speziellen Regelungen unterliegen (Abbildung III.8). Liegt kein Optimum, d. h. kein organisatorisches Gleichgewicht vor, wird von der Über- bzw. Unterorganisation des Unternehmens gesprochen (Thommen, 2002, S. 226).

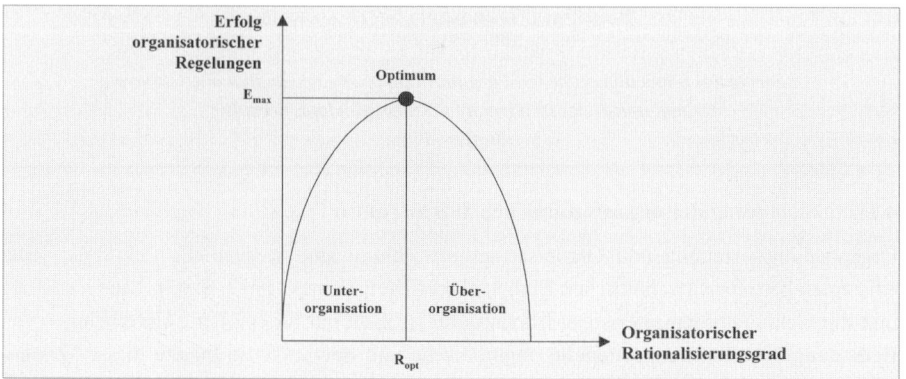

Abbildung III.8: Optimaler Organisationsgrad (Quelle: In Anlehnung an Kieser, 1981, S. 72)

Unternehmen einer frühen Entwicklungsstufe sind in der Regel durch die idealtypische Form der Unterorganisation charakterisiert. Dies liegt zum einen darin begründet, dass sich in der Frühphase eines Unternehmens nur wenige Situationen in gleicher oder ähnlicher Weise wiederholen, die durch eine allgemeine Regelung organisatorisch gelöst werden könnten. Im Gegensatz hierzu werden die Mitarbeiter sowie das Management mit Situationen konfrontiert, die für sie neu sind und eine neuartige organisatorische Lösung erfordern. Situationsabhängig und meist kurzfristig müssen daher spezielle Regelungen getroffen werden.[4] Im Laufe ihres Wachstums steigt jedoch die Zahl sich wiederholender zu bewältigender Aufgaben und Vorgänge so stark, dass diese nicht mehr fallweise geregelt werden können. Es werden sich allgemeine Regeln in den Unternehmen der Gründungs- und Wachstumsphase herausbilden, die auf die Lösung repetierender Aufgaben zielen. Der organisatorische Rationalisierungsprozess wird dabei durch das Substitutionsprinzip der Organisation bestimmt (Abbildung III.9). Mit abnehmender Veränderlichkeit der betrieblichen Tatbestände wird die Tendenz zur allgemeinen Regelung zunehmen (Thommen, 2000, S. 633). Kritisch zu betrachten ist die Reversibilität der sich bildenden allgemeinen Regeln. Können diese z. B. im Falle der Konsolidierung des Unternehmens oder der Einschränkung der Unternehmenstätigkeit in bestimmten Geschäftsfeldern in ihrem Vorkommen bzw. ihrer Wirkungsintensität nicht adäquat angepasst bzw. reduziert werden, besteht die Gefahr der Überorganisation. Die Sicherung des organisatorischen Optimums wird damit verfehlt.

---

[4] Die speziellen Regelungen lassen den Mitarbeitern einen größeren Entscheidungsspielraum, während allgemeine Regelungen die Entscheidungsfreiheit der betroffenen Mitarbeiter stark einschränken.

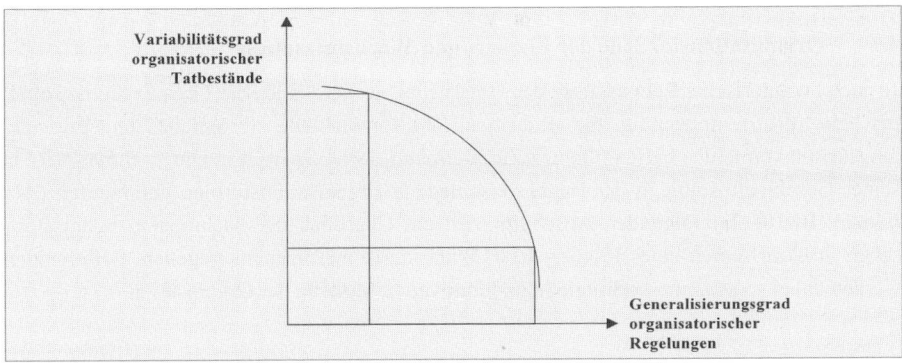

Abbildung III.9: Substitutionsprinzip der Organisation (Quelle: In Anlehnung an Kieser, 1981, S. 71)

In Zusammenhang mit der Gestaltung und Entwicklung von Organisationsstrukturen in der Gründungs- und Wachstumsphase von Unternehmen wird neben der formalen Organisation der informalen Organisation besondere Beachtung geschenkt.[5] Die informale Organisation stellt die unbewusst gebildete Organisationsstruktur eines Unternehmens dar und wird unter anderem durch Mitarbeiterziele und -wünsche, soziale Beziehungen und individuelle Verhaltensweisen der Organisationsteilnehmer geprägt (Schreyögg, 1996, S. 14–16). Informale organisatorische Strukturen treten bei Unternehmen in Gründungs- und Wachstumsphasen häufig an die Stelle formaler organisatorischer Strukturen. Informale Kommunikationssysteme können z. B. zu einem intensiven Informationsaustausch, damit zu einer besseren Abstimmung der Mitarbeiter untereinander und letztlich zu einer stärkeren Mitarbeitermotivation und Koordination der unternehmerischen Aktivitäten beitragen. Einrichtungen wie die zentrale „Cappucino-Bar" im Unternehmen oder auch regelmäßig stattfindende Mitarbeiter-Outings können die informale Kommunikation der Mitarbeiter untereinander fördern. Formale und informale Organisationsstrukturen beeinflussen sich jedoch gegenseitig. Das Management muss daher berücksichtigen, dass sich neben den positiven, fördernden Auswirkungen auch hemmende Auswirkungen informaler Strukturen auf die bewusst gestaltete Struktur ergeben können. Diese Wechselwirkungen können die Orientierungs-, die Motivations- und die Koordinationsfunktion organisatorischer Strukturen beeinflussen (Osterloh/Frost, 1998, S. 188).

---

[5] Nach BÜHNER stellt die formale Organisation "die bewusst geschaffene, rational gestaltete Struktur zur Erfüllung der unternehmerischen Zielsetzung" dar (Bühner, 1999, S. 6). Aufbau- und Ablauforganisation bilden die formale Organisationsstruktur des Unternehmens (Frese, 2000a, S. 7). Die Unterscheidung von Aufbau- und Ablauforganisation dient dabei als gedankliche Vereinfachung, da beide lediglich verschiedene Gesichtspunkte des Problems der Organisation bezeichnen. Zu den Begriffen sowie den Instrumenten der Gestaltung von Aufbau- und Ablauforganisation vergleiche THOMMEN (Thommen, 2002, S. 208–224).

4.3 Organisationsmodelle der Pionier- und Wachstumsphase

Je nach evolutorischer Lebensphase des Unternehmens werden andere Organisationsstrukturen bzw. -profile notwendig, die eine organische Entwicklung ermöglichen und Entwicklungskrisen vermeiden helfen (Gomez/Zimmermann, 1993, S. 30). Ein Unternehmen wird in seiner Geschichte somit in der Regel verschiedene Organisationsformen durchlaufen (Abbildung III.10). Im folgenden Abschnitt wird ein Überblick der wichtigsten organisatorischen Strukturformen eines Pionier- bzw. Wachstumsunternehmens gegeben. Differenziert werden dabei sogenannte traditionelle und innovative Modelle der Organisation.

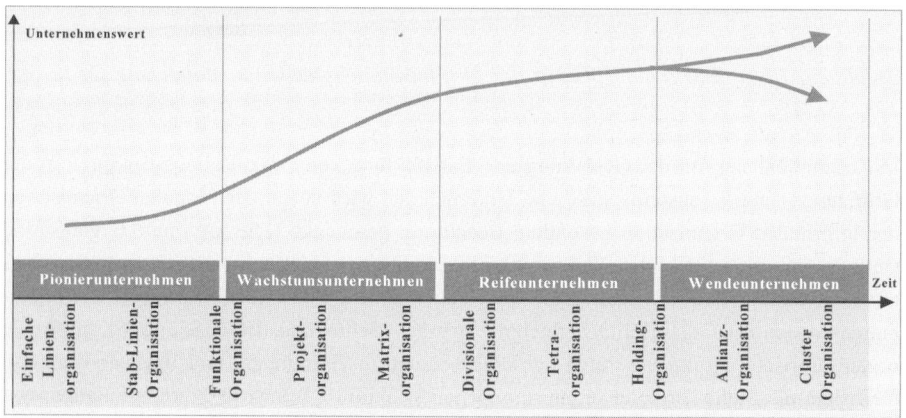

Abbildung III.10: Organisationsformen und Unternehmensentwicklung (Quelle: Gomez/Zimmermann, 1993, S. 176)

4.3.1 Traditionelle Organisationsformen

Zu den traditionellen Modellen der Organisationsgestaltung zählt das **Ein-Linien-System**; es stellt die straffste Form der organisatorischen Gliederung dar (Fayol, 1916). Kennzeichnend für das Ein-Linien-System ist, dass alle Abteilungen in einen einheitlichen Instanzen- bzw. Dienstweg eingegliedert sind, so dass eine Instanz nur von einer übergeordneten Stelle Anweisungen erhält (Unité de Command). Es bietet so die Möglichkeit einer klaren Zuordnung von Auftragserteilung und Auftragsempfang. Vorteile des Ein-Linien-Systems sind darüber hinaus die Kontrollierbarkeit sowie die Transparenz der Organisationsstruktur (Kieser/Kubicek, 1992, S. 105). Zu den Nachteilen dieses Strukturmodells sind die vielen Hierarchie-Ebenen, der lange Dienstweg und der hohe Koordinationsaufwand der einzelnen Instanzen zu zählen (Grochla, 1995, S. 105).

Das **Stab-Linien-System** basiert auf dem Prinzip des Ein-Linien-Systems, ergänzt dieses jedoch um die Leitungshilfsstellen (Stäbe), die entscheidungsvorbereitende und beratende Aufgaben erfüllen und die Instanzen bei der Erfüllung ihrer Leitungsfunktionen unterstützen (Macharzina, 1999, S. 355). Ziel dieser Organisationsstruktur ist eine Spezialisierung von Leitungsfunktionen unter Wahrung der durch das Liniensystem vorgegebenen Kompetenzregelung. Voraussetzung hierfür ist, dass die Koordination zwischen den Stabs- und den Linienstellen gelingt.

Sowohl die einfache Linien-Organisation als auch die Stab-Linien-Organisation werden als idealtypische Organisationsformen der Unternehmen der Gründungs- bzw. Pionierphase bezeichnet (Gomez/Zimmermann, 1993, S. 176–178). Eine Weiterentwicklung der Organisationsstrukturen stellt die **funktionale Organisation** dar, die als eindimensionales Strukturmodell die Elemente des Ein-Linien-Systems mit der Differenzierung der organisatorischen Einheiten nach dem Kriterium der Verrichtung verbindet.[6] Sie stellt demnach eine nach gleichartigen Funktionen wie z. B. Forschung, Marketing und Produktion zentralisierte Organisationsform dar. Die Leitung erfolgt in dieser Struktur nach dem Ein-Linien-System. Die Funktionsbildung erlaubt eine Nutzung von Spezialisierungsvorteilen und ist insbesondere für Unternehmen mit homogenen Produktprogrammen geeignet. Jedoch wird mit der Zunahme der Produktvielfalt (Diversifikation) und internationaler Unternehmenstätigkeit der Koordinationsaufwand in einer funktionalen Organisation immer größer, so dass den Wachstumsunternehmen Spezialisierungsvorteile verloren gehen können (Pümpin/Prange, 1991, S. 169).

Können die unternehmerischen Aufgaben der Wachstumsunternehmen in Form einzelner Projekte abgegrenzt und bearbeitet werden, bietet sich die Entwicklung einer zeitlich befristeten Leitungsstruktur an, welche die bestehende Grundstruktur überlagert. Die **Projektorganisation** bezeichnet die organisatorische Gestaltung von Projektaufgaben, die durch die Merkmale der Komplexität, Singularität und durch ein eigenes, originäres Zielsystem charakterisiert sind (Frese, 2000a, S. 500–516). Mehrere Formen der Projektorganisation, die Stab-Projektorganisation, die reine Projektorganisation und die Matrix-Projektorganisation, haben sich in der Praxis herausgebildet (Lennertz, 2002, S. 315–317). Sie lassen sich vor allem im Hinblick auf die Kriterien der Ressourcenautonomie und Verselbständigung gegenüber der Hauptorganisation voneinander abgrenzen. Die begrenzte Lebensdauer des Projektes und die damit verbundene Ungewissheit über den Status nach Beendigung des Projektes beinhaltet unter Umständen Konfliktpotenzial. An den Schnittstellen zwischen den Kompetenzlinien der Projektmitarbeiter mit den Kompetenzen der Linieninstanzen können Konflikte auftreten. Positiv hervorzuheben ist, dass sich bei dieser Organisationsform in der Regel die Projektmitarbeiter für das Gelingen des Projektes stark verantwortlich fühlen.

Weisen Organisationsmodelle zwei übereinander gelagerte Leitungssysteme auf, wird von einem mehrdimensionalen Strukturmodell gesprochen. Die **Matrixorganisation** stellt ein Beispiel für eine mehrdimensionale Organisationsstruktur eines Wachstumsunternehmens dar (Drumm, 1980, Sp. 1291–1301). Die Matrixorganisation entsteht durch die Überlagerung von funktionalen und objektorientierten Organisationsstrukturen, d. h. es wird gleichzeitig eine annähernd gleichberechtigte Koordination nach zwei unterschiedlichen Aufgabendimensionen angestrebt. Das objektbezogene Leitungssystem wird bei dem Modell häufig anhand von Produkten (Matrix-Produktorganisation) oder Projekten (Projekt-Matrixorganisation) gebildet. Ziel dieser Organisationsstruktur ist, die funktionsbereichs-

---

[6] Ein Vergleich zwischen divisionaler und funktionaler Organisation findet sich bei HILL/FEHLBAUM/ULRICH (Hill/Fehlbaum/Ulrich, 1994, S. 173).

übergreifende Abstimmung zu verbessern, ohne die Spezialisierungsvorteile der funktionalen Arbeitsteilung aufzugeben. Dabei müssen die Kompetenzen zwischen Funktions- und Objektmanagern eindeutig abgegrenzt werden. Durch die Teilung von Weisungsbefugnissen bzw. der Mehrfachunterstellung können sich Konflikte und erhöhter Kommunikationsaufwand ergeben (Macharzina, 1999, S. 360).[7]

Bei den vorgestellten traditionellen Organisationsformen handelt es sich um Idealtypen, die in der Praxis selten in reiner Form in Erscheinung treten. Die Übergänge zwischen den einzelnen Konzepten sind meist fließend. Neben den traditionellen Organisationskonzepten treten in der Praxis verstärkt teamorientierte Strukturmodelle, netzwerkartige Modelle sowie die virtuelle Organisation auf, die im Folgenden analysiert werden sollen.

4.3.2 Innovative Organisationsformen

4.3.2.1 Team-orientierte Strukturmodelle

Die team-orientierten Strukturmodelle können zu den innovativen Modellen organisatorischer Gestaltung gezählt werden. Im organisatorischen Sinne wird unter einem Team eine Stelle verstanden, deren Aufgabenbereich von einer Gruppe von Personen gemeinsam und weitgehend autonom bearbeitet wird (Thommen, 2002, S. 281–285). Es sind bei den team-orientierten Strukturmodellen grundsätzlich zwei Arten von Teams zu unterscheiden:

1. Teams als Ergänzung zu einer bestehenden Organisationsstruktur.
2. Teams als konstitutive Elemente einer eigentlichen Team-Organisation. Eine solche Organisationsstruktur setzt sich ausschließlich aus Teams zusammen, daher wird diese organisatorische Form auch als Team-Konzeption bezeichnet.

Teams werden in der organisatorischen Praxis meist als Ergänzung einer bestehenden Organisationsstruktur eingesetzt. Verschiedene Modelle können hierbei unterschieden werden.[8] ANTONI wählt z. B. drei Differenzierungskriterien zur Einordnung verschiedener Gruppenkonzepte: Die Variabilität, die durch die Art und den Umfang der primären Arbeitsaufgabe bestimmt wird, die Kooperation, die über die Form und Stärke des Kooperationsbedarfes zur Aufgabenerfüllung Aufschluss gibt, und die Autonomie einer Gruppe, die durch das Ausmaß der Freiheitsgrade bzw. Entscheidungsmöglichkeiten bei Ausübung der Sekundäraufgaben beeinflusst wird (Antoni, 1994).

In der Praxis zeigt sich eine Vielzahl von Problemen bei der Einführung und Anwendung team-orientierter Organisationsmodelle, von denen nur einige wenige hier genannt werden können. Teamarbeit bedeutet im Allgemeinen eine Reduktion der Hierarchie-Ebenen im Unternehmen und eine höhere Eigenverantwortlichkeit der Mitarbeiter, so dass neue soziale und fachliche Kompetenzen kurzfristig erworben werden müssen. Darüber unterliegen die Teams einem eigenen Entwicklungs- und Strukturierungsprozess, der nicht zwangsläufig

---

[7] Als dreidimensionales Organisationsmodell unterscheidet er darüber hinaus die Tensor-Organisation.
[8] Vgl. u. a. das Teamkonzept (Linking Pin Model) von LIKERT (Likert, 1967, S. 50).

mit der Unternehmenszielsetzung und dem organisatorischen Gesamtsystem in Einklang steht. Die Schnittstellengestaltung zwischen den Teams und dem Gesamtsystem darf nicht gegenüber der primären Strukturgestaltung in den Hintergrund rücken. Die erfolgreiche Integration in das Gesamtsystem und die Einbeziehung der Mitarbeiter in den Einführungsprozess können weitere Konfliktpotenziale beherbergen. Die Ausführungen zeigen, dass team-orientierte Strukturmodelle keinesfalls ein konfliktfreies Feld darstellen. Gruppenkonzepte können jedoch ein bedeutendes organisatorisches Gestaltungsmittel darstellen, wenn die Unternehmensführung sensibel mit den möglichen Problemen umgeht und es ihr gelingt, mögliche Widersprüche beispielsweise zwischen der Eigenverantwortung und Flexibilität der Teams und der gleichzeitigen Kontrolle und Abstimmung mit der Unternehmensstrategie aufzulösen.

4.3.2.2 Netzwerk

Die Netzwerk-Organisation basiert auf dem Prinzip der föderativen Dezentralisierung. Netzwerk-Organisationen bestehen allgemein aus relativ autonomen Mitgliedern, z. B. Individuen, Gruppen oder Institutionen, die durch koordinierte Zusammenarbeit langfristig gemeinsame Ziele verfolgen. Je nachdem, ob eine Koordination unternehmensinterner Aktivitäten oder aber die Abstimmung der Beziehungen zwischen selbständigen Unternehmen im Fokus der Bemühungen steht, werden interne und externe Netzwerke unterschieden (Picot/Reichwald/Wigand, 2001, S. 316–319).

Interne oder auch intra-organisationale Netzwerke umfassen das Beziehungsgeflecht selbständiger Einheiten (u. a. Mitarbeiter, Gruppen, Unternehmen), die durch gemeinsame Werte verbunden sind. Im Gegensatz zu traditionellen hierarchischen Organisationssystemen stehen die Organisationsmitglieder interner Netzwerke in horizontalen und vertikalen Beziehungen zueinander. Dabei herrscht in der Regel eine kollegiale Gruppenstruktur unter gleichwertigen und gleichrangigen Mitarbeitern vor. Intra-organisationale Netzwerke können die Primärorganisation eines Unternehmens bilden (z. B. bei Tele-Arbeit), sie können jedoch auch bereits vorliegende Organisationsstrukturen überlagern (Sekundärorganisation).

Externe oder auch inter-organisationale Netzwerke bezeichnen im Gegensatz zu den internen Netzwerken die langfristige Kooperation zwischen zwei oder mehreren rechtlich selbständigen Unternehmen, die sich auf einzelne Funktionen des Leistungsprozesses oder aber auf die gesamte Leistungserstellung beziehen kann.[9] Zu den externen Netzwerken zählen beispielsweise „Strategische Allianzen" als Koalitionen von zwei oder mehreren selbständigen Unternehmen mit dem Ziel, individuelle Stärken in einzelnen Geschäftsbereichen zu vereinen. Die Wahl attraktiver Märkte, die Verteidigung von Wettbewerbspositionen sowie die Erhaltung und Stärkung von Know-how können im Fokus der Kooperation stehen.[10] Dabei reichen die Formen strategischer Allianzen von der vertragsfreien Verhaltensabstim-

---

[9] In einem zweiten Schritt lassen sich externe Netzwerke in stabile und dynamische Netzwerke differenzieren, auf die jedoch im Folgenden nicht näher eingegangen werden soll.
[10] Zum Einsatz strategischer Allianzen unter dem Aspekt organisationalen Lernens (Probst/Büchel, 1998, S. 135–136).

mung, vertraglichen Vereinbarungen, Minderheitsbeteiligungen bis hin zu „Joint Ventures". Zu den Vorteilen bzw. Stärken der strategischen Allianz zählen die Erschließung neuer Geschäftsbereiche z. B. durch die Erreichung einer kritischen Größe für kapitalintensive Produkte, die Risikobegrenzung v. a. im Forschungs- und Entwicklungsbereich, das Setzen von Standards sowie die höhere Verhandlungsmacht gegenüber Zulieferern und Abnehmern (Bullinger/Warnecke, 1996, S. 180–184; Miles/Snow, 1995, S. 5–18; Miles/Snow, 1986, S. 62–73).

Netzwerkartige Strukturen können aus organisationstheoretischer Sicht zwischen den Koordinationsformen Markt und Hierarchie (Unternehmung) eingeordnet werden. Die Netzwerke nehmen bezüglich ihrer Mono- und Polyzentriertheit eine intermediäre Position zwischen Markt und Hierarchie ein und übernehmen somit eine Koordinationsleistung (Krystek/Redel/Reppegather, 1997, S. 203). Nach PLESCHAK sind für Technologie-Unternehmen insbesondere Unternehmensnetzwerke, regionale innovative Netzwerke und Netzwerke der Technologie- und Gründerzentren, Netzwerke von Kapitalgebern und Netzwerke von Verbänden, Transfer- und Beratungsstellen relevant. Sie können wachstumsfördernde Impulse für Technologie-Unternehmen liefern (Pleschak, 2001, S. 63–65). Zu den allgemeinen Vorteilen der Netzwerkorganisation zählen der durch eine Kooperation in der Regel möglich werdende Zugang zu Ressourcen, Märkten und Know-how der Kooperationspartner, die Erreichung von Synergieeffekten und die Konzentration auf unternehmenseigene Kernkompetenzen. Die Unternehmensgröße verliert durch die Zusammenarbeit mit Kooperationspartnern an Bedeutung. Insbesondere für kleinere Unternehmen ist daher diese Organisationsform geeignet, wenn hohe Flexibilität auf den Märkten gefordert ist, wenn innovative Produkte zu vermarkten sind oder wenn kundenindividuelle Lösungen benötigt werden (Sydow, 1992). Auch Unternehmen mit einem hohen Spezialisierungsgrad profitieren im Allgemeinen immer dann von der Netzwerkstruktur, wenn Synergiepotenziale den zusätzlichen Koordinationsaufwand durch die Zerlegung des Leistungserstellungsprozess in einzelne Teilaufgaben überkompensieren (Sydow et al., 1995, S. 75–82).

Kritisch müssen die Ausrichtung der Netzwerk-Unternehmen auf ein gemeinsames Ziel und Aspekte der Entwicklung einer gemeinsamen Vertrauenskultur betrachtet werden.[11] Von besonderer Bedeutung ist daher die Prüfung und adäquate Auswahl der jeweiligen Kooperationspartner. Es besteht die Gefahr einer Mehrfachausführung einzelner Funktionen und Teilaufgaben, so dass klar abgrenzbare Aufgabengebiete definiert werden müssen. Interne und externe Netzwerke sind darüber hinaus durch einen erhöhten Kommunikationsbedarf der Organisationsteilnehmer charakterisiert (Schulte-Zurhausen, 1999, S. 263–265).

4.3.2.3 Virtuelle Organisation

Die virtuelle Organisation kann als Sonderform der Netzwerk-Organisation, als ein dynamisches Projektnetzwerk mehrerer Unternehmungen, betrachtet werden. Nach SYDOW bildet

---

[11] Zur Steuerung von Netzwerken vergleiche SYDOW/WINDELER (Sydow/Windeler, 2000, S. 1–24).

sich dieses temporäre Kooperationsnetzwerk auf Basis inter-organisationaler Informationssysteme zum Zweck der Erstellung einer bestimmten Leistung (Sydow, 1996, S. 10–13).

„Virtuell" heißt im Allgemeinen, dass alle wesentlichen Merkmale eines Objektes vorhanden sind, bestimmte physische Eigenschaften des Objektes jedoch fehlen. Diese fehlenden Eigenschaften werden durch zusätzliche Merkmale substituiert, um zu einem abgrenzbaren Nutzen des virtuellen Objektes gegenüber dem realen Objekt zu gelangen. Übertragen auf die virtuelle Organisation bedeutet dies, dass virtuellen Organisationen das Merkmal einer hierarchischen Struktur als wesentliches Koordinationsinstrument fehlt. Die fehlende hierarchische Koordination wird vor allem durch wechselseitiges Vertrauen zwischen den Netzwerkpartnern und der intensiven Nutzung von Informations- und Kommunikations-Technologien ersetzt, die dem erhöhten Koordinations- und Kommunikationsbedarf Rechnung tragen (Schulte-Zurhausen, 1999, S. 268–270). Zu den Charakteristika virtueller Organisationsstrukturen zählt weiterhin die Aufteilung des unternehmerischen Leistungsprozesses in einzelne Teilprozesse, die dezentralisiert von einzelnen Kooperationspartnern entsprechend ihrer Kernkompetenzen wahrgenommen werden. Auf die Institutionalisierung zentraler Leitungsfunktionen wird verzichtet, so dass der Prozess- bzw. Ablauforganisation gegenüber der Aufbauorganisation eine größere Bedeutung zugemessen wird. Kennzeichen virtueller Systeme sind weiterhin die zeitliche Begrenzung, die Auflösung nach Zielerreichung, die Ergänzung der Partner nicht nur in ihren Kompetenzen bzw. in ihrem Know-how, sondern auch in der Teilung eines gemeinsamen Wertesystems, geringe Zentralisierung, Standardisierung und Formalisierung und ein Kosten- und Gewinn-Sharing der Kooperationspartner (Bühner, 1999, S. 106).

Bevor virtuelle Organisationsstrukturen im Unternehmen zum Einsatz kommen, muss eindeutig geklärt werden, ob die Ressourcen, Kosten und Risiken in dem Unternehmen sinnvoll teilbar sind und ob beispielsweise die Produktentwicklungsmöglichkeiten durch die Integration eigener mit fremden Kompetenzen verbessert werden kann. Ist es für das virtuelle Unternehmen weiterhin möglich, durch die Kooperationen neue Märkte zu erschließen oder höheres Vertrauen bei seinen Kunden zu erlangen? Werden diese Fragen bejaht, sollte der Einsatz dieses Organisationsmodells einer weiteren ernsthaften Prüfung unterzogen werden. Möglicherweise hilft die Kooperation, Wettbewerbsvorteile zu generieren, die sich in einer besseren Kapazitätsauslastung, einem gemeinsamen „Sourcing", partnerschaftlicher Hilfe, Know-how-Gewinn und Kostensenkung äußern können. Gegenüber einer traditionellen Organisation ergibt sich der Nutzen virtueller Strukturen vor allem aus der hohen Flexibilität, auf neue Marktgeschehnisse reagieren zu können, aus der Anpassungsfähigkeit sowie der Integration von Kompetenzen mehrerer Partner (Krystek/Redel/Reppegather, 1997).

Aufgrund sich ändernder Umweltsituationen unterliegen die organisatorischen Strukturen der Gründungs- und Wachstumsunternehmen einem permanenten Wandel. Die zielgerichteten und systematischen Maßnahmen zur Gestaltung der Anpassung werden als geplanter organisatorischer Wandel bezeichnet. Als Zeichen dieses organisatorischen Wandels werden im Folgenden die Änderungskonzepte der **Organisationsentwicklung** und des „**Organisationalen Lernens**" vorgestellt.

4.4 Organisationsentwicklung

4.4.1 Begriff und Ziele

Während im Fokus der Organisationsgestaltung die Ausarbeitung formaler Organisationsstrukturen steht, zielt die Organisationsentwicklung zusätzlich darauf ab, die Einstellungen und Verhaltensweisen ihrer Organisationsmitglieder zu verändern. Es wird dabei angenommen, dass im Prozess der Entwicklung eines organischen Sozialgebildes sowohl die innere Situation des Individuums (personaler Ansatz) als auch seine äußere Situation (strukturaler Ansatz) in einem multidimensionalen Ansatz zu berücksichtigen sind (Rehn, 1980, S. 28).

Nach etwa 50jährigen Forschungsbemühungen ist es bis dato nicht gelungen, ein einheitliches Verständnis der Organisationsentwicklung herzustellen. Dies zeigt sich an der Vielfalt von Begriffsdefinitionen, die REHN in einer umfassenden Sammlung dargestellt hat (Rehn, 1980, S. 28). TRESS weist darauf hin, dass bisher keine „[...] allgemeinverbindliche Konvention über den Sprachgebrauch des Begriffs Organisationsentwicklung erzielt wurde" (Tress, 1985, S. 19). Das Erkenntnisobjekt der Organisationsentwicklung ist aber der „Prozeß der effektiven und humanen Entwicklung von Organisationen und der in ihr tätigen Menschen" (Tress, 1985, S. 19). In den USA wurde vermutlich bereits in den 50er-Jahren der Begriff des „organizational development" geprägt (French/Bell, 1977), in Deutschland wird der Begriff Organisationsentwicklung seit den 70er-Jahren verwendet. GEBERT definierte ihn damals als einen Ansatz zur Humanisierung der Arbeitsbedingungen, der Flexibilitätssteigerung und der Veränderungsbereitschaft der Organisation (Gebert, 1974, S. 9). GLASL erweitert diese Zielvorstellungen; er schreibt: „Unter OE verstehen wir einen Veränderungsprozeß der Organisation und der in ihr tätigen Menschen, welcher von den Angehörigen der Organisation selbst bewusst gelenkt und aktiv getragen wird und somit durch Erhöhung des Problemlösungspotentials zur Selbsterneuerungsfähigkeit dieser Organisation führt, wobei die Angehörigen der Organisation gemäß ihren eigenen Werten und Vorstellungen die Organisation so gestalten, dass sie nach innen und nach außen den wirtschaftlichen, sozialen, humanen, kulturellen und technischen Anforderungen entsprechen kann" (Glasl, 1983, S. 26).

Ein umfassender Überblick mit 50 verschiedenen Definitionsansätzen zur Organisationsentwicklung findet sich bei TREBESCH (Trebesch, 1982, S. 37–62). Anhand dieser Übersicht wird deutlich, dass sich die Ansätze zwar unterscheiden, sich jedoch in ihren wesentlichen Kernelementen häufig wiederholen. Zusammenfassend lässt sich daher die Organisationsentwicklung als ein längerfristig angelegter, systematischer Prozess zur umfassenden Veränderung und Entwicklung der Organisation und der in ihr tätigen Menschen beschreiben.[12] Unter Anwendung sozialwissenschaftlicher Methoden und unter Mitwirkung interner bzw. externer Berater (sogenannte „Change Agents") wird auf die Steigerung der Effizienz, der Leistungs- und der Problemlösungsfähigkeit der Organisation sowie auf eine Humanisierung der Arbeit abgezielt (Thom, 1992, Sp. 1478). Bei Betrachtung der organisatorischen Infra-

---

[12] Zum Teil ist der Begriff der Organisationsentwicklung durch den Begriff des Change Management abgelöst worden.

struktur junger, dynamischer Wachstumsunternehmen könnten neben den „klassischen" Organisationsentwicklungszielen der Effektivität und Humanisierung noch die Ziele der Selbstorganisation der Mitarbeiter, der Authentizität und der Selbsterneuerung hinzutreten.

4.4.2 Phasen und Strategien

Änderungsprozesse werden traditionell in unterschiedlichen Phasenschemata beschrieben. Eines der am weitesten verbreiteten Schemata ist das dreistufige Phasenmodell von KURT LEWIN (Lewin, 1947):

1. Auftauen („Unfreezing"): Zu Beginn des Wandels sollen alte Verhaltensweisen und Einstellungen hinterfragt werden und die Bereitschaft der betroffenen Individuen zur Veränderung gefördert werden.

2. Ändern („Moving"): Das Verändern des Verhaltens setzt ein, es werden Handlungen geplant und durchgeführt. Je nach Problem empfehlen sich organisatorische oder personelle Entwicklungsmassnahmen.

3. Wieder-Einfrieren („Refreezing"): Die implementierte Lösung wird stabilisiert, um ein Zurückfallen in den alten Zustand zu vermeiden. Das Wieder-Einfrieren ist jedoch im Sinne der Organisationsentwicklung kein starres Festschreiben von einzuführenden Neuerungen, sondern stellt die Grundlage für weitere Verbesserungen dar.

Neben dem Prozess der Organisationsentwicklung nach LEWIN ist auch das Modell (Phasen des Wandelprozesses) von GREINER zu diskutieren (Greiner, 1972, S. 37–46): Für GREINER stellt eine Organisation ein permanent sich veränderndes, wachsendes Unternehmen dar, das bestimmte idealtypische Phasen durchläuft. Ausgelöst wird jede durch tiefgreifende Veränderungen geprägte Phase (revolutionäre Phase) durch eine Krise, zu der die vorangegangene evolutionäre Periode geführt hat (Kapitel VIII.1). GREINERS Modell basiert auf einem partizipativen Grundsatz: Alle von dem Wandel betroffenen Mitarbeiter bzw. Organisationsteilnehmer werden in den Veränderungsprozess eingebunden (Wohlgemuth, 1991, S. 47). Neben dem Phasenmodell von GREINER schlägt die Literatur zur Visualisierung von Organisationsentwicklungsprozessen eine Reihe weiterer Phasenmodellen vor. Obwohl die Modelle unterschiedliche Schwerpunkte setzen und jeweils nur als idealtypische Annäherungen an die Wirklichkeit bewertet werden können, folgen sie jedoch einem allgemeinen Muster, das PHILIPPS in sieben Abschnitte unterteilt (Philipps, 1999, S. 62):

1. Entwicklung eines Problembewusstseins mit dem Streben nach Problemlösung

2. Auswahl von Personen, die bereit und fähig sind, Veränderungen durchzuführen

3. Ist-Analyse und Grobzielbildung

4. Datenaufnahme und Formulierung von Entwicklungszielen

5. Planung und Vorbereitung von Interventionen sowie Abstimmung mit allen betroffenen Personen und Gruppen

6. Durchführung der Veränderungen

7. Rückkopplung zur Kontrolle und Vorbereitung neuer Aktionen

4.4.3 Methoden

Die unterschiedlichen Methoden der Organisationsentwicklung werden in der Praxis häufig nicht nur als Einzelaktivitäten eingesetzt, sondern miteinander kombiniert. Da die Methoden und Modelle zunächst entweder primär an dem einzelnen Individuum oder aber an der Organisationsstruktur als Objekt der Beeinflussung orientiert sein können, wird häufig auch von personalen und strukturalen Ansätzen der Organisationsentwicklung gesprochen (Gebert, 1987; Kieser, 1987).

Zu den personalen Ansätzen zählen diejenigen Methoden, die versuchen, durch Qualifizierungsmaßnahmen und gruppendynamischem Training die Menschen in ihren Einstellungs- und Verhaltensweisen zu verändern. Zu den strukturalen Ansätzen zählen dagegen Konzepte, welche das Organisationssystem fokussieren und das sichtbare Verhalten als Funktion der Organisationsstruktur interpretieren. Heute dominiert die Erkenntnis, dass sich personale und strukturale Ansätze nicht ausschließen, sondern gegenseitig ergänzen, weshalb beide im Mittelpunkt organisatorischer Gestaltungs- und Entwicklungsaktivitäten stehen sollten (Abbildung III.11).

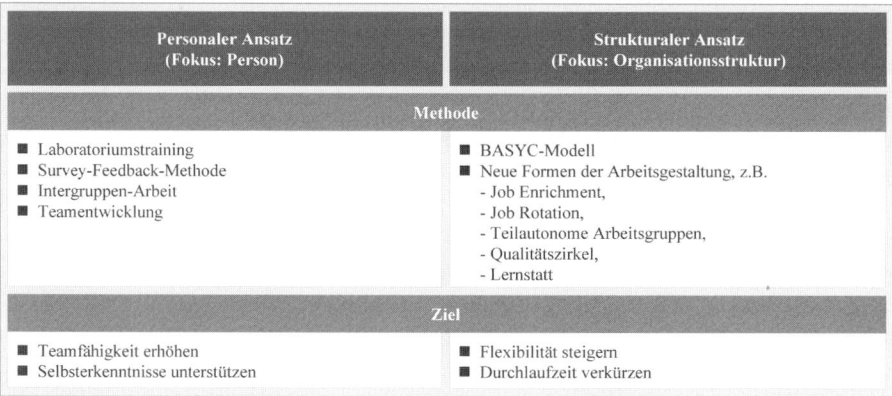

Abbildung III.11: Ergänzung von personalem und strukturalem Ansatz (Quelle: In Anlehnung an Rosenstiel, 1987; Gebert, 1974)

Vor dem Hintergrund der Vielzahl unterschiedlicher Ansätze wird in den folgenden Ausführungen lediglich eine Auswahl von Methoden der Organisationsentwicklung vorgestellt, die für Unternehmen in Gründungs- und Wachstumsphasen relevant sind. Diese Auswahl erhebt keinen Anspruch auf Vollständigkeit. Da diese Methoden der Organisationsentwicklung jedoch auf den klassischen Ansätzen basieren bzw. sich aus diesen entwickelt haben, soll zunächst kurz auf die wesentlichen traditionellen Modelle eingegangen werden.

Zu den klassischen Ansätzen der Organisationsentwicklung zählt das „Laboratoriumstraining" (French/Bell, 1977, S. 33). Die Laboratoriumsmethode entwickelte sich in den 40er-Jahren aus einer Reihe von Experimenten mit Gruppendiskussionsverfahren und findet sich

Infrastruktur

heute in unterschiedlichen Ausprägungen gruppendynamischer Trainings wieder (Philipps, 1999, S. 43). Bei einem „Laboratory Training", das später zum „Sensitivity Training" ausgebaut wurde (Schein/Bennis, 1965, S. 4; Likin, 1972, S. 11), trifft sich eine Gruppe von Personen für einen bestimmten Zeitraum außerhalb ihrer gewohnten Umgebung, um ausschließlich die Prozesse des „Hier und Jetzt" zu diskutieren. Sie erhalten unmittelbares Feedback über ihr Verhalten und ihre Erlebnisse. Wesentliche Ziele sind dabei unter anderem die Wahrnehmungsfähigkeit der Teilnehmer für fremde und eigene Gefühle zu steigern.

In den 50er-Jahren wurde am Institute for Social Research (ISR) der University of Michigan von MANN, BOWERS, und LIKERT die „Survey-Feedback-Methode" entwickelt (u. a. Likert, 1967; Bowers, 1973). Im Gegensatz zum „Sensitivity Training" analysiert die Daten-Rückkopplungs-Methode die Prozesse des „Dort und Damals" in einer Organisation. Alle Mitglieder des relevanten Organisationssystems nehmen an einer Befragung teil (survey), die ausgewertet wird und deren Ergebnisse anschließend an die Teilnehmer rückgekoppelt werden (feedback) mit dem Ziel, Aktionspläne für die Zukunft zu erstellen (Gebert, 1974).

Das Modell des *Nederlands Pedagogisch Instituut* (NPI) orientiert sich an den sozialphilosophischen Grundannahmen der Anthroposophie und stellt ein relativ offenes Verfahren der Organisationsentwicklung dar (Glasl, 1983; Rehn, 1979). Das Modell legt ein ganzheitliches Menschenbild zugrunde, welches Körper, Geist und Seele vereint. Der sogenannte NPI-Trainer tritt nicht als Berater, sondern vielmehr als Entwicklungshelfer auf, der bei der Diagnose organisatorischer Prozesse hilft und dann den Veränderungsprozess, die Selbsthilfe, unterstützt.

Das von MUMFORD, LAND und HAWGOOD entwickelte Modell „Benefit Assessment for System Change" (BASYC-Modell) stellt den personalen Gedanken in den Hintergrund. Ziel ist es hier, die Struktur der Organisation nachhaltig zu verändern. Während in der Regel die Ziele des Reorganisationsprojektes von der Unternehmensleitung definiert werden, sieht das BASYC-Verfahren eine partizipative Zieldefinition vor (Kieser, 1987).

4.4.3.1 Prozessberatung

Die Prozessberatung (Process Consultation) zählt zu den sogenannten Interventionsmethoden der Organisationsentwicklung (Huczynski/Buchanan, 2001, S. 569). Ziel der Prozessberatung ist es, dass ein Berater als Verfahrensspezialist und sogenannter „Change Agent" bei Auftreten eines konkreten Problems „Hilfe zur Selbsthilfe" gibt. Der Organisationsentwicklungsberater in der Rolle des Prozessberaters beobachtet und analysiert unternehmerische Einzelprozesse, weist auf eventuelle Prozessabläufe hin, die der Organisationsentwicklung hinderlich sein könnten und stellt dem Kunden das Methodenwerkzeug, z. B. in Form von Problemanalysetechniken oder Vorgehensmodellen für die Prozessabwicklung zur Verfügung (Wohlgemuth, 1991, S. 128–134). Er greift jedoch nicht in die Lösung von inhaltlichen Problemen des Organisationsgeschehens ein, um beispielsweise die Entwicklung eines Abhängigkeitsverhältnisses zwischen ihm und den Kunden zu vermeiden, sondern versteht sich als Entwicklungshelfer. Nach SCHEIN kann die Prozessberatung in sieben idealtypische Phasen eingeteilt werden (Schein, 1969, S. 120): (1) Kontaktaufnahme mit der Organisation,

(2) Abschluss eines Vertrages (formal oder psychologisch), (3) Wahl des Interventionsobjektes und der Methode, (4) Datensammlung und Diagnose, (5) Intervention, (6) Reduzierung des Engagements und (7) Beendigung der Beziehung. Da der Prozessberater nach Ablauf der Beratung das Unternehmen bzw. das Organisationssystem verlässt, ist es wichtig, dass er sich in den beiden letztgenannten Phasen quasi selbst überflüssig macht, um keine Abhängigkeiten zu generieren.

4.4.3.2 Coaching

Unter Coaching wird eine Form individueller Prozessberatung im beruflichen Kontext verstanden, die im Spannungsfeld Person – Rolle – Organisation angesiedelt ist.[13] Coaching kann sich an das einzelne Individuum einer Organisation (Einzel-Coaching) oder an eine Gruppen von Personen wenden (Gruppen-Coaching). Dabei sollen die individuellen Ziele und persönlichen Kompetenzen des Klienten, hier des Mitarbeiters, und die Anforderungen der Organisation an die Funktionsträger reflektiert und wenn möglich zu einer Integration geführt werden. Coaching gilt als Form der Prozessberatung, da die Ziele vom Klienten festgelegt werden und gemeinsam mit dem Coach nach angemessenen Wegen dorthin gesucht wird. Damit stellt das Coaching die Hilfe zur Selbsthilfe und die Selbstverantwortung in den Vordergrund mit dem Ziel, die Selbstregulationsfähigkeit des Mitarbeiters zu steigern bzw. wiederherzustellen (Schreyögg, 1996, S. 147–164).

Coaching kann aus mehreren Gründen im Rahmen der Organisationsentwicklung zum Einsatz gelangen: Die Übergänge organisatorischer Entwicklungsstufen sind mit neuen Lern- und Verlernprozessen verbunden, die bei den Organisationsteilnehmern Unsicherheit und Widerstände hervorrufen können. Insbesondere, wenn Führungskräfte selbst innere Unsicherheiten oder Stress empfinden, kann sich das individuelle Überlastungsgefühl schnell zu einem organisatorischen Problem ausdehnen. Ein Coach kann hier wertvolle Hilfestellungen leisten. Häufige Coaching-Anlässe sind darüber hinaus Informationsmängel zur angemessenen Einschätzung von Situationen, Konflikte in Teams bzw. in der Hierarchie sowie unklare Zieldefinitionen. Im Rahmen des Coaching versuchen Coachee und Coach gemeinsam, Lösungsmöglichkeiten für den Umgang mit inneren Zwiespältigkeiten und Ambivalenzen zu finden, darüber hinaus unterstützt der Coach seinen Coachee bei Zielfindungs- und Konfliktlösungsprozeduren sowie bei der Umstrukturierung von Arbeitsabläufen. Ein bereits in der Gründungsphase des Unternehmens angebotenes Coaching-Programm verdeutlicht den Mitarbeitern, dass sich der Unternehmensgründer mit den individuellen Laufbahnen seiner Mitarbeiter aktiv befasst und ihr Beitrag zur zukünftigen Unternehmensentwicklung als wesentlich erachtet wird. Der Zeitraum eines Coaching von Mitarbeitern geht aufgrund der Langfristigkeit über die Gründungsphase des Unternehmens hinaus.

---

[13] Der Begriff stammt aus dem Bereich des Wettkampfsports und umschreibt die intensive physische und psychische Vorbereitung auf einen Wettkampf (Thommen, 1999, S. 112).

4.4.3.3 Grid Organisationsentwicklung

Das „Grid-Modell" stellt eine der ältesten systematischen und organisations-umfassenden Organisationsentwicklungs-Interventionstechniken dar (Comelli, 1985, S. 286). Basis des Grid-Modells der Organisationsentwicklung ist das „Managerial Grid" (Verhaltensgitter) von BLAKE/MOUTON, das die gleichzeitige Realisierung von Mitarbeiter- und Aufgabenorientierung (9,9–Philosophie) des Managements propagiert und fordert (Blake/McCanse, 1995, S. 19). Die Grid-Organisationsentwicklung zielt darauf ab, dass die Führungskräfte eines Unternehmens dazu angeregt werden, eigenes (Führungs-) Verhalten zu überdenken und neue Verhaltensweisen zu entwickeln, um so optimale Mitarbeiter-Vorgesetzten-Beziehungen sowie Gruppenbeziehungen in der Organisation zu fördern. Die Grid-Organisationsentwicklung umfasst sechs Phasen, die sich über zwei bis fünf Jahre erstrecken können (Staehle, 1999, S. 965): (1) Grid-Laboratorium-Seminar, d. h. Vermittlung des Grid-Programmes an interne Manager, (2) Teamentwicklung, d. h. Üben der gelernten Techniken mit Kollegen und Mitarbeitern, (3) Intergruppenentwicklung, d. h. Durchführung von Aktivitäten, die der Verbesserung der Beziehungen zwischen Gruppen, die zusammenarbeiten müssen, zuträglich sind, (4) Entwicklung eines strategischen Idealmodells, d. h. Aufstellen von strategischen Zielen zum Beispiel im organisatorischen Bereich, (5) Implementierung des Idealmodells, d. h. Durchführung von Reorganisationsprozessen in den Organisationseinheiten mit Hilfe von Planungsteams und (6) Systematische Kritik, d. h. mittels standardisierter Erhebung wird der Erfolg als Differenz zwischen vorher und nachher gemessen, darüber hinaus werden weitere Vorschläge gesammelt.

Die Integration von Personal-, Team- und Organisationsentwicklung steht im Mittelpunkt der Aktivitäten. Dabei wird das Grid-Programm von organisationsinternen Trainern durchgeführt, die spezielle Schulungen durchlaufen (Phase 1). Die Grid-Organisationsentwicklung wurde in den letzten Jahren stark kommerzialisiert. CUMMINGS/HUSE kommen bei der Analyse des Erfolges dieser Maßnahme zu unterschiedlichen Resultaten (Cummings/ Huse, 1989, S. 211).

4.4.3.4 Teamentwicklung

Die Teamentwicklung (Team Development, Team Building) dient der Verbesserung des Gruppenzusammenhalts und der Effizienzsteigerung in bestehenden oder neuen Arbeitsgruppen. In der Regel trifft sich das Team ein- oder mehrtägig außerhalb der gewohnten Umgebung, um inhaltliche Fragestellungen und Probleme zu diskutieren. Im Fokus der Team-Building-Maßnahmen steht unter anderem die Entwicklung von Gruppenzielen, der Aufbau von Vertrauen, die Förderung gegenseitiger Unterstützung sowie die Klärung von Rollendefinitionen der Gruppenmitglieder (Huczynski/Buchanan, 2001, S. 570). Darüber hinaus wird auch die Entwicklung nach dem Grid-Konzept als Ziel genannt. Der Erfolg der Teamentwicklung als Organisationsentwicklungsmaßnahme ist weitgehend davon abhängig, inwieweit das Management des Unternehmens die Aktivitäten unterstützt, indem es beispielsweise den Teilnehmern den benötigten Handlungsspielraum gewährt (Beer, 1976). Eine Form der Teamentwicklung stellt das Konzept der Intergruppen-Arbeit dar. Die Intergruppen-Arbeit bezieht sich auf die Problemlösung zwischen Arbeitsgruppen, wobei unterschiedlichste Techniken Anwendung finden können. BLAKE, SHEPARD und MOUTON nennen folgendes Vorgehen der Intergruppen-Arbeit (Blake/Shepard/Mouton, 1964):

1. Ein Berater wird zur Problembewältigung zweier Gruppen herangezogen.
2. Es folgt ein gemeinsames Treffen außerhalb der gewohnten Umgebung.
3. Berater und Führungskräfte der Gruppen beschreiben Ziele und Sinn der Veranstaltung.
4. Jede Gruppe beantwortet getrennt voneinander Fragen zum Selbstverständnis und zum Verständnis der anderen Gruppe. Der Berater motiviert die Gruppen, offen zu diskutieren.
5. Die Gruppen präsentieren gegenseitig die Antworten, es sind lediglich Informationsfragen zugelassen. Eine Rechtfertigung findet nicht statt.
6. Wiederum getrennt, werden Diskrepanzen und unterschiedliche Wahrnehmungen in den Gruppen bearbeitet. Eine Wertung findet dabei nicht statt, der Fokus liegt auf der Suche nach den Ursachen und Lösungen für die Diskrepanzen.
7. Gemeinsam werden die Ergebnisse diskutiert, ungelöste Probleme werden dokumentiert.
8. Die Gruppen legen einen Plan zur Verbesserung der Intergruppen-Beziehung fest.
9. Ein Folgetermin wird vereinbart, der zur Evaluation der bisherigen Ergebnisse und der zukünftigen Maßnahmen dient.

4.4.3.5 Kulturentwicklung

Ein umfassendes Instrument der Organisationsentwicklung des Unternehmens der Gründungs- bzw. Wachstumsphase stellt die Kulturentwicklung dar. Unter einer Unternehmenskultur wird die Gesamtheit von Normen, Wertvorstellungen und Denkhaltungen, die das Verhalten aller Mitarbeiter und somit das Erscheinungsbild eines Unternehmens prägen, gefasst. Zu den Kernfaktoren der Unternehmenskultur zählen die Persönlichkeitsprofile der Führungskräfte, Rituale und Symbole sowie die Kommunikation im Unternehmen. Starke Unternehmenskulturen fördern die Handlungsorientierung und rasche Entscheidungsfindung, wirken positiv auf die Motivation und Kommunikation der Mitarbeiter und senken den Kontrollaufwand. Mögliche negative Wirkungen einer stark ausgeprägten Unternehmenskultur – z. B. die Tendenz zur Abschließung, die Blockierung neuer Orientierungen, ein Mangel an Flexibilität und Implementierungsbarrieren – müssen bei der Kulturentwicklung berücksichtigt werden. Gestaltungsansätze der Kulturentwicklung setzen unter anderem an der Vorbildfunktion der Führungskräfte, an Schulungen und Workshops, der Entwicklung von Anreizsystemen und symbolische Handlungen an. Die Unternehmenskulturentwicklung kann auch durch ein „Empowerment" der Mitarbeiter gefördert werden, d. h. durch die Erhöhung des Handlungsspielraumes der einzelnen Mitarbeiter auf allen Ebenen durch größtmögliche Delegation von Aufgaben und Verantwortlichkeiten.[14] Auch die Parti-

---

[14] Vgl. hierzu die Openspace-Technologie (Owen, 2001a; Owen, 2001b; Owen, 1997).

zipation, die Beteiligung der Organisationsmitglieder an der Willensbildung einer hierarchisch höheren Ebene, kann die Kulturentwicklung des Unternehmens unterstützen (Osterloh/Frost, 1998, S. 207). Damit werden die Rahmenbedingungen für eine stärkere Selbstorganisation der Mitarbeiter geschaffen.

4.4.4 Konzept des Business Reengineering

Im Gegensatz zur Organisationsentwicklung, die auch als evolutionärer organisatorischer Wandel bezeichnet wird, möchte das Business Reengineering einen fundamentalen und radikalen organisatorischen Wandel herbeiführen. Das Business Reengineering ist durch ein grundsätzliches Überdenken der Unternehmensprozesse gekennzeichnet, daher wird es als „fundamental" bezeichnet. Alte organisatorische Strukturen werden aufgebrochen und neue Organisationsabläufe entwickelt bzw. völlig neu gestaltet, daher wird es als „radikal" bezeichnet. Ein Vergleich zwischen dem Konzept des Business Reengineering und der Organisationsentwickelung zeigt THOM (Abbildung III.12).

	Business Reengineering	Organisationsentwicklung
Herkunft	■ Ingenieurwissenschaften/Beratungspraxis	■ Sozialpsychologie/Beratungspraxis
Grundidee	■ Fundamentales Überdenken und radikales Redesign von Unternehmensprozessen (revolutionärer Wandel)	■ Umfassender Veränderungs- und Entwicklungsprozess von Organisationen und der darin tätigen Menschen (evolutionärer Wandel)
Charakterisierung der Veränderung	■ Tiefgreifender Wandel ■ Diskontinuität ■ Veränderung in großen Schüben	■ Dauerhafter Lern- und Entwicklungsprozess ■ Kontinuität ■ Veränderung in kleinen Schritten
Zeithorizont	■ Mehrjährig mit Druck auf raschen Erfolg	■ Langfristig mit Geduld und Offenheit
Ziele	■ Erhöhung der Wirtschaftlichkeit	■ Erhöhung der Wirtschaftlichkeit (ökonomische Effizienz) und der Humanität (soziale Effizienz)

Abbildung III.12: Gegenüberstellung von Business Reengineering und Organisationsentwicklung (Quelle: In Anlehnung an Thom, 1995, S. 875)

Das Konzept des Business Reengineering zielt dabei auf außerordentliche Verbesserungen in entscheidenden messbaren Leistungsgrößen des Unternehmens, wie z. B. in den Bereichen Kosten, Qualität und Service, (Hammer/Champy, 1994, S. 48; Bennis/Mische, 1995, S. 11–14). Abgeleitet werden diese angestrebten Zielsetzungen u. a. aus der Unternehmensstrategie oder Geschäftsbereichsstrategie des organisatorischen Systems. Um letztlich zu einem Redesign bestimmter Unternehmensbereiche oder -prozesse zu gelangen, müssen zunächst die Kernprozesse des Unternehmens im Rahmen des Wertschöpfungsprozesses identifiziert werden (Abbildung III.13). In der Regel existieren ca. drei bis fünf Kernprozesse mit einer Vielzahl von sogenannten Support-Prozessen in einem Unternehmen. Dabei bestehen die Kernprozesse aus der Verknüpfung zusammenhängender Aktivitäten, Entscheidungen, Informationen und Materialflüssen, die zusammen einen Wettbewerbsvorteil eines Unternehmens ausmachen. Sie sind unternehmensspezifisch, nicht imitierbar, nicht substituierbar und müssen vom Kunden wahrgenommen werden (Osterloh/Frost, 1998, S. 34). Die Support-Prozesse erfüllen unterstützende Aufgaben, damit die Kernprozesse reibungslos ablaufen können. Sie leisten jedoch keinen Beitrag zum unmittelbaren Kundennutzen, können jedoch einem „Benchmarking" unterzogen werden.

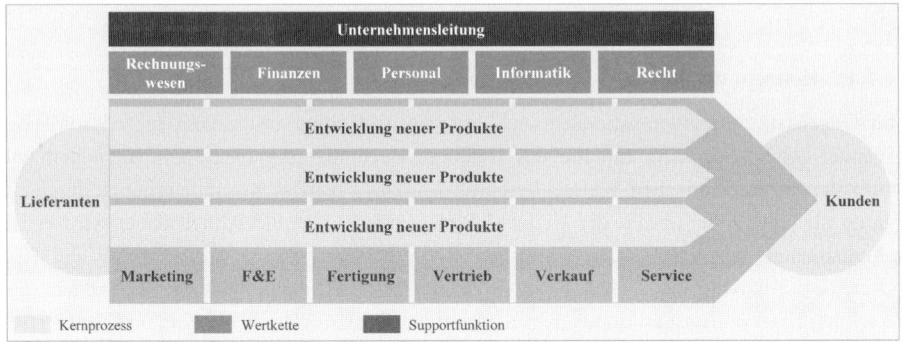

Abbildung III.13: Wertschöpfungskette mit Kernprozessen (Quelle: Thommen, 2000, S. 626)

Angelehnt an die jeweilige Wertschöpfungskette des Unternehmens ist die Prozessorganisation. Die für sie geltende Formel „structure follows process follows strategy" weist darauf hin, dass bei der Prozessorganisation das traditionelle Verständnis der Strukturbildung im Unternehmen umgekehrt wird: Während bei traditionellen Gestaltungsansätzen Aufgaben und letztlich die organisatorische Struktur zur Bearbeitung dieser aus der Gesamtzielsetzung des Unternehmens „top-down" abgeleitet werden, erfolgt bei der Prozessorganisation die Aufgabenzusammenfassung und Stellenbildung basierend auf den Unternehmensprozessen, d. h. „bottom-up" (Staehle, 1999, S. 750). Im Gegensatz zur funktionalen Aufgabengliederung werden die betrieblichen Tätigkeiten bei der Prozessorganisation funktionsübergreifend organisiert. Prozessorientierte Organisationsformen zeichnen sich gegenüber traditionellen Organisationsmodellen insbesondere dann durch höhere Flexibilitätspotenziale und Transaktionskostenersparnisse aus, wenn die kundenorientierte Auftragsfertigung im Mittelpunkt der Unternehmensaktivitäten steht. Durch eine funktionale Struktur können bei diesen Know-how-intensiven Aufgaben keine wesentlichen Produktivitätsvorteile und Spezialisierungsgewinne erzielt werden, so dass Koordinations- und Motivationsvorteile der Prozessorganisation überwiegen. Die Prozessorganisation führt in der Regel zu einer Reduktion der Hierarchie-Ebenen in der Unternehmensorganisation und unterstützt somit auch das „Empowerment" der Mitarbeiter im Unternehmen, die höhere Eigenverantwortlichkeiten und Handlungsspielräume nutzen können (Picot/Dietl/Franck, 1999, S. 217–225).

Die Stärken und Schwächen beider Konzepte, der Organisationsentwicklung wie auch des Business Reengineering, veranschaulicht Abbildung III.14.

	Business Reengineering	Organisationsentwicklung
Vorteile	■ Klare Abgrenzung der Veränderungsphasen ■ Möglichkeit zum Neuanfang ■ Chance zur deutlichen Steigerung der Wirtschaftlichkeit ■ Schnelligkeit des Wandels	■ Sozialverträglichkeit ■ Natürliche Veränderung ■ Berücksichtigung der Entwicklungsfähigkeit der Systemmitglieder ■ Förderung des Selbstmanagements ■ Langfristige Optik
Nachteile	■ Instabilität in der Phase der Veränderung ■ Zeit- und Handlungsdruck ■ Druck auf kurzfristige Resultatverbesserung ■ Ausschluss alternativer Veränderungsstrategien ■ Mangelnde Sozialverträglichkeit	■ Reaktionsgeschwindigkeit ■ Hohe Anforderungen an Sozialkompetenz der Beteiligten ■ Zwang zur Suche nach Kompromissen ■ Unzureichende Möglichkeiten zur Durchsetzung unpopulärer Entscheidungen

Abbildung III.14: Beurteilung von Business Reengineering und Organisationsentwicklung (Quelle: In Anlehnung an Thom, 1995, S. 876).

4.5 Organisationales Lernen

4.5.1 Bedeutung

Die Bedeutung organisationalen Lernens ist eng mit dem Begriff des Wissens verknüpft. Wissen ist unbestreitbar zu einem entscheidenden Wettbewerbsvorteil jedes Unternehmens geworden. Wissen ist der Produktionsfaktor, der die klassischen Produktionsfaktoren Arbeit und Kapital nicht mehr nur dispositiv ergänzt, sondern dem eine eigenständige Bedeutung zukommt. Wissen ist zum einen dadurch charakterisiert, dass es die Konsequenz einer bestimmten Einstellung, Perspektive oder Absicht darstellt; es bezieht sich zum anderen auf das Handeln, ist somit zweckgerichtet und hat darüber hinaus eine bestimmte Bedeutung (Nonaka/Takeuchi, 1997, S. 70). SVEIBY definiert Wissen „as a capacity to act", d. h. als eine kontext- und regelgebundene Kompetenz von Individuen, aufgrund von Werten, Erfahrung, Fähigkeiten und sozialen Netzwerken schnell im Wettbewerbsumfeld reagieren zu können (Sveiby, 1997, S. 38). Werden die Träger des Wissens betrachtet, kann zwischen individuellem und kollektivem Wissen unterschieden werden. Die Wissensbasis einer Unternehmung – die organisationale Wissensbasis – setzt sich aus individuellem und kollektivem Wissen zusammen. Im Rahmen des Wissensmanagements, der zielgerichteten Gestaltung organisatorischer Lernprozesse, stellt sich die Frage, wie dieses organisationale Wissen geschaffen, erweitert oder verändert werden kann (Thompson/Valley, 1998, S. 137–154; Cummings/Worley, 2001, S. 515–525). Hier setzt das Konzept des organisationalen Lernens an.

Unter organisationalem Lernen wird „die Veränderung der organisationalen Wissensbasis, die Schaffung eines kollektiven Bezugsrahmens sowie die Erhöhung der organisationalen Problemlösungs- und Handlungskompetenz" von und für Mitglieder innerhalb von Organisationen verstanden (Probst/Raub/Romhardt, 1997, S. 44; March, 1991; March/Olsen, 1979; March/Olsen/Cohen, 1986). Obgleich organisationales Lernen über Individuen und deren Interaktionen erfolgt, ist es nicht der Summe der individuellen Lernprozesse und -ergebnisse gleichzusetzen (Abbildung 15) (Probst/Büchel, 1998, S. 21; Argyris/Schön, 1978, S. 9). Denn einerseits wird nicht alles individuelle Wissen weitergegeben (z. B. aus Macht, Angst oder Frustration), andererseits kann durch die Weitergabe von individuellem Wissen neuartiges Wissen entstehen, d. h. es sind Synergieeffekte beobachtbar.

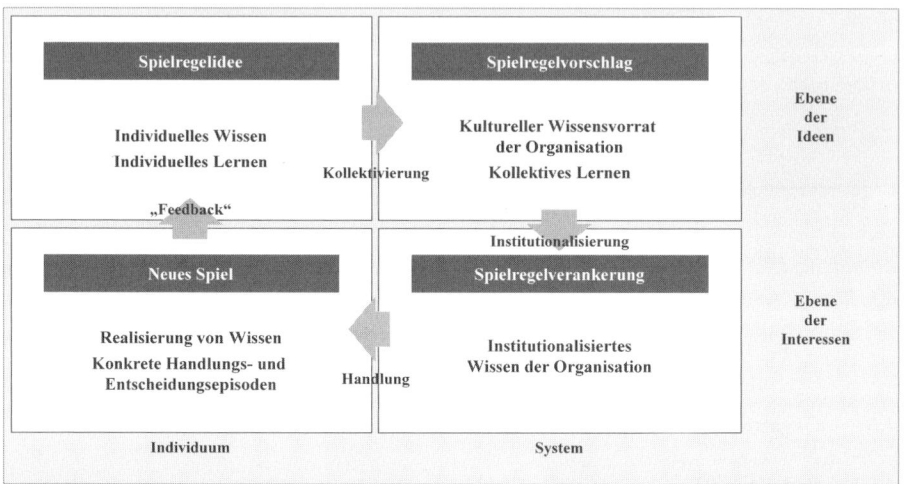

Abbildung III.15: Kreislauf des organisationalen Lernens (Quelle: Müller-Stewens/Pautzke, 1996, S. 195).

Organisationales Lernen beruht auf dem gemeinsamen Lernen von Mitarbeitern, so dass sich die Frage stellt, wie und unter welchen Bedingungen solches Lernen zustande kommen kann (Thommen, 1996b, S. 251; Thommen, 2001, S. 116). Die wissenschaftliche Literatur nennt fünf wesentliche Voraussetzungen organisationalen Lernens:[15]

1. Visionsorientierung: Die Unternehmensvision liefert einen allgemeinen Werte- und Bezugsrahmen, der eine einheitliche Orientierung der Mitarbeiter sowie eine einheitliche Ausrichtung der Unternehmensaktivitäten erlaubt. Die Vision schafft letztlich eine Wirklichkeit, innerhalb derer die Mitarbeiter agieren, die jedoch auch aufgrund der dynamischen Unternehmensumwelt sowie dynamischer interner unternehmerischer Strukturen einer permanenten Anpassung unterliegt. Diese Anpassung an veränderte Umweltbedingungen wird als struktureller Wandel bezeichnet (Thommen, 2001, S. 118).

2. Autonomie: Die Autonomie kann auf verschiedenen Ebenen betrachtet werden: Auf der Mitarbeiterseite bedeutet Autonomie als Voraussetzung organisationalen Lernens die unternehmerische Emanzipation der Mitarbeiter, die Übernahme von Selbstverantwortung und letztlich eine erhöhte Motivation. Auf der Team- und Gruppenebene kann dann von Autonomie gesprochen werden, wenn den Teams ausreichend Handlungsspielräume gewährt werden, um z. B. funktionsübergreifend im Sinne des Ansatzes des Business Reengineering zusammenzuarbeiten. Wissensgenerierung und -weitergabe wird beim

---

[15] NONAKA/TAKEUCHI nennen als weitere Voraussetzungen Fluktuationen und kreatives Chaos, Redundanz und notwendige Vielfalt (Nonaka/Takeuchi, 1997, S. 88).

Business Reengineering durch autonome Prozessteams gefördert. Darüber hinaus muss das Unternehmen selbst autonom handeln können, um sich im Sinne konstruktivistischer Ansätze jederzeit eine eigene Wirklichkeit geben zu können und nicht Sachzwängen zu unterliegen. Die Autonomie des Unternehmens ist notwendige Bedingung zur Gestaltung unternehmensinterner und -externer Strukturen (Probst, 1994, S. 311–317).

3. Flexibilität: Unter Flexibilität wird hier allgemein die Fähigkeit und Bereitschaft eines Unternehmens verstanden, auf veränderte In- und Umweltbedingungen adäquat reagieren zu können. Zum einen müssen insbesondere die Mitarbeiter gewillt und kompetent sein, neue Rollen und Aufgaben zu übernehmen und sich an gegebenenfalls neuen Strukturen zu orientieren, zum anderen müssen auf Unternehmensebene Flexibilitätspotenziale beispielsweise in Form flexibler Organisationsstrukturen vorhanden sein und genutzt werden (Thommen, 1996b, S. 263).

4. Dialogfähigkeit: Ohne ein hinreichendes Maß an Dialogfähigkeit lässt sich organisationales Lernen im Unternehmen nicht erzielen. Nur durch Dialogfähigkeit wird sichergestellt, dass Visionen weitergegeben, dass alle Organisationsteilnehmer umfassend und rechtzeitig informiert und mit vorhandenem Wissen versorgt werden. Auch zur Selbstreflexion und -erkenntnis trägt die Dialogfähigkeit bei, da nur in der Kommunikation und Auseinandersetzung mit beispielsweise anderen Mitarbeitern selbst konstruierte Wirklichkeiten erkannt und überprüft werden können (Thommen, 2001, S. 118).

5. Vertrauen: Je größer der Grad an Autonomie und Flexibilität und je stärker ausgeprägt somit die Dezentralisierung und Selbstorganisation, umso wichtiger ist nicht nur der Dialog sondern auch das Vertrauen unter den Mitarbeitern sowie der Unternehmensleitung.[16]

4.5.2 Formen

In der Auseinandersetzung mit den Inhalten Organisationalen Lernens kann eine Differenzierung nach verschiedenen Wissensformen erfolgen. Zunächst soll die Unterscheidung zwischen explizitem Wissen und implizitem Wissen vorgestellt werden (Nonaka/Takeuchi, 1997, S. 72): Bei explizitem Wissen handelt es sich um denjenigen Teil unseres Wissens, der formal artikuliert und vermittelt werden kann. Implizites Wissen kann dagegen nur schwer formalisiert und verbal kommuniziert werden, da es sich durch einen hohen Situations- und Personenbezug auszeichnet. Es können nach NONAKA vier Formen der Wissensgenerierung unterschieden werden, die Abbildung 16 im Überblick zeigt (Nonaka/Takeuchi, 1997, S. 75).

---

[16] BLEICHER nennt in diesem Zusammenhang die Vertrauensorganisation (Bleicher, 1999, S. 248).

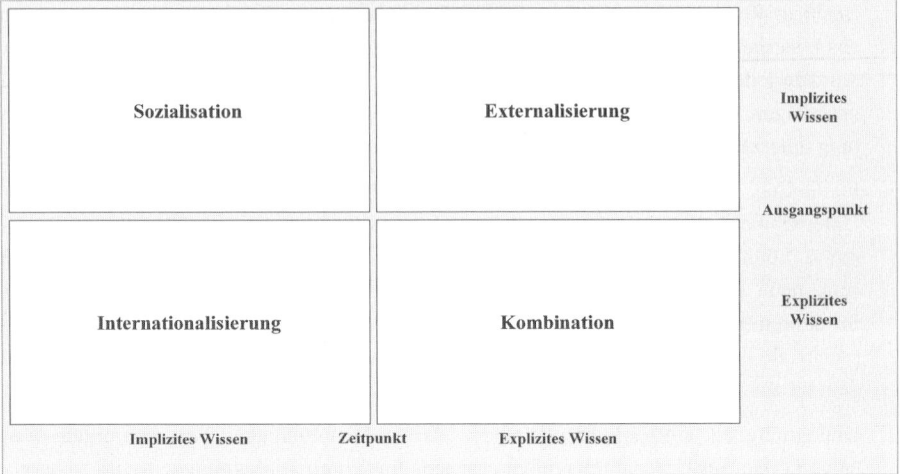

Abbildung III.16: Formen der Wissensgenerierung (Quelle: In Anlehnung an Nonaka/Takeuchi, 1997, S. 75)

Die Sozialisation stellt die Übertragung impliziten Wissens zwischen verschiedenen Personen dar, die durch Beobachtung oder Nachahmung erfolgen kann (ohne Verbalisierung). Bei der Kombination erfolgt die Zusammenführung expliziter Wissensbestände. Durch die Artikulierbarkeit expliziten Wissens kann dieses zwischen Personen durch z. B. Konferenzen oder Telefonate weitergegeben werden und darüber hinaus auch in einer neuen Form zusammengeführt werden. Internalisierung und Externalisierung beinhalten im Gegensatz zu den beiden erstgenannten Formen der Wissensgenerierung einen Wechsel in der Wissensform: Bei der Externalisierung wird implizites Wissen in explizites Wissen überführt, indem es artikuliert wird. Gleichzeitig tritt ein Reflexionsprozess ein, da das Individuum seine unterschwelligen Handlungsmuster an die „Oberfläche" holt und bekannt gibt. Die Internalisierung umfasst dagegen die Verinnerlichung expliziten Wissens durch längere Anwendung und Einübung. Für Wachstumsunternehmen können insbesondere die Sozialisation und die Externalisierung als Formen der Wissensgenerierung von hoher Bedeutung sein.

Insgesamt finden sich im Wissen erzeugenden Unternehmen diese vier Grundmuster in „dynamischer Interaktion". Die Wissensspirale visualisiert dabei den Übergang vom individuellem Lernen zu organisationalem Lernen[17]. NONAKA sieht die zentrale Herausforderung für Unternehmen darin, nicht allein Wissen im Unternehmen zu sammeln und anzuhäufen, sondern implizites Wissen, das schwer formalisierbar und teilbar ist, so zu nutzen, dass es explizit für alle Mitarbeiter zugänglich gemacht werden kann (Nonaka/Takeuchi, 1997).

Eine weitere Differenzierung nach den Inhalten des organisationalen Lernens stellt die Unterscheidung verschiedener Lernebenen oder Lernniveaus dar (Argyris/Schön, 1978, S. 18–28): Allgemein wird hier zwischen „Single-loop learning", „Double-loop learning"

---

[17] Als Voraussetzungen, um die Brücke zwischen individuellem und organisationalem Lernen zu schlagen, nennen PROBST/BÜCHEL die Transformationsbedingungen Kommunikation, Transparenz und Integration (Probst/Büchel, 1998, S. 22–24).

und „Deutero learning" unterschieden.[18] „Single-loop learning" beschreibt den Lernvorgang, der als Adaption des Individuums an eine dynamische Umwelt, an z. B. vorgegebene Ziele und Normen, bezeichnet werden kann. Nach ARGYRIS/SCHÖN verläuft „Single-loop learning" in vier Phasen: Die Fehlersuche (discovery), die Suche nach neuen Lösungen (invention), die Umsetzung der Lösung (production) sowie die Bewertung und Verallgemeinerung der Ergebnisse (generalization) (Argyris/Schön, 1978, S. 20). Auf einer im Gegensatz zu „Single-loop learning" höheren Ebene findet „Double-loop learning" statt. „Double-loop learning" ist gekennzeichnet durch das Hinterfragen organisationaler Normen und Werte und durch die Entwicklung eines neuen Handlungs- und Bezugsrahmens. Ursprüngliche Ziele und Werte werden in Frage gestellt und gegebenenfalls modifiziert. „Deutero learning" dient letztlich der Verbesserung der Lernergebnisse auf der ersten und zweiten Ebene. Nach ARGYRIS/SCHÖN führt „Deutero learning" zu Veränderungen des Charakters des lernenden Menschen oder des Lernsystems einer Organisation. Bei „Deutero learning" steht die Verbesserung der Lernfähigkeit, indem das Lernen selbst zum Gegenstand wird, im Mittelpunkt. Die Einsicht über den Ablauf der Lernprozesse und Systemzusammenhänge macht erst eine umfassende Restrukturierung der eigenen Verhaltensweisen und -normen möglich (Argyris/Schön, 1978).

4.5.3 Lernen und Verlernen

Ein derart beschriebenes „Deutero-Lernen" setzt jedoch im Lernsystem ein vorab erfolgtes Verlernen überholter Wissensbestände und Verhaltensweisen voraus (Nystrom/Starbuck, 1984, S. 53–65). Damit wird die Vorstellung, dass Lernen stets kumulativ neues Wissen zu einer vorhandenen Wissensstruktur hinzufügt, negiert bzw. erweitert (Hedberg, 1981, S. 3–37). Lernen kann Wissen in der bestehenden Struktur (zer)stören. Organisationen, die demnach die Generierung neuen Wissens fördern möchten, müssen Veränderungen in ihren bestehenden Strukturen zulassen. Eine Reihe von Faktoren, die im Folgenden vorgestellt werden, können das Lernen und Verlernen[19] von Individuen und Organisationen behindern bzw. vollkommen unmöglich werden lassen:

1. Beschränkte Lernsysteme: Unternehmen, denen es nicht gelingt, eine Balance zwischen bestehenden Wissensstrukturen und notwendigem Verlernen zu finden, sind nach ARGYRIS/SCHÖN (Argyris/Schön, 1978) durch ein beschränktes Lernsystem (limited learning system) gekennzeichnet. Insbesondere sogenannte organisationale defensive Muster verhindern als Mechanismen das Lernen auf höherer Ebene in einer Organisation. Unter organisationalen defensiven Mustern werden Verhinderungsprozesse für das Lernen auf höherer Ebene gefasst, die sich nach PROBST/BÜCHEL in die sogenannte „geschickte Unfähigkeit" (skilled incompetence), in „organisationale defensive Routinen" (defensive routines) sowie in „phantasievolle Verrenkungen und Unbehagen" (fancy

---

[18] PROBST/BÜCHEL übersetzen diese Bezeichnungen mit Anpassungs-, Veränderungs- und Prozesslernen (Probst/Büchel, 1998, S. 35–39).
[19] WIEGAND beurteilt den Begriff des „Verlernens" kritisch, weist auf die negativen Effekte des Verlernens hin und folgt somit eher dem Begriff des „Re-learning" (Wiegand, 1996, S. 475–479).

footwork and malaise) unterteilen lassen (Probst/Büchel, 1998, S. 74–78). Mit „geschickter Unfähigkeit" wird der Einsatz von Strategien beschrieben, die aus Verhaltensmustern resultieren, welche die Gesichtswahrung als höchstes Ziel haben. Um Bestehendes zu erhalten, werden unter anderem Erklärungen, Verzerrungen und Ungenauigkeiten hingekommen und genutzt. Unter „defensiven Routinen" wird der Gebrauch von Mechanismen verstanden, die das Individuum aber auch Gruppen innerhalb des Unternehmens vor bedrohenden und peinlichen Situationen bewahrt. Ein Motto dieser Verhaltensweise wäre, dass Fehler übersehen oder umgangen werden und Individuen sich so verhalten würden, als sei nichts geschehen. Dabei müsste sichergestellt werden, dass das Übersehen oder das Umgehen der Fehler indiskutierbar bleibt. Ein weiterer Faktor, der das Verlernen in Organisationen behindert, wird mit dem Terminus der „phantasievollen Verrenkung" beschrieben. Darunter werden alle Strategien gefasst, die auf eine schützende Beweisführung sowie das Leugnen oder die Deckung begangener Fehler von Autoritäten und Verantwortlichen zielen. Das Resultat der geschickten Unfähigkeit, defensiver Routinen sowie phantasievoller Verrenkungen stellt im übertragenen Sinn ein „Unbehagen" der Organisation dar, als eine Art Krankheit, die als unangenehm empfunden wird und mit hohen Kosten für das Unternehmen verbunden ist. Die erläuterten Strategien und Mechanismen mit der Folge des „Unbehagens" bilden die organisationalen defensiven Muster und verhindern maßgeblich organisationales Lernen.

2. Normen, Tabus, Privilegien: Widerstände und Barrieren des organisationalen Lernens und Verlernens können auch aus bestehenden Normen, Tabus und Privilegien resultieren. Bestimmte Verhaltensmuster wie z. B. die Arbeitszeitenregelung und Normen lassen sich nur schwer ändern, da sie von einer größeren Anzahl von Mitarbeitern geteilt werden. Individuen, die sich den von der Gruppe oder Organisation geteilten Normen entgegenstellen, müssen mit Ablehnung rechnen. Einmal gesicherte Privilegien und Vorteile werden zudem nur ungern aufgeben, sondern ganz im Gegenteil mit aller Macht von den Inhabern dieser Privilegien gesichert. Das Entstehen von etwas Neuem kann so verhindert werden. Darüber hinaus stellen Tabus einen Widerstand organisationaler Lernprozesse dar, da Moralvorstellungen und Sitte nur schwer und mit erheblichem Aufwand verändert werden können (Probst/Büchel, 1998, S. 78).

3. Informationspathologien: Nach PAUTZKE kann das organisationale Verlernen auch an der Informationsverarbeitungskapazität einer Organisation scheitern (Pautzke, 1989, S. 145). Sogenannte Informationspathologien können zu einer Behinderung der Lernprozesse führen, so können z. B. organisatorische Strukturen den Informationsfluss innerhalb verschiedener Unternehmensbereiche beeinträchtigen (strukturelle Informationspathologie). Dazu zählen u. a. funktionale Barrieren und das Entstehen operativer Inseln im unternehmerischen System. Neben der strukturellen Informationspathologie unterscheidet PAUTZKE die doktrinbedingte Informationspathologie, die auf verzerrten Slogans und Parolen, die ein realitätsfernes Bild erzeugen, basiert und damit das Informationsverhalten negativ beeinflusst. Die psychologische Informationspathologie stellt eine dritte Fehlentwicklung dar, die den Lernprozess behindert und ein Verlernen schwierig macht. Bei letzterer Informationspathologie versucht das Individuum, konsonante kogni-

tive Strukturen dissonanten Strukturen vorzuziehen und beschränkt damit die eigene Informationsaufnahme und -verarbeitung (Probst/Büchel, 1998, S. 78).

4.6 Organisationsformen und Unternehmensentwicklung

Die Entwicklung innovativer und kreativer organisatorischer Lösungen zur Sicherung des organisatorischen Optimums eines Unternehmens wird erst dann möglich, wenn der Gegenstandsbereich der Organisation analysiert, die Modelle und Instrumente der organisatorischen Gestaltung identifiziert und letztlich auf neue Aufgabenfelder und Arbeitssituationen übertragen werden. Aus diesem Grund präsentiert dieser Beitrag traditionelle und innovative Modelle der organisatorischen Gestaltung, die eine Auswahl der in der Praxis vorherrschenden organisatorischen Koordinationsformen darstellen. Die Vielfalt bestehender Organisationsmodelle in der Praxis deutet dabei an, dass es die effizienteste Organisationsstruktur nicht geben kann. Dies gilt auch für die Gestaltung und Entwicklung organisatorischer Strukturen für Wachstumsunternehmen. Die Eignung einer spezifischen Organisationsstruktur kann in der Regel nur situativ beurteilt werden (Thommen, 2000, S. 662; Thommen/Struß, 2001). Berücksichtigt werden muss zudem, dass der Vorgang des Organisierens eine permanente Herausforderung für das Management darstellt, die Diagnosefähigkeiten, gestalterische Phantasie und das Vermögen, organisatorische Veränderungen durchzuführen, erfordert.

Da sich Unternehmen im Laufe ihrer Entwicklung ändernden Umweltsituationen anpassen müssen, unterliegen die organisatorischen Strukturen einem Wandel (Schreyögg/Noss, 1995, S. 169). Das Konzept der Organisationsentwicklung sowie des Organisationalen Lernens zeigen Möglichkeiten auf, die Adaption an neue Umweltgegebenheiten zielgerichtet und systematisch vorzunehmen. Dabei ergänzen sich personale und strukturale Ansätze der Organisationsentwicklung. Sie können z. B. genutzt werden, um Mitarbeiter schnell wachsender Unternehmen besser zusammenzuführen und ein gemeinsames Verständnis der Organisation und der Werte seiner Mitglieder zu erarbeiten. So wird die Zusammenarbeit erleichtert, das Ausscheiden von Gründungsmitgliedern verhindert und soziale Konflikte vermieden bzw. gelöst. Die Person des Unternehmensgründers kann durch Organisationsentwicklung zusätzlich auf Führungs- und Organisationsaufgaben vorbereitet werden. Obwohl die Konzepte der Organisationsentwicklung und das Organisationale Lernen traditionell in länger bestehenden Mittel- und Großunternehmen zum Einsatz kommen, sollte ihr Wert für junge Wachstumsunternehmen dennoch erkannt und genutzt werden.

5. Strategische Partner in virtuellen Netzwerken

ARNOLD PICOT / RAHILD NEUBURGER

The network is the factory.
(Upton/McAffee)

5.1 Virtuelle Netzwerke als zunehmend wichtige Organisationsform

Die Optimierung der ganzheitlichen, auf die marktorientierte Leistungserstellung ausgerichteten Wertschöpfungskette ist ein wichtiges Ziel jeder unternehmerischen Tätigkeit (zum Folgenden auch PICOT/NEUBURGER (Picot/Neuburger, 1997), sowie insbesondere auch PICOT/NEUBURGER (Picot/Neuburger, 1999)). Angesichts der starken Dynamik in immer wettbewerbsintensiver werdenden Märkten und der zum Teil völlig unterschiedlichen Erfolgsfaktoren auf den einzelnen Wertschöpfungsstufen ist kaum ein Unternehmen mehr in der Lage, alle Markt- und Wettbewerbsanforderungen auf allen Stufen selbst abzudecken. Selbst wenn die Mittel eines Unternehmens grundsätzlich dafür vorhanden wären, reicht häufig die Zeit nicht mehr aus, das erforderliche Know-how ausschließlich intern aufzubauen. Ein Unternehmen wird sich daher auf diejenigen Segmente der Wertschöpfungskette konzentrieren, in denen es seine besonderen Kompetenzen hat und somit seinen optimalen Wertschöpfungsbeitrag sieht. Dieser Trend zur unternehmens- und kernkompetenzbezogenen Segmentierung erfordert jedoch eine verstärkte Zusammenarbeit der Unternehmen entlang der Wertschöpfungskette, um die gestellten Anforderungen und Aufgaben bestmöglich bewältigen zu können. Dies gilt insbesondere vor dem Hintergrund der zunehmend zu beobachtenden Entwicklung, dass der Kunde keine einzelnen Leistungen, sondern integrierte, aus mehreren Einzelleistungen bestehende Leistungsbündel fordert. In Folge entstehen zunehmend vernetzte, virtuelle Unternehmen, denen es gelingt, die individuellen Kernkompetenzen verschiedener Unternehmen und Unternehmenseinheiten entlang der Wertschöpfungskette flexibel zu integrieren (Scholz, 1997)'. Sie verknüpfen dabei unterschiedliche organisatorische Gestaltungsstrategien und nutzen neue Möglichkeiten der informations- und kommunikationstechnischen Vernetzung (Picot/Reichwald/Wigand, 2001). Es liegt nahe, dass im Rahmen einer verstärkten unternehmensübergreifenden Zusammenarbeit und der vermehrten Bildung derartiger virtueller Unternehmensnetzwerke der Auswahl und Koordination geeigneter Partner eine besondere Bedeutung zukommt. Dies gilt insbesondere für Start-up-Unternehmen, für die einerseits die Auswahl geeigneter Partner eine wichtige Voraussetzung darstellt, die andererseits bei der Suche und Auswahl dieser Partner jedoch nicht auf langjährige Erfahrungen und Beziehungen zurückgreifen können Daher steht dieser Gesichtspunkt im Zentrum der folgenden Ausführungen (Picot/Neuburger, 1999). Zunächst werden das Prinzip virtueller Netzwerke und die Rolle strategischer Partner erläutert, bevor auf Fragen der Auswahl geeigneter strategischer Partner sowie Aspekte der Koordination und Steuerung einzugehen ist.

5.2 Prinzip und Potenziale virtueller Netzwerke

5.2.1 Konzept virtueller Netzwerke

Das Konzept virtueller Netzwerke basiert auf der Vernetzung standortverteilter, ggf. auch mobiler interner und externer Organisationseinheiten, die an einem koordinierten arbeitsteiligen Wertschöpfungsprozess beteiligt sind (Picot/Neuburger, 1997)'. Die individuelle Aufgabe determiniert jeweils die Struktur des Netzwerkes. Ist die Aufgabe abgewickelt, löst sich das virtuelle Netz auf oder konfiguriert sich – wiederum problem- und aufgabenbezogen – neu. Durch dieses zugrunde liegende Prinzip verfügen virtuelle Netzwerke über mehr Kapazitäten und Ressourcen als andere Organisationskonzepte und sind in der Lage, schnell und flexibel auf Kunden- und Marktanforderungen zu reagieren.

Der hier vielleicht entstehende Eindruck einer Flüchtigkeit virtueller Netzwerke täuscht. Die Organisationsstruktur virtueller Netzwerke ist nicht konturlos. Im Gegenteil, Flexibilität und Leistungssteigerung durch Vernetzung sind nur dann erzielbar, wenn bestimmte Realisierungsprinzipien und Anforderungen erfüllt werden, die unabdingbar für die Bildung virtueller Netzwerke sind. Als typische Charakteristika zählen hierbei insbesondere Modularität, Heterogenität sowie räumliche und zeitliche Verteiltheit (Picot/Reichwald/Wigand 2001).

Die Grundbausteine virtueller Netzwerke sind modulare Einheiten, also relativ kleine, überschaubare Systeme mit dezentraler Entscheidungskompetenz und Ergebnisverantwortung. Sie setzen sich aus einem oder mehreren Aufgabenträgern zusammen, die intern oder extern angesiedelt sein und durchaus unterschiedlichen rechtlichen Institutionen angehören können oder als innovative Neugründungen auftreten. Problem- und aufgabenbezogen lassen sie sich flexibel zu virtuellen Netzwerken konfigurieren, um bestimmte Ziele oder Problemlösungen für den Kunden zu realisieren. Ohne die Modularität der Komponenten, ihre innere Geschlossenheit und ihre äußere Offenheit über klare Schnittstellen, wäre eine derartig effiziente und dynamische Konfiguration eines Netzwerkverbundes nicht realisierbar. Die einzelnen Module weisen unterschiedliche, heterogene Leistungsprofile hinsichtlich ihrer Stärken und Kompetenzen auf. Jedes Modul beschränkt sich auf seine Kernkompetenzen, so dass insgesamt ein Netz verschiedener Kernkompetenzen an der Aufgabenabwicklung beteiligt ist. Neben vielen anderen liegt genau hierin ein erheblicher Vorteil virtueller Netzwerke gegenüber anderen Unternehmensstrukturen. Durch die Spezialisierung einerseits und die Kooperation mit anderen auf bestimmte Teilleistungen spezialisierte Unternehmen gelingt es ihnen einerseits, qualitativ bessere Leistungen zu erbringen als sie alleine in der Lage wären zu erbringen. Andererseits können sie durch eine Veränderung der Netzkonfiguration jederzeit flexibel auf Kundenwünsche eingehen. Dies ist vor allem für Start-up-Unternehmen eine interessante Perspektive, da sie dadurch flexibler auf Kundenwünsche reagieren können. Die beteiligten modularen Einheiten können räumlich verteilt sein und zu unterschiedlichen Zeiten an der Aufgabenabwicklung arbeiten. Dies bedeutet, dass der Auswahl der Module so gut wie keine Grenzen gesetzt sind. Im Vordergrund stehen Kompetenzen und Fähigkeiten, Aspekte wie Standort oder Arbeitszeiten spielen eine nachgeordnete Rolle. Die Zugehörigkeit bzw. Nichtzugehörigkeit der modularen Einheiten unterliegt dynamischer Re-Konfiguration und lässt sich in Abhängigkeit der zugrundeliegenden Aufgabe, in der Regel des marktlichen Kundenauftrages, flexibel gestalten. Voraussetzung hierfür sind entsprechende informations- und kommunikationstechnische Infrastrukturen und Möglichkeiten telekooperativer Aufgabenbewältigung. Sie sind letztlich konstituierend für das Entstehen virtueller Netzwerke.

Zusammenfassend lassen sich virtuelle Netzwerke somit als dynamische Netzwerke (Sydow, 1992) darstellen, deren Netzknoten einzelne Module in Form von Organisationen, Organisationseinheiten, Teams oder (Tele-)Arbeitsplätzen darstellen, die sich auf der Basis von informations- und kommunikationstechnischen Infrastrukturen und unterschiedlichen organisatorischen Konstellationen entlang des gesamten Wertschöpfungsprozesses flexibel konfigurieren. Abbildung III.17 zeigt das Prinzip noch einmal im Überblick.

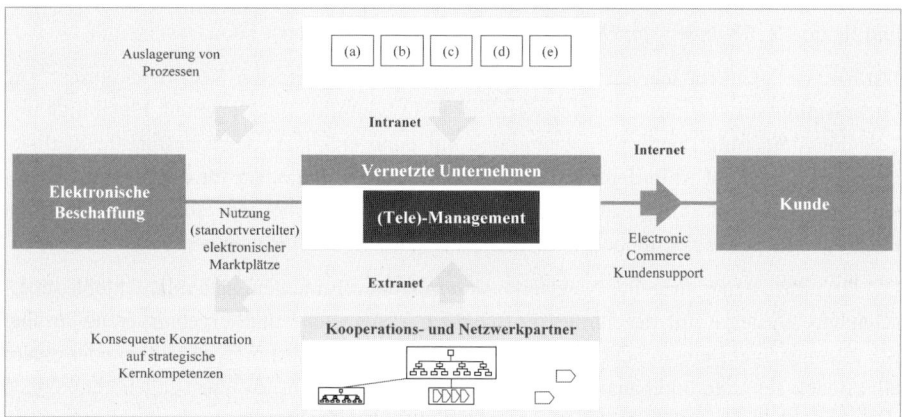

Abbildung III.17: Prinzip virtueller Netzwerke (Quelle: Picot/Neuburger, 2000, S. 396)

In der Entstehung derartiger virtueller Netzwerke bzw. der Möglichkeit, in virtuellen Netzwerken zusammen zu arbeiten, bestehen gerade für Start-up-Unternehmen interessante Perspektiven. Sie können sich auf ihren Focus und ihre Kernkompetenzen konzentrieren und sich entweder existierenden virtuellen Netzwerken anschließen oder ein eigenes virtuelles Netzwerk bilden.

Beispiele für derartige virtuelle Netzwerke finden sich mittlerweile viele. Zu nennen ist z. B. *Euregio* (Wüthrich/Philipp/Frentz 1997), ein Zusammenschluss von 33 selbstständigen realen Unternehmen zu einem Unternehmenspool, aus dem im Fall eines Kundenauftrages eine zeitlich begrenzte vernetzte Fabrik konfiguriert wird. Ist der Auftrag erfüllt, wird diese virtuelle Fabrik aufgelöst. Weitere Beispiele sind globale virtuelle Entwicklungsteams oder das Unternehmen *Newplan*, auf das noch zurückzukommen sein wird (Wüthrich/Philipp/Frentz, 1997; Mertens/Faisst, 1997; Sydow, 1996).

5.2.2 Potenziale virtueller Netzwerke

Die Vorteile des Konzepts der Vernetzung sind vielfältig: Virtuelle Netzwerke verfügen über ein sehr viel höheres Potenzial an Ressourcen und Kompetenzen sowie über sehr viel mehr Kapazitäten, als es klassische Unternehmen in ihrem Kernbereich als rechtliche Unternehmenseinheit aufgrund der dort verfügbaren menschlichen, technischen, infrastrukturellen oder finanziellen Ressourcen besitzen. Vernetzungen mit Geschäftspartnern in allen Funktionsbereichen erweitern räumliche und fachliche Kapazitäten. So erhöhen z. B. Vernetzungen mit Zulieferern oder Kunden die Entwicklerkapazität, Vernetzungen mit Marktpartnern das Produkt- und Dienstleistungsspektrum. Selbst Vernetzungen mit Wettbewerbern einer Branche sind interessant, wenn eine temporär erweiterte Produktionskapazität – z. B. für die Bewältigung eines Großauftrages der das einzelne Start-up-Unternehmen überfordern würde – erforderlich ist. Die zeitliche Kapazität lässt sich dadurch erhöhen, dass sich ein Unternehmen so auf Standorte verteilt, dass Zeitgrenzen überschritten werden. So kann z. B. ein weltweit agierendes Unternehmen auf der Basis von Telekommunikationstechnik Dienstleistungen wie Beratung, Störfall-Diagnosen oder Auskünfte über den Projektstand eines Auftrages rund um die Uhr anbieten, wenn die Anfrage eines Kunden jeweils an einen Standort weitergeleitet wird, der sich in Bereitschaft befindet. Der Kunde sieht nicht, und es interessiert ihn auch nicht, an welchem konkreten Ort die Leistungserbringung stattfindet.

Durch das Prinzip der Vernetzung lässt sich das Prinzip der Marktorientierung sowohl in Richtung Absatz- als auch in Richtung Beschaffungsmärkte realisieren. Auf der Absatzseite dadurch, dass bei der Konfiguration der beteiligten modularen Einheiten das Kundenproblem und nicht vorhandene Kapazitäten und Ressourcen im Vordergrund stehen; auf der Seite des Beschaffungsmarktes dadurch, dass die Auswahl der Partner nach den jeweiligen Kernkompetenzen und nicht nach regionalen oder sonstigen Gesichtspunkten erfolgt. Weitgehend unabhängig von Raum und Zeit lassen sich dadurch jeweils diejenigen Produzenten und Dienstleister in virtuelle Netzwerke integrieren, die bestimmte Aufgaben und Probleme im Vergleich zu anderen Marktteilnehmern besser bewältigen können.

Hinzu kommt, dass sich durch die aufgabenbezogene Konfiguration von Kompetenzen und Kapazitäten sowohl inhaltlich-fachliche als auch regionale Spezialisierungsvorteile nutzen lassen. Dies gilt insbesondere dann, wenn (mobile) Telekommunikationstechniken zur Verfügung stehen, die weltweit standortverteilte und möglicherweise auch standortunabhängige Formen der Zusammenarbeit problemlos erlauben. Selbstverständlich ist bei besonders innovativen und komplexen Aufgaben die persönliche Präsenz der beteiligten Module häufiger und ausgiebiger erforderlich als bei Aufgaben mit Wiederholungscharakter.

Damit lässt sich die Bildung virtueller Netzwerke als erfolgsversprechende unternehmerische Strategie verstehen, die eine schnelle und flexible Reaktion auf Anforderungen der Kunden und des Marktes gestattet. Flexibilität bezieht sich dabei sowohl auf den qualitativen als auch den quantitativen Aspekt. Erhöhen sich plötzlich die Qualitätsanforderungen auf der Seite des Kunden, wird in das virtuelle Netzwerk schnell und flexibel derjenige Akteur integriert, der diesen Qualitätsansprüchen genügen kann. Änderungen in den quantitativen Anforderungen führen entsprechend zur Integration mehrerer Module oder zum (vorübergehenden) Ausschluss von Akteuren. Die problemorientierte Verknüpfung der genau benötigten Akteure reduziert dabei nicht nur die Fixkosten und die (internen) Transaktionskosten. Auch regionale wie möglicherweise auch inhaltlich-fachliche Kostenvorteile lassen sich realisieren, wenn die Leistungen auf die Standorte verteilt werden, an denen vergleichsweise kostengünstiger produziert bzw. geleistet werden kann. So hat sich *Puma* beispielsweise auf das Design konzentriert und sämtliche übrigen Aktivitäten konsequent auf darauf spezialisierte Unternehmen rund um den Globus ausgelagert. Dadurch gelingt es *Puma*, sich auf seine Kernkompetenzen zu konzentrieren und dabei sowohl Kostenvorteile zu realisieren als auch vom jeweiligen speziellen Know-how der Partner profitieren zu können.

5.3 Rolle und Auswahl strategischer Partner

5.3.1 Abgrenzung und Bedeutung strategischer Partner

Die im vorausgehenden Abschnitt getroffenen Feststellungen zeigen, dass die Auswahl geeigneter strategischer Partner eine ganz neue Dimension und Bedeutung erfährt. Virtuelle Netzwerke funktionieren nur, wenn die Partner tatsächlich über die erforderlichen Kompetenzen verfügen und die Zusammenarbeit zwischen ihnen reibungslos funktioniert. Dies gilt um so mehr, je mehr sich das virtuelle Netz im Dienstleistungsbereich bewegt, je standortverteilter die Partner agieren und je mehr Wissen der entscheidende Erfolgsfaktor darstellt.

Unter strategischen Partnern sind dabei diejenigen Akteure zu verstehen, die durch ihre Kompetenzen einen kritischen Beitrag zu der Gesamt-Wertschöpfung leisten können. „Kritisch" heißt in diesem Zusammenhang, dass ihre Funktion nicht ohne weiteres ersetzbar ist. Für eine effektive und zugleich reibungslos funktionierende Zusammenarbeit kommt daher der Auswahl dieser strategischen Partner eine ähnlich entscheidende Rolle zu wie der Auswahl geeigneter interner Mitarbeiter oder die Auswahl zugrundeliegender Technologien.

5.3.2 Auswahl strategischer Partner

Eine methodische Hilfe bieten dabei der Transaktionskosten-Ansatz bzw. der Ansatz der Kernkompetenzen (z. B. Picot/Reichwald/Wigand 2001). Beide geben konkrete Hinweise auf die Frage, ob eine bestimmte Teilleistung intern oder extern im Rahmen einer Kooperation oder (elektronischer) Marktbeziehungen abzuwickeln ist. Entscheidend dafür sind die Eigenschaften der einzelnen Teilleistungen. Daher ist zunächst ausgehend von dem gesamten Wertschöpfungsprozess zu fragen, aus welchen Einzelleistungen dieser besteht. Dies gilt für existierende Unternehmen in gleicher Weise wie für Start-up-Unternehmen. Während existierende Unternehmen ihre bestehenden Wertschöpfungsprozesse analysieren, müssen sich Start-up-Unternehmen überlegen, welche Gesamtleistung sie erbringen möchten und in welche Teilleistungen sich diese differenzieren lässt. In Abhängigkeit der Eigenschaften dieser Einzelleistungen ist dann zu entscheiden, wie die Abwicklung erfolgen soll.

Der Ansatz der Kernkompetenzen differenziert dabei in Kern-, Komplementär- und Peripheriekompetenzen. Bei den Kernkompetenzen handelt es sich dabei um diejenigen Ressourcen und Kompetenzen der Unternehmen, die die wesentlichen Wettbewerbsvorteile ausmachen, bei Komplementärkompetenzen um diejenigen Kompetenzen und Ressourcen, die diese Kernkompetenzen in einer bestimmten Art und Weise ergänzen und bei Peripheriekompetenzen um diejenigen Kompetenzen, die ebenfalls erforderlich sind, jedoch nicht unbedingt in einer bestimmten Art und Weise. Die Empfehlung lautet nun, die auf Kernkompetenzen basierenden Teilleistungen intern selbst zu erstellen, die auf Komplementärkompetenzen basierenden Teilleistungen in engen Kooperationen mit geeigneten strategischen Partnern abzuwickeln und die Peripheriekompetenzen eher über marktliche Beziehungen zu bewältigen.

Der Transaktionskostenansatz unterscheidet als wesentliche Eigenschaften von Aufgaben strategische Bedeutung, Spezifität, Unsicherheit und Häufigkeit. Für die Entscheidung nach der internen bzw. externen Erstellung sind insbesondere die Eigenschaften strategische Bedeutung und Spezifität relevant. Die strategische Bedeutung gibt den Beitrag der betreffenden Teilaufgabe zur Wettbewerbsposition an. Während es sich bei Design und der Entwicklung des Motorblocks bei *BMW* um Teilleistungen mit hoher strategischer Bedeutung handelt, ist die strategische Bedeutung von Reifen gering. Es handelt sich um ein eher standardisiertes Gut. Die Spezifität gibt an, ob und inwieweit sich eine bestimmte Teilleistung in alternativen Verwendungen einsetzen lässt. So ist beispielsweise der oben erwähnte Motorblock nicht unbedingt bei *VW* einzusetzen, während die Reifen durchaus auch für einen „Golf" in Frage kommen.

Ist nun die Erstellung bestimmter Teilleistungen spezifisch und strategisch bedeutend, lassen sich die zugrundeliegenden Fähigkeiten als Kernkompetenzen interpretieren, die in jedem Fall unternehmensintern organisiert sein sollten. Leistungen mit mittlerer Spezifität und strategischer Bedeutung basieren auf Komplementärkompetenzen und sollten eher über enge Kooperationen mit geeigneten strategischen Partnern abgewickelt werden. Dagegen handelt es sich bei Leistungen mit geringer Spezifität und geringer strategischer Bedeutung um Leistungen, die auf Peripheriekompetenzen basieren und somit über elektronische Marktplätze abgewickelt werden sollten.

Am Beispiel eines willkürlich gewählten Start-up-Unternehmen lässt sich dies nochmals verdeutlichen. Bei dem Start-up-Unternehmen *Shop-Plus* handelt es sich um ein Unternehmen, dass sich auf die Entwicklung und Implementierung von Online-Shops für kleine und mittelständische Unternehmen spezialisiert hat. Die Analyse der erforderlichen Wertschöpfungsaktivitäten und zugrundeliegenden Kompetenzen ergibt, dass die Kernkompetenzen von *Shop-Plus* in der Beratung von Kunden sowie der Konfiguration einer kundenorientierten Shop-Lösung bestehen, wichtige Komplementärkompetenzen das Design und die Gestaltung des Shops darstellen und typische Peripheriekompetenzen die zugrundeliegenden Systeme wie Computer oder Datenbanklösungen sind. In diesem Fall empfiehlt sich die Konzentration auf Beratung der Kunden und Konfiguration von Shop-Lösungen, die auf jeden Fall intern organisiert erfolgen sollten sowie die Suche geeigneter strategischer Partner für die Bereiche Design und Gestaltung des Shops. Die Auswahl und der Erwerb der zugrundeliegenden technischen Systeme kann in diesem Fall über eher marktliche Beziehungen erfolgen.

Die Ausführungen verdeutlichen, dass sich die Suche nach geeigneten strategischen Partnern auf diejenigen Aufgaben bzw. Teilleistungen konzentrieren, die Komplementärkompetenzen darstellen bzw. durch mittlere strategische Bedeutung und Spezifität gekennzeichnet sind. Hier ist es wichtig, geeignete Partner auszuwählen, die die gestellten Anforderungen erfüllen und mit denen der Aufbau langjähriger Partnerschaften möglich ist.

Prinzipiell kann es sich dabei um interne oder externe strategische Partner handeln. Zu den internen Partnern zählen im Wesentlichen Mitarbeiter, interne Unternehmenseinheiten oder Geschäftsbereiche, die abhängig vom Standort, an verschiedenen Standorten oder sogar standortunabhängig arbeiten können. Bei den externen Partnern handelt es sich im Wesentlichen um andere Unternehmen, mit denen auf der Basis unterschiedlicher Koordinationsmechanismen mehr oder weniger eng zusammengearbeitet wird. Sie alle aufgabenorientiert zu konfigurieren und zielorientiert zu steuern, ist der wesentliche Erfolgsfaktor virtueller Netzwerke. Entscheidend ist dabei das Wissen darüber, welche Ressourcen und welche Kompetenzen notwendig sind, um die Kundenbedürfnisse bestmöglich zu befriedigen und welche strategischen Partner über diese Ressourcen verfügen, um sie dann durch eine entsprechende organisatorische und informations- und kommunikationstechnische Gestaltung in das virtuelle Netz zu integrieren.

5.4 Konfiguration und Steuerung virtueller Netzwerke

Aus den vorherigen Aussagen lassen sich an die Führung virtueller Netzwerke im Wesentlichen zwei Anforderungen ableiten. Erforderlich ist zum einen die Konfiguration des virtuellen Netzwerkes, zum anderen die Steuerung der strategischen Partner, die in unterschiedlichen rechtlichen Konstellationen und nicht zur gleichen Zeit und am gleichen Ort tätig sind.

5.4.1 Konfiguration virtueller Netzwerke

Vor diesem Hintergrund entwickeln sich Konfigurations- und Kooperationsmanagement als zunehmend wichtige Führungsaufgaben heraus. Konfigurationsmanagement bezieht sich dabei auf die flexible Einbeziehung der strategischen Partner sowie den raschen Wechsel der Konfiguration und Zusammenarbeit zwischen ihnen. Damit dies gelingt, ist wiederum Kooperationsmanagement sowie eine stärkere Beziehungsorientierung erforderlich, als sie in herkömmlichen Organisationsstrukturen verlangt war. Sie betrifft letztlich zwei Ebenen: zum einen das sog. „statische Netz" potenziell zur Verfügung stehender Kooperationspartner, zum anderen das sich daraus auftrags- und problembezogen konfigurierende „dynamische Netz" (Wüthrich/Philip/Frentz, 1997). Das statische Netz umfasst somit sämtliche in Frage kommenden strategischen Partner, während das dynamische Netz nur diejenigen integriert, die zu der konkret zu erbringenden Aufgaben- und Problemlösung beitragen. Neben der Konzentration auf ihr Kerngeschäft besteht somit eine wichtige Aufgabe für Start-up-Unternehmen darin, ein statisches Netz mit wichtigen strategischen Partnern aufzubauen und zu pflegen. Auf dieser Ebene stehen somit vor allem Beziehungspflege und Beziehungsmanagement im Vordergrund. Dagegen geht es auf der Ebene des dynamischen Netzwerkes mehr um konkretes Konfigurations- und Schnittstellenmanagement im operativen Prozess. Quasi im Sinne eines „Enterprise Engineering" müssen in den dynamischen Netzwerkverbund zunächst diejenigen Mitarbeiter und strategischen Partner einbezogen werden, die zur Kunden- und Problemlösung beitragen können. Dies bedeutet, dass die Führungskräfte vernetzter Unternehmen einerseits wissen müssen, welche internen bzw. externen Module über welche Kompetenzen verfügen, andererseits aber schnell in der Lage sein müssen, die entsprechende organisatorisch-rechtliche (Kooperationen, Allianzen etc.) und konkrete technische Infrastruktur zur Verfügung zu stellen. Abbildung III.18 verdeutlicht dieses Prinzip.

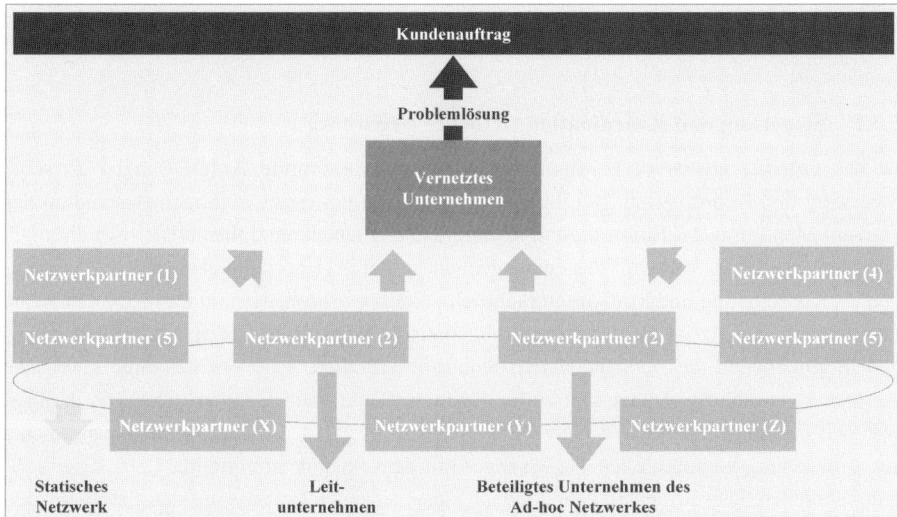

Abbildung III.18: Prinzip des „Enterprise Engineering" (Quelle: in Anlehnung an Wüthrich/Philipp/Frentz, 1997, S. 102)

Ein gelungenes Beispiel, das zur Veranschaulichung herangezogen werden kann, ist die Personalberatungsgesellschaft *Newplan*, die Selbstständigen die erforderliche administrative Infrastruktur anbietet (Mertens/Faisst, 1997). Die Freiberufler können sich auf ihre Kernkompetenzen konzentrieren, die restlichen Aufgaben übernimmt *Newplan*. Die jeweils notwendigen Dienstleistungen wie Steuer- und Rechtsberatung, Telefonservice, Schreibdienste etc. werden von eigenständigen Partnern wie z. B. einer Anwaltskanzlei in München oder einem Schreibbüro im Internet übernommen. In Abhängigkeit des jeweiligen Kundenauftrages lassen sich die weitgehend immateriellen Teilleistungen im Rahmen eines virtuellen Netzwerkes auf der Basis einer geeigneten Informations- und Kommunikationsinfrastruktur zu einer Leistung bzw. Problemlösung „Infrastruktur zum Selbstständigsein" zusammenfassen. Ausgehend von dem Wissen über potenzielle Kooperationspartner (statisches Netzwerk) werden im Sinne eines Enterprise Engineering jeweils diejenigen strategischen Partner zu einem virtuellen Netz zusammengeschlossen, die genau die vom Freiberufler erforderlichen Leistungsanforderungen erfüllen.

Bei der Bildung und Konfiguration virtueller Netzwerke bestehen mehrere Freiheitsgrade:

- Welche intern und/oder extern angesiedelten strategischen Partner sind für die konkrete Abwicklung geeignet und verfügbar?

- Auf der Basis welcher Organisations- und Koordinationsmechanismen erfolgt die Abwicklung idealer Weise? Das diesbezügliche Spektrum reicht von Formen der Zusammenarbeit ohne eigene organisatorische Ausrichtung über kurz- bis mittelfristig ausgerichtete organisatorische Arrangements wie virtuelle Projekt- oder Arbeitsgemeinschaften bis hin zu langfristig ausgerichteten organisatorischen Strukturen wie Joint Ventures.
- An welchen Standorten erfolgt die Abwicklung auf der Basis welcher informations- und kommunikationstechnischer Lösungen?

5.4.2 Steuerung und Koordination virtueller Netzwerke

Ist das virtuelle Netzwerk konfiguriert, stellen sich bestimmte Anforderungen an seine Steuerung und Koordination. Bei ihnen handelt es sich um einen wichtigen Bestandteil des Start-up-Managements. Ein in diesem Zusammenhang zunehmend thematisiertes Führungsinstrument stellt das Konzept des „management by wire" (Haeckel/Nolan, 1993) – verstanden als Koordination und Motivation räumlich verteilter Mitarbeiter und Partner – dar. Seine konkrete Umsetzung ist nicht ganz unproblematisch. Wenn in vernetzten Arbeitsumgebungen Möglichkeiten der personalisierten Kontrolle entfallen, scheitern bekannte klassische Ansätze zwangsläufig. Daher gibt es bis heute auch nur wenige Untersuchungen darüber, wie sich Führung in virtuellen Netzwerken konkret gestaltet, welche Führungsinstrumente zur Anwendung kommen oder wie Manager mit dem Phänomen verteilter Leistungserbringung umgehen. Diese Aspekte haben jedoch entscheidenden Einfluss auf den Erfolg virtueller Netzwerke. Vernetzung verändert Führungsprozesse und Arbeit im Management beträchtlich. Sie stellt neue Anforderungen an die Koordination der Aufgabenerfüllung und verlangt nach neuen Formen der Abstimmung zwischen den verteilt agierenden strategischen Partnern. Manager stehen daher der Bildung virtueller Netzwerke nicht immer uneingeschränkt positiv gegenüber: Widerstände des Managements werden heute häufig sogar als wichtigster Grund für die nur zögerliche Ausbreitung neuer, verteilter Arbeits- und Organisationsformen genannt. (z. B. Wheeler/Zackin, 1994, Smart Valley, 1996). Auf den ersten Blick scheinen die Widerstände des Managements unverständlich: Warum sollte es Probleme bereiten, standortverteilte Mitarbeiter und Partner zu führen und zu koordinieren, wo doch bei informations- und wissensbasierter Leistungserbringung, wie sie in virtuellen Netzwerken vorherrscht, sowieso nur das Ergebnis, niemals aber der geistige Arbeitsprozess kontrollierbar und bewertbar ist? (National Research Council, 1994, S. 13) Führung durch Zielvereinbarung anstelle durch Zielvorgabe, aber auch Maßnahmen wie regelmäßige Mitarbeitergespräche, Qualifizierung oder die transparente Definition persönlicher Entwicklungsmöglichkeiten, erlauben es, zumindest unternehmensintern verhaltens- und ergebnisorientierte Formen der Führung sinnvoll zu kombinieren und direkten Führungsbedarf teilweise zu substituieren. Inwieweit die Führung von Mitarbeitern und strategischen Partnern dabei unter Verzicht auf räumliche Nähe gelingen kann, hängt in entscheidendem Maße von der Vertrauensbasis zwischen Mitarbeitern bzw. strategischen Partnern und Koordinator des Netzwerkes, der Motivationsstruktur der Mitarbeiter, der Mitarbeiterqualifikation sowie der Art der Aufgabenplanung und -strukturierung ab (Reichwald et al., 1998, S. 139).

Besonders schwierig dürfte sich dabei die Steuerung und Koordination externer strategischer Partner erweisen. Sowohl im Zusammenhang mit der Konfiguration des virtuellen Netzwerkes als auch während der Koordination der beteiligten strategischen Partner stellt Vertrauen ein wichtiges Instrument und eine wesentliche Voraussetzung für das Gelingen virtueller Netzwerke dar (Handy, 1995; Sydow, 1996; Ripperger, 1998). Die geringe vertragliche Sicherheit auf Grund der meist unvollständigen, relationalen Verträge, ein unter Umständen häufiger Partnerwechsel, die Koordination standortverteilter Partner sowie nicht zuletzt die Verschiebung und Überwindung von räumlichen sowie organisatorischen Grenzen erweitert bestehende bzw. schafft neue Handlungsspielräume, in denen das Verhalten der strategischen Partner nicht mehr allein durch konventionelle (hierarchische) Kontrollmaßnahmen mit persönlicher Präsenz oder durch vollständige Verträge in die gewünschte Richtung gesteuert werden kann. Die Ausfüllung des hierdurch entstehenden „Vakuums" erfordert ein gewisses Maß an Vertrauen, das jedoch gerade in virtuellen Netzwerken nicht leicht zu erzeugen ist, wenn sich die hierfür notwendigen „Face-to-face"-Beziehungen eher weniger realisieren lassen. Dies gilt insbesondere für Start-up-Unternehmen, die in der Regel nicht auf langjährige Beziehungen und Partnerschaften zurückgreifen können, sondern sich ihr statisches Netz erst einmal aufbauen müssen. In diesem Zusammenhang wird häufig auch von einem Vertrauensdilemma gesprochen (Sydow, 1996). Der konsequente Aufbau von Vertrauensbeziehungen spielt daher eine ganz wesentliche Rolle. Erforderlich sind Institutionen, die die Funktionsfähigkeit des Vertrauensmechanismus gewährleisten wie z. B. Kompetenzpunkte, Qualitätszertifikate oder entsprechende Reputationsmechanismen (Ripperger, 1998). Vertrauen unterstützende Werte oder „Vertrauensregeln" können dabei auch implizit entstehen. Ein Beispiel für eine „interorganizational governance structure" findet sich bei Mathews (Mathews, 1994). Die von ihm in Netzwerken festgestellten „Regeln der Vertrauensbildung" betreffen die Selbstständigkeit, die gegenseitige Bevorzugung, den Ausschluss von Konkurrenz, die gegenseitige Nichtausbeutung, Flexibilität und Wahrung der Geschäftsautonomie, die demokratische Verfassung, die Maßnahmen bei Nichtbeachtung der Regeln, den Ein- und Austritt von Firmen in das Netzwerk sowie die Beziehungen der Netzwerkmitglieder zu externen Dritten. Diese Regeln entstanden implizit und können wichtige Anhaltspunkte für die Formulierung expliziter Regeln in virtuellen Netzwerken geben.

Schließlich muss die Zusammenarbeit der strategischen Partner effizient koordiniert und organisiert werden. Dies betrifft insbesondere das Controlling, das sich auf die Steuerung des gesamten virtuellen Netzwerkes und damit auf die Steuerung sämtlicher Abwicklungsprozesse mit den beteiligten strategischen Partnern beziehen muss. Erforderlich sind Controllinginstrumente, die die reibungslose Erstellung der gesamten Leistung ermöglichen und nicht nur auf die unternehmensinterne Steuerung beschränkt wird. Neben entsprechend weiterentwickelten Konzepten des internen und externen Rechnungswesens (Koch, 1997; Reichwald, 1997) zählt hierzu auch die Gestaltung von Anreizsystemen, durch die z.B. zu gewährleisten ist, dass die beteiligten strategischen Partner die ihnen sich eröffnenden Freiräume im Sinne des Unternehmens und nicht primär im Sinne eigener Interessen ausnützen (Picot, 1997). Unternehmensintern ist es vor allem erforderlich, die intrinsischen und extrinsischen Anreize so zu gestalten, dass sie die Mitarbeiter zu guten Leistungen motivieren. Hierbei ist insbesondere zu prüfen, welche Rolle intrinsische Anreize wie z. B. die Verlagerung von Verantwortungs-, Handlungs- und Entscheidungskompetenzen auf den Mitarbeiter spielen. Erhöht sich dadurch die Mitarbeiterzufriedenheit, wirkt sich dies wiederum positiv auf die Kundenorientierung aus, denn nach empirischen Untersuchungen (Heskett/ Sasser/ Schlesinger, 1997) gibt es einen positiven Zusammenhang zwischen Mitarbeiterzufriedenheit und Kundenzufriedenheit. Steht – wie in virtuellen Netzwerken – die kundenorientierte Konfiguration und Abwicklung der Leistungen im Vordergrund, kann es mit Hilfe intrinsischer Anreizmechanismen und dadurch bedingter erhöhter Mitarbeiterzufriedenheit gelingen, Mitarbeiter und strategische Partner in Richtung Kunde und Aufgabe zu orientieren und steuern. In Konsequenz stellen damit intrinsische Anreize neben Vertrauen ein besonders wichtiges Koordinationsinstrument dar, insbesondere wenn – wie in virtuellen Netzwerken der Fall – erhöhte Handlungsspielräume existieren und Methoden verhaltensorientierter Steuerung nicht greifen.

Trotz der Notwendigkeit erhöhter Delegation in virtuellen Netzwerken ist für die Gesamtkoordination ein Mindestmaß an übergeordneter Steuerung und Kontrolle notwendig. Neben dem Einsatz von geeigneten Controlling-Instrumenten (Picot/Reichwald/Wigand 2001, S. 545 ff.) wie insbesondere Budgetierungssystemen, marktwertorientierten Kennzahlen oder Verrechnungspreissystemen spielt eine wichtige Rolle dabei der Einsatz von Tele-Medien, denn „management by wire" im Sinne einer standortverteilten Führung mit internen und externen Mitarbeiter und Partnern erfordert weit mehr den Einsatz von Medien als dies bisher in klassischen Unternehmensstrukturen der Fall war. Eine Schlüsselfrage in virtuellen Netzwerken ist nun, ob und inwieweit neue Telemedien helfen können, Distanzen zwischen den strategischen Partnern zu überwinden und „Telepräsenz" zu ermöglichen. Die Zusammenarbeit mit entfernten Netzwerkmitgliedern, Teammitgliedern, Vorgesetzten oder strategischen Partnern führt ständig zur Frage, wie die räumliche Distanz am besten zu überbrücken ist. Im Management sind solche Fragen zur technischen Unterstützbarkeit menschlicher Kommunikation jedoch besonders erfolgskritisch, denn Führungsarbeit ist Kommunikationsarbeit.

Wie in den bisherigen Ausführungen deutlich wurde, liegt ein wesentliches Element der Führungsaufgabe im Aufbau und in der Pflege von Vertrauen und persönlichen Beziehungen zwischen den strategischen Partnern. Die Wahl der Kommunikationsform bedingt dabei das Maß der sozialen Präsenz. Aufgrund der eingeschränkten Übertragbarkeit dieser Präsenz durch Telemedien sind technische Kommunikationswege für die Unterstützung der Aufgaben- und Mitarbeiterorientierung nur eingeschränkt geeignet (Grote, 1994). Offenbar liegen ihre Stärken hauptsächlich in der Unterstützung der Zielorientierung. Partnerorientierte Führung ist dagegen vor allem auf persönliche „Face-to-face"-Kommunikation angewiesen. Bis dato vermag keine Kommunikationstechnologie die für die Motivation und Vertrauensbildung wichtige „Face-to-face"-Kommunikation zu ersetzen. Dies ist ein zentraler Aspekt, den es bei der Führung virtueller Netzwerke zu berücksichtigen gilt und auf den im Rahmen der Ausführungen zum „Enterprise Engineering" schon hingewiesen wurde. Für die Herstellung und Pflege von Vertrauensbeziehungen, die Schaffung und Pflege eines gemeinsamen Wertesystems, die Herstellung eines Wir-Gefühls, die Vermittlung von Visionen, die Motivation der Partner und die Herstellung von Gruppenkohäsion in Teamstrukturen ist die mediengestützte Kommunikation nur unzureichend geeignet. Vor dem Hintergrund der

Strategische Partnerschaften 223

zunehmenden Bedeutung genau dieser Aspekte für das Funktionieren von virtuellen Netzwerken müssen sich Führungskräfte des begrenzten Einsatzpotenzials der Telemedien bewusst sein und zunehmend die Rolle von Architekten zwischenmenschlicher Beziehungen sowohl innerhalb als auch außerhalb des Unternehmens übernehmen.

5.5 Fazit: Neue Anforderungen an das Start-up-Management

Die Anforderungen der Informations-, Wissens- und Dienstleistungsgesellschaft verlangen bewegliche Organisationsformen. Ein diesbezüglich interessanter Ansatz scheinen virtuelle Netzwerke zu sein. Sie entstehen durch eine flexible, problem- und kundenorientierte Verknüpfung von Unternehmen, Unternehmenseinheiten und Arbeitsplätzen auf der Basis informations- und kommunikationstechnischer Infrastrukturen. Das Konzept der flexiblen Einbindung benötigter Ressourcen stellt mehr Ressourcen und Kapazitäten zur Verfügung als klassische hierarchische Unternehmen und erlaubt somit eine markt- und kundenorientierte Gestaltung und Konfiguration von Leistungen. Damit stellen virtuelle Netzwerke eine interessante Alternative bzw. Ergänzung zu herkömmlichen Organisationsmodellen mit langfristig definierten Grenzen zwischen innen und außen, einer stabilen Standortbindung und einer relativ dauerhaften Ressourcenzuordnung dar. Konnten diese Organisationsmodelle die Konfiguration materieller Komponenten zu bestimmten Produkten effizient unterstützen, gelingt es virtuellen Netzwerken, an verschiedenen Standorten verteilte immaterielle Güter wie Kompetenzen und Wissen zu bündeln, um kundenorientierte Leistungen bereitzustellen.

Durch die Bildung virtueller Netzwerke lassen sich erhebliche Potenziale ausschöpfen. Zu nennen sind insbesondere die Erhöhung der Effizienz (z. B. durch Senkung der Produktions- und Transaktionskosten) sowie die Erhöhung der Qualität (durch erhöhte Schnelligkeit, Transparenz, Ressourcenorientierung, Flexibilität etc.). Im Wesentlichen stellen virtuelle Netzwerke ein wichtiges strategisches Instrument im Wettbewerb dar, dessen gezielte Anwendung zu neuartigen Leistungen und zu erheblichen Wettbewerbsvorteilen führen kann. Vor dem Hintergrund der Potenziale ist damit zu rechnen, dass sich Unternehmen zunehmend mit dem Konzept und der Bildung virtueller Netzwerke auseinandersetzen werden. Dies gilt insbesondere für Start-up-Unternehmen, die sich meist auf bestimmte Bereiche spezialisiert haben und auf die enge Zusammenarbeit mit internen und externen Partnern angewiesen sind.

Eine wichtige Rolle spielen dabei strategische Partner, d. h. diejenigen Akteure, die mit ihren Kompetenzen zur Gesamt-Wertschöpfung beitragen. Ausgehend von dem gesamten Wertschöpfungsprozess handelt es sich dabei um diejenigen Aktivitäten, die wichtige ergänzende Teilleistungen erbringen, die auf Grund nicht vorhandener Kernkompetenzen bzw. nicht vorhandener finanzieller Mittel zum Aufbau dieser Kernkompetenzen nicht intern erfolgen. Vor dem Hintergrund des Ansatzes der Kernkompetenzen bzw. des Transaktionskostenansatzes handelt es sich um diejenigen Aufgaben und Teilleistungen, die mittlere Spezifität und mittlere strategische Bedeutung aufweisen und auf Komplementärkompetenzen basieren. Bei den strategischen Partnern kann es sich dabei um interne Mitarbeiter genauso handeln wie um interne bzw. externe Unternehmenseinheiten oder Unternehmen.

Aus der Sicht von Start-up-Unternehmen sind virtuelle Netzwerke aus zwei Gründen interessant: Zum einen können Start-up-Unternehmen selbst ein Modul darstellen und sich einem existierenden virtuellen Netzwerk anschließen, zum anderen können Start-up-Unternehmen ihr eigenes virtuelle Netzwerk aufbauen, um ihre Kernkompetenzen sinnvoll zu ergänzen und die erforderliche Gesamtleistung zu erbringen. Virtuelle Netzwerke funktionieren jetzt nur, wenn diese strategischen Partner zum einen die erforderlichen Kompetenzen tatsächlich zur Verfügung stellen und zum anderen auch koordiniert und motiviert sind, die zugrunde liegenden Aufgaben zielorientiert und ganzheitlich abzuwickeln. Hieraus stellen sich an die Bildung und Koordination virtueller Netzwerke ganz neue Anforderungen. Sie betreffen insbesondere die Auswahl geeigneter strategischer Partner, die Konfiguration des virtuellen Netzwerkes sowie die Koordination der zum virtuellen Netzwerk gehörenden standortverteilten Module und Akteure. Vertrauen als Koordinationsinstrument wird dabei genauso wichtig wie Kooperations- und Konfigurationsmanagement sowie ein an die neuen Anforderungen angepasstes, unternehmensübergreifendes Controlling. Weitere Aspekte, auf die hier nur verwiesen werden soll, sind sicherlich neue Anforderungen an das Informations- und Wissensmanagement als Führungsaufgaben. Nicht zuletzt entscheidet sowohl die technische Infrastruktur als Nervensystem virtueller Netzwerke als auch das Wissen darüber, wo welche Ressourcen vorhanden sind und benötigt werden, über die Möglichkeiten der Teilnahme strategischer Partner und damit der Gestaltung virtueller Netzwerke.

Je mehr sich Unternehmen auf bestimmte Kompetenzen oder Teilleistungen spezialisieren, desto wichtiger ist die Auswahl geeigneter strategischer Partner sowie die Bildung und Steuerung virtueller Netzwerke. Dies gilt insbesondere für Start-up-Unternehmen, die häufig spezialisiert sind und auf enge Kooperationsbeziehungen angewiesen sind. Wesentliche Elemente eines wertorientierten Start-up-Managements sind somit die Definition einer geeigneten Spezialisierungs- und Kooperationsstrategie einerseits sowie – im Rahmen der Kooperationsstrategie – die Auswahl geeigneter strategischer Partner sowie die Bildung und Steuerung konkreter virtueller Netzwerke, um die Kundenaufträge besser zu erfüllen und dadurch Wert schaffen zu können.

6. Die Entwicklung innovativer Produkte

JAN R. GÖPFERT

"To stand still is to fall behind"
(Gordon Forward)

Am Anfang einer Unternehmensgründung steht die Produktidee. Das war bei der Gründung der *Daimler-Motorengesellschaft* 1890 nicht anders als bei der von *amazon.com* im Jahr 1995. Mit der Idee allein ist es aber leider noch nicht getan – aus der „Invention" muss ein funktionierendes Produkt entwickelt werden, das sich am Markt behauptet. Erst dann kann man von einer erfolgreichen „Innovation" sprechen. Von dem oftmals langen und mühevollen Weg der Produktentstehung, den dabei anfallenden Aufgaben und Schwierigkeiten sowie den Möglichkeiten ihrer Lösung soll im Folgenden die Rede sein.

Bei der Entwicklung innovativer Produkte stellen sich in der Regel zwei Grundprobleme: Da ist zunächst das *technische Gestaltungsproblem*, ein Produkt zu konzipieren, das die vom potenziellen Kunden gewünschten Anforderungen erfüllt. Aufgrund der begrenzten Problemlösungskapazität des Menschen ergibt sich (vor allem bei komplexen Produkten) aus diesem technischen Gestaltungsproblem unmittelbar ein *organisatorisches Gestaltungsproblem*. Dieses organisatorische Problem besteht darin, die anfallenden Entwicklungsaufgaben auf mehrere Aufgabenträger zu verteilen, diese zu koordinieren und zu motivieren. Aus systemtheoretischer Perspektive bedeutet Produktentwicklung damit die Gestaltung eines technischen Systems und eines organisatorischen Systems. In beiden Fällen handelt es sich um eine unklare Gestaltungssituation, die komplex, dynamisch und neuartig ist und deren Zielsetzung noch nicht eindeutig bestimmt werden kann.

Diese Thematik stellt für neu gegründete Unternehmen eine besondere Herausforderung dar, weil sich Lösungsansätze für das technische und organisatorische Gestaltungsproblem erst noch entwickeln und etablieren müssen. Es fehlt oft an Routinen, Methoden, erprobten Entwicklungsabläufen, definierten Meilensteinplänen und auch schlichtweg an Erfahrung, Entwicklungsprozesse trotz aller Unklarheit in einem vorgegebenen Zeit- und Kostenrahmen zu meistern. Hier haben etablierte Unternehmen mit ihren in vielen Jahren gefestigten Strukturen und Prozessen einen gewissen Vorteil – der aber zugleich einen Nachteil darstellen kann, wenn dadurch das permanente Hinterfragen der eingeschliffenen Lösungswege unterbunden wird.

Der folgenden Beitrag fasst theoretische Erkenntnisse und Erfahrungen aus der Entwicklungspraxis etablierter Unternehmen zusammen, um sie für das Management von Entwicklungsprozessen in Start-up-Unternehmen nutzbar zu machen.

6.1. Der Produktentstehungsprozess

6.1.1 Produktentwicklung und Lebensphasen

Nach GUTENBERG besteht der „Sinn aller betrieblichen Betätigung [...] darin, Güter materieller Art zu produzieren oder Güter immaterieller Art bereitzustellen" (Gutenberg, 1979, S. 1). Allerdings wurde die Frage nach der *Entwicklung* insbesondere technischer Güter traditionell der Domäne der Ingenieurwissenschaften zugerechnet und damit bewusst aus der Betriebswirtschaftslehre ausgeklammert (Bürgel/Haller/Binder, 1996, S. 1). Erst in neuerer Zeit ist ein zunehmendes Interesse auch der betriebswirtschaftlichen Forschung an dieser Thematik zu verzeichnen (Brockhoff, 1993; Zahn/Braun/Dogan, 1992). Der Begriff „Produktentwicklung" und sein Umfeld sind in der Literatur bislang recht uneinheitlich definiert. Teilweise wird der Begriff in enger Verbindung mit dem Begriff „Forschung" verwandt. Oftmals wird „Entwicklung" auch gleichgesetzt mit der organisatorischen Einheit „Entwicklungsabteilung". Andere Autoren wiederum subsumieren unter dem Begriff alle Aktivitäten, die für die Schaffung eines neuen Produktes erforderlich sind (Kern/Schröder, 1977, S. 21–28). Relativ übereinstimmend erfolgt in der Literatur jedoch die Unterteilung in Grundlagenforschung, angewandte Forschung und Entwicklung (Picot/Reichwald/Nippa, 1988, S. 117). Im Folgenden soll aus dieser Triade die *Entwicklung* im Vordergrund der Betrachtung stehen, die PICOT ET AL. wie folgt definieren:

> *„Grundsätzlich kann die unternehmerische Aufgabe der Entwicklung darin gesehen werden, den Wettbewerbserfolg der Unternehmung durch die Erarbeitung und Bereitstellung markt-, zeit- und kostengerechter neuer Lösungen sicherzustellen. Über die Erreichung dieser Ziele befinden in der Regel der Markt bzw. der Kunde."* (Picot/Reichwald/Nippa, 1988, S. 118)

Diese Begriffsbestimmung enthält die wesentlichen Elemente der Entwicklung sowohl in deskriptiver Hinsicht (*Erarbeitung* und *Bereitstellung* neuer Lösungen), als auch in normativer Hinsicht (Sicherung des Wettbewerbserfolges durch *markt-*, *zeit-* und *kostengerechte* Lösungen). Besonders hervorgehoben wird hier die Zweckorientierung der Entwicklung, verbunden mit der Forderung nach marktorientierter Ausrichtung. Auf dieser Grundlage kann der Entwicklungsbegriff weiter ausdifferenziert werden.

Die Entwicklung eines Produktes lässt sich einerseits bezogen auf das Produkt beschreiben, andererseits bezogen auf die damit verbundenen Aufgaben. Abbildung III.19 verbindet beide Aspekte. Zum einen sind die produktbezogenen Entstehungs- und Lebensphasen eines Sachgutes dargestellt, die von der Produktinitiierung über dessen Entwicklung, Produktion und Nutzung bis zur Entsorgung des Produktes reichen[20]. Zum anderen zeigt Abbildung

---

[20] Ähnliche Phasemodelle liefern z. B. ULRICH/EPPINGER, (Ulrich/Eppinger, 1995, S. 9) oder EHRLENSPIEL, (Ehrenspiel, 1995, S. 133; Ehrenspiel, 1996, Sp. 902–903). Prinzipiell ist das dargestellte Lebensphasenmodell auch für immaterielle Güter, wie beispielsweise Finanzdienstleistungen oder Grenzfälle wie Software anwendbar. Allerdings entfallen dann die Phasen der physischen Herstellung und Entsorgung bzw. sie nehmen andere Formen an. Ebenso werden sich die betrieblichen Funktionen von dieser für Sachgüter typischen Aufteilung unterscheiden. Im Rahmen dieses Beitrages sollen jedoch nur Produktentstehungsprozesse von Sachgütern betrachtet werden.

III.19 Aufgaben, die mit der Entstehung des Produktes verbunden sind: Im Rahmen der *Produktentwicklung* erfolgt die Erarbeitung des Produktes während parallel dazu in der *Prozessentwicklung* die Herstellung des Produktes vorbereitet wird. Die verschiedenen Phasen des Entwicklungsprozesses werden nicht sequenziell, sondern zum Teil mehrfach und *iterativ* durchlaufen. Ebenfalls parallel zur Entwicklungstätigkeit ist eine *Marktbearbeitung* notwendig, um einerseits Kundenwünsche in die Entwicklung des Produktes einfließen zu lassen und andererseits den Markt für das Produkt vorzubereiten. Die Marktbearbeitung, Produkt- und Prozessentwicklung können als die Kernaufgaben im Produktentstehungsprozess bezeichnet werden (Ulrich/Eppinger, 1995, S. 3; Ven, 1986, S. 599; Wheelwright/Clark, 1992, S. 165). Diese Aufgaben werden oftmals durch die betrieblichen Funktionen Marketing, Entwicklung und Produktion (bzw. Produktionsvorbereitung) wahrgenommen. Allerdings ist diese Aufteilung nicht zwingend. Im Gegenteil wird in neueren Ansätzen zur Organisation des Entwicklungsprozesses versucht, diese Aufgaben zunehmend zusammenzuführen. Speziell in jungen, neu gegründeten Unternehmen ist die organisatorische Ausdifferenzierung in unterschiedliche Funktionalbereiche oftmals noch gar nicht so weit fortgeschritten, als dass Re-Integrationsmaßnahmen erforderlich wären. Hier stellt sich meist eher die umgekehrte Frage nach einer sinnvollen Aufgabenteilung.

Bevor jedoch auf organisatorische Probleme des Entwicklungsprozesses eingegangen wird, sollen die Inhalte der drei genannten Kernaufgaben idealtypisch und unabhängig von ihrer organisatorischen Umsetzung zunächst separat betrachtet werden. Die Darstellung orientiert sich dabei an den verschiedenen Entwicklungs- und Lebensphasen des Produktes.

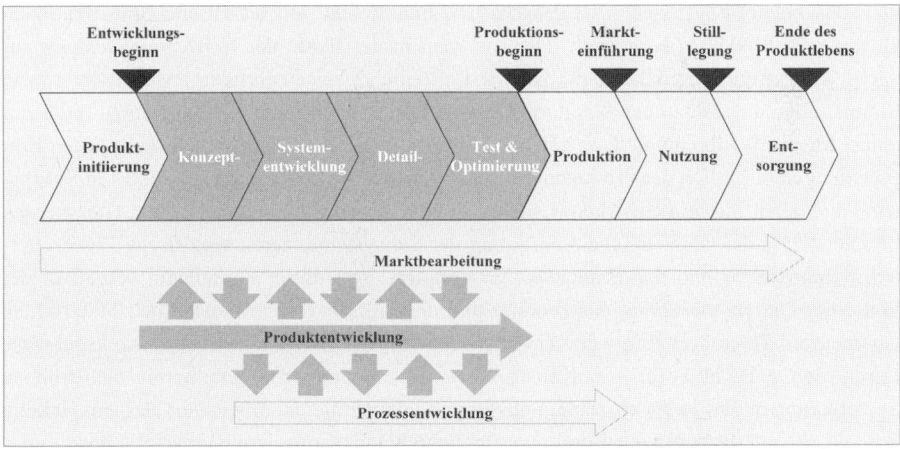

AbbildungIII.19: Entstehung eines Produktes und damit verbundene Aufgaben

6.1.2 Das Zusammenspiel von Marktbearbeitung, Produkt- und Prozessentwicklung

6.1.2.1 Marktbearbeitung

Durch die Marktbearbeitung sollen einerseits Kundenwünsche und -anforderungen in den Entwicklungsprozess einfließen und andererseits die entwickelten Produkte am Markt abgesetzt werden. Dazu gehört es, Markttrends und technologische Entwicklungen des Wettbewerbs zu beobachten und gegebenenfalls Entwicklungsaktivitäten im eigenen Unternehmen zu initiieren. In der *Konzeptionsphase* eines neuen Produktes werden, basierend auf Ergebnissen der Marktforschung, Marktsegmente und potenzielle Kundengruppen definiert. Oftmals schlecht artikulierbare Bedürfnisse des Marktes werden analysiert und in konkrete Produktanforderungen transformiert. In dieser Phase sind zudem potenzielle „Lead-User"[21] und Wettbewerbsprodukte zu identifizieren, sowie neue Produktkonzepte anzuregen. In der Phase der *Systementwicklung* ist die technische und ästhetische Gestaltung des Produktes an den Bedürfnissen des Marktes auszurichten. Wenn in der *Testphase* Prototypen des Produktes verfügbar werden, sind im Rahmen der Marktbearbeitung Feldtests durchzuführen und die Akzeptanz des Produktes beim Kunden zu untersuchen. Gegebenenfalls ist der Entwicklungsprozess entsprechend zu beeinflussen. Bis zum Anlauf der *Produktionsphase* sind unter anderem die Preis- und Markenpolitik für das Produkt festzulegen. Es ist sicherzustellen, dass das Produkt durch Werbemaßnahmen am Markt bekannt wird und die Distributionskanäle gefüllt werden. Mit der Markteinführung muss gegebenenfalls ein Kundenservice bereitstehen, der Reparatur, Wartung und die Kundenberatung leistet. Von zunehmender Bedeutung ist zudem die Entsorgung stillgelegter Produkte.

6.1.2.2 Produktentwicklung

Im Verlauf des Produktentwicklungsprozesses werden nach Maßgabe (potenzieller) Kundenwünsche Form, Aussehen, Eigenschaften, Funktionen und technische Spezifikationen eines neuen Produktes entwickelt. Dazu werden in der Phase der *Konzeptentwicklung* zunächst alternative Produktkonzepte generiert, möglicherweise bereits in erste Modelle bzw. Simulationen umgesetzt und evaluiert. Aus den Produktkonzepten werden wenige (oder nur eines) für die Weiterentwicklung selektiert. In der Phase der *Systementwicklung* fallen Entscheidungen bezüglich der Produktarchitektur, d. h. der Aufteilung des Produktes in Subsysteme und deren Zusammenwirken (Göpfert, 1998; Göpfert/Steinbrecher, 2000). Hier werden beispielsweise die geometrische Anordnung der Subsysteme, deren spezifische Eigenschaften, Schnittstellen und das Produktdesign definiert. Auf dieser Grundlage werden in der Phase der *Detailentwicklung* das Produkt und dessen Subsysteme hinsichtlich Materialien, Geometrien, Toleranzen und weiterer technischer Eigenschaften konstruiert. Die Ergebnisse lassen sich z. B. in Form von Konstruktionszeichnungen oder detaillierten schriftlichen Spezifikationen für jedes einzelne Subsystem dokumentieren. Inwieweit das entwickelte Produkt geforderte Funktionen und ursprüngliche Kundenanforderungen erfüllt, wird in der *Test- und Optimierungsphase* überprüft. Hier werden beispielsweise Prototypen hergestellt und evaluiert. Die Testergebnisse dienen der Weiterentwicklung und Optimierung des Produktes sowie seines Herstellungsprozesses.

---

[21] „Lead User" sind fortschrittliche Anwender, die oftmals eine wertvolle Quelle von Informationen sein können und in der Lage sind Produktkonzepte und Prototypen zu evaluieren, siehe dazu VON HIPPEL (von Hippel, 1986; von Hippel, 1988).

6.1.2.3 Prozessentwicklung

Im Zusammenhang mit der *Produktentwicklung* muss im Rahmen der *Prozessentwicklung* der Produktionsprozess vorbereitet werden. Bereits in der *Konzeptphase* können, basierend auf den verschiedenen Produktkonzepten, erste Abschätzungen der Produktionskosten abgegeben werden. Somit können eine präzisere Evaluation und produktionsvereinfachende Verbesserungsvorschläge für das Produkt eingebracht werden. Mit der Definition der Produktarchitektur in der Phase der *Systementwicklung* wird zugleich der grundlegende Fertigungs- und Montageprozess festgelegt. Auch hier können frühzeitig artikulierte Anforderungen, die sich aus produktionstechnischen Notwendigkeiten ergeben, wichtige Hinweise bezüglich Gestaltung und Auswahl der Produktarchitektur geben. In der Phase der *Detailentwicklung* kann auf Grundlage der gewählten Produktarchitektur und der (z. T. noch sehr vage) definierten Produktspezifikationen mit der detaillierten Gestaltung des Produktionsprozesses begonnen werden. Viele Produktionswerkzeuge können schon aufgrund dieser nicht endgültigen Spezifikationen hergestellt und zur Herstellung erster Prototypen verwendet werden. Während der *Test- und Optimierungsphase* werden die Produktionswerkzeuge und -anlagen getestet, Prototypen gebaut sowie die Prozesssicherheit und die daraus resultierende Produktqualität optimiert. Zudem werden Arbeitskräfte auf den bevorstehenden Produktionsprozess vorbereitet. In der *Produktionsphase* schließlich läuft die kommerzielle Herstellung des Produktes an. Hier werden die Subsysteme des Produktes gefertigt und im Montageprozess zusammengeführt. Während des Produktionsprozesses sind Qualitäts-, Ausstoß- und Kostenziele sicherzustellen. Nach der Markteinführung des Produktes ist eine kontinuierliche Versorgung des Marktes zu gewährleisten. Eine eindeutige, trennscharfe Abgrenzung der Aufgabenbereiche zu betrieblichen Funktionen ist damit unmöglich. Die Forderung nach einer Integration der am Produktentstehungsprozess beteiligten Aufgabenträger ist in der neueren Literatur zur Produktentwicklung unstritig und stark verbreitet und in ihrer Erfolgsrelevanz empirisch belegt (Cooper/Kleinschmidt, 1995; Allen, 1984).

Die Notwendigkeit der Integration erstreckt sich unternehmensintern, entsprechend der dargestellten Kernaufgaben, insbesondere auf die betrieblichen Funktionen Marketing, Entwicklung und Produktion (bzw. Produktionsvorbereitung) sowie unternehmensübergreifend auf die Integration von Produktionsmittel- und Komponentenlieferanten (Schrader, 1995; Schrader/Göpfert, 1996, S. 558–573). Die frühe Einbindung verschiedener Unternehmensfunktionen sowie der Lieferanten zielt darauf ab, unterschiedliche Anforderungen unter bewusster Abwägung sich widersprechender Ziele bereits möglichst früh in den Produktentstehungsprozess zu integrieren. Dadurch können spätere kostenerhöhende und entwicklungszeitverlängernde Änderungen vermieden werden. Beispielsweise lassen sich durch frühzeitige Abstimmung zwischen dem Entwicklungs- und Produktionsbereich durch eine entsprechende Produktgestaltung spätere Probleme in der Produktion stark reduzieren. Allerdings hat die Integration aufgrund begrenzter Kapazitäten zum Informationsaustausch auch ihre Grenzen. Je höher die Zahl interdependenter Aktivitäten im Produktentstehungsprozess, desto schwieriger gestaltet sich daher die Integration.

6.1.3 Typen von Entwicklungsaufgaben

Alle Problemlösungsaktivitäten im Rahmen des Entwicklungsprozesses werden als *Entwicklungsaufgaben* bezeichnet. So stellt beispielsweise die gesamte Entwicklung eines neuen Produktes ebenso eine Entwicklungsaufgabe dar wie die Entwicklung einer Teilkomponente. Gemein ist beiden, dass ein *Problem* gelöst werden muss, d. h. ein unerwünschter Anfangszustand in einen erwünschten Ausgangszustand transformiert wird. Die im Verlauf eines Entwicklungsprozesses anfallenden Entwicklungsaufgaben unterscheiden sich erheblich: Einige erfordern lediglich die Anpassung bestehender Lösungen, andere wiederum erfordern die Erarbeitung völlig neuer, kreativer Problemlösungen. Vergleicht man verschiedene Entwicklungsprozesse miteinander, so wird man auch hier in Abhängigkeit von dem zu entwickelnden Produkt unterschiedliche Verteilungen und Schwierigkeitsgrade von Entwicklungsaufgaben feststellen. Zur Typisierung von Entwicklungsaufgaben lassen sich in Anlehnung an PICOT ET AL. folgende Merkmale der Unklarheit als Beurteilungsdimensionen heranziehen: Komplexität, Zielunklarheit, Neuartigkeit und Dynamik:

1. *Komplex* ist eine Entwicklungsaufgabe, wenn sie eine hohe Anzahl von Teilaufgaben aufweist, die stark miteinander vernetzt sind. Die Komplexität einer Entwicklungsaufgabe hängt damit stark von der betrachteten Ebene ab, d. h. Teilaufgaben sind weniger komplex als die Gesamtaufgabe.

2. *Zielunklarheit* bedeutet im Kontext des Entwicklungsprozesses, dass die Zielsetzung einer Entwicklungsaufgabe inhaltlich, logisch und zeitlich unpräzise bestimmt ist (Picot/Reichwald/Nippa, 1988, S. 120)[22].

3. Ein Maß für die *Neuartigkeit* einer Entwicklungsaufgabe sind Anzahl und Ausmaß von Abweichungen gegenüber den in der Unternehmung vorliegenden Erfahrungen und Erkenntnissen, die zur Erreichung verfolgter Entwicklungsziele nötig sind.

4. Die *Dynamik* einer Entwicklungsaufgabe schließlich beschreibt das Ausmaß der Aufgabenänderungen hinsichtlich Ablauf und Ergebnis im zeitlichen Verlauf des Entwicklungsprozesses. Beeinflusst wird die Dynamik einer Entwicklungsaufgabe im Wesentlichen von der Veränderung der Markt- und Kundenanforderungen, von der Wettbewerbsintensität sowie von der Wandlungsintensität der weiteren Umwelt, d. h. technologischen Entwicklungen, rechtlichen Normen, gesellschaftlichen Wertvorstellungen usw. Doch auch unternehmensinterne Faktoren können zur Dynamik einer Entwicklungsaufgabe beitragen.

Jedes der genannten Merkmale kann prinzipiell alleine auftreten. Beispielsweise kann eine Entwicklungsaufgabe mangels einer strategischen Entscheidung hinsichtlich zentraler Pro-

---

[22] Der hier verwendete Begriff der Zielunklarheit entspricht damit dem Zielaspekt in dem von PICOT ET AL. verwendeten Begriff der *Strukturiertheit*. Der Problemlösungsaspekt wird dagegen im Begriff der *Neuartigkeit* abgedeckt. Die Trennung erscheint hier notwendig, da zwei (relativ) unabhängige Dimensionen angesprochen werden: Ziele können präzise vorgegeben sein, während der Problemlösungsweg unbekannt ist. Umgekehrt kann reichhaltiges Erfahrungs- und Methodenwissen vorliegen, das jedoch aufgrund mangelnder Zielvorgaben nicht zum Einsatz gebracht werden kann.

duktfunktionen eine hohe *Zielunklarheit* aufweisen, ohne zugleich dynamisch, komplex und neuartig sein zu müssen. Ebenso kann die Entwicklung eines wenig komplexen Imitates trotz präziser Zielsetzung in einem wenig dynamischen Umfeld für ein Unternehmen *neuartig* sein, weil beispielsweise keine Erfahrungen mit bestimmten Materialien vorliegen. Faktisch besteht jedoch eine hohe Wahrscheinlichkeit, dass gleiche Ausprägungsrichtungen der Merkmale gemeinsam auftreten. So geht die hohe Neuartigkeit einer Entwicklungsaufgabe beispielsweise oft einher mit hoher Komplexität, da eine Beschränkung des Realitätsausschnittes aufgrund mangelnder Erfahrung schwer fällt. Ebenso kann die Neuartigkeit einer Entwicklungsaufgabe Zielunklarheit fördern, da mangelnde Erfahrung eine Zielpräzisierung erschwert. Ähnliche potenzielle – aber nicht zwingende – Beziehungen existieren zwischen den anderen genannten Merkmalen.

Aufbauend auf den vier genannten Merkmalen lassen sich Entwicklungsaufgaben klassifizieren. Hier soll es zunächst genügen, zwei gegensätzliche Extremtypen darzustellen, die hohe bzw. niedrige Ausprägungen *aller* Merkmale aufweisen (Abbildung III.20). Dies scheint insbesondere deswegen sinnvoll, weil eine große Wahrscheinlichkeit besteht, dass hohe bzw. niedrige Ausprägungen der Merkmale gemeinsam auftreten.

Auf der einen Seite stehen somit Entwicklungsaufgaben, die eine hohe Komplexität aufweisen, für das entwickelnde Unternehmen neuartig und zugleich durch hohe Dynamik und Zielunklarheit gekennzeichnet sind. Solche Entwicklungsaufgaben werden gemäß der einleitend entwickelten Terminologie als *Entwicklungsaufgaben hoher Unklarheit* bezeichnet. Dabei kann es sich beispielsweise um die völlige Neuentwicklung hoch-technologischer Produkte, aber auch um die komplexe, dynamische, für ein Unternehmen neuartige Konzeptionsphase einer ansonsten wenig anspruchsvollen Entwicklung handeln.

Aufgabenmerkmale	Aufgabentyp	
	Entwicklungsaufgabe hoher Unklarheit	Entwicklungsaufgabe geringer Unklarheit
Komplexität	hoch	niedrig
Zielunklarheit	hoch	niedrig
Neuartigkeit	hoch	niedrig
Dynamik	hoch	niedrig

Abbildung III.20 : Typen von Entwicklungsaufgaben (Quelle: In Anlehnung an Picot/Reichwald/Nippa, 1988, S. 121)

Auf der anderen Seite des Aufgabenspektrums stehen Entwicklungsaufgaben, die sich durch geringe Komplexität, Neuartigkeit, Dynamik und Zielunklarheit auszeichnen. Eine solche Entwicklungsaufgabe besitzt eine *geringe Unklarheit*. Beispielsweise kann es sich hierbei um die Anpassung eines bereits entwickelten Produktes handeln, oder auch um eine Routineuaufgabe in der späten Phase einer (insgesamt gesehen) neuartigen und schwierigen Entwicklung.

Zwischen diesen beiden Extremtypen lassen sich zahlreiche Mischtypen von Entwicklungsaufgaben ansiedeln, bei denen mittlere bzw. unterschiedlich starke Ausprägungen der einzelnen Aufgabenmerkmale vorliegen. PICOT ET AL. führen hierfür das Beispiel der Entwicklung einer Anwendersoftware an: Diese Entwicklungsaufgabe kann zwar sehr komplex sein, zugleich aber aufgrund langjähriger Erfahrung für das Unternehmen nur eine geringe Neuartigkeit aufweisen.

6.2 Die Lösung von Entwicklungsaufgaben

Die Ausprägung der Merkmale von Entwicklungsaufgaben verändert sich im Verlauf des Entwicklungsprozesses. Insbesondere in der frühen Konzeptions- und Systementwicklungsphase sind Entwicklungsaufgaben üblicherweise durch hohe Unklarheit geprägt: Die Zielsetzung der Entwicklung ist noch nicht exakt definiert, die anstehenden Entwicklungsaufgaben sind neuartig, da es oft an entsprechenden Erfahrungen und Erkenntnissen und damit Lösungswissen mangelt. Sie erscheinen aufgrund der Vielzahl zu berücksichtigender Aspekte und Beziehungen komplex und sind hoher markt- und technologiebedingter Dynamik ausgesetzt. Im Verlauf des Entwicklungsprozesses muss diese Unklarheit soweit reduziert werden, dass am Ende ein komplett spezifiziertes, physisch herstellbares Produkt steht (Schrader/Riggs/Smith, 1993, S. 78). Auf welche Weise die Unklarheit von Entwicklungsaufgaben, insbesondere in den frühen Phasen des Entwicklungsprozesses, bewusst reduziert werden kann, ist Thema dieses Abschnittes.

6.2.1 Die Erfassung von Marktanforderungen

Entwickler werden in der Literatur als „change agents" beschrieben, deren Aufgabe es ist, eine uns nicht genehme Welt durch die Schaffung von Artefakten zu verbessern. Etwas weniger pathetisch bedeutet dies, dass am Beginn einer Entwicklung *Anforderungen* stehen, denen das spätere Produkt zu genügen hat. Das Ziel eines Entwicklungsprozesses besteht, ausgedrückt in den Worten ALEXANDERS, generell darin, einen „Fit" (d. h. eine Übereinstimmung) zwischen Form (d. h. der Gestaltung des Produktes) und Kontext (d. h. den Anforderungen der Umwelt) zu schaffen. Denselben Gedanken drückt SIMON aus, wenn er fordert, dass die innere Struktur eines Systems der Umwelt entsprechen muss, in der es operiert. Die „Umwelt", in der sich ein neu entwickeltes Produkt bewähren und der es zu entsprechen hat, ist der Markt. Damit ist es letztlich der Kunde, der die Anforderungen an das Produkt diktiert. Allerdings ist die „Stimme des Kunden" (Griffin/Hauser, 1993, S. 1) oftmals nur sehr undeutlich und schwer vernehmbar. Potenzielle Kunden sind meist nicht in der Lage, Wünsche und Vorstellungen bezüglich eines noch nicht existierenden Produktes klar zu artikulieren. Viele Anforderungen sind unbewusster Natur oder entwickeln sich erst mit zunehmender Kenntnis des Produktes (Clark, 1985, S. 244). Erschwerend kommt die

Dynamik des Marktes hinzu, die dazu führt, dass sich die Anforderungen im Verlauf eines langwierigen Entwicklungsprozesses verändern und daher keine verlässliche Grundlage darstellen. Unternehmen müssen deshalb versuchen, potenzielle Anforderungen der Kunden an das zu entwickelnde Produkt zu interpretieren und zu antizipieren[23].

In der Schwierigkeit, Anforderungen des Kunden zu ermitteln, liegt ein wesentlicher Grund für die hohe Unklarheit zu Beginn eines Entwicklungsprozesses.

6.2.2 Funktionen, Funktionsstruktur und Produktarchitektur

Wie können Anforderungen an ein Produkt, deren Ermittelbarkeit einmal vorausgesetzt, aussehen? In aller Regel bestehen die primären Anforderung an ein Produkt in bestimmten *Funktionen,* die dieses zu erfüllen hat. Die Funktion eines Produktes beschreibt somit den gewünschten Zweck des Produktes, also was es sein oder leisten soll. Mit der geforderten Funktion wird das im Entwicklungsprozess zu erreichende Ziel definiert. Daneben hat das Produkt üblicherweise zusätzlich eine Reihe von einschränkenden *Bedingungen* zu erfüllen. Bedingungen stellen per se keinen Wert dar, schränken jedoch die Zahl der möglichen Lösungen ein, indem sie beispielsweise Vorgaben bezüglich Sicherheit, Ergonomie oder Recycling machen. So könnte der Markt ein Produkt fordern, mit dessen Hilfe ein Kleinkind zum Einschlafen gebracht werden kann. Diese Zielsetzung wird durch einschränkende Bedingungen ergänzt, die z. B. gesundheitsschädigende oder über einem bestimmten Preis liegende Lösungen ausschließen.

Die Aufgabe der Entwicklung besteht darin, geforderte Funktionen unter Berücksichtigung einschränkender Bedingungen in ein Produkt umzusetzen. Es ist also die Transformation einer *funktionalen Beschreibung* des Produktes in eine *physische Beschreibung* zu leisten. CHANDRASEKARAN identifiziert drei prinzipielle Möglichkeiten, Lösungsansätze für ein solches Transformationsproblem zu generieren (Chandrasekaran, 1989, S. 79): (1) Dekomposition und Rekomposition, (2) Verwendung und Anpassung bekannter Lösungen, und (3) algorithmische Lösung. Voraussetzung für die zweitgenannte Möglichkeit ist die Existenz und Kenntnis einer bereits existierenden Lösung, die nur noch an die vorliegende Situation angepasst werden muss. Hiervon kann bei einer neuartigen Entwicklungsaufgabe definitionsgemäß nicht ausgegangen werden. Nahezu ausgeschlossen ist zudem die Möglichkeit der algorithmischen Lösung. Sie würde voraussetzen, dass sämtliche Bedingungen bereits präzise bestimmt sind und die Aufgabe als mathematisches Optimierungsproblem formulierbar ist. Für eine mit hoher Unklarheit behaftete Entwicklungsaufgabe kommt daher meist nur die erstgenannte Möglichkeit in Frage, nämlich die bereits im letzten Kapitel behandelte Dekomposition und Rekomposition.

---

[23] Dazu stehen eine Vielzahl unterschiedlichster Methoden zur Verfügung, angefangen bei qualitativen Interviews (Griffin/Hauser, 1993, S. 6.), Focus-Groups (Ulrich/Eppinger, 1995, S. 38) und Lead-User-Konzepten (von Hippel, 1986; von Hippel, 1988) über die Beobachtung von Kunden im Umgang mit Prototypen (Sanchez/Sudharshan, 1993) und Tiefeninterviews bis hin zu Trend- und Szenarioanalysen (Solomon, 1996; Makridakis/Wheelright, 1987; Martino, 1993).

Eine hierarchische Dekomposition der geforderten Gesamtfunktion in Teilfunktionen reduziert die Unklarheit der Entwicklungsaufgabe in mehrfacher Hinsicht: Zum einen wird die Komplexität der Gesamtfunktion auf mehrere Teilfunktionen aufgeteilt, die zunächst als separate Teil-Entwicklungsaufgaben betrachtet werden können. Zum anderen wird die funktionale Beschreibung durch die Zerlegung zunehmend konkretisiert und damit die Zielsetzung der Entwicklungsaufgabe präzisiert. Und schließlich reduziert sich durch die Dekomposition einer neuartigen Gesamtfunktion in möglicherweise schon bekannte, überschaubarere Teilfunktionen die Neuartigkeit der Entwicklungsaufgabe. Die Dekomposition der funktionalen Beschreibung in immer detailliertere Teilfunktionen kann nun so lange fortgesetzt werden, bis deren Übersetzung in *physische* Komponenten möglich wird. Durch fortlaufende Dekomposition der ursprünglich geforderten Funktion wird also die Unklarheit der Entwicklungsaufgabe möglichst soweit reduziert, dass schließlich die oben genannte Möglichkeit (2) zum Einsatz kommen kann und sich eventuell schon bekannte technische (Teil)Lösungen zur Erfüllung der Teilfunktionen verwenden lassen. Aufbauend auf den somit identifizierten technischen Komponenten kann die physische Beschreibung des Produktes erstellt werden, indem die physische Rekomposition festgelegt wird, d. h. der Zusammenbau dieser Komponenten zu Baugruppen und schließlich zum Gesamtprodukt erfolgt.

Durch die Dekomposition der funktionalen sowie der physischen Beschreibung eines Produktes entstehen zwei Strukturen, die das Produkt aus unterschiedlicher Perspektive definieren. Die *Funktionsstruktur* zeigt im Detail auf, welche Funktionen das Produkt erbringen soll. Die physische *Baustruktur* dagegen gibt an, durch welchen technisch-physischen Zusammenbau diese Funktionen erfüllt werden (Abbildung III.21).

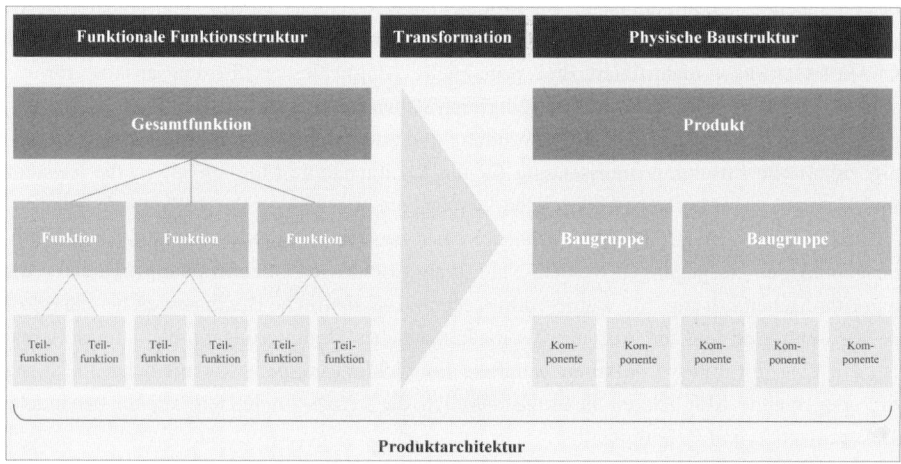

Abbildung III.21: Die Funktionsstruktur eines Produktes wird in eine Baustruktur transformiert

Funktionsstruktur, Baustruktur sowie die Transformationsbeziehung zwischen diesen beiden Strukturen definieren die *Produktarchitektur* und damit den grundlegenden Aufbau eines Produktes (Ulrich, 1995, S. 420). Die Lösung von Entwicklungsaufgaben bedeutet also die

Transformation einer funktionalen in eine physische Beschreibung. Durch die Dekomposition beider Beschreibungen entstehen hierarchisch aufgebaute Strukturen, welche die Unklarheit einer Entwicklungsaufgabe reduzieren.

Die schrittweise Verfeinerung der hierarchischen Beschreibung eines Produktes hinsichtlich Funktion und Zusammenbau mag dem Leser bei erster Betrachtung möglicherweise als gewisser Automatismus erscheinen, der zwangsläufig zu *einer* bestimmten Lösung führt. Dieser Eindruck trügt jedoch, denn jeder Schritt in diesem Dekompositionsprozess stellt einen kreativen Akt eines Entwicklers dar, verbunden mit individuellen Entscheidungen hinsichtlich des weiterverfolgten Lösungsansatzes. Die Entscheidung, eine bestimmte Dekomposition zu wählen, impliziert zugleich eine bestimmte Lösung und schließt andere Lösungswege aus (Taylor/Henderson, 1994, S. 133). In einer viel zitierten frühen Schrift beschreibt MARPLES den Entwicklungsprozess als Entscheidungsbaum. Ausgehend von den ursprünglichen Anforderungen führt eine lange Sequenz von Entscheidungen bis zur detaillierten Spezifikation der herzustellenden „Hardware" (Marples, 1961, S. 63–71). Jede Entscheidung beruht dabei auf einer Gegenüberstellung und Evaluierung alternativer Lösungskonzepte. Die weiter verfolgte Alternative wirft wiederum eine Reihe spezifischer Teilprobleme auf und macht weitere Entscheidungen notwendig. Insofern bedeutet die Erstellung einer Funktions- oder Baustruktur nicht lediglich die triviale, geradlinige Zerlegung der ursprünglichen Entwicklungsaufgabe, sondern das Ergebnis eines langwierigen Such- und Entscheidungsprozesses. Lösungen, die anfangs gangbar erscheinen, scheitern später möglicherweise an Teilproblemen und müssen aufgegeben werden. Die besondere Schwierigkeit liegt darin, dass mit jedem neu aufgeworfenen Teilproblem zugleich auch neue Anforderungen an die Lösung offenbar werden, die zwar Teil der ursprünglich geforderten Funktionen und einschränkenden Bedingungen sind, aber anfangs möglicherweise nicht unmittelbar ersichtlich waren (Freeman/Newell, 1971, S. 621). So schreibt MARPLES richtig:

> *„No one will deny that a problem cannot be fully formulated until it is well on the way to solution. The real difficulty, the nub of a problem, lies somewhere amongst the subproblems." (Marples, 1961, S. 64)*

Entwicklungsaufgaben lassen sich aufgrund ihrer anfänglichen Unklarheit und der erst im Lösungsprozess „mitwachsenden" Anforderungen meist nur in einem iterativen Prozess bewältigen (Smith, 1986, S. 2). Dieser Iterationsprozess besteht aus den drei konzeptionell zu trennenden, zyklisch wiederkehrenden Phasen der *Generierung*, *Evaluierung* und *Kritik* von Lösungen (Abbildung III.22).

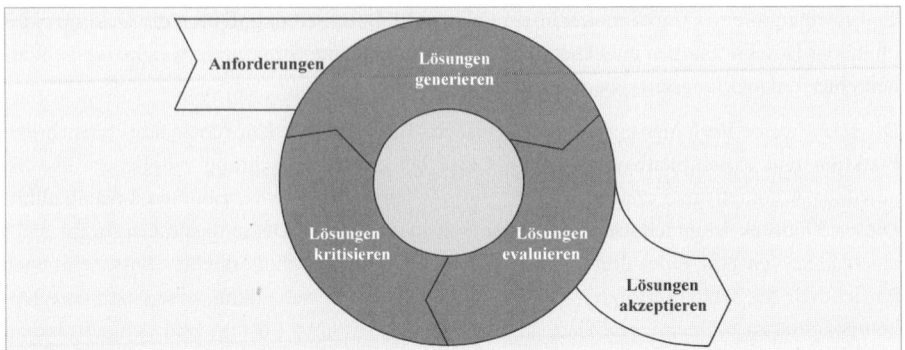

Abbildung III.22: Zyklus aus Generierung, Evaluierung und Kritik von Lösungen

Dieses grundlegende Schema lässt sich bei der Lösung von Entwicklungsaufgaben auf allen Ebenen und in allen Phasen des Entwicklungsprozesses beobachten, egal ob es sich dabei um die Herstellung und Evaluierung eines Prototypen des Gesamtproduktes, oder die Lösung eines kleinen Detailproblems handelt. In allen Fällen werden (1) potenzielle Lösungen *generiert* und auf eine bestimmte Weise repräsentiert, beispielsweise durch physische Modelle, Zeichnungen oder Simulationen. Diese Lösungen werden (2) anhand verschiedener Kriterien hinsichtlich der Erfüllung der geforderten (Teil-)funktionen und Bedingungen *evaluiert*, sei dies nun in der Realität, als virtuelles Modell in einem Computer oder in der Vorstellung eines oder mehrerer Experten. Die Ergebnisse der Evaluation führen (3) zur *Kritik* der Lösungen, die zum Verwerfen, zur Modifikation oder auch zur Akzeptanz einer oder mehrerer der vorgeschlagenen Lösungen führt. Der Plural wird hier bewusst verwendet, läßt sich die Qualität einer Lösung doch oftmals nur in einem relativen Vergleich mehrerer Lösungsalternativen bewerten[24]. Da eine Betrachtung *aller* möglichen Lösungsalternativen, ebenso wie eine vollständige mathematische Modellierung des zu lösenden Problems, in der Regel praktisch nicht möglich ist, muss man sich von der Vorstellung einer Optimierbarkeit der Lösung ohnehin trennen. In den meisten Fällen ist daher bei der Bearbeitung von Entwicklungsaufgaben lediglich eine *befriedigende* Lösung anzustreben, welche einerseits mit begrenztem Aufwand zu identifizieren ist und die andererseits die gestellten Anforderungen nach Möglichkeit erfüllt (wobei auch hier oftmals Abstriche gemacht werden müssen, um überhaupt zu einer Lösung zu gelangen). Erfüllt keine der vorgeschlagenen Lösungen die gestellten Anforderungen in befriedigendem Maße, so muss der Zyklus aus „generieren – evaluieren – kritisieren" erneut durchlaufen werden (Wheelwright/Clark, 1992, S. 220). Basierend auf der vorangegangenen Kritik müssen neue oder modifizierte Lösungen generiert werden, die die gestellten Anforderungen nach Möglichkeit besser erfüllen. Dieser Prozess muss solange wiederholt werden, bis eine akzeptable Lösung gefunden ist. Aufgrund möglicher Zielunklarheit zu Beginn des Problemlösungsprozesses kann es in dessen

---

[24] So sehen WARD ET AL. einen wesentlichen Erfolgsfaktor des Entwicklungsprozesses bei *Toyota* darin, dass eine Reihe von Lösungskonzepten parallel verfolgt werden und endgültige Entscheidungen erst sehr spät fallen (Ward et. al., 1995).

Verlauf überdies zu Erweiterungen oder Modifikationen der ursprünglichen Anforderungen kommen.

Doch wann *ist* eine Lösung befriedigend? LAWSON bemerkt hierzu:

> *"How then do we find the end of a design problem? Is it not possible to go on getting involved in more and more detail? Indeed this is so; there is no natural end to the design process. There is no way of deciding beyond doubt when a design problem has been solved. Designers simply stop when they run out of time or when, in their judgement, it is not worth pursuing the matter further." (Lawson, 1980, S. 40)*

Aufgrund der sich erst im Entwicklungsverlauf konkretisierenden Anforderungen und der damit verbundenen Möglichkeit, gefundene Lösungen immer weiter zu verbessern, existiert kein abschließendes Kriterium, das die Erfüllung eben dieser Anforderungen und damit das Ende einer Entwicklungsaufgabe anzeigt. In den Worten ALEXANDERS ist es unmöglich, den „Fit" zwischen Kontext (d. h. den Anforderungen) und Form (d. h. der gefundenen Lösung) direkt zu bestimmen. Einfach dagegen sei es, einen "Misfit", d. h. die Verletzung von Anforderungen festzustellen. Er definiert daher „Fit" als Residuum, d. h. als die Abwesenheit eines „Misfit". Damit kann zumindest ein unscharfer Hinweis auf die Erreichung einer befriedigenden Lösung gegeben werden: Eine Entwicklungsaufgabe kann als erfüllt angesehen werden, wenn die gefundene Lösung keine wesentlichen Anforderungen mehr verletzt. Was allerdings die wesentlichen Anforderungen sind, wie weit diese präzisiert werden, und was genau als 'Verletzung' anzusehen ist, unterliegt letztlich der subjektiven Einschätzung und Erfahrung des Entwicklers.

6.3 Das Produkt im Kreise seiner Familie

Bislang wurde der Produktentwicklungsprozess als singuläre Aktivität beschrieben. Entwicklungsprojekte[25] stehen jedoch selten allein – in aller Regel laufen mehrere Entwicklungen in einem Unternehmen parallel. Auswahl, Gestaltung und Festlegung der zeitlichen Reihenfolge verschiedener Entwicklungsprojekte stellen eine wichtige strategische Managementaufgabe dar. Dies gilt insbesondere deshalb, weil die verfolgten Projekte nicht unabhängig voneinander abgewickelt werden. Beispielsweise muss oft auf die gleichen finanziellen und personellen Ressourcen zugegriffen werden. Zudem bestehen teilweise starke inhaltliche Abhängigkeiten und Synergiepotenziale zwischen Entwicklungsprojekten. Daraus folgt, dass einzelne Entwicklungsprozesse und ihre Produkte nicht isoliert betrachtet und gestaltet werden können, sondern nur in ihrer Gesamtheit.

---

[25] Der Projektcharakter der Produktentwicklung leitet sich unmittelbar aus der Definition des Entwicklungsprozesses ab, der als die Erarbeitung markt-, zeit- und kostengerechter neuer Lösungen bestimmt wurde. Damit weisen Entwicklungsprozesse ein *Sachziel* auf, nämlich die Erarbeitung eines marktgerechten Produktes. Sie haben zudem ein *Terminziel*, d. h. sie besitzen einen definierten Anfang, nämlich die Entscheidung eines Unternehmens eine Produktidee weiterzuverfolgen, sowie ein mit dem Produktionsanlauf (oder dem Abbruch des Entwicklungsvorhabens, (Lange, 1993)) definiertes Ende. Außerdem weisen Entwicklungsprozesse in der Regel ein *Kostenziel* auf, das den vom Unternehmen angestrebten wirtschaftlichen Erfolg beschreibt (Haberfellner, 1992, Sp. 2090).

Speziell für neu gegründete Unternehmen mit begrenzten Entwicklungskapazitäten sind die Entscheidungen über die „Projektpipeline" von fundamentaler, vielleicht überlebenswichtiger Bedeutung. Einerseits sollten möglichst mehrere Produkte entwickelt werden, um Risiken zu streuen und das Unternehmen nicht von einem einzigen Produkt abhängig zu machen. Andererseits dürfen die bestehenden, meist knappen finanziellen und personellen Ressourcen nicht überstrapaziert werden. Insbesondere hier gilt es, entwicklungsintensive Basistechnologien als Plattform für die Ableitung einer Vielzahl von Produkten zu verwenden.

6.3.1 Klassifikation von Entwicklungsprojekten

Produkte werden nur selten völlig neu entwickelt. Meist basieren Entwicklungsprojekte auf vorhandenen Produkten und Lösungskonzepten, die lediglich mehr oder weniger stark modifiziert werden. Der Grad dieser Veränderung kann zur Differenzierung verschiedener Typen von Entwicklungsprojekten herangezogen werden (Specht/Beckmann, 1996, S. 217). In der Literatur relativ verbreitet ist eine auf dem Veränderungsgrad von Produkt und Prozess basierende Unterscheidung zwischen *Weiterentwicklungsprojekten*, *Plattformprojekten* und *radikalen Neuentwicklungsprojekten*.

Allerdings erscheinen dabei Grad und Objekt der Veränderung nicht ausreichend operationalisiert. Daher wird hier vorgeschlagen, den Grad der Veränderung auf die *Produktarchitektur* zu beziehen und als Grundlage einer trennschärferen Differenzierung zwischen den Projekttypen zu wählen. Abbildung III.23 zeigt die Baustruktur eines Produktes als physische Manifestation der Architektur eines Produktes. Umkreist dargestellt sind jeweils exemplarisch Veränderungen dieser Produktarchitektur durch entsprechende Typen von Entwicklungsprojekten: Weiterentwicklungsprojekte übernehmen die bestehende Produktarchitektur unverändert; Plattformprojekte verändern sie in wesentlichen Zügen. In radikalen Neuentwicklungsprojekten schließlich wird eine völlig neue Produktarchitektur erstellt. Diese Projekttypen werden im Folgenden genauer beschrieben.

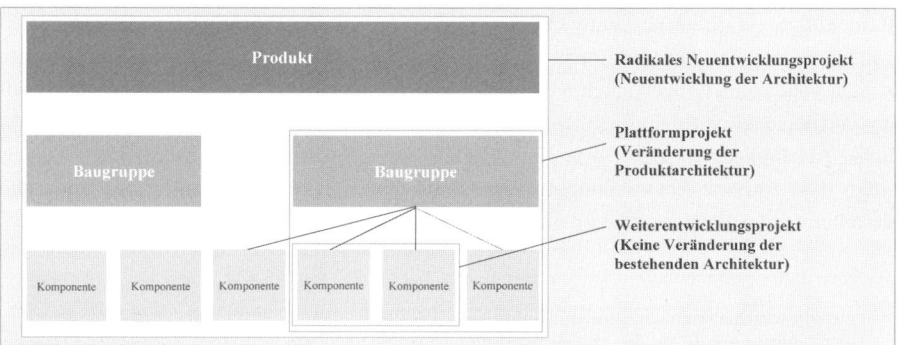

Abbildung III.23: Grad der Veränderung der Produktarchitektur als Klassifizierungsmerkmal von Entwicklungsprojekten

Weiterentwicklungsprojekte betreffen die inkrementale, d. h. schrittweise Verbesserung bereits existierender und praktisch erprobter technischer Lösungen. Dabei werden die existierende Produktarchitektur sowie ein Großteil der Komponenten eines Vorgänger-Produktes unverändert übernommen. Modifikationen werden lediglich innerhalb der bestehenden Produktarchitektur an einzelnen Teilkomponenten bzw. Teilfunktionen vorgenommen. Beziehungen zwischen den verbleibenden Komponenten werden dabei nicht in Frage gestellt. Weiterentwicklungsprojekte haben oft die Erweiterung einer bestehenden Produktfamilie um neue Produktvarianten oder die Entwicklung einer kostengünstigeren Version eines bereits früher entwickelten Produktes zum Ziel. GOMORY geht davon aus, dass 85 % aller Entwicklungsprojekte Weiterentwicklungen darstellen (Gomory, 1989). Ein typisches Weiterentwicklungsprojekt ist beispielsweise die Erweiterung der C-Klasse-Baureihe von *DaimlerChrysler* um eine stärkere Motorvariante (Abbildung III.23).

Plattformprojekte dagegen basieren zwar auf einer bestehenden Produktarchitektur, verändern diese aber in wesentlichen Zügen. In einem solchen Projekttyp werden teilweise bereits vorhandene Komponenten und Funktionen verwendet, wodurch eine deutliche Verbindung zu vorangegangenen Produktgenerationen hergestellt wird. Zugleich werden jedoch wesentliche Modifikationen der Produktarchitektur vorgenommen, um neue Anforderungen an das Produkt realisieren zu können. Häufig müssen dabei auch Beziehungen zwischen übernommenen Komponenten verändert werden. Plattformprojekte können die Grundlage einer neuen Generation von Produkten (daher der Begriff „Plattform") für eine Reihe von Weiterentwicklungsprojekten darstellen. Ein typisches Plattformprojekt ist die Erneuerung einer bestehenden Baureihe in der Automobilindustrie, beispielsweise die Entwicklung der „neuen" C-Klasse (Abbildung III.23).

Radikale Neuentwicklungsprojekte schließlich stellen die völlige Abkehr von vorhandenen Produktarchitekturen dar. In diesen Projekten werden Produkte mitsamt ihrer Architektur von Grund auf neu entwickelt, wobei bestehende Lösungsansätze prinzipiell hinterfragt werden. Dadurch bergen radikale Neuentwicklungsprojekte die Chance, völlig neue technische Lösungen, Geschäftsfelder und Marktpotenziale zu erschließen. Sie sind aber zugleich von höchster Unklarheit und einem damit verbundenen erheblichen Misserfolgsrisiko gekennzeichnet. Ein Beispiel für ein radikales Neuentwicklungsprojekt ist die gemeinsame Entwicklung des SMART von *DaimlerChrysler* und dem Schweizer Uhrenkonzern *SMH*, die eine radikale Abkehr von traditionellen Fahrzeugkonzepten darstellt (Abbildung III.23). Um sich tatsächlich von den bisherigen technischen und organisatorischen Strukturen lösen zu können und das kreative Potenzial eines Start-ups zu nutzen, wurde dazu ein eigenes Unternehmen, die *Micro Compact Car GmbH* (kurz *MCC*) gegründet.

Die genannten Projekttypen unterscheiden sich deutlich in den jeweils erforderlichen *finanziellen* und personellen Ressourcen. Je weniger ein Projekt auf bestehenden Produktarchitekturen aufbaut, desto größer fällt der notwendige Entwicklungsaufwand aus. Weiterentwicklungsprojekte erfordern daher in aller Regel wesentlich weniger Ressourcen als Neuentwicklungsprojekte, da die Anwendbarkeit bereits bestehender Produktarchitekturen lediglich ausgeweitet wird. Plattformprojekte sind bezüglich ihres Ressourcenbedarfs zwischen diesen beiden Projekttypen anzusiedeln.

6.3.2 Produktplattformen als Basis für Produktfamilien

Produkte stehen, ebenso wie die entsprechenden Entwicklungsprojekte, meist nicht allein, sondern sind in eine *Produktfamilie* eingebettet. Unter einer Produktfamilie ist eine Menge verschiedener Produkte zu verstehen, die gemeinsame Technologien (Komponenten und Funktionen) teilen und ähnliche Marktsegmente bedienen. Grundlage für eine Produktfamilie ist eine gemeinsame *Produktplattform*, also eine Produktarchitektur, die für die einzelnen Produkte nur geringfügig angepasst wird. Prinzipiell kann jede Produktarchitektur als Produktplattform dienen, wenn sie die Basis von Weiterentwicklungen darstellt (Meyer/Tertzakian/Utterback, 1997, S. 90). Abbildung III.24 zeigt Entwicklungsprojekte der *DaimlerChrysler AG* seit 1970 und die jeweils daraus hervorgegangenen Modelle (d. h. Produkte), klassifiziert in radikale Neuentwicklungsprojekte, die grundlegend neue Produktarchitekturen schufen, Plattformprojekte, die bestehende Plattformen erneuerten, sowie Weiterentwicklungsprojekte, die jeweils aus den verschiedenen Produktplattformen hervorgingen.

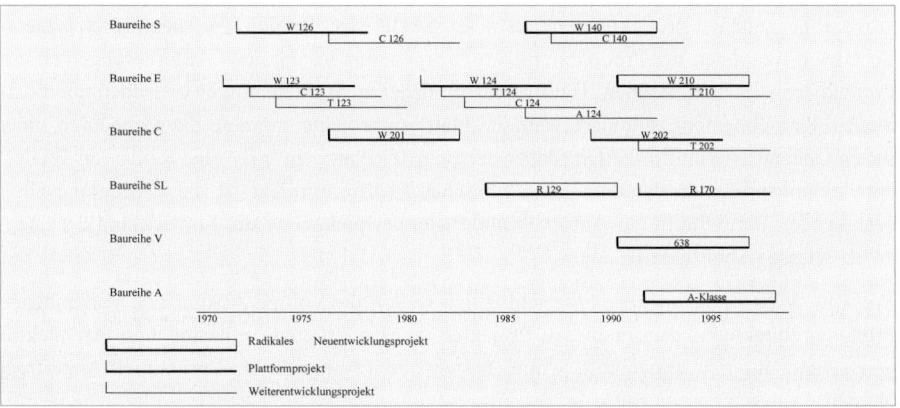

Abbildung III.24: Entwicklungsprojekte bei DaimlerChrysler 1970-1998 (Quelle: Basierend auf SoftMedia CD-Rom, 1996)

Aus Abbildung 6 gehen zwei Aspekte der Produktpolitik eines Unternehmens hervor: Einerseits die *Produktvielfalt* der angebotenen Produkte und andererseits die Häufigkeit des *Plattformwechsels*. Während die Produktvielfalt die Anzahl der Produkte beschreibt, die innerhalb bestehender Produktfamilien zu einem bestimmten Zeitpunkt angeboten werden, bezieht sich die Häufigkeit des Plattformwechsels auf die Erneuerungsfrequenz der Produktplattformen und -familien. Empirische Forschungsergebnisse belegen, dass sowohl eine hohe Produktvielfalt, als auch ein häufiger Plattform- und damit assoziierter Produktwechsel, vom Markt honoriert werden. Allerdings besteht aus Sicht des Unternehmens zwischen diesen beiden Aspekten aufgrund begrenzter Ressourcen eine Trade-Off-Beziehung (Abbildung III.25). Mit konstanter Entwicklungskapazität können im Extremfall entweder viele, weniger aufwändige Weiterentwicklungsprojekte durchgeführt werden, um die angebotene Produktvielfalt innerhalb bestehender Produktfamilien zu erhöhen. Oder es können mittels weniger, aber aufwändiger Plattform- oder Neuentwicklungsprojekte bestehende Produktplattformen abgelöst bzw. neu geschaffen werden.

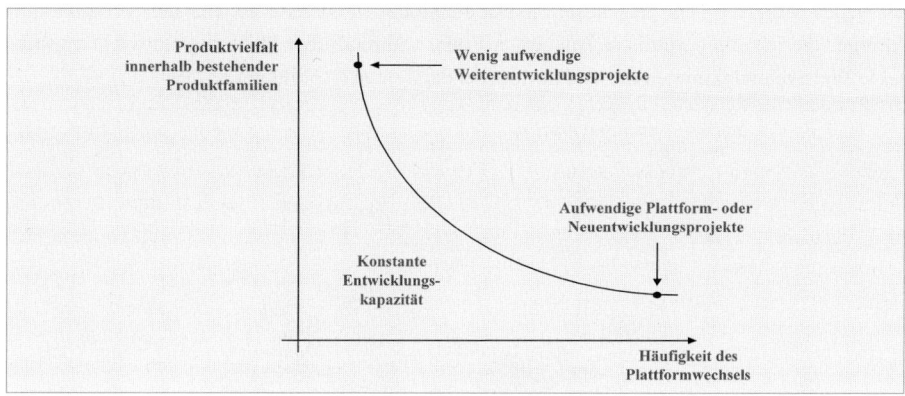

Abbildung III.25: Trade-Off zwischen Produktvielfalt und Häufigkeit des Plattformwechsels (Quelle: In Anlehnung an Uzumeri/Sanderson, 1995, S. 597)

Vor dem zuvor geschilderten Hintergrund aufeinander aufbauender Projekte, Produktplattformen und Produktfamilien erscheint es notwendig, die Auswahl und Zusammenstellung der verschiedenen Entwicklungsprojekte eines Unternehmens in ihrem Gesamtzusammenhang zu betrachten. Dadurch wird es möglich, „Economies of Substitution" zu realisieren, d. h. ökonomische Vorteile, die sich durch die teilweise Wiederverwendung bestehender Komponenten im Gegensatz zu Neuentwicklungen ergeben[26]. Konkret bedeutet dies, den Austausch und die Nutzung von gemeinsamen Technologien zwischen den verschiedenen Projekten zu fördern, sowie die Möglichkeit des Wissenstransfers in die Planung des Projektmix einzubeziehen. Die Nutzung dieser projektübergreifenden Synergiepotenziale wird maßgeblich durch die gewählte(n) Produktarchitektur(en) bestimmt. Durch die Architektur eines Produktes wird festgelegt, ob und mit welchem Entwicklungsaufwand aus diesem Produkt Varianten abgeleitet werden können, d. h. inwieweit es sich als Produktplattform eignet und inwieweit Funktionen und Komponenten in anderen Produkten und Produktfamilien genutzt werden können. Damit gewinnt die Gestaltung der Produktarchitektur insbesondere in Plattformprojekten strategische Bedeutung, da hiervon nicht nur ein einzelnes Produkt betroffen ist, sondern die Grundlage für eine Vielzahl von Folgeprodukten und Produktgenerationen geschaffen wird[27].

Ein eindrucksvolles Beispiel der erfolgreichen Entwicklung von Produktfamilien liefert *Sony*'s „Walkman". *Sony* dominierte den Markt für tragbare Kassettenspieler mit einem weltweiten Umsatzvolumen von über 1 Mrd. Dollar mehr als ein Jahrzehnt und konnte diese

---

[26] „Economies of substitution exist, when the cost of designing a higher-performance system through the partial retention of existing components is lower than the cost of designing the system afresh" (Garud/Kumaraswamy, 1995, S. 96).

[27] Verschiedene Plattformstrategien werden bei MEYER/LEHNERD (Meyer/Lehnerd, 1997, S. 52-81) diskutiert. MEYER/LEHNERD unterscheiden zwischen zwei Dimensionen der Plattformstrategie: Einerseits dem Ausbau einer Produktfamilie innerhalb desselben Marktsegments und andererseits der Erschließung neuer Marktsegmente, jeweils ausgehend von einer Produktplattform.

Spitzenstellung trotz harter Konkurrenz erhalten. Sony bot auf dem US-amerikanischen Markt zwischen 1980 und 1990 weit über 200 Modelle des Walkman an und deckte damit fast jedes Marktsegment ab. Diese Vielfalt an Modellen basierte auf nur drei Produktplattformen, die jeweils periodisch erneuert wurden, während über 99 % der Entwicklungsprojekte Weiterentwicklungen dieser Plattformen darstellten (Abbildung III.26)[28].

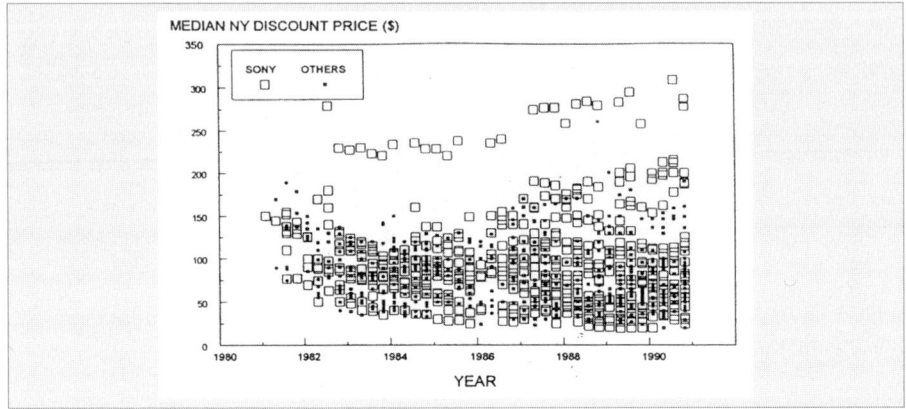

Abbildung III.26: Produktpalette des Sony Walkman (Quelle: Sanderson/Uzumeri, 1995).

6.4 Schlussbetrachtung

6.4.1 Produktentwicklung als technisches und organisatorisches Gestaltungsproblem

In den vorangegangenen Abschnitten wurde eine Vielzahl von Gestaltungsproblemen aufgezeigt, die sich bei der Lösung von Entwicklungsaufgaben im Produktentwicklungsprozess ergeben. Diese Gestaltungsprobleme lassen sich analytisch aus zwei Perspektiven betrachten. Einerseits ergeben sich im Produktentwicklungsprozess *technische Gestaltungsprobleme*, d. h. Fragen, welche die unmittelbare Gestaltung des Produktes oder seine Herstellung betreffen. Andererseits sind *organisatorische Gestaltungsprobleme* zu lösen, also z. B. Fragen bezüglich der Aufteilung von Entwicklungsaufgaben, der Koordination und der Motivation verschiedener Aufgabenträger im entwickelnden Unternehmen.

Aus systemtheoretischer Perspektive lässt sich der Produktentwicklungsprozess somit als die Gestaltung eines technischen und eines organisatorischen Systems beschreiben. Diese Unterscheidung entspricht der philologischen Abgrenzung zwischen dem Objekt einer Handlung und dem handelnden Subjekt: Das technische Produkt (also das zu gestaltende Objekt) wird von der Entwicklungsorganisation (also dem gestaltenden, handelnden Subjekt) konzeptionell getrennt. In der systemtheoretisch orientierten Literatur trifft man in diesem Zusammenhang oft auf eine dementsprechende Unterscheidung zwischen Sach- und

---

[28] Damit entschied sich Sony in dem zuvor dargestellten Trade-Off zwischen Produktvielfalt und Häufigkeit des Plattformwechsels, im Gegensatz zu seinen Mitbewerbern, eindeutig für die Produktvielfalt (Uzumeri/Sanderson, 1995, S. 590-591).

Handlungssystem. Das Sachsystem ist äquivalent zu dem hier verwendeten Begriff des *technischen Systems* zu verstehen. Dieser Begriff beschreibt insbesondere das zu entwickelnde Produkt, aber auch dazu notwendige Maschinen, Instrumente, Bauwerke etc. in technischer Hinsicht. Das *organisatorische System* (oder Handlungssystem) dagegen besteht aus Aufgaben, Personen und Sachmitteln, durch die Personen bei der Aufgabenerfüllung unterstützt werden. Das technische und das organisatorische System sind unlösbar miteinander verwoben, da einerseits in dem technischen System die vom organisatorischen System zu lösenden Entwicklungsaufgaben begründet sind, andererseits aber das technische System eine Folge der Handlungen des organisatorischen Systems darstellt. Oder in anderen Worten: Das zu gestaltende technische System wird von dem gestaltenden organisatorischen System überlagert (Abbildung III.27).

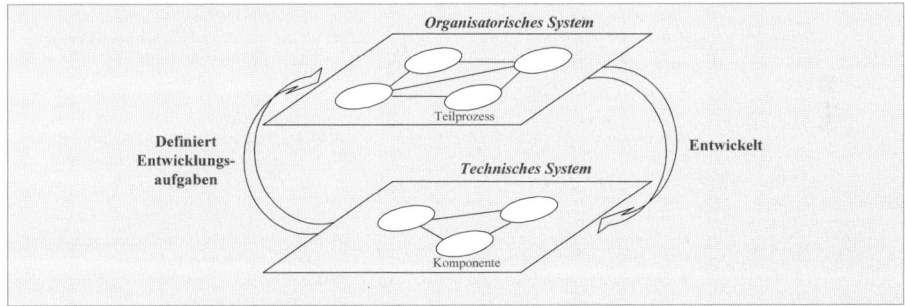

Abbildung III.27: Wechselwirkung zwischen technischem und organisatorischem System im Produktentwicklungsprozess

Darüber hinaus kann aus systemtheoretischer Sicht vermutet werden, dass sich der postulierte Zusammenhang zwischen technischer und organisatorischer Gestaltung auch in isomorphen, d. h. strukturell gleichartigen Gestaltungsproblemen widerspiegelt. Als generelles Grundproblem der Produktentwicklung wurde die Unklarheit identifiziert: Die Komplexität, Neuartigkeit, Dynamik und Zielunklarheit stellen den Entwickler vor eine „Barriere der Unklarheit". Da im Produktentwicklungsprozess nach der vorangegangenen Unterscheidung sowohl ein technisches als auch ein organisatorisches System zu gestalten sind, stellt sich das Problem der Unklarheit hier in zweifacher Hinsicht: Die Unklarheit betrifft einerseits die technische Gestaltung des Produktes und andererseits die organisatorische Gestaltung des Produktentwicklungsprozesses.

In Abbildung III.28 sind beispielhaft einige Problembereiche technischer und organisatorischer Unklarheit aufgezeigt, die sich aus den Ausführungen der vorangegangenen Abschnitte ergeben.

Abbildung III.28 unterstützt zudem die oben getroffene Aussage: Es wird deutlich, dass Probleme, die aus technischer Unklarheit resultieren, jeweils ihre Entsprechung in einem Problem organisatorischer Unklarheit finden. Die hohe Anzahl von Komponenten und Beziehungen (also ein Problem technischer Produktkomplexität) spiegelt sich beispielsweise unmittelbar wider in organisatorischer Komplexität, d. h. einer Vielzahl entsprechender Entwicklungsaufgaben und deren wechselseitigen Abhängigkeiten.

Die Auflösung dieser technischen und organisatorischen Unklarheit und die schrittweise Überführung einer anfangs noch vagen Idee in ein immer konkreteres Produktkonzept stellt die zentrale Herausforderung der Produktentwicklung dar. Dieser Prozess lässt sich durch Entwicklungsmethoden wirkungsvoll unterstützen und moderieren – aber aufgrund der nahezu unendlichen Vielzahl an Gestaltungsparametern und -möglichkeiten vermutlich niemals automatisieren. Das Ergebnis eines Entwicklungsprozesses bleibt somit – zumindest auf absehbare Zeit – immer das Resultat der menschlichen Kreativität.

Ursache der Unklarheit	Technische Unklarheit	Organisatorische Unklarheit
Komplexität	■ Hohe Anzahl von Komponenten und Beziehungen ■ Vielzahl von Beziehungen zwischen verschiedenen Produkten ■ Vielzahl technischer Produktanforderungen	■ Hohe Anzahl von Teilaufgaben und Abhängigkeiten ■ Vielzahl von Beziehungen zwischen verschiedenen Entwicklungsprojekten ■ Vielzahl unterschiedlicher betrieblicher Funktionen und Interessen
Dynamik	■ Anforderungen an das Produkt verändern sich ■ Schnelle Veraltung des Produktes ■ Veränderliche Produktarchitekturen	■ Anforderungen an die Organisation verändern sich ■ Hoher Zeitdruck im Entwicklungsprozess ■ Veränderliche Organisationsstrukturen
Neuartigkeit	■ Ungelöste technische Probleme ■ Neuartige Produktanforderungen ■ Neuartige Kombination bestehender Komponenten	■ Mangelndes Wissen bezüglich der Lösung von Entwicklungsaufgaben ■ Vorhandenes Lösungswissen ist ungültig ■ Anpassung bestehender Organisationsstrukturen an neue Aufgaben
Zielunklarheit	■ Intransparente Marktanforderungen an das Produkt ■ Produktanforderungen konkretisieren sich erst im Entwicklungsprozess ■ Keine optimale, technische Lösung identifizierbar	■ Entwicklungsaufgaben sind nur vage definiert ■ Entwicklungsaufgaben konkretisieren sich erst im Entwicklungsprozess ■ Iterativer Problemlösungsprozess, Bewertungsproblem von Alternativen

Abbildung III.28: Barriere der Unklarheit aus technischer und organisatorischer Perspektive und exemplarische Problembereiche

6.4.2 Konsequenzen für das Entwicklungsmanagement in Start-up-Unternehmen

Die bisherigen Aussagen stellen einen allgemeingültigen Strukturierungsversuch zur Beschreibung von Entwicklungsprozessen dar. Was zeichnet nun die spezifische Situation von Start-up-Unternehmen aus?

Mit Entwicklungsprozessen in Start-up-Unternehmen sind typische Chancen und Risiken verbunden. Zu den besonderen *Chancen* lassen sich folgende Aspekte zählen:

- Keine eingefahrenen *Problemlösungszyklen*, die bestimmte Lösungen präjudizieren; neue Ideen und Lösungsansätze „dürfen" gedacht werden und lassen sich unvoreingenommen prüfen
- Kreativität, Unternehmergeist und hohe *Motivation* der Entwickler durch die Neuartigkeit der Aufgabe

- Geringe *organisatorische Differenzierung* in Funktionalbereiche; enge Zusammenarbeit von Marketing, Produkt- und Prozessentwicklung in Entwicklungsprojekten
- Geringe *hierarchische Differenzierung;* die Entscheidungsträger sind oftmals unmittelbar am Entwicklungsprozess beteiligt; Entscheidungen können dadurch schnell, direkt und zielorientiert getroffen werden
- *Räumliche Nähe* der an der Entwicklung beteiligten Personen; meist keine unterschiedlichen Entwicklungsstandorte. Koordinationsaufwand, Reisen, Sprachbarrieren und regional unterschiedliche Präferenzen werden dadurch vermieden
- *Fokussierung* der Ressourcen auf wenige Produkte bzw. Projekte; keine Rivalität um Ressourcen und „Management-Attention"

Diesen Chancen stehen spezifische *Risiken* entgegen:

- *Knappheit* personeller und finanzieller Ressourcen; *Abhängigkeit* von Kapitalgebern; kurzfristige Ergebnisse sind oft wichtiger als die Entwicklung langfristig tragfähiger Lösungen
- Mangelnde *Management- und Projekterfahrung;* Wege einer sinnvollen Aufgabenteilung, organisatorischen Strukturierung sowie Führungsstrukturen müssen erst noch gefunden werden
- *Technologische Kompetenzen* sind erst im Aufbau begriffen; Entwicklungen und Lösungssuche benötigen mehr Zeit; Mechanismen zur Bewertung der Realisierbarkeit von Konzepten und Lösungen fehlen
- Geringe *Marktkenntnis* aufgrund der Neuartigkeit des Unternehmens und/oder des Produktes; Marktsegmente, Zielgruppen und Kundenanforderungen sind unklar; auf existierende Erfahrungen (z. B. von Vertriebsmitarbeitern) kann nicht zurückgegriffen werden

Es zeigt sich also, dass speziell für Entwicklungsprozesse in Start-up-Unternehmen die „Barriere der Unklarheit" in besonderem Maße gilt und neben den Chancen auch erhebliche Risiken birgt. Welche konkreten Maßnahmen und Handlungsempfehlungen zum Management von Entwicklungsprozessen lassen sich nun – insbesondere mit Blick auf neu gegründete Unternehmen – zusammenfassend ableiten?

(1) Zeitliche Phasengliederung

Entwicklungsprozesse sollten in Phasen aufgeteilt werden, in denen jeweils unterschiedliche Aufgabenbündel bearbeitet werden. Damit verbunden sind ggf. unterschiedliche Herangehensweisen, Problemlösungs- und Bewertungsmechanismen. Während in den frühen Phasen eher kreative Lösungen gefragt sind, kommt es beispielsweise in den späteren Phasen vor allem darauf an, einen definierten Qualitätsstandard zu erreichen. Die einzelnen Phasen des Entwicklungsprozesses sollten jeweils mit inhaltlich und zeitlich definierten Meilensteinen beendet werden. Das nachträgliche In-Frage-Stellen von Ergebnissen sollte nur in gut begründeten Fällen zugelassen werden.

(2) Simultane Marktbearbeitung, Produkt- und Prozessentwicklung

Als Kernaufgaben der Entwicklung wurden Marktbearbeitung, Produkt- und Prozessentwicklung identifiziert. Die damit verbundenen Aktivitäten sollten möglichst parallelisiert und in engem Austausch ablaufen. Eine sequenzielle oder unabhängige Bearbeitung dieser Aspekte führt erfahrungsgemäß zu unnötigen, zeitintensiven Iterationsschleifen, wechselseitigem Unverständnis, höheren Kosten und Produkten geringerer Qualität.

(3) Dekomposition der Entwicklungsaufgaben in Teilprobleme

Schritt für Schritt lassen sich auch sehr komplexe Entwicklungsaufgaben lösen. Eine analytische Zerlegung der Produktidee nach funktionalen („Welche Funktionen soll das Produkt aus Sicht des Kunden erfüllen?") und physischen Gesichtspunkten („Aus welchen Komponenten ist das Produkt aufgebaut?") ist dabei sehr hilfreich. Die dadurch identifizierten Teilprobleme lassen sich auch organisatorisch besser auf unterschiedliche Aufgabenträger verteilen. Über der Analyse darf allerdings die Synthese nicht vergessen werden, d. h. die Wiederzusammenführung zum Gesamtprodukt.

(4) Iterative Annäherung an eine „akzeptable" Lösung

Entwicklung ist ein kreativer Prozess – weder die exakten Ziele noch die voraussichtliche Lösung lassen sich im Vorhinein fixieren. Entwicklungsziele sollten Orientierungspunkte bieten und eine grobe Marschrichtung vorgeben, aber nicht den Lösungsweg und Lösungsraum unnötig stark beschränken. Typische Entwicklungsprozesse verlaufen in zahlreichen Iterationen und nähern sich so schrittweise einer akzeptablen Lösung an. Das Ende dieses Prozesses wird dabei meist durch begrenzte Ressourcen definiert, weniger durch die Erreichung einer „optimalen" Lösung.

(5) Nutzung der Synergien zwischen Produkten durch Produktplattformen

Entwicklungskapazitäten sind prinzipiell begrenzt. Daher ist es sinnvoll, Entwicklungsergebnisse nach Möglichkeit in mehreren Produkten zu verwerten. Dies bedeutet jedoch, dass nicht einzelne Produkte sondern ganze Produktfamilien konzipiert werden müssen. Ziel ist es dabei, Produktplattformen zu entwickeln, auf denen eine Reihe unterschiedlicher Produktvarianten basiert. Mit relativ wenig Entwicklungsaufwand können dann kundenrelevante Merkmale (z. B. Funktionalität, Design, Leistung) variiert und damit kostengünstig eine hohe Produktvielfalt angeboten werden.

(6) Trennung technischer und organisatorischer Aspekte im Entwicklungsmanagement

Entwicklungsprozesse beinhalten eine technische und organisatorische Gestaltungsebene, die jeweils für sich genommen schon eine hohe Komplexität aufweist. Um die Gesamtkomplexität beherrschbar zu halten und Machtpolitik zu verhindern, sollten diese Aspekte nicht zu früh vermengt werden. Die Entscheidung über die konstruktive Lösung eines Problems sollte also beispielsweise *nicht* von seinen Konsequenzen für die organisatorische Kompetenzaufteilung abhängig gemacht werden. Vielmehr sollte die Entwicklung technischer und organisatorischer Gestaltungsalternativen getrennt voneinander und erst dann eine Gesamtoptimierung erfolgen.

Die genannten Handlungsempfehlungen spiegeln einige theoretisch begründete und praktisch validierte Erkenntnisse zum Entwicklungsmanagement wieder. Sie sind keinesfalls als abschließend anzusehen und zudem von den jeweiligen Unternehmen auf ihre spezifische Situation zu adaptieren. Letztlich zeichnen sich erfolgreiche Entwicklungsprozesse und -organisationen ohnehin dadurch aus, dass sie „alles anders machen" als bisher und ihren eigenen Weg finden. Diese Chance ist bei Start-up-Unternehmen in besonderem Maße gegeben.

Teil IV: Markt und Wettbewerb

1. Methoden und Kriterien zur Bestimmung des Zielmarktes und zur Marktanalyse

MARKUS ZINNBAUER / MANFRED SCHWAIGER

Wer sich nicht nach dem Markt richtet, wird vom Markt bestraft.
(Wilhelm Röpke)

1.1 Bedeutung der Marktanalyse für junge Unternehmen

Auf Grund der zunehmenden Wettbewerbsintensität auf den Märkten werden Informationen immer bedeutsamer, um die eigenen Produkte wettbewerbsfähig zu gestalten und auch auszurichten (Probst/Raub/Romhardt, 1998, S. 15). Gerade Gründungsunternehmen, die oftmals auf einem Produktkonzept basieren, von dessen Markterfolg auch die Existenz des gesamten Unternehmens abhängt, sind in besonderem Maße gefordert, ihr Basisprodukt an die Marktbedürfnisse anzupassen. Ziel muss also die Reduktion der Entscheidungsunsicherheit in diesem Punkt sein. Obwohl unbestritten und empirisch belegt ist, dass Risikobereitschaft eine wichtige Eigenschaft eines Unternehmers darstellt (Roberts, 1991), steht gleichwohl außer Frage, dass das unternehmerische Risiko dennoch minimiert werden sollte, um die Erfolgschancen der Gründung zu erhöhen. Eine fehlende Analyse des Marktes führt häufig zum Scheitern von Gründungsunternehmen (Arnold, 1997, S. 41). Bei kapitalintensiven Unternehmensgründungen ist eine fundierte Marktanalyse für den Geschäftsplan bereits bei der Kapitalbeschaffung ohnehin unumgänglich.

Neben dem Abschnitt der technischen Produktbeschreibung stellt der Abschnitt des Marketing und Vertriebs einen wesentlichen Bestandteil eines Geschäftsplanes dar (vgl. Kapitel II.4; Kubr/Ilar/Marchesi, 1997, S. 65). Die Marktanalyse liefert bei Beachtung der Gütekriterien glaubwürdige Daten und Informationen und somit in letzter Konsequenz entscheidungsrelevantes Wissen (Mag, 1977, S. 5). Dadurch ermöglicht sie bei einer objektiven, reliablen und validen Analyse des Marktes beispielsweise schon ex ante zuverlässige Aussagen über Absatzvolumina sowie über die Ausprägung aktueller bzw. künftiger Marktfaktoren. Diese Informationen stehen dem Unternehmen allerdings nicht unmittelbar zur Verfügung, sondern müssen entweder gezielt aus Sekundärquellen beschafft bzw. selbst originär erhoben werden.

Obwohl sich die Literatur zum Thema Marktanalyse oder Marktforschung meist – und zurecht – mit dem Marktforschungsprozess und einzelnen Verfahren der Datenerhebung beschäftigt, werden in diesem Beitrag vor allem im Hinblick auf neu gegründete Unternehmen schwerpunktmäßig grundlegende Analysemodelle vorgestellt. Auf eine detaillierte Beschreibung der formalen Details bei der Stichprobenauswahl, der Anwendung uni- und multivariater Verfahren und der Interpretation der Analyseergebnisse muss in diesem Beitrag schon aus Platzgründen verzichtet werden. Angesichts der Tatsachen, dass bei Gründungsunternehmen die Problemfelder oftmals noch nicht klar abgegrenzt sind, sondern erst einer pragmatischen Annäherung bedürfen, ist dieser Verzicht auch inhaltlich begründbar. Es geht also in erster Linie darum, ein grundlegendes Verständnis des Marktes zu erhalten, ohne bereits eingehende Kenntnisse über die Kräfte zu besitzen, die auf diesem wirken. Da sich die Informationsbedürfnisse der Unternehmen unmittelbar vor der Gründung bzw. in der folgenden Etablierungsphase nicht sonderlich unterscheiden, wird in diesem Beitrag diesbezüglich keine weitere Differenzierung getroffen.

Nach einer kurzen Erläuterung des Begriffs *Marktanalyse* wird zunächst diskutiert, wie der Zielmarkt, auf dem ein Unternehmen tätig sein will, zweckmäßigerweise abgegrenzt werden kann. Daran anschließend wird mit der *Branchenstrukturanalyse* ein weitverbreitetes Instrument vorgestellt, das eine systematische Diskussion des ganzheitlichen Unternehmensumfeldes erlaubt. Abschließend wird ein kurzer Überblick über die wichtigsten Methoden der Datenerhebung und -auswertung gegeben, an die sich erst eine aussagefähige Interpretation anschließen kann. Es sei bereits an dieser Stelle deutlich herausgehoben, dass eine losgelöste Anwendung eher strategisch ausgerichteter Methoden ohne Zuhilfenahme des Marktforschungsinstrumentariums ebenso wenig zielführend ist wie eine strenge Separation der quantitativen von den qualitativen Methoden. Erst die Integration all dieser Komponenten kann die tragfähigen Entscheidungsgrundlagen bereitstellen, die zur Minimierung des Risikos bei der Wahl des Zielmarktes führen.

1.1.1 Zum Begriff der Marktanalyse

Marktanalyse umfasst allgemein die strukturierte Untersuchung aller auf dem Markt tätigen Personenkreise sowie der dort angebotenen Produkte und Dienstleistungen. Marktanalyse bezieht sich also sowohl auf Beschaffungsmärkte als auch auf Absatzmärkte. Dort werden systematisch und objektiv Informationen über die Märkte und deren Teilnehmer beschafft und für Marketing-Entscheidungen zur Verfügung gestellt.

Oftmals synonym hierzu wird auch der Begriff der **Marktforschung** verwendet (Diller, 1994a, S. 713; Diller, 1994b S. 722). Für den Bezug auf Gründungsunternehmen ist es allerdings sinnvoll, unter Marktanalyse neben der Marktforschung auch die pragmatische Markterkundung zu subsumieren. Unter Marktforschung wird die systematische Beschaffung von Informationen über Märkte und deren Beeinflussungsmöglichkeiten verstanden. Durch die systematische Planung und objektive Durchführung unterscheidet sich die Marktforschung allerdings von der eher provisorisch angelegten Markterkundung (Böhler, 1995, Sp. 1769).

Die **Marketingforschung** hingegen untersucht neben den Absatzmärkten auch innerbetriebliche Sachverhalte, die für das Marketing Relevanz besitzen (Meffert, 1992, S. 15–16;

Green/Tull, 1982, S. 4). Dabei werden allerdings die immer wichtiger werdenden Lieferantenbeziehungen und Sourcing-Optionen vernachlässigt.

Je nach Untersuchungsziel und Methodik finden sich in der Literatur verschiedene Systematisierungen. Als wichtige Differenzierungsaspekte seien genannt:

- Die Art der Informationsgewinnung:
  Hier wird nach problemspezifischer originärer Erhebung und einer Recherche in bestehenden Daten unterschieden. Aus Kosten- und Effizienzgründen wird wohl regelmäßig zuerst zu empfehlen sein, Informationen in bereits vorhandenen internen oder externen Datenbeständen zu recherchieren und auszuwerten. Dadurch wird die Einarbeitung in ein Thema erleichtert und vor allem relativ schnell eine Informationsbasis geschaffen. Diese Vorgehensweise ist als Sekundärforschung oder „desk research" bekannt. Falls die Informationen nicht ausreichen bzw. auf die spezifische Problemstellung nicht sinnvoll angewandt werden können, da die Daten z. B. zu alt sind oder die Qualität nicht überprüfbar ist, kann erwogen werden, eine individuell gestaltete Erhebung originär durchzuführen. In diesem Fall spricht man von Primärforschung bzw. „field research".

- Das Untersuchungsobjekt:
  Hier ist zwischen demoskopischer und ökoskopischer Marktanalyse zu differenzieren (Behrens, 1974, S. 14). Von demoskopischen Aufgaben wird gesprochen, wenn der Mensch als Erkenntnisobjekt bzw. -subjekt im Fokus steht, respektive dessen Verhalten und Motive. Wenn ökonomische Sachverhalte analysiert werden sollen, wird von ökoskopischer Marktanalyse gesprochen. Dies könnten z. B. Absatzzahlen, Marktanteile oder Kostenstrukturen sein. Anzumerken ist, dass diese Begriffe in der Praxis kaum verwandt werden (Hammann/Erichson, 1994, S. 25).

- Der Bezugszeitraum bzw. der zeitliche Untersuchungsverlauf:
  Werden Daten einmal zu einem Erhebungszeitpunkt gewonnen, um einen Ist-Zustand zu beschreiben, handelt es sich um eine Querschnittsanalyse. Werden die Daten hingegen wiederkehrend zu einem Untersuchungsgegenstand erhoben, um dessen dynamische Veränderung zu analysieren, spricht man von einer Längsschnittanalyse (Daumenlang, 1994, S. 309–311).

- Die Art der Untersuchungsmethoden:
  Häufig wird zwischen quantitativer und qualitativer Marktforschung unterschieden. Dabei wird danach differenziert, ob die Daten standardisiert und valide in hohen Fallzahlen erhoben werden, um statistisch gesicherte repräsentative Aussagen zu ermöglichen, oder ob qualitativ vorgegangen und versucht wird, unstandardisiert Informationen auch zu bisher nicht bekannten Fragestellungen sowie zu psychologisch subjektiven Tatbeständen zu eruieren (Koch, 1997, S. 12; Kepper, 1999, S. 161–162). Im Bereich der quantitativen Marktforschung kommt den formal-statistischen Verfahren eine besondere Bedeutung zu. Mittels dieser unter anderem in diesem Beitrag im Abschnitt 1.3.3 thematisierten Methoden gelingt eine repräsentative Übertragung der Ergebnisse aus einer zufälligen Stichprobe auf die Grundgesamtheit. Dadurch werden dann Handlungsempfehlungen und Aussagen für den Gesamtmarkt möglich.

1.1.2 Anwendungsgebiete der Marktanalyse

Die Aufgaben der Marktanalyse erwachsen, wie eingangs beschrieben, vor allem aus dem Informationsbedarf des Marketing. Primäres Ziel ist es, die Unsicherheit der Entscheidung durch die Erweiterung der Informationsbasis zu reduzieren; dies natürlich unter der Nebenbedingung einer ökonomisch sinnvollen Kosten-Nutzen-Relation.

Marktforschung dient somit im pragmatischen Einsatz vor allem der Entscheidungsvorbereitung. Neben der Schaffung eines Grundwissens über den Markt sollen hauptsächlich Unsicherheiten bezüglich tatsächlicher Zustände und zukünftiger Ereignisse beseitigt werden. Außerdem dient die Marktanalyse der Abschätzung von Folgen verschiedener Handlungsalternativen und nach einer umgesetzten Marketingentscheidung auch der Kontrolle der Zielerreichung (Schroiff, 1998, S. 274). Darüber hinaus können aber auf Basis der gewonnenen Erkenntnisse auch neue Theorien entwickelt werden. Je nach dem Träger der Marktanalyse steht einer dieser beiden Aufgabenbereiche im Vordergrund. Bei der Durchführung von Marktanalysen durch überbetriebliche Institutionen (teilweise auch durch Großunternehmen) wird häufig der hypothesengeleitete Ansatz angewandt. Ziel ist die empirische Überprüfung theoretischer Aussagen, wie z. B. postulierte positive Korrelationen zwischen dem Einsatz von Marketinginstrumenten und dem Absatz (Diller, 1994b, S. 722). Wenn die Marktanalyse für spezifische Unternehmenszwecke eingesetzt wird, stehen normalerweise Erkenntnisziele im Vordergrund, die Entscheidungshilfen darstellen (Rogge, 1992, S. 24–25). Dabei reflektieren die Ergebnisse der Marktanalyse aber nie selbst die eigentliche Entscheidung, sondern beeinflussen diese „lediglich". Die Marktanalyse ist somit als Servicefunktion vor allem für das Marketing-Management zu verstehen (Joas, 1992, S. 32; Diller, 1994b, S. 721). Ex post kann sie auch als Controlling-Instrument gebraucht werden, um den Erfolg der angewendeten Strategien und Maßnahmen zu beurteilen (Fischer, 1996, S. 65).

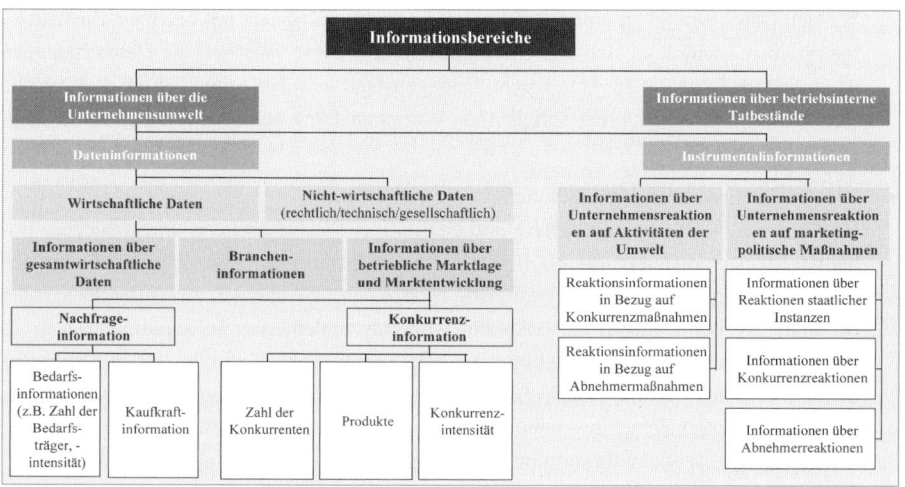

Abbildung IV.1: Informationsbereiche (Quelle: in Anlehnung an Bidlingmaier, 1983, S. 35)

Als Untersuchungsgegenstände kommen vor allem Produkte, Verbraucher, Distributionswege, Konkurrenten und Werbung in Betracht. Generell unterscheiden sich die Informationsbedürfnisse junger Unternehmen dabei nur marginal von denen etablierter. Abbildung IV.1 zeigt die Informationsbereiche, die Themen der Marktanalyse sein können. Freilich sind die Informationen über die betriebliche Marktlage und die Marktentwicklung von besonderer Bedeutung für Gründungsunternehmen. Die Akzeptanz bzw. der Bedarf an den eigenen Produkten auf Seiten der Nachfrager und die Konkurrenzsituation determinieren schließlich maßgeblich den Markterfolg und sind vor einem Markteinstieg sorgfältig zu analysieren. Für Gründungsunternehmen, die bereits auf dem Markt tätig sind und dort mit ihren Produkten über verschiedene Distributionskanäle preispolitisch und kommunikativ in Erscheinung treten, besteht zudem Interesse an der Messung der Wirkung ihrer instrumentalen Marketingmaßnahmen auf die Nachfrage.

1.1.3 Der Marktanalyseprozess

Den Prozess der Marktanalyse, vor allem im Rahmen einer Primärforschung, kann man idealtypischerweise in folgende Phasen einteilen (Berekoven/Eckert/Ellenrieder, 1999, S. 34–36; Hammann/Erichson, 1994, S. 55–57):

- Konkretisierung der Problemstellung:
  Diese Phase stellt insbesondere für Gründungsunternehmen eine besondere Herausforderung dar. Hier gilt es, den eigenen relevanten Markt klar zu definieren und den spezifischen Untersuchungsgegenstand, z. B. die Marktnachfrage nach einem Produkt, festzulegen. Junge Unternehmen sehen sich hier oftmals der Unsicherheit gegenüber, welche Informationen tatsächlich entscheidungsrelevant sind und deshalb beschafft werden müssen.

- Bestimmung der Informationsquellen und der Methoden:
  Anschließend wird analysiert, ob der Informationsbedarf aus Sekundärquellen befriedigt werden kann oder ob zusätzlich eine eigenständige Primärforschung notwendig ist. Wie bereits angedeutet, entscheiden hier neben der Kongruenz der Informationen und der Problemstellung vor allem die Qualität der Sekundärdaten und das zur Verfügung stehende Budget. Wenn eine Primärforschung durchgeführt werden soll, muss danach über die Methodik (Befragung, Beobachtung, Experiment), die geeigneten Instrumente (z. B. Fragebogen) und über die Zielgruppe sowie über deren Auswahl entschieden werden.

- Datenerhebung:
  In der Datenerhebung selbst ist auf eine objektive Durchführung zu achten, um die Ergebnisse nicht zu verfälschen. Müssen Interviewer eingesetzt werden, so haben eine sorgfältige Interviewer-Auswahl und das obligatorische Interviewer-"Briefing" dafür zu sorgen, dass die vom Interviewer direkt ausgehenden Einflüsse möglichst gering gehalten werden.

- Datenanalyse und Ergebnispräsentation:
  Abschließend werden die Daten ausgewertet und interpretiert, bevor die Ergebnisse, an der ursprünglichen Problemstellung orientiert, präsentiert werden.

Eine permanente Ablaufkontrolle sollte dafür sorgen, dass systematische Fehler so weit wie möglich vermieden werden. Dazu gehören z. B. die falsche Definition der Grundgesamtheit,

Fehler bei der Auswahl der Methodik und der Instrumente sowie subjektive Abweichung vom Plan durch den Interviewer oder die subjektive Interpretation der Antworten. Vom Träger der Marktanalyse dagegen kaum beeinflussbare Fehlerquellen sind Antwortverweigerung bzw. Falschbeantwortung durch die Probanden (Berekoven/Eckert/Ellenrieder, 1999, S. 67–68).

Wenn eine Primärforschung aus Kostengründen oder wegen strategischer Überlegungen nicht in Betracht kommt, kann in der Praxis oftmals auch eine plausible Schätzung näherungsweise Werte und Informationen liefern, die für eine Entscheidung benötigt werden. Insbesondere Marktvolumen- oder Marktpotenzialschätzungen bilden hierbei eine wichtige und insbesondere für Gründungsunternehmen relevante Entscheidungsgrundlage. Mit groben Schätzungen des Potenzials an Käufern und dem Wissen um die etwaigen Marktanteile und die Wettbewerbsfähigkeit der Konkurrenz kann ein Unternehmen so relativ rasch über die generellen Chancen seiner Produktidee am Markt entscheiden. Exemplarisch zeigt Abbildung IV.2 die Schätzung des Marktvolumens von Papierwindeln in der Schweiz.

Information	Quelle	Wert
■ Basis: Bevölkerung in der Schweiz	■ Bundesamt für Statistik	■ 7 Mio.
■ Dauer, die Kinder im Durchschnitt Windeln tragen	■ Eltern fragen	■ 2 Jahre
■ Durchschnittliche Lebenserwartung in der Schweiz	■ Geographie-Lehrbuch	■ 75 Jahre
■ Erste Näherung: Zahl der windeltragenden Kinder	■ Berechnung	■ 2/75 = 2,7% der Bevölkerung = 190.000
■ Verfeinern der Annahme: Das Alter der Bevölkerung ist nicht gleichverteilt (Bevölkerungszwiebel:je älter, desto weniger Menschen und geringere Geburtenraten). Annahme Effekte gleichen sich z.Zt. in etwa aus.	■ Plausibilitätscheck und Unsicherheit durch eine Bandbreite erklärt	■ 170.000 – 210.000
■ Windelverbrauch pro Tag	■ Eltern fragen	■ 5 – 7 Windeln
■ Resultat:	■ Schätzer für den täglichen Windelverbrauch in der Schweiz	■ 0,9 – 1,5 Mio. Windeln
■ Vergleich: Tatsächlicher Wert	■ Procter & Gamble	■ 1,15 – 1,25 Mio. Windeln

Abbildung IV.2: Schätzbeispiel: Tagesverbrauch von Papierwindeln in der Schweiz (Quelle: Kubr/Ilar/Marchesi, 1997, S. 71)

Die Güte der Schätzung für einen grundlegenden Marktvolumenswert ist nicht überraschend, sondern lässt sich vielfach nachvollziehen. Zudem kann eine plausible Schätzung teilweise eine bessere Entscheidungsgrundlage bilden, als eine unsauber durchgeführte primäre Erhebung (z. B. in Form der Befragung einer verzerrten Teilgesamtheit mit unklar formulierten Items), die unter diesen Umständen dann zu bloßen Scheingenauigkeiten führt. Allerdings bringt eine Schätzung keine sinnvollen Ergebnisse mehr, wenn man detaillierte Informationen z. B. zur Käuferstruktur auf einem Markt benötigt. Die Schätzung kann also ergänzend fungieren oder als Plausibilitäts-Check einer durchgeführten primären Studie dienen, wird aber alleine meist nicht ausreichend sein, um den zukünftigen Markterfolg prognostizieren zu können.

1.2 Definition und Basisanalyse des relevanten Marktes

1.2.1 Abgrenzung des relevanten Marktes

Bevor ein Unternehmen einen Markt detailliert analysiert, auf dem es tätig ist bzw. sein möchte, ist eine grundlegende Voraussetzung, die gerade von Gründungsunternehmen oft nicht beachtet wird, den eigenen relevanten Markt exakt zu definieren. Ziel der Marktabgrenzung bzw. des Konzepts des relevanten Marktes ist es, Segmente von Marktteilnehmern (Anbieter und Nachfrager) und Gütern dergestalt voneinander zu trennen, dass die Vorgänge und Entscheidungen innerhalb eines Marktsegments nur unmaßgeblich von den Entscheidungen und Aktivitäten anderer Segmente beeinflusst werden.

Eine derartige Marktsegmentierung wird dadurch erreicht, dass die Wettbewerbsbeziehungen zwischen den Marktteilnehmern sowie die Substitutionsbeziehungen zwischen den Versorgungsobjekten analysiert und dann oben beschriebener Logik entsprechend zusammengefasst werden. Analog findet der Begriff der Branche Verwendung, der ein Marktsegment kennzeichnet, in dem ähnliche oder eng verwandte Produkte angeboten werden (Porter, 1999a, S. 303). Die Segmentierungskriterien, die dabei zur Anwendung kommen, haben neben Kaufverhaltensrelevanz und Aussagefähigkeit für den Einsatz der Marketinginstrumente auch die Anforderung der Messbarkeit und der zeitlichen Stabilität zu erfüllen (Freter/Obermeier, 1999, S. 744). Ein Kernkriterium für einen Markt aus Sicht des Marketing stellt die Abgrenzung tatsächlicher und potenzieller Konsumenten von sonstigen Marktteilnehmern dar. Das Potenzial eines Käufers beruht dabei auf dessen Interesse bzw. Bedarf, seiner Kaufkraft und seinen Zugangsmöglichkeiten zu Produktinformationen und zum Produkt selbst (Kotler et al., 1999, S. 338). Eine weitere Abgrenzung im Marketing gelingt z. B. über technische Produkteigenschaften und ermöglicht Unternehmen, durch entsprechende Produktgestaltung Wettbewerbsvorteile zu erzielen (Bauer, 1994, S. 712). Weitere Marktsegmentierungsmöglichkeiten bieten der Standort des Verwenders und die verfügbaren Distributionskanäle, auch wenn diese mit wachsender Relevanz des E-Commerce und dem fortschreitenden Zusammenwachsen der geographischen Märkte in ihrer Bedeutung abnehmen. Dies erfordert natürlich auch bereits eine eingehende Marktanalyse; allerdings auf einem abstrakteren Niveau. Diese Form der Marktabgrenzung ist übrigens nicht nur für Marketing-Manager relevant, sondern wird immer häufiger auch bei der Fundierung strategischer Überlegungen und der Neuentwicklung von Produkten durch Quality Function Deployment vom Top Management eingesetzt (Bauer, 1995, Sp. 1712). Eine weitere Abgrenzungsmöglichkeit stellt das Konzept der Zielmärkte dar. Mit Hilfe einer zweidimensionalen Matrix wird der Gesamtmarkt über die zwei Variablen Produktgruppen und Abnehmerschichten beliebig fein in Teilsegmente untergliedert. Jedes dieser so entstandenen Segmente mit entsprechenden Produkt-Markt-Kombinationen ist im Hinblick auf seine Attraktivität zu untersuchen (z. B. anhand von Umsatzvolumen, Wachstum, Gewinnaussichten und Risiko). Ziel ist es, das Segment mit der Produkt-Markt-Kombination als Zielmarkt auszuwählen und zu bearbeiten, das am ehesten die Ziele und Ressourcen des Unternehmens trifft (Kotler, 1994, S. 96).

Zur Veranschaulichung soll das Beispiel eines Mountain-Bike-Herstellers dienen. Normalerweise konkurriert ein derartiges Unternehmen auf dem Markt der Mountain-Bikes mit Herstellern derselben Warengruppe. Für den Fall, dass die Verwender des Produktes in ihrer Freizeit einen sportlichen Ausgleich suchen, konkurriert das Unternehmen aber auch mit Anbietern sonstiger Freizeitaktivitäten (z. B. Tennisanlagen, Kinos, Computerspiele). Allerdings werden Mountain-Bikes immer häufiger auch zur normalen Fortbewegung in Städten und nicht nur zur sportlichen Betätigung in den Bergen benutzt. Damit konkurriert der Mountain-Bike-Hersteller auch mit anderen Anbietern von Mobilitätskonzepten (z. B. Automobil-Industrie, öffentlicher Personennahverkehr). Die Komplexität und die Relevanz der Marktabgrenzung wird schnell ersichtlich. Das Unternehmen muss sich schließlich erfolgswirksam auf dem Markt positionieren, auf dem seine Produkte auf den größten Bedarf treffen. Diese Entscheidung ist aber, wenn auch häufig so praktiziert, nicht einfach intuitiv zu treffen, sondern sie erfordert eine strukturierte Analyse.

1.2.2 Branchenstrukturanalyse

Nachdem definiert wurde, welcher Zielmarkt bearbeitet werden soll, wenden wir uns den Kräften zu, die auf diesem Markt wirken. Eine solche Branchenstrukturanalyse ist gerade im Gründungsstadium bzw. in der Etablierungsphase besonders wichtig, weil empirisch gezeigt werden konnte, dass die Überlebenschancen in Abhängigkeit von der Branchenzugehörigkeit variieren (Harhoff/Woywode, 1994, S. 122). Ein Konzept, das eine strukturierte Analyse des horizontalen Wettbewerbsumfelds ermöglicht und gleichzeitig auch die vertikale Ebene der Lieferanten und Abnehmer berücksichtigt, wurde von PORTER entwickelt. PORTER postuliert, dass ein Unternehmen nur dann erfolgreich und rentabel arbeiten kann, wenn es die Wettbewerbsregeln beherrscht und diese zu seinen Gunsten beeinflussen kann. Die Wettbewerbsregeln konstituieren sich auf allen Produkt- und Dienstleistungsmärkten aus fünf Wettbewerbskräften:

- Markteintritt neuer Konkurrenten,
- Bedrohung durch Ersatzprodukte,
- Verhandlungsstärke der Lieferanten,
- Verhandlungsstärke der Abnehmer,
- Rivalität unter den vorhandenen Wettbewerbern.

Die Stärke dieser Wettbewerbskräfte ist nicht fixiert, sondern kann sich dynamisch verändern und entscheidet maßgeblich über die Rentabilität des einzelnen Unternehmens in einer Branche. Strukturveränderungen beeinflussen nämlich durch eine Änderung der Stärke der Kräfte mittelbar Preise, Kosten und Investitionsbedarf (Porter, 1999a, S. 22–24). Gründungsunternehmen sind für Veränderungen der Branchenstruktur besonders anfällig. Schließlich können etablierte Unternehmen mit bedeutenden Marktanteilen durch ihre Aktionen die gesamte Branchenstruktur und damit unter anderem direkt die Marktpotenziale der jungen Marktteilnehmer beeinflussen. Abbildung IV.3 zeigt die wichtigsten Determinanten der einzelnen Wettbewerbskräfte innerhalb der Branchenstruktur, die im Folgenden erläutert werden sollen.

Die **Intensität der Branchenrivalität** wird hauptsächlich vom Wachstum der Branche beeinflusst. Je größer das Wachstum, desto einfacher ist es auch für die einzelnen Wettbewerber, einen - absolut gesehen - ausreichend großen Marktanteil zu besetzen. Falls in einer Branche aber Überkapazitäten vorzufinden sind, ist damit zu rechnen, dass das Wettbewerbsumfeld kompetitiver wird. Dies lässt sich damit begründen, dass Unternehmen speziell bei kapitalintensiven Produktionsbetrieben und damit meist hohen fixen „sunk costs" und hohen Leerlaufkosten nur durch eine ausreichend hohe Kapazitätsauslastung rentabel arbeiten. Außerdem kommt es zu einer verstärkten Rivalität, wenn sich das Wettbewerbsumfeld homogen gestaltet. Die Unternehmen können sich dann oftmals auf dem Markt nur über den Preis differenzieren. Zusammenhängend mit der Marktmacht durch die Abnehmer, wird die Tendenz zum Kampf um Marktanteile dann gefördert, wenn die Nachfrager niedrige Wechselkosten haben und aufgrund einer zusätzlich geringen Anbieterloyalität ein Wechsel wahrscheinlich ist. Schließlich sind auch die Marktaustrittsbarrieren, denen die Unternehmen in einer Branche unterliegen, anzuführen (z. B. strategische Interessen, Spezifität der Aktiva, emotionale Barrieren). Da hohe Austrittsbarrieren selbst bei schlechter Geschäftslage Anbieter kaum veranlassen werden, den Markt zu verlassen, steigert auch dies die Rivalität. So kann die Rentabilität der gesamten Branche dauerhaft niedrig gehalten werden.

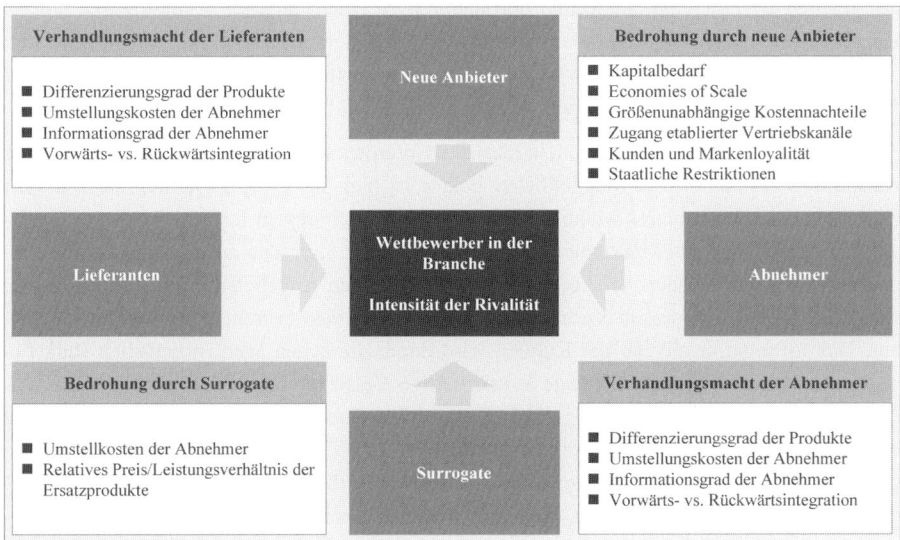

Abbildung IV.3: Elemente der Branchenstruktur (Quelle: Porter, 1999a, S. 26)

Der Grad der **Bedrohung durch neue Anbieter** hängt generell von der Höhe der Markteintrittsbarrieren ab. Zu diesen zählt im Wesentlichen ein hoher Kapitalbedarf, der potenzielle neue Anbieter abschreckt. Damit verbundene Betriebsgrößendegressionseffekte („Economies of Scale" und „Economies of Scope"), die nicht nur in der Produktion, sondern in allen Unternehmensbereichen und verbundenen Branchen entstehen können, schrecken vom

vom Markteintritt ab. Ähnlich hierzu verhalten sich größenunabhängige Kostennachteile, denen sich Neueinsteiger gegenüber sehen können. So können etablierte Unternehmen z. B. Kenntnisse über und Patente auf Produktionstechnologien oder Zugangsmöglichkeiten zu Rohstoffen haben, die anderen verschlossen bleiben. Auch der Zugang zu relevanten Vertriebskanälen, den ein etabliertes Unternehmen nicht mehr kostenintensiv aufbauen muss, sowie eventuelle Kunden- und Markenloyalität erschweren es neuen Mitbewerbern, die anvisierten Marktanteile zu erreichen. Als rechtliche Markteintrittsbarriere sind schließlich die unter den staatlichen Restriktionen zusammengefassten Zölle, Lizenzen, Sicherheits- und Umweltschutzvorschriften zu beachten.

Auch die **Verhandlungsstärke der Lieferanten** ist in der Betrachtung der Branchenstruktur nicht zu vernachlässigen. Hierbei ist unter anderem die Bedeutung des Inputs des jeweiligen Zulieferers für den Grad der Differenzierung der eigenen Produkte zu beachten. Je stärker diese Bedeutung ist, desto größerer Verhandlungsmacht sieht sich ein Unternehmen gegenüber. Dies ist vor allem dann der Fall, wenn nur wenige oder keine alternativen Lieferanten vorhanden sind. Analog ist aber auch der Anteil von Bedeutung, den die abgenommenen Produkte am Umsatz des Vorleisters ausmachen. Ist man für den Lieferanten in der Rolle eines Großabnehmers, so sinkt natürlich dessen Verhandlungsmacht, da ein Verlust des Zuliefervertrages seine Existenz gefährden könnte. Die Position des Zulieferers wird hingegen gestärkt, sofern dieser glaubhaft mit direkter Vorwärtsintegration drohen kann. Dies würde nämlich bedeuten, dass der Lieferant seine Geschäftstätigkeit auf das Kerngeschäft des eigenen Unternehmen ausweiten und dadurch zu einem direkten Konkurrenten würde. Umgekehrt schwächt sich seine Position, wenn sich dem Unternehmen die Möglichkeit einer Rückwärtsintegration bietet (vgl. zu einer ausführlichen Diskussion derartiger Transaktionsbeziehungen Picot/Dietl/Franck, 1999, S. 66–84).

Auf der Seite des Absatzmarktes sieht sich das Unternehmen der **Verhandlungsstärke der Abnehmer** gegenüber. Ein maßgeblicher Faktor ist hier das Umsatzvolumen, das ein Abnehmer erzielt. Ein weiterer wichtiger Faktor ist aber auch dessen Informationsgrad. Inwieweit ein Abnehmer das Marktangebot überblicken kann, ihm also ausreichend Informationen zur Verfügung stehen, um die Qualität des einzelnen Angebots beurteilen zu können, wirkt sich ebenso auf dessen Verhandlungsposition und damit direkt auf seine Marktmacht aus. Das Informationsniveau der Kunden wird durch die neuen Medien natürlich stark beeinflusst, weshalb sich eine künftige kundenseitige Verschiebung der Marktmacht abzeichnet. Je stärker der Differenzierungsgrad der Produkte eines Unternehmens wiederum ist, je eher es also eine Problemlösung bieten kann, die dem Verwender einen größeren Nutzen stiftet als die Produkte der Konkurrenz, desto stärker ist die Verhandlungsmacht des Unternehmens. Die Umstellungskosten, die den Abnehmern bei einem Wechsel zu Konkurrenzprodukten entstehen (hier müssen auch die „sunk costs" beachtet werden), schwächen mit zunehmender Höhe die Position der Abnehmer. Der Kunde ist dann „locked-in" und muss regelrecht in der Transaktionsbeziehung bleiben (Plinke, 1997, S. 50). Analog zu den Lieferanten verbessert sich die Verhandlungsstärke der Abnehmer, sofern diese glaubhaft mit Rückwärtsintegration drohen können. Gleichsam analog verbessert sich die eigene Position des Unternehmens, wenn es zumindest im Business-to-Business-Bereich mit Vorwärtsintegration drohen kann.

Schließlich hat das Unternehmen noch die **Bedrohung durch Substitutionsprodukte** zu beachten. Substitutionsprodukte sind dazu geeignet, dem Verwender den gleichen Nutzen zu stiften wie die bisherige Lösung, allerdings auf einem anderen Weg. Dabei erwächst die eigentliche Gefahr zumeist daraus, dass ein Hersteller eine Konkurrenzanalyse auf die derzeitigen oder künftigen Rivalen innerhalb einer Branche fokussiert. So könnten z. B. Kunden, die einer Uhr den reinen Nutzwert der Zeitanzeige beimessen, denselben Nutzen auch von einem anderen Gegenstand erzielen, den sie ständig bei sich tragen, wie z. B. einem Mobiltelefon. Gewöhnlich werden sich aber heutzutage Uhrenhersteller nicht in Konkurrenz mit Mobiltelefonherstellern sehen. Des Weiteren sind in diesem Zusammenhang neben dem Produktnutzen erneut die Umstellkosten der Abnehmer von Bedeutung. Je höher diese Wechselkosten, desto unwahrscheinlicher wird ein Abwandern der Kunden zu Substituten. Hierzu ist auch die Anbieterloyalität der Kunden zu zählen. Weiterhin spielt auch das relative Preis-Leistungs-Verhältnis der Ersatzprodukte eine Rolle. Weisen diese ein besseres Preis-Leistungs-Verhältnis auf, so fördert das die Wechselbereitschaft der Kunden und stellt damit eine Bedrohung für das Unternehmen dar.

Ein wichtiges Element, das PORTER in seiner Analyse zumindest nicht explizit anspricht, sind komplementäre Ressourcen. Damit sind z. B. Produkte gemeint, die notwendig für die sinnvolle Verwendung des eigenen Produktes sind (Teece, 1986, S. 287–289). Beispielsweise ist eine Computerspielekonsole als reine Hardware auch mit überragenden technischen Spezifikationen ohne Strom, Fernseher und kompatible Software ohne Nutzen für den Verwender. Strom und TV-Geräte sind auf dem Markt für die Verwender problemlos erhältlich, stellen also keine Restriktion dar. Die Software hingegen muss spezifisch für die Konsole angeboten werden. Falls das Unternehmen selbst kein Know-how in der Software-Produktion besitzt, muss es demnach sicherstellen, dass Spiele-Hersteller ihre Angebote auch auf die Konsole des Unternehmens ausweiten. Die komplementären Ressourcen werden so gerade für junge Unternehmen schnell zum „bottleneck" des Erfolgs, da ihre Marktmacht geringer ist als die ihrer etablierten Konkurrenten, die unter Umständen die komplementären Ressourcen beeinflussen können.

1.3 Methodische Durchführung der Marktanalyse

1.3.1 Definition der Zielgruppe und Stichprobenauswahlverfahren

Implizit wurden mit der Definition des relevanten Marktes auch sämtliche Zielgruppen zumindest strukturell festgelegt. Damit ist unter anderem auch die maßgebliche Menge aller interessierenden Untersuchungsobjekte für eine Absatzmarktanalyse beschrieben und somit die Grundgesamtheit bekannt.

Grundsätzlich besteht die Möglichkeit, alle Mitglieder der Grundgesamtheit zu befragen (Vollerhebung) oder gerade bei umfangreichen Grundgesamtheiten aus Kosten- und Zeitgründen eine Teilmenge zu analysieren. Man zieht dann eine so genannte Stichprobe. In der Literatur finden sich zahlreiche Einteilungen der einzelnen Verfahren, die sich allerdings lediglich marginal unterscheiden (Althoff, 1993).

Generell wird differenziert zwischen

- willkürlichen Verfahren,
- Verfahren der bewussten Auswahl,
- Verfahren der zufälligen Auswahl und
- darauf aufbauend, mehrstufigen Varianten oder Kombinationen der genannten Verfahren.

Dabei gilt es zu berücksichtigen, dass Verfahren der schließenden Statistik, die eine Übertragung der Stichprobenergebnisse auf die (eigentlich interessierende) Grundgesamtheit erlauben, nur auf zufällig gezogene Stichproben angewendet werden dürfen. Nur die auf dem Zufallsprinzip basierenden Auswahlmechanismen liefern eine per definitionem repräsentative Stichprobe, also ein wirklichkeitsgetreues, wenn auch verkleinertes Abbild der Realität. Trotzdem sind auch willkürlich oder bewusst gezogene Stichproben nicht gänzlich wertlos, erlauben sie doch in jedem Fall eine deskriptive und/oder eine explorative statistische Auswertung. Besonders für Vorstudien oder in Fällen, in denen die Grundgesamtheit nicht vollständig bekannt bzw. eine zufällige Stichprobenziehung zu vertretbaren Kosten nicht möglich ist, können also auch nicht-repräsentative Stichproben wertvolle Informationen für die Marktanalyse liefern. Zu beachten ist lediglich, dass im Rahmen der Interpretation nicht doch der Schluss von der Stichprobe auf die Grundgesamtheit vorgenommen wird, sondern dass sich die gewonnenen Aussagen allein auf die Stichprobe beziehen müssen (wobei es natürlich dem Anwender überlassen bleibt, inwieweit er geneigt ist, die Resultate quasi als Tendenzaussagen mit gewissem Aufschlusscharakter in Bezug auf die Grundgesamtheit zu nutzen).

Anzumerken ist ferner, dass auch (repräsentative) Zufallsstichproben Aussagen über die Grundgesamtheit nur mit einer bestimmten, jedoch beliebig klein wählbaren Fehlerwahrscheinlichkeit erlauben (zur ausführlichen Beschreibung hierzu Bamberg/Baur, 2001, S. 135–137).

1.3.1.1 Verfahren der willkürlichen Auswahl

Im Rahmen der willkürlichen Auswahl lassen sich die Auswahl aufs Geratewohl und die Staffelungsmethode unterscheiden.

Die **Auswahl aufs Geratewohl** ist dadurch gekennzeichnet, dass keine Kontrolle des Auswahlmechanismus vorgegeben ist, und dass ihr kein expliziter Plan zugrunde liegt. Oftmals wird dabei die Auswahl der Befragungsteilnehmer stark vom Untersuchungsleiter und dessen persönlichen Präferenzen beeinflusst (Hammann/Erichson, 1994, S. 113).

Die **Staffelungsmethode** ordnet alle Einheiten nach einem bestimmten Merkmal und untersucht anschließend den Median, berücksichtigt aber nicht das Streuungsverhalten in der Stichprobe (Schwaiger, 1993, S. 34).

Diese beiden relativ unsystematischen Verfahren sind, wie angesprochen, aufgrund mangelnder wissenschaftlicher Fundierung nicht geeignet, valide Aussagen zur Marktsituation zu generieren. Allenfalls bietet eine Analyse auf diesem Wege einen verbesserten, wenn schon nicht umfassenden Einblick in den Markt. Das Risiko besteht darin, dass das Marktpotenzial überschätzt wird, da z. B. der Erfinder eines innovativen Technikproduktes nur Bekannte befragt, die selbst eine hohe Affinität zu neuen Technologien besitzen, die Mehrheit der Zielgruppe aber vielleicht eine andere Meinung vertritt. Umgekehrt kann das Marktpotenzial auch unterschätzt werden, da vielleicht bestimmte Bevölkerungsgruppen, die starkes Interesse an dem neuen Produkt haben, in die Befragung nicht einbezogen werden.

1.3.1.2 Verfahren der bewussten Auswahl

Hierzu zählen die typische Auswahl, das Konzentrationsprinzip und das Quota-Verfahren, die auf ganz bestimmten Regeln beruhen, nach denen die Stichprobe quasi „konstruiert" wird (Koch, 1997, S. 40).

Bei der **typischen Auswahl** werden nur diejenigen Elemente aus der Grundgesamtheit für die Stichprobe ausgewählt, die nach freiem Ermessen für den gegebenen Sachverhalt als relevant angesehen werden. Durch diese subjektive Einschätzung kommt es freilich, wie oben skizziert, zu einer starken Einschränkung der Repräsentativität. Für junge technologieorientierte Unternehmen, deren Produktkonzept bei der Allgemeinheit nur schwer aufgrund fehlenden Verständnisses oder noch fehlenden breiten Bedarfs zu überprüfen ist, kommen insbesondere so genannte „lead user" als Zielgruppe der Analyse in Frage. Damit sind jene Nutzer gemeint, die eben zum Entwicklungszeitpunkt bereits einen großen Nutzen von der Anwendung erwarten können (vgl. ausführlich zum Lead-User-Begriff von Hippel, 1986).

Ähnlich verhält es sich mit dem Verfahren nach dem **Konzentrationsprinzip (Cut-Off)**. Hier werden nur solche Elemente in die Erhebung mit aufgenommen, die für den jeweiligen Sachverhalt bzw. Untersuchungsgegenstand besonders wichtig sind und besonderes Gewicht haben. Gute Ergebnisse kann dieses Verfahren z. B. in der Investitionsgüter-Industrie bringen, wo die Befragung weniger marktführender Unternehmen häufig bereits einen sehr hohen Erklärungsbeitrag sicherstellt (Berekoven/Eckert/Ellenrieder, 1999, S. 57).

Wenn die Strukturen der Grundgesamtheit bekannt sind, können mit dem **Quota-Verfahren** gute Analyseergebnisse erzielt werden. Diesem Verfahren liegt der Abbildungsgedanke zugrunde; in der Stichprobe wird also die Struktur der Grundgesamtheit proportional nachgebildet. In der Literatur werden als herangezogene Strukturmerkmale hauptsächlich Geschlecht, Alter oder Beruf genannt (Green/Tull, 1984, S. 196). Die den Quotenstichproben häufig zugesprochene Repräsentativität stellt sich freilich nur dann ein, wenn ein starker Zusammenhang zwischen den Quotierungsmerkmalen (Geschlecht, Alter usw.) und den eigentlich interessierenden Untersuchungsmerkmalen (z. B. Kaufverhalten, Produktnutzung) unterstellt werden kann. Regelmäßig kann davon sicher nicht ausgegangen werden.

1.3.1.3 Verfahren der Zufallsauswahl

Den Verfahren der reinen Zufallsauswahl, der geschichteten Zufallsauswahl und der Klumpenauswahl ist gemeinsam, dass sich die Auswahl auf sämtliche Einheiten der Grundgesamtheit erstreckt. Jedes Element der Grundgesamtheit hat eine bekannte, von Null verschiedene Wahrscheinlichkeit, in die Stichprobe aufgenommen zu werden. Über die tatsächliche Auswahl entscheidet der Zufall.

Bei der **reinen Zufallsauswahl,** auch einfache Zufallsauswahl genannt, liegt zusätzlich der Sonderfall vor, dass jedes Element die gleiche Chance hat, in die Stichprobe aufgenommen zu werden. Hierbei ergibt sich die Anforderung, dass die Grundgesamtheit mit all ihren Elementen vollständig vorliegen und vollständig durchmischt sein muss (Berekoven/ Eckert/Ellenrieder, 1999, S. 51; Schwaiger, 1993, S. 36).

Wenn die Grundgesamtheit sehr heterogen ist (z. B. wenige Großkunden und viele kleinere Kunden), bietet sich die **geschichtete Zufallsauswahl** an. Dazu wird die Grundgesamtheit z. B. nach Umsatzgröße oder soziodemografischen Merkmalen in Schichten eingeteilt. In jeder einzelnen Schicht wird dann eine reine Zufallsstichprobe gezogen, wobei das Verhältnis der Schichtumfänge zueinander in der Grundgesamtheit auch in der Stichprobe abgebildet werden kann (proportionale Schichtung), aber nicht muss (z. B. bei optimaler Schichtung, vgl. hierzu Bamberg/Baur, 2001, S. 244–248). Der große Vorteil der Schichtung besteht darin, dass der Schätzfehler (etwa des gesamten Marktpotenzials) sehr viel geringer gehalten werden kann als bei einfacher Zufallsauswahl in der ungeschichteten Grundgesamtheit, falls die einzelnen Schichten tatsächlich homogener sind als die Gesamtheit. Dieses Verfahren ist allerdings nur anwendbar, wenn die zur Schichtung notwendigen Merkmalsdimensionen bei allen Merkmalsträgern bekannt sind.

Die mehrstufige Auswahl stellt ein weiteres Zufallsverfahren dar. Wenn die Grundgesamtheit in natürliche Konglomerate aufgespalten werden kann, findet häufig eine spezielle mehrstufige Ziehungsform, nämlich die **Klumpenauswahl** Anwendung. Dabei werden einzelne Klumpen (z. B. Stadtteile) zufällig ausgewählt und kommen dann mit all ihren Elementen in die Stichprobe (Berekoven/Eckert/Ellenrieder, 1999, S. 54).

1.3.2 Erhebungsverfahren

Zur eigentlichen Erhebung der Daten werden am häufigsten die Methoden der Befragung und der Beobachtung verwendet. Gelegentlich wird ferner das Experiment als eigenständiges Verfahren genannt (Koch, 1996, S. 60).

Größte praktische Bedeutung wird der **Befragung** beigemessen. Kernziel der Befragungsverfahren ist die verbale Gewinnung von Daten durch den Marktforscher. Zahlreiche spezifische Untermethoden lassen sich über die Kommunikationsform (persönlich, telefonisch, schriftlich), durch die Befragungsart (direkt, indirekt), den Standardisierungsgrad (freies Interview vs. standardisierte Befragung), die Befragungshäufigkeit und den Themenumfang unterscheiden (Berekoven/Eckert/Ellenrieder, 1999, S. 93).

Die mündliche Befragung (persönliches oder telefonisches Interview) hat gegenüber einer schriftlichen Kommunikationsform den Vorteil, dass sich die Befragungssituation durch den Interviewer kontrollieren lässt, d. h., die Anwendung von Befragungstaktiken möglich ist. Des Weiteren lassen sich auf diese Art und Weise zusätzliche Informationen (wie z. B. ergänzende Beobachtungen) gewinnen (Meffert, 1998, S. 150). Ein weiteres wichtiges Differenzierungsmerkmal, das es zu einem frühen Zeitpunkt festzulegen gilt, betrifft den Standardisierungsgrad. Dadurch wird das Ausmaß festgelegt, in dem der Interviewer an einen festgelegten Ablauf der Befragung gebunden ist. In diesem Zusammenhang ist hauptsächlich in freie und standardisierte Interviews zu differenzieren (Koch, 1997, S. 62).

Freie Interviews finden vor allem im Rahmen von qualitativen Studien Anwendung und zielen auf die Erhebung von psychologischen Zusammenhängen ab. Die Fragen und Abläufe des Interviews sind dabei nur ansatzweise mittels eines Interviewerleitfadens vorgegeben. Dies bedeutet einerseits zwar größtmögliche Flexibilität in Bezug auf die Gesprächsführung, birgt jedoch das Risiko eines merklichen subjektiven Einflusses durch den Interviewer in sich. Insbesondere besteht in persönlichen Interviews das Risiko des Effekts der sozialen Erwünschtheit. Die Befragten äußern bei bestimmten, z. B. ethischen Fragen nicht ihre wahre Meinung, da diese von der sozialen Norm abweicht. Als Sonderform der Befragung wird teilweise auch das Tiefeninterview (Exploration) eingesetzt, um Ursachen des Verhaltens von Individuen zu ergründen (Atteslander, 1995, S. 170). Mit Hilfe von Assoziations- und Projektionsverfahren können so Verhaltensmotive aufgedeckt werden, die sich einer direkten Abfrage entziehen.

Auf der anderen Seite des Kontinuums findet sich das standardisierte Interview, bei dem einerseits der Ablauf des Interviews und die Fragestellung, andererseits die Antwortmöglichkeiten darauf stark eingeschränkt und genormt vorliegen. Somit stellt diese Form der Befragung geringere Anforderungen an den Interviewer und liefert eher vergleichbare Ergebnisse. Unterschiede in der Beantwortung der Fragen sind somit nur durch unterschiedliche Ansichten und Überzeugungen zu erklären und nicht durch unterschiedliches Verhalten des Interviewers. Des Weiteren ist eine leichtere Erfassung und Auswertung möglich (Herrmann/Homburg, 1999, S. 26). Als häufig gebrauchte Sonderform ist hier die so genannte Omnibusbefragung zu nennen, bei der ein ausgewählter Personenkreis zu mehreren Untersuchungsthemen befragt wird (Rogge, 1992, S. 79–80).

Neben diesen Methoden findet in der Praxis häufig das Verfahren der schriftlichen Befragung Anwendung. Hierbei erhalten die Untersuchungspersonen Fragebögen vorgelegt oder zugeschickt, mit der Bitte diese auszufüllen. Um eine hohe Vergleichbarkeit zu gewährleisten und Unklarheiten zu vermeiden, wird hauptsächlich auf geschlossene Fragen zurückgegriffen. Die Befragten erhalten also keine freischriftlichen Antwortmöglichkeiten, sondern z. B. Rating-Skalen, auf denen sie ihre Meinung standardisiert angeben müssen (Meffert, 1998, S. 143). Dabei werden automatisch unerwünschte Interviewereinflüsse vermieden. Außerdem eignen sich Fragebogenverfahren besonders zur quantitativen Auswertung und ermöglichen somit bei gleichzeitiger reiner Zufallsauswahl statistisch gesicherte, repräsentative Aussagen über den gesamten Markt. Diesen Vorteilen und den geringeren Kosten einer schriftlichen Befragung durch geringeren Personaleinsatz steht allerdings das Problem meist geringer Rücklaufquoten gegenüber. Dies könnte schlechtestenfalls zu Verzerrungen des

Ergebnisses und damit zur Gefährdung der Repräsentativität führen (Berekoven/Eckert/Ellenrieder, 1999, S. 113). Diesen Problemen kann jedoch teilweise dadurch begegnet werden, dass die erste Frage, die gestellt wird, ein Interesse beim Interviewten weckt, und erst im späteren Verlauf auf komplexere Fragestellungen zurückgegriffen wird. Hierdurch lässt sich vermeiden, dass der Befragte von vorneherein eine Defensivhaltung einnimmt (Kotler et al., 1999, S. 248).

Neben der Befragung werden häufig **Beobachtungsmethoden** eingesetzt, bei denen jedoch nur eine tatsächliche Handlung der Versuchsperson erfasst wird. Dahinter stehende Beweggründe und Motive bleiben dabei ungeklärt (Nieschlag/Dichtl/Hörschgen, 1997, S. 747). Allerdings kann eine Beobachtung immer vor dem Hintergrund spezifischer Umweltsituationen durchgeführt werden, welche gegebenenfalls einen Einfluss auf das Verhalten des Individuums haben (Meffert, 1998, S. 149). Je nachdem, welche Ziele mit der Beobachtung verfolgt werden, scheinen verschiedene Arten von Beobachtungen vorteilhaft, wie im Folgenden dargestellt:

Beobachtungssituationen werden in erster Linie nach dem Bewusstseinsgrad der Versuchsperson unterschieden: In einer offenen und durchschaubaren Situation weiß der Proband um den Zweck und die Situation der Beobachtung; in einer nicht durchschaubaren Situation ist ihm zwar der Gegenstand, nicht aber der Zweck der Beobachtung bewusst. In einer quasibiotischen Situation weiß die Person nur um ihren Einsatz als Versuchsobjekt. Wenn auch dieser Aspekt fehlt, wird von einer biotischen Situation gesprochen (Meffert 1998, S. 148).

Wird die Beobachtung nicht von Aufzeichnungsgeräten, wie z. B. Kameras, sondern von einem persönlichen Beobachter durchgeführt, lässt sich wiederum unterscheiden, ob der Beobachter an der Situation teilnehmen oder für die Versuchspersonen nicht wahrnehmbar sein soll (Tietz, 1993, S. 438).

Des Weiteren wird unterschieden in Feld- und Laborbeobachtungen. Während die Beobachtung beim Erstgenannten im gewohnten Umfeld der Beobachteten stattfindet, wird für die Laborbeobachtung eine künstliche Beobachtungssituation geschaffen, die eine beliebige Variation durch den Forscher ermöglicht (Meffert, 1998, S. 149).

Als dritte Erhebungsmethode wird, wie oben angeführt, das **Experiment** genannt. Hierbei wird ein vermuteter Zusammenhang unter Ausschluss von Störfaktoren überprüft (ceteris paribus). Durch die Schaffung einer künstlichen Versuchsanordnung soll der Einfluss eines Faktors auf einen anderen ermittelt werden (Koch, 1997, S. 91). Dieses Verfahren wird von einigen Autoren jedoch nur als spezifischer Versuchsplan aufgefasst (Nieschlag/Dichtl/Hörschgen, 1997, S. 737), in dessen Rahmen Daten auch nur erfragt oder beobachtet werden können, und deshalb nicht als eigenständige Erhebungsform gekennzeichnet. Angewandt wird das Experiment z. B. im Rahmen von Produkttests und Werbewirkungstests (Koch, 1997, S. 98). Der größte Nachteil des Experiments ist der große Aufwand und ein bereits vorhandenes tiefes Verständnis aller möglichen Zusammenhänge, die zur Durchführung notwendig sind. Aus diesem Grund kommen Experimente für neu gegründete Unternehmen normalerweise nicht in Betracht und sollen deshalb an dieser Stelle nicht vertieft werden.

Vielmehr bietet sich jungen Unternehmen durch Verfahren wie z. B. durch die persönliche Befragung von potenziellen Nutzern, Intermediären oder sonstigen Experten die Möglichkeit, ein grundlegendes Verständnis des Marktes zu entwickeln und dadurch die eigenen Marktchancen besser einschätzen zu können, respektive das unternehmerische Risiko zu reduzieren. Aufbauend auf eine erste qualitative, erkundende Annäherung an die Marktsituation können dann auch quantitative Befragungsformen, vor allem mittels eines Fragebogens eingesetzt werden. Dadurch können bei repräsentativer Durchführung auch Rückschlüsse von der Stichprobe auf die Akzeptanz der eigenen Produktidee bzw. der Nutzerbedürfnisse im gesamten Markt gezogen werden.

Welches Verfahren und welcher Standardisierungsgrad gewählt werden sollte, kann jedoch nicht allgemein gültig empfohlen werden. So sind z. B. offenere und qualitative Verfahren besonders relevant bei Produktkonzepten, die zum Zeitpunkt der Erhebung noch auf kein breites Verständnis bzw. keinen breiten Bedarf treffen. Hier kann die alleinige Befragung weniger Experten, z. B. der angeführten „lead user", oft wertvollere Informationen liefern, als die schriftliche Befragung einer großen, zufällig ausgewählten Stichprobe. Andererseits kann freilich nur die Befragung der tatsächlichen Zielgruppe Auskunft über die Wahrscheinlichkeit eines breiten Markterfolgs geben. Hinzuweisen ist auch auf eine häufig feststellbare Diskrepanz zwischen gelebtem und bekundetem Verhalten. Für Start-Ups ist in diesem Kontext besonders zu beachten, dass die häufig direkt gestellte Frage nach der Kaufbereitschaft („Würden Sie dieses Produkt für x Euro kaufen?") nicht unbedingt zur Ermittlung des tatsächlichen Absatzpotenzials geeignet ist. Andererseits sind exakt zu diesem Thema Beobachtungen und Experimente oft nicht durchführbar, weil das betreffende Produkt oder die relevante Dienstleistung noch nicht existiert.

1.3.3 Auswertungsverfahren

Die methodische Auswertung der gewonnenen Daten verfolgt im Wesentlichen das Ziel, die Einzeldaten überschaubar zu machen (Datenkomprimierung) und Zusammenhänge zwischen Daten aufzudecken (Erklärung und Prognose) (Nieschlag/Dichtl/Hörschgen, 1997, S. 766) sowie von Stichprobenergebnissen auf die Grundgesamtheit zu schließen.

In erster Näherung ist zu unterscheiden zwischen folgenden Methoden:

- Verfahren, die lediglich die **Stichprobenergebnisse auf die Grundgesamtheit hochrechnen** sollen (Hochrechnungsverfahren), um z. B. von Kaufabsichten oder getätigten Käufen der Befragungsteilnehmer auf das Marktpotenzial zu schließen. Grundlegendes Ziel ist es, die bei der Stichprobenziehung entstandene „Verkleinerung" der Realität rückgängig zu machen (Schwaiger, 1993, S. 11). Dabei wird unterschieden zwischen Verfahren der freien und gebundenen Hochrechnung:
  - Die **freie Hochrechnung** verwendet ausschließlich die Ausprägungen des Erhebungsmerkmals in der Stichprobe zur Schätzung der mittleren Ausprägung des Erhebungsmerkmals in der Grundgesamtheit (zur Methodik SCHWAIGER (Schwaiger, 1993, S. 56–64)).
  - Verfahren der **gebundenen Hochrechnung** nutzen zusätzlich bekannte Daten aus der Grundgesamtheit. Ein Außenkriterium, ein so genanntes Hilfsmerkmal, dessen tatsächlicher Mittelwert in der Grundgesamtheit bekannt ist, wird zusätzlich zum

Erhebungsmerkmal in der Stichprobe erhoben. Über die Annahme, dass Unterschiede zwischen Stichprobe und Grundgesamtheit beim Hilfsmerkmal und beim Erhebungsmerkmal gleichermaßen auftreten, kann man etwaige Verzerrungen mittels eines Korrekturterms reduzieren. Exemplarisch können hier zu erwartende Absatzzahlen eines neu gelisteten Produktes bei einem Handelsunternehmen genannt werden. Der Absatz in der Testphase, die in einigen Filialen durchgeführt wird, hängt sicher auch von der Filialgröße (Hilfskriterium) ab und bedarf daher noch einer Korrektur, wenn die Testfilialen in der Größe von dem mittleren Wert aller Filialen abweichen. Erst dann kann eine valide Schätzung des Gesamtabsatzes vorgenommen werden, Der Vorteil der Verfahren der gebundenen Hochrechnung besteht also in der Validierung der eigentlichen Schätzung an Hand der objektiv überprüfbaren Abweichung zwischen Stichprobe und Grundgesamtheit bei dem Hilfskriterium (zu spezifischen Methoden SCHWAIGER (Schwaiger, 1993, S. 65–92)).

- Verfahren, die **Strukturen und Zusammenhänge im Datenmaterial** aufdecken und ggf. visualisieren sollen (explorative Verfahren, SCHWAIGER (Schwaiger, 1997, S. 92); zur Bedeutung, TUKEY (Tukey, 1980)). Dabei wird unterteilt zwischen Verfahren, die eine Menge von Objekten in möglichst homogenen Teilmengen zusammenfassen und Verfahren, die Objekte an Hand von Ähnlichkeitsbeziehungen räumlich positionieren:

  - **Clusteranalyse**- oder Klassifikationsverfahren (Bock, 1974; Späth, 1983) gehören zu den Verfahren, die eine ursprünglich heterogene Gesamtheit von Objekten an Hand ihrer Ähnlichkeitsbeziehungen zu homogenen Teilmengen gruppieren. Bei der Clusteranalyse werden einzelne Objekte so zu Gruppen zusammengefasst, dass die Innergruppenvarianz möglichst gering bleibt, die Gruppen in sich also möglichst homogen sind und gleichzeitig die Unterschiede zwischen den einzelnen Clustern möglichst groß sind. Beispielsweise können so differenzierte Kundentypologien entwickelt werden, die es ermöglichen, Teilzielgruppen mit unterschiedlichen Bedürfnissen spezifisch anzusprechen.

  - Repräsentationsverfahren, die Objekte anhand ihrer Ähnlichkeitsbeziehungen grafisch abbilden, beinhalten in jedem Fall die **Mehrdimensionale Skalierung (MDS)** (Kruskal, 1964) und je nach Einsatzart auch die Faktorenanalyse (z. B. Bausch/Opitz, 1993, S. 80–90). Die MDS ordnet dabei auf Grund von lediglich globalen Ähnlichkeitsurteilen Objekte (z. B. Produktmarken) in einem Raum an. Diese Methode ist besonders hilfreich, wenn das Untersuchungsziel das Verständnis subjektiver, psychischer Einschätzungen und Wahrnehmungen ist, deren Dimensionen zunächst nicht bekannt sind. Es bleibt dann auch interpretative Aufgabe, die Dimensionen des grafisch visualisierten Wahrnehmungsraumes zu benennen (zur methodischen Vorgehensweise und zu den Detailschritten, wie z. B. der Wahl eines geeigneten Distanzmodells vgl. GREEN/TULL (Green/Tull, 1982, S. 429–466)). Die Faktorenanalyse erfordert im Gegensatz zur MDS unter anderem genauere Kenntnisse über die Relevanz bestimmter Eigenschaften für die Beurteilung vergleichbarer Objekte. Grundlegendes Ziel der **Faktorenanalyse** ist die Reduktion einer Vielzahl von teilweise miteinander korrelierenden Variablen auf wenige aussagekräftige Faktoren. Gleichzeitig soll dabei möglichst viel der ursprünglich in den Variablen enthaltenen Varianz erhalten bleiben – also möglichst wenig Ausgangsinformation verloren gehen. Die praktische Anwendung ist unter anderem besonders bei Positionierungsanalysen interessant, wenn zahlreiche abgefragte Variablen auf zwei bis drei Faktoren (z. B. Qualität, Kundennähe) reduziert werden können und ein grafisches Positionierungsmodell mit dann – im Gegensatz zur MDS – bereits benannten Dimensionen ermöglicht wird (zur Methodik der Faktorenanalyse BACKHAUS ET AL. (Backhaus et al., 2000, S. 189–260)).

- Verfahren, die **Strukturen und Zusammenhänge zwischen Variablen identifizieren und überprüfen** sollen (induktive, d. h. schließende statistische Methoden) und dabei Aussagen über die der Stichprobe zugrunde liegende Grundgesamtheit erlauben.

  - Die **Regressionsanalyse** in ihren linearen und nicht-linearen Varianten stellt ein wichtiges induktives Verfahren dar. Grundsätzlich wird bei allen Formen der Regressionsanalyse der Einfluss einer oder mehrerer unabhängiger Variablen auf eine abhängige Variable untersucht, wobei alle Variablen auf metrischem Skalenniveau vorliegen müssen. Besonders wertvoll ist neben der Überprüfung der vermuteten Beziehungen die Quantifizierung des Einflusses der einzelnen Variablen. So kann z. B. untersucht werden wie stark Preisänderungen im Vergleich zu anderen Marketingmaßnahmen auf den Absatz eines Produktes wirken (vgl. zur Methodik HARTUNG/ELPELT/KLÖSENER (Hartung/Elpelt/Klösener, 1989, S. 569–608)).

  - Die **Varianzanalyse** als in der Anwendung ähnliches Verfahren untersucht den Einfluss nominal messbarer, unabhängiger Variablen auf eine abhängige, metrische Variable. Statt des Preiseinflusses kann man damit z. B. die Wirkung der Änderung der Verpackungsfarbe untersuchen (zur Methodik GREEN/TULL (Green/Tull, 1982, S. 319–352)).

  - Die **konfirmatorische Faktorenanalyse** basiert methodisch auf der oben dargestellten explorativen Form setzt aber Untersuchungshypothesen und damit die Vermutung über die Zuordnung von Merkmalen zu Faktoren voraus (zur Methodik HOMBURG/PFLESSER (Homburg/Pflesser, 1999, S. 413–437)).

  - Die **Diskriminanzanalyse** untersucht Zusammenhänge zwischen metrisch skalierten unabhängigen Variablen und einer nominal skalierten, abhängigen Variable. Dabei werden entweder Gruppenunterschiede analysiert oder mittels der errechneten Diskriminanzfunktion Klassifizierungen neuer Objekte vorgenommen. Z. B. können an Hand weniger Variablen Neukunden bestimmten Zielgruppen oder Risikoklassen bei der Kreditvergabe zugeordnet werden (zur Methodik BACKHAUS ET AL. (Backhaus et al., 2000, S. 90–165)).

  - Die zur **Kausalanalyse** einsetzbaren linearen Strukturgleichungsmodelle stellen spezielle Kombinationen der Regressionsanalyse und der Faktorenanalyse dar (z. B. der LISREL-Ansatz von JÖRESKOG (Jöreskog, 1978)). Bei der Kausalanalyse wird versucht, die Wirkungspfade zwischen theoretischen, latenten Konstrukten auf Grund der Kovarianzen zwischen beobachtbaren Variablen (Indikatoren) zu schätzen bzw. zu parametrisieren. Neben dem Aufschluss über die Zusammenhänge zwischen den Konstrukten liefert ein Kausalmodell auch Anhaltspunkte zur Überprüfung der Reliabilität und Validität der verwendeten Indikatoren (vgl. einführend z. B. HOMBURG/HILDEBRANDT (Homburg/Hildebrandt, 1998, S. 15–44)).

- Daneben existieren spezielle Verfahren zur Auswertung von Präferenzdaten, die Teilnutzenbeiträge bestimmter Merkmalsausprägungen errechnen. Beim **Conjoint Measurement** als dekompositionellem Verfahren werden Präferenzurteile über einzelne, vergleichbare komplette Produktpakete z.B. in Form von Rangreihen erhoben, um danach den Nutzenbeitrag einzelner Produktmerkmale herauszurechnen. Besonders relevant ist dieses Verfahren im Rahmen der Neuproduktentwicklung und dem damit zusammenhängenden Ziel die Kundenbedürfnisse möglichst frühzeitig zu berücksichtigen (zur methodischen Vorgehensweise BACKHAUS ET AL. (Backhaus et al., 2000, S. 564–626)).

Zu beachten ist hierbei, dass bereits zu Beginn der Datenanalyse ein Auswertungsplan erstellt wird, der die generellen Ziele und Informationsbedürfnisse und die zu deren Ermittlung erforderlichen Auswertungsmethoden berücksichtigt. Das ist schon deshalb unumgänglich, weil bestimmte Verfahren festgelegte Datenformate benötigen, und z. B. eine Conjoint Analyse nicht gerechnet werden kann, wenn keine Präferenzdaten vorliegen. Zu jedem verfolgten Ziel ist also ein geeignetes Auswertungsverfahren zu benennen, das in der Regel eine bestimmte Art und Zahl zu verarbeitender Variablen erfordert, die auf einem geeigneten Skalenniveau erhobenen werden müssen.

Bei der statistischen Verarbeitung der Daten liefern zwar alle genannten Verfahren quantitative Ergebnisse; diese sind jedoch nur dann als Entscheidungshilfe verwendbar, wenn der Anwender im Vorfeld seine Aufgabenstellung genau formuliert und das Vorliegen der Voraussetzungen zur Anwendung der Verfahren (z. B. das Vorliegen einer reinen Zufallsstichprobe) überprüft hat. Mit anderen Worten: Technisch lassen sich die meisten der genannten Methoden auf beliebige Daten anwenden; eine verfahrenskonforme Interpretation der Ergebnisse verlangt jedoch detaillierte statistische Kenntnisse (Schnell/Hill/Esser, 1999, S. 405).

Ein zweckmäßiger Ablauf in der Auswertung eines Datensatzes kann so aussehen: Zunächst werden univariate Statistiken erzeugt, die den Datensatz anhand weniger Kennzahlen (wie z. B. Mittelwerte, Minima, Maxima, Streuungsmaße) beschreiben. Die sich anschließende Untersuchung multivariater Zusammenhänge ist zwar komplexer, liefert aber detaillierte Kenntnisse, z. B. im Hinblick auf eine zielgruppengerechte Produktentwicklung oder eine zweckmäßige Marktabgrenzung.

Abbildung IV.4 gibt einen Überblick über die wichtigsten zur Verfügung stehenden Auswertungsverfahren (vgl. zur Durchführung der statistischen Verfahren BAMBERG/BAUR (Bamberg/Baur, 1998) oder BACKHAUS ET AL. (Backhaus et al., 2000)). Des Weiteren werden typische Anwendungsbeispiele aufgezeigt, wie sie in Gründungsunternehmen auftreten können:

Verfahren	Zweck	Anwendungspotenzial
Univariate Verfahren		
■ Häufigkeitszählungen und Lage-/Streuungsparameter		■ Überblick über Heterogenität bzw. Homogenität des Marktes
■ Korrelationsanalysen und Kreuztabellen	■ Zusammenhang zwischen zwei Variablen	
Multivariate Verfahren: Struktur-prüfende Verfahren		
■ Regressionsanalyse	■ Quantifizierung des Zusammenhangs zwischen zwei oder mehreren Größen	■ Bestimmung einer Preis-Absatz-Funktion
■ Varianzanalyse	■ Untersuchung der Wirkung eines oder mehrerer unabhängiger nominaler Merkmale auf ein oder mehrere abhängige quantitative Merkmale	■ Untersuchung der Wirkung der Altersgruppe auf die Merkfähigkeit
■ Diskriminanzanalyse	■ Analyse von Gruppenunterschieden	■ Kaufprognose für Konsumenten mit bestimmten Merkmalen
■ Conjoint Measurement	■ Ermittlung von Teilnutzwerten (z.B. einzelner Produktfeatures)	■ Produktgestaltung, Ermittlung relevanter Produkteigenschaften
Multivariate Verfahren: Strukturen-entdeckende Verfahren		
■ Faktorenanalyse	■ Datenverdichtung auf wenige Einflussfaktoren	■ Analyse der relevanten Produktdimensionen
■ Clusteranalyse	■ Zusammenfassen von Objekten zu Klassen	■ Aufspalten des Gesamtmarktes in homogene Teilsegmente
■ Multidimensionalskalierung (MDS)	■ Räumliche Positionierung von Objekten	■ Ermittlung von Marktnischen

Abbildung IV.4: Analysemethoden und Anwendungsfelder

Da Strukturen prüfende Verfahren nur vorab vermutete Zusammenhänge überprüfen bzw. quantifizieren können, ist vor Beginn der Studie ein Kausalzusammenhang vom Forscher zu postulieren. Das bedeutet in der Regel, dass sich die betrachteten Variablen in abhängige und unabhängige Variablen einteilen lassen (Backhaus et al., 2000, S. XXI). Liegen ein solches Vorwissen oder wenigstens entsprechende Vermutungen nicht vor, so kommen die explorativen Verfahren zum Einsatz, die eine Entdeckung von Zusammenhängen, Ähnlichkeiten und Strukturen zwischen Variablen oder Objekten ermöglichen. Von besonderer Wichtigkeit sind in diesem Zusammenhang die Klassifikationsverfahren, die zur Ermittlung von Konsumententypologien (Drieseberg, 1995) eingesetzt werden. Auf Basis von Merkmalen zu Einstellungen, Werthaltungen, Konsumgewohnheiten und ggf. zusätzlicher soziodemografischer Kriterien werden Personen in homogene Marktsegmente eingeteilt, die dann mit segmentspezifischen Marketingprogrammen zu bearbeiten sind. Auf diese Weise kann eine kunden- und damit marktorientierte Produkt-, Preis-, Distributions- und vor allem Kommunikationspolitik in die Tat umgesetzt werden. Und nicht zuletzt mag als Vorteil dieser Vorgehensweise gelten, dass Prognosen innerhalb der Segmente wegen deren Homogenität treffsicherer sind, und damit eine über alle Segmente aggregierte Schätzung in der Regel genauer ist als die auf dem heterogenen Gesamtmarkt basierenden Berechnungen.

1.3.3 Gütekriterien

Die Bewertung der oben angeführten Stichprobenauswahl- und Erhebungsverfahren muss nach allgemeinen wissenschaftlichen Beurteilungskriterien für Messmethoden erfolgen, wenn und soweit Angaben über ihre Aussagekraft möglich sein sollen. In diesem Zusammenhang nennt die Literatur folgende Kriterien, denen eine Untersuchung genügen muss: Validität (Gültigkeit), Reliabilität (Zuverlässigkeit) und Objektivität (Tietz, 1993, S. 74).

Validität bezeichnet die Sicherstellung der Gültigkeit einer Messung. Hierunter ist die Übereinstimmung von Messergebnis und Messtatbestand zu verstehen. Es wird also überprüft, ob mit dem jeweiligen Verfahren (Messoperationalisierung) tatsächlich das gemessen wird, was damit gemessen werden soll. Sicherstellung der Validität bedeutet somit eine Vermeidung systematischer Fehler im Rahmen des Messverfahrens. In der Literatur finden sich weitere Differenzierungen des Validitätsbegriffs (Hildebrandt, 1984), die an dieser Stelle aber nicht vertieft werden sollen.

Exemplarisch kann Validität anhand des bekannten Intelligenz-Quotienten-Tests (IQ) erläutert werden. Nachdem bislang nicht allgemeingültig definiert wurde, was Intelligenz ist, ist der IQ-Test, der eben das Konstrukt Intelligenz messen soll, höchstwahrscheinlich nicht valide. Dadurch kann es zu systematischen Unter- oder Überbewertungen, also konstanten Fehlbeurteilungen kommen. Das bedeutet, dass die Abweichung des Messwertes in der Stichprobe im Vergleich zum wahren Wert in der jeweiligen Grundgesamtheit allein auf eine fälschliche Modellierung zurückzuführen ist.

Die Zuverlässigkeit eines Messverfahrens wird allgemein unter dem Begriff der **Reliabilität** zusammengefasst. Dies bedeutet, dass das verwendete Messverfahren für die jeweilige Problemstellung geeignet ist und verlässliche, genaue und vergleichbare Ergebnisse liefert (Tietz, 1993, S. 416). Reliabilität bezieht sich somit auf unsystematische (variable) Fehler, die auch bei validen Verfahren auftreten können (Hammann/Erichson, 1994, S. 75).

Die Reliabilität kann am Beispiel einer verrosteten Waage und ihres modernen, geeichten digitalen Pendants plakativ erklärt werden. Beide Waagen erzielen zwar valide Ergebnisse, da sie tatsächlich das Gewicht eines Gegenstands messen. Allerdings wird die verrostete Waage bei mehreren Wägungen desselben Objektes unterschiedliche Gewichte ermitteln. Die geeichte Waage gibt hingegen für dasselbe unveränderte Objekt immer den gleichen Wert an, misst also reliabel.

Das dritte Kriterium, die **Objektivität,** stellt vor allem auf die Unabhängigkeit der Messergebnisse vom Untersuchungsleiter und den Untersuchungsbedingungen ab. Die Inter- und Intrasubjektivität des Messvorgangs muss gewährleistet sein, um die Untersuchungsergebnisse vergleichen zu können. Dies erfordert vor allem möglichst geringe Verzerrungen durch subjektive Eigenschaften, Einschätzungen und Annahmen des Untersuchungsleiters (Tietz, 1993, S. 417).

1.4 Strategisch verwertbare Informationen als Ziel der Marktanalyse

Zusammenfassend lässt sich festhalten, dass die Analyse des Marktes kein Selbstzweck ist, sondern lediglich der Entscheidungsvorbereitung dient. Allerdings trägt eine zielgerichtete Informationsbeschaffung dazu bei, Unsicherheit zu reduzieren, wodurch sich das unternehmerische Risiko reduzieren lässt. Schließlich wird der effiziente Einsatz von Marketing-

Maßnahmen insbesondere in Form einer marktgerechten Produktentwicklung und einer zielgruppenorientierten Kommunikationspolitik nur dann möglich, wenn ausreichende Kenntnisse über einen Markt vorliegen, und die Abschätzung der Konsequenzen einer bestimmten Marketingstrategie bedingt ebenfalls ein tiefes Verständnis des Marktes und der Marktteilnehmer (Freter, 1981, S. 61).

Im letzten Abschnitt wurde gezeigt, dass neben einer zielorientierten Datenerhebung auch eine zielorientierte und strukturierte Auswertung stattfinden muss, um nicht nur „Datenmüll", sondern strategisch verwertbare Informationen zu erhalten. Aufbauend auf diesen Informationen können dann strategische, wettbewerbsorientierte Einordnungskonzepte, wie die oben erläuterte Branchenstrukturanalyse, angewandt werden, um daraus Handlungsempfehlungen abzuleiten und insbesondere Chancen und Risiken frühzeitig zu erkennen.

Abschließend sei darauf hingewiesen, dass die Marktanalyse auch dem Flexibilitätsproblem Rechnung tragen muss, da Unternehmen am Markt normalerweise eine dynamische Umwelt vorfinden. Es gilt also, den Markt nicht nur in einer Querschnittsaufnahme statisch zu analysieren, sondern mit Hilfe von Längsschnittuntersuchungen Änderungen zu erkennen und Trends zu antizipieren. Da speziell die Existenz von Gründungsunternehmen in besonderem Maße durch Markt- und Branchenstrukturveränderungen gefährdet wird, kann es durchaus sinnvoll sein, zunächst eine kostenintensivere Strategie (ähnlich einer Versicherungsprämie) zu wählen, die zu einem späteren Zeitpunkt eine höhere Flexibilität ermöglicht (Adam, 1996, S. 216).

In jedem Fall sollte dem Thema Marktanalyse auch in Gründungsunternehmen bereits zu einem frühen Zeitpunkt ausreichend Beachtung geschenkt werden, um den Erfolg der oft hohen Anfangsinvestitionen mindestens qualifiziert abschätzen zu können. Falls aus Kosten- oder Geheimhaltungsgründen auf eine eigene Primäranalyse des Marktes verzichtet werden muss, ist zumindest eine plausible Schätzung vorzunehmen, die als Basis für weitere Entscheidungen genutzt werden kann. Wenn die Kosten für die Marktanalyse aber nicht als Ausgaben betrachtet, sondern als Zukunftsinvestitionen – die sie tatsächlich sind – erkannt werden, wird die Kostendiskussion ohnehin nicht geführt werden.

2. Erster Eintritt in den Markt

CORNELIUS BOERSCH / RAINER ELSCHEN

Every time you think you've discovered the key to the market, some SOB changes the lock.
(Gerald M. Loeb)

2.1 Besonderheiten beim Markteintritt von Start-Up-Unternehmungen

Start-up-Unternehmungen unterscheiden sich von etablierten Unternehmungen dadurch, dass der Markteintritt ihrer Produkte und Leistungen mit dem Markteintritt der gesamten Unternehmung einhergeht. Das Leistungsangebot der Unternehmung wird daher nicht durch Geschäftsfelder gestützt, die sich nach dem Modell der *Boston Consulting Group* (Welge/Al-Laham, 1999, S. 338–343) in der Phase der „rising stars" oder gar der „cash cows" befinden. Folglich verfügt ein Start-up noch nicht über ein Innenfinanzierungsvolumen.

Das macht die Frage des zeitlichen Eintritts zu einem besonders sensiblen Problem. Die finanziellen Folgen eines zu frühen oder zu späten Markteintritts können hier nämlich nur durch zusätzliche Außenfinanzierung ausgeglichen werden und gefährden damit die Existenz der Unternehmung weitaus stärker als bei etablierten Unternehmungen mit einem bereits vorhandenen und erfolgreichen Leistungsangebot. Daneben sind freilich die Fragen entscheidend, in welchen Markt die Unternehmung mit ihrem ersten Leistungsangebot eintreten soll und auf welche Weise sie sich ihre Erstaufträge beschafft.

Da die Vorteile eines festen Kundenstamms bekannt sind (Day/Aftab/Reynolds, 1998, S. 828–837; Ramme, 2000, S. 10–20), muss gleich von Beginn an eine sorgfältige Balance zwischen Preis und Leistungsqualität gefunden werden. Es kommt zwar dem Ausweis eines guten finanziellen Ergebnisses bereits im ersten Jahr entgegen, wenn es gelingt, die Kunden mit hohen Preisen und niedrigen Qualitäten nach der Devise „Anhauen, Umhauen, Abhauen" „über den Tisch zu ziehen". Einer langfristigen Etablierung der Unternehmung wird durch ein solches Vorgehen aber vor allem in solchen Branchen der Boden entzogen, die von der „Mund-Propaganda" leben. Umgekehrt kann eine zu großzügige Preis-Qualitäts-Relation die Kunden auf längere Zeit verwöhnen. Es kann zwar ein größeres Stammkundenpotenzial aufgebaut werden, aber die Wirtschaftlichkeit der Kundenbeziehungen steht langfristig auf dem Spiel, falls nicht spätere interne Lern- und Rationalisierungsprozesse die günstige Preisstellung im Nachhinein rechtfertigen.

Ziel dieses Beitrags ist es, die spezifischen Bedingungen und Probleme beim Markteintritt von Start-up-Unternehmungen aufzuzeigen und die Einflussfaktoren für einen erfolgreichen Markteintritt zu analysieren. Diese „Erfolgsfaktoren" beim Markteintritt sind insbesondere:

- die den Markteintritt leitende unternehmerische Strategie, die auf der Grundlage verschiedener im Schrifttum bekannter Modelle verdeutlicht werden kann (Strategie-Matrix der *Boston Consulting Group* bzw. der *McKinsey Company*, Strategiemodell von Porter);

- das operative Vorgehen bei dem Erwerb der Erstaufträge am Leistungsmarkt, das geprägt ist von der mangelnden Bekanntheit der jungen Unternehmung und dem noch fehlenden Vertrauen der Kunden in deren Leistungen, was wegen der damit verknüpften Informationsprobleme für einen informationsökonomischen Zugang zur Lösung dieses Problems spricht;

- der Zeitpunkt des Markteintritts, der abgesehen von den Besonderheiten des Marktumfeldes und den herrschenden staatlichen Rahmenbedingungen auch vom Potenzial der jungen Unternehmung abhängt;

- der für die meisten jungen Gründungsunternehmungen wohl wichtigste Engpass „Finanzierung"; denn da diese wegen des fehlenden Innenfinanzierungsvolumens auf Außenfinanzierung angewiesen sind, bestimmen nicht zuletzt die Marktbedingungen am Kapitalmarkt, welche Kraft die jungen Unternehmungen in ihren Marktvorstoß am Leistungsmarkt legen können und wie lang ihr „finanzieller Atem" reicht, wenn sich Verzögerungen einstellen.

Die oben aufgeführten „Erfolgsfaktoren" für den Markteintritt neu gegründeter Unternehmungen bestimmen auch die Gliederung dieses Beitrags: Abschnitt 2.2 befasst sich mit der strategischen Zielrichtung des Markteintritts, Abschnitt 2.3 mit der Frage, auf welche Weise und durch wessen Einwirkung sich die Unternehmung ihre Erstaufträge verschaffen kann, Abschnitt 2.4 thematisiert das Timing des Markteintritts, Abschnitt 2.5 die Auswirkungen der Kapitalmarktschwäche am Neuen Markt auf den Markteintritt von Start-up-Unternehmen. Den Schluss bildet eine zusammenfassende Darstellung der Gestaltungsempfehlungen.

2.2 Strategien des Markteintritts

2.2.1 „Eignungsprüfung" für strategische Modelle

Start-up-Unternehmen müssen schon aufgrund des eingeschränkten Finanzvolumens und der daraus erwachsenden Notwendigkeit, schnell in den Markt einzudringen, dort ihren Eintrittsversuch starten, wo einerseits ein Nachfragesog eines tragfähigen Marktsegments besteht, andererseits jedoch geringe Marktwiderstände durch etablierte Konkurrenten existieren, welche die anvisierte Marktposition bereits besetzen. Im Sinne des Modells von PORTER entspricht das einer Nischenstrategie (Porter, 1999a, S. 70–85).

Daraus ergibt sich die Aufgabe, vor dem Markteintritt solche Marktnischen zu identifizieren. Diese Nischen sind unbesetzte Marktpositionen mit Problemlösungsangeboten, hinter denen ein entsprechendes Marktsegment mit einer unbefriedigten Problemlösungsnachfrage steht. Dies ist jedoch allenfalls eine notwendige, keinesfalls jedoch eine hinreichende Voraussetzung, den Markteintritt zu wagen. Denn die Entdeckung der attraktivsten Marktnische nützt wenig, wenn die Start-up-Unternehmung nicht das geeignete Potenzial hat oder kurzfristig entwickeln kann, um den Problemlösungsbedarf in dieser Nische zu befriedigen. Und falls sie dieses Potenzial hat, stellt sich sofort die Frage, wie schnell ein aufkommender Konkurrent es unter seinen ökonomischen Bedingungen kopieren kann oder will. Von welchen strategischen Voraussetzungen die Unternehmung hier ausgehen kann, wird heute fast schon üblicherweise durch das Modell von *McKinsey* (Welge/Al-Laham, 1999, S. 343–348) visualisiert.

Dieses Modell ordnet die strategische Position der Leistungen bzw. Geschäftsfelder einer Unternehmung in eine zweidimensionale Matrix ein, deren erste Dimension die „relative Wettbewerbsposition" der Unternehmung ist, die zumeist gegenüber dem besten Wettbewerber „gemessen" wird. Diese relative Wettbewerbsposition gilt als von der Unternehmung beeinflussbar, vor allem durch Aktivitäten in Forschung und Entwicklung und im Vertrieb. Dies unterscheidet diese erste Dimension grundsätzlich von der zweiten Dimension der Matrix: „der Marktattraktivität". Diese kann von der Unternehmung selbst faktisch nicht verbessert werden, selbst wenn eine hohe Marktattraktivität in aller Regel gewünscht wird. Da für die Darstellung der Positionierung der Unternehmung in jeder der beiden Dimensionen drei Ausprägungen (niedrig, mittel, hoch) vorgesehen sind, entsteht durch die Kombination beider Dimensionen eine Matrix mit neun Feldern.

Fälschlicherweise wird dieses Modell im Schrifttum durchweg als Weiterentwicklung bzw. als Verallgemeinerung des Modells der *Boston Consulting Group* betrachtet[1] und wie dieses in die Kategorie der Portfolio-Modelle eingeordnet. Denn der „relative Wettbewerbsvorteil" als von der Unternehmung beeinflussbare Strategiedimension im Modell von *McKinsey* enthält den „relativen Marktanteil" als entsprechende Strategiedimension beim Modell der *Boston Consulting Group* als wesentliche Determinante. Dasselbe gilt für die zweite Dimension, die „Marktattraktivität", die das „Marktwachstum" als zweite Dimension aus dem Modell der *Boston Consulting Group* als ihrer der Bestimmungsgrößen umschließt. Dass bei der *Boston Consulting Group* die Strategiedimensionen nur nach zwei Ausprägungen (niedrig, hoch) unterschieden werden, wird dabei mit Recht als rein formaler Unterschied angesehen.

Dies täuscht allerdings über den wesentlichen Unterschied zwischen diesen beiden wohl bekanntesten Strategiewahlmodellen hinweg. Denn das Modell der *Boston Consulting Group* fußt auf den Annahmen, dass die Produkte oder Leistungen einem Lebenszyklus mit Einführungs-, Wachstums-, Reife- und Degenerationsphase unterliegen und über eine vermehrte Leistungserstellung Lernkurveneffekte verwirklicht werden können. Derartige Überlegungen sind für den Markteintritt von Start-up-Unternehmungen zunächst jedoch ohne Bedeutung.

Die „Erstplatzierung" einer Unternehmungsleistung am Markt erfolgt ohne einen Bezug zur

---

[1] Vgl. etwa WELGE/AL-LAHAM, (Welge/Al-Laham, 1999, S. 343 und S. 346), die ohne Beachtung des Unterschieds in der strategischen Zielsetzung den Unterschied der beiden Modelle allein darin sehen, dass es sich bei der *McKinsey*-Matrix um ein Multifaktoren-Konzept handelt, das über die Erfassung von Marktwachstum und relativem Marktanteil im Rahmen der *Boston-Consulting-Group*-Matrix hinausgeht und weitere Einflussgrößen auf die Marktposition und die Marktattraktivität enthält.

Positionierung anderer Leistungen innerhalb eines Lebenszyklus ganz einfach deshalb, weil diese Leistungen noch gar nicht existieren. Eine optimale (Alters-)Mischung als wichtigste strategische Zielsetzung im Modell der *Boston Consulting Group* ist in der Start-up-Phase noch ohne Bedeutung.

Anders als bei der *Boston Consulting Group* besteht die strategische Zielsetzung im Modell der *McKinsey Company* nicht in der optimalen (Alters-)Mischung der Geschäftsfelder oder Unternehmungsaktivitäten, sondern allein in ihrer optimalen Positionierung am Markt. Daher würde dieses Modell besser als „Positionierungsmodell" denn als „Portfoliomodell" bezeichnet.

2.2.2 SWOT-Analyse als strategisches Instrument

Für die Darstellung der strategischen Positionsbestimmung beim Markteintritt von Start-up-Unternehmungen ist die *McKinsey*-Matrix besser geeignet, schon weil von einer (Alters-) Portfolio-Mischung bei einer Start-up-Unternehmung, die nur Leistungen in der Markteinführungsphase hat („question marks"), keine Rede sein kann. Die Überlegenheit der *McKinsey*-Matrix für die strategische Planung des Markteintritts junger Gründungsunternehmungen beruht aber vor allem auf der starken Affinität zwischen *McKinsey*-Matrix und SWOT-Analyse (Kotler, 1997, S. 80–86), die heute in beinahe jedem BusinessPlan enthalten ist. Die Stärken/Schwächen-Analyse der Unternehmung („**S**trengths and **W**eaknesses") ermittelt zugleich die Position der Unternehmung in der ersten Dimension dieser Matrix, der relativen Wettbewerbsposition, wenn diese Analyse unter Beachtung der Rahmenbedingungen im Vergleich zum besten Wettbewerber vorgenommen wird. Dabei ist die Unternehmungsposition durch die „Brille" potenzieller Kunden zu beurteilen. Denn über Stärke oder Schwäche der Unternehmung entscheidet letztlich der Kunde und nicht das Selbstbild der Unternehmungsleitung oder der Vertriebs- oder Marketingabteilung.

Die Chancen („**O**pportunities") am Markt werden in erster Linie durch die Kunden, deren Kauffähigkeit und Kaufwilligkeit, durch das Marktwachstum und durch staatliche und andere Rahmenbedingungen (vor allem Markteintrittsbarrieren durch Patentschutz oder Voraussetzungen für die Berufsausübung) determiniert. Die Risiken („**T**hreats") erwachsen dagegen vor allem durch die Wettbewerber. Chancen und Risiken am Markt bestimmen gemeinsam die gegenwärtige und künftige Marktattraktivität. Freilich können im Ausnahmefall auch die Kunden zu „threats" für die Unternehmung werden, wenn sie etwa Produkthaftungsvorschriften extensiv auslegen oder Boykottmaßnahmen ergreifen. Umgekehrt können manche Marktchancen erst dann genutzt werden, wenn eine Unternehmung zeitweise mit seinen Wettbewerbern zusammenarbeitet. Sie werden nur dadurch zu echten „opportunities" und schaffen erst dann Nutzen aus der Sicht der Kunden, z. B. bei der Schaffung von Typen, Normen und gemeinsamer Kompatibilitätsstandards auf Netzeffektmärkten (Borowicz/ Scherm, 2001, S. 391–416) oder bei gemeinsamer Abhängigkeit von einem Branchenimage (Porter, 1980, S. 230–231). Wie lassen sich solche „opportunities" kennzeichnen, durch welche Suchstrategien lassen sie sich entdecken?

FINGER/SAMWER (Finger/Samwer, 1998, S. 7–13) versuchen auf beide Fragen eine Antwort. Die „opportunities" ordnen sie danach, wie „revolutionär" Änderungen des Marktes oder des Produkts bzw. des Geschäftsmodells sind:

1. Paradigmenwechsel: Markt und Produkt sind völlig neu;
2. neues Produkt oder Geschäftsmodell auf einem bestehenden Markt;
3. „Me-too"-Produkt: Produktvorteile auf einem bestehenden Markt.

Für die Suche nach solchen Gelegenheiten sollte der Blick der Start-up-Unternehmung auf folgende Eigenschaften des Marktes gerichtet sein. Idealerweise sollten dabei auf ihrem Zielmarkt sogar mehrere dieser Eigenschaften zusammentreffen:

1. Märkte mit großen Veränderungen oder Veränderungserwartungen;
2. Märkte, die von den Akteuren nicht gut verstanden werden;
3. große Märkte;
4. schnell wachsende Märkte;
5. Märkte, auf denen unflexible Platzhalter neue Chancen unzureichend nutzen;
6. Märkte mit schwachem Wettbewerb.

Naturgemäß ist die eigene Wettbewerbsposition zum Zeitpunkt des Markteintritts einer Start-up-Unternehmung noch schwach. Dies gilt selbst dann, wenn die Unternehmung eine „Unique Selling Proposition" (USP) hat. Allzu anfällig sind die jungen Unternehmungen gegenüber den Schwierigkeiten, die sie nach der Gründung erwarten, angefangen mit der Notwendigkeit, eine Vertriebsorganisation aufzubauen, bis hin zu den vielfach möglichen juristischen Anfechtungen, – etwa gegen die Wahl des Firmennamens. Diese Anfechtungen sind gerade in Deutschland sogar insgesamt so problematisch, dass mit einigem Recht schon gefragt wurde, ob hier legale Existenzgründungen überhaupt möglich sind (Brüggelambert, 1999).

Ihre relative Wettbewerbsposition kann die Unternehmung aber leichter beeinflussen als ihre „Marktattraktivität". Stärken und Schwächen können durch den Einsatz der Ressourcen ausgebaut bzw. beseitigt oder verringert werden, auch wenn die dabei einzunehmende Kundenperspektive Lösungen erschwert. Daher wird ein erfolgreicher Markteintritt einer Start-up-Unternehmung im Allgemeinen eine hohe Marktattraktivität voraussetzen. Empirische Studien belegen schon seit langem die Bedeutung des Marktwachstums. Es scheint einfacher für eine Start-up-Unternehmung, mit dem Markt zu wachsen (Hofer/Sandberg, 1987, S. 11–21; Eisenhardt/Schoonhoven, 1990, S. 504–529). Andere Kennzeichen hoher Marktattraktivität sind gute staatliche und außerstaatliche Rahmenbedingungen, welche die „Kultur der Entrepreneurship" fördern, viele Kunden mit hoher Zahlungsbereitschaft und eine geringe Zahl wenig leistungsfähiger Wettbewerber.

2.2.3 Nischenstrategie, Kostenführerschaft und Leistungsdifferenzierung

Wenn es darum geht, auf welche Weise auf einem attraktiven Markt die eigene Marktposition entwickelt und gestärkt werden kann, greift die Praxis gerne auf das Modell von Porter zurück (Mellewigt/Witt, 2002). Danach stehen grundsätzlich drei Strategien zur Auswahl: Nischenstrategie, Differenzierungsstrategie und Kostenführerschaft (Porter, 1980, S. 35–41).

Der Markteintritt einer echten Start-up-Unternehmung, die nicht Spin-off einer Großunternehmung ist, wird zunächst – wie oben erwähnt – als Nischenstrategie angesetzt sein müssen[2]. Denn um Kundenbedürfnisse gleich von Anfang an in mehreren Marktsegmenten anzusprechen, dafür dürfte ebenso das Potenzial fehlen wie für die Ansprache breiter Käuferschichten mit standardisierten Produkten. Bereits in der Nischenphase des Markteintritts können jedoch die Ansatzpunkte für eine derart entwickelte Strategie geschaffen werden.

Wenngleich „Gründungsunternehmen nur sehr selten eine Strategie der Kostenführerschaft anstreben" (Mellewigt/Witt, 2002) und eine damit verbundene Preisführerschaft verwirklichen können, nachdem sie aus ihrer Nische herausgewachsen sind, gibt es doch Beispiele dafür. Diese Beispiele haben jedoch wegen ihres angeblichen Ausnahmecharakters im Schrifttum bislang keinen Niederschlag gefunden.

Die Möglichkeit einer Kostenführerschaft von Gründungsunternehmungen scheint auch zunächst überraschend, weil diese Unternehmungen noch keine nennenswerten Lernkurveneffekte realisieren können, die ihre „Kampfpreise" von der Kostenseite her abfedern könnten. Zudem erschweren der finanzielle Engpass und die im Vergleich zu etablierten Unternehmungen größere Unsicherheit über die Leistungsmengen Investitionen in kostensenkende Technologien. Damit eine Strategie der Kostenführerschaft für eine Start-up-Unternehmung trotz dieser nachteiligen Voraussetzungen effektiv und effizient wird, bedarf es daher insbesondere des gezielten Zusammenwirkens von leistungsmarktbezogenen und Finanzierungs-Maßnahmen.

Ein Beispiel dafür, wie ein solches Zusammenwirken gestaltet werden und wie erfolgreich eine solche Strategie sein kann, zeigt die Geschichte der *Vobis Computer AG* in ihrer Gründungsphase. Ihre beiden Gründern RAINER FRALING und THEO LIEVEN zielten zunächst auf das sehr enge Marktsegment der Aachener Ingenieurstudenten ab, die für ihr Studium und das spätere Berufsleben preisgünstig wissenschaftliche Taschenrechner und Computer erwerben wollten. Durch Nachfrage-Pooling konnten niedrige Einkaufspreise erzielt und zum Teil weitergegeben werden. Die mit dem Nachfrage-Pooling verbundenen hohen Beschaffungskosten hätten aber den finanziellen Rahmen der Gründungsunternehmung gesprengt, eine Vorfinanzierung über Bankkredite ließen die fehlenden Sicherheiten nicht zu. Wie die Gründungsunternehmung in einer solchen ungünstigen Lage die Strategie der Kostenführerschaft dennoch mit Erfolg durchsetzte, schildern die nachfolgenden Ausführungen:

---

[2] Kundenorientierte Nischenanbieter sind nach einer Untersuchung von FRAUENFELDER/MEIER unter den jungen Technologieunternehmungen weitaus am erfolgreichsten. Und auch beim E-Commerce ist die Nischenstrategie offenbar das Mittel der Wahl (Frauenfelder/Meier, 1998, S. 18–23; Krömer, 1999, S. 30–33).

Feste im Voraus vereinbarte Verkaufstermine und ebenfalls fest vereinbarte Sammelbestellungen für Skripten und Bücher waren in Studentenkreisen damals üblich. Sie mussten nur noch auf die Computerbestellungen übertragen werden, wobei Theo Lieven seine Position als Lehrmittelreferent des AStA half (Lieven, 2000, S. 71). Auf diese Weise konnte die *Vobis AG* gleich zu Beginn zwei entscheidende Vorteile erzielen:

- Die junge Unternehmung musste die Bestellungen nicht vorfinanzieren. Der durch Eigentumsvorbehalte gesicherte Lieferantenkredit war angesichts des finanziellen Engpasses die einzig mögliche, aber im Zusammenspiel mit der Vertriebsstrategie zugleich auch die preisgünstigste Form der Finanzierung[3]. Denn bei einer Umschlagsgeschwindigkeit, bei der die Umsatzzahlungen schon weit vor Ende der Skontofrist eingingen, existierten sogar negative Kapitalkosten.

- Durch die Vertriebsstrategie der Vorbestellungen war die Gefahr des Preisverfalls von Lagerware aufgrund des schnellen Technologiefortschritts ausgeschlossen.

Als die Gründungsunternehmung die Start-up-Phase und damit die enge Marktnische Aachener Ingenieurstudenten verlassen hatte, verbanden die Unternehmungsgründer fallende Preise und Kostenführerschaft dann über schnellere Reaktionsgeschwindigkeiten im Vergleich zur Konkurrenz. Sie waren immer die Ersten, die Preissenkungen ankündigen und dadurch die Position der Preisführerschaft halten konnten.[4]

Typischer als eine Kosten- oder Preisführerschaftsstrategie ist allerdings, dass Start-up-Unternehmungen sich über „Einzelfertigung" im Projektgeschäft in eine Marktnische „hineinschleichen", unbemerkt von der großen Konkurrenz, die das Standard- und Massengeschäft betreibt. Ist diese Nische im Idealfall selbst ein Wachstumssegment, so sind beste Überlebensvoraussetzungen vor allem dann geschaffen, wenn es der Unternehmung gelingt, mit zunehmender Größe des Marktes die eigenen Leistungsangebote zu „konfektionieren" und damit neue Standards zu schaffen.

Aus der Sicht von Porter kommen bei „Emerging Markets" solche Strategien vermehrt zu Einsatz, die derartige Standards schaffen, da in dieser Entwicklungsphase Wettbewerbsregeln und Branchenstruktur noch weitgehend ungefestigt und damit Quelle erhöhter Unsicherheit sind. In dieser Phase bleiben Gestaltungsmöglichkeiten. Daraus eröffnet sich für die Gründungsunternehmung in einem „emerging market" die Chance, die Branchenregeln, -standards und -strukturen zu formen und Zutrittsbarrieren zu beeinflussen, soweit ein früher Eintrittszeitpunkt in den Markt gewählt wird (Porter, 1980, S. 229–232).

---

[3] Dies steht im Gegensatz zur Weisheit vieler Lehrbücher, die sich auf die Skontofrist konzentrieren und den Lieferantenkredit als sehr teure Kreditform darstellen, die z.B. nur wegen ihrer formlosen Gewährung häufig in Anspruch genommen wird (Süchting, 1995, S. 185–186; Perridon/Steiner, 1999, S. 416–417).

[4] Entscheidend war hierbei der Besitz einer eigenen Druckerei, die im Falle von Preissenkungen kürzeste Reaktionszeiten beim Druck der Werbebotschaft garantieren konnte (Lieven, 2000, S. 22–23).

2.3 Erstaufträge und „Track Record"

2.3.1 Marktbedingungen und Markteintritt

Notwendige Bedingung für den Abschluss eines ersten Vertrages mit einem potenziellen Kunden ist auf der Seite des Kunden das Vertrauen in die Liefer- und Leistungsfähigkeit der jungen Gründungsunternehmung. Nicht wenige Start-up-Unternehmungen gewinnen diesen notwendigen Vertrauensvorschuss bei ihren ersten Kunden dadurch, dass die Gründer vorher Angestellte einer etablierten Unternehmung waren und als solche bereits die Kontakte zu den späteren Kunden ihrer eigenen neuen Unternehmung geknüpft haben. Auf diese Weise werden die Erstaufträge von der Start-up-Unternehmung einfach „übernommen".

Unbekannte Kunden für einen Erstauftrag anzuwerben, ist ungleich schwieriger. Dies gilt vor allem, wenn die Neukunden bei einem Angebotsüberhang auf dem Markt, also im Umfeld von „Käufermärkten", geworben werden sollen. Hier könnte der Kunde jederzeit sein Kaufrisiko durch Kauf bei einem etablierten Wettbewerber senken. Die junge Unternehmung müsste daher schon die Beschaffungskosten für den Käufer deutlich senken oder einen erheblichen Zusatznutzen bereit halten, um in dieser Situation die Kaufentscheidung an sich zu ziehen.

Deutlich günstiger ist die Möglichkeit, die ersten Aufträge auf dem anonymen Markt zu erringen, wenn ein durch die Nachfrage getriebenes Marktwachstum das Entstehen von „Verkäufermärkten" begünstigt. Wachsen die Anforderungen der Käufer so schnell, dass die bereits etablierten Unternehmungen mit ihrem Kapazitätsaufbau die Kundenwünsche noch nicht oder nicht vollständig erfüllen können, dann gibt es für den potenziellen Kunden vier Möglichkeiten:

1. Er reiht sich in eine „Warteschlange" ein und verzichtet vorläufig auf das begehrte Produkt.

2. Er deckt sich unter Zahlung eines Aufpreises auf dem in dieser Lage häufig entstehenden „Sekundärmarkt" ein, auf dem die „glücklichen" Ersterwerber das Produkt unter Erzielung eines Arbitragegewinns weiterveräußern. Das ist natürlich nur möglich, wenn es sich um veräußerbare Leistungen handelt und nicht um persönliche Dienstleistungen.

3. Er beginnt die Eigenfertigung des gefragten Produkts. Dies macht nur Sinn, wenn für eine wirtschaftlich lohnenswerte Eigenfertigung das erforderliche Potential bereit gestellt werden kann.

4. Er geht das Risiko des Kaufs bei einer jungen Gründungsunternehmung ein, die noch nicht über die „Reputation" ihrer etablierten Wettbewerber verfügt. Da das erste Auftreten auf dem Markt den Käufer mit erheblichen Informationsproblemen konfrontiert, die entsprechende (Qualitäts-)Unsicherheiten und dadurch bedingte Kaufhemmnisse mit sich bringen, hängt die Wahl dieser Möglichkeit wesentlich davon ab, ob der Käufer die informationsökonomische Hürde überwindet.

Da der Käufer die Nachteile der ersten drei Möglichkeiten durch den Kauf bei dem Marktneuling vermeiden kann, überraschen trotz der informationsökonomischen Probleme des

Käufers empirische Ergebnisse nicht, die einen leichteren Markteintritt von Gründungsunternehmungen in Wachstumsmärkten zeigen (Mellewigt/Witt, 2002).

Wird das Marktwachstum in seinem Frühstadium von einer schnellen Aus-Differenzierung der Bedürfnisse begleitet, so lohnen sich bei hoher Preisbereitschaft der Nachfrager auch sehr spezifische Leistungen, auch ohne den Effekt kumulierter Erfahrungen auf der Lernkurve. Dann liegen ideale Bedingungen für den Markteintritt in eine Nische vor, weil die etablierten Unternehmungen hier keinen erkennbaren Vorsprung haben. „Erfahrung" kann sich dann angesichts der neuen und spezifischen Herausforderungen sogar als Hemmnis erweisen und die erforderliche Flexibilität im Eingehen auf die individuellen Kundenwünsche einschränken.

Wächst diese Nische aufgrund eines wachsenden Interesses der Kunden für diese Problemlösung, dann liegen zugleich ideale Wachstumsvoraussetzungen für die Unternehmung vor, weil sie, wie etwa *Microsoft* oder *SAP*, von Erfahrungsvorteilen und Standardsetzungen profitieren kann.

2.3.2 Informationsökonomische Eigenschaften als Schlüsselfaktoren

Weil der neue Marktteilnehmer und seine Leistungen auf dem Markt noch unbekannt sind und dies für die Kunden eine Quelle der Kaufunsicherheit und häufig auch ein entscheidendes Kaufhemmnis ist, liegt in der informationsökonomischen Betrachtung der Unternehmungsleistungen ein Schlüssel für die Unterscheidung von Markteintrittsstrategien. Besonders unter ungünstigeren Marktbedingungen und bei unbekannten Kunden hängen die Schwierigkeiten für den Markteintritt stark ab von den informationsökonomischen Eigenschaften der Unternehmungsleistungen. Hier unterscheidet man drei Typen von Gütern bzw. Gütereigenschaften[5]:

1. *Sucheigenschaften ("search qualities")*, die bei entsprechender Informationssuche schon vor dem Kauf vollständig beurteilt werden können,

2. *Erfahrungseigenschaften ("experience qualities")*, die bei bewusster Erfahrung durch Ge- und Verbrauch nach dem Kauf beurteilt werden können,

3. *Vertrauenseigenschaften ("credence qualities")*, die weder vor noch nach dem Kauf vollständig beurteilt werden können.

Die größten Hemmnisse und Kaufwiderstände für Start-ups bestehen bei dominierenden Vertrauenseigenschaften. Unternehmungen, die sogenannte Vertrauensgüter liefern, sind in besonderer Weise auf „Vertrauensbeweise" angewiesen. Für die junge Unternehmung, die sich um ihren Erstauftrag bewirbt, ist es jedoch unmöglich, auf Qualitätsurteile Dritter oder auf zufriedene Kunden zu verweisen. Und es dürfte meist vergeblich sein, beim Kunden auf eine „Fördermentalität" zu hoffen. Ein Kunde, der sein hohes wahrgenommenes Kaufrisiko

---

[5] Die Unterscheidung geht zurück auf DARBY/KARNI, die einen Ansatz von Phillip Nelson um die Vertrauenseigenschaften erweitern (Darby/Karni, 1973, S. 67–88; Weiber/Adler, 1995, S. 43–65; Vogt, 1997, S. 136–138).

gerne trägt, wenn er damit junge Unternehmungen unterstützen kann, dürfte nur selten zu finden sein. Bei starker Dominanz der Vertrauenseigenschaften kann die Unternehmung also nicht umhin, sich solche Vertrauensbeweise zu beschaffen, um das wahrgenommene Kaufrisiko beim potentiellen Erstkunden zu senken und seinen Kaufwiderstand zu überwinden.

Dabei könnten vertrauensbildende Anreizstrukturen (rein erfolgbezogene Entgeltstrukturen) ebenso helfen wie der Einsatz von kleineren Vorverträgen, durch die es gelingt, „Vertrauen in einer weniger riskanten Situation (zu) testen, in der der potenzielle Schaden durch Vertrauensbruch relativ gering ist" (Ripperger, 1998, S. 162).

Jeder gewonnene (und gehaltene) Kunde stellt dann sozusagen einen Vertrauensbeweis dar, stärkt die Vertrautheit mit der Unternehmung und bezeugt die Qualität ihrer Leistung[6]. Er kann in den sogenannten „track record" aufgenommen werden, der als Liste zufriedener Kunden die notwendigen Vertrauensbeweise liefert. Im Geschäft zwischen Unternehmungen (B2B) dient dieser „track record" auch dazu, den auftraggebenden Manager in seiner eigenen Unternehmung vor aufkommender Kritik an den Leistungen eines unerfahrenen und unprofessionell agierenden Lieferanten zu schützen. Er kann sich auf andere Unternehmungen als Qualitätszeugen berufen und so die Sorgfalt seiner Lieferantenauswahl unter Beweis stellen. Das wird gerade unter den sich schnell wandelnden Bedingungen neuer Märkte wichtig, da hier die Vertrautheit mit Anbietern und Angebot wegen der zunehmenden Komplexität schwindet, der Bedarf an Vertrauen jedoch zunimmt (Ripperger, 1998, S. 110).

Der „Business Angel", dem in weiten Teilen des Schrifttums die Funktion zugeschrieben wird, Werte wie Kapital und Geschäftserfahrung einschließlich technischen und ökonomischen Expertenwissens einzubringen, hat bei dominierenden Vertrauenseigenschaften eine weitere wichtige Aufgabe[7]. Das Vertrauen und die Reputation, welche die meisten Business Angels durch ihr „networking" und ihre Business-Erfahrung genießen, könnten sie einsetzen, um der jungen Start-up-Unternehmung Erstaufträge zu verschaffen, zumal Erfahrungen im Vertrieb selten zu den Gründermerkmalen junger Unternehmungen gehören[8]. Ohne diese Erstaufträge bleiben bei stark von Vertrauenseigenschaften geprägten Unternehmungsleistungen auch die Folgeaufträge aus. Netzwerkaktivitäten sind freilich nur insoweit nützlich, wie sie Unsicherheiten verringern und Transaktionskosten senken können. Steht dagegen die gegenseitige Subventionierung im Vordergrund, so können durch das „networking" auf Dauer auch Wettbewerbsnachteile für das Netzwerk entstehen.

Dominieren Such- oder Erfahrungseigenschaften, so sind solche Vertrauensbeispiele durch Dritte nicht notwendig, weil die Qualität der empfangenen Leistungen vor dem Kauf bzw. mit dem Verbrauch der Güter durch den Kunden selbst beurteilt werden kann. Welche Ei-

---

[6] Die Bedeutung der in der Vergangenheit liegenden Vertrautheit als Basis des zukunftsgerichteten „spezifischen Vertrauens" (zwischen Kunde und Unternehmung) betont RIPPERGER (Ripperger 1998, S. 99, S. 110).

[7] Vgl. dazu etwa von BOEHM-BEZING, bei dem wie fast überall im Schrifttum die Aufgabe der Business Angel ungenannt bleibt, Erstaufträge für die Start-ups zu beschaffen (Boehm-Bezing, 1999, S. 598–601).

[8] Vgl. dazu BRETTEL/JAUGEY/ROST (Brettel/Jaugey/Rost, 2000, S. 57–59). Die Autoren empfehlen deshalb die professionelle Hilfe von PR- oder Marketing-Agenturen. Dem Business Angel weisen sie dagegen keine entsprechende Funktion zu.

genschaften dominieren, entscheidet aber letztlich das subjektive Informationsbedürfnis des Kunden und nicht die „objektive" Eigenschaft der Unternehmungsleistungen. So haben z. B. viele Skandale in der Nahrungsmittelindustrie dazu geführt, dass immer mehr Verbraucher auf eine nicht unmittelbar erfahrbare ökologische Qualität setzen. Für diese Kunden gewinnen Vertrauenseigenschaften bei Nahrungsmitteln an Bedeutung und damit auch Vertrauenszeichen und „Drittzeugnisse", wie Umweltsiegel oder Vertrauensbeweise durch andere Käufer.

Diese subjektbezogene Sicht der informationsökonomischen Eigenschaften von Unternehmungsleistungen findet sich im Schrifttum erstaunlicherweise nicht[9]. Dort wird vielmehr davon ausgegangen, die informationsökonomische Einordnung der Unternehmungsleistungen lasse sich „objektiv" vornehmen. Angesichts unterschiedlicher Informationen und Wertvorstellungen bezüglich der Kaufgegenstände bei den einzelnen Käufern geht ein solcher Ansatz jedoch in die Irre.

Die unterschiedliche informationsökonomische Einordnung der Unternehmungsleistungen durch die potenziellen Käufer kann zu einer psychographischen Marktsegmentierung genutzt werden. Dabei dürfte es gerade für eine Start-up-Unternehmung einfacher sein, sich auf ein Segment zu konzentrieren, das die Unternehmungsleistung weniger unter dem Gesichtspunkt der Vertrauenseigenschaften betrachtet.

Eine für Start-ups vergleichsweise unproblematische Zielgruppe wären danach Kunden, die Sucheigenschaften betonen. In diesem Segment kann sich die junge Unternehmung mit der Betonung des unmittelbar Sicht- und Erfahrbaren bei ihren Produkten und Leistungen am Markt etablieren, wenn man gegenüber den Konkurrenzprodukten den größeren Kundennutzen verspricht. Anders als bei dem Vorherrschen von Vertrauenseigenschaften gibt es keine zusätzlichen spezifischen Nachteile für Start-up-Unternehmungen gegenüber den bereits etablierten Unternehmungen, sondern faktisch dieselben Wettbewerbsbedingungen für alle Unternehmungen.

Man mag jedoch bezweifeln, ob überhaupt ein Kauf denkbar ist, bei dem Vertrauenseigenschaften nicht zumindest eine untergeordnete Rolle spielen. Sobald solche Vertrauensprobleme im Spiel sind, haben Start-ups zwangsläufig Zusatzprobleme gegenüber den etablierten Unternehmungen[10]. Denn etablierte Unternehmungen können fast immer auf einen Vertrauensvorschuss aus ihrem bisherigen Geschäft verweisen und ihr bekanntes Auftreten am Markt kann das von den Kunden wahrgenommene Kaufrisiko mindern, das ansonsten das Zustandekommen von Kaufverträgen verhindert oder die Start-ups infolge des vom Kunden

---

[9] Das ist vor allem deshalb verwunderlich, weil sowohl die „Informiertheit" als auch der Informationsbedarf vor dem Kauf potenzieller Kunden zweifellos eine persönliche Eigenschaft dieser Kunden ist.

[10] Die Literatur zum Markteintritt etablierter Unternehmungen ist hier nur bedingt verwertbar. Ein Teil davon behandelt Fragen, die sich einer Start-up-Unternehmung überhaupt nicht stellen, etwa den Markteintritt durch Unternehmungskauf oder durch Erschließung weiterer regionaler Märkte (Grabner-Kräuter, 1992, S. 434–439; Zschiedrich, 1998, S. 32–33; Zhan, 1999, S. 40–50; Chang/Singh, 1999, S. 1019–1035). Ansonsten ist die Übertragbarkeit auf Start-ups fragwürdig; so etwa bei BAUER/FISCHER/PFAHLERT (Bauer/Fischer/Pfahlert, 2001, S. 632–648; Bowman/Gatignon, 1996, S. 222–242).

vorgenommenen „Risikoabschlags" zu Zugeständnissen bei den Konditionen oder zu Zusatzleistungen im Vergleich zu den Wettbewerbern zwingt.

Mangelndes Vertrauen scheint auch eines der Schlüsselprobleme zu sein, das dem einst hochgelobten und von hohen Erfolgserwartungen gerade junger Unternehmungen getragenen E-Commerce als Instrument zur Markterschließung[11] zu schaffen macht. Bei vielen Start-up-Unternehmungen ist die Markterschließung über diesen Weg gescheitert, weil es auf der Seite der potenziellen Kunden Kaufwiderstände gab, die ihre Ursache vor allem in den noch fehlenden Vertrauensbeweisen der jungen Unternehmungen im Hinblick auf die Lieferfähigkeit und Liefertreue sowie auf die Daten- und Zahlungssicherheit hatten.

Weil ein solcher Vertrauensbeweis bei der Aufnahme der Markterschließung über den elektronischen Markt kaum möglich erscheint, muss dieser „Beweis" vorher und außerhalb des E-Commerce erbracht sein. Dadurch aber wird E-Commerce eher zu einem Zusatzinstrument für die erweiterte Marktbearbeitung durch etablierte Unternehmungen, die außerhalb des E-Commerce bereits Reputation und das Vertrauen ihrer Kunden erworben haben. Sie haben den notwendigen Vertrauensvorschuss beim Umgang mit den anonymen Kunden.

2.4 Timing des Markteintritts

2.4.1 Vor- und Nachteile bei Pionier- oder Folgerstrategien

„A crucial strategic choice for competing in emerging industries is the appropriate timing of entry" (Porter, 1980, S. 232). Zahlreiche empirische Studien haben sich schon seit Mitte der Siebzigerjahre mit der Frage befasst, ob eine Pionier- oder eine Folgerstrategie erfolgreicher ist. Die Ergebnisse dieser Studien sind insgesamt zwiespältig und erlauben keine einfachen Rezepte[12].

In den zahlreichen empirischen Studien ergaben sich zum Teil völlig konträre Ergebnisse. Letztlich sind alle Möglichkeiten vertreten: Vorteile für Pioniere, Vorteile für Folger und auch die Bedeutungslosigkeit des Markteintrittszeitpunkts für den Erfolg einer Unternehmung, weil etwa die Technologieführerschaft entscheidend für den Markterfolg ist. Da sich aber auch Technologieführerschaft am Markt durchsetzen muss, könnten sich bei anderer Wahl des Messzeitpunktes wieder Vorteile sowohl für Pioniere als auch für Folger ergeben.

Während das Schrifttum zum Strategischen Marketing eher auf die Wettbewerbsvorteile durch einen frühen Markteintritt setzt, betont die Finanzierungstheorie im Instrument des Realoptionsansatzes bei unsicheren Marktbedingungen mit weit abweichenden Markterwar-

---

[11] Vgl. dazu etwa NENNINGER, der von den (viel zu) hohen Erwartungen in dieses Instrument an Ende der Neunzigerjahre zeugt (Nenninger, 1998, S. 52–53).
[12] Vgl. dazu den Überblick bis Anfang der Neunzigerjahre bei CALL (Call, 1997, S. 70). Auch spätere Untersuchungen haben dieses komplexe Bild eher noch kompliziert: Vgl. etwa SCHOENECKER/COOPER, wo etwa gefolgert wird: „...that we should be cautious about generalizing across industries..." (Schoenecker/Cooper, 1998, S. 1138). Nicht selten sind die Ergebnisse wenig aussagekräftig, wie etwa bei LIEBERMAN/MONTGOMERY: „Finally, it is increasingly clear that no simple managerial prescriptions apply with regard to the FMAs (First-Mover Advantages) and the optimal timing of entry." (Lieberman/Montgomery, 1998, S. 1122).

tungen den Wert des Abwartens (Lint/Pennings, 1999, S. 483–493). Gelingt es jedoch, diese Unsicherheiten im Vorfeld des Markteintritts durch Maßnahmen des proaktiven strategischen oder operativen Risikomanagements abzubauen, so kann der Zeitpunkt des Markteintritts vorverlegt werden. Der Erfolg eines frühen Markteintritts hängt aus finanzierungstheoretischer Sicht also von den Maßnahmen der Risikovorsorge ab.

Das Schrifttum zeigt Vor- bzw. Nachteile der Terminierung des Markteintritts für Pioniere und Folger auf[13]. Das Ergebnis wird fast immer in einfachen Aufzählungen der Vorteile bzw. der Nachteile für Pionier- oder Folgerstrategien dargestellt, bei denen nicht einmal ein Ordnungskriterium für die dabei angewandten Kriterien ersichtlich ist.

Ein solches Ordnungskriterium könnte jedoch das strategische Dreieck des Marketings liefern, das aus Unternehmung, Kunden und Wettbewerbern besteht, die innerhalb vorgegebener Rahmenbedingungen (z. B. staatliche Gesetze) agieren. Angewandt auf die Pionier- bzw. Folgervor- oder –nachteile legt das die folgende Systematisierung nahe: In Vor- bzw. Nachteile bezüglich des Unternehmungspotenzials, bezüglich der Kundenbeziehungen und der Konkurrenzbeziehung der Unternehmung sowie bezüglich der Marktregulierungsbedingungen:

	Typische Pioniervorteile	Typische Pioniernachteile
Unternehmungspotenzial	▪ Vorsprung auf der Kostenkurve	▪ Kosten der Markterschließung, technologische Risiken, Imageprobleme bei „falscher" Qualität
Kundenbeziehung	▪ Aufbau von Firmen- und Markentreue, hohe Effizienz beim Einsatz der Marketing-Instrumente	▪ Risiko falscher Einschätzung von Bedarf, Marktaufnahmegeschwindigkeit und Preisbereitschaft
Konkurrenzbeziehung	▪ Temporäres Monopol, Erhöhung faktischer Markteintrittsbarrieren, Setzen von Produkt- und Systemsstandards	▪ Risiko falscher Positionierung
Regulierungsbedingungen	▪ Etablierung von Patent- und Lizenzschutz	▪ Notwendigkeit der Durchsetzung neuer Standards

Abbildung IV.5: Typische Vor- und Nachteile des Pioniers

Ein Vergleich der Vor- und Nachteile des Pioniers zeigt: Der Pionier geht zugunsten von Vorteilen in der Konkurrenzbeziehung hohe Risiken in der Kundenbeziehung ein. In Bezug auf das Unternehmungspotenzial muss der Pionier erhebliche „Vorleistungen" erbringen, um die Vorteile des Vorsprungs auf der Erfahrungskurve nutzen zu können. Für Start-up-Unternehmungen ohne zusätzliches Innenfinanzierungspotenzial ist dieses Problem besonders gravierend.

Der frühe Markteintritt bietet sich aus dieser Perspektive eher für große Unternehmungen mit hohem Innenfinanzierungspotenzial an (Schoenecker/Cooper, 1998, S. 1139), obwohl

---

[13] Vgl. dazu auch CALL, der sich an JUGEL anlehnt (Call, 1997, S. 39, Jugel, 1991, S. 94). Wie leider vielfach bei Aufzählungen zu beobachten, zeigen sich Überschneidungen und ein Bezugsrahmen, der als Ordnungsschema dient, ist nicht zu erkennen.

Markteintritt 285

hier die Innovationsfähigkeit niedriger sein dürfte als bei vielen Start-ups. Auf günstige Außenfinanzierung angewiesene Start-up-Unternehmungen scheitern dagegen bei ungünstigen Kapitalmarktbedingungen häufig am Pionierrisiko und an der Zeitverzögerung, bis die Pioniervorteile vereinnahmt werden können. Vor allem unter solchen Bedingungen dürften Start-ups mit einer Folgerstrategie regelmäßig erfolgreicher sein. Einen Gesamtüberblick über Folgervor- und -nachteile gibt folgende Abbildung IV.6:

	Typische Folgervorteile	Typische Folgernachteile
Unternehmungspotenzial	■ Partizipation an Pioniererfahrung und geringere Kosten der Markterschließung	■ Verkürzte Break-even Zeiträume, Preisnachteile werden geringerer Kostenerfahrungseffekte
Kundenbeziehung	■ Zuverlässigere Prognosen über Kundenbedürfnisse und Preisbereitschaft	■ Imagenachteile, Ineffizienzen beim Einsatz der Marketing-Instrumente
Konkurrenzbeziehung	■ Ausnutzung fehlerhafter Positionierung des Pioniers	■ Hoher Ressourceneinsatz zur Überwindung von Eintrittsbarrieren
Regulierungsbedingungen	■ Beseitigung von Regulierungsunsicherheiten	■ Auseinandersetzung über Patente und Lizenzen

Abbildung IV.6: Typische Vor- und Nachteile des Folgers

2.4.2 Früher oder später Markteintritt

Aus der Gegenüberstellung der Folgervor- und –nachteile wird deutlich, dass die Kostenvorteile, die kurze Finanzdecke und die meist hohe Reaktionsgeschwindigkeit der kleinen Start-up-Unternehmung im Grundsatz eher auf die Vorteilhaftigkeit einer Folgerstrategie hindeuten. Nur unter den Bedingungen der Anfangsphase schnell wachsender Märkte bei gleichzeitig früher Ausdifferenzierung unterschiedlicher Kundenbedürfnisse spricht mehr für einen frühen Markteintritt. Hier sind die Kosten der Markterschließung für den Pionier vergleichsweise gering, die Preisbereitschaft der Kunden ist hoch. In fortgeschrittenen Wachstumsmärkten mit langsamerer Ausdifferenzierung der Kundenbedürfnisse erscheint dagegen eine Folgerstrategie mit Nischenorientierung günstiger.

Folgende Faktoren begünstigen insgesamt einen frühen bzw. späten Markteintritt:

	Pro früher Markteintritt	Pro später Markteintritt
Unternehmungspotenzial	■ Pionier schafft sich hohe Reputation, nachhaltiges Lernen und frühe Lieferanten- und Vertriebsbindung, Kostenvorteile	■ Kosten der „Marktöffnung" sind hoch und werden von Nachfolgern eingespart, technologischer Fortschritt macht Erstlösungen obsolet
Kundenbeziehung	■ Hohe erwartete Kundenbindung, hohe Effizienz beim Einsatz der Marketing-Instrumente	■ Frühe Marktsituation völlig anders als spätere bei hohen Anpassungskosten an die veränderten Bedürfnisse
Konkurrenzbeziehung	■ Schwierige Imitation	■ Relativ kostenträchtiger Wettbewerb mit anderen Start-up-Unternehmen, geschwächte Pioniere werden durch starke Nachfolger verdrängt
Regulierungsbedingungen	■ Keine Regulierungswiderstände	■ Regulierungswiderstände werden durch Pioniere ausgeräumt

Abbildung IV.7: Aspekte eines frühen bzw. eines späten Markteintritts

Auch wenn ein Produkt bereits erforscht und entwickelt ist und der Kundennutzen auf der Hand liegt, ist damit der Markt noch keinesfalls zwingend für eine Aufnahme der Unternehmungsleistungen bereit (Lochridge, 2000, S. 185–186). Es kann sein, dass der Kunde selbst diesen Nutzen noch nicht erkennt oder dass die allgemeinen Standards am Markt zu hohe Umstellungskosten erfordern. So mag es sehr wohl sein, dass sich in allen Branchen E-Markets durchsetzen werden (Schneider/Schnetkamp, 2000, S. 58). Aber Unternehmungen, die mit der Bereitstellung von Einkaufsplattformen, virtuellen Marktplätzen und Fachportalen für E-Markets Geld verdienen, können bis zum künftigen Erfolg die Finanzmittel ausgehen, wenn sie „zu früh" am Markt waren.

Falls jedoch unter anderen Bedingungen eine Beschleunigung des Markteintritts erwünscht ist, spielen ein Forschungs- und Entwicklungsvorsprung und vermehrte Anstrengungen in diesem Bereich meist eine geringere Rolle als die Existenz bzw. der Aufbau eines starken und flexiblen Vertriebs (Schoenecker/Cooper, 1998, S. 1139). Gleichwohl „dürfte in der Tendenz ein eher früher Produktentwicklungsstart vorteilhaft sein" (Buchholz, 1998, S. 38 und S. 32–37). Denn der Entwicklungspionier muss ja nicht zwangsläufig zugleich auch Marktpionier sein, wenn er trotz Entwicklungsvorsprung mit dem Eintritt in den Markt zögert.

Kombiniert mit einem kurzen Produktentwicklungsprozess[14] kann ein früher Entwicklungsstart für die nötige Flexibilität bei der Auswahl des Markteintrittszeitpunktes sorgen. Denn als „watchful waiter" vereinigt die junge Unternehmung am besten die Vorteile eines Entwicklungsvorsprungs mit den Vorteilen des späteren Markteintritts. So ist sie jederzeit bereit, sich bei günstigen Bedingungen einen schnellen Marktzutritt zu verschaffen. Die Vorteile als Entwicklungspionier in Forschung und Entwicklung sind letztlich aber auch für den Marktfolger nur dann in Markterfolge umzusetzen, wenn er Kostenvorteile oder eine

---

[14] In insgesamt achtzehn Phasen unterteilt Call, den Prozess „zur Entwicklung eines in die Produktentstehung integrierten Markteinführungskonzepts" (Call, 1997, S. 178).

kundengerechtere Qualität schaffen kann[15]. Er muss sich vom Marktpionier absetzen, denn er kann ihn nicht überholen, wenn er in seine Fußstapfen tritt:

„Anders denken als die anderen Marktteilnehmer und Recht behalten" oder „Schon heute so denken, wie die Konkurrenten erst morgen denken werden": das sind die einzigen Maximen, unter denen in einer Marktwirtschaft wirklich herausragende Ergebnisse erzielt werden können. Mit dem Nachahmen der Erfolgreichen fallen die Ergebnisse dagegen bescheidener aus, schon weil deren erfolgreicher Markteintritt die Eintrittsbedingungen für die Nachfolger verändert. Auch Bill Gates könnte seinen überaus erfolgreichen Markteintritt mit Microsoft heute nicht mehr wiederholen.

Trotz späteren Entwicklungsstarts ermöglichen kurze Entwicklungsprozesse der jungen Unternehmung sogar mit schneller, modifizierender oder imitierender Innovation zum „Überholer" in der Phase der Produktentwicklung zu werden. So wäre es möglich, den Entwicklungspionier noch bis zum Markteintritt zum Folger zu machen und sich auf diese Weise die Vorteile des Marktpioniers beim Markteintritt zu sichern.

2.5 Markteintritt und Kapitalmarktschwäche

Für viele Gründungsunternehmungen ist die Finanzierung die Achillesferse für die Sicherung der weiteren Existenz. Daher reagieren sie auch in ihrer Markteintrittsstrategie besonders sensibel auf eine Änderung der Finanzierungsbedingungen.

Geht der Markteintritt der Gründungsunternehmung mit einer positiven Stimmung bei den Wagniskapital-Gebern einher, so liegt deren Fokus eher auf den durch Start-ups zu erwartenden Chancen als auf den möglichen Risiken des Kapitalverlustes. Dies beschleunigt von der Kapital- bzw. Finanzierungsseite her den Eintritt junger Unternehmungen in ihre Märkte. Mit „großzügigerer"„Seed"-Finanzierung versehen, lässt sich schneller und sicherer starten, mit der Sicherheit investitionsbereiter Anteilseigner im Rücken kann langfristiger und kontinuierlicher geplant werden.

Durch solch günstige Finanzierungsbedingungen werden in besonderer Weise diejenigen Unternehmungen begünstigt, die mit dem Start-up zugleich eine Pionierstrategie verfolgen. Allerdings erwächst daraus auch die Gefahr, im Überschwang allgemeiner Wachstumserwartungen das „Geldverbrennen" zu kultivieren. Genau das hat, so wird vielfach behauptet, bislang weite Teile der New Economy im Umfeld des Neuen Marktes bestimmt. Die Anleger wurden in der Folge wieder risikobewusster und zugleich desillusioniert in Hinblick auf das Chancenpotenzial dieses Marktes. Wo vormals Wachstumsphantasien für Kursfeuerwerke sorgten, kann man daher heute selbst mit soliden Gewinnüberraschungen nur noch leichte Kursverbesserungen erzielen.

---

[15] Aufschlussreich sind hierzu zwei Bemerkungen von TEECE (Teece 1988, S. 46, S. 60): „Myriads of would-be innovators have discovered that technical success is necessary but not sufficient for establishing economic utility and commercial acceptance." „Imitators can do better than innovators if they are better positioned on cost and quality with respect to critical complementary assets, such as manufacturing."

In Zeiten verunsicherter Kapitalmärkte wird die Wachstumserwartung in den Hintergrund gedrängt. Die Kapitalanlage erfolgt nur vor dem Hintergrund vergleichsweise sicherer Ertragserwartungen. Dies wiederum begünstigt Start-ups mit Folgerstrategien, bei denen zumeist eine höhere Ertragssicherheit vermutet wird und die Investoren erste Erfahrungen aus Erfolg oder Misserfolg der Pioniere ableiten können. Für „junge Pioniere" wird die Finanzierung ihres Start-ups in einer solchen Situation besonders schwierig.

Da zur Finanzierung der risikoreichen Aktivität der Pioniere Risikokapital zur Verfügung stehen muss, werden die Pioniere für ihre Aktivitäten auch selten Fremdkapital zur Verfügung gestellt bekommen. Wegen der leichter möglichen Marktprognose in existierenden Märkten bieten dagegen die Start-up-Unternehmungen mit einer Folgerstrategie den Banken sicherere Erwartungen. Sie haben daher bessere Möglichkeiten, einen Teil ihrer Aktivitäten mit Bankkrediten zu finanzieren.

Die nach den Beschlüssen von Basel II vorgesehene stärkere Abhängigkeit des Zinses vom Ausfallrisiko (Baseler Ausschuss für Bankenaufsicht, 2001; Gromer/Everling, 2001) benachteiligt jedoch Start-ups im Wettbewerb um knappes Kapital. Denn mangels eines Ratings bzw. mangels eines günstigen Ratings gerade für die Unternehmungen mit einer Pionierstrategie werden die Banken ihre Kredite an Start-up-Unternehmungen hoch mit Eigenkapital unterlegen müssen und dies in ihrer Zinsforderung an die jungen Unternehmungen weiterreichen. Die Abhängigkeit junger Unternehmungen vom Eigenkapitalmarkt wird daher eher noch wachsen, wenn Fremdkapital nicht oder nur zu verschlechterten Konditionen erhältlich sein wird.

Hier haben aber viele Flops seit Mitte des Jahres 2000 die Stimmung gerade für Start-ups verschlechtert und die Kapitalvergabebereitschaft gehemmt. Denn die negative Stimmung am Neuen Markt, dem Markt für Wachstumswerte, wirkt weit und heftig in den Markt für Startkapital hinein. Selbst Venture-Capital-Gesellschaften, die junge Unternehmungen zumeist erst nach dem Markteintritt in einer späteren vor-börslichen Phase finanzieren, haben derzeit einen Großteil ihres Kapitals zweckentfremdet bei Banken „geparkt" und nicht in die Aktivitäten junger Unternehmungen investiert, zumal auch ihr wichtigster Exit-Kanal, der Börsengang, verstopft scheint und beim anderen Exit, dem Verkauf der Unternehmungsanteile, die schlechten Börsenwerte durchschlagen und zur Abwertung auch der nicht-notierten Anteile führen.

Diese besondere Kapitalknappheit für junge Unternehmungen hat natürlich auch Auswirkungen auf die Markteintrittsstrategie. Diese Strategie muss unter solchen Bedingungen extrem kapitalsparend sein. Strikte Auftragsfertigung mit Kundenvorschuss und Lieferantenkredite würden zwar hilfreich sein, stoßen aber bei Kunden oder Lieferanten als Kreditgebern nicht selten auf ähnliche Vorbehalte wie bei den Banken. Hohe Umschlagsgeschwindigkeiten mit niedriger Lagerhaltung sind unter solchen Bedingungen ebenso ein Muss wie die Vereinbarung einer Abrechnung der Unternehmungsleistungen in Teilschritten nach jeweils erreichtem Meilenstein.

Eine solche Abrechnung kann gerade bei hohem Kaufrisiko dem Kunden dadurch „schmackhaft" gemacht werden, dass mit dem Erreichen der Teilziele jeweils ein neuer Teilvertrag (auf der Grundlage einer Rahmenvereinbarung) abgeschlossen werden muss und

Markteintritt 289

der Kunde dann die Möglichkeit hat, das Vertragsverhältnis zu beenden. Nicht mit riesigen Vorleistungen durch die junge Unternehmung, sondern nur Schritt für Schritt unter laufender Vereinnahmung und Reinvestition der Umsatzzahlungen lässt sich so der Markteintritt besser erreichen.

Wird der Engpass Finanzierung für den Markteintritt nur unzureichend beachtet, kann der Markteintritt schon vor dem Erreichen merklicher Effekte auf der Erfahrungskurve scheitern. Passable Zahlen im Bilanzergebnis täuschen bei Start-up-Unternehmungen mit hohem Wachstum häufig über Finanzierungslücken hinweg, weil viele Investitionen zwar in voller Höhe negative Finanzeffekte haben, die Wirkung auf den Erfolg sich aber vorerst nur auf die periodischen Abschreibungen beschränkt.

2.6 Gesamtempfehlung für junge Gründungsunternehmungen

Der Markteintritt von Start-up-Unternehmungen ist ein besonders sensibles Problem, weil mit ihm zugleich die gesamte Unternehmung auf dem Markt erscheint. Ein Scheitern des Markteintritts ist daher zugleich ein Scheitern der Unternehmung, falls nicht verlässliche Quellen der Außenfinanzierung angezapft werden können.

Für die strategische Orientierung beim Markteintritt bieten sich die SWOT-Analyse und das Positionierungsmodell der McKinsey-Matrix an. Eine Untersuchung erfolgreicher Start-ups in den USA hat gezeigt, dass den von den Marktbedingungen vorgegebenen „Opportunities" dabei eine Schlüsselrolle zukommt.

Der Markteintritt wird in aller Regel über eine Nischenstrategie erfolgen. Gleichwohl muss schon früh an eine Weiterentwicklung in Richtung auf eine Differenzierungs- oder Kostenführerschaftsstrategie gedacht werden. Obwohl für die meisten Start-ups eine Orientierung in Richtung auf eine Differenzierungsstrategie erfolgreicher scheint, ist auch die Kostenführerschaft unter bestimmten Bedingungen erfolgversprechend.

Erstaufträge gewinnen viele Start-ups einfach dadurch, dass ihre Gründer frühere Geschäftsbeziehungen nutzen und den Kunden für die neue Unternehmung „übernehmen". Die Gewinnung unbekannter Erstkunden gestaltet sich dagegen vor allem in Umfeld von Käufermärkten schwieriger. Ein hohes Marktwachstum mit früher Aus-Differenzierung der Kundenbedürfnisse führt jedoch in der Regel zu Liefer- und Entwicklungsengpässen der etablierten Konkurrenz und erleichtert so den Markteintritt der Start-ups.

Von großer Bedeutung für den Markteintritt sind auch die informationsökonomischen Eigenschaften der angebotenen Unternehmungsleistungen, die in Abhängigkeit von den subjektiven Informationsbedürfnissen bestimmter Kundenklientele zu sehen sind. Je stärker diese Klientele die Vertrauenseigenschaften der Unternehmungsleistungen in den Vordergrund rücken, umso größer sind die Schwierigkeiten für die Start-ups, einen Erstauftrag zu gewinnen und am Markt Fuß zu fassen. Unter diesen Bedingungen kommt „Business Angels" außer der im Schrifttum genannten Finanzierungs- und Beratungsfunktion zusätzlich die Aufgabe zu, über die Beschaffung von Erstaufträgen für die Start-ups die Basis für einen

„Track Record" der bisherigen Kunden und Leistungen und damit für das künftige Vertrauen der Kunden zu legen.

Unproblematischer für die jungen Gründungsunternehmungen ist es jedoch, den Markteintritt in solchen Segmenten anzugehen, in denen Sucheigenschaften der Unternehmungsleistungen aus der Sicht der Kunden dominieren. Da aber auch dort in gewissem Maße Vertrauenseigenschaften vorhanden sind, können auch hier ein „Track Record" und Qualitätsurteile Dritter das wahrgenommene Kaufrisiko der ersten Kunden mindern, das ansonsten den Kauf verhindert oder Konditionennachteile für die Start-up-Unternehmung bringt.

Instrumente wie der E-Commerce entwickeln sich unter dem Gesichtspunkt dieser Vertrauenseigenschaften entgegen den anfänglichen Erwartungen nicht zu einer Markteintrittshilfe für Start-up-Unternehmungen, sondern zu einem Zusatzinstrument für etablierte Unternehmungen, die sich bereits vorher über eine entsprechende Reputation das Vertrauen der Kunden erworben haben.

Für den Zeitpunkt des Markteintritts ergeben empirische Studien kein eindeutiges Bild. Die Ergebnisse für die Vorteilhaftigkeit eines frühen oder späten Markteintritts hängen sehr stark von den Marktbedingungen innerhalb einer Branche ab. Das theoretische Schrifttum betont im Strategischen Marketing stärker die Wettbewerbsvorteile eines frühen Markteintritts, während bei finanzwirtschaftlichem Ansatz für den Fall unsicherer Marktbedingungen der Wert des Abwartens betont wird.

Der Pionier verschafft sich zunächst vor allem Vorteile gegenüber der Konkurrenz, geht aber hohe Risiken in der Kundenbeziehung ein, die bei negativem Ausgang wiederum den Folgern bei wesentlich geringerem Kunden- und Technologierisiko gute Markteintrittschancen geben. Wegen des zumeist deutlich niedrigeren Finanzbedarfs spricht viel dafür, Start-ups eher Folgerstrategien in von bestehenden Unternehmungen offen gelassenen Nischen zu empfehlen. Nur in der Anfangsphase schnell wachsender Märkte hat eine Start-up-Unternehmung gute Chancen, sich sogar ohne günstig gestimmte Kapitalmärkte mit einer Pionierstrategie zu etablieren.

Ein Produktentwicklungsvorsprung kann (bei entsprechender Finanzdecke) auch mit einem späteren Markteintritt kombiniert werden und verschafft Flexibilität mit kurzer „Time-to-Market". Von entscheidender Bedeutung ist dabei aber die Existenz eines starken Vertriebs. Hier liegt nach empirischen Untersuchungen die Schwachstelle besonders vieler Start-ups .

Die gegenwärtige Schwäche am Kapitalmarkt erschwert den Markteintritt besonders bei Verfolgung einer Pionierstrategie. Da die Entwicklung bei der Bankenregulierung nach Basel II auf eine Verschlechterung der Konditionen für Start-ups bei der Fremdkapitalvergabe hindeutet, werden junge Unternehmungen für ihren Markteintritt künftig wohl noch stärker auf den Markt für risikobereites Eigenkapital angewiesen sein. Bei der gegenwärtig sehr restriktiven Kapitalvergabe auf diesem Markt sind vor allem die Pioniere auf kapitalsparende Strategien angewiesen. Hohe Umschlagsgeschwindigkeit, niedrige Lagerhaltung und Vertragsvereinbarungen mit der Abrechnung von Teilleistungen sind unter solchen Bedingungen unabdingbare Instrumente.

Die jüngsten Entwicklungen am Kapitalmarkt haben den Markteintritt für junge Unternehmungen auf absehbare Zeit erschwert. Hier sind offenbar vor allem die Pionierunternehmungen in eine Entwicklungsfalle getappt. Den großen Unternehmungen mangelt es zwar nicht an Kapital, wohl aber an Innovationskraft, um auf dem Markt als Pioniere aufzutreten. Den innovativen Start-ups wird umgekehrt das Kapital „verweigert" oder es werden ihnen nur unter vergleichsweise schlechten Konditionen gewährt. Ein deutlicher Qualitätssprung im Management der Start-ups kann hier verlorenes Vertrauen wiedergewinnen und den Weg aus der Entwicklungsfalle weisen.

Einen anderen Weg könnte die „Entwicklungshilfe" großer Unternehmungen für die jungen Gründungsunternehmungen aufzeigen, wie sie etwa Siemens im Bereich Mobilfunk durch die *Siemens Mobile Acceleration GmbH* anbietet. Mit einem solchen Finanzier im Rücken fällt sogar Pionieren der Markteintritt vergleichsweise leicht: Während hier die Anzucht der „jungen Gewächse" (Start-up-Unternehmungen) außerhalb der starren Organisation des Gewächshauses (etablierte Unternehmung) im geschützten Frühbeet stattfindet, steht dann zur Vermarktung der entwickelten Pflanzen wieder die eingeführte Gärtnerei (das Vertriebsnetz der Großunternehmung) zur Verfügung.

Es liegt allerdings bei einigen Großunternehmen der Gedanke nahe, sie träten hier nur deshalb als „Förderer" der jungen Gründungsunternehmungen auf, um ihre Eigeninteressen wirksamer durchzusetzen. Denn innerhalb der starren Organisation des eigenen „Gewächshauses" der Großunternehmungen gelingen vor allem Neuzüchtungen nur noch selten. Diese erwirbt man dann durch ein späteres „Insourcing" der außerhalb der eigenen Organisation hochgezogenen Aktivitäten.

3. Strategisches Intellectual Property-Management

HOLGER ERNST

A business strategy is incomplete unless it addresses intellectual property.
(A. R. Shapiro)

3.1 Einführung

Unternehmerische Wertschöpfung entsteht zunehmend durch den Einsatz wissensintensiver Produkte, Prozesse oder Dienstleistungen. Aufgrund steigender Aufwendungen für den Prozess der Wissensgewinnung und –verwertung sowie der beschleunigten Diffusion von Wissen durch den Einsatz neuer Informations- und Kommunikationstechnologien kommt einer exklusiven Nutzung von Wissen entscheidende Bedeutung für die Generierung von nachhaltigen Wettbewerbsvorteilen zu (Kurz, 2000; Smith/Parr, 1994; Sullivan, 1998a).

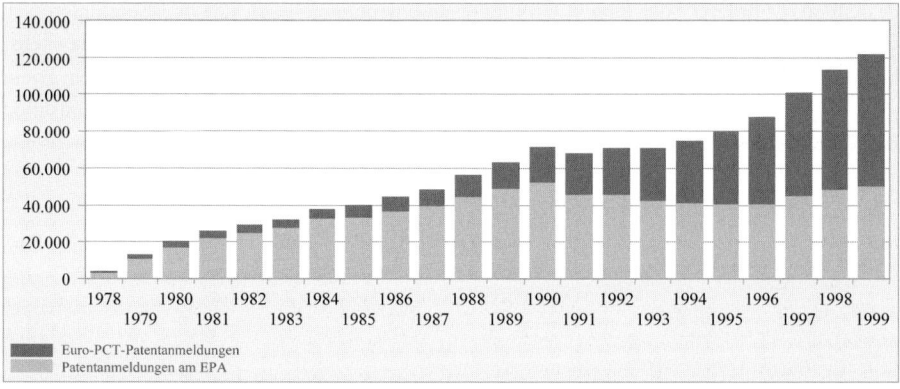

Abbildung IV.8: Entwicklung der Patentanmeldungen am europäischen Patentamt (Quelle: EPA, 1999)

Exklusivität kann unter anderem durch verschiedene Instrumente zum Schutz geistigen Eigentums[16] erreicht werden. Die zunehmende Bedeutung derartigen Schutzes spiegelt sich insbesondere in den weltweit steigenden Patentanmeldezahlen wider. Abbildung IV.8 zeigt die Entwicklung am europäischen Patentamt. Nach KORTUM/LERNER ist der Anstieg der Patentanmeldungen in den USA noch dramatischer: "This paper is motivated by the unprecedented recent jump in patenting in the United States. Applications for US patents by US inventors have risen more since 1985 (in either absolute or percentage terms) than in any other decade this century" (Kortum/Lerner, 1999, S. 1). Die hohen Wachstumsraten der

---

[16] Häufig wird der englische Begriff des „intellectual property" gewählt. Zu einzelnen Instrumenten zum Schutz geistigen Eigentums vgl. ausführlich Abschnitt 3.2.2.

Patentanmeldungen wurden insbesondere von Unternehmen aus den Bereichen Software und Biotechnologie sowie von jungen, schnell wachsenden Technologieunternehmen verursacht (Kortum/Lerner, 1999).[17]

Der Stellenwert des Schutzes geistigen Eigentums hat in vielen etablierten Unternehmen erheblich zugenommen (Sullivan, 1998b; Grindley/Teece, 1997). Nach dem Aufbau einer eigenen Patentabteilung im Jahre 1995 hat z. B. Microsoft die Anzahl der erteilten Patentanmeldungen zwischen 1996 und 2000 allein in den USA auf 1.576 im Vergleich zu 115 erteilten Patentanmeldungen im Zeitraum zwischen 1986 und 1995 gesteigert (USPTO, 2001). Von großer Bedeutung ist der Schutz geistigen Eigentums besonders für Start-ups bzw. junge, schnell wachsende Unternehmen. Qualcomm, gegründet 1985 von zwei Professoren an der Universität von Kalifornien in San Diego, hat die CDMA (Code Division Multiple Access)-Technologie für die zukünftige Mobilfunkgeneration entwickelt und sich diese durch zahlreiche Patente schützen lassen.[18] Nach langen Rechtsstreitigkeiten mit etablierten Wettbewerbern wurde im März 1993 mit *Ericsson* ein für *Qualcomm* günstiger außergerichtlicher Vergleich erzielt. *Ericsson* entschied sich unter anderem dafür, die technologisch überlegene Qualcomm-Technologie zu lizenzieren. Danach stieg der Börsenkurs von Qualcomm, bereinigt um Aktiensplitts, bis zum Ende des Jahres um fast 2.700 %; nach anfänglich US $ 5 Mrd. wurde *Qualcomm* zeitweise mit bis zu US $ 132 Mrd. bewertet (Erdell/Haug/Higgins, 2001)[19]. Neben Qualcomm gibt es zahlreiche weitere Unternehmen, deren Unternehmenswert fast ausschließlich durch den Wert ihres geistigen Eigentums bestimmt ist (Fox, 1998; Martin/Owens/Wright, 2001; Parr, 1999).

Die zunehmende Bedeutung von Schutzrechten hat dazu geführt, dass die Auseinandersetzungen zwischen Unternehmen bezüglich der Durchsetzung von Schutzrechten ansteigen (Grindley/Teece, 1997; Rafeiner/Weidinger, 1999). Rechtliche Veränderungen zu Gunsten des Patentinhabers oder zur Patentierfähigkeit bestimmter Erfindungen haben dabei einen erheblichen Effekt. Aktuell erregte die einstweilige Verfügung von *Amazon.com* gegenüber *Barnes&Nobel* aufgrund einer vermutlichen Patentverletzung großes Aufsehen, da das betreffende Patent eine Geschäftsmethode im Internet betrifft, welche in den USA nach neuerer, wiederholter Rechtsprechung prinzipiell patentfähig ist (Scheinfeld, 2000). Hier ergeben sich unter Umständen neue Potenziale aber auch Bedrohungen insbesondere für solche Unternehmen, die Geschäftsmodelle im Internet betreiben.

Die ansteigenden Patentanmeldezahlen sind neben dem erhofften Ausschluss des Wettbewerbs auch auf weitere Motive der Unternehmen zurückzuführen. Diese liegen im Wesentlichen in den externen Vermarktungsmöglichkeiten des eigenen Patent-Portfolios zur Erzielung zusätzlicher finanzieller Einnahmen sowie zur Ermöglichung des Zugangs zu externem technologischen Wissen mit Hilfe des „Cross-Licensing" (Ernst, 1996). Ein prominentes

---

[17] Vgl. auch BOWONDER/YADAV/KUMAR (Bowonder/Yadav/Kumar, 2000) zur Entwicklung der Patentaktivitäten in den USA in verschiedenen Industriesektoren.
[18] Zum Fall Qualcomm vgl. ausführlich ERDELL/HAUG/HIGGINS (Erdell/Haug/Higgins, 2001). In den USA hat Qualcomm insgesamt 553 erteilte Patente seit 1985 angemeldet, wobei sich der überwiegende Teil auf die CDMA-Technologie und Weiterentwicklungen bezieht (USPTO, 2001).
[19] Der Börsenwert von Qualcomm ist im Vergleich zu anderen an der NASADAQ notierten Unternehmen in den letzten zwölf Monaten weniger stark zurückgegangen.

Beispiel für eine erfolgreiche Lizenzpolitik ist das Unternehmen Texas Instruments, das zwischen 1986 und 1993 Lizenzgebühren von über US$ 1.8 Mrd. einnahm. Dadurch war das Unternehmen in der Lage, die F&E-Aufwendungen trotz Gewinnrückgangs in einem schwierigen Markt für Halbleiter stabil zu halten (Grindley/Teece, 1997). „Cross-Licensing" ist von erheblicher strategischer Bedeutung insbesondere in der Elektronik-, Halbleiter-, und Telekommunikationsindustrie (Bessen/Maskin, 2000; Grindley/Teece, 1997).

Die Ausführungen und Beispiele zeigen, dass das Schutzrechtsportfolio einen zunehmend wichtigeren Beitrag zum Unternehmenswert leistet. In Abschnitt 3.2 des vorliegenden Beitrages werden zunächst systematisch Instrumente gegenübergestellt, die zum Schutz neuen Wissens eingesetzt werden können. Aufgrund seiner zentralen Bedeutung nimmt der Patentschutz dabei breiten Raum ein. Bemerkenswert sind neuere Entwicklungen zum Schutz von Geschäftsmethoden, was insbesondere für den Bereich des E-Business von Relevanz ist. Daher wird auf diesen Aspekt gesondert eingegangen. In Abschnitt 3.3 erfolgt eine Fokussierung auf das Patent, weil es zum einen das herausragende Schutzinstrument ist und zum anderen eine wesentliche Informationsquelle für die strategische Unternehmensplanung darstellt. Beide Komponenten hat das strategische Patentmanagement zu berücksichtigen. Einerseits ist es dessen Aufgabe, ein Patent-Portfolio aufzubauen, dass den effektiven Schutz wissensbasierter Wettbewerbsvorteile eigener Produkte gewährleistet sowie die Grundlage für eine möglichst vorteilhafte externe Vermarktung des Patent-Portfolios schafft. Ferner trägt die systematische Auswertung von Patentinformationen zur besseren Entscheidungsfindung im Technologiemanagement bei. Insgesamt trägt das strategische Patentmanagement dadurch zur Steigerung des Unternehmenswertes bei, wobei dessen Relevanz insbesondere für junge, schnell wachsende Technologieunternehmen besonders hoch ist.

3.2 Schutzinstrumente für neues Wissen

3.2.1 Notwendigkeit des Schutzes neuen Wissens

Nach der Theorie weist neues Wissen die Eigenschaften öffentlicher Güter auf.[20] Im Gegensatz zu privaten Gütern besteht bei der Nachfrage nach öffentlichen Gütern keine Verwendungskonkurrenz unter den verschiedenen Nutzern, d. h. der Bestand an neuem Wissen, der für die übrigen Nachfrager zur Verfügung steht, wird nicht dadurch geringer, dass ein einzelner Nachfrager dieses Wissen nutzt. Ist neues Wissen einmal verfügbar, so kann jeder Nachfrager die gleiche Menge an Wissen nutzen, ohne dass eine zusätzliche Inanspruchnahme des Wissens weitere Kosten verursacht. Diese Eigenschaft öffentlicher Güter wird als „Nicht-Rivalität" im Konsum bezeichnet (Klodt, 1994). Diese vereinfachende Sichtweise ist allerdings zu relativieren, da Unternehmen unter Umständen zunächst eine eigene Absorpti-

---

[20] In diesem Beitrag wird vornehmlich naturwissenschaftlich-technisches Wissen betrachtet. Diese Art des Wissens entsteht definitionsgemäß durch Forschung und Entwicklung. Das Management dieser Wissensgewinnung wird daher als F&E-Management bezeichnet (Brockhoff, 1999a). In diesem Sinne ist F&E-Management auch Wissensmanagement, wobei letzteres i. d. R. weiter ausgelegt wird, indem zusätzliche Formen von Wissen mit betrachtet werden.

onskapazität für den erfolgreichen Transfer von Wissen aufbauen müssen (Cohen/Levinthal, 1990) oder bestimmte Wissensbestandteile, z. B. „tacit knowledge" oder „sticky information", nicht problemlos transferierbar sind (Rüdiger/Vanini, 1998; v. Hippel, 1994).

Der öffentliche „Gut"-Charakter von Wissen kann dazu führen, dass Investitionen in F&E ausbleiben, wenn den Aufwendungen für F&E keine entsprechenden Erträge aus der Anwendung des neuen Wissens gegenüberstehen (Brockhoff, 1999a). Im Bereich der industriellen F&E gewinnt dieser Aspekt um so mehr an Bedeutung, als F&E-Aktivitäten mit einem hohen Technologie-, Markt-, Zeit- und Finanzrisiko behaftet sind (Brockhoff, 1999a). Die Sicherung ausreichender Erträge für hohe und risikobehaftete F&E-Investitionen hängt entscheidend von der Möglichkeit ab, Wettbewerber zumindest zeitweise von der Nutzung des erworbenen Wissens auszuschließen. Das Wissen steht in diesem Fall nicht kostenlos als öffentliches Gut zur Verfügung, da potenzielle Nutzer ausgeschlossen werden können. Das privatwirtschaftliche Angebot öffentlicher Güter wird durch die Realisierung des Ausschließlichkeitsprinzips erreicht. Die ausschließliche Nutzung seines Wissens verschafft dem innovierenden Unternehmen eine temporäre Monopolstellung am Markt, die es erlaubt, Innovationsrenten abzuschöpfen. Die Aussicht auf ausschließliche Wissensnutzung wird somit zum entscheidenden Anreiz für die privatwirtschaftliche Entwicklung neuen Wissens (Klodt, 1994). Im Verlauf des Beitrages wird deutlich, dass neben dieser Anreizwirkung weitere Motive für den Schutz von Wissen existieren (vgl. Abschnitt 3.2.4).

3.2.2 Arten von Schutzinstrumenten

Abbildung IV.9 bildet wesentliche Maßnahmen zur Aneignung von Erträgen aus der Generierung neuen Wissens ab. Der Begriff der „Aneignung" lehnt sich an den in der englischsprachigen Literatur zu findenden Begriff der „appropriatability" an, der in diesem Zusammenhang häufig verwendet wird (Franke, 1993; Levin et al., 1987). Aneignungsinstrumente können durch ihre grundsätzliche Zielsetzung charakterisiert werden, den ökonomischen Nutzen aus der Verwertung neu generierten Wissens aus Sicht des Inhabers des Wissens zu maximieren. Aneignungsinstrumente verfolgen demnach letztlich das gleiche Ziel wie die Durchsetzung des Ausschließlichkeitsprinzips (vgl. Abschnitt 3.2.1). Innerhalb der Aneignungsinstrumente ist zwischen ergebnisorientierten Schutzinstrumenten (Schutzrechte und faktischer Schutz), dem nicht ergebnisorientierten Know-how-Schutz und den sonstigen Instrumenten mit Aneignungswirkung zu unterscheiden. Diese Systematisierung dient der begrifflichen Klärung der in der Literatur häufig miteinander verglichenen Aneignungsinstrumente.

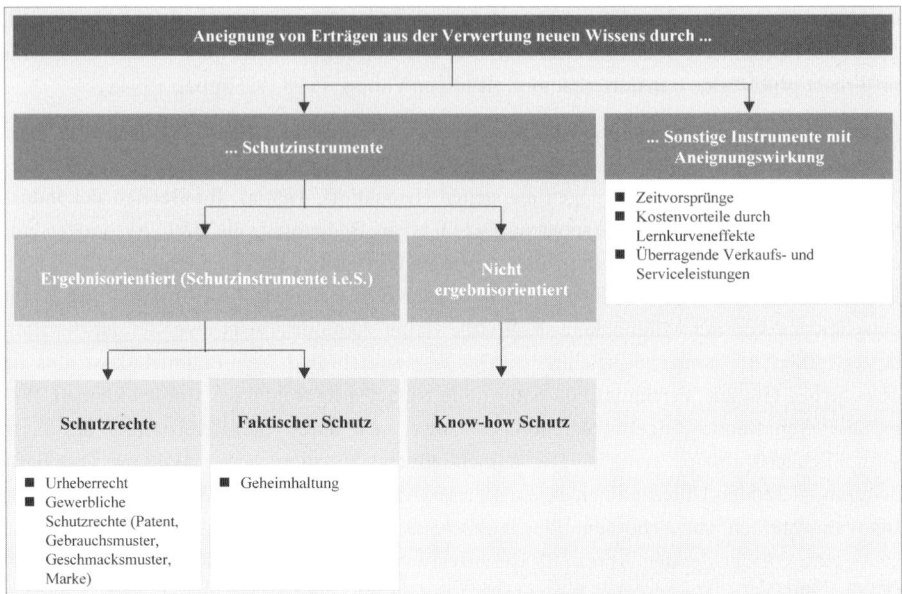

Abbildung IV.9: Systematisierung von Schutz- und Aneignungsinstrumenten

Schutzrechte gewähren dem Inhaber ein gesetzlich geschütztes, aber zeitlich begrenztes Monopol der Wissensnutzung. Abbildung IV.10 gibt einen Überblick über wesentliche Schutzrechte bzw. Möglichkeiten zum Schutz geistigen Eigentums.[21] Neben dem Urheberrecht hat insbesondere die Marke zum Schutz von Dienstleistungen in den letzten Jahren erheblich an Bedeutung gewonnen (Miles et al., 2000). Dies spiegelt sich unter anderem im starken Anstieg der Markenanmeldungen beim deutschen Patent- und Markenamt wider (DPA, 1999). Der Schutz einer Marke sichert deren Hauptfunktionen, Produkte oder Dienstleistungen vom Wettbewerb zu differenzieren, besondere Markequalität zu demonstrieren sowie die Marketingaktivitäten für die Marke zu unterstützen (Rafeiner/Weidinger, 1999).

Im Rahmen von Schutzrechten nimmt der Patentschutz eine herausragende Stellung für den Schutz technischer Erfindungen ein (Täger, 1989).[22] In § 9 des deutschen Patentgesetzes (PatG) kommt die ausschließende Wirkung des Patentschutzes zum Ausdruck: „Das Patent hat die Wirkung, dass allein der Patentinhaber befugt ist, die patentierte Erfindung zu benutzen" (§ 9 PatG). Die maximale Schutzdauer beträgt 20 Jahre ab dem Tag der Anmeldung (§ 16 (1) PatG), und die Erfindung wird 18 Monate nach erfolgter Anmeldung veröffentlicht (§ 31 (2) PatG). Im ökonomischen Sinn bedeuten Schutzrechte die Schaffung von

---

[21] Vgl. zu Einzelheiten bezüglich der genannten Schutzrechte z. B. ILZHÖFER (Ilzhöfer, 1999) sowie REBEL (Rebel, 1993).

[22] Das Merkmal des „Technischen" dient seit den Anfängen des Patentrechtes dazu, eine Grenze zwischen patentfähigen und nicht patentfähigen Leistungen zu ziehen. Nicht technische, insbesondere geistige und künstlerische Leistungen werden dagegen in ihrer konkreten Ausdrucksform durch das Urheber- und Geschmacksmusterrecht geschützt (Ilzhöfer, 1999).

Eigentumsrechten an dem öffentlichen Gut „technisches Wissen" (Klodt, 1994). Der Inhaber von Schutzrechten ist gesetzlich dazu verpflichtet, die Erfindung zu offenbaren. Dadurch wird der öffentliche „Gut"-Charakter technischen Wissens explizit betont, da anderen Personen der Zugang zum technischen Wissen ausdrücklich eingeräumt wird. Der Patentschutz weist somit eine Schutz- und eine Informationsfunktion auf (Franke, 1993).

	Urheberrecht	Gewerblicher Rechtsschutz			
		Geschmacksmuster	Patent	Gebrauchsmuster	Marke
Schutzobjekt	Werke der Literatur, Kunst, Software	Design	Technische Erfindungen	Technische Erfindungen (keine Verfahren)	Marken für Waren und Dienstleistungen
Anmeldung	Nicht erforderlich	erforderlich			
Prüfung	Nein	Nein	Ja	Nein	Ja
Schutzdauer	Bis 70 Jahre nach Tod des Urhebers	20 Jahre	20 Jahre	10 Jahre	Alle 10 Jahre verlängerbar

Abbildung IV.10: Überblick über verschiedene Arten von Schutzrechten (Quelle: in Anlehnung an Fabry, 2001)

Die Schutzfunktion von Patenten wird durch die Patentierfähigkeit technischen Wissens eingeschränkt. Die in § 9 PatG festgeschriebene Ausschließlichkeit der Wissensnutzung ist an die Erfüllung bestimmter Standards durch die Erfindung gebunden. In § 1(1) des deutschen PatG heißt es dazu: „Patente werden für Erfindungen erteilt, die neu sind, auf einer erfinderischen Tätigkeit beruhen und gewerblich anwendbar sind."[23] Nach dem Kriterium der gewerblichen Anwendbarkeit sind Ergebnisse von Grundlagenforschung definitionsgemäß nicht patentfähig. Lässt sich das Ausschließlichkeitsprinzip nicht realisieren, dann tritt der Fall von Marktversagen ein. Hier liegt eine wesentliche Begründung für eine staatliche F&E-Förderung (Brockhoff, 1999a; Klodt, 1994). Für den industriellen Bereich ist einschränkend anzumerken, dass reine Grundlagenforschung selten durchgeführt wird, da mittel- bis langfristig meist auch eine gewerbliche Anwendung des Wissens vorgesehen ist (Brockhoff, 1997). Folgt man einer groben phasenspezifischen Vorstellung über den Verlauf von F&E-Prozessen, dann führt Grundlagenforschung zu neuen Erkenntnissen, die anschließend in der Entwicklung zu marktfähigen Produkten umgesetzt werden. Patente entstehen überwiegend im Entwicklungsbereich, wobei der eigentliche Ursprung in der Grundlagenforschung liegt. Der Patentschutz ist gerade für diese grundlagenbasierten Entwicklungen von herausragender Bedeutung. Dies kann insbesondere in der Biotechnologie beobachtet werden, wo der Unternehmenswert stark von der Qualität des Patentportfolios abhängt

---

[23] Die Begriffe der „Neuheit", der „erfinderischen Tätigkeit" sowie der „gewerblichen Anwendbarkeit" werden in den §§ 3–5 PatG erläutert. Das Patent ist ein territoriales Recht, so dass länderspezifische Regelungen im Hinblick auf die Patentfähigkeit von Erfindungen zu berücksichtigen sind. Für einen Überblick vgl. z. B. ILZHÖFER (Ilzhöfer. 1999) sowie REBEL (Rebel, 1993).

(Austin, 1993; Austin 1995; Martin/Owens/Wright, 2001; o.V. 1999a). Empirische Studien zeigen ferner in der Elektronikindustrie, dass Unternehmen, die einen relativ hohen Anteil ihrer F&E-Aufwendungen in Forschung investieren, ein qualitativ höherwertiges Patentportfolio aufweisen als Unternehmen, die relativ mehr in die Entwicklung investieren (Ernst, 1998a).

Bestimmte Erfindungen sind von der Patentierung ausgeschlossen (§§ 1 und 2 PatG). Für diesen Beitrag ist insbesondere relevant, dass – gemäß § 1 (2) PatG und Art 52 (2) des Europäischen Patentübereinkommens (EPÜ) – Programme für Datenverarbeitungsanlagen (Software) „als solche" laut Gesetz dem Patentschutz auf den ersten Blick nicht zugänglich sind. Aus diesem Grund scheint sich insbesondere in Europa hartnäckig das Vorurteil zu halten, dass Software nicht patentfähig sei (Borst, 2000). In diesem Zusammenhang kommt es jedoch entscheidend auf den technischen Charakter der Erfindung an. Nach den Prüfungsrichtlinien des europäischen und des deutschen Patentamtes ist Software schutzfähig, wenn die Erfindung technischen Charakter hat (Betten, 1995).[24] Die Handhabung softwarebezogener Erfindungen in der Praxis zeigt, dass diesen in der Regel ein technischer Charakter zugesprochen wird. Allein am europäischen Patentamt sind zwischen 1984 und 1994 11.000 Software-bezogene Patente erteilt und lediglich 100 zurückgewiesen worden (EPA, 1994b).[25] Insbesondere in den vergangenen fünf Jahren hat die Patentaktivität von Softwareunternehmen stark zugenommen, wobei die Unternehmen auch die Durchsetzung ihrer Patente aggressiver verfolgen als in der Vergangenheit (Bessen/Maskin, 2000; Abschnitt 3.1).[26] Die Diskussion der Patentfähigkeit von Software erhält aktuell neue Bedeutung im Bereich des E-Business, worauf im weiteren Verlauf dieses Beitrages noch näher einzugehen ist (Abschnitt 3.2.6).

Faktische Schutzmaßnahmen haben zum Ziel, den unerwünschten Wissenstransfer unmittelbar zu unterbinden. Im Gegensatz zu Schutzrechten sollen sie die Offenbarung der Erfindung generell verhindern. Wichtigstes Instrument des faktischen Schutzes ist die Geheimhaltung.[27] Die Geheimhaltung wird z. B. dadurch erreicht, dass Vorkehrungen gegen ungewollten Know-how-Transfer getroffen, Betriebsbesichtigungen unterbunden sowie weitgehende Beschränkungen des Mitwisserkreises vorgenommen werden (Brockhoff, 1999a).

Innerhalb der Schutzinstrumente nimmt der Know-how-Schutz eine gesonderte Stellung ein. Know-how umfasst individuelle Fähigkeiten eines Unternehmens, die sich nicht durch Schutzrechte absichern lassen. Hall unterscheidet zwischen funktionalen und kulturellen

---

[24] Im Unterschied zum Urheberrecht, das nur die äußere Form – nicht aber die Ideen und Konzepte – eines Computerprogramms schützen kann, soll das Patentrecht die technische Realisierung der Ideen und Konzepte des Computerprogramms schützen (Betten, 1995).
[25] In den USA ist Software ebenfalls patentfähig. Die Anzahl erteilter Softwarepatente ist von 1.600 in 1992 auf geschätzte 22.500 in 1999 angestiegen (Scheinfeld, 2000). Die Beobachtung, dass europäische Softwareunternehmen keine oder wenige Patente anmelden, ist häufig auf die mangelnde Kenntnis des Patentsystems zurückzuführen (Borst, 2000; Olsson/McQueen, 2000).
[26] Neben Microsoft haben auch andere US-amerikanische Softwareunternehmen, wie z. B. Oracle (275 Patente), Siebel Systems (8 Patente) oder I2 Technologies (23 Patente), zwischen 1996 und 2000 zahlreiche Patente erhalten. Im gleichen Zeitraum kommt SAP dagegen nur auf 4 erteilte Patente in den USA (USPTO, 2001; Bowonder/Yadav/Kumar, 2000).
[27] Zu weiteren faktischen Schutzmaßnahmen vgl. z. B. BROCKHOFF (Brockhoff, 1999a)

Fähigkeiten (Hall, 1993). Funktionale Fähigkeiten resultieren aus dem Wissen und dem Geschick bzw. der Erfahrung einzelner Mitarbeiter im Unternehmen. Kulturelle Fähigkeiten betreffen die gesamte Organisation des Unternehmens in Form von Verhaltensweisen, Einstellungen und Werten einzelner Mitglieder oder Gruppen innerhalb der Organisation. Kulturelle Fähigkeiten umfassen z. B. die Fähigkeit, Wandel schnell zu vollziehen, oder das Bekenntnis zu kontinuierlichem Lernen (Hall, 1993).

Während der Patentschutz bzw. der faktische Schutz alternative Instrumente zur unmittelbaren Sicherung der Ausschließlichkeit des durch F&E-Prozesse entstandenen technischen Wissens in Form von Produkt- bzw. Prozessinnovationen darstellt, ist der Schutz von Knowhow nicht unbedingt auf das Ergebnis einzelner F&E-Prozesse bezogen (Täger, 1979). Die Wahrung von Know-how-Vorteilen hat komplementären Charakter neben der Absicherung von Produkt- bzw. Prozessinnovationen durch Patentschutz oder Geheimhaltung. Knowhow stellt ein sich kontinuierlich weiterentwickelndes, spezifisches Aktivum eines Unternehmens dar, welches ein hohes Maß der Wettbewerbsdifferenzierung erlaubt. Know-how-Vorteile werden als wichtiges Schutzinstrument zur Aneignung technischen Wissens bzw. zur Erhaltung langfristiger Wettbewerbsvorteile genannt (Hall, 1993; Wyatt/Bertin/Pavitt, 1985). Da Mitarbeiter wesentliche Träger von Know-how sind, spielt eine langfristige Bindung besonders qualifizierten Personals an das Unternehmen eine wichtige Rolle. (Ernst/Leptien/Vitt, 1999; Knaese/Probst, 2001).

Die Aneignungswirkung der in Abbildung IV.9 in Anlehnung an LEVIN ET AL. (Levin et al., 1987) beispielhaft genannten „sonstigen Instrumente" besteht darin, dass sie den Prozess der Generierung von Erträgen aus neuem Wissen unterstützen. Nach empirischen Befunden ist diesen Instrumenten im Vergleich zum Patentschutz oder der Geheimhaltung insgesamt sogar eine höhere Bedeutung als Aneignungsinstrument für neues Wissen beizumessen (Levin et al., 1987; Täger, 1989). Im Gegensatz zur Geheimhaltung und zu gewerblichen Schutzrechten erfolgt durch diese Aneignungsinstrumente kein eigentlicher Schutz von Wissen. Sie haben daher keinen direkten Ausschließlichkeitseffekt und können demnach Patentschutz oder Geheimhaltung nicht ersetzen (Franke, 1993). Ferner ist umgekehrt offensichtlich, dass der Schutz von Wissen durch Patente oder Geheimhaltung andere Instrumente zur Sicherung von Wettbewerbsvorteilen, wie z. B. gute Verkaufs- und Serviceleistungen, nicht ersetzen kann. Vielmehr können komplementäre Effekte auftreten, denn der Patentschutz wirkt vermutlich positiv auf die Realisierung von Lerneffekten sowie von Zeitvorsprüngen (Mansfield/Schwartz/Wagner 1981; Levin et al., 1987). Eine Gruppierung befragter Unternehmen nach Maßgabe der von ihnen eingesetzten Aneignungsinstrumente zeigt, dass Unternehmen, die die Bedeutung des Patentschutzes betonen, andere Aneignungsinstrumente mindestens in gleicher Weise wie alle anderen Unternehmen einsetzen (Levin et al., 1987).

Es wird zusammenfassend deutlich, dass innerhalb der Aneignungsinstrumente zu differenzieren ist (Abbildung IV.9). Sonstige Instrumente mit Aneignungswirkung beeinflussen den ökonomischen Erfolg der Wissensverwertung in Produkten oder Prozessen. Diese haben mehr den Charakter von klassischen Wettbewerbsinstrumenten als von Schutzinstrumenten. Neben den hier genannten Aspekten sind somit zahlreiche weitere erfolgsbeeinflussende Instrumente denkbar. Instrumente mit Aneignungswirkung stehen in einem komplementären

Verhältnis zu Schutzinstrumenten und sind mit diesen im Prinzip nicht direkt vergleichbar, wie es in der Literatur zum Teil unterstellt wird (EPA, 1994a; Levin et al., 1987; Täger, 1989).

Die Aneignungswirkung von Schutzinstrumenten besteht darin, den Wettbewerb von der Nutzung des Wissens auszuschließen. Der Know-how-Schutz erfolgt unabhängig von den Ergebnissen einzelner F&E-Prozesse in der Form von Produkt- oder Prozessinnovationen. Die Ergebnisse von F&E sind entweder durch Schutzrechte oder durch faktischen Schutz vor Nachahmung zu schützen. Daher können beide als klassische Schutzinstrumente im engeren Sinne bezeichnet werden (Abbildung IV.9). Zur Durchsetzung des Ausschließlichkeitsprinzips der Nutzung technischen Wissens stellen insbesondere Patentschutz und Geheimhaltung prinzipielle Alternativen dar und stehen somit in einer direkten Substitutionsbeziehung (Franke, 1993). Die Wahl zwischen Patentschutz und Geheimhaltung ist eine grundlegende Entscheidung des strategischen Patentmanagements (Abschnitt 3.3.2) und soll daher im Folgenden kurz konzeptionell und im Lichte empirischer Befunde erörtert werden.

3.2.3 Patentschutz versus Geheimhaltung

Die Wahl zwischen diesen beiden Schutzmechanismen hängt von verschiedenen Einflussfaktoren ab. Aufgrund konzeptioneller Überlegungen ist der Patentschutz der Geheimhaltung grundsätzlich vorzuziehen, wenn das zu schützende Wissen in Produkte statt in Prozesse eingeht, faktische Schutzmaßnahmen unzuverlässig sind und die voraussichtliche Nutzungsdauer des Wissens lang ist (Kern/Schröder, 1977).

LEVIN ET AL. kommen aufgrund empirischer Untersuchungen zu dem Ergebnis, dass Produktinnovationen vorzugsweise durch Patente und Prozessinnovationen eher durch Geheimhaltung geschützt werden (Levin et al., 1987). Dies erklärt sich daraus, dass innerbetriebliche Abläufe leichter geheim zu halten sind als Neuerungen, die sich direkt am Produkt manifestieren. In einer neueren Studie des europäischen Patentamtes wird dagegen deutlich, dass Patentanmelder den Patentschutz mehrheitlich sowohl für Produkte als auch für Prozesse präferieren (EPA, 1994a). Wenn Geheimhaltung als Schutzinstrument gewählt wird, dann überwiegend für Prozesse. Einzige Ausnahme stellt dabei die chemisch-pharmazeutische Industrie dar, in der der Patentschutz die gleiche Bedeutung wie die Geheimhaltung zum Schutz von Verfahren besitzt (EPA, 1994a).[28]

Die Unzuverlässigkeit faktischer Schutzmaßnahmen schränkt die Möglichkeiten der Geheimhaltung entscheidend ein. Anhaltspunkte für die Zuverlässigkeit faktischer Schutzmaßnahmen liefert MANSFIELD, der bei 100 amerikanischen Unternehmen beobachtet, dass technisches Wissen relativ schnell zu Wettbewerbern gelangt. Informationen über die Ent-

---

[28] In der chemischen Industrie hat die Bedeutung des Patentschutzes für Verfahren in den letzten Jahren erheblich zugenommen. So hat z. B. die *BASF* erst kürzlich wesentliche Verfahren, die über lange Jahre geheimgehalten worden waren, zum Patent angemeldet. Weitere Beispiele aus anderen Industrien bestätigen diese Entwicklung ebenfalls. So kündigt z. B. *Pirelli* eine revolutionäres Herstellverfahren an (Modular Integrated Robotized System, MIRS), was die Produktivität um 80 % steigern und die Herstellkosten um 25 % senken soll. Das neue Verfahren ist durch 20 weltweite Patentfamilien geschützt, o.V. 2001b).

scheidung zur Durchführung eines Entwicklungsprojektes stehen dem Wettbewerb zwölf bis 18 Monate nach der Entscheidung zur Verfügung (Mansfield, 1985). Detaillierte technische Informationen liegen dem Wettbewerb im Durchschnitt innerhalb eines Jahres nach Abschluss der Entwicklung vor (Mansfield, 1985). In diesen Fällen verhindert der Patentschutz zumindest die Nutzung des technischen Wissens durch den Wettbewerb, und das innovierende Unternehmen vermeidet die Gefahr, dass spätere Patentanmeldungen von Wettbewerbern die eigene wirtschaftliche Nutzung der Erfindung einschränken bzw. unmöglich machen (Rebel, 1993). Die Probleme der Geheimhaltung dürften sich in den letzten Jahren durch die zunehmende Vernetzung mit externen Partnern (Zulieferern, Kunden etc.) entlang des Wertschöpfungsprozesses sowie bei der Entwicklung neuer Produkte weiter verschärft haben.

Die Nutzungsdauer technischen Wissens hängt ab von der Länge des Lebenszyklus einer Technologie bzw. des auf dieser Technologie aufbauenden Produkts. Aus diesem Grund wird die Wirksamkeit des Patentschutzes für Technologien, die einem schnellen Alterungsprozess unterliegen, bezweifelt. Dies wird insbesondere für die Elektronik- bzw. Computerindustrie unterstellt (Brockhoff, 1999a). Aufgrund der reduzierten Effektivität des Patentschutzes in den genannten Branchen ließe sich eine im Vergleich zu anderen Branchen relativ niedrigere Patentierneigung vermuten. Dies bedeutet jedoch nicht, dass automatisch faktischer Schutz in Form der Geheimhaltung das vorzuziehende Schutzinstrument ist. Empirische Studien zeigen dementsprechend auch, dass der Patentschutz auch in der Elektronik- bzw. Elektrotechnikindustrie der Geheimhaltung vorgezogen wird (EPA, 1994a; Hall/Ham, 1999; Wyatt/Bertin/Pavitt, 1985; Abschnitt 3.2.4).

Zusammenfassend bleibt festzuhalten, dass der Patentschutz im Vergleich zur Geheimhaltung das dominante Instrument zur Durchsetzung des Ausschließlichkeitsprinzips ist. Dies gilt insbesondere für Produktinnovationen. Obwohl die Bedeutung der Geheimhaltung für Verfahren im Vergleich zu Produkten zunimmt, wird der Patentschutz, wenn er erreichbar ist, auch für Verfahren als Schutzmechanismus vorgezogen. Mansfield merkt in diesem Zusammenhang an: „Clearly, firms generally do not prefer to rely on trade secret protection when patent protection is available" (Mansfield, 1986, S. 180).

3.2.4 Einflussfaktoren auf die Patentierneigung

In zahlreichen Studien wurde die Patentierneigung von Unternehmen untersucht.[29] Unter Patentierneigung versteht man den Anteil patentfähiger Erfindungen, die tatsächlich zum Patent angemeldet werden (Basberg, 1987; Mansfield, 1986). Sie gibt letztlich darüber Aufschluss, welche Bedeutung dem Patent in den jeweiligen Unternehmen beigemessen wird. Die Studien zeigen, dass die Patentierneigung von verschiedenen Faktoren beeinflusst wird. Diese sind in Abbildung IV.11 zusammenfassend dargestellt.

---

[29] Für einen zusammenfassenden Überblick dieser Arbeiten vgl. ERNST (Ernst, 1996).

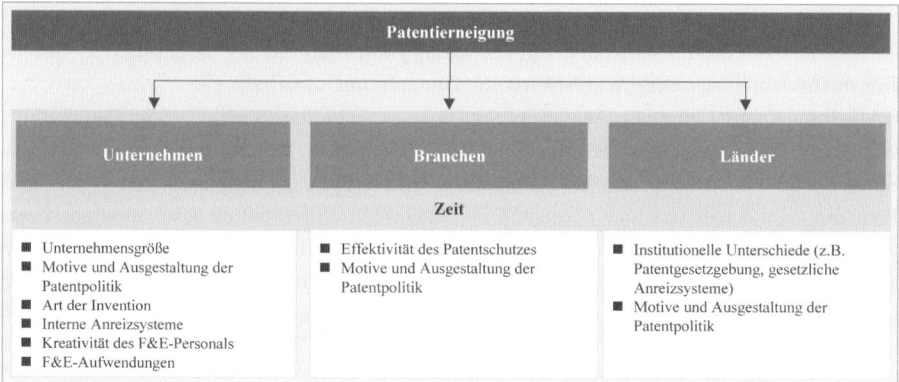

Abbildung IV.11: Einflussfaktoren auf die Patentierneigung (Quelle: in Anlehnung an Ernst, 1996, S. 162)

Die Patentierneigung wird durch länderspezifische Aspekte beeinflusst. National unterschiedliche Patentgesetzgebungen bieten unterschiedliche Anreize für die Patentierung im Allgemeinen und in speziellen Technologiebereichen. Die erhebliche Stärkung der Rechte des Patentinhabers in den USA zu Beginn der Achtzigerjahre trug wesentlich zu den erheblich ansteigenden Patentanmeldezahlen bei (Kortum/Lerner, 1999). Die frühzeitige Ermöglichung des Patentschutzes für Erfindungen in der Biotechnologie, der Softwareindustrie und in jüngster Zeit für Geschäftsmethoden hat zu der dominierenden Stellung US-amerikanischer Unternehmen, insbesondere bei Start-ups und schnell wachsenden Technologieunternehmen, beigetragen (Kortum/Lerner, 1999).[30] Das Patentsystem ist demnach auch ein wichtiges Instrument der Wirtschaftspolitik. Empirische Studien kommen ferner zu dem Ergebnis, dass die Motive und die Ausgestaltung der Patentpolitik zwischen Ländern schwanken. Insbesondere japanische Unternehmen messen dem Patentschutz traditionell eine hohe Bedeutung bei und haben bereits frühzeitig damit begonnen, eine strategisch ausgerichtete Patentpolitik zu betreiben (Granstrand, 2000; Wyatt/Bertin/Pavitt, 1985).

Die Branche wird als die entscheidende Einflussgröße der Patentierneigung angesehen. In Befragungen zur Effektivität des Patentschutzes werden in der Tat regelmäßig Branchen identifiziert, in denen der Patentschutz als extrem wichtig beurteilt wird, wie z. B. in der pharmazeutischen und der chemischen Industrie, und solche, in denen der Patentschutz als weniger wichtig eingeschätzt wird, wie z. B. der Elektronik- oder Telekommunikationsindustrie (EPA, 1994a; Levin et al., 1987; Wyatt/Bertin/Pavitt, 1985). Im scheinbaren Widerspruch dazu steht jedoch das beobachtbare Patentierverhalten der Unternehmen. Für die Halbleiterindustrie wird aufgrund kurzer Technologie- und Produktlebenszyklen und Innovationsprozessen, die sequenziell ablaufen und häufig des Zusammenführens komplementärer Fähigkeiten bedürfen, eine untergeordnete Bedeutung des Patentschutzes vermutet (Bes-

---

[30] Internationale Patentstatistiken zeigen, dass Deutschland in den Neunzigerjahren in besonders wachstumsstarken Technologiefeldern, insbesondere im Computer- und Biotechnologiebereich, im internationalen Vergleich deutlich geringere Wachstumsraten von Patentanmeldungen aufwies und diese im wesentlichen von Großunternehmen stammten, die über F&E-Standorte im Ausland verfügten (Gerstenberger, 1992; Faust, 1993).

sin/Maskin, 2000). Jedoch waren die tatsächlichen Patentanmeldezahlen in diesem Bereich in der Vergangenheit hoch und sind in den letzten Jahren noch stärker gewachsen (Hall/Ham, 1999). Das klassische Motiv des Patentschutzes, die Verhinderung der Nachahmung, ist hier allerdings weniger von Bedeutung.[31] Vielmehr sichert der Patentschutz den Unternehmen Freiheitsgrade („freedom to operate") und ermöglicht den Unternehmen Zugang zu komplementärem Wissens durch Cross-Lizensierungs-Vereinbarungen (Bessin/Maskin; 2000; Grindley/Teece, 1997). So haben z. B. *AMD* und *Intel* schon seit den Siebzigerjahren eine Vereinbarung, Ihr gesamtes Patent-Portfolio zu lizenzieren (o.V., 2001a). Festzuhalten ist somit, dass das Patent neben einem reinen Instrument zum Schutz neuen Wissens ferner ein Mittel ist, zusätzliche strategische Vorteile zu erlangen. Dies kommt im strategischen Patentmanagement zum Ausdruck (Abschnitt 3.3.2).

Die Motive und die Ausgestaltung der Patentpolitik beeinflusst die Patentierneigung auch auf der Ebene einzelner Unternehmen innerhalb einer Branche. Dies spiegelt sich in unterschiedlichen Patentstrategien wider (Ernst, 1996). Größere Unternehmen weisen eine höhere Patentierneigung auf, während dagegen bei kleineren Unternehmen der Grad der wirtschaftlichen Nutzung von Patenten höher ist (EPA, 1994a). Der hohe Nutzungsgrad verdeutlicht, dass das Patent-Portfolio häufig für kleinere Unternehmen von hoher Wettbewerbsrelevanz ist. Dies äußert sich ferner darin, dass das Top-Management in kleineren Unternehmen häufiger in Patentangelegenheiten involviert ist (Spero, 1990; Zellentin, 1989).[32] Neben den weiteren in Abbildung IV.11 genannten Einflussfaktoren wird die Patentierneigung von Unternehmen wesentlich durch die Höhe ihrer F&E-Aufwendungen bestimmt (Bound et al., 1984; Griliches, 1990). Dies spiegelt die Wichtigkeit der Durchsetzung des Ausschließlichkeitsprinzips in forschungsaktiven Unternehmen wider (Abschnitte 3.2.1 und 3.2.2). Unmittelbar ersichtlich ist, dass die Patentierneigung, z. B. aufgrund geänderter Unternehmens- bzw. Patentstrategien in Unternehmen und veränderter rechtlicher Rahmenbedingungen, zeitlichen Schwankungen unterliegt. Aktuell tragen beide Faktoren zu einem erheblichen Anstieg der weltweiten Patentanmeldungen in vielen Branchen bei (Abschnitt 3.1).[33] Letztgenannter Aspekt betrifft den Schutz für Geschäftsmethoden, was für viele Internet-Startups von erheblicher Bedeutung ist (Abschnitt 3.2.6).

3.2.5 Erfolgsfaktoren des Patentschutzes

Für die Einschätzung der Erfolgswirkungen des Patentschutzes sind diejenigen empirischen Studien von großer Relevanz, die den Zusammenhang zwischen Patentposition und Maßen des ökonomischen Erfolgs auf der Unternehmensebene getestet haben. Abbildung IV.12

---

[31] Allerdings kann beobachtet werden, dass Unternehmen zunehmend versuchen, Patente häufiger durchzusetzen als in der Vergangenheit. Dies ist u. a. auf die verbesserte Rechtsposition des Patentinhabers und veränderte Wettbewerbsverhältnisse zurückzuführen (Grindley/Teece, 1997).

[32] Häufig ist die Entstehungs- und Entwicklungsgeschichte von Unternehmen mit bedeutenden patentierten Erfindungen verbunden, wobei die Unternehmensgründer oft selbst diese Erfindungen machten (Hochrein, 2001; Seta, 1964). Meist spiegelt sich dies im Stellenwert des Patentwesens auch heute noch in den Unternehmen wider (Hochrein, 2001; Temaguide, 1998b).

[33] Zu einer ausführlichen Analyse der dynamischen Entwicklung in der amerikanischen Elektronik- und Halbleiterindustrie vgl. GRINDLEY/TEECE (Grindley/Teece, 1997).

fasst die wesentlichen Befunde aktueller Studien zu den Erfolgswirkungen des Patentschutzes zusammen.[34] Alle der hier genannten Studien kommen zu dem Ergebnis, dass nur ein qualitativ hochwertiges Patent oder Patentportfolio einen nachweisbaren Effekt auf die jeweilige Erfolgsvariable hat. Ziel der Unternehmen sollte es daher nicht sein, die Anzahl der Patentanmeldungen zu maximieren, sondern eine qualitativ hochwertige Patentposition aufzubauen. Dies bedarf eines bewussten Planungsansatzes und ist eine zentrale Aufgabe des strategischen Patentmanagements (Abschnitt 3.3.2).

Autoren	Sample	Wesentliche Befunde
Austin (1993, 1995)	20 Unternehmen der Biotechnologie (USA)	Positiver Einfluss von Patenterteilungen auf den Marktwert; stärkerer Einfluss von Schlüsselpatenten
Deng/Lev/Narin (1999)	388 Unternehmen (Pharma, Chemie, Elektronik)	Positiver Einfluss häufig zitierter Patente auf den Marktwert
Ernst (1996)	50 Unternehmen des Maschinenbaus (D)	Patentanmeldungen führen zu signifikanten Umsatzsteigerungen mit einer Verzögerung von 2-3 Jahren. Der Effekt nimmt zu qualitativ höherwertige Patente zu.
Hall/Jaffe/Trajtenberg (1999)	4000 Unternehmen des produzierenden Gewerbes (USA)	Positiver Einfluss häufig zitierter Patente auf den Marktwert
Lerner (1994)	535 Finanzierungsrunden von 173 VC-finanzierten Biotechnologieunternehmen (US)	Patente mit technologisch breitem Patentanspruch erhöhen die Bewertung der Unternehmen
Shane (2001)	1.397 erteilte Patente des Massachusetts Institute of Technology (US)	Die Existenz qualitativ hochwertige Patente (breiter technologischer Anspruch; hohe Zitierhäufigkeit) erhöht die Kommerzialisierungswahrscheinlichkeit (in Form von Unternehmensgründungen oder Lizenzverträgen)

Abbildung IV.12: Befunde neuerer Arbeiten zur Erfolgswirkung des Patentschutzes

3.2.6 Schutz von Geschäftsmethoden im E-Business

Im Jahr 1993 erhielt das Unternehmen Signature Financial Group (Signature) in den USA ein Patent betreffend eines „data processing system for hub and spoke financial services configuration" (US-Patent Nr. 5,193,056).[35] Die Struktur aus „hubs" und „spokes" ermöglicht, dass mehrere Investmentfonds mit den gleichen Anlagezielen koordiniert werden können, indem jeder individuelle Fonds („spoke") in ein identisches Portfolio („hub") investiert. Der wesentliche Vorteil dieses Systems liegt darin, dass das Portfoliomanagement aufgrund von Steuervorteilen und gesunkenen Verwaltungsaufwendungen effizienter abgewickelt werden kann. Gegenstand des Patents ist ein Datenverarbeitungssystem, welches

---

[34] Zu einer detaillierten Zusammenfassung weiterer Studien vgl. ERNST (Ernst, 1996).
[35] Vgl. zu diesem Fall ausführlich z. B. ALTER (Alter, 2000); FRIEDMAN/BIEMER/CALLAHAN (Friedman/Biemer/Callahan, 2000) sowie SCHEINFELD (Scheinfeld, 2000).

von Signature entwickelt wurde, um die notwendigen Berechnungen und Transaktionen automatisch und effizient durchzuführen.

Das Unternehmen State Street Band and Trust Company (State Street), Wettbewerber von Signature, reichte nach dem Scheitern von Lizenzverhandlungen Nichtigkeitsklage ein. Aus der Sicht von State Street war das Patent als nichtig einzustufen, da sowohl mathematische Algorithmen („algorithm exception") als auch Geschäftsmethoden („business method exception") nach § 101 des US-amerikanischen Patentgesetzes nicht patentfähig seien (Friedman/Biemer/Callahan, 2000). In der zweiten Instanz vor dem Federal Circuit wurde die Klage von State Street abgewiesen. Das Gericht machte zum einen wiederholt explizit deutlich, dass prinzipiell kein Unterschied zwischen Hard- und Software im Hinblick auf die Patentfähigkeit gegeben ist. Neben den auch für Software anzuwendenden Kriterien für eine Patenterteilung, wiesen die Richter insbesondere auf die Bedeutung des praktischen Nutzens für die Patenterteilung hin:

> *„Today, we hold that the transformation of data, representing discrete dollar amounts, by a machine through a series of mathematical calculations into a final share price, constitutes a practical application of a mathematical algorithm, formula or calculation, because it produces a "useful, concrete and tangible result" – a final share price monetarily fixed for recording and reporting purposes and even accepted and relied upon by regulatory authorities and in subsequent trades" (zitiert nach Friedman/Biemer/Callahan, 2000, S. 19).*

Demnach ist die „algorithm exception" nach Auffassung der Richter auf das Signature-Patent nicht anwendbar.

Im Hinblick auf die „business method exception" stellte das Gericht klar, dass dies allein keinen hinreichenden Grund darstellt, ein Patent nicht zu erteilen.

> *„We take this opportunity to lay this ill-conceived exception to rest. Since its inception, the "business method" exception has merely represented the application of some general, but no longer applicable legal principle. ... Since the 1952 Patent Act business methods have been, and should have been, subject to the same legal requirements for patentability as applied to any other process or method" (zitiert nach Friedman/Biemer/Callahan, 2000, S. 20).*

Dieses, in späteren Fällen (z. B. *AT&T* vs. *Excel Communication* im Jahr 1999) noch einmal bestätigte Urteil des Federal Circuit wird als klares Signal für die Patentfähigkeit von computerbasierten Geschäftsmethoden gesehen. Voraussetzung für die Patentfähigkeit von Geschäftsmethoden ist, dass diese neu sind, mit Hilfe eines Computers implementiert werden und einen praktischen Nutzen stiften. Daraus folgt, dass ein neuer, praktischen Nutzen stiftender Weg, geschäftliche Transaktionen über das Internet durchzuführen, i. a. R. patentfähig sein wird.[36]

---

[36] Dass Geschäftsmethoden prinzipiell auch in Europa patentfähig sind, zeigt die Erteilung eines Patents der Citibank für ein Verfahren zum elektronischen Handel von Optionsscheinen (Borst, 2000). Zu einer Analyse der rechtlichen Situation in Europa vgl. z. B. MITCHINER (Mitchiner, 2000)

Die Konsequenzen aus diesem Urteil spiegeln sich in den erheblich ansteigenden Patenterteilungen am USPTO für E-Business-bezogene Geschäftsmethoden wider (Abbildung IV.13).[37] Zwischen 1993 und 1997 hat sich die Anzahl der erteilten Patentanmeldungen von 262 auf 1.018 in der relevanten Patentklasse 705 nahezu vervierfacht.[38] In bestimmten Patentunterklassen, wie z. B. im Bereich des „Electronic Shopping", hat sich die Anzahl der erteilten Patentanmeldungen von 12 auf 169 im gleichen Zeitraum vervierzehnfacht. Bekannte Patente auf diesem Gebiet sind z. B. das „One-click-Patent" zur Erleichterung von Einkäufen im Internet von *Amazon.com* (US-Patent-Nr. 5,960,411); das „Revers-auctioning-Patent" zur Abwicklung von Einkäufen im Internet von Priceline.com (US-Patent-Nr. 5,794,207); das Patent von Double Click für eine Methode zur Individualisierung von Werbebotschaften im Internet (US-Patent-Nr. 5,948,061) sowie das Patent von CyberGold für ein Incentivierungssystem für das Lesen von Online-Werbung durch Internetnutzer (US-Patent-Nr. 5,794,210). Die genannten Patente stehen zum Teil in enger Beziehung zum Kerngeschäft der genannten Unternehmen, wodurch unmittelbar die prinzipielle Bedeutung des Patentschutzes ersichtlich wird.

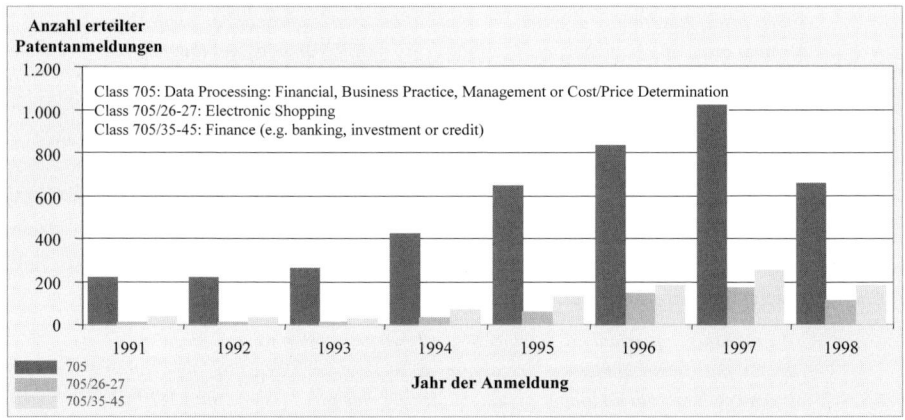

Abbildung IV.13: Entwicklung der erteilten Patentanmeldungen für Geschäftsmethoden am amerikanischen Patentamt USPTO

Im Internet ergeben sich offenbar neue Möglichkeiten zum Schutz von Wissen. Dies betrifft insbesondere Dienstleistungen, welche aufgrund ihres meist nicht vorhandenen technischen Charakters für den Patentschutz bisher nicht zugänglich waren (Abschnitt 3.2.2; Ilzhöfer, 1999). Werden neue Dienstleistungen mit Hilfe von Computerunterstützung (z. B. im Internet) implementiert, so können diese durch Patente geschützt werden. Wenig bekannt ist,

---

[37] Bei der Interpretation der Zahlen ist darauf zu achten, dass am USPTO bisher nur erteilte Patente veröffentlicht wurden. Da zwischen dem Zeitpunkt der Patentanmeldung und -erteilung i. d. R. drei Jahre liegen, ist in den kommenden Jahren mit einem weiteren Anstieg erteilter Patente zu rechnen. Dieser Effekt erklärt auch die abnehmende Zahl der erteilten Patentanmeldungen aus dem Jahr 1998, da diese noch nicht vollständig publiziert wurden.

[38] Anzumerken ist, dass sich die Klasse 705 allgemein auf Geschäftsmethoden bezieht, die elektronisch implementiert werden. In diesem Sinne kann man von E-Business-bezogenen Patentanmeldungen sprechen, obwohl nicht alle Patente einen direkten Internetbezug haben müssen.

dass einige Banken, Kreditkartenunternehmen sowie Investmenthäuser zu den Pionieren beim Patentschutz für Geschäftsmethoden zählen (Scheinfeld, 2000).[39] Die zunehmende Bedeutung des Patentschutzes für Geschäftsmethoden im Finanzbereich spiegelt sich ebenfalls in steigenden Anmeldungszahlen wider (Abbildung IV.13).

Diese Entwicklungen sind ferner von Bedeutung für die Beurteilung und Erfassung von Forschungs- und Entwicklungsaktivitäten im Dienstleistungssektor. Bejaht man unter den genannten Prämissen den technischen Charakter von Geschäftsmethoden oder Dienstleistungen, was sich in deren prinzipiellen Patentfähigkeit niederschlägt, dann kann auch im Dienstleitungsbereich im klassischen Sinn von Forschungs- und Entwicklungsaktivitäten gesprochen werden, da die Bestandteile der Definition von Forschung und Entwicklung (Brockhoff, 1999a) gegeben sind. Über dies F&E-Aktivitäten könnten Dienstleistungsunternehmen sofort berichten (Brockhoff, 2001).

Der Patentschutz von Geschäftsmethoden wird zum Teil sehr kontrovers diskutiert.[40] Haupteinwand ist, dass der Patentschutz nun für offensichtliche und triviale Methoden erreichbar wird und somit die schnelle Diffusion effizienter Geschäftsabläufe verhindert werde. Bei dieser Argumentation wird häufig nicht bedacht, dass die bekannten Kriterien einer Patenterteilung auch für Geschäftsmethoden Geltung haben. Dies impliziert, dass die Geschäftsmethode „neu", „nicht offensichtlich" und „technisch" sein muss (Chalsen/Griem, 2000; Scheinfeld, 2000). Offen bleibt in vielen Fällen, ob der Patentschutz für Geschäftsmethoden rechtsbeständig ist. *Amazon.com* hat zunächst sein „1-Click"-Patent in einer einstweiligen Verfügung gegen den Wettbewerber *Barnes&Noble* durchgesetzt (Yoches, 2000). Allerdings ist in der Hauptsache noch nicht endgültig entschieden.[41] Unabhängig vom Ausgang dieses Verfahrens haben sowohl Internetunternehmen als auch etablierte Unternehmen zu prüfen, welche Auswirkungen sich auf ihr Geschäft potenziell ergeben könnten. Selbst wenn ein Patent letztlich nicht durchgesetzt werden kann oder soll, so kann das Patent trotzdem wesentliche strategische Vorteile verschaffen, indem „freedom to operate" gesichert wird (defensive Strategie) oder das Patent-Portfolio eingesetzt wird, um Zugang zu externen Technologien zu erhalten sowie andere Vermarktungsoptionen zu realisieren (aktive Strategie).[42]

Der Schutz von Geschäftsmodellen im Internet stellt die Unternehmen vor besondere Herausforderungen. Aufgrund niedriger Eintrittsbarrieren und der schnellen Diffusion von Wissen könnte ein effektiver Schutz vor Nachahmung signifikante Wettbewerbsvorteile

---

[39] Zu den Pionieren ist insbesondere die *Citibank* zu zählen, die zwischen 1991 und 1999 insgesamt ca. 43 Patente, u. a. zur elektronischen Abwicklung von Finanztransaktionen, am USPTO erhielt.

[40] Auf einer eigenen Homepage (http://www.noamazon.com) wird *Amazon.com* aufgrund seiner Patentpolitik scharf angegriffen, und Konsumenten werden aufgefordert, *Amazon*-Produkte zu boykottieren.

[41] Zu einer ausführlichen Diskussion der Durchsetzbarkeit des Patentschutzes für Geschäftsmethoden und einer Schilderung weiterer prominenter Fälle vgl. CHALSEN/GRIEM (Chalsen/Griem, 2000) und YOCHES (Yoches, 2000).

[42] Im Jahr 1999 lizenzierte *DELL* eigene Patente betreffend den Handel von Produkten über das Internet an *IBM*. Im Gegenzug erhielt *DELL* Zugang zu *IBM*-Technologien und *IBM* verpflichtete sich, bestimmte Komponenten von *DELL* zu beziehen. Für *DELL* hatte das Lizenzgeschäft einen Wert von insgesamt ca. 16 Mrd. US $.

ermöglichen. Dabei kann das Patent eine wesentliche Rolle spielen, wobei offensichtlich ist, dass der Patentschutz wesentliche Aspekte des gesamten Internetauftritts, z. B. dessen Ästhetik, nicht erfassen kann. Neben dem Markenschutz wird in den USA zunehmend auf die Möglichkeiten von „trade dress" hingewiesen, um das Erscheinungsbild („look and feel") einer Internetseite zu schützen (Berkowitz/Malisuwan/Shimizu, 2001; Davczyk, 2000; Russo/Milanese,1997). „Trade dress is generally defined as „the overall total image of a product," which includes size, color, color combinations, shape, textures, or graphics, that is marketed together with the product" (Berkowitz/Malisuwan/Shimizu, 2001, S. 2).[43] Abbildung IV.14 illustriert beispielhaft, welche Elemente der Yahoo-Internetseite unter den Schutz durch "trade dress" fallen könnten.

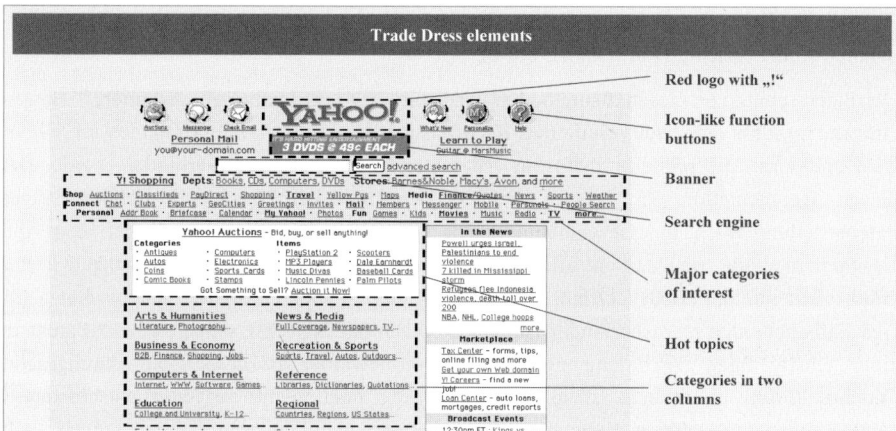

Abbildung IV.14: Beispiel zum Schutz einer Web-Seite durch Trade Dress (Quelle: Berkowitz/ Malisuwan/Shimizu, 2001)

Schutz durch „trade dress" hat zum Ziel, erstens den Inhaber eines Produktes oder einer Dienstleistung vor Nachahmung und zweitens den Konsumenten vor der Verwechslung mit anderen, womöglich minderwertigen Produkten oder Dienstleistungen zu schützen. Voraussetzungen für den Schutz durch „trade dress" sind „distinctiveness", „non-functionality" und „likelihood of consumer confusion" (Russo/Milanese, 1997). Im Internet kann Schutz durch „trade dress" wesentliche Vorteile bieten, indem das „free-rider"-Verhalten von Imitatoren verhindert wird, Wechselkosten für Kunden erhöht werden sowie das exklusive Markenimage des Innovators gewahrt bleibt (Berkowitz/Malisuwan/Shimizu, 2001). Dies sind wesentliche Einflussfaktoren auf die Realisierung von Pioniervorteilen (Brockhoff, 1999b).

---

[43] Zu einer ausführlichen rechtlichen Diskussion des Schutzes durch „trade dress" anhand von Beispielen vgl. z. B. Berkowitz/Malisuwan/Shimizu (2001) sowie Russo/Milanese (1997). Zu betonen ist, dass Schutz durch „trade dress" nicht auf Internetanwendungen beschränkt ist. Für besonderes Aufsehen hat die Auseinandersetzung zwischen zwei mexikanischen Restaurantketten (Two Pesos und Taco Cabana) in den USA gesorgt. Two Pesos hatte in seinen Restaurants das Erscheinungsbild („look and feel") von Taco Cabana übernommen und wurde daher von Taco Cabana wegen Verletzung von „trade dress" verklagt. Der Richterspruch zu Gunsten Taco Cabanas wird in der Literatur als Hinwies darauf gesehen, dass „trade dress" insbesondere für den Schutz von Internetseiten von erheblicher Relevanz ist (Russo/Milanese, 1997).

Zusammenfassend ist festzuhalten, dass eine Kombination verschiedener Schutzinstrumente notwendig ist, um einen möglichst optimalen rechtlichen Schutz geistigen Eigentums im E-Business zu ermöglichen (Abbildung IV.15). Dies ist die Aufgabe eines strategischen IP-Managements.

Wert einer Internetseite	Schutzinstrumente			
	Patent	Trademark	Trade Dress	Copyright
Technische Funktionalität	X			
Domain / Marke		X		
Look and Feel (colour, design, navigation, aesthetics, ease of use)			X	
Inhalte				X

Abbildung IV.15: Strategie zum Schutz geistigen Eigentums im Internet (Quelle: in Anlehnung an Berkowitz/Malisuwan/Shimizu, 2001)

3.3 Strategisches Patentmanagement

3.3.1 Aufgaben und Ziele

Das Patentmanagement unterstützt das Technologiemanagement in seiner zentralen Aufgabe, den Prozess der internen sowie der externen Technologiegewinnung, -speicherung und -verwertung im Hinblick auf die bestmögliche Erfüllung der Unternehmensziele zu planen und zu steuern.[44] Das Patentmanagement erreicht sein Ziel dadurch, dass (1) die Auswertung von Patentinformationen die Qualität von Entscheidungen im Technologiemanagement verbessert und (2) eine starke Patentposition den finanziellen Rückfluss aus der internen und externen Technologieverwertung erhöht. Man erkennt, dass die Beiträge des Patentmanagements die zwei zentralen Funktionen des Patents berühren (vgl. Abschnitt 3.2.2). Abbildung IV.16 systematisiert die Aufgaben des Patentmanagements im Technologiemanagement. Felder I, II und III betreffen vornehmlich die Informationsfunktion von Patenten während Felder IV und V insbesondere deren Schutzfunktion ansprechen.

---

[44] Technologiemanagement ist demnach auch Wissensmanagement; vgl. zum Technologiemanagement ausführlich Brockhoff (1999a).

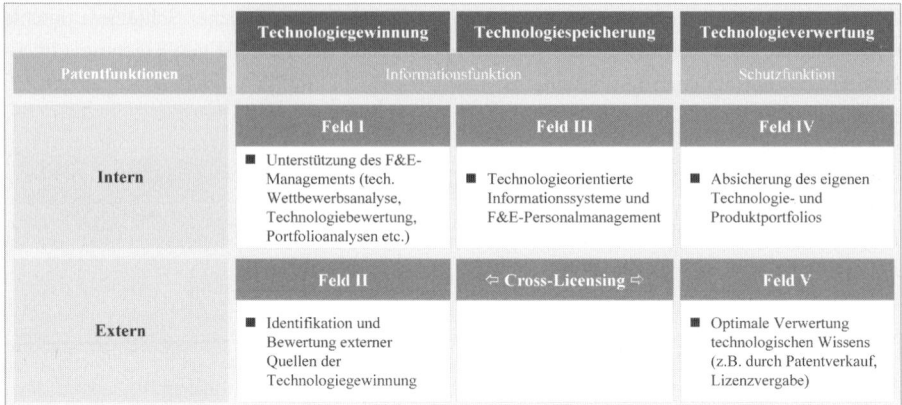

Abbildung IV.16: Aufgaben des strategischen Patentmanagements (Quelle: Ernst, 2001a)

3.3.2 Schutz und Verwertung von patentiertem Wissen

Patente unterstützen sowohl die interne als auch die externe Verwertung von Wissen im Technologiemanagement (Abbildung IV.16, Felder IV und V). Zum einen sichert eine starke Patentposition Wettbewerbsvorsprünge vor der Konkurrenz und beeinflusst somit direkt den ökonomischen Erfolg von Unternehmen (vgl. Abschnitt 3.2.5). Ein starkes Patentportefeuille ist ein wichtiges strategisches Instrument, um Wettbewerbsvorteile zu erzielen (Brockhoff/Ernst/Hundhausen, 1999).

Zum anderen bieten Patente die Möglichkeit, technologisches Wissen extern durch den Verkauf oder die Lizenzierung von Patentrechten zu verwerten. Die Vergabe von Lizenzen hat drei wesentliche Motive: Generierung zusätzlicher Einnahmen, Schaffung technologischer Standards und Zugang zu externer Technologie mittels Cross-Licensing (Bessen/Maskin, 2000; Grindley/Teece, 1997). Alle drei Aspekte lassen sich in der Lizenzstrategie von Qualcomm erkennen. Die aggressive Lizensierungsstrategie trägt entscheidend zu gewinnbringenden Umsätzen des Unternehmens bei und etabliert die Qualcomm-Technologie zunehmend zu einem Standard in der Telekommunikationsindustrie (Erdell/Haug/Higgins, 2001). Schließlich werden Kooperationen und strategische Allianzen durch aktives Cross-Licensing ermöglicht (o.V. 2000).

Die Fähigkeit, bestimmtes Wissen zu erlangen, hängt demnach entscheidend von der Attraktivität eigener Patente ab. An diesem Punkt schließt sich der Kreis im hier vorgestellten Konzept des Technologiemanagements, da das Cross-Licensing die externe Wissensverwertung und -gewinnung miteinander verbindet (Abbildung IV.16, Felder II und V). Der Beitrag eines Patentportefeuilles zum Unternehmensergebnis wird dabei entscheidend von der Existenz einer Patentstrategie im Unternehmen beeinflusst.

3.3.2.1 Merkmale von Patentstrategien

Grundsätzliches Ziel einer Patentstrategie ist es, den Beitrag des Patentportefeuilles zur Erreichung der Unternehmensziele zu maximieren. Dies beinhaltet im Wesentlichen zwei Aspekte: (a) Aufbau einer möglichst starken Patentposition, um mit eigenen Produkten und Dienstleistungen nachhaltige Wettbewerbsvorteile zu erzielen[45] und (b) Ausschöpfung externer Verwertungsmöglichkeiten eigener Patente, um monetäre und nicht-monetäre Rückflüsse aus dem eigenen Patentportefeuille zu steigern. Dabei handelt es sich um ein Optimierungsproblem, bei dem Kosten und Nutzen einzelner Maßnahmen gegeneinander abzuwägen sind.

Im Hinblick auf die Patentstrategie ist besonders über folgende zehn fundamentale Aspekte zu entscheiden:[46]

1. Sind alternative Schutzinstrumente, insbesondere die Geheimhaltung, gegenüber einer Patentanmeldung vorzuziehen? Eine bewusste Entscheidungsfindung kann durch den Einsatz von Checklisten (Abbildung IV.17) herbeigeführt werden.

2. Der Zeitpunkt der Patentanmeldung ist zu wählen. Eine frühzeitige Patentanmeldung im Verlaufe des Entwicklungsprojektes sichert die Priorität für internationale Nachanmeldungen. In vielen Branchen, in denen Wettbewerber oft zeitgleich an identischen Entwicklungen arbeiten, kann der Zeitpunkt der Erstanmeldung oft entscheidend sein.[47] Viele Unternehmen gehen zunehmend dazu über, die Entscheidung über eine Patentanmeldung in die frühen Phasen der Entwicklung zu verlegen.

3. Nicht unabhängig von Punkt (2) ist die Breite des Anspruches einer Patentanmeldung. Insbesondere in frühen Phasen können breite, konzeptionelle Erfindungen angemeldet werden, da der Blick noch nicht auf enge Anwendungen fokussiert ist. Ein zunächst breiter Anspruch kann im Verlauf des Patentierprozesses eingeschränkt werden, sofern die Patentansprüche entsprechend formuliert sind.

4. Bei der Anzahl der Länder, in denen Patente angemeldet werden, sind finanzieller Aufwand und wirtschaftlicher bzw. strategischer Nutzen in Relation zu setzen, da die Kosten eines Patentportefeuilles neben der Anzahl der Patente entscheidend von der Länderbenennung abhängen (Rebel, 1993). Während wirtschaftlich besonders interessante Erfindungen in der Regel international breit angemeldet werden (Basberg, 1987), kann der Stand der Technik schon durch eine nationale Patentanmeldung geschaffen werden. Auch kann Patentschutz in zentralen Ländern, z. B. in Deutschland für Europa, unter Umständen bereits zur Zielerreichung beitragen.

---

[45] Es wurde bereits erläutert, dass neben dem Patent weitere gewerbliche Schutzinstrumente eingesetzt werden können, um unterschiedliche Wissenskomponenten zu schützen. Dies ist Aufgabe eines umfassenden IP-Managements (vgl. Abschnitte 3.2.2 und 3.2.6).

[46] Zu einer detaillierten Analyse des Patentanmeldeprozesses im Hinblick auf Gestaltungsparameter des Anmelders vgl. z. B. HARHOFF/REITZIG (Harhoff/Reitzig, 2001).

[47] *DaimlerChrysler* hat vor einigen Jahren ein wichtiges Patent für einen neu entwickelten Bremsassistenten drei Tage vor dem Wettbewerber *Toyota* angemeldet. *Toyota* musste daher eine Lizenz bei *DaimlerChrysler* nehmen (Einsele, 2001).

#	Kriterium	Antwort (J/N)	Pat. NEIN	Pat. JA
A	**MITBEWERBER (MB)**			
1	Können wir eine Verletzung erkennen?			
2	Können wir eine Verletzung nachweisen?			
3	Können wir gegen einen Verletzer-MB vorgehen?			
4	Engen wir die MB mit ihren eigenen Lösungen ein?			
5	Schenken wir den MB wichtige Ideen?			
6	Arbeiten die MB z. Z. an gleichartigen Entwicklungen?			
7	Ist die Entwicklung für die MB naheliegend?			
8	Haben wir in diesem Entwicklungsfeld starke MB?			
9	Verhindern wir Patentanmeldungen der MB?			
10	Haben die MB einen Vorsprung?			
11	Können wir die Entwicklung geheimhalten?			
12	Sind eigene Schutzrechte leicht angreifbar?			
13	Verletzt die Entwicklung Schutzrechte der MB?			
14	Ist die Entwicklung von bestehenden MB-Schutzrechten abhängig?			
15	Können wir bei Nichtanmeldung e. Vorbenutzung beweisen?			
16	Sollten die MB wissen, daß wir etwas Eigenes haben?			
17	Taugt die Entwicklung zum Basispatent?			
B	**KUNDE**			
1	Verbessert das Patent unser Image (Emotion)?			
2	Verbessert das Patent unsere technische Glaubwürdigkeit?			
3	Erwartet der Kunde die Entwicklung?			
4	Können wir gegen einen Verletzer-Kunden vorgehen?			
5	Könnte der Kunde die Entwicklung kopieren?			
6	Könnte der Kunde die Entwicklung selbst anmelden?			
C	**GELD**			
1	Ist die Entwicklung Teil einer Key-Komponente?			
2	Hängt nennenswerter Umsatz an der Entwicklung?			
3	Ist der Markt expansiv?			
4	Schwächt die Entwicklung die MB?			
5	Sind die Kosten für ein Schutzrechts hoch?			
D	**INTERN**			
1	Gibt es bereits eine NEUMAG-Anmeldg. in diesem Bereich?			
2	Motiviert die Anmeldung die Erfinder?			
3	Kann die Entwicklung anderen in die Hände fallen?			
E	**WEITERES**			
1				
	Ergebnis qualitativ			

Abbildung IV.17: Checkliste zur Beurteilung der Vorteilhaftigkeit einer Patentanmeldung (Quelle: Neumag GmbH)

5. Die Anmeldung sogenannter Sperrpatente dient dem Schutz von Basispatenten.[48] Insbesondere japanische Unternehmen haben frühzeitig von diesem Instrument der strategischen Patentpolitik Gebrauch gemacht (Granstrand, 2000; Wyatt/Bertin/Pavitt, 1985).

---

48 Das Basisprinzip der neuen Sensor-Rasier-Technologie von *Gillette* ist durch insgesamt 22 Patente geschützt (Fabry, 2001)

Intellectual Property 313

6. Vor Beginn und im Verlauf einzelner Entwicklungsprojekte ist die Patentsituation zu analysieren, um Verletzungen von Patenten Dritter zu vermeiden und um eine möglichst optimale Schutzrechtsposition für das eigene Endprodukt sicherzustellen. Aus diesen Patentrecherchen lassen sich ferner wertvolle technische Informationen gewinnen, die helfen, Entwicklungskosten und –zeiten erheblich zu reduzieren (Temaguide, 1998a).

7. Nach der Patenterteilung hat eine kontinuierliche Beobachtung und Verfolgung von Verletzungen eigener Patentrechte zu erfolgen (Fox, 1998; Spero, 1990). Aufgrund der zum Teil kurzen Einspruchfristen kommt es dabei auf die frühzeitige Wahrnehmung von Patentverletzungen an. Die konsequente Verfolgung ist umso erfolgreicher, je effektiver die eigene Patentposition ist (Spero, 1990; Brockhoff/Ernst/Hundhausen, 1999).

8. Es ist regelmäßig über die Aufgabe von Patentrechten zu entscheiden. Dieser Prozess kann mit Hilfe von Portfoliotechniken oder anderen Patentbewertungsverfahren unterstützt werden (Smith/Parr, 1994; Hofinger, 1999). In der Praxis haben sich multifunktional zusammengesetzte Bewertungsteams bewährt (Fox, 1998).

9. Lizenzierungs- und Cross-Lizenzierungsmöglichkeiten sind systematisch zu identifizieren und zu bewerten (Harrison/Rivette, 1998).[49] Dies kann unter anderem auf der Basis einer systematischen Auswertung von Patentinformationen erfolgen. Mit Hilfe von Patent-Portfolios können Lizenzierungsalternativen bewertet werden (vgl. Abschnitt 3.3.3.1).

10. Schließlich ist die Stärke der eigenen Patentposition an wichtige Adressatenkreise des Unternehmens, wie z. B. Kunden, Aktionäre oder Investoren, zu kommunizieren.[50] Der Vorteil ist, dass Patentdaten die technologische Kompetenz weitgehend objektiv erfassen und von Externen überprüft werden können (vgl. Abschnitt 3.3.3). Es lässt sich zeigen, dass Kapitalmärkte (Austin, 1993, 1995; Brockhoff, 1999c) und Kunden (Ernst/Schnoor, 2000) auf Patentinformationen reagieren sowie Venture Capital-Geber explizit diese Informationen einfordern (o.v. 1999a). Grundsätzlich ist Unternehmen zu raten, regelmäßig über relevante Ergebnisse durch die Angabe aussagefähiger Patentkennzahlen zu berichten (vgl. Abschnitt 3.3.3.1).

3.3.2.2 Erfolgsfaktoren der Umsetzung von Patentstrategien

Um Patentstrategien im Unternehmen erfolgreich umzusetzen, sollten folgende grundlegende Aspekte vornehmlich beachtet werden:

1. Zunächst sind Patent- und Unternehmensstrategie abzustimmen (Sullivan, 1998b). Unternehmen mit offensiven Technologiestrategien weisen auch offensive Patentstrategien auf (Weisenfeld-Schenk, 1995). Die Abstimmung zwischen Technologie- und Patent

---

[49] Im Internet entstehen Handelsplattformen für Patente (z. B. „yet2.com"), um die Transaktionskosten der externen Vermarktung von Patenten zu reduzieren.
[50] In ihren Bereichen technologisch führende Unternehmen, wie z. B. Kiekert, Heidelberger Druckmaschinen oder Rhein Biotech, haben vor dem Börsengang die eigene Patentposition in den Vordergrund ihrer Kommunikationskampagnen gestellt (o.V., 1995; o.V., 1997; o.V. 1999b).

strategie kann mit Hilfe von Portfoliotechniken erfolgen.

2. Die Unterstützung durch das Top-Management ist entscheidend für den Stellenwert des Patentwesens und seiner Effektivität im Unternehmen (Granstrand, 2000). „I have also become convinced of the critical need for new strategies protecting advanced technologies at the highest corporate levels" (Spero, 1990, S. 58). Entstammen Erfinder dem Top-Management, insbesondere in kleineren und mittleren Unternehmen, so kann häufig beobachtet werden, dass das Patentwesen dort traditionell eine höher rangige Bedeutung hat (Hochrein, 2001). Aber auch die verantwortlichen Führungskräfte großer Aktiengesellschaften haben in den vergangenen Jahren zunehmend die Bedeutung des Patentschutzes erkannt (Fox, 1998; Granstrand, 2000; Petrasch, 1998). Dies spiegelt sich sofort in organisatorischen Maßnahmen, wie z. B. in der direkten Verankerung der Patentabteilung beim Vorstand, und letztlich in steigenden Patentanmeldezahlen wider (Abschnitt 3.1).

3. Neben den gesetzlichen Vorschriften des Arbeitnehmererfindergesetzes sind zusätzliche Anreize zur Schaffung einer Patentkultur zu setzen (Fox, 1998; Leptien, 1996). Zur Erreichung einer kritischen Masse sollte zunächst das Hauptaugenmerk auf die Steigerung der Anzahl von Patentanmeldungen gelegt werden. Zu einem späteren Zeitpunkt kann dann verstärkt auf die Qualität der Patentanmeldungen geachtet werden, wobei die für das Unternehmen ökonomisch und strategisch irrelevanten Erfindungsmeldungen durch ein internes Bewertungssystem herausgefiltert werden (Hochrein, 2001).

4. Im Unternehmen ist das Patentmanagement zu institutionalisieren und mit Aufgaben und Kompetenzen auszustatten, die sich signifikant von denen bisheriger Patentabteilungen unterscheiden (Ernst, 1996; Granstrand, 2000; Grindley/Teece, 1997; Petrasch, 1998). Dabei kommt es darauf an, mögliche Schnittstellenprobleme zwischen der „neuen" Patentabteilung und den Neuproduktentwicklungsteams zu vermeiden oder zu überwinden. Dies kann dadurch erreicht werden, dass die Projektteams feste Ansprechpartner in der Patentabteilung im Sinne eines Key-Account-Managements haben oder die Patentmanager bei bedeutenden Projekten feste Mitglieder des Projektteams sind (Walton/Dismukes/Browning, 1989).[51]

5. Patentbezogene Kriterien sind in der Meilensteinplanung des Neuproduktentwicklungsprozesses unbedingt zu verankern. Dies stellt sicher, dass die notwendigen, patentrelevanten Informationen vorliegen und bei Entscheidungen Berücksichtigung finden können (Temaguide, 1998a). Vom Unternehmen *Gillette* wird berichtet, dass bei der Entscheidung zwischen verschiedenen Konstruktionsalternativen eines Nassrasierers diejenige gewählt wurde, für die die optimale Patentposition erreichbar war (Fabry, 2001). Vom Unternehmen *3M* wird berichtet, dass die Projektleiter die angestrebte Patentposition in regelmäßigen „Audits" zu rechtfertigen haben. Lässt sich die gewünschte Patentsituation nicht erreichen, dann kann dies zu einem Projektabbruch führen (Shapiro,

---

[51] Auffällig ist, dass diese Personen als „Informationsspezialisten" offenbar bereits in den Achtzigerjahren in einigen Unternehmen in dieser Funktion tätig waren (Walton/Dismukes/Browning, 1989). Heute tragen diese Personen z. B. Namen wie IP-Manager (Infineon), IA-Manager (Dow Chemical) oder Patentprofessional (DaimlerChrysler).

1990). Das prozessbezogene Patentmanagement hat entscheidenden Einfluss auf die Qualität der zu erzielenden Patentposition und ist daher von zentraler Bedeutung.

3.3.3 Auswertung von Patentinformationen

Die Planung von Aktivitäten im Technologiemanagement setzt die Gewinnung und Bewertung von Informationen über technologische Entwicklungen im Wettbewerbsumfeld des Unternehmens voraus (Brockhoff, 1999a; Gerpott, 1999). Wesentliche Eigenschaften machen Patente in dieser Hinsicht zu einer sehr interessanten Informationsquelle für das Technologiemanagement (Ernst, 1996): (1) Detaillierte Verfügbarkeit: Im Gegensatz zu den oft nicht vorhandenen sowie wenig aussagekräftigen Angaben von Unternehmen über ihre F&E-Aufwendungen sind Patente nach ihrer Offenlegung zugänglich, und deren Zuordnung zu strategischen Geschäftseinheiten, Produkten, Technologiefeldern oder Erfindern macht zahlreiche detaillierte Analysen möglich. Die effiziente Gewinnung von Patentinformationen kann über Patentdatenbanken erfolgen.[52] (2) Objektivität: Patente sind ein objektiver Maßstab zur Beurteilung technologischer Positionen. Die Patenterteilung erfolgt nach festgelegten Kriterien durch unabhängige Patentämter und bei der Einschätzung der Patentqualität[53] kann auf subjektive Urteile von Personen verzichtet werden. (3) Ergebnisorientierung: Patente stellen einen wesentlichen Fortschritt gegenüber der Betrachtung von F&E-Aufwendungen dar, weil eine Inputgröße durch eine ergebnisorientierte Betrachtungsweise ersetzt wird. Die Outputwirkung von Patenten spiegelt sich insbesondere in Kennzahlen der Patentqualität wider, die Patente nach Maßgabe ihrer technologischen und ökonomischen Bedeutung im Vergleich zur Masse vieler Patente differenzieren (Griliches, 1990). Unter Berücksichtigung von zeitverzögerten Effekten kann ein kausaler und positiver Zusammenhang zwischen Patentanmeldungen und nachfolgenden Umsatzveränderungen beobachtet werden. Die Einbeziehung der Patentqualität verstärkt diesen Effekt erheblich (Ernst, 2001b).

Einschränkend ist zu beachten, dass Patente unter Umständen nicht das gesamte Spektrum der Forschungs- und Entwicklungsaktivitäten von Unternehmen erfassen und zeitliche Verzögerungen der Offenlegung in Branchen mit kurzen Technologiezyklen zu Einschränkungen der Aussagekraft von Patentinformationen führen können (Ernst, 1996). Die Auswertung von Patentinformationen bietet folgende Anwendungsfelder im Technologiemanagement.

---

[52] Patentinformationen können in elektronischer Form aus verschiedenen Datenbanken gewonnen werden (Rebel, 1993). Ferner bieten die Patentämter auf ihren Homepages (z. B. das USPTO unter http://www.uspto.gov oder das EPA unter http://www.european-patent-office.org den kostenlosen Zugang zu Patentdaten an.

[53] Empirische Arbeiten zeigen, dass insbesondere Patentzitate, Auslandsanmeldungen, Laufzeiten und Einsprüche gute Indikatoren für den ökonomischen Wert von Patenten darstellen (Basberg, 1987; Ernst, 1996; Griliches, 1990).

3.3.3.1 F&E-Management

Eine wesentliche Planungsaufgabe innerhalb des Technologiemanagements besteht darin, festzulegen, welche internen F&E-Vorhaben mit welcher Intensität durchzuführen sind (Brockhoff, 1999a). Dies ist der Bereich des klassischen F&E-Managements (Abbildung IV.17, Feld I). Hierzu sind zumindest Informationen über a) die zukünftige Wettbewerbsrelevanz der zur Auswahl stehenden Technologien und über b) die Position des eigenen Unternehmens im Vergleich zum Wettbewerb in diesen Technologiefeldern zu bewerten. Ein wesentlicher Vorteil von Patenten ist, dass zeitliche Veränderungen analysiert werden können. Dies ermöglicht das Erkennen von Veränderungen der F&E-Strategien von Wettbewerbern (Ernst, 1999).

Zur Prognose technologischer Entwicklungen stehen zahlreiche Instrumente (z. B. technologische Vorhersagen, S-Kurve etc.) zur Verfügung (Brockhoff, 1999a). Alternativ kann die Analyse von Patentaktivitäten in relevanten Technologiefeldern Auskunft über technologische Entwicklungstendenzen geben (Ernst, 1997). Eine Vielzahl von Patentkennzahlen erlaubt eine detaillierte technologische Wettbewerbsanalyse (Ernst, 1996; Lange, 1994).[54] Eine wichtige Kennzahl ist der Technologieanteil, der die Wettbewerbsposition eines Unternehmens in einzelnen Technologiefeldern widerspiegelt. Die Bestimmung des Technologieanteils orientiert sich konzeptionell am Marktanteil, einem allgemein gebräuchlichen und akzeptierten Maß der Wettbewerbsposition im Marketing. Die bewusste sprachliche Anlehnung bei der Benennung technologischer Kennzahlen verfolgt das Ziel, die Kommunikation technologischer Aspekte, insbesondere im Hinblick auf das Top-Management, zu verbessern (Brockhoff/Chakrabarti, 1997). Während der Marktanteil auf Basis von Umsatzanteilen in definierten Märkten bestimmt wird, erfolgt dies für den Technologieanteil auf Basis von Patentanteilen in definierten Technologiefeldern (Ernst, 2001a).

Ein populäres Instrument zur Entscheidungsunterstützung im F&E-Management ist das Technologieportfolio. Im Technologieportfolio werden alternative Technologien im Hinblick auf deren Attraktivität und deren Beherrschungsgrad durch die jeweiligen Unternehmen bewertet. Aus Technologieportfolios werden F&E-Investitionsstrategien abgeleitet. (Pfeiffer/Schneider/Dögl, 1986). Statt dessen können Patentportfolios zum Einsatz kommen (Ernst, 1998b). Patentportfolios haben die Vorteile, dass sie nicht auf subjektive Einschätzungen angewiesen sind und leichter die notwendigen Informationen über die Wettbewerber beschafft werden können. Aus den Positionen im Patentportfolio werden analog zu anderen Portfoliodarstellungen Normstrategien abgeleitet. Im Beispiel (Abbildung IV.18) hat die F&E-Leitung zu überlegen, ob F&E-Mittel aus schwach wachsenden Technologiefeldern in schneller wachsende Technologiefelder, in denen das Unternehmen zudem schwache relative Patentpositionen aufweist, zu verlagern sind. Da Patente neben Technologiefeldern auch Produkten zuzuordnen sind, können Patent- und Marktportfolios integriert werden (Ernst, 1999).

---

[54] Für eine kompakte Darstellung eines derartigen Kennzahlensystems vgl. ERNST (Ernst 2001a).

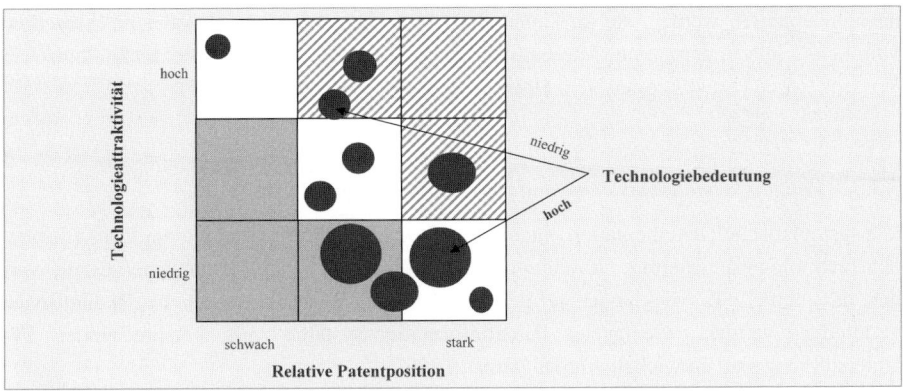

Abbildung IV.18: Das Patent-Portfolio für ein Elektronikunternehmen (Quelle: in Anlehnung an Brockhoff, 1992, S. 48)

3.3.3.2 Externe Technologiebeschaffung

Wesentliche Gründe für die externe Beschaffung von Technologien sind unter anderem die Existenz technologisch überlegenen Wissens an anderer Stelle, die Realisierung von Zeitvorsprüngen bzw. der Ausgleich von Zeitnachteilen, das Ausscheiden einer Eigenentwicklung aufgrund unzureichender Ressourcen sowie die Vermeidung des sogenannten „Not-invented-here"-Syndroms (Brockhoff, 1999a; Gerpott, 1999). Wesentliche Formen der externen Technologiebeschaffung sind Vertragsforschung, Lizenzen, F&E-Kooperationen und technologieorientierte Akquisitionen (Beteiligungen) von (an) Unternehmen. Die Bedeutung der externen Technologiebeschaffung nimmt kontinuierlich zu (Grenzmann/ Marquardt/Wudtke, 2000; Hirn, 2001).

Eine wichtige Aufgabe des Technologiemanagements ist die Auswahl und Bewertung möglicher Alternativen (Gerpott, 1999). Die Analyse von Patentdaten ermöglicht die effiziente Identifikation und Bewertung potenzieller Quellen externer Technologiebeschaffung (Abbildung IV.16, Feld II). Durch gezielte Patentrecherchen sind schnell diejenigen Institutionen oder Erfinder identifiziert, die Patente in den in Frage kommenden Technologiefeldern angemeldet haben. Die Bestimmung der Patentqualität ermöglicht anschließend eine differenzierte Bewertung der einzelnen Patentpositionen und verbessert die Auswahlentscheidung. Im Patentportfolio können Überschneidungen sowie Ergänzungen technologischer Positionen von Unternehmen identifiziert werden. Dadurch kann das Ausmaß der durch Unternehmenszusammenschlüsse oder Akquisitionen zu realisierenden technologischen Synergieeffekte bewertet werden.

Vorteilhaft ist, dass zudem die hinter den Patenten stehenden Erfinder erkannt werden. Dies ist für das Management von Akquisitionen von großer Bedeutung, da empirische Studien zeigen, dass hoch produktive Schlüsselerfinder nach der Akquisition häufig aus dem Unternehmen ausscheiden oder ihre Patentproduktivität signifikant reduzieren (Ernst/Vitt, 2000). Um dies zu verhindern, sollten Schlüsselerfinder vor der Akquisition identifiziert und Maßnahmen ergriffen werden, sie im Unternehmen zu halten. Schließlich kann im Abwerben von Schlüsselerfindern eine Alternative für die Erschließung externen technologischen Wissens liegen (Ernst/Leptien/Vitt, 1999).

3.3.3.3 Patentinformationssysteme und Personalmanagement

Die systematische Dokumentation eigener und fremder Patente ist ein wesentliches Element der Technologiespeicherung (Abbildung IV.16, Feld III). Dadurch kann sichergestellt werden, dass aktuelle Entwicklungen auf bereits bekanntem Wissen aufbauen und Redundanzen vermieden werden. Geeignete Patentinformationssysteme mit entsprechender IT-Unterstützung sind entwickelt worden (Ernst, 1996).

Die Gewinnung und Verarbeitung von Patentinformationen ist organisatorisch im Unternehmen zu verankern, um eine kontinuierliche und systematische Einbindung von Patentinformationen in strategische Entscheidungsprozesse zu gewährleisten. Organisatorisch ist zunächst eine Institutionalisierung dieser Aufgabe ratsam, z. B. im Bereich der „neuen" Patentabteilung mit erweiterter Stellenbeschreibung oder im Verantwortungsbereich einer geeigneten, strategisch ausgerichteten Stabsstelle (Ernst, 1996; vgl. Abschnitt 3.3.3.3). In kleineren Unternehmen kann dies im Verantwortungsbereich einer Person liegen (Temaguide, 1998a). Ein geeignetes Patentinformationssystem soll Entscheidungsträger im Unternehmen möglichst effizient über technologische Entwicklungen im Wettbewerbsumfeld unterrichten. Ferner ist wichtig, dass Patentinformationen schnell aktualisiert werden können, da insbesondere die möglichst frühe Wahrnehmung technologischer Veränderungen von großer Bedeutung ist. Das hier skizzierte Patentinformationssystem darf nicht als ein Instrument der klassischen, juristisch geprägten Verwaltung von Schutzrechten verstanden werden. Es kann dabei allenfalls unterstützend wirken. Dies wird auch durch den veränderten Adressatenkreis (Unternehmensleitung, F&E-Leitung, strategische Planungsabteilungen etc.) strategischer Patentinformationen im Unternehmen deutlich. Dadurch ergeben sich gänzlich verschiedene Anforderungen an ein Patentinformationssystem.

Ferner ist zu beachten, dass Personen wesentliche Träger von Wissen sind (vgl. Abschnitt 3.2.2). Daraus resultieren wichtige Implikationen für das Personalmanagement. Bei der Technologiespeicherung ist darauf zu achten, dass insbesondere Schlüsselerfinder möglichst lange an das Unternehmen gebunden werden und dass ihr Wissen so weit wie möglich personenunabhängig gespeichert wird, so dass es mit Ausscheiden der Person nicht vollständig verloren geht. Wenn dies nur eingeschränkt möglich ist (z. B. durch einen hohen Anteil impliziten Wissens), dann kann versucht werden, Wissen von Schlüsselerfindern auf andere Erfinder durch Zusammenarbeit zu übertragen (Ernst/Leptien/Vitt, 1999).

3.4 Zusammenfassung

Der Schutz geistigen Eigentums wird zunehmend zu einem entscheidenden Wettbewerbsvorteil. Den Unternehmen bieten sich verschiedene Schutzinstrumente in Abhängigkeit der jeweils zu schützenden Wissenskomponente. Innerhalb der Schutzinstrumente nimmt das

Patent eine dominierende Stellung ein. Die Ausdehnung des Patentschutzes auf Geschäftsmethoden kann neue Möglichkeiten eröffnen, auch bestimmte Dienstleistungen im Bereich des E-Business effektiver vor Nachahmung zu schützen. Der Aufbau eines effektiven Patentportefeuilles bedarf eines strategischen Patentmanagements. Das Patentportefeuille kann neben der effektiven Absicherung der internen Wissensverwertung auch durch seine externe Vermarktung erheblich zur Steigerung des Unternehmenswertes beitragen. Dabei hängt der Beitrag eines Patentportefeuilles zum Unternehmensergebnis entscheidend von der Existenz einer Patentstrategie im Unternehmen ab. Zusätzlich liefert die systematische Analyse von Patentinformationen erheblich verbesserte Entscheidungsgrundlagen für zentrale Aufgaben des Technologiemanagements. Bessere Entscheidungen, z. B. über die Verwendung knapper F&E-Mittel oder die Identifikation und Bewertung geeigneter externer Wissensquellen, steigern ebenfalls den Unternehmenswert. Der geringe Ressourcenbedarf derartiger Patentanalysen macht dieses Instrumentarium insbesondere für kleinere und mittelgroße Unternehmen außerordentlich interessant. Aus den genannten Gründen ist das strategische Patentmanagement für Technologieunternehmen unverzichtbar. Die Bedeutung des Patentmanagements in der Praxis wird dadurch deutlich, dass sich zunehmend die Unternehmensleitung oder strategische Planungsabteilungen mit den hier skizzierten Fragen beschäftigen und sich das Aufgabenspektrum der klassischen Patentabteilung entsprechend verändert hat.

4. Generierung und nachhaltige Sicherung komparativer Wettbewerbsvorteile

MARC GRUBER / DIETMAR HARHOFF

"We also have a number of well-developed theories as to why, at any given moment, it is possible for some firms (and some industries) to earn supranormal returns. As of yet, however, we have no generally accepted theory – and certainly no systematic evidence – as to the origins or the dynamics of such differences in performance."
(Cockburn/Henderson/Stern, 2000, S. 1123)

4.1 Wettbewerbsvorteile und Gründungsplanung

Wettbewerbsvorteile und ihre Bewertung stehen im Brennpunkt jeglicher Form unternehmerischen Denkens. Die Generierung und nachhaltige Sicherung komparativer Wettbewerbsvorteile ist besonders schwierig für neu gegründete Unternehmen, die nicht auf Vergangenheitsdaten zurückblicken können, aus denen sich direkte empirische Schlüsse auf die Wettbewerbsposition des Unternehmens ziehen lassen könnten. Gründungsplanung muss daher generell auf kontrafaktischen Betrachtungen aufbauen, auf einer Sicht der Welt, wie sie sich nach der Gründung darstellt, wie sie aber *ex ante* nicht beobachtet werden kann. Volkswirtschaftlich betrachtet stellt jede Unternehmensgründung selbst eine Innovation dar, und somit ein Experiment, über dessen Ergebnis erst die Gründung selbst Aufschluss geben wird. Empirische, gut abgesicherte Theorien der Generierung von Wettbewerbsvorteilen können hilfreich sein, die bei jedem Experiment vorhandene Unsicherheit zu minimieren. Das setzt aber voraus, dass der strategischen Planung eine zentrale Rolle in der Gründungsplanung eingeräumt wird.[55] Dieses Element der Gründungsplanung wird im vorliegenden Artikel beleuchtet.

Wir betrachten zunächst verschiedene Theorien zu Wettbewerbsvorteilen und arbeiten ihre jeweiligen Stärken und Schwächen heraus. Nach unserer Ansicht bieten vor allem vier Ansätze des strategischen Managements Hilfestellungen für die strategische Planung von Neugründungen – eine Festlegung auf einen Ansatz mag aus der wissenschaftlichen Sicht einer bestimmten Forschungsrichtung heraus sinnvoll sein, praktisch ist sie jedoch nicht ratsam. Darüber hinaus gibt es derzeit keine allgemein anerkannte Theorie der Entstehung von Wettbewerbsvorteilen. Für junge Unternehmen ist diese Frage aber von großer Bedeutung, da im Gründungsmanagement der Aufbau von Wettbewerbsvorteilen und deren nachhaltige Sicherung im Vordergrund stehen. Angesichts der noch existierenden Forschungslücken behandeln wir die unterschiedlichen Ansätze daher als gleichberechtigt und arbeiten

---

[55] Vgl. dazu HITT ET AL. (Hitt et al., 2001, S. 479): "Entrepreneurship involves identifying and exploiting entrepreneurial opportunities. However, to create the most value entrepreneurial firms also need to act strategically. This calls for an integration of entrepreneurial and strategic thinking."

diejenigen Fragestellungen heraus, die sich auf der jeweiligen Grundlage besonders sinnvoll beantworten lassen. Ebenso diskutieren wir diese Aspekte im Hinblick auf den Gründungserfolg von Unternehmen.

4.2 Theoretische Analysen von Wettbewerbsvorteilen – Eine Übersicht

Das strategische Management befasst sich im Kern mit der Frage, wie sich die Erfolgsunterschiede von Unternehmen erklären lassen (Rumelt/Schendel/Teece, 1991) und insbesondere, wie Unternehmen im Vergleich zu ihren Mitbewerbern Wettbewerbsvorteile und überdurchschnittliche Renditen („supranormal returns") erzielen können (Bowman, 1974, S. 47).

Dass das Konstrukt des Wettbewerbsvorteils sinnvoll in der strategischen Analyse Verwendung finden kann, ist nicht umstritten. Wie solche Vorteile aber aktiv gestaltet werden können (im Rahmen einer strategischen Planung), welche Ursprünge sie haben und wie sie sich dynamisch entwickeln, ist Teil einer offenen wissenschaftlichen Debatte. Wir beleuchten in den folgenden Abschnitten zunächst die Grundaussagen von vier wichtigen Ansätzen des strategischen Managements, die hinsichtlich dieser Fragen zu unterschiedlichen Ergebnissen kommen: Der marktorientierte Ansatz, der ressourcenorientierte Ansatz, der beziehungsorientierte Ansatz sowie eine Denkrichtung, die als chancenorientierter Ansatz bezeichnet werden kann.

4.2.1 Kernaussagen des marktorientierten Ansatzes

Als dominantes Paradigma des strategischen Managements während der 80er Jahre kann der marktorientierte Ansatz erachtet werden, der an marktseitigen Phänomenen ansetzt und damit die externen Determinanten der strategischen Unternehmensführung betont (Outside-in-Perspektive). Der hauptsächlich durch die Arbeiten von PORTER (Porter 1998a; Porter, 1998b, Porter, 2001) geprägte Ansatz basiert auf Ergebnissen der industrieökonomischen Forschung, insbesondere auf dem sogenannten SCP-Modell („structure-conduct-performance") (Mason, 1949, Bain, 1959).[56] Dieser Ansatz versucht den Unternehmenserfolg[57] zum einen durch die Branchenstruktur (*structure*), zum anderen durch das strategische Verhalten (*conduct*) des Unternehmens in der Branche zu erklären. „At the broadest level, firm success is a function of two areas: the attractiveness of the industry in which the firm competes and its relative position in that industry." (Porter, 1991, S. 99–100) Folglich haben vor allem zwei Fragestellungen für den marktorientierten Ansatz zentrale Bedeutung:

- Was zeichnet attraktive Branchen aus?
- Wie lässt sich eine attraktive Positionierung erreichen?

---

[56] Porters Modelle greifen allerdings nicht nur die klassische, durch Bain geprägte industrieökonomische Forschung auf, sondern beziehen auch neuere, spieltheoretisch fundierte IO-Modelle mit ein.
[57] Wir verwenden als Übersetzung des englischen Ausdrucks *performance* den Begriff *Erfolg*, da er u.E. besser geeignet ist als der Begriff *Leistung*.

Bestimmungsgrößen der Branchenattraktivität

Als attraktive Branchen gelten jene, die es den in der Branche tätigen Unternehmen gestatten, eine höhere Rendite (z.B. ROI, ROE) als in anderen Branchen zu erzielen.[58] Um die Attraktivität einer Branche und das ihr innewohnende Rendite- bzw. Gewinnpotenzial bewerten zu können, ist auf das grundlegende Verhältnis zwischen dem Wert der Leistung für den Kunden, dem für die Leistung erzielbaren Preis sowie den Kosten zur Leistungserstellung zu rekurrieren. Aus Sicht des Herstellers sind jene Branchen besonders attraktiv, in denen nicht nur die Spanne zwischen Wert der Leistung für den Kunden und den Kosten zur Leistungserstellung – also mit anderen Worten der potenziell realisierbare Gewinn – möglichst groß ist, sondern es die Branchenstruktur auch gestattet, dass sich der Hersteller den Gewinn aneignen kann. Letzteres hängt beispielsweise von den Machtverhältnissen in der Branche sowie der Wettbewerbsintensität ab, die ihren Ausdruck unter anderem im Konzentrationsgrad (Monopol vs. perfekter Wettbewerb) findet. Porter fasst diese verschiedenen strukturellen Einflüsse auf die Branchenattraktivität in fünf Wettbewerbskräften zusammen: die Bedrohung durch den Markteintritt neuer Konkurrenten, das Wettbewerbsverhalten bereits etablierter Unternehmen, die Verhandlungsstärke der Lieferanten, die Verhandlungsstärke der Abnehmer und die Bedrohung durch Substitution des eigenen Leistungsangebots durch alternative Angebote. Allgemein besitzen also jene Branchen für die Hersteller eine höhere Attraktivität, in denen die Wettbewerbskräfte gehemmt sind und sich deshalb „Monopolrenten" erzielen lassen.

Wahl einer attraktiven Positionierung

Porter unterscheidet zwei generische Strategieansätze, die es einem Unternehmen gestatten, eine attraktive, nachhaltig verteidigbare Positionierung in der Branche einzunehmen – die Strategie der Kostenführerschaft und die Strategie der Differenzierung:

> *„…superior profitability can only logically arise from commanding a higher price than rivals or enjoying lower costs." (Porter, 1991, S. 101)*

Beide generischen Strategietypen lassen sich entweder branchenweit oder in einer Branchennische realisieren.

Strategie der Kostenführerschaft

Mit dieser Strategie verfolgt der Hersteller das Ziel, sich als Kostenführer zu etablieren. Die Strategie der Kostenführerschaft ist erfolgreich, wenn es dem Produzenten einerseits gelingt, die tiefsten Stückkosten der Branche bei Produkten mit akzeptierter Qualität zu erreichen. Um höhere Gewinne als die Mitbewerber zu erzielen, ist es andererseits auch notwendig, die Produkte zu mindestens gleichen Preisen wie die Mitbewerber absetzen zu können. Die

---

[58] Im Rahmen des marktorientierten Ansatzes wird davon ausgegangen, dass sich das Renditepotential eines Unternehmens vor allem auf Branchen- bzw. Teilbranchenebene entscheidet, anstatt auf Firmenebene (Teece/Pisano/Shuen, 1997, S. 511).

Kostenführerschaft erfordert ein stetes Bemühen um Kostensenkung sowie eine strenge Kontrolle der Kosten. Ansatzpunkte zur Kostensenkung bieten z. B. Skalen- und Erfahrungskurveneffekte sowie ein kosteneffizientes Produktdesign.

Strategie der Differenzierung

Mit der Differenzierungsstrategie wird das Ziel verfolgt, einen Wettbewerbsvorteil durch das Angebot eines aus Sicht des Kunden einzigartigen – aber auch höher preisigen – Produkts zu erreichen. Um das mit der Differenzierung verbundene Gewinnpotenzial zu realisieren, muss der höhere Preis die Kosten für die Differenzierung des Produktes mehr als ausgleichen. Ansatzpunkte zur Differenzierung finden sich entlang aller Produktdimensionen, wobei auch jede Interaktion zwischen Unternehmen und Kunde zur Differenzierung des Angebots genutzt werden kann (Grant, 1999, S. 218).

Der Erfolg des Unternehmens ist im Porterschen Ansatz weitgehend von der Wirkung der Wettbewerbskräfte bestimmt. Lediglich durch geeignete Positionierung des Unternehmens in der Branche lässt sich ein positives Erfolgsdifferenzial zu den Mitbewerbern realisieren. Dabei spielen die Wertkettenanalyse und -gestaltung eine elementare Rolle (Hahn, 1998, S. 567), jedoch wird der Ausstattung eines Unternehmens mit einzigartigen Ressourcen und Kompetenzen keine besondere Relevanz beigemessen (Hinterhuber/Friedrich, 1997, S. 991).

4.2.2 Kernaussagen des ressourcenorientierten Ansatzes

Nicht zuletzt aufgrund der Einseitigkeit einer überwiegend marktorientierten Strategielehre kommt dem ressourcenorientierten Ansatz seit Beginn der 90er Jahre vermehrt Aufmerksamkeit im strategischen Management zu. Im Vergleich zum marktorientierten Ansatz macht dieser Ansatz das Unternehmen und insbesondere seine Ressourcen zum Ausgangspunkt für strategische Überlegungen (Inside-out-Perspektive) und lässt sich daher als Gegenposition zum marktorientierten Ansatz verstehen (Wernerfelt, 1984, S. 171). Häufig wird deshalb auch von einem Resource-Conduct-Performance-Paradigma gesprochen (RCP). Seinen Ursprung findet der ressourcenorientierte Ansatz in den Arbeiten über das Unternehmenswachstum von EDITH PENROSE (Penrose, 1959) sowie in Arbeiten von EDWARD LEARNED ET AL. (Learned et al., 1969) und KENNETH ANDREWS (Andrews, 1971) über die Stärken und Schwächen von Unternehmen.

„The resource-based view of the firm assumes that firms are bundles of resources." (Eisenhardt/Schoonhoven, 1996, S. 138) Der Ansatz rückt die Ressourcen eines Unternehmens allerdings nicht *per se* in den Mittelpunkt strategischer Überlegungen, sondern betrachtet vor allem jene Kernressourcen, die es einem Unternehmen ermöglichen, Wettbewerbsvorteile gegenüber den Mitbewerbern zu erzielen. Der ressourcenorientierte Ansatz setzt deshalb an einem spezifischeren und differenzierteren Verständnis des Begriffs Ressource an als z. B. die klassische ökonomische Theorie (unter anderem Ricardo, 1817). Dies drückt sich unglücklicherweise auch in der Vielfalt der verwendeten Begriffe aus (Bürki, 1996, S. 47–73). Neben der Bezeichnung Ressource spricht die einschlägige Literatur z.B. auch von den

„Fähigkeiten", „(Kern-)Kompetenzen" oder „Routinen" eines Unternehmens. Dabei wird in einer engeren Begriffsauffassung all jenes als Ressource erachtet, was ein Unternehmen *hat*, wohingegen sich Kompetenzen, Fähigkeiten und Routinen auf das beziehen, was ein Unternehmen *kann* (Hinterhuber/Friedrich, 1997, S. 994). Aufgrund der engen Verknüpfung zwischen dem „Haben" und „Können" eines Unternehmens – so z. B. bei den Patenten eines Unternehmens -, werden in einer weiten Auslegung der Bezeichnung Ressource häufig alle vorgenannten Begriffe unter dem Begriff „Ressourcen" subsumiert (Barney, 1991, S. 101). Auch Winter weist darauf hin, dass sich z.b. Routinen zu den Ressourcen eines Unternehmens zählen lassen (Winter, 1995).

Indem die Ressourcen als Grundlage für Wettbewerbsvorteile und einen überdurchschnittlichen Unternehmenserfolg angesehen werden, richten sich die strategischen Empfehlungen des ressourcenorientierten Ansatzes vor allem auf

- die Ausgestaltung und nachhaltige Nutzung der Ressourcenbasis sowie
- deren zukunftsgerichtete Entwicklung.

Der ressourcenorientierte Ansatz nimmt damit eine dynamische, auf Veränderung ausgerichtete Perspektive ein. Im Gegensatz zum relativ statischen, weitgehend auf strukturellen Überlegungen fußenden marktorientierten Ansatz zeichnet er sich deshalb durch eine besondere Nähe zum Gedankengut des Entrepreneurship aus, das auf Wandel und das eigenständige, chancenorientierte Handeln des Entrepreneurs ausgerichtet ist (McGrath/MacMillan, 2000, S. xiv). Bei der Anwendung jeglicher Theorie der Wettbewerbsvorteile ist natürlich hervorzuheben, dass die Situation des jungen Unternehmens durch erheblich größere Unsicherheit gekennzeichnet ist als die eines etablierten Unternehmens. So charakterisierte bereits RICHARD CANTILLON den „Entrepreneur" in der ersten bekannten Erwähnung des Begriffs Mitte des 18. Jahrhundert als jemanden, der geschäftliche Entscheidungen unter Unsicherheit fällt. Damit stellt sich auch die Gestaltung und Entwicklung der Ressourcenbasis im neu gegründeten Unternehmen als schwieriger dar als im bereits etablierten Unternehmen.

Ausgestaltung und nachhaltige Nutzung der Ressourcenbasis

Eine vorteilhafte Ausgestaltung der Ressourcenbasis erfordert von der Unternehmensführung zunächst, dass sie die strategisch relevanten Ressourcen identifiziert und vor dem Hintergrund ihres Erfolgsbeitrags bewertet. Dies ist in der Regel kein einfaches Unterfangen, zumal klassische Managementinformationssysteme lediglich ein rudimentäres Bild der heterogenen Ressourcenbündel eines Unternehmens vermitteln. Vor allem intangible Ressourcen werden kaum erfasst (Grant, 1991, S. 119). Als Ansatzpunkt zur Identifizierung der strategisch relevanten Ressourcen kann deshalb eine an den Unternehmensprozessen orientierte Wertschöpfungskette dienen, deren Analyse sukzessive verfeinert wird. Zur Evaluation der Ressourcen und zur Bewertung ihres strategischen Werts hält der ressourcenorientierte Ansatz eine Reihe von Kriterien bereit (Abbildung IV.19), wobei sich Aspekte der Werthaltigkeit und der Wertnachhaltigkeit unterscheiden lassen.

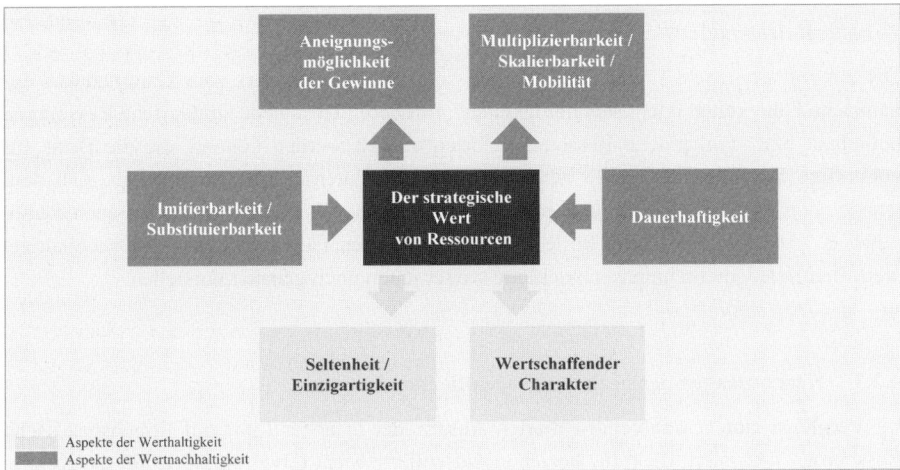

Abbildung IV.19: Der strategische Wert von Ressourcen (Quelle: Hinterhuber/Friedrich, 1997, S. 997; Amit/Schoemaker, 1993, S. 38)

Wie Abbildung IV.19 zeigt, beruht der strategische Wert von Ressourcen vor allem auf ihrem Wert schaffenden Charakter sowie ihrer Einzigartigkeit bzw. Seltenheit, die eine heterogene Verteilung der Ressourcen unter den Wettbewerbern impliziert. Zur nachhaltigen Sicherung des Ressourcenwerts gewinnen deshalb jene Aspekte für das Unternehmen an Bedeutung, die es gestatten, die Heterogenität der Ressourcenausstattung zwischen den Wettbewerbern aufrecht zu erhalten. Begünstigt wird dies bereits durch den Umstand, dass der Ausgestaltung und Entwicklung der Ressourcenbasis meist komplexe Vorgänge zugrunde liegen, die häufig auch intensive Lernvorgänge voraussetzen. Die Intransparenz, Dauer, kausale Ambiguität bzw. auch Historizität dieser Prozesse schützen die Ressourcenbasis zu einem gewissen Grad vor Imitation (Dierickx/Cool, 1989, S. 1505–1509; Williams, 1992, S. 33–43). Strategisch wichtige Ressourcen lassen sich deshalb meist auch nicht über Faktormärkte beschaffen. Falls sie doch erhältlich sein sollten, dann spiegeln die Marktpreise bei vollkommener Information der Marktteilnehmer die strategische Wichtigkeit der Ressource bereits wider (Barney, 1986). Diese Annahme dürfte jedoch gerade für Gründungen nicht zutreffen, da hier häufig idiosynkratische Güter und Fähigkeiten im Vordergrund stehen. Die damit verbundene anfängliche Nichtduplizierbarkeit von Ressourcen ist teilweise ein Schutz gegen schnelle Imitation, stellt andererseits aber auch eine Schwierigkeit für den Aufbau und das Wachstum des jungen Unternehmens dar.

Die genannten Faktoren tragen also dazu bei, dass die Ressourcenausstattung eines Unternehmens im kurzfristigen Zeithorizont in der Regel nicht oder nur kaum verändert werden kann („stickiness") (Dierickx/Cool, 1989, S. 1507; Teece/Pisano/Shuen, 1997, S. 514). Das mittel- bis langfristige Management der Ressourcen ist daher für die Wahrung von Wettbewerbsvorteilen und die zukünftige Lebens- und Entwicklungsfähigkeit des Unternehmens von elementarer Bedeutung.

Zukunftsgerichtete Entwicklung der Ressourcenbasis

Die zukunftsgerichtete Entwicklung der Ressourcenbasis erfordert vom Unternehmen dynamische Fähigkeiten oder „Metafähigkeiten", mit deren Hilfe neue strategische Ressourcen aufgebaut bzw. vorhandene Ressourcen fortentwickelt werden können, die die Basis für zukünftige Wettbewerbsvorteile bilden und es dem Unternehmen ermöglichen, sich dem wandelnden Geschäftsumfeld anzupassen (Teece/Pisano/Shuen, 1997, S. 516; auch Rühli, 1994, S. 45). Wir werden die Rolle dieser dynamischen Fähigkeiten für eine nachhaltige, wertorientierte Unternehmensentwicklung weiter unten noch genauer darstellen.

4.2.3 Kernaussagen des beziehungsorientierten Ansatzes

Im Vergleich zum ressourcenorientierten Ansatz, der in erster Linie auf firmenspezifische Ressourcen fokussiert, rückt die beziehungsorientierte Sicht (Dyer/Singh, 1998) die Kooperation zwischen einem oder mehreren Unternehmen in den Mittelpunkt der Betrachtung (Amit/Zott, 2001, S. 498–499; Hitt/Ireland/Camp/Sexton, 2001, S. 481–482). „We define a relational rent as a supernormal profit jointly generated in an exchange relationship that cannot be generated by either firm in isolation and can only be generated through the joint idiosyncratic contributions of the specific alliance partners." (Dyer/Singh, 1998, S. 662) Die zentralen Fragestellungen des beziehungsorientierten Ansatzes lauten deshalb:

- Welche Allianzen kann und soll ein Unternehmen eingehen?
- Wie können die Allianzen (Austauschbeziehungen) strukturiert und genutzt werden, um interorganisationale Wettbewerbsvorteile zu erzielen und wie lassen sich diese schützen?

Die erste Frage fokussiert auf die Möglichkeit, eine Allianz einzugehen und auf deren potenzialorientierte Bewertung. Dabei wird die Allianzbildung bei jungen Unternehmen vor allem durch deren „liability of newness" erschwert: „New organizations must rely heavily on social relations among strangers. This means that relations of trust are much more precarious in new than old organizations (...)" (Stinchcombe, 1965, S. 149). Bei der potenzialorientierten Bewertung spielen vor allem die Quellen interorganisationaler Wettbewerbsvorteile eine hervorgehobene Rolle. Es lassen sich vier Quellen unterscheiden:

(1) Investition in kooperations-spezifische Ressourcen

(2) Routinen des Wissensaustauschs (gemeinsames Lernen)

(3) Kombination komplementärer Ressourcen (Synergieeffekte)

(4) Nutzen von zusätzlichen Kontrollmechanismen zwecks Senkung von Transaktions- und Agency-Kosten

Diese Quellen interorganisationaler Wettbewerbsvorteile geben bereits einen ersten Aufschluss darüber, wie Allianzen in vorteilhafter Weise strukturiert und genutzt werden können. Für den Schutz von Wettbewerbsvorteilen, die durch interorganisationale Beziehungen entstehen, sind – ähnlich wie im ressourcenorientierten Ansatz – Faktoren wie kausale Ambiguität, Historizität oder die Seltenheit von entsprechenden Partnerunternehmen relevant.

Der Fokus auf Kooperationen zwischen Unternehmen bedingt, dass sich die normativen Aussagen des beziehungsorientierten von denen des marktorientierten und des ressourcenorientierten Ansatzes zum Teil erheblich unterscheiden. So empfiehlt z. B. der ressourcenorientierte Ansatz den Schutz der Ressourcen vor Wettbewerbern, um so ihre Wertnachhaltigkeit zu sichern. Der beziehungsorientierte Ansatz sieht dahingegen gerade im systematischen Austausch von wertvollem Know-how eine Quelle von Wettbewerbsvorteilen (Dyer/Singh, 1998, S. 675).

4.2.4 Kernaussagen des chancenorientierten Ansatzes

Im Verständnis dieser Perspektive entstehen Wettbewerbsvorteile durch erfolgreiches Ausnutzen von rasch vergänglichen Marktchancen, die sich vor allem in schnell wandelnden, mitunter widersprüchlichen Märkten ergeben. Weder eine attraktive Branchenstruktur noch eine einzigartige Ressourcenbasis, sondern der schnellen Handlungsfähigkeit des Unternehmens unter Berücksichtigung einiger weniger strategischer Regeln wird deshalb eine besondere Bedeutung für den Unternehmenserfolg beigemessen:

> *„Rather than picking a position or leveraging a competence, managers should select a few key strategic processes. Rather than responding to a complicated world with elaborate strategies, they should craft a handful of simple rules. Rather than avoiding uncertainty, they should jump in."* (Eisenhardt/Sull, 2001, S. 108)

Die Reduktion von Unsicherheit muss in den von EISENHARDT/SULL beschriebenen Situationen durch Experimente erfolgen – Strategien haben lediglich die Aufgaben, die Durchführung solcher Experimente zu regeln und zu erleichtern. Auf die Ergebnisse der Experimente muss das Unternehmen möglichst flexibel reagieren – strategische Festlegungen durch detaillierte Regelwerke sind daher kontraproduktiv. Somit wird von dieser Sichtweise eigentlich auch nur eine Vorstufe zu einer nachhaltigen Nutzung von Wettbewerbsvorteilen beschrieben – vielmehr geht es hier um die Erkundung und Bewertung von schnell auftauchenden neuen Opportunitäten, die sich nicht einer langfristigen Planung oder Prognose erschließen. Gerade aus diesem Grund erscheinen „Strategien als einfache Regeln" für die Frühphase der Unternehmensentwicklung besonders interessant zu sein. Die zentralen Fragestellungen, die von diesem Ansatz besonders herausgestellt werden, sind daher:

- Welche Geschäftsmöglichkeiten sollte ein Unternehmen verfolgen?
- Wie sollte des Unternehmen vorgehen, um die Geschäftsmöglichkeiten zu realisieren?

Zur wettbewerbsorientierten Beantwortung dieser Fragestellungen ziehen die Autoren fünf unterschiedliche Kategorien von Regeln herbei, die den Flexibilitätsspielraum des Unternehmens zielorientiert ausrichten und damit genau soviel Struktur im Unternehmen schaffen, um den aussichtsreichsten Geschäftsmöglichkeiten nachgehen zu können.

(1) *How-to rules*: zeigen, wie strategisch wichtige Prozesse vollzogen werden und geben Aufschluss über die Frage, was die Prozesse des Unternehmens einzigartig macht.

(2) *Boundary rules:* beschränken die Auswahl der zu verfolgenden Marktchancen, indem sie dem Management vorgeben, welche Geschäftsmöglichkeiten innerhalb und welche außerhalb des Handlungsradius des Unternehmens liegen.

(3) *Priority rules:* bestimmen die Wichtigkeit der verschiedenen Marktchancen und unterstützen das Management auf diese Weise bei der Festlegung der Prioritäten im Unternehmen, insbesondere im Zusammenhang mit der Ressourcenallokation.

(4) *Timing rules:* synchronisieren das Management und das Unternehmen mit dem Tempo der auftauchenden Geschäftsmöglichkeit („Window of opportunity")

(5) *Exit rules:* zeigen, wann eine bestehende Geschäftsmöglichkeit veraltet ist und geben dem Management deshalb Aufschluss darüber, wann das Projekt aufgegeben werden soll.

Diese noch immer relativ breit angelegten Kategorien sind vom Unternehmen zu konkretisieren. Wie EISENHARDT/SULL ausführen, ist dabei eine rationale Ableitung konkreter Regeln meist weniger zielführend als deren Konkretisierung anhand der gesammelten Geschäftserfahrung im Unternehmen. Für Start-ups stellt sich dabei die besondere Problematik, dass sie häufig nur über geringe Geschäftserfahrung verfügen. Um so wichtiger ist es deshalb für junge Unternehmen, erfahrene Mitglieder in das Management-Team einzubinden, die aufgrund ihrer bisherigen (Branchen-) Erfahrung entsprechendes Wissen beisteuern und adäquate Regeln ableiten können (Eisenhardt/Sull, 2001, S. 113–114).

Aufgrund der raschen Veränderungen in manchen Märkten zeichnen sich Wettbewerbsvorteile in diesem Ansatz also nicht mehr durch Nachhaltigkeit aus, sondern vor allem durch ihre Unvorhersehbarkeit. Zur erfolgreichen Beherrschung des Wandels und zur Nutzung der Geschäftsmöglichkeiten werden deshalb jene Managementtechniken wichtiger, die seit jeher mit unternehmerischem Handeln im Schumpeterschen Sinne assoziiert werden (auch Mintzberg, 1999, S. 147–167).

4.3 Implikationen für Start-ups und die frühe Unternehmensentwicklung

Wie oben schon diskutiert wurde, beleuchten die erläuterten Ansätze unterschiedliche Aspekte, leisten potenziell aber alle einen Beitrag zur Erklärung des Ursprungs von Wettbewerbsvorteilen. Die theoretische Vielfalt führt allerdings auch dazu, dass sich aus den einzelnen Ansätzen mitunter gegensätzliche normative Aussagen über die Erzielung von Wettbewerbsvorteilen ableiten lassen. Dennoch weist eine integrative Betrachtung der Ansätze ein großes Erkenntnispotenzial auf. So führt z. B. MICHAEL E. PORTER in Bezug auf den marktorientierten und den ressourcenorientierten Ansatz aus:

> „Resources are not valuable in and of themselves, but because they allow firms to perform activities that create advantages in particular markets (...). The environment shapes (...) what commitments can be made successfully." (Porter, 1991, S. 108 u. S. 111; auch Vasconcellos e Sá/Hambrick, 1989, S. 367–369)

Abbildung IV.20 ordnet die verschiedenen Grundlagen für überdurchschnittlichen Unternehmenserfolg in ihren Gesamtzusammenhang ein.

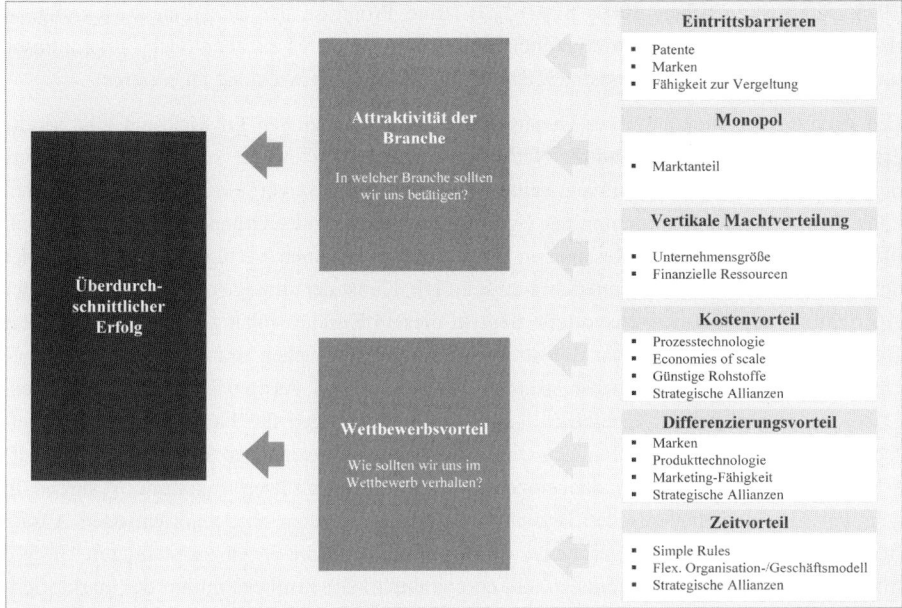

Abbildung IV.20: Grundlagen für überdurchschnittlichen Unternehmenserfolg (Quelle: in Anlehnung an Grant, 1991, S. 118)

Wie bereits im Porterschen Ansatz zum Ausdruck kommt, wird der Unternehmenserfolg sowohl von der Attraktivität der Branche als auch vom Wettbewerbsvorteil gegenüber den Mitbewerbern bestimmt. Neben den Kosten- bzw. Differenzierungsvorteilen – als den beiden klassischen Arten von Wettbewerbsvorteilen – findet dabei auch der Zeitvorteil, den ein Unternehmen durch rasches Agieren im Markt erzielen kann, Eingang in die Betrachtung.[59] Die vom Unternehmen eingesetzten Ressourcen, seine Allianzen sowie seine Aktionsfähigkeit beeinflussen die Ausprägung des Wettbewerbsvorteils.

Für Unternehmensgründer wirft die integrative Betrachtung der einzelnen Ansätze wichtige wettbewerbsstrategische Fragestellungen auf, die bereits während der Evaluierung der Geschäftsidee und der Ausarbeitung des Business Plans zu berücksichtigen sind. In Bezug auf die Branchenanalyse ist beispielsweise nicht nur der Frage nachzugehen, wie attraktiv die anvisierte Branche ist, sondern gleichfalls die Veränderung der Branchenstruktur als Indikator für die zukünftige Branchenrentabilität zu berücksichtigen. Vielfach wird ein Unternehmen in einer relativ jungen Branche gegründet, die noch einer ausgeprägten Dynamik unterliegt und in der sich noch keine „best practices" herausgebildet haben (Abernathy/Utterback,

---

[59] Grundsätzlich lässt sich argumentieren, dass ein Zeitvorteil auch den Kategorien Kosten-/Differenzierungsvorteil zugeordnet werden kann. Beispielsweise wirken sich innovative, mit zeitlichem Vorsprung in den Markt eingeführte Angebote in vielen Fällen substituierend auf bereits bestehende Angebote aus und treten daher entlang der Dimensionen Kosten und Differenzierung mit diesen in Wettbewerb. Aus wettbewerbsstrategischer Perspektive ist es jedoch von mitunter erheblicher Bedeutung, ob es einem Unternehmen gelingt, als „first mover" mit seinem Angebot in den Markt einzutreten und auf diese Weise z. B. entstehende Netzwerkeffekte für sich auszunutzen.

1978, S. 40–47; Gruber, 2000, S. 97–127). Eine Prognose der Branchenentwicklung ist daher mit erheblichen Schwierigkeiten verbunden, gestattet es aber auch, Erkenntnisse hinsichtlich möglicher Einflussstrategien auf die Branchenentwicklung zu eruieren.

Die Analyse der Branche, ihrer Dynamik und ihrer potenziellen Entwicklung gibt bereits erste Hinweise auf die Art und die Nachhaltigkeit des Wettbewerbsvorteils, den ein Unternehmen mittels seiner Ressourcen, seiner Allianzen sowie seiner Aktionsfähigkeit erzielen kann. Schon bei der Evaluierung der Geschäftsidee hat sich der Gründer deshalb zu fragen, über welche einzigartigen Ressourcen etc. sein Unternehmen verfügen kann, um in der anvisierten Branche wettbewerbsfähig zu sein. Die Kunst der strategischen Führung und der Ausrichtung auf Wettbewerbsvorteile liegt in diesem Zusammenhang vor allem darin, auf Basis von Prognosen den optimalen strategischen „Fit" zwischen Branchencharakteristika/-entwicklung und Unternehmensressourcen, -allianzen und Aktionsfähigkeit herzustellen. Dabei lassen sich keine allgemeinen Handlungsempfehlungen für Start-ups abgeben. Vielmehr hat der Gründer aus branchen- und unternehmensspezifischen Blickwinkeln zu entscheiden, welche Bedeutung den einzelnen Wettbewerbsansätzen zukommt. Während in sehr volatilen und dynamischen Branchen beispielsweise dem chancenorientierten Ansatz besondere Aufmerksamkeit geschenkt werden sollte, gewinnt in einem stabileren Umfeld mit deutlich abgegrenzten Branchen und erkennbaren Mitbewerbern mithin der marktorientierte Ansatz an Bedeutung für die Strategieentwicklung und die Generierung von nachhaltigen Wettbewerbsvorteilen. Es sollte daher keiner der Ansätze aus der Gesamtanalyse ausgeblendet werden. „The trick is to work out which frameworks are appropriate for the problem at hand." (Teece/Pisano/Shuen, 1997, S. 526)

Abbildung IV.21 fasst die zentralen wettbewerbsstrategischen Fragestellungen für Start-ups auf Basis der geschilderten Ansätze zusammen.

Marktorientierter Ansatz	Ressourcenorientierter Ansatz
■ Wie attraktiv ist die anvisierte Branche? ■ Wie entwickeln sich die einzelnen Branchenkräfte? (Dynamisierung des MBV) ■ Wie lässt sich die Branchenstruktur vorteilhaft beeinflussen? ■ Wie ausgeprägt ist das Branchenwachstum? (Dynamisierung des MBV)	■ Welche Ressourcen sind bedeutsam, um eine attraktive Positionierung zu erreichen und Wettbewerbsvorteile zu erzielen? ■ Wie nachhaltig wirken die Ressourcen? ■ Welche Ressourcen werden benötigt? (Resource-Gap)
Beziehungsorientierter Ansatz	**Chancenorientierter Ansatz**
■ Welche strategischen Allianzen sind für die Erzielung von Wettbewerbsvorteilen und den Aufbau nachhaltig erfolgswirksamer Ressourcen bedeutsam? ■ Welche Kapitalgeber gewähren den Zutritt zu einem strategisch wichtigen Netzwerk?	■ Wie ausgeprägt ist der Wandel? ■ Welche neuen Chancen ergeben sich? ■ Wie lässt sich das Geschäftsmodell flexibler gestalten, um neue Chancen nutzen zu können? ■ Wie lässt sich eine rasche Reaktionsfähigkeit bewahren und zielgerichtet einsetzen?

Abbildung IV.21: Wichtige wettbewerbsstrategische Fragestellungen für Start-ups

4.4 Nachhaltige Sicherung von Wettbewerbsvorteilen

Wettbewerbsvorteile sind für den erfolgreichen Markteintritt eines jungen Unternehmens von zentraler Bedeutung, zumal sich die Kunden erst von den Angeboten des Start-ups überzeugen müssen (Stinchcombe, 1965, S. 149). Für eine nachhaltige Unternehmensentwicklung gewinnen jedoch sukzessive jene Aspekte an Wichtigkeit, die es dem Unternehmen gestatten, seine Vorteile gegenüber den Mitbewerbern zu behaupten. In den Betrachtungsfokus rücken damit Fragestellungen, die sich mit der Fähigkeit des Unternehmens befassen, immer wieder neue Wettbewerbsvorteile hervorzubringen, und sich sukzessive als wettbewerbsfähige Organisation zu etablieren.

4.4.1 Dynamische Fähigkeiten als Grundlage der Entwicklungsfähigkeit

Unter „dynamic capabilities" (dynamischen Fähigkeiten) werden jene Fähigkeiten verstanden, die es einem Unternehmen gestatten, neue Formen von Wettbewerbsvorteilen zu erzielen. „The term «dynamic» refers to the capacity to renew competences so as to achieve congruence with the changing business environment (...). The term «capabilities» emphasizes the key role of strategic management in appropriately adapting, integrating, and reconfiguring internal and external organizational skills, resources, and functional competences to match the requirements of a changing environment." (Teece/Pisano/Shuen, 1997, S. 515) Dabei steht ein Unternehmen vor der Herausforderung, den „trade-off" zwischen der Ausnutzung bestehender Wettbewerbsvorteile und der Generierung neuer Wettbewerbsvorteile, der sich insbesondere auch in der Allokation von finanziellen Mitteln widerspiegelt, zu beherrschen.

Die dynamischen Fähigkeiten des Unternehmens schlagen sich vor allem in organisationalen Lernprozessen und im Wissensmanagement nieder. Nachhaltig erfolgreich sind demnach jene Unternehmen, die nicht nur über verteidigbare Wettbewerbsvorteile verfügen (vgl. die Aspekte der Nachhaltigkeit in Abbildung IV.19), sondern die es verstehen, besser als die Mitbewerber zu lernen, zu koordinieren und zu organisieren. Als einziger nachhaltiger Wettbewerbsvorteil könnte damit in letzter Konsequenz das „Wissen, Können, Wollen" im Kontext des organisationalen Lernens eines Unternehmens bezeichnet werden (Hinterhuber/Friedrich, 1997, S. 997).

Für Start-ups bedeutet dies, dass sie bereits relativ früh in ihrem Entwicklungsprozess Routinen des Wissensmanagements und des organisationalen Lernens einführen müssen und sich dieser Aufgabe nicht erst ab einer gewissen Größe widmen. Sicherlich gestalten sich diese Aufgaben in einem kleineren Unternehmen aufgrund ihrer Überschaubarkeit einfacher, die Dynamik der eigenen Unternehmensentwicklung als auch des Umfelds erfordert jedoch gerade hier, besonderes Augenmerk auf eine zeitnahe Diffusion des Wissens und seiner zukunftsorientierten Diskussion zu richten.

4.4.2 Transformationsfähigkeiten als Grundlage der Unternehmensetablierung

Dynamische Fähigkeiten sind eine wesentliche Grundlage für die nachhaltige Sicherung von Wettbewerbsvorteilen. Parallel dazu ist das junge Unternehmen jedoch herausgefordert, gewisse Entwicklungsschritte zu bewältigen, um sich als wettbewerbsfähige Organisation etablieren zu können. Die damit angesprochene Metamorphose, die sich idealtypisch auf einer Zeitachse mit den Entwicklungsetappen „Business-Idee", „Business-Plan", „Gründung" und „Exit" beschreiben lässt, erfordert vom Unternehmen besondere Fähigkeiten bei der Transformation von einer Keimzelle zu einem voll ausgebildeten Organismus (Freier, 2000). Primär richtet sich diese jedoch nicht auf die Generierung neuer Wettbewerbsvorteile aus, sondern gestattet es dem Unternehmen vielmehr, sich erfolgreich von einem jungen Start-up zu einem etablierten Unternehmen zu transformieren und dabei auch die Schwerpunkte des Gründungsmanagements phasenspezifisch auszurichten. Wie bei den dynamischen Fähigkeiten handelt es sich dabei um Querschnittsfähigkeiten höherer Ebene.

Abbildung IV.22 gibt in diesem Zusammenhang eine Übersicht der kritischen Erfolgsfaktoren in diesem Etablierungs- oder Reifungsprozess, wobei in Anlehnung an das St. Galler Managementkonzept (Bleicher, 1999) drei Führungsebenen (normativ, strategisch, operativ) unterschieden werden sollen. Die normative Unternehmensführung legt die generellen, mittel- bis langfristig gültigen Ziele des Unternehmens fest, beschäftigt sich mit den grundlegenden Normen, Spielregeln und Prinzipien und verleiht damit dem Unternehmen seine Identität (Bleicher, 1999, S. 74). Der strategischen Ebene kommt die Aufgabe zu, im Rahmen der auf normativer Ebene definierten Unternehmenszwecke vorausschauend die besten Voraussetzungen für anhaltende Erfolgsmöglichkeiten (nachhaltige Wettbewerbsvorteile) zu schaffen, indem sie sich mit der Entwicklung zweckgerichteter Strategien, der Positionierung der eigenen Aktivitäten in Relation zum Wettbewerb und der Umwelt, der Konzentration der Kräfte und mit der Entwicklung tragfähiger strategischer Erfolgspotenziale auseinandersetzt (Daschmann, 1994, S. 16–20; Schwaninger, 1989, S. 174). Die unternehmerischen Merkmale und Fähigkeiten können so in Einklang gebracht werden mit den Merkmalen und Anforderungen eines sich wandelnden Aktionsfelds und damit die Leistungsfähigkeit des Unternehmens sichern (Schwaninger, 1994, S. 49). Die operative Unternehmensführung befasst sich mit der einzelfallspezifischen Umsetzung von strategischen Vorgaben innerhalb der normativen Rahmenbedingungen (Bleicher, 1999, S. 76–81; Ulrich/Krieg, 1974, S. 17).

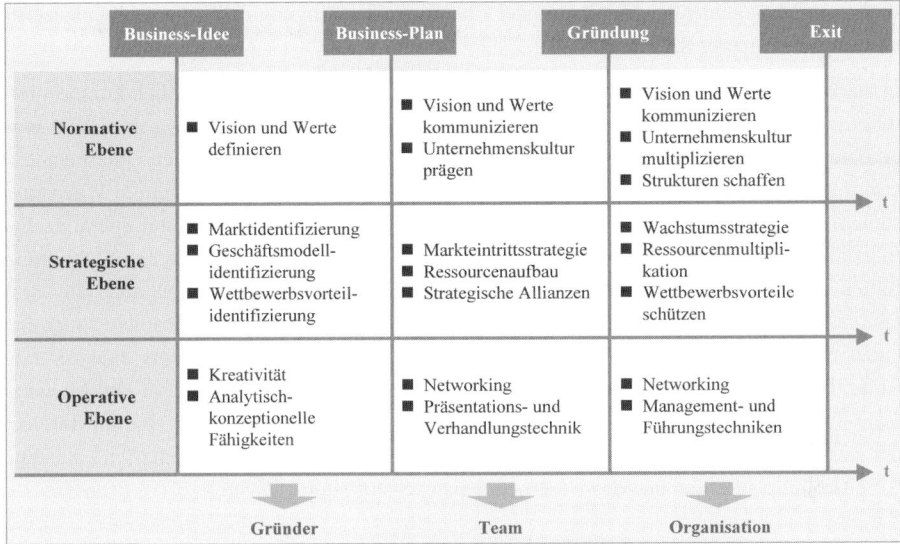

Abbildung IV.22: Der Wandel von Erfolgsfaktoren in der frühen Unternehmensentwicklung

Wie Abbildung IV.22 zeigt, besteht eine der Grundherausforderungen im Entwicklungsprozess des Unternehmens in *normativer* Hinsicht zunächst in der Definition der Vision und der zu verfolgenden Werte. Dabei hat die Persönlichkeit des Gründers einen besonders nachhaltigen Einfluss auf die gelebten Werte und die sich graduell ausformende Unternehmenskultur. In der Praxis lässt sich in diesem Zusammenhang häufig beobachten, dass die Transformation der vorgelebten Werte des Unternehmers in die Unternehmenskultur ein unbewusster Vorgang ist. Mit Blick auf eine für die Wettbewerbsorientierung des Unternehmens vorteilhaft ausgestaltete Kultur sollte dieser Prozess jedoch nicht dem Zufall überlassen werden, sondern von Anbeginn eine deutlich rationale Komponente beinhalten. Vor allem wenn das Unternehmen wächst und rasch neue Mitarbeiter hinzukommen, sind Maßnahmen zu ergreifen, die die Einheitlichkeit der Unternehmenskultur fördern.

Gleichfalls entstehen mit wachsender Reife des Unternehmens auch auf *strategischer* Ebene neue Herausforderungen für Start-ups. Während zu Beginn vor allem Fragen zum relevanten Markt, dem optimalen Geschäftsmodell und zum Wettbewerbsvorteil das strategische Management prägen, gewinnen die Markteintrittstrategie, der Aufbau strategischer Allianzen und der Ressourcenaufbau sukzessive an Bedeutung. Nach erfolgter Gründung werden strategische Aspekte wie die Wachstumsstrategie, der Schutz der Wettbewerbsvorteile oder die Ressourcenmultiplikation wichtiger.

Auch auf *operativer* Ebene ist ein Wandel von Erfolgsfaktoren deutlich sichtbar. Während zu Beginn kreative und analytisch-konzeptionelle Fähigkeiten – insbesondere auch im Kontext der strategischen Aufgaben, die sich in der Frühphase stellen – bedeutsam sind, werden das Networking mit Kapitalgebern, ersten Kunden, strategischen Partnern etc. und Präsentations- und Verhandlungstechniken im Zeitablauf immer wichtiger. Nach erfolgter Gründung sind dann Management- und Führungstechniken zur Bewältigung des Unternehmenswachstums von besonderer Relevanz.

In stark wachsenden Unternehmen ist die Dauer der einzelnen Phasen zeitlich komprimiert (Greiner, 1972/1998). Die Erfolgsfaktoren verändern sich daher mitunter sehr rasch, was erhöhte Anforderungen an die Transformationsfähigkeiten stellt und von den Unternehmern erfordert, dass sie *antizipativ führen* und frühzeitig die Weichen für das weitere Wachstum stellen. Zu berücksichtigen ist ebenso, dass sich normative, strategische und operative Erfolgsfaktoren ergänzen und erst in ihrem Zusammenspiel zu einer erfolgreichen Etablierung führen. Transformationsfähigkeiten betreffen deshalb sowohl die „hard" als auch die „soft factors" des Unternehmens. Ähnlich wie bei den dynamischen Fähigkeiten spielen auch bei ihnen organisationale Lernprozesse und Prozesse des Wissensmanagements eine zentrale Rolle, insbesondere wenn es darum geht, das tazite Wissen des Gründers für das Management-Team und die neu hinzustoßenden Mitarbeiter zu erschließen. Dabei sind im Rahmen der personalen und organisationalen Entwicklung auch Strukturen zu schaffen, die eine Arbeitsteilung gestatten und das Unternehmenswachstum unterstützen.

4.5 Abschließende Würdigung

In diesem Beitrag haben wir uns mit der Generierung und nachhaltigen Sicherung komparativer Wettbewerbsvorteile bei Start-ups befasst. Weil Start-ups relativ häufig in einem sehr volatilen, chancenreichen aber auch mit vielen Unsicherheiten behafteten Umfeld gegründet werden, kann ein einzelner Strategieansatz meist nicht zielführende Antworten in Bezug auf die zu ergreifende Wettbewerbsstrategie und die Generierung von Wettbewerbsvorteilen liefern. Wegleitend für das strategische Management in jungen Unternehmen sind deshalb die kombinierten Erkenntnisse der vier betrachteten Ansätze. Dabei gewinnen für die weitere Entwicklung des Unternehmens sukzessive jene Aspekte an Bedeutung, die es dem Unternehmen ermöglichen, sich nachhaltig gegenüber Mitbewerbern zu behaupten. Sowohl dynamische Fähigkeiten, die die Generierung immer wieder neuer Wettbewerbsvorteile gestatten, als auch Transformationsfähigkeiten, die die Grundlage für die allmähliche Etablierung des Unternehmens bilden, tragen wesentlich zur Entwicklung des voll ausgebildeten Unternehmens aus einer anfänglich vorhandenen Keimzelle bei und unterstützen so in elementarer Weise die Sicherung der Wettbewerbsfähigkeit.

Für Unternehmensgründer wirft die Kombination der verschiedenen Ansätze eine Reihe wettbewerbsstrategischer Fragestellungen auf, die vor dem Hintergrund der spezifischen Branchen- und Unternehmenssituation zu analysieren sind. Die Vielfalt der Ansätze ist einerseits beruhigend, da sie der Heterogenität angemessen ist, die Gründer in der Realität vorfinden werden. Verbunden ist damit aber auch wieder einmal die nicht überraschende Einsicht, dass es keine allgemeinverbindlichen Patentrezepte für die strategische Führung neu gegründeter Unternehmen gibt.

5. Zur Bedeutung von Marken und Markenwert für Anbieter und Nachfrager

ROLAND MATTMÜLLER / RALPH TUNDER

Eine Firma hat eine Marke. Zwei Marken sind zwei Firmen
(Hans Domizlaff)

5.1 Der Markenbegriff und Perspektiven der Markenbewertung

Trotz der zweifellos übergeordneten Bedeutung, die dem Phänomen „Marke" schon seit jeher im Wirtschaftsleben zukommt, stecken wir noch in den Anfängen, eine übergreifende Synthese der Würdigung von Marken aufzustellen, die sowohl die Perspektive des Anbieters als auch die des Nachfragers ihrer jeweils spezifischen Bedürfnislage entsprechend verknüpft.[60] Davon abgesehen hat die eindimensionale Betrachtung der Marke, d. h. die isolierte Sichtweise, entweder auf die Situation des Anbieters oder des Nachfragers bezogen, nicht erst in der jüngsten Vergangenheit eine hohe Forschungsdurchdringung erfahren. Dementsprechend besteht auch seit längerem auf breiter Front Übereinstimmung über das konstitutive Verständnis einer Marke. Sie wird demnach verstanden als

> „... *a name, term, sign, symbol, or design, or a combination of them, which is intended to identify the goods or service of one seller or a group of sellers and to differentiate them from those of competitors."* (American Marketing Association (Hrsg.), 1960, S. 9–10).

Der deutsche Gesetzgeber knüpft mit dem Markengesetz von 1995 an diese Definition an, wenn er Marken im Sinne von Kennzeichen „... insbesondere Wörter, einschließlich Personennamen, Abbildungen, Buchstaben, Zahlen, Hörzeichen, dreidimensionale Gestaltungen einschließlich der Form einer Ware oder ihrer Verpackung sowie sonstige Aufmachungen einschließlich Farben und Farbzusammenstellungen" Schutz gewährt (Markengesetz § 3 Abs. 1). Voraussetzung für diesen rechtlichen Schutz ist jedoch, dass das Kennzeichen überhaupt geeignet ist, "... Waren oder Dienstleistungen eines Unternehmens von denjenigen anderer Unternehmen zu unterscheiden."

In beiden Definitionen setzt sich die Marke aus zwei Komponenten konstitutiv zusammen. Die erste Komponente umschreibt den Träger einer Marke, der ein Name, Ausdruck, Symbol oder ein akustisches bzw. visuelles Zeichen oder eine Form sein kann. Die zweite Komponente zielt auf den Zweck einer Marke ab, Waren oder Dienstleistungen bzw. ihre Anbieter unterscheidbar zu machen. Während die erste Komponente eindeutig greifbar ist und damit die materielle Seite einer Marke darstellt, kann die zweite Komponente nicht sinnlich

---

[60] Einen ersten Schritt in diese Richtung unternimmt BEKMEIER-FEUERHAHN (Bekmeier-Feuerhahn, 1998).

erfasst werden. Das Unterscheidbare oder besser das Differenzierungsmerkmal einer Marke gibt der Anbieter zwar durch die Ausgestaltung der materiellen Seite einer Marke vor, aber letztendlich hängt der Erfolg und somit der Differenzierungsgrad einer Marke von der subjektiven Einschätzung des Nachfragers oder anderer Wirtschaftssubjekte ab. In diesem Sinne hat die Marke eine immaterielle Seite. Unter Berücksichtigung weiterer Wirkungsweisen, die sich aus der Differenzierungsfunktion ergeben, wird die Marke zu einer virtuellen Größe im Sinne einer mit der Marke assoziierten (Marken-)Welt, die sich von dem ursprünglich materiellen Kennzeichen losgelöst hat. So ist zum Beispiel im Falle der Zigarettenmarke *Malboro* der virtuelle Aspekt einer eigenständigen Markenwelt in Vollendung ausgebaut worden, denn hier steht die Welt des Cowboy stellvertretend für die Marke – relativ unabhängig von originären Kennzeichen, wie Farben, Schriftzug und Namen.

Wie das Beispiel zeigt, geht von der immateriellen, virtuellen Seite der Marke die größere Bedeutung aus, wenngleich hierin das Problem zu sehen ist, Kriterien zur Beurteilung des Markenwertes sowohl aus Anbieter- als auch aus Nachfragerperspektive abzuleiten. Aufgrund der Subjektivität des Differenzierungsgehaltes eines Kennzeichens verbunden mit der daraus entstehenden Individualität einer weiteren, tiefergehenden Wirkungsweise einer Marke fällt es schwer, Faktoren zu finden, die allgemeingültig für alle Marken einen Wert begründen und die zudem die Anbieter- wie auch Nachfragerperspektive gleichermaßen berücksichtigen. Der Differenzierungswert eines Kennzeichens – sei es visueller, akustischer oder förmlicher Natur – beruht nämlich bestenfalls auf seiner Eigenständigkeit und Prägnanz, wobei selbst diese messbaren Größen nicht eindeutig von dem anonymen, sprich „nackten" Produkt zu trennen sind, was wiederum das Phänomen „Marke" als ganzes ausmacht (Kroeber-Riel/Weinberg, 1999, S. 291). Der deutsche Gesetzgeber weiß von diesem Dilemma und erkennt deswegen eine Marke als eindeutiges Kennzeichen neben der Eintragung auch durch den Sachverhalt der Verkehrsgeltung und der notorischen Bekanntheit an.

Vor diesem Hintergrund erweist es sich als unzureichend, bei der Wertermittlung einer Marke ausschließlich die Position des Anbieters einzunehmen, wenn erst über die Assoziationen des Nachfragers die Grundlage zur Wertschaffung gelegt wird (Esch, 1999, S. 965). Im umgekehrten Fall greift es jedoch auch zu kurz, den Wert einer Marke allein aus der Perspektive des Nachfragers zu ermitteln, denn die Subjektivität und Individualität der Wertschätzung einer Marke aus Sicht des Nachfragers verzerren unter Umständen die für den Anbieter wichtige Identifikation von Kostentreibern und Erlösbringern in Aufbau und Pflege einer Marke. In diesem Spannungsfeld bewegt sich auch die Einschätzung von Start-ups hinsichtlich der Bedeutung der Marke für ihren Gründungserfolg. Zwar nimmt die Marke bzw. der Markenaufbau einen hohen Stellenwert ein, immerhin sind 85 % der Unternehmensgründer der Ansicht, dass sich die Marke langfristig stark auf den Umsatz auswirkt, jedoch erfolgt der Markenaufbau beinah losgelöst vom Kunden, denn nur 17 % der Start-ups ziehen ihn hierbei zu Rate (http://www.wuv-studien.de/wuv/studien/062001/305/summary.htm). Um dieses Gap zwischen Start-up und potenziellen Kunden hinsichtlich der jeweiligen Markenbedeutung zu überwinden, bemüht sich der folgende Beitrag, in dem er eine konzeptionelle Vorarbeit leistet, um eine Synthese zwischen Anbieter- und Nachfragerperspektive in der Markenbewertung herbeizuführen.

Dabei werden zunächst aus der Unternehmensperspektive die Bedeutung des Markenwertes und bestehende Verfahren zu dessen Ermittlung einer kritischen Würdigung unterzogen, um anschließend dieselbe Vorgehensweise aus der Perspektive des Nachfragers anzulegen. Da dieser zweistufige Aufbau auf den ersten Blick scheinbar erneut in zwei Welten trennt, soll sich die weitere Vorgehensweise dahingehend restriktivieren, dass jeweils innerhalb der Welten keine reine „Inside"-, sondern eine verknüpfte „Outside-inside"-Betrachtung vorgenommen wird. Damit wird der Integration beider Perspektiven soweit genüge getan, dass die Wertdimension der Marke für die eine Perspektive in Abhängigkeit der anderen Perspektive berücksichtigt werden soll (Abbildung IV.23: „Inside-outside"-Paradigma).

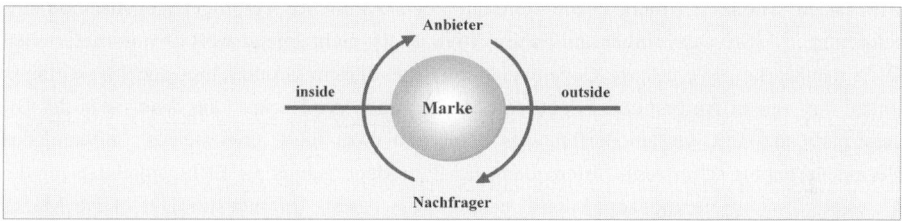

Abbildung IV.23: Das" Inside-outside"-Paradigma

Entsprechend dieser zweidimensionalen Sichtweise gibt es auch im Hinblick auf die Begriffsabgrenzung des Markenwertes verschiedene Ansätze. Dabei wird der Markenwertbegriff uneinheitlich hinsichtlich Interpretation, Wertdimension und Anwendungsgebiet verwendet. Letztendlich sind die unterschiedlichen Begriffsvorstellungen darauf zurückzuführen, dass die Marke für die verschiedenen Marktakteure unterschiedliche Funktionen besitzt. „Der Wert einer Marke für den Nachfrager ist ein anderer als der Markenwert für den Eigner oder für den Handel" (Irmscher, 1996, S. 56). So werden aus Sicht des Nachfragers häufig qualitative Begriffe, wie Markenattraktivität, Markenkraft oder Markenstärke unter dem Markenwert subsumiert. Im Gegensatz dazu steht der Markenwert aus Eigner- bzw. Anbietersicht für quantitative, monetäre Größen im Sinne einer vermögenswertorientierten Interpretation.

Um im Weiteren eine semantische Unterscheidung zwischen den verschiedenen Markenwertbegriffen – insbesondere im Bezug auf Anbieter und Nachfragersicht – vornehmen zu können, werden zwei Begriffskonstrukte aus dem Englischen zur formalen Differenzierung verwendet. Hierbei wird folgende Zuordnung gewählt: Der Begriff „Brand Equity" soll synonym für den Markenwertbegriff aus Anbieter- und der Begriff „Brand Value" aus Nachfragerperspektive stehen.[61]

---

[61] Im analogen Zusammenhang wird in der Diskussion um den Kundenwert auch zwischen „equity" und „value" unterschieden, um zwischen den verschiedenen Sichtweisen zu differenzieren (siehe hierzu beispielhaft die begriffliche Abgrenzung bei CORNELSEN (Cornelsen, 2000, S. 37–38) oder GALE (Gale, 1994)).

5.2 Bedeutung und Wert der Marke aus Anbieterperspektive

5.2.1 Der Brand Equity

Die Bedeutung der Marke für einen Anbieter ist unumstritten. In der unternehmerischen Praxis wird die Marke beinahe überschwenglich als ein "... bedeutender Werttreiber ..." (Spinner, 1999, S. 10) oder als der „... ultimative Schlüssel für Erfolg und Shareholder Value ..." (Antrecht/Friese, 1996, S. 51) gefeiert. Mitunter steht die Marke sogar stellvertretend für den „... eigentliche[n] Wert eines Unternehmens" (Telgheder, 1997, S. 14). Trotzdem ist die Marke „... nicht in die Schublade herkömmlicher Vermögensgegenstände einzuordnen ..." (Srivastava/Shervani/Fahey, 1998, S. 2), nicht zuletzt weil dem immateriellen Wert der Marke der greifbare Gegenwert fehlt. Aus diesem Grund hängt den Investitionen eines Start-ups in Aufbau und Pflege von Marken auch der Nachteil an, dass sie in der Bilanz nicht aktiviert werden dürfen, was wiederum dazu führt, dass sie als Aufwand das Periodenergebnis schmälern. Sofern dann das Periodenergebnis als Erfolgsmaßstab für die Existenzgründung herangezogen wird, besteht kein Anreiz für Investitionen in die Marke (Cravens/Guilding, 1999, S. 56).

Vor diesem Hintergrund sind die Bemühungen einzuordnen, den Wert einer Marke über monetäre Einheiten abzubilden und damit ihre Führung durch bilanzadäquate Planungs- und Kontrollinstrumente zu ermöglichen. Im deutschsprachigen Raum liegen die Wurzeln einer diesbezüglichen unternehmensbezogenen Markenevaluierung (Brand Equity) in den investitionstheoretischen Forschungsansätzen, indem BÜRGI (Bürgi, 1950, S. 82–98) und später explizit KERN (Kern, 1962, S. 17–31) die Auffassung vertraten, dass „... der Wert von Warenzeichen als die Summe der auf den gegenwärtigen Zeitpunkt diskontierten Zusatzgewinne" (Kern, 1962, S. 26) zu interpretieren sei. Nach BEKMEIER-FEUERHAHN (Bekmeier-Feuerhahn, 1998, S. 30–31.) wird dieser zahlungsstromorientierte Markenwertgedanke auch in den jüngeren, eher marketingbezogenen Auslegungen aufgegriffen. So definiert beispielsweise KAAS (Kaas, 1990a, S. 48) den Brand Equity als „Barwert aller zukünftigen Einzahlungsüberschüsse, die der Eigentümer aus der Marke erwirtschaften kann." Nach diesen Definitionen beschränkt sich der Brand Equity nicht alleine auf den gegenwärtigen Ertrag, sondern berücksichtigt insbesondere das zukünftige Erfolgspotential einer Marke. SANDER (Sander, 1994, S. 48) bezieht in seiner Begriffsauffassung explizit die Sichtweise des Nachfragers mit ein („Inside-outside"-Verknüpfung), indem er zunächst vom Kaufakt des Nachfragers ausgeht, aus dem sich für den Anbieter Erlöse ergeben, „... die über den (Markt-) Wert der physischen Produkteigenschaften hinausgehen und daher der Marke als Markenzeichen zugeordnet werden müssen." Hieraus leitet er anschließend seine Definition des Brand Equity ab, wonach „der Gewinn, der durch diese Erlöse abzüglich der Kosten, die durch die Markierung von Produkten an Stelle des Angebots anonymer Produkte entstehen, anfällt, ... den Markenwert ..." darstellt (Sander, 1994, S. 48).

Einen Schritt weiter geht BEKMEIER-FEUERHAHN (Bekmeier-Feuerhahn, 1998, S. 46–47). Ihre Definition des Markenwertes richtet sich zwar weiterhin an der spezifischen Bedürfnislage des Anbieters aus, indem sie einen ökonomischen bzw. monetären Bewertungsmaßstab zugrunde legt, dennoch beschränkt sie sich nicht auf eine eindimensionale unternehmensbezogene Betrachtung. Vielmehr verknüpft BEKMEIER-FEUERHAHN in der Herleitung ihrer Definition die Anbieter- mit der Nachfragerperspektive miteinander, wohl wissend, dass der Brand Equity erst über die Markenwertschätzung des Nachfrager seine eigentliche Bedeutung für den Anbieter erfährt. In diesem Sinne unterzieht BEKMEIER-FEUERHAHN den Markenwert einer synergetischen Betrachtung zwischen Inside- und Outside-Perspektive. Im Ergebnis definiert sie den Brand Equity als „… die durch Markierung ausgelösten gegenwärtigen und zukünftigen Wertsteigerungen von Leistungen auf Konsumenten- und Unternehmensseite, die ökonomisch nutzbar und in monetären Maßeinheiten zu bewerten sind" (Bekmeier-Feuerhahn, 1998, S. 46).

5.2.2 Ausgewählte Ansätze zur Ermittlung des Brand Equity

5.2.2.1 Ertragswertorientierte Ansätze

Wenngleich diese Begriffsauffassungen unterschiedliche Perspektiven zugrunde legen, gehen sie dennoch gemeinsam von den gleichen Gedanken einer Ertragserzielung oder zumindest Gewinnerwartung beim Brand Equity aus. Auf diesem gemeinsamen Nenner hat sich der Brand Equity mit zwei fundamentalen Fragen auseinanderzusetzen, für die es unterschiedlich befriedigende Antworten gibt.

Erstens steht die Frage nach der Diskontierung der zu erwartenden Gewinne an. Zur formalen Lösung dieser Frage existieren bereits verschiedene Verfahren, die als ertragswertorientierte Ansätze subsumiert werden können (Franzen, 1994a). Ertragswertorientierte Ansätze legen zur Ermittlung des monetären Markenwertes die Barwert- bzw. Kapitalwertmethode zugrunde. Im Falle der Kapitalwertmethode wird der Ertragswert für alle künftigen Nutzungsperioden hoch gerechnet, anschließend mit einem bestimmten Zinssatz diskontiert, der unter anderem auch eine Risikobewertung beinhaltet, um schließlich die einzelnen Beträge pro Periode aufzuaddieren. Die Summe entspricht dann dem Brand Equity. Sind die Ertragswerte (E_t) und der Zinssatz i sicher, aber nur der Zinssatz periodenunabhängig, dann folgt:

$$E_0 = \sum_{t=1}^{T} \frac{E_t}{(1+i)^t} \tag{1}$$

Das Grundkonzept der ertragswertorientierten Ansätze besteht also darin, die künftigen Jahreserfolge einer Marke zu ermitteln und mit Hilfe eines bestimmten Kapitalisierungszinsfußes auf einen Gegenwartswert umzurechnen (Eichmann, 1992, S. 82; Eichmann, 1995, Sp. 2500). So schlüssig dieses Verfahren erscheint – die praktische Umsetzung bereitet Schwierigkeiten, weil sehr viele subjektive Einflussfaktoren mitwirken.

Die zweite fundamentale Frage zielt dementsprechend auf die Bestimmung der Einflussfaktoren zusätzlich ihrer zu prognostizierenden Entwicklung ab. Zu hinterfragen sind zum einen die markenrelevanten Einnahmen- und Ausgabenströme und zum anderen die Festlegung des Kalkulationszinsfußes.

Bei der Ermittlung der Zahlungsströme besteht das Problem, dass nicht die gesamten Einnahmen und Ausgaben des mit der Marke verbundenen Produktes relevant sind, sondern nur diejenigen, die spezifisch auf die Natur und Wirkung der Marke zurückzuführen sind. Dementsprechend kann nicht global die gesamte Kosten- und Gewinnstruktur eines Produktes als Maßgabe herangezogen werden, sondern nur jener Teil, der eindeutig der Marke zuzuordnen ist. Somit tritt hier das Problem der Isolierung von Faktoren auf, die ursächlich den Einnahmen- und Ausgabenstrom der Marke bestimmen. Zur Lösung dieses Isolierungsproblems ist eine Vielzahl von Vorschlägen entwickelt worden. Einen diesbezüglichen Überblick stellt SATTLER (Sattler, 1998, S. 197–202; Sattler, 2000, S. 228–231) auf, wobei er zunächst monetäre von nicht-monetären Verfahren unterscheidet und anschließend hinsichtlich der Methodik in kompositionelle versus dekompositionelle Verfahren trennt. Kompositionelle Verfahren zeichnen sich dadurch aus, dass einzelne Faktoren separat erhoben werden, wohingegen bei dekompositionellen Verfahren anfänglich eine ganzheitliche Bewertung vorgenommen wird und nachfolgend eine Zerlegung (Dekomposition) in Einzelgrößen erfolgt. In einem Vergleich der unterschiedlichen Verfahren kommt SATTLER (im einzelnen Sattler, 1995, S. 670–676) zu dem Ergebnis, dass sich die nicht-monetären Verfahren „… für die meisten praktisch relevanten Markenbewertungszwecke nicht unmittelbar einsetzen lassen" (Sattler, 2000, S. 229). Demgegenüber haben die monetären Verfahren eine größere praktische Evidenz, unter anderem deswegen, weil sie unmittelbar das Ziel verfolgen, „… die zusätzliche Zahlungsbereitschaft zu ermitteln, die Nachfrager für eine bestimmte Marke gegenüber einer unbekannten (oder nahezu unbekannten) Marke zeigen" (Sattler, 2000, S. 229–230). Im Hinblick auf die Befragungsmethodik konnte bisher keine eindeutige Überlegenheit dekompositioneller gegenüber kompositioneller Verfahren nachgewiesen werden. Dennoch erweisen sich die dekompositionellen, also die indirekten Markenbewertungsverfahren als besonders empfehlenswert, da hier die Befragungsmethodik am ehesten einer realen Kaufentscheidung gleich kommt (Sattler, 2000, S. 231).

Neben dem Isolierungsproblem bestimmter Faktoren, die Einfluss auf die Einnahmen- und Ausgabenströme einer Marke haben, besteht ein weiteres Problem darin, deren Hebelkraft über einen längeren Zeitraum zu prognostizieren. Anhand von Marken wie *Dual*, *VW-Beetle*, *Afri-Cola* oder *Bluna* wird die zeitliche Dimension von Ausstrahlungseffekten (spillover effects) deutlich, wenn die Reanimation dieser Marken auf eine sehr hohe (gestützte) Bekanntheit aufbauen konnte, obwohl die letzten Investitionen in die Markenpflege jeweils mehr als zehn Jahre zurückliegen. Zur langfristigen Prognose markenspezifischer Zahlungsströme wurden verschiedene sogenannte Indikatorenmodelle entwickelt, die insbesondere in Form der Ansätze von *Interbrand* (Penrose, 1989), *Nielsen* „Brand-Performancer" (Franzen, 1994b; Franzen, 1995; Riedel 1996) und SATTLER/*GfK* (Sattler 1997; Sattler 1999) weite Verbreitung gefunden haben. Alle drei Ansätze arbeiten mit Indikatoren, aus denen die langfristige Entwicklung markenrelevanter Zahlungen abgelesen werden soll. Von der Identifikation der Indikatoren hängt somit ein Großteil des Erfolges der Prognose ab. In diesem Zusammenhang weist der Ansatz von *NIELSEN* die am weitesten fortgeschrittene theoretische Fundierung auf, indem die Indikatoren auf Basis eines empirisch validen Kausalmodells abgeleitet werden (Sattler, 2000, S. 233).

Nicht nur die Einschätzung der Einnahmen- und Ausgabenströme beruht trotz aller Bemühungen einer faktischen Quantifizierung auf einem gewissen Maß an Subjektivität, auch die Festlegung des Kalkulationszinsfußes ist letztendlich ein sehr subjektiver Akt. Ein erstes grobes Richtmaß zur Bestimmung des Kalkulationszinsfußes bildet die übliche Verzinsung einer langfristigen, quasi-sicheren Anlage am Kapitalmarkt, um daran Modifikationen durch situations- bzw. markenspezifische Zu- und Abschläge vorzunehmen. Hierin zeigen sich dann im Detail die Probleme, denn die Modifikation soll das Risiko der Investition in die Marke berücksichtigen, „… angefangen vom Branchenrisiko über das Immobilitätsrisiko der Kapitalbindung bis hin zur Ungewissheit der prognostizierten Erfolge" (Bekmeier-Feuerhahn, 1998, S. 76). Da es einen allgemeingültigen Maßstab zur Berechnung der Modifikation nicht gibt, wird häufig das Äquivalenzprinzip als Orientierungsmaßstab herangezogen. Danach hat sich der Grad der Modifikation an einem adäquaten Vergleichsobjekt auszurichten. Bei dieser Vorgehensweise ist es naheliegend, dass der Spielraum zur Bestimmung der Kapitalisierungszinssätze häufig sehr groß ist, was wiederum ZIMMERMANN (Zimmermann, 1988, S. 418) zu einer ironischen Schlussfolgerung verleitet: „Die Zuschläge sind so willkürlich und weichen in den Gutachten so weit voneinander ab, dass man sich fragt, ob die Bewerter etwa Würfel geworfen haben, um die Zuschlagsgrößen zu ermitteln."

Als Fazit bleibt also festzuhalten, dass die ertragswertorientierten Ansätze zur Ermittlung eines Brand Equity durchaus den Vorteil aufweisen, den Markenwert nicht alleine auf einen Zeitpunkt zu beziehen, sondern die Bewertung durch eine zukunftsorientierte Potenzialbetrachtung vorzunehmen. Diesen Vorteil können sich insbesondere Start-ups zu Eigen machen, indem sie über die Konkretisierung der Einnahmen- und Ausgabenströme hinsichtlich des Markenaufbaus kalkulatorische Erfolgsgrößen für die Zukunft ermitteln können. Darin liegt allerdings auch die Schwäche der ertragswertorienierten Ansätze. Aussagen zur Zukunft können nur unter Unsicherheit gemacht werden. Zwar versuchen verschiedene Ansätze, diese Unsicherheit zu kontrollieren, indem sowohl Faktoren, die für die Zahlungsströme verantwortlich sind, als auch Indikatoren, die verursachend auf die Zukunft einwirken, mehr oder weniger theoretisch fundiert bestimmt werden, dennoch bleibt der Eindruck der Subjektivität und Phantasterei bestehen. Dennoch überzeugen die ertragswertorientierten Ansätze zumindest in ihrer methodischen Stringenz als Planungs- und Entscheidungsgrundlage für zukünftige Investitionen.

5.2.2.2 Marktorientierter Ansatz

Der von BEKMEIER-FEUERHAHN (Bekmeier-Feuerhahn, 1998) entwickelte Ansatz der marktorientierten Ermittlung des Brand Equity löst sich von der eindimensionalen Betrachtung des Markenwertes, indem die Perspektive des Nachfragers konsequenter Ausgangspunkt der Wertermittlung ist. Ausgehend von den gespeicherten visuellen und verbalen Markenassoziationen des Nachfragers wird zunächst die Markenstärke ermittelt, bevor diese in einen monetären Wert überführt wird.

BEKMEIER-FEUERHAHN (Bekmeier-Feuerhahn, 1998, S. 188) stellt somit in einem ersten Schritt ein Kausalmodell zur Messung der Markenstärke auf. Dabei wird die Markenstärke als eine Variable definiert, die abhängig von den gespeicherten visuellen und verbalen Markenassoziationen des Nachfragers ist. Ein entsprechender Wirkungszusammenhang konnte empirisch bestätigt werden, indem im Vorfeld die theoretischen Konstrukte „Markenstärke" und „Markenassoziationen" operationalisiert wurden.

Für die visuellen und verbalen Markenassoziationen werden vier Indikatoren angeführt (Bekmeier-Feuerhahn, 1998, S. 182):

(1) Intensität (d. h. das Markenbild ist anziehend vs. abstoßend bzw. angenehm vs. unangenehm
(2) Qualität (d. h. das Markenbild ist lebhaft vs. ruhig bzw. laut vs. leise)
(3) Einzigartigkeit (d. h. das Markenbild ist ungewöhnlich vs. gewöhnlich bzw. unüblich vs. üblich)
(4) Zugriffsfähigkeit (d. h. das Markenbild völlig klar und lebendig vs. unbekannt und fremd)

Die Markenstärke wird mittels sechs Indikatoren operationalisiert (Bekmeier-Feuerhahn, 1998, S. 148–150):

(1) Aufpreisbereitschaft für die Marke (d. h. die erzielbare Preisprämie)
(2) Akzeptanz der Markenerweiterung (d. h. das Transferpotential der Marke aus Nachfragersicht)
(3) Markentreue (im Sinne von Wiederholungskäufen)
(4) Marketing-Beachtung (im Sinne der Erfassung und Verarbeitung kommunikativer Aktivitäten)
(5) Auslösung von Pull-Effekten (d. h. die Wirkung beim Nachfrager extra eine bestimmte Verkaufsstätte aufzusuchen, in der die Marke erhältlich ist)
(6) Zukunftspotenzial (d. h. die Zukunftsaussichten der Marke aus Sicht der Nachfrager)

Die Quantifizierung der Markenassoziationen erfolgt durch einen Index, der sich aus der multiplikativen Verknüpfung der Indikatoren für die Markenassoziationen ergibt. Allerdings hat dieser sogenannte Assoziationsindex für sich genommen noch keinerlei Aussagegehalt, erst durch den komparativen Vergleich mit entsprechenden Bezugsgrößen können Aussagen zum Markenwert gemacht werden. Insofern wird das Maß der Markenstärke bestimmt, indem der Assoziationsindex einer Marke (Markenindex) in Verhältnis zum Assoziationsindex der relevanten Produktgattung (Gattungsindex) gesetzt wird. Nimmt der Markenindex einen positiven Wert ein, erweckt die Marke stärkere Assoziationen als die Produktgattung im gesamten (Bekmeier-Feuerhahn, 1998, S. 196–203).

In einem zweiten Schritt gilt es, aus dem Markenindex und der Markenstärke einen monetären Wert abzuleiten. Hierfür schlägt BEKMEIER-FEUERHAHN ein zweigeteiltes Verfahren vor. Zunächst einmal wird in Bezug auf den Markenindex ein sogenannter Markengewinn durch Saldierung von Aufwand und Ertrag ermittelt (Bekmeier-Feuerhahn, 1998, S. 217–223). Anschließend wird dieser Markengewinn mit der Markenstärke kombiniert, um hieraus mit Hilfe eines „Testmarktes" mit Experten einen begründeten Marktpreis für die Marke abzuleiten. Dabei werden die Experten hinsichtlich ihrer Zahlungsbereitschaft für die Markenstärke und den Markengewinn befragt. Die durchschnittlichen Zahlungsbereitschaften ergeben dann jeweils einen monetären Ertragswert für die Markenstärke und den Markengewinn.

Die Summe hieraus stellt den marktorientierten Markenwert dar (Bekmeier-Feuerhahn, 1998, S. 232–243).

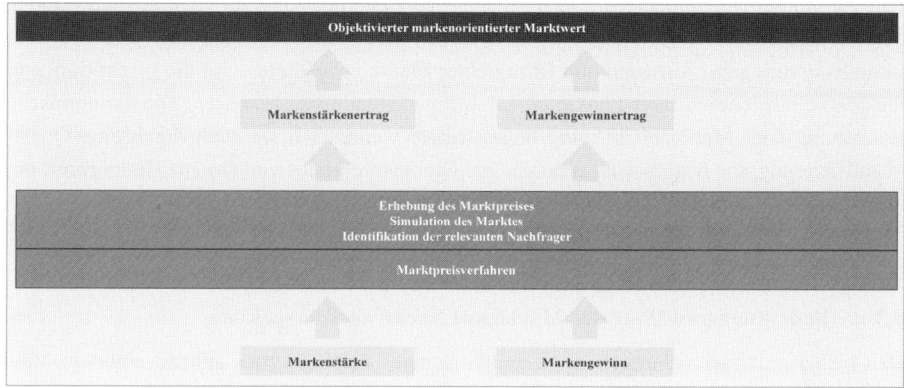

Abbildung IV.24: Überblick über den marktorientierten Ansatz zur Markenbewertung nach BEKMEIER-FEUERHAHN *(Quelle: Bekmeier-Feuerhahn, 1998, S. 248)*

Grundsätzlich positiv ist bei diesem Ansatz anzumerken, dass der Nachfrager und seine gespeicherten Assoziationen die Basis für die Markenstärke darstellen. Daraus wird ein plausibler Ursachen-Wirkungs-Zusammenhang zwischen den Einflussfaktoren der Markenstärke und den monetären Wirkungen für den Anbieter aufgestellt. Sowohl die Messung der Markenassoziationen als auch die Ermittlung des Marktpreises für die Markenstärke und den Markengewinn lassen daraufhin relativ objektive Werte für den Brand Equity erwarten (Bekmeier-Feuerhahn, 1998, S. 265). Dagegen erscheint insbesondere die Überführung der Markenassoziationen in monetäre Einheiten problematisch, denn hier wird vergleichbar zu den ertragswertorientierten Verfahren auf allgemeine Bezugsgrößen zurückgegriffen. So wird die Markenassoziation über das Konstrukt der Markenstärke mittels sechs Indikatoren in eine monetäre Bezugsgröße überführt. Diese sechs Indikatoren (Zusatzpreisbereitschaft, Akzeptanz für Line extension, Marketing-Beachtung, Pull-Effekte, Markentreue und Zukunftsaussichten der Marke) bedürfen für sich genommen einer weitergehenden Operationalisierung, da sie unter anderem auch in ihrer gegenseitigen Interdependenz nicht unabhängig sind. Des Weiteren ist die Vorgehensweise der Befragung von Experten zur Zahlungsbereitschaft der Markenstärke und des Markengewinns kritisch zu hinterfragen, schließlich besteht zwischen beiden Größen unter Umständen eine Einflussnahme, die zur Verzerrung beitragen könnte. So beeinflusst die Markenstärke den Markengewinn, was sich wiederum auch in der Operationalisierung der Markenstärke (u. a. durch die Zusatzpreisbereitschaft sowie durch ausgelöste Pull-Effekte) widerspegelt. Da die beiden Größen nunmehr nicht unabhängig voneinander fungieren, führt eine – wie von Bekmeier-Feuerhahn vorgenommene – separate Bewertung beider Größen und die anschließende Summierung zu einem insgesamt verzerrten (ggf. überschätzen) Markenwert.

Es bleibt also festzuhalten, dass es erhebliche Probleme bereitet, einen Brand Equity zu ermitteln, der entsprechend den unternehmensbezogenen Interessen für eine Kapitalisierung der Marke taugt. Die Ausführungen haben gezeigt, dass entsprechende Verfahren nur grobe

Richtwerte über den monetären Wert einer Marke wiedergeben. Hieraus erzielen der Brand Equity und seine jeweils nach Verfahren unterschiedlichen Wertkomponenten ihre Bedeutung für ein Start-up, indem sie über eine selektive Steuerungskraft für etwaige Investitionen in den Markenaufbau verfügen. Im Kern jedoch stoßen alle Verfahren an ihre Grenzen, wenn es darum geht, Aufwand und Ertrag einer Marke zu saldieren und die Investitionen in die Marke hinsichtlich ihrer konkreten zukünftigen Rendite zu bewerten. Die ökonomische Bedeutung einer Marke bleibt zwar unumstritten, wenngleich sie auch durch eine Quasiquantifizierung nur begrenzt zu erfassen ist. Die Marke bleibt vor diesem Hintergrund ein immaterieller, nicht greifbarer Vermögensgegenstand.

5.3 Bedeutung und Wert der Marke aus Nachfragerperspektive

Den bisherige Untersuchungen zur Ermittlung eines Markenwertes anhand einer nachfragerorientierten Betrachtung ist gemeinsam, dass sie die Markenbewertung weiterhin aus dem Blickwinkel des Anbieters anlegen (hierzu beispielsweise: Aaker/Biel, 1993; Maretzki/Wildner, 1994; Bekmeier 1994). Entsprechend seinen Interessen wird hierbei nach der Wirkung der Marke beim Nachfrager gefragt, um daraus den Markenwert abzuleiten. Mit dieser Blickrichtung wird der Nachfrager nach wie vor als Zielobjekt behandelt, ohne ihn und seine spezifische Bedürfnislage in das Kalkül einer Markenbewertung zu integrieren (Mattmüller, 2000). Im Folgenden wird daher aus der Perspektive des Nachfragers analysiert, welche Bedeutung und damit Wertigkeit die Marke für ihn hat. Um hierbei zumindest Tendenzaussagen hinsichtlich einer ökonomischen Verwendung bzw. Instrumentalisierung der Marke durch den Nachfrager aufzustellen, wird anhand der Verhaltensannahmen der Neuen Institutionenökonomik und hier insbesondere der Transaktionskostentheorie und Informationsökonomie argumentiert. Eine sozio-psychologische Betrachtung wird dabei zum größten Teil ausgeklammert, weil diese in erster Linie auf die soziologische und weniger auf die ökonomische Nutzenstiftung der Marke abzielt. Gleichwohl ist dieser Aspekt natürlich wiederum für den Anbieter von großer Bedeutung, wenn es um die Ausgestaltung der Marke als solches geht.

5.3.1 Der Brand Value

Eine wertbezogene Analyse des Nachfragerverhaltens geht generell davon aus, dass der Nachfrager bei der Bewertung verschiedener Produkt- bzw. Markenalternativen nach der Devise „value for money" handelt. Demnach wägt der Nachfrager

> *„... beim Kauf eines Produktes zwischen dem voraussichtlichen Nutzen und den zu investierenden Kosten ab, wobei sich der Kunde letztlich für dasjenige Leistungsangebot mit dem besten* Kosten-Nutzen-Verhältnis *entscheidet"* (Cornelsen, 2000, S. 33).

Bezieht sich ein derartiger Vergleich nur auf das Produkt als solches, indem er sich nur auf den Preis und den originären Produktnutzen beschränkt, wird der Bedeutung der Marke in kaum einer Weise Rechnung getragen. Diese eingeschränkte, eher neo-klassisch geprägte

Sichtweise kennt „... nur eine einzige, idealisierte Institution, nämlich den vollkommenen Markt. [...] In der Welt der Neoklassik gibt es deshalb fast nichts von der ganzen Buntheit und Vielfalt einer modernen Wirtschaft, es fehlen vor allem jedwede Institutionen. (Kaas, 1995, S. 2). Zu diesen Institutionen, die als Regel- und Handlungssystem verstanden werden (Schneider, 1993, S. 18–20), gehört auch die Marke. Sie wird in diesem Kontext als ein faktisches Merkmal einer Geschäftsbeziehung angesehen, das seine formale Legitimation durch allgemeine Anerkennung im Wirtschaftsleben erfährt. In diesem Sinne gehen von Institutionen im Allgemeinen wie auch von der Marke im Besonderen gegenseitige Verhaltenserwartungen aus, die einerseits kostenreduzierend, andererseits nutzensteigernd auf einen Kosten-Nutzen-Vergleich einwirken. Der um die Annahme von marktregelnden Institutionen erweiterten Sachverhalt findet sich in der Sichtweise der Neuen Institutionenökonomik wieder. Diese berücksichtigt zudem auch solche zentralen Verhaltensweisen, die den gegenseitigen Leistungsaustausch zwischen Anbieter und Nachfrager überhaupt erst vor Probleme stellen. So werden in der Neuen Institutionenökonomik im Gegensatz zur Neoklassik etwa unvollkommene Information, Opportunismus sowie die daraus entstehende Unsicherheit bei Anbieter und Nachfrager unterstellt.[62]

Vor diesem Hintergrund greift ein ausschließlich auf die Produktdimension beschränkter Kosten-Nutzen-Vergleich zu kurz; er hat darüber hinaus auch bestimmte Kosten- wie auch Nutzenfaktoren zu berücksichtigen, die im Kauf- bzw. Entscheidungsvorgang des Nachfragers verstärkt anfallen bzw. auftreten. Im transaktionsökonomischen Kontext der Neuen Institutionenökonomik ist diesbezüglich zwischen Produkt- und Transaktionsdimension zu unterscheiden (Bagozzi, 1986, S. 90–93), in denen jeweils spezifische Kosten-Nutzen-Faktoren in Betracht gezogen werden (Mattmüller/Tunder, 1999, S. 439–440). Auf der Ebene der Produktdimension heißt das, dass der Nachfrager auf der einen Seite einen Nutzen erhält, den er sowohl aus der Natur des Produktes als auch aus den zusätzlichen Leistungen des Anbieters rund um das Produkt abschöpfen kann. Auf der anderen Seite fallen für den Nachfrager produktbezogene Kosten an, die sich nicht nur in dem für das Produkt zu zahlenden Nettopreis (also inklusive bestimmter Zahlungsbedingungen und anderen monetären Vereinbarungen) widerspiegeln, sondern auch die gesamten Aufwendungen der Verwendung bzw. Nutzung des Produktes beinhalten. Auf der Ebene der Transaktionsdimension fließen Kosten- bzw. Nutzenfaktoren in die Bewertung ein, die aus der Markttransaktion an sich resultieren. Die Kosten erstrecken sich auf die sämtlichen Ressourcen des Nachfragers, die er zur Durchführung der Transaktion im Allgemeinen und zur Überwindung von kaufimmanenten Risiken im Besonderen benötigt (Plinke, 1989, S. 311). Die Nutzenfaktoren umfassen Lerneffekte, die auf technischen, wirtschaftlichen und sozialen Erfahrungen bei der Durchführung von Markttransaktionen zurückgehen. Darüber hinaus ist für den Nachfrager unter Umständen die Markttransaktion als solche bereits von Nutzen, wenn er beim Transaktionsprozess – beispielsweise beim Suchen, Vergleichen und Auswählen verschiedener Produktalternativen – einen eigenständigen Erlebniswert erfährt (Stichwort: Erlebniskauf).

---

[62] Zum Annahmenkonstrukt der Neuen Institutionenökonomik vgl. etwa TUNDER (Tunder, 2000, S. 36–40).

Aus dieser Betrachtung heraus ergibt sich folgende formale Struktur einer wertbezogenen Analyse des Nachfragerverhaltens, die über einen Kosten-Nutzen-Vergleich sowohl auf der Produkt- als auch auf der Transaktionsdimension zu einem Transaktionswert als übergeordnetem Effizienzkriterium kommt (Mattmüller/Tunder, 1999, S. 440; Tunder, 2000, S. 108).

$$TW_{Ges.} \stackrel{!}{\geq} 0 \text{, wobei} \tag{2a}$$

$$TW_{Ges.} = \sum_{i=1}^{n}(ON_i + TN_i) - (OK_i + TK_i) \tag{2b}$$

mit

$TW_{Ges.}$ = Transaktionswert (gesamt)
  i = Index der Transaktion ($i = 1, 2, ..., n$)
  ON_i = Objektnutzen der Transaktion i
  TN_i = Transaktionsnutzen der Transaktion i
  OK_i = Objektkosten der Transaktion i
  TK_i = Transaktionskosten der Transaktion i

Insgesamt erhöht sich somit der Transaktionswert für den Nachfrager aufgrund einer Verringerung der kostenbezogenen Faktoren und/oder aufgrund einer Nutzenerweiterung. Allgemein betrachtet kann der Anbieter die Kosten für den Nachfrager reduzieren, indem er beispielsweise – produktbezogen – Preiszugeständnisse macht und/oder – transaktionsbezogen – „Hilfestellungen" bei Transaktionsabwicklung anbietet. Zur Nutzensteigerung kann der Anbieter generell das Produkt mit einem größeren Nutzenpotential ausstatten und/oder rund um den Transaktionsprozess einen eigenen Erlebnischarakter schaffen. In diesem allgemeinen Spektrum bewegen sich denn auch die Ansatzpunkte zur Wertermittlung einer Marke für den Nachfrager. Dabei wird der Frage nachgegangen, inwieweit die Marke unterstützend zur Reduzierung der kosten- bzw. zur Steigerung der nutzenbezogenen Faktoren wirkt. Der Brand Value kann demnach als eine Größe verstanden werden, die das Ausmaß abbildet, in dem eine Marke zur Steigerung des Transaktionswertes für den Nachfrager beiträgt.

Die weitergehende Operationalisierung des Brand Value erfolgt auf einer informationsökonomisch basierten Analyse der Wirkungsweise einer Marke für den Nachfrager. Eine diesbezügliche Vorgehensweise zeigt Ansatzpunkte zur Wertermittlung einer Marke auf, die deren Funktion im Transaktionsprozeß zwischen Anbieter und Nachfrager berücksichtigt und deswegen dem paradigmatischen Anspruch (inside-outside-Perspektive) gerecht wird (hierzu und zu den weiteren Ausführungen vgl. TUNDER (Tunder, 2000, S. 167–179)).

5.3.2 Informationsökonomische Wertdimensionen der Marke

Das Konstrukt „Marke" stellt für den Nachfrager eine Art Platzhalter für seine individuelle präferenzbildende Wertschätzung gegenüber einem Produkt dar. Demzufolge wird ein anonymes Produkt zu einer Marke, wenn der Nachfrager es als solche bezeichnet bzw. empfindet (Brauer, 1996, S. 18). Abgesehen von etwaigen Größen, die nicht in erster Linie vom Anbieter selbst zu verantworten sind (wie etwa allgemeine Konsum- bzw. Modetrends), basiert die präferenzbildende Wertschätzung auf einer Reihe von Maßnahmen, die vom Anbieter selbst initiiert werden. Diese Maßnahmen im Sinne von Markentechniken erfährt der Nachfrager als „... ein in sich geschlossenes Marktbearbeitungssystem ..." (Meyer, 1978, S. 171). Je stringenter dieses vom Anbieter gestaltet wird, desto mehr suggeriert es dem Nachfrager Kompetenz in eigener Sache. Hierin ist der Wert einer Marke für den Nachfrager zu erklären, indem die Marke über den Kompetenztransfer – analog zur Terminologie des Transaktionswertes – sowohl den Objektnutzen als auch die Transaktionskosten beeinflusst.

In Bezug auf den Objektnutzen stiftet die Marke über den Grundnutzen eines Produktes hinaus bekanntermaßen – und deswegen an dieser Stelle auch nur angerissen – einen zusätzlichen Nutzen. Dieser Zusatznutzen kann in dreifacher Weise auftreten. So kann die Marke für den Nachfrager erstens einen persönlichen Nutzen bieten, indem sie ihm beispielsweise durch eine spezifische Kompetenz im Sinne von Markenqualität Sicherheit suggeriert. Zweitens kann die Marke für den Nachfrager von soziologischem Nutzen sein, dadurch dass sie ihm hilft, Prestige bzw. soziale Anerkennung zu erlangen. Schließlich kann mit der Marke auch ein magischer Nutzen verbunden sein, etwa wenn die Marke als Maskottchen fungiert (siehe beispielsweise Mercedes: Ihr guter Stern auf allen Straßen).

Im Falle der Transaktionskosten ist die Funktion der Marke hinsichtlich ihrer entlastenden Wirkung auf den Transaktionsaufwand des Nachfragers hin zu überprüfen. Entsprechend der Informationsökonomik ist dieser Transaktionsaufwand abhängig davon, inwiefern der Nachfrager von Informations- und Unsicherheitsproblemen belastest wird, die sich sowohl auf die Qualitätsbeurteilung des Produktes als auch auf die Gefahr eines möglichen opportunistischen Verhaltens des Anbieters beziehen. Insbesondere bei Start-ups verstärkt sich diese Informations- und Unsicherheitsproblematik des Nachfragers, denn die Bewertung von Produkt und Anbieter kann sich nur auf die gegenwärtige Gründungsphase erstrecken. Ein Rückgriff auf die Vergangenheit erübrigt sich bei Start-ups von selbst. Für die Ermittlung eines Brand Value stellt sich demnach die Frage, ob und in welchem Umfang die Marke dazu beiträgt, dass der Nachfrager seinen Informationsaufwand auch gegenüber jungen Unternehmen reduzieren und/oder die Opportunismusgefahr seitens des Anbieters bannen kann. In beiden Fällen dient die Marke dem Nachfrager als glaubwürdiges Qualitätssignal, womit sie zwei informationsökonomische Wertdimensionen aufweist:

(1) Die Marke vereinfacht bzw. rationalisiert über ihre Signalwirkung den Aufwand des Nachfragers bei der Informationsgenerierung. Sie hat für den Nachfrager somit eine *Rationalisierungsfunktion*.

(2) Die Marke steht stellvertretend durch ihren Qualitätsanspruch und den damit verbundenen spezifischen Investitionen für die Glaubwürdigkeit des Anbieters. Insofern übernimmt die Marke für den Nachfrager eine Stellvertreter- bzw. *Substitutsfunktion*.

5.3.2.1 Rationalisierungsfunktion

Zur weiteren Bestimmung des transaktionskostensenkenden Wertpotentials einer Marke bietet es sich an, anhand ihrer konstitutiven Merkmale[63] die Wirkungsweisen ihrer Rationalisierungs- und Substitutsfunktion zu überprüfen. In Bezug auf die Rationalisierungsfunktion heben sich dabei mit der Markierung, Werbung und Ubiquität jeweils drei Merkmale einer Marke heraus, die bei einer informationsökonomischen Interpretation ihrer Wirkungsweisen eine rationalisierende Funktion für die Informationsgenerierung des Nachfrager erfüllen.

Markierung

Zweifelsohne stellt die Markierung das bedeutsamste Merkmal für die Marke dar, denn mit ihr wird das Produkt aus seiner Anonymität herausgehoben und erfährt so eine zumindest äußere Individualität für den Nachfrager (Dörtelmann, 1997, S. 77). Die Markierung legt damit das Fundament, dass der Nachfrager bei einem ersten Kaufvorgang die Marke von anderen Produkten unterscheiden und bei einem wiederholten Kauf auch wiedererkennen kann. Im Falle von Wiederholungskäufen ermöglicht die Markierung, dass der Nachfrager seine einmal gemachten Erfahrungen mit einem Produkt zu einem späteren Zeitpunkt demselben wieder zuordnen kann. Die Markierung fungiert dabei als eine Art Übertragungsmedium zwischen den Erfahrungen einerseits und dem jeweiligen Produkt andererseits; ohne sie lassen sich Erfahrungen für folgende Markttransaktionen nicht nutzen. In diesem Sinne stellt die Markierung die oberste Prämisse dar, dass der Nachfrager mit der Marke überhaupt einen Wert verbinden kann (Hüser, 1992, S. 9).

Werbung (im originären Sinn)

Auf den ersten Blick hat die Werbung, die ein weiteres Merkmal zum Aufbau und zur Pflege einer Marke darstellt, mit Glaubwürdigkeitsproblemen beim Nachfrager zu kämpfen. Schließlich kennt der Nachfrager den kommerziell motivierten Hintergrund der Werbung und zweifelt deswegen die nicht von ihm überprüfbaren Werbebotschaften grundsätzlich an (Kaas, 1990a, S. 50). Auf den zweiten Blick jedoch, nämlich unter informationsökonomischen Gesichtspunkten, geht von der Werbung durchaus eine wertschaffende Funktion aus. Diese hängt allerdings davon ab, welche informationsökonomischen Eigenschaftsdimensionen des Produktes durch die Werbung herausgestellt werden sollen. Überwiegen bei dem Produkt eher die Erfahrungs- und Vertrauenseigenschaften, dann sind die Werbebotschaften erst nach dem Kauf – zum Teil – überprüfbar. In diesem Fall sieht sich die Werbung weiter-

---

[63] Ohne auf die merkmalsgeprägten Definitionsansätze der Marke mit ihren jeweils unterschiedlichen Betonungen und Auslegungen en detail eingehen zu wollen, soll an dieser Stelle verkürzt auf die wohl bekannteste Definition zurückgegriffen werden, um bestimmte Merkmale der Marke beispielhaft aufzuzeigen. Demnach werden (industrielle, konsumtive) Marken folgende Merkmale zugesprochen, indem sie „... in einem großen Absatzraum unter einem besonderen, die Herkunft kennzeichnenden Merkmal [...], in einheitlicher Aufmachung, gleicher Menge sowie in gleichbleibender oder verbesserter Güte erhältlich sind und sich dadurch sowie durch die für sie betriebene Werbung die Anerkennung der beteiligten Wirtschaftskreise [...] erworben haben (Verkehrsgeltung)" (Mellerowicz, 1963, S. 39).

hin einem Glaubwürdigkeitsproblem ausgesetzt; ihre Funktion beschränkt sich hier auf eine derivative Wirkung, die auf die Substitutsfunktion einer Marke abzielt (hierzu später). Dominieren bei dem Produkt jedoch eher die Sucheigenschaften, dann geht von der Werbung in der Tat eine originäre Wirkung aus.

Im Gegensatz zu den Erfahrungs- und Vertrauenseigenschaften kann der Nachfrager Werbeaussagen zu den Sucheigenschaften bereits vor der Kaufentscheidung hinsichtlich ihrer Glaubwürdigkeit relativ problemlos überprüfen. Für den Anbieter besteht somit kaum Spielraum für opportunistisches Verhalten bei der Formulierung von Werbebotschaften. Deswegen geht es bei der Werbung für Sucheigenschaften weniger darum, die Nachfrager von bestimmten Botschaften zu überzeugen, als vielmehr darum, die Nachfrager mit den relevanten (objektiven) Informationen zu versorgen (Irmscher, 1997, S. 217). Mit dieser Informationsübermittlung vereinfacht bzw. rationalisiert die Werbung den Informationsprozess des Nachfragers. Sowohl die Werbekontakte als auch die Werbebotschaften erleichtern dem Nachfrager den physischen wie auch intellektuellen Zugang zu den Informationen über die Sucheigenschaften des Produktes. Insofern unterstützt die Werbung die „leistungsbezogene Informationssuche" (Adler, 1996, S. 108) und trägt somit dazu bei, dass der Nachfrager mit der Marke einen informationsökonomischen Wert verbindet.

Ubiquität

Mit der Ubiquität weist die Marke ein weiteres Merkmal auf, das dem Nachfrager hilft, seinen Informationsaufwand zu rationalisieren. Schließlich erleichtert eine flächendeckende Omnipräsenz und Verfügbarkeit von Marken (wofür letztendlich die Ubiquität stellvertretend steht) die physische Inspektion des relevanten Produktes und senkt so die Suchkosten des Nachfragers. Folglich empfiehlt sich bei Marken, die einen hohen Anteil an Sucheigenschaften besitzen, eine extensive Marktbearbeitung, „... bei der die Distributionsdichte lediglich durch die Aufnahmebereitschaft der Händler determiniert wird" (Eichmann, 1993, S. 39).

Allerdings ist darauf hinzuweisen, dass die Ubiquität ein relatives Merkmal ist. Demnach kann das Niveau der Ubiquität von zwei Blickrichtungen eingeschätzt werden. Auf der einen Seite bestimmen die Anbieter mit der beabsichtigen Exklusivität bzw. Extensivität den Grad der Ubiquität. Auf der anderen Seite geben die Nachfrager mit ihrer Erwartungshaltung vor, wo und mit welcher Durchdringung sie welche Marken bzw. Produkte zu kaufen gedenken. Beide Blickrichtungen bedingen sich naturgemäß gegenseitig.

In Bezug auf die Rationalisierungsfunktion bleibt also festzuhalten, dass die Marke mit ihren charakteristischen Merkmalen Markierung, Werbung und Ubiquität einen Effekt zur Senkung der Transaktionskosten ausübt, indem sie den Informationsprozess des Nachfragers vor allem hinsichtlich der Sucheigenschaften eines Produktes vereinfacht bzw. rationalisiert. Dabei ist die informationsökonomische Güte der Merkmale Werbung und Ubiquität und damit deren wertschaffender Charakter nicht unabhängig von der spezifischen Natur des Produktes und den speziellen Bedürfnissen des Nachfragers. Für die Güte der Markierung kommt noch hinzu, dass sie nur im Vergleich zu anderen Markierungen bewertet werden kann, wobei zu berücksichtigen ist, dass jedes Produkt in irgendeiner Weise stets eine Markierung besitzt – „man kann nicht nicht markieren, selbst die sogenannten »No-names« haben eine Markierung" (Tunder, 2000, S. 171).

5.3.2.2 Substitutsfunktion

Während die Rationalisierungsfunktion die Merkmale einer Marke hervorhebt, die verstärkt auf die Sucheigenschaften eines Produktes abzielen, geht die Substitutsfunktion auf Merkmale ein, die sich insbesondere auf die Erfahrungs- und Vertrauenseigenschaften beziehen. In diesem Sinn liegt das Augenmerk der Rationalisierungsfunktion auf dem Informationsprozess, während das der Substitutsfunktion auf die Opportunismusgefahr seitens des Anbieters gerichtet ist. Schließlich hat der Nachfrager bei den Erfahrungs- und Vertrauenseigenschaften weniger ein Informations- als vielmehr ein Vertrauensproblem bezüglich der Qualitätseigenschaften des Produktes. Der Nachfrager hat in diesem Fall auf vertrauenswürdige Signale des Anbieters zurückzugreifen, die einen Rückschluss auf die Umsetzung der versprochenen Erfahrungs- und Vertrauenseigenschaften erlauben. Diese Signale, die wiederum selbst in Form von Sucheigenschaften auftreten (Weiber/Adler, 1995, S. 63–64), vermitteln dem Nachfrager Vertrauen in nicht oder nur schwer überprüfbare Eigenschaften des Produktes.

In diesem Zusammenhang geht von der Informationsökonomik eine Unterscheidung aus, die in zwei grundsätzliche Arten von glaubwürdigen Signalen trennt. Zum einen schöpft der Nachfrager aus formellen institutionellen Arrangements (sogenannte "contingent contracts") in direkter Form Vertrauen. Als Beispiel hierfür wäre eine Garantiebekundung des Anbieters zu nennen (Kaas, 1990b, S. 545). Zum anderen üben informelle institutionelle Arrangements des Anbieters (sogenannte "exogeneous costly signals") eine indirekte vertrauensbildende Wirkung auf den Nachfrager aus. Aus diesen Signalen zieht der Nachfrager Vertrauen, weil es unter wirtschaftlichen Gesichtspunkten nicht lohnen würde, wenn ein Anbieter versuchen sollte, diese exogen teuren Signale fälschlicherweise zu imitieren. Der Grund hierfür liegt in der Natur der "exogeneous costly signals", da bei ihnen die Kosten zur Bildung und Aussendung negativ mit der tatsächlichen Qualität des Produktes korrelieren (Spence, 1976, S. 592).

Im Falle der Substitutsfunktion fungieren – analog zur Rationalisierungsfunktion – ebenfalls drei Merkmale der Marke, die für den Nachfrager eine Art "exogeneous costly signals darstellen. Es handelt sich dabei um die Merkmale Preis, Werbung (im derivativen Sinn) und Innovationstätigkeit. Selbst wenn diese drei Merkmale bei allen Anbietern unabhängig von deren Produktqualitäten die gleichen Kosten verursachen, geht von ihnen eine glaubwürdige Wirkung aus. Dies liegt daran, dass der Kapitalwert dieser drei Merkmale nicht auf eine Einmaltransaktion, sondern auf eine Multitransaktion ausgerichtet ist (Tolle, 1994, S. 928). Somit hat der Nachfrager die Möglichkeit, bei getäuschtem Signaling den opportunistisch handelnden Anbieter bei Wiederholungskäufen zu sanktionieren und dessen erschlichene Wohlfahrtsposition umgehend zunichte zu machen (Irmscher, 1997, S. 174; Weiber/Adler, 1995, S. 69). Durch diese Sanktionsgewalt des Nachfragers bleibt der potenzielle Gewinn, den ein unredlicher Anbieter einmalig erzielt, wenn er Qualitätssignale nur vortäuscht, immer unter dem Gegenwartswert zukünftig zu erzielender Gewinne eines ehrlichen Anbieters (Klein/Leffler, 1981, S. 624).

Preis (und Reputation)

Diese Sanktionsgewalt erfährt eine noch größere Hebelkraft, wenn ein „ehrlicher" Anbieter nicht nur mit einer höheren Wiederkaufsrate rechnen kann, sondern für seine Ehrlichkeit bzw. Glaubwürdigkeit zudem eine Preisprämie verlangen kann (Dorenbeck, 1985, S. 133). Allerdings ist aus Sicht des Nachfragers der Rückschluss von einem hohen Preis auf eine hohe Qualität aus zwei Gründen nur bedingt möglich. Erstens kann der Nachfrager den Zusammenhang zwischen dem Barwert der zukünftigen Gewinne einerseits und den Gewinnen aufgrund opportunistischen Verhaltens andererseits kaum nachvollziehen.[64] Zweitens sind im Gegensatz zu den zwei weiteren Merkmalen in Bezug auf die Substitutsfunktion – Werbung und Innovationstätigkeit – mit dem Preis keine spezifischen Investitionen verbunden. Aus diesem Grund fallen für den Anbieter beim Preis keine "sunk costs" an, die ihn belasten würden, wenn er infolge seiner nicht eingehaltenen Qualitätszusagen einen Nachfrageverlust erleidet. Deswegen ist es auch für einen opportunistisch handelnden Anbieter ein Leichtes, die mit einem hohen Preis beabsichtigte Signalwirkung zu imitieren (Gerhard, 1995, S. 192–195).

Unter diesen Umständen greift die vertrauensbildende Wirkung eines hohen Preises nie isoliert. Vielmehr benötigt der Nachfrager eine wahrnehmbare „glaubwürdige Transaktionsumgebung" (Irmscher, 1997, S. 177), die sich wiederum in der Reputation des Anbieters widerspiegelt. Die Reputation erfüllt dabei die Funktion der Extrapolation positiver Erfahrungen, wobei die Erfahrungen nicht notwendigerweise vom Nachfrager selbst stammen müssen, sondern auch auf die „… Aggregation der Qualitätserwartung aller Konsumenten …" (Ringbeck, 1986, S. 7) zurückgehen können (Ungern-Sternberg/Weizsäcker, 1981, S. 613). In diesem Zusammenhang darf die Reputation jedoch mit der Marke als solches nicht gleichgesetzt werden, auch wenn dieses vielerorts in volkswirtschaftlich geprägten Definitionen des Markenwesens erfolgt. Die Interdependenz zwischen der Marke einerseits und der Reputation andererseits ist vielschichtigerer Natur. Der Nachfrager verbindet mit der Marke eine bestimmte Wertschätzung, die Ausdruck der Reputation einer Marke ist, so dass die Reputation nicht Merkmal, sondern Voraussetzung einer Marke ist. Die Reputation dient dem Nachfrager letztlich „… als Spiegelbild der Glaubwürdigkeit der Marke …" (Tunder, 2000, S. 167).

Der Nachfrager zieht demnach ausgehend von der Reputation des Anbieters im Allgemeinen und der Marke im Besonderen zwei wesentliche Rückschlüsse. Erstens schließt er von der Reputation in einem Parallelschluss auf die Glaubwürdigkeit der Vertrauenseigenschaften eines Produktes, wobei diesem Reputationstransfer – wie oben gezeigt – eine Markierung vorausgehen muss (Hüser, 1992, S. 9). Zweitens versteht der Nachfrager die Reputation als eine Art „… Geisel in der Gewalt des Kunden, deren Leben bei jedem Kauf erneut aufs

---

[64] Deswegen billigt auch Adler dem Preis nur eine untergeordnete Rolle zu, indem er ihn als Hygienefaktor für eine Qualitätssignalisierung deklariert (Adler, 1996, S. 116–117.).

Spiel gesetzt wird" (Kaas, 1990b, S. 545). Schließlich hat ein opportunistischer Anbieter permanent damit zu rechnen, dass seine Reputation in Gefahr ist, sobald sein unredliches Verhalten von einem „expert buyer" aufgedeckt wird (Adler, 1996, S. 134). Aus diesem Grund schürt die Reputation beim Nachfrager auch die Erwartung, dass der Anbieter für eine Eigenschaft, die seine Reputation begründet, die notwendige Sorgfalt walten lässt, um nicht einen Dissens zwischen Leistungsversprechen und -realisierung zu riskieren (Spremann, 1988, S. 619–620).

Werbung (im derivativen Sinn)

Wie bereits angesprochen wurde, ist die Glaubwürdigkeit der Werbung eingeschränkt. Da insbesondere Werbeaussagen zu den Erfahrungs- und Vertrauenseigenschaften von Produkten nicht ohne weiteres auf ihren Wahrheitsgehalt hin zu überprüfen sind, geht von ihnen auch originär keine Glaubwürdigkeit aus. Dementsprechend gering stuft der Nachfrager den Informationswert von Werbeaussagen ein, die auf die Erfahrungs- und Vertrauenseigenschaften von Produkten gerichtet sind. Dennoch sind diesbezügliche Werbeaktivitäten für den Nachfrager von Nutzen, da sie ihm signalisieren, dass der Anbieter von seinem Leistungsversprechen überzeugt ist, indem er hierfür spezifische Investitionen tätigt. Werbeaufwendungen amortisieren sich nämlich in der Regel nicht nach der Einmaltransaktion, sondern erst nach mehrmaligen Transaktionen. Insofern rechnet sich Werbung für einen opportunistisch handelnden Anbieter nicht.

Vor diesem Hintergrund hat die Höhe der Werbeaufwendungen eine vertrauensbildende Signalwirkung für den Nachfrager. Aus ihnen zieht der Nachfrager den Rückschluss, dass der Anbieter zu spezifischen Werbeinvestitionen nur bereit ist, weil er davon überzeugt ist, den Nachfrager auch tatsächlich zufriedenstellen und ihn zu Wiederholungskäufen animieren zu können. Die Höhe der Werbeaufwendungen korreliert folglich positiv mit dem Niveau der Produktqualität, denn ein opportunistisches Verhalten des Anbieters kann bei hohen Werbeaufwendungen ausgeschlossen werden (Nelson, 1974, S. 732–739). Somit sind für den Nachfrager in Bezug auf die Erfahrungs- und Vertrauenseigenschaften eines Produktes weniger die Inhalte der Werbung, als vielmehr die Höhe der Werbeaufwendungen von Bedeutung, wenn es um die Glaubwürdigkeit des Anbieters geht (Kaas, 1994, S. 252–253). Oder anders auf den Punkt gebracht: „Werbung ... liefert dem Kunden wertvolle Informationen ...nämlich, dass das Unternehmen wirbt" (Klein/Leffler, 1981, S. 630).

Innovationstätigkeit

Neben dem Preis und den Werbeaufwendungen dient die hinter einer Marke stehende Innovationstätigkeit des Anbieters als ein weiteres Signal, das beim Nachfrager Vertrauen schafft. Hohe Aufwendungen in Forschung und Entwicklung sowie in die damit verbundenen Produktionstechnologien stehen im Gleichklang zur Natur der „exogeneous costly signals". Selbst wenn die Innovationstätigkeit für den Nachfrager wenig transparent ist, verläuft ihre informationsökonomische Wirkung analog zur Werbung (Berekoven, 1992, S. 38).

In Bezug auf die Substitutsfunktion ist demnach abschließend zu resümieren, dass bestimmte Merkmale der Marke für den Nachfrager von vertrauensbildendem Wert sind. Für den Nachfrager übernimmt die Marke eine Stellvertreter- bzw. Substitutsfunktion für die Glaubwürdigkeit des Anbieters. Allerdings bestimmt die Reputation, inwieweit die Marke die Rolle des Stellvertreters tatsächlich ausfüllt. Dieser Zusammenhang führt den Anbieter in ein Dilemma, da die Reputation der Marke vielfach von der Glaubwürdigkeit abhängt, die wiederum von der Marke eigentlich aufgebaut werden soll. Wenngleich hier nicht der Zirkelschluss gemacht werden darf, dass die Reputation gleich zu setzen ist mit dem Ausdruck der persönlichen Wertschätzung des Nachfragers, denn die Reputation wird im Unterschied zur persönlichen Wertschätzung losgelöst von der eigenen Nutzenpräferenz des Nachfragers beurteilt.

Schlussendlich leitet sich aus der Substituts- und Rationalisierungsfunktion der informationsökonomische Wert einer Marke ab, indem die Marke den Nachfrager unterstützt, sowohl seine Informationsasymmetrie zu bewältigen als auch ein mögliches opportunistisches Verhalten des Anbieters zu bannen. Beide Funktionsweisen bewirken eine Reduzierung der Transaktionskosten beim Nachfrager, wobei sich der Wertgehalt einer Marke durch den Grad der Kostenreduzierung widerspiegelt. Allerdings resultiert hieraus nur zum Teil der Brand Value, erst mit Berücksichtigung des Objektnutzens wird er vollständig erfasst. Der Zusammenhang zwischen den Merkmalen einer Marke und deren informationsökonomische Wirkungsweise wird durch die nachfolgende Abbildung IV.25 nochmals schematisch dargestellt.

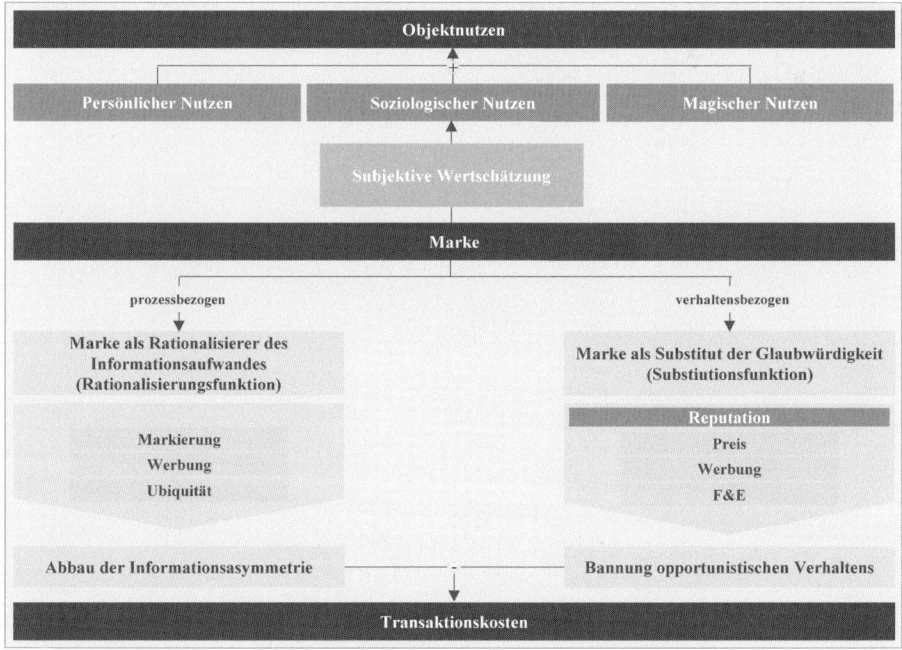

Abbildung IV.25: Informationsökonomische Wertdimensionen der Marke

5.4 Fazit

Anbieter wie Nachfrager verknüpfen unterschiedliche Wertvorstellungen mit einer Marke, die nicht unbedingt deckungsgleich sind. Während der Anbieter die Marke als Vermögensgegenstand vernachlässigt, weil entsprechende Investitionen in Aufbau und Pflege in der Bilanz nicht aktiviert werden dürfen, verbindet der Nachfrager mit der Marke einen bestimmten Nutzen, der sich zum Beispiel aus den Investitionen des Anbieters ableitet. Auf der Seite des Anbieters schmälern demnach Ausgaben für die Marke das Periodenergebnis, so dass kein Anreiz zu langfristig wirkenden Maßnahmen für die Marke besteht. Auf der Seite des Nachfragers geht jedoch insbesondere von diesen Ausgaben eine Signalwirkung aus, die für den Nachfrager den informationsökonomischen Wertgehalt einer Marke (Substitutsfunktion) erklärt.

Vor diesem Hintergrund wurden zunächst verschiedene Ansätze aufgezeigt, mit denen ein Anbieter den Wert seiner Marke über monetäre Einheiten erfassen kann, um damit der Markenführung bilanzadäquate Planungs- und Kontrollinstrumente an die Hand zu geben. Trotz aller Kritik an diesen Ansätzen, dienen sie doch als Grundlage zur Wertermittlung des immateriellen Vermögenswertes „Marke". Diese finanzwirtschaftlich geprägte Sichtweise der Markenbedeutung für den Anbieter wurde anschließend um die Perspektive des Nachfragers erweitert, wodurch insbesondere die Aufwendungen in die Marke eine neue inhaltliche Bedeutung erfuhren. Mit ihnen übernimmt die Marke für den Nachfrager eine Rationalisierungs- und Substitutsfunktion. Damit wurde letztendlich auf den Wirkungskreis hingewiesen, nach dem der Wert einer Marke für den Anbieter nur über den Wert der Marke für den Nachfrager definiert werden kann.

Teil V: Finanzierungsquellen und Vertragsgestaltung

1. Business Angels – Finanzierung und informelle Hilfe in frühen Phasen

MALTE BRETTEL

Was nützt Geld, wenn es dumm ist?
(Johann Unstrut, Business Angel)

1.1 Business Angels als „engelhafte" Geldgeber auch in Deutschland?

Business Angels vermögen eine zwischen Fremdkapitalbeteiligung und formeller Eigenkapitalbeteiligung verbleibende Finanzierungslücke (Albach, 1998, S. 12; Baier/Pleschak, 1996, S. 104; Gerke, 1998, S. 618–619; Bell, 1998, S. 304) für junge Unternehmen zu vermindern, dies belegen jedenfalls Studien aus den USA oder Großbritannien (Mason/Harrison, 1995; Lumme/Mason/Suomi, 1998; Wetzel, 1983; Wetzel/Freear, 1996). In diesen Ländern existiert ein umfangreicher informeller Beteiligungskapitalmarkt, auf dem junge kapitalsuchende Gründer auf erfahrene Unternehmer treffen, die ihnen nicht nur mit dem notwendigen Kapital, sondern vor allem auch mit ihrem Netzwerk und ihrer Erfahrung in frühen Phasen des Unternehmensaufbaus beistehen.

Die Frage, ob auch in Deutschland Business Angels einen ähnlich großen Wert für junge Unternehmen zu bringen vermögen wie sie das beispielsweise in den USA tun, ist dagegen noch weitgehend unerforscht, so wie sich auch der informelle Beteiligungskapitalmarkt in einem frühen Entwicklungsstadium befindet.

Diese Lücke möchte der vorliegende Beitrag verringern. Er gibt auf Basis der eingangs erwähnten Erkenntnisse aus anderen Ländern einen Überblick über das Verhalten und die Arbeit deutscher Business Angels, indem erste empirische Ergebnisse über den informellen Beteiligungskapitalmarkt in Deutschland dargestellt werden. Das ist von theoretischer Relevanz, da dieser Überblick Hinweise darauf gibt, wie die Forschungsergebnisse aus den USA und aus anderen europäischen Ländern auf Deutschland zu übertragen sind.

Neben der theoretischen Einordnung soll vor allem der praktischen Frage nachgegangen werden, wie junge deutsche Unternehmen in der Frühfinanzierung den potenziellen Wert, den Business Angels zu schaffen vermögen, auch für sich nutzen können. Gerade in Zeiten, in denen formelle Kapitalgeber wegen ihrer formellen Struktur und dem dabei durch ihre Fondsinvestoren ausgeübten Druck vorsichtig agieren, kommt dem informellen Beteiligungskapitalmarkt eine besondere Relevanz zu.

1.2 Abgrenzung von Business Angels

Business Angels sind natürliche Personen, die ohne Zwischenschaltung eines Intermediärs, also beispielsweise einer VC-Gesellschaft, Unternehmen auf direktem Weg Beteiligungskapital zur Verfügung stellen. Business Angels investieren direkt risikotragend in nichtbörsennotierte Unternehmen. Mit einer solchen Beteiligung sind nicht nur ein überdurchschnittliches Renditepotenzial sondern auch erhebliche Risiken für die Investoren verbunden (Freear/Sohl/Wetzel, 1994, S. 109; Mason/Harrison, 1994, S. 92). Doch nicht jeder Privatinvestor ist ein Business Angel; vielmehr werden nur die aktiven Privatinvestoren, die neben der Finanzinvestition auch ihre Hilfe einbringen, als Business Angels bezeichnet.[1] Dieser zusätzliche Mehrwert kann entweder in direkter operativer Mithilfe oder zumindest in beratender Weise erbracht werden.[2]

Gemeinhin erwächst dieser Mehrwert aus dem beruflichen Erfahrungshintergrund der Business Angels, den sie zur Unterstützung der Unternehmen einsetzen. So haben sie oft schon Erfahrung im selbst gegründeten Unternehmen gesammelt (Mason/Harrison, 1993, S. 23) oder verfügen über kaufmännisches Wissen, das den häufig technisch ausgeprägten Erfahrungsgrund junger Technologieunternehmen komplementär ergänzt (Baier/Pleschak, 1996). Hinzu kommt meist ein umfangreiches Netzwerk wichtiger Kontakte.

Erbringt ein Privatinvestor also eine Finanzinvestition und eine zusätzliche Hilfeleistung, bezeichnet man ihn als aktiven Business Angel. Diesem gegenüber wird in der angelsächsischen Literatur der potenzielle Angel abgegrenzt, der nicht aktiv, also zur Zeit nicht beteiligt ist. Auf dem Hintergrund der Inaktivität werden potenzielle Angels weiter unterschieden: „Virgin Angels" sind solche, die bislang noch keine Business-Angel-Investition getätigt haben, dies jedoch beabsichtigen (Hemer, 1999, S. 104). „Latent Angels" sind Business Angels, die in der Vergangenheit bereits aktiv waren und eine oder mehrere Beteiligungen eingegangen sind, gegenwärtig jedoch keine Beteiligung halten.

Privatinvestoren		
Aktive Business Angels	**Potenzielle Business Angels**	**Passive Privatinvestoren**
■ Können Mehrwert im Unternehmen erbringen ■ Gegenwärtig beteiligt ■ Engagieren sich über Kapital hinaus	■ Können Mehrwert im Unternehmen erbringen ■ Gegenwärtig nicht beteiligt ■ **Virgin Angels**: Möchten, konnten aber noch nicht investieren ■ **Latent Angels**: Waren in der Vergangenheit schon aktiv	■ Können oder wollen keinen Mehrwert im Unternehmen erbringen ■ Rein renditeorientiert ■ Kein zusätzlicher Beitrag

Abbildung V.1: Übersicht unterschiedlicher Typen von Privatinvestoren

---

[1] In der anglo-amerikanischen Literatur werden beide Gruppen meist unter den Begriffen „Business Angels" und „Informal Investors" zusammengefasst (Hemer, 1999, S. 103).

[2] Aus diesem Grund differenzieren LUMME, MASON und SUOMI zwischen Business Angels und passiven Privatinvestoren auch anhand des Ursprungs des Privatvermögens. Nach ihrer Definition sind Business Angels „wohlhabende Privatpersonen (...), die ihr persönliches Vermögen selbständig erwirtschaftet haben", womit ererbtes Kapital ausgeschlossen wird. Dies unterstreicht die Bedeutung des individuellen Erfahrungsschatzes von Business Angels (Lumme/Mason/Suomi, 1998, S. 11 und S. 23; Mason/Harrison, 1993, S. 23).

Eine Klassifikation von aktiven Business Angels gestaltet sich insbesondere für Deutschland schwierig. So finden sich in der Literatur unterschiedliche Ansätze, die nach verschiedenen Kriterien versuchen Kategorien von Angels zu bilden (Tschammer-Osten, 1996, S. 717; Sullivan, 1990, S. 34 und S. 72).

1.3 Markt für informelles Beteiligungskapital

Hauptgrund für das öffentliche und wissenschaftliche Interesse, das der Frühphasenfinanzierung junger (Technologie-)Unternehmen seit Anfang der Achtzigerjahre entgegengebracht wird, ist die in diesem Segment des Kapitalmarkts vermutete Finanzierungslücke, die „equity gap". In angelsächsischen und skandinavischen Ländern kommt eine Reihe von Autoren zu dem Schluss, dass eine solche Lücke in der Frühphasenfinanzierung für junge Technologieunternehmen besteht (Mason/Harrison, 1995, S. 157; Lumme/Mason/Suomi, 1998, S. 5 ff.; Wetzel, 1983, S. 23–24). Der Begriff Finanzierungslücke beschreibt in diesem Zusammenhang die für den Bedarf der jungen Technologieunternehmen unzureichende Verfügbarkeit von Wagniskapital. Implizit wird damit die Annahme getroffen, dass sich die Unternehmensgründungen nicht vollständig über das eingebrachte Kapital der Gründer, Fremdkapital und einbehaltene Gewinne finanzieren können (Mason/Harrison, 1995, S. 157). Eine Analyse der Verfügbarkeit dieser traditionellen Finanzierungsinstrumente zeigt, dass diese Hypothese zutrifft. Die Differenz zwischen verfügbarem Kapitalangebot und -nachfrage hat zur Folge, dass zumindest ein Teil der jungen Unternehmen weniger Kapital als ursprünglich geplant oder im Extremfall überhaupt kein Kapital aufnehmen kann.

Der Nachweis und insbesondere die Quantifizierung dieser Lücke sind mit großen Schwierigkeiten verbunden. Methodologisch einwandfrei wäre eine Abschätzung des verfügbaren Angebots sowie der Nachfrage von Beteiligungskapital für junge Unternehmen. Dadurch ließe sich eine Finanzierungslücke nicht nur nachweisen, sondern auch in ihrer zeitlichen Entwicklung quantifizieren. Das vorliegende Datenmaterial erlaubt eine solche Vorgehensweise jedoch nicht. Weder liegen Totalerhebungen von Kapitalgebern und kapitalsuchenden Unternehmen vor, noch können die relevanten Werte auf Basis der bestehenden Stichproben hinreichend genau abgeschätzt werden.

Dennoch wird davon ausgegangen, dass eine Finanzierungslücke für junge Unternehmen besteht. Dies folgt aus dem Umstand, dass sich Venture-Capital-Gesellschaften erst ab einem bestimmten Mindestvolumen für eine Beteiligung an einem jungen Unternehmen interessieren – in der Regel mindestens € 500.000 (Bell, 1998, S. 304). Zudem sind die ersten Mittel der Gründer meist begrenzt und belaufen sich auf weit weniger als den genannten Betrag. Daher kann vermutet werden, dass zumindest für die jungen Unternehmen, die nur einen geringen Kapitalbedarf haben oder bei denen ein Börsengang im Vorhinein ausgeschlossen werden kann, eine deutliche Finanzierungslücke besteht.

Dies hat in anderen Ländern dazu geführt, dass der sogenannte informelle Beteiligungskapitalmarkt entstanden ist. Dieser wird in den verschiedenen Ländern ganz unterschiedlich groß eingeschätzt:

- In den *USA* schätzen WETZEL und FREEAR den Markt für informelles Beteiligungskapital mindestens so groß ein wie den formellen Venture-Capital-Markt, während die Summe des theoretisch verfügbaren informellen Risikokapitals 10 bis 20 Mal größer sein könne (Wetzel/Freear, 1996, S. 61). Andere Autoren vermuten sogar das dreißigfache Volumen (Hake, 1997, S. 105). Das investierte Kapital stammt von über zwei Millionen Privatinvestoren (Freear/Sohl/Wetzel, 1995, S. 87), die insgesamt zwischen $ 100 und $ 300 Milliarden im informellen Beteiligungskapitalmarkt investiert haben und dort jährliche Neuinvestitionen von über $ 30 Milliarden tätigen. Dies ergibt ein durchschnittliches Investitionsvolumen zwischen € 0,35 Mio. und € 1,15 Mio. pro 1.000 Einwohner.

- Für *Großbritannien* schätzen MASON und HARRISON die Zahl der Investoren im britischen informellen Beteiligungskapitalmarkt auf viele tausend Privatpersonen (Mason/Harrison, 1996, S. 105). Dabei wird ein Marktvolumen von beinahe 2 Milliarden Britischen Pfund vermutet, das den formellen Venture-Capital-Markt somit bei weitem übertrifft. Ein noch höheres Volumen extrapoliert OSNABRUGGE mit insgesamt fast 5 Milliarden Pfund investierten informellen Beteiligungskapitals gegenüber leicht unter 1,3 Milliarden Pfund an Frühphasen-Investitionen des formellen Venture-Capital-Sektors (Osnabrugge, 1998, S. 2). Hieraus ergibt sich ein Volumen informeller Investitionen zwischen € 12.000 und € 125.000 pro 1.000 Einwohner.

- Für *Finnland* schätzen LUMME, MASON und SUOMI die Größe des informellen Beteiligungskapitalmarktes auf insgesamt etwa 1.500 informelle Investoren mit einem gesamten Volumen von knapp FIM 850 Millionen an investiertem Kapital (Lumme/Mason/Suomi, 1998). Dies entspricht in etwa € 28.000 pro 1.000 Einwohner.

- Für die *Niederlande* werden zwischen 10.000 und 15.000 Business Angels vermutet, 2.000 bis 3.500 davon sind aktiv. Das Volumen des informellen Beteiligungskapitals wird auf zwischen € 0,9 Milliarden und € 1,6 Milliarden geschätzt, das ein- bis dreifache des formellen Beteiligungskapitalmarktes (Lessat et al., 1999, S. 161). Dies entspricht zwischen € 55.000 und € 100.000 pro 1.000 Einwohner.

Trotz der Ungenauigkeit dieser Schätzungen ist erkennbar, dass sich die Angaben für europäische Länder zumindest in einer vergleichbaren Größenordnung bewegen.[3] Deshalb wird für Deutschland ebenfalls von einem ähnlich großen Potenzial an Business Angels ausgegangen. Basierend auf einer europäischen Studie (South West Investment Group, 1996) schätzt das *Fraunhofer Institut* für den deutschen informellen Beteiligungskapitalmarkt ein Potenzial von ca. 220.000 Business Angels, darunter 27.000 aktive (Hemer, 1999, S. 106). Weiterhin vermutet das *Fraunhofer Institut* ein potenzielles Investitionsvolumen zwischen € 4,8 Milliarden und gut € 6 Milliarden, neben € 0,5 Milliarden bis € 0,7 Milliarden tatsächlich investiertem Kapital. Dies entspräche einem tatsächlichen Investitionsvolumen zwischen € 60.000 und € 75.000 pro 1.000 Einwohner.

---

[3] Das Beteiligungsverhalten soll in den nachfolgenden Kapiteln im Vergleich zu den empirischen Erkenntnissen in Deutschland geschildert werden.

Wenngleich diese Schätzung einen ersten Anhaltspunkt für die Größe des deutschen informellen Beteiligungskapitalmarktes liefert, lassen sich letztendlich keine Aussagen über das tatsächliche Kapitalangebot dieser Finanzierungsquelle treffen.

1.4 Business Angels in Deutschland: Empirische Erkenntnisse und Einordnung

1.4.1 Methodische Vorbemerkungen

Die nachfolgenden Ergebnisse stammen aus einer persönlichen Befragung von 48 Business Angels. Hierzu wurde ein vorstrukturierter Interviewleitfaden verwendet, der sich in seinen Fragen, aber auch der Darstellung der Ergebnisse sehr stark an die Arbeiten von MASON und HARRISON anlehnt. Kritisch kann man sehen, dass aufgrund der unbekannten Grundgesamtheit die erzielten Ergebnisse der vorliegenden Untersuchung keinen Anspruch auf Repräsentativität erheben können. Im Rahmen von US-amerikanischen Studien des informellen Beteiligungskapitalmarktes wurde festgestellt, dass die Identifikation von Business Angels mit großen Schwierigkeiten verbunden ist. Sie bevorzugen in der Regel die Anonymität gegenüber der Öffentlichkeit, da ihr persönlicher Wohlstand sie zum Ziel von Bittgesuchen verschiedenster Personen und Institutionen macht, die für persönliche oder karitative Zwecke Sponsoren suchen. So finden sich insbesondere keine öffentlich zugänglichen Verzeichnisse mit Angaben zu Namen oder Beteiligungs-Aktivitäten von Business Angels (Wetzel, 1983, S. 25; Lumme/Mason/Suomi, 1998, S. 23). Darüber hinaus zeigten sich viele Business Angels in der Vergangenheit zurückhaltend in Bezug auf die Teilnahme an Studien zu Forschungszwecken, da sie befürchteten, von einer Vielzahl unwillkommener Beteiligungsgelegenheiten überströmt zu werden. So kommt es, dass Anzahl und Eigenschaften der Grundgesamtheit der Business Angels unbekannt und kaum zu ermitteln sind. Somit ist es zu diesem Zeitpunkt nicht möglich, eine Erhebung durchzuführen, die sich auf eine für die Grundgesamtheit repräsentative Stichprobe von Business Angels bezieht (Mason/Harrison, 1994, S. 71).

1.4.2 Demographische Merkmale deutscher Business Angels

Die Mehrzahl der befragten Angels ist männlichen Geschlechts; der Altersdurchschnitt liegt bei 48 Jahren. Damit ist das Durchschnittsalter deutscher Angels etwas niedriger als das ihrer amerikanischen und britischen Kollegen. Geographisch konzentrierten sich die befragten Business Angels auf den unmittelbaren Umkreis der Großstädte München, Frankfurt am Main, Hamburg, Köln, Düsseldorf, Stuttgart und Berlin. Die überwiegende Mehrheit der befragten Business Angels in Deutschland sind sehr erfahrene Unternehmer. So haben 75 % der informellen Investoren bereits selbst ein Unternehmen gegründet, zwei Drittel davon haben sogar zwei oder mehr Gründungen durchgeführt. Das entspricht in etwa den internationalen Ergebnissen. In einer Studie aus Großbritannien von MASON ET AL. liegt der Anteil etwas niedriger, in den USA etwas darüber und LANDSTRÖM weist für seine Stichprobe in Schweden sogar noch einen höheren Anteil aus (Mason/Harrison, 1994).

Von den Business Angels, die selbst ein Unternehmen gegründet haben, sind über 80 % noch mit mindestens einem dieser Unternehmen verbunden, üblicherweise als (geschäftsführender) Gesellschafter. Von den Business Angels, die bisher noch nicht als Gründer tätig waren, konnten jedoch 42 % bereits Managementerfahrung in kleinen und mittleren Unternehmen sammeln, so dass insgesamt über 85 % der befragten Angels Managementerfahrung in Unternehmen dieser Art haben. Durchschnittlich beträgt diese 12,5 Jahre, ungefähr die Hälfte ihres bisherigen Berufslebens.

Neben der Gründungserfahrung ist der berufliche Hintergrund der befragten Business Angels relevant. Die Hälfte der Business Angels hat Berufserfahrung im Hightech-Bereich und weitere 40 % im Bereich Finanzdienstleistungen. Funktional gesehen liegt der Erfahrungsschwerpunkt bei der Mehrzahl der Business Angels in den Bereichen Unternehmensführung und Finanzen.

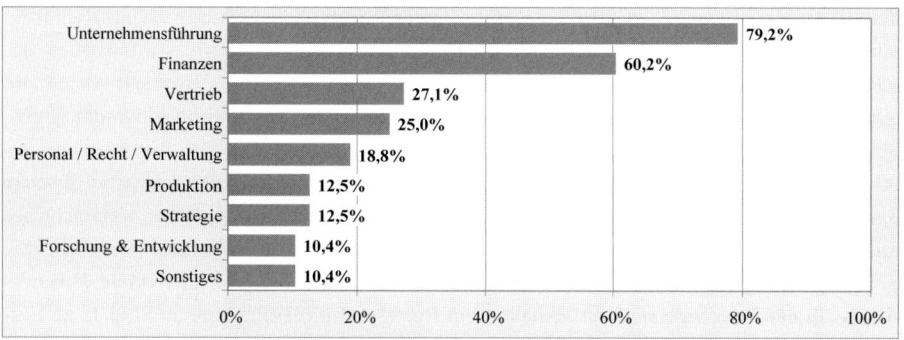

Abbildung V.2: Managementerfahrung der informellen Investoren nach Funktionsbereichen

Hinsichtlich der Höhe ihres Haushaltseinkommens und des Privatvermögens zeigt sich, dass beinahe zwei Drittel der befragten Business Angels jährliche Einkünfte von mehr als € 250.000 haben, viele sogar deutlich darüber. Zudem verfügen 83 % der hiesigen Business Angels über ein Privatvermögen von über € 1,5 Mio., wie die nachfolgende Abbildung V.3 aufzeigt.

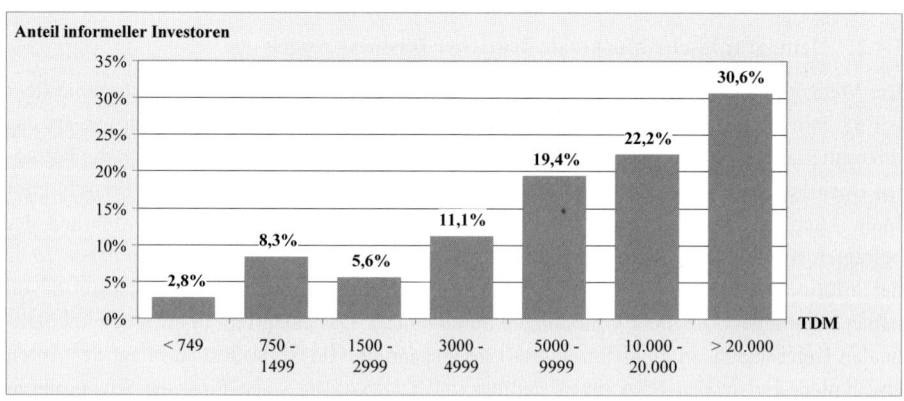

Abbildung V.3: Privatvermögen informeller Investoren

Das Haushaltseinkommen und das Privatvermögen unterscheidet die deutschen Business Angels deutlich von denjenigen in den USA und Großbritannien. So verfügen die britischen Angels nach einer Studie von MASON/HARRISON über ein deutlich geringeres Haushaltseinkommen (Mason/Harrison, 1994, S. 97). In einer Untersuchung von GASTON, die allerdings schon auf das Jahr 1989 zurückzudatieren ist, verfügen nur 13 % der US-amerikanischen Business Angels über ein Haushaltseinkommen von über $ 200.000.

Der Unterschied zwischen den befragten deutschen und den US-amerikanischen Angels wird noch deutlicher bei der Betrachtung des Privatvermögens. So verfügen die deutschen Angels durchschnittlich über ein Vermögen von gut € 6 Mio., wobei der Median im Intervall zwischen € 5 Mio. und € 10 Mio. lag. In einer Stichprobe US-amerikanischer Angels lag der Median dagegen in einem Intervall zwischen $ 1,0 Mio. und $ 1,49 Mio. (Freear/Wetzel, 1992, S. 467). Versucht man, die Studie um die veränderte Stichprobe und den Erhebungszeitpunkt zu bereinigen, ergibt sich immer noch ein geringeres Vermögen bei den US-amerikanischen Angels.

Damit liegt der Schluss nahe, dass die deutschen Business Angels im Unterschied zu denen in den USA und Großbritannien erst investieren, wenn ihr Vermögen ausreichend groß ist, um die Einbuße des Kapitals zur Not auch vollkommen tragen zu können. Die deutschen Angels sind folglich weniger risikobereit, was den Kapitaleinsatz betrifft, agieren mit dem Kapital dann aber weit spielerischer. Diese Hypothese wird insbesondere dadurch bestätigt, dass die deutschen Angels „Spaß" als die bei weitem wichtigste Motivation angeben.[4] Demgegenüber sind die Angels in der englischen Studie von MASON/HARRISON vornehmlich durch finanzielle Anreize motiviert (Mason/Harrison, 1994, S. 90; Sullivan, 1990, S. 94).

1.4.3 Beteiligungsgelegenheiten

Die befragten Business Angels hatten in den letzten drei Jahren kumuliert mehr als 2.700 Gelegenheiten für informelle Beteiligungen, – mit einem Median von 25 Gelegenheiten pro Investor. Die Gelegenheiten stammen dabei zum größten Teil von Geschäftsfreunden, zudem von den Gründern selber, von Venture Capitalists und von Forschungsinstituten bzw. Universitäten.

Die Informationsquellen unterscheiden sich neben der Anzahl auch hinsichtlich der Qualität der angebotenen Beteiligungsgelegenheiten. Geschäftsfreunde waren mit 63 % die originäre Informationsquelle für den größten Anteil tatsächlich realisierter Beteiligungen. Weitere 12 % der Gelegenheiten ergaben sich aus der direkten Kontaktaufnahme durch kapitalsuchende Gründer. Hiernach sind Venture-Capital-Gesellschaften mit 7 % der realisierten Beteiligungen die dritthäufigste Quelle. Die höchsten Erfolgsquoten als Informationsquelle haben vor Venture-Capital-Gesellschaften Geschäftsfreunde.

Dieses Ergebnis spiegelt sich auch ähnlich in einer Studie von COVENEY/MOORE wider, die ermittelt haben, dass Business Angels in Großbritannien beinahe 60 % der Beteiligungsge-

---

[4] Von den befragten Angels empfinden 81 % „Spaß" als sehr wichtig, dem folgt die „Möglichkeit, junge Unternehmen zu unterstützen" mit 50 % (Brettel/Jaugey/Rost, 2000).

legenheiten von (Geschäfts-)freunden erhalten (Coveney/Moore, 1998, S. 13). Auch die Erfolgsquote liegt in Großbritannien ähnlich wie in Deutschland: MASON/HARRISON stellen in ihrer Studie ein nahezu identisches Verhältnis von realisierten Beteiligungen und möglichen Gelegenheiten fest, in der vorliegenden Befragung liegt die Quote bei durchschnittlich 8,4 % (Mason/Harrison, 1994, S. 85).

In den USA dagegen stellt FIET in einer Untersuchung fest, dass sich US-amerikanische Business Angels in der Beschaffung von Informationen über Beteiligungsgelegenheiten lieber auf ihre eigenen Fähigkeiten und Verbindungen verlassen, weniger auf ein Netzwerk anderer bzw. auf andere Business Angels (Fiet, 1991, S. 1). Das entspricht nicht den Ergebnissen der vorliegenden deutschen Studie.

Hinsichtlich des Gelegenheitenstroms zeigten sich die befragten deutschen Angels mit der Quantität zufrieden, durchschnittlich wurde sie mit 1,5 bewertet auf einer zugrunde liegenden Skala von 1 (sehr zufrieden) bis sechs (sehr unzufrieden), mit der Qualität dagegen waren sie weniger zufrieden. Die Gründe werden im nachfolgenden Abschnitt näher erläutert.

1.4.4 Selektion der Beteiligung

Die Auswahl einer Beteiligung findet im Prinzip in zwei Stufen statt. In der ersten Stufe erfolgt nur eine kurze Sichtung, ob die Betrachtung der jeweiligen Gelegenheit als sinnvoll erscheint. Dabei sind der „erste Eindruck" und der potenzielle „Fit" in das bisherige Portfolio die wichtigsten Kriterien. Diese erste Entscheidung wird oft intuitiv getroffen und schließt bereits die Mehrheit aller Gelegenheiten aus. Das entspricht dem internationalen Bild, wobei die einzelnen Studien aufgrund ihrer Grundgesamtheit stark unterschiedliche Werte ausweisen, in der Regel aber Ausschlussquoten von über 50 % verzeichnen.

Auf der zweiten Stufe erfolgt eine detaillierte Analyse der Gelegenheit, in deren Rahmen auch ein persönlicher Kontakt mit den Kapitalnachfragern zustande kommt. Die detaillierte Analyse erfolgt auf Basis von Kriterien, die von den befragten Business Angels als unterschiedlich wichtig angesehen werden.

Dabei ist erkennbar, dass – ähnlich wie bei der Finanzierung durch einen formellen Beteiligungskapitalgeber – das Management und der Markt bzw. das Produkt die wichtigsten Kriterien darstellen.

Die Bedeutung der Persönlichkeitsfaktoren, des Wachstumspotenzials und der Einzigartigkeit des Produktes in der Entscheidungsfindung werden durch eine Betrachtung der wichtigsten Ablehnungskriterien von Beteiligungsgelegenheiten deutlich unterstrichen. So beziehen sich die beiden meist genannten Ablehnungsgründe ebenfalls auf die kapitalsuchenden Gründer und damit auf einen Mangel an Vertrauen in die Person des Unternehmers sowie auf Zweifel an dessen Kompetenz und Fähigkeiten. Ebenfalls wichtige Gründe sind die Schwäche des Geschäftskonzepts und ein eingeschränktes Wachstumspotenzial. Eine unrealistische Bewertung der Unternehmen nennen 27 % der befragten Business Angels als Ablehnungsgrund. Die Unfähigkeit, sich über die Größe des Anteils zu einigen, den der Business Angel für seine Kapitalbeteiligung erhält, führen nur 9 % der Investoren an.

Bei der Entscheidungsfindung über informelle Beteiligungen berücksichtigte Faktoren			
Faktoren	Bedeutung:		
	Sehr wichtig	Wichtig	Unwichtig
■ Management-Team	96%	4%	0%
■ Wachstumspotenzial des Marktes	58%	31%	11%
■ Einzigartigkeit des Produktes oder der Dienstleistung	58%	31%	11%
■ Erwartete Rendite	46%	42%	12%
■ Branche	38%	31%	31%
■ Wettbewerb	29%	44%	27%
■ Exit-Mechanismus	14%	40%	46%

Abbildung V.4: Faktoren bei der Entscheidungsfindung über informelle Beteiligungen

Die Auswahl bzw. Ablehnung stellt sich laut MASON/HARRISON für britische Angels in veränderter Weise dar: So liegen die wichtigsten Ablehnungsgründe für britische Angels im Unternehmer bzw. dem Unternehmerteam einerseits, andererseits fast ebenso auch in der unzureichenden Marketingstrategie, was bei den deutschen Angels bei weitem nicht so stark betont wird (Mason/Harrison, 1994).

Insgesamt reduzierte der Selektionsprozess die Gesamtzahl der Beteiligungsgelegenheiten aller befragten Business Angels von über 2.700 auf 230 tatsächliche Beteiligungen. Hieraus ergibt sich eine Annahmerate von insgesamt 8,4 %, die somit der Studie von MASON/HARRISON (Mason/Harrison, 1994, S. 85) gleicht. Dagegen unterscheidet sie sich von dem, was COVENEY/MOORE feststellen, in deren Studie in den USA die Annahmequote bei 22 % liegt (Coveney/Moore, 1998, S. 14).

In der vorliegenden deutschen Studie verfolgen 69 % der befragten Angels den Ansatz der unabhängigen Entscheidungsfindung über eine Beteiligung, allerdings syndizieren schließlich 60 % bei der eigentlichen Beteiligung. Die Anzahl von Einzelgängern, die nicht syndizieren, liegt mit 40 % jedoch noch deutlich höher als in den USA: GASTON beziffert den Anteil der Einzelinvestoren mit 8 %, POSTMA/SULLIVAN mit 28 %. Das ist insofern interessant, weil sich die amerikanischen Angels bei der Informationssuche häufig allein auf sich selbst verlassen, dann aber trotzdem syndizieren (Gaston, 1989, S. 21; Postma/Sullivan, 1990).

1.4.5 Rendite der Beteiligungen und Ausstieg

Bei der Schilderung der Selektion von Beteiligungen durch die Angels wurde schon deutlich, dass diese die Rendite nicht als das allein entscheidende Kriterium einfließen lassen. Angesichts dessen überrascht es kaum, dass nur selten quantifizierte Erwartungen an die minimale Rendite der Beteiligungen bestehen. 38 % der Business Angels besitzen keine minimalen Renditeerwartungen für ihre informellen Beteiligungen, wohingegen 46 % eine solche minimale Renditeerwartung quantifizieren können. Diese liegt bei durchschnittlich 42 % jährlich. Allerdings ist diese Renditeerwartung deutlich nach den Phasen des Einstiegs zu differenzieren: je besser das Unternehmen etabliert ist, desto geringer die Renditeerwartung.

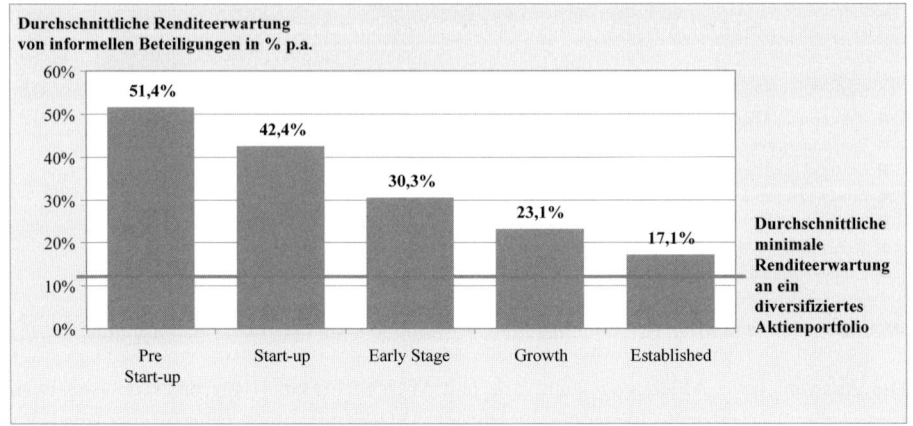

Abbildung V.5: Durchschnittliche Renditeerwartungen informeller Investoren

Mit 42 % Renditeerwartung liegt der Wert im internationalen Vergleich am höchsten. Demgegenüber stellen MASON/HARRISON in ihrer Studie nur eine Erwartung von 31 % für Großbritannien fest, GASTON sogar nur 22 % für die US-amerikanischen Angels (Mason/Harrison, 1994; Gaston, 1989). Bei einem Vergleich der Renditeerwartungen sind allerdings zwei Aspekte zu bedenken:

Erstens handelt es sich bei den Angaben in der deutschen Studie nur um einen Teil der Grundgesamtheit.

Zweitens ist es lediglich eine Erwartung, die geäußert wird. Die Angels tun sich durchaus schwer, diese zu beziffern – die geringe Anzahl an Aussagen ist ein deutliches Zeichen dafür, – so dass sie auch einer entsprechend großen Aussageungenauigkeit unterliegen kann.

Die von den Business Angels für ihre informellen Beteiligungen antizipierte Beteiligungsdauer bewegt sich größtenteils in einem überschaubaren Zeitraum: 54 % der Investoren erwarten bei ihren Investments eine Beteiligungsdauer von drei bis zehn Jahren. Weitere 38 % sind entweder außerstande, zum Zeitpunkt der Befragung bereits eine bestimmte Beteiligungsdauer zu antizipieren oder halten die Frage nach der Dauer der Beteiligungen für grundsätzlich unwichtig. Nur jeweils 4 % geben an, eine Beteiligungsdauer von unter zwei oder über zehn Jahren zu erwarten.

Zum Ende der Beteiligungsdauer steht die Veräußerung der Unternehmensanteile an, der sogenannte „Exit". Die Investoren wurden in diesem Zusammenhang nach dem Exit-Mechanismus befragt, den sie für ihre persönlichen Beteiligungen erwarten. Da sich bei mehreren eingegangenen Beteiligungen die Art des antizipierten Ausstiegs schlecht verallgemeinern lässt, waren hier Mehrfachnennungen möglich. Die mit Abstand am häufigsten angestrebten Exit-Kanäle sind mit 50 % der Börsengang beziehungsweise mit 44 % der Verkauf an einen strategischen Investor, der sogenannte „trade sale".

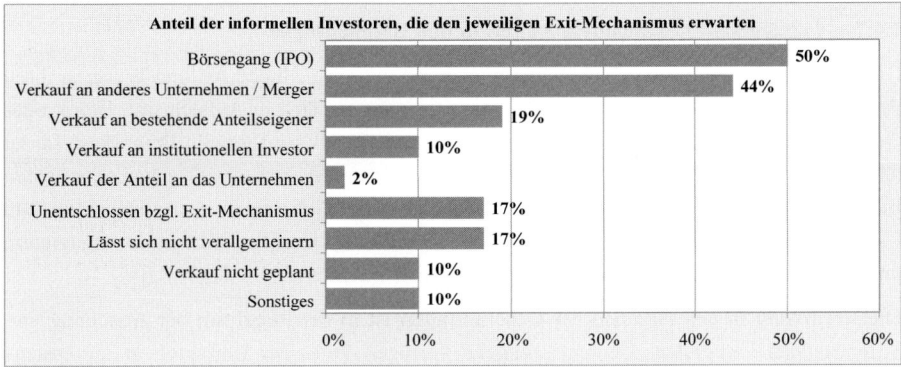

Abbildung V.6 : Erwarteter Exit-Mechanismus für informelle Beteiligungen[5]

1.4.6 Beteiligungsaktivitäten

Die befragten Business Angels sind in den letzten Jahren insgesamt 230 Beteiligungen eingegangen, im Durchschnitt 4,8 Beteiligungen je Angel. Die Höhe der von den deutschen Business Angels eingegangenen Beteiligungen beträgt durchschnittlich € 220.000.

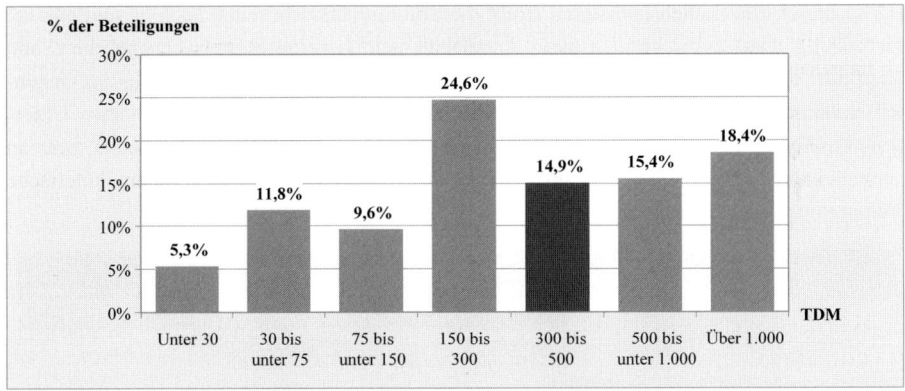

Abbildung V.7: Verteilung der Beteiligungen nach Investitionssumme

Die Höhe der Beteiligungen in Deutschland unterscheidet sich deutlich von der, die in amerikanischen und britischen Studien festgestellt werden konnte. So ermittelte GASTON im Median $ 67.800 als Investitionssumme (Gaston, 1989, S. 7). MASON/HARRISON stellten in ihrer Studie fest, dass lediglich 12 % der Beteiligungen ein Volumen von £ 50.000 überschritten (Mason/Harrison, 1994, S. 88).

---

[5] Summe der Prozentwerte ist größer als 100 aufgrund von Mehrfachnennungen.

1.4.7 Engagement der Business Angels in den Beteiligungen

Die befragten Business Angels engagieren sich auf unterschiedliche Art und Weise in ihren Beteiligungen. Drei Viertel der Business Angels geben an, sich in Aufsichtsrat, Beirat oder Gesellschafterversammlung aktiv zu engagieren und überdies informelle Beratungshilfe zu leisten. Weitere 21 % der Befragten engagieren sich entweder in diesen Organen oder leisten Beratungshilfe. Diese Hilfe erfolgt in der Regel unentgeltlich, nur zwei der insgesamt 200 Unternehmen, in denen Angels sich über die Organe der Gesellschaft hinaus engagieren, müssen für die Beratungshilfe ihres Business Angels bezahlen.

Die Vertretung in den Organen der Gesellschaften ist in der Regel mit der Ausübung von Stimmrechten verbunden. Dementsprechend verfügen 96 % der Befragten in mindestens einem Unternehmen über Stimmrechte. Die Bedeutung, die die Business Angels dem Besitz und dem Anteil der Stimmrechte zubilligen, variiert beträchtlich: Insgesamt drei Viertel der informellen Investoren geben an, dass für sie der Besitz von Stimmrechten wichtig ist. Für 21 % hat der Besitz von formalen Rechten jedoch keine Bedeutung. Diese Business Angels vertreten überwiegend die Meinung, dass Konflikte zwischen Unternehmensgründern und Beteiligungskapitalgebern bei jungen Unternehmen nicht über die Ausübung formaler Rechte, sondern auf eine informelle und persönliche Art geregelt werden sollten.

Im Besitz von Stimmrechtsmehrheiten sind lediglich 19 % der Business Angels. Gut die Hälfte dieser informellen Investoren strebt die Stimmrechtsmehrheiten auch an und hält sie für wichtig. Der „typische" Business Angel hält jedoch keine Stimmrechtsmehrheit, und empfindet diesen Umstand nicht als störend. Eine Minderheitsbeteiligung erfolgt im Gegenteil bewusst, da den Gründern die finanzielle und ideelle Motivation des „eigenen Unternehmens" nicht genommen werden soll. Darüber hinaus wollen Business Angels zwar an „unternehmerischen Freuden und Erträgen"[6] partizipieren, ohne jedoch unternehmerische Verantwortung zu übernehmen.

		Stimmrechtsmehrheit		
		In Besitz der Angels		
		Ja	Nein	Summe
Bedeutung	Wichtig	8%	4%	12%
	Unwichtig	11%	77%	88%
	Summe	19%	81%	

Abbildung V.8: Anteil der Business Angels mit Stimmrechtsmehrheiten und Grad der Bedeutung von Mehrheiten.[7]

Die von den Business Angels geleistete informelle Beratungshilfe hat eine Reihe unterschiedlicher Ausprägungen. Um diesbezüglich differenzierte Aussagen treffen zu können,

---

[6] Zitat eines befragten Business Angel.
[7] In dieser Betrachtung wird einem Business Angel die Stimmrechtsmehrheit nicht nur dann zugerechnet, wenn er alleine die Stimmrechtsmehrheit innehat, sondern auch dann, wenn er gemeinsam mit seinen informellen Co-Investoren die Mehrheit hält.

wurden die Business Angels nach den von ihnen im Unternehmen geleisteten Beiträgen befragt. Neben dem Kapital, das alle Angels zur Verfügung stellen, sind insbesondere das Einbringen des persönlichen Netzwerks sowie die Unterstützung durch Coaching und finanzielles Know-how die am häufigsten genannten Beiträge.

Beiträge der Business Angels in ihren Beteiligungen				
Beitrag	Beiträge allgemein:		Wichtigster Beitrag:	
	Anzahl Nennungen	% der Investoren	Anzahl Nennungen	% der Investoren
■ Coaching	28	58%	14	29%
■ Netzwerk/Kontakte	42	85%	14	29%
■ Finanz Know-how	25	52%	5	11%
■ Marketing Know-how	15	31%	3	6%
■ Strategie	5	11%	2	4%
■ Kapital	48	100%	2	4%
■ Management Know-how	22	46%	1	2%
■ Personalentwicklung	5	11%	1	2%
■ Branchen Know-how	14	29%	1	2%
■ Sonstige	6	13%	5	11%
■ *Summe*			*48*	*100%*

Abbildung V.9: Aus Sicht der Business Angels geleistete Beiträge in ihren Beteiligungen

Weitere von den Investoren aufgezeigte Beiträge bestehen im Einbringen des eigenen Marketing-, Strategie- und Management-Know-hows, dem Einsatz von Branchenkenntnissen sowie in der Suche und Auswahl weiterer Führungskräfte. Bei Letzterem nutzen die Business Angels wiederum ihr persönliches Netzwerk und Branchen-Know-how.

Die verschiedenen von den Business Angels geleisteten Beiträge spiegeln sich in einem beträchtlichen Zeitaufwand wider, den sie für ihre Beteiligungen aufbringen. Im Durchschnitt verbringt jeder der befragten informellen Investoren 6,2 Tage pro Monat mit seinen Beteiligungen. Pro Beteiligung entspricht dies einem durchschnittlichen Zeiteinsatz von 1,34 Tagen pro Monat. An dieser Stelle ist anzumerken, dass der Zeiteinsatz für eine Beteiligung mit der Beteiligungsdauer stark abnimmt. Gerade Business Angels mit mehreren Beteiligungen geben häufig an, den Großteil ihres Zeiteinsatzes der zuletzt erworbenen Unternehmensbeteiligung zu widmen.

Durch die Einbindung der Business Angels in das Geschäft der Unternehmen ergeben sich naturgemäß auch Schwierigkeiten in der Beziehung zwischen Gründern und informellen Investoren. So geben 77 % der Business Angels an, schon einmal mit Problemen dieser Art konfrontiert worden zu sein. Diese sind größtenteils fachlicher und strategischer, aber auch menschlicher Natur. Obschon das aktive Engagement eines Business Angels für das unterstützte Unternehmen in aller Regel außerordentlich förderlich ist, besteht aufgrund der engen Beziehung und des intensiven Engagements auch Konfliktpotenzial. So weisen auch ROBERTSON, HENDERSON und HARVEY auf mögliche Nachteile der Beteiligung eines Business Angels hin, die aus der teilweise aufgegebenen Entscheidungshoheit oder aus persönlichen Differenzen zwischen Business Angel und Gründern resultieren können:

"Angels can bring experience, skills, resources, ability, knowledge and wisdom to a company – all elements a successful business needs – on the other hand, they can also

bring interference and loss of control – sometimes the chemistry just doesn't work".
(Robertson/Henderson/Harvey, 1996, S. 45.)

Trotz der auftretenden Schwierigkeiten ist die Mehrzahl der Business Angels mit der Entwicklung ihrer Beteiligungen zufrieden. Über ein Drittel der Befragten gibt an, dass sich ihre Beteiligungen erheblich über Erwartung entwickeln. Neben einem großen Anteil zufriedener Investoren (44 %) existiert jedoch auch ein nennenswerter Anteil unzufriedener Business Angels, deren Beteiligungen, erheblich hinter den Erwartungen zurückbleiben (14 %).

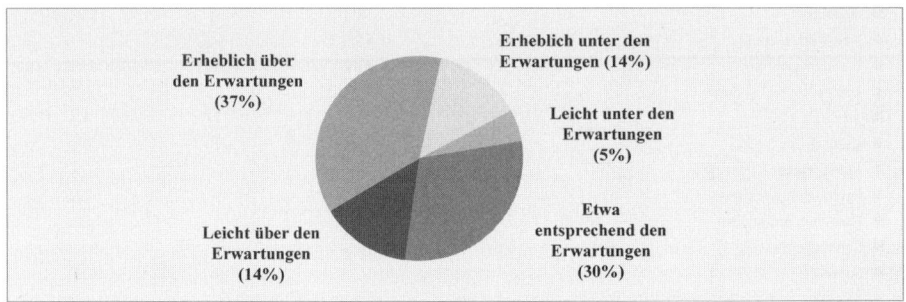

Abbildung V.10: Zufriedenheit der informellen Investoren mit der Entwicklung ihrer Beteiligungen

Dies ist zum einen durch das naturgemäß hohe Risiko von Beteiligungen an jungen Technologieunternehmen zu erklären. Zum anderen scheint ein Teil der Investoren das dem Markt inhärente Risiko drastisch zu unterschätzen.

1.5 Deutsche Business Angels helfen, aber anders als in anderen Ländern

In den vorangegangenen Abschnitten wurde, aufbauend auf einer allgemeinen Darstellung, das Verhalten von Business Angels in Deutschland aufgezeigt. Die Ergebnisse stammen aus einer Untersuchung von 48 aktiven Angels, die damit die erste empirische Studie über Business Angels in Deutschland darstellt. Inzwischen wurde die Forschung über Business Angels um weitere Studien ergänzt, die ähnliche bzw. fast gleiche Ergebnisse aufweisen (Just, 2000).

Im Ergebnis zeigen sich erhebliche Unterschiede zwischen den deutschen Business Angels und denjenigen in den USA und anderen europäischen Ländern. So sind die deutschen Business Angels vermögender, sie scheuen sich aber auch, einen großen Teil dieses Vermögens in Beteiligungen zu investieren. Mit dem Teil, den sie investieren, agieren sie allerdings viel spielerischer und bisweilen risikofreudiger als ihre Kollegen in den USA oder Großbritannien.

Als praktisches Ergebnis zeigt sich, dass Business Angels in Deutschland erstens ausreichende finanzielle Mittel besitzen, um Unternehmen in Frühphasen unterstützen zu können, und zweitens auch das Wissen und die notwendigen Kontakte mitbringen, um jungen Unternehmen auf einen erfolgreichen Weg zu verhelfen. In der Regel werden den Angels genügend Beteiligungsgelegenheiten angetragen, von denen sie allerdings weniger als 10°% auch annehmen. Mehr als die Hälfte der Angels möchte das Unternehmen, an dem sie sich beteiligen mehr als drei Jahre begleiten und wünschen sich als Exit dann einen Börsengang oder einen Verkauf an ein anderes Unternehmen. Die Zufriedenheit mit ihren Beteiligungen empfinden die befragten Business Angels als schönsten Lohn.

2. Venture Capital

AXEL HOCHGESAND

The good thing about talking to a venture capitalist is that they bring you down to earth. It's not that they're negative, but they'll give you a feel for what it will really need to succeed.
(Eugene Kleiner, Venture Capitalist)

2.1 Einführung

Die Situationen, in denen sich Gründer befinden, gleichen einander häufig: Ein Team von hoch qualifizierten und hoch motivierten jungen Menschen glaubt an eine Geschäftsidee. Ein Business Plan ist auch schon geschrieben, insbesondere auf der Seite der Marktanalyse und der Kundenperspektive hat er jedoch noch Lücken. Außerdem sind im Team noch nicht alle notwendigen Kompetenzen vorhanden. Es fehlt noch betriebswirtschaftliches Knowhow oder Marketing-Erfahrung, und auch die Kontakte zu potenziellen Kunden in der Industrie könnten besser sein. Darüber hinaus sieht die Planung einen Kapitalbedarf von mehreren Millionen Euro vor, um das Ziel der Marktführerschaft zu erreichen. Schließlich sind also mehrere Probleme zu lösen: der Mangel an Know-how in wichtigen Teilbereichen, das fehlende Netzwerk und der Bedarf an Kapital zum Geschäftsaufbau (Schefczyk, 2000a, S. 41–43; Gorman/Sahlman, 1989, S. 237).

Die Lösung für diese Probleme kann im Einsatz von Venture Capital (VC) liegen. Von 1996 bis 1999 sind die VC-Investitionen allein in Deutschland um jährlich durchschnittlich 74 % auf etwa € 2,1 Milliarden gestiegen. Die Anzahl der Investitionen hat sich im gleichen Zeitraum von 600 auf etwa 1.900 erhöht (BVK-Statistiken, 1996–1999). Kapital stand in dieser Zeit also in ausreichendem Umfang zur Verfügung. In den Jahren 2000 und 2001 konnte sich der Trend aufgrund des Platzens der „New-Economy-Blase" nicht fortsetzen. Der Anteil der VC-Investitionen am gesamten deutschen Unternehmensbeteiligungsmarkt sank von 36 % (2000) auf 26 %, in Europa von 35 % auf 31 % (BVK, 2001; EVCA, 2001).

Bevor wir die Konzeption der Venture-Finanzierung im Folgenden detailliert darlegen, wird die Thematik kurz in den Zusammenhang der betriebswirtschaftlichen Finanzierungstheorie eingeordnet und ein Überblick über alternative Formen der Kapitalbeschaffung für neu zu gründende Unternehmen gegeben.

2.1.1 Alternative Finanzierungsformen

Die Kapitalbeschaffung erweist sich häufig als eine der wichtigen Herausforderungen, wenn Unternehmensgründer die Umsetzung ihrer Geschäftsideen angehen möchten. Da die neuen Produkte und Dienstleistungen meist mit erheblichen Risiken verbunden sind und signifikante Mittel für z. B. Marketing oder Produktentwicklung verschlingen, erreicht die klassische Eigenkapitalfinanzierung schnell ihre Grenzen. Auch die Finanzierung mit Fremdkapital, beispielsweise durch Bankkredite, kommt für Forschungs- und Entwicklungsaktivitäten nur sehr bedingt in Frage; die klassischen Unternehmerrisiken würden dabei auf die Banken übertragen, was diese nur selten hinzunehmen bereit sind.

Für den Gründer stellt sich mithin die Frage, welche Alternativen es zur Kapitalbeschaffung im Rahmen der Gründungsfinanzierung gibt. Die klassische Betriebswirtschaftslehre unterscheidet die Finanzierungsquellen in Außen- und Innenfinanzierung bzw. in Eigen- und Fremdfinanzierung (Perridon/Steiner, 1999, S. 343). Eine weitere Detaillierung wird aus Abbildung V.11 ersichtlich.

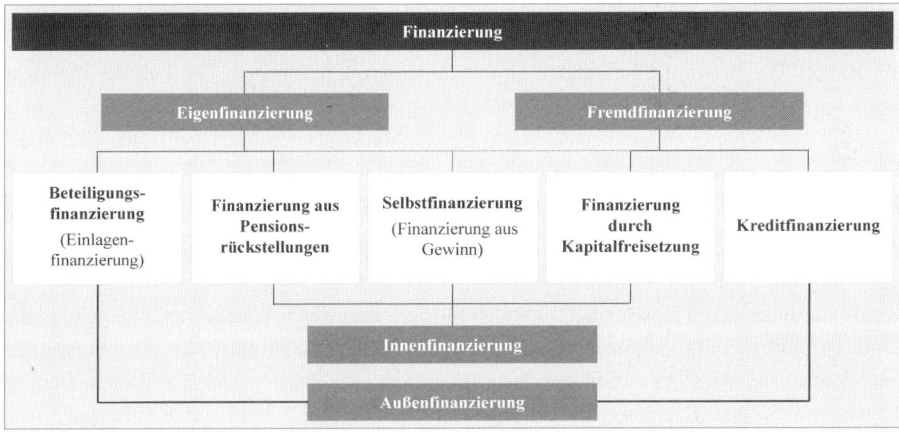

Abbildung V.11: Alternativen der Kapitalaufbringung (Quelle: In Anlehnung an Perridon/ Steiner, 1999, S. 344)

Diese Quellen sind auf ihre Tauglichkeit zur Finanzierung von Unternehmensgründungen zu prüfen. Eine Kapitalbeschaffung durch Innenfinanzierung ist für neu zu gründende Unternehmen nur in sehr beschränktem Maße möglich: Eine Innenfinanzierung bedingt die Freisetzung von Kapital aus Zahlungsüberschüssen des Leistungs- bzw. Investitionsbereichs. Solche Überschüsse liegen in neu gegründeten bzw. noch zu gründenden Unternehmen jedoch nahezu nie vor.

Im Rahmen der Außenfinanzierung sind zwei Varianten zu unterscheiden: Kapitalbeschaffung über die Aufnahme von Fremdkapital (Kreditfinanzierung) und Kapitalbeschaffung über die Aufnahme von Eigenkapital (Beteiligungsfinanzierung). Beide Varianten sollen im Folgenden näher betrachtet werden.

Fremdkapital

Stellt ein externer Dritter dem zu gründenden Unternehmen für eine bestimmte Dauer Kapital zur Verfügung, für welches das Unternehmen Zinsen für die Kapitalüberlassung zu entrichten hat und für dessen Rückzahlung ein Rechtsanspruch entsteht, so nimmt das Unternehmen Fremdkapital auf. Dieses kann prinzipiell aus drei Quellen stammen – von Privatpersonen, Finanzintermediären oder der öffentlichen Hand (Bund, Länder).

Darlehen, die Privatpersonen aus dem persönlichen Umfeld der Gründer dem Unternehmen als Fremdkapital zur Verfügung stellen, erreichen üblicherweise nicht das Finanzierungsvolumen, das für Unternehmensgründungen mit hohen Wachstumszielen benötigt wird. Nicht damit zu verwechseln sind die „Business Angels", die im vorangegangenen Kapitel V.1 vorgestellt wurden. Hierbei handelt es sich um Privatpersonen, die Kapital (als Eigenkapital) und Coaching zur Verfügung stellen; sie verfügen aufgrund ihrer Erfahrungen und vorherigen Tätigkeiten sowohl über ausreichende Finanzmittel als auch über relevantes Geschäfts-Know-how.

Institutionelle Kreditgeber, z. B. Banken, haben in der Regel erhebliche Vorbehalte, Innovationsvorhaben ohne Verpfändung eines äquivalenten Sachgutes zu finanzieren. In der Regel sind sie weder willens noch in der Lage, die Risiken zu tragen, welche die Gründung eines auf starkes Wachstum ausgerichteten Unternehmens mit sich bringt. Der Fall der nunmehr insolventen *Gontard Metallbank* ist hier als ein plakatives Beispiel zu nennen. Die Bank hatte für ihre Kredite an Unternehmen am Neuen Markt überwiegend nur deren Aktien als Sicherheit, die später aufgrund der Börsensituation erheblich an Wert verloren haben.

Ob die Aufnahme von Fremdkapital über einen institutionellen Kreditgeber gelingt, hängt rein formal vom Ergebnis der Kreditwürdigkeitsprüfung ab. Im Rahmen dieser Prüfung analysiert die Bank sowohl die Kreditfähigkeit als auch die persönliche und wirtschaftliche Kreditwürdigkeit (Boehm-Bezing, 1999). Zeigt sich, dass der Kreditnehmer einerseits in der Lage ist, andererseits glaubhaft versichert, den Kredit bei Fälligkeit vereinbarungsgemäß zurückzuzahlen, wird der Kredit gewährt (Jährig/Schuck, 1989, S. 335 ff.). Wollen Banken Unternehmen einen Kredit gewähren, legen sie der Prüfung üblicherweise Bilanzen sowie Gewinn- und Verlustrechnungen der letzten drei Geschäftsjahre zu Grunde. Steht jedoch eine Innovationsfinanzierung für ein junges Wachstumsunternehmen an, liegen diese Unterlagen in der Regel nicht vor. An ihre Stelle rückt der Business Plan, aus dem das Unternehmenskonzept (Business Modell) mit entsprechend fundierter Planungsrechnung als „Prüfgrundlage", hervorgeht. Diese für klassische Geschäftsbanken nur bedingt einzuschätzende Prüfbasis führt nicht selten zur Kreditablehnung durch die Bank, da sie die inhärenten Risiken nicht identifizieren kann. Nach Maßgabe einiger innovativer Geschäftsbanken sollte die Kreditentscheidung abhängen von der Beurteilung der technologischen Machbarkeit einer Innovation, den Marktchancen der geplanten neuen Produkte und Dienstleistungen und der fachlichen sowie kaufmännischen Ausbildung und Erfahrung des Managements. Der klassische Firmenkundenbetreuer oder Kreditsachbearbeiter der Geschäftsbank ist jedoch häufig überfordert, wenn er die technologische Machbarkeit innovativer Produkte beurteilen soll. Um sich vor diesen Risiken abzusichern, nehmen Kreditgeber eine sogenannte Kreditbesicherung vor. Dabei verlangt der Kreditgeber Sicherheiten, aus denen er sich mit adäquatem Gegenwert befriedigen kann, wenn der Kreditnehmer seinen Zahlungsverpflichtungen nicht nachkommen sollte.

Neben der Notwendigkeit, diese Sicherheiten stellen zu müssen, bedeutet die Aufnahme von Fremdkapital die Verpflichtung, Zinsen für die Kapitalüberlassung zu zahlen. Diese belasten jedoch die Liquidität des Unternehmens. Gerade für junge, schnell wachsende Unternehmen kann dies kritisch sein.

Venture Capital

Eine dritte Quelle für Fremdkapital stellen die staatlichen Mittel des Bundes bzw. der Länder und der Europäischen Union dar. Im Rahmen der Innovationsfinanzierung für junge Wachstumsunternehmen fördern diese Institutionen Projekte, indem sie einerseits nicht zurückzuzahlende Zuschüsse gewähren, andererseits zinsgünstige Darlehen und Bürgschaften ermöglichen. Die Vergabe von derartigen Darlehen erfolgt in der Regel über die Hausbank des Start-ups, die dann auch die Haftungsproblematik bzw. die Rückzahlung des Kredites stellvertretend für Bund und Länder prüft. Stellvertretend für derartige zinsbegünstigte Darlehen seien die Programme der Deutschen Ausgleichsbank oder der Kreditanstalt für Wiederaufbau genannt (Abbildung V.12). Kennzeichen dieser Darlehen sind neben günstigen Zinssätzen auch lange Laufzeiten und tilgungsfreie Anfangsjahre.

Quelle	Eigenkapitalhilfe	Fremdkapitalhilfe	Zuschüsse	Indirekte Hilfe
Bund	■ BTU Technologie-beteiligungskapital (KfW, DtA) ■ EKH Eigenkapitalhilfe ■ ERP Beteiligungsprogramm ■ KfW Risikobeteiligung	■ ERP-Programme (Existenzgründung, Innovation) ■ DtA Existenzgründung ■ KfW Mittelstandsprogramm	■ Förderung Forschungskooperation ■ INSTI Patentaktion ■ BMBF Förderung ■ F&E-Kooperation ■ Forschungsförderung AiF ■ Regionale Strukturförderung GA	■ Bürgschaften (DtA, Hermes) ■ Beratung (RKW, Fraunhofer) ■ INSTI Innovationsstimulierung
Länder (Exemplarisch)	■ Baden-W./Hessen (Mittelständische Beteiligungsgesell.) ■ Bayern (Risikobeteiligung, Wagnisbeteiligung) ■ Berling/Brandenburg (Innovationsfond) ■ Rheinland-Pfalz (Mittelständische Beteiligungsgesell.)	■ Bayern (Technologie-Einführungsprogramm) ■ Niedersachsen (Existenzgründungsdarlehen)	■ Bayern (Förderung TBU) ■ Berlin (Mittelstandsförderprogramm ■ Hessen (Förderung Innovationszentren)	■ Baden-W. (Steinbeis-Stiftung) ■ Nordrhein-W. (Innovationsberatung)

Abbildung V.12: Finanzielle Förderprogramme der öffentlichen Hand (Quelle: in Anlehnung an BMBF, 1998)

Eine weitere Form der Fremdfinanzierung stellt die sogenannte „Mezzanine"-Finanzierung (Mezzanine: Begriff aus der Architektur, der ein Zwischenstockwerk beschreibt) dar, die in Kapitel V.5 näher beschrieben wird. Hier handelt es sich um höherverzinsliches Fremdkapital mit eigenkapitalähnlichem Charakter (beispielsweise Gesellschafterdarlehen, stille Beteiligung, Genussscheine). Dies drückt sich meistens mit einer Nachrangigkeit im Liquidations- oder Vergleichsfall aus.

Eigenkapital

Wird dem Gründungsunternehmen Kapital zugeführt, für das keine Zinsen zu zahlen sind, das dafür aber in vollem Umfange an der Wertsteigerung und den Risiken des Unternehmens partizipiert, handelt es sich um die Aufnahme von Eigenkapital. Diese Variante der Finanzierung wird dann besonders wichtig, wenn die Rahmenbedingungen keine Fremdfinanzierung zulassen. Dies ist z. B. der Fall bei Technologiefeldern mit sehr langen Forschungs- und Entwicklungsphasen. So besteht bei der Entwicklung von Medikamenten in innovativen Biotechnologieunternehmen oft über Jahre hinaus ein erheblicher Mittelbedarf, ohne dass absehbar ist, ob am Ende des Entwicklungsprozesses ein am Markt erfolgreiches Produkt stehen wird. Den Banken können somit keine Sicherheiten geboten werden, wie sie für die Gewährung von Krediten erforderlich sind.

Bei der Aufnahme von Eigenkapital legen Investoren – z. B. VC-Gesellschaften, Business Angels (Freear/Sohl/Wetzel, 1997; Kapitel V.1) oder Investmentbanken (vor allem bei einem „Private Placement" bzw. Börsengang) – die benötigten Mittel als Eigenkapital in diese Unternehmen ein. Als Gegenleistung erhalten sie Anteile des Unternehmens im Wert ihrer Einlage und umfangreiche Kontrollrechte (Bygrave/Timmons, 1992; Leopold/Frommann, 1998).

Ob und in welchem Umfang Eigenkapital in die Unternehmensgründung eingebracht werden kann, hängt nicht unwesentlich von der Rechtsform des Unternehmens ab (Wöhe/Bilstein, 1998, S. 35–62). Die oben genannten Investoren beteiligen sich im Zuge der Gründungsfinanzierung lediglich an juristischen Personen (meistens an Kapitalgesellschaften wie GmbH, AG oder Personengesellschaften wie GmbH & Co. KG). So ist die Haftung der Eigenkapitalgeber beschränkt und eine gewisse Fungibilität der Unternehmensanteile sichergestellt.

2.1.2 Definitorische Abgrenzung von Venture Capital und Private Equity

Vielerorts werden die Begriffe „Venture Capital" und „Private Equity" synonym verwendet, ohne dass eine eindeutige und klare Abgrenzung erfolgt.

Im Allgemeinen stellt „Private Equity" den Oberbegriff für alle Eigenkapitalbeteiligungen dar, die an vorbörslichen Unternehmen vorgenommen werden. Das Gegenteil hierzu wäre „Public Equity", Kapital also, welches an der Börse in Form von Kapitalerhöhung jeglicher Form durchgeführt wird.

Innerhalb der vorbörslichen Eigenkapital-Beteiligungen unterscheidet man verschiedene „Private-Equity"-Finanzierungen, die sich begrifflich durch die unterschiedlichen Unternehmenslebensphasen unterscheiden.

„Venture Capital" umfasst dabei sämtliche Bereiche der Frühphasen- („Seed"-, „Start up"- und „First-stage"-Finanzierung) und größtenteils der Wachstums-Finanzierung („Second"-, „Third"- und „Bridge"-Finanzierung), nicht jedoch der „Buyout"- oder „Workout"-/"Turnaround"-Finanzierung. Eingeordnet unter das Thema des wertorientierten Start-up-Managements liegt der Fokus des vorliegenden Beitrages auf der in der folgenden Abbildung V.13 dunkel unterlegten Frühphasen-Finanzierung („Early Stage").

Venture Capital

	Early Stage			Expansion Stage			Buyouts	Work-out
	Seed	Start-up	First stage	Second stage	Third stage	Bridge loans		
Beschreibung	Forschung und Proof of concept	Produktentwicklung und erstes Marketing	Ausdehnung Vertrieb und/oder Fertigung	Kapital für erste signifikante Expansion	Wachstumsfinanzierung	Brückenfinanzierung	LBO MBO MBI IBO	Turnaroundfinanzierung
Typischer Investitionsumfang (in Mio. €)	0,7 – 1,0	0,8 – 2,0		2 - 15	2 - 20	7 - 20		n/a
Europäische Investitionen 1999 (in Mio. €)	470	2.770		7.430	1.290	13.260		n/a
Beispiel	Garage.com	Sequoia, Earlybird		General Atlantic Partners			BC Partners, KKR	Blackstone

Abbildung V.13: Aufteilung des „Private-Equity"-Marktes (Quelle: EVCA, 2001)

2.1.3 Einsatzbereiche von Venture Capital

Lange Zeit hat die breite Öffentlichkeit in Deutschland die Gründung von innovativen Unternehmen mit hohen Wachstumsansprüchen nur mit geringem Interesse betrachtet; einige Teile der Öffentlichkeit zeigten sogar große Skepsis. Ende der Neunzigerjahre ist die „New Economy" jedoch zunehmend ins Interesse der Öffentlichkeit gerückt. Die meisten der hier eine Rolle spielenden Unternehmen hatten eines gemeinsam: Sie benötigen für ihr Wachstum und für die Erreichung ihrer Unternehmensziele große Mengen von Geld. Für die benötigten Mittel in Höhe von üblicherweise mehreren Millionen Euro reichten die klassischen Finanzierungsmöglichkeiten, wie beispielsweise die Aufnahme eines Bankkredites, in aller Regel nicht aus. Da auch eigene Mittel nahezu nie in ausreichendem Umfang zur Verfügung standen, griffen die Unternehmensgründer oft auf „fremdes Eigenkapital", sprich von Finanzinvestoren, zurück, das im Folgenden näher erläutert wird.

Dieses „fremde Eigenkapital" für Unternehmen in der Gründungsphase und in den ersten Jahren der Existenz wird als „Venture Capital" oder kurz VC bezeichnet. Die deutsche Übersetzung lautet zumeist „Risiko- oder Wagniskapital". Venture Capital gilt als „intelligentes Eigenkapital", da es einerseits die gewünschte Stärkung der Eigenkapitaldecke des neu gegründeten Unternehmens mit sich bringt, andererseits aber vor allem Unterstützungsleistungen und Know-how des Investors bietet. Das Know-how wird ergänzt durch das Bereitstellen des Kontakt-Netzwerks der VC-Gesellschaft, um dem Beteiligungsunternehmen den Zugang zu Märkten zu ermöglichen und ihnen Industriekontakte zu verschaffen.

Als Gegenleistung für das Kapital und die sonstige Unterstützung erhält der VC-Geber Anteile am finanzierten Unternehmen. Das Geschäftsmodell der VC-Geber beruht dann auf Wertsteigerungen dieser Unternehmen, an denen sie Beteiligungen halten (Portfolio-Unternehmen), nicht jedoch auf laufenden Erträgen aus den Jahresüberschüssen der Beteiligungen.

Venture Capital stellt dabei keinen „Not-Anker" für Krisensituationen oder eine überlassene „Spekulationssumme" dar (Fanselow, 1999). Zu beachten ist in diesem Zusammenhang, dass eine Venture-Finanzierung – bei aller Flexibilität der Venture Capitalists – auch eine gewisse Vorlaufzeit von mehreren Wochen bis zu sechs Monaten hat. Ergibt sich also ein sehr kurzfristiger Kapitalbedarf, können VC-Geber in der Regel nicht einspringen (Eglau et al., 2000, S. 171 ff.).

Venture Capital bietet sich für Unternehmen an, die neue Märkte erobern und die neue Produkte, neue Leistungen, aber auch neue Strukturen entwickeln und durchsetzen wollen. Es orientiert sich an den Bedürfnissen der Unternehmer, die

- innovative Firmen mit Erfolg versprechenden Wachstumschancen aufbauen oder wachstumsstarke kleine und mittlere Unternehmen führen,
- in der Regel Produktgeschäfte und keine reinen Servicegeschäfte betreiben, da hier eine deutlich bessere Skalierbarkeit gegeben ist,
- die Eigenkapitalausstattung ihres Unternehmens verbessern wollen, um damit weiteres Wachstum zu finanzieren oder ein zusätzliches Unternehmen zu erwerben,
- eine Neuordnung ihrer Gesellschafterstruktur anstreben, um gegebene Wachstumschancen auch wahrnehmen zu können,
- ihr Unternehmen auf den Gang an die Börse vorbereiten.

2.1.4 Historische Entwicklung von Venture Capital und wirtschaftlicher Nutzen

Das Grundprinzip des Venture Capital ist alt. Bereits Königin Isabella von Kastilien hat ihr Kapital in die Entwicklung und Produktion von Schiffen investiert, mit denen Christoph Columbus den Westweg nach Indien suchen wollte, dann aber Amerika entdeckte. Auch der Gründungsboom in den späten Vierzigerjahren in den Vereinigten Staaten ist nicht zuletzt auf Venture-Capital-Finanzierungen mit einem jährlichen Finanzierungsvolumen von mehreren $ 100 Mio. zurückzuführen. Der Fokus lag zu dieser Zeit vor allem auf der Verwaltung des Geldes reicher Privatpersonen und auf staatlich autorisierten „Small Business Investment Corporations (SBIC)". Etwa von 1965 bis 1980 folgte eine Phase der Bereinigung, in der die SBICs zunehmend durch private VC-Firmen sowie durch Engagements von Großunternehmen und Finanzinstitutionen verdrängt wurden. Eine der großen Erfolgsgeschichten dieser Phase schrieb die *Digital Equipment Corporation* mit einer Rendite auf das Investitionsobjekt von ungefähr 10.000 %. Durch eine Gesetzesänderung („prudent man-rule") im Jahre 1979 wurde es amerikanischen Pensionsfonds gestattet, in Venture-Capital-Fonds zu investieren. 1980 begann damit eine bis 1989 anhaltende Phase des „rapiden Wachstums" mit verstärkten Investitionen von Pensionsfonds. Den Stoff für die Erfolgsgeschichten dieser Zeit lieferten beispielsweise

Apple Computers und *Compaq*. Als dann Ende der Achtzigerjahre die Konjunktur abflaute, begann etwa 1990 auch für die VC-Firmen eine Phase der „Konzentration und Spezialisierung": Starke Spieler wurden seitdem noch stärker, schwächere verschwanden vom Markt, und die Engagements konzentrierten sich auf Sektoren mit hohem Wachstum, wie z. B. auf die Internetbranche.

Im Zuge des Wettbewerbs zwischen den Venture Capitalists um attraktive Investitionsmöglichkeiten bringen diese nicht nur Geldmittel ein (in Europa laut EVCA durchschnittlich € 1,3 Mio.), sondern auch inhaltliche Beratung und Coaching; darüber hinaus vermitteln sie wichtige Kontakte in eine Partnerschaft mit den von ihnen finanzierten Unternehmen. Hier spricht man auch gerne von einer „Hands off"- oder „Hands on"- (oder „Nurturing"-) Betreuung. „Hands on" im Gegensatz zu „hands off" meint in diesem Zusammenhang eine aktive Betreuung des VC-Gebers, welche über die übliche Mitwirkung von Beiräten, Aufsichtsräten, etc. hinausgeht. Dies kann eine aktive Unterstützung des Managements durch zumeist wöchentliche Beratung in Fragen des Produkt-Know-hows, Unternehmensstrategien, Controlling, Corporate Finance, Bereitstellung eines nationalen oder auch internationalen Netzwerks sein. Durch renommierte VC-Geber wird dem Unternehmen auch eine gewisse Kredibilität gegeben. Dieser „value added" unterscheidet manche VC-Geber untereinander und wird in der Zukunft von Unternehmen in Wachstumsbranchen immer mehr nachgefragt werden. Als Kapitalinvestoren treten sowohl unabhängige Firmen wie auch Industrieunternehmen und Finanzinstitutionen auf. Unterscheidungsformen sind geschlossene Fonds, die von einer Managementgesellschaft organisiert und betrieben werden und sogenannte „Captive"-Organisationen, VC-Gesellschaften, die Teil eines größeren Unternehmens sind (z. B. *T-Ventures* als Tochterunternehmen der *Deutschen Telekom* oder *Siemens Venture*).

Das Aufkommen und Funktionieren von VC-Kapital in Neugründungen hat neben einzelwirtschaftlichen auch gesamtwirtschaftliche Implikationen. So hat Venture Capital eine wirtschaftspolitische Bedeutung, weil die Förderung von jungen innovativen Branchen den Strukturwandel unterstützt. Laut einer Studie der *European Private Equity & Venture Capital Association* (EVCA) äußerten sich 95 % aller Portfolio-Unternehmen von VC-Geber, dass sie ohne VC-Kapital gar nicht existieren oder sich zumindest sehr viel langsamer entwickeln würden. Wirtschaftspolitische Bedeutung hat das intelligente Kapital auch in der Stärkung der Wettbewerbsfähigkeit deutscher Unternehmen erhalten, da eine gestärkte Eigenkapitaldecke eine erhöhte Unabhängigkeit und gleichzeitig geringere Anfälligkeit gegenüber wirtschaftlichen bzw. konjunkturellen Risiken bewirkt. Durch die Finanzierung von teilweise sehr risikobehafteten Gründungs- und Wachstumsprojekten ermöglicht Venture Capital auch die Entwicklung neuer Technologien und die Gestaltung neuer Märkte, was letztlich neue Arbeitsplätze schafft. Durchschnittlich 46 neue Jobs pro Unternehmen wurden laut EVCA durch europäisches VC geschaffen. Venture Capital ermöglicht also gesamtwirtschaftliche Innovation (Frommann, 1995, S. 374–376).

2.2 Venture Capital aus der Perspektive der VC-Gesellschaft

2.2.1 Kapitalaufbringung und Management eines Venture-Capital-Fonds

Getrieben wird die Konzeption einer VC-Gesellschaft durch das Ziel überdurchschnittlich hoher Renditen[8], die durch die Investitionen in Start-ups mit hohen Wachstumszielen erreicht werden sollen. Folgende Tabelle zeigt die Performance der einzelnen Private-Equity-Segmente (in Prozent):

Phase	1 Jahr	3 Jahre	5 Jahre	10 Jahre
■ Early Stage	-8,9	10,6	11,7	11,3
■ Development	11,4	16,2	17,0	13,8
■ Balanced	-3,2	25,7	36,8	22,5
■ **VC Gesamt**	**-0,9**	**17,5**	**20,8**	**15,8**
■ Buyout	2,2	21,9	23,1	18,7
■ Generalist	-12,8	19,2	15,3	14,2
■ **Private Equity Gesamt**	**-2,3**	**20,1**	**20,4**	**16,5**

Abbildung V.14: Private-Equity-Perfomance in 2001 (Quelle: EVCA, 2001)

Wesentliche Einflussparameter auf die Gesamtkonzeption der VC-Gesellschaft sind die Kapitalaufbringung, die Gesamthöhe des Fondsvolumens und die Qualität bzw. Struktur der mitwirkenden Partner (Gesellschafter bzw. Management) im Unternehmen. Diese Kriterien haben wesentlichen Einfluss auf den Erfolg des Fonds (Wrede, 1987, S. 140–168; Zemke, 1995, S. 81–88).

Das zur Investition notwendige Fondsvolumen der VC-Gesellschaft kann auf mehreren Wegen akquiriert werden. Wird das Kapital ausschließlich für ex ante genau spezifizierte Investitionsprojekte aufgebracht, spricht man von projektgebundenen Fonds. Für den Anleger im Fonds bietet dies den Vorteil der Spezifität des Investitionsobjektes. Der Nachteil für das Projekt besteht darin, dass die Geschäftsaufnahme erst beginnen kann, wenn der Fonds gefüllt ist, wenn also Anleger für diesen Fonds gefunden sind. Diese Art von Fonds ist jedoch selten. Häufiger anzutreffen sind die nicht projektgebundenen „Closed-end"-Fonds oder die „Open-end"-Fonds. Bei diesen beiden Alternativen investieren die VC-Gesellschaften entsprechend ihrer individuellen Beteiligungsstrategie, die unabhängig von spezifizierten Einzelinvestitionen formuliert ist. Bei „Closed-end"-Fonds steht das Kapital nur für begrenzte Zeit zur Verfügung und ist anschließend wieder an die Anleger auszuzahlen. Bei den „Open-end"-Fonds können Anleger sich fortlaufend nach der Ausgabe neuer Fondszertifikate beteiligen. Eine Refinanzierung erfolgt nicht selten über den Kapitalmarkt.

Der Lebenszyklus eines geschlossenen Venture-Capital-Fonds verläuft typischerweise in den vier Phasen *Fundraising, Investition* sowie *Monitoring und Exit*.

---

[8] Gemessen in der Regel in Form der Internal Rate of Return (IRR) (Schefczyk, 2000a, S. 165 ff. m.w.N.).

- *Fundraising:* In der ersten, maximal ein Jahr andauernden Phase geht es darum, das Kapital von Investoren einzuwerben. Das Kapital wird hier von den Investoren meistens nicht „cash"-wirksam eingezahlt, sondern nur zugesichert, um es dann bei Investitionen sukzessive abzurufen. Man spricht hier von „committed capital". Abbildung V.15 zeigt den Anteil der verschiedenen Investorengruppen, die in 2001 in neue „Private Equity"-Fonds investiert haben. Knapp 32,4 % der Mittel flossen in VC-Fonds (BVK, 2002).

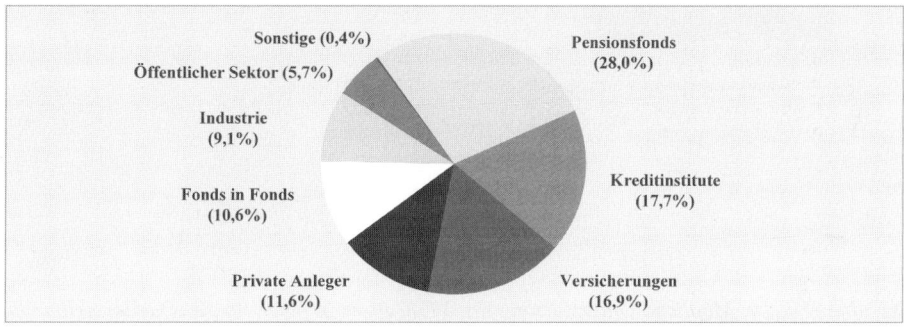

Abbildung V.15: Fundraising nach Kapitalgeber 2001 (Quelle: BVK, 2002)

Gleichzeitig wird die erforderliche Infrastruktur aufgebaut und – soweit nicht bereits aus vorherigen Aktivitäten vorhanden – das Netzwerk der Kontakte gebündelt. In der Praxis erfolgt dieser Netzwerkaufbau in der Regel dadurch, dass Personen oder Teams mit den richtigen Kontakten und Fähigkeiten in das Management des Fonds berufen werden. Für die finanzierten VC-Investitionen wird das Netzwerk später eine große Bedeutung erlangen. Sogenannte „Anchor"-Sponsors sichern für die Anfangsfrist das Überleben des Fonds. Sie werden bei der Ausschüttung dafür gegenüber den anderen Investoren bevorzugt bedient. Mit den Investoren wird eine Management Gebühr („fee") verhandelt, die die administrativen Kosten des Fonds über die Fonds-Laufzeit abdeckt.

- *Investition:* Die zweite Phase dauert etwa zwei bis vier Jahre. Es werden Geschäftspläne gesichtet und geprüft, welche Unternehmen eine Finanzierung erhalten. Diese Finanzierungen werden dann durchgeführt. Darüber hinaus beginnt die Unterstützung für die bereits gestarteten Beteiligungen. In dieser Phase hat der Fonds einen Kapitalabfluss, die Beteiligungsunternehmen haben einen Kapitalzufluss zu verzeichnen.

- *Nurturing/Monitoring:* In dieser Phase steht zunächst die Unterstützung für die Portfolio-Unternehmen im Vordergrund. Weitere Vorhaben werden mit dem Management eng abgestimmt sowie Parameter bzw. Meilensteine vereinbart. Diese werden durch laufendes Controlling und Gespräche/Sitzungen beobachtet („monitoring"). In der Endphase sind die Vorbereitungen für Desinvestitionsmaßnahmen zu treffen (Abbildung V.16).

- *Exit*: Je nach angestrebter Ausstiegsoption geht es dabei darum, entweder einen Käufer für die vom Venture-Capital-Fonds gehaltenen Anteile zu finden („trade sale", übrigens 2001 der häufigste Exit-Kanal mit über 30 %) oder den Börsengang vorzubereiten. Dazu werden Emissionsbanken ausgewählt, die „Equity Story" formuliert sowie die IPO-Transaktion durchgeführt.

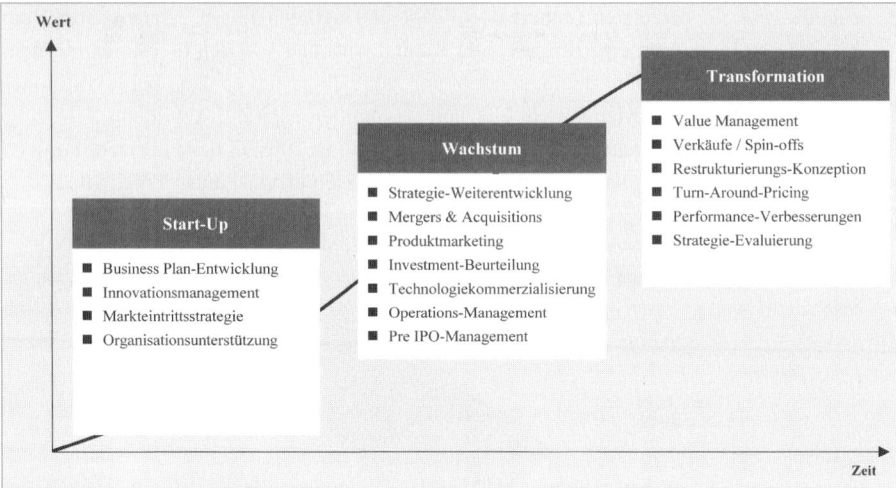

Abbildung V.16: Mögliche Unterstützung des VC-Gebers in jeder Phase (Quelle: Arthur D. Little, 2002)

Wird angestrebt, nach Abschluss des Fonds einen Anschluss-Fonds aufzusetzen, sollte sich die erste Phase dieses Anschluss-Fonds mit der Desinvestitionsphase des ursprünglichen Fonds überschneiden, um Friktionen und einen Verlust von Know-how zu vermeiden. Im Hinblick auf den Cash Flow erfolgt hier der Rückfluss des Geldes; der Cash Flow der VC-Gesellschaft sollte also deutlich positiv sein.

Um den hohen Renditeerwartungen der Investoren gerecht zu werden, ist es die zentrale Aufgabe der VC-Gesellschaft, ein Beteiligungsportfolio aufzubauen, das möglichst wenig „Ausfälle", dafür aber möglichst viele ertrags- und bewertungsstarke Unternehmen beinhaltet. Durch die Investition in eine Vielzahl verschiedener Beteiligungsunternehmen streut die VC-Gesellschaft das Risiko. Durch die Investition in vorwiegend zusammenhängende, wenn nicht sogar identische Technologiefelder entstehen für die VC-Gesellschaft Synergieeffekte, die ebenfalls die Rendite steigern können.

Auch wenn die Geschäftspläne sämtlicher finanzierter Unternehmen das gleiche umfangreiche Prüfungsverfahren bestanden haben, sind die Unternehmen unterschiedlich erfolgreich. Üblicherweise endet mehr als die Hälfte der Engagements mit dem Verlust des eingesetzten Kapitals. Und auch von den verbleibenden 50 % werden nicht alle Unternehmen zum zweiten *Microsoft*. Die meisten erbringen beim Ausstieg jedoch zumindest eine Verdopplung des Kapitaleinsatzes. Für die besonders guten Renditen beim Venture Capital sind jedoch in der Regel wenige Beteiligungen verantwortlich, die das Zehn- bis Hundertfache ihres Kapitaleinsatzes wieder an den Venture Capitalist zurückfließen lassen. Abbildung V.18 zeigt das Portfolio eines realen, exemplarisch ausgewählten US-Venture-Capital-Fonds, der inzwischen abgeschlossen ist.

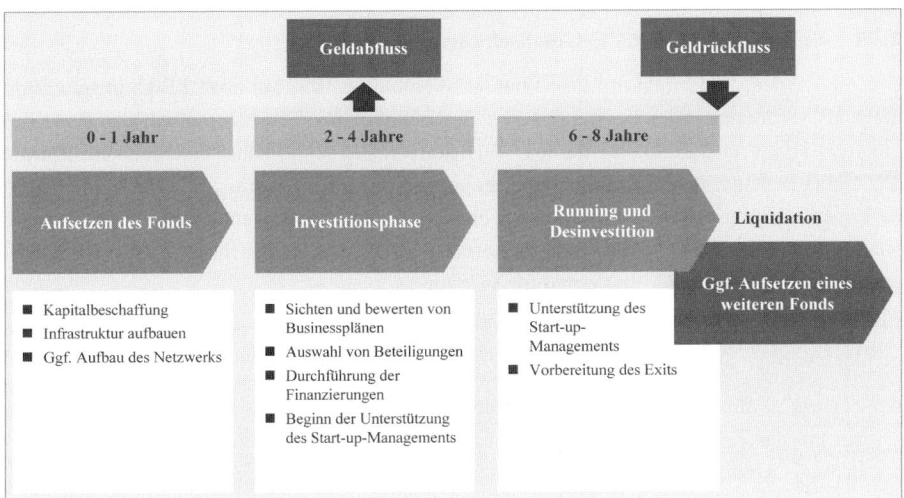

Abbildung V.17: Lebenszyklus eines Venture-Capital-Fonds

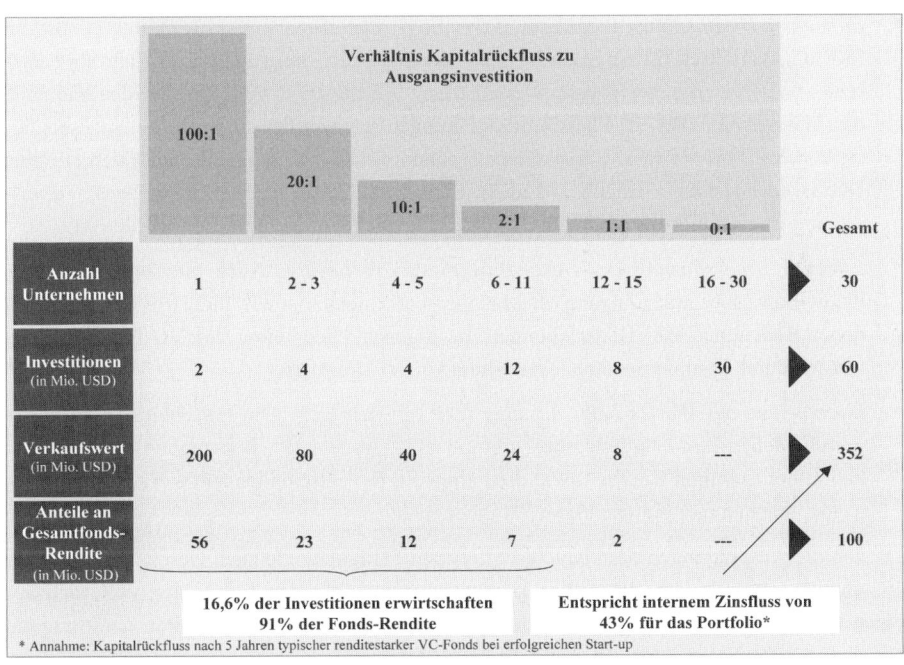

Abbildung V.18: Beteiligungsportfolio (Quelle: Eglau et al., 2000, S. 77)

Das „Erfolgsgeheimnis" besonders renditestarker Venture-Fonds besteht somit nicht nur darin, die Erträge einzelner Beteiligungen um einige Prozentpunkte zu verbessern, sondern vor allem darin, den Anteil der im obigen Schaubild links dargestellten Unternehmen möglichst groß werden zu lassen. Im Folgenden sollen nun die Schlüsselfaktoren betrachtet werden, die einen erfolgreichen Geschäftsansatz für VC-Geber ausmachen.

2.2.2 Erfolgsmodelle für VC-Gesellschaften

Die Anzahl der VC-Firmen in Europa hat sich von 500 in 1998 auf etwa 1.200 im Jahr 2000 mehr als verdoppelt. Gleichzeitig haben sich die Rahmenbedingungen durch das Ende des „Internet-Hype" und die Baisse an den Wachstumsbörsen signifikant verschlechtert. Für die VC-Geber bedeutet dies eine erhebliche Steigerung des Wettbewerbs und eine bevorstehende Konsolidierungsphase. VC-Firmen mit einer guten und konsequent umgesetzten Strategie werden aus dieser Phase jedoch gestärkt hervorgehen. Grund genug für eine nähere Betrachtung erfolgversprechender Strategien für VCs.

Erfolgversprechende Business Modelle können um die folgenden vier Schlüsselfähigkeiten gebildet werden: *Sourcing, Screening, Nurturing* und *Exit optimization*

- *Zugang zu Star-Deals (Sourcing):* Ideen mit dem Potenzial, das investierte Kapital nicht nur um das Zehn- oder Zwanzigfache, sondern darüber hinaus zu vermehren, sind möglichst frühzeitig zu erkennen. Neben der Fähigkeit, die richtigen Ideen zu identifizieren, gehören hierzu vor allem auch die entsprechenden Kontakte, die sicherstellen, dass die vielversprechenden Ideen vorgelegt werden.

- *Effizientes Herausfiltern von Deals (Screening):* Zur effizienten Abwicklung gehört ein Sichtungsverfahren für eingesandte Businesspläne, das – auf fundierter Erfahrung basierend – effektiv „die Spreu vom Weizen trennt" (bezogen sowohl auf die Idee wie auch das Management-Team). Plausibilitätsprüfungen („feasibility studies") müssen sorgfältig durchgeführt werden. Ein weiterer Bestandteil ist die Fähigkeit zur systematischen Due Diligence (bzgl. Branche, Produkt, Steuerrechtliche Fragestellungen etc.). Voraussetzung ist ein tiefgreifendes Verständnis der Branche, in die investiert werden soll.

- *Effektive Unterstützung des Geschäftsaufbaus (Nurturing):* Auch hier sind Branchen-Know-how, aber auch Zugang zu Management-Talenten sowie Industrie-Kontakte von hoher Bedeutung. Bei Bedarf können die eigenen Fähigkeiten der VC-Firma ergänzt werden durch komplementäres Know-how von VC-Partnern.

- *Hochtreiben des Wertes beim Ausstieg (exit optimization):* Die Entscheidung zwischen verschiedenen Exit-Möglichkeiten („buy-back", „trade sale", Börsengang), die Identifikation der richtigen Käufer sowie die Fähigkeit, die entscheidenden Werttreiber zu managen, machen hier die wichtigen Fähigkeiten aus.

Da sich die Ausprägungen der oben beschriebenen Fähigkeiten je nach Geschäfts-Fokus des VC-Gebers unterscheiden, ist es von großer Bedeutung für den Erfolg des VCs, sich auf einen klaren Fokus festzulegen und die speziell hier benötigten Fähigkeiten herausragend aufzubauen. Zur Fokussierung bieten sich drei Erfolgsmodelle an:

- *Domain Scout:* Für den Domain Scout als „Trüffel-Schwein" ist es von zentraler Bedeutung, Zugang zu Geschäftsideen und -konzepten zu haben. Netzwerke mit Universitäten und anderen Innovations-Pools, aber auch die Einbindung in Netzwerke mit Innovatoren (z. B. Business Plan-Wettbewerbe), engen Kontakt zu Technologie-Beratern, sind hierzu sehr hilfreich. Hohe Bedeutung hat darüber hinaus die Beurteilung von Management-Teams und die Identifikation zukunftsweisender Geschäftsideen. Letzteres wird insbesondere dadurch anspruchsvoll, dass Domain Scouts Ideen in einem sehr frühen Stadium identifizieren und somit die Trends der näheren Zukunft möglichst treffsicher prognostizieren müssen.

- *Multi-stage/sector-VC:* Branchen-Know-how und Industrie-Kontakte zur Vermittlung von potenziellen Geschäftspartnern sowie zur Besetzung von Schlüsselpositionen im finanzierten Unternehmen sind bei diesem Geschäftsmodell von höchster Bedeutung. Hier unterscheiden sich viele VC-Geber von Private-Equity-Gebern, die mehrheitlich „opportunistisch" in alle Branchen, aber meist in mittelständische Unternehmen investieren (z. B. innerhalb eines LBOs). Gute Kontakte zu Domain Scouts sichern darüber hinaus den Zugang zu guten Investitionsgelegenheiten. Je aufwändiger die Investitionsentscheidung und die Due Diligence mit fortschreitender Reife des Investitionsobjektes werden, desto größer sollten auch die Investitionen selbst sein, um Skalenvorteile nutzen zu können und den hohen Prüfungsaufwand zu rechtfertigen.

- *Expansions-Spezialist:* Synergien innerhalb des Portfolios und ein hohes Maß an Kommerzialisierungs-Know-how sowie eine effektive und damit wertsteigernde Gestaltung des Exit sind neben der Fähigkeit zur systematischen Prüfung von Beteiligungsoptionen von zentraler Bedeutung für die Expansions-Spezialisten unter den VC-Gebern. Sogenannte Branchen-Holdings oder Plattformen können gebildet werden, um Synergien nutzbar zu machen.

2.2.3 Auswahlkriterien für Beteiligungen

Die Entscheidung für die Investition in ein Wachstumsunternehmen vollziehen VC-Gesellschaften formal auf der Basis des Business Planes (vgl. Kapitel II.4). Dabei liegt es auf der Hand, dass ein VC-Geber bei seiner Investitionsentscheidung die eigentliche Geschäftsidee bewertet, die ihm vorgelegt wird. Wichtiger in den Augen vieler VC-Geber ist jedoch das Management-Team des Unternehmens. Aussagen wie „I invest in management, not ideas" von EUGENE KLEINER (Heucher/Ilar/Kubr, 1999a, S. 56) oder „If you find good people, they can always change the product. Nearly every mistake I have made has been picking the wrong people, not the wrong idea" des Venture Capitalist ARTHUR ROCK belegen dies deutlich.

Der Grund dafür, dass die Bedeutung des richtigen Teams so hoch eingeschätzt wird, liegt in den hohen Anforderungen und der schlechten Prognostizierbarkeit in der ersten Phase eines Unternehmens-Lebenszyklus. Liegt am Anfang auch bereits ein „fertiger" Business Plan vor, so werden sich im Laufe der Realisierung viele externe und interne Annahmen verändern. Die ursprüngliche Geschäftsidee verändert sich dabei erfahrungsgemäß im Laufe der Realisierung signifikant. Diese Tatsache ist grundsätzlich kein Problem, sie erfordert jedoch häufig schnelle Reaktionen vom Gründungsteam, um das Geschäftsmodell den Veränderungen anzupassen. Die Anforderungen, die Investoren üblicherweise an Gründerteams und deren Geschäftsideen stellen, veranschaulicht auch Abbildung V.19.

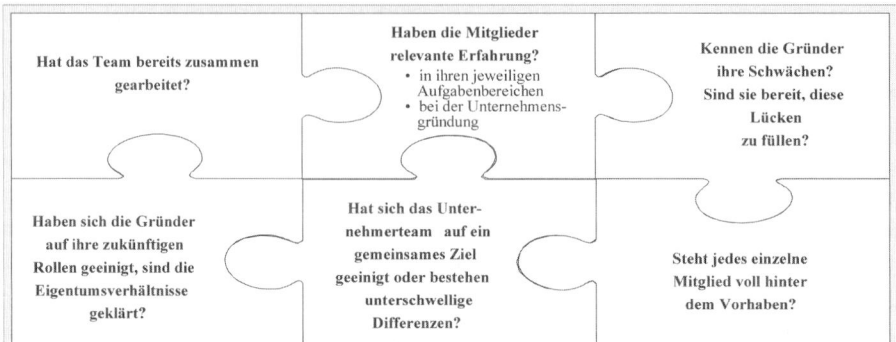

Abbildung V.19: Worauf professionelle Investoren Wert legen (Quelle: McKinsey)

Auch wenn das Gründerteam aus den dargestellten Gründen eine wichtige Rolle bei der Beurteilung eines Engagements durch VC-Geber darstellt, sind darüber hinaus natürlich noch andere Fragen von hoher Bedeutung. Mit Ausnahme der Frage nach der Ausstiegsoption für den Kapitalgeber sind diese Fragen durch den eingereichten Business Plan bzw. die darauf folgenden Diskussionen und die Due Diligence zu beantworten. Die dabei wichtigsten Fragen sollen im Folgenden kurz umrissen werden.

- *Produktidee:* Ist die Idee mit dem geplanten Zeit- und Mitteleinsatz realisierbar? Ist ein ausreichender Produktschutz (Patent u. a.) vorhanden. Sind eventuelle Hindernisse erkannt, und kann das Team diese überwinden? Naturgemäß wird eine Finanzierung nur erfolgen können, wenn der Kapitalgeber von einer sehr hohen Realisierungswahrscheinlichkeit überzeugt ist, da andernfalls sämtliche nachfolgend dargestellten Überlegungen obsolet werden. Wichtig ist außerdem, dass das Konzept klar fokussiert und schlüssig ist und nicht versucht wird, mit der viel zitierten „eierlegenden Wollmilchsau" zu starten.

- *Markt:* Wie groß ist der Markt für die Produkt-/Geschäftsidee? Eine Idee ist aus Venture-Capital-Sicht häufig uninteressant, wenn der anvisierte Markt nicht eine kritische Größe erreicht, die etwa bei € 250 Mio. liegt. An diesem Markt wird das neu zu gründende Unternehmen dann natürlich nur einen Anteil haben.

- *Wettbewerbssituation:* Hat das Unternehmen/Produkt ein Alleinstellungsmerkmal (USP = Unique Selling Point)? Sind die Markteintrittsbarrieren hoch genug? Wie hoch ist der zeitliche Vorsprung der eigenen Produktentwicklung gegenüber der Konkurrenz? Wie stark ist die Gefahr, dass man vom Wettbewerb „rechts überholt" wird?

- *Finanzplanung:* Sind die wichtigen finanziellen Größen der nächsten fünf Jahre grob, der nächsten zwei Jahre detailliert geplant? Existieren Planbilanzen, Plan-Gewinn-und-Verlustrechnungen sowie Plan-Cash-Flow-Rechnungen? Liegen diesen Planungen begründete und realistische Annahmen zugrunde? Bei der „harten" Planung dieser Rechenwerke zeigt sich für den Venture Capitalist, wie durchdacht und wie seriös die ihm vorgelegten Planungen sind. Wichtigste finanzwirtschaftliche Kenngrößen in den ersten Jahren sind der Unternehmenswert und der Umsatz.

- *Gewinnerwartung:* Aus der Finanzplanung sollte sich die realistische Aussicht ergeben, dass das zu finanzierende Unternehmen innerhalb einer angemessenen Zeit von wenigen Jahren beginnt, Gewinn zu machen. Die Vernachlässigung dieser wichtigen Anforderung an Geschäftspläne war sicherlich eine zentrale Ursache für den „New-Economy-Hype" und noch mehr für das abrupte Ende dieses Hype. Wurde hier doch zu stark auf die Komponenten Marketing und Vertrieb fokussiert, weniger in Produktentwicklung sowie eigentliche Marktnachfrage.

- *Exit-Option:* Besteht die realistische Chance, die Beteiligung an einem Unternehmen spätestens einige Jahre nach dem Zufluss von Venture Capital wertsteigernd weiter zu platzieren? Welche Exitkanäle stehen dem VC-Geber offen? Besteht die Möglichkeit eines Börsengangs (IPO = Initial Public Offering), ein Weiterverkauf an einen strategischen Investor („trade sale") oder kann die Beteiligung an den Altgesellschafter rückübertragen werden („buy back")? Da VCs ihren Profit aus der Wertsteigerung bei Verkauf und nicht aus den laufenden Erträgen erzielen, stellt eine geeignete Ausstiegsoption somit eine Conditio sine qua non für eine Venture-Capital-Finanzierung dar.

Hat sich die VC-Gesellschaft schließlich für ein Investitionsobjekt entschieden, beginnt die Finanzierung und Betreuung des Unternehmens.

2.2.4 Meilensteinbasierte Ausschüttungen des Kapitals

Nachdem die Finanzierungsentscheidung gefallen ist, kann die erste Auszahlung an das zu gründende Unternehmen erfolgen. Allerdings erfolgt diese Auszahlung in der Regel nicht auf einmal. Die Auszahlung des Venture Capital ist an die Erreichung vorher festgelegter Meilensteine gebunden. Wichtig dabei ist, dass diese Meilensteine externen Charakter haben und einen objektiv nachvollziehbaren Schritt auf dem Weg zum Unternehmenserfolg darstellen. Das Erreichen eines jeden Meilensteins bedeutet, dass die Unsicherheit über den Erfolg des Unternehmens abnimmt. Dazu trägt z. B. der Beweis der Akzeptanz des Produktes beim Kunden bei oder die Validierung der Marktgröße. Typischerweise können die folgenden vier Meilensteine betrachtet werden:

- *Technologie- und Marktvalidierung:* Zum Erreichen dieses Meilensteins trägt z. B. bei: der Abschluss wichtiger Entwicklungspartnerschaften, das Erlangen entscheidender Patente oder die Gewinnung eines ersten „Lead"-Kunden.

- *Beweis der ökonomischen Erfolgsaussichten, Rentabilität:* Als Indiz für das Erreichen dieses Meilensteines kann z. B. der Eintritt eines strategischen Partners gewertet werden oder der Abschluss von Allianzen zur Vermarktung.

- *Explosives Umsatzwachstum:* Dieses zeigt sich direkt in den Zahlenwerken des Unternehmens. Dazu beitragen, dass dieses Umsatzwachstum einsetzt, kann z. B. die Etablierung des eigenen Produktes als Industrie-Standard, das Errichten einer neuen Produktionslinie, die Akquisition von Großkunden oder das Angebot komplementärer Güter durch Dritte.

- *Nachhaltiges Gewinnwachstum:* Wenn auch der Umsatz in den allerersten Jahren nach der Gründung eine sehr wichtige Maßgröße für den Unternehmenserfolg darstellt, ist die Erzielung von Gewinnen der eigentliche Erfolgsmaßstab. Das Erreichen der Gewinnzone stellt damit den vierten Meilenstein vor dem Übergang in den laufenden Betrieb des Unternehmens dar.

Der Vorteil der Methode der externen Meilensteine liegt darin, dass ein absehbarer Misserfolg deutlich früher erkannt werden kann. Ist das Gründerteam nicht in der Lage, bestimmte Meilensteine innerhalb einer vorgesehenen Zeit und innerhalb eines vorgesehenen Budgets zu erreichen, wird der VC-Geber auf signifikante Änderungen bestehen, was bis zu einem Austausch des Management-Teams gehen kann. Ein Beispiel dafür, welchen Erfolg diese Konsequenz der VC-Geber haben kann, lieferte *Cisco Systems*: Das von der Venture-Capital-Firma *Sequioa* finanzierte Gründerehepaar SANDY LERNER und LEONARD BOSACK hatte mehr Interesse an technischer Perfektion als an der vom VC als notwendig erkannten Erschließung neuer Märkte. Nachdem kein Konsens mit den Gründern erzielt werden konnte, besetzte *Sequioa* die *Cisco*-Führung mit erfahrenen externen Managern. Wenige Jahre später erhielten die Gründer beim erfolgreichen Börsengang dann die Summe von $ 170 Mio. für ihre Anteile (Eglau et al., 2000, S. 74).

2.2.5 Ausstieg des VC-Gebers

Nach gemeinsamer, erfolgreicher Arbeit zwischen Beteiligungsunternehmen und Venture-Management findet eine VC-Finanzierung ihren Abschluss in der Desinvestitionsphase. VC-Gesellschaften stellen die ersten hierzu erforderlichen Überlegungen bereits vor dem Eintritt in das Beteiligungsunternehmen an.

Die VC-Gesellschaft sucht nach Interessenten, um ihre Kapitalanteile an der Beteiligungsgesellschaft zu veräußern und dadurch den Gewinn ihres Engagements zu realisieren. Hierbei sind eine möglichst hohe Fungibilität der Kapitalanteile und eine große Anzahl von Optionen an Interessenten von Vorteil, um eine unproblematische Veräußerung zu ermöglichen. Venture Capitalists unterscheiden in der Regel drei Ausstiegswege aus einem Beteiligungsunternehmen:

- *Börseneinführung:* Trotz hoher Emissionskosten und der steuerlichen Nachteile der Aktienfinanzierung ist ein IPO (zu IPOs vgl. z. B. Jakob, 1998), d. h. ein Börsengang des jeweiligen Beteiligungsunternehmens, für beide Partner die vorteilhafteste Alternative. Zum einen kann der VC-Geber nach einer mit der Emissionsbank vorher festgelegten Frist („lock up period") seine Anteile entweder über die Börse oder per „block trade" veräußern, zum anderen ergibt sich - einen nachhaltig steigenden Aktienkurs vorausgesetzt – für das Unternehmen ein positiver Image- und Publizitätsgewinn. In Deutschland hat die Eröffnung des Neuen Marktes im Jahr 1997 die Möglichkeit für IPOs erheblich erleichtert. Die Rahmenbedingungen in diesem Segment des Wertpapierhandels sind auf die Bedürfnisse junger Wachstumsunternehmen zugeschnitten und bieten daher ideale Voraussetzungen für erfolgreiche Börseneinführungen, wenn auch aus heutiger Sicht einige Regularien der Börsenaufsicht der Überprüfung bedürfen. Von

1997 bis 1999 hat sich denn auch der Anteil von IPOs an den Exits von 4 % auf knapp 13 % erhöht. Durch den seitdem eingetretenen Vertrauensverlust des Neuen Marktes bei den Anlegern ging der Anteil der IPOs jedoch danach wieder zurück auf etwa 9 % in 2000 und gar 0,4 % in 2001.

- *Trade Sale:* Auch bei dieser Alternative gilt die schnelle Verfügbarkeit liquider Mittel für die VC-Gesellschaft als weitgehend gesichert. Die Beteiligungsunternehmen müssen jedoch einen Verlust ihrer unternehmerischen Selbständigkeit befürchten. Falls der industrielle Käufer an einer bestimmten Technologie oder am Eindringen in die vom Beteiligungsunternehmen besetzte Marktnische stark interessiert ist, bietet sich für die VC-Gesellschaft und eventuell dem Alteigentümer allerdings unter Umständen die Möglichkeit, einen höheren Preis als an der Börse zu erzielen.

- *Rückkauf der Anteile durch das Beteiligungsunternehmen:* Diese Möglichkeit räumt dem Beteiligungsunternehmen wieder die volle Unabhängigkeit ein, stellt aber aufgrund der gegensätzlichen Interessen von Beteiligungsunternehmer und VC-Gesellschaften hinsichtlich des Verkaufspreises eine problematische Alternative dar. Weiterhin wird die Mittelaufbringung für das Beteiligungsunternehmen möglicherweise Schwierigkeiten mit sich bringen und die Auszahlung liquider Mittel an die VC-Gesellschaft verzögern.

Zusammenfassend lässt sich festhalten, dass Venture Capital, die Kombination von Finanzierung und Management-Unterstützung, für viele Gründerteams mit ambitionierten Zielen eine Lösung von wichtigen Problemen darstellen kann. Es sollte allerdings nicht der Eindruck entstehen, VC allein sei schon der Königsweg zur erfolgreichen Unternehmensgründung. Vielmehr stellt es einen „enabler" oder „accelerator" dar, der Unternehmensgründungen vereinfacht und es dem Gründungsteam ermöglicht, sich dem eigentlichen Geschäftsaufbau zu widmen.

2.3 Venture Capital aus der Perspektive des zu gründenden Unternehmens

Entschließt sich ein Unternehmen zur Finanzierung durch Venture Capital, müssen, bevor ein VC-Geber angesprochen wird, einige „Hausaufgaben" vorher gemacht und Fragestellungen richtig definiert werden.

Im nächsten und schwierigeren Schritt sind die Investoren bzw. VC-Geber (zumindest einer von ihnen) dann so weit von der Geschäftsidee zu überzeugen, dass sie bereit sind, in das Projekt zu investieren.

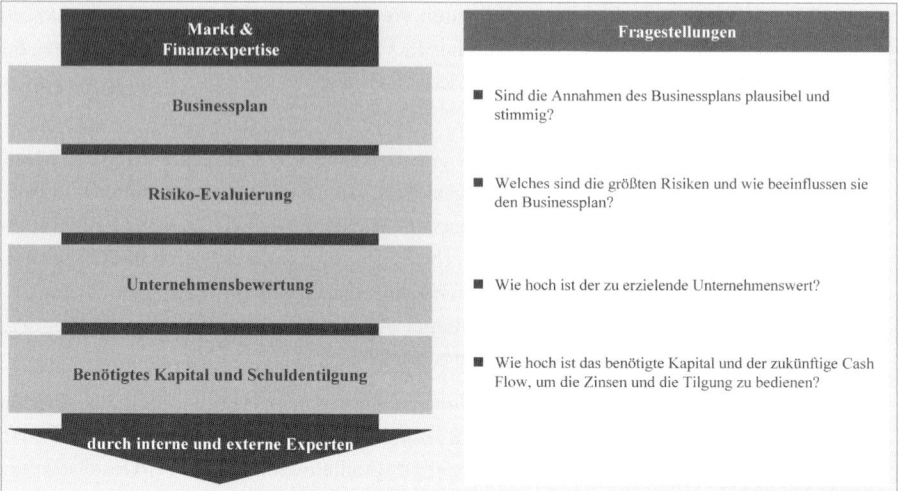

Abbildung V.20: Primäre Fragestellungen eines Start ups (Quelle: Arthur D. Little, 2002)

2.3.1 Vorbereitung auf die Kontaktaufnahme mit einer Venture-Capital-Gesellschaft

Die Anstrengungen, die erforderlich sind, um eine Venture-Finanzierung zu erhalten, unterscheiden sich grundlegend von der Antragstellung für einen Kredit. Damit ist es für den kapitalsuchenden Unternehmer wichtig zu wissen, welche Erwartungen er an eine Partnerschaft mit einer VC-Gesellschaft und deren Kompetenzen stellen kann und welche Erwartungen umgekehrt die VC-Gesellschaft an ihn stellen wird. Bei der Analyse der eigenen Stärken und Schwächen und damit einer genauen Formulierung der Anforderungen an einen potenziellen VC-Partner hilft wiederum der Business Plan[9]. Ein VC-Geber sollte insbesondere in den Bereichen stark sein, in denen das Start-up-Unternehmen eigene Lücken erkannt hat.

Abschluss der Vorbereitung ist die Auswahl der richtigen Gesprächspartner in der VC-Branche. Dabei sollten nicht alle potenziellen VC-Geber angesprochen werden – das schadet. Vielmehr sollte versucht werden, eine Auswahl geeigneter Venture-Capital-Partner zielgerichtet und konzentriert für eine Partnerschaft zu gewinnen.

2.3.2 Auswahl geeigneter Venture-Capital-Gesellschaften

Der erste Schritt bei der Auswahl von geeigneten VC-Gesellschaften ist die Abgrenzung derjenigen VC-Geber, die aufgrund ihrer Auswahlkriterien keine Zusammenarbeit mit dem zu gründenden Unternehmen zulassen. Diese Kriterien können sich entweder darauf beziehen, nur Unternehmen einer bestimmten Branche zu finanzieren oder die Phase des Unter-

---

[9] Zu Inhalten und Gestaltung des Businessplans vgl. Kapitel II.4.

nehmens-Lebenszyklus bzw. den Finanzierungsanlass zum Kriterium zu machen. Auf die Vor- und Nachteile einer Branchenfokussierung wird im Folgenden noch eingegangen. Bezüglich der Phase im Lebenszyklus des Start-ups sei auf die Abbildung V.13 verwiesen.

Die Erwartungen, die an die VC-Gesellschaft gestellt werden sollten, lassen sich in zwei Dimensionen unterteilen. Zum einen ist es die Bereitstellung von Kapital, die für eine Vielzahl von Gründern vordergründig am wichtigsten ist. Zum anderen – und dieser Punkt ist von höherer Bedeutung – erwarten Gründer vom VC-Geber Coaching, Beratung und Zugang zu seinem Netzwerk. Sie erhalten dies in Form von allgemeinem Gründungs-Knowhow, im Idealfall jedoch zusätzlich durch spezielle Branchenkenntnisse.

Aus dieser zweigeteilten Erwartungshaltung ergeben sich auch die Kriterien, die bei der Auswahl des geeigneten VC-Gebers zu berücksichtigen sind. So sollte er natürlich in ausreichendem Maße – allein oder mit Co-Investoren – Kapital zur Verfügung stellen können. Diese Anforderung ist aber gewissermaßen selbstverständlich für jeden VC-Fonds, weshalb hierauf nicht weiter eingegangen wird. Bezüglich der immateriellen Leistung können die folgenden Kriterien zur Auswahl eines geeigneten VC-Gebers herangezogen werden:

- *Branchenfokus:* Zahlreiche VC-Firmen konzentrieren ihre Engagements auf bestimmte Geschäftsfelder bzw. Branchen. So gibt es zahlreiche Fonds-Gesellschaften, die entweder verstärkt in Unternehmen aus dem *Health Care* Bereich (Life Science, Biotech oder Meditech) oder *TIMES* (*T*elecommunication, *I*T, *M*ultimedia, *e*-Commerce/Internet, *S*ervices) investieren. Für das Gründungsteam bedeutet eine Fokussierung des Fonds in der Regel verstärkt vorhandenes Branchen- und Produkt-Know-how mit dem dazu gehörenden Netzwerk, das in die Partnerschaft eingebracht werden kann.

- *Unabhängige Venture Capitalists vs. Corporate Venture Capital (Captive VC):* Corporate Venture Capital wird von Töchtern größerer Unternehmen immer mehr zur Verfügung gestellt und konzentriert sich in der Regel auf Investments, die meistens aus F&E-Zwecken in Beziehung zur Tätigkeit des Mutterunternehmens stehen. Ausnahmen von rein finanziell motivierten Beteiligungen bestätigen jedoch diese Regel. Für ein Gründerteam bedeutet die Finanzierung durch Corporate Venture Capital häufig bevorzugte Kontakte zum Mutterhaus und zu dessen Netzwerk; dies kann z. B. bei der Gewinnung von Referenzkunden von Bedeutung sein. Auf der anderen Seite könnte von Fall zu Fall die Gefahr bestehen, dass es aufgrund von mangelnder Neutralität gegenüber dem Captive VC (als Tochter eines Konzerns) zu Interessenskonflikten kommen könnte.

- *Image/Renommee:* Wie in jeder von Wettbewerb geprägten Branche unterscheiden sich auch Venture-Capital-Firmen in ihrem Renommee und ihrem Image. Die Tatsache, durch eine besonders erfolgreiche Venture-Capital-Firma finanziert zu werden, bedeutet eine nicht zu vernachlässigende Erhöhung der eigenen Erfolgschancen. Als herausragendstes Beispiel kann die US-Venture-Capital-Firma *Kleiner Perkins Caufield & Byers* angeführt werden. Allein durch ihre Verbindungen zu den selbst finanzierten und erfolgreich gewordenen Unternehmen kann sie es neu finanzierten Unternehmen erheblich leichter machen, Geschäftspartner zu gewinnen. Mitglied dieses sogenannten „Keiretsu" zu sein, hat also unmittelbare ökonomische Vorteile. Darüber hinaus bedeutet eine Finanzierung durch JOHN DOERR oder VINOD KOSHLA[10] eine Art „Ritterschlag" für das Start-up-Team, der allein schon viele Türen öffnen kann. Diesen natürlich auch den Kapitalgebern bekannten Effekt lassen sich die VC-Firmen jedoch durch zusätzliche Anteile entgelten, die bei der Finanzierung durch weniger renommierte Kapitalgeber in den Händen der Gründer verbleiben würden.

2.3.3 Typischer Ablauf eines Finanzierungsprozesses

Der typische Ablauf eines Finanzierungsprozesses von der ersten Kontaktaufnahme bis hin zum Ausstieg des VC-Gebers durch den Verkauf seiner Anteile über eine der verschiedenen Ausstiegsoptionen wird in Abbildung V.21 dargestellt.

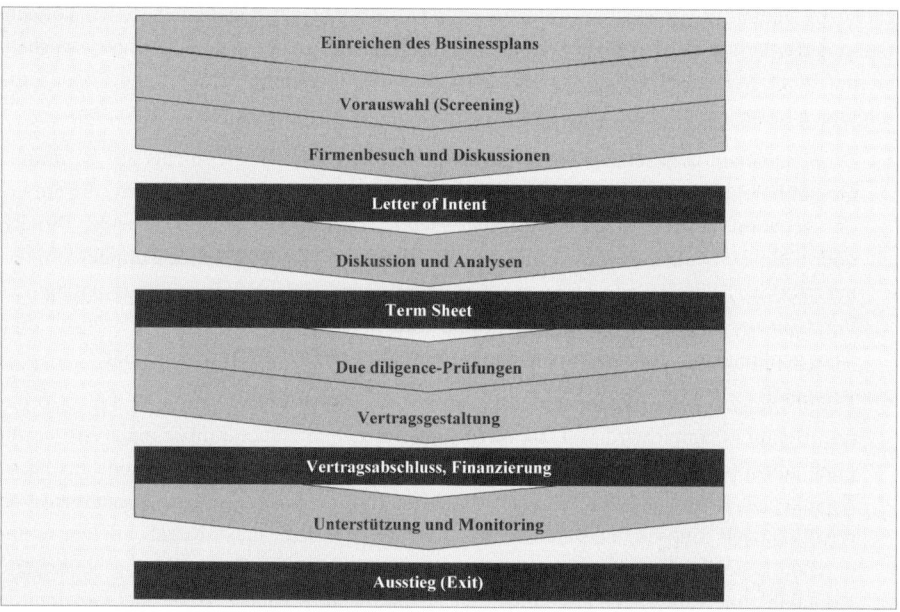

Abbildung V.21: Investitionsprozess einer typischen Venture-Capital-Investition (Quelle: in Anlehnung an Heucher/Ilar/Kubr, 1999, S. 7)

Etwas vereinfachend ist der Prozess, eine VC-Finanzierung zu erlangen, vergleichbar mit einem Bewerbungsprozess bei einem professionellen Unternehmen. Das Bewerbungsschreiben ist der Business Plan und die Diskussionen und Analysen des Plans und des Gründerteams entsprechen den fortschreitenden Interviews bzw. „assessment centers" bis hin zu einem abschließenden Entscheidungsgespräch („final interview"), das mit der Möglichkeit zum Unternehmenseinstieg bzw. in diesem Fall mit der Zusage der Finanzierung endet. Im Detail gestalten sich die Prozessschritte zur Finanzierung wie folgt:

---

[10] Beide sind Partner bei *Kleiner Perkins*.

- *Einreichen des Business Plans:* Der Prozess beginnt mit dem Einreichen eines Business Plans (vgl. Kapitel II.4) an den VC-Geber.

- *Vorauswahl (Screening):* Nur etwa zehn Prozent der eingereichten Geschäftspläne werden nach der ersten Vorauswahl in nähere Betrachtung gezogen. Neben der Machbarkeitsanalyse, welche die Erfolgsaussichten verdeutlicht, wird hier auch geprüft, ob die Geschäftsidee den grundlegenden Kriterien des Venture-Capital-Investors, wie z. B. Branchenzugehörigkeit, entspricht.

- *Firmenbesuch und Diskussionen:* Die verbliebenen Geschäftskonzepte erfahren eine intensivere Analyse, in der mit einem Aufwand von einigen Tagen die kritischen Informationen und wichtigen Annahmen des Business Planes überprüft werden. In den folgenden persönlichen Gesprächen hat der VC-Geber darüber hinaus die Möglichkeit, erste individuelle Eindrücke vom Gründungsteam zu gewinnen. Zu beachten ist hierbei, dass das Gesamtbild des Gründerteams die Investitionsentscheidung erheblich beeinflusst. Nach Abschluss der detaillierteren Analyse der Business Pläne und der persönlichen Gespräche verbleibt etwa die Hälfte, das sind 5 % der zu Beginn eingereichten Geschäftspläne, „im Rennen". Ursprüngliche Vorstellungen der Gründer müssen hier oftmals revidiert und auf Basis der Erfahrungen des VC-Gebers an die Realität angepasst werden. Auf welche Dinge bei diesen Prüfungen Wert gelegt wird, wurde bereits weiter oben diskutiert.

- Als Einstieg in weitere Verhandlungen erhalten die Gründer durch die Risikokapitalgeber einen so genannten „Letter of Intent", mit dem der VC-Geber sein Interesse an ernsthaften weitergehenden Verhandlungen zum Ausdruck bringt. Dieser beinhaltet manchmal auch die Exklusivität, nur mit diesem VC-Geber weiter zu verhandeln.

- *Diskussion und Analysen:* Es folgt eine weitere Phase der Diskussionen und Analysen, an deren Ende das so genannte „term sheet" steht. In diesem Dokument werden auf einer zunächst noch vorläufigen Basis die Eckpunkte einer potenziellen Partnerschaft fixiert. Zu diesen zählen beispielsweise:

    – der Umfang des Investments,

    – der sich daraus ergebende Eigentumsanteil für den VC-Geber,

    – die Berichterstattungspflichten und Entscheidungsbefugnisse der Gründer,

    – die Haftungsbeschränkungen und Vertraulichkeitserklärungen,

    – die Art und der Umfang der Unterstützung für das Gründungsteam,

    – die Regelungen für Gewinnverteilungen, Stock-Option- und Kapitalerhöhungspläne,

    – die Dauer der Venture-Capital-Beteiligung sowie potenzielle Ausstiegsrechte,

    – das Verfahren für weitere Finanzierungsrunden.

Die vordergründigen Interessen von VC-Geber und -Empfänger laufen bei diesen Diskussionen naturgemäß auseinander. Der VC-Geber möchte für sein Kapital einen möglichst großen Anteil am Unternehmen erhalten, der Empfänger nur einen möglichst geringen Teil abgeben. Insbesondere bei Angeboten von mehreren VC-Gebern ist die Verlockung groß, dasjenige Angebot zu wählen, welches den größten Anteil bei den Gründern belässt. Berücksichtigt man jedoch, dass eine bessere Unterstützung durch einen anderen VC-Geber den Wert des Gesamtunternehmens signifikant beeinflussen kann, bedeutet diese Entscheidung aus Sicht der Gründer unter Umständen die Wahl zwischen 80 % von € 100 Mio. und 65 % von € 200 Mio. Wissenschaftlich exakte Methoden der Unternehmensbewertung sind in der Praxis nur sehr beschränkt einsetzbar. In der Regel orientiert man sich daher an einem in der VC-Branche je Finanzierungsrunde üblichem „Marktpreis". Dieser hängt im Wesentlichen ab von der Erfahrung und Expertise des Management-Teams, der Marktreife des Produktes und der aktuellen Marktsituation bei Beteiligungskapital. Bewertungsmaßstäbe sind die im Kapitel VII beschriebenen Ansätze. Grundsätzlich werden hier verschiedene Multiplikatoren (auf Kennziffern wie Umsatz, Betriebsergebnis, Jahresüberschuss, Kurs/Gewinn-Verhältnis von vergleichbaren börsennotierten Unternehmen) oder Ertragswertmethoden wie das Discounted-Cash Flow-Modell herangezogen.

- *Due-Diligence-Prüfung:* Basierend auf der vorläufigen Einigung erfolgt eine letzte, aber intensive so genannte „Due-Diligence- (=Sorgfältigkeits-) Prüfung" (zum allgemeinen Ablauf einer Due Diligence vgl. Berens/Brauner, 1999). Im Rahmen dieser eingehenden Prüfung werden noch einmal sämtliche Annahmen des Geschäftskonzeptes validiert und Gespräche mit Inhabern von Schlüsselpositionen im Unternehmen sowie mit (potenziellen) Kunden, Lieferanten und anderen Geschäftspartnern geführt. Oft werden bei diesen Untersuchungen auch außenstehende Know-how-Träger hinzugezogen, etwa Unternehmensberater, Rechtsanwälte oder Steuerberater. Ausgehend von der Anzahl der ursprünglich eingereichten Geschäftspläne schließt weniger als ein Prozent diese Due Diligence so positiv ab, dass sie eine Finanzierung erhalten.

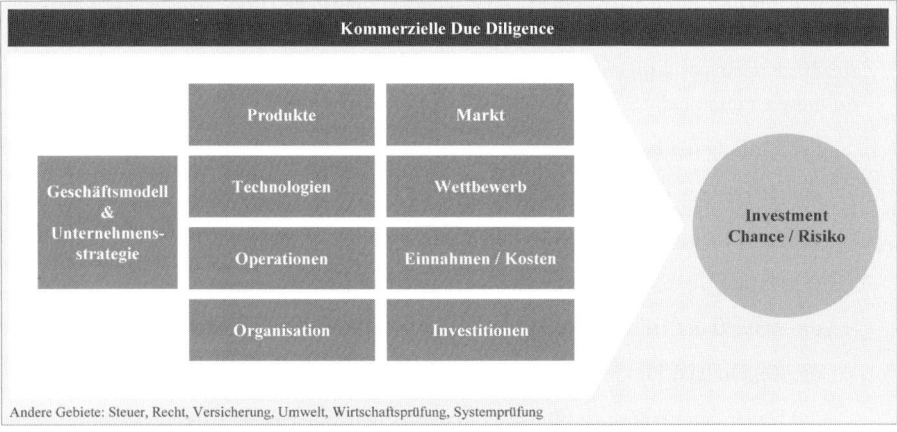

Abbildung V.22: Due-Diligence-Prüfung (Quelle: Arthur D. Little, 2002)

- *Vertragsgestaltung:* In dieser letzten Phase vor Abschluss des Vertrages sind noch offene Fragen zu klären, und es ist zu prüfen, ob das Gründungsteam die im „term sheet" bereits vereinbarten Meilensteine erreicht hat. Mit der Unterzeichnung des Vertrages und der Durchführung der Finanzierung endet auch diese Phase.

- *Unterstützung und Monitoring:* Nach der Ausschüttung der Finanzierung erhält das Unternehmen idealer Weise fortlaufende Management-Unterstützung. Art und Umfang dieser Unterstützung können sehr unterschiedlich ausfallen und hängen sowohl von der Qualifikation des Managements ab als auch vom Leistungsangebot und der Kompetenz der VC-Gesellschaft. Dazu kommt das professionelle *Monitoring*: Überwacht wird, ob vereinbarte Ziele erreicht und festgesetzte Meilensteine realisiert wurden; bei Planabweichungen werden Gegenmaßnahmen diskutiert.

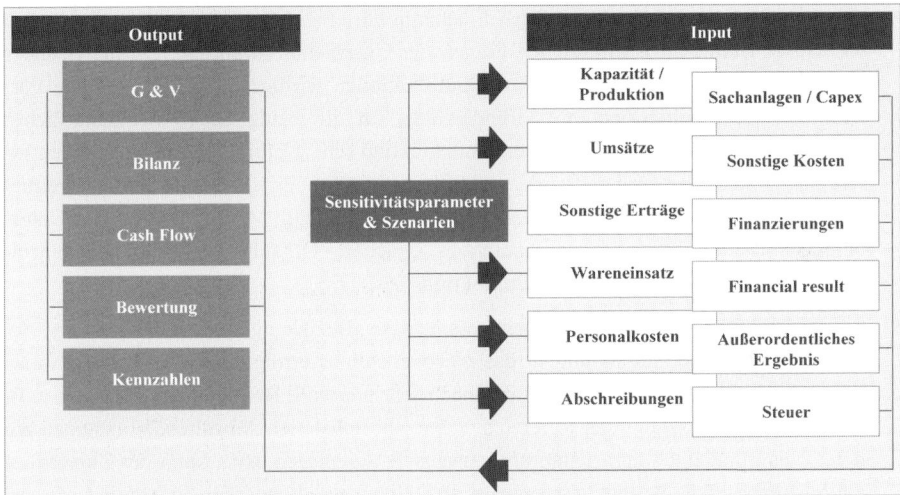

Abbildung V.23: Unterstützung und Monitoring (Quelle: Arthur D. Little, 2002)

- *Ausstieg (Exit):* Der letzte Schritt im Finanzierungsprozess ist der Ausstieg des VC-Gebers aus dem Unternehmen. Dabei gibt der Risikokapitalgeber seine Unternehmensanteile an Dritte ab.

2.3.4 Konsequenzen von Risikokapital für die Gründer

Für die Gründer bringt die Finanzierung durch Venture Capital zahlreiche Unterschiede im Vergleich zu traditionellen Finanzierungsalternativen mit sich. Dies lässt sich exemplarisch an folgenden Punkten verdeutlichen:

- *Abgabe von Anteilen:* Als Gegenleistung für das Kapital, das der VC-Geber in das Unternehmen investiert, erhält er Anteile an diesem Unternehmen. Das Gründerteam ist somit nicht mehr Alleineigentümer und dadurch naturgemäß in seinen Freiheitsgraden stärker eingeschränkt als zuvor. Wie viele Anteile an den VC-Geber abzugeben sind, hängt von der Bewertung des Investitionsobjektes, also des Start-ups, und von der benötigten Liquiditätsmenge ab.

- *Berichterstattungspflicht:* Als Miteigentümer und zur Absicherung ihres finanziellen Risikos verlangen VC-Gesellschaften regelmäßige Berichte über den Gründungs- bzw. Geschäftsverlauf. Insbesondere auf Gründerteams, die zuvor in der sprichwörtlichen

"Garage" und relativ unkontrolliert von der Außenwelt gearbeitet haben, kommt damit ein ungewohnter „Reporting"-Aufwand zu. Auf den ersten Blick mag dies als lästige Pflicht erscheinen. Allerdings sind die Gründer so veranlasst, sich regelmäßig auch selbst Rechenschaft über den Status der eigenen Arbeit abzulegen, was letztendlich zu einem strukturierteren Vorgehen beiträgt. Im Falle von Planabweichungen kann die Berichterstattungspflicht helfen, Probleme rechtzeitiger zu erkennen und damit wirkungsvollere Gegenmaßnahmen zu ermöglichen.

- *Coaching und Beratung:* Neben den Finanzmitteln erhält das Gründerteam durch den VC-Geber Beratung in zahlreichen Fragen der Unternehmensführung. Da die Gründer nicht immer über alle erforderlichen Qualifikationen verfügen und insbesondere vornehmlich technologieorientierte Gründerteams oft zu wenig betriebswirtschaftliches Fachwissen mitbringen, ist diese Beratungsfunktion sehr wichtig. Zu den besonderen Interessengebieten der Gründer zählen dabei laut einer Erhebung beim Gründungswettbewerb „Start-up" in der Reihenfolge absteigender Bedeutung: Marketing/Vertrieb, Unternehmensführung, Finanzierung, operatives Geschäft, Organisation/Personal, Controlling/Rechnungswesen sowie F&E/Produktion.

- *Networking:* Eine alte Volksweisheit besagt, dass „Beziehungen nur dem schaden, der sie nicht hat". Die Einbindung in das Netzwerk eines erfolgreichen und idealerweise schon lange aktiven VC-Gebers ist demnach sehr wertvoll. Bei diversen Anlässen, z. B. der Suche nach „Lead"- oder Referenzkunden, spezialisierten Anwälten, Vorständen anderer Neugründungen zum Erfahrungsaustausch, Agenturen usw., kann der Zugriff auf ein leistungsstarkes Beziehungsnetzwerk den Unterschied zwischen Erfolg und Misserfolg ausmachen.

Eine Zusammenfassung der Vor- und Nachteile der Finanzierung einer Unternehmensgründung mit Venture Capital ist Abbildung V.24 zu entnehmen.

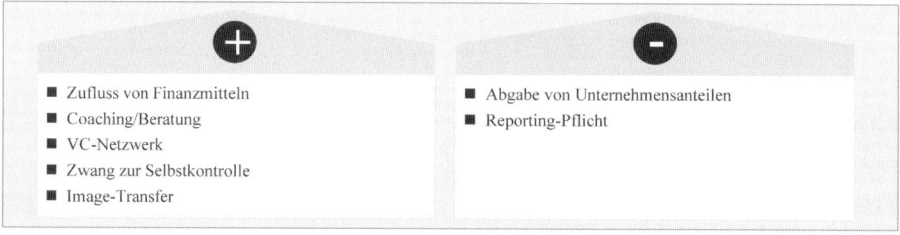

Abbildung V.24: Vor- und Nachteile der Venture-Capital-Finanzierung

2.4 Tendenzen und Schlussfolgerung

Hatten sich die VC-Investitionen in High-Tech-Unternehmen zwischen den Jahren 1984 und 1998 fast verfünfzehnfacht (EVCA, 1998), so bedeutet die aktuelle Entwicklung der Jahre 2000 und 2001 an den Wachstumsbörsen und die damit einhergehenden Probleme für VC-Geber, wie geplant aus ihren Investments auszusteigen, eine signifikante Belastung für das VC-Geschäft. Niedrigere Unternehmensbewertungen, Schwierigkeiten auf der Exit-Schiene und ein schwaches konjunkturelles Klima verstärken diesen Trend. Selbst im technologiegetriebenen Land USA ist eine gewisse Ernüchterung eingetreten.

> *„The venture capital industry is cyclical, and it's important to put today's environmental into perspective. During the last downturn in the early 1990's it took the industry several years to fully recover. Today, venture capitalits are back to their normal modus operandi, which is being extremely selective about new investment opportunities and build companies that offer sustainable value." (Heesen, 2002).*

Aus diesem Grunde werden wir innerhalb der VC-Branche eine weitere Konsolidierung in Europa als auch in den USA erleben mit einem „shake out" speziell derjenigen VC-Firmen, die in den Boomjahren 1999/2000 entstanden sind. Geringere Investitionsvolumina sowie ein schwierigeres Umfeld beim Fundraising belegen dies.

Davon wenig beeinflusst wird Venture Capital jedoch auch weiterhin eine wichtige Quelle für die Finanzierung und die unternehmerische Unterstützung von innovativen Gründungen bleiben. Dies wird belegt durch die anhaltende Zunahme von Neugründungen bzw. jungen Unternehmen in Wachstumsbereichen sowie auch die wachsende Akzeptanz speziell auf der Investorenseite. Wie schon seit langem in den USA üblich, gibt es in Europa ein wachsendes Interesse in Venture Capital seitens Stiftungen, Pensionsfonds, Universitäten und ähnlichem.

Für die etablierten VC-Firmen bedeutet das Ende des „Hype" denn auch eher eine Rückkehr zum Normalzustand als ein Scheitern des VC-Konzeptes. Dies bewirkt zum einen, dass VC-Gesellschaften mit einer klar fokussierten und konsequent umgesetzten Strategie auch weiterhin erfolgreich agieren können. Zum anderen wird speziell für Gründerteams mit innovativen und kommerzialisierbaren Ideen die „Early-stage"-Finanzierung mittels Venture Capital nach wie vor eine in vielen Fällen vorrangig in Betracht zu ziehende Alternative sein.

3. Vertragsgestaltung zwischen Start-up-Unternehmen und Investoren (Contracting)

THEODOR BAUMS / MATTHIAS MÖLLER

3.1 Grundlagen der Vertragsbeziehung

3.1.1 Bereitstellung von Eigenkapital und Managementbetreuung

Die erfolgreiche Finanzierung eines Start-up-Unternehmens erfordert neben der Kapitalbereitstellung insbesondere bei technologieorientierten Gründungen eine Managementbetreuung für die häufig kaufmännisch unerfahrenen Gründergesellschafter. Die Managementbetreuung findet überwiegend in den Bereichen Finanzierung, Marketing/Vertrieb, Personal, Strategie/Planung statt, kann aber auch auf die Produktentwicklung ausgedehnt werden. Diese kombinierte Dienstleistung bieten spezialisierte Investoren an. Je nachdem, ob diese Dienstleistung von den Investoren in einer organisierten Unternehmensform oder eher informell, einzeln oder auch in losen Gruppen erbracht wird, werden sie als „Venture Capitalists" (Wagniskapital-Finanzier) oder als „Business Angels" bezeichnet. Die Kapitalbereitstellung erfolgt überwiegend in der Form von Eigenkapitalbeteiligungen (Deutsche Bundesbank, 2000, S. 15–17).[11] Dies ist vor dem Hintergrund zu sehen, dass es den Start-up-Unternehmen an materiellen Vermögenswerten fehlt, die als Kreditsicherheiten dienen könnten. Außerdem würde den jungen Unternehmen durch regelmäßige Zins- und Tilgungszahlungen die für eine rasche Unternehmensentwicklung benötigte Liquidität entzogen. Eine reine Fremdkapitalfinanzierung würde damit gerade das Beteiligungsziel, – mit einer zügigen Unternehmensentwicklung eine Wertsteigerung des Unternehmens zu erreichen –, konterkarieren. Um die Motivation der Gründergesellschafter nicht zu beeinträchtigen, übernehmen die Investoren regelmäßig lediglich Minderheitsbeteiligungen, obwohl sie den „Löwenanteil" des benötigten Kapitals bereitstellen. Die Eigenkapitalbeteiligung bedeutet für die Investoren eine Möglichkeit, an der potenziellen Steigerung des Unternehmenswertes zu partizipieren. Dies ist das vorrangige Motiv für ihr Beteiligungsengagement. Nur die Möglichkeit, über ein Desinvestment die potenziell unbegrenzte Wertsteigerung ihrer Unternehmensbeteiligung realisieren zu können, rechtfertigt das hohe Risiko eines Totalverlustes der investierten Mittel (Pfeifer, 1999, S. 1665). Auch für diese Möglichkeit ist eine sofortige oder spätere Beteiligung am Eigenkapital des Start-up-Unternehmens unerläss-

---

[11] Im Jahr 1999 wurden 50,6 % der Bruttoinvestitionen in Form von echtem Eigenkapital getätigt und 44,5 % als „Quasi-Equity" (stille Beteiligungen, Mezzanine und Gesellschafterdarlehen) bereitgestellt (BVK, 2000, S. 59).

lich.[12] Daneben ist die mit der Eigenkapitalbeteiligung verbundene mitgliedschaftliche Stellung der Investoren die Grundlage für eine effektive Managementbetreuung. Den Investoren werden hierdurch zum einen mitgliedschaftliche Informations-, Kontroll- und Einflussrechte gewährt und zum anderen bietet ihre Beteiligung am Unternehmenserfolg einen weit über die Möglichkeiten einer bloßen Beratervergütung hinausgehenden Leistungsanreiz.

3.1.2 Interessengegensätze und Agency-Probleme

Bei der Finanzierung eines Start-up-Unternehmens bestehen im Verhältnis der Investoren zu den Gründergesellschaftern erhebliche Informationsasymmetrien. Die Investoren sind häufig nicht in der Lage, die fachlichen Fähigkeiten der Gründergesellschafter und die technische Machbarkeit eines innovativen Produkts und dessen Marktchancen hinreichend zu beurteilen. Diese Informationsdefizite werden durch subjektive Verhaltensweisen der Gründergesellschafter wie z. B. deren Fleiß, Sorgfältigkeit und Fairness den Investoren gegenüber, die ebenfalls weithin unbekannt sind, verschärft. Dagegen besitzen die Gründergesellschafter jedenfalls hinsichtlich der technischen Machbarkeit ihres Produkts und ihrer eigenen Fähigkeiten und Verhaltensweisen einen natürlichen Informationsvorsprung. Hieraus ergibt sich eine asymmetrische Informationsverteilung. Diese asymmetrische Informationsverteilung führt mit der Kapitalüberlassung zu Handlungsspielräumen der Gründergesellschafter, die der Kontrolle und der Einflussnahme der Investoren nur begrenzt zugänglich oder gar vollends entzogen sind. Hierbei ist zu berücksichtigen, dass die Investoren und die Gründergesellschafter zwar beide an einer Wertsteigerung des Unternehmens interessiert sind, aber hinsichtlich des Weges und des Zeithorizonts zur Erreichung dieses Ziels durchaus unterschiedlicher Meinung sein können (Pfeifer, 1999, S. 1665–1666). Vor diesem Hintergrund besteht die Gefahr, dass die Gründergesellschafter diese Handlungsspielräume missbrauchen. Damit übernehmen die Investoren hier die Rolle eines Prinzipals, der sich vor missbräuchlichen Verhaltensweisen seiner nur begrenzt kontrollierbaren Agenten, der Gründergesellschafter, schützen muss. Die Agency-Theorie hat in dem Verhältnis Prinzipal / Agent typische Verhaltensmuster identifiziert, die zu einer Schädigung des Prinzipals führen können. So können die Gründergesellschafter z. B. eine vorher vereinbarte Geschäftsstrategie zum Nachteil der Investoren ändern, ohne dass diese Verhaltensänderung zunächst sanktioniert werden könnte. Dieses opportunistische Verhalten wird von der Agency–Theorie als „*hold–up*" bezeichnet (Schween, 1996, S. 142–143). Eine weitere Verhaltensunsicherheit besteht bei Start-up-Unternehmen der High-Tech-Branche insbesondere darin, dass die Gründergesellschafter durch die Eigenkapitalbereitstellung zu kostspieliger aber marktferner Forschung veranlasst werden oder die Unternehmensentwicklung mit weniger Fleiß und Sorgfalt betreiben, wobei häufig kaufmännische Unternehmensbereiche vernachlässigt werden. Dieser Problemkreis wird mit dem Begriff „*moral hazard*" umschrieben (Schween, 1996, S. 144–145).

---

[12] Dies kann auch mit Fremdkapitalinstrumenten erreicht werden, soweit diese mit einem Umtausch- oder Bezugsrecht für Gesellschaftsanteile ausgestattet sind (Nitschke, 1996, S. 103 ff.).

Zur Reduzierung dieser Agency-Probleme hat die Vertragspraxis einflusssichernde und verhaltenssteuernde Vertragsregelungen entwickelt.

3.2 Einflusssichernde und verhaltenssteuernde Vertragsgestaltung

3.2.1 Gestaffelte Finanzierung

3.2.1.1 Mechanismus der gestaffelten Finanzierung

Die Investoren stellen dem Start-up-Unternehmen die benötigten Mittel nicht in einem Betrag zur Verfügung. Vielmehr werden mehrere aufeinander folgende Finanzierungsrunden durchgeführt. Jede weitere Finanzierungsrunde ist durch das Erreichen bestimmter Unternehmensziele bedingt (Bartlett, 1995, § 10.2, S. 215). Solche Unternehmensziele oder Meilensteine können sowohl finanzielle Ziele, so z. B. bestimmte Umsatz- oder Ertragsgrößen als auch produktions-entwicklungsorientierte Ziele, wie z. B. die Fertigstellung eines Prototyps, das Bestehen unterschiedlicher Testverfahren, die Serienproduktionsreife oder der Erhalt von Genehmigungen sein (Bartlett, 1995, S. 215).[13] Das Start-up-Unternehmen erhält in jeder Finanzierungsrunde nur so viel Kapital, wie es benötigt, um den nächsten Meilenstein zu erreichen (Baums/Gilson, 1999, S. 84–85; Sahlman, 1990, S. 473). Für den Fall, dass das Start-up-Unternehmen das nächste Unternehmensziel im vereinbarten Zeitraum nicht erreicht, können die Investoren ihre weiteren Zahlungen von der Übertragung zusätzlicher Gesellschaftsanteile abhängig machen oder die Finanzierung ganz einstellen (Bartlett, 1995, S. 215; Sahlman, 1990, S. 506–507). Dem Recht der Investoren, die Finanzierung bei Verfehlen der Unternehmensziele einzustellen, steht das Recht, regelmäßig aber nicht die Pflicht gegenüber, bei erfolgreichem Geschäftsverlauf an weiteren Finanzierungsrunden teilzunehmen (Sahlman, 1990, S. 473; Benton/Gunderson, 1997, S. 9–31).

3.2.1.2 Anreiz- und verhaltenssteuernde Wirkung

Die gestaffelte Finanzierung trägt in besonderer Weise der unterschiedlichen Informationsverteilung zwischen den Investoren und den Gründergesellschaftern Rechnung (Sahlman, 1990, S. 506). Mit der gestaffelten Finanzierung wird die Mittelknappheit aufrecht erhalten, wodurch die Gründergesellschafter veranlasst werden, die begrenzten Mittel sparsam und sorgfältig einzusetzen, um den nächsten „*milestone*" zu erreichen (Sahlman, 1990, S. 507). Damit wird dem „*Moral hazard*"-Phänomen entgegengewirkt. Ebenso ist die Verweigerung der weiteren Finanzierung auch ein wirksames Sanktionsmittel bei z. B. abredewidrigen Änderungen der vereinbarten Geschäftsstrategie. Die Gründergesellschafter werden daher angesichts dieses Strafpotentials grundsätzlich „*Hold-up*"-Situationen für die Investoren vermeiden.

Die an das Erreichen des nächsten Meilensteins geknüpfte weitere Finanzierungsrunde

---

[13] Kritisch zur Verwendung von „milestones" BAGLEY/DAUCHY (Bagley/Dauchy, 1998, S. 221).

fördert eine realistische Darstellung des *Business Plan.* Übertrieben positive Darstellungen könnten nämlich zur Folge haben, dass die Anforderungen an die nächsten Meilensteine zu hoch angesetzt werden. Damit bestünde die Gefahr, den nächsten Meilenstein zu verfehlen, wodurch die oben genannten Folgen ausgelöst würden. Mit einem realistischen Business Plan erhalten die Investoren eine glaubwürdige Entscheidungsgrundlage für ihr Investment, wodurch wiederum Informationsasymmetrien reduziert werden.

Ein Start-up-Unternehmen, dem infolge mehrmaligen Verfehlens vereinbarter Unternehmensziele von seinen Investoren weitere Mittel verweigert werden, wird kaum in der Lage sein, neue Investoren zu gewinnen. Potenziellen neuen Investoren wird durch das Verhalten der „alten" Investoren signalisiert, dass ein Investment in dieses Unternehmen nicht ratsam ist. Angesichts dieser Signalwirkung werden die Gründergesellschafter alle Anstrengungen unternehmen, um die Meilensteine planmäßig zu erfüllen. Die gestaffelte Kapitalbereitstellung bietet somit einen erheblichen Leistungsanreiz und harmonisiert die Interessen der Investoren und der Gründerunternehmer (Gompers, 1995, S. 1461 ff.; Baums/Gilson, 1999, S. 92; Sahlman, 1990, S. 507).

Die Informationsasymmetrien reduzierende Wirkung der gestaffelten Kapitalbereitstellung vermindert das Investitionsrisiko der Investoren. Dies erlaubt einen Risikoabschlag im Vergleich zu einer „Up-front"-Finanzierung. Das Start-up-Unternehmen erhält die Chance, seinen Kapitalbedarf durch eine geringere Beteiligung der Investoren zu decken.

Die Möglichkeit der Investoren, die gestaffelte Kapitalbereitstellung zu opportunistischem Verhalten zu missbrauchen, wird auf einem transparenten Markt durch einen ihnen drohenden Verlust an Reputation begrenzt. Da in Deutschland anders als in den USA die regelmäßige Bewertung der Wagniskapital-Finanziers durch Marktbeobachter (beispielsweise Venture Economics und Venture One) noch nicht so weit fortgeschritten ist[14], lässt sich auch rechtfertigen, die Wagniskapital-Finanziers bei Erreichen der vereinbarten „milestones" zu weiteren Finanzierungen zu verpflichten. Hierzu können bei der GmbH[15] und der GmbH & Co. KG[16] gesellschaftsrechtliche Vereinbarungen getroffen werden. Bei einem Start-up-Unternehmen in der Rechtsform der AG ist dies wegen der in § 54 Abs. 1 AktG begrenzten Einlageleistung der Aktionäre nur schuldrechtlich möglich.

3.2.1.3 Rechtstechnische Gestaltung

Die Investoren erbringen ihre erste Finanzierungsleistung regelmäßig im Rahmen der Gründung der Gesellschaft oder im Zuge einer Kapitalerhöhung. Der überwiegende Teil der Einlage wird als Agio geleistet, um zu verhindern, dass die Gründergesellschafter bereits in der ersten Finanzierungsrunde ihre Mehrheitsstellung einbüßen. Das Agio ist bei den Kapi-

---

[14] Zu begrüßen ist daher die erste umfangreiche Untersuchung der Fachzeitschrift *Finance* in der Ausgabe vom Februar 2001.
[15] Denkbar ist dies durch Vereinbarung einer Nebenleistung i.S.d. § 3 Abs. 2 GmbHG oder als Nachschusspflicht i.S.d. §§ 26 ff GmbHG (Möller, 2002).
[16] In Form einer auf einen Höchstbetrag begrenzten Mehrheitsklausel im Gesellschaftsvertrag (Möller, 2002).

talgesellschaften gemäß § 272 Abs. 2 Nr. 1 oder Nr. 3 HGB in die Kapitalrücklage einzustellen. Ist das Start-up-Unternehmen als GmbH & Co. KG organisiert, kann ein zusätzliches Gesellschafterkonto als Rücklagenkonto zur Aufnahme des Agios eingerichtet werden (Huber, 1988, S. 1 und S. 91–92; Huber, 1997, S. 203 ff.). Die in der ersten Finanzierungsrunde erworbene Gesellschafterstellung verpflichtet die Investoren unabhängig von der Rechtsform des Start-up-Unternehmens (AG, GmbH, GmbH & Co. KG) nicht dazu, über ihre gesellschaftsvertraglich vereinbarte Einlage (Nennbetrag + Agio) weitere Finanzierungsleistungen zu erbringen.[17]

Die Ausgestaltung der weiteren Finanzierungsrunden ist davon abhängig, ob der nächste Meilenstein erreicht wird oder nicht. Ein erfolgreicher Verlauf der ersten Finanzierungsrunde erhöht den Wert des Start-up-Unternehmens. Die Investoren können daher ihren nächsten Finanzierungsbeitrag in Form von freiwilligen Zuzahlungen in das Eigenkapital leisten, ohne hierfür weitere Gesellschaftsanteile zu erhalten. Die freiwilligen Zuzahlungen sind bei Kapitalgesellschaften gemäß § 272 Abs. 2 Nr. 4 HGB in die Kapitalrücklage einzustellen, im Falle der GmbH & Co. KG können sie auf dem Rücklagenkonto verbucht werden.

Ist die erste Finanzierungsrunde nicht erfolgreich verlaufen, so dass sich weiterer Kapitalbedarf ergibt, bevor der erste Meilenstein erreicht ist, werden die Investoren in der Regel weitere Mittel nur gegen Einräumung zusätzlicher Gesellschaftsanteilen zur Verfügung stellen. Die Schaffung weiterer Gesellschaftsanteile erfolgt bei den Kapitalgesellschaften grundsätzlich im Wege der regulären Kapitalerhöhung gegen Bareinlagen[18]. Bei der AG kann sich unter dem Gesichtspunkt der Zeitersparnis und zur Vermeidung von Meinungsverschiedenheiten unter den Gesellschaftern auch die Nutzung einer bedingten Kapitalerhöhung (§§ 192 ff AktG) mit einer Wandel- oder Optionsanleihe (§ 192 Abs. 2 Nr. 1 ff. AktG) empfehlen. Diese Variante erlaubt, dass die notwendigen Entscheidungen der Hauptversammlung auf den Zeitpunkt der Beteiligungsaufnahme verlagert werden. So können Verzögerungen, die sich möglicherweise im Zeitpunkt des Kapitalbedarfs aus Spannungen mit den Gründergesellschaftern ergeben können, vermieden werden.

Als Alternative zur Kapitalerhöhung können die Investoren auch freiwillige Zuzahlungen in das Eigenkapital erbringen. An Stelle von jungen Gesellschaftsanteilen aus einer Kapitalerhöhung werden die Investoren sich dann jedoch Gesellschaftsanteile aus dem Bestand der Gründergesellschafter übertragen lassen.

Die Möglichkeit der Investoren bei einer erfolgreichen Geschäftsentwicklung an der nächsten Finanzierungsrunde partizipieren zu können, wird im Falle der Aktiengesellschaft durch das gesetzliche Bezugsrecht gemäß § 186 Abs. 1 AktG geschützt. Für die GmbH wird teilweise ein ungeschriebenes gesetzliches Bezugsrecht in Analogie zu § 186 Abs. 1 AktG angenommen[19], oder aus dem Gleichbehandlungsgrundsatz und der Treuepflicht hergeleitet,

---

[17] Ausführlich dazu demnächst MÖLLER (Möller, 2002), für die AG, für die GmbH und für die GmbH & Co. KG.
[18] Siehe die §§ 182 ff. AktG für die AG und die §§ 55 ff. GmbHG.
[19] Im Vordringen befindliche Meinung, siehe auch SCHOLZ/PRIESTER (Scholz/Priester, 1993, § 55 Rdn 41 ff.), LUTTER/HOMMELHOFF (Lutter/Hommelhoff, 2000, § 55 Rdn. 7 ff.), SCHMIDT (Schmidt, 1997, § 37 V 1. a) ee)).

dass die Gesellschaftermehrheit einen Gesellschafter nicht beliebig von der Teilnahme an einer Kapitalerhöhung ausschließen kann.[20] Die Aufnahme eines neuen Gesellschafters erfordert bei der GmbH & Co. KG einen Vertragsschluss mit den bisherigen Gesellschaftern, soweit dieses Recht nicht der Komplementär-GmbH eingeräumt ist.

3.2.2 Verstärkte Investorenrechte

3.2.2.1 Anknüpfung und Inhalt der Investorenrechte

Die Investoren eines Start-up-Unternehmens bestehen auf Kontroll- und Informationsrechten, die, im Verhältnis zu ihrer nominellen Beteiligungsquote, erheblich gesteigert sind. Hierbei kommen zunächst umfassende Einsichtsrechte in die Geschäftsbücher und Besuchsrechte in Betracht, sowie die Implementierung eines straffen Berichtswesen, das sowohl eine kontinuierliche Berichterstattung in kurzen Intervallen (z. B. monatlich) als auch Ad-hoc-Berichte umfasst. Regelmäßig werden diese auf Kontrolle und Information abzielenden Rechte durch verstärkte Möglichkeiten der Einflussnahme auf die Geschäftsführung und andere Gesellschaftsangelegenheiten ergänzt. Hier sind vor allem Kataloge mit zustimmungspflichtigen Geschäften, Weisungsrechte im Hinblick auf die Geschäftsführung, Besetzungs- und Abberufungsrechte für die Unternehmensleitung sowie Vetorechte bei Änderungen der Grundlagen der Gesellschaft zu nennen.

3.2.2.2 Rechtfertigung und Regelungszweck

Die Gesellschafterrechte, die den Investoren allein auf Grund ihrer nominellen Beteiligungsquote zukommen würden, spiegeln nicht deren tatsächliches finanzielles Engagement wider. Die verstärkte Investorenstellung stellt somit einen Ausgleich für die regelmäßige Übernahme einer Minderheitenstellung dar. Daneben bedürfen die Investoren, um für das Start-up-Unternehmen die erforderliche Managementbetreuung leisten zu können, eines wirksamen Instrumentariums. Als Minderheitsgesellschafter hätten sie andernfalls eventuell nicht die Möglichkeit, Maßnahmen durchzusetzen, die bei den Gründergesellschaftern als unbequem gelten oder gar unerwünscht sind. Häufig sind dies Maßnahmen aus dem Bereich der betriebswirtschaftlichen Organisation und des Personalmanagements, die für die geplante Unternehmensentwicklung und damit für die Realisierung der angestrebten Wertsteigerung unverzichtbar sind.

3.2.2.3 Rechtliche Gestaltung

Bei diesem Gestaltungspunkt wirken sich die Unterschiede der jeweiligen Rechtsform besonders deutlich aus. Trotz der Regelung des § 11 AktG, die ausdrücklich Aktien mit beson-

---

[20] So die früher vorherrschende Meinung, siehe nur HACHENBURG/ULMER bzw. ROWEDDER/ ZIMMERMANN (Hachenburg/Ulmer, 1997, § 55 Rdn. 39 ff.; Rowedder/Zimmermann, 1997, § 55 Rdn. 30 ff.)

deren Rechten für zulässig erklärt und in dieser Form weder im Recht der GmbH noch im Personengesellschaftsrecht zu finden ist, ist die Möglichkeit, mitgliedschaftliche Sonderrechte in einer Aktiengesellschaft zu schaffen, wesentlich begrenzter als bei einer GmbH oder bei einer GmbH & Co. KG. Als Gesellschafter einer GmbH kommt den Investoren zunächst die „Allzuständigkeit" der Gesellschafterversammlung zugute. Diese ermöglicht mittels Weisungen eine unmittelbare Einflussnahme auf die Geschäftsführung (§ 37 Abs. 1 GmbHG). Darüber hinaus gilt im Innenverhältnis der Gesellschaft eine weit reichende Gestaltungsfreiheit (§ 45 Abs. 1 GmbHG). Den Investoren können Zustimmungsvorbehalte für bestimmte Geschäftsführungsmaßnahmen und Änderungen des Gesellschaftsvertrages eingeräumt werden, ihnen kann teilweise das Weisungsrecht übertragen werden und ihr Stimmrecht lässt sich durch Mehrstimmrechte aufwerten (Möller, 2002). Auch als Kommanditisten einer GmbH & Co. KG profitieren die Investoren von der umfassenden Gestaltungsfreiheit des Innenverhältnisses, die hier aus der Geltung des Rechts der Kommanditgesellschaft folgt (§ 109 HGB; § 163 HGB). Bei der GmbH & Co. KG können die Investoren ihre Rechte über die Stellung als Kommanditisten hinaus noch durch eine parallele Beteiligung an der Komplementär-GmbH aufwerten, um so in den Genuss der Einflussmöglichkeiten eines GmbH-Gesellschafters auf die Geschäftsführung zu gelangen.

Die Investorenrechte lassen sich bei einem Start-up-Unternehmen in der Rechtsform der GmbH und der GmbH & Co. KG unmittelbar durch die Gestaltung der Gesellschafterstellung im erforderlichen Maß stärken.

Dies ist bei einem als AG organisierten Start-up-Unternehmen so nicht ohne weiteres möglich. Der Grund hierfür findet sich in den zwingenden Organkompetenzen des Aktienrechts (Pfeifer, 1999, S. 1668). Diese gewähren dem einzelnen Aktionär und der Hauptversammlung lediglich begrenzte Befugnisse hinsichtlich der Kontrolle und der Einflussnahme auf die Unternehmensleitung. Eine unterschiedliche statutarische Gewichtung des Stimmrechts (Mehrstimmrechte) ist mit Ausnahme der stimmrechtslosen Vorzugsaktie nach § 139 AktG ausdrücklich untersagt, § 12 Abs. 2 S. 1 AktG. Damit ist die AG jedoch mitnichten als Rechtsform für ein Start-up-Unternehmen von vornherein untauglich. So können aktienrechtliche Instrumente wie z. B. Entsendungsrechte für den Aufsichtsrat (§ 101 Abs. 2 AktG) und Zustimmungsvorbehalte nach § 111 Abs. 4 S. 2 AktG mit schuldrechtlichen Stimmrechtsbindungen unter den Aktionären kombiniert werden, um den Interessen der Investoren Rechnung zu tragen. Eine weitere Stärkung der Investorenrechte kann durch zusätzliche schuldrechtliche Vereinbarungen wie Kreditverträge oder stille Gesellschaftsverhältnisse erreicht werden (Möller, 2002). Diese Verträge können den Investoren im Verhältnis zur Gesellschaft unmittelbar Zustimmungsvorbehalte für bestimmte Geschäfte einräumen und durch Kündigungsrechte für bestimmte Fälle von Fehlverhalten der Gründergesellschafter den Investoren wirtschaftliche Sanktionsmittel an die Hand geben. In den Wachstumsbranchen (IT, Software, etc.) werden dann auch nicht selten Unternehmen, die einen baldigen Börsengang anvisiert haben, bereits ab Gründung in der Rechtsform der AG geführt (Jäger, 1999, S. 101 und S. 104).

Damit kann den Kapitalmarktteilnehmern und insbesondere späteren Investoren gezeigt werden, dass das Management in der Lage ist, das Unternehmen den aktienrechtlichen Anforderungen entsprechend zu führen.

3.2.3 Vorzugsdividenden, Veräußerungserlös- und Liquidationsvorzüge

3.2.3.1 Vorzugsdividenden

Mitunter werden bei Venture-Capital-Finanzierungen den Investoren Vorzugsdividenden eingeräumt. Danach ist von einem festgestellten Gewinn zunächst an die Investoren ein bestimmter Betrag (häufig ein auf das eingesetzte Kapital bezogener Prozentsatz) auszuschütten, bevor auch die Gründerunternehmer an einer Gewinnverteilung teilnehmen. Soweit dieser Dividendenvorzug mit einem Nachzahlungsrecht ausgestattet ist, nehmen die Gründergesellschafter an der Gewinnverteilung erst dann teil, wenn in vorangegangenen Jahren ausgefallene Dividenden an die Investoren nachgezahlt wurden.

Bei Start-up-Unternehmen stellen Dividendenvorzüge jedoch eher eine Ausnahme dar. Investoren wie auch Gründerunternehmer erwarten realistischer Weise in dieser Phase keine Dividendenausschüttung (Benton/Gunderson, 1997, S. 8–9; Bagley/Dauchy, 1998, S. 208).

3.2.3.2 Veräußerungserlös- und Liquidationsvorzüge

Größere Bedeutung kommt der Vorzugsstellung der Investoren hinsichtlich der Verteilung eines Veräußerungserlöses oder eines Liquidationserlöses zu. Diese Vorzüge gewähren den Investoren das Recht, aus dem jeweiligen Erlös zunächst den Betrag ihres ursprünglichen Investments zuzüglich einer vereinbarten „Verzinsung" zu erhalten, bevor auch die Gründerunternehmer an den Erlösen partizipieren. Dadurch wird dem Umstand Rechnung getragen, dass die Investoren regelmäßig ein Vielfaches der Mittel investiert haben, die von Gründergesellschaftern in das Start-up eingebracht worden sind. Ein nach der vorzugsweisen Erlösverteilung verbleibender Rest wird üblicherweise dem Beteiligungsverhältnis entsprechend unter den Gesellschaftern verteilt. In den USA wird diese Variante „*participating liquidation preference*" genannt (Bagley/Dauchy, 1998, S. 206). Damit der Eindruck eines sogenannten „*double dipping*" der Investoren vermieden wird, sollte den Gründergesellschaftern vor der weiteren Erlöspartizipation der Investoren ebenfalls ihre Einlage zzgl. einer Mindestverzinsung erstattet werden.

3.2.3.3 Anreiz- und verhaltenssteuernde Wirkung

Neben dem Interesse der Investoren an einer bevorrechtigten Mindestverzinsung kommt diesen finanziellen Vorzügen auch im Hinblick auf das Leistungsverhalten der Gründergesellschafter erhebliche Bedeutung zu. Die Verzinsung ihres Investments erfordert, dass der erwirtschaftete Überschuss bzw. der aus dem Verkauf oder Liquidation des Start-up-Unternehmens erzielte Erlös den zur Befriedigung der Vorzüge erforderlichen Betrag übersteigt. Daher wird durch diese Vorzüge eine effiziente Verwendung des bereitgestellten Kapitals begünstigt und die Gründergesellschafter zur Maximierung ihres Arbeitseinsatzes angehalten. Auch werden nur diejenigen Gründerunternehmer solche Regelungen akzeptieren, die von ihrer Geschäftsidee und ihren persönlichen Fähigkeiten überzeugt sind. Mit diesen Regelungen werden daher auch vorvertragliche Informationsprobleme bei der Beteiligungsentscheidung der Investoren gemildert.

3.2.3.4 Rechtliche Gestaltung

Die gesetzlichen Regelungen über die Verteilung des Gewinns und eines Liquidationserlöses unterliegen bei der AG[21] und der GmbH[22] wie auch bei der GmbH & Co. KG[23] der Disposition der Gesellschafter in der Satzung oder des Gesellschaftsvertrags. Danach lassen sich Gesellschaftsanteile schaffen, die mit finanziellen Vorzugsrechten ausgestattet sind. Dies ist auch im Aktienrecht ohne weiteres außerhalb der Spezialregelung des § 139 AktG für stimmrechtslose Vorzugsaktien zulässig. Die Regelung des § 139 AktG bestimmt lediglich dass, für den Fall, dass Aktien ohne Stimmrecht ausgegeben werden, ein Dividendenvorzug zwingend erforderlich ist, ohne aber die Möglichkeit eines Dividendenvorzugs auf stimmrechtslose Vorzugsaktien zu beschränken (Baums/Möller, 2000, S. 3 und S. 43). Dagegen können Vereinbarungen über die Verteilung eines Veräußerungserlöses für das gesamte Unternehmen lediglich auf schuldrechtlicher Ebene getroffen werden. Um sicher zu stellen, dass der Veräußerungserlös entsprechend der Vereinbarung verteilt wird, kann der Erwerber verpflichtet werden, den Gesamtkaufpreis auf ein Treuhandkonto des den Unternehmensverkauf begleitenden Notars oder Anwalts zu zahlen, der dann die Erlösverteilung vornimmt.

3.2.4 Ermöglichung von Bewertungskorrekturen

3.2.4.1 Das Bewertungsproblem

Erhebliche Schwierigkeiten bereitet die Bewertung des Start-up-Unternehmens. Die ohnehin schon schwierige Unternehmensbewertung wird hier dadurch erschwert, dass weder auf bereits vorhandene Jahresabschlüsse zurückgegriffen werden kann, noch im nennenswerten Umfang Vermögenswerte der Bewertung zugrunde gelegt werden können. Vielmehr steht bei der Bewertung eines Start-up-Unternehmens das Potenzial der Geschäftsidee im Vordergrund. Dessen Bewertung wird aber wesentlich durch Schätzungen und Annahmen beeinflusst. Diese mit starken Unsicherheiten behaftete Bewertung setzt sich fort bei der Berechnung des Umfangs der Beteiligung, die den Investoren für ihre Kapitalbereitstellung einzuräumen ist. Die Investoren werden daher auf Vorkehrungen drängen, die ihnen im Nachhinein erlauben, bei einer sich herausstellenden Überbewertung das Verhältnis ihrer Beteiligung zu ihrer Einlage zu korrigieren.

---

[21] Vgl. § 60 Abs. 3 AktG für die Gewinnverteilung und § 271 Abs. 2 AktG für die Verteilung eines Liquidationserlöses.

[22] Vgl. § 29 Abs. 3 S. 2 GmbHG für die Gewinnverteilung und § 72 S. 2 GmbHG für die Verteilung eines Liquidationserlöses.

[23] Vgl. § 163 HGB, nach dem sowohl die gesetzlichen Regeln über die Gewinnverteilung (§ 168 HGB) als auch diejenigen über die Verteilung eines Liquidationserlöses (§§ 161 Abs. 2, 155 HGB) unter dem Vorbehalt besonderer Regelungen des Gesellschaftsvertrages stehen.

3.2.4.2 Anreiz- und verhaltenssteuernde Wirkung

Neben dem auf der Hand liegenden Interesse der Investoren, nicht zuviel für ihre Beteiligung zu zahlen, führen mögliche Bewertungskorrekturen auch zu subtileren Wirkungen. Wird die Befugnis, Bewertungskorrekturen vorzunehmen, durch das Verfehlen oder das Erreichen festgelegter Unternehmensziele ausgelöst, erhalten die Gründergesellschafter einen starken Anreiz diese Ziele zu realisieren. Andernfalls würden die Investoren von ihrer Befugnis, die ursprüngliche Bewertung zu korrigieren, Gebrauch machen, womit regelmäßig eine Aufstockung ihrer Beteiligung zu Lasten der Gründergesellschafter verbunden ist.

Die Möglichkeit der Bewertungskorrektur kann auch dadurch ausgelöst werden, dass in einer späteren Finanzierungsrunde weiteres Kapital von neuen Investoren nur zu einem niedrigeren Beteiligungsentgelt zu erhalten ist, als es die Alt – Investoren gezahlt haben. In diesem Fall kann der Umfang, in dem den Investoren eine Aufstockung ihrer Beteiligung zu ermöglichen ist, mit Hilfe der in den USA entwickelten *"price protection formulas"*[24] berechnet werden. Die Gründergesellschafter werden daher um eine steigende Bewertung des Start-up-Unternehmens bemüht sein. Es sollte jedoch darauf geachtet werden, dass nur solche niedrigeren Bewertungen des Unternehmens zu Bewertungskorrekturen führen, die im Verantwortungsbereich der Gründergesellschafter und nicht in einer allgemeinen Marktschwäche begründet sind. Regelungen, die das allgemeine Marktrisiko einseitig den Gründergesellschaftern aufbürden, könnten andernfalls zu sogenannten „deal-breaker" werden.

Die Ermöglichung von Bewertungskorrekturen ist ein zentrales Mittel, um die Interessen der Investoren und der Gründergesellschafter hinsichtlich des Ansteigens des Unternehmenswerts in Einklang zu bringen und die Unsicherheiten bei der ursprünglichen Unternehmensbewertung zu reduzieren. Dabei müssen die Bewertungskorrekturen keine Einbahnstraße zugunsten der Investoren sein. Auch die Gründergesellschafter können an einer solchen Regelung interessiert sein, wenn sie durch eine Bewertungskorrektur bei einer Übererfüllung eines Unternehmensziels begünstigt werden. Darüber hinaus helfen solche Regelungen aus den Bewertungsschwierigkeiten resultierende Verzögerungen bei den Beteiligungsverhandlungen zu vermeiden, wodurch z. B. ein wichtiger Wettbewerbsvorsprung gewahrt oder ausgebaut werden kann.

3.2.4.3 Rechtliche Gestaltung

Die für die Bewertungskorrektur erforderliche Aufstockung der Beteiligungen der Investoren kann durch eine Übertragung von Gesellschaftsanteilen der Gründergesellschafter mittels „Call"-Optionen der Investoren erreicht werden (Pfeifer, 1999, S. 1665 und S. 1670). Bei einer „Call"-Option handelt es sich regelmäßig um ein bindendes Angebot auf Abschluss des in Aussicht genommenen Vertrages, so dass dieser durch einfache Zustimmung des Berechtigten zustande gebracht werden kann oder um einen Vorvertrag, der dem Berechtigten einen klagbaren Anspruch gegen den Verpflichteten auf Abschluss des Hauptver-

---

[24] Eine Darstellung unterschiedlicher Formen der *price protection formulas* gibt MÖLLER (Möller, 2002).

trages zu Bedingungen, die noch im einzelnen zu verhandeln sind, gewährt (Larenz, 1955, S. 209). Mit der Ausübung der „Call"-Option erhalten die Wagniskapitalfinanziers als Optionsberechtigte damit je nach Art und Weise der Ausgestaltung der Option entweder unmittelbar einen klagbaren Anspruch auf Übertragung von Gesellschaftsanteilen in einem bestimmten Umfang oder aber einen Anspruch auf Abschluss eines Vertrages, der ihnen das entsprechende Forderungsrecht gewährt. Die Ausübungsmöglichkeit der „Call"-Optionen ist unter die aufschiebende Bedingung des Eintritts der oben beschriebenen Ereignisse zu stellen. Um die ursprünglichen Beteiligungskonditionen der Investoren zu verbessern, müssen die Gesellschaftsanteile zu einem Preis übertragen werden, der das ursprüngliche überhöhte Beteiligungsentgelt ausgleicht.

Bei einem Start-up-Unternehmen in der Rechtsform der GmbH und der GmbH & Co. KG sollten auch die erforderlichen Abtretungserklärungen der Gründergesellschafter bereits vorliegen. Entsprechendes gilt auch für Start-up-Unternehmen in der Rechtsform der AG, soweit auf die Ausgabe verkörperter Aktienurkunden verzichtet wird (Seibert/Kiem, 1996, Rdn. 123; Schwennicke, 2001, S. 118 ff.). Hierdurch kann vermieden werden, dass sich die Gründergesellschafter der Anteilsübertragung widersetzen und diese verzögern. Diese Abtretungserklärungen sind unter dieselben Bedingungen zu stellen, wie die „Call"-Optionen selbst. Im Falle der GmbH ist darauf zu achten, dass sowohl die „Call"-Optionen als auch die Abtretungserklärungen der notariellen Form bedürfen (§ 15 Abs. 3 und Abs. 4 GmbHG).

Bei einem als AG geführten Start-up-Unternehmen können den Investoren anstelle von „Call"-Optionen auf bestehende Aktien auch Bezugsrechte auf junge Aktien eingeräumt werden. Hierzu ist an die Investoren eine mit den entsprechenden Bezugsrechten ausgestattete Options- oder Wandelanleihe (§ 221 Abs. 1 AktG) zu begeben. Hierbei handelt es sich grundsätzlich um Finanzierungsinstrumente, die den Gesellschaftsgläubiger je nach Art und Weise ihrer Ausgestaltung unter bestimmten Bedingungen berechtigen oder verpflichten, anstelle des der Gesellschaft zur Verfügung gestellten Geldbetrages junge Aktien der Gesellschaft als Rückzahlung zu fordern oder anzunehmen (Hüffer, 2001, § 221 Rdn. 3 ff. m.w.N.). Der für die Anleihe zu zahlende Betrag kann so niedrig bemessen sein, dass sie ihre eigentliche Finanzierungsfunktion nahezu vollständig einbüßt und lediglich als Vehikel für das Bezugsrecht dient (Baums, 1997, S. 3 und S. 37–38). Um sicherzustellen, dass die Bezugsrechte bei Ausübung mit ausreichend jungen Aktien bedient werden können, ist parallel zur Options- oder Wandelanleihe eine bedingte Kapitalerhöhung (§ 192 Abs. 2 Nr. 1 AktG) zu beschließen. Mit dieser Konstruktion kann dem Umstand Rechnung getragen werden, dass nach überwiegender Ansicht dem deutschen Aktienrecht bis auf die 1998 durch das Kontroll- und Transparenz-Gesetz (KonTraG) neu eingeführte Ausnahmeregelung des § 192 Abs. 2 Nr. 3 AktG bloße Bezugsrechte auf junge Aktien, sogenannte „naked warrants", fremd sind (Hüffer, 2001, § 192 Rdn. 16).

3.2.5 Übertragungsbeschränkung und Veräußerungsregelungen

3.2.5.1 Die einzelnen Regelungen

Bei der Finanzierung eines Start-up-Unternehmens wird regelmäßig vorgesehen, dass die Gründergesellschafter für die Übertragung von Gesellschaftsanteilen die Zustimmung der Investoren benötigen. Hierbei kann die Verweigerung der Zustimmung an das Vorliegen bestimmter Gründe geknüpft sein, oder aber die Übertragungen an benannte Personen und in bestimmten Situationen von dem Zustimmungserfordernis ausgenommen werden. Die Übertragungsbeschränkungen werden häufig mit Erwerbsvorrechten und Mitverkaufsrechten kombiniert. Erwerbsvorrechte können Vorkaufsrecht im Sinne des §§ 504 ff. BGB sein, aber auch andere Regelungen, die den Investoren den ersten Zugriff auf die Beteiligung eines verkaufswilligen Gründergesellschafters sichern, ohne dass sie in die Bedingungen eines mit einem Dritten geschlossenen Kaufvertrags eintreten müssen (Hachenburg/Raiser, 1992, Anhang § 15 Rdn. 29; Hueck, 1973, S. 749 und S. 752). Solche als Andienungspflicht oder Vorhand („*right of first refusal*") bezeichneten Rechte verpflichten den verkaufswilligen Gesellschafter zunächst den berechtigten Gesellschaftern die Geschäftsanteile anzubieten, bevor er an einen Dritten veräußern darf (Otto, 1996, S. 16–17; Hueck, 1973, S. 749 und S. 752).

Mitverkaufsrechte berechtigen den Begünstigten, seine Beteiligung zu den gleichen Konditionen an den Dritten zu veräußern, die auch dem Mitgesellschafter angeboten worden sind.

Anders als Erwerbsvorrechte und Mitveräußerungsrechte („*take-along rights*") setzen Ankauf- oder Übernahmerechte („*drag-along rights*") die Verkaufsbereitschaft des verpflichteten Gesellschafters nicht voraus. Der Verpflichtete hat vielmehr unter bestimmten Voraussetzungen seinen Geschäftsanteil auf Verlangen des Berechtigten an diesen selbst oder einen Dritten zu veräußern (Hueck, 1973, S. 749 und S. 752; Hachenburg/Raiser, 1992, § 34 Rdn. 115).

3.2.5.2 Wirkungsweise der Regelungen

Die Übertragungsbeschränkungen haben hier nicht das vorrangige Ziel, den Gesellschafterkreis vor dem Eindringen unerwünschter Dritter zu schützen. Im Vordergrund steht vielmehr, die Gründergesellschafter als Ideen- und Know-how-Träger im Unternehmen zu halten, bis dessen Entwicklungsreife deren Verbleib nicht mehr zwingend erfordert. Insbesondere sollen die Übertragungsbeschränkungen verhindern, dass die Gründergesellschafter ihre Beteiligung vor dem Erreichen dieser Entwicklungsreife veräußern und mit dem Erlös ein Konkurrenzunternehmen gründen. Darüber hinaus besitzen die Übertragungsbeschränkungen für die Gründergesellschafter weitere Anreizwirkungen. Die Gründergesellschafter haben in der Regel ihr vollständiges Vermögen in das Start-up-Unternehmen investiert. Mit den Übertragungsbeschränkungen werden diese Mittel im Unternehmen gebunden, wodurch das Interesse der Gründergesellschafter am wirtschaftlichen Erfolg des Unternehmens mit dem Interesse der Investoren an der Wertsteigerung ihrer Beteiligung harmonisiert wird. Die

Gründergesellschafter werden damit angehalten, alle Anstrengungen zu unternehmen, um eine erfolgreiche Unternehmensentwicklung zu begünstigen.

Die Erwerbsvorrechte gewähren den Investoren die bevorrechtigte Chance, bei Anteilsverkäufen der Gründergesellschafter ihre Beteiligung an dem Start-up-Unternehmen aufzustocken. Dies rechtfertigt sich daraus, dass eine erfolgreiche Unternehmensentwicklung wesentlich durch die Finanzierungsleistung und die Managementbetreuung der Investoren ermöglicht wurde.

Die Mitverkaufsrechte sollen dagegen den Beteiligungsausstieg zu Konditionen ermöglichen, die ansonsten nur den Gründergesellschaftern als Inhaber einer Mehrheitsbeteiligung geboten würden. Außerdem verhindern sie, dass die Investoren als Minderheitsgesellschafter in dem Start-up-Unternehmen verhaftet bleiben, wenn die Gründergesellschafter sich aus ihrem Engagement lösen oder dieses zumindest reduzieren wollen.

Mit Hilfe der Mitverkaufsverpflichtungen der Gründergesellschafter können die Investoren auch gegen den Willen der Gründergesellschafter ein Kaufangebot für das gesamte Unternehmen annehmen, und so einen Beteiligungsausstieg z. B. in Form eines sogenannten „trade sale" durchführen.

Die Kombination der Veräußerungsregelungen verhindert, dass einzelne Regelungen durch das Zusammenwirken eines verkaufswilligen Gründergesellschafters mit einem Dritten ausgehebelt werden (Otto, 1996, S. 16 und S. 20 ff.). Das mit einem Vorkaufsrecht kombinierte Mitverkaufsrecht lässt z.B. den verkaufswilligen Gründergesellschafter davon Abstand nehmen, mit dem Dritterwerber bewusst einen hohen Preis zu vereinbaren, um die Investoren von einer Ausübung ihres Mitverkaufsrechts abzuhalten, oder aber sie bei Ausübung zu übervorteilen. Bei dieser Kombination müssen Gründergesellschafter und Dritterwerber damit rechnen, dass die Investoren ihr Vorkaufsrecht ausüben.

3.2.5.3 Rechtliche Gestaltung

Die Möglichkeit, Gesellschaftsanteile in ihrer Übertragbarkeit zu beschränken, wird erheblich durch die Rechtsform des Start-up-Unternehmens beeinflusst. So ist bei der AG eine statutarische Übertragungsbeschränkung allein für Namensaktien zulässig (§ 68 Abs. 2 S. 2 AktG). Wird von dieser Möglichkeit Gebrauch gemacht, sollte die Entscheidung über die Zustimmung zu der Übertragung in die Kompetenz des Aufsichtsrats oder der Hauptversammlung gestellt werden (Möller, 2002). Entscheidet die Hauptversammlung über die Zustimmung, so kann mit Hilfe eines qualifizierten Mehrheitserfordernisses für den erforderlichen Beschluss oder durch eine Stimmbindungsvereinbarung sichergestellt werden, dass angesichts der Stimmenmehrheit der Gründergesellschafter die Übertragungsbeschränkungen nicht leer laufen. Entscheidet der Aufsichtsrat über die Zustimmung, so ist dessen mehrheitliche Besetzung mit Vertretern der Investoren oder zumindest mit neutralen Mitgliedern sicherzustellen. Schließlich ist durch ein qualifiziertes Mehrheitserfordernis für Satzungsänderungen zu verhindern, dass die Gründergesellschafter die Vinkulierung mit einer Satzungsänderung gegen den Willen der Investoren beseitigen. Über die Vinkulierung hinaus gehende Veräußerungsregelungen wie Vorkaufsrechte, Mitnahmenrechte, Anbietungs- und Mitverkaufsverpflichtungen können wegen der abschließenden Regelungen über die Rechtsbeziehungen der Gesellschaft zu den Gesellschaftern in den §§ 54, 55 AktG und § 68 Abs. 2 AktG nicht in der Satzung begründet werden (Noack, 1994, S. 282–283; Assmann er al., 1990, S. 119). Der korporationsrechtlichen Unzulässigkeit dieser Verpflichtungen steht jedoch nicht im Wege, dass die Aktionäre entsprechende Vereinbarungen auf schuldrechtlicher Ebene untereinander treffen (Möller, 2002). Diese lediglich schuldrechtlich wirkenden Vereinbarungen, die häufig als „*Beteiligungsvertrag*" oder „*Investitions- und Zusammenarbeitsvertrag*" genannt werden, können durch Vertragsstrafen und, soweit die Aktien in verkörperten Stücken ausgegeben sind, durch Hinterlegung bei einer Bank gegen abredewidrige Verfügungen geschützt werden (Noack, 1994, S. 216 ff.).

Bei der GmbH können dagegen auf Grund von § 15 Abs. 5 GmbHG, der die Genehmigung durch die Gesellschaft nur als eine mögliche Voraussetzung für die Abtretung eines Geschäftsanteils nennt, weitere Verpflichtungen mit verdinglichter Wirkung in den Gesellschaftsvertrag aufgenommen werden (Möller, 2002). Hier kommen zunächst Vorkaufsrechte und Andienungspflichten, die sich an den veräußerungswilligen Gesellschafter wenden, in Betracht. Aber auch dem potenziellen Erwerber können auf Grund von § 15 Abs. 5 GmbHG Verpflichtungen auferlegt werden (Scholz/Winter, 1993, § 15 Rdn. 86; Hachenburg/Zutt, 1997, § 15 Rdn. 125). Damit bietet § 15 Abs. 5 GmbHG eine geeignete Grundlage für Mitverkaufsrechte der Investoren. Dagegen können Mitverkaufsverpflichtungen der Gründergesellschafter nicht auf § 15 Abs. 5 GmbHG gestützt werden, weil dieser die Veräußerungsbereitschaft des verpflichteten Gesellschafters voraussetzt. Jedoch können Mitverkaufsverpflichtungen als Nebenverpflichtung im Sinne des § 3 Abs. 2 GmbHG im Gesellschaftsvertrag verankert werden (Hueck, 1973, S. 749 und S. 756; Noack, 1994, S. 285).

Bei der GmbH & Co. KG als Personengesellschaft ist eine Verfügung über einen Gesellschaftsanteil ohne eine generelle Zustimmung im Gesellschaftsvertrag oder eine konkrete Zustimmung durch alle Mitgesellschafter im Einzelfall schwebend unwirksam.[25] Anstelle einer uneingeschränkten Zulassung der Übertragung im Gesellschaftsvertrag kann diese auch an bestimmte Voraussetzungen geknüpft werden (Huber, 1970, S. 389). Damit bietet die Zustimmungsregelung im Gesellschaftsvertrag die Möglichkeit, Andienungspflichten der Gründergesellschafter und Mitverkaufsrechte der Investoren zu statuieren. Auch bei der GmbH & Co. KG lässt sich eine Zustimmungsregelung im Gesellschaftsvertrag nicht für Mitverkaufsverpflichtungen der Gründergesellschafter fruchtbar machen. Bei der Begründung von Mitverkaufsverpflichtungen, die eine zwangsweise Aufgabe der Gesellschafterstellung ermöglichen sollen, sind die Rechtsprechungsregeln des BGH über die Ausschließung eines Gesellschafters ohne wichtigen Grund zu beachten (Möller, 2002). Danach sind Klauseln im Gesellschaftsvertrag unwirksam, die den Ausschluss eines Gesellschafters in das freie Ermessen eines anderen Gesellschafters oder der Gesellschaftermehrheit stellen.[26] Jedoch nimmt der BGH ein solches im freien Ermessen stehendes Ausschließungsrecht nicht an, wenn die Ausschlussmöglichkeit an den Eintritt eines festen Tatbestandes gebun-

---

[25] MüKo/Ulmer, BGB, § 719 Rdn. 22.
[26] BGHZ 68, S. 212 und S. 215, BGH NJW 1979, S. 104; BGHZ 81, S. 26 und S. 266 ff.; BGHZ 105, S. 21 und S. 216–217; BGHZ 107, S. 351 und S. 353.

den ist und der Ausschließungsberechtigte binnen kurzer Zeit nach Eintritt des Tatbestandes von seiner Befugnis Gebrauch gemacht haben muss.[27] Auch ein Kaufangebot von dritter Seite, dessen Mindestkonditionen im Gesellschaftsvertrag festgelegt sind, kann einen solchen festen Tatbestand darstellen (Sigle, 1993, S. 767 und S. 771).

3.2.6 Exit – Strategien

3.2.6.1 Die Exitvarianten

Die Beteiligung der Investoren an einem Start-up-Unternehmen ist im Normalfall von vornherein zeitlich begrenzt. Auch wenn zu Beginn des Engagements der Zeitpunkt des Beteiligungs-Exit noch nicht feststeht, werden die Investoren auf Regelungen drängen, die ihnen einen Exit ermöglichen. Seit der Etablierung des Neuen Marktes an der Frankfurter Wertpapierbörse kommt hierbei der Möglichkeit eines Börsengangs auch in Deutschland eine erhebliche Bedeutung zu. Der „*trade sale*", der den Verkauf der Unternehmensanteile an einen industriellen oder strategischen Investor bedeutet, stellt zur Zeit in Deutschland mit einem Anteil von 25 % die vorherrschende Exit-Variante dar (BVK, 2000, S. 63). Im Gegensatz dazu wird bei einem sogenannten „*secondary purchase*" die Beteiligung an einen anderen Finanzinvestor oder im Falle eines sogenannten „*buy back*" an die Gründergesellschafter selbst verkauft (BVK, 1997, S. 79). Letztere Variante war lange Zeit in Deutschland der vorherrschende Beteiligungsexit, weil es zum einen an einem geeigneten Börsensegment fehlte und zum anderen bei deutschen Unternehmern ein starkes Unabhängigkeitsstreben vorherrschte, das landläufig als *Herr-im-Haus-Mentalität* beschrieben wird. Der Rückverkauf an die Gründergesellschafter eignet sich als Beteiligungsausstieg bei der Finanzierung eines Start-up-Unternehmens kaum. Auch noch nach einigen Jahren wird es für die Gründergesellschafter schwierig sein, den erforderlichen Betrag (Investment zuzüglich einer adäquaten „Verzinsung") aus den Unternehmenserträgen aufzubringen, ohne die Liquidität des Unternehmens erheblich zu belasten.

3.2.6.2 Bedeutung des Beteiligungs-Exit

Die Möglichkeit eines erfolgreichen Beteiligungs-Exit kann als *conditio sine qua non* der Finanzierung eines Start-up-Unternehmens bezeichnet werden. Nur die Aussicht auf eine erfolgreiche Veräußerung der Beteiligung mit weit überdurchschnittlichen Veräußerungserlösen lässt Investoren eine Beteiligung in den frühen Unternehmensphasen eingehen. Anders als in späteren Unternehmensphasen besteht bei Start-up-Unternehmen grundsätzlich nicht die Möglichkeit, laufende Beteiligungsentgelte zu erzielen. Die Art und Weise und der geeignete Zeitpunkt des Beteiligungsausstiegs kann jedoch leicht zu Differenzen mit den Gründergesellschaftern führen, die einen Beteiligungsausstieg verzögern oder dessen Konditionen verschlechtern (Pfeifer, 1999, S. 1670). Daher sind Regelungen erforderlich, die es

---

[27] BGHZ 105, S. 213 und S. 217; siehe auch Palandt/Thomas, BGB, 59. Aufl., § 737 Rdn. 5; Baumbach/ Hopt, HGB, § 140 Rdn. 24 a.E.

den Investoren erlauben, entweder den von ihnen gewünschten Beteiligungsausstieg auch gegen den Willen der Gründergesellschafter durchzuführen oder aber zumindest das Potenzial für derartige Differenzen minimieren.

3.2.6.3 Rechtliche Gestaltung

Soweit der Beteiligungs-Exit im Wege eines „*trade sale*" erreicht werden soll, kann auf die schon dargestellten Mitverkaufsverpflichtungen für die Gründergesellschafter verwiesen werden. Unabhängig von der Art des Beteiligungsausstiegs kann durch die Einräumung einer Kombination von „Call"- und „Put"-Optionen dem Interesse der Investoren, nicht auf Dauer als Minderheitsgesellschafter in dem Start-up-Unternehmen verhaftet zu bleiben entsprochen werden. Mit der Ausübung der „Call"- oder der „Put"-Optionen werden die Gründergesellschafter verpflichtet, weitere Gesellschaftsanteile an die Investoren zu übertragen bzw. deren Gesellschaftsanteile zu Konditionen zu übernehmen, die den Investoren eine bestimmte Rendite sichern. Die Ankündigung, dass die „Call"- oder „Put"-Optionen ausgeübt werden sollen, setzt daher für die Gründergesellschafter den Anreiz, die für einen gewünschten Beteiligungsausstieg erforderlichen Voraussetzungen zu schaffen. Dieses Instrument ist insbesondere geeignet, um einen Börsengang des Start-up-Unternehmens zu ermöglichen. Die Gestaltung einer gesellschaftsrechtlichen Befugnis der Investoren, als Minderheitsgesellschafter ein *Going Public* auch gegen der Willen der Gründerunternehmer durchzuführen, ist bereits bei einem als AG geführten Start-up-Unternehmen schwierig. Die sich hierbei stellende Frage, welches Gesellschaftsorgan über die Börseneinführung zu entscheiden hat, ist bislang nicht abschließend geklärt (Vollmer/Grupp, 1995, S. 459). Je nachdem, ob man diese Entscheidung den ungeschriebenen Hauptversammlungszuständigkeiten zuordnet oder, nach Holzmüller-Grundsätzen, als zustimmungspflichtige Geschäftsführungsmaßnahme qualifiziert, ergeben sich hinsichtlich eines Initiativrechts der Hauptversammlung, eine Entscheidung herbeizuführen weitere Zweifelsfragen (Möller, 2002).

Bei Start-up-Unternehmen in der Rechtsform der GmbH und der GmbH & Co. KG, wird der Problemkreis der Börseneinführung um das vorgelagerte Problem der erforderlichen Umwandlung in eine börsenfähige Gesellschaftsform verstärkt (Möller, 2002).

3.3 Vorrang des Individualvertrages

Die dargestellten Regelungen können nicht als zwingendes Muster für jede Start-up-Finanzierung angesehen werden. Vielmehr werden sie regelmäßig zu Beginn der Beteiligungsverhandlung in Form eines sogenannten „term sheet" als Verhandlungsgrundlage von den Wagniskapital-Finanziers eingeführt. Damit werden die Bedingungen umrissen, zu denen die Wagniskapital-Finanziers grundsätzlich zu einer Beteiligung bereit wären. Welche Regelungen letztendlich vereinbart werden, ist immer eine Frage des Einzelfalles. Hierbei spielt zum einen sicherlich Verhandlungsgeschick und auch die aktuelle Marktsituation eine Rolle. Maßgeblich werden sich aber die Qualität des Managementteams, die Unternehmensidee und der eigene Finanzierungsbeitrag der Gründergesellschafter auf die Vertragsausgestaltung auswirken. Damit bedarf es für die Regelung der Vertragsbeziehungen zwischen dem Start-up-Unternehmen und dessen Investoren eines sorgfältig auf die individuelle Beteiligungssituation abgestimmten Individualvertrages. Dem unerfahrenen Gründer ist zu empfehlen, sich frühzeitig von erfahrenen Anwälten beraten zu lassen. Hierbei muss es sich nicht zwingend um die großen bekannten Wirtschaftskanzleien handeln. Vielmehr kann hier auch auf spezialisierte, kleinere Kanzleien zurückgegriffen werden, die sich nicht durch für Unternehmensgründer kaum bezahlbare Honorarsätze auszeichnen. Vorsicht ist insbesondere bei sogenannten Standardvertragsregelungen geboten, die häufig ohne allzu gründliche Reflexion des deutschen Rechts aus US-amerikanischen Vertragswerken übernommen werden. Diese, der US-amerikanischen Vertragspraxis entnommenen Regelungen scheitern nicht selten an den Besonderheiten des deutschen Rechts und berücksichtigen die individuellen Bedürfnisse deutscher Unternehmensgründer zu wenig. Jedenfalls ist aber das bei den Beteiligungsverhandlungen eingesparte Beraterhonorar nicht der richtige Weg, die eigene Unternehmerexistenz auf sichere Beine zu stellen.

4. Nutzen und Wirkung öffentlicher Förderprogramme für Wachstumsunternehmen

ECKART VON REDEN / JOCHEN STRUCK

Ich wünsche mir Chancen, keine Sicherheiten. Ich will dem Risiko begegnen, mich nach etwas sehnen und es verwirklichen, Schiffbruch zu erleiden und Erfolg zu haben.
(Albert Schweitzer)

4.1 Gründungs- und Mittelstandsfinanzierung im Zeitalter der New Economy

4.1.1 Motive und Ziele der Gründungs- und Mittelstandsförderung

Kleine und mittlere Unternehmen (KMU) zeichnen sich in besonderer Weise durch Innovationskraft und Vitalität aus. Gerade die wachstumsstarken Dienstleistungsunternehmen der New Economy weisen ein hohes Beschäftigungspotenzial auf und leisten einen bedeutenden Beitrag zum gesamtwirtschaftlichen Innovationsprozess und Strukturwandel. Die Entwicklung von Wirtschaftswachstum und Beschäftigung verläuft gerade in denjenigen Ländern besonders positiv, die ein hohes Maß an Existenzgründungsaktivitäten kennzeichnet.

Gleichzeitig haben aber gerade Existenzgründer und KMU gegenüber großen Unternehmen größen- und rechtsformspezifische Nachteile hinsichtlich ihrer Möglichkeiten der Unternehmensfinanzierung. Gelingt ihnen der Zugang zum benötigten Fremdkapital, kann davon ausgegangen werden, dass sie aufgrund ihrer besonderen Risikosituation und der gegenüber Großunternehmen geringen Marktmacht in der Regel höhere Kreditkosten in Kauf nehmen müssen. Die anstehende Änderung der Eigenkapitalunterlegung von Kreditrisiken (Basel II), wonach die Bonität des Darlehensnehmers noch stärker als bisher in den Fokus der Kreditvergabe rückt, lässt tendenziell eine weitere Verschärfung des Finanzierungsnachteils von Existenzgründern und KMU erwarten. Trotz der insgesamt wachsenden Bedeutung der Beteiligungsfinanzierung wird insbesondere den eher traditionellen mittelständischen Unternehmen der Zugang zu Beteiligungskapital größtenteils verschlossen bleiben, da sie in der Regel die Renditeerwartungen der Beteiligungsinvestoren (VC-/Kapitalbeteiligungsgesellschaften) aufgrund ihrer kurzfristig nur durchschnittlichen Wachstumsaussichten nicht erfüllen werden.

Die Förderung von Unternehmensgründungen sowie von KMU ist daher eines der vorrangigsten Ziele aller Mitgliedstaaten der EU. Laut GEM-Studie (Global Entrepreneurship Monitor) liegt dabei ein großes, bisher ungenutztes Potenzial im Bereich der Existenzgründungen durch Frauen. Gelingt es, Frauen künftig erfolgreicher als bisher in den Gründungsprozess zu integrieren, kann dies zu einer deutlichen Belebung des Existenzgründungsgeschehens beitragen. Auch die Förderung von Unternehmensgründungen aus der Hochschule, beispielsweise über die Einrichtung von Entrepreneurship-Lehrstühlen oder einer Universität nahe stehenden Inkubatoren zielt auf eine Erhöhung der Existenzgründungsaktivitäten.

4.1.2 Förderung im Wandel von der Industrie- zur Dienstleistungsgesellschaft

4.1.2.1 Risikoübernahme statt Zinsverbilligung

Auf dem Weg zur Dienstleistungs- und Wissensgesellschaft gewinnen neben den traditionellen KMU innovative Dienstleistungsunternehmen der New Economy zunehmend an Bedeutung. Immaterielle Investitionen, beispielsweise in Humankapital, EDV oder in F&E oder die Erschließung neuer – auch internationaler – Märkte, nehmen gegenüber Investitionen in langlebige Wirtschaftsgüter zu. Damit ändern sich nicht nur die Anforderungen an die Unternehmensfinanzierung sondern auch an die Mittelstandsförderung: Statt starrer, stark standardisierter Förderprogramme fordert der Kunde mehr und mehr individuelle Finanzierungsangebote für die verschiedensten Anlässe. Im Rahmen der Finanzierung von immateriellen Investitionen kann die Bank nicht auf verwertbare Sicherheiten zugreifen. Daher gewinnt die Haftungsübernahme durch Förderbanken im Rahmen der Mittelstandsdarlehensförderung an Bedeutung. Bei der zunehmend notwendigen Eigenkapitalfinanzierung sind sehr weitgehende staatliche Instrumente geschaffen worden.

4.1.2.2 Baseler Eigenkapitalstandards

Der Entwurf der neuen Eigenkapitalrichtlinie (Basel II) sieht vor, dass sich künftig die Höhe der Eigenkapitalunterlegung stärker als bislang an den individuellen Risiken der vergebenen Kredite ausrichtet. Je höher das Kreditrisiko ist, desto höher sind die Eigenkapitalkosten der Banken. Für die Banken steht damit bei der Kreditvergabe die Bonität des Darlehensnehmers im Mittelpunkt. Bereits heute entwickeln die Banken neue Systeme zur Risiko- und Preissteuerung, die den Anforderungen von Basel II gerecht werden. Anstelle einer pauschalen Risikovorsorge für gute wie schlechte Bonitäten wird verstärkt auf eine differenzierte Risikogewichtung hingearbeitet. Insbesondere für Gründer und kleine mittelständische Unternehmen werden deshalb künftig Kredite wohl eher teurer werden. Auch für den Mittelstand im Allgemeinen wird es in Zukunft darauf ankommen, den Wert ihres Unternehmens bzw. die wirtschaftliche Situation des Unternehmens für Kapitalgeber transparenter zu machen, um den Zugang zu Kapital zu erhalten. Es besteht aber auch die Chance, dass sich die Konditionen für Darlehensnehmer mit erstklassiger Bonität verbessern. Das liegt zum einen an der niedrigeren Eigenkapitalunterlegung der Banken für diese Kunden, zum anderen am zunehmenden Wettbewerb um die erstklassigen Adressen.

Neben den Möglichkeiten der Fremdkapitalfinanzierung sollten KMU auch verstärkt die Möglichkeiten der Eigenkapitalfinanzierung ins Auge fassen und ggf. vorhandene Bedenken gegenüber fremder Einflussnahme überdenken, insbesondere dann, wenn das Risiko der unternehmerischen Tätigkeit hoch ist. Der damit erreichte höhere Eigenfinanzierungsanteil kann auch zu einer besseren Bonitätseinschätzung führen und somit die Zuordnung zu einer günstigeren „Rating"-Klasse führen, so dass bei Aufnahme zusätzlicher Kredite bessere Konditionen ausgehandelt werden können.

Öffentliche Förderung 415

Die neuen Eigenkapitalregeln müssen frühestens zum 31.12.2006 endgültig umgesetzt werden. Da Differenzen zwischen den Amerikanern und den Europäern bestehen, könnte sich das In-Kraft-Treten noch weiter verzögern. Dabei geht es unter anderem um die Frage, ab welchen Kreditvolumina die Start-ups und die kleineren Mittelständler in das „Retail"-Portfolio fallen, das gewisse Entlastungen bei der Eigenkapitalunterlegung vorsieht. Auch Fragen zur Umsatzgrößenkomponente und zur Laufzeit des Kredits sind zwischen Kontinentaleuropa und den USA noch strittig.

Mit welchen Erleichterungen gegenüber den Ursprungsverlautbarungen die KMU auch rechnen können, eine Neugestaltung der bisherigen Kreditvergabepraxis wird nicht zu vermeiden sein. Der Trend zur Kapitalmarktorientierung auch bei KMU-Finanzierungen ist unumkehrbar.

4.1.2.3 Tendenz zu Kapitalmarktprodukten

Auch für den Mittelstand werden in Zukunft alternative Finanzierungsformen und neuartige Finanzprodukte immer wichtiger. Der Trend zu immer mehr Kapitalmarktprodukten ist eine Konsequenz aus der Internationalisierung und den damit einhergehenden vergleichbaren Rechnungslegungsvorschriften. Diese sind angelsächsisch investorenorientiert und nicht mehr gläubiger-/emittentenorientiert. Die weltweit diversifizierten Investoren verlangen handelbare, dem Kapitalmarkt nachempfundene Produkte und nach gleichen Maßstäben bewertete Bonitäten. Hier sind unter anderem „Corporate Bonds" ebenso zu nennen wie Kreditderivate in Form von „Credit Default Swaps" (CDS), „Collateralized Loan Obligations" (CLOs) oder ähnliche. Die Kreditderivate ermöglichen den Banken, ihre weitgehend illiquiden Kreditrisiken vom zugrunde liegenden Kredit zu trennen und handelbar zu machen (Kredite der Banken werden in sog. Kreditportfolios gebündelt und fungibel gestaltet). Auch die „Mezzanine"-Finanzierung (eigenkapitalähnliche Fremdmittel, wie z. B. Genussscheine) wird künftig an Bedeutung gewinnen. Vor diesem Hintergrund bietet sich die bewährte Eigenkapitalhilfe (EKH) als Quasi-Eigenmittel an, die durch die Haftungsübernahme des Bundes ohne bankübliche Sicherheiten bereitgestellt werden. Im Gegensatz zu jungen, wachstumsstarken High-Tech-Unternehmen, die sich inzwischen auf eine große Zahl von Wagniskapitalgebern stützen können, ist es für Unternehmen der sog. „Old Economy" noch weitgehend unüblich, Beteiligungskapital zu akquirieren. Hier wird das staatliche Instrumentarium ständig angepasst und bietet auch für die sogenannten „Low"- und „No-Tech"-Unternehmen ausreichende Möglichkeiten. Zunehmende Sanierungen und „turnarounds" runden die Möglichkeiten zur Akquirierung von Beteiligungskapital ab.

4.1.3 Ebenen der Gründungs- und Mittelstandsförderung

Die Gründungs- und Mittelstandsförderung spielt sich in Deutschland auf drei Ebenen ab:

- Aufgabe des Bundes ist vorrangig die Schaffung gründungsfreundlicher Rahmenbedingungen. Hierzu zählt z. B. die Gestaltung des Steuer- und Sozialsystems. Die Rücknahme staatlicher Regulierungen (Deregulierung) z. B. in den Bereichen Arbeitnehmer- und

Verbraucherschutz kann dazu beitragen, Zugangsbarrieren für potenzielle Existenzgründer abzubauen. Auch der Abbau von Bürokratiebelastungen z. B. in Form von langwierigen und undurchsichtigen Genehmigungsverfahren mit teilweise unterschiedlichen behördlichen Zuständigkeiten würde Existenzgründer wie bestehende KMU deutlich entlasten.

- Über die Förderbanken des Bundes, die *Kreditanstalt für Wiederaufbau (KfW)* und die *Deutsche Ausgleichsbank (DtA)* als Gründer- und Mittelstandsbank sowie deren Tochtergesellschaften (*tbg*, *gbb*) bietet der Bund darüber hinaus spezielle Finanzierungsprodukte für Existenzgründer und mittelständische Unternehmen in den Bereichen Fremd- und Eigenkapitalfinanzierung an. Fehlen bankübliche Sicherheiten zur Absicherung der Darlehen, können *DtA* oder *KfW* in Form von Haftungsfreistellungen oder spezieller Bürgschaftsprogramme eingebunden werden.

- Die Länder ergänzen diese finanzielle Grundförderung des Bundes entsprechend ihrer (förder-) politischen Prioritäten durch eigene Maßnahmen über ihre Landesförderinstitute. Im Gegensatz zur Förderung auf Bundesebene bieten sie auch eine Zuschussförderung. Darlehen können über die Bürgschaftsbanken der Länder oder spezielle Bürgschaftsprogramme der Länder abgesichert werden. Teilweise kann der Bund mithaften. Zur Bereitstellung von Risikokapital entstanden in den Ländern öffentlich-rechtliche *Mittelständische Beteiligungsgesellschaften* (MBG).

Obwohl die KMU-Politik im Wesentlichen in die Zuständigkeit der Mitgliedstaaten fällt, kommt der EU über Artikel 130 des EU-Vertrages eine wachsende Bedeutung im Rahmen einer engeren Koordinierung der Politiken der Mitgliedstaaten zu. Zur Durchführung eigener Fördermaßnahmen stehen der EU mehrere Institutionen und Instrumente zur Verfügung. Hierzu zählen beispielsweise die *Europäische Investitionsbank* (EIB), der *Europäische Investitionsfonds* (EIF), die Strukturfonds der EU-Strukturpolitik sowie mehrere Programme und Pilotaktionen zur Bereitstellung von Beteiligungskapital.

Die Gründungs- und Mittelstandsförderung in Deutschland ist heute durch eine hohe Programmdichte mit teilweise starken Ausdifferenzierungen in den einzelnen Programmen sowie zahlreichen Überschneidungen zwischen den einzelnen Förderebenen gekennzeichnet. Um die Transparenz im Fördergeschäft zu erhöhen und gleichzeitig das Förderangebot für Existenzgründer und KMU zu verbessern, geht die DtA seit 1998 Kooperationen mit der Landesförderung ein. Im Rahmen der sogenannten „vertikalen Produktbündelung" werden Bundes- und Landesförderung zu einem gemeinsamen, schlanken Förderangebot zusammengefasst. Dabei wird die Basisförderung des Bundes durch den Landesbeitrag um eine besondere Zinsverbilligung oder eine Erhöhung der Haftungsfreistellung ergänzt. Mit der Konzentration der Gründungs- und Mittelstandsförderung für KMU bei der DtA im Rahmen der Neuordnung der Förderaktivitäten des Bundes werden nun auch auf Bundesebene parallele Förderangebote zu einem einheitlichen Förderprodukt zusammengefasst (horizontale Produktbündelung). Eine unbürokratische Verknüpfung von Bundes- und EU-Förderung erfolgt im „*DtA*-Startgeld" zur Finanzierung von sog. Kleinstgründungen bis zu einem Investitionsvolumen von € 50.000. Um Existenzgründungsvorhaben trotz Mangel an banküblichen Sicherheiten zu ermöglichen, bietet das Förderdarlehen eine 80 %ige Haftungsfreistellung. An dem Risiko aus der Haftungsentlastung der Hausbanken beteiligt sich der *EIF* auf Grundlage der KMU-Bürgschaftsfazilität zur Hälfte.

4.1.4 Förderinstrumente

Als Gründer- und Mittelstandsbank des Bundes ist die *Deutsche Ausgleichsbank* die führende Förderbank für Wachstums-Start-ups und nutzt dabei alle klassischen Programminstrumente – vom Förderdarlehen bis zur stillen Beteiligung. Eine Übersicht über die Förderprodukte der DtA gibt Abbildung V.25:

Zusagen in den Förderprodukten der DtA (01.01.2001 - 31.12.2001)						
	Alte Länder		Neue Länder		Gesamt	
	Anzahl	Volumen (TEUR)	Anzahl	Volumen (TEUR)	Anzahl	Volumen (TEUR)
ERP-Existenzgründung	5.296	456.107	1.217	119.852	6.513	575.959
Eigenkapitalhilfe	3.868	255.805	1.253	127.707	5.121	383.511
DtA-Existenzgründung	22.976	2.289.109	2.236	225.691	25.212	2.514.800
DtA-Startgeld	4.947	159.226	1.050	32.070	5.997	191.296
Strukturförderung	317	3.988	37	16.112	354	20.100
Summe Darlehensförderung	37.404	3.164.235	5.793	521.432	43.197	3.685.667
- High-Tech-Beteiligungen	266	166.599	82	42.410	348	209.009
- Low-Tech-Beteiligungen	0	0	32	22.057	32	22.057
Gesamt	37.670	3.330.834	5.907	585.899	43.577	3.916.733

Abbildung V.25: Gründungs- und Wachstumsförderung der DtA im Überblick

4.1.4.1 Förderdarlehen

Die „klassische" Fremdkapitalfinanzierung bleibt insbesondere für Existenzgründer und kleinere mittelständische Unternehmen auch in Zukunft von Bedeutung. Die stärkere Fokussierung der Kreditprüfung der Banken auf die Bonität des Darlehensnehmers und verwertbare Kreditsicherheiten könnte jedoch gerade dieser Gruppe in Zukunft den Zugang zu Fremdkapital erschweren. Dies gilt in besonderem Maße bei der Finanzierung sogenannten „weicher" Investitionen wie z. B. Investitionen in Betriebsmittel, Humankapital oder IT. Um ihre Position in Kreditverhandlungen zu verbessern, wird auch für Existenzgründer und KMU künftig die (externe) Bewertung ihrer Unternehmen immer wichtiger werden.

Auch im Rahmen öffentlicher Förderdarlehen ist künftig mit einer Differenzierung der Kapitalkosten nach Risikogesichtspunkten zu rechnen. Die Förderinstitute von Bund und Ländern bieten in ihren Förderdarlehen jedoch teilweise Haftungsfreistellungen in deren Rahmen sie einen Teil des Ausfallrisikos der Hausbanken übernehmen. Teilweise bestehen Rückgarantien von Bund und Ländern.

Nach der Neuordnung der Mittelstandsfinanzierung des Bundes und der damit verbundenen Konzentration der Gründungs- und Mittelstandsförderung des Bundes bei der *DtA* werden mit dem neuen „DtA-Gründungs- und Mittelstandsdarlehen" acht Programme bzw. Programmvarianten zu einem einheitlichen Förderangebot zusammengefasst. Finanziert werden können damit Investitionen im In- und Euroland sowie Betriebsmittel jeweils bis zur Höchstgrenze von € 5 Mio. Die Hausbank kann in den alten Ländern eine Haftungsfreistellung in Höhe von 40 %, in den neuen Ländern in Höhe von 50 % zur Reduzierung ihres Risikos in Anspruch nehmen. Das neue „DtA-Gründungs- und Mittelstandsdarlehen" wird künftig auch die Basis für die Kooperationen mit der Landesförderung im Rahmen der vertikalen Produktbündelung bilden.

4.1.4.2 Beteiligungsfinanzierung

Für die schnell wachsenden Unternehmen (sog. „Gazellen") der New Economy sind Förderdarlehen (Fremdkapital) aber ein ungeeignetes Instrument. Dem hohen Risiko gerade in der Startphase der Unternehmung stehen in der Regel keine verwertbaren Kreditsicherheiten gegenüber. Dafür lassen die hervorragenden Entwicklungspotenziale auf überdurchschnittliche Wertzuwächse bei der Veräußerung von Unternehmensanteilen hoffen. Damit ist Private Equity/Venture Capital als geeignetes Instrument zur Finanzierung innovativer Wachstumsunternehmen anzusehen.

Die *tbg* geht zur Finanzierung von Innovationen, insbesondere in der Frühphase, stille Beteiligungen an kleinen Technologieunternehmen ein (BTU-Programm). Dabei beteiligt sie sich nicht selbst an der Geschäftsführung, so dass die unternehmerische Entscheidungsfreiheit unangetastet bleibt. Voraussetzung für diese stille Beteiligung ist, dass sich ein weiterer Investor („Lead"-Investor) mindestens in der gleichen Höhe wie die *tbg* am Vorhaben engagiert. „Lead"-Investoren können VC-Gesellschaften, Beteiligungsgesellschaften des Bankensektors, Unternehmen oder Privatpersonen, sog. Business Angels, sein, die den jungen Unternehmen neben der finanziellen Beteiligung auch ihr Management-Know-how zu Verfügung stellen. Das Ausfallrisiko des „Lead"-Investors kann in den ersten risikoreicheren Jahren in Höhe von 50 % von der *tbg* getragen werden.

Mit dieser Fördermaßnahme soll potenziellen Beteiligungsgebern ein Anreiz geboten werden, sich bereits in der Aufbauphase kleiner, wachstumsstarker Technologieunternehmen zu beteiligen. Ergänzend stellt die *tbg* Beteiligungskapital zur Verfügung („bridge to IPO"), mit dem High-Tech-Unternehmen im Technologiebereich ihr Vorhaben bis zum Börsengang finanzieren können.

Die Beteiligungsfinanzierung ist angelegt, das Eigenkapital der KMU zu verstärken, um auch eine höhere Bonität gegenüber den Fremdkapitalgebern zu erreichen. Die chronische Unterkapitalisierung der europäischen KMU gegenüber den angelsächsischen ist ein deutlicher Nachteil bei den Basel II-Verhandlungen. Die „Private-Equity"-Finanzierung kann als wesentliches, aber nur flankierendes Instrument gesehen werden, da vor allen Dingen die Steuergesetzgebung die Nachteile zur Bildung von Eigenkapital abbauen müsste.

4.1.4.3 Mezzanine-Financing

„Mezzanine"-Finanzierungen verbinden Eigenschaften der Fremdkapitalfinanzierung und der Eigenkapitalfinanzierung. Im Hinblick auf die Rendite können Zinseinnahmen und Teilnahme am Unternehmenserfolg kombiniert werden. „Mezzanine"-Kapital wird im Insolvenzfall nachrangig bedient und haftet damit wie Eigenkapital.

Aufgrund dieser Ausgestaltung eignen sich „Mezzanin"-Finanzierungen gerade auch für solche Unternehmen, die zwar einen ausreichenden Cash Flow zur Bedienung der Kapitalgeber versprechen, gleichzeitig jedoch aufgrund ihres bereits hohen Verschuldungsgrades und/oder fehlender beleihbarer Vermögensgegenstände nur noch begrenzt zusätzliches Fremdkapital aufnehmen können. Hierzu zählen z. B. auch kleine wachstumsstarke Technologieunternehmen mit einem hohen Anteil an F&E-Aufwendungen.

Im „No"- und „Low-Tech"-Bereich hat sich die ERP-Eigenkapitalhilfe als Eigenmittelsurrogat bewährt. Der wesentliche Vorteil für Gründer liegt darin, dass Darlehen vergeben werden, die Eigenkapital ersetzen. Sicherheiten sind nicht erforderlich, und im Insolvenzfall haftet das Darlehen in voller Höhe als Eigenkapitalersatz. Eine solide Eigenkapitaldecke ist erwiesenermaßen eine der wesentlichen Voraussetzung für neugegründete Unternehmen, um im Wettbewerb zu bestehen. Zins- und Tilgungslasten werden reduziert, weiteres Fremdkapital kann leichter akquiriert werden. Lange Laufzeiten, tilgungsfreie Jahre und Zinsverbilligung in den ersten Laufzeitjahren runden die Konditionierung ab.

Wirtschaftsforschungsinstitute bescheinigen der Eigenkapitalhilfe einen nachhaltigen Erfolg. Danach wird die Insolvenzanfälligkeit von Existenzgründungen deutlich reduziert und die Anzahl der qualifizierten Gründungen erhöht (Almus/Prantl, 2001).

4.1.4.4 Bürgschaften

Die Bürgschaftsbanken (Kreditgarantiegemeinschaften) der Länder sind Selbsthilfeeinrichtungen der Wirtschaft, an denen die Handwerkskammern, die Industrie- und Handelskammern, die Kammern der Freien Berufe, Wirtschaftsverbände, Innungen, Banken und Sparkassen beteiligt sind. Sie übernehmen anteilige Ausfallbürgschaften für kurz-, mittel- und langfristige Kredite aller Art sowie für Anzahlungs-, Gewährleistungs- oder Bauavale (in der Regel bis 80 % des Darlehensbetrages, bei Betriebsmittelkrediten ggf. weniger). Beantragt werden können die Ausfallbürgschaften der Bürgschaftsbanken der Länder in der Regel von gewerblichen Unternehmen und Freiberuflern, denen wegen fehlender Sicherheiten kein oder kein ausreichender Kredit gewährt würde.

Bei Vorhaben mit besonderer volkswirtschaftlicher Bedeutung bieten Länder selbst Landesbürgschaften an. Darüber hinaus stellen in einigen Ländern die Landesförderinstitute eigene Bürgschaftsprogramme bereit.

Auf Bundesebene bietet die DtA ein Bürgschaftsprogramm an. Das Programm richtet sich ausschließlich an Vorhaben in den neuen Bundesländern und Berlin (Ost), die in die Errichtung, Erweiterung, Modernisierung und Umstellung von Betriebsstätten investieren. Da die

Mehrzahl der ostdeutschen Bundesländer kein vergleichbares eigenes Bürgschaftsprogramm anbietet, schließt das DtA-Programm dort die Lücke im Bürgschaftsbereich.

Vor dem Hintergrund von Basel II ist in den nächsten Jahren ein starker Anstieg der Nachfrage nach haftungsentlastenden Instrumenten wie Bürgschaften und Garantien auf Bundes- und Landesebene zu erwarten.

4.1.4.5 Gründungsprämien/Investitionszuschüsse

Ein weiteres Förderinstrument sind Gründungsprämien. Zweck dieser Prämien ist die Erleichterung von Existenzgründungen, Betriebsübernahmen und „tätigen Beteiligungen" zumeist im Industrie- und Handwerksbereich. Die Prämien haben Zuschusscharakter und werden als einmalige, zweckgebundene Geldleistung aus öffentlichen Mitteln vergeben. Sie werden in aller Regel als nicht oder bedingt rückzahlbarer Zuschuss gewährt.

Derzeit gibt es auf Landesebene (Berlin, Brandenburg, Thüringen, NRW und Rheinland-Pfalz) die sogenannten Meister-Gründungsprämien bzw. Fortbildungsprämien. Voraussetzung für die Gewährung der Prämie in diesen Bundesländern ist, neben der bestandenen Meisterprüfung des Gründers, die Schaffung mindestens eines sozialversicherungspflichtigen Arbeits- oder Ausbildungsplatzes. Die Größenordung der Gründungsprämien liegt meist zwischen € 1.250 und € 5.000.

Gründungsprämien können immer nur Ergänzungs- bzw. Anreizcharakter haben, um dem Gründer insbesondere für Kosten der Anlaufphase Liquidität ohne Kapitaldienstverpflichtungen zur Verfügung zu stellen.

4.1.5 Netzwerk der beteiligten Institutionen

Mittlerweile gibt es zahlreiche Finanzierungs- und Beratungsangebote für Existenzgründer und KMU auf Länder-, Bundes- und EU-Ebene. Um aus der umfassenden Auswahl das richtige Angebot für die individuellen Bedürfnisse herauszufinden, benötigen Existenzgründer wie Unternehmer in der Regel eine Orientierungshilfe und/oder einen Förder-„Scout".

Eine geeignete Plattform zur Vermittlung von Informationen bietet heute das Internet. Die Förderdatenbank des *BMWi* (www.bmwi.de) informiert ausführlich über sämtliche Förderangebote auf Bundes- und Länderebene. Umfangreiche Angebote liefert zudem die Homepage der DtA (www.dta.de) mit dem virtuellen Gründerzentrum, das neben Informationen zu Förderdarlehen nützliche Tipps und Adressen sowie Hilfestellungen beispielsweise zur Erstellung eines Business- oder Finanzierungsplans oder Marketingkonzeptes enthält. Daneben unterstützt eine Kontaktbörse bei der Suche nach Dienstleistungen, Geschäftspartnern, Mitarbeitern und Kapital. Wer Beteiligungen an einem Unternehmen eingehen oder Beteiligungen am eigenen Unternehmen anbieten will, kann beispielsweise über die DtA-Unternehmens-Beteiligungs-Agentur nach einem geeigneten Partner Ausschau halten. Speziell der Unternehmensnachfolge widmet sich die Initiative „Change/Chance" (www.change-online.de). Ziel ist es, Unternehmerinnen und Unternehmen sowie deren

Nachfolger über eine Börse zusammenzuführen und durch umfangreiche Beratungs- und Vermittlungsangebote zu unterstützen. Die Initiative „nexxt" (www.nexxt.org) des *BMWi* bündelt seit Mai 2001 konzertierte Maßnahmen und Angebote verschiedener Partner zur Unterstützung des Generationswechsels im Mittelstand unter einer Dachmarke. Ein hochqualifiziertes europäisches Netzwerk von insgesamt über 330 Beratungseinrichtungen in allen EU-Staaten, europäischen Anrainerstaaten und im Mittelmeerraum bilden die *Euro Info Centres* (www.eic.de). Sie informieren KMUs über Entwicklungen, Initiativen und Programme der EU und helfen darüber hinaus auch bei der Suche nach geeigneten Kooperationspartnern.

4.2 Wirkung öffentlicher Förderprogramme

4.2.1 Zugang zu Finanzierungsquellen

Die Kultur der Unternehmensfinanzierung in Deutschland unterscheidet sich in wesentlichen Elementen von der Finanzierungskultur beispielsweise in den Vereinigten Staaten. Einer in Deutschland ausgeprägten Fremd- und damit Bankenfinanzierung steht in den USA ein hoher Anteil an Eigenkapitalfinanzierung gegenüber. Dies ist insbesondere für hochinnovative und stark wachsende Unternehmen von Bedeutung, die angesichts des mit ihrem Vorhaben verbundenen hohen Risikos nur schwer eine klassische Bankfinanzierung erhalten.

In den Neunzigerjahren hat das auf die Fremdfinanzierung „geeichte" System in Deutschland noch dazu geführt, dass junge, innovative Unternehmen mit hohen Wachstumschancen ihr Risikokapital nicht etwa von deutschen Kapitalgebern und erst recht nicht von deutschen Banken erhielten, sondern in den USA fündig wurden. Als Beispiel mag „*germany.net*" (*Callisto GmbH*) dienen, das als erster deutscher Internet-Provider mit kostenfreiem Zugang den Aufbau seiner Infrastruktur mithilfe eines US-Venture-Capitalist finanzierte. Nach einem dynamischen Unternehmenswachstum wurde das Unternehmen zwischenzeitlich an *Mannesmann-Arcor* verkauft.

Ende der Neunzigerjahre begannen sich die Rahmenbedingungen für junge Unternehmen mit hohem Wachstumspotenzial jedoch erheblich zu verbessern. Angebot und Neuinvestitionen an Venture Capital in Deutschland stiegen rapide an. Neue VC-Gesellschaften entstanden, darunter zahlreiche Sprösslinge von Grossunternehmen, sog. CVC-Gesellschaften (Corporate Venture Capital) wie z. B. *T-venture*, eine Tochtergesellschaft der *Deutschen Telekom*. Erste Business-Angel-Netzwerke bildeten sich ebenfalls. Als bundesdeutscher Dachverband wurde *BAND* (Business Angel Netzwerk Deutschland) eingerichtet.

Diese Entwicklungen kommen allerdings vor allem den hoch innovativen Gründungen zugute. Die Masse der jungen Unternehmen, darunter auch zahlreiche Unternehmen aus den „klassischen Branchen" mit trotzdem erheblichem Wachstumspotenzial, können und wollen diese Finanzierungsquellen noch nicht ausreichend nutzen, da die deutsche mittelstandsgeprägte Kunde/Bank-Verbindung zu starr auf die die letzten 50 Jahre dominierende Produktionsgesellschaft fixiert ist. Die auf „human-resources" basierende Dienstleistungsgesellschaft wird noch einige Zeit benötigen, diese bisherigen Finanzierungsregeln aufzubrechen.

Worin liegen nun die besonderen Probleme von Start-ups bei der Kapitalakquisition? Existenzgründungen zählen zum Bereich kleiner und mittlerer Unternehmen. Die besondere Problematik der Eigenkapitalbeschaffung bei Existenzgründungen lässt sich somit in größenbedingte und nicht größenbedingte Probleme unterscheiden. Die größenbedingten Probleme sind aus der generellen Wettbewerbssituation bei der Beschaffung von Eigenkapital bei kleinen und mittleren Unternehmen (KMU) abzuleiten. Hier ergeben sich Nachteile für KMU und damit auch für Existenzgründer und andere weil verschiedene Finanzierungsformen mit verschieden hohen Finanzierungskosten verbunden sind und damit Existenzgründungen aufgrund größenbedingter Zugangskriterien vorenthalten werden (BMWi, 1996). Fehlende veröffentlichte Unternehmensbilanzen bzw. Klassifizierungen von „Rating"-Agenturen führen zu großen Informationsasymmetrien in Bezug auf die Bonität der Existenzgründung. Existenzgründungen verfügen im Gegensatz zu vielen Großunternehmen über eine erheblich geringere Verhandlungsmacht gegenüber Kreditinstituten. Großunternehmen können einzelne Finanzdienstleistungen direkt ohne Einschaltung von Banken umsetzen (z. B. Anlegen und Aufnehmen von Geldern an (inter-)nationalen Märkten). Existenzgründungen hingegen müssen möglichen Beteiligungspartnern eine höhere Eigenkapitalverzinsung bieten, um trotz gravierender Informationsasymmetrien und erhöhtem Risiko gegenüber anderen Anlageobjekten, und dabei insbesondere gegenüber Großunternehmen, attraktiv zu bleiben.

Dass sich diese Unterschiede in der Eigenkapitalausstattung der Unternehmen niederschlagen, kann aus einem Vergleich der Entwicklung der Eigenkapitalquoten börsennotierter und nicht börsennotierter Unternehmen abgeleitet werden. Untersuchungen des *Zentrums für Europäische Wirtschaftsforschung* (ZEW), Mannheim, ergeben, dass der Eigenkapitalanteil bei börsennotierten Unternehmen von 1981 bis 1990 von ca. 28 % auf ca. 40 % gestiegen ist und in den Neunzigerjahren um den letztgenannten Wert schwankte, während die vergleichbare Quote bei nicht börsennotierten Unternehmen von ca. 19 % auf ca. 13 % abnahm. Unter Berücksichtigung anderer Einflüsse interpretiert das ZEW diese Zahlen als Beleg dafür, dass "... die Finanzierung über die einzelnen Finanzmarktsegmente erheblichen Einfluss auf die Ausstattung der Unternehmen mit Risikokapital zur Folge hat." (Gerke, 1993, S. 624) Die Informationsasymmetrie ist bei Existenzgründungen allerdings noch stärker ausgeprägt als bei mittelständischen Unternehmen, da neben dem Größeneffekt noch ein Innovationseffekt (Neuheit der Existenzgründung) wirkt. Junge Unternehmen können im Unterschied zu etablierten KMU noch keine Unternehmens- und meistens auch keine Unternehmerhistorie vorweisen. Dies erhöht das (Qualitäts-) Risiko für externe Kapitalgeber und führt damit auch zu einer Erhöhung der Risikoprämie. Insbesondere unter dem Aspekt der Reduzierung dieser Qualitätsrisiken wird daher von wissenschaftlicher Seite empfohlen, eine staatliche Anschubfinanzierung für Existenzgründer zu organisieren. (Klandt/Kirchhoff-Kestel/Struck, 1998).

Bei Existenzgründungen verbindet sich die im Vergleich zu anderen Unternehmen deutlich gewichtigere Bedeutung des Eigenkapitals mit einem erheblich erschwerten Zugang zu dieser Kapitalquelle. Dieses Missverhältnis kann dann, wenn Existenzgründer im Vergleich zum erforderlichen Finanzbedarf nur über geringe eigene Mittel verfügen, zu einer suboptimalen Startgröße oder gar zu einer Aufgabe des Vorhabens führen.

Wie werden sich die Zugangschancen zu Finanzierungsquellen für junge Unternehmen zukünftig entwickeln? Hier sind die erkennbaren Entwicklungen im Bankensystem und damit insbesondere die Auswirkungen der Baseler Eigenkapitalrichtlinie (Basel II) zu berücksichtigen. Da die Rahmenbedingungen sich deutlich in Richtung des US-Systems verschieben, kann ein Blick auf dieses sehr hilfreich sein. Zu berücksichtigen ist dabei allerdings, dass es in Deutschland und Europa einen Übergangszeitraum geben wird.

Insbesondere Kleinst- und Nebenerwerbsgründungen werden aber auch mittelfristig auf traditionelle Bankendarlehen, meistens dem Privatkundenportfolio der jeweiligen Bank oder Sparkasse zugerechnet, sowie auf Förderbankdarlehen angewiesen sein. Denn Kleindarlehen bis etwa € 100.000 oder € 200.000 Gesamtengagement werden zukünftig über standardisierte und automatisierte Systeme – in absehbarer Zeit auch „online" – vergeben. Wenige, vom Unternehmer in ein Expertensystem einzugebende Informationen entscheiden über Ablehnung oder Zusage – und zwar ohne jeglichen menschlichen Eingriff. Der Kreditkundenbetreuer wird für diese Kundengruppe der Banken zu einer reinen Kontrollinstanz, die lediglich die Eingaben des Unternehmers verifiziert und Abwicklungsaufgaben übernimmt (z. B. Umsetzung von Grundbucheintragungen, Sicherheitsübereignungen etc.). In der Konsequenz wird damit die Anzahl erfolgversprechender Klein- oder Nebenerwerbsvorhaben, die dennoch keine Bankenfinanzierung erhalten, noch zunehmen. Hoch innovative Unternehmen werden hingegen einen sich weiter entwickelnden und stabilisierenden Beteiligungs- und Business-Angel-Markt vorfinden.

Öffentliche Förderprogramme müssen diesen sich überaus dynamisch wandelnden Rahmenbedingungen gerecht werden. In den Neunzigerjahren hat die Gründungs- und Wachstumsförderung des Bundes, verankert bei der *Deutschen Ausgleichsbank* und über 70 % der öffentlichen Darlehensförderung für junge Unternehmen ausmachend, ihr historisch höchstes Niveau erreicht. Dieses „Allzeit-Hoch" war zunächst getragen von der Gründungswelle in den neuen Bundesländern, bevor zum Ende des Jahrzehnts vor allem Jungunternehmer in Westdeutschland von den staatlichen Hilfen Gebrauch machten. Anfang des neuen Jahrtausends verzeichnet die Gründungsförderung der *DtA* parallel zum Abstieg der New Economy jedoch deutliche Rückgänge (Abbildung V.26). Diese Rückgänge spiegeln nicht nur ein zurückhaltendes Gründungsgeschehen oder eine lahmende Konjunktur wider, sie deuten darüber hinaus auch grundlegende Wandlungsprozesse auf den Finanzmärkten und den damit verbundenen Anpassungsbedarf bei öffentlichen Förderprogrammen an.

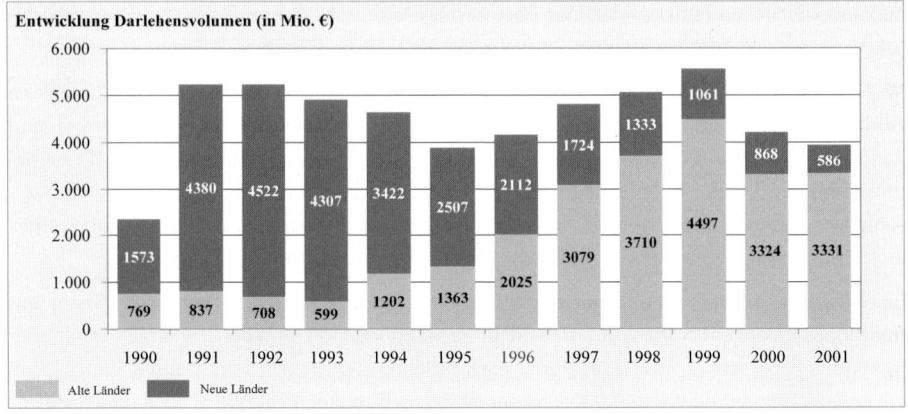

Abbildung V.26: Entwicklung der Gründungs- und Wachstumsförderung der DtA

4.2.2 Wachstum geförderter Unternehmen

Hoch innovative Start-ups aus den High-Tech-Bereichen zählen zu den Wachstumsführern in der Gründerszene; ihr Anteil an der Gründerszene ist jedoch marginal Wie aus einer Studie des *Zentrums für Europäische Wirtschaftsforschung* und des *Fraunhofer Instituts für Systemtechnik und Innovationsforschung* hervorgeht, ist der Anteil der Gründungen in technologieintensiven Wirtschaftszweigen, gemessen an allen Gründungen, relativ gering. In den alten Bundesländern lag der Anteil durchschnittlich bei 7,8 % und in den neuen Bundesländern bei 6,1 %. (Lessat et al., 1999)

Starke Wachstumsprozesse finden nicht nur bei High-Tech-Start-ups statt. Im Schnitt steigern Jungunternehmer den Umsatz ihres Unternehmens in den ersten drei Jahren um 68 %. Das zeigen Untersuchungen bei DtA-geförderten Existenzgründungen. (Heil, 1999). Besonders wachstumsstark sind naturgemäß neu gegründete Unternehmen. Sie steigern ihren Umsatz um durchschnittlich 76 %, Übernahmen erreichen demgegenüber nur 38 %, starten aber auf einem höheren Umsatzniveau (Heil, 1999).

Neben der Umsatzausweitung verzeichnen wachstumsstarke Existenzgründungen auch einen Zuwachs an Beschäftigten; sie verdoppeln ihre Mitarbeiteranzahl im Schnitt, während der Zuwachs bei den wachstumsschwachen Unternehmen mit 42 % naturgemäß geringer ausfällt. Das Verhältnis von Umsatz zu Beschäftigtenzahl, d. h. die Umsatzproduktivität wachstumsstarker Betriebe, steigt von € 45.000 im ersten Jahr auf € 67.000 im dritten Jahr nach Gründung. Bei wachstumsschwachen Unternehmen hingegen sinkt die Umsatzproduktivität leicht von € 64.000 auf € 60.000 (Heil, 1999). Ihr Umsatz bleibt annähernd konstant, während die Beschäftigtenzahl geringfügig steigt. Die wachstumsstarken DtA-geförderten Existenzgründungen investieren im Schnitt viermal so viel wie wachstumsschwache und gelangen auch früher in die Gewinnzone. Letzteres gilt allerdings nicht für viele hoch innovative Unternehmen aus der Internet-Szene, die – wenn überhaupt – erst nach einer längeren Durststrecke schwarze Zahlen schreiben können.

Kräftiges Wachstum erleichtert das Management junger Unternehmen keinesfalls, da wachstumsstarke Betriebe oft eine mangelhafte Kapitalausstattung kompensieren müssen. Für die Finanzierung des nächsten Investitionsschritts reichen die Möglichkeiten der Innenfinanzierung nicht aus (Abbildung V.27). Es stellt sich insofern die Frage, ob zur Eigenkapitalaufstockung für die Unternehmer die Hereinnahme eines Partners denkbar wäre bzw. realisiert worden ist. Bereitschaft und Realisierung einer Beteiligung weichen bei danach befragten DtA-geförderten Existenzgründungen recht deutlich voneinander ab. Während sich 16 % der Unternehmer vorstellen können, einen Partner aufzunehmen, haben nur 4 % auch wirklich einen solchen Schritt „gewagt". Sowohl die Bereitschaft als auch die Aufnahme eines Partners stehen in Zusammenhang mit der Unternehmensentwicklung. Unternehmen mit Beteiligungspartner erzielen ein höheres Umsatzwachstum (106 %) als Unternehmen ohne Partner (65 %). Die Bereitschaft zur Partneraufnahme ist bei wachstumsstarken Unternehmen ausgeprägter. Zu berücksichtigen ist allerdings, dass mit der Aufnahme eines Beteiligungspartners auch Risiken verbunden sind. Stimmt die „Chemie" zwischen den Partnern nicht oder werden Zuständigkeiten und Entscheidungskompetenzen nicht klar abgegrenzt, kann die Unternehmenspartnerschaft scheitern und mit finanziellen Verlusten verbunden sein.

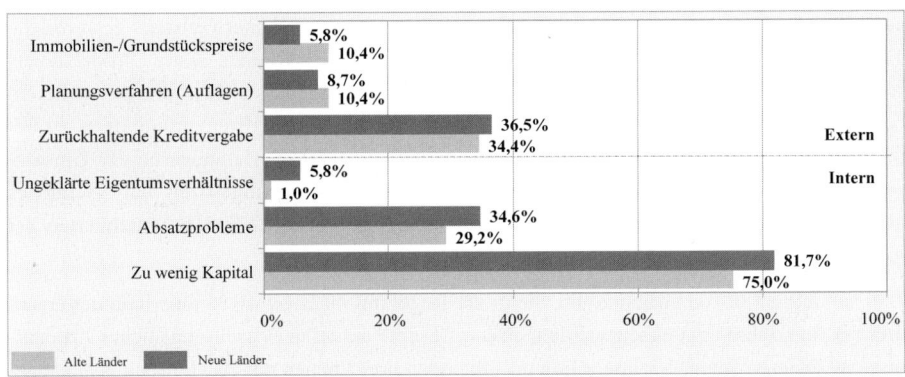

Abbildung V.27: Investitionshemmnisse hochinnovativer Unternehmen (Quelle: Arntz/ Bindewald, 1998)

4.2.3 Sterblichkeit geförderter Wachstumsunternehmen

Nach wie vor sind Gründungen mit dem Image einer hohen Sterblichkeitsrate gerade in den ersten Jahren verbunden. Ein derart hohes Risiko mag für technologieorientierte Gründungen und auch für Nebenerwerbsgründungen gelten. Für die Masse der „normalen" Existenzgründungen, die in etwa 94 % aller Vollerwerbsgründungen ausmachen, gilt dies jedoch nicht.

Hinterfragt werden muss nämlich, warum in den überwiegend auf den Umsatzsteuerstatistiken basierenden „Survival"-Quoten immer in den ersten ein bis zwei Jahren sehr hohe Abgänge verzeichnet werden, während sich die Quote in den Folgejahren sehr deutlich verringert. In einer Untersuchung der Entwicklung von Gründungen identifiziert das Institut für Betriebswirtschaftslehre der Klein- und Mittelbetriebe an der Wirtschaftsuniversität Wien in den ersten Jahren eine erheblich geringere Ausfallquote bei geförderten Gründungen. Auch KIRCHHOFF ET AL.. kommen 1988 in einer großzahligen empirischen Untersuchung in den USA zu dem Ergebnis, dass die bisweilen angegebenen hohen Aufgabequoten von über 50 % in den ersten drei Jahren nicht zutreffen: "... that the discontinuance rate for young firms (particularly when controlling for sale and change of business) is lower than is often believed". Dieses Ergebnis, das sich mit den Ergebnissen deutscher Untersuchungen deckt sowie mit den Erfahrungen bei geförderten Existenzgründungen durch die *Deutsche Ausgleichsbank* übereinstimmt, korreliert mit der „Liability-of-adolescence"-Hypothese, wonach Existenzgründungen in den ersten Jahren aufgrund einer zunächst ausreichenden Verfügbarkeit initialer Ressourcen eine verzögerte Sterblichkeitsrate aufweisen.

Für die Annahme, dass dieser Effekt auch für die von der Umsatzsteuerstatistik erfassten Existenzgründungen zutrifft, sprechen auch die Ergebnisse einer Untersuchung der Umsatzsteuerstatistik des Saarlandes. (Struck, 1998) Auch bei den Zugängen zur Umsatzsteuerstatistik handelt es sich offensichtlich zu einem nennenswerten Teil nicht um (zeitnahe) Existenzgründungen, sondern um Zugänge, die eine Gründung aufgrund verzögertem Überschreiten der Zugangsschwelle anzeigen oder um Zugänge, die nicht von einer Gründung ausgehen (z. B. Umstrukturierung, Anmeldung privaten Immobilienerwerbs als gewerbliche Tätigkeit). Auch die im Vergleich zu den anderen statistischen Quellen in der Umsatzsteuerstatistik erheblich heterogeneren Einheiten deuten darauf hin, dass sich in dieser Quelle ein besonders starker Anteil von Zugängen befindet, die nicht als Existenzgründungen zu betrachten sind. Insbesondere im Verarbeitenden Gewerbe und im Baugewerbe der Umsatzsteuerstatistik-Zugänge des Saarland sind die Standardabweichungen um ein Vielfaches höher als in den Stichproben aus den anderen Quellen, was mit höheren Mittelwerten bei niedrigeren Medianen korrespondiert.

Die Ausfallquoten von Gründungen, die in der Regel mit 40 % bis 50 % innerhalb der ersten drei bis fünf Jahre angegeben werden, sind im Lichte aktueller wissenschaftlicher Erkenntnisse zu differenzieren. Vielmehr ist von folgenden drei Ebenen des Ausfallrisikos auszugehen (Abbildung V.28):

- Eine hohe Ausfallquote von ca. 50 % in den ersten drei bis fünf Jahren ergibt sich bei Betrachtung aller (formellen) Gründungen, einschließlich Nebenerwerbs- und unselbständigen Gründungen.

- Betrachtet man Existenzgründungen, reduziert sich die Ausfallquote bereits auf gut 20 % innerhalb von sieben Jahren.

- Engt man den Blickwinkel nochmals auf staatlich geförderte Existenzgründungen ein, halbiert sich die Ausfallquote erneut und liegt nach sieben Jahren noch bei knapp 10 %.

Öffentliche Förderung 427

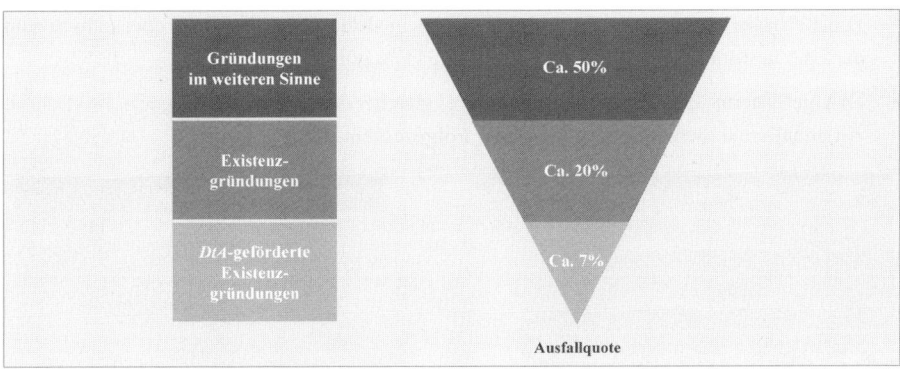

Abbildung V.28: Höhe der Ausfallquote etwa fünf Jahre nach der Gründung (Quelle: Struck, 1999)

4.2.4 Volkswirtschaftliche Bedeutung der Gründungs- und Mittelstandsförderung

Die volkswirtschaftliche Bedeutung der Gründungs- und Mittelstandsförderung kann aus den in Abbildung V.29 benannten Motiven und Zielen abgeleitet werden. Junge Wachstumsunternehmen leisten zu nahezu allen volkswirtschaftlichen Zielen wertvolle Beiträge und stehen daher zurecht im Fokus der staatlichen Fördermaßnahmen (Abbildung V.30). Unabhängig davon ist festzuhalten, dass eine Kultur der (beruflichen) Selbständigkeit als gesellschaftliches/kulturelles Ziel natürlich nicht allein über die Förderung wachstumsstarker Unternehmen hergestellt werden kann.

Stabilitätsziele	Regeneration und Wettbewerbsfähigkeit der Volkswirtschaft	Nachteilsausgleich/Marktversagen
■ Wachstum ■ Vollbeschäftigung	■ Ankurbelung Gründungsgeschehen ■ Entwicklung neuer Technologien	■ Entwicklungsbedingt: Größe, Ressourcen, Erfahrung ■ Zugang zu Finanzierungen
Strukturwandel	**Entlastung Sozialsysteme**	**Kultur der Selbständigkeit**
■ Innovation/Neuer Mittelstand	■ Senkung Soziallasten/Erhöhung Steuereinnahmen	■ Berufliche Selbständigkeit als alternative Chance für Breite der Gesellschaft

Abbildung V.29: Motive und Ziele der Gründungs- und Mittelstandsförderung

Dass DtA-Förderung unabhängig vom Grad des Wachstums der geförderten Unternehmen volkswirtschaftlich wertvoll ist, hat jüngst das Zentrum für Europäische Wirtschaftsforschung (ZEW Mannheim) bestätigt. Das ZEW stellte auf Basis eigener Analysen fest:

- DtA-geförderte Unternehmen heben sich deutlich von der Masse der Existenzgründungen in Deutschland ab.

- Die Lebenserwartung von Unternehmen, die in ihren ersten beiden Lebensjahren von der DtA gefördert wurden, ist im Schnitt um 14 % höher.
- DtA-geförderte Unternehmen stellen bei gleicher Anfangsbeschäftigung im Schnitt eineinhalb mal mehr Beschäftigte in der Folgezeit ein.

Abbildung V.30: Adressaten der Gründungsförderung

Methodische Basis der *ZEW*-Analysen war ein auf den Nobelpreisträger für Wirtschaft, James Heckmann, zurückgehendes „Matching"-Verfahren, welches die direkte Betrachtung der Fördereffekte erlaubt. Die Ergebnisse der Wachstumsanalysen des ZEW verdeutlichen, dass von der DtA geförderte Unternehmen im Durchschnitt ein um 49 % höheres Beschäftigungswachstum aufweisen als Unternehmen der Kontrollgruppe, wenn sie zum Zeitpunkt der Evaluation noch am Markt operieren. Während z. B. ein in 1992 gegründetes nicht gefördertes Unternehmen mit fünf Beschäftigten seine Mitarbeiterzahl bis 1999 im Schnitt um zwei Personen erhöht, würde es mit DtA-Förderung eine Steigerung um etwas über drei Beschäftigte erreichen. Wenngleich dieser Zusammenhang nicht für alle Unternehmen gleichermaßen signifikant ist (einzelne Unternehmensgruppen weichen von diesem Muster ab), ist insgesamt festzustellen, dass DtA-Förderung den Beschäftigtenaufbau in den geförderten Unternehmen erheblich verstärkt.

Doch DtA-geförderte Unternehmen wachsen nicht nur deutlich stärker, sie sind auch bestandsfester als nicht-geförderte gleichartige Betriebe. Die Analysen zu den Überlebenschancen der Unternehmen zeigen, dass die von der DtA geförderten Unternehmen im Durchschnitt eine um 14 % höhere Lebenserwartung aufweisen als die Unternehmen der Kontrollgruppe.

Aufgrund dieser Ergebnisse stellt das *ZEW* fest: „Daher sollte im Hinblick auf die DtA-Gründungsförderung nicht länger von einer Förderung nach dem „Gießkannenprinzip" gesprochen werden."

Teil VI: Kontrolle und Berichterstattung

1. Controlling in jungen High-Tech-Unternehmen

ANDREAS BAUSCH / GUNNAR WALTER

For entrepreneurs, happiness is a positive cash flow.
(William D. Bygrave)

1.1 Controlling als ergebnis- und wertsteigerungsorientierte Führungsunterstützungsfunktion

Im deutschsprachigen Raum wird Controlling heute überwiegend – analog zu dem im amerikanischen Sprachraum gebräuchlichen Begriff Controllership – als ein die Führung unterstützender Aufgabenkomplex angesehen. Die generelle Aufgabe des Controlling liegt hiernach im Managementservice (funktionelle Sichtweise). Träger der so verstandenen Controllingaufgaben ist der Controller (institutionelle Sichtweise), der in seiner Eigenschaft als Mitglied der oberen Führung ebenfalls originäre Führungsaufgaben übernehmen kann.

In Theorie und Praxis besteht zwar hinsichtlich der Führungsunterstützung als Kern der Controllingfunktion weitgehend Einigkeit, doch sind bei den anzutreffenden Konzeptionen des Controlling mitunter deutliche Abweichungen auszumachen – auch wenn diese häufig nur in verschiedenen Schwerpunktsetzungen und Betrachtungsperspektiven begründet liegen. Übertragen auf die jeweilige Rolle des Controllers, werden im deutschsprachigen Raum in erster Linie folgende Controllingansätze vertreten (Hahn/Hungenberg, 2001, S. 265 ff.; Horváth, 2001, S. 15 ff.; Küpper, 2001, S. 5 ff.; Reichmann, 2001, S. 1 ff.; Weber, 1999, S. 10 ff.):

- Ein Controller in der Rolle des *Koordinators* richtet seine Aktivitäten primär auf die Abstimmung unterschiedlicher Teilsysteme und Teilprozesse der Unternehmensführung. Nach diesem Grundverständnis gestaltet und nutzt das Controlling insbesondere das Planungs- und Kontrollsystem, das mit der Organisation, der Rechtsstruktur, dem Führungskräfteentwicklungssystem und dem Anreizsystem zu koordinieren ist.

- Dem Controller im Sinne eines *ergebnis- und wertsteigerungsorientierten Informationsversorgers* wird primär die Aufgabe zugewiesen, problemorientiert Führungsinstrumente einzusetzen und Führungsinformationen aufzubereiten und bereitzustellen, welche im Rahmen des Führungshandelns – der Wahrnehmung von Planungs-, Steuerungs- und Kontrollaktivitäten seitens der Unternehmensführung – einen direkten Bezug zu den wichtigsten monetären Unternehmenszielen herstellen lassen. Herausragende Informationsquellen sind dabei vor allem das Rechnungs- und Finanzwesen.

- Der Controller als *Rationalitätsförderer* hat sicherzustellen, dass zum einen bestehende Führungsprobleme aufgedeckt und zum anderen Lösungsvorschläge systematisch erarbeitet werden, die eine möglichst hohe Zielerfüllung erlauben. (Zweck-)Rationalität der Führung wird durch das Controlling insoweit gefördert, als es bewusst eine effektive und effiziente Wahl von Mitteln und Wegen zur Zweckerreichung unterstützt. Rationalitätsfördernde Maßnahmen haben dabei gleichermaßen an den Kenntnissen („knowledge"), den Fähigkeiten („skills") und den Haltungen bzw. der Handlungsbereitschaft („attitudes") der Führungskräfte anzusetzen, um Rationalitätsverluste wo immer möglich zu vermeiden.

Ein Vergleich der verschiedenen Controllingansätze untereinander und mit den Ausgestaltungsformen in der Unternehmenspraxis lässt deutlich werden, dass das Controlling als Führungsunterstützungsfunktion letztlich Eigenschaften aller skizzierten Ansätze aufweist. Nach unserem Verständnis kommt dem Controlling vorrangig die Aufgabe zu – so wohl auch das Verständnis in weiten Teilen der Unternehmenspraxis –, das Führungshandeln in Unternehmen systematisch auf das Erreichen der obersten monetären Unternehmensziele auszurichten (Hahn, 1986, S. 267 ff.). Hierzu hat es geeignete Systeme, Verfahren und Organisationsstrukturen derart bereitzustellen und anzuwenden, dass die Unternehmensführung mit Informationen versorgt wird, die das Planen und Entscheiden, das Durch- und Umsetzen von Zielen und Mitteln sowie das nachhaltige Sicherstellen der Zielverfolgung jeweils im Lichte der oberen monetären Ziele erscheinen lassen. Da bei arbeitsteiligen Strukturen und Teilsystemen meist Vorteile aus einer übergeordneten Abstimmung zu erzielen sind, übernimmt selbstverständlich auch das Controlling auf seinem Gebiet Koordinationsaufgaben, allein schon aufgrund der notwendigen Sicherstellung abzustimmender Teilpläne.

Man kann demzufolge Controlling verkürzt als wertzielorientierte Rationalitätsförderung der Unternehmensführung durch systematisches Gestalten und Nutzen von Systemen, Verfahren und organisatorischen Strukturen charakterisieren, die letztlich eine situativ geeignete Informationsversorgung und Koordination der Planungs-, Steuerungs- und Kontrollaktivitäten in Unternehmen hervorbringen sollen. Die Aufgaben des Controlling setzen sich somit aus Gestaltungs- und Nutzungsaufgaben zusammen, wobei erstere im Hinblick auf Systeme, Verfahren und organisatorische Strukturen erfolgen, letztere der Planung und Kontrolle, der Dokumentationsrechnung sowie der Information dienen können (Abbildung VI.1).

In Abhängigkeit von Gegenstand und Tragweite der zu unterstützenden Führungsprozesse ist das strategische vom operativen Controlling zu unterscheiden. Beide heben sich daneben durch die jeweils im Vordergrund stehenden Wertziele voneinander ab. Das primäre monetäre Ziel des strategischen Controlling baut unmittelbar auf dem obersten Unternehmensziel – der nachhaltigen Existenzsicherung des Unternehmens – auf, das langfristig dann bestmöglich zu realisieren ist, wenn das Führungshandeln auf das Erreichen einer möglichst hohen Marktwertsteigerung bzw. die Optimierung des Netto-Eigenkapitalwertes des Unternehmens abzielt. Hierdurch wird langfristig eine größtmögliche Netto-Vermögenssteigerung erreicht, die wiederum ganz unterschiedlichen Interessengruppen (Stakeholdern) zugute kommen kann.

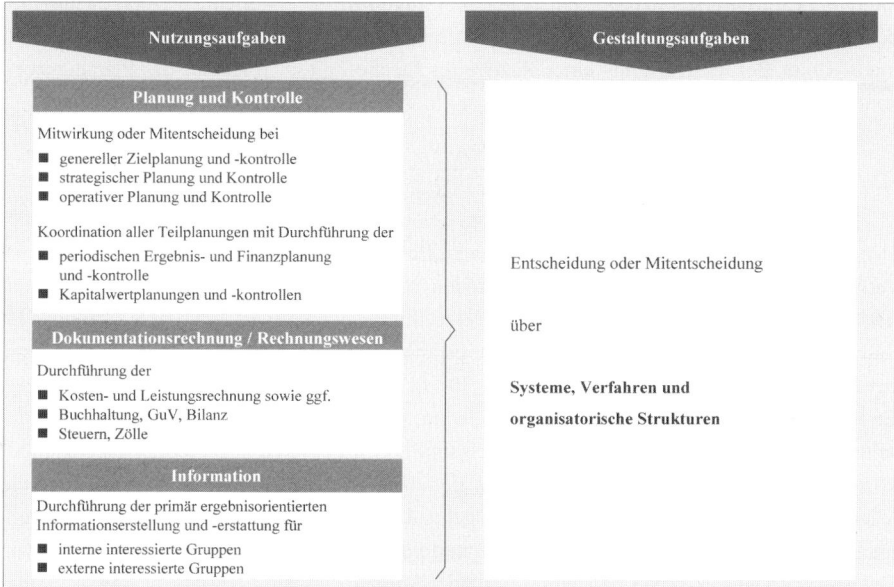

Abbildung VI.1: Aufgaben des Controlling (Quelle: Hahn/Hungenberg, 2001, S. 278)

Eine sogenannte Marktwertsteigerung – synonym als "Market Value Added" (MVA) bezeichnet – liegt in einem Betrachtungszeitpunkt immer dann vor, wenn der Marktwert eines Unternehmens – der Gesamtkapitalwert bzw. Unternehmenswert – abzüglich des Buchwertes des investierten Eigen- und Fremdkapitals größer Null ist (Abbildung VI.2). Über einen Betrachtungszeitraum hinweg ist eine Netto-Eigenkapitalwertsteigerung dann gegeben, wenn der Marktwert eines Unternehmens abzüglich des investierten Kapitals in der entsprechenden Periode zunimmt. Demnach gelten als Wertsteigerungsbedingungen:

$$MVA > 0 \text{ und}$$

$$MVA_{t1} > MVA_{t0} \quad \text{mit}$$

   Marktwert Eigen- und Fremdkapital
  – Buchwert Eigen- und Fremdkapital
  = MVA

bzw. unter der Annahme, dass sich Markt- und Buchwert des Fremdkapitals entsprechen:

   Marktwert Eigenkapital
  – Buchwert Eigenkapital
  = MVA

Der MVA bzw. Netto-Eigenkapitalwert als primäre Zielgröße des strategischen Controlling stellt als Barwert einen periodenübergreifenden Wertausdruck dar. Er resultiert bei direkter interner Ermittlung aus der Diskontierung aller zukünftig zu erwartenden Übergewinne mit dem marktwertgewichteten Gesamtkapitalkostensatz (WACC) des betrachteten Unternehmens. Unter Berücksichtigung eines Restwertes für die Zeit nach Ablauf des Planungshorizontes ($t = 1$ bis n) gilt für die Berechnung des MVA:

$$\text{MVA} = \sum_{t=1}^{n} \frac{\text{EVA}_t}{(1+\text{WACC})^t} + \frac{\text{EVA}_n^{RW}}{(1+\text{WACC})^n}$$

Der Übergewinn, für den die Bezeichnung „Economic Value Added" (EVA) synonym verwendet wird, verkörpert also eine Periodengröße, die in direktem Zusammenhang mit dem barwertorientierten Wertsteigerungsziel steht. Gleichwohl ist der EVA – zumindest teilweise – von den üblichen Abgrenzungsproblemen periodisierter Rechnungssysteme betroffen (Higgins, 2001, S. 20 ff. und S. 301 ff.). Der Übergewinn vermag insoweit das Erreichen periodischer Wertsteigerungsziele zu signalisieren, als er einen Periodenüberschuss nach Abzug aller Kosten darstellt, einschließlich der risikoangepassten Eigenkapitalkosten. Bei einem positiven EVA werden demnach in der betrachteten Periode über die Mindestansprüche aller Stakeholder hinausgehend Vermögenszunahmen erzielt, die sowohl im Unternehmen zwecks weiterer Investitionen verbleiben als auch an die Hauptträger von Unternehmen ausgeschüttet bzw. verteilt werden können.

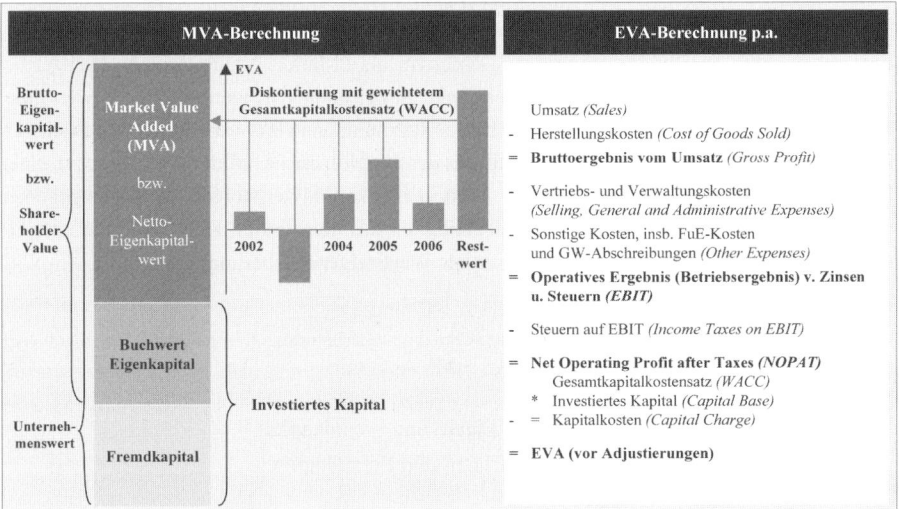

Abbildung VI. 2: MVA und EVA als primäre Wertsteigerungsziele des Controlling

Die allgemeine Berechnungsformel für den EVA lautet:

NOPAT
− Kapitalkosten
= EVA

bzw.

$$\begin{aligned}&\text{NOPAT}\\&-\left(\text{Investiertes Kapital} \times \text{WACC}\right)\\&= \text{EVA}\end{aligned}$$

Neben dem Wertsteigerungsziel, das im Controlling seinen Niederschlag in der Barwertrechnung durch das Streben nach einem positiven und möglichst hohen MVA und in der Periodenrechnung durch das Streben nach einem positiven und möglichst hohen EVA findet, hat sich das strategische wie das operative Controlling an weiteren Zielgrößen der Ergebnis- und Liquiditätsrechnung zu orientieren.

Während im strategischen Controlling das Optimieren des Ergebnispotenzials und das Einhalten der strukturellen Liquidität vor dem Hintergrund des Geschäftsportfolios im Vordergrund stehen, sollte das operative Controlling das Ausschöpfen vorhandener Ergebnispotenziale durch ein- und mehrperiodisches Ergebnisstreben und das Einhalten der kurz- und mittelfristigen Liquidität im Rahmen der laufenden Führung sicherstellen. Das Liquiditätsziel tangiert das Controlling daher insoweit, als Gestaltungsansätze und Handlungsempfehlungen des Controlling in Aussicht stellen müssen, dass die unabdingbare Nebenbedingung jederzeitiger Zahlungsfähigkeit in Orientierung an die Risikoeinstellung der Gründer und die gewünschten Liquiditätspotenziale und Liquiditätsreserven eingehalten werden kann.

1.2 Bezugsrahmen zur Ausgestaltung des Controlling in jungen High-Tech-Unternehmen

Eine Mehrzahl empirischer Studien deutet darauf hin, dass gerade bei neu gegründeten Unternehmen die hohen Misserfolgsquoten auf fehlende kaufmännische Erfahrungen im Management und auf mangelnde Controllingsysteme zurückzuführen sind (Achleitner/Bassen/Funke, 2001, S. 37; Dowling, 2002, S. 19; Weber/Freise/Schäffer, 2002, S. 11).

Wie bei allen Unternehmen ist auch bei jungen High-Tech-Unternehmen das Controlling an den spezifischen Rahmenbedingungen der Führung jeweiliger Unternehmen auszurichten. Denn Führungskräfte haben je nach situativen Bedingungen einen abweichenden Informationsbedarf, den das Controlling durch ein adäquates Informationsangebot befriedigen soll. Herkömmliche Controllingsysteme werden allerdings den spezifischen Bedingungen junger Unternehmen häufig nur unzureichend gerecht.

An das Controlling junger High-Tech-Unternehmen sind insofern spezifische Anforderungen zu stellen, als sich zum einen die generellen Charakteristika junger Unternehmen im Vergleich zu etablierten Unternehmen unterscheiden. Zusätzlich zu diesen allgemeinen – freilich idealtypischen – Unterschieden sind zum anderen diejenigen situationsspezifischen Eigenschaften junger Unternehmen für das Controlling gestaltungsrelevant, die sich im Verlauf des Lebenszyklus eines jungen Unternehmens typischerweise verändern und die Controllingaufgaben beeinflussen. Beiden Aspekten ist im Weiteren Rechnung zu tragen.

Obgleich die konkrete Ausgestaltung des Controlling in der Unternehmenspraxis letztlich immer für den Einzelfall vorzunehmen ist, bietet die Orientierung an idealtypischen Eigenschaften den methodischen Vorteil, verallgemeinerungsfähige Aussagen (axiomatischdeduktiv) ableiten zu können. Das Zugrundelegen zunächst von allgemeinen Eigenschaften junger Unternehmen – in Abgrenzung zum Typ etablierter Unternehmen – und schließlich von lebenszyklusspezifischen Eigenschaften innerhalb der Klasse junger Unternehmen entspricht genau genommen einem zweifach-typologieorientierten Vorgehen. In beiden Fällen werden anhand jeweiliger Charakteristika spezifische situative Rahmenbedingungen des Gestaltungsproblems festgeschrieben, für die sodann zielführende Ausgestaltungsformen des Controlling zu entwickeln sind (Abbildung VI.3). Basiskonzepte dieses theoretischen Bezugsrahmens sind vornehmlich der entscheidungsorientierte Ansatz der Betriebswirtschaftslehre (Heinen, 1971, S. 429–444) in Verbindung mit dem situativen bzw. kontingenztheoretischen Ansatz (Kieser/Kubicek, 1992, S. 50).

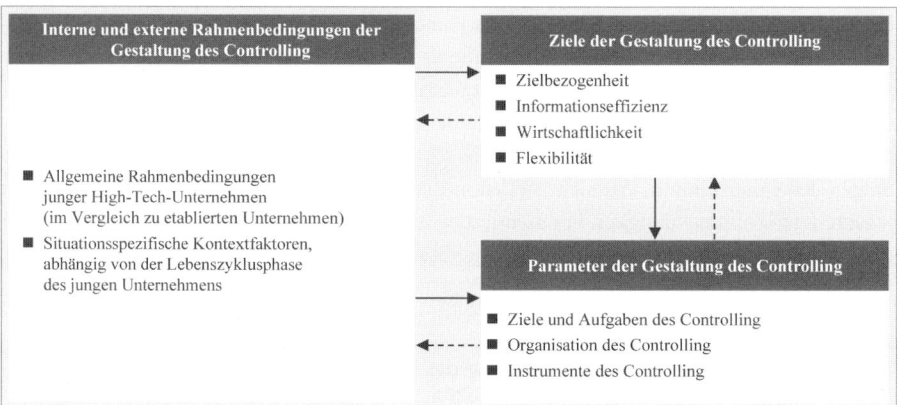

Abbildung VI.3: Bezugsrahmen zur Ausgestaltung des Controlling

Welche konkreten Ziele und Aufgaben das Controlling in jungen High-Tech-Unternehmen im einzelnen verfolgt und übernimmt, wie die organisatorische Einbindung des Controlling erfolgt und welche Instrumente im Rahmen der Aufgabendurchführung zum Einsatz kommen, resultiert aus der Festlegung der Gestaltungsparameter des Controlling.

Inwieweit dabei alternative Gestaltungsausprägungen als vorziehenswürdig einzustufen sind, hängt von den Zielen und den Rahmenbedingungen der Gestaltung ab. Im Ausmaß ihrer Beachtung wird also deutlich, inwiefern man den situativen Anforderungen an ein Controlling gerecht wird und damit die Controllingfunktionen im Sinne einer bestmöglichen informationellen Unterstützung der Unternehmensführung und Förderung der Erreichung der oberen monetären Unternehmensziele erfüllt.

Die Ausgestaltung des Controlling muss vor allem Zielbezogenheit, Informationseffizienz, Wirtschaftlichkeit und Flexibilität als wünschenswerte Eigenschaften berücksichtigen. Im Hinblick auf die Zielorientierung des Controlling lassen sich im Entwicklungsverlauf junger High-Tech-Unternehmen graduell Schwerpunktverschiebungen ausmachen. Während in frühen Phasen die Beurteilung des Erfolgspotenzials und damit barwertorientierte Wertziele häufig im Mittelpunkt stehen, kommt im Verlauf der Technologieentwicklung und Markteinführung regelmäßig dem Liquiditätsziel eine besondere Überlebensbedeutung zu. Der üblicherweise anzutreffende Ausweis negativer Ergebnisse und negativer Cash Flows in den ersten Lebenszyklusphasen erfordert unter Controllinggesichtspunkten außerdem alternative Erfolgsmaßstäbe. Informationseffizienz erfüllt ein Controlling dann, wenn es die für eine ergebnis- und liquiditätsorientierte Unternehmensführung erforderlichen Informationen vollständig, aktuell und zeitnah bereitstellt, ohne hierbei die prinzipiell gültige Wirtschaftlichkeitsbedingung außer Acht zu lassen. Je weniger fortgeschritten die Unternehmensentwicklung ist, desto stärker wird man gerade bei jungen Unternehmen im Sinne der Informationseffizienz einfache Controllingkonzepte fordern müssen. Allerdings setzen die mitunter schon früh sehr anspruchsvollen Kommunikationsanforderungen an junge Unternehmen aufgrund der Abhängigkeiten gegenüber Kapitalgebern ein extern nachvollziehbares und glaubwürdiges Zahlenwerk der Planungsrechnung voraus, was eine gewisse Fundierung zumindest in den Business Plänen erfordert. Angesichts der Dynamik junger High-Tech-Unternehmen und ihres Umfeldes sollte das Controlling in jedem Fall flexibel auf veränderte Rahmenbedingungen reagieren können.

Die situativen Anforderungen an die Gestaltung des Controlling resultieren aus den spezifischen unternehmensinternen und -externen Rahmenbedingungen junger Unternehmen. Im Vergleich zu etablierten Unternehmen treten bei jungen High-Tech-Unternehmen in der Tendenz insbesondere folgende Eigenschaften mit einer stärkeren Ausprägung auf:

- *Kurze Historie des Unternehmens und hohe Ungewissheit hinsichtlich der Technologie- und Marktentwicklung:* „Firms with no earnings, no history and no comparables" – auf diese Kurzformel bringt DAMODORAN wesentliche Besonderheiten bei der Bewertung junger Unternehmen am Beispiel des weltweit führenden Internet-Buchhändlers *Amazon* (Damodaran, 2000). Wenn aber künftige Technologie- und Marktentwicklungen mit hoher Ungewissheit behaftet sind, Erfahrungswerte aus der Vergangenheit sowohl zu den Erfolgs- und Misserfolgsfaktoren von Geschäftsmodellen als auch zu den geschäfts- und strategietypischen Erlös-, Kosten- und Investitionsstrukturen allenfalls rudimentär vorliegen und wenn zudem eine Orientierung an vergleichbaren Unternehmen aufgrund der Geschäftsnovität nicht möglich ist, erweisen sich die Entscheidungsfundierung und Festlegung belastbarer Planannahmen als äußerst schwierig. Nun besteht aber gerade die Kernaufgabe des Controlling im Rahmen der Entscheidungsunterstützung darin, der Führung als Grundlage ihrer Entscheidungsfindung nachvollziehbar aufzuzeigen, d. h. begründet darzulegen, welche Konsequenzen sie bei der Wahl bestimmter Handlungsalternativen zu erwarten hätte – vor allem reflektiert anhand der Entscheidungswirkungen auf die wichtigsten monetären Ziele des Unternehmens. Das Controlling sollte hier zweckmäßigerweise auf Szenariobetrachtungen zurückgreifen und einige markante Zukunftsbilder mit entsprechenden Annahmenbündeln entwerfen, die dann als konsistente Planungsgrundlagen dienen können – gleichwohl dem Erfahrungs- und Lernfortschritt angepasst. Diese Anpassungen erzeugen eine gewisse Flexibilität sowohl im strategischen Controlling – zum Beispiel in der Ressourcen-Priorisierung bei den Wachstumsprogrammen – als auch im operativen Controlling – zum Beispiel bei der Budgetierung.

- *Hohes Wachstumspotential für die Zukunft bei negativen Ergebnissen und Cash Flows in der Gegenwart:* Die Vorteile einer an Szenarien orientierten Planung mit hierauf aufbauenden Simulationsrechnungen zeichnen sich nicht zuletzt bei der Beurteilung strategischer Wachstumsinvestitionen und der Bewertung junger Unternehmen als Ganzes ab. Denn infolge ihres in der Regel hohen zukünftigen Wachstumspotenzials bei gleichzeitig negativen Betriebsergebnissen und Cash Flows in der Gegenwart hängt das Erreichen eines hohen Unternehmenswertes üblicherweise in besonders ausgeprägter Form von hohen Steigerungsraten beim Umsatz und von weit in der Zukunft liegenden Geschäftsergebnissen ab. Dieser Zusammenhang spiegelt sich in den vergleichsweise hohen Umsatz-Multiplikatoren und Marktwert-/Buchwert-Relationen sowie im hohen Anteil des Restwertes am Wert junger High-Tech-Unternehmen wider[1]. Folglich steht und fällt die Aussagekraft der Geschäftsplanungen mit der Prognosequalität und den ökonomischen Einschätzungen der in der ferneren Zukunft liegenden, überaus unsicheren Geschäfts-, Wettbewerbs- und Unternehmensentwicklung.

- *Hohe Bedeutung von Investitionen in immaterielle Ressourcen:* Der Anteil immaterieller Ressourcen am gesamten Ressourcenbestand hat in den vergangenen Jahrzehnten deutlich zugenommen (Lev, 2001, S. 7 ff.), bei jungen High-Tech-Unternehmen werden sogar Investitionsprogramme vom Aufbau immaterieller Ressourcen vielfach dominiert. Ein Controlling hat in diesem Zusammenhang vorwiegend zwei Funktionen zu erfüllen: erstens die ergebnis- bzw. wertorientierte Fundierung von Investitionsentscheidungen über die Veränderung des immateriellen Ressourcenbestandes und zweitens die Erfassung der immateriellen Ressourcen im Zahlenwerk des Controlling zum Zwecke des „performance measurement" und als Grundlage der externen Information. Die Defizite bei der Abbildung immaterieller Ressourcen, die das externe Rechnungswesen im Falle des eigenen Aufbaus aufweist, in Verbindung mit dem Ausweis üblicherweise negativer Ergebnisse in den frühen Phasen der Entwicklung junger Unternehmen lassen für ein erfolgsorientiertes Controlling einen Bedarf an zusätzlichen Führungsinformationen und ergänzenden Führungsgrößen aufkommen.

- *Veränderte Kostenstrukturen und Erlösmodelle:* Das Produktspektrum junger High-Tech-Unternehmen ist vorwiegend durch wissensbasierte Produkte gekennzeichnet, beispielsweise Software, IT-Dienstleistungen oder Produkte aus der Biotechnologie. Eine herausragende ökonomische Eigenschaft dieser vorwiegend immateriellen Produkte besteht darin, dass deren erstmalige Erstellung mit sehr hohen Investitionen bzw. Kosten verbunden ist, während bei ihrer anschließenden Vervielfältigung und Verwertung auf den Absatzmärkten nur geringe zusätzliche Kosten entstehen. Es kommt folglich zu Kostenstrukturen erstens mit hohen „sunk costs" bei der Entwicklung eines quasi „immateriellen Prototypen" und zweitens mit vergleichsweise geringen Kosten bei Erstellung und Vertrieb des Produktes. Unter Investitions- und Kostengesichtspunkten sollte sich folglich das Controlling in jungen High-Tech-Unternehmen intensiver auf die frühe Phase der Produktentstehung konzentrieren (Stoi, 2002, S. 152–153). Unter Erlösgesichtspunkten zeigt sich die Besonderheit, dass das Absatzpotenzial immaterieller Pro-

---

[1] Vgl. hierzu auch die Modellierung des sogenannten „Value of Company's Growth Opportunities" (VGO), der zusammen mit dem „Value of Existing Assets" (VEA) – dem Wert der ewigen Rente auf Basis des gegenwärtigen Ergebnis- und Cash-flow-Niveaus des Unternehmens unter der Annahme eines Null-Wachstums – den Marktwert eines Unternehmens bestimmt (Stemmann/Treptow, 2001).

dukte regelmäßig nur vom Marktpotenzial und vom erreichbaren Marktanteil begrenzt wird, da bei ihrer Erstellung häufig keine Kapazitätsengpässe bestehen. In Verbindung hiermit ist die Attraktivität derjenigen Geschäftsstrategie vieler „Net-Economy"-Unternehmen zu sehen, nach der zunächst ein möglichst großer Markt mit günstigem oder gar kostenlosem Angebot von Produkten aufgebaut werden soll, um später – nicht zuletzt aufgrund der dann erzielten Kundenbindung und De-facto-Standards – Erlöse zum Beispiel über Komplementärleistungen und neue Produktgenerationen einzunehmen. Strategische Kalkulationen des Controlling müssen dann über die einzelne Produktart und gegebenenfalls über den einzelnen Produktlebenszyklus hinausgehen und einen Teil des Marktaufbaus und der Kundenbindung als Investitionen in die immaterielle Ressource Kundenkapital behandeln.

In den genannten Merkmalen vereinigen sich Charakteristika von jungen Unternehmen einerseits und High-Tech-Unternehmen andererseits. Unabhängig vom Alter weisen High-Tech-Unternehmen in Abgrenzung zu Unternehmen anderer Branchen spezifische auf „input", „output" und auf das Umfeld bezogene Charakteristika auf. Typische Eigenschaften nach Inputkriterien sind überdurchschnittliche F&E-Aufwendungen, hohe Mitarbeiteranteile in der Forschung und Entwicklung sowie deren hohe fachliche Qualifikation. Im Hinblick auf Outputkriterien sind kurze Produktlebenszyklen, ein hoher Grad an Substitution, schneller Preisverfall bei zunehmender Produktreife und lange, kostenintensive Entwicklungszyklen zu nennen. Die hohe Ungewissheit hinsichtlich der Technologien und Märkte und das rapide Wachstum in Bezug auf Umsatz und Mitarbeiterzahl kennzeichnen das Umfeld der High-Tech-Unternehmen (Zentgraf, 1999, S. 17).

Situationsadäquanz eines Controlling setzt voraus, dass zusätzlich zu den allgemeinen Charakteristika diejenigen situationsspezifischen Kontextfaktoren bei der Gestaltung des Controlling Berücksichtigung finden, die im zeitlichen Verlauf, d. h. über die verschiedenen Lebenszyklusphasen junger Unternehmen hinweg variieren. Der Entwicklungsverlauf junger Unternehmen vollzieht sich bei einer primär wertschöpfungsorientierten Differenzierung idealtypisch in vier aufeinanderfolgenden Phasen: von der Unternehmensgründung über die Technologieentwicklung und Markteinführung bis hin zur Geschäftsexpansion[2].

Selbstverständlich werden in der Praxis fließende Übergänge zwischen den einzelnen Phasen sowie unternehmensindividuelle Abweichungen von der sequenziellen Struktur zu beobachten sein. Ferner fällt die Länge der Phasen in verschiedenen Branchen durchaus unterschiedlich aus. Während etwa Internet-Unternehmen häufig relativ kurze Gründungs- und Technologieentwicklungsphasen aufweisen, müssen Biotechnologieunternehmen aufgrund bestehender Regulierungen lange Forschungsphasen durchlaufen. Wie beim Produktlebenszyklus sind auch beim Unternehmenslebenszyklus weitere Wachstums- sowie schließlich Reifephasen beobachtbar, die sich an die Phase der Geschäftsexpansion anschließen können. Diese Phasen sollen jedoch hier nicht weiter betrachtet werden, da sich spätestens mit ihnen der Übergang hin zum etablierten Unternehmen vollzieht.

---

[2] Siehe zu anderen Differenzierungskriterien und Phasenmodellen SCHEFCZYK (Schefczyk, 2000a), RÜGGEBERG (Rüggeberg, 1997), HANKS ET AL. (Hanks et al., 1993) und SCOTT/BRUCE (Scott/Bruce, 1987).

Wie wirken sich nun die unterschiedenen Rahmenbedingungen auf die übrigen Gestaltungselemente des Controlling aus? Ein Gestaltungseinfluss der verschiedenen Lebenszyklusphasen besteht dahingehend, dass sich erstens Inhalte und Schwerpunkte der jeweils wahrgenommenen Controllingaufgaben an das phasenweise veränderte Wertschöpfungsspektrum und an die jeweils kritischen Führungsprobleme anzupassen haben, zweitens die organisatorischen Controllingstrukturen weiterentwickelt werden müssen und dass sich drittens mit der veränderten Bedeutung und den phasenspezifisch teilweise neu hinzukommenden Controllingaufgaben auch die praktische Bedeutung und die Zweckmäßigkeit der heute bekannten Controllingsysteme und -verfahren verändert. Die allgemeinen Rahmenbedingungen junger High-Tech-Unternehmen tangieren hingegen in erster Linie die instrumentelle Controllinggestaltung, da sich die generellen Aufgaben eines Controlling an sich bei verschiedenen Unternehmenstypen im Grundsatz nicht unterscheiden, womit freilich nicht auf die Relevanz der einzelnen Aufgaben abgestellt ist. Im Weiteren sollen beide Einflusskanäle getrennt untersucht werden.

1.3 Lebenszyklusspezifische Aufgaben und Organisation des Controlling

Die erste Phase des hier zugrunde gelegten Lebenszyklusmodells, die *Unternehmensgründungsphase*, beinhaltet die Konkretisierung des Geschäftskonzeptes, die juristisch-formale Gründung sowie die wirtschaftliche Aufnahme des Geschäftsbetriebes. Zu einer ersten Kernaufgabe des Controlling ist hier die Rationalitätssicherung derjenigen konstitutiven Entscheidungen zu zählen, die im Zusammenhang mit der Geschäftsaufnahme zu treffen sind. Konstitutive Gründungsentscheidungen betreffen beispielsweise die Suche und Auswahl potenzieller Alternativen des Unternehmensstandortes, der Rechtsform und der Eigentümerstruktur. Als zweiter Aufgabenschwerpunkt des Controlling sind die Mitwirkung bei der Erstellung des Business Plans und die Koordination seiner Elemente zu nennen (Sahlman, 1997, S. 98 ff.). Zwar dient der Business Plan in erster Linie als externes Kommunikationsinstrument, doch bildet er aus interner Sicht den Grundstein für ein künftig einzurichtendes Planungs- und Kontrollsystem. Die in ihm enthaltenen Planzahlen sind später im Rahmen einer rollenden (Drei- oder Fünfjahres-)Planung zu aktualisieren und fortlaufend den Ist-Zahlen gegenüberzustellen. Häufig werden im Business Plan Meilensteine festgelegt, die auch zum Gegenstand des Beteiligungsvertrages zwischen den Gründern und externen Investoren werden. Weitere Investitionszusagen seitens der externen Investoren sind dann in der Regel an die Erreichung dieser Meilensteine geknüpft. Sofern diese unverrückbare Zielgrößen darstellen, sind das Geschäfts- und Wertschöpfungskonzept und deren Umsetzung vorrangig hierauf auszurichten.

In der zweiten Phase des Lebenszyklus, der *Technologieentwicklungsphase*, sind die erfolgversprechenden Produktkonzepte zu marktfähigen Produkten weiterzuentwickeln (Kazanjian, 1988, S. 263), die Wertschöpfungsprozesse zu konfigurieren, die Produktion und Logistik vorzubereiten und das Marketingkonzept zu erarbeiten. Auch in dieser Phase übernimmt das Controlling die Aufgabe der informationellen Sicherung ergebnis- und wertorientierter Entscheidungen, wobei nunmehr über die notwendigen Investitionen für die weiterführende Forschungs- und Entwicklungstätigkeit und die Produktionsinvestitionen zu befinden ist.

Für die Investitionsbeurteilung anhand quantitativer Entscheidungskriterien eignen sich prinzipiell die bekannten Verfahren der Investitionsrechnung, unter Berücksichtigung dynamischer Zahlungseffekte vor allem die Kapitalwertmethode. Sollen zusätzlich zukünftige strategische Entscheidungen der Unternehmensführung in das Kalkül eingehen, bietet sich der Einsatz des Entscheidungsbaumverfahrens an, mit dem ein optimales Entscheidungsbündel aus einer Vielzahl alternativer Entscheidungsfolgen bestimmt werden kann (Hahn/ Bausch/Mayer, 2000, S. 236–237)[3]. Ferner ist durch ein Controlling besonders auf die Einhaltung finanzieller und zeitlicher Ziele bei den Entwicklungstätigkeiten und den Vorgaben des Technologieplans zu achten. Hier sollten von einem Projektcontrolling Ablauf-, Termin- sowie Kostenplanungen und -kontrollen durchgeführt werden. Wegen der hohen Investitionsauszahlungen in der Technologieentwicklungsphase ist außerdem eine strikte Liquiditätskontrolle durchzuführen. Als Basis der kurzfristigen Liquiditätssicherung ist dabei ein direkt abgeleiteter Finanzplan zu empfehlen, der den Bestand an Liquidität in einem Zeitpunkt aus dem Zahlungsmittel-Anfangsbestand sowie den laufenden (operativen) Ein- und Auszahlungen, den Desinvestitions-Einzahlungen und Investitions-Auszahlungen sowie den Eigen- und Fremdkapital-Ein- und -Auszahlungen der Betrachtungsperiode ermittelt (Hahn/Hungenberg, 2001, S. 649 ff.).

An die Technologieentwicklungsphase schließt sich die *Markteinführungsphase* an. Hierin sind als besonders kritische Führungsaufgaben zum einen die Marktpositionierung, der Aufbau von Vertriebskanälen und die Kundenbetreuung zu sehen, zum anderen die umfassende Koordination des Sach- und Humanpotenzialaufbaus und der operativen Geschäftstätigkeit über alle Wertschöpfungsaktivitäten und -prozesse hinweg. Das Aufgabenspektrum des Controlling erweitert sich in dieser Phase um die Entscheidungsunterstützungsaufgaben im Hinblick auf die hinzukommenden Vertriebs- und Marketingaktivitäten des Unternehmens sowie die Unterstützung der Gesamtkoordination der Geschäftsaktivitäten, was das Controlling insbesondere durch eine mit den qualitativen Planungen und Kontrollen integrierte Ergebnis- und Finanzrechnung leisten kann. Das Kennzahlensystem des Unternehmens sollte nun um spezifische Vertriebs- und Marketingkennzahlen erweitert werden, so dass es sich über alle klassischen Hauptfunktionen erstreckt, zudem kann die Kosten- und Ergebnisplanung um eine Vertriebsergebnisrechnung ergänzt werden. Dem Ziel der Liquiditätssicherung kommt in der Markteinführungsphase weiterhin überlebenskritische Bedeutung zu. Zur Lenkung und Überwachung der Liquidität im Zusammenhang mit dem operativen Geschäft sollte nun ein „Cash"-Management eingeführt sein, das den operativen „Cash"-Zyklus bzw. den vorratsbezogenen Kapitalbindungszeitraum optimiert, was insbesondere über ein professionelles Debitoren- und Kreditorenmanagement zu unterstützen ist (Churchill/Mullins, 2001, S. 136).

---

[3] Am Verfahren des Entscheidungsbaumes wird jedoch die Komplexität bei einer großen Anzahl an Alternativen und Ereignissen sowie das Problem der Bestimmung eines der Risikostruktur angepassten Diskontierungsfaktors kritisiert. Ein alternatives Verfahren, das diese Probleme überwinden soll, stellt der Realoptionsansatz dar (u. a. Copeland/Antikarov, 2001; Trigeorgis, 1996; Hommel/Pritsch, 1999). Im Hinblick auf die im Bezugsrahmen geforderte Wirtschaftlichkeit ist jedoch kritisch zu prüfen, ob der durch den Einsatz des Realoptionsansatzes erhöhte Analyse- und Berechnungsaufwand tatsächlich gerechtfertigt ist.

Einer erfolgreichen Markteinführung folgt idealtypisch die *Geschäftsexpansionsphase*, in der das Management zusätzliche Wachstumsquellen erschließt. Bei der Realisierung des hiermit verbundenen und im Vergleich zu den anderen Lebenszyklusphasen sehr starken Umsatzanstieges werden junge High-Tech-Unternehmen vor zwei besondere Herausforderungen gestellt: erstens müssen sie – unter strategischen Wachstumsgesichtspunkten – die Erweiterung ihres Produktprogramms sowie die Internationalisierung ihres Marktauftrittes und ihrer Wertschöpfungsstandorte vorantreiben, zweitens sind von ihnen – unter Finanzierungsgesichtspunkten – die zur Expansion erforderlichen Finanzmittel aufzubringen. Wegen des erhöhten Risikos kann die Expansion in der Regel nicht ausschließlich mit Fremdkapital finanziert werden, sondern es muss zu großen Anteilen auf Eigenkapital zurückgegriffen werden, gegebenenfalls über einen Börsengang (IPO/„Initial Public Offering").

Speziell im letzteren Falle sind die möglichen Unterstützungsleistungen des Controlling so umfangreich, dass die formelle Einrichtung eines Controlling unausweichlich erscheinen dürfte. Dessen Aufgaben können bei einem IPO zahlreich sein:

- Mitwirkungsaufgaben wie die Mitarbeit im Rahmen des Projektmanagements in den verschiedenen Phasen des IPO und die Mitarbeit bei der Unternehmensplanung und -kontrolle als wesentliche Grundlage der „Equity Story";
- Durchführungsaufgaben wie die Erstellung von Planungs- und Kontrollrechnungen für den Börseneinführungsprospekt;
- Informationsversorgungsaufgaben wie Informationsbereitstellungen für Analystenkonferenzen und „roadshows".

Im Vordergrund der Eigenaufgaben des Controlling steht zweifellos die Erfüllung der Rechnungslegungs- und Publizitätspflichten des relevanten Börsensegmentes. So muss zum Beispiel bei einer Neuemission am Neuen Markt ein Prospekt in englischer und deutscher Sprache erstellt werden, der vergleichende Angaben über die Vermögens-, Finanz- und Ertragslage der letzten drei Geschäftsjahre (vor allem Bilanzen, GuV und Kapitalflussrechnung) nach IAS oder US-GAAP bzw. Überleitungsrechnungen enthält (Schanz, 2000, S. 334 ff.; Deutsche Börse AG, 2002, S. 18).

Obwohl die traditionelle Sichtweise einem Unternehmensgründer im Zusammenhang mit alternativen Expansionsstrategien empfiehlt, zunächst auf seinem Heimatmarkt eine ausgewiesene Wettbewerbsstellung einzunehmen, um erst dann in einem zweiten Schritt aus der Position der Stärke das internationale Geschäft aufzubauen, weist ein Großteil der Märkte gerade im Hochtechnologiebereich sehr früh globale Eigenschaften auf (Meckl 2002, S. 296). Ein in diesem Entwicklungsstadium häufig als eigenständige Abteilung institutionalisiertes Controlling kann die Erarbeitung und Verabschiedung von Wachstumsstrategien vielfältig unterstützen, neben der Erstellung verschiedener Analysen und Prognosen vor allem durch Investitionsrechnungen, Portfolioanalysen und Simulationsrechnungen zu gesamtunternehmensbezogenen Ergebnis- und Finanzplänen sowie differenziert ausweisbaren Unternehmens- und Eigenkapitalwertveränderungen.

Im Zuge der Expansion erreichen junge Unternehmen ein Entwicklungsstadium, das einerseits aufgrund der Unternehmensgröße den wirtschaftlichen Aufbau eines umfassenden

Planungs- und Kontrollsystems zulässt und andererseits in Anbetracht der Anforderungen aus der zunehmenden Wettbewerbsintensität und der kapitalmarktseitig geforderten Informationspolitik ein für strategische wie operative Fragen ausgebautes Planungs- und Kontrollsystem mehr oder weniger stark erzwingt.

Abbildung VI.4 fasst die Aufgaben des Controlling im Verlauf des idealtypischen Lebenszyklus junger High-Tech-Unternehmen nochmals zusammen, wobei die in späteren Lebenszyklusphasen anfallenden Aufgaben diejenigen vorheriger Phasen nicht ablösen, sondern hinzukommen. Zu Beginn des Lebenszyklus stehen die Erstellung des Business Plans und die Vorbereitung konstitutiver Entscheidungen im Vordergrund der Controllingarbeit. Der Business Plan ist quasi „Prototyp" des später einzurichtenden Planungs- und Kontrollsystems. Die anschließenden Lebenszyklusphasen werden hinsichtlich des Controlling durch die Implementierung und Weiterentwicklung des Planungs- und Kontrollsystems, die Nutzung dieses Systems, einschließlich der Ergebnis- und Finanzplanung sowie die Dokumentationsrechnungen zur Erfüllung der Publizitätspflichten geprägt.

Lebenszyklusphase	Unternehmensgründungsphase	Technologieentwicklungsphase	Markteinführungsphase	Geschäftsexpansionsphase
Wertschöpfungsfokus	■ Produktkonzept ■ Markt- und Patentanalyse ■ Grundlagenentwicklung	■ Prototypentwicklung ■ Marketingkonzept ■ Wertschöpfungskonfiguration ■ Produktionsbeginn	■ Markteinführung ■ Aufbau der Vertriebsorganisation ■ Wertschöpfungskoordination	■ Ausbau Vertrieb/Produktion ■ Produktverbesserung und -diversifizierung
Kritische Führungsprobleme	■ Einschätzung von Produktidee und Markt ■ Realisation des Eigenfinanzierungskonzeptes	■ Einstellung qualifizierter Führungskräfte und Mitarbeiter ■ Marktadäquanz der Produktinnovation ■ Effizienz der Wertschöpfungsprozesse	■ Fremdkapitalgebersuche ■ Aufbau Marktposition und Kundenbindung	■ Ressourcenangepasster Geschäftsausbau ■ Organisationsveränderungen ■ Ggf. Initial Public Offering (IPO)
Umsatz	0	0	+	+ / ++
Ergebnis / Cash-Flow	-	- -	- / 0 / +	- / 0 / +
Aufgaben des Controlling	■ Systematische Vorbereitung konstitutiver Entscheidungen ■ Mitwirkung an der Erstellung des Business Plans als Grundlage für das später einzurichtende Planungs- und Kontrollsystem	■ Durchführung des F&E-Controlling (Projektcontrolling) ■ Unterstützung bei Investitionsentscheidungen, v.a. in F&E und Produktion ■ Aufbau eines PuK-Grundkonzeptes mit technologieorientiertem Kennzahlensystem ■ Durchführung Dokumentationsrechnung	■ Durchführung des Marketingcontrolling, v.a. Entscheidungsunterstützung bei der Markteinführung ■ Ggf. Durchführung eines Produktions- und Beschaffungscontrolling ■ Weiterentwicklung des Planungs- und Kontrollsystems	■ Mitwirkungs-, Durchführungs- und Informationsversorgungsaufgaben i.R.v. Kapitalbeschaffungsmaßnahmen, insb. IPO ■ Mitwirkung und Unterstützung bei Geschäftsexpansionsentscheidungen ■ Weiterentwicklung des Führungssystems, inkl. Anreizsystem

Abbildung VI.4: Kernaufgaben des Controlling im Rahmen der idealtypischen Lebenszyklusphasen junger High-Tech-Unternehmen

Mit der Beschreibung der Controllingaufgaben wurden bisher mögliche Unterstützungsleistungen und damit Funktionen eines Controlling in Abhängigkeit von der Lebenszyklusphase näher behandelt. Hiervon ist die Betrachtung der *Organisation des Controlling* zu trennen. Aufbauorganisatorisch ist bei dessen Gestaltung in erster Linie festzulegen, durch welche Stellen Controllingfunktionen in der Gesamtorganisation eines Unternehmens wahrgenommen und welche Aufgabenbereiche einer Controllingabteilung – oder mehreren Controllingabteilungen – in Abgrenzung zu benachbarten Einheiten zugeordnet werden sollen.

Bei der Untersuchung lebenszyklusorientiert auszurichtender Controllingorganisationen sticht unter den verschiedenen Kontextfaktoren der Controllingorganisation die Unternehmensgröße heraus (Horváth, 2001, S. 832 ff.), die mit den Entwicklungsphasen des Lebenszyklus positiv korreliert ist. Als generelle Entwicklungstendenz ist empirisch festzustellen, dass die Häufigkeit der Einrichtung einer separaten Controllingabteilung mit wachsender Unternehmensgröße zunimmt (Küpper/Winckler/Zhang, 1990, S. 439). Dieser Zusammenhang läßt sich ganz allgemein durch die stärkere Systemdifferenzierung und Arbeitsteilung erklären, die als Reaktion auf eine zunehmende Systemgröße und die hiermit ansteigende Umweltheterogenität Vorteile mit sich bringen.

So übernehmen auch in frühen Lebenszyklusphasen junger Unternehmen in der Regel die Gründer die Aufgaben des Controlling mit. Ohnehin ist in den beiden ersten Lebenszyklusphasen von formal weithin festgelegten Organisationsstrukturen kaum zu sprechen, stattdessen herrscht zu großen Teilen Improvisation vor. Führungssysteme sind zumeist nur rudimentär ausgebaut, die persönliche Anweisung und die Kenntnis vor Ort erscheinen den Verantwortlichen zur Information und Lenkung vielfach als völlig ausreichend (Bleicher, 1999, S. 525). Nicht zuletzt aufgrund des Aufgabenumfangs und der mangelnden kaufmännischen Qualifikation überlassen Gründer die wirtschaftliche Verfolgung von Ergebnissen gerne Dritten, zumeist ihren Steuerberatern oder aber Mitarbeitern seitens involvierter Venture-Capital-Geber.

Spätestens mit dem Abschluß der Technologieentwicklungsphase bzw. zu Beginn der Markteinführungsphase sollten die für die strategische und operative Führung des Geschäftes relevanten Inhalte und Strukturen des Business Plans auf ein institutionalisiertes Planungs- und Kontrollsystem mit integrierter Planungs- und Kontrollrechnung übertragen sein. Insbesondere in kleineren, teilweise aber auch Unternehmen mittlerer Größe wird oftmals vom Leiter des Rechnungswesens bzw. Rechnungs- und Finanzwesens die Durchführung der periodischen Planung und Planungsrechnung mit verantwortet (Hahn/Hungenberg, 2001, S. 935 ff.). In diesem Fall erfolgt keine organisatorische Trennung zwischen Unternehmensplanung und Rechnungs- und Finanzwesen, sondern die Integration in einer gemeinsamen Abteilung für betriebswirtschaftliche Aufgaben (Abbildung VI.5). Organisatorisch ist diese Abteilung der obersten Unternehmensführung zu unterstellen, die vielfach selbst noch einen Teil der Controllingaufgaben in Personalunion wahrnimmt.

Mit zunehmender Unternehmensgröße im Rahmen der Markteinführung und der Geschäftsexpansion nehmen dann allerdings der Aufgabenumfang der qualitativen und quantitativen Planung und Kontrolle und der Koordinationsbedarf erheblich zu. Überhaupt entstehen infolge der produkt- und/oder marktseitigen Expansion neue Anforderungen an die gesamte Organisationsstruktur und damit an das Planungs- und Kontrollsystem, das möglichst deckungsgleich zur Aufbauorganisation strukturiert sein sollte („System follows structure follows strategy"). Je nach Fortschritt auf dem Expansionspfad ist die in der Markteinführungsphase in der Regel noch vorherrschende funktionale Aufbauorganisation früher oder später in Richtung einer divisionalen Organisation umzustrukturieren und möglicherweise um internationale Gestaltungselemente, zum Beispiel eine eigenständige Abteilung für das Auslandsgeschäft, anzupassen. Folgt der strukturelle Aufbau eines jungen Unternehmens einer divisionalen Organisation und Konzerngliederung, so ist das Plan- und Berichtssystem sowohl für die Zentrale, d. h. im Hinblick auf den Gesamtkonzern, als auch für Unternehmens- und Regionalbereiche bzw. entsprechende Tochter- und Enkelgesellschaften mit dazugehörigen Geschäftsfeldern vorzusehen. Außerdem findet mit fortschreitender Geschäftsexpansion üblicherweise eine organisatorische Trennung der zentral durchzuführenden Aufgaben der Unternehmensplanung und des Rechnungs- und Finanzwesens statt. Aufgrund der Aufgabenverbundenheit zwischen Rechnungswesen und Unternehmensplanung wird allerdings oftmals nur die strategische Unternehmensplanung (Unternehmensentwicklung) vom Rechnungswesen abgesondert, während die übrigen Planungsaufgaben mit den Aufgaben des Rechnungswesens dann weiterhin vereint wahrgenommen werden (Abbildung VI.5). Bei entsprechender Unternehmensgröße erfolgen üblicherweise weitergehende Spezialisierungen der Controllingstruktur, indem unter anderem Abteilungen mit dezentralen Controllern (Regional-, Divisional- und/oder Funktionalcontroller) eingerichtet werden. Im Verlauf des Lebenszyklus sollte sich also eine fortschreitende Differenzierung der Führungsstrukturen und Führungssysteme einstellen.

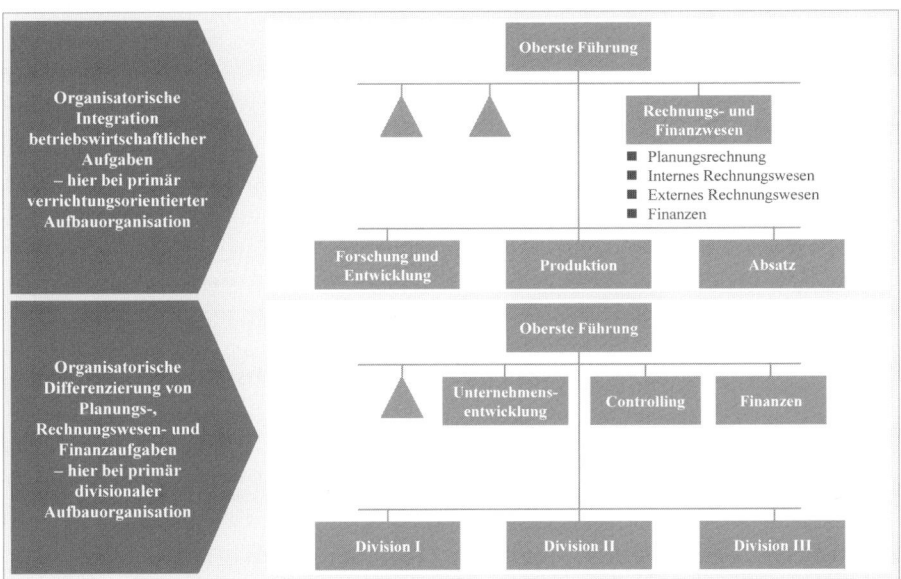

Abbildung VI.5: Typische Formen aufbauorganisatorischer Bündelung von (zentralen) Controllingaufgaben

1.4 Instrumente des Controlling

Die Überlegungen im voranstehenden Abschnitt haben deutlich werden lassen, dass die von einem Controlling eingesetzten Systeme und Verfahren hinsichtlich ihrer Bedeutung und Ausgestaltung von den phasenspezifischen Controllingaufgaben abhängen. Doch ist grundsätzlich keine eindeutige Zuordnung von Controllinginstrumenten zu einzelnen Lebenszyklusphasen möglich. Hier interessiert im Kern die Frage, ob und wie traditionelle Controllinginstrumente in Anbetracht besonderer Charakteristika junger High-Tech-Unternehmen in anderer Weise einzusetzen sind.

1.4.1 Business Plan

So wie es bei Vorhandensein eines Planungs- und Kontrollsystems mit integrierter Unternehmensrechnung eine ureigene Aufgabe des Controlling ist, die periodische Ergebnis- und Finanzplanung durchzuführen, so ist auch die Erstellung des quantitativen Teils des Business Plans – zumindest zu weiten Teilen – als ureigene Controllingaufgabe zu verstehen. Er beinhaltet im Kern die in Abbildung VI.6 skizzierten Teilpläne und Analysen. Bei der Erstellung der Teilpläne und dem Informationsabgleich ist auf die logischen Zusammenhänge aller Elemente zu achten, zum Beispiel zwischen den Abschreibungen und (Des-)Investitionen des Finanzplans einerseits und den Vermögensänderungen des Bilanzplans andererseits oder der Entwicklung der Gewinnrücklagen in der Bilanz in Abhängigkeit von der Ausschüttungspolitik sowie den generierbaren Netto-Cash-Flows zur Eigenfinanzierung.

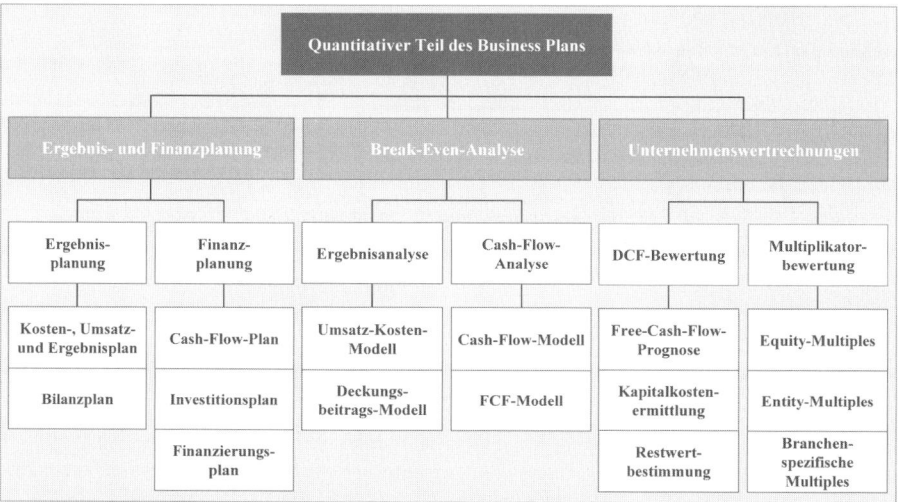

Abbildung VI.6: Kernelemente des quantitativen Teils eines Business Plans

Eine Besonderheit des Business Plans gerade bei High-Tech-Unternehmen besteht darin, dass er nur auf einer sehr eingeschränkten Informationsbasis beruhen kann. Der wesentliche Grund hierfür liegt in der fehlenden Rückgriffsmöglichkeit auf Vergangenheits- und Vergleichsdaten, was selbst wiederum maßgeblich auf den Innovationsgrad der Produkte zurückzuführen ist. Das potenzielle Ausmaß der Prognosefehler ist daher außerordentlich hoch. Vor dem Hintergrund dieser Unsicherheit wird zweckmäßigerweise auch der Planungshorizont nicht mehr als drei bis fünf Planjahre umfassen können (Weber/Freise/Schäffer, 2002, S. 13).

Mit dem größten Prognoserisiko ist erfahrungsgemäß die *Umsatzplanung* behaftet. Sie baut auf einer globalen oder differenzierenden Preiskalkulation auf und beinhaltet im Kern die Schätzung der zukünftig absetzbaren Mengen des Produktes im Rahmen der Gesamtvolumina des relevanten Marktes. Zur Preisfindung sollte ein Methoden-Mix aus Verfahren wie unter anderem der „Conjoint"-Analyse und der Konkurrenzanalyse Anwendung finden (Gierl/Helm, 2002, S. 62 ff.). Auch können zur Umsatzschätzung branchenspezifische Planungsmodelle zum Einsatz kommen. Abbildung VI.7 verdeutlicht eine solche Vorgehensweise anhand eines Beispiels aus der Pharmabranche. Ausgehend von der Gesamtbevölkerung wird in diesem Beispiel der Medikamentenumsatz eines Unternehmens mit Hilfe spezifischer Markt- und Absatzpotenzialtreiber geschätzt.

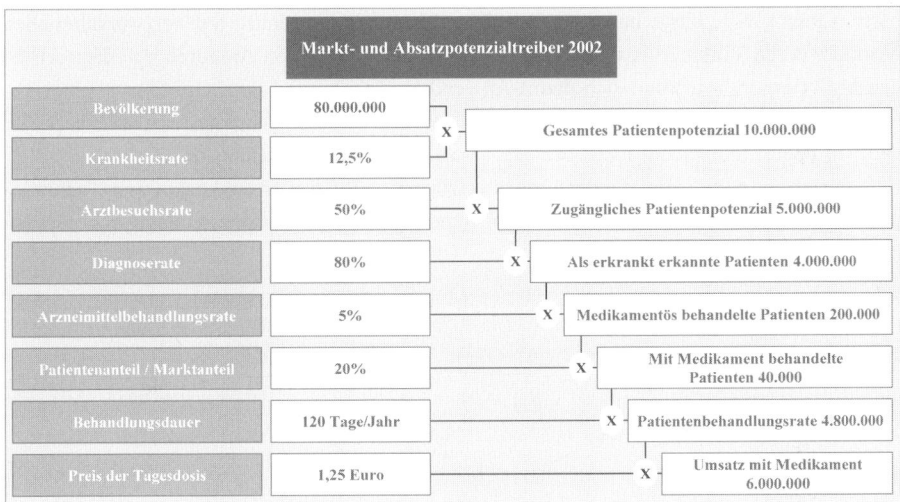

Abbildung VI.7: Branchenspezifische Umsatzprognose (Richter, 2000, S. 270)

Wegen des Prognoserisikos sollte bei der Mengen- und Preisplanung nicht nur von einem einzigen Szenario ausgegangen, sondern es sollten unter Variation der Prämissen alternative Szenarien erarbeitet werden. Ebenfalls können die Auswirkungen von verschiedenen Marketingaktivitäten, strategischen Schwerpunktverschiebungen bei den Vertriebskanälen und Kundengruppen oder von alternativem Wettbewerberverhalten im Rahmen dieser Planungen zumindest grob evaluiert werden. Speziell für Kalkulationszwecke ist auch hier im Rahmen der Produktentwicklung das „target costing" einsetzbar, wobei die Ableitung von Zielkosten durch zwei Spezifika vieler junger High-Tech-Unternehmen erschwert sein kann.

Zum einen werden Produkte erster Generation häufig bewußt unter Vollkosten angeboten, legt man der Kosten- und Umsatzbetrachtung als Maßstab nur den Lebenszyklus der einzelnen Produktgeneration ohne Folgegenerationen und ohne Komplementärprodukte zugrunde. Getrieben wird diese Kalkulationspraxis vom Ziel des möglichst frühzeitig schnellen Aufbaus von Marktanteilen und der Kundenbindung. Doch lassen sich hier die mitunter sehr hohen Produktentwicklungskosten kaum mehr der ersten Generation verursachungsgerecht zuordnen, zumal bei Technologieentwicklungen – wie beim Aufbau immaterieller Ressourcen überhaupt – kumulative Wirkungen zum Tragen kommen. Daher mögen eine Mehrgenerationen-Produktlebenszyklusrechnung und Gesamtprogrammrechnung wertvolle Informationen über alternative Preisstrategien, Ziel-Umsatzrenditen und Ergebnisaussichten geben.

Zum anderen bewegt sich das Umsatzpotenzial von High-Tech-Unternehmen häufig in einem Spannungsfeld zwischen dem Schutz proprietärer Technologien und der Absicherung von Verfügungsrechten und Aneignung entsprechender Umsätze einerseits sowie möglicher Vergrößerungen des Marktes aufgrund von Netzwerkeffekten durch Diffusion von Technologien und Etablierung technologischer Standards andererseits. Da die wettbewerbsstrategisch differenzierenden Erfolgsfaktoren hier zumeist primär auf Vorsprünge bei immateriellen Ressourcen zurückzuführen sind, besteht folglich die Herausforderung, Wettbewerber von der Nutzung solcher nur bedingt schützbaren Ressourcen auszuschließen („fuzzy property rights"). Allerdings bewegen sich diese Unternehmen häufig auf netzwerkähnlichen Märkten, deren Volumen auszudehnen ist, indem die Anzahl von Akteuren im entsprechenden Markt erhöht wird und sich damit Anwendungsinhalte und -breite auf Basis eines gemeinsamen Netzwerkstandards vergrößern. Man denke beispielsweise an „content providers" in Mobilfunknetzen oder Software Standards. Zwecks Umsatz- und Gewinnoptimierung dürfen unter den Bedingungen eines solchen Kalküls weder ein kostenloser Technologie- bzw. Ressourcenzugang noch eine vollständige Technologieisolation angestrebt werden (Abbildung VI.8).

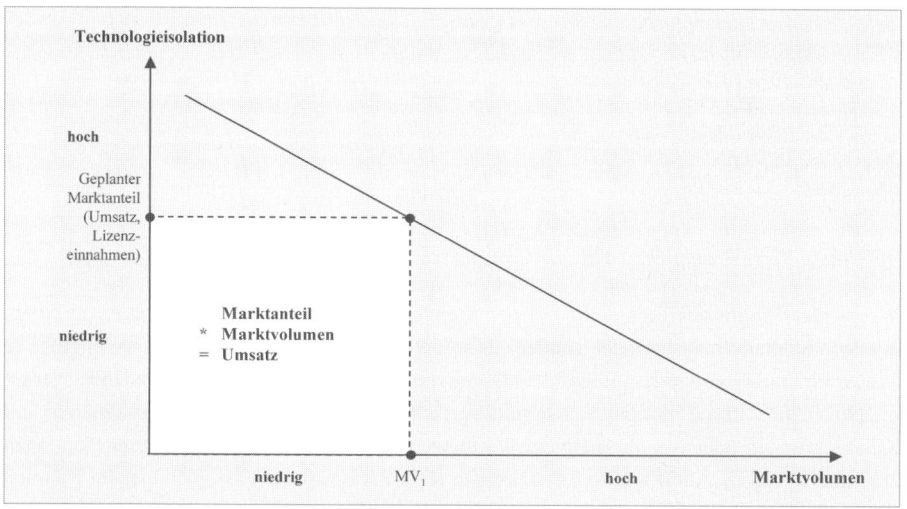

Abbildung VI.8: Netzwerkeffekte bei der Diffusion von Technologien und Etablierung von Produktstandards (Prinzipdarstellung)

Bei der *Kostenplanung* sind für die wichtigsten Kostenarten in der Regel leichter Anhaltspunkte für Ressourcenverzehr und Faktorpreise zu gewinnen, so dass sie – im Vergleich zur Umsatzplanung – einer größeren Sicherheit unterliegt (Bischoff, 1993, S. 98). Aus der Umsatz- und Kostenplanung können schließlich Betriebsergebnisse und unter Berücksichtigung neutraler Ergebnisse (bewertungsbedingtes, betriebsfremdes und außerordentliches Ergebnis) zudem bilanzielle Ergebnisse (Jahresüberschüsse/-fehlbeträge) ermittelt werden. Ein weiterer Bestandteil der Ergebnisplanung ist der Bilanzplan, der die Vermögensbindung und

Kapitalherkunft verdeutlicht. Bei der Wahl der hierbei zugrunde gelegten Rechnungslegungsvorschriften sollten der mögliche spätere Zugang zum Kapitalmarkt und die spezifischen Publizitätsanforderungen relevanter Börsensegmente mit berücksichtigt werden.

Die *Cash-flow-Planung* ermöglicht eine Beurteilung der Innenfinanzierungskraft des Unternehmens. Direkt wird der Cash Flow aus dem Saldo der laufenden Ein- und Auszahlungen aller Teilpläne (ohne Investitions- und Finanzierungszahlungen), indirekt aus dem Jahresüberschuss/-fehlbetrag unter Elimination nicht-zahlungswirksamer Aufwands- und Ertragskomponenten errechnet. In der *Investitionsplanung* ist das anstehende Investitionsvolumen innerhalb des Planungshorizontes – gegebenenfalls aufgeschlüsselt nach Investitions- und Finanzierungsrunden – zu bestimmen. Aufgabe der mit der Investitions- und Cash-flow-Planung integriert durchzuführenden *Finanzierungsplanung* ist es schließlich, den Gesamtfinanzierungsbedarf aus beabsichtigten Investitionen und Vorlaufverlusten durch das Einplanen konkreter Eigen- und Fremdfinanzierungsmaßnahmen zu decken. Ein häufiger Grund für das Scheitern junger Unternehmen ist die unzureichende Liquidität, weshalb die Finanzplanung stets ein zentraler Bestandteil des Führungsinformationssystems sein sollte. Die Liquidität des Unternehmens ist nur dann gewährleistet, wenn der Bestand an flüssigen Mitteln zu jedem Zeitpunkt ausreichend ist, um anstehende Zahlungen ausführen zu können (Abbildung VI.9).

	Einzahlungen	Auszahlungen
Zahlungsmittel-Anfangsbestand	■ Kasse, Schecks ■ Guthaben bei Kreditinstituten	
Laufende Ein- und Auszahlungen (Cash-Flow-Plan)	■ Einzahlungen aus Absatz (nach Produktgruppen) ■ Sonstige Einzahlungen (Zuschüsse, Subventionen, Steuererstattungen etc.)	■ Auszahlungen für - bezogene Ware - Personal - Miete und Dienste - Kraftfahrzeuge - Werbung und Spesen - Verwaltung - Steuern ■ Sonstige Auszahlungen
Desinvestitionseinzahlungen, Investitionsauszahlungen (Investitionsplan)	■ Einzahlungen aus - Grundstücksveräußerungen - Gebäudeveräußerungen - Maschinenveräußerungen - Materialveräußerungen etc. ■ Einzahlungen aus Finanzanlagen	■ Auszahlungen für - Grundstückserwerb - Gebäudeerwerb - Maschinenerwerb - Materialausstattung ■ Auszahlungen für Finanzanlagen
Eigen- und Fremdkapital-Ein- und -Auszahlungen (Finanzierungsplan)	■ Eigenkapitaleinzahlungen vom Gründer, von Gesellschaftern (z.B. VC), öffentliche Fördermittel ■ Fremdkapitaleinzahlungen durch Kredite von Banken, aus Fördermitteln, von Gesellschaftern	■ Eigenkapitalauszahlungen - Dividendenzahlungen - Rückzahlungen ■ Fremdkapitalauszahlungen - Zinsen - Tilgungen
Zahlungsmittel – Endbestand (Plan-Liquiditätsreserve)		■ Kasse, Schecks ■ Guthaben bei Kreditinstituten

Abbildung VI.9: Ein- und Auszahlungskategorien bei der direkten Finanzplanung (Quelle: IUP/Schaerf AG, 1999, S. 138)

Mit Hilfe der „*Break-Even*"-*Analyse* sind zum einen Ergebnisschwellen zu ermitteln, d. h. diejenige Ausbringungsmenge, bei der entweder die gesamten variablen und fixen Kosten gerade durch die Erlöse gedeckt werden (Umsatz-Kosten-Modell) oder bei der ein positiver Überschuss der Erlöse über die variablen Kosten und gegebenenfalls einzelner Bestandteile der Fixkosten erzielbar ist (Deckungsbeitrags-Modell). Während im ersten Fall die mengenmäßige Gewinnschwelle in Verbindung mit dem Gesamtvolumen des Marktes ein wichtiger Indikator für die Realisierbarkeit des Absatzprogramms und das wirtschaftliche Risiko ist, werden im zweiten Fall die Ergebnischancen des Unternehmens bei Abspaltung von Fixkostenteilen verdeutlicht.

Mit Hilfe der „Break-Even"-Analyse können hierbei auch Erkenntnisse darüber gewonnen werden, wie sich Kosten, Umsätze, Deckungsbeiträge und Ergebnisse bei Variation des Beschäftigungsgrades verändern. Sie liefert insofern wichtige Anhaltspunkte für die Chance bzw. das Risiko, in die Gewinnzone vorrücken oder die Verlustzone abrutschen zu können. Ebenso sind Veränderungen im Geschäfts- und Wertschöpfungskonzept, zum Beispiel durch Entscheidungen über Eigen- oder Fremdfertigung, in ihrer Wirkung auf die Kosten- und Umsatzfunktion simulierbar. Werden schließlich die Gesamtkosten um nicht-auszahlungswirksame Bestandteile verringert, also vor allem um Abschreibungen, und außerdem um Investitionen in das Anlage- und Umlaufvermögen korrigiert, sind zusätzlich zu den Ergebnisschwellen sogenannte „cash points" zu ermitteln, bei denen der Cash Flow aus der operativen Tätigkeit bzw. der Free Cash Flow gerade null sind. Hier zeigt sich für das Management und die Kapitalgeber, ab welcher Ausbringungsmenge für das operative Geschäft und für Investitionen aufgrund der Innenfinanzierungskraft des Unternehmens keine Liquiditätszufuhr von außen mehr erforderlich ist.

Nicht zuletzt in Anbetracht des primären Adressatenkreises eines Business Plans und angesichts erfolgversprechender Verhandlungsstrategien bei der Fixierung der Eigentümerstruktur und der Auswahl von Kapitalgebern ist aus unserer Sicht von Vorteil, zumindest Indikationen für den Wert des Unternehmens im quantitativen Teil des Business Plans anzugeben. Als *Bewertungsverfahren* kommen vor allem das Discounted-Cash-Flow (DCF)-Verfahren sowie die Multiplikatorbewertung in Frage. Der besondere Vorteil des DCF-Verfahrens liegt darin, dass in Simulationsrechnungen sowohl gleichzeitig verschiedene Szenarien mit zugehörigen Wahrscheinlichkeitsangaben eingehen können als auch Flexibilität hinsichtlich des Detaillierungsniveaus der simulierten Free Cash Flows gegeben ist (Desmet et al., 2000, S. 151 ff.). Das Multiplikatorverfahren ist hingegen bei jungen, innovativen Unternehmen oftmals nur begrenzt zur Indikation von Marktwerten im Analogieschluss anwendbar, da es vielfach an vergleichbaren Referenzunternehmen mangelt (Bausch, 2000, S. 448 ff.). Sofern aber Referenzunternehmen gegeben sind, kann die Marktwertschätzung gleichermaßen auf „equity multiples" (zum Beispiel „price/earnings-ratio") und „entity multiples" vergleichbarer Unternehmen und Transaktionen (zum Beispiel „Sales"-, EBIT- und EBITDA-Multiples) sowie auf branchenspezifische Multiplikatoren (zum Beispiel den „enterprise value per subscriber" in der Telekommunikation) zurückgreifen.

1.4.2 Verfahren des Projektcontrolling

Im Hinblick auf die Technologieentwicklung junger High-Tech-Unternehmen nimmt das Projektcontrolling einen besonderen Stellenwert ein, indem es zur Aufgabe hat, die Planung, Steuerung und Kontrolle der zeitlichen und finanziellen Vorgaben des Technologieplans sicherzustellen. Und wie die eingangs herausgestellten Merkmale akzentuieren, kommt aufgrund der spezifischen Kostenstruktur und des Innovationsgrades junger High-Tech-Unternehmen den Entwicklungsprozessen unter inhaltlichen wie auch Effizienzgesichtspunkten eine besondere Erfolgsbedeutung zu.

Im Rahmen des Projektcontrolling werden Ablauf-, Termin- sowie Kostenplanungen und -kontrollen vorgenommen, die sich vom Grundsatz her nicht von denjenigen anderer Unternehmen unterscheiden. Während die Ablaufplanung die Definition der einzelnen Prozessschritte und die Festlegung ihrer sachlogischen Reihenfolge beinhaltet, werden anschließend bei der Terminplanung die Dauer für die einzelnen Prozessschritte ermittelt und die inhaltlichen Prozessergebnisse entsprechend der Technologie-„Roadmap" mit den zugehörigen Plan-Erreichungszeitpunkten definiert. Schließlich sind die Kostenplanungen aus dem Business Plan zu konkretisieren und an die möglicherweise geänderten Rahmenbedingungen anzupassen. Das Kontrollsystem hat den Ausweis von Istgrößen und Plan-/Ist-Abweichungen als möglichst zeitnahe Fortschrittskontrolle vorzusehen, um das Management auf Fehlentwicklungen frühzeitig aufmerksam zu machen. Bei der Terminplanung kann nach einem „Bottom-up"-Prinzip oder einem „Top-down"-Prinzip vorgegangen werden (Stippel, 1999, S. 242–243). Während beim „Bottom-up"-Prinzip die notwendige Zeitdauer pro Aktion geschätzt wird, woraus sich die Gesamtdauer errechnet, geht man dagegen beim „Top-down"-Prinzip zunächst von einer einzuhaltenden Gesamtdauer aus, die anschließend auf die einzelnen Aktionen zu verteilen ist. Besteht beispielsweise die Möglichkeit, Einblicke in den Entwicklungsfortschritt potentieller Wettbewerber zu erhalten, gibt das „Top-down"-Vorgehen insbesondere zeitliche Restriktionen vor, die einzuhalten wären, um „first-mover-advantages" erreichen zu können. Neben der Termineinhaltung ist wegen der mitunter starken Limitierung der nur begrenzt zur Verfügung stehenden finanziellen Mittel auf eine optimale Ausnutzung der Ressourcen zu achten. Zur Planung wird häufig die Netzplantechnik eingesetzt, mit deren Hilfe die logische und zeitliche Abfolge graphisch darzustellen und Zeitdauern, Kapazitätsbedarf und Kosten den einzelnen Aktionen zuzuordnen sind. Die Gesamtkosten können bestimmt werden, indem zunächst die Kosten je Aktion geplant und den verursachenden Kostenstellen wie beispielsweise Konstruktion, Prototypenbau, Testanlagen etc. zugeordnet werden. Ergänzend ist hier ein retrograder Ansatz möglich, indem von zulässigen Gesamtkosten ausgegangen wird.

Aufgrund der mit der Technologieentwicklungsphase verbundenen hohen Risiken fällt innerhalb des Projektcontrolling ferner dem Risikomanagement eine erfolgskritische Aufgabe zu. Das Risikocontrolling selbst ist als Prozess zu verstehen, das kontinuierlich die technische Entwicklung begleitet und dabei Risiken identifiziert, bewertet und deren Bewältigung mit anstößt und überwacht. Risiken können einer Vielzahl von Einflussfaktoren zugerechnet werden, beispielsweise dem technischen Risiko, wirtschaftlichen Risiko, politischen Risiko und dem soziokulturellen Risiko. In der Technologieentwicklungsphase sind insbesondere die technischen Risiken von Relevanz, zu denen unter anderem Leistungserfüllungsrisiken, Konstruktionsrisiken, Verfahrensrisiken, Terminrisiken und Qualitätsrisiken zählen.

1.4.3 Planungs- und Kontrollsystem mit integrierter Unternehmensrechnung

Ein vollständig ausgebautes Planungs- und Kontrollsystem sollte in Unternehmen jeder Art aus einem Plan- und Berichtssystem mit periodisch zu erstellenden generellen Zielplänen, strategischen Plänen, operativen Plänen sowie Ergebnis- und Finanzplänen bestehen – jeweils mit dazugehörigen Berichten zur Dokumentation der Ist-Situation und von Plan-Ist-Abweichungen. Daneben sind aperiodisch Projektpläne und -berichte zu erstellen (Hahn 1990, S. 179). Kerninstrument eines Controlling nach unserem Verständnis ist nicht notwendigerweise das gesamte Planungs- und Kontrollsystem, in jedem Fall sind es aber die mit den qualitativen Planungen und Kontrollen zu integrierenden Gesamtunternehmensrechnungen. Diese bilden das gesamte Unternehmensgeschehen – also die Resultate der qualitativen Planungen und Kontrollen – monetär ab, wobei die wichtigsten Inhalte dieser Ergebnis-, Wertsteigerungs- und Finanzpläne ihren Niederschlag in Kennzahlensystemen und Kennzahlenübersichten finden, die auf relativ wenige, dafür kardinale Zielgrößen und andere Führungskennzahlen als Informationskonzentrate für strategische Weichenstellungen und laufende Führungsentscheidungen fokussiert sind.

Betrachtet man die Entwicklung der letzten Jahrzehnte, so ist festzustellen, dass sich monetäre Kennzahlensysteme in der Unternehmenspraxis von der Dominanz der Rentabilitätsorientierung (zum Beispiel *DuPont*-Kennzahlensystem) über integrierte Planungs- und Kennzahlensysteme mit Erweiterung um das Liquiditätsziel (zum Beispiel erweitertes ROI/Cashflow-Kennzahlensystem) hin zur Wert- und Kapitalmarktorientierung entwickelt haben (Bausch/Kaufmann, 2000, S. 121 ff.). Auch wenn für junge Unternehmen aufgrund der stark limitierten Kapazitäten bei den Humanressourcen in der Tendenz möglichst einfache Kennzahlensysteme zu fordern sind, so sollte dennoch aus unserer Sicht möglichst frühzeitig ein integriertes Kennzahlensystem implementiert sein, das zumindest die wesentlichen Ergebnis-, Wertsteigerungs- und Liquiditätsziele standardmäßig differenziert ausweist.

Zwecks Vereinfachung bietet sich hierbei eine Unternehmensrechnung an, die auf dem Zahlenwerk des externen Rechnungswesens aufbaut und dieses um kalkulatorische Elemente ergänzt, so dass ein einheitliches Rechenwerk vorliegt, mit dem viele interne und externe Informationszwecke gleichermaßen zu erfüllen sind. Abbildungen VI.10 und VI.11 zeigen ein derartig aufgebautes Kennzahlensystem mit integrierter Ergebnis-, Wertsteigerungs- und Finanzrechnung. Es knüpft an das auf Basis der Wertansätze des externen Rechnungswesens abgeleitete Betriebsergebnis („Earnings before Interest and Taxes"/EBIT) an, das durch Adjustierungen – unter anderem durch strategische Adjustierungen zum Beispiel für Forschungs- und Entwicklungs-, Marketing- und Restrukturierungsaufwendungen – und den Abzug von Steuern in ein modifiziertes Ergebnis vor Zinsen nach Steuern („Net Operating Profit after Taxes"/NOPAT) überführt werden kann. Der „Economic Value Added" (EVA) ergibt sich hieraus durch Abzug der Gesamtkapitalkosten. Ob ein positives Nach-Steuer-Ergebnis über die Gesamtkapitalkosten hinaus erzielt wird, läßt sich dabei nicht nur anhand der absoluten Größe EVA, sondern ebenfalls anhand der prozentualen Größe „Spread" – der Differenz aus „Return on Capital Employed" (ROCE) und Gesamtkapitalkostensatz (WACC) – bestimmen.

Strategische wie operative Planungsrechnungen basieren bei einem vereinfachten PuK-System auf einheitlichen Umsatz- und Kostengrößen. Speziell für die operativen Planungsrechnungen ist aufgrund der häufig sehr schnellen Veränderungen in den Rahmenbedingungen des Marktes und des Wettbewerbs ein Mindestmaß an Flexibilität in der Budgetierung zu gewährleisten. Daher kann es notwendig sein, eine unterjährig rollierende Budgetierung mit kürzeren Teilperioden innerhalb des Planjahres vorzusehen, so dass im Bedarfsfall Budgetanpassungen erfolgen können. Eine ereignisgesteuerte Flexibilisierung von Budgets sollte dagegen nur bei signifikanten Veränderungen der Planbedingungen gestattet sein. Denn Controlling und Management müssen hier einen Mittelweg finden, bei dem zwischen den Vorteilen der Vorgabe- und Steuerungswirkungen verbindlicher Budgets einerseits und den Vorteilen schneller Ziel- und Maßnahmenreaktionen in den operativen Einheiten auf erfolgskritische Veränderungen im Umfeld andererseits abzuwägen ist.

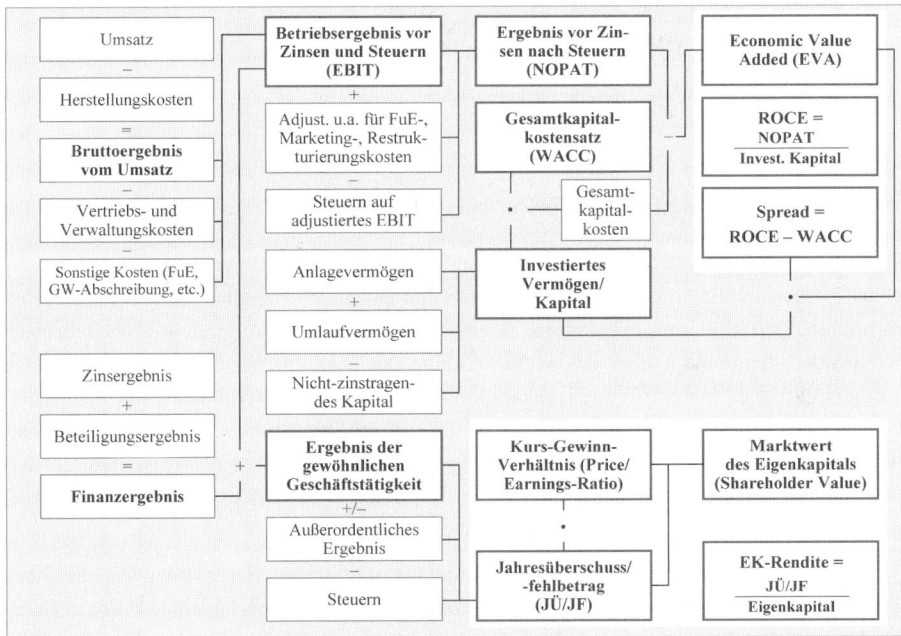

Abbildung VI.10: Kennzahlensystem mit integrierter Ergebnis-, Wertsteigerungs- und Finanzrechnung (1) (Bausch, 2002)

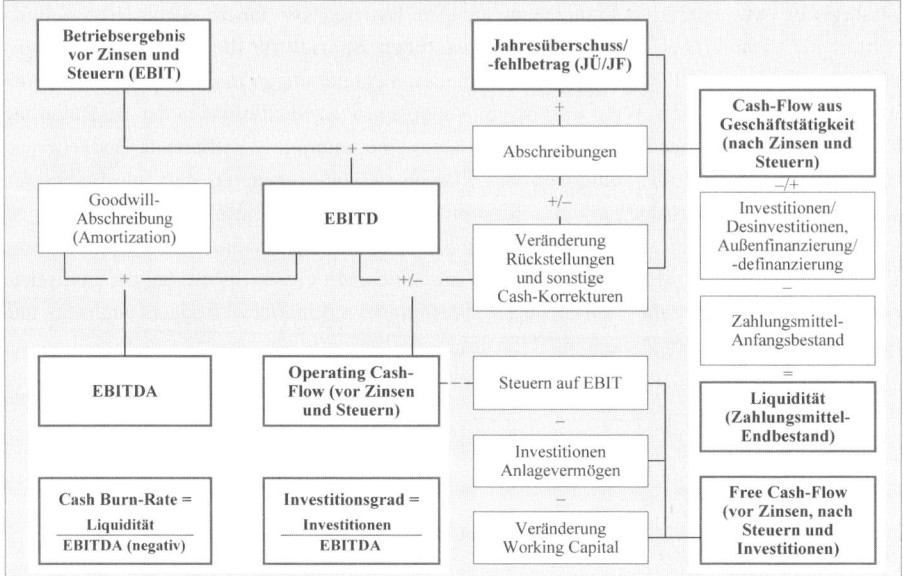

Abbildung VI.11: Kennzahlensystem mit integrierter Ergebnis-, Wertsteigerungs- und Finanzrechnung (2) (Bausch, 2002)

Unter Berücksichtigung des Finanzergebnisses und des außerordentlichen Ergebnisses leitet sich schließlich im dargestellten Kennzahlensystem das bilanzielle Ergebnis ab (Jahresüberschuß oder -fehlbetrag), über das in Verbindung mit dem eingesetzten Eigenkapital eine periodenbezogene Verzinsung (Eigenkapitalrentabilität) und in Verbindung mit dem Kurs-Gewinn-Verhältnis („price/earnings-ratio") der Shareholder Value (Brutto-Eigenkapitalwert) berechnet werden kann. Wertsteigerungsaussagen lassen sich hier vor allem anhand der eigenkapitalbezogenen Überrendite (EK-Spread = EK-Rendite – Eigenkapitalkosten) und der Marktwertsteigerung (MVA) gewinnen.

Auch die Erstellung von Finanzplänen mit Liquiditätsermittlung, Berechnung verschiedener Ergebnis- und Cash-Flow-Größen wie „Operating Cash Flow" und EBITDA sowie DCF-Rechnungen mit Hilfe von Free Cash Flows können grundsätzlich auf Basis desselben Zahlenmaterials erfolgen.

Ergänzend zu den traditionellen Kennzahlen liefern zumeist weitere branchen- und lebenszyklusspezifische Kennzahlen wichtige führungsrelevante Informationen, zum Beispiel bei Unternehmen der „Net-Economy" die Anzahl der Kunden, der „Visits", der „Page Views" und die durchschnittliche Kundenverweildauer. Aussagen zur Liquiditätslage mögen anhand der „cash burn-rate" gewonnen werden (Schellberg, 2001, S. 184 ff.). Sie ist definiert als Quotient aus dem Bestand an liquiden und liquiditätsnahen Mitteln sowie dem (negativen) finanzwirtschaftlichen Cash Flow bzw. EBITDA („Earnings before Interest, Taxes, Depreciation, and Amortization"), wobei letztere im negativen Fall den Finanzverbrauch der Unternehmenstätigkeit bzw. des operativen Geschäftes ausdrücken. Die „cash burn-rate" verdeutlicht somit den Zeitraum, den das Unternehmen noch von dem vorhandenen Liquiditätsbestand ohne neue Mittelaufnahme überleben kann. Kritisch an dieser Kennzahl ist jedoch zu vermerken, dass die mögliche Aufnahme neuer Mittel nicht berücksichtigt wird (Küting, 2000, S. 678). Die operative Finanzkraft des Unternehmens zeigt sich anhand des Investitionsgrades, der angibt, in welchem Umfang die Investitionen aus dem Cash Flow des eigenen Geschäftes finanziert werden können.

Aufgrund der wirtschaftlichen Bedingungen von High-Tech-Unternehmen wird heute in der Unternehmenspraxis teilweise spezifischen Ergebniskennzahlen eine größere Bedeutung als den traditionellen Ergebnisgrößen beigemessen. Allen voran ist hier EBITDA als häufig publizierte Größe herauszustellen, die von etwaigen „Goodwill"-Abschreibungen („amortization") unbeeinflusst ist, welche gerade nach Akquisition von High-Tech-Unternehmen regelmäßig sehr hoch ausfallen. Eine Ergebnisgröße vor „amortization" erhöht außerdem insofern den Aussagegehalt eines zwischenbetrieblichen Vergleichs, als EBIT-Größen von Unternehmen mit unterschiedlichen Rechnungslegungsstandards wie US-GAAP und HGB aufgrund der zur Zeit abweichenden Regelungen zum „Impairment"-Test gegebenenfalls nicht vergleichbar sind. Allerdings ist kritisch anzumerken, dass eine Größe EBITDA insoweit einen schwachen Ergebnisindikator darstellt, als weder Zinsen, Steuern noch Abschreibungen als Aufwendungen einfließen, obgleich sie – zumindest teilweise – einen Werteverzehr der betrachteten Periode repräsentieren. EBITDA erscheint eher als „Cash-flow"-Indikator geeignet, obwohl selbst nach einer derartigen Interpretation aufgrund der nicht angesetzten, den „Cash"-Bestand aber reduzierenden Steuern nur eingeschränkte Informationen über die Netto-Innenfinanzierungskraft aus dem laufenden Geschäft gegeben sind.

Aufgrund des Informationsgehaltes sollten Unternehmen ab einer gewissen Größe – unabhängig von ihrer Branchenzugehörigkeit – nicht nur ein ergebnis- und liquiditätsorientiertes, sondern ein darüber hinausgehendes wertorientiertes Kennzahlensystem zur Führung anwenden. Denn durch die Integration der primären Wertsteigerungskennzahlen EVA und MVA in das Kennzahlensystem wird das Informationsgerüst konsequent um die Überlegung erweitert, dass jede Kapitalbindung Kosten verursacht und dass die Höhe dieser Eigen- oder Fremdkapitalkosten nicht nur von der Kapitalherkunft an sich, sondern zudem von den der spezifischen Kapitalbindung anhaftenden Risiken abhängt – ausgedrückt durch den Gesamtkapitalkosten (WACC). Auf Basis der periodischen EVA-Größen, die sich über einen weit verzweigten Werttreiberbaum bis in operative, branchenspezifische Kennzahlen auflösen lassen, sind aus der internen Planungsrechnung MVA, Eigenkapitalwert und Unternehmenswert ableitbar. Die Entscheidungsunterstützung des (strategischen) Controlling sollte letztlich auf die Optimierung des MVA ausgerichtet werden. Bei Allokationsfragen knapper Finanzressourcen stellt der MVA in Relation zum investierten Kapital die relevante Entscheidungsgröße dar (sogenannte Kapitalwertrate). Anstelle einer internen Ableitung kann der MVA auch über Kapitalmarktinformationen ermittelt werden. Im Falle der Börsennotierung des Unternehmens leitet sich der MVA auf Basis der Marktkapitalisierung unter Abzug des Eigenkapitalbuchwertes ab.

1.4.4 Performance Measurement und Verfahren zur monetären Erfassung immaterieller Ressourcen

In Anbetracht der hohen Bedeutung immaterieller Ressourcen für den Erfolg junger High-Tech-Unternehmen ist es eine der zentralen Aufgaben des Controlling, diese für eine erfolgreiche Weiterentwicklung so bedeutsamen Faktoren zu erfassen und durch geeignete Maßgrößen abzubilden. Dieses sowohl für interne Führungs- als auch externe Dokumentationszwecke relevante Erfassungsproblem ist nach dem heutigen Stand der Controllinginstrumente anhand zweier verschiedener Vorgehensweisen zu lösen, die idealer Weise miteinander kombiniert werden: dem „performance measurement" und der monetären Erfassung des Bestandes und der Bestandsveränderung immaterieller Ressourcen.

Gegenstand des „performance measurement" – im weitesten Sinne als ein „performance management" zu verstehen – sind die Vorgabe von Leistungszielen und die Beurteilung von Leistungsresultaten unterschiedlicher Bezugsobjekte eines Unternehmens (zum Beispiel der Prozesse oder Mitarbeiter) mit Hilfe monetärer und nicht-monetärer Kennzahlen (Gleich, 2001). Auszurichten sind „Performance-measurement"-Systeme vor allem auf das Ziel, die kritischen Erfolgsfaktoren eines Unternehmens in ihrer Entwicklung so zu messen und zu beeinflussen, dass sich die strategisch relevanten Ressourcen und Prozesse des Unternehmens in den operationalisierten Steuerungsgrößen niederschlagen und eine operative Steuerung nach Maßgabe der strategischen Ziele sichergestellt ist. Eines der wohl in der Unternehmenspraxis am weitesten verbreiteten Verfahren zum „performance measurement" ist die Balanced Scorecard, die der Idee der Operationalisierung von wenigen wichtigen monetären Kennzahlen (Finanzperspektive) in Zielgrößen anderer Geschäftsperspektiven konsequent folgt (Kaplan/Norton, 1997; Kaufmann, 1997, S. 421 ff.).

Als Controllinginstrument beispielsweise in der Geschäftsexpansionsphase kann eine Balanced Scorecard dazu genutzt werden, Wachstumsziele und Maßnahmen ausgehend von der Finanzperspektive – und letztlich wieder darin einmündend – in die für den leistungswirtschaftlichen Wachstumserfolg besonders relevanten Perspektiven wie Kunden, Prozesse und Potenziale herunterzubrechen. Die Beschränkung auf wenige strategische Ziele mit hoher Wachstums- und Wettbewerbsrelevanz verhilft der Unternehmensführung zur Fokussierung auf die dringlichsten Wachstumsfragen und Führungsprobleme. Aufgrund der flexiblen Gestaltungsmöglichkeiten im Hinblick auf Perspektiven, strategische Ziele und Meßgrößen kann sich die Balanced Scorecard letztlich in jeder Entwicklungsphase eines jungen Unternehmens als ein einfach anzuwendendes Controllinginstrument bewähren.

Die Balanced Scorecard wurde in der Unternehmenspraxis vereinzelt zu umfassenderen Führungssystemen weiterentwickelt, nicht zuletzt in Anbetracht der gestiegenen Bedeutung immaterieller Ressourcen (Lev, 2001, S. 7 ff.; Roos et al., 1997). Weithin diskutierte Konzepte sind der *Skandia* Navigator nach Edvinsson und der *CELEMI* Intellectual Asset Monitor nach Sveiby (Sveiby, 1998, S. 252 ff.), neuere Konzepte sind beispielsweise die „Value Chain Scoreboard" nach Lev und die Kategorisierung immaterieller Werte als Grundlage zur Berichterstattung des immateriellen Ressourcenbestandes nach dem Arbeitskreis „Immaterielle Werte im Rechnungswesen" der Schmalenbach-Gesellschaft für Betriebswirtschaft e.V. (Arbeitskreis „Immaterielle Werte im Rechnungswesen" der Schmalenbach-

Gesellschaft für Betriebswirtschaft e.V., 2001, S. 990 ff.). Diese und andere Ansätze sind zumeist darauf ausgelegt, im Hinblick auf die unterschiedlichen Arten immaterieller Ressourcen und auch gesamthaft den Führungszyklus einschließlich der externen Berichterstattung abdecken zu können. Sie zeichnen sich dadurch aus, dass sie verschiedene Arten immaterieller Ressourcen durch den Einsatz operativer Führungsgrößen abzubilden versuchen. Als Raster zur Klassifikation der immateriellen Ressourcen wählen die meisten Systeme bisher eine Differenzierung zwischen „Human Capital" und „Structural Capital", wobei letzteres nochmals danach unterschieden wird, ob es auf externen Beziehungen beruht („external structure") oder dem Unternehmen an sich als interne Kompetenz anhaftet („internal structure"). Zur qualitativen Beurteilung des Bestandes an immateriellen Ressourcen beispielsweise aus dem internen Strukturkapital können als Kennzahlen das Durchschnittsalter der Patente, der Anteil des Lizenzumsatzes im Verhältnis zum Gesamtumsatz, der Trainingsaufwand in Relation zum Verwaltungsaufwand oder die IT-Kapazität pro Mitarbeiter herangezogen werden. Empfehlenswert erscheint bei allen Kennzahlen auf solche Größen zurückzugreifen, für die – ganz im Sinne eines „benchmarking" – ein Vergleich mit Wettbewerbern und Klassenbesten zur eigenen relativen Positionierung möglich ist. Für junge High-Tech-Unternehmen bieten sich hier geschäftsspezifische Meßgrößen an (Horváth/ Knust/Schindera, 2001).

Zumindest diejenigen Unternehmen, die den Informationsanforderungen des Kapitalmarktes ausgesetzt sind, sollten sich bei der Auswahl der intern zu planenden und berichtenden Kennzahlen an den externen Informationsbedürfnissen orientieren, sofern eine möglichst weitgehende Harmonisierung zwischen internem und externem Rechenwerk erreicht werden soll. Empirische Untersuchungen zeigen, dass die Prioritäten veröffentlichter Geschäftsinformationen bei unterschiedlichen Branchen mitunter erheblich variieren. So sind Finanzanalysten bei „emerging industries" vorzugsweise an nicht-finanziellen Führungsinformationen interessiert, die in der Lage sind, die Entwicklung der kritischen Werttreiber jeweiliger neuer Geschäftsmodelle widerzuspiegeln. Demgegenüber orientierten sich Finanzanalysten bei Mature Industries mit weithin etablierten Geschäftsmodellen vorzugsweise an traditionellen Finanzkennzahlen (Hutton, 2001, S. 9–10).

Zur monetären Erfassung immaterieller Ressourcen wurde bereits in verschiedenen betriebswirtschaftlichen Teildisziplinen wie beispielsweise der Humanvermögensrechnung („human resource accounting") und der Markenbewertung („brand valuation") eine Mehrzahl von Techniken vorgeschlagen, die sich grob zu markt-, ergebnis-, kosten- und nutzwertorientierten Ansätzen zusammenfassen lassen. Aus dem Kreis der ergebnisorientierten Ansätze sei exemplarisch der sogenannte „calculated intangible value" genannt, der sich aus der Diskontierung residualer Gewinne ableitet, die sich ihrerseits aus der Differenz des Gesamtgewinns eines Unternehmens und des quasi auf das Anlagevermögen entfallenden Gewinns (Branchenkapitalrendite × Anlagevermögen) ergeben (Stewart, 1998, S. 217 ff.). In Abbildung VI.12 ist ein auf den Überlegungen zum „Intellectual Capital" (Roos et al., 1997, S. 19 ff.) und zum „invisible balance sheet" (Sveiby 1998, S. 29–30) aufbauender marktorientierter, retrograder Ansatz zur Wertbestimmung des immateriellen Vermögens aufgezeigt. Der Marktwert des immateriellen Vermögens ergibt sich hiernach aus der Differenz zwischen dem Börsenwert und dem Quasi-Marktwert bzw. Reproduktionswert des materiellen

Vermögens, das selbst wiederum über den Buchwert des Eigenkapitals sowie „Goodwill"- und Tageswertkorrekturen zu berechnen ist. Dieser Ermittlung liegt letztlich die vereinfachte Annahme zugrunde, dass zukünftige Ergebnis- und „Cash-flow"-Überschüsse oberhalb des eigenkapitalbezogenen Tageswertes der bilanziellen materiellen Vermögensgegenstände vollständig dem immateriellen Vermögen kausal zuzurechnen wäre.

Eine allgemeine Herausforderung bei der Bewertung immaterieller Ressourcen besteht ganz offensichtlich darin, dass immer mehrere Ressourcen im Verbund ein Ergebnis verursachen. Gewinne und Überrenditen sind also grundsätzlich das Ergebnis eines ganzen Ressourcenbündels. Dies ist ein wesentlicher Grund, weshalb die Bewertung immaterieller Ressourcen in der Regel nicht direkt auf der Ebene der einzelnen Ressource erfolgen kann, sondern nur indirekt auf der Ebene eines ganzen Ressourcenbündels. Der Wert der einzelnen Ressource ergibt sich dann entweder aus einer Differenzbetrachtung, zum Beispiel einer Kapitalwertbestimmung vor und nach Ressourcenveränderung, oder aber einer Spaltung des Gesamtwertes. Zwar unterscheiden sich hierbei junge High-Tech-Unternehmen insofern nicht von anderen Unternehmen, als die Bewertung immaterieller Ressourcen überall virulent ist. Ein Unterschied mag aber darin liegen, dass in High-Tech-Unternehmen eine vergleichsweise größere Anzahl marktferner Ressourcen und Kompetenzen existiert (Basistechnologien, innovatives Prozess-Know-how, neue Geschäftsmodelle), deren Handelbarkeit eingeschränkt und deren Einfluß auf zukünftige „Cash-flow"-Ströme und damit Unternehmenswerte schwerer abzuschätzen ist.

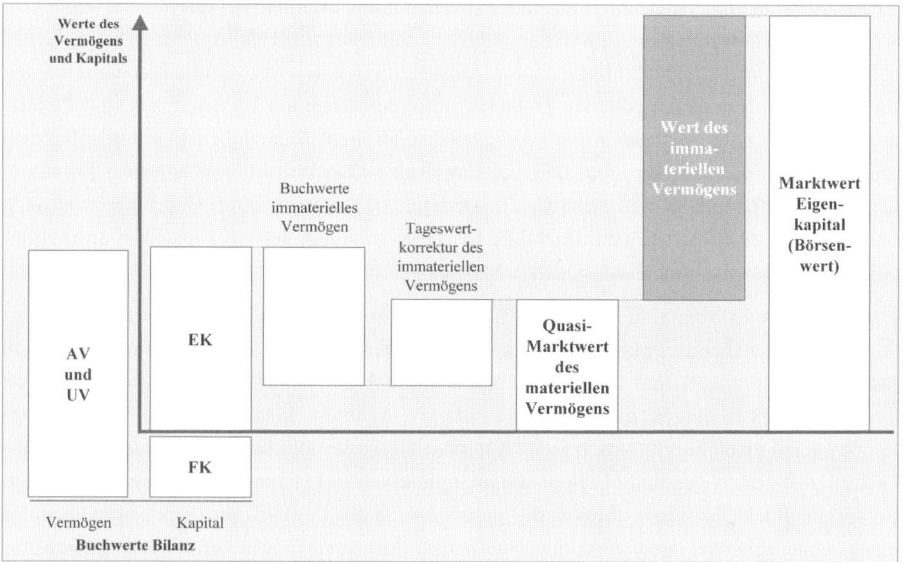

Abbildung VI.12: Marktwertbasierte, retrograde Ableitung des immateriellen Vermögens

Im Hinblick auf das „performance measurement" und die Verfahren zur Bewertung immaterieller Ressourcen zeigt sich somit, dass die bekannten Instrumente des Controlling auch für einen Einsatz in jungen High-Tech-Unternehmen grundsätzlich geeignet sind. Zweckmäßige Führungsinformationen und Steuerungsimpulse liefern sie immer dann – wie alle anderen

Controllinginstrumente auch –, wenn eine Anpassung an die spezifischen Bedingungen vorgenommen wird. Empirische Untersuchungen deuten allerdings darauf hin, dass in jungen Unternehmen selbst bis zur Geschäftsexpansionsphase eine Vielzahl von Controllinginstrumenten noch nicht eingesetzt wird (Achleitner/Bassen/Funke, 2001, S. 37; Weber/ Freise/Schäffer, 2002, S. 20 ff.). Besonders auffällig ist die zurückhaltende Anwendung von dynamischen Investitionsrechenverfahren, BSC- und „Value-based"-Management-Systemen, zumal gerade mit diesen Instrumenten dem heutigen Informationsbedarf eines Managements und der Investoren am besten entsprochen werden kann (Bausch/Kaufmann, 2000, S. 123–124), ohne dass bei einer vereinfachten Anwendung dieser Systeme ein nicht mehr tragfähiger Aufwand für das Management und das Controlling eines jungen Unternehmens entstehen muss.

2. Risikomanagement

MARTIN GLAUM

Risk comes from not knowing what you're doing.
(Warren Buffet)

2.1 Risikomanagement in Wachstumsunternehmen

In den vergangenen Jahren hat eine Reihe von spektakulären Unternehmenszusammenbrüchen in Deutschland für Aufsehen gesorgt (*Klöckner, Metallgesellschaft, Holzmann, Balsam, Procedo* u. a.). Die Vorfälle haben in den Unternehmungen, an den Kapitalmärkten und in der Öffentlichkeit Fragen aufgeworfen (Saitz, 1999, S. 70): Warum haben die *Unternehmensleitungen* nicht rechtzeitig reagiert? Warum haben die Aufsichtsräte im Rahmen ihrer Überwachungsfunktion nicht eingegriffen? Warum wurden die Schwächen der Unternehmensführung nicht frühzeitig von den Wirtschaftsprüfern aufgedeckt?

Mit diesen Fragen wird das Risikomanagement der Unternehmungen in den Mittelpunkt des Interesses gerückt, also die bewusste, systematische und zielorientierte Überwachung und Gestaltung des Risikoprofils einer Unternehmung. Unternehmerische Tätigkeiten sind stets mit der Übernahme von Risiken verbunden. Insofern ist das Management von Risiken im Sinne eines Abwägens von angestrebten Zielen und möglichen negativen Entwicklungen untrennbar mit der Führung von Unternehmungen verbunden.

Dies gilt in ganz besonderem Maße für junge Unternehmungen in hoch dynamischen Wachstumsbranchen. Diese Unternehmungen verfügen über hohe Ertragschancen, sehen sich aber auch mit großen und schwer kalkulierbaren Verlustgefahren konfrontiert: Sie setzen neue, noch nicht voll ausgereifte Technologien ein, die Funktionstüchtigkeit ihrer Produkte ist noch nicht erwiesen, notwendige Genehmigungen oder Zulassungen sind noch nicht erteilt. Zudem setzt sich die technologische Entwicklung rapide fort und kann die eigenen Verfahren oder Produkte obsolet machen. Auch die Marktstruktur ist durch den Zutritt neuer Wettbewerber aus dem In- und Ausland noch instabil und das künftige Wachstum des Marktes sowie die Umsatz- und Gewinnpotenziale der Unternehmung können kaum abgeschätzt werden.

Die Risiken von Wachstumsunternehmen werden durch die außerordentlich wechselhafte Entwicklung des Neuen Marktes eindrücklich dokumentiert. Der Neue Markt wurde im März 1997 als spezielles Segment der Frankfurter Börse für innovative Wachstumsunternehmen gegründet (Deutsche Börse, 2001). In den ersten drei Jahren seiner Existenz war dieser Markt ein geradezu spektakulärer Erfolg. Im März 1997 mit nur zwei notierten Aktien gestartet, konnte er bis Mitte des Jahres 2001 insgesamt 342 Unternehmen anziehen. Der NEMAX-50-Index, der bezogen auf das Niveau der Aktienkurse von Ende 1997 mit 1.000 Punkten eingeführt worden war, stieg bis März 2000 um fast das Zehnfache auf 9.631,53.

Seitdem ist jedoch die weltweite „Technologieblase" kollabiert und mit ihr der Neue Markt. Der NEMAX-50 fiel bis zum September 2001 um mehr als 90 % auf ein Tief von 641,31. Zahlreiche Unternehmen mussten in den vergangenen Monaten Konkurs anmelden, und die Zahl der gelisteten Unternehmen ist wieder deutlich gesunken.

Junge, innovative Wachstumsunternehmungen arbeiten häufig mit einer sehr knappen Kapitaldecke, sie können unerwartete Verluste meist nicht aus zuvor gebildeten Rücklagen decken oder durch Erträge aus anderen, nicht betroffenen Bereichen kompensieren. Zudem ist es für sie vor allem in problematischen Zeiten äußerst schwierig oder sogar unmöglich, sich zusätzliches Kapital von Banken und anderen Kapitalgebern zu verschaffen. Sie sind daher noch krisenanfälliger als größere, bereits etablierte Unternehmungen. Für Wachstumsunternehmungen ist der Aufbau eines systematischen Risikomanagements somit von großer, eventuell sogar existentieller Bedeutung.

In der betriebswirtschaftlichen Literatur zum Thema Risikomanagement wie auch in der öffentlichen Diskussion wird der Bewältigung finanzwirtschaftlicher Risiken besondere Beachtung geschenkt. In der Tat können unvorhergesehene Änderungen von Zinsen, Wechselkursen und anderen Finanzmarktpreisen den Erfolg von Unternehmungen gefährden; die Bewältigung dieser Risiken, beispielsweise durch den Einsatz derivativer Finanzinstrumente, ist daher eine wichtige Managementaufgabe (Glaum, 2000). Finanzmarktrisiken sind jedoch nur eine von mehreren Risikokategorien. Das unternehmerische Risikomanagement sollte in der Praxis in erster Linie auf die Risiken aus dem eigentlichen Geschäft, d. h. auf die realwirtschaftlichen Risiken der Beschaffungs-, Produktions- und Absatzaktivitäten der Unternehmung gerichtet sein. Dies gilt vor allem für junge Wachstumsunternehmen. Relevante Risikoarten sind beispielsweise Wettbewerbsrisiken, Technologierisiken, Risiken aus „Mergers & Acquisitions", rechtliche Risiken sowie Risiken, die sich aus Abhängigkeiten von einzelnen Lieferanten, Kunden, Produkten, Technologien oder Mitarbeitern ergeben (Konzentrationsrisiken).

Im Folgenden wird nun der Begriff des Risikomanagements näher bestimmt (Abschnitt 2.2). Anschließend wird zunächst die Frage erörtert, unter welchen Bedingungen ein Risikomanagement auf der Ebene der Unternehmung zum Ziel der Steigerung des Unternehmenswerts beitragen kann (2.3). In Abschnitt 2.4 werden sodann die gesetzlichen Anforderungen an das Risikomanagement deutscher Unternehmungen skizziert; dabei wird auch auf Verpflichtungen zur Risikopublizität hingewiesen, die sich beispielsweise im Rahmen von Börsengängen ergeben. In Abschnitt 2.5 werden die verschiedenen Phasen des Risikomanagementprozesses ausführlich erörtert. Abschnitt 2.6 behandelt schließlich die Organisation des Risikomanagement. Den Abschluss des Beitrags bildet eine kurze Zusammenfassung.

2.2 Risiko und Risikomanagement: Begriffsbestimmungen

Mit „Risiko" wird in der Statistik die Streuung einer zufallsabhängigen Variablen um ihren Mittel- bzw. Erwartungswert bezeichnet. In Bezug auf betriebswirtschaftliche Sachverhalte kann unter Risiko die Streuung der Ergebnisse von Entscheidungen um erwartete oder angestrebte Werte verstanden werden. Während dieses Begriffsverständnis sowohl mögliche positive wie auch negative Abweichungen umfasst (Risiko als Volatilität), wird in der Praxis mit Risiko meist nur die Möglichkeit künftiger negativer Entwicklungen bezeichnet. Risiko wird also primär verstanden als die Gefahr, Fehlentscheidungen zu treffen, Verluste zu erleiden oder – allgemeiner – die angestrebten Ziele nicht zu erreichen. Diesem „downside risk" steht dann als Pendant die Möglichkeit positiver Umweltentwicklungen als „Chance" gegenüber. Den weiteren Ausführungen liegt der in der Praxis vorherrschende, verlustorientierte Risikobegriff zugrunde.

Unter Risikomanagement kann die systematische Bewältigung von Risiken in Unternehmungen verstanden werden. Der Prozess des Risikomanagements umfasst die Identifikation von Risiken, ihre Bewertung, die Steuerung sowie die anschließende Kontrolle der getroffenen Maßnahmen und ihrer Wirkungen (Glaum, 2000; Hommel/Pritsch, 1998b). Auf die einzelnen Phasen des Risikomanagement-Prozesses wird unten in Abschnitt 2.4 genauer eingegangen.

2.3 Risikomanagement und Wertsteigerung

In einer neoklassischen Modellwelt ohne Informationsasymmetrien, Transaktionskosten oder Steuern wäre ein Risikomanagement auf Unternehmensebene nicht zweckmäßig, da es nicht zum Ziel der Unternehmenswertsteigerung beitragen könnte. Ohne Marktunvollkommenheiten würden alle Verträge, die die Unternehmensführung im Rahmen ihres Risikomanagements eingehen könnte, am Kapitalmarkt fair bewertet. Darüber hinaus könnten alle Kontrakte zu gleichen Konditionen von den Aktionären der Unternehmung eingegangen – oder rückgängig gemacht – werden. Durch den Abschluss solcher Verträge könnte folglich der Unternehmenswert nicht gesteigert werden. Das Management sollte es den Aktionären überlassen, durch Diversifikation ihrer Portefeuilles oder durch den Abschluss spezieller Sicherungsgeschäfte die jeweils gewünschte Kombination von Risiken und Chancen zu erzeugen. Risikomanagement auf Unternehmensebene wäre bestenfalls irrelevant; im gleichen Maße, in dem ein unternehmerisches Risikomanagement Kosten verursacht, würde es Wert vernichten (Stulz 2002; siehe auch Pritsch/Hommel 1997, Glaum 2002).

Im Umkehrschluss folgt aus dieser Überlegung, daß Marktunvollkommenheiten vorliegen müssen, damit unternehmerisches Risikomanagement zur Wertsteigerung beitragen kann. Die Marktunvollkommenheiten bewirken, dass die Unternehmensführung gegenüber den Eigentümern komparative Vorteile bei der Entwicklung und Umsetzung von Sicherungsstrategien aufweist. In der theoretischen Literatur zum Risikomanagement sind eine Reihe von Marktunvollkommenheiten identifiziert worden, die ein wertsteigerndes Risikomanagement auf Unternehmensebene begründen können (Pritsch/Hommel 1997; Glaum 2002). Die wichtigsten Gründe werden im folgenden skizziert.

(a) *Kosten des „Financial Distress":* In der neoklassischen Modellwelt existieren keine Konkurskosten oder, allgemeiner ausgedrückt, keine Kosten aufgrund einer angespannten Liquiditätssituation. In der Realität ist ein Konkurs hingegen durchaus mit hohen Kosten verbunden (Anwalts- und Gerichtskosten, Kosten der Verwertung der Aktiva etc.). Darüber hinaus können Unternehmen, die eine erhöhte Konkurswahrscheinlichkeit aufweisen, durch hohe Transaktionskosten belastet werden, da Investoren in zunehmendem Maße Sicherheiten und Kontrollrechte verlangen, Lieferanten nur noch gegen sofortige Bezahlung liefern, Kunden um ihre längerfristige Betreuung (Garantierechte, Ersatzteile) fürchten und qualifizierte Arbeitnehmer zu Konkurrenten wechseln. Gelingt es der Unternehmung, die Volatilität ihrer Cash Flows zu reduzieren, so verringert sie auch die Konkurswahrscheinlichkeit und die damit verbundenen Kosten. Die Aktionäre haben demgegenüber keine Möglichkeit, die erwarteten Konkurskosten zu senken. Ein Risikomanagement auf Unternehmensebene trägt damit zur Wertsteigerung bei, solange die damit verbundenen Kosten geringer sind als die abdiskontieren erwarteten künftigen Kosten des *Financial Distress*.

(b) *Finanzierung von Wachstumsoptionen:* Existieren Marktunvollkommenheiten am Kapitalmarkt, können unerwartet niedrige Cash Flows dazu führen, dass die Unternehmung nicht in der Lage ist, alle Projekte mit einem positiven Kapitalwert zu finanzieren. Dieses Argument ist umso bedeutsamer, je größer die Wachstumsoptionen der Unternehmung und je höher die Kosten der Beschaffung zusätzlicher Mittel am Kapitalmarkt sind. Ein Risikomanagement, das zu weniger volatilen Cash Flows und zu einer verbesserten Synchronisierung von Finanzierung und Investition führt, kann daher einen Beitrag zur Wertsteigerung leisten.

(c) *Sonstige Argumente:* Ein weiteres Argument, das eine Begründung für ein unternehmerisches Risikomanagement liefern kann, besteht in der Konvexität des Steuersystems. Sieht sich die Unternehmung einer progressiven Steuerfunktion gegenüber, kann sie durch eine Stabilisierung der Gewinne den Barwert ihrer Gesamtsteuerlast reduzieren. Weiterhin ermöglicht ein Risikomanagement der Unternehmung, eine höhere Verschuldung einzugehen und auf diese Weise stärker von der steuermindernden Wirkung der Fremdfinanzierung zu profitieren. Schließlich können durch den Aufbau eines Risikomanagements Anreizprobleme zwischen den Aktionären und dem Management abgebaut werden. Beispielsweise mögen die Führungskräfte des Unternehmens ohne ein Risikomanagement nicht zur Durchführung hochriskanter Investitionen bereit sein, da sie um die Sicherheit ihres Arbeitplatzes fürchten.

Aufgrund der häufig unzureichenden Kapitalausstattung und der stark ausgeprägten Informationsasymmetrien sind junge Wachstumsunternehmen in besonderem Maße von den in der Realität existierenden Marktunvollkommenheiten und damit von den zuvor genannten Argumenten betroffen. Die Etablierung eines Risikomanagements kann sich daher gerade in Wachstumsunternehmen positiv auf den Wert des Unternehmens auswirken.

2.4 Gesetzliche Anforderungen an das unternehmerische Risikomanagement

2.4.1 Die Verpflichtung zur Einrichtung eines Risikomanagements nach KonTraG

Wachstumsunternehmen werden – vor allem um die Haftungsrisiken für die Unternehmer zu begrenzen und um zusätzliches Wagniskapital aufbringen zu können – meist als Gesellschaften mit begrenzter Haftung (GmbH) oder als Aktiengesellschaften (AG) geführt. Ungeachtet der zuvor diskutierten ökonomischen Argumente für ein Risikomanagement unterliegen sie damit den gesetzlichen Auflagen, die der Gesetzgeber für Kapitalgesellschaften erlassen hat. Angeregt durch die eingangs angesprochenen spektakulären Vorfälle und ihre intensive Diskussion in der Öffentlichkeit hat der deutsche Gesetzgeber mit dem 1998 verabschiedeten Gesetz zur Kontrolle und Transparenz im Unternehmensbereich (KonTraG) Anforderungen an das Risikomanagement von Kapitalgesellschaften definiert. Insbesondere wird der Vorstand von Aktiengesellschaften durch den neu formulierten § 91 Abs. 2 AktG verpflichtet, „ein Überwachungssystem einzurichten, damit den Fortbestand der Gesellschaft gefährdende Entwicklungen früh erkannt werden". Die Verpflichtung des Vorstands zur Errichtung eines Überwachungs- bzw. Risikofrühwarn-Systems stellt inhaltlich allerdings keine Neuerung dar, denn diese Aufgabe ergab sich zuvor bereits aus der allgemeinen Leitungspflicht des Vorstandes (§ 76 Abs. 1 AktG) und der Sorgfaltspflicht seiner Mitglieder (§ 93 Abs. 1 AktG). Der Gesetzgeber war an dieser Stelle um eine Klarstellung und Konkretisierung der Vorstandspflichten bemüht.

Die zweite Säule des Risikomanagement-Systems deutscher Aktiengesellschaften besteht in der Überwachungsfunktion des Aufsichtsrats. In § 111 Abs. 1 AktG, der durch das KonTraG nicht verändert wurde, heißt es dazu schlicht und umfassend: „Der Aufsichtsrat hat die Geschäftsführung zu überwachen". Mit dieser Regelung ist der Aufsichtsrat im Übrigen auch beauftragt, die Einrichtung eines funktionsfähigen Risikomanagement-Systems gemäß § 91 AktG durch den Vorstand zu überwachen (Hommelhoff/Mattheus, 2000, S. 18; genauer zur Überwachungsfunktion des Aufsichtsrats siehe SCHEFFLER (Scheffler, 2000)).

Die Verpflichtung zur Einrichtung eines Risikomanagementsystems (§ 91 Abs. 2 AktG) ist explizit nur an Aktiengesellschaften und Kommanditgesellschaften auf Aktien gerichtet. Nach herrschender Meinung besteht jedoch eine "Ausstrahlungswirkung" der aktienrechtlichen Vorschriften auf die GmbH, wobei jedoch Größe, Struktur und Komplexität der jeweiligen Unternehmung in Rechnung zu stellen sind (vgl. hierzu die Ausführungen des Gesetzgebers in der Begründung zum KonTraG sowie differenziert HOMMELHOFF/MATTHEUS (Hommelhoff/Mattheus, 2000)).

2.4.2 Die Pflicht zur Risikoberichterstattung nach HGB

Die eigentliche Neuerung des KonTraG besteht in der Erweiterung der Berichtspflichten der Unternehmung und der Prüfungspflichten der Wirtschaftsprüfer. Nach § 289 Abs. 1 HS 2 HGB muss der Vorstand künftig im Lagebericht auch auf „Risiken der künftigen Geschäftsentwicklung" eingehen (analog § 315 Abs. 1 HS 2 HGB für den Konzernlagebericht). Der Gesetzgeber hat diese Vorschrift nicht näher erläutert. Das Deutsche Rechnungslegungs Standards Committee (DRSC) hat im DRS 5 jedoch zwischenzeitlich die formale und inhaltliche Ausgestaltung der Risikoberichterstattung für Konzerne geregelt. Eine Anwendung dieses Standards auf die Berichterstattung auf Unternehmensebene gemäß § 289 Abs. 1 2. Hs. HGB wird empfohlen.

DRS 5, Tz. 2, zufolge soll die Risikoberichterstattung „den Adressaten des Konzernlageberichts entscheidungsrelevante und verlässliche Informationen zur Verfügung stellen, die es ihnen ermöglichen, sich ein zutreffendes Bild über die Risiken der künftigen Entwicklung des Konzerns zu machen". Weitere Regelungen des KonTraG zielen darauf ab, eine stärkere Problem- und Risiko-Orientierung der Prüfung des Jahresabschlusses und des Lageberichts durch die Wirtschaftsprüfer zu erreichen. So ist die zutreffende Darstellung der Unternehmensrisiken im Lagebericht Gegenstand der Abschlussprüfung (§ 317 Abs. 2 HGB), und bei Aktiengesellschaften, deren Aktien im amtlichen Handel notiert sind, müssen die Abschlussprüfer außerdem nach § 317 Abs. 4 HGB die Angemessenheit des Risikomanagementsystems der Unternehmung beurteilen.

Die in das HGB aufgenommene Verpflichtungen zur Risikoberichterstattung im Lagebericht (§§ 289 und 315, jeweils Abs. 1 HS 2 HGB) sowie die Vorschrift zur Prüfung der zutreffenden Darstellung dieser Risiken durch den Wirtschaftsprüfer (§ 317 Abs. 2) richten sich an alle Kapitalgesellschaften, also an AGs, KGaAs, GmbHs, sowie an Genossenschaften (§ 336 HGB) und über das PublG an große Gesellschaften anderer Rechtsformen. Zu beachten ist, dass der Anwendungsbereich der HGB-Rechnungslegungsvorschriften durch das im März 2000 verabschiedete Kapitalgesellschaften- und Co-Richtlinie-Gesetz (KapCoRiLiG) auf alle Kapitalgesellschaften & Co. erweitert wurde. Somit werden gemäß § 264 a Abs. 1 HGB von der Risikoberichterstattung im Lagebericht und ihrer Prüfung auch alle Personengesellschaften erfasst, bei denen nicht mindestens eine natürliche Person als Vollhafter fungiert. Kleine Kapitalgesellschaften (einschließlich der Kap & Co.) sind gemäß § 264 Abs. 1 HGB von der Pflicht zur Erstellung eines Lageberichts – und damit auch von der Risikoberichterstattung – befreit (Lange, 2001).

2.4.3 Risikoberichterstattung am Neuen Markt

Zu erwähnen sind in diesem Zusammenhang schließlich auch Berichtspflichten, die bei der Emission von Wertpapieren an organisierten Märkten zu beachten sind. Beispielsweise muss bei der Emission von Aktien, die in Deutschland im amtlichen Handel notiert werden, im Emissionsprospekt auf Risiken aus bestimmten Konzentrationen hingewiesen werden (z. B. Abhängigkeit von einzelnen Kunden, Verträgen, Patenten, Herstellungsverfahren und ähnliche; siehe § 20 Abs. 1 Nr. 5 BörsZulV). Junge Wachstumsunternehmungen, die ein Listing am Neuen Markt anstreben, müssen vor allem die Prospektanforderungen beachten, die sich aus dem „Regelwerk Neuer Markt" der *Deutsche Börse AG* ergeben (zur Risikopublizität von Unternehmen des Neuen Markts siehe auch BÖCKING/ORTH (Böcking/Orth, 2001)). Diese von der Börse erlassenen Vorschriften gehen deutlich über die gesetzlichen Bestimmungen hinaus. Unter anderem müssen die Unternehmen danach im Emissionsprospekt genaue Angaben über Risikofaktoren machen. Das Regelwerk führt hierzu aus (Abschnitt 2, Tz. 4.1.16):

> *„Risikofaktoren: Der Emissionsprospekt muss in einem gesonderten und mit ‚Risikofaktoren' betitelten Abschnitt Angaben über solche Faktoren enthalten, die einen erheblichen negativen Einfluss auf die wirtschaftliche Lage des Emittenten haben oder dessen Geschäftserfolg gefährden können. Anzugeben sind insbesondere ungewöhnliche Wettbewerbsbedingungen, ein bevorstehendes Auslaufen von Schutzrechten oder Verträgen, die Abhängigkeit von bestimmten Märkten,*

von der Preisentwicklung von Rohstoffen, von Wechselkursschwankungen, von staatlichen Eingriffen, von Branchenzyklen oder vom besonderen Fachwissen einzelner Personen der Geschäftsleitung des Emittenten."

Es ist offenkundig, dass eine vollständige und zutreffende Darstellung der relevanten Risikofaktoren eine eingehende Analyse der Unternehmenssituation voraussetzt. Die Beachtung der obigen Vorschriften ist für die Unternehmen und die sonstigen an den Emissionen beteiligten Institutionen (Banken, Wirtschaftsprüfer, Rechtsanwälte) im übrigen von großer Bedeutung, da Anleger bei fehlenden oder unrichtigen Angaben von den Verantwortlichen den Kaufpreis sowie die mit dem Erwerb verbundenen Kosten zurückverlangen können (Prospekthaftung, § 45 Abs. 1 BörsG; vgl. genauer ZITZMANN/TAUBERT (Zitzmann/Taubert, 2001).

Als Beispiel für den Umfang und den Detaillierungsgrad der Risikopublizität in der Praxis sei auf den Emissionsprospekt der *T-Online AG* vom April 2000 verwiesen. Hier wurden auf über zehn Seiten insgesamt 33 einzelne Risiken aufgelistet und genauer beschrieben; eine Auswahl der wichtigsten dieser Risiken ist in Abbildung VI.13 zusammengestellt.

This offering involves risk. You should carefully consider the risks described below and the other information contained in this offering circular before you decide to invest in our shares. The trading price of our shares could decline due to any of these risks, and you could lose all or part of your investment.

- Our historic growth rate is not sustainable over an extended period of time
- We expect to incur substantial losses in the future
- We may not be able to compete effectively
- Our expectation of the future growth of the Internet services market may be too optimistic
- Unexpected network interruptions may result in reduced user traffic, reduced revenue and harm to our reputation
- Our results of operations could suffer significantly as a result of subscriber cancellations
- We may be unable to integrate successfully the businesses we acquire or maximize the results of our strategic alliances and joint ventures
- We face risks in connection with our expansion of operations
- We may fail to maintain and expand our network of business relationships
- We may be unable to protect our domain names
- There is not a sufficient number of qualified executives and personnel in the Internet Industry
- The forward-looking information in this offering circular may prove inaccurate
- We may have conflicts of interests with Deutsche Telekom group companies
- We could lose our license to use Deutsche Telekom's "T" brand and related trademarks
- Laws and regulations could change or be applied in a way that is detrimental to our business
- We may be subject to various claims and potential liabilities
- The prices of our ordinary shares are likely to be highly volatile
- Shares eligible for public sale after this offering could adversely affect the price of our shares.

Abbildung VI.13: Wichtige Risikofaktoren bei der Emission der T-Online-Aktie (Quelle: Emissionsprospekt, April 2000, stark verkürzte Darstellung)

2.5 Der Prozess des Risikomanagement

2.5.1 Zielbildung

Der Prozess des unternehmerischen Risikomanagements kann idealtypisch in die Phasen der Zielbildung, der Risikoidentifikation, der Risikomessung, der Risikosteuerung und des Risikocontrolling unterteilt werden. Auf diese Phasen soll im Folgenden genauer eingegangen werden.

Wie in Abbildung VI.14 dargestellt, sollte das unternehmerische Risikomanagement stets auf der Grundlage explizit formulierter Ziele erfolgen. Dabei geht es um eine Abwägung von Chancen und Risiken, die letztlich von der Risikoneigung der verantwortlichen Entscheidungsträger in der Unternehmung abhängig sind. Wie bereits betont, ist ein unternehmerisches Engagement stets mit Risiken verbunden. Umgekehrt verursachen Maßnahmen zur Vermeidung oder Verringerung von Risiken in der Regel Kosten. Zu denken ist beispielsweise an Versicherungsprämien und ähnliche Kosten, die bei beim Abwälzen von Risiken auf Dritte auftreten, aber auch an Opportunitätskosten im Sinne entgangener Gewinnmöglichkeiten, die bei einem Verzicht auf riskante Projekte in Kauf genommen werden müssen. Das Ziel des unternehmerischen Risikomanagement kann daher sinnvollerweise auch nicht darin bestehen, sämtliche Risiken zu eliminieren oder zu minimieren. Vielmehr muss es das Ziel sein, vor dem Hintergrund der komparativen Vorteile der Unternehmung und der Risikoneigung der Entscheidungsträger ein optimales Verhältnis aus Risiken und erwarteten Renditen anzustreben. Es ist Aufgabe der Unternehmensleitung, für die Gesamtunternehmung und – davon abgeleitet – für die verschiedenen Unternehmensbereiche entsprechende strategische Vorgaben zu entwickeln (Risikostrategie, siehe hierzu auch C&L DEUTSCHE REVISION AG (C&L Deutsche Revision AG, 1998)).

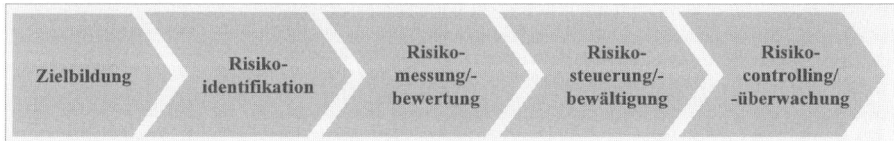

Abbildung VI.14: Die Phasen des Risikomanagement-Prozesses

1.5.2 Risikoidentifikation

Im nächsten Schritt des Risikomanagement-Prozesses müssen die auf die Unternehmung einwirkenden Risiken erkannt und beschrieben werden. Aufgrund der Umweltdynamik – die in jungen Wachstumsbranchen besonders ausgeprägt ist – muss die Risikoidentifikation kontinuierlich erfolgen und in die laufende Arbeit des Managements integriert sein (C&L Deutsche Revision AG, 1998). Darüber hinaus ist es zweckmäßig, in regelmäßigen Abständen, mindestens jedoch jährlich, eine formale unternehmensweite Erfassung aller Risiken vorzunehmen. Diese „Risiko-Inventur" kann auch die Grundlage für die externe Risikoberichterstattung im Lagebericht darstellen (siehe oben, Abschnitt 2.2). Um eine vollständige Erfassung aller Risiken zu ermöglichen, sollte die Unternehmung über eine geeignete Risikoklassifikation, d. h. über eine auf die Unternehmenssituation zugeschnittene, systematische Auflistung bzw. eine Checkliste aller relevanten Risikoarten verfügen. Ein einfaches Beispiel einer solchen Klassifikation ist in Abbildung VI.15 dargestellt.

Aktuelle Beispiele am Neuen Markt zeigen, dass gerade bei jungen Wachstumsunternehmen Managementfehler häufig die Ursache von Krisen und Zusammenbrüchen darstellen. Zu denken ist hier beispielsweise an verfehlte Investitionen, überhastete Expansionen, überteuerte Übernahmen, fehlende oder mangelhafte Planungen oder Kalkulationen, aber auch an einen unangemessen Führungsstil oder andere soziale Defizite bei den verantwortlichen Personen. Insofern stellen Managementrisiken, also Gefährdungen, die aus der Person des Unternehmers bzw. der Manager resultieren, eine wichtige, in der Praxis aber schwer zu erfassende (und in Abbildung VI.15 nicht explizit aufgeführte) Risikokategorie dar (zu Managementrisiken vgl. ausführlich LÜCK (Lück, 2000)).

Abbildung VI.15: Beispiel einer Risikoklassifikation (Quelle: DRSC 2000, E-DRS-5, Anhang)

Besondere Aufmerksamkeit ist darüber hinaus der Erfassung von Konzentrationsrisiken zu schenken, d. h. der Abhängigkeit der Unternehmung von einzelnen Kunden, Lieferanten, Produkten, Anlagen, Technologien, Mitarbeitern etc. Fallen die für die Unternehmung so bedeutsamen Elemente aus, kann dies ihren Erfolg nachhaltig gefährden, im Extremfall sogar ihr Überleben in Frage stellen. Die Bedeutung und Praxisrelevanz von Konzentrationsrisiken sei anhand eines Beispiels erläutert: Der Marktwert von *Next Level*, einem US-amerikanischen Hersteller von Komponenten für Telekommunikationsnetzwerke, stürzte im August 2000 innerhalb von Tagen um knapp 60 % ab. Auslöser für den Kurszusammenbruch war die Nachricht, dass ein Hauptkunde, auf den nahezu 70 % der Umsätze von *Next Level* entfielen, von einem anderen Unternehmen übernommen worden war und als Konsequenz möglicherweise seine Beschaffungsstrategie ändern werde (Financial Times, 25.08.2000, S. 16).

2.5.3 Risikomessung

Ein wirkungsvolles Risikomanagement setzt voraus, dass die Unternehmensleitung das Gefährdungspotenzial der verschiedenen Risiken möglichst genau einschätzen kann. Daher muss im Anschluss an die Erfassung der Risiken ihre Wirkungsweise analysiert werden. Nach Möglichkeit müssen die Risiken dabei quantifiziert werden, d. h. es muss ermittelt werden, wie sensitiv die Ergebnisgrößen der Unternehmung (z. B. Gewinn, Cash Flow) auf Veränderungen der betreffenden Risikoparameter reagieren, und es muss die Eintrittswahrscheinlichkeit der Parameteränderungen beziffert werden. Schließlich geht es auch darum, Wechselwirkungen (Korrelationen) zwischen verschiedenen Risiken zu erkennen und die aggregierte Gesamtwirkung zu bestimmen.

Eine präzise Quantifizierung von Risiken ist in der Praxis allerdings nur in wenigen Bereichen möglich. Voraussetzung dafür ist eine Kenntnis der stochastischen Prozesse bzw. die Verfügbarkeit umfangreicher Erfahrungswerte, um Wahrscheinlichkeiten über mögliche künftige Umweltzustände schätzen zu können. Diese Voraussetzung ist bei einigen finanzwirtschaftlichen Risiken erfüllt, beispielsweise also bei Wechselkurs-, Zins-, und Commoditypreisrisiken. Zur Quantifizierung derartiger Risiken bietet sich der *Value-at-Risk*-Ansatz an. Der *Value at Risk* ist definiert als der in Geldeinheiten ausgedrückte Verlust, der mit einer bestimmten Wahrscheinlichkeit in einem bestimmten Zeitraum nicht überschritten werden wird. Er kann auf der Grundlage historischer Daten (z. B. Wechselkurse, Zinsen, „Commodity"-Preise etc.) oder mit Hilfe von Simulationsverfahren geschätzt werden. Die erwarteten maximalen Verluste können über verschiedene Risikopositionen hinweg aggregiert werden, so dass im Prinzip das (finanzwirtschaftliche) Gesamtrisiko der Unternehmung ermittelt werden kann (zum *Value at Risk* vgl. BÜHLER (Bühler, 1998); ausführlich siehe JORION (Jorion, 2000)). Von Software- und Beratungsgesellschaften werden mittlerweile auch Systeme zur Ermittlung des *Value at Risk* sowie zur weitergehenden Unterstützung des Risikomanagements angeboten (Glaum/Wirth, 1998).

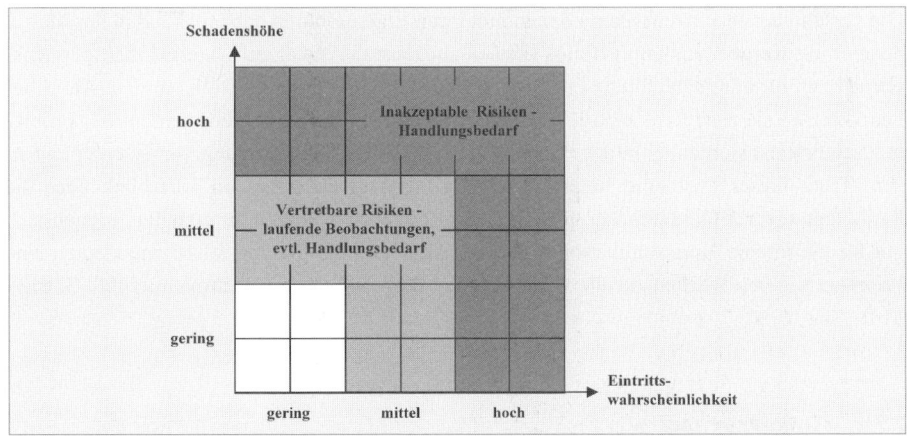

Abbildung VI.16: Schematische Darstellung eines Risikoportfolios

Der Einsatz von *Value-at-Risk*-Verfahren hat sich im Bankenbereich in den vergangenen Jahren durchgesetzt. Da die Verfahren aufwendig sind, kommt ihr Einsatz für Industrie- und Handelsunternehmen nur dann in Frage, wenn sie über umfangreiche finanzwirtschaftliche Risikopositionen in ihren „Treasury"-Abteilungen verfügen. In kleineren Unternehmungen mit begrenzten finanzwirtschaftlichen Positionen können gegebenenfalls Näherungswerte mit einfacheren Sensitivitätsrechnungen geschätzt werden.

Schwierig gestaltet sich die Quantifizierung von nicht-finanziellen Risiken. Im Prinzip können auch im operativen Bereich von Unternehmen *Value-at-Risk-* bzw. in analoger Weise *Cash-Flow-at-Risk-* bzw. *Earnings-at-Risk-*Verfahren angewendet werden. Allerdings stellt sich hier in der Regel das Problem, daß keine verlässlichen Daten zur Herleitung von Wahrscheinlichkeiten vorliegen und die möglichen materiellen Auswirkungen von Parameteränderungen auf die Unternehmung nur schwer vorhergesagt werden können. In extremer Weise stellen sich diese Schwierigkeiten naturgemäß in jungen und hochdynamischen Märkten. Die Praxis muss sich hier mit den subjektiven Einschätzungen der jeweiligen Verantwortlichen behelfen. Zur Unterstützung können gegebenenfalls Sensitivitätsrechnungen, Simulationen, Szenarioanalysen und Diskussionen in Risiko-Workshops eingesetzt werden.

Um einen systematischen Überblick über die verschiedenen Risiken zu erhalten, wird in der Literatur die Verwendung von Risikoprofilen bzw. Risikoportfolios empfohlen (z. B. C&L Deutsche Revision AG, 1998; Wittmann, 2000). Es handelt sich dabei um Matrix-Darstellungen, bei denen auf der einen Achse die Eintrittswahrscheinlichkeiten, auf der anderen die potenzielle Schadenshöhe der Risiken abgetragen werden, wobei die Schadenshöhe entweder kardinal (in monetären Größen) oder ordinal (beispielsweise. gering, mittel, hoch) skaliert sein kann (Abbildung VI.16). Sollen Einzelrisiken aus unterschiedlichen Unternehmensbereichen verglichen werden, muss die Skalierung der Schadenshöhe entweder in monetären Größen erfolgen oder die Zuordnung von Risiken zu einzelnen Schadensklassen verbindlich über die gesamte Unternehmung hinweg festgelegt werden.

Die verschiedenen Einzelrisiken können nun ihren Eigenschaften entsprechend in der Matrix positioniert werden. Risikoportfolios können zunächst dezentral auf Unternehmensbereichsebene bzw. für unterschiedliche Funktionen in der Unternehmung erstellt werden. Anschließend können sie zum Risikoprofil der Gesamtunternehmung aggregiert werden. Als problematisch erweist sich dabei in der Praxis allerdings die Berücksichtigung von Interdependenzen. Trotz dieser Probleme liefern Risikoportfolios einen schnellen Überblick über die Risikolage einer Unternehmung. Sie sind vergleichsweise einfach zu erstellen, eignen sich gut für die interne Kommunikation und erlauben, wie in Abbildung VI.16 angedeutet, eine Priorisierung von Risiken für die anschließende Risikosteuerung (Wittmann, 2000, S. 813–814).

2.5.4 Risikosteuerung

Dem Management stehen für die zielorientierte Steuerung des Risikoprofils der Unternehmung eine Vielzahl unterschiedlicher Maßnahmen zur Verfügung (Abbildung VI.17). Dies beginnt bei der Auswahl der (Real-) Investitionsobjekte der Unternehmung. So können bestimmte Projekte gänzlich vermieden werden, da sie als zu riskant anzusehen sind. Darüber hinaus kann das Management durch eine geeignete Mischung an Projekten die Vorteile der Risikostreuung (Diversifikation) wahrnehmen. Wie aus der finanzwirtschaftlichen Portfoliotheorie bekannt, lässt sich durch Diversifikation das Durchschnittsrisiko eines Projekt-Portefeuilles senken, ohne die durchschnittliche Rendite zu beeinträchtigen, wenn die Erfolgsausprägungen der Projekte nicht vollständig positiv korreliert sind. Je geringer die

Korrelation der Einzelrisiken, desto größer ist das Potenzial der Risikoreduzierung durch Diversifikation.

Vor allem junge Unternehmen sind in der Praxis häufig abhängig von einzelnen Produkten, Kunden, Technologien oder sogar Mitarbeitern. Eine gezielte Diversifikation etwa durch Aufbau weiterer Produktlinien oder durch Entwicklung alternativer Kundenbeziehungen kann daher zu einer erheblichen Minderung des Unternehmensrisikos führen. Andererseits sollte die Unternehmensleitung bedenken, dass die Vorteile der Risikostreuung, wie bereits erörtert, von den Investoren selbst durch eine Mischung ihrer Anlagen einfach und kostengünstig erreicht werden können. Vor allem konglomerate Unternehmenszusammenschlüsse, die mit dem Ziel der Risikostreuung durchgeführt werden, sind kritisch zu sehen, da sie häufig zu ineffizienten Unternehmensstrukturen führen. Wie in Abschnitt 2.3 erläutert, muss die Unternehmensleitung folglich stets prüfen, ob eine Diversifikation auf Unternehmensebene tatsächlich im Interesse der Eigentümer ist.

Die Unternehmung kann weiterhin Maßnahmen zur Schadensvorsorge innerhalb der gegebenen Investitionsprojekte ergreifen. Hierunter fallen die Maßnahmen der technischen Risikovorsorge (Anlagensicherheit etc.), der Vorsorgeplanung (z. B. Einrichtung von „Backup"-Systemen) sowie die finanzielle Risikovorsorge (vgl. hierzu genauer die verschiedenen Beiträge in DÖRNER/HORVATH/KAGERMANN (Dörner/Horvath/Kagermann, 2000)).

Abbildung VI.17: Maßnahmen des Risikomanagemenst (Quelle: in Anlehnung an Franke/Hax, 1999, S. 560–563)

Auch die Finanzierung der Unternehmung sowie – damit in Zusammenhang – ihre Rechtsform, können unter Risikoaspekten gewählt werden. Bestimmte Projekte können darüber hinaus aus Risikoerwägungen auf eigene juristische Personen ausgelagert werden, um eine Haftungsbeschränkung zu erreichen. Vor allem Großprojekte (z. B. im Anlagenbau) werden häufig von mehreren Unternehmungen gemeinsam betrieben, damit die Finanzierung und das Risiko von mehreren Projektpartnern getragen werden. Auch Risiken der Produktentwicklung sowie Risiken in anderen Teilbereichen der Unternehmensführung können durch Allianzen und andere Formen der Kooperation auf mehrere Partner verteilt werden („risk sharing", Contractor/Lorange, 1988). Schließlich dienen der Abschluss von langfristigen Verträgen sowie die Vereinbarung von Kündigungsrechten und anderen Klauseln der Gestaltung bzw. der Aufteilung von Risiken zwischen den jeweiligen Partnern.

Bereits seit langem ist es möglich, bestimmte Schadensrisiken durch den Abschluss von Versicherungen auf Unternehmungen zu übertragen, die sich auf die Übernahme und das Management derartiger Risiken spezialisiert haben. In jüngerer Zeit sind darüber hinaus durch die Entwicklung sogenannter derivativer Finanzinstrumente (Termingeschäfte, Optionen, Swaps, etc.) auch Finanzrisiken handelbar gemacht worden. Beispielsweise kann der Euro-Gegenwert einer US-Dollar-Forderung aus einem Exportgeschäft durch Abschluss eines Devisentermingeschäftes abgesichert werden. Mit diesem Geschäft verpflichtet sich die Unternehmung, den US-Dollar-Betrag zu einem festgelegten künftigen Termin an den Vertragspartner abzugeben, der seinerseits zu diesem Termin einen festgelegten Euro-Betrag an die Unternehmung überweist. Die Unternehmung ist so gegen das Risiko eines fallenden Dollarkurses (steigenden Euro-Kurses) abgesichert; allerdings kann sie auch nicht mehr an für sie günstigen Wechselkursveränderungen partizipieren. Will sie diesen Nachteil des Termingeschäfts vermeiden, kann die Unternehmung stattdessen eine Devisenoption erwerben. Bezogen auf das obige Beispiel gibt die Option der Unternehmung das Recht, die US-Dollar zu einem späteren Zeitpunkt zu einem vorab vereinbarten Kurs an den Vertragspartner zu liefern. Die Unternehmung ist nun jedoch nicht zur Lieferung verpflichtet, sie wird die Option nur ausüben, wenn der vereinbarte Ausübungskurs („strike price") am Verfallstag günstiger ist als der dann vorherrschende Marktpreis. Die Unternehmung kann im Falle der Sicherung mit einer Option daher von günstigen Kursentwicklungen profitieren, während sie gegen ungünstige Kurse abgesichert ist. Für diesen Vorteil der Option muss die Unternehmung eine Prämie an den Verkäufer (Stillhalter) zahlen (vgl. genauer DUFEY/HOMMEL (Dufey/Hommel, 1999); zum Management des Zinsrisikos sowie anderer Finanzrisiken siehe BEIKE/BARKOW (Beike/Barkow, 1998)).

2.5.5 Risikocontrolling

Als letzter Schritt des Risikomanagementprozesses schließt sich die Dokumentation und Kontrolle der Risikomanagement-Maßnahmen an. In rechtlicher Hinsicht dient die Dokumentation dazu, im Falle von Krisen und möglichen rechtlichen Auseinandersetzungen das Verhalten der Unternehmensleitung und insbesondere die Ordnungsmäßigkeit des Risikomanagements im Sinne von § 91 Abs. 2 AktG nachweisen zu können. Darüber hinaus ist sie aus betriebswirtschaftlicher Sicht erforderlich, um ein systematisches und gut koordiniertes Risikomanagement sicherzustellen. Bestandteile der Dokumentation sind explizite Risikorichtlinien, die von der Geschäftsführung erlassen werden, und Risikoberichte, mit denen die Geschäftsführung regelmäßig über die Risiken in den verschiedenen Bereichen der Unternehmung unterrichtet wird (C&L Deutsche Revision AG, 1998, S. 18–19).

Mit Hilfe einer kontinuierlichen Kontrolle der Maßnahmen des Risikomanagements muss sichergestellt werden, dass die angestrebten Ziele erreicht werden (Ergebniskontrolle).

Treten Soll-Ist-Abweichungen auf, müssen die Ursachen analysiert und gegebenenfalls die Planung bzw. Implementation verbessert werden. Voraussetzung für eine wirksame Kontrolle ist ein ausgebautes Risikoreporting mit aussagefähigen Berichten, in denen regelmäßig die identifizierten und bewerteten Risiken sowie die geplanten Maßnahmen zu ihrer Bewältigung dargestellt werden. HOMMEL/PRITSCH (Hommel/Pritsch, 1998b, S. 25) führen dazu aus:

> *„Die Effektivität des unternehmerischen Risikomanagement hängt stark von der Existenz eines funktionierenden Controlling-Systems ab. Aufgabe des Controlling ist es, für eine angemessene Rationalität bei allen Entscheidungen des Managements entlang des Risikomanagement-Prozesses zu sorgen."*

Ein weiterer Zweck der Kontrolle besteht schließlich in der Überwachung der beteiligten Unternehmensbereiche und Personen. Es ist zu prüfen, ob die Verfahren und Instrumente des Risikomanagements sachgerecht eingesetzt werden. Damit sollen Missbrauch, Manipulation und andere Formen des Fehlverhaltens verhindert werden. Diese Prozess- bzw. Verfahrenskontrolle wird in größeren Unternehmen typischerweise von der internen Revision im Auftrag der Unternehmensleitung durchgeführt.

2.6 Organisation des Risikomanagements

„Für das reibungslose und effiziente Funktionieren eines Risikomanagementsystems ist eine klare Risikomanagementorganisation unabdingbare Voraussetzung. Die Vorgabe einer transparenten Risikomanagement-Organisation zielt darauf ab, Rollen und Verantwortlichkeiten der beteiligten Unternehmenseinheiten sowie deren gegenseitige Beziehungen eindeutig festzulegen und damit mögliche Unklarheiten im Hinblick auf Zuständigkeiten oder Überschneidungen zu vermeiden" (Wittmann, 1999, S. 133).

Die Literatur betont, dass es für die ablauf- und aufbauorganisatorische Ausgestaltung des unternehmerischen Risikomanagements keine allgemeingültigen Regeln gibt. Unternehmungen sind sehr verschiedenen Risiken ausgesetzt, so dass die Aufgaben des Risikomanagements im Einzelnen sehr heterogen sind. Aufgrund der geringen Strukturierung der Aufgaben ist es vor allem schwierig, über die bereits erläuterten Phasen des Risikomanagementprozesses hinaus weitere allgemeine Gestaltungsempfehlungen für die Ablauforganisation zu geben (Ködel, 1997, S. 46–47; siehe hierzu auch Götzke/Sieben, 1979; Ködel, 1997; Füser/Gleißner/Meier, 1999; C&L Deutsche Revision AG 1998).

Die konkrete Ausgestaltung der Risikomanagementorganisation hängt (unter anderem) von der Gesamtorganisation und der Größe der Unternehmung ab. Grundsätzlich trägt jedoch die Geschäftsführung die Verantwortung für die Einrichtung und die Funktionsfähigkeit des gesamten Risikomanagementsystems. Sie muss die wesentlichen Ziele und Richtlinien zur Handhabung der Risiken beschließen und die Verantwortlichkeiten für die einzelnen Teilaufgaben des Risikomanagementprozesses festlegen. Je nach Größe der Unternehmung kann sie dabei durch eine Stabsabteilung unterstützt werden, die spezielles Risikomanagement-Know-how bündelt und weiterentwickelt. Ansonsten ist es zweckmäßig, bei der Verteilung der Risikomanagementaufgaben soweit wie möglich auf bereits bestehende organisatorische

Einheiten in der Unternehmung zurückzugreifen, um Doppelarbeiten zu vermeiden und eine möglichst enge Verbindung zwischen dem Risikomanagement und den übrigen Führungsstrukturen zu erreichen (Wittmann, 1999, S. 141).

Auf die anderen typischerweise am Risikomanagement beteiligten Elemente der Unternehmensorganisation wurde an früherer Stelle bereits hingewiesen: Eine wichtige Funktion kommt dem Controlling zu, indem es die Informationsversorgung der für das Risikomanagement zuständigen Instanzen sicherstellt und Unterstützung bei Planung, Steuerung und Kontrolle leistet. In größeren Unternehmungen ist die interne Revision ein weiterer wesentlicher Bestandteil der Risikomanagement-Organisation. Wie im voranstehenden Abschnitt 2.3.5 dargestellt, besteht ihre Aufgabe in einer unabhängigen Kontrolle des Risikomanagement-Systems und seiner Elemente. Weitere Funktionen übernehmen schließlich der Aufsichtsrat, der die Geschäftsführung einschließlich aller Maßnahmen des Risikomanagements zu überwachen hat, sowie der Abschlussprüfer, der bei prüfungspflichtigen Unternehmen die risikobezogenen Angaben im Lagebericht sowie darüber hinaus bei Unternehmen, deren Aktien im amtlichen Handel notiert sind, die Funktionsfähigkeit des Risikomanagement-Systems beurteilen muss.

2.7 Zusammenfassung

Dem unternehmerischen Risikomanagement wird in jüngerer Zeit verstärkt Aufmerksamkeit gewidmet. Dafür sind zahlreiche Faktoren verantwortlich: die verstärkte Dynamik im Marktumfeld der Unternehmungen, die anhaltend hohe Volatilität an den Finanzmärkten, Änderungen von Gesellschafts- und Bilanzrecht (insbesondere KonTraG) sowie die Entwicklung neuer betriebswirtschaftlicher Methoden und Instrumente.

Es ist zu erwarten, dass die Diskussion über das unternehmerische Risikomanagement auch in Zukunft intensiv geführt werden wird. Die Verpflichtung, im Lagebericht künftig über Risiken und das Risikomanagement Auskunft erteilen zu müssen, wird die Auseinandersetzung über die Vor- und Nachteile alternativer Risikomanagement-Strategien und -Praktiken noch verstärken. Es ist zu erwarten, dass diese Diskussion längerfristig zur Etablierung von allgemein anerkannten Grundsätzen ordnungsmäßigen Risikomanagements führen wird (Glaum/Wirth, 1998).

Vor allem junge, innovative Unternehmungen in Wachstumsbranchen sind sehr hohen Risiken ausgesetzt. Sie verfügen über große Ertragschancen, sehen sich aber auch großen Unsicherheiten auf technologischen und wettbewerblichen Gebieten gegenüber. Aus diesem Grund ist ein systematisches Risikomanagement gerade für junge Wachstumsunternehmen von großer Bedeutung.

Das unternehmerische Risikomanagement kann als Prozess interpretiert werden, der die Phasen der Risikoidentifikation, der Risikobewertung, der Risikosteuerung und des Risikocontrolling umfasst. Grundlage des Risikomanagement sollte stets eine explizit formulierte Risikostrategie sein. Dabei kann es nicht darum gehen, Risiken grundsätzlich zu vermeiden, sondern im Hinblick auf die komparativen Vorteile der Unternehmung und die Risikoneigung der Entscheidungsträger ein optimales Verhältnis aus Risiken und erwarteten Renditen zu erreichen.

Da Unternehmungen sehr unterschiedlich aufgebaut sind und sehr unterschiedlichen Risiken unterliegen, lassen sich für die Organisation des unternehmerischen Risikomanagements keine allgemeingültigen Regeln ableiten. Für die Einrichtung eines funktionsfähigen Risikomanagements ist jedoch grundsätzlich die Unternehmensleitung verantwortlich. Je nach Größe der Unternehmung wird sie dabei durch Spezialisten in einer Stabsstelle unterstützt. Weitere wichtige Teilaufgaben übernehmen das Controlling sowie die interne Revision. Identifikation, Bewertung und Bewältigung von operativen Risiken sollten jedoch zweckmäßigerweise an diejenigen Geschäftseinheiten delegiert werden, in denen diese Risiken als Folge von Geschäftsentscheidungen verursacht werden. Teil des Risikomanagement-Systems deutscher Unternehmungen sind schließlich auch der Aufsichtsrat und die Abschlussprüfer.

3. Wertorientierte Bilanzierung und Berichterstattung

KARLHEINZ KÜTING / SASCHA DAWO / MATTHIAS HEIDEN

Being approximately right is more important in these areas than being precisely wrong.
(Richard E.S. Boulton/Barry D. Libert/Steve M. Samek)

3.1 Zunehmende Bedeutung des Kapitalmarkts

Mit dem Begriff „Globalisierung" werden vielfach die Zunahme internationaler Wirtschaftsbeziehungen und -verflechtungen sowie das Zusammenwachsen von Märkten für Güter und Dienstleistungen über die Grenzen einzelner Staaten hinaus umschrieben. In den letzten Jahren haben insbesondere der Abbau von Handelshemmnissen sowie verbesserte Transport- und Informationssysteme zur Dynamik des Globalisierungsprozesses beigetragen. Sowohl auf Güter- als auch auf Finanzmärkten ist insbesondere das globale Datennetz „Ausgangspunkt von unternehmerischer Innovation und Veränderung". Weltweite Kommunikationsnetze beeinflussen „nicht nur die Organisation der Unternehmen, sondern auch deren Geschäftsprozesse genauso wie die Kommunikationsstruktur und das Verhalten der Mitarbeiter" (beide Zitate: Reichmann/Weber/Crawford, 1998, S. V). Diese Veränderung und der zunehmende Wettbewerb machen vor den Kapitalmärkten nicht Halt. Der Erfolg auf den Gütermärkten hat die Deckung des eigenen Kapitalbedarfs zur Durchführung notwendiger Investitionen zur Vorraussetzung. Unternehmen sind gezwungen, das Vertrauen der Anleger dauerhaft zu gewinnen. Während für Start-up-Unternehmen zunächst die Existenzsicherung im Vordergrund steht, geht es in späteren Lebensphasen um die Senkung der Kapitalkosten und somit um die langfristige Steigerung des Unternehmenswerts.

Um wachstumsstarken und innovativen Unternehmen die Möglichkeit zu geben, ihren Eigenmittelbedarf auf einem organisierten Kapitalmarkt zu decken, wurde von der *Deutschen Börse AG* der Neue Markt gegründet. Seit seiner Gründung mit zwei Erstnotierungen am 10.03.1997 waren bis zum 30.06.2002 287 weitere Unternehmen in diesem Marktsegment vertreten. Charakteristisch für die gelisteten Unternehmen sind die hohen (Erfolgs-) Wachstumspotenziale. Diesen Chancen stehen jedoch entsprechend höhere Risiken als in anderen Börsensegmenten gegenüber.

Betrachtet man den Geschäftsverlauf und das Unternehmenswachstum, kann ein Unternehmen „dann als dynamisch angesehen werden, wenn es nicht nur einem einmaligen, sondern nahezu kontinuierlichen Veränderungsprozessen unterliegt" (Hayn, 2000, S. 17). Dieses als „positive Größenänderung langfristiger Art" (Küting, 1978, S. 143) definierbare Unternehmenswachstum ist bei erfolgreichen Start-up-Unternehmen als überproportional zu bezeichnen, wobei HAYN zutreffend darauf hinweist, dass in der Beurteilung des Unternehmenswachstums auf „das zukünftige Wachstumspotential und nicht das in der Vergangenheit bereits eingetretene Wachstum" (Hayn, 2000, S. 22) abzustellen ist.

Trotz der jüngst turbulenten Entwicklung des Neuen Markts verdeutlicht das Marktsegment die zunehmende Bedeutung des Kapitalmarkts für die hier zur Diskussion stehenden wachstumsstarken Start-up-Unternehmen. Nicht zuletzt das gewachsene Marktvolumen bedingt unternehmensseitig eine intensive Auseinandersetzung mit der Rechenschaftslegung sowie der Vermittlung entscheidungsrelevanter Informationen. Viele Unternehmen agieren zusehends kapitalmarktorientiert und haben sich dem Shareholder Value verschrieben. Ein Blick auf die jüngere Praxis zeigt jedoch, dass gerade Bilanzierung und Berichterstattung in der Unternehmenspraxis erhebliche Probleme bereiten. Beispielhaft hierfür sind Probleme hinsichtlich einer konzerneinheitlichen Bilanzierung sowie einer fristgerechten Offenlegung von Unternehmensberichten (Küting/Zwirner, 2001, S. 4–6).

Diese Entwicklung wird hier zum Anlass genommen, ein Konzept für eine wertorientierte Bilanzierung und Berichterstattung wachstumsstarker Start-up-Unternehmen zu entwickeln. Hierzu werden zunächst Defizite der gegenwärtigen Rechnungslegungskonzeption herausgearbeitet, ehe auf Basis eines terminologischen Grundgerüsts Ansatzpunkte einer verbesserten Berichterstattung aufgezeigt werden, die anschließend zunächst in die aktuellen Entwicklungen im Bereich der Informationstechnik eingeordnet werden, bevor Praxisbeispiele aus dem NEMAX *Media & Entertainment* Umsetzungsbemühungen illustrieren.

Obwohl die nachfolgenden Ausführungen im Wesentlichen auf börsennotierte Start-up-Unternehmen am Beispiel des Neuen Markts fokussieren, sei hinzugefügt, dass die zu erarbeitende Konzeption einer wertorientierten Bilanzierung und Berichterstattung gleichfalls auf Unternehmen im Notierungsprozess, nicht-börsennotierte Unternehmen sowie Unternehmen, die sich für ein „Delisting" entschieden haben, übertragbar ist, da auch hier Risikokapitalgeber und Gläubiger gleichermaßen auf die Vermittlung entscheidungsrelevanter Informationen angewiesen sind, um das Erfolgspotenzial beurteilen zu können. Gerade die gegenüber Gründungsvorgängen in der Vergangenheit veränderte Risikosituation technologieorientierter Start-up-Unternehmen erfordert daher erweiterte Offenlegungskonzepte.

3.2 Defizite der gegenwärtigen Rechnungslegungskonzeption

Die zunehmende Kapitalmarktorientierung hat Auswirkungen auf die Rechnungslegung als bedeutendstem Vehikel der Kapitalmarktkommunikation. Dies betrifft zum einen die Stellung des Rechnungswesens als Unterstützungsinstrument des Managements mit Folgen für dessen Organisation und Prozesse (Küting/Dawo/Heiden, 2001a, S. 123–147). Zum anderen bewirken geänderte Zwecke und eine internationalisierte Rechnungslegung eine stärkere Investoren-Orientierung der externen Berichterstattung.

Diese Entwicklung hat die Mängel der handelsrechtlichen Bilanzierung aus der Perspektive des Kapitalmarkts offen gelegt. Nach verbreiteter Auffassung erscheint eine dominant statische Vermögensübersicht zur Information des Kapitalmarkts weniger geeignet als internationale Normensysteme, namentlich die US-GAAP (United States Generally Accepted Accounting Principles) und IFRS (International Financial Reporting Standards). Deren Zielsetzung besteht in der Bereitstellung entscheidungsrelevanter Informationen in Form einer „fair presentation" gegenüber Investoren. Die praktischen Auswirkungen dieses Anspruchs zeigen sich insbesondere in wesentlich umfangreicheren Erläuterungs- und Angabepflichten und zum anderen in der unterschiedlichen Behandlung einer Vielzahl von Einzelfragen gegenüber dem deutschen Recht, die aus Sicht des Kapitalmarkts zu einer treffenderen Abbildung der tatsächlichen Verhältnisse führen (Hütten/Lorson, 2000a; Hütten/Lorson, 2000b; Dusemond/Kessler, 2001). Dennoch sollte nicht übersehen werden, dass auch die investororientierten US-amerikanischen und internationalen Normensysteme – wie auch die handelsrechtlichen Grundsätze ordnungsmäßiger Buchführung – grundsätzlichen Beschränkungen unterliegen, die sich aus gewissen Mindestanforderungen hinsichtlich Bewertbarkeit und Verlässlichkeit des abzubildenden Sachverhalts ergeben. Insbesondere im Hinblick auf die immateriellen Vermögenswerte sind „nach US-GAAP und IAS die Bilanzierungsvorschriften eher von den Kriterien der Zuverlässigkeit und Nachprüfbarkeit geprägt" (Fülbier/Honold/Klar, 2000, S. 844). Dadurch wird ein großer Teil der immateriellen Werte nicht erfasst, obwohl sie essenziell für die künftige Entwicklung des Unternehmens sind und einen erheblichen Teil des Unternehmenswerts ausmachen. Dies gilt insbesondere im heute für Start-up-Unternehmen maßgeblichen Umfeld der Neuen Ökonomie.

Vor diesem Hintergrund verwundert es nicht, dass Untersuchungen im angelsächsischen Raum ergeben haben, dass die Wertrelevanz des „financial reporting" in den vergangenen Jahren abgenommen hat. So dokumentieren beispielsweise LEV/ZAROWIN für die Zeit von 1977 bis 1996 einen systematischen Rückgang des Erklärungspotenzials der Gewinn- und Cash-flow-Größen und der Buchwerte in Bezug auf die Marktwerte. Als wesentlichen Grund dieser Entwicklung identifizieren sie „the increasing rate and impact of business change and the inadequate accounting treatment of change" (Lev/Zarowin, 1999, S. 383) und betonen weiterhin, dass die mangelnde Berücksichtigung immaterieller Werte in diesem Zusammenhang eine wichtige Rolle spielt.

Die Bedeutung immaterieller bzw. nicht bilanzierter Werte für die Information des Kapitalmarkts wird indirekt durch Analysen bestätigt, die einen über die finanzielle Berichterstattung hinausgehenden Informationsbedarf bei den Adressaten feststellen. Eine der umfangreichsten Studien zur Ermittlung der Informationsbedürfnisse der Adressaten unternehmerischer Berichterstattung ist eine vom amerikanischen AICPA (American Institute of Certified Public Accountants) 1994 veröffentlichte Studie (AICPA, 1994). Darin wurde festgestellt, dass der Jahres- und Konzernabschluss eine wesentliche Informationsquelle für die Adressaten darstellt, gleichzeitig jedoch eine Ergänzung des bisherigen Konzepts um nicht finanzielle und stärker zukunftsbezogene Informationen gewünscht wird. Die Ergebnisse des AICPA wurden erweiternd von einer Vielzahl von nachfolgenden empirischen Untersuchungen bestätigt und konkretisiert (Ernst & Young, 1997; ICAEW, 1999, S. 42 m. w. N.; Eccles et al., 2001).

3.3 Zum Begriff der wertorientierten Bilanzierung und Berichterstattung

Angesichts der Lücke zwischen Anspruch und Wirklichkeit der externen Berichterstattung haben sich insbesondere in den Neunzigerjahren verschiedene Studien mit einer Neuorientierung in der externen Unternehmensberichterstattung auseinander gesetzt (Abschnitt

3.4.3). Die Vorschläge zielen stets auf die verstärkte Offenlegung der zukünftigen wirtschaftlichen Entwicklung des Unternehmens. Erreicht wird dies durch einen veränderten Blick auf die Vergangenheit. Es kommt weniger darauf an, zu einem bestimmten Zeitpunkt Bilanz im Hinblick auf den Vermögensstatus zu ziehen, als vielmehr das in der Vergangenheit erarbeitete Potenzial für die zukünftige wirtschaftliche Entwicklung abzubilden und so das zur Verfügung stehende Leistungspotenzial nach außen zu berichten. Ein ähnlicher Gedanke ist bereits im Konzept der externen Unternehmensrechnung als Vermögensdarstellung enthalten. Sie stellt nicht nur den Vermögensstatus fest, sondern dokumentiert gleichzeitig das zukünftige Leistungspotenzial, sofern dieses von der Höhe des materiellen Vermögens abhängt. Allerdings hat sich das wirtschaftliche Umfeld so gewandelt (Weiss, 2000, S. 204–207), dass insbesondere das Wissen als wesentlicher Produktionsfaktor (Albrecht, 1992, S. 59–70) vieler Unternehmen der Neuen Ökonomie gerade nicht durch die Bilanz abgebildet wird, wodurch ihre Indikatorfunktion für die zukünftige wirtschaftliche Leistungsfähigkeit abgenommen hat (Litan/Wallison, 2000, S. 6–7). Vor diesem Hintergrund wird deutlich, dass die Kernbestandteile der Rechnungslegung, die Rechenwerke Bilanz sowie GuV, in zunehmendem Maße durch weitere Informationsinstrumente ergänzt werden müssen.

Die unter dieser Überschrift explizit vorgenommene Unterteilung des Begriffs Unternehmenspublizität, der in seiner engeren Form alle vom Unternehmen im Rahmen der freiwilligen und gesetzlichen Publizität für gegenwärtige und zukünftige Vertragspartner präsentierten Informationen über seine wirtschaftliche Lage und Tätigkeit umfasst, dient der Hervorhebung der Tatsache, dass eine wertorientierte Unternehmensberichterstattung bereits im Rahmen der gesetzlich normierten Bilanzierung ihren Ursprung hat und sich somit auf die verpflichtend vorzunehmende und freiwillige Berichterstattung bezieht. Es gilt aus dem Zusammenwirken von gesetzlicher und freiwilliger Publizität insgesamt die Vermittlung von solchen Informationen sicherzustellen, die eine Beurteilung der Wertentwicklung des Unternehmens ermöglichen. In Bezug auf die Bilanzierung geht es im Folgenden indes nicht um die zum Teil unter dem Stichwort „A new accounting for a new economy?!" geführte Diskussion, ob bisherige Rechnungslegungsnormen zur Abbildung geschäftlicher Vorgänge in der Neuen Ökonomie noch zeitgemäß sind (Samuelson, 2000, S. 62; Veverka, 1999, S. 57). Hierunter sind beispielsweise Konzepte zu subsumieren, die immaterielle Vermögenswerte in die Unternehmensrechnung integrieren (beispielsweise Lev/Zarrowin, 1999). Derartige Vorschläge haben allerdings nur dann praktische Auswirkungen, wenn diese in konkrete Standards bzw. Gesetze einfließen. Eine Berücksichtigung im Rahmen der freiwilligen Berichterstattung erscheint kaum möglich, da dies einen Eingriff in die vorgeschriebene Systematik der externen Unternehmensrechnung zur Folge hätte. Daher soll auf eine Darlegung entsprechender Regelungen an dieser Stelle verzichtet werden (vgl. für einen Überblick FASB, 2001a, S. 59–104).

Vielmehr ist darauf hinzuweisen, dass die Bilanzierenden in der Anwendung der gesetzlichen Normen bereits den Aspekt der Wertorientierung im Sinne einer Nebenbedingung beachten können. Dies betrifft auf der Ebene des Konzernabschlusses beispielsweise die Entscheidung, die Möglichkeit des § 292a HGB auszuschöpfen und gegebenenfalls ein internationales Normensystem wie etwa IFRS oder US-GAAP anzuwenden, sofern der

Informationsnutzen für den Adressaten dadurch erhöht wird. Dies betrifft auch die Ausübung des bilanzpolitischen Instrumentariums in Form von Wahlrechten im Sinne einer entscheidungsrelevanten und transparenten Informationsvermittlung (Küting, 2000b). Weiterhin kann eine wertorientierte Informationsvermittlung unter Umständen auch zur Anlehnung an branchenspezifische Regelungen aus anderen Normensystemen führen. Sieht sich etwa ein IFRS-Bilanzierer mit der Schwierigkeit konfrontiert, branchenspezifische Besonderheiten abzubilden, könnte diese Bilanzierungsproblematik in Ermangelung spezifischer IFRS-Vorschriften durch Rückgriff auf entsprechende US-GAAP-Vorschriften gelöst werden, um ein den tatsächlichen wirtschaftlichen Verhältnissen entsprechendes Bild darzustellen (Hütten/Lorson, 2000b, S. 993; Küting/Zwirner, 2001, S. 14) und um eine zwischenbetriebliche Vergleichbarkeit herzustellen. Nach IFRS können ergänzend zum „Conceptual Framework" und den Vorschriften anderer Standards auch Regelungen anderer Standardgeber für die Normfortbildung herangezogen werden, soweit sie mit anderen IFRS und den Vorgaben des „Conceptual Framework" nicht in Konflikt stehen (IAS 1.22c). Daher erachten auch ACHLEITNER/BEHR diesen Rückgriff als zulässig, „wenn gewährleistet ist, dass dem betreffenden … Normensystem eine mit den IASC-Vorschriften übereinstimmende Bilanzierungsphilosophie zugrunde liegt" (Achleitner/Behr, 2000, S. 89).

Dem Anspruch der wertorientierten Informationsvermittlung kann indes durch eine entsprechende Ausgestaltung der die Rechenwerke ergänzenden Instrumente am weitestgehenden entsprochen werden. Neben einer ausführlichen Anhangberichterstattung, durch die Informationen ergänzt und Abschlusspositionen erläutert werden, kann im Zuge der gesetzlichen Pflichtpublizität auch auf eine ausführliche Lageberichterstattung hingewirkt werden, durch die im Rahmen der Prognose- und Risikoberichterstattung zukunftsorientierte Informationen vermittelt werden (Küting/Hütten, 2000). Weitergehende Berichtskonzepte können gegebenenfalls in Anhang oder Lagebericht integriert oder im freiwilligen Teil der Unternehmensberichterstattung platziert werden. Aus diesem Grund können all diejenigen Ansätze, die auf die Vermittlung von zusätzlichen Informationen über den bislang berichteten Umfang hinaus abstellen, auch ohne Änderungen der zugrunde liegenden Normen bzw. Gesetze einen praktischen Nutzen entfalten. Viele der in diesem Zusammenhang betrachteten Konzepte und Vorschläge, die als freiwillige Berichtselemente die traditionelle Finanzberichterstattung ergänzen, werden in der jüngeren Literatur unter dem Stichwort „Value Reporting" behandelt (beispielsweise Eccles et al., 2001; vgl. für ein ähnliches Konzept Boulton/Libert/Samek, 2000). Dabei umfasst „Value Reporting" „den gesamten Bereich der Unternehmenspublizität, der den Kapitalmarktteilnehmern die Bildung von Rendite-Risiko-Prognosen bezüglich des Aktieninvestments ermöglichen soll. Entsprechend beinhaltet das Value Reporting die klassische Finanzberichterstattung, geht jedoch deutlich über diese hinaus" (Pellens/Hillebrandt/Tomaszewski, 2000, S. 178).

3.4 Inhaltlicher Wandel des Rechnungswesens – erweitertes Informationsangebot

3.4.1 Zusätzliche Informationen zu den Rechenwerken

3.4.1.1 Anhang und Lagebericht

Einen Anhang haben alle Kapitalgesellschaften zu erstellen; er ist neben Bilanz und GuV Bestandteil des Jahresabschlusses und soll die Rechenwerke ergänzen sowie den Einblick in die Vermögens-, Finanz- und Ertragslage verbessern (Dörner/Wirth, 1995, Rn. 1). Daher werden insbesondere die Posten der Bilanz oder GuV erläutert und kommentiert (Erläuterungsfunktion). Zum Zweiten kommt dem Anhang eine Entlastungsfunktion zu, indem beispielsweise Aufgliederungen einzelner Posten aus den Rechenwerken in ihn verlagert werden können.

Das zweite qualitative Berichtsinstrument ist der Lagebericht, der von großen und mittelgroßen Kapitalgesellschaften sowie im Falle der Verpflichtung zur Konzernrechnungslegung aufzustellen ist. Ihm kommt grundsätzlich eine Informationsfunktion zu, und auch er soll den Einblick in die Vermögens-, Finanz- und Ertragslage verbessern. Dementsprechend sind Angaben zum Geschäftsverlauf und zur Lage der Kapitalgesellschaft (vgl. § 289 Abs. 1 HGB) zu machen als auch über die voraussichtliche Entwicklung der Kapitalgesellschaft (vgl. § 289 Abs. 2 Nr. 2 HGB) sowie über Forschung und Entwicklungsaktivitäten (vgl. § 289 Abs. 2 Nr. 3 HGB) zu berichten. Weiterhin ist in einem Nachtragsbericht auf Entwicklungen und Tendenzen einzugehen, die im neuen Geschäftsjahr bis zur Aufstellung eingetreten sind (vgl. § 289 Abs. 2 Nr. 1 HGB). Als neues Element wurde durch das KonTraG ein Risikobericht eingeführt, der durch den DRS 5 konkretisiert wurde (Weber, 2001). Gemäß DRS 5.2 soll die Risikoberichterstattung den Adressaten des Konzernlageberichts entscheidungsrelevante und verlässliche Informationen unter Berücksichtigung der spezifischen Gegebenheiten des Konzerns und seiner Geschäftstätigkeit zur Verfügung stellen, die ein zutreffendes Bild über die Risiken der künftigen Entwicklung des Konzerns vermitteln, wobei bestandsgefährdende Risiken gesondert zu nennen sind (DRS 5.15). Darüber hinaus ist das durch das KonTraG im § 91 Abs. 2 AktG verpflichtend vorgeschriebene Risikofrüherkennungssystem in angemessenem Umfang darzulegen (DRS 5.28).

Nach verbreiteter Meinung reichen in vielen Fällen verbale Erläuterungen aus, um die Anforderungen des HGB an die Lageberichterstattung zu erfüllen (Ellrott, 1999, Rn. 31; Adler/Düring/Schmaltz, 1996, Rn. 48). Dementsprechend erfolgt die Berichterstattung insgesamt noch vorwiegend durch qualitative Erörterungen. Dies wird auch durch empirische Studien über den Umfang und die Qualität der Lageberichterstattung bestätigt. Diese stellen ein erhebliches Verbesserungspotenzial fest (Brotte, 1997, S. 76–77). Die Darstellung der Informationen durch die Unternehmen sei oft wenig aussagefähig. Daher können die Informationen von Anhang und Lagebericht die aufgezeigten Defizite in der Informationsvermittlung durch die Rechenwerke nicht vollständig ausgleichen. Mit dem IDW RS 1 existiert zwar ein hinsichtlich der geforderten nicht-finanziellen Informationen sehr weitgehender Standard (Haller/Dietrich, 2001). Allerdings fehlt diesem zum einen der verpflichtende Charakter (Budde/Hense, 1999, Rn. 17). Zum Zweiten beseitigt er nicht einen wesentlichen strukturellen Mangel der Lageberichterstattung, der im Fehlen eines integrierten Informationsauswahl- und Informationsvermittlungsmodell begründet ist. Andererseits ergeben sich aus dem Gesetz keine Einschränkungen der Art der Berichterstattung. So ist es nach h. M. zulässig, den Einblick in die Verhältnisse durch Zusatzrechnungen wie Substanzerhaltungsrechnungen, Wertschöpfungsrechnungen oder auch Sozialbilanzen zu erhöhen (Ellrott, 1999, Rn. 47). Insofern bietet der Lagebericht einen geeigneten Anknüpfungspunkt zur Integration erweiterter Berichtskonzepte in die handelsrechtliche Rechnungslegung (Rodewald, 2001, S. 2157). So fordert auch der E-DRS 14 eine Berichterstattung über das intellektuelle Kapital und schlägt hierfür die Bereiche „Human Capital", „Customer Capital", „Supplier Capital", „Location Capital" oder „Innovation Capital" vor (E-DRS 14.37–38). Entsprechende Berichtskonzeptionen werden unter Gliederungspunkt 3.4.3 dargelegt.

3.4.1.2 Internationale Anforderungen und Empfehlungen

Zusätzliche Informationen zu den Rechenwerken sind in großem Umfang auch von Unternehmen zu erfüllen, die an der US-amerikanischen Börse gelistet sind und daher über die Verpflichtung zur Einhaltung der US-GAAP hinaus auch zusätzlichen Berichtsanforderungen der US-amerikanischen Börsenaufsichtsbehörde SEC (Securities and Exchange Commission) unterliegen. Im Zuge der jährlichen Berichterstattung müssen die Unternehmen im Rahmen des Jahresberichts an die Aktionäre („annual report to shareholders") und des Form-10-K-Berichts umfangreiche Finanzinformationen liefern, die weit über die eigentlichen Rechenwerke Bilanz und GuV hinausgehen. So werden im Jahresbericht an die Aktionäre neben dem Jahresabschluss folgende Informationen verlangt (Rule 14a-3(b)):

■ Ergänzende Finanzinformationen	■ Angaben zu Geschäftsrisiken
■ Angaben der Abschlussprüfer	■ Beschreibung der aktuellen Geschäftstätigkeit
■ Mehrjahresübersicht ausgewählter Finanzdaten	■ Segmentberichterstattung
■ Angaben zu Stammaktien	■ Angaben zur Unternehmensleitung
■ MD&A	■ Hinweis auf die Bezugsmöglichkeit des 10-K-Berichts

Abbildung VI.18: Mindestinhalt des Jahresberichts an die Aktionäre

Zusätzliche Informationen zu den traditionellen Rechenwerken vermittelt hierbei insbesondere die MD&A, die daher von vielen Finanzanalysten als wichtigstes Element der Berichterstattung angesehen wird (AIMR, 1993, S. 16). Die inhaltlichen Anforderungen sind in Item 303 der Regulation S-K geregelt. Ihr kommt insbesondere die Aufgabe zu, solche Informationen zu vermitteln, die für eine Abschätzung der Finanzlage und der zukünftigen Ergebnisse bedeutsam sind und sich für eine Vermittlung durch den Jahresabschluss nicht eignen (Regulation S-K, Item 303 (a); SFAC 5, Abs. 7).

Ausgehend vom Jahresabschluss sind insbesondere solche Informationen zu berichten, von denen angenommen wird, dass sie die Indikatorfunktion des Abschlusses verbessern. Verlangt wird zum einen eine Erörterung der Finanzlage. Dabei sind alle Trends, Verpflichtungen, Ereignisse und Unsicherheiten darzustellen, die die Finanzlage in positiver und negativer Hinsicht beeinflussen können. Eventuelle Maßnahmen von Seiten des Unternehmens sind zu erörtern (Regulation S-K, Item 303, Instruction to Paragraph 303(a), 5). Die Ausführungen zu den finanziellen Ressourcen sollen die am Jahresende bestehenden finanziellen Verpflichtungen beschreiben sowie die Quellen zu ihrer Erfüllung aufzeigen. Zur Erörterung der Ertragslage sind einerseits Ausführungen zu den wirtschaftlichen Rahmenbedingungen zu machen, gleichzeitig sind ungewöhnliche oder unregelmäßige Transaktionen zu erörtern, die wesentlichen Einfluss auf das betriebliche Ergebnis genommen haben. Darüber hinaus sind auch alle bekannten Trends und Entwicklungen darzulegen, die das zukünftige Ergebnis beeinflussen werden.

Zu berichten sind nur solche Informationen, die nicht aus dem Abschluss hervorgehen und die bei der Unternehmensführung ohne weitere Anstrengungen verfügbar sind (Regulation S-K, Item 303, Instruction to Paragraph 303(a), 2). Dadurch soll dem Adressaten die Abschätzung der Ertragskraft und der Nachhaltigkeit der Erfolge aus der Perspektive der Unternehmensleitung ermöglicht werden. Zukunftsorientierte Informationen, die über die jetzt bekannten Trends, die ohnehin zu berichten sind, hinausgehen, können und sollen vermittelt werden. Sie unterliegen der „safe habour rule" (Prentice, 1998), um die Unternehmen vor Klagen im Falle des Nichteintretens früherer Prognosen bzw. Aussagen zu schützen (Regulation S-K, Item 303, Instruction to Paragraph 303(a), 7; vgl. hierzu kritisch SEC, 2001, S. 37–39).

Auf internationaler Ebene findet sich über die in den einzelnen IFRS geforderten zusätzlichen Erläuterungen und der geforderten Darlegung der angewandten Bilanzierungs- und Bewertungsprinzipien keine Verpflichtung zur Erstellung eines strategischen und zukunftsorientierten Informationsinstruments neben den „financial statements", sondern lediglich eine Empfehlung für die Erstellung zusätzlicher Berichte bzw. der Vermittlung von über die Abschlussinformationen hinausgehenden Informationen. So wird beispielsweise in IAS 1.8 eine Empfehlung für die Erstellung zusätzlicher Berichte des Managements ausgesprochen, worin die wesentlichen Quellen der Ertrags- und Vermögenslage erörtert werden sollen. Ein solcher Bericht sollte, ausgehend von den Umfeldbedingungen, in dem sich das Unternehmen bewegt, die Maßnahmen und Pläne des Unternehmens darstellen. Weiterhin sollten hieraus resultierende Auswirkungen auf die Investitionstätigkeit dargelegt werden. Weitere Angaben sollten die Mittelherkunft, Verschuldung sowie das Risikomanagement betreffen. Außerdem sollten wesentliche wirtschaftliche Ressourcen erörtert werden, die im Jahresabschluss nicht enthalten sind. Schließlich wird empfohlen, Umwelt- und Wertschöpfungsberichte zu veröffentlichen (IAS 1.9).

Eine weitere Empfehlung sind die im September 1998 verabschiedeten „International Disclosure Standards" (IDS) der IOSCO (IOSCO, 2000), welche die Informationsanforderungen an grenzüberschreitende Börsennotierungen regeln. Im Wesentlichen entsprechen die formulierten Anforderungen den gegenwärtigen Informationspflichten gegenüber der US-amerikanischen Börsenaufsichtsbehörde SEC in der MD&A (Gannon, 1998). Im Zuge der Umsetzung der IDS in den USA wurde für ausländische Emittenten der „Operating and Financial Review and Prospect" (OFR) eingeführt, während inländische Emittenten weiterhin eine MD&A erstellen müssen. Der OFR entspricht in weiten Teilen der MD&A, erweitert diese jedoch um zusätzliche Angaben zur Forschung und Entwicklung sowie Patenten, Lizenzen usw. Weitere Angabepflichten betreffen das Management, die Aufsichtsorgane sowie wesentliche Anteilseigner und verbundene Unternehmen (Bruns/Renner, 2001).

3.4.2 Zwischenfazit I – Notwendigkeit zur erweiterten Berichterstattung

Die nicht finanziellen Berichtspflichten und -empfehlungen zeigen zunächst den im Zeitablauf stark gewachsenen Umfang der zusätzlichen Unternehmensberichterstattungspflichten, welche die Rechenwerke im Hinblick auf zukunftsorientierte Informationen ergänzen. Allerdings hat die Berichterstattung überwiegend qualitativen Charakter. Vorlaufende Indikatoren und nicht-finanzielle Kennzahlen finden nur ergänzende Verwendung und werden nicht als strukturierte Rechenwerke vermittelt. Weiterhin ist festzustellen, dass die Struktur der Berichterstattung an die Ausgestaltung der traditionellen Rechenwerke angelehnt ist. Daher werden die Informationen nicht in unmittelbarem Zusammenhang mit der zugrunde liegenden Wertschöpfungskette und der verfolgten Strategie dargestellt. Um das zukünftige Erfolgspotenzial abschätzen zu können, sind disaggregierte Informationen über die verfolgte Strategie und die Art der Wertschöpfung aus der Perspektive des Managements notwendig. Zur Vermittlung derartiger Informationen reichen die bisherigen Konzepte offenbar nicht aus. Das Fehlen eines geschlossenen Berichtsmodells erscheint daher auch als Hemmnis für eine Erweiterung des Berichtsfokus (Blair/Wallman, 2001, S. 4). Daher hat sich in den letzten Jahren eine Diskussion entwickelt, die unterschiedliche Erweiterungen des bisherigen Berichtsumfangs fordert. Dabei werden neben qualitativen auch vermehrt quantitative Informationen zur Berichterstattung vorgeschlagen. Dadurch kann die strategische Perspektive des Managements offen gelegt werden, gleichzeitig werden die Einschätzungen anhand der berichteten Informationen überprüfbar.

Diese Notwendigkeit ergibt sich insbesondere auch in Bezug auf Start-up-Unternehmen. Gerade hierfür bieten erweiterte Konzepte die Möglichkeit, die auf Grund der fehlenden Abbildung immaterieller Werte in ihrem prospektiven Informationswert begrenzten Rechenwerke Bilanz sowie GuV um zukunftsorientierte Informationen zu ergänzen.

3.4.3 Erweiterte Ansätze

3.4.3.1 Vielfalt der Lösungsvorschläge

In der Diskussion um die Ergänzung der Berichterstattung werden unterschiedliche Wege eingeschlagen, um das heute als Produktions- und Erfolgsfaktor anzusehende Wissen des Einzelnen als auch das organisatorische Wissen zu kommunizieren. Ältere Konzepte schlagen die Vermittlung ergänzender Informationen insbesondere in Form der Humanvermögensrechnung (beispielsweise Conrads, 1975), Sozialbilanz (Popp, 1990) oder in Form einer so genannten Technologiebilanz (Hartmann, 1997) vor. Neuere Vorschläge reichen von einer externen Berichterstattung der intern genutzten Balanced Scorecard (Klingebiel, 2000) bis zur Einräumung eines Online-Zugriffs auf intern genutzte Unternehmensdaten (ICAS, 1999). Gemeinsame Klammer der neueren Ansätze ist die Erweiterung der bislang primär qualitativen, ergänzenden Berichterstattung um finanzielle als auch nicht finanzielle Informationen. „Performance"-Indikatoren sollen im Verbund mit qualitativen Berichtselementen die Strategie des Unternehmens darlegen und das Management der relevanten Werttreiber offen legen. Im Folgenden wird ein kurzer Überblick über einzelne Vorschläge gegeben, die einen Bezug zur externen Rechnungslegung aufweisen; hiervon zu unterscheiden ist die Vielzahl von Konzepten, die ausschließlich auf die Verbesserung der internen Steuerung abzielen. Im Rahmen dieses Beitrages wird unterschieden zwischen Beiträgen von Standard-Gebern und Rechnungslegungsorganisationen sowie der Literaturdiskussion, um Ansatzpunkte für Start-up-Unternehmen zu entwickeln.

3.4.3.2 Vorschläge von Standard-Gebern und Rechnungslegungsorganisationen

(1) Vorschlag des AICPA

Unter dem Eindruck zunehmender Kritik am herkömmlichen Reporting Model bildete das AICPA 1991 das „Special Committee on Financial Reporting". Das Gremium legte 1994 einen Bericht (Jenkins Report) vor, aus dem Empfehlungen über die zukünftige Gestaltung der externen Berichterstattung hervorgehen (AICPA, 1994). Im ersten Teil der Untersuchung wurden die Informationsbedürfnisse der Adressaten untersucht und, hierauf aufbauend, Empfehlungen für die Gestaltung der Berichterstattung entwickelt. Das hierbei entworfene „Comprehensive Model of Business Reporting" baut grundlegend auf der Zielsetzung auf, dass das Unternehmen nur diejenigen Informationen berichtet, bei denen es einen komparativen Kostenvorteil hat und daher als effizienteste Informationsquelle angesehen werden kann. Wichtige Forderung des vorgeschlagenen Modells (zum Folgenden AICPA, 1994, S. 51–64) war unter anderem die Flexibilität des Berichtskonzepts. Im Einklang mit den Nutzern des Business Reporting sollen individuelle Informationsanforderungen herausgearbeitet bzw. bestimmte Branchenspezifika beim Ausbau des Berichtswesens beachtet werden. Zur Beurteilung der Risiken und Chancen eines in mehreren Geschäftsfeldern tätigen Unternehmens wird eine nach strategischen Geschäftseinheiten differenzierte Berichterstattung verlangt (Segmentberichterstattung). Dieser Empfehlung wurde ein besonders hoher Stellenwert eingeräumt. Eine verstärkte Zukunftsorientierung der Berichterstattung sollte durch die Offenlegung nicht-finanzieller Kennzahlen erreicht werden. Da im Bereich der traditionellen Rechnungslegung prinzipiell eine vergangenheitsbezogene Ausrichtung vorherrscht, wird eine Erweiterung um vorlaufende, zukunftsorientierte Indikatoren befürwortet. Diese Leistungsindikatoren sollen auch einen Vergleich mit Konkurrenten ermöglichen. Die dargelegten Informationen sollen aus der Perspektive des Managements vermittelt werden, um so die Zielrichtung der Aktivitäten des Managements abschätzen zu können. Ebenso wichtig für die Adressaten ist die Beschreibung der Zuverlässigkeit der Information, denn die Bedeutung einer Information wird maßgeblich von deren Zuverlässigkeit bestimmt,

> *„...users...need to be able to distinguish between information that is highly reliable and that which is less reliable - that is, they need to understand the measurement uncertainty of less reliable information." (AICPA, 1994, S. 132).*

Neben der inhaltlichen Erweiterung fordert der Jenkins Report auch eine der technologischen Entwicklung Rechnung tragende Vermittlung der Informationen. Aus diesem Grund sollte die Berichterstattung mindestens quartalsweise erfolgen. Kritische Transaktionen und Ereignisse sind möglichst schnell zu veröffentlichen. Weiterhin wird die Forderung nach einer effizienten Informationsvermittlung sowohl hinsichtlich der technischen Übertragung als auch der Art der Darstellung erhoben, die durch grafische Unterstützung möglichst leicht verständlich sein sollte. Als Nebenbedingung bei allen Maßnahmen zur Informationsgewinnung sind die hierdurch verursachten Kosten zu berücksichtigen und eine Abwägung zwischen Informationsnutzen und -kosten vorzunehmen.

Anhand dieser Prinzipien hat der Jenkins Report ein „Comprehensive Model of Business Reporting" aus fünf Komponenten aufgebaut, die in VI.19 aufgeführt werden. Die einzelnen Informationen bzw. Informationskategorien sind sowohl auf Konzernebene als auch auf Segmentebene offen zu legen.

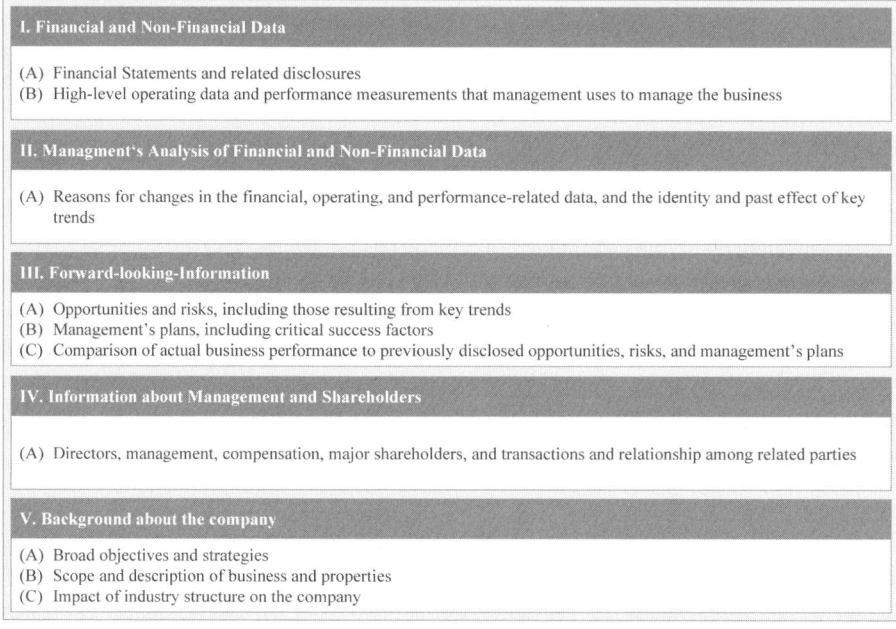

Abbildung VI.19: Model of Business Reporting – Major Components (Quelle: AICPA, 1994, S. 136)

Der Jenkins Report hat anhand einer empirischen Studie aufgezeigt, dass das traditionelle „financial reporting" seine Aufgabe im Kern erfüllt, mithin eine wichtige Komponente der externen Berichterstattung darstellt. Allerdings erfordert eine weiter gehende Fokussierung auf den Adressaten einen weiteren Ausbau zu einem umfassenden Business Reporting (Küting, 2000a; Böcking, 1998). Daher ist die Rechnungslegung in der heutigen Form nicht in Frage zu stellen, sondern gegebenenfalls zu erweitern. Vor diesem Hintergrund orientiert sich das „Comprehensive Model" zum großen Teil an Empfehlungen zur bestehenden finanziellen Rechnungslegung, mit dem Ziel, diese zu verbessern. Eine der Kernforderungen des Jenkins Report, die Schaffung einer aussagefähigen Segmentberichterstattung, wurde mittlerweile erfüllt. Die Segmentberichterstattung ist heute Bestandteil der Berichterstattung nach US-GAAP (SFAS 131).

(2) Empfehlung des FASB

Seit 1998 unterstützt das FASB das Business Reporting Research Project, in dem das FASB ein Folgeprojekt des Jenkins Report sieht. Bisher besteht das Projekt aus drei Studien (FASB, 2000; FASB, 2001b), wovon sich die bisher letzte Studie der freiwilligen Berichterstattung widmet, die über die Anforderungen der SEC und der US-GAAP hinausgeht (zum Folgenden FASB, 2001c). Im Rahmen dieser Studie wurden jeweils sechs bis neun US-amerikanischen Unternehmen aus acht verschiedenen Branchen untersucht. Ausgewertet wurden ausschließlich Veröffentlichungen der Unternehmen wie Quartalsberichte, SEC-Einreichungen, Presseberichte, „fact books", Präsentationen gegenüber Aktionären oder Analysten sowie alle Informationen, die über die Webseiten der Unternehmen verfügbar waren.

Für jede Branche wurden die veröffentlichten Informationen in sechs Kategorien klassifiziert. Dabei entsprechen die ersten fünf Kategorien den oben genannten Informationsklassen des Jenkins Report. Die zusätzliche sechste Kategorie bezieht sich auf weiterführende Angaben über immaterielle Vermögenswerte, die nicht in der Bilanz ausgewiesen werden. Obwohl immaterielle Werte im Jenkins Report noch als „low priority issues" betrachtet wurden (AICPA, 1994, S. 95) und im Reporting Model des Jenkins Report noch nicht explizit berücksichtigt wurden, untersuchte das FASB diese auf Grund deren gestiegener Bedeutung in einer gesonderten Informationskategorie.

Im Ergebnis wurde festgestellt, dass in allen Branchen umfangreiche zusätzliche Angaben gemacht wurden. Als Beispiel für die vermittelten Informationen werden in Abbildung VI.20 die in der „Computer Systems Industry" vermittelten Informationen dargestellt.

	Business Data	Management's Analysis of Business Data	Forward-looking Information	Information about Mgt./Shareholders	Background about the company
Erlösaufgliederung	■ Umsatz und Umsatzveränderung je Produkt und Kundengruppe ■ Online-Umsatz pro Tag und Veränderungsrate ■ Regionale und globale Marktstellung in Herstellung und Vertrieb ■ Monatliche Aufträge je Geschäftseinheit und Produktgruppe ■ Quartalsumsätze, Anzahl der verkauften Einheiten sowie Veränderungen je Produktgruppe	■ Erklärung der Absatzveränderung durch Internetverkäufe, die auch zu einer erhöhten Kundenzufriedenheit und geringeren Betriebskosten führen ■ Offenlegung des angestrebten Umsatzanteils	■ Erwartete Absatzsteigerungen aufgrund der Industrienachfrage ■ Diskussion der Wachstumsaussichten in den vier wichtigsten Kundenkategorien	Keine Angaben	Keine Angaben
Effizienz des Kapitaleinsatzes	■ Dreijahresübersicht der Umsatzrentabilität ■ Grafische Darstellung des Kapitalertrags der Marktkapitalisierung der letzten vier Jahre ■ Prozentualer Kapitalertrag im Vergleich zum Branchendurchschnitt ■ EVA der letzten drei Jahre	■ Erklärung der Steigerung der Bruttomarge durch Kostensenkung, Sortimentsänderung ■ Vergleich Umsatz-/Ergebnissteigerung, Cash-Flow, ROW sowie Total Shareholder Return mit vergleichbaren Konkurrenten ■ Quartalsweise Diskussion des Free-Cash-Flow-Entwicklung	■ Offenlegung der Erwartungen bzgl. Umsatzziele, Betriebsergebnis, Gewinnspanne und Umsatz/Kosten	Keine Angaben	■ Beschreibung Kostenmanagementstrategie ■ Geplante IT-Investitionen ■ Analysten, die Firma beobachten
Neuprodukte/ Marken	■ Informationen über Produktneuerungen und dem Wachstum von schnellwachsenden Produktgruppen ■ Marktforschungsdaten über Produktpräferenzen/Auswahl und Kundenzufriedenheit	Keine Angaben	■ Anstieg der F&E-aufwendungen für Neuprodukte	Keine Angaben	■ Beschreibung Strategie zur Verwendung F&E-Mittel ■ Diskussion erster globaler Marketingkampagne (Launch Markenname)
Strategie des Managements	■ Diskussion von Maßnahmen zur Antizipation von Wechselkursschwankungen in der Preispolitik ■ Diskussion der zukünftigen Maßnahmen und erwartete Wirkungen von Maßnahmen in Krisensituationen	Keine Angaben	■ Darlegung, dass die gesamte zukünftige Expansion aus internem Wachstum finanziert ist	Keine Angaben	■ Diskussion des Wechsels der Führung nach Regionen zur Führung nach strategischen Geschäftsbereichen ■ Risikoberichterstattung
Immaterielle Werte	■ Anzahl der Patente und Handelsmarken ■ Beschreibung der Forschungsarbeiten in den einzelnen Geschäftsbereichen des Unternehmens				

Abbildung VI.20: Festgestellte Zusatzinformationen in der „Computer Systems Industry" (Quelle: FASB, 2001c, S. 52–53)

Aus den Ergebnissen der empirischen Untersuchung entwickelt das FASB im zweiten Teil der Untersuchung ein „Framework for Voluntary Disclosure" (FASB, 2001c, S. 13–16). Dadurch soll die freiwillige Berichterstattung unterstützt werden. Ausgangspunkt der Auswahl der Informationen für die Offenlegung sind hierbei die Werttreiber des Unternehmens. Diese ergeben sich aus dem individuellen Geschäftsmodell eines Unternehmens und sind aus der Perspektive des Managements zu bestimmen. Anhand der Werttreiber sollen die Strategien und Pläne des Managements verdeutlicht werden. Kennzahlen, die intern zur Strategieimplementierung genutzt werden, sind in hohem Maße dazu geeignet, die interne Führungssicht transparent und den Grad der Zielerreichung messbar zu machen. Daher sollten sie in strukturierter Form berichtet werden. Als einschränkende Nebenbedingung ist zu prüfen, ob einer Offenlegung eventuell Wettbewerbsnachteile entgegenstehen.

Insgesamt begrüßt das FASB die freiwillige Offenlegung ausdrücklich, da hierdurch die effiziente Kapitalallokation unterstützt wird und die Kapitalkosten gesenkt werden können. Allerdings besteht seitens der Unternehmen weder die Verpflichtung noch die Notwendigkeit, einmal (freiwillig) veröffentlichte Informationen auch in den Folgejahren zu publizieren. Dies bietet gerade für Start-up-Unternehmen mit volatilen Geschäftsverläufen die Möglichkeit einer flexiblen Anpassung entsprechender Berichtsinstrumente.

(3) Vorschläge des ICAEW

Neben dem AICPA haben sich auch andere Rechnungslegungsorganisationen mit Fragen der konzeptionellen Weiterentwicklung der externen Berichterstattung beschäftigt. Dazu zählt beispielsweise auch das „Institute of Chartered Accountants in England & Wales" (ICAEW), das in einer Studie unter dem Titel ‚Inside Out' mögliche inhaltliche Veränderungen der regelmäßigen (jährlichen) Berichterstattung untersuchte (zum Folgenden ICEAW, 1999).

Ausgangspunkt der entwickelten Vorschläge ist die Auffassung, dass der ökonomische Wert eines Unternehmens durch den Barwert der zukünftigen Geldströme bestimmt wird. Die wirtschaftliche Leistung in einem bestimmten Zeitfenster lässt sich daher durch die Veränderung des ökonomischen Werts bestimmen. Damit der Anleger die Abschätzung zukünftiger Einzahlungen vornehmen kann, muss er die Strategien des Unternehmens kennen, die Strategieumsetzung beurteilen sowie die dem Geschäftsmodell zugrunde liegenden Risiken abschätzen können und schließlich auf Basis dieser Faktoren eine eigene Einschätzung der zukünftigen Einzahlungsüberschüsse vornehmen.

Im Vergleich zu diesem umfassenden Informationsbedarf enthält der Jahresabschluss nach Auffassung des ICAEW nicht genügend zukunftsorientierte Informationen für Investitionsentscheidungen. Zwar werden die genannten Informationslücken oft durch eine Informationsvermittlung außerhalb der öffentlichen Berichterstattung ausgeglichen. Allerdings stehen diese Informationen unter Umständen nur bestimmten Personenkreisen zur Verfügung. Im Falle der Informationsvermittlung durch ein Berichtswesen haben hingegen alle Investoren Zugriff auf die Inhalte.

Bei der Gestaltung einer inhaltlich erweiterten Informationsvermittlung kommt dem Management eine entscheidende Bedeutung zu. Für die Strategieumsetzung muss das Management die internen Prozesse kennen und steuern. Eben dieses Verständnis deckt sich mit dem Informationsbedürfnis Externer. Daher kann eine Befriedigung des Informationsbedarfs der

Investoren durch die Offenlegung solcher interner Informationen erreicht werden, die das Management zur Unternehmensführung nutzt. Die hierbei verwendeten nicht-finanziellen Performance-Indikatoren deuten die Leistung frühzeitig an, ohne sie abschließend zu messen. Die genaue Feststellung des „Ergebnisses" bleibt den finanziellen Größen überlassen. Welche Indikatoren zur Steuerung letztlich verwendet werden, hängt von den Umständen im Einzelfall ab und variiert von Unternehmen zu Unternehmen. Abbildung VI.21 zeigt eine Auswahl von Indikatoren und Kennzahlen, die das ICAEW in diesem Zusammenhang nennt.

Process Quality	Timeliness	Productivity
■ Reject rate ■ Scrap ■ Warranties/return	■ On time delivery ■ Customer response rate ■ Cycle time	■ Employee productivity ■ Asset utilisation
Flexibility	**Marketing**	**Information Technology**
■ Change over time	■ Customer acquisition	■ IT investment
Innovation	**Human Resources**	**Environmental**

■ New product development
  - % sales from new products
  - Product pipeline
	■ Competence (Training hrs/spend)
	■ Morale
	  - Employee turnover
	  - Employee satisfaction
	  - Application rates
		■ Compliance with legislation

Abbildung VI.21: Beispiele für Leistungsindikatoren (Quelle: ICEAW, 1999, S. 46)

Um die Anforderungen der Adressaten an das Berichtswesen zu befriedigen, wird daher ein zweigeteiltes Informationssystem vorgeschlagen. Neben den Jahresabschluss als Abbildungsinstrument der Vergangenheit sollte ein zukunftsorientiertes System treten, das aus einer strukturierten Berichterstattung der Strategie, der Markt- und Wettbewerbssituation sowie des Leistungsmanagementprozesses besteht. Es sollte zumindest in gebündelter Form all diejenigen Informationen enthalten, die ohnehin in sonstigen Veröffentlichungen oder Verlautbarungen an die Öffentlichkeit gelangen. Auf Grund der grundsätzlichen Identität der Informationsbedürfnisse zwischen Management und Investoren kann eine Befriedigung des Informationsbedarfs der Investoren durch die Offenlegung interner Informationen auf aggregierter Ebene erreicht werden, die das Management zur Unternehmensführung nutzt. Daher kommt dem Management im Zuge der Vermittlung der zukunftsorientierten Informationen eine entscheidende Bedeutung zu. Auf der oberen, für die externe Berichterstattung relevanten Ebene treten neben die herkömmlichen Kennzahlen sowie nicht-finanziellen Indikatoren auch solche Kennzahlen, die den Unternehmenswert messen sollen. Als Beispiele werden unter anderem „Cash Flow Return on Investment" (CFROI), „Economic Value Added" (EVA) oder „Return on Capital Employed" (ROCE) genannt (ICEAW, 1999, S. 38–41).

3.4.3.3 Vorschläge in der Literatur

(1) Vorbemerkung

Neben den Vorschlägen von Standard-Gebern und Rechnungslegungsorganisationen bietet auch die Literatur aus verschiedenen Blickwinkeln Ergänzungen der traditionellen Unternehmensberichterstattung. Ein Schwerpunkt der Arbeiten liegt zum einen auf der Untersuchung der Frage, ob die Relevanz der traditionellen Finanzberichterstattung für die Entscheidungen der Investoren zu- oder abgenommen hat (hierzu beispielsweise Lev/Zarowin, 1999; Garcia-Ayuso/Monterrey, 1998). Daneben nimmt auch die Untersuchung der Informationsbedürfnisse der Investoren (für einen Überblick Hütten, 2000, S. 242–247; FASB, 2001c; Ernst & Young, 1997) sowie die Frage nach den Kosten und Nutzen (hinsichtlich der Eigenkapitalkosten Botosan, 1997; Sengupta, 1998) erweiterter Berichtskonzepte einen breiten Raum ein. Schließlich widmet sich ein weiterer Teil des Schrifttums der auch hier untersuchten Frage nach einer wertorientierten Erweiterung der finanziellen Berichterstattung. Diesbezüglich werden im Folgenden exemplarisch ausgewählte Vorschläge betrachtet, bevor im Anschluss ein eigener Ansatz dargelegt wird. Die Auswahl der berichteten Konzepte erfolgt auch unter der Fragestellung, ob die Ansätze im Zuge einer freiwilligen Berichterstattung umsetzbar sind.

(2) Außerbilanzielle Berichterstattung nicht bilanzierungsfähiger immaterieller Vermögenswerte

Ausgehend von der Erkenntnis, dass die Lücke zwischen Marktwert und Buchwert des Eigenkapitals im Wesentlichen auf der Nichterfassung immaterieller Werte in der Unternehmensrechnung beruht, kommt deren Quantifizierung und Erörterung besondere Bedeutung zu. Einen entsprechenden Vorschlag zur Konkretisierung des Marktwerts hat beispielsweise HALLER unterbreitet (Haller, 1998).

Hinsichtlich der Bestimmung des immateriellen Vermögens lassen sich grundsätzlich zwei Ansätze unterscheiden. Zum einen kann das Vermögen in einer „Top-down"-Betrachtung bestimmt werden. Zum Zweiten kann deren Konkretisierung auch umgekehrt, nämlich „bottom-up" erfolgen. Im ersten Fall bestimmt sich das immaterielle Vermögen als „all diejenigen zukünftigen Erträge ..., die über jene Erträge hinausgehen, die mit den materiellen Vermögenswerten erzielt werden" (Haller, 1998, S. 565). Diese Differenz ist als umfassender Firmenwert zu verstehen, der neben dem originären Firmenwert auch alle identifizierbaren immateriellen Vermögensgegenstände enthält. Zur weiteren Aufgliederung des umfassenden Firmenwerts müssen daher die einzelnen Vermögenswerte identifiziert und isoliert werden. Insofern ergänzt der „Bottom-up"-Ansatz den „Top-down"-Ansatz, da dieser versucht, die immateriellen Vermögensgegenstände eines Unternehmens einzeln zu bestimmen. Separiert man diese und alle materiellen Vermögensgegenstände vom zuvor mit Hilfe des „Top-down"-Ansatzes ermittelten Gesamtwert des immateriellen Vermögens, so verbleiben die nicht-identifizierbaren Vermögensgegenstände, die als rein wirtschaftliche Vorteile nicht Gegenstand eines Rechtsgeschäfts sein können.

Ausgehend von diesen Zusammenhängen schlägt HALLER die Aufstellung und Publizierung eines „intangible asset statements" vor (Haller, 1998, S. 585–591), um die auf Grund von Objektivierungskriterien nicht in der Bilanz gezeigten Vermögenswerte offen zu legen. Der wesentliche Inhalt eines solchen Ansatzes besteht in der Konkretisierung der Komponenten des Marktwerts. Dazu wird der Marktwert des Unternehmens entsprechend Abbildung VI.22 aufgegliedert.

Mit Hilfe der ergänzenden Erörterung der einzelnen Komponenten wird die Lücke zwischen Marktwert und Buchwert für den Investor leichter analysierbar. Beispielsweise wird es – sofern andere Unternehmen in ähnlicher Weise berichten – möglich, die Komponenten der Wertlücke auch zwischen unterschiedlichen Unternehmen zu vergleichen. Dem Investor bieten diese Informationen Einblicke in die Zusammensetzung der Marktbewertung. Zur Erhöhung des Informationsnutzens für den Adressaten schlägt HALLER vor, das Statement in das Testat des Wirtschaftsprüfers einzubeziehen. Dabei wären insbesondere die Prämissen zu prüfen, die der Bestimmung und Quantifizierung der in der Aufstellung angesetzten Vermögensgegenstände zu Grunde liegen.

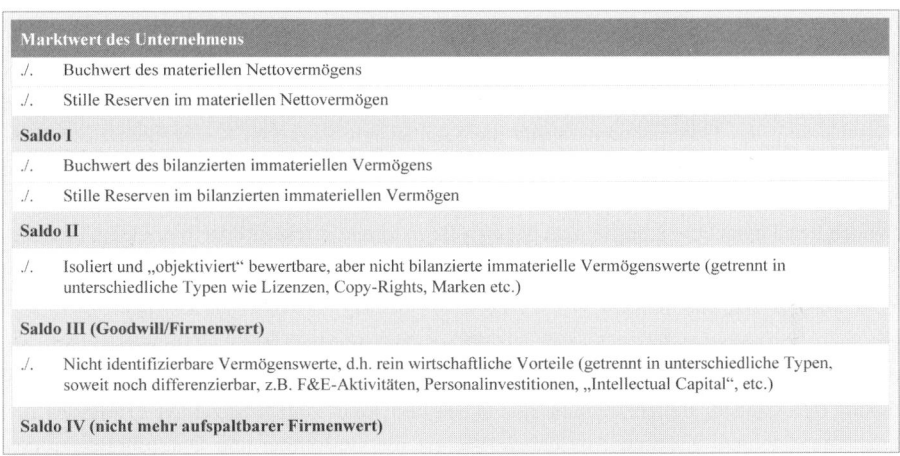

Abbildung VI.22: Intangible Asset Statement (Quelle: Haller, 1998, S. 588)

(3) Die Berichterstattung von „Performance"-Kennzahlen

(a) Entwicklung im internen Management von „Intangibles"

Immaterielle Ressourcen und Wissen werden zunehmend als kritische Erfolgsfaktoren gesehen, die in verschiedenen Ausprägungen auch zunehmend den Wert von Unternehmen bestimmen. Daher haben sich verschiedene interne Verfahren zur Beobachtung und Steuerung von internen Ressourcen entwickelt, die in einem herkömmlichen finanziellen Berichtswesen nicht explizit ersichtlich sind (für einen Überblick Klingebiel, 1999). Zwei dieser Konzepte sollen im Folgenden vorgestellt werden. Sie wurden ursprünglich für die interne Transparenz und das Management nicht-finanzieller Werte entwickelt, werden aber zunehmend auch für die externe Berichterstattung konkret eingesetzt bzw. wird ihre Nutzung für die externe Berichterstattung zunehmend diskutiert.

(b) Balanced Scorecard

KAPLAN und NORTON haben mit der Balanced Scorecard (BSC) einen Ansatz vorgestellt (Kaplan/Norton, 1992; Kaplan/Norton, 1996; Kaplan/Norton, 1997), der gezielt die oben genannten Defizite einer rein finanziellen Berichterstattung ausgleicht. Sie empfehlen die BSC als Ergänzung zum bisherigen finanziellen Berichtswesen. Der ursprünglich auf die interne Unternehmenssteuerung fokussierten Anwendung der Balanced Scorecard liegt die Idee zu Grunde, Visionen und Strategien in quantitative und damit messbare Ziele und Kennzahlen umzuwandeln. Dadurch werden die abstrakten strategischen Ziele auf den unterschiedlichen Unternehmensebenen in operationale Messgrößen transformiert, wodurch eine erhebliche Komplexitätsreduktion des strategischen Managementprozesses erfolgt.

Eine Balanced Scorecard stellt daher ein System bestehend aus (unternehmensspezifisch anpass- und ergänzbaren) vier über Ursache-Wirkungsketten miteinander verknüpften (formal gleich gewichteten) Kennzahlenkategorien dar. In der (zentralen) finanziellen Perspektive erfolgt eine teilhaber- bzw. anteilseignerorientierte Betrachtung, bei der als entsprechender Maßstab z. B. Shareholder-Value-Kennzahlen oder auch der Jahresüberschuss herangezogen werden können. Typische Kennzahlen in diesem Bereich beziehen sich meist auf den Unternehmenswert, die Rentabilität, das Wachstum oder die Liquiditätssituation.

In der Kundenperspektive wird die Sichtweise des Kunden eingenommen und versucht, die Einschätzung des Unternehmens durch die Kunden mit Hilfe von Kennzahlen zu messen. Häufig verwendete Kennzahlen beziehen sich auf den Preis, die Qualität, die Zeit und den Service (Horváth, 1998a, S. 568). Bei der Kundenperspektive und den zwei weiteren nichtfinanziellen Perspektiven sollte jede Messgröße in einem direkten oder indirekten Ursache-Wirkungs-Verbund mit der finanziellen Perspektive stehen (Horváth, 1998b, S. 440), so dass letztlich alle Perspektiven mit der finanziellen Perspektive verknüpft sind.

Die interne Prozessperspektive stellt auf die erfolgskritischen internen Betriebsabläufe ab, die wesentlichen Einfluss auf die Erbringung solcher Leistungen haben, welche die Befriedigung der Kundenbedürfnisse zum Ziel haben und somit zum finanziellen Erfolg des Unternehmens führen. Kernfrage ist dabei, wie gut die Gestaltung und Durchführung dieser zentralen Geschäftsprozesse gelingt. Als Beispielgrößen sind Zyklus- bzw. Fertigungszeiten, Qualität oder Produktivität zu nennen.

Die vierte Perspektive, Lernen und Innovation, die oft auch als Mitarbeiterperspektive bezeichnet wird, soll für eine Verbesserung innerhalb der übrigen Perspektiven sorgen. Ziel ist daher eine stetige Verbesserung von Fähigkeiten und Flexibilität der Mitarbeiter sowie die Unterstützung der Entwicklung neuer Verfahren. Messgrößen sind in diesem Kontext insbesondere Kennzahlen wie Umsatzanteil der Neuprodukte, Zahl der Verbesserungsvorschläge oder Mitarbeitereinstellung (Horstmann, 1999, S. 194).

Die Balanced Scorecard liefert einen Rahmen, der von den jeweiligen Unternehmen individuell auszugestalten ist (Weber/Schäffer, 1999, S. 12–13). Insofern sind die in der Literatur diskutierten Beispiele nur als Leitlinie für die jeweils individuelle Lösung zu verstehen. Obwohl eigentlich für die interne Informationsversorgung der Führungsebenen des Unternehmens angedacht, wird das Konzept auch vermehrt für die externe Berichterstattung vorgeschlagen (Kaplan/Norton, 1997, S. 201–204; Labhart, 1999, S. 252–271; Küting/

Dawo/Heiden, 2001a, S. 112–122). So sieht KLINGEBIEL die Vermittlung prospektiver Informationen, die einen nicht-finanziellen Charakter aufweisen, als notwendigen Beitrag zur Verbesserung der Investor Relations (Klingebiel, 2000, S. 653). Die durch eine solche Informationsvermittlung erreichte Integration vorlaufender, strategischer Performance-Indikatoren in die freiwillige Berichterstattung kann die Begrenzungen der bisherigen finanziellen Berichtsgrößen zumindest teilweise überwinden. Denn durch die Bereitstellung von Informationen über den Grad der Strategieerreichung wird dem auf Seiten der Investoren bestehenden Bedürfnis nach zukunftsorientierten Informationen und Klarheit über die Strategie Rechnung getragen.

(c) Ansätze zur Erfassung und Berichterstattung des intellektuellen Kapitals

Neben der Balanced Scorecard sind weitere Ansätze entwickelt worden, die auf eine Verbesserung der durch ein Berichtwesen verfügbaren Informationen abstellen. Verschiedene Konzepte haben zum Ziel, die Unternehmensführung bei Aufbau und Verwaltung des intellektuellen Kapitals (IC) zu unterstützen und den langfristigen Gewinn aus diesen Investitionen zu messen. Dabei wird der Begriff „Intellectual Capital" nicht einheitlich abgegrenzt (Lorson/Heiden, 2002, S. 373–377). Einmal werden unter IC alle Vermögensgegenstände gefasst, die ein Unternehmen befähigen zu funktionieren. Andere Definitionen sehen im IC die Differenz zwischen dem Marktwert des Unternehmens und den Kosten, die entstehen würden, alle materiellen und finanziellen Vermögensgegenstände zu ersetzen (Brinker, 1999). Einen Überblick über die Bestandteile des IC (Abbildung VI.23) und die vorgeschlagenen Indikatoren in den einzelnen Bereichen des IC enthalten die nachfolgenden Abbildungen. Angesichts der Schwierigkeiten der wertmäßigen Messung des intellektuellen Kapitals (Kasperzak/Krag/Wiedenhofer, 2001, S. 1496–1497) ist zur Steuerung insbesondere die Beschreibung des intellektuellen Kapitals durch Indikatoren verbreitet.

Human Capital	Customer Capital
■ Know-how ■ Education ■ Vocational qualification ■ Work-related knowledge ■ Occupational assessment ■ Psychometric assessment ■ Work-related competencies ■ Entrepreneurial elan, innovativeness, proactive and reactive abilities, changeability	■ Brands ■ Customers ■ Customer loyalty ■ Customer names ■ Backlog orders ■ Distribution channels ■ Licensing agreements ■ Favourable contracts ■ Franchising agreements
Organisational (Structural) Capital	
Intellectual Property	Infrastructure Capital
■ Patents ■ Copyrights ■ Design rights ■ Trade secrets ■ Trademarks ■ Service marks	■ Management philosophy ■ Corporate Culture ■ Management processes ■ Information systems ■ Network systems ■ Financial relations

Abbildung VI.23: Bestandteile des Intellectual Capital (Quelle: IFAC, 1998)

„Human Capital" enthält unter anderem das Wissen, die Fähigkeiten und Fertigkeiten sowie die Erfahrungen der Mitglieder einer Organisation (Bucklew/Edvinsson, 1999). Es wird definiert als die Fähigkeiten der Mitarbeiter eines Unternehmens, die notwendig sind, um den Kunden des Unternehmens Problemlösungen zu bieten und die Innovation und Erneuerung ermöglichen. Außerdem beinhaltet „Human Capital" die Dynamik einer intelligenten Organisation, seine Kreativität und Innovationskraft, in einem sich verändernden ökonomischen Umfeld (Brinker, 1999).

Human Capital Indikatoren	
■ Ruf der Angestellten bei Headhuntern ■ Anzahl der Berufsjahre ■ Prozentsatz der Angestellten mit weniger als zwei Jahren Berufserfahrung	■ Zufriedenheit der Angestellten ■ Anteil der Angestellten, die neue Ideen vorschlagen ■ Wertzuwachs pro Angestelltem ■ Wertzuwachs pro Verkaufsdollar

Abbildung VI.24: Indikatoren zur Messung und Steuerung des Human Capital (Quelle: IFAC, 1998)

„Structural Capital" beinhaltet beispielsweise das System, das Händlernetz, die Unternehmenspolitik, das Distributionsnetz und andere organisatorische Fähigkeiten eines Unternehmens, die an den Marktanforderungen ausgerichtet sind. Es beinhaltet die Infrastruktur für das „Human Capital". Dies umfasst die Qualität und Reichweite der informationstechnischen Systeme, das Image des Unternehmens, Datenbanken, organisatorisches Konzept und Dokumentation.

Structural Capital Indikatoren	
■ Anzahl der Patente ■ Verhältnis Umsatz zu Ausgaben für F&E ■ Anzahl der Anschlüsse einzelner Rechner an eine Datenbank ■ Anzahl der Datenbanknutzungen ■ Beiträge zur Datenbank ■ Aktualisierung der Datenbank ■ Umfang der Nutzung von Informationstechnologien ■ Verhältnis IT-Kosten und Umsatz ■ Zufriedenheit mit dem IT-Service	■ Verhältnis neuer Ideen zur Anzahl implementierter Ideen ■ Anzahl neuer Produkteinführungen ■ Neueinführungen im Verhältnis zur Anzahl der Angestellten ■ Anzahl multifunktionaler Projektteams ■ Umsatzanteil von Neuprodukten ■ Fünf-Jahrestrend des Produktlebenszyklus ■ Durchschnittliche Dauer des Produktdesigns und -entwicklung

Abbildung VI.25: Indikatoren zur Messung und Steuerung des „Structural Capital" (Quelle: IFAC, 1998)

„Customer Capital" beinhaltet die Beziehung des Unternehmens mit Menschen außerhalb des Unternehmens und deren Loyalität, Marktanteil und die Bestellaufträge. Obwohl unter „Customer Capital" vor allem die Beziehungen eines Unternehmens mit seinen Kunden und Klienten subsumiert werden, können auch weitere Stakeholder eingeschlossen werden.

Customer Capital Indikatoren	
■ Unternehmenswachstum ■ Anteil der Wiederholungskäufer ■ Loyalität zur Marke ■ Kundenzufriedenheit	■ Kundenbeschwerden ■ Verhältnis Produktrücksendungen zu Verkäufen ■ Anzahl der Lieferanten/Kunden-Beziehungen und deren Wert

Abbildung VI.26: Indikatoren zur Messung und Steuerung des „Customer Capital" (Quelle: IFAC, 1998)

„Human Capital" ist der Grundbaustein für die Bildung des „Structural Capital" einer Organisation. Durch die Interaktion der beiden Elemente entsteht das „Customer Capital". Diese Interaktionen sind dynamisch, kontinuierlich und kostenintensiv. Es reicht nicht aus, die drei Faktoren – „Human Capital", „Structural Capital" und „Customer Capital" – als drei allein stehende unabhängige Faktoren des IC zu identifizieren. Alle drei müssen aufeinander abgestimmt sein, sodass sie einander vervollständigen. In der Überschneidung liegt die Wertplattform, der Ursprung der Wertschöpfung einer Organisation. Daher geht der Unternehmenswert nicht direkt aus einem der Faktoren hervor, sondern nur aus der Interaktion zwischen allen.

Zur konkreten Steuerung durch Kennzahlen haben sich verschiedene Ansätze entwickelt, die einzelne Kennzahlen auswählen und diese unterschiedlich gliedern (für einen Überblick Bontis, 2000). Die ursprünglich zur internen Steuerung des intellektuellen Kapitals entwickelten Instrumente werden von einer steigenden Zahl von Unternehmen auch dazu genutzt, um Informationen über das intellektuelle Kapital an Externe zu vermitteln. Dabei variieren die in der Unternehmenspraxis verwendeten Ansätze.

Ein viel zitiertes Beispiel für ein Unternehmen, das IC Accounting konkret anwendet, ist die schwedische Versicherungsgesellschaft *Skandia* (Edvinsson/Malone, 1997). Sie veröffentlichte als erstes Unternehmen 1995 als Ergänzung zur finanziellen Berichterstattung einen

IC Report. Die (der Balanced Scorecard ähnliche) Berichtsstruktur wird geprägt durch den Business Navigator, der zwischen den Bereichen „Financial Focus", „Customer Focus", „Renewal & Development Focus" unterscheidet (für ein alternatives Berichtskonzept siehe den „Intellectual Assets Monitor" von Sveiby, 1997a):

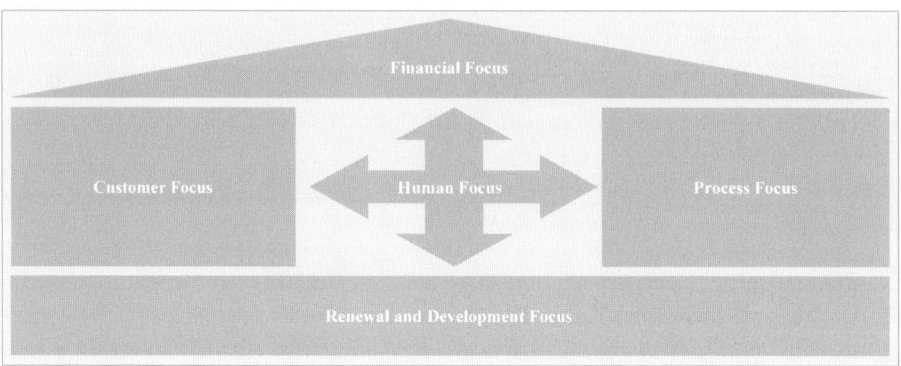

Abbildung VI.27: Skandia Navigator (Quelle: Edvinsson/Malone, 1997, S. 68)

Insgesamt besteht der Report aus 111 Kennzahlen, die den einzelnen Bereichen des Navigators zugeordnet sind. Anhand dieser Kennzahlen soll die Entwicklung des IC im Zeitablauf beobachtet werden. Die eigentlichen Kennzahlen werden durch Erläuterungen und Analysen ergänzt.

Neben *Skandia* finden sich zwischenzeitlich eine Reihe von Unternehmen, die ähnliche Konzepte anwenden. Beispiele für die externe Berichterstattung finden sich unter anderem bei *Pls Consult*, *Celemi* und *WM Data* (The Trade and Industry Development/The Danish Agency for Development of Trade and Industry, 1997).

In der deutschen Literatur wurde ein Vorschlag zu Berichterstattung über IC neben HALLER auch von MAUL/MENNINGER unterbreitet. Nach ihrer Auffassung haben (börsennotierte) Unternehmen die Verpflichtung, die Anteilseigner auf Grund der Mängel der traditionellen Berichterstattung durch andere Instrumente weiter gehend über die Entwicklung des eingesetzten Kapitals zu informieren (Maul/Menninger, 2000, S. 530). Nach ihrer Auffassung befindet sich die Gestaltung derartiger IC Statements noch im Diskussionsstadium. Ihrer Meinung nach wird aber zukünftig kein „Weg daran vorbeiführen, solche Statements als Ergänzung des Jahresabschlusses zu entwickeln und einzuführen" (Maul/Menninger, 2000, S. 533).

(d) Berichterstattung von Umweltinformationen

Ein Bereich, der in den letzten Jahren an Bedeutung gewonnen hat, ist das Management von und die Berichterstattung über die ökologische Leistungsfähigkeit. Dabei dient die Umweltberichterstattung der Kommunikation wesentlicher Entwicklungen im Unternehmensumfeld und deren Rückwirkungen auf die Performance des Unternehmens. Die Offenlegung derartiger Informationen „in Geschäftsberichten durch gesonderte Ausweisung in Anhang und Lagebericht sowie Bilanz und GuV (nimmt, d. Verf.) seit den 1980er Jahren zu" (Isenmann/Lenz/Schweren, 2000, S. 48). Insbesondere in Branchen aus den Bereichen Chemie, Pharma, Bergbau und Energie enthalten die Geschäftsberichte häufig entsprechende Informationen. Daneben publizieren Unternehmen eigenständige Umweltberichte, in denen die ökologischen Wirkungen der eigenen Leistungserstellung ausführlich offen gelegt werden (beispielsweise Shell, 2000).

Die Ursache für die vermehrte Bereitschaft zur Informationsberichterstattung ist wohl auch darin zu sehen, dass ökologische Berichtsinhalte auf den Kapitalmärkten als eine wichtige Informationsquelle für eine umfassende Unternehmensbewertung angesehen werden. Die gewonnenen Informationen finden Eingang in Bonitätsprüfungen sowie Risiko- und Wettbewerbsanalysen (Isenmann/Lenz/Schweren, 2000, S. 52).

3.4.4 Zwischenfazit II – Hinwendung zu quantitativen Informationen

Die Betrachtung der verschiedenen Konzepte offenbart eine klare Hinwendung zur Berichterstattung von qualitativen Informationen und zusätzlichen Kennzahlen. Dies sind einmal nicht-finanzielle Indikatoren, die der finanziellen Leistung vorlaufen oder disaggregierte finanzielle Informationen. Dadurch ergeben sich gegenüber der bisherigen Berichterstattung wesentliche Erweiterungen. Während das traditionelle Rechenwerk die Vergangenheit nachzeichnet und damit überwiegend der Rechenschaft hinsichtlich der vergangenen Periode dient, wird durch die vorgeschlagenen Informationen das zukünftige Erfolgspotenzial des Unternehmens abgebildet. Erreicht wird dieses Ziel nicht durch die Prognose von finanziellen Größen des Jahresabschlusses, sondern durch die Bereitstellung von disaggregierten Informationen, die die Beurteilung und Bewertung des Unternehmens durch Externe unterstützen. Die Ableitung und Formulierung von Prognosen bleibt dem Markt überlassen. Allerdings wird durch das vorgeschlagene erweiterte Berichtswesen dem Auftreten von Informationsasymmetrien entgegen gewirkt, da eine umfassende und gleichmäßige Unterrichtung aller Berichtsempfänger erfolgt.

Hinsichtlich der Auswahl der zu berichtenden Informationen ist eine Orientierung an intern verwendeten Daten und Informationen zu beobachten, wodurch dem Management eine entscheidende Rolle zukommt. Es sollen solche Informationen berichtet werden, die auch intern genutzt werden. Das macht die Informationsbeschaffung unter Transaktionskostengesichtspunkten effizient (Pejic, 1997, S. 99), da nur das berichtet wird, was intern für Steuerungszwecke ohnehin ermittelt wird.

3.4.5 Strategieorientierte Berichterstattung – Orientierung an der Wertschöpfung

3.4.5.1 Ansatz

Als problematisch erweist sich bei der Orientierung an internen Führungsinformationen insbesondere der geringe Grad an Standardisierung, der bei Umsetzung des „Management Approachs" erreicht wird. Dies zeigt auch das Beispiel *Skandia*, wo drei ähnliche Geschäftsbereiche unterschiedliche Kennzahlen berichten (kritisch FASB, 2001a, S. 38–41).

Um ein zu weit reichendes Auseinanderfallen der berichteten Informationen zu vermeiden, bietet sich ein gewisser Grad an Standardisierung an, um die externe Kommunikation der Informationen anzugleichen und so die Informationsverarbeitung durch Dritte zu vereinfachen. Eine Lösung könnte in der Bildung von Informationsklassen gesehen werden, die anhand eines allgemeinen Unternehmensmodells für jede Branche gebildet werden. Die konkreten Inhalte der einzelnen Informationsklassen werden anhand der intern verwendeten Daten konkretisiert. Dadurch würde eine Mindeststandardisierung erreicht, zugleich würde aber zur Generierung der einzelnen Kennzahlen auf die interne Informationsbasis zurückgegriffen und somit die durch den Management Approach ermöglichte effizientere Gestaltung der Informationsvermittlung unterstützt. Hinsichtlich der Bildung von Informationsklassen bzw. Informations-„Clusters" wäre eine Orientierung an der Wertschöpfungskette der Unternehmen möglich. Fasst man die in den unterschiedlichen Ansätzen geforderten Informationen systematisch zusammen, so zeigt sich, dass diese in ihrer Gesamtheit eine vereinfachte, standardisierte Wertschöpfungskette des Unternehmens abbilden. Durch die hierbei erfolgende Offenlegung der strategischen Optionen kann dem wichtigsten Informationswunsch der Anleger Rechnung getragen werden, nämlich der Einschätzung der Qualität des Managements.

Wie auch die Untersuchung des FASB zeigt, sind die Inhalte unterschiedlicher Informationskategorien von Branche zu Branche verschieden ausgestaltet. Die oben genannten Konzepte konkretisieren den Inhalt der genannten Informationsklassen nur beispielhaft. Die konkreten Berichtsgrößen und zu berichtenden Inhalte müssen hingegen im Einzelfall abgeleitet werden. Die Folge des reinen Management-Ansatzes ist daher eine Individualisierung der Berichterstattung. Im Gegensatz zum Jahresabschluss wird gerade nicht ein standardisiertes Beschreibungsmodell auf alle Unternehmen in standardisierter Form angewendet. Vielmehr wird die individuelle Perspektive des Managements vermittelt. Die disaggregierten Informationen werden in einem außerhalb des Unternehmens stattfindenden Bewertungsprozess verarbeitet. Daher entfernt sich ein nach den oben dargelegten Grundsätzen ausgestaltetes Reporting von der reinen Darstellung des Vermögensstatus, wie dies im Jahresabschluss erfolgt. Zur Unterteilung der zu berichtenden Informationen wird ein einfaches Wirkungsmodell vorgeschlagen, das sich an den Phasen der Leistungserstellung orientiert (Abbildung VI.28). Durch die dargelegte Struktur soll

- die Suche nach (internen) Informationen für die externe Berichterstattung in den einzelnen Bereichen erleichtert werden;
- Redundanzen in der Berichterstattung vermieden werden;
- eine Hilfe bei der Strukturierung der Berichte gegeben werden;
- auf Konzernebene die Abstimmung des Berichtsinhalts unterschiedlicher Geschäftseinheiten unterstützt werden.

Insgesamt soll auf diese Weise die Verständlichkeit der nicht finanziellen Informationsvermittlung erhöht werden. In jedem Bereich sollen qualitative Erläuterungen, finanzielle und nicht finanzielle Kennzahlen gleichermaßen zusammenwirken, um so nicht nur die Vergangenheit nachzuzeichnen, sondern auch das zukünftige Erfolgspotenzial abzubilden. Mit Blick auf die gegenwärtigen Publizitätsvorschriften und Berichtspraxis ist das vorgestellte

Konzept als Sollkonzept zu verstehen, das in der beschriebenen Weise eine Hilfe für die Informationssuche und -präsentation darstellt. Ziel ist es, zur Optimierung einer wertorientierten Berichterstattung beizutragen. Der Schwerpunkt der Umsetzungsbemühungen sollte zunächst auf der Darlegung der eigenen Strategie sowie Offenlegung der (strategieorientierten) Leistungserstellung liegen, da hierdurch das Geschäftsmodell und die Erfolgsfaktoren vermittelt werden. Die einzelnen Informationsklassen sind für jedes Segment gesondert zu bestimmen. Nicht finanzielle Kennzahlen und Erläuterungen treten damit neben die bereits durch die bisher vorgeschriebene Segmentberichterstattung geforderten, überwiegend finanziellen Informationen. So können die für die Analyse eines Geschäftsfelds notwendigen Informationen vermittelt werden.

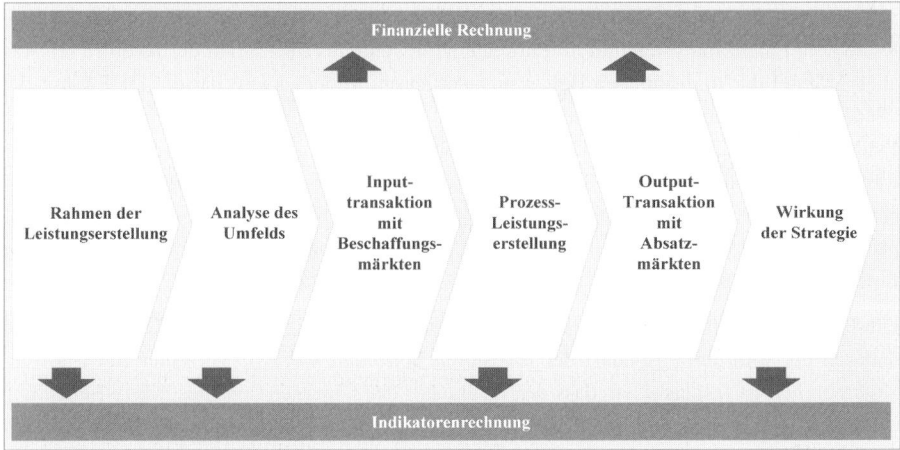

Abbildung VI.28: Wertschöpfungsorientierte Berichterstattung

3.4.5.2 Unternehmensverfassung – Rahmen der Leistungserstellung

Ausschlaggebend für den Erfolg eines Unternehmens ist nicht nur die Betätigung auf einem Erfolg versprechenden Markt und eine zukunftsträchtige Strategie, sondern vor allem auch das Vorhandensein von Strukturen zur Umsetzung des geplanten Geschäftsmodells. Damit eine externe Vertrauensbildung insbesondere auch bei Start-up-Unternehmen möglich ist, müssen die Organisations- und Entscheidungsstrukturen sowie Informationen über die Unternehmensleitung, Vergütungen, Beteiligungsverhältnisse und ähnliches offen gelegt werden.

Die hier zu vermittelnden Informationen legen die faktischen und rechtlichen Strukturen zur Leitung und Überwachung eines Unternehmens offen und fallen daher in den Bereich der Corporate Governance (Bundesverband der Deutschen Industrie e.V./PwC Deutsche Revisions AG Wirtschaftsprüfungsgesellschaft, 2000). In der fortschrittlichen Ausgestaltung der Corporate-Governance-Strukturen wird ein wesentliches Element für eine erfolgreiche Unternehmensführung und Unternehmenswertsteigerung gesehen. „Die Investoren sehen in der Verfolgung von Corporate Governance eine begründete Möglichkeit zur Performance-

Verbesserung" (DVFA, 2000, S. 9) für die eingesetzten Gelder. Folgerichtig verpflichtet der Gesetzgeber durch das Gesetz zur weiteren Reform des Aktien- und Bilanzrechts sowie des im Gesetz zu Transparenz und Publizität (TransPuG) neu eingeführten § 161 AktG die börsennotierten Unternehmen zur Abgabe einer Entsprechenserklärung, aus der deutlich werden soll, ob der von der diesbezüglichen Regierungskommission erarbeitete Verhaltenskodex beachtet wird.

Damit den Anlegern und allen weiteren Stakeholdern ein zutreffendes Bild der Unternehmensleitung vermittelt wird, müssen die unternehmensinternen Governance-Regeln offen gelegt werden. Als Leitlinie für die in diesem Bereich zu vermittelnden Informationen können die von der DVFA im „Standard DVFA Evaluation Method for CG" geäußerten Informationswünsche aus der Perspektive externer Finanzanalysten dienen. Da die CG für professionelle Finanzanalysten und Investoren ein notwendiges Instrument der Analyse sei, was auch Mängel der traditionellen Bewertungsverfahren mildern kann, hat die DVFA mit der „Scorecard for German Corporate Governance" ein Analyseinstrument geschaffen, das eine Evaluierung der „Governance"-Regeln der analysierten Unternehmen ermöglicht. Dabei werden in einer der Balanced Scorecard entlehnten Struktur Informationen aus den Bereichen „Corporate Governance Commitment", Aktionärsrechte, Unternehmensleitung, Transparenz und Prüfung gefordert und zu einem Gesamt-„Score" aggregiert (Bassen/Böcking/ Loistl/Strenger, 2000).

Diese Informationsstruktur kann der Unternehmensberichterstattung zu Grunde gelegt und dadurch der Informationsbedarf der Investoren befriedigt werden. Mit Blick auf Start-up-Unternehmen ist festzustellen, dass den Strukturen des Unternehmens besondere Bedeutung zukommt, wenn die traditionellen Bewertungsverfahren keine adäquate Abbildung der Leistungserstellung ermöglichen, da sich die eigentliche Leistungserstellung noch in der Aufbauphase befindet oder gerade erst begonnen hat (DVFA, 2000, S. 2). In diesem Fall kommt den vom Unternehmen eingerichteten Strukturen ein besonderes Gewicht zu, da hieraus auch Rückschlüsse auf die Qualität des Managements gezogen werden können.

3.4.5.3 Markt- und Umfeldbedingungen – Entwicklung der Strategie

Ausgangspunkt der Darlegung der eigentlichen Wertschöpfung sind externe Faktoren, die das Chancenpotenzial offen legen. Zunächst ist das Marktumfeld zu beschreiben. Dabei werden diejenigen strukturellen Merkmale einer Branche dargelegt, die die Stärke der Wettbewerbskräfte und letztendlich die Rentabilität einer Branche begründen. Hierbei sind die vielfältigen sozialen und ökonomischen Kräfte, die Auswirkungen auf das unternehmerische Handeln haben, zu berichten. Darüber hinaus sind beispielsweise auch rechtliche Besonderheiten des Markts zu beschreiben, die für das unternehmerische Handeln bestimmend sind. Es geht um eine Darstellung des relevanten Markts, mit dem Ziel, dessen Attraktivität und Zukunftspotenzial abschätzen zu können. Hierbei spielen Faktoren wie die Kundenstruktur oder die Kaufkraft der Kunden, aber auch die etablierten und potenziellen Wettbewerber in einer Branche sowie deren jeweilige Vor- und Nachteile im Wettbewerb eine große Rolle (Behr/Kind, 1999, S. 69). Nach Darlegung der einzelnen Bestimmungsfaktoren kann das Geschäftsmodell des Unternehmens erläutert werden. Zunächst ist offen zu legen, welche

Rolle das Unternehmen in einem solchen Umfeld spielen kann. Wo sieht es sich selber? Welche Vision hat es von der eigenen Präsenz auf dem Markt? Hierbei ist die zuvor dargelegte Umweltsituation zu berücksichtigen.

Hiervon ausgehend soll die konkrete Geschäftstätigkeit des Unternehmens vorgestellt werden. Hierbei geht es um die hergestellten Produkte oder Leistungen. Dabei sind für die einzelnen Bereiche Chancen und Risiken aufzuzeigen und der Zusammenhang zur Strategie ist zu verdeutlichen. Hierbei ist auch die Offenlegung des strategischen Entscheidungsprozesses zu erwähnen. Dabei sollte ausführlich über das im Rahmen des internen Rechnungswesens eingesetzte Steuerungs- und Kontrollinstrumentarium berichtet werden. Mit Hilfe dieser Faktoren können dann die Pläne des Managements dargelegt und nachvollzogen werden.

3.4.5.4 Transaktion mit den Beschaffungsmärkten – die finanzielle Dimension des Input

Als weitere Informationskategorie sind die Transaktionen, die mit Externen getätigt werden, zu sehen. Sie gehen als weiterer Input in die eigentliche Leistungserstellung ein. Dieser Bereich wird nahezu vollständig vom traditionellen Rechenwerk erfasst, da dieses zur Erfassung von Transaktionen mit Unternehmensfremden konzipiert wurde und dementsprechend die Geld- und Leistungsströme in mengen- und wertmäßiger Hinsicht erfasst und überwacht (Wöhe, 2000, S. 853). Der hier vorgeschlagenen disaggregierten Informationsvermittlung entsprechend ist die Berichterstattung von disaggregierten finanziellen und nichtfinanziellen Kennzahlen zu fordern, die den materiellen „Input" in den Produktionsprozess differenziert offen legen. Beispielsweise sind hierbei die Untergliederung der (strategischen) Aufwendungen in die einzelnen Bereiche wie z. B. F&E, Fort- oder Ausbildung zu fordern. Nach Möglichkeit sollte eine Gliederung vorgenommen werden, die auch eine Zuordnung zu den im nächsten Schritt zu erörternden Erfolgsfaktoren ermöglicht. Dadurch werden die Anstrengungen des Unternehmens zur Aufrechterhaltung der Wettbewerbsfähigkeit hinsichtlich der einzelnen strategischen Erfolgsfaktoren transparent und können mit Konkurrenten verglichen werden.

3.4.5.5 Leistungserstellungsprozess – Umsetzung der Strategie

Ein weiterer Teil der Informationsvermittlung bezieht sich auf die eigentliche Leistungserstellung. Dabei geht es grundsätzlich darum, die Umsetzung der Strategie intern zu steuern und extern zu kommunizieren. Entsprechend dem „Management Approach" lehnt sich die externe Informationsvermittlung eng an die interne Informationsverwendung an. Zur Umsetzung der strategischen Zielsetzungen ist deren Operationalisierung notwendig, was wiederum die Generierung von Kennzahlen und Indikatoren notwendig macht, die auf den einzelnen Konzern- und Unternehmensebenen eine strategieorientierte Steuerung der operativen Tätigkeit ermöglichen. Zur Ableitung entsprechender Kennzahlen wurden in der Literatur verschiedene Konzepte entwickelt, wie beispielsweise das Konzept der wertbestimmenden Faktoren oder der Ansatz der operativen Werttreiber (Knorren, 1998, S. 114–122).

Auch im Zusammenhang mit der Kennzahlengenerierung für die Balanced Scorecard wurden verschiedene Vorgehensweisen entwickelt (Michel, 1997, S. 280–281).

Eine Möglichkeit, die sich auf Grund der Transparenz hinsichtlich der strategischen Ziele besonders für die interne und externe Kommunikation der Unternehmensstrategie eignet, ist die Ableitung entsprechender Kennzahlen anhand der Erfolgsfaktoren der Strategie. Dazu sind im ersten Schritt ausgehend von den strategischen Zielen die kritischen Erfolgsfaktoren der Leistungserstellung abzuleiten und zu benennen. Dies sind die wesentlichen Bestimmungsfaktoren, die den Erfolg eines Unternehmens nachhaltig beeinflussen. Die Individualität eines Unternehmens wird zu einem großen Teil durch die Erfolgsfaktoren determiniert. Erfolgsfaktoren können darüber hinaus unterschiedlicher Natur sein, und ihre Anzahl kann variieren.

Zur Ableitung konkreter Kennzahlen zur Steuerung der erfolgskritischen Faktoren und Überwachung des Umsetzungsfortschritts kann im zweiten Schritt ein qualitatives Unternehmensmodell entwickelt werden, bei dem möglichst alle Kennzahlen, Indikatoren und auch qualitative Ausführungen in einen sachlogischen Zusammenhang hinsichtlich der finanziellen Oberziele des Unternehmens gebracht werden und gleichzeitig eine Zuordnung zu den einzelnen Erfolgsfaktoren erfolgt. Ziel ist es hierbei, das implizite Wissen der einzelnen Führungskräfte explizit zu machen und in die der Anordnung zugrunde liegenden Wirkungs-Ursache-Zusammenhänge einfließen zu lassen. Ausgehend von einem qualitativen Modell können die wichtigsten Faktoren und direkten oder indirekten Messgrößen identifiziert werden. Diese erlauben ein internes „Monitoring" und eine externe Kommunikation des Strategieerfolgs. Dabei sind insbesondere die Merkmale zu kommunizieren, die zum einen signifikanten Einfluss auf die Erreichung der Unternehmensziele haben und gleichzeitig eine hohe Beeinflussbarkeit durch die Unternehmensführung aufweisen (Knorren, 1998, S. 120). Die nachfolgende Abbildung VI.29 zeigt exemplarisch verschiedene Kennzahlen, Indikatoren und Zustände, die in der beschriebenen Weise den einzelnen Erfolgsfaktoren zugeordnet wurden.

Bilanzierung

Exemplarische Erfolgsfaktoren	Mögliche nicht-finanzielle Leistungsmessgrößen
Arbeitskräftepotenzial	■ Anzahl Hochschulabgänger, Facharbeiter ■ Bevölkerungswachstum (in %) ■ Flexibilität des Arbeitsmarktes
Makroökonomische Stabilität	■ Währungsentwicklung ■ Technologieposition ■ Offenheit der Handelsbeziehungen
Wettbewerbsposition	■ Marktposition ■ Technologieposition ■ Wertschöpfung
Innovationskraft	■ Time to Market ■ Anzahl Produkte in der Forschungspipeline ■ Anzahl neuer Produkte ■ Prozent Umsatz neuer Produkte ■ Mitarbeiter-Commitment ■ Verbesserungsraten bestimmter Parameter
Produkt- und Prozessqualität	■ Auftragsbearbeitungszeit ■ Lieferbereitschaft ■ Anzahl und Höhe der Auslieferungsverspätungen ■ Anzahl Reklamationen ■ Anzahl Garantiefälle ■ Prozent Produktionsfehler ■ Durchlaufzeit Produktion ■ Anzahl Lieferanten ■ Anzahl Komponenten, Baugruppen
Innovationskraft	■ Anzahl Mitarbeitervorschläge ■ Mitarbeiterzufriedenheit ■ Fluktuationsrate ■ Abwesenheitsrate ■ Attraktivität für neue Mitarbeiter

Abbildung VI.29: Beispiele nicht finanzieller Leistungsmessgrößen (Quelle: Lube, 1997, S. 224)

3.4.5.6 Output und Outcome – Erfolg der Strategie

Am Ende der Wertschöpfung steht der „Output" des Unternehmens. Das mengenmäßige Ergebnis der Leistungserstellung wird durch den Markt bewertet. Dadurch schlägt sich auch die Wirkung der Leistungserstellung zum Teil in den Umsatz- und Gewinngrößen nieder. Daher geht es zum einen um die Disaggregation der finanziellen Daten, um die Analyse des Erfolgs zu unterstützen. Beispiele hierfür sind die Angabe von Umsätzen der einzelnen Produkte oder Produktgruppen oder die Offenlegung des Anteils von Umsätzen mit Neuprodukten bei den einzelnen Produktgruppen. In diesen Bereich fallen auch wertorientierte Kennzahlen, die auf die Erfassung des im Berichtszeitraum geschaffenen Unternehmenswerts abzielen. Sie knüpfen ebenfalls an das Ergebnis des Leistungserstellungsprozesses an, nehmen aber im Vergleich zur finanziellen Gewinngröße eine modifizierte Messung des finanziellen Erfolgs vor. Beispiele für Komponenten einer solchen Berichterstattung sind Kennzahlen wie CFROI, CVA, EVA oder ROCE bzw. jeweils deren individuelle Berechnungssystematik. Ergänzend hierzu sind auch Kennzahlen zu nennen, die das finanzielle Ergebnis auf die einzelne Aktie herunterbrechen. Beispiele für entsprechende Kennzahlen sind Ergebnis- und „Cash Flow Per Share" (EPS/CFPS) oder auch das Ergebnis nach DVFA. Des Weiteren ist die Angabe von Kurs-Gewinn- oder Kurs-Cash-Flow-Verhältnissen (KGV/KCFV) denkbar.

Diese Informationsklasse zielt neben der Offenlegung des finanziellen Ergebnisses des betrieblichen Leistungserstellungsprozesses auch auf die Dokumentation der Wirkung der Leistungserstellung. Zur Analyse der Stärken und Schwächen der Leistungserstellung sowie die Überprüfung der Strategieorientierung kommt „Outcome"-Indikatoren, die oftmals einen nicht finanziellen Charakter aufweisen, eine besondere Bedeutung zu (Lube, 1997, S. 218), da die finanzielle Ergebnismessung nur eine indirekte (und vergangenheitsorientierte) Aussage über die Qualität der Leistungserstellung ermöglicht. Hingegen werden die zukünftigen finanziellen Ergebnisse insbesondere auch durch die zum Berichtszeitpunkt nur durch „Outcome"-Indikatoren messbaren Wirkungen der erstellten Leistung auf Kunden, Lieferanten und andere Koalitionäre beeinflusst. Die Messung der Zielerreichung im vorgenannten Sinne kann durch eine dem eigentlichen Produktionsprozess nachgelagerte Untersuchung der Wirkung der erbrachten (quantitativen) Leistungen erfolgen. Grundsätzlich können Indikatoren hinsichtlich aller Stakeholder des Unternehmens sowie für alle von der Leistungserstellung betroffene Umfeldbereiche erhoben werden. Exemplarisch soll dies anhand der Wirkungen auf den Absatzmarkt dargelegt werden. Dabei ist beispielsweise von Interesse, ob die Kunden mit der erbrachten Leistung zufrieden waren. Hierfür können etwa die folgenden Indikatoren Aufschluss geben.

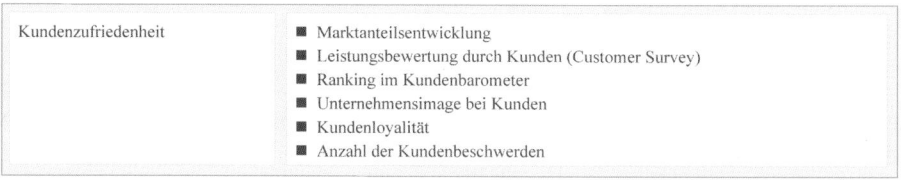

Abbildung VI.30: Indikatoren der Kundenzufriedenheit (Quelle: Lube, 1997, S. 224)

3.4.5.7 Verknüpfung von Erläuterungen, Kennzahlen und Finanzdaten

Damit die vorgeschlagene Strukturierung die oben genannten Ziele erreicht und eine verbesserte Informationsvermittlung gelingt, müssen die berichteten Kennzahlen und Finanzdaten mit den qualitativen Erläuterungen verknüpft werden. Die verwendeten numerischen Informationen sind zu erläutern und ihr Zusammenhang zur Unternehmensstrategie darzustellen.

In jeder Kategorie ist auf diese Weise die bisherige Entwicklung und die erwartete zukünftige Entwicklung darzustellen. Dadurch wird das bisher Geschaffene und das zukünftige Erfolgspotenzial transparent. Durch die integrierte Offenlegung mit dem eher rückwärts gewandten traditionellen Rechnungswesen wird gleichzeitig Rechenschaft über die Vergangenheit abgelegt.

3.5 Einfluss der Informationstechnik auf den Informationsfluss zwischen Kapitalmarkt und Unternehmen

Die Betrachtung der bisher skizzierten inhaltlichen Änderung der Unternehmenspublizität auf Grund veränderter Informationsansprüche der Stakeholder kann nicht losgelöst von den diesen Wandel begünstigenden Entwicklungen der Informationstechnologie erfolgen: Das Internet hat sich in der Unternehmenspraxis zum wichtigen Kommunikationskanal zwischen Unternehmen und Stakeholdern, insbesondere dem Kapitalmarkt, entwickelt. Es bietet durch seine multimedialen Aufbereitungs- und Verknüpfungsmöglichkeiten eine völlig neue Dimension der Informationsvermittlung. Seine Funktionalitäten ermöglichen die aktive Gestaltung des Wandels der (finanziellen) Unternehmenskommunikation von der gesetzlich erforderlichen Rechenschaftslegung zur proaktiven Information der Stakeholder (Weiss/Heiden, 2001). Darüber hinaus kommt es zu einer „Demokratisierung der Kapitalmarktpublizität", denn das Internet ermöglicht eine Disintermediation des Kommunikationsprozesses, da „die Informationsadressaten direkten kostengünstigen Zugang zu den gewünschten Unternehmensinformationen haben. ... Das Publizitätsverhältnis zwischen Unternehmen und Informationssuchenden entwickelt sich so vom Corporate Reporting zum Corporate Dialogue" (beide Zitate: Weiss/Heiden, 2000, S. 988–989).

Darüber hinaus wandelt sich auch die Form der Informationsvermittlung („from push to pull"): Während bisher vornehmlich die so genannte „Push"-Technologie angewandt wurde, die den Kommunikationsprozess unternehmensseitig initiierte, um die Adressaten mit Informationen zu versorgen, ist zu beobachten, dass Stakeholder individuell zusammenstell- und abrufbare Informationspakete den traditionellen Unternehmensberichten vorziehen („pull"). Gemeinsam mit dem Trend zu einer erhöhten Frequenz in der unterjährigen Berichterstattung erscheint es somit möglich, dass Unternehmen zukünftig vermehrt Zugriff zu ihren Datenbanken gewähren, damit Adressaten ihre Informationsbedürfnisse individuell befriedigen können (Rappaport, 1995, S. 46–51; Küting/Dawo/Heiden, 2002, S. 55–58). Erste Ansätze existieren bereits in der Praxis der Internet-Investor-Relations:

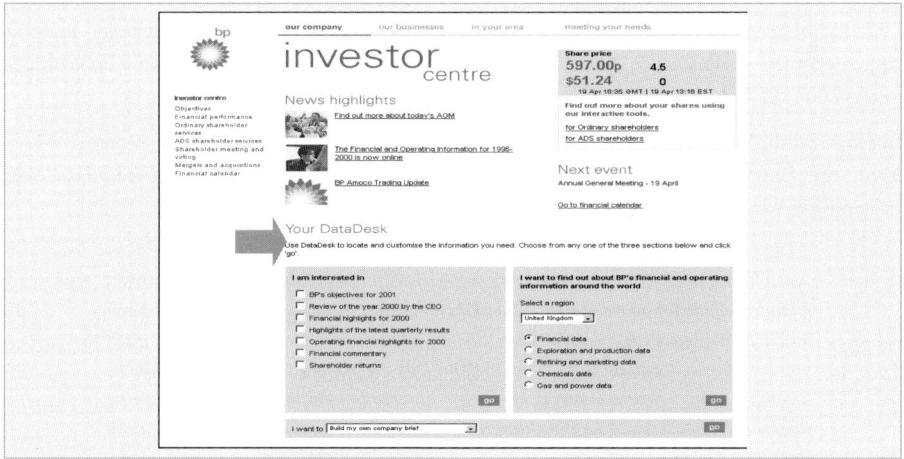

Abbildung VI.31: Data Desk der BP plc (Quelle: www.bp.com (Stand: 14.05.2001))

Es wird deutlich, dass Start-up-Unternehmen sich deutlich vor einem eventuellen Börsengang im Internet präsentieren können. In vielen Fällen ist bereits in einer frühen Unternehmensphase eine Internetpräsenz vorhanden, so dass positive Synergieeffekte zwischen Produkt- und Finanzbereich entstehen (Weiss/Heiden, 2001, S. 153).

Einen wesentlichen Impuls erfährt der IT-Einsatz in der Kapitalmarktkommunikation durch die Entwicklung der „eXtensible Business Reporting Language" (XBRL) unter Federführung des AICPA. Zweck ist die Entwicklung einer frei verfügbaren Datenspezifikation zum Austausch von Jahresabschlussdaten auf Basis der „eXtensible Markup Language" (XML)-Technologie. Wie die für die Erstellung von Internetseiten verwendete „Hypertext Markup Language" (HTML) zählt XML zu den so genannten Auszeichnungssprachen. Mit Hilfe so genannter Taxonomien wird der Jahresabschluss in XBRL als eine Vielzahl einzelner Elemente definiert und deren Beziehung zueinander bestimmt, während durch den HTML-Code lediglich festgelegt wird, wie der verwendete Internet-Browser die Textzeichen und Textziffern einer Webseite darzustellen hat, wodurch eine automatisierte Auswertung eines im HTML-Format bereitgestellten Jahresabschlusses durch einen „Download" in ein Auswertungssystem nicht möglich ist. XBRL ermöglicht die Vermeidung von Medienbrüchen in der „Business Reporting Supply Chain". Unternehmensdaten können somit ohne manuellen Eingriff übertragen und ausgewertet werden (Küting/Dawo/Heiden, 2001a, S. 36–47).

Ähnlich einer vorzeitigen Adaption neuer Rechnungslegungsstandards bietet die frühzeitige Auseinandersetzung mit XBRL nicht zuletzt vor der zu beobachtenden rasanten technischen Entwicklung die Möglichkeit, sich strategische Wettbewerbsvorteile für das Zeitalter der XBRL-basierten Unternehmenspublizität zu verschaffen.

3.6 Praxisbeispiel: NEMAX Media & Entertainment

Am Institut für Wirtschaftsprüfung an der Universität des Saarlandes durchgeführte Untersuchungen der Informationsqualität der Geschäftsberichte 1999 und 2000 der NEMAX 50-Unternehmen zeigen, dass die durchschnittliche Informationsqualität hinter der anderer Börsensegmente (DAX-30, MDAX und SDAX) zurückbleibt (Zwirner/Ranker/Wohlgemuth, 2001, S. 481–482; Fockenbrock, 2002).

In einer Studie zum deutschen Medienmarkt bringt das Bankhaus *HSBC Trinkaus & Burkhardt* die Branchenproblematik auf den Punkt und verdeutlicht insbesondere, dass eine frühzeitige Adressierung der Schwachpunkte geboten ist:

> *„Die intransparente Rechnungslegung gilt als ein wichtiger Grund, der zur Verunsicherung des Kapitalmarktes sowie der Investoren geführt hat. ... Finanzvorstände sehen sich mit der Problematik konfrontiert, dass weder nach HGB noch nach IAS einheitliche Vorschriften für die Medienbranche bestehen. Lediglich nach US-GAAP gibt es klare Vorschriften. Das eigentliche Problem der Medienbranche lautet: Business meets Glamour. Einerseits sind in dieser Branche eine Vielzahl von kreativen Leuten tätig, die aber andererseits bei der strategischen Führung ... oftmals überfordert sind. Fehlende Planungs- und Kontrollorgane, überforderte CFOs bzw. vollkommene Selbstüberschätzung sind dabei nur der Gipfel des Eisberges"* (HSBC Trinkaus & Burkhardt, 2001, S. 4).

Betrachtet man nunmehr in nachstehender Abbildung die Zusammensetzung des NEMAX Media & Entertainment fällt zunächst einmal auf, dass es sich um einen heterogen zusammengesetzten Index handelt.

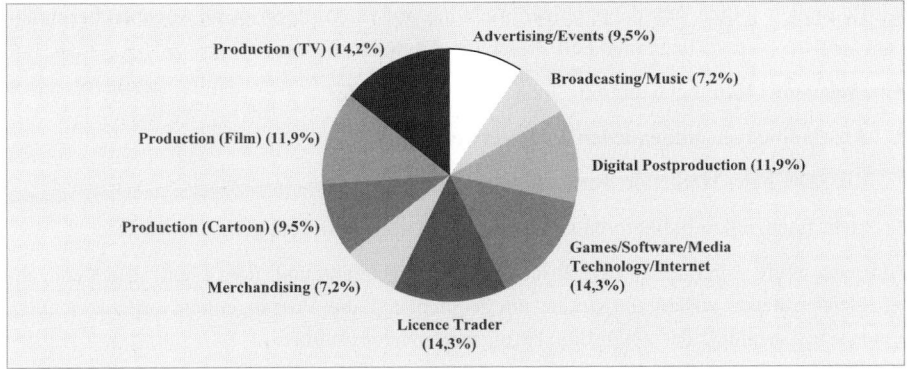

Abbildung VI.32: Geschäftstätigkeiten im M&E-Index (Quelle: Küting/Zwirner, 2001)

Die einzelnen Indexunternehmen sind somit trotz gleicher Indexzugehörigkeit nicht ohne weiteres miteinander im Rahmen einer „Peer-Group"-Betrachtung vergleichbar. Nachdem eine Zuordnung zu einem der möglichen Indexsegmente vorgenommen wurde, liegt die erste Hürde für den externen Analysten, neben der Vergleichbarkeit unterschiedlicher Rechnungslegungssysteme, in der komparativen Analyse unterschiedlicher Geschäftsmodelle. Hierzu ist der Analytiker zur Beurteilung der Unternehmenslage auf eine grundlegende Erläuterung des Business Modells angewiesen. So verdeutlicht die Betrachtung der Gruppen „Production" und „Licence Trader", zu denen solche Unternehmen zählen, „die eigenständig Filme produzieren und die aus der Produktion entstehenden Copyrights und Rechte verwerten" (Küting/Zwirner, 2001, S. 11), dass zwar grundsätzlich eine Verwertung über mehrere Verwertungsstufen erfolgt, diese aber unternehmensspezifisch mit unterschiedlichen Schwerpunkten vorgenommen wird.

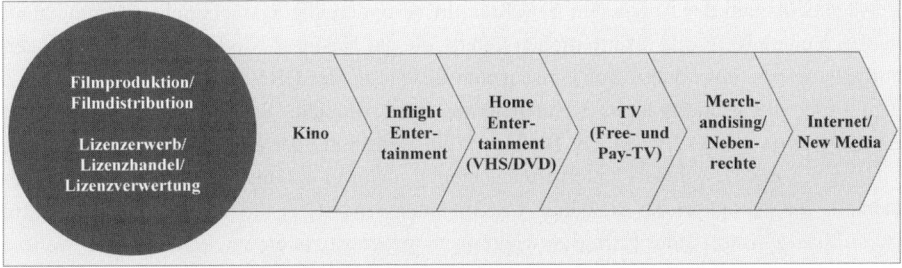

Abbildung VI.33: Mögliche Verwertungs-/Wertschöpfungskette für den Bereich Production/Licence Trader (Quelle: Küting/Zwirner, 2001)

Mit Blick auf das Ziel einer am ShareholderValue orientierten, transparenten Berichterstattung, die eine Vergleichbarkeit sichert und somit einem Analysten eine adäquate Unternehmensbewertung erlaubt, erscheint eine zusätzliche Berichterstattung in Anlehnung an die oben dargelegte (Soll-)Konzeption sinnvoll. Kern der Ausführungen sollte eine ausführliche Darlegung des Geschäftsmodells des Start-up-Unternehmens sein. Durch die Beschreibung des Geschäftsmodells werden die Stellhebel des unternehmerischen Erfolgs deutlich. Die

Ausführungen sollten sich dabei jedoch nicht nur auf verbal-deskriptive Angaben beschränken, sondern – im vorliegenden Fall – auch um Angaben zu

- (Segment-) Vermögen auf einzelnen Verwertungsstufen,
- Abschreibungen aufgegliedert nach Verwertungsstufe,
- EBITDA bzw. Margen je Verwertungsstufe,
- nicht finanziellen Indikatoren und Kennzahlen und ähnlichem gemacht werden.

Auf jeder Stufe sollen qualitative Erläuterungen, finanzielle und nicht finanzielle Kennzahlen gleichermaßen zusammenwirken, um so nicht nur die Vergangenheit nachzuzeichnen, sondern insbesondere das zukünftige Erfolgspotenzial abzubilden.

Nachdem durch ein „Value-Driver"- respektive Business-Model-Reporting die Stellhebel des Unternehmenserfolges herausgearbeitet wurden und über deren Abbildung im Jahresabschluss berichtet wurde, mit anderen Worten die finanzielle Dimension des „Output" offen gelegt wurde, stellen das wertorientierte Steuerungssystem sowie die Risikoberichterstattung komplementäre Bestandteile einer wertorientierten Berichterstattung und Bilanzierung dar. Ein Beispiel hierfür liefert die *Internationalmedia AG* (2001, S. 31–32) durch ihre qualitativen und quantitativen Angaben im Geschäftsbericht 2000. Durch die Berücksichtigung im Lagebericht wird der Informationsgehalt durch das Testat des Wirtschaftsprüfers weiter aufgewertet (Küting/Dawo/Heiden, 2001b, S. 616–617 m. w. N.). Relevante Risikoinformationen vermitteln beispielsweise die mittlerweile in den Geregelten Markt gewechselte *Helkon Media AG* (2000, S. 35–37) und *Constantin Film* (2001, S. 21–23).

Durch diese beiden Berichtskomponenten kann den Adressaten ein Bild darüber vermittelt werden, ob der Vorstand adäquate Systeme zur Leistungsmessung, -überwachung und Erfolgspotenzialerhaltung eingerichtet hat, die eine zeitnahe Informationsversorgung des Managements und der Adressaten gewähren. Insbesondere die Risikoberichterstattung kann hierbei weitere wertvolle Informationen liefern, die das Business-Model-Reporting ergänzen und erleichtert – etwa durch eine konsequente Beachtung des DRS 5 (Heiden, 2002, S. 10) – dem Leser das grundsätzliche Kennen lernen einer Branche. So betonen denn auch die Analysten von *HSBC Trinkaus & Burkhardt* die Bedeutung der eingehenden Auseinandersetzung mit dem jeweiligen Unternehmensmodell, denn es sei umso wichtiger, „die fundamentale Werthaltigkeit der einzelnen Unternehmensmodelle zu überprüfen, um nachhaltig zukünftige Umsatz- und Ertragsentwicklungen prognostizieren zu können. Als weitere Einflussparameter sind dabei auch … Soft-Faktoren zu beachten … Dazu zählen insbesondere die Fähigkeiten der ersten und zweiten Managementebene, Branchenerfahrung, die Bereitschaft zu Transparenz sowie ein funktionierendes Planungs- und Kontrollsystem" (HSBC Trinkaus & Burkhardt, 2001, S. 49).

Abschließend sei deshalb die Bedeutung hervorgehoben, die den in das Bewertungskalkül der Anleger eingehenden „Soft"-Faktoren zukommt. Als beispielhafte Elemente einer wertorientierten, vertrauenschaffenden Berichterstattung seien die Vorstellung des Managements (Internationalmedia AG, 2001, S. 4–7) und des Aufsichtsrates sowie das „Corporate-Governance-Reporting" genannt. Für Start-up-Unternehmen ist es besonders schwer, die Brücke zu den externen Adressaten zu schlagen. Dies liegt nicht zuletzt darin begründet, dass erste Unternehmenszusammenbrüche und die wachsende Diskussion um die Managementqualität sowie die Verantwortung des Aufsichtsrats den Markt belasten und darüber hinaus ein ausführliches Analysten-„Coverage" ob der Vielzahl von Unternehmen nur schwer erhältlich ist. Hinzu kommt, dass das wirtschaftliche Risiko vieler Start-up-Unternehmen nicht nur zur erschwerten Eigenkapitalbeschaffung geführt hat, sondern auch die Fremdkapitalversorgung erschwert wird.

3.7 Fazit des Beitrags

In einem immer dynamischeren Kapitalmarkt- und Wettbewerbsumfeld gewinnt eine deutlich über die gesetzlich normierte Rechenschaftslegung hinausgehende, wertorientierte Bilanzierung und Berichterstattung zunehmend an Bedeutung.

Nach einer Darstellung des aktuellen Diskussionsstands bei Standard-Gebern, Rechnungslegungsorganisationen und in der Literatur wurde im vorliegenden Beitrag eine eigenständige an der Wertschöpfungskette eines Unternehmens orientierte Konzeption einer wertorientierten Bilanzierung und Berichterstattung entwickelt. Diese gilt es, unternehmensindividuell auszugestalten. Nicht verschwiegen werden sollte hierbei die wichtige Rolle des Wirtschaftsprüfers, der durch seinen Bestätigungsvermerk nicht nur die vermittelten Informationen aufwertet, sondern als Berater von Start-up-Unternehmen bei der Implementierung helfen kann.

Erste Praxisbeispiele aus dem Bereich des NEMAX Media & Entertainment haben Ansatzpunkte für die Umsetzung der angestellten konzeptionellen Überlegungen gezeigt. Eine konsequente wertorientierte Unternehmensberichterstattung kann langfristig strategische Wettbewerbsvorteile sichern. Auf kurz- respektive mittelfristige Sicht leistet eine hohe Transparenz in Bilanzierung und Berichterstattung einen wertvollen Beitrag zur Existenzsicherung. Start-up-Unternehmen wird deshalb eine frühzeitige Auseinandersetzung mit der dargelegten Thematik empfohlen.

4. Investor Relations

PETER WITT

Je klarer man sich ausdrückt, desto gefährlicher werden die Worte.
(May Sarton)

4.1 Zum Begriff der Investor Relations

Der Begriff „Investor Relations" wurde erstmalig Mitte der Fünfzigerjahre vom US-amerikanischen Unternehmen *General Electric* verwendet und bezeichnete ein Programm zur Information der Privatanleger. In Deutschland tauchte der Begriff zum ersten Mal 1984 im Rahmen eines Investment-Kongresses auf, und zwar in Form einer Podiumsdiskussion zum Thema „Investor Relations". Generell versteht man unter „Investor Relations" die Kommunikationspolitik eines Unternehmens gegenüber Kapitalgebern (Günther/Otterbein, 1996, S. 391). Dahinter steht die Überlegung, dass jedes Unternehmen am Finanzmarkt mit anderen Unternehmen im Wettbewerb um die knappe Ressource „Kapital" steht. Dieser Wettbewerb beeinflusst die Kapitalkosten eines Unternehmens und ist damit unmittelbar ergebnisrelevant.

In dieser Arbeit soll der Begriff der „Investor Relations" eng gefasst und auf Eigenkapital begrenzt werden. Man könnte daher auch von „Aktienmarketing" sprechen (Link, 1991). Maßnahmen der Kommunikation und des Marketing gegenüber Fremdkapitalgebern wie z. B. Banken zählen nach der hier vertretenen Auffassung nicht zu den Investor Relations. Das hat zwei Gründe: Fremdkapitalgeber stellen einem Unternehmen nur rückzahlungspflichtige Mittel zur Verfügung. Eigenkapital wird einem Unternehmen dagegen dauerhaft übertragen. Fremdkapitalgeber tragen zwar das Risiko der möglichen Zahlungsunfähigkeit des Kreditnehmers, partizipieren aber nicht an den unternehmerischen Chancen, die sich Investoren bieten, und verfügen auch nicht über Stimmrechte bei unternehmenspolitischen Entscheidungen. Eine Aufgabe der Investor Relations ist es, neue Eigenkapitalgeber zu werben. Eine andere Aufgabe besteht darin, bereits vorhandene Eigenkapitalgeber mit solchen Informationen über das Unternehmen zu versorgen, die einen Einfluss auf den Unternehmenswert bzw. den Aktienkurs haben können. Diese Aufgabe braucht theoretisch nur dann in einem Unternehmen institutionalisiert zu werden, wenn der Kapitalmarkt nicht streng informationseffizient ist (Günther/Otterbein, 1996, S. 392). Man kann Investor Relations in diesem Sinne auch als einen privatwirtschaftlich motivierten Beitrag jedes einzelnen Unternehmens ansehen, der die Informationseffizienz von Kapitalmärkten erhöht. Das langfristige ökonomische Ziel der freiwilligen Information aktueller und potenzieller Anleger besteht in der Senkung der Eigenkapitalkosten. Kurzfristig kommt das Ziel der Erfüllung gesetzlicher Vorschriften der Aktionärskommunikation hinzu.

Investor Relations können auf deutsch auch als Finanz- oder enger als Eigenkapitalmarketing bezeichnet werden. Von den vier Marketinginstrumenten, also der Preis-, der Produkt-, der Distributions- und der Kommunikationspolitik, die sich bei einer solchen Definition auch für die Investor Relations ergeben (Tiemann, 1997, S. 5–7), hat lediglich die Kommunikationspolitik im laufenden Geschäft Bedeutung. Eine Preispolitik findet nur bei der Emission neuer Aktien statt. Dasselbe gilt für die Wahl der Distributionswege und die Wahl des Börsenplatzes. Produktpolitik spielt bei Aktien ebenfalls nur in Ausnahmefällen eine Rolle, wenn z. B. von Inhaber- auf Namensaktien umgestellt oder eine andere Stückelung der Aktien gewählt wird („Aktiensplit"). Als Investor Relations wird daher hier nur die Kommunikationspolitik eines Unternehmens gegenüber seinen Eigenkapitalgebern bzw. Aktionären bezeichnet. Es hat den Anschein, dass trotz der Verfügbarkeit deutschsprachiger Begriffe hierzulande die englische Bezeichnung Investor Relations bevorzugt wird. Daher wird der Begriff auch in diesem Beitrag weiter verwendet, ohne damit der Dominanz der Anglizismen in der Betriebswirtschaftslehre unnötigen Vorschub leisten zu wollen. Die Vorliebe für englische Begriffe ist jedoch ein unübersehbarer Ausdruck des Zeitgeistes.

Investor Relations sind schließlich begrifflich auch insoweit eng zu fassen, als sie ausschließlich die Kommunikation mit externen Anlegern betreffen. Eigenkapitalgeber, die an der Geschäftsführung ihres Unternehmens beteiligt oder in ihm als Mitarbeiter beschäftigt sind, können sich intern und selbständig über das Unternehmen und seine wirtschaftlichen Aussichten informieren (Witt, 2001). Es ist nicht Aufgabe der Investor Relations, mit internen Anteilseigner zu kommunizieren. Auch die interne Informationsversorgung von Nicht-Anteilseignern wie Mitarbeitern ist nicht Gegenstand der Investor Relations, sondern Gegenstand der betriebswirtschaftlichen Motivations- und Führungstheorie (anderer Ansicht ist jedoch offenbar Leven, 1998, S. 57).

4.2 Aufgaben und Ziele der Investor Relations

Das Oberziel der Investor Relations ist die Senkung der Eigenkapitalkosten des Unternehmens. Zur Erreichung dieses Oberzieles werden einige Unterziele verfolgt. Ein erstes Unterziel ist die Beachtung der gesetzlichen Rahmenbedingungen im Umgang mit Eigenkapitalgebern. Ein zweites Unterziel ist der Aufbau von Bekanntheit und Vertrauen bei aktuellen und potenziellen Aktionären. Ein drittes Unterziel besteht in der Beeinflussung der Struktur der Eigenkapitalgeber. Im Folgenden soll zunächst auf die gesetzlichen Pflichten eingegangen werden, die ein Unternehmen gegenüber seinen Eigenkapitalgebern zu erfüllen hat. Anschließend wird geklärt, wie ein Unternehmen seine Eigenkapitalkosten messen und durch geeignete Maßnahmen der Investor Relations senken kann.

4.2.1 Erfüllung der gesetzlichen Pflichten

4.2.1.1 Durchführung der Hauptversammlung

Die jährlich durchzuführende ordentliche Hauptversammlung ist eine der wenigen Gelegenheiten für ein Unternehmen, die Aktionäre persönlich zu treffen und ihnen das Unternehmen zu präsentieren. Obwohl der Ablauf durch die Vorgaben des Aktiengesetzes sehr stark reglementiert und auf die Berichterstattung über das vergangene Geschäftsjahr ausgerichtet ist, bietet sich dort auch die Möglichkeit, sich über das Unternehmen, seine Strategie und seine zukünftigen Erfolgsaussichten zu informieren (Wragg, 1992, S. 92). Für das Unternehmen ist die Hauptversammlung eine Chance, eine stärkere Personalisierung der Leitungsgremien zu erreichen und auf diese Weise Vertrauen in die handelnden Menschen aufzubauen. Aktionäre wollen nicht nur Informationen und Antworten auf Fragen haben, sie wollen auch sehen, welchen Personen sie ihr Geld anvertraut haben (Leven, 1998, S. 49). Die Aufgabe der Vertrauensbildung trifft im Wesentlichen den Vorsitzenden des Aufsichtsrats, der die Hauptversammlung leitet, und den Vorstandsvorsitzenden, der über die wirtschaftliche Lage und die Aussichten des Unternehmens berichtet. Die anderen Mitglieder der Leitungsgremien, insbesondere die übrigen Mitglieder von Aufsichtsrat und Vorstand, können normalerweise keine kommunikative Wirkung entfalten, da sie nicht zu Wort kommen.

Ein Problem der Kommunikation des Unternehmens mit seinen Aktionären im Rahmen der Hauptversammlung ist das Auftreten von „Berufsopponenten" und „Scheinaktionären" (Link, 1991, S. 333), die nicht so sehr die Interessen und die Informationsbedürfnisse der Anteilseigner zum Ausdruck bringen, sondern vielmehr eigene Selbstdarstellungsinteressen verfolgen oder die medienwirksame Verkündigung politischer Botschaften bezwecken. Dieses Problem betrifft zwar hauptsächlich sehr große Unternehmen, kommt jedoch auch auf den Hauptversammlungen kleinerer Unternehmen vor. Dort finden sich mitunter auch „räuberische Aktionäre" (Wirtschaftswoche vom 5.4.2001, S. 28), die nur an der Hauptversammlung teilnehmen, um juristische Fehler in der Vorbereitung oder Durchführung zu finden, mit denen sie das Management durch die Androhung von Anfechtungsklagen auf die Zahlung von „Schweigegeldern" erpressen können. Gerade frisch börsennotierte Unternehmen, deren IR-Mitarbeiter noch wenig Erfahrung oder unzureichende juristische Unterstützung haben, sind dieser Gefahr ausgesetzt.

4.2.1.2 Laufende Berichterstattung an die Aktionäre

Eines der wichtigsten Instrumente der Investor Relations ist der Geschäftsbericht. Er ist die „Visitenkarte" des Unternehmens und stellt für viele Aktionäre und Interessenten die erste und am einfachsten zugängliche Informationsquelle dar. Eine unabdingbare Voraussetzung guter Investor Relations ist es daher, dass der Geschäftsbericht (und alle anderen Berichte) als pdf-Dateien von der Homepage des Unternehmens heruntergeladen werden können. Dieser Service erleichtert es den Eigenkapitalgebern und der Öffentlichkeit, sich schnell zu informieren, und er spart dem Unternehmen Kosten, die ansonsten durch die Produktion gedruckter Berichte, die telefonische Bestellannahme und den postalischen Versand entstehen würden.

Der Geschäftsbericht muss nach den Vorschriften des Publizitätsgesetzes und des Handelsgesetzbuches mindestens die Bilanz, die Gewinn- und Verlustrechnung (GuV), den Anhang mit Zusatzinformationen zu Bilanz und GuV sowie den Lagebericht enthalten. Neben diesen Pflichtbestandteilen informieren die meisten Geschäftsberichte über die Produkte und Märkte des Unternehmens, die Aktionärsstruktur, die Aktienkursentwicklung, die Mitarbeiter und andere Geschäftsdaten (Leven, 1998, S. 57). Unternehmen, die am Neuen Markt notiert sind, müssen den Jahresabschluss und den Lagebericht nicht nur nach HGB, sondern auch nach US-GAAP oder IAS erstellen und innerhalb von drei Monaten nach Ende des Berichtszeitraums in deutscher und englischer Sprache vorlegen (Achleitner/Bassen, 2001b, S. 29).

Das Börsengesetz schreibt den im amtlichen Handel notierten Unternehmen zusätzlich zum Geschäftsbericht auch die Erstellung und Veröffentlichung von halbjährlichen Zwischenberichten vor. Am Neuen Markt sind darüber hinaus Quartalsberichte in deutscher und englischer Sprache vorgeschrieben. Die Halbjahres- und Quartalberichte sind typischerweise weniger umfangreich als die Geschäftsberichte. Sie sind innerhalb von zwei Monaten nach Abschluss der Berichtsperiode zu veröffentlichen und enthalten die Gewinn- und Verlustrechnung, Angaben zum Ergebnis pro Aktie, die Zahl der Mitarbeiter, die Kapitalflussrechnung und Vergleichszahlen zum entsprechenden Vorjahreszeitraum. In den Erläuterungen zum Quartalsbericht müssen die Unternehmen die einzelnen Positionen näher aufschlüsseln und über wichtige Entwicklungen der Geschäftstätigkeit informieren. Viele Unternehmen aus anderen Börsensegmenten veröffentlichen freiwillig vierteljährliche Berichte. Einige Unternehmen lehnen das bisher jedoch ab (z. B. *Porsche*).

4.2.1.3 Ad-hoc-Publizität

Nach § 15 des Wertpapierhandelsgesetzes (WpHG) müssen alle Unternehmen, deren Aktien zum Handel an einer deutschen Börse zugelassen sind, unverzüglich neue unternehmensinterne Tatsachen veröffentlichen, wenn diese geeignet sind, den Aktienkurs wesentlich zu beeinflussen (Bundesaufsichtsamt für den Wertpapierhandel, 1998). Die praktische Durchführung der Ad-hoc-Publizität erfolgt meistens in Zusammenarbeit mit der Deutschen Gesellschaft für Ad-hoc-Publizität, welche die Mitteilungen der Unternehmen an die zu unterrichtenden Börsen und das Bundesaufsichtsamt weiterleitet. Die Ad-hoc-Publizität verfolgt das Ziel, Informationsasymmetrien zwischen Marktteilnehmern abzubauen und mögliche Insider-Geschäfte zu verhindern.

Es ist grundsätzlich eine Einzelfallentscheidung des Vorstands einer börsennotierten Aktiengesellschaft, was er als unter § 15 WpHG fallend ansieht. Eindeutig ist nur, dass Werturteile, Meinungen und Gerüchte nicht vom Erfordernis der Ad-hoc-Publizität betroffen sind. Die Publizitätspflicht richtet sich auch nur auf unternehmensbezogene Informationen, nicht auf Marktdaten (Claussen, 1996, S. 76–77). Problematisch wird die Entscheidung immer dann, wenn in Ad-hoc-Mitteilungen Tatsachen und Meinungen vermischt werden. Schwierig sind auch Mitteilungen mit personalrechtlichen Bestandteilen, z. B. Ankündigungen von Werksschließungen oder Entlassungen. Hier müssen kapitalmarktrechtliche Meldepflichten mit gesellschaftsrechtlichen und mitbestimmungsrechtlichen Schweigepflichten abgewogen werden.

Aus der Sicht des Unternehmens stellen Ad-hoc-Mitteilungen eine Möglichkeit dar, potenzielle und aktuelle Anteilseigner kostengünstig über unternehmensspezifische Vorgänge zu informieren. Leider wird das Instrument zunehmend nur im Falle positiver Nachrichten benutzt und damit als Werbemedium missbraucht. So haben empirische Untersuchungen gezeigt, dass die meisten Ad-hoc-Meldungen positive Nachrichten enthalten und zu Kurssteigerungen der betreffenden Aktien führen (Achleitner/Bassen, 2001b, S. 42). Negative Informationen werden dagegen häufig trotz der Verpflichtung zur Ad-hoc-Publizität nicht gegeben. Dies wird dann häufig damit begründet, dass keine Eignung zur erheblichen Kursbeeinflussung bestanden habe. In einem konkreten Fall hat ein börsennotiertes Unternehmen das sogar für den plötzlichen Rücktritt eines von drei Vorstandsmitgliedern, über den nicht berichtet wurde, geltend gemacht (zu einer umfangreichen Liste mit Beispielen publizitätspflichtiger Tatsachen nach § 15 WpHG vgl. Bundesaufsichtsamt für den Wertpapierhandel 1998, S. 50–51). Aus der Sicht der Investor Relations, die das Ziel eines langfristigen Vertrauensaufbaus zwischen Unternehmen und Aktionären verfolgen, sollten Ad-hoc-Mitteilungen kurz und sachlich gehalten sein und grundsätzlich nicht zu Werbezwecken eingesetzt werden.

4.2.2 Senkung der Eigenkapitalkosten

4.2.2.1 Definition der Eigenkapitalkosten

Kapitalkosten sind ganz allgemein definiert als die Opportunitätskosten der Aufnahme von finanziellen Mitteln. Sie entsprechen theoretisch dem Kalkulationszinsfuß für die Abzinsung der Zahlungsströme aus dem eingesetzten Kapital in einer Kapitalwertberechnung über die gesamte Lebensdauer des Unternehmens. Die Unternehmen selbst geben in Befragungen die Senkung der Kapitalkosten nicht explizit als wichtigstes Ziel der Investor Relations an (Günther/Otterbein, 1996, S. 397; Handelsblatt, 1998, S. 60–77). Bezieht man jedoch andere in Befragungen genannte Ziele wie die langfristige Maximierung des Aktienkurses, den Aufbau eines Vertrauensverhältnisses mit den Aktionären, die Erweiterung des Aktionärskreises und die Senkung der Volatilität des Aktienkurses in die Betrachtung ein, dann ergibt sich in Übereinstimmung mit der theoretischen Literatur doch die Senkung der Eigenkapitalkosten als das bedeutsamste und allen andern Zielen der Investor Relations übergeordnete Ziel (Achleitner/Bassen, 2001b, S. 30).

Geht man zunächst rein zahlungsbezogen an die Frage nach den Eigenkapitalkosten heran, so ergibt sich, dass die Anteilseigner keine festen Zahlungsansprüche, sondern nur Gewinnansprüche an das Unternehmen haben. Folgt man z. B. dem pagatorischen Kostenbegriff, dann müssen die Dividenden als Grundlage zur Berechnung der Eigenkapitalkosten dienen. Die Kosten für (neu emittiertes) Eigenkapital ergeben sich bei einer solchen Betrachtung aus den geplanten gesamten Dividendenzahlungen der Zukunft auf den Nominalwert des (neuen) Aktienkapitals im Verhältnis zum Emissionswert der Aktien.

Diese Darstellung wirft ein grundsätzliches Problem auf: Je höher die Dividenden ausfallen, desto höher liegen die Eigenkapitalkosten. Ein solcher Zusammenhang passt aber nicht zur Vorstellung eines residualen Aktionärseinkommens. Denn die Dividenden, welche die Anteilseigner vom Unternehmen erhalten, sind betriebswirtschaftlich gesehen Gewinnausschüttungen und keine Kosten. Fällt der Gewinn hoch aus, würde man lieber von einem erfolgreichen Unternehmen sprechen als von einem, das hohe Eigenkapitalkosten aufweist.

Alternativ kann man zur Bestimmung der Eigenkapitalkosten einen wertmäßigen Kostenbegriffs verwenden. Er definiert Kosten als den bewerteten Güterverzehr zum Zwecke der betrieblichen Leistungserstellung. Bei der Anwendung des wertmäßigen Kostenbegriff auf die Berechnung der Eigenkapitalkosten ergeben sich auf den ersten Blick Eigenkapitalkosten von null: Die Aktionäre stellen finanzielle Mittel bereit, die das Unternehmen nicht zurückzahlen muss. Es entstehen auch keine laufenden Aufwendungen, wenn Dividenden als Gewinnausschüttungen des Unternehmens und nicht als Kosten bezeichnet werden. Für die Aktionäre ist es jedoch nicht sinnvoll, wenn das Unternehmen mit Eigenkapitalkosten von null rechnet und jede (eigenkapitalfinanzierte) Investition durchführt, deren Kapitalwert bei einem Kalkulationszinssatz von null positiv ist. Die für ein Unternehmen tatsächlich entstehenden Kosten des Eigenkapitals müssen bei der Verwendung eines wertmäßigen Kostenbegriffs daher auch die Opportunitätskosten enthalten. Diese hängen von den Erwartungen der Aktionäre ab und sind daher nicht leicht zu bestimmen.

Davon ausgehend, dass eine Aktiengesellschaft im Laufe ihres Wachstumsprozesses mehrmals Kapitalerhöhungen durchführt, hängen die Opportunitätskosten der Eigenkapitalnutzung unmittelbar und negativ von der Höhe des Aktienkurses ab: Je höher der Kurs liegt, desto höher kann auch der Emissionskurs neuer Aktien gewählt werden und desto mehr finanzielle Mittel fließen dem Unternehmen aus einer Kapitalerhöhung zu. Bei einer Fusion mit einem anderen Unternehmen im Wege eines Aktientausches verbilligt ein hoher Börsenkurs den „Kaufpreis" für die übernommene Aktiengesellschaft. Schließlich schützt ein hoher Börsenkurs ein Unternehmen vor feindlichen Übernahmen und spart damit Transaktionskosten, die anderenfalls zur Abwehr oder im Zuge einer Übernahme entstehen würden.

Auf einem vollkommenen Kapitalmarkt ohne Unsicherheit lassen sich die Eigenkapitalkosten präzise aus den Dividendenerwartungen und den Börsenkursen berechnen. Dort entspricht der Eigenkapitalkostensatz der Renditeforderung der Aktionäre. Gedanklicher Ausgangspunkt sei ein rein eigenfinanziertes Unternehmen. Wenn man unterstellt, dass sein Wert EK_0 sich im Gleichgewicht am Kapitalmarkt als Kapitalwert aller zukünftigen Dividenden pro Periode D_t berechnen lässt, welche die Aktionäre erwarten, dann ergeben sich die Eigenkapitalkosten im Sinne einer von den Anteilseignern geforderten Rendite ek aus folgender Formel:

$$EK_0 = \sum_{t=1}^{\infty} \frac{D_t}{(1+ek)^t} \Rightarrow ek = \frac{D_1 + (EK_1 - EK_0)}{EK_0} \qquad (1)$$

Der Ertrag eines Aktionärs aus dem Aktienbesitz setzt sich zusammen aus der Dividende D_1 und der Kurssteigerung ($EK_1 - EK_0$). In einem solchen Gleichgewichtsmodell entspricht die Renditeforderung der Aktionäre genau der tatsächlichen Rendite, welche die Aktionäre erhalten, und auch genau der Rendite der besten Alternativanlage (dem Alternativertragssatz). Stünde den Aktionären eine höher verzinsliche Anlage zur Verfügung, würden sie die Aktien des Unternehmens solange verkaufen, bis der sinkende Kurs wieder einen Anstieg von *ek* auf das Niveau des Alternativertragssatzes bewirkt hätte. Der Alternativertragssatz der Aktionäre kann auch nicht niedriger sein, denn dann würden sie die Aktie zukaufen und den Kurs damit in die Höhe treiben, bis ek wieder gleich dem Alternativertragssatz wäre. Am vollkommenen Markt haben also alle Unternehmen im Gleichgewicht dieselben Eigenkapitalkosten, und diese entsprechen der tatsächlichen Rendite der Aktionäre. Auch ein solches einfaches Gleichgewichtsmodell zeigt, dass (auf dem Weg zum Gleichgewicht) die Eigenkapitalkosten eines Unternehmens pro Periode negativ vom aktuellen Börsenkurs abhängen. Je größer EK_o ist, desto kleiner ist ek.

Die bisherigen Ausführungen zur Bestimmung der Eigenkapitalkosten sind von börsennotierten Unternehmen und Opportunitätskosten ausgegangen, haben aber sichere Erwartungen bezüglich der Dividenden unterstellt. Diese Annahme ist unrealistisch. Die Höhe der Eigenkapitalkosten im Sinne eines Opportunitätskostensatzes der Aktionäre hängt auch von dem Risiko der Investition in die betreffenden Aktien ab. Daher müssen erweiterte Modelle die Eigenkapitalkosten aus den Aktienkursen und deren Risiko auf der Grundlage kapitalmarkttheoretischer Modelle berechnen.

Ein solches Modell ist das „Capital Asset Pricing Model" (CAPM). Nach dem CAPM entsprechen die Eigenkapitalkosten, also die von den Aktionären geforderte und im Gleichgewicht des Kapitalmarkts erreichte Rendite eines Wertpapiers ek der Summe aus einem risikofreien Zinssatz r_f und einer Risikoprämie. Die Höhe der Risikoprämie hängt von der Sensitivität β des Marktwerts des Wertpapiers auf Veränderungen des Werts des Marktportfolios r_m ab (Sharpe, 1964):

$$ek = r_f + \beta(r_m - r_f) \qquad (2)$$

Ein weiteres kapitalmarkttheoretisches Modell zur Bestimmung der Eigenkapitalkosten ist das Drei-Faktoren-Modell (Fama/French, 1995). Es beruht methodisch auf der Arbitrage-Preis-Theorie und wurde angeregt von der empirischen Beobachtung, dass die Aktien kleiner Unternehmen und solcher mit einem hohen Verhältnis von Buchwert zu Marktwert überdurchschnittliche Renditen erzielen. Die Eigenkapitalkosten hängen im Modell von FAMA und FRENCH von den Sensitivitäten b_1, b_2 und b_3 des Werts eines Wertpapiers auf drei Faktoren ab, einem Marktfaktor r_1, einem Größenfaktor r_2 und einem Buch- zu Marktwert-Faktor r_3:

$$ek = r_f + b_1 r_1 + b_2 r_2 + b_3 r_3 \qquad (3)$$

Keiner der kapitalmarktorientierten Ansätze löst das begriffliche Problem, das durch die Gleichstellung des Residualeinkommens bzw. der Rendite der Anteilseigner mit den Eigenkapitalkosten des Unternehmens entsteht: Je höher die Verzinsung des eingesetzten Kapitals, desto höher werden die Eigenkapitalkosten ausgewiesen.

4.2.2.2 Verbesserung des Unternehmensimage

So wichtig die Kommunikation der unternehmerischen Visionen und Planungen durch die Investor Relations auch ist, so entscheidend ist auch der Aufbau von Vertrauen bei den Aktionären. Das Image, das ein Unternehmen gegenüber seinen Aktionären hat, wird zu einem großen Teil von der Pünktlichkeit, der Ehrlichkeit und der Genauigkeit der Informationspolitik bestimmt. Manche Unternehmen haben in den vergangenen Jahren durch ihre Investor Relations zu hohe Erwartungen bei den Aktionären geweckt, die sie dann nachher nicht erfüllen konnten. In anderen Fällen wurde das Vertrauen der Anleger durch irreführende Ad-hoc-Mitteilungen beschädigt. So teilte ein Unternehmen des Neuen Markt seinen Aktionären in einer Pflichtmitteilung mit, es sei ein Auftrag von „mindestens" ca. DM 55 Millionen sicher, musste dann aber später einräumen, dass es „maximal" hätte heißen müssen (Handelsblatt vom 12.3.2001, S. N6).

Das Vertrauen der Aktionäre ist nur schwer und nur langfristig zu erwerben, kann jedoch schnell zerstört werden. Je weniger die Anteilseigner den Berichten und Prognosen des Vorstands und der IR-Beauftragten Glauben schenken, desto niedriger sind die Kurse. Es gilt auch für Investor Relations die unternehmerische Aussage, die ROBERT BOSCH zugeschrieben wird: „Ich verliere lieber Geld als Vertrauen." Gerade in schwierigen Phasen oder in Zeiten ungünstiger Kapitalmarktentwicklungen muss die Offenheit und die Kontinuität der IR-Arbeit fortgesetzt werden. Ein wichtiger Bestandteil glaub- und vertrauenswürdiger Kommunikation mit den Aktionären ist dabei das konsistente öffentliche Auftreten aller Vorstandsmitglieder und IR-Verantwortlichen (Link, 1991, S. 346 und S. 350–351).

Damit durch die Aktivitäten der Investor Relations ein positives Unternehmensimage und Vertrauen bei den Aktionären aufgebaut werden können, müssen folgende Grundsätze der Kommunikationspolitik beachtet werden: Wesentlichkeit, Gleichbehandlung, Zeitnähe, Kontinuität, Vergleichbarkeit und Adressatengerechtigkeit (Marcus/Wallace, 1997, S. 198–241). Wesentlichkeit bedeutet, dass nur solche Informationen kommuniziert werden sollten, die für aktuelle oder potenzielle Aktionäre kursrelevant sind. Insbesondere ist der bereits angesprochene Missbrauch der Ad-hoc-Publizität für irrelevante Werbebotschaften, der leider durch viele börsennotierte Unternehmen betrieben wird, abzustellen. Die Gleichbehandlung aller Aktionäre und die Zeitnähe der Berichterstattung hängen eng zusammen. Damit Aktionäre schnell auf kursrelevante Informationen reagieren können, muss das Unternehmen sie zeitnah und allen Adressaten gleichzeitig kommunizieren. Es ist alleine schon wegen des Insiderhandelsverbots unzulässig, einige Aktionäre vorab und andere später zu informieren (Claussen, 1996). Kontinuität besagt, dass ein Unternehmen seine Anteilseigner regelmäßig und unabhängig davon informieren muss, ob es sich um positive oder negative Nachrichten handelt. Dies gilt insbesondere für Informationen außerhalb der gesetzlich vorgeschriebenen Pflichtberichterstattung durch Jahres- und Quartalsberichte. Wenn die IR-Abteilung sich bevorzugt nur mit positiven Nachrichten an die Öffentlichkeit wendet und ansonsten wenig berichtet, besteht die Gefahr, dass die Aktionäre schlimmere Zustände vermuten als tatsächlich vorliegen: „… if the firm had anything good to say for itself it would do so. Silence is bad news" (Easterbrook/Fischel, 1991, S. 288). Die Vergleichbarkeit der gegebenen Informationen ist wichtig, damit sich die Aktionäre auch im Zeitablauf leicht ein Bild von der Geschäftslage ihres Unternehmens machen können. Problematisch sind in diesem Zusammenhang Umstellungen der Rechnungslegung, Wechsel bei der Art der Informationsaufbereitung und Änderungen bei der Geschäftsbereichspublizität. Schließlich gilt für alle Arten der Kommunikation mit Anteilseignern das Gebot der Adressatengerechtigkeit, das den unterschiedlichen Informationsbedürfnissen einzelner Anlegergruppen Rechnung trägt. Ganz generell muss damit gerechnet werden, dass institutionelle Investoren wesentlich sachkundiger und detailinteressierter sind als Privatanleger. Bei ihnen können die

Investor Relations also einerseits mehr Methoden- und Fachwissen voraussetzen, müssen aber andererseits auch wesentlich umfangreicher und spezieller informieren.

4.2.2.3 Beeinflussung der Aktionärsstruktur

Die Aktionärsstruktur ist für ein Unternehmen insofern bedeutsam, als sie Auswirkungen auf die Liquidität des Handels mit den Aktien, die Möglichkeit einer feindlichen Übernahme und die Stabilität der Kursentwicklung hat. Je kurzfristiger einzelne Aktionäre ihre Anteile halten und je mehr Handel mit den Aktien eines Unternehmens stattfindet, desto wirksamer ist die Kapitalmarktbewertung. Desto größer ist jedoch auch der Einfluss kurzfristiger Ereignisse auf den Aktienkurs und die Gefahr feindlicher Übernahmen bei niedrigen Kursen. Umgekehrt reduzieren stabile Investoren, die ihre Anteile langfristig halten und nicht veräußern, die Volatilität und die Gefahr feindlicher Übernahmen, verringern aber auch die Liquidität des Aktienhandels. Es besteht ein ökonomischer „trade-off" zwischen stabilen Kursen durch eine Verstetigung der Eigentumsverhältnisse und der Liquidität der Aktie im Markt.

Ein Unternehmen braucht beides. Die Aktionärsstruktur muss sowohl Investoren beinhalten, die ihre Anteile langfristig halten und den Kurs stabilisieren, als auch kurzfristig orientierte Investoren, die auf neue Informationen durch Verkauf oder Zukauf von Aktien reagieren. Fraglich ist aus Sicht der Investor Relations nur, welche Art von Aktionär sich wie verhält und wie die Aktionärsstruktur beeinflusst werden kann. So wird beispielsweise angenommen, dass private Kleinaktionäre ihre Anteile durchschnittlich länger halten als große institutionelle Investoren wie etwa Pensionsfonds oder Investmentfonds, die zudem mit jedem Kauf oder Verkauf von Aktienpaketen den Kurs gleich sehr stark beeinflussen können. Ein wichtiges Problem ist auch der potenzielle Interessenkonflikt der institutionellen Investoren mit Klein- bzw. Minderheitsaktionären. Bei Pensions- und Investmentfonds ist dieser Interessenkonflikt nicht so bedeutsam, weil Fonds keine eigenen Geschäfte mit den Unternehmen tätigen. Wenn jedoch andere Unternehmen als institutionelle Investoren auftreten, entsteht die Gefahr der Ring- und Überkreuzverflechtung, durch welche die Interessen von Minderheits- und Kleinaktionären möglicherweise verletzt werden (Adams, 1994). Unternehmen sind als Großaktionäre möglicherweise in der Lage, auf Kosten der Kleinaktionäre Vorteile zu erzielen, z. B. durch den Abschluss von Geschäften zu nicht marktüblichen Konditionen. Wenn Banken größere Anteile an Industrieunternehmen halten, treten sie gegenüber der Unternehmensleitung in einer Doppelrolle als Eigen- und als Fremdkapitalgeber auf. Damit entsteht die Gefahr, dass sie bei der Ausübung ihrer Stimmrechte ihre Interessen als Kreditgeber über die Interessen der Anteilseigner stellen. Aus diesen Überlegungen wird für die praktische IR-Arbeit das Ziel einer breiten Streuung der Aktien abgeleitet (Tiemann, 1997, S. 20).

Hinzu kommt aus der Sicht des Managements der Vorteil, dass eine breite Streuung der Aktien die Einflussmöglichkeiten der Eigenkapitalgeber insgesamt verringert. Eine wirksame Kontrolle des Managements durch die Aktionäre setzt voraus, dass sich eine Mehrheit der Anteilseigner zusammenfindet, die Leistung des Managements kontrolliert und ihr Stimmrecht entsprechend ausübt. Das ist um so schwieriger, je weiter der Anteilsbesitz eines

Unternehmens gestreut ist, weil die Stimmrechtsausübung mit beachtlichen Kosten für den Anteilseigner verbunden ist, z. B. durch Reisekosten zum Ort der Versammlung, Opportunitätskosten der aufgewendeten Zeit usw. Die direkte Kontrolle der Unternehmensleitung durch die Anteilseigner hat den Charakter eines öffentlichen Guts mit erheblichen externen Effekten. Es bestehen „Trittbrettfahrer"-Probleme, d. h. für jeden einzelnen Anteilseigner ist es rational, selbst keine Kontrolle auszuüben, sondern kostenlos von der Kontrollausübung durch andere Aktionäre zu profitieren. Diese Theorie rationaler Passivität von Eigentümern kleiner Unternehmensanteile wird empirisch durchweg bestätigt: An den Hauptversammlungen von Aktiengesellschaften nehmen nur wenige Kleinaktionäre teil. Sie üben ihr Stimmrecht entweder gar nicht aus oder lassen sich durch Depotbanken vertreten (Baums/Fraune, 1995).

Die Annahme der größeren Stabilität des Anteilsbesitzes von Kleinaktionären gilt jedoch nicht generell. Es ist vorstellbar, dass die Mehrheit der Privatanleger bestimmte Aktien nur wegen eines niedrigen Aktienkurses oder zu Spekulationszwecken erwirbt und sie im Fall negativer Nachrichten über das Unternehmen oder die Marktbedingungen schnell wieder abstößt. Ein solches Verhalten wurde z. B. beim Börsengang des Power-shopping-Unternehmens *Letsbuyit.com* im Juli 2000 am Neuen Markt vermutet (Wall Street Journal Europe vom 24.7.2000). Zudem gibt es große institutionelle Investoren wie Banken, Versicherungen und Industrieunternehmen, die aus strategischen Gründen Beteiligungen an anderen Unternehmen halten und diese Positionen daher mittelfristig nicht verändern. Wenn es gelingt, solche institutionellen Investoren für das eigene Unternehmen zu gewinnen, dann trägt das zur Verstetigung der Aktionärsstruktur und damit zur Stabilität der Aktienkursentwicklung bei. Eine weitere Möglichkeit der Verstetigung der Eigentumsverhältnisse ist die Beteiligung der Mitarbeiter am Eigenkapital von Wachstumsunternehmen (Witt, 2001). Mitarbeiteraktien können nämlich mit Sperrfristen der Veräußerung versehen werden. Zudem ist die Möglichkeit des Aufbaus von Vertrauen und langfristiger Bindung an das Unternehmen bei Mitarbeitern ungleich größer als bei externen Aktionären. Es sei allerdings daran erinnert, dass die Kommunikation mit Mitarbeiteraktionären nach dem Verständnis dieses Beitrags keine Aufgabe der Investor Relations, sondern des Personalmanagements ist, weil Mitarbeiter interne und nicht externe Aktionäre sind. Eine langfristig optimale Aktionärsstruktur könnte sich also aus Mitarbeitern, privaten Kleinaktionären, befreundeten Unternehmen und großen Fonds zusammensetzen:

> *„A few loyal institutions and other friendly shareholders, including a substantial rump of individual shareholders, could tip the balance in favour of continued independence and save the day"* (Wragg, 1992, S. 88–89).

Konkretere Aussagen zur optimalen Eigentümerstruktur lassen sich jedoch nach dem derzeitigen Stand der theoretischen und empirischen Forschung nicht rechtfertigen.

Schließlich stellt sich das Problem, dass ein Unternehmen nur beim Börsengang oder bei einer Kapitalerhöhung einen Einfluss auf die Aktionärsstruktur nehmen kann. Bestimmte Anteilspakete könnten z. B. direkt an institutionelle Investoren verkauft werden. Danach ist die Beeinflussung des Handels mit den am Markt erhältlichen Aktien nur indirekt möglich, selbst wenn das Unternehmen eine sehr konkrete Vorstellung von der optimalen Aktionärsstruktur hätte. Beispielsweise könnte ein Ziel der IR-Arbeit darin bestehen, institutionelle

Investoren wie Fonds vom Verkauf ihrer Pakete abzuhalten. Auch geeignete Marketingmaßnahmen könnten das Interesse von Kleinaktionären gezielt wecken und so den Anteil der privaten Investoren erhöhen. Dennoch bleibt zu konstatieren, dass solchen Bemühungen sehr enge Grenzen gesetzt sind. So zeigte eine empirische Untersuchung des Zusammenhangs zwischen der Qualität der Investor Relations und der Volatilität des Aktienkurses nur geringe, nicht signifikante Korrelationskoeffizienten, die noch unbedeutender waren, wenn statt der absoluten Volatilität eine relativ zur Branche berechnete Volatilität verwendet wurde (Tiemann, 1997, S. 245–259).

4.3 Maßnahmen der Investor Relations

Neben der Erfüllung der gesetzlich vorgeschriebenen Berichterstattungspflichten können und müssen Unternehmen auch freiwillig und über die gesetzlich vorgeschriebenen Inhalte hinaus mit ihren Anteilseignern kommunizieren. Durch die zielgruppenspezifische Ansprache einzelner Aktionäre und Intermediäre, z. B. Analysten und Journalisten, kann Vertrauen aufgebaut und Interesse am Kauf der Aktien geweckt werden.

4.3.1 Kommunikation mit privaten Investoren

Privatanleger waren eine in Deutschland traditionell schwer zu erreichende Zielgruppe, weil sie den Unternehmen nicht namentlich bekannt waren. Die einzige Gelegenheit, direkten Kontakt zu Privatanlegern aufzunehmen, ist die einmal im Jahr stattfindende ordentliche Hauptversammlung. Sie wird aus diesem Grund von den Unternehmen selbst vornehmlich als IR-Event für Privatanleger angesehen: „Inländische institutionelle Anleger gelten zwar ebenso wie die Presse ebenfalls als wichtige Zielgruppen, können aber nicht im Entferntesten an die Wichtigkeit der Privatanleger heranreichen" (Deutscher Investor Relations Kreis, 2000, S. 160). Damit das Unternehmen auf seiner Hauptversammlung auf die privaten Aktionäre einen guten Eindruck machen kann, müssen vor allem einige organisatorische Regeln beachtet werden, z. B. freundliche Begrüßung am Empfang, gut verständliches Informationsmaterial und Verfügbarkeit von Ansprechpartnern. Ob die Qualität der Verpflegung wirklich die zentrale Bedeutung hat, die ihr manchmal zugeschrieben wird, ist wissenschaftlich bisher nicht erforscht und muss daher offen bleiben (Link, 1994, S. 368). Außer im Rahmen der Hauptversammlung konnten Privatanleger im System der Inhaberaktien nur über die depotführenden Banken bzw. anonyme Finanzanzeigen erreicht werden (Link, 1991, S. 326–332).

Die Umstellung der Aktienkurse von DM auf Euro hat in jüngerer Zeit zu einer zunehmenden Verwendung von Namensaktien geführt, die eine persönliche Kommunikation mit einzelnen Aktionären leichter macht. Im Aktienbuch eines Unternehmens sind dann die Namen und Anschriften aller Anteilseigner gespeichert, die ihre Aktien direkt halten, so dass die IR-Abteilung diese Personen mit direkten Mails, „Newsletters" oder Aktionärsbriefen ansprechen und informieren kann (Deutscher Investor Relations Kreis, 2000, S. 234–237). Interaktive Formen der Kommunikation mit privaten Aktionären, in denen das Unternehmen ein Feedback erhalten und auf individuelle Informationsbedürfnisse eingehen kann, sind grundsätzlich auch möglich. Besondere Bedeutung haben „call-center", Email-Adressen und veröffentlichte Telefonnummern der IR-Abteilung, die den Privatanlegern Möglichkeiten zur direkten Kontaktaufnahme mit dem Unternehmen bieten. Praktische Erfahrungen zeigen, dass diese Möglichkeit von den meisten Aktionären gar nicht und nur von einigen „Dauerkunden" intensiv genutzt wird. So gab es bei einem Unternehmen des SDAX beispielsweise einen Privatanleger, der mindestens einmal im Jahr von einer Mitarbeiterin der IR-Abteilung zum Erdbeerkuchen eingeladen werden und anschließend mit dem Vorstandsvorsitzenden sprechen wollte (den ersten Wunsch hat man ihm regelmäßig erfüllt, den zweiten nur in Ausnahmefällen). Einen anderen Privatanleger konnte die IR-Abteilung desselben Unternehmens damit zufrieden stellen, dass sie ihm kostenlos die Tageszeitungen des Vortags überließ.

Diese Anekdoten werfen die grundlegende Frage auf, wie wichtig Privatanleger überhaupt für die Investor Relations eines Unternehmens sind. Empirischen Untersuchungen zufolge sehen die Unternehmen in den privaten Aktionären keinen wichtigen Adressaten für direkte Kommunikation (Günther/Otterbein, 1996, S. 400; Handelsblatt, 1998, S. 58–59; Achleitner/Bassen, 2001b, S. 34–35). Da die wenigsten privaten Anleger ihre Anlageentscheidungen aufgrund eigener Analysen treffen, kommt den Finanzanalysten und den Wirtschaftsjournalisten eine wesentlich größere Bedeutung zu. Indem ein Unternehmen mit diesen Intermediären kommuniziert, kommuniziert es indirekt auch mit den privaten Aktionären.

4.3.2 Kommunikation mit institutionellen Investoren

Institutionelle Investoren sind aufgrund der großen Aktienpakete, die sie an Unternehmen halten, und des damit verbundenen großen Einflusspotenzials die theoretisch und empirisch wichtigste Zielgruppe der Investor Relations (Günther/Otterbein, 1996, S. 400–402; Handelsblatt, 1998, S. 58–59; Achleitner/Bassen, 2001b, S. 33–34). Zu den bedeutenden institutionellen Investoren in Deutschland gehören Industrieunternehmen, Banken, Versicherungen und Investmentfonds. Im Ausland verwalten vor allem Pensionsfonds sehr große Anlagevolumina. Zu den wichtigsten institutionellen Investoren dieser Art gehören die TIAA-CREF („Teachers Insurance and Annuity Association" – „College Retirement Equities Funds") und CalPERS („California Public Employees' Retirement System"). TIAA-CREF verfolgt explizit das Ziel, eine Unzufriedenheit mit dem Management nicht primär durch Verkauf der Aktien, sondern durch aktive Einflussnahme auszudrücken. CalPERS ist gegenüber Unternehmen mit unzureichender Performance deutlich aggressiver und drängt weltweit auf die Einhaltung bestimmter Qualitätsstandards der Organisation von Leitung und Kontrolle, die als „Corporate Governance" bezeichnet wird (Witt, 2000). CalPERS hat nicht nur „Global Governance Principles" formuliert, sondern für jedes Land konkrete Anforderungen zur Verbesserung der Corporate Governance vorgelegt. Seit April 1999 sind diese Prinzipien und Anforderungen im Internet publiziert (www.calpers-governance.org).

Investment- und Pensionsfonds bzw. deren Fondsmanager stehen bei ihren Kauf- und Verkaufentscheidungen aufgrund des starken Wettbewerbs zwischen den Anbietern unter großem Erfolgsdruck und haben daher einen hohen Informationsbedarf. Sie werden bei ihren

Anlageentscheidungen unterstützt von („Buy-side"-) Analysten, die sich über die Geschäftslage, das Management und die Zukunftsaussichten aktueller und möglicher Beteiligungsunternehmen informieren und entsprechende Berichte erstellen. Institutionelle Investoren zeichnen sich generell dadurch aus, dass sie den direkten Kontakt zum Unternehmen suchen und über vergleichsweise umfangreiche und detaillierte Vorkenntnisse verfügen. Aus der Sicht der Investor Relations dominieren daher Formen der direkten persönlichen Kommunikation, z. B. Einzelgespräche (sogenannte „one-on-one meetings"), Telefonkonferenzen, „road-shows oder Investorentage (Deutscher Investor Relations Kreis, 2000, S. 193–198).

Je bedeutsamer ein institutioneller Investor für ein Unternehmen ist, desto häufiger wird er nicht nur mit Mitgliedern der IR-Abteilung sprechen wollen, sondern auch mit Mitgliedern des Vorstands. Schätzungen für die USA besagen, dass Vorstände im Durchschnitt einen Monat pro Jahr nur für Gespräche mit institutionellen Investoren aufwenden (Dürr, 1995, S. 89). In Zeiten besonderer Vorkommnisse wie Fusionen, Unternehmensübernahmen oder neuen Börsennotierungen kann der Zeitaufwand des Top-Managements für Investor Relations noch deutlich höher ausfallen.

4.3.3 Kommunikation mit Pressevertretern, Finanzanalysten und Öffentlichkeit

Eine erste Möglichkeit der Kommunikation mit der interessierten Öffentlichkeit und mit Intermediären (Pressevertretern und Finanzanalysten) ist das Internet. Jedes Unternehmen sollte auf seiner Homepage eine Rubrik „Investor Relations" anbieten und dort die wichtigsten Informationen über das Unternehmen und die Finanzdaten bereit halten. Eine wichtige, aber leider immer noch nicht bei allen Unternehmen verfügbare Informationsquelle sind herunterzuladende Geschäftsberichte und Zwischenberichte. Ein Standard bei börsennotierten Unternehmen sollte auch darin bestehen, dass der aktuelle Aktienkurs des Unternehmens angezeigt wird und auf Wunsch historische Entwicklungen des Aktienkurses sichtbar gemacht werden können. Ebenso selbstverständlich muss es sein, dass ein Interessent auf der Homepage eines Unternehmens unter der Rubrik Investor Relations den Namen, die Telefonnummer und die Email-Adresse eines Mitarbeiter der IR-Abteilung vorfindet.

Neben dem Internet gibt es die Möglichkeit, Finanzanzeigen zu schalten, Pressekonferenzen abzuhalten oder Einzelgespräche mit Journalisten und Finanzanalysten zu führen (zu einer detaillierten Übersicht vgl. Dürr 1995, S. 88–110 und Handelsblatt, 1998, S. 90–112). Die Pressearbeit hat den Vorteil, mit vergleichsweise geringen Kosten sehr breite Aufmerksamkeit zu erreichen. So kann die IR-Abteilung in Abstimmung mit der Abteilung für Presse- und Öffentlichkeitsarbeit z. B. in regelmäßigen Abständen Pressemitteilungen und Pressemappen an Journalisten geben (zu den technischen Aspekten der Pressearbeit vgl. Deutscher Investor Relations Kreis, 2000, S. 59–72). Zwar hat das Unternehmen keinen Einfluss darauf, ob und in welcher Form die Mitteilungen in Zeitungen oder Magazinen veröffentlicht werden, es kann jedoch auf diese Weise eine aktive Informationsversorgung der Öffentlichkeit betreiben. Häufig beschaffen sich Journalisten auch zusätzliche Informationen, indem sie auch noch Finanzanalysten zu einem bestimmten Unternehmen befragen.

Finanzanalysten in Banken und Brokerhäusern, die manchmal auch „Sell-side-Analysten" genannt werden (Achleitner/Bassen, 2001b, S. 33–34), verfassen Branchen- und Unternehmensstudien. Sie geben Kauf-, Halte- und Verkaufsempfehlungen für Aktien von Unternehmen ab. Sie erstellen auch Gewinnprognosen, die große Beachtung finden. Aufgabe der Investor Relations ist es, die Analysten so umfassend und so genau zu informieren, dass die Bandbreite der abgegebenen Gewinnschätzungen schmal und die Abweichungen der tatsächlichen Gewinne von den prognostizierten Werten gering bleiben. Bei Gewinnwarnungen oder größeren Abweichungen der Gewinnschätzungen verschiedener Analysten reagieren die Aktienkurse eines Unternehmens sehr stark, die Volatilität der Aktie steigt. Dadurch steigen auch die Eigenkapitalkosten. Finanzanalysten sind in aller Regel sehr gut über ein Unternehmen informiert und haben einen entsprechend konkreten und detaillierten Informationsbedarf. Dieser wird insbesondere in Einzelgesprächen mit Unternehmensvertretern gedeckt. Neben der individuellen Kommunikation mit Finanzanalysten haben sich Analystentreffen, „Conference Calls" und Investor-Relations-Foren als zunehmend wichtige IR-Aktivitäten erwiesen (Tiemann, 1997, S. 39–45).

4.4 Praktische Probleme der Investor Relations in jungen, schnell wachsenden Unternehmen

4.4.1 Organisation der Investor Relations

In jungen, schnell wachsenden Unternehmen werden Investor Relations oft erst dann organisatorisch eigenständig institutionalisiert, wenn ein Börsengang durchgeführt wurde oder unmittelbar bevorsteht. Vorher nehmen typischerweise die Vorstandsmitglieder die Aufgaben der Investor Relations wahr oder delegieren sie an Mitarbeiter aus bestehenden Abteilungen wie Rechnungswesen, Marketing oder Finanzen. Ab einem gewissen Umfang der Berichterstattung an die Aktionäre ist es dem Vorstand jedoch nicht mehr möglich, alle Aufgaben und jeden Informations- und Gesprächstermin persönlich wahrzunehmen oder fallweise zu delegieren. Zwar werden Vorstände bei bestimmten Veranstaltungen der Investor Relations aus gesetzlichen Gründen (z. B. bei der Hauptversammlung) oder wegen der großen wirtschaftlichen Bedeutung (z. B. bei Pressekonferenzen oder Analystentreffen) nach wie vor persönlich anwesend sein, für das Tagesgeschäft der Investor Relations müssen jedoch ab einem gewissen Aufgabenvolumen eigene Mitarbeiter eingestellt werden.

Bei denjenigen Unternehmen, die einen oder mehrere Mitarbeiter ausschließlich mit Investor Relations beauftragen, stellt sich die Frage nach der geeigneten organisatorischen Zuordnung. Häufig gehören IR-Mitarbeiter entweder zum Bereich Rechnungswesen/Finanzierung oder zur Marketing/PR-Abteilung. Eine solche Organisationsform birgt die Gefahr, dass es diesen Mitarbeitern entweder an finanzwirtschaftlichem oder an kommunikationspolitischem Know-how fehlt (Link, 1991, S. 354–355). Eine theoretische Alternative ist daher die Schaffung einer eigenen Abteilung für Investor Relations. Denkbar wäre eine Stabsabteilung, die direkt dem Vorstand berichtet. Dabei ist jedoch zu beachten, dass auch in großen Unternehmen oft nur sehr wenige Mitarbeiter mit Investor Relations betraut sind. In einer Befragung der 27 im Jahr 1996 im *Deutschen Investor Relations Kreis* organisierten

Unternehmen ergab sich, dass knapp ein Viertel der befragten Firmen keine eigenständige IR-Abteilung hatte. Bei 86 % der Unternehmen waren nur drei oder weniger Mitarbeiter für IR zuständig (Günther/Otterbein, 1996, S. 396–397). Es steht zu vermuten, dass die organisatorische Bedeutung der Investor Relations in Unternehmen, die nicht dem *DIRK* angehören, eher noch geringer ist.

In vielen kleineren börsennotierten Unternehmen ist nur ein einziger Mitarbeiter für IR verantwortlich. Das hat in der Praxis zur Folge, dass sich die Kommunikation mit Anteilseignern auf die Erfüllung der gesetzlichen Pflichten (Hauptversammlung, Geschäftsbericht, Ad-hoc-Publizität) und die Betreuung anrufender Aktionäre beschränkt. Darüber hinaus können dann nur wenige Aktivitäten unternommen werden.

Die letzte Verantwortlichkeit und damit auch die theoretisch richtige organisatorische Zuordnung der IR-Arbeit liegt beim Vorsitzenden des Vorstands oder beim Finanzvorstand. Denn der Vorstand hat die Strategie des Unternehmens und seine langfristige Wertentwicklung zu vertreten und bestimmt damit auch die wesentlichen Inhalte, die den Anteilseignern kommuniziert werden. Damit die Mitarbeiter der IR-Abteilung jederzeit kompetent und aktuell informieren und Fragen beantworten können, müssen die IR-Mitarbeiter sehr eng mit dem Vorstand zusammenarbeiten. So kann auch sichergestellt werden, dass die Vorstandsmitglieder und die Mitarbeiter der IR-Abteilung gegenüber Aktionären, Analysten und Pressevertretern übereinstimmende Aussagen machen und sich nicht widersprechen. Um die häufig sehr detaillierten Fragen von Analysten und institutionellen Investoren zum Jahresabschluss oder zu unterjährigen Berichten beantworten zu können, müssen die Mitarbeiter der IR-Abteilung auch guten Zugang zu den Mitarbeitern des Rechnungswesens haben und sich laufend über die aktuelle Entwicklung relevanter Daten und Kennzahlen informieren. In einer empirischen Studie der *Verlagsgruppe Handelsblatt*, in der 1991 und 1998 je 349 IR-Verantwortliche, IR-Agenturen, Finanzanalysten und Anleger befragt wurden, konnte gezeigt werden, dass die organisatorische Zuordnung der Investor Relations zunehmend beim Vorstandsvorsitzenden, beim Finanzvorstand oder beim Vorstand insgesamt erfolgt. Während 1991 noch 20 % der Unternehmen die IR-Aufgaben nicht dem Vorstand, sondern anderen Bereichen zuordneten, waren es 1998 nur noch vier Prozent (Handelsblatt, 1998, S. 19).

4.4.2 Mitarbeitergewinnung

Ein wichtiges Problem in jungen Wachstumsunternehmen besteht in der Deckung des Bedarfs an geeignet qualifizierten Investor Relations Managern. Das liegt zum einen an den hohen Anforderungen an diese Mitarbeiter: Es ist nicht nur wichtig, die Geschäftszahlen des eigenen Unternehmens gut zu kennen und diese plausibel zu erklären. Investor Relations Mitarbeiter müssen auch die Visionen der Geschäftsführung überzeugend kommunizieren können und eine ausgeprägte Dienstleistungsmentalität aufweisen. Das Angebot entsprechend ausgebildeter Personen am Arbeitsmarkt ist offenbar zu gering, denn oft werden IR-Mitarbeiter von anderen Unternehmen abgeworben, sobald sie sich durch gute Arbeit bei Headhuntern und Wettbewerbern einen Namen gemacht haben. Es gibt noch kein eigenes Studienangebot für Investor Relations, jedoch werden seit einiger Zeit privatwirtschaftliche

Fortbildungskurse angeboten. Die Zahl neuer Unternehmen, die sich auf das Angebot von Investor-Relations-Dienstleistungen spezialisiert haben, steigt. Auch Public-Relations-Agenturen drängen wegen der großen Nachfrage auf den Markt für IR-Dienstleistungen. Das Problem des Mangels an qualifizierten Mitarbeitern ist aber damit nicht behoben, denn auch die spezialisierten Unternehmen und Agenturen klagen über Personalmangel und hohe Gehaltsforderungen der Bewerber (Handelsblatt vom 17.11.2000, S. K2).

4.4.3 Aufmerksamkeit bei Analysten

Der Kapitalmarkt kann ein Unternehmen generell nur dann richtig bewerten, wenn es einen ausreichend hohen Umsatz mit den betreffenden Aktien gibt. Ausreichend hohe Umsätze kommen jedoch nur zustande, wenn genügend Anteilsscheine im Streubesitz sind („free float") und wenn die Anteilseigner ausreichend mit Informationen über die betreffenden Unternehmen versorgt sind, um ökonomisch begründete Kauf- oder Verkaufentscheidungen treffen zu können.

Ein Problem vieler kleinerer Unternehmen mit weniger „free float" besteht darin, dass sie nach dem Börsengang keine oder nur geringe Aufmerksamkeit bei Aktionären und Finanzanalysten erhalten. Wenn die Aktie längere Zeit keinen Anlass zu Spekulationen oder Kursphantasien gibt, dann finden nur wenige oder gar keine Unternehmensanalysen statt. Folglich beschäftigen sich auch immer weniger Privatanleger oder Fonds mit der Aktie. Es fehlt an der sogenannten „coverage" oder Aufmerksamkeit. Die Aktivitäten der IR-Abteilung bleiben in einem solchen Fall ohne Auswirkungen auf den Aktienkurs.

Das Problem fehlender Aufmerksamkeit bei Analysten verstärkt sich selbst. Wenn längere Zeit Analysen, Anlageempfehlungen oder Presseberichte zu einem Unternehmen ausbleiben, dann sinken die Umsätze der betreffenden Aktie. Die tägliche Kursfeststellung wird schwieriger, der Aktienkurs verändert sich kaum. Wegen der geringen Handelsumsätze und Kursbewegungen haben dann noch weniger Analysten einen Anreiz, Zeit und Mühe in die Unternehmensanalyse zu stecken, die Aufmerksamkeit nimmt also weiter ab. Dieses Problem betrifft nicht nur kleine Wachstumsunternehmen, deren Aktien in wenig liquiden Börsensegmenten wie dem Freiverkehr geführt werden und bei denen oft viele Tage hintereinander gar keine Handelsumsätze stattfinden. Es gilt auch für Unternehmen des Neuen Markts. So ist beobachtbar, dass sogar über einige Unternehmen des Nemax 50 nicht regelmäßig von Analysten berichtet wird (Achleitner/Bassen, 2001b, S. 35).

4.5 Die zukünftige Entwicklung der Investor Relations in deutschen Wachstumsunternehmen

Viele Kritiker haben in der Vergangenheit bemängelt, dass deutsche Wachstumsunternehmen zu wenig Investor Relations betreiben und daher im Vergleich zu ihren US-amerikanischen oder britischen Wettbewerbern Nachteile bei der Beschaffung von Eigenkapital in Kauf nehmen müssten (Link, 1991, S. 361; Dürr, 1995, S. 21–26; Leven, 1998, S. 60). Sowohl nach Meinung der Zielgruppen als auch nach Ansicht der Unternehmen haben die Investor Relations in Deutschland jedoch in den letzten zehn Jahren an Bedeutung gewonnen (Handelsblatt, 1998, S. 18). Es steht zu erwarten, dass sich dieser Trend mit der weiter steigenden Bedeutung der Kapitalmärkte und der zunehmenden Anzahl börsennotierter Unternehmen fortsetzen wird. Auch die Möglichkeiten der Ausgestaltung der IR-Arbeit nehmen weiter zu, weil die Anzahl der möglichen Instrumente und Medien der Kommunikation mit potenziellen und aktuellen Anlegern immer größer wird (Deutscher Investor Relations Kreis, 2000, S. 95–104).

Gerade wegen dieser Entwicklung ist in Zukunft in deutschen Wachstumsunternehmen nicht nur und auch nicht in allen Fällen die Forderung nach verstärkter Investor Relations berechtigt. Jedes Unternehmen muss zunächst die Frage nach dem optimalen Budget für IR-Maßnahmen und seiner optimalen Verteilung auf die einzelnen Kommunikationsaktivitäten stellen. Theoretisch ist die optimale Höhe an Aufwendungen für IR erreicht, wenn die Grenzkosten zusätzlicher Kommunikation den daraus erzielbaren Grenzerlösen in Form von sinkenden Eigenkapitalkosten genau entsprechen. Die Berechnung der Grenzkosten und Grenzerlöse ist in der Praxis jedoch kaum möglich, weil Informationen über die Wirkung einzelner Maßnahmen auf den Aktienkurs bzw. auf vorgelagerte Indikatoren wie Bekanntheit und Image des Unternehmens fehlen. Es gibt sogar Praktiker, die gar keinen ursächlichen Zusammenhang zwischen den Eigenkapitalkosten und den IR-Aktivitäten eines Unternehmens sehen und ausschließlich die Managementleistung für den Aktienkurs verantwortlich machen: „Investor Relations für den Kurs der Aktie verantwortlich zu machen wäre genauso, als wollte man das Thermometer für die Temperatur in die Pflicht nehmen." (Deutscher Investor Relations Kreis, 2000, S. 182).

Ein alternatives Verfahren zur Bestimmung optimaler IR-Budgets und ihrer Verteilung auf einzelne Kommunikationsmaßnahmen ist die Definition von Unterzielen, die der Erreichung des Oberziels der Senkung der Eigenkapitalkosten dienen. Beispiele solcher Unterziele der Investor Relations sind: Bekanntheitsgrad der Aktie (Link, 1991, S. 362), Erinnerungsvermögen an IR-Aktionen einzelner Unternehmen (z. B. Handelsblatt, 1998, S. 78–81), Anzahl der Kaufempfehlungen durch Analysten, Abweichung der Ergebnisschätzung der Analysten vom tatsächlichen Ergebnis (Deutscher Investor Relations Kreis, 1998, S. 185) oder Stabilität der Aktionärsstruktur über einen bestimmten Zeitraum. Offen bleibt jedoch auch in diesem Fall die Frage, wie effizient die einzelnen IR-Maßnahmen eines Unternehmens bei der Erreichung der Unterziele sind. Leider gibt es zur Frage der IR-Wirkungsfunktionen bisher nur wenige wissenschaftliche Untersuchungen.

Die zukünftige Entwicklung der Investor Relations in deutschen Wachstumsunternehmen muss durch eine Effizienzsteigerung geprägt sein. Wenn z. B. die persönliche Kommunikation mit Anlegern kostengünstiger und effektiver (und damit effizienter) ist als Finanzanzeigen, Ad-hoc-Mitteilungen oder Presseberichte, dann muss das Verhältnis von Sach- zu Personalmitteln im IR-Budget entsprechend geändert werden. Wenn z. B. das Marktverhalten von Privatanlegern mehr durch Intermediäre wie Finanzanalysten und Wirtschaftsjournalisten geprägt wird als durch persönliche Erfahrungen mit dem Unternehmen, dann sollte sich die IR-Arbeit über die gesetzlichen Pflichten hinaus gar nicht näher an Privatanleger wenden, sondern sich auf Intermediäre konzentrieren. Wenn die Erstellung des Geschäftsberichts wirklich eine der teuersten IR-Aktivitäten ist (diese Ansicht vertritt Link, 1991, S. 362), und wenn von Geschäftsberichten nur eine geringe

Wirkung auf das Anlegerverhalten ausgeht, dann ist nach Möglichkeiten zu suchen, die Kosten der Geschäftsberichtserstellung zu senken. Das betriebswirtschaftliche Ziel der Investor Relations ist nicht ein maximales Ausmaß an Kommunikation mit Anlegern oder die maximale Qualität der Kommunikationsmittel, sondern die ökonomische Effizienz der Kommunikation.

5. Equity Story

OTTO LOISTL / ROBERT VOLLRATH[4]

Never promise more than you can perform.
(Publius Syrus)

5.1 Bedeutung der Equity Story

Zum Jahresende 2001 waren am Neuen Markt, dem Segment der Deutschen Börse für Wachstumsunternehmen, über 320 Unternehmen gelistet;[5] bei Hinzurechnung vergleichbarer ausländischer Märkte ergibt sich eine um ein Vielfaches höhere Anzahl Gesellschaften. Potenzielle Investoren finden sich daher in der für sie vorteilhaften Situation, bei ihrer Anlageentscheidung auch innerhalb einzelner Branchen unter mehreren unterschiedlichen Unternehmen wählen zu können.

Aus Emittentensicht verlangt diese Konkurrenzbeziehung zwischen verschiedenen Unternehmen nach einer überzeugenden Darstellung der mit einer Investition in die eigene Gesellschaft verbundenen Vorteile. Von zentraler Bedeutung ist hierbei die Equity Story, unter der die Übertragung der Unternehmensstrategie in eine den Investoren, Analysten, Kunden, Geschäftspartnern und Medien zugängliche Form verstanden wird (Simon/Pohl/Tesch, 2000, S. 31). Die Equity Story muss das Potenzial eines Unternehmens realistisch, transparent und nachvollziehbar in Bezug auf Wachstum, Ertrag und Wettbewerbsvorteile darstellen (Nix, 2000). Sie wird im Regelfall in enger Abstimmung zwischen dem Emittenten und seiner begleitenden Emissionsbank im Vorfeld des Börsengangs erarbeitet. Nach erfolgreicher Notierung an der Börse wird die Equity Story fortlaufend an aktuelle Unternehmens- und Wettbewerbsentwicklungen angepasst und bildet die Grundlage der Investor-Relations-Arbeit einer gelisteten Gesellschaft.

Dieser Beitrag zeigt auf, welche Aspekte eine gute Equity Story abdecken sollte und gibt Empfehlungen für deren konkrete Ausgestaltung. Der sich unmittelbar anschließende Abschnitt 5.2 systematisiert zentrale Instrumente der Investor Relations, die der Kommunikation der Equity Story dienen können. Kernkomponenten der Equity Story werden im dritten Gliederungspunkt beschrieben. Die Darstellung ist an dieser Stelle gegliedert nach den Angaben zur strategischen Positionierung der Gesellschaft und solchen Informationen, denen aufgrund ihres Signalcharakters oder der Beeinflussung von Interessendivergenzen Bedeutung zugesprochen werden kann. Abschnitt 5.4 stellt empirische Ergebnisse zu der praktischen Relevanz zentraler Bestandteile der Equity Story dar. Die theoretischen und empirischen Resultate werden in Abschnitt 5.5 zusammengeführt, um auf dieser Basis Ges-

---

[4] Die Autoren danken LUISA PIETZSCH für wertvolle Hinweise.
[5] Vgl. <http://www.deutsche-boerse.com/nm>; Abrufdatum: 05.01.2002.

taltungsempfehlungen abzuleiten. Eine zusammenfassende Betrachtung rundet den Beitrag ab.

5.2 Kommunikationswege

Die Equity Story wird durch eine Vielzahl von Instrumenten der Investor Relations kommuniziert. Ihnen ist das Ziel gemein, Informationen, die für die Anlageentscheidung relevant sind,[6] offen zu legen und in der „Financial Community" zu verbreiten.[7] Zur Systematisierung der Instrumente können unterschiedliche kategorisierende Merkmale herangezogen werden, die allerdings regelmäßig unter einer mangelnden Trennschärfe leiden.[8] Eine eindeutige Kategorisierung ist möglich nach der *rechtlichen Verbindlichkeit* der Aktivitäten, da sowohl das Regelwerk des Neuen Marktes (Deutsche Börse AG, 2001) als auch das Aktiengesetz und das Publizitätsgesetz bestimmte Instrumente verbindlich vorschreiben. (Schildbach, 1997, S. 98–99) Ebenso eignet sich eine Unterscheidung nach *Art der Kommunikation* zwischen persönlicher und unpersönlicher Ansprache der Adressaten zur überschneidungsfreien Klassifizierung gängiger Instrumente. Einen Überblick über die wesentlichen Instrumente der Unternehmenskommunikation, systematisiert nach den beiden genannten Kriterien, gibt Abbildung VI.34.

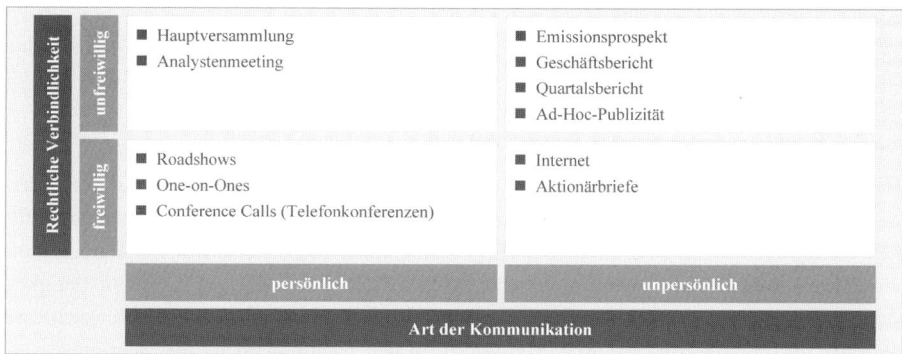

Abbildung VI.34: Systematisierung von Instrumenten der Investor-Relations-Arbeit (Quelle: in Anlehnung an Achleitner/Bassen/Pietzsch, 2001a, S. 20; Achleiter/Bassen, 2001c, S. 38)

Die Charakteristika der genannten Instrumente variieren deutlich in Abhängigkeit von der

---

[6] Von Relevanz ist in diesem Zusammenhang auch die Berechenbarkeit der Ertragsentwicklung. HUBERTUS/FULLER (Hubertus/Fuller, 1995, S. 17) zeigen, dass Gesellschaften mit besserer Berechenbarkeit der Ertragsentwicklung überproportionale Renditen aufweisen. BOTOSAN (Botosan, 2000) weisen in ähnlicher Weise nach, dass eine bessere Informationspolitik im Sinne von größerer Offenlegung die Kosten des Eigenkapitals verringert.

[7] Vergleiche ACHLEITNER/BASSEN/PIETZSCH, die diese Aktivität als Investor Relations im engeren Sinn bezeichnen und mit Kapitalmarktkommunikation gleichsetzen. Die Investor Relations im weiteren Sinn umfasst auch andere Komponenten, wie beispielsweise die Dividendenpolitik (Achleitner/Bassen/Pietzsch, 2001b).

[8] Beispiele solcher Kriterien sind der Zeitpunkt der Aktivität und die mit der Aktivität angesprochenen Zielgruppen (Vollrath, 2002)

rechtlichen Verbindlichkeit und der Art der Kommunikation. *Rechtlich verpflichtende* Investor-Relations-Aktivitäten unterliegen regelmäßig umfassenden Haftungsbestimmungen.[9] Diese Regelungen führen auf der einen Seite zu einer hohen Zuverlässigkeit der veröffentlichten Angaben. Dem steht jedoch auf der anderen Seite eine Gestaltung der Kommunikation gegenüber, die auf nicht zwingende Informationen verzichtet und sich auf rechtlich notwendige Angaben beschränkt, um das Haftungsrisiko zu minimieren. Freiwillige Investor-Relations-Aktivitäten unterliegen demgegenüber im Regelfall ausschließlich einer deliktischen Haftung (Siebel/Gebauer, 2001, S. 189), die weniger umfassend ist. Dies ermöglicht es den Unternehmen, weitergehende Angaben zu machen, die insbesondere die verfolgte Strategie und die Unternehmenszukunft betreffen. Allerdings wird damit im Regelfall eine geringere Zuverlässigkeit der Daten einhergehen. Die gewählte *Art der Kommunikation* hat potenziell Auswirkungen auf die Informationstiefe und -relevanz. Nur ein persönlicher Kontakt erlaubt die Überführung der unidirektionalen Kommunikation in eine Interaktion, die eine unmittelbar an den Interessen der Adressaten orientierte Informationsweitergabe ermöglicht.

Aus den geschilderten Gründen verhalten sich die unterschiedlichen Investor-Relations-Aktivitäten komplementär zueinander. Die Equity Story kann sich deshalb nicht durch Rückgriff auf die aus einem oder nur wenigen Instrumenten zu entnehmenden Informationen erschließen. Es ist vielmehr zwingend, eine Vielzahl unterschiedlicher Quellen parallel zu berücksichtigen.

5.3 Kernkomponenten der Equity Story

Hauptbestandteil der Equity Story sind Angaben zur strategischen Positionierung des Unternehmens, die den Adressaten eine Einschätzung der aktuellen und zu erwartenden zukünftigen Wettbewerbsfähigkeit ermöglichen. Ergänzend werden eine Reihe weiterer Daten veröffentlicht, die in keinem oder nur in mittelbarem Zusammenhang zur Geschäftsfähigkeit stehen, jedoch unter informationsökonomischen Gesichtspunkten ebenfalls Rückschlüsse über die Perspektive der Gesellschaft zulassen. In den nachfolgenden zwei Sektionen werden diese beiden Aspekte separat behandelt.

5.3.1 Strategische Positionierung der Gesellschaft

Die Kriterien für die erfolgreiche strategische Positionierung eines Unternehmens sind in erster Linie von der in der jeweiligen Branche vorherrschenden Struktur abhängig. Zu deren Analyse kann auf eine von PORTER (Porter, 1985) eingeführte Systematisierung zurückgegriffen werden, die in Abbildung VI.35 dargestellt ist. Demnach bestimmen fünf Wettbewerbskräfte die durchschnittliche Rentabilität innerhalb eines Sektors. Dies sind Rivalitäten zwischen bestehenden Unternehmen, die Verhandlungsmacht von Lieferanten und Abneh-

---

[9] Einen guten Überblick geben ASSMANN/LENZ/RITZ (Assmann/Lenz/Ritz, 2001) in ihrem Kommentar zum Verkaufsprospektgesetz und der Verkaufsprospekt-Verordnung.

mern sowie die Bedrohung durch neue Konkurrenten oder Ersatzprodukte bzw. -dienstleistungen. Der Abschnitt stellt sinnvolle Ansätze der strategischen Positionierung dar, die sich in Abhängigkeit von den im konkreten Einzelfall zu beobachtenden Ausprägungen der Wettbewerbskräfte ergeben.

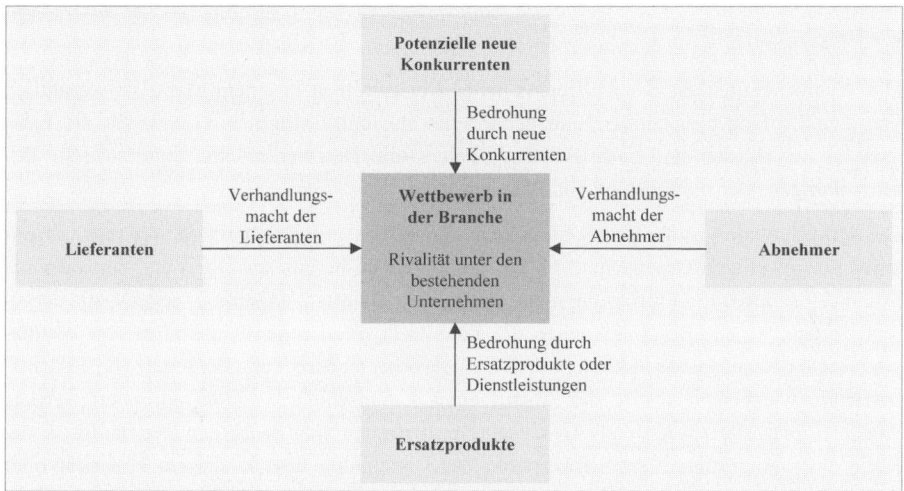

Abbildung VI.35: Wettbewerbskräfte nach PORTER (Quelle: Porter, 1985)

5.3.1.1 Wettbewerb in der Branche

Die Intensität der Rivalität zwischen bestehenden Unternehmen hat unmittelbaren Einfluss auf deren Rentabilität. Je höher das Ausmaß der Konkurrenzbeziehungen ist, desto kleiner wird im Regelfall der erzielbare Gewinn ausfallen. Ist die Kostenstruktur durch einen hohen Fixkostenanteil aufgrund von Anfangsinvestitionen gekennzeichnet, besteht darüber hinaus die Gefahr der anhaltenden Realisierung von Verlusten.[10] Neben der aktuellen Wettbewerbsintensität ist ferner auch deren erwartete Veränderung im Zeitablauf von Bedeutung. Wachstumsunternehmen haben ihren Geschäftsschwerpunkt regelmäßig in dynamischen Industrien, in denen noch kein stabiles Gleichgewicht besteht, und somit die Wettbewerbsintensität im Zeitablauf signifikanten Schwankungen unterliegt.

Diese Überlegungen erlauben unmittelbare Rückschlüsse auf die Informationsbedürfnisse der Adressaten der Equity Story. Bei hoher bestehender Wettbewerbsintensität ist die Positionierung relativ zu den unmittelbaren Konkurrenten von größter Bedeutung. Die langfristige Rentabilität kann dabei prinzipiell durch eine Kostenführerschaft oder die Reduzierung

---

[10] Grund dafür ist der „Sunk-cost"-Charakter der getätigten Investitionen, die in der Konsequenz für die Entscheidung über die Geschäftsfortführung irrelevant sind.

der Preissensitivität durch Produktdifferenzierung[11] sichergestellt werden. Demgegenüber steht in dynamischen Industrien die Fähigkeit des Unternehmens, sich an veränderte Wettbewerbsbedingungen anzupassen, im Vordergrund.

5.3.1.2 Potenzielle neue Konkurrenten

Die Wahrscheinlichkeit des Auftretens neuer Konkurrenten in einem Markt ist wesentlich von dem Umfang bestehender Eintrittsbarrieren abhängig. Mögliche Gründe für die Existenz solcher Hürden sind beispielsweise Skalen- und Netzwerkeffekte, regulatorische Beschränkungen oder die Existenz von Patenten.[12]

Die Anforderungen an die Equity Story variieren in diesem Bereich mit der Wettbewerbsposition der jeweiligen Gesellschaft. Ist das Unternehmen bereits am Markt etabliert oder hat es ihn selbst durch die Einführung neuer Produkte geschaffen, so muss in erster Linie dargelegt werden, welche Beschränkungen die aktuelle Position gegen den Eintritt von Wettbewerbern schützen. Insbesondere erwartete oder vorhersehbare Veränderungen von Eintrittsbarrieren, wie beispielsweise der Ablauf eines Patentschutzes, sollten adressiert werden. Andere junge, stark wachsende Gesellschaften befinden sich demgegenüber häufig in der Rolle eines Angreifers. Der Schwerpunkt der Darstellung liegt in diesem Fall sinnvoller Weise in der Darstellung, wie bestehende Hürden überwunden werden sollen.

5.3.1.3 Ersatzprodukte

Substitute bedrohen die Wettbewerbsposition eines Unternehmens, indem sie potenziell einen starken Nachfragerückgang und damit ein sinkendes Marktvolumen, das sich unter den etablierten Wettbewerbern aufteilt, verursachen können. In ihrer Bedeutung verschärft wird die bestehende Gefahr dadurch, dass Substitutionsbeziehungen häufig unklar sind und erst relativ spät erkannt werden können.[13]

Analog der Vorgehensweise bei dem zuvor betrachteten Einflussfaktor verlangt auch diese Wettbewerbskraft eine nach der Unternehmenssituation differenzierte Behandlung im Rahmen der Equity Story. Das Informationsbedürfnis liegt bei Gesellschaften mit einer gefestigten Marktposition schwerpunktmäßig auf der Einschätzung des Gefährdungspotenzials erkennbarer Substitute und der Darstellung, auf welche Weise eventuellen negativen Entwicklungen entgegengewirkt werden soll. Umgekehrt finden sich Gesellschaften mit innova-

---

[11] Die Produktdifferenzierung wird die gewünschte Wirkung jedoch nur dann entfalten können, wenn sie ein wesentliches Produktmerkmal betrifft, die Differenzierung vom Kunden wahrgenommen wird und sie nicht kurzfristig durch Wettbewerber nachgeahmt werden kann.

[12] Den Eintritt neuer Wettbewerber in einen Markt behandeln ausführlich FOSTER/KAPLAN (Foster/Kaplan, 2001, S. 327–335).

[13] Ein Beispiel für den Auftritt von Substituten ist die Verdrängung von Mainframe-Computern mit Terminals durch lokal eingesetzte Personal Computer. *IBM* hat diese Entwicklung erst spät erkannt und dadurch vorübergehend eine deutliche Beeinträchtigung seiner Wettbewerbsposition und Ertragskraft erfahren (Foster/Kaplan, 2001, S. 78–79).

tiven Produkten in einem Erklärungszwang, welche Substitutionsbeziehungen bestehen. Die Equity Story muss glaubwürdig ein zukünftiges attraktives Marktvolumen vermitteln.

5.3.1.4 Lieferanten

Die Verhandlungsmacht von Lieferanten bestimmt wesentlich die Kostensituation einer Gesellschaft. Zudem ist die Fähigkeit der Zulieferer, zu jedem Zeitpunkt die benötigte Anzahl an Produkten in zufriedenstellender Qualität liefern zu können, Grundvoraussetzung einer erfolgreichen Geschäftstätigkeit.

Im Regelfall ist jedoch davon auszugehen, dass ein Unternehmen zufriedenstellende Lieferantenbeziehungen unterhält und marktadäquate Preise verhandelt. Eine detaillierte Kommunikation von ausführlichen Angaben zum Einkauf ist in diesen Fällen nicht notwendig. Lediglich in Ausnahmefällen, beispielsweise bei Handelsgesellschaften, kommt diesem Unternehmensbereich eine erhöhte Bedeutung zu, die ein entsprechend umfassendes Reporting im Rahmen der Equity Story rechtfertigt.

5.3.1.5 Abnehmer

Die Existenz von Kunden ist eine notwendige Voraussetzung für das langfristige Bestehen einer Gesellschaft. Branchenabhängig sind allerdings an dieser Stelle signifikante Unterschiede festzustellen. Während in einzelnen Sektoren Beziehungen nur zu einer sehr geringen Anzahl wichtiger Abnehmer unterhalten werden, die häufig langfristig vertraglich gebunden sind, existiert in anderen Fällen eine Vielzahl, üblicherweise kurzfristiger, Absatzverhältnisse, denen einzeln keine große Bedeutung zugemessen werden kann.

Unabhängig von der Struktur der branchenüblichen Kundenbeziehungen hat die Equity Story die Aufgabe, darzulegen, dass die Absatzbasis des Unternehmens langfristig gesichert ist und wie dies erreicht wird. Bei einer geringen Anzahl bedeutender Abnehmer stehen die Langfristigkeit jeder einzelnen Beziehung sowie die Anpassungsfähigkeit des Unternehmens im Fall des Verlusts einzelner Kunden im Vordergrund. In Branchen mit vielen Kunden wird die Kommunikation demgegenüber auf die Nachhaltigkeit des aktuellen Marktanteils sowie des Marktvolumens fokussieren. Stark wachsende Unternehmen in noch nicht weit entwickelten Märkten müssen überzeugend darlegen, dass das zukünftige Absatzwachstum die weitere positive Unternehmensentwicklung fördern wird.[14]

Die Kommunikation sogenannter „weicher" Unternehmenscharakteristika ergänzt die strategische Positionierung eines Unternehmens mit dem Ziel der Vertrauensbildung bei den

---

[14] Die Equity Story der Mehrheit der Internet-Gesellschaften basiert auf dem Marktanteil, insbesondere gemessen an der Kundenanzahl als zentralem Werttreiber. Dies hatte in der Vergangenheit zur Folge, dass eine Überbetonung des Größenwachstums unter Vernachlässigung der Ertragslage zu beobachten war (Abschnitt 5.4).

Kapitalgebern. Von besonderer Bedeutung ist hier die Corporate Governance,[15] unter der die verantwortungsvolle, auf langfristige Wertschöpfung ausgerichtete Unternehmensleitung und -kontrolle verstanden wird. Bei jungen Unternehmen, die den Börsengang noch vor sich oder gerade hinter sich haben, konzentriert sich die Darstellung der Corporate Governance auf die Vorstandsmitglieder und ihren beruflichen Hintergrund sowie die Betreuung der Gesellschaft durch ein Beratungsgremium. Dieses Gremium sollte sich durch eine einschlägige Expertise auszeichnen; eventuell vorhandene Interessenkollisionen, die einer möglichst objektiven Beratung entgegenstehen könnten, verdienen spezielle Beachtung.

5.3.2 Signalling-Aktivitäten und Überwindung von Interessendivergenzen

Die bislang betrachteten Angaben zur strategischen Positionierung stehen in unmittelbarem Bezug zur jeweiligen Geschäftstätigkeit der Gesellschaften. Aufgrund der bei Wachstumsunternehmen vorherrschenden hohen Dynamik und der daraus resultierenden großen Bewertungsunsicherheit kommt jedoch darüber hinaus auch solchen Informationen im Rahmen der Equity Story eine Bedeutung zu, denen primär Signalwirkungen zugeschrieben werden können oder die bestehende Interessendivergenzen zu überbrücken helfen. Zum Emissionszeitpunkt sind zentrale Aspekte die *Eigentümerstruktur* sowie die *Reputation der die Emission begleitenden Bank*. Langfristigen Einfluss haben darüber hinaus die *Kapitalstruktur* und die mit ihr in enger Beziehung stehende *Dividendenpolitik* sowie die *Entlohnung der Unternehmensleitung*.

5.3.2.1 Eigentümerstruktur

Grundsätzlich ist davon auszugehen, dass die Alteigentümer eines Unternehmens aufgrund ihrer engen Beziehung zu der Gesellschaft deren Zukunftsperspektiven am besten einschätzen können. Eine unmittelbare Kommunikation dieser Informationen an externe Investoren wäre wünschenswert. Anderenfalls würden sie lediglich durchschnittliche Wachstums- und Gewinnaussichten unterstellen, was im Extremfall zu einem Marktversagen nach AKERLOF (Akerlof, 1970) führen könnte.[16] Aufgrund des „moral hazard" besteht jedoch diese Möglichkeit einer direkten, glaubwürdigen Kommunikation nicht. LELAND/PYLE (Leland/Pyle, 1977) zeigen vor diesem Hintergrund in einem modelltheoretischen Ansatz, dass die Einbe-

---

[15] Die *DVFA* hat aufgrund der hohen Bedeutung dieses Aspekts eine "Corporate-Governance-Scorecard" entwickelt. Sie umfasst fünf unterschiedliche Evaluierungsbereiche: Corporate-Governance-Commitment, Aktionärsrechte, Transparenz, Unternehmensleitung und Prüfung (http://www.dvfa.de).

[16] AKERLOF (Akerlof, 1970) betrachtet als Beispiel den Markt für Gebrauchtwagen. Uninformierte Käufer sind dort nur bereit, den Preis für einen Wagen durchschnittlicher Qualität zu bezahlen. Damit wird allerdings der Verkauf für Eigentümer von Autos mit überdurchschnittlicher Güte nicht mehr attraktiv, so dass sie diese nicht mehr anbieten werden. Die „adverse selection" führt zu einem Marktgleichgewicht, in dem nur noch qualitativ geringwertige Gebrauchtwagen, von AKERLOF als „lemons" bezeichnet, auf den Markt gelangen. Für seine Forschung über den Einfluss asymmetrischer Informationsverteilung auf die Existenz und das Versagen von Märkten wurde AKERLOF im Jahr 2001 mit dem Nobelpreis ausgezeichnet.

haltungsquote der Alteigentümer als ein Signal des wahren Unternehmenswerts interpretiert werden kann. Die mit steigendem Unternehmensanteil einhergehende geringere Diversifizierung des Vermögens ist mit Kosten verbunden, denen der zusätzliche Ertrag aus einem höheren erzielbaren Emissionserlös gegenübersteht. In diesem Modell stellt sich eine mit den Zukunftsaussichten des Unternehmens steigende gleichgewichtige Einbehaltungsquote ein.

Anreizwirkungen verstärken die beschriebenen Signaleffekte. Mit erhöhter Einbehaltungsquote steigt die relative Beteiligung des Managements an Veränderungen des Unternehmenswertes. Damit trägt die Unternehmensleitung einen höheren Anteil derjenigen Kosten, die mit sich selbst gewährten immateriellen oder materiellen Vorteilen verbunden sind. In der Konsequenz wird ein rational handelndes Management mit zunehmender Beteiligung Ausgaben, von denen es unmittelbar profitiert, in Richtung auf ein aus Gesamtunternehmenssicht optimales Niveau reduzieren.

Vor diesem Hintergrund kann die Einbehaltungsquote als ein Indikator der Unternehmensqualität interpretiert werden. Ein hoher Anteil der Alteigentümer verleiht einer positiven Darstellung der strategischen Positionierung der Gesellschaft erhöhte Glaubwürdigkeit.

5.3.2.2 Reputation der Emissionsbank

Eine weitere Möglichkeit, glaubwürdig einen bestimmten Unternehmenswert an die Kapitalmarktteilnehmer zu kommunizieren, besteht darin, die Emission von einer Bank mit einer guten Reputation begleiten zu lassen. BOOTH/SMITH (Booth/Smith, 1986) argumentieren, dass Emissionsbegleiter ihren Ruf dem Emittenten gegen Entrichtung einer Prämie zur Verfügung stellen. Die Bestätigung eines bestimmten Unternehmenswertes ist glaubwürdig, da annahmegemäß die Reputation – deren Aufbau mit Kosten verbunden ist – zerstört wird, falls sich zu einem späteren Zeitpunkt die Unrichtigkeit der Bestätigung herausstellt. Banken mit gutem Ruf werden vor diesem Hintergrund bereit sein, ausschließlich solche Unternehmen zu begleiten, von deren Qualität sie sich in einer umfassenden Analyse überzeugen konnten. Umgekehrt werden nur diejenigen Emittenten bereit sein, sich der extensiven Überprüfung ihrer Qualität zu unterziehen, die zuversichtlich sind, den an sie gestellten Anforderungen zu genügen und damit einen höheren Emissionserlös erzielen zu können.

Die Begleitung einer Emission durch eine Bank mit guter Reputation kann somit helfen, die Validität der Angaben zur strategischen Positionierung der Gesellschaft zu unterstreichen. Ein vergleichbarer Zuwachs in der Glaubwürdigkeit der Equity Story kann durch den Emittenten selbst entweder nicht oder nur unter Inkaufnahme wesentlich höherer Kosten realisiert werden.

Die Messung der Reputation des Emissionsbegleiters kann dabei nach verschiedenen konkurrierenden Verfahren erfolgen. Ein weit verbreiteter Ansatz für den amerikanischen Markt ist die Methodik von CARTER/MANASTER (Carter/Manaster, 1990). Sie basiert auf der Auswertung von „tombstones", d. h. von Anzeigen von Investmentbanken, die auf den Abschluss einer Transaktion hinweisen. Analysiert wird, in welcher Reihenfolge die Banken dort aufgeführt werden. Dies basiert auf der begründeten Annahme, dass die Reputation höher ist, je weiter vorne die jeweilige Bank genannt wird. Demgegenüber werden im deutschen Markt regelmäßig weniger aufwändig zu ermittelnde Maße, wie beispielsweise der Marktanteil, die Anzahl begleiteter Börseneinführungen oder die Bilanzsumme verwendet. (Schiereck, 2001) Umfassender ist dagegen der Ansatz von GERKE ET AL. (Gerke et al., 2001). Hier werden die vier Kriterien Attraktivität für den Emittenten, Qualität des Emissionspreises, Qualität der Platzierung sowie Qualität der Betreuung nach der Emission mit unterschiedlicher Gewichtung zu einer Gesamtkennzahl aggregiert. Das dabei verfolgte Ziel ist, die Qualität der Emissionsbank nicht ausschließlich aus Banken-, Emittenten- oder Investorensicht zu beurteilen, sondern zu einem ausgewogenen Urteil zu gelangen. (Vollrath, 2002)

5.3.2.3 Kapitalstruktur/Dividendenpolitik

Die Kapitalstruktur beschreibt den relativen Anteil von Eigen- und Fremdkapital bei der Unternehmensfinanzierung (Küting/Weber, 2000, S. 100). Ein Zusammenhang zum Unternehmenswert besteht in erster Linie aufgrund der Beeinflussung der *Anreizstruktur des Managements* sowie der *Bindungswirkung* von Fremdkapital.

Anlässlich der Schilderung der Bedeutung der Eigentümerstruktur wurde bereits auf den positiven Zusammenhang zwischen der Beteiligungsquote des Managements und der parallelen Ausrichtung von Anreizen hingewiesen. Demnach könnten mit einer möglichst hohen Einbehaltungsquote aus Gesamtsicht bessere Ergebnisse realisiert werden. Deren Realisierung steht jedoch im Regelfall das beschränkte Vermögen des Managements entgegen. Mit zunehmendem Verschuldungsgrad steigt allerdings – bei gleichbleibendem absoluten Eigenkapitalanteil des Managements – die relative Beteiligung an den residualen Erträgen. Somit ist der Einsatz von Fremdkapital geeignet, die Abweichung vom wertmaximalen Optimum zu reduzieren ohne die Budgetrestriktion des Managements zu verletzen.

Der zweite positive Einfluss von Fremdkapital äußert sich in seiner Bindungswirkung. Feststehende Verpflichtungen zu Tilgungs- und Zinszahlungen schränken den Entscheidungsspielraum des Managements ein, so dass eine Reduktion nicht betriebsnotwendiger Ausgaben zu erwarten ist (Jensen, 1989, S. 67). Diese Wirkung wird durch die Ankündigung der Gewährung von Dividenden verstärkt. Obwohl keine rechtliche Verpflichtung zu deren Beibehaltung besteht, haben LINTNER (Lintner, 1956, S. 101) und FAMA/BABIAK (Fama/Babiak, 1968, S. 1159) empirisch gezeigt, dass Unternehmen nur ungern und in Ausnahmefällen Dividenden reduzieren. Ein einmal erreichtes Dividendenniveau führt damit zu einer Bindungswirkung, die der von Fremdkapital nahe kommt.

5.3.2.4 Entlohnung der Unternehmensleitung

Neben einer hohen Einbehaltungsquote oder der Aufnahme von Fremdkapital ist auch die Einführung einer variablen Vergütung der Unternehmensleitung geeignet, die wünschenswerte, möglichst umfassende Beteiligung des Managements an den residualen Erträgen zu erzielen. Der Effekt resultiert aus einer Annäherung der residualen Erträge des Managements an die marginale Unternehmenswertänderung. Hierdurch werden die Abweichungen zwischen dem individuell rationalen Entscheidungsmodell des Managements und der aus der Gesamtperspektive optimalen Vorgehensweise reduziert.

Über den Anreizeffekt hinaus hat die variable, erfolgsabhängige Vergütung einen Einfluss auf die Struktur des Managements. Einem Vertrag mit hohem variablen Entlohnungsanteil werden nur diejenigen Kandidaten zustimmen, die der Ansicht sind, den an sie gestellten Anforderungen gerecht zu werden und damit ein entsprechend hohes Gehalt realisieren zu können. Die Vergütung führt damit zu einer Selbst-Selektion der Mitarbeiter und zu einer aus Unternehmenssicht vorteilhaften Offenlegung privater Informationen über ihre Leistungsfähigkeit.

Allen vier in diesem Abschnitt behandelten Aspekten ist ihr Potenzial gemein, divergierende Interessen anzugleichen und Informationsasymmetrien zu reduzieren.[17] Damit haben sie Einfluss auf zwei Problemfelder, denen bei jungen, wachstumsstarken Unternehmen eine große Bedeutung zukommt. Eine über die strategische Positionierung hinausgehende Erweiterung der Equity Story um die beschriebenen Aspekte birgt folglich das Potenzial, den Wert eines Unternehmens klarer kommunizieren zu können.

5.4 Empirische Erkenntnisse

Im März 2000 hat am Neuen Markt eine bis weit in das Jahr 2001 anhaltende Konsolidierung des Bewertungsniveaus eingesetzt. Der NEMAX-All-Share-Index ging dabei zeitweise auf einen Stand von weniger als 10 % seines bisherigen Maximums zurück. Diese Abwärtsbewegung lässt sich durch eine Verschiebung der relativen Bedeutung, die einzelnen Faktoren bei der Preisfindung zugemessen wird, erklären. VOLLRATH (Vollrath, 2002) hat in einer empirischen Analyse der Emissionen des ersten Halbjahres 2000 diese Veränderungen untersucht. Die Untersuchung basiert auf einer umfassenden Datenbasis, die sechs verschiedene Themengebiete abdeckt, und damit weit über eine reine Analyse finanzieller Kennzahlen hinausgeht. Die dort gewonnenen Erkenntnisse geben Aufschluss über die praktische Relevanz verschiedener Teilaspekte der Equity Story.

Während der Konsolidierungsphase hat insbesondere die Ertragslage an Bedeutung gewonnen. Verschiedene Variablen der finanziellen Leistungsfähigkeit, wie beispielsweise der Jahresüberschuss, der Cash Flow oder die Ankündigung von Dividenden sind gut geeignete Indikatoren der im Untersuchungszeitraum zu beobachtenden Kursentwicklung. So haben sich beispielsweise die Aktien von Unternehmen, die einen positiven Jahresüberschuss im letzten der Emission vorangehenden Geschäftsjahr ausweisen, innerhalb der ersten 180 Handelstage nach der Börseneinführung um durchschnittlich 31,15 Prozentpunkte besser entwickelt als die Vergleichsgruppe mit negativem Gewinnausweis (Vollrath, 2002). Auch nach Bereinigung um den Einfluss des systematischen Risikos ergibt sich ein vergleichbares

---

[17] Vor diesem Hintergrund hat die Regierungskommission „Deutscher Corporate Governance Kodex" unter Leitung von GERHARD CROMME Verhaltensregeln für Aufsichtsräte und Vorstände insbesondere börsennotierter Gesellschaften entwickelt (Dörner, 2002, S. 23).

Bild, wie die grafische Darstellung der Entwicklung der kumulierten abnormalen Rendite in Abhängigkeit vom Vorzeichen des Jahresabschlusses in Abbildung VI.36 verdeutlicht.

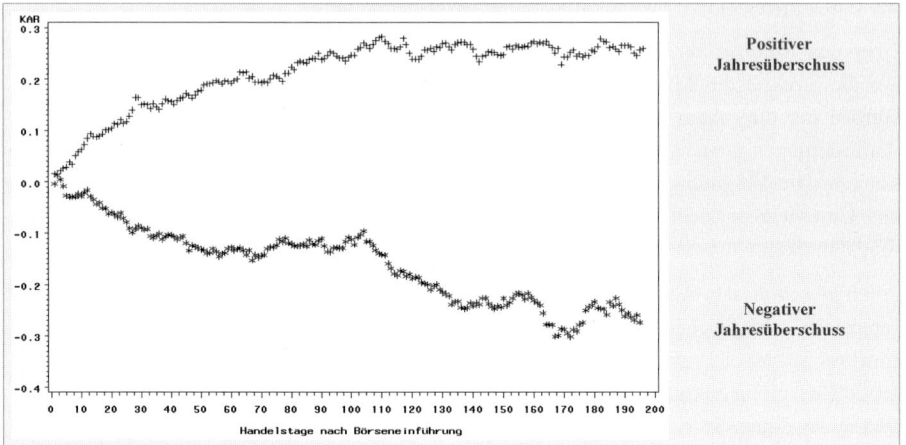

Abbildung VI.36: Kumulierte abnormale Rendite in Abhängigkeit vom Vorzeichen des Jahresüberschusses (Quelle: Vollrath, 2002)

Dieses Ergebnis zeigt, dass, nach Überwindung der anfänglich auf dem Neuen Markt herrschenden Euphorie, Investoren der finanziellen Tragfähigkeit eines Geschäftsmodells zunehmende Bedeutung beimessen. Ein ausschließliches Streben nach schneller Marktdurchdringung ohne Rücksicht auf die Rentabilität wird von den Marktteilnehmern in deutlich geringerem Umfang als früher toleriert und wertgeschätzt.

Die zunehmend vorsichtigere Einschätzung von Wachstumsunternehmen verdeutlicht in ähnlicher Weise eine Analyse der Darstellung der Risikofaktoren im Emissionsprospekt. Die verpflichtende und exponierte Offenlegung von Sachverhalten, die „einen erheblichen negativen Einfluss auf die wirtschaftliche Lage des Emittenten haben oder dessen Geschäftserfolg gefährden könnten" (Deutsche Börse AG, 2001, Abschn. 2, Nr. 4.1.16, Abs. 1, Satz 1, S. 21), soll es potenziellen Investoren ermöglichen, Investitionsentscheidungen auf Basis eines umfassenden Informationsstandes zu treffen und eventuelle native Konsequenzen bestehender Risiken zu berücksichtigen. Während der Hausse-Phase am Neuen Markt wurden jedoch angebotene Wertpapiere weitgehend unreflektiert nachgefragt, da die empfundene Gefahr eines Kursverlustes, unabhängig von der getroffenen Entscheidung, gering war. Erst die schrittweise einsetzende Abschwächung der Euphorie veranlasste Marktteilnehmer, Informationen, die ihrer positiven Grundeinstellung entgegenstanden, wahrzunehmen und in die Preisfindung einfließen zu lassen. Verwendet man den Umfang des Abschnittes „Risikofaktoren" im Emissionsprospekt als Näherung für das Ausmaß des insgesamt bestehenden Risikos, zeigt die empirische Analyse eine Renditedifferenz zwischen zwei nach dem Median gebildeten Untergruppen von -23,33 Prozentpunkten nach 180 Handelstagen. Marktbereinigt ergibt sich ein ähnliches Ergebnis. Auf Einzelfaktorebene konnte ermittelt werden, dass der Markt während der Konsolidierungsphase zunehmend solche Faktoren kritisch sieht, in denen das Risiko relativ konkret ist oder von ihm potenziell langfristig die Aussichten des Unternehmens beeinträchtigt werden. Beispiele hierfür sind Regulierungsrisiken oder der Hinweis auf eine aktuell schlechte Gewinnsituation. (Vollrath, 2002) Die Entwicklung der kumulierten abnormalen Rendite in Abhängigkeit vom Regulierungsrisiko ist beispielhaft in Abbildung VI.37 dargestellt.

Abbildung VI.37: Kumulierte abnormale Rendite in Abhängigkeit der Existenz von Regulierungsrisiken (Quelle: Vollrath, 2002)

Demgegenüber sind die zuvor betrachteten Variablen, die aufgrund informationsökonomischer Überlegungen als relevant erachtet wurden, nicht oder nur schwach signifikant zur verbesserten Beschreibung der Kursentwicklung geeignet. Dieses Ergebnis führt zu zwei konkurrierenden Interpretationsrichtungen. Zum einen ist es denkbar, dass diesen Faktoren keinerlei Relevanz bei der Unternehmensbewertung zukommt. Zum anderen kann es möglich sein, dass die Bewertungsrelevanz der betrachteten Variablen während der Konsolidierungsphase keiner Änderung unterliegt. In Anbetracht der großen Anzahl früherer empirischer Untersuchungen, die den absoluten Werteinfluss von informationsökonomisch begründeten Kennzahlen nachweisen, (Vollrath, 2002) erscheint die zuletzt genannte Interpretation plausibler.

Eine Ausnahme von dieser mangelnden Eignung informationsökonomischer Variablen als Indikatoren bilden lediglich die Kapitalstruktur und die geplante Dividendenpolitik. Unternehmen mit einem hohen Verschuldungsgrad entwickeln sich besser als primär durch Eigenkapital finanzierte Gesellschaften. Ebenso steht die Ankündigung zukünftiger Dividenden in positivem Zusammenhang mit der zu beobachtenden Aktienkursentwicklung. Dieses Ergebnis kann allerdings auf die Abhängigkeit dieser beiden Variablen von der Ertragslage zurückgeführt werden. Banken werden in erster Linie bereit sein, solchen Unternehmen Fremdkapital zuzuführen, die bereits ertragreich arbeiten und damit ein geringeres Risiko aufweisen. Außerdem können aufgrund aktienrechtlicher Beschränkungen Dividenden ausschließlich aus einem in der aktuellen oder einer früheren Periode erzielten Gewinn geleistet werden.[18]

5.5 Gestaltungsempfehlungen

Die im vorherigen Abschnitt vorgestellten empirischen Ergebnisse erlauben, in Verbindung mit den zuvor getroffenen theoretischen Überlegungen, die Ableitung fundierter Empfehlungen zur effektiven Gestaltung der Equity Story von Wachstumsunternehmen.

Die Ertragskraft wurde als eine wesentliche Determinante der zu beobachtenden Kursentwicklung im aktuell vorherrschenden Marktumfeld identifiziert. Dementsprechend sollte eine überzeugende Kommunikation der finanziellen Leistungsfähigkeit der jeweiligen Gesellschaft im Mittelpunkt der Kapitalmarktkommunikation stehen. Hierbei ist grundsätzlich zwischen der zeitpunktbezogen vorherrschenden Situation und der erwarteten oder angestrebten zukünftigen Entwicklung zu unterscheiden.

Hat der Emittent bereits seine Fähigkeit unter Beweis gestellt, positive Jahresüberschüsse oder positive operative Cash Flows realisieren zu können, ist es sinnvoll, die damit nachgewiesene grundsätzliche Tragfähigkeit der Geschäftsidee herauszustellen. Umgekehrt ergibt sich bei negativer Ertragslage die vergleichsweise schwierigere Aufgabe, die Situation zu begründen und deren Akzeptanz durch Meinungsbildner und Investoren zu erreichen. Unterstützend können zu diesem Zweck beispielsweise vergangene, positive Trends, Expertenmeinungen oder auch Analogien zu anderen, inzwischen bereits im Produktlebenszyklus weiter fortgeschrittenen, Industrien herangezogen werden. Steht das Überschreiten der Gewinnschwelle in unmittelbarer Zukunft bevor, kann alternativ auch eine Verschiebung des geplanten Auftritts im Kapitalmarkt um den entsprechenden Zeitraum sinnvoll sein.

Unabhängig von der aktuellen finanziellen Situation sehen sich alle Gesellschaften der Notwendigkeit gegenüber, die langfristige Tragfähigkeit des Geschäftsmodells sowie eine zu erwartende positive Ertragsdynamik darzustellen. Die beschriebene Systematik von PORTER (Porter, 1985) liefert eine Vielzahl von Ansatzpunkten hierzu. Wettbewerbsvorteile sowie Strategien zur Differenzierung von aktuellen und potenziellen zukünftigen Mitbewerbern sollten herausgearbeitet werden. Ebenso hilft eine offensive Behandlung potenzieller Gefahren durch Substitute, Unsicherheit bei den Adressaten der Equity Story zu reduzieren und damit die notwendige Vertrauensbasis zu schaffen. Ein breit gestreutes Portfolio von Kunden, substanziiert durch die Aufzählung von Referenzen, zeugt sowohl von einer Akzeptanz der Produkte des Unternehmens am Markt als auch von einer geringen Abhängigkeit vom Verhalten einzelner Abnehmer. Im Umkehrschluss sollte das Fehlen umfangreicher Kundenbeziehungen offensiv angesprochen werden. Honoriert werden hier plausible Strategien zur zukünftigen Überwindung dieses Nachteils oder Begründungen, warum die erwarteten negativen Einflüsse auf die weitere Unternehmensentwicklung als gering eingeschätzt werden.

---

[18] Die Ausschüttungsfähigkeit wird zudem durch die Pflicht zur Bildung gesetzlicher Rücklagen aus dem Jahresüberschuss nach § 150 AktG weiter eingeschränkt.

Der festgestellte relativ geringe Zusammenhang zwischen der Kursentwicklung und den vorgestellten „Signalling"-Variablen spricht dagegen, diesen Aspekten eine tragende Rolle bei der Konzeption der Equity Story zuzubilligen. Dennoch ist es grundsätzlich sinnvoll, auf positive Ausprägungen der entsprechenden Variablen ausdrücklich hinzuweisen. Auch wenn hieraus im Regelfall keine unmittelbaren positiven Kurseinflüsse resultieren werden, können die Erwähnung unterdurchschnittlicher Interessendivergenzen oder die Aussendung von Signalen vertrauensbildend wirken und somit helfen, eine langfristig wohlwollende Einstellung gegenüber der Gesellschaft zu fördern.

5.6 Zusammenfassende Betrachtung

Ziel dieses Beitrags war es, wesentliche Bestandteile einer erfolgreichen Equity Story zu identifizieren, empirisch zu überprüfen und auf Basis der Ergebnisse Empfehlungen zu geben für die Gestaltung dieses zentralen Elements der Kapitalmarktkommunikation.

In der theoretischen Analyse wurden zwei zentrale Bereiche einer Equity Story entwickelt. Zum einen sollte eine strategische Positionierung der Gesellschaft erfolgen, im Rahmen derer die ökonomische Tragfähigkeit des Geschäftsmodells dargelegt wird. Zum anderen können Informationen zu verschiedenen Variablen des „signalling" und der Anreizstruktur offengelegt werden. Die Positionierung der Gesellschaft hat aufgrund ihrer engen Beziehung zur Ertragslage unmittelbaren Einfluss auf die Kapitalmarktbewertung. Im Zuge der Konsolidierung am Neuen Markt verstärkte sich diese Beziehung, was von einer zunehmenden Fokussierung auf die Rentabilität der Wachstumsunternehmen zeugt. Demgegenüber zeigt die empirische Analyse, dass die informationsökonomischen Variablen nur in geringerem Ausmaß von den Marktteilnehmern in eine sich im Zeitablauf ändernde Bewertung umgesetzt werden. Vor diesem Hintergrund wird den entsprechenden Größen primär eine vertrauensbildende Funktion zugesprochen.

Insgesamt ermöglicht eine überzeugende Equity Story es jeder Gesellschaft, sich von der stetig steigenden Anzahl an Wettbewerbern auf dem Kapitalmarkt zu differenzieren. Es liegt im Interesse des Unternehmens, diese Chance zu nutzen, um die Mittel von Investoren zu gewinnen und die eigenen Kapitalkosten zu reduzieren.

Teil VII: Kapitalmarkt und Bewertung

1. Marktformen zum Handel von Unternehmensanteilen

RETO FRANCIONI[1]

Was ist das Schwerste von allem? Mit den Augen zu sehen, was vor den Augen dir liegt.
(Goethe)

1.1 Die Option Börse

Die Situation am Kapitalmarkt hat sich durch den starken Abschwung an den Börsen seit Herbst 2000 dramatisch verändert. Das ist nicht nur all jenen bekannt, die den Finanzmarkt und seine Entwicklung auch nur annähernd beobachten und verfolgen, sondern besonders jenen, die ihr Vermögen in Aktien angelegt haben. Der Dax ist zwischen dem 1. September 2000 und dem 1. September 2001 um über 30 %, der Nemax 50 sogar um über 80 % eingebrochen.

Die negativen Auswirkungen dieses starken Abschwungs an den Börsen sind deutlich: Die Anleger sind verunsichert, das Vertrauen in den Kapitalmarkt schwindet und selbst die Geschäftstätigkeit gut positionierter Unternehmen wird von dieser Skepsis belastet. Doch lassen sich aus einer solchen Entwicklung immer auch Lehren ziehen. Die Neigung zu Übertreibung, zu Euphorie und zu überschwänglicher Begeisterung für die Börse und ihre Möglichkeiten der Kapitalbeschaffung – wie sie Ende der Neunzigerjahre zu spüren war – verschleierte immer auch eine sachliche Betrachtung. Die derzeitige Entwicklung bietet nun die Möglichkeit einer weitaus realistischeren Einschätzung des Phänomens „Börse" und des börsenbasierten Handels. Welche Chancen und Risiken gibt es? Welche Optionen werden möglich, wo liegen die Grenzen? Eine nüchterne Diskussion ist angebracht, um am Markt langfristig richtig und vor allem gewinnbringend zu agieren.

Es existiert eine Reihe von Bedingungen und Faktoren, die für den Handel von Unternehmensanteilen von zentraler Bedeutung sind. Der folgende Beitrag konzentriert sich dabei im Wesentlichen auf die Darstellung, Bewertung und Einordnung des börsenbasierten und außerbörslichen Handels.

---

[1] Unter Mitwirkung von MICHAEL KLÄVER.

Grundsätzlich gilt für Börsengänge: Die Börsen haben ihre spezifischen Regeln, die es zu berücksichtigen gilt. Börsengänge dürfen nicht Folge einer Mode sein, die man mitmacht, weil sie eben „in" ist. Ein Börsengang muss durchdacht und exakt geplant werden. Doch welche Mechanismen gilt es zu beachten? Wer sind die Akteure der Wertschöpfungskette? Welche Kundenprofile finden sich in welchem Segment?

Nicht ohne Grund scheitern viele Unternehmen am Vorhaben Börsengang, weil sie die Einflüsse, die Menge an Entscheidungen, aber auch die dahinter steckende Belastung unterschätzen. Der Gang an die Börse ist kein Spaziergang, sondern eine Kletterpartie in schwierigem Gelände. Doch er wird auch in Zukunft der Königsweg zur Eigenkapitalbeschaffung bleiben.

Der folgende Beitrag befasst sich daher primär mit der Problematik und Komplexität des Marktes und will für die unterschiedlichen Faktoren und Marktformen zum Handel von Unternehmensanteilen sensibilisieren.

1.2 Börsengang und Wertpapiermarkt

1.2.1 Aktie und Initial Public Offering (IPO)

Vor 1997, dem Jahr des Börsenganges der *Deutschen Telekom*, spielte der Aktienmarkt in Deutschland für die Finanzierung von Unternehmen, insbesondere im „Small"- und „Midcap"-Segment, nur eine Nebenrolle. In den letzten Jahren hat sich der Trend der Unternehmen, an die Börse zu gehen, deutlich verstärkt (Francioni, 2000a, S. 527 ff.). Während in den Jahren vor 1997 nur zwischen neun und vierunddreißig IPOs im Jahr stattfanden, hat sich das Bild seitdem deutlich verändert. Dazu hat auch die Gründung des Neuen Marktes als Segment für Wachstums- und Innovationswerte beigetragen, auch wenn dem steilen Aufstieg in den Jahren 1999 und 2000 ein jäher Absturz folgte[2]. Im Jahr 1999 erreichte die Zahl mit 168 IPOs ihren vorläufigen Höhepunkt und bewegte sich auch im Jahr 2000 mit 152 Börsengängen auf hohem Niveau. Der starke Abschwung an den Börsen seit Herbst 2000 hat zwar die Entwicklung gebremst, den langfristigen Trend aber nicht gebrochen. Dies zeigen Umfragen, die die Börsenwilligkeit von Unternehmen ermitteln. Die Entwicklung einer neuen Eigenkapitalkultur in Deutschland wird auch zukünftig eine Alternative gegenüber der traditionellen Kreditfinanzierung – die nicht zuletzt durch *Basel II*[3] für viele mittelständische Unternehmen erschwert werden wird – sein.

Jedes Unternehmen, das den Börsengang plant oder sich bereits dafür entschieden hat, muss sich bewusst sein, dass es damit einen öffentlichen Kampf mit den Mitbewerbern um Kapital führt. Für die Unternehmen stellt der Börsengang eine Option dar, möglichst billig zu Eigenkapital zu kommen. Das heißt aber auch, dass das Unternehmen möglichst zeitnah,

---

[2] Der Nemax 50-Index erreichte im Frühjahr 2000 mit 9665 seinen Höhepunkt und unterschritt im September 2001 seinen bisherigen Tiefstand. Bis Ende August fanden im Jahr 2001 lediglich elf Neuemissionen statt.

[3] Bank für Internationalen Zahlungsausgleich, Basler Ausschuss für Bankenaufsicht, Konsultationspapier, Die Neue Basler Eigenkapitalvereinbarung, Januar 2001.

möglichst einfach, möglichst klar und vor allem auch möglichst relevant über den Verlauf der Geschäftstätigkeit informieren muss, da sonst Reibungsverluste im Sinne einer Fehlbewertung dieser Option entstehen. Denn mittels dieser qualitativ hochstehenden Information wird die Lücke zwischen dem tatsächlichem Zustand des Unternehmens und dem Zustand, wie er sich aufgrund der öffentlichen Information darstellt, zeitgerecht minimiert.

Bei der Planung des Börsenganges ist insbesondere zu bedenken, dass der zeitliche Horizont nicht beim IPO aufhören darf. Im Gegenteil: Ein erfolgreiches IPO mag zwar zunächst einmal das „Happy End" nach einer Phase gewaltiger zeitlicher und auch nervlicher Belastung sein. Doch der Ernst des Lebens beginnt eigentlich erst danach. Die Aktie muss wie ein neues Produkt permanent vermarktet werden. Deshalb sollte der Emittent von Anfang an auch eine langfristige Kapitalmarktstrategie verfolgen.

Dabei ist zu beachten, dass folgendes gilt: Das Unternehmen schafft Wert, die Börse bewertet die Unternehmen. Den Unternehmen muss klar sein, dass sie es sind, die den eigentlichen Unternehmenswert schaffen. Die Börse verwertet nur die Informationen, die über das Unternehmen in den Markt einfließen und bildet damit aus Marktsicht laufend einen Gegenwartswert des Unternehmens, eben den aktuellen Börsenpreis bzw. die aktuelle Marktkapitalisierung. Die Information über die Werthaltigkeit jedoch liegt in der Verantwortung der Unternehmen.

Der Börsenpreis ist eine stets aktuelle, situative Bewertung, in die Zukunft und Vergangenheit eingerechnet werden. Der Börsenwert kann, aber muss nicht identisch sein mit dem Unternehmenswert; denn der Wert hat objektive und subjektive Komponenten. Dabei ist mitentscheidend, welche Informationen im Markt sind. Aus subjektiver Sicht, etwa aus einem Beteiligungs- oder Übernahmeinteresse heraus, kann der Wert des Unternehmens maßgeblich vom Börsenwert abweichen. Ein Beispiel dafür ist die Bereitschaft eines übernahmewilligen Unternehmens, eine strategische Prämie zu zahlen.

Auch der Kassa- und der Derivatemarkt können demgemäß wertmäßig auseinanderfallen. Denn der Derivatemarkt entwickelt seine spezifische Eigendynamik. Die gesamte Kapitalisierung der zugelassenen Unternehmen einer Börse sagt etwas über die Werthaltigkeit eines Marktes aus und ist damit ein Bestandteil für die Bewertung einer Börse.

1.2.2 Zulassung zur Börse

Der Notierung an der Börse geht ein geregeltes Prozedere voraus, das von den emissionswilligen Unternehmen beachtet und einkalkuliert werden muss, sowohl in zeitlicher Hinsicht als auch im Sinne der Inanspruchnahme personeller und finanzieller Ressourcen. Die Zulassungskriterien unterscheiden sich dabei je nach gewähltem Marktsegment. Das Zulassungsverfahren ist generell im öffentlich-rechtlichen Regelwerk, d. h. Börsengesetz (BörsG), in der Börsenzulassungsverordnung (BörsZulVO) und den Börsenordnungen geregelt. Zusätzliche, strengere, privatrechtliche Regelungen gelten für den Neuen Markt, für den eine Notierungsaufnahme im Zusammenhang mit einer Zulassung zum Geregelten Markt beantragt wird.

Diese Regelungen umfassen unter anderem:

- ein Mindestkapital des Emittenten von € 1,5 Mio.,
- die Verpflichtung der Altaktionäre, mindestens für sechs Monate keine Aktien zu veräußern (sogenannte „Lock-up"-Periode),
- die Verpflichtung, dass mindestens 50 % der Aktien aus einer Kapitalerhöhung stammen,
- erweiterte Informationspflichten (z. B. Quartalsabschlüsse, erweiterte Prospektinformationen),
- Anerkennung des Übernahmekodex der Börsensachverständigenkommission.

Das Zulassungsverfahren beginnt mit der Einreichung der erforderlichen Unterlagen. Diese umfassen unter anderem neben dem Antrag auf Zulassung auch die Jahresabschlüsse der letzen drei Geschäftsjahre, Exemplare des Prospekts und andere Unterlagen (Francioni, 2000b, S. 149 ff. und S. 174–175; Schäfer, 1999).

Das börsenwillige Unternehmen muss sich im Klaren darüber sein, dass die Erfüllung der Regularien nur ein Schritt auf dem Weg an die und in der Börse ist und dass darüber hinaus neben einem nachhaltigen Emissionskonzept auch Due Diligence, Prospekterstellung und die Investor-Relations-Arbeit am Sekundärmarkt den Erfolg an der Börse ausmachen (Francioni, 2000b, S. 169 ff.). Für den Börsengang muss also nebst der Börsenwilligkeit auch die Börsenfähigkeit gegeben sein.

1.3 Ausgangslage

Für ein Unternehmen, das den Börsengang plant, ist es entscheidend, die Funktionsweise des Wertpapiermarktes zu verinnerlichen und sich Klarheit über den Preisbildungsprozess und damit über die Marktarchitektur zu verschaffen. Denn mit der Notierung ist das Unternehmen als Produkt in Form der Aktie auf dem Markt für Eigenkapital präsent. Dem börsenwilligen Unternehmen muss klar sein, dass es mit dem Gang an die Börse an einer weiteren, andersgearteten „Front" im Wettbewerb mit Konkurrenten steht. Nur unter dieser Sichtweise sind Chancen und Risiken einer Notierung tatsächlich auszuloten.

Im Wertpapiermarkt kommt es darauf an, Wertpapierkaufs- und Verkaufsverträge fair und preiswert auszuführen, eine zuverlässige Preisbildung zu gewährleisten und die effiziente Abwicklung und Verrechnung von Wertpapiergeschäften sicherzustellen (Schwartz, 2000, S. 123 ff.). Ob dieses Ziel erreicht wird, hängt entscheidend von der Ausgestaltung der Marktarchitektur ab. Dazu gehören neben den einzelnen Elementen der Wertschöpfungskette auch die Regeln und Verfahren, nach denen Wertpapiergeschäfte ausgeführt werden, und auch die Verbindungen zwischen den einzelnen Elementen. Die derzeitige Ausgangslage am Sekundärmarkt ist aus der Abbildung VII.1 ersichtlich:

Marktformen 545

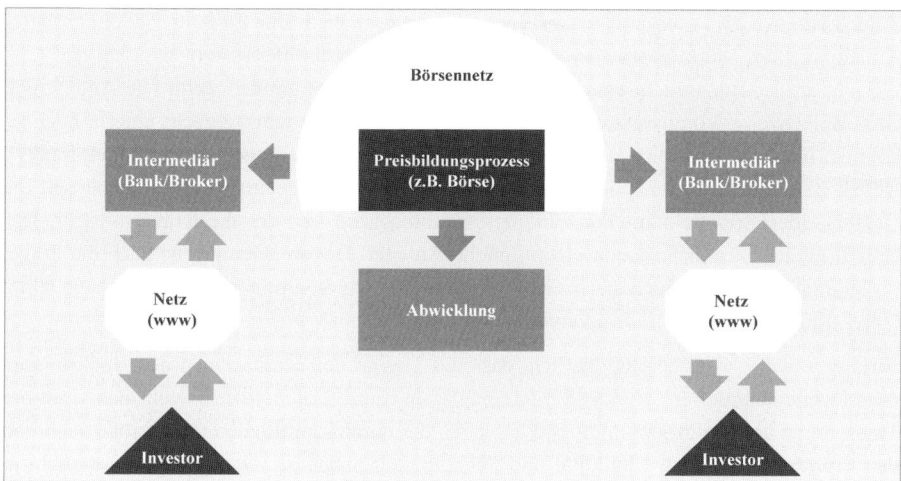

Abbildung VII.1: Ausgangslage am Sekundärmarkt

Die Liquidität („liquidity") ist eine entscheidende Größe. Sie ist Maßstab dafür, wie leicht sich eine Anlage erwerben und wieder verwerten lässt. Liquidität stellt demnach eine wesentliche Grundlage für das Vertrauen in einen Markt dar.

Wichtig ist auch die Zugangsmöglichkeit der Marktteilnehmer („accessability"). Das heißt, dass der Anleger auf den Preisbildungsprozess möglichst benutzerfreundlich, einfach und klar ohne Hindernisse zugreifen können muss. Die Zugriffsmöglichkeit wird funktional im Front-end-Bereich bestimmt. Falls das Produkt, die Aktie, zur gleichen Zeit auf verschiedenen Märkten (z. B. Kassa- und Terminmarkt oder an verschiedenen Kassamärkten) gehandelt wird, will der Anleger gleichzeitig auf alle Märkte zugreifen können.

Dabei kommt es auf Sofortigkeit („immediacy") an, der Möglichkeit, den Verkauf und Kauf von Wertpapieren sofort bzw. möglichst schnell abzuschließen (Schwartz, 2000, S. 136; Schmidt/Prigge, 1995, S. 318). Damit soll auch das Risiko ausgeschlossen werden, dass während des Ausführens eine Kursänderung eintritt.

Und es geht um Transparenz („transparency") in zweifacher Hinsicht: Erstens bedeutet Transparenz im engeren Sinne den Einblick in den Preisbildungsprozess. Sie steigt mit dem Maß der Offenlegung des Orderbuchs, dem Maß, mit dem in die Tiefe und Breite des Marktes in Echtzeit Einblick genommen werden kann. Zweitens besteht Transparenz im weiteren Sinn in der Eindeutigkeit im Sinne der Anwendung der Regeln des Preisbildungsprozesses. Diese müssen klar, eindeutig nachvollziehbar und vorgängig bekannt sein. Der Preis als Produkt des Preisbildungsprozesses darf sich nur aus der korrekten Anwendung der im Regelwerk festgelegten („Matching"-) Algorithmen ergeben. Darüber hinaus zählt auch zur Transparenz, dass Informationen über das Produkt und dessen Zustand zeitnah und möglichst relevant sind. Das Maß relevanter Unternehmensinformation ist auch ausschlaggebend für den Grad der Markteffizienz, also der Frage, inwieweit sich in den Preisen die verfügbaren Informationen über das Unternehmen widerspiegeln (Brealey/Myers, 1996, S. 321 ff.).

Zuletzt ist noch die Anonymität („anonymity") anzusprechen. Der Investor, der ein größeres Aktienpaket am Markt verkaufen oder kaufen will, ist daran interessiert, dass bei der Ausführung an der Börse nicht ersichtlich wird, wer hinter dem „trade" steht. Die Anonymität ist beispielsweise Voraussetzung dafür, auch größere Blöcke marktgerecht unterbringen zu können. Insbesondere beim Handel mit großen Aktienpaketen, sogenannten „block trades", wollen die Marktteilnehmer ihre Absichten möglichst verschleiern; denn sonst besteht die Gefahr, einen Sogeffekt im Preisbildungsprozess auszulösen, der die Kurse mitreißt. Das betrifft natürlich in erster Linie institutionelle Anleger. Davon abhängig ist auch die Frage, ob lediglich vor oder auch nach Geschäftsabschluss Anonymität gewährleistet sein muss („pre- trade"- und „post-trade anonymity").

An dieser Stelle wird bereits deutlich, dass das Design des Marktes von den Bedürfnissen der Marktteilnehmer entscheidend mitgeprägt sein muss. Das betrifft sowohl den Grad der Transparenz und der Anonymität und ist neben der durchschnittlichen Ordergröße auch von den Erfordernissen nach Liquidität und Schnelligkeit abhängig. Dies schlägt sich auch im Preisbildungsprozess selbst nieder, und zwar in der Frage, ob ein „order-driven" Design oder aber ein „market-making" Modell marktgerecht ist. Gerade in dieser Hinsicht gibt es nach wie vor noch Unterschiede zwischen den Bedürfnissen der institutionellen Anleger und der Privatanleger. Dies ist immer noch der Fall, obwohl in den vergangenen Jahren durchaus Annäherungen in den Grenzbereichen erzielt wurden, wozu die Emanzipation des Privatanlegers wesentlich beigetragen hat.

1.4 Primärtrends

1.4.1 Elektronisierung

Der Katalysator für die wichtigsten Veränderungen in der Vergangenheit war – und wird in der Zukunft sein – die fortschreitende Elektronisierung der Prozesse durch Fortschritte in der Informationstechnologie. Dabei ist zwischen „Front-end"- und „Back-end"-Prozessen zu unterscheiden.

Im „back-end" findet der Preisbildungsprozess, das „matching" von Orders, d. h. das Zusammenführen von Angebot und Nachfrage nach bestimmten Ausführungsregeln, statt. Leistungsfähigkeit und Aufnahmekapazität der Systeme sind heute kein Thema mehr. Die Systeme entsprechen ohne Probleme den Marktanforderungen.

Mittlerweile stehen hochkomplizierte Softwarepakete für Handel und Abwicklung zur Verfügung. Zum Netzwerk ist als zusätzliche Alternative das Internet hinzugekommen. Mit dem Internet erhält die Verbindung des Investors über den Intermediär zum „back-end" eine neue Dimension. Denn über das Internet und den Zugriff auf die vom Broker zur Verfügung gestellten Handelssysteme erhält der Investor, obwohl rechtlich noch immer mittelbar, einen de facto direkten Zugriff auf das Orderbuch der Börse.

Weil die Netze offene und standardisierte Schnittstellen haben, entwickelt sich im „Front-end"-Bereich eine nahezu neue Industrie, die für Händler und Investoren hoch entwickelte Handelsterminals für den Handel von Wertpapieren zur Verfügung stellt. Im Mittelpunkt stehen dabei die Kriterien der Benutzerfreundlichkeit und der „sophistication" der Systeme. Durch Kompilierung verschiedener Märkte auf ein „front-end" ist auch das Handeln auf mehreren Märkten gleichzeitig möglich.

Das ist insbesondere wichtig für das „basket trading" und das „hedging" mit Derivate-Produkten sowie für Werte, die an mehreren Märkten parallel gehandelt werden. Das Internet erlaubt nicht nur ein höheres Maß an Schnelligkeit, sondern hat eine neue Qualität des Wertpapierhandels für den Privatanleger gebracht. Es herrscht mittlerweile ein Informationsgleichstand zwischen Privat- und Profianleger. Raum und Zeit verlieren zunehmend an Bedeutung: Virtuelle Sofortigkeit in den Märkten ist Realität. Denn das Internet ist heute unter diesem Aspekt einem professionellen Netz gleichzusetzen und verfügt über nahezu gleiche Merkmale für den Handel, was Schnelligkeit, Zuverlässigkeit und Sicherheit anbelangt.

Damit ist es möglich, marktüberschreitend und ortsunabhängig maßgeschneiderte Handels-„Cluster" zu bilden. In Zukunft werden verschiedene Preisbildungsprozesse gleichzeitig in einem „front-end" abgebildet sein. In diesem Sinne wird das übergeordnete virtuelle Orderbuch Realität werden. Für die Marktarchitektur ist dies äußerst folgenreich. Denn es erlaubt eine Fragmentierung der Märkte bei gleichzeitig gesteigerter Qualität der Preisbildung durch den virtuellen Aufbau und die Aufrechterhaltung des Orderbuchs im „front-end". Jeder, der in einem Markt einen Preis stellt, kann auch im virtuellen konsolidierten Markt Bestand haben. Die Konsolidierung findet also in diesen Fällen über den Intermediär im „front-end", nicht im „back-end" statt.

Die Möglichkeit elektronischer Konsolidierung hat noch eine zweite Auswirkung. Sie betrifft die „orderflows". Denn damit gewinnt bei entsprechender Größe des Auftragsflusses das Thema der Internalisierung der „flows" immer mehr an Geschäftsrelevanz. Die Internalisierung von „orderflows" durch die Marktteilnehmer ist die eigentliche Achillesferse der Börsen, weil dieses Argument für alle Segmente, liquide und weniger liquide, zutrifft.

1.4.2 Europäisierung und Internationalisierung der Aktienmärkte

Der Trend zu einem europäischen Kapitalmarkt ist klar erkennbar und hängt stark mit der Deregulierung der Märkte und der Einführung des Euro zusammen. Beides sind Katalysatoren einer Entwicklung, die spätestens mit der Einführung des EWS im Jahr 1979 begann und durch den europäischen Binnenmarkt einen weiteren Schub erhielt. Durch die Kapitalverkehrsfreiheit ist die rechtliche Grundvoraussetzung in Art. 56°ff. EGV geschaffen. Damit setzt sich das Binnenmarktdenken auch im Kapitalmarkt immer mehr durch. Letztlich ist damit auch ein Prozess der Anpassung rechtlicher Rahmenbedingungen in Gang gesetzt, dessen Geschwindigkeit allerdings noch sehr zu wünschen übrig lässt.

Der Euro bewirkt, dass die „Knautschzone" der Währung wegfällt und eine direkte Differenzierung bzw. Vergleichbarkeit von Produkten und Dienstleistungen über den Preis möglich ist, auch im Kapitalmarkt. Allerdings ist der Euro lediglich eine notwendige, aber keine hinreichende Voraussetzung für einen einheitlichen europäischen Aktienmarkt.

Obwohl der Europäisierungstrend für Standardwerte („blue chips") deutlich ist, sind die meisten Aktienmärkte trotz der Vereinheitlichungsbemühungen der letzten Jahre in Europa nach wie vor lokal national ausgerichtet. Es existiert bis dato kein einheitlicher europäischer Markt für den Handel von Unternehmensanteilen und es existiert bis dato auch keine einheitliche europäische Regulierung. Das Bedürfnis danach ist unbestritten (Initial Report of The Committee of Wise Men, 2000). Auch Entwürfe eines einheitlichen Regelwerkes sind schon vorgelegt worden. Die Präsidenten mehrerer Börsen hatten sich auf einen Vorschlag für ein europäisches Marktmodell für „blue chips" mit folgenden Kernprinzipien geeinigt:

- ein Markt mit fortlaufendem elektronischen Handel,
- ein „order-driven" Markt-Modell,
- Preis- und Zeitpriorität,
- Anonymität der Orders und Trades,
- ein System mit einer zentralen Gegenpartei (Eurofi, 2000).

Neben den Regelungen für Handelszeiten, Order-Arten und -Merkmalen, Regelungen zur Anonymität, Abwicklungs- und Lieferungsregelungen wurden unter anderem auch Vorschläge für die Marktaufsicht und den Handel außerhalb des zentralen Orderbuchs unterbreitet. Umgesetzt wurden diese Vorschläge bisher nicht. In Teilbereichen fand jedoch eine Harmonisierung statt, etwa im Bereich der Aufsicht im Finanzdienstleistungssektor (Council Directive, 1993).

Trotzdem sieht die Realität ganz anders aus: Erhebliche Barrieren stehen einem einheitlichen europäischem Kapitalmarkt entgegen. Nicht nur in Bezug auf staatliche Regulierung wie Steuern und Börsenaufsicht, sondern auch in Bezug auf börseneigene Regelwerke, etwa die Zulassungskriterien und Preisbildungsprozesse, aber auch hinsichtlich Technologien, Systemen und Handelsgewohnheiten bis hin zu sprachlichen Barrieren und unterschiedlichen Mentalitäten der Marktteilnehmer.

Der Prozess der Europäisierung ist eingebunden in den übergeordneten Trend zur Globalisierung, der insbesondere in den kapitalmarktnahen Wirtschaftszweigen eine eigene Dynamik entfaltet. Längst ist der weltweite Kapitalverkehr Realität. Die weltweite Verflechtung führt zu immer größeren Einheiten, die im globalen Wettbewerb miteinander konkurrieren und weltweit nach Investitionsmöglichkeiten suchen. Das hat in den vergangenen Jahren zu einer Konzentration immenser Kapitalsummen in den Händen weniger „global players"[4] geführt. Damit wächst auch die Nachfrage nach global ausgerichteten Diensten wie dem weltweiten Zugang zu den Börsen und internationalen, zeitzonenabdeckenden Abwicklungsorganisationen.

---

[4] Darunter sind die wenigen, kapitalkräftigsten Unternehmen zu verstehen, die mit großem Volumen weltweit den Zinsbereich („fixed income"), den Fremdwährungsbereich („Forex") und den Bereich der Unternehmensanteile („equity) gleichzeitig, koordiniert und übergeordnet bearbeiten.

1.5 Die Akteure der Wertschöpfungskette – Einflussgrößen und Entwicklungen

1.5.1 Der Investor

Nach wie vor wird zwischen dem institutionellen Anleger und dem Privatanleger unterschieden. Beide handeln auf eigene Rechnung. Die Unterscheidung zwischen einem institutionellen Anleger und dem Privatanleger betrifft dabei in erster Linie die Größe der Eigenposition und deren potenziellen Einfluss auf den Preisbildungsprozess. Für den institutionellen Anleger ist es entscheidend, große Positionen mit möglichst wenig Auswirkungen auf den Preis am Markt börslich oder außerbörslich über einen oder mehrere Broker platzieren zu können. Je nach Liquidität des betreffenden Papiers muss der institutionelle Anleger, um den Einfluss großer Positionen auf den Preisbildungsprozess an der Börse zu minimieren, den außerbörslichen Weg wählen.

Die Grenzen im Handelsverhalten zwischen Privatanleger und institutionellem Anleger sind sowohl in Bezug auf Handelstaktik und bisweilen auch durchschnittlichem Handelsvolumen mittlerweile fließend. Inzwischen setzen auch sogenannte „Retail"-Investoren mit „Frontend"-Systemen, die durchaus professionellen Systemen gleichkommen, erhebliche Handelsvolumina um. Diese Anleger verwalten ihr eigenes Geld und benutzen dabei Systeme, die ihnen von ihrem Broker zur Verfügung gestellt werden. Ein solcher privater Anleger ist von einem Profihändler eigentlich nicht mehr zu unterscheiden.

Durch die Schaffung virtueller Netze wird der Investor mobil und ortsunabhängig. Der Internetzugang mittels WAP („Wired Application Protocol") über mobile Endgeräte etwa ermöglicht es dem Investor, jederzeit von jedem Ort der Welt Entwicklungen an den Kapitalmärkten zu beobachten und die Anlageentscheidungen zu treffen und auszuführen. Die Reaktionszeiten der Marktteilnehmer im Markt selbst und auf Neuigkeiten werden immer kürzer. Dadurch steigt die Volatilität weiter an. Die Investoren müssen heute die Volatilität beherrschen können. Über kurz oder lang wird das dazu führen, dass in zunehmenden Maße auch der „Retail"-Investor den Derivate-Markt entdecken und Chancen der Absicherung nutzen wird, wie es der institutionelle Anleger schon längst tut.

In den letzten Jahren hat sich die Aktienkultur in Deutschland positiv verändert. Seit dem Börsengang der *Deutschen Telekom* stieg bei Großteilen der Bevölkerung das Interesse an der Börse stark an. Die *T-Aktie* entwickelte sich zur Volksaktie und ließ in Deutschland eine Aktienkultur wachsen. Der starke Rückgang des Neuen Marktes und der tiefe Fall der *T-Aktie* können den Prozess zur Aktionärsgesellschaft allenfalls bremsen, aber nicht aufhalten oder gar umkehren.

Mit dem Interesse für die Anlage in Beteiligungspapieren wuchs auch das Verständnis für den Zusammenhang von Risiko und Ertrag. Das Wissen um die Mechanismen an der Börse stieg, weil Informationen mittels Internet leicht zugänglich wurden und auch die Werkzeuge und das Wissen, die dem Privatanleger zur Verfügung stehen, mittlerweile professionellen Standards entsprechen.

Umfangreiches Datenmaterial ist für jedermann jederzeit abrufbar und damit zeitgerecht analysierbar. Und auch Anwendungen, die das Management von Risiken und die Optimierung des Portefolios ermöglichen, sind für den Privatanleger verfügbar. Der Privatanleger besitzt alle Möglichkeiten optimaler Diversifikation und Portfoliobildung. Mit dem Grad an Information und Wissen steigt aber auch die Nachfrage nach maßgeschneiderten Finanzprodukten. Immer mehr Privatanleger wenden sich auch Derivaten zu, Produkte, mit denen bis vor wenigen Jahren nur institutionelle Anleger gearbeitet hatten.

Mittlerweile ist der Informationsvorsprung des institutionellen Anlegers gegenüber dem Privatanleger eigentlich verschwunden. Die Informationen der Emittenten erreichen alle Marktteilnehmer gleichzeitig. Hierzu ist nicht zuletzt auf die Ad-hoc-Publizitätspflicht zu verweisen (Geibel in Schäfer, 1998, § 15 WpHG, Rdn. 1 ff.).

Die „Retail"-Revolution wird sich – wenn auch gemäßigter – weiter fortsetzen: Vor zehn Jahren war das Bild geprägt durch eine bestenfalls mehr-minütige Verzögerung zwischen telefonischer Auftragseingabe und Ausführung an der Börse. Ein Einblick in das Orderbuch war dem Privatanleger nicht möglich und informiert wurde nach der Preisbildung mit mehrminütiger Verzögerung. Heute hat der Privatanleger innerhalb von Sekunden Zugriff auf den Preisbildungsprozess und den direkten Einblick in das Orderbuch und ist sofort über eine Preisbildung bzw. Ausführung informiert. Damit ist der Privatanleger de facto direkt, wenn auch mittelbar, am Preisbildungsprozess beteiligt.

1.5.2 Der Broker[5]

Die Hauptaufgabe des Brokers als Intermediär[6] besteht darin, Wertpapieraufträge entgegenzunehmen und schnell, zuverlässig und preisgünstig an der Börse auszuführen, wobei der Schwerpunkt in der Vermittlung von Kauf- bzw. Verkaufsgelegenheiten für seine Kunden liegt. Damit fallen dem Broker auch Transformationsaufgaben, wie jene der Losgrößen-, Fristen- und Risikotransformation zu (Gerke/Pfeufer, 1995, S. 727–732), was insbesondere bei der Abwicklung von „block orders" von Bedeutung ist.

Der Broker hat auch die Abwicklung für den Kunden sicherzustellen und dient als Anlaufstelle für ihn hinsichtlich Einzelposition, Depot und Konto. Die Verbindung zwischen Investor und Broker kann dabei auf verschiedene Weise zustande kommen. War bis vor wenigen Jahren noch die Auftragserteilung von Angesicht zu Angesicht, per Telefon oder per Fax mit dem Anlageberater üblich, so hat mittlerweile die „Online"-Orderaufgabe in vielen Fällen die früheren Orderkanäle ersetzt. Der Multikanalzugang, d. h. über Internet, Telefon, Fax und Mobil-Telefone, ist mittlerweile voll etabliert. Beim Discount-Broker *Consors* beispielsweise werden mittlerweile weit über zwei Drittel aller Aufträge „online" erteilt.

Für den Broker gilt auch weiterhin, die Ausführung und Abwicklung des Auftrags von A nach B so schnell, billig und zuverlässig wie möglich sicherzustellen. Die Broker verfügen über den „order-flow" und ein Netzwerk von Kunden. Diesen geht es zwar zunächst um die Ausführung, sie wollen aber auch andere Produkte und Dienstleistungen, etwa Informationen

---

[5] Auf die Rolle einer Bank wird nur im Sinne des Brokerage-Geschäftes eingegangen.
[6] Als Intermediäre werden im folgenden Banken und Wertpapierhandelshäuser bezeichnet, die Mitglied einer Börse sind.

im Sekundentakt oder Fundamentalanalysen zu Unternehmen, erhalten. Die Broker bieten dies an.

Es geht nicht mehr nur darum, Transaktionen durchzuführen, sondern um die optimale Nutzung des Netzwerks. Internalisierung und Internationalisierung, d. h. „Cross-border trading" und -abwicklung, sind hier Stichworte. Auch die Attraktivität der Produktpalette, wie Warrants, Derivate und Versicherungen wächst. Bei den Investmentprodukten stellt sich die Frage, ob der Broker diese selber herstellen soll oder nicht. Grundsätzlich besteht die Lösung darin, einen Marktplatz für die betreffenden Produkte mit kundenorientierter Suchfunktion zu bauen und zu betreiben.

Marktplattformen können ohne großen Aufwand dargestellt werden: Damit kann jederzeit eine schnelle Verbindung zwischen Produktanbieter und Investor gebildet werden. So bieten zum Beispiel mittlerweile alle großen Internet-Broker einen Fonds-Supermarkt an. Auch Entscheidungshilfen können kurzfristig entwickelt und online gestellt werden.

Das Kundennetzwerk ist in der Bilanz des Brokers das größte „asset". Die Broker stehen dabei vor der Herausforderung, den ursprünglichen Ansatz des „debundling" hin zu einem smarten und modernen Ansatz des „rebundling" zu entwickeln. So macht es Sinn, das transaktionsorientierte Brokerage-Kerngeschäft durch weitere „asset"-orientierte Dienstleistungen zielorientiert zu ergänzen.

Insgesamt zeichnet sich ein Trend ab, das transaktions-orientierte Brokerage-Geschäft mit einem „asset"-orientierten Standbein zu ergänzen. „Asset gathering" ist hier das Schlagwort. Neben dem Vertrieb von Fonds wird hier auch die Beratung relevant. Dabei können beispielsweise die Online-Broker auf vorhandene Anwendungen, Know-how und Dienstleistungen zurückgreifen, indem sie etwa bei der Beratung auf bereits erstellte „Online"-und Informationstools zurückgreifen.

Auf der Kundenseite spielt auch ein individuelles Handels-, Informations- und Beratungstool eine wichtige Rolle. Der Markt bewegt sich immer mehr auf den Investor zu. Innerhalb kürzester Zeit können maßgeschneiderte Marktstrukturen und Produkte gebildet werden, die den heterogenen Bedürfnissen der einzelnen Privatanleger entsprechen.

Durch die zunehmende Elektronisierung im Brokerage bahnt sich eine grundsätzliche Weichenstellung an: Statt über die Börse können die Märkte auch bei den bzw. über die Teilnehmer(n) konsolidiert werden, – die Schnittstelle zur Abwicklung stellen die Broker ohnehin schon sicher – wenn diese nämlich bei sich selbst einen virtuellen Gesamtmarkt aufbauen und diesen letztlich am „front-end" beim Investor etablieren. Dies ist heute technologisch möglich. Die Investitions- und Entwicklungskosten für solche Anwendungen sinken tendenziell. Ein Broker kann entsprechende Anwendungen einkaufen oder maßgeschneidert weiterentwickeln und wird nur in Ausnahmefällen von Grund auf selbst entwickeln. Als genereller Vorteil erweitert die Elektronisierung die Operationsmöglichkeiten bei gleichzeitig geringerem Personaleinsatz und niedrigerer Raumbeanspruchung.

In absehbarer Zeit wird sich über entsprechende Netze und modulare lokale, d. h. dezentrale, vor Ort installierte Hard- und Software, ein virtueller europäischer Markt bei den Intermediären selbst ergeben. Das kann etwa dadurch geschehen, dass Broker eine einheitliche europäische Plattform (d. h. harmonisiertes Daten- und Prozessmodell, vereinheitlichte Schnittstellen zu „Front-end"- und „Back-end"-Systemen) schaffen, durch die grenzüberschreitende Transaktionen nach einheitlichen Standards abgewickelt werden können. Damit wird der direkte Zugang zu allen europäischen Märkten möglich, auch ohne dass Börsenzusammenschlüsse stattfinden müssten.

Ein einheitlicher Kapitalmarkt kann somit nicht nur über Zusammenschlüsse von Börsen (Fusionen, Kooperationen, Allianzen) entstehen, sondern auch über die Intermediäre. Auf der Teilnehmerseite, und damit auch beim Investor, wird ein europäischer Markt Tatsache sein. Auch einzelne Elemente der Wertschöpfungskette können vertikale Funktionen übernehmen. Ein Prozess der Konsolidierung findet statt, und gleichzeitig kann Fragmentierung erhalten bleiben: Der jeweilige Broker kann jederzeit die besten Preisbildungssysteme in seine Plattform integrieren, indem er den Datenstrom bei sich konsolidiert und damit auch im „front-end" zusammenlaufen lässt. So wird der Broker in zweierlei Hinsicht zum konsolidierenden Element für den Investor: Zum einen innerhalb verschiedener geographischer Märkte und zum andern innerhalb derselben Titel, indem Angebote verschiedener Börsen und OTC („over the counter", d. h. außerbörslich) technologisch unter Berücksichtigung bestimmter Regeln in ein virtuelles Orderbuch integriert werden.

Spätestens seit den Erfolgen der *Discount-Broker* stehen die Bedürfnisse der Privatanleger im Mittelpunkt der Aufmerksamkeit. Die Möglichkeiten von IT und Internet erlauben es zunehmend, maßgeschneiderte Lösungen anzubieten sowohl bezogen auf verschiedene Kundengruppen als auch auf unterschiedliche Produktgruppen. Nach verschiedenen Kundenprofilen werden Segmente gebildet und für die spezifischen Bedürfnisse entsprechende Anwendungstools entwickelt. Das „front-end" eines sehr aktiven Anlegers („heavy trader") unterscheidet sich schon jetzt von dem eines Gelegenheitsinvestors und erreicht längst professionelle Standards[7].

Auch auf der Produktseite wird es zu einer Segmentierung kommen. Welches Marktmodell dabei zum Zuge kommt, wird insbesondere vom Grad der Liquidität abhängen. Während etwa in liquiden Märkten ein „order-driven" System mit einem offenen Auftragsbuch sinnvoll erscheint, erweist sich im Fall weniger liquider Titel der Ansatz des „multiple- market – making" als zielführend, marktgerecht und zweckmäßig[8]. Durch sogenannte Internalisierung von Orders verlängert eigenes „market-making" die Wertschöpfungskette des „Brokerage"-Geschäftes.

1.5.3 Clearing und Settlement (Abwicklung und Verrechnung)

Nach Abschluss eines Geschäfts an der Börse oder im außerbörslichen Handel muss sichergestellt sein, dass Zug um Zug Lieferung gegen Zahlung stattfindet. Dies leisten Abwicklungsorganisationen wie *Clearstream* und *Euroclear*. Auch hier kommt es darauf an, dass

---

[7] Vergleiche beispielsweise den „ActiveTrader" von *Consors*.
[8] Zur Unterscheidung Order-Driven-Markt und Market Making (Schwartz, 2000, S. 136 ff. und S. 180 ff.)

dies so zuverlässig, so schnell und so billig wie möglich stattfindet. Die Abwicklung hat keine Auswirkung auf den Preisbildungsprozess selbst, aber auf den Preis der Transaktion und ist deshalb integrierter Bestandteil der Wertschöpfungskette. Ausnahmsweise können Abwicklungsorganisierung und Preisbildung zusammenfallen, wenn die Dienstleistung „Handel und Abwicklung" als Gesamtpaket angeboten werden.

Eine zentrale Gegenpartei („central counter party") gewährleistet die Anonymität des Handels und trägt das Gegenparteien-Risiko, indem sie die Sicherheit der Geschäfte zwischen Verkäufer und Käufer garantiert: Der Investor handelt direkt gegen die zentrale Gegenpartei. Ein solches System ersetzt das bilaterale Modell, bei dem normalerweise zwei zufällige Gegenparteien privatrechtlich über die Abwicklung zum Teil willkürlich direkt miteinander verknüpft werden. Das erscheint auf gesamteuropäischer Ebene im Fall grenzüberschreitenden und damit auch mehrere Rechtssphären tangierenden Handels und Abwickelns problematisch.

Im System der zentralen Gegenpartei tragen aus Sicht des Marktes das Risiko der Erfüllung und Titellieferung nicht mehr die zufällig zusammengestellten Vertragspartner, sondern die zentrale Gegenpartei. Die privatrechtliche Verbindung entsteht nur zwischen der jeweiligen Partei und der zentralen Gegenpartei. Das Risiko der Nichterfüllung und des Lieferungsausfalls trägt die zentrale Gegenpartei. Damit ändert sich das Risikoprofil des Marktes in entscheidender Weise. Natürlich wird die zentrale Gegenpartei für die Übernahme des Risikos auch ihren Preis fordern.

Noch gibt es in Europa rund 30 „Clearing"- und „Settlemen"-Institutionen. Die nationalen Strukturen sind dabei monopolistisch ausgeprägt, zumal die Abwickler in vielen Fällen im Besitz der Börsen sind. Die *Deutsche Börse AG* hält zum Beispiel 50 % an *Clearstream*. Die Marktteilnehmer sind gezwungen, Mitglied bei vielen Systemen zu sein, und tragen demgemäss hohe Kosten. Grenzüberschreitende Transaktionen müssen über eine komplexe Kette von „Clearing"- und „Settlement"-Systemen abgeschlossen werden. Steuerliche und rechtliche Regelungen unterscheiden sich momentan von Land zu Land und verteuern grenzüberschreitende Wertpapiergeschäfte. Auch die Zahlungsabwicklung und die Zahlungssysteme sind nach wie vor national unterschiedlich, was den grenzüberschreitenden Zahlungsverkehr kompliziert und verteuert.

In den USA werden die Aktientransaktionen zentral über die *Depositary Trust und Clearing Corp.* (DTCC) abgewickelt. Das erhöht die Kosten für grenzüberschreitende Transaktionen in Europa um das Zehnfache der Kosten in den USA (Grass, 2001). Vor allem die ganz großen Marktteilnehmer werden nicht länger bereit sein, die hohen Kosten bei der grenzüberschreitenden Abwicklung und Verrechnung von Wertpapiergeschäften zu zahlen: Ein europäisches Abwicklungshaus ist ein absolutes Marktbedürfnis.

Allerdings ist noch weitgehend offen, wie die Konsolidierung erreicht werden soll. Dabei gibt es zwei Ansätze: vertikale Integration versus horizontale Integration. Beide Strategien lassen sich auch kombinieren. Die vertikale Integration im Sinne einer Kombination aus Handel-, „Clearing" und „Settlement", sogenannte „full value chain silos", ist bisher auf dem europäischen Kontinent vorherrschend.

Im Interesse vor allem der großen Investmentbanken ist der Aufbau einer pan-europäischen Wertpapierabwicklung durch Zusammenlegung der bestehenden Systeme. Dem US-Vorbild folgend, soll diese ohne Gewinnabsicht arbeiten und im Besitz von Marktteilnehmern und Emittenten sein. Genauso sollte das Regelwerk von den Marktteilnehmern selbst und direkt bestimmt werden.

Das Interesse der börsennotierten Trägergesellschaften der Börsen, z. B. der *Deutsche Börse AG*, geht in die entgegengesetzte Richtung. Denn als börsennotierte Unternehmen orientieren sie sich an Gewinn und Shareholder Value und dürften die Einnahmequelle „Clearing & Settlement" nicht ohne Weiteres aufgeben wollen.

In Europa geht es im Wesentlichen letztlich um die Frage einer Zusammenführung der beiden führenden Abwicklungsorganisationen *Clearstream* und *Euroclear*[9]. Die Frage einer einheitlichen europäischen Plattform wird die große Herausforderung der nächsten Jahre sein. Denn ohne einheitliche Abwicklungsplattform ist eine weitere Konsolidierung des Handels nur suboptimal, und aus Kundensicht zählt letztlich ein Gesamtpaket von Ausführung und Abwicklung als Preisblock.

1.5.4 Die Preisbildungsakteure

1.5.4.1 Börse

Der Begriff „Börse" ist ein „offener" Begriff. Die Börse ist ein Markt, der dadurch gekennzeichnet ist, dass der Handel nach festgelegten Regeln stattfindet, dass kein physischer Güterhandel erfolgt, sondern die Handelsobjekte ihre Eigentümer nur in verbriefter Form wechseln, dass es sich in der Regel um gestückelte Einheiten der Handelsobjekte handelt und dass börsentäglich eine Art „offizielle" Preisfeststellung erfolgt (Blättchen, 1995, S. 346). Börsen dienen dazu, die Markttransparenz zu verbessern und den Geschäftsabschluss zu erleichtern, indem an der Börse Angebot und Nachfrage konzentriert und der Handel effizient organisiert wird (Schmidt/Prigge, 1995, S. 311). Die eigentliche Funktion der Börse ist es, billig und zuverlässig Preise zu ermitteln und Geschäfte abzuwickeln.

Das Börsengesetz als klassisches Polizeigesetz (verhältnismäßiger Eingriff in die Handels- und Gewerbefreiheit) definiert nicht positiv, was eine Börse ist. Bereits der Gesetzgeber von 1896 hat von einer allgemeinen Definition der Börse abgesehen, „weil eine solche kaum erschöpfend zu geben ist". Eine Legaldefinition des Begriffs „Börse" ist auch nicht anzustreben, weil die Anwender des Gesetzes immer Flexibilität haben müssen, sich den rasant sich ändernden Marktverhältnissen rasch anzupassen, d. h. so schnell wie möglich dem Markt zu folgen. Entscheidend ist daher vielmehr, dass der Gesetzgeber die Regelungskompetenz gesetzlich so marktnah wie möglich delegiert. In Deutschland obliegt diese Kompetenz, Regeln zu setzen, dem Börsenrat. Die so gesetzten Regeln unterliegen allerdings dem

---

[9] Mittlerweile hat sich auch die EU-Kommission der Thematik „Europäische Abwicklung" angenommen und plant eine Neufassung der Wertpapierdienstleistungsrichtlinie (Kommission der Europäischen Gemeinschaften, Mitteilung der Kommission an das Europäische Parlament und den Rat, Aktualisierung der Wertpapierdienstleistungsrichtlinie (92/22/EWG)).

Genehmigungsvorbehalt der Börsenaufsichtsbehörde. Die Regelsetzungskompetenz ist im öffentlich-rechtlichen Bereich angesiedelt und stellt ein wesentliches „asset" einer Börse dar.

Der von der juristischen Literatur und Rechtsprechung entwickelte materielle Börsenbegriff verstand unter einer Börse regelmäßige Zusammenkünfte von Kaufleuten, die an einem bestimmten Ort zu einer bestimmten Zeit stattfinden, um Geschäfte in Waren und Wertpapieren, die nach Gattungen gehandelt werden, abzuschließen. Diese Gegenstände mussten nicht am Ort der Börsenveranstaltung effektiv vorhanden sein (Peterhoff in Schäfer, 1998, § 1 Börsengesetz, Rn 19)[10].

Die Ortsgebundenheit der Börse kann durch das Erfordernis eines organisierten Handelssystems ersetzt werden (Franke in Assmann-Schütze, 1999, § 2 Rdn. 12). Ein solches System erfordert die Durchführung der Geschäftsabschlüsse im System selbst (so z. B. XETRA) und ermöglicht auch ein elektronisches „matching".

Börsen lassen sich somit als Einrichtungen zum Handel mit Finanz- und anderen Instrumenten, mit Devisen und mit vertretbaren Gütern beschreiben, die einen regelmäßigen Austausch von Angeboten unter mehreren zur Teilnahme zugelassenen Wertpapierfirmen und sonstigen Kaufleuten ermöglichen und einen Vertragsabschluss an ihnen bezwecken.

Gemäß § 1 Absatz 1 Satz 1 Börsengesetz bedarf die Errichtung einer Börse der Genehmigung der zuständigen obersten Landesbehörde (Börsenaufsichtsbehörde). Dabei handelt es sich um ein Verbot mit Erlaubnisvorbehalt. Grundsätzlich ist damit der Betrieb einer Börse ohne eine entsprechende Genehmigung der zuständigen Behörde unzulässig.

Von der Börse im beschriebenen öffentlich-rechtlichen Sinne ist juristisch die privatrechtliche Trägergesellschaft klar zu unterscheiden. In Frankfurt beispielsweise sind die *Frankfurter Wertpapierbörse* und auch die *Eurex* unselbständige Anstalten öffentlichen Rechts,

---

[10] Zu einzelnen Definitionen: HOPT/BAUM definieren die Börse als „Eine dem Publikum direkt oder indirekt zugängliche regelmäßig stattfindende Marktveranstaltung in fungiblen Gütern (Finanz- und andere Instrumente, Devisen und Waren) die einer Vielzahl von Anbietern und Nachfragern unter Einhaltung standardisierter Transaktionsprozesse sowie der Feststellung und Publikation qualifizierter „marktgerechter" Preise unter Zugrundelegung einer Organisation von Abschlüssen und Geschäften den Abschluss eines Geschäfts innerhalb eines Marktes/Systems an zentraler Stelle stattfindet und bestätigt wird." (Hopt/Baum, 1997, S. 378 ff.). In den USA wird die derzeitige regulatorische Situation wie folgt gefasst (Domowitz in Hopt/Baum, S. 105): An exchange is a many splendored thing, „To be classified as an exchange, the trading system must provide trade execution facilities; provide price information in the form of buy and sell quotations on a regular or continuous basis; engage in price discovery through its trading procedures, rules, or maganism; have either a formal market-maker structure or a consolidated limited orderbook, or the single-price option; centralize trading for the purpose of trade execution; have members; and exhibit the likelihood, through system rules and/or design of creating liquidity in the sense that there be entry of buy and sell quotations on a regular basis, such that both buyers and sellers have a reasonable expectation that they can regularly execute their orders at those quotes." Auch SCHWARK (Schwark, 1994) kennt keine endgültige Definition für den Börsenbegriff. Er umschreibt diesen jedoch wie folgt: „Börse ist die organisierte, regelmäßig in verhältnismäßig kurzen Zeitabständen stattfindende Zusammenführung von Angebot und Nachfrage in vertretbaren, typischerweise nicht zur Stelle gebrachten Gegenständen nach grundsätzlich einheitlichen Geschäftsbedingungen mit dem Ziel, Vertragsabschlüsse zwischen im Regelfall allein zum Handel zugelassenen Kaufleuten zu ermöglichen."

während die *Deutsche Börse AG* als Trägergesellschaft vollumfänglich privatrechtlich geregelt ist. Das öffentliche Recht zielt auf das Gemeinwohl, „public utility", während das private Recht den Shareholder-Value-Gedanken und die Gewinnorientierung betont.

1.5.4.2 Electronic Communication Networks (ECN)

In den letzten Jahren haben die Börsen vor allem in den USA Konkurrenz durch Alternative Handelssysteme („Alternative Trading Systems" = ATS) bekommen. Die wichtigste Rolle spielen dabei sogenannte ECNs („Electronic Communication Networks"). Eine abschließende Definition des Begriffs ECN ist genauso wenig möglich und sinnvoll wie die des Begriffs Börse. Deshalb wird hier der Versuch unternommen, sich von verschiedener Seite dem Begriff zu nähern.

Unter „Electronic Communication Network" (ECN) werden in den USA Handelssysteme gefasst, die Leistungen ähnlich einer Börse anbieten (Dornau, 1999, S. 2). Innerhalb weniger Jahre haben ECNs einen Anteil am Handelsvolumen von 30 Prozent an der Nasdaq und 4 % an der NYSE erreicht (Dornau, 1999, S. 2; Schwartz, 2000, S. 123 ff.).

Der Ursprung der ECN liegt im Blockhandel der institutionellen Investoren (Dornau, 1999, S. 2 ff.). Hier fand durch Umgehung der gewöhnlichen Intermediäre ein florierender kostengünstigerer elektronischer Handel über den Bildschirm statt. Aus diesen Systemen entwickelten sich die ECNs. Sie folgten so einem Bedürfnis aus dem Markt heraus. ECNs stehen in engen Zusammenhang mit dem Erfolg des „Online"-Aktienhandels („online brokerage") in den vergangenen Jahren.

Die ursprüngliche Besonderheit in der Funktionsweise eines ECNs liegt darin, dass dem Kunden über Internet oder einen Terminal Einblick in das Orderbuch gewährt wird. Die Kunden können neben den besten Preisen im Normalfall auch die Markttiefe einsehen und sich so ein umfassendes Bild von der aktuellen Marktsituation machen. Die Ordereingabe erfolgt direkt am Bildschirm über eine entsprechende Order-Maske. Diesem Vorbild sind mittlerweile auch viele Börsen in Europa gefolgt.

Das ECN versucht zunächst, den Auftrag im eigenen Orderbuch auszuführen. Gelingt die Ausführung im eigenen Kundenkreis nicht, wird die Order an eine reguläre Börse weitergeleitet. Durch Kooperation verschiedener ECNs ist auch die Einstellung in deren Orderbücher und ein „matching" zwischen verschiedenen ECNs ein gangbarer Weg. Um die Liquidität beizubehalten, wird eine Kundenorder in der Regel nur kurzfristig aus dem eigenen System gegeben. Wird sie innerhalb kurzer Zeit nicht ausgeführt, kehrt sie wieder in das eigene Orderbuch zurück.

Das Bundesaufsichtsamt für den Wertpapierhandel (BAW) stuft Systeme als ECN ein, die den Handel zwischen einem Emissionshaus und Finanzintermediär ermöglichen. Ein deutsches ECN ist dadurch gekennzeichnet, dass „der Handel nicht auf einem Marktplatz zwischen verschiedenen Marktteilnehmern, sondern eher mit einem Einkauf in einem Laden zu vergleichen" ist (Dornau, 1999, S. 22). Die Geschäftsbeziehung wird durch Rahmenverträge geregelt.

Als Börsen im Rechtssinne sind „Proprietary Trading Systems" (PTS) einzuordnen, bei denen der anonyme Handel zwischen einer Vielzahl von Teilnehmern nach festgelegten Regeln erfolgt (Kurth, 2001). Der Systembetreiber kann als Kontrahent für beide Seiten auftreten. Das Aufkommen der ECNs hat die Frage nach Anlegerschutz und demzufolge nach deren Regulierung aufgeworfen (Dornau, 1999, S. 25 ff.). Dabei handelt es sich neben der schon angesprochenen Frage, ob ECNs als Börse einzuordnen sind, auch um Regelungen, die die Effizienz, die Fairness und einen ordnungsgemäßen Verlauf sicherstellen und potenzielle Interessenkonflikte regeln. Hier besteht, trotz guter pragmatischer Vorschläge (Kurth, 2001), nach wie vor Nachholbedarf.

Der Vorteil der ECNs gegenüber den herkömmlichen Börsen besteht darin, dass die Transaktionskosten geringer sind. Damit könnten die ECNs auch zu einer echten Herausforderung für die Börsen werden. Beispiele gibt es bereits: *Jiway*[11] von *Morgan Stanley* und der *OM Gruppe*, *TradeGate* von der *Berliner Effektengesellschaft*. Von der pan-europäischen Ausrichtung einiger ECNs geht ein enormer Druck in Richtung auf die europäischen Börsen aus, ihre Marktstrukturen den Bedürfnissen der Marktteilnehmer anzupassen.

Der wesentliche Unterschied zwischen Börse und ECN ist letztlich die rechtliche Ausgestaltung, insbesondere die Regulierung: Im Gegensatz zu regulären Börsen existiert keine staatliche Überwachung und es fehlt eine von einer Aufsichtsbehörde genehmigte Börsenordnung, mithin also fehlen öffentlich-rechtliche Regelungen. Es gibt lediglich Geschäftsbedingungen und privatrechtliche Verträge. Die Regeln der ECNs beruhen demnach auf zweiseitigen privatrechtlichen Vereinbarungen.

Im Gegensatz dazu steht der öffentlich-rechtliche Charakter der Börse. Dieses Merkmal der Kernregelungen der Börse verleiht ihr einen behördlichen Charakter und stattet sie insbesondere auch mit Sanktions- und Zwangsbefugnissen aus. Damit partizipieren die Börsen am Gewaltmonopol des Staates und üben in gewisser Weise und beschränktem Umfang hoheitliche Befugnisse aus. Die Börse kann im öffentlich-rechtlichen Bereich Verwaltungsakte erlassen.

In dieser „Public-utility"-Funktion liegt ein eigentlicher Wert der Börse. Denn damit verbindet sich eine Art innerer Monopolstellung im Preisbildungsprozess. Durch das öffentlich-rechtliche Regelwerk bieten die Börsen ein öffentliches, anerkanntes und überwachtes Preisbildungsprozedere, auf das jeder potenzielle Investor zurückgreifen kann. Wenn er sich auf einen außerbörslichen Preisbildungsprozess einlässt, trägt der Anleger selbst das entsprechende Risiko für die Qualität.

Die Anlegerschutzfunktion trägt die Eigenschaften eines öffentlich-rechtlichen Gutes, in dem Sinne, dass das Ausschlussprinzip nicht gilt und keine Rivalität im Konsum besteht. Auch die ECNs profitieren von der Preisbildungsqualität der Börsen und knüpfen daran im Sinne einer „Best-execution"-Garantie an. Die ECNs müssen und wollen die amtliche Preisfeststellung als Minimalgarantie für die eigene Ausführung erfüllen und stellen somit im eigenen Interesse, d.h. im Sinne der Glaubwürdigkeit, einen Investorenschutz auf freiwilliger Basis sicher.

---

[11] *Jiway* kann auch als ein in die Haut einer Börse geschlüpftes ECN bezeichnet werden.

Entscheidendes Qualitätsmerkmal ist die Regulierung und Überwachung einer Börse: Die Börsen unterliegen der staatlicher Aufsicht. Seit dem Zweiten Finanzmarktförderungsgesetz vom 26.7.1994 ist die Börsenaufsicht in Deutschland dreistufig ausgestaltet (Geibel in Schäfer, 1998, § 4 WpHG; Rdn. 1 ff.; Welteke, 1995, S. 291 ff.). Die Aufgabe des Bundesaufsichtsamt für den Wertpapierhandel konzentriert sich dabei gemäß dem Wertpapierhandelsgesetz insbesondere auf die Bekämpfung von Insidergeschäften, die Überwachung der Ad-hoc-Publizität sowie der Publizität bei Transaktionen von wesentlichen Beteiligungen an börsennotierten Unternehmen. Die Börsenaufsichtsbehörden der Länder nehmen gemäß § 1 BörsG die Rechts- und Marktaufsicht über die Börsen mit entsprechenden Auskunfts-, Einsichts- und Betretungsrechten wahr (Peterhoff in Schäfer, 1999, § 1 BörsG, Rdn. 1 ff.). Die Überprüfung der Ordnungsmäßigkeit der Preisfeststellung dagegen obliegt gemäß § 1 b BörsG der Handelsüberwachungsstelle (HÜSt) der Börse (Peterhoff, in Schäfer, 1999, § 1b BörsG, Rdn. 1 ff.). Diese stellt ein Börsenorgan dar und ist der Börsenaufsichtsbehörde gegenüber weisungsgebunden. Sie überwacht den Handel an der Börse und die Börsengeschäftsabwicklung.

1.5.4.3 Europäische Konsolidierungs- und Segmentierungstendenzen

Die Notwendigkeit einer Vereinheitlichung und Konsolidierung der europäischen Wertpapiermärkte ist unbestritten. Der globale Wettbewerb an den Kapitalmärkten zwingt zu einer solchen Entwicklung, wenn Europa in diesem Wettbewerb mithalten will. Der Zugang zum europäischen Wertpapiermarkt muss für die Kunden der Börsen, d. h. für Investoren, Emittenten und Intermediäre, vereinfacht werden.

In der Vergangenheit haben bereits erste Konzentrationsprozesse stattgefunden. So haben sich insbesondere die Pariser, die Amsterdamer und die Brüsseler Börse zu *Euronext* zusammengeschlossen. Diesem Zusammenschluss stehen mehrere erfolglose Fusions- und Übernahmeversuche gegenüber. Insbesondere die *London Stock Exchange* (LSE) war mehrfach Ziel solcher Fusionsbemühungen. Allerdings sind die Versuche eines Zusammenschluss mit der *Deutschen Börse* zu *iX* genauso gescheitert wie der Übernahmeversuch der Schwedischen *OM*-Gruppe.

Gleichzeitig wandeln sich die führenden Börsen bzw. ihre Trägergesellschaften immer mehr zu privaten Organisationen. Mittlerweile sind die Trägergesellschaften aller drei führenden Börsen in Europa, die *Deutsche Börse*, *Euronext* und die *LSE* börsennotiert. Aus vormals stark öffentlich-rechtlich geprägten Institutionen wurden börsennotierte Aktiengesellschaften. Der öffentlich-rechtliche Part tritt immer mehr in den Hintergrund.

Der Druck der Marktteilnehmer zur Bildung einer europäischen Handelsplattform für Standardwerte wächst, sowohl von Seiten der Anbieter als auch der Nachfrager. Die Emittenten möchten möglichst viele Investoren erreichen. Eine einheitliche europäische Plattform würde gewährleisten, dass dieses Ziel mit der Notierung an einer Börse erreicht würde. Die Investoren wollen mindestens in den großen Titeln einen einheitlichen Markt mit einheitlichen Regeln. Der Druck erwächst insbesondere auch von Seiten der international und global operierenden Intermediäre.

Marktformen

Dabei ist von folgenden Zielvorstellungen der Marktteilnehmer auszugehen: Höhere Liquidität, größere Markttransparenz, geringere Systemkomplexität und -fragmentierung für Marktteilnehmer und Nutzer, verbesserter Schutz der Anleger, erhöhte Marktintegrität und geringere Transaktionskosten.

Gerade im Hinblick auf die Senkung der Transaktionskosten im „Blue-chips"-Bereich ist der Druck der Intermediäre groß. Dafür ist eine Liquiditätsbündelung Voraussetzung. Aber auch die Intermediäre möchten nicht mit unterschiedlichen „back offices" und Regelwerken arbeiten müssen, sondern wollen ein zentrales Handels-, Risiko- und Abwicklungs-„Desk". Eine Vereinheitlichung der Regeln und Handelszeiten sowie die Standardisierung der Abschlussgrößen sind Voraussetzung für ein optimiertes zentrales Risikomanagement und „netting".

In wenig liquiden Werten wird es zu einer abgestuften Form der Europäisierung kommen. Es wird und muss auch weiterhin lokale und regionale Nischenmärkte geben, weil bestimmte Märkte in erster Linie einheimische Investoren ansprechen und für das internationale Publikum weniger interessant sind, wie beispielsweise der *Nuveo Mercado* in Spanien, in den hauptsächlich Spanier investieren. Es wird also durchaus Platz sein für Nischenanbieter, die sich auf geographische oder branchenspezifische Marktsegmente spezialisieren.

Institutionelle Anleger und Privatanleger stellen unterschiedliche Anforderungen an die Preisbildungssysteme und damit an die Marktarchitektur. Auch Liquiditätsunterschiede in einzelnen Titeln (z. B. *DaimlerChrysler* verglichen mit *Audi*) erfordern unterschiedliche Marktmodelle. Das hängt insbesondere von Investitionspräferenzen und der Größe der Orders ab. Der Gesamtmarkt wird nicht einheitlich sein, weil ein Marktmodell alleine nicht alle Bedürfnisse abdeckt, sondern verschiedene Module erforderlich sind.

Die Investorenattraktivität eines Unternehmens, bestimmt durch Liquidität, Marktkapitalisierung und handelbares Volumen, ist entscheidendes Kriterium, ob ein Wert in der „Euroliga" gehandelt wird oder lokal. Dazu folgende Übersicht:

Märkte	Liquidität / Marktkapitalisierung / handelbares Volumen	Indices	Derivate	Marktmodell Grundform	Gängigster Ordertyp	Sektorapproach	Beispiele
Blue Chips (Standardwerte)	Europa (teilweise global)	Hoch / Groß / Groß	Ja	Ja	Order Driven (mit offenem Orderbuch)	Market Order	Ja	Euro-Stoxx 50 Dax 30-Werte
Lokale / Regionale Werte	Lokal	Mittel-Tief / Klein / Klein	Teilweise (eher nein)	Nein (evtl. auf den Index)	Market Making (single oder multiple)	Limit Order	Eher Nein	Freiverkehr Inland (FWB, z.Zt. Neue Märkte, in D, F, I, E, CH etc.)

Abbildung VII.2: Investorenattraktivität

Ein Teil der Werte wird und muss europäisch gehandelt werden, ein anderer Teil lokal: Es geht also um Parallelität, nicht um Exklusivität.

Die Sektoren- bzw. Branchenentwicklung ist europäisch. Das Handelssegment europäischer „blue chips" wird sich weiter verfestigen. Zum einen investieren die großen Investoren in wenige ausgewählte Titel, zum anderen verfolgen viele Fondsmanager einen sektoralen und keinen länderspezifischen Ansatz. Auch das fördert die Konzentration auf ein europäisches „blue-chips"-Segment.

1.5.4.4 Hybride Marktmodelle

Die Investorenattraktivität, definiert durch Liquidität, Marktkapitalisierung und handelbares Volumen, hat einen bestimmenden Einfluss auf das Marktmodell.

Der Handel in „blue chips" ist durch einen hohen Liquiditätsgrad gekennzeichnet und eignet sich deshalb für eine „order-driven" Marktarchitektur bei fortlaufendem Handel mit offenem Orderbuch. Limit und „market orders" können dabei wirtschaftlich bedient werden.

Für wenig liquide Werte werden sich regionale und nationale Märkte behaupten können, die durch ein System des „market-making" – vorzugsweise „multiple- market- making" – bestimmt werden dürften. Sinnvollerweise sollten in diese Märkte mit tendenziell großen Spannen Limit- und nur absolut ausnahmsweise „market orders" zur Ausführung gegeben werden. Das Geld wird hier durch gutes Quotieren verdient, im Gegensatz zu den liquiden Werten, wo das Geldverdienen primär ein Transaktions- und damit ein Mengengeschäft ist. Gerade beim Handel von wenig liquiden Titeln außerhalb der Börsenzeiten wird also „market-making" neue Bedeutung erlangen.

Auch angesichts der unterschiedlichen Anforderungen an das Markt-Design von privaten und institutionellen Investoren, aber auch im Hinblick auf die Designerfordernisse europäischer Blue Chips und regionaler „Small"- und „Mid-cap"-Märkte wird es in Zukunft vermehrt zu hybriden Marktmodellen kommen, die die unterschiedlichen Anforderungen verschiedener Marktteilnehmer erfüllen (Francioni, 2000b, S. 178). Von hybriden Marktmodellen wird gesprochen, wenn der Preisbildungsprozess nicht rein „order -driven" oder ausschließlich durch „market-making" bestimmt ist. Der Preisbildungsprozess eines hybriden Marktmodells weist also Komponenten von beiden Marktmodellen („order-driven" und „market-making") vermischt auf und hat möglicherweise noch zusätzliche funktionale Elemente in Form von weiteren Handelsparametern wie beispielsweise volle oder eingeschränkte Transparenz, verschiedene zulässige Auftragsformen, Volatilitätsunterbrechungen oder verschiedene „secondary trading priority rules" (Schwartz, 2000, S. 39).

Deshalb weisen die meisten Handelsplattformen ein modulares Marktmodell auf, d. h., die verschiedenen modularen Elemente eines Preisbildungsprozesses können beliebig miteinander verknüpft werden und ergeben damit eine beliebig kombinierbare Preisbildungsstruktur bzw. Marktarchitektur. Module, die je nach Handelssegment miteinander verknüpft werden können, sind beim XETRA-System folgende Handelsformen: Auktion, fortlaufender Handel, „designated sponsor" (eine liquiditätssteigernde Funktion). Auktionen beispielsweise können für die Eröffnung und den Handelsschluss eingesetzt werden. Fast alle Funktionen

Marktformen 561

sind parametrisiert, d. h., sie können bezüglich Zeit oder Größe schnell beliebig eingestellt werden. Moderne Handelsplattformen sind also heute modular und parametrisiert.

Nur so können die Börsen auch der Gefahr begegnen, die im Moment die Tendenzen zur Internalisierung darstellen. Der Anteil des OTC-Handels dürfte in den letzten Jahren tendenziell stärker angewachsen sein als der börsliche Handel.

In den letzten Jahren haben sich denn die Börsen auch zunehmend zum Technologie-Dienstleister entwickelt. Das wird insbesondere am Beispiel der *Deutsche Börse AG* deutlich, die im privatrechtlichen Teil mittlerweile eines der größten Softwarehäuser in Deutschland ist. Die Börsen zeichnen sich schon jetzt durch eine hohe IT-Fähigkeit aus. Es geht mittlerweile vorrangig darum, elektronische Handelsplattformen zur Verfügung zu stellen und weiterzuentwickeln.

Die zunehmende Elektronisierung, aber auch die Europäisierung und damit Erweiterung des relevanten Kapitalmarktes wird sich insbesondere für die Emittenten in sinkenden Kapitalkosten niederschlagen. Ebenso werden die Transaktionskosten, insbesondere für den grenzüberschreitenden Handel, noch weiter sinken, so dass sowohl am Primär- als auch am Sekundärmarkt europäische Emittenten und Intermediäre in direkte Konkurrenz miteinander treten.

1.6 Börse auch in Zukunft ein Königsweg

Der Königsweg zur Eigenkapitalbeschaffung für ein Unternehmen wird auch zukünftig der Börsengang bzw. der börsenbasierte Handel von Unternehmensanteilen bleiben. Die Abkühlung der Börsen-Euphorie bietet den Unternehmen geradezu die Gelegenheit, die Mechanismen und Chancen, aber auch die Grenzen und Risiken nüchterner zu betrachten und zu durchdenken und besonnen am Markt zu agieren.

Doch der Handel mit Aktien wird sich in der kommenden Zeit durch verschiedene Trends, Entwicklungen und Einflüsse verändern. Der weltweite Siegeszug des Internets und die Schaffung virtueller Netze bieten gerade dem Privatanleger uneingeschränkte Möglichkeiten der interaktiven Kommunikation. Sie machen den Investor mobil und ortsunabhängig, reaktionsfähiger und informierter. Das Internet hat eine neue Qualität des Wertpapierhandels für den Privatanleger gebracht. Es herrscht Informationsgleichstand zwischen „Retail"-Kunde und institutionellem Anleger, was besonders dem Privatanleger eine nicht zu unterschätzende Macht eingebracht hat. Dieser steht nicht zuletzt seit den Erfolgen der Discount-Broker im Mittelpunkt.

Eine weiterhin klar erkennbare Tendenz ist der Trend zur Europäisierung und Internationalisierung der Aktienmärkte. Auch wenn bisher kein einheitlicher europäischer Markt und keine einheitliche europäische Regulierung für den börsenbasierten Handel von Unternehmensanteilen existieren, wird sich diese Entwicklung langfristig durchsetzen. Sie ist nicht zuletzt Folge der Globalisierung. Längst ist der weltweite Kapitalverkehr Realität. Auch im börsenbasierten Handel hat sich die neue Technologie durchgesetzt. Folge ist, dass die verschiedenen europäischen Handelsplätze in neuer Form verschärft zueinander in Konkurrenz treten müssen. Gleichzeitig treten „online-broker" mit in den Wettbewerb ein. Es werden sich unzählige Möglichkeiten bieten, wo, wie, wann und in welcher Form Unternehmensanteile gehandelt werden. Im Zuge dieser Entwicklungen muss ein Börsengang – wird er als Marktform zum Handel von Unternehmensanteilen gewählt – konsequent und wohl durchdacht sein. Jedes Unternehmen sollte sich bewusst sein, dass es eine Reihe von Faktoren gibt, die entscheidend sind für den Erfolg an der Börse und das Vertrauen der Investoren. Wer diese Mechanismen begreift und bedenkt, für den ist die Börse auch in Zukunft die ideale Möglichkeit zur Eigenkapitalbeschaffung.

2. Ansätze und Methoden zur Bewertung von Wachstumsunternehmen

MARTIN SCHOLICH / CHRISTIAN WULFF

"There are no precise valuations. Anyone who has valued a business knows that the inputs into a valuation are estimates and that the value that emerges is, therefore, an estimate as well."
(Aswath Damodaran)

2.1 Erfordern Wachstumsunternehmen neue Bewertungsmethoden?

Bei der Identifikation, Beurteilung und Umsetzung wertsteigernder Unternehmensstrategien sowie bei der anschließenden Messung des Erfolges einer wertorientierten Unternehmensführung spielt die Unternehmensbewertung eine zentrale Rolle. In dieser Hinsicht besteht zwischen jungen Wachstumsunternehmen und den Unternehmen der „Old Economy" kein Unterschied.

Junge Wachstumsunternehmen weisen im Vergleich zu bereits etablierten Unternehmen häufig die Besonderheiten auf,

- dass sie bisher unbekannte Technologien verwenden, deren Markterfolg schwer abschätzbar ist, oder sogar in vollkommen neuen Branchen tätig sind,
- dass für sie keine Vergangenheitszahlen existieren, die zur Plausibilisierung der Planzahlen herangezogen werden können,
- dass sie in den Anfangsjahren Verluste erzielen werden und
- dass es zu ihrem Unternehmen keine börsennotierten Vergleichsunternehmen gibt.

Diese Charakteristika erschweren die Bewertung von Wachstumsunternehmen, sie führen aber entgegen einer gelegentlich anzutreffenden Meinung (Häcker, 2000; Herstatt, 2000) nicht dazu, dass die bekannten Bewertungsmethoden nicht anwendbar wären. Vielmehr gilt es, sie in geeigneter Weise anzupassen.

Das Hauptproblem bei der Bewertung von Wachstumsunternehmen liegt in der Prognose der zukünftig zu erwartenden Cash Flows. Vor den grundsätzlichen Fragen nach der Einschätzung des Marktpotenzials, der Positionierung des Unternehmens und der Beurteilung der Strategie tritt die Frage nach der adäquaten Behandlung der Cash Flows, wenn man sie denn erst einmal ermittelt hat, in den Hintergrund.

Die Prognoseunsicherheit der Cash-Flow-Schätzung ist nicht bei allen Wachstumsunternehmen gleich hoch, sondern hängt sehr wesentlich davon ab, in welcher Lebensphase sich das Unternehmen befindet. Start-up-Unternehmen müssen zunächst unter Beweis stellen, dass ihr Geschäftsmodell vom Markt akzeptiert wird. Es geht also in anderen Worten erst einmal darum, ob überhaupt jemals ein positiver Cash Flow erwartet werden kann. Hat ein Unternehmen hingegen diesen „proof of concept" schon erbracht, ist für das Überleben und damit einen nachhaltig erzielbaren Cash Flow die Anpassungsfähigkeit des Managements an veränderte Rahmenbedingungen von großer Bedeutung.

Die in der Praxis gebräuchlichen Bewertungsansätze und -methoden sind unterschiedlich gut geeignet, dieser Prognoseunsicherheit der Cash-Flow-Schätzung Rechnung zu tragen. Dieser Beitrag behandelt die Möglichkeiten und Grenzen des Einsatzes verschiedener Bewertungsverfahren auf den Anwendungsfall eines jungen Wachstumsunternehmens. Dabei werden die folgenden Verfahren betrachtet:

- Discounted Cash-Flow-(DCF-)-Methode,
- Multiplikatoransätze („Comparable Companies" sowie „Comparable Transaction Approach"),
- Venture-Capital-Methode,
- Realoptionsansatz.

Da die Anforderungen der Praxis an ein Bewertungsverfahren stets in engem Zusammenhang mit dem Bewertungsanlass stehen, wird unter 2.2 zunächst ein Überblick über die wichtigsten Bewertungsanlässe und die dabei gebräuchlichsten Bewertungsmethoden gegeben. In den Abschnitten 2.3 bis 2.6 werden dann nacheinander die Discounted-Cash-Flow (DCF)-Methode, die Multiplikatorenansätze, die Venture-Capital-Methode sowie der Realoptionsansatz behandelt, bevor in Abschnitt 2.7 die wesentlichen Aspekte der Bewertung von Wachstumsunternehmen zusammengefasst werden.

2.2 Überblick über Bewertungsanlässe und -methoden

Abbildung VII.3 gibt einen Überblick über häufige Bewertungsanlässe und die dabei angewandten gebräuchlichsten Bewertungsverfahren. Während bei kapitalmarktbezogenen Bewertungen, insbesondere im internationalen Umfeld, das DCF-Verfahren das gebräuchlichste ist, dominiert bei gesetzlich vorgeschriebenen Bewertungen in Deutschland nach wie vor das Ertragswertverfahren.

In Vorfeld von M&A-Transaktionen und Börsengängen ist es notwendig, die Sichtweise des Kapitalmarktes in Bezug auf den Unternehmenswert einzuschätzen. Deshalb wird die DCF-Wertermittlung in der Regel mit einer Bewertung mittels Multiplikatoren kombiniert, die aus dem Kapitalmarkt abgeleitet werden. Die über Multiplikatoren ermittelten Unternehmenswerte hängen allerdings sehr stark von der Vergleichbarkeit der zur Bewertung herangezogenen börsennotierten Unternehmen bzw. Unternehmenstransaktionen ab. Insofern werden die Multiplikatoransätze selten als alleiniges Bewertungsverfahren für Wachstumsunternehmen verwendet, sondern meistens in Kombination mit einer DCF-Bewertung.

Bewertungsanlass	Bewertungsanlass
■ M&A-Transaktion	■ Discounted Cash Flow ■ Multiplikatoransätze
■ Börsengang (IPO)	■ Discounted Cash Flow ■ Multiplikatoransätze
■ Beteiligung eines Venture-Capital-Gebers	■ Venture-Capital-Methode ■ Discounted Cash Flow
■ Beurteilung von strategischen Handlungsalternativen	■ Discounted Cash Flow ■ Realoptionsansatz
■ Steuerliche und bilanzielle Gründe (z.B. Überprüfung und ggf. außerordentliche Abschreibung von Beteiligungsbuchwerten)	■ Ertragswertverfahren ■ Discounted Cash Flow
■ Gesetzlich vorgeschriebene Bewertungen, wie z.B. - Ausgleich (§304 AktG) und Abfindung (§§305, 320b AktG) bei Beherrschungs- und Gewinnabführungsverträgen - Umtauschverhältnisse und Abfindungen bei Verschmelzungen, Spaltungen nach dem Umwandlungsgesetz	■ Ertragswertverfahren ■ Discounted Cash Flow (seltener)

Abbildung VII.3: Häufige Bewertungsanlässe und die dabei angewandten gebräuchlichsten Bewertungsmethoden

Allerdings kann auch bei steuerlich bedingten oder gesetzlich vorgeschriebenen Bewertungen die Bewertungseigenschaft des Kapitalmarktes nicht außer Acht gelassen werden (z. B. BGH-Beschluss vom 21.3.2001), so dass hier ebenfalls zunehmend Multiplikatoransätze ergänzend zum Ertragswert- oder DCF-Verfahren verwendet werden.

Die von Wagniskapitalgebern häufig verwendete Venture-Capital-Methode ist ein Praktikerverfahren zur Bewertung sehr junger Unternehmen, das Elemente des Multiplikatoransatzes und des DCF-Verfahrens in die Wertableitung einbezieht.

Bei der Beurteilung von strategischen Handlungsalternativen steht die Erfassung und Abbildung von unternehmerischen Unsicherheiten und von zukünftigen Entscheidungs- und Eingriffsmöglichkeiten der Managements im Vordergrund. Diese Anforderungen an das Bewertungsverfahren scheint der Realoptionsansatz sehr gut erfüllen zu können, da dieser die unterschiedlichen Möglichkeiten der Unternehmensentwicklung explizit berücksichtigt, auch wenn der damit verbundene Aufwand entsprechend hoch ist.

Die gesetzlich vorgeschriebenen Unternehmensbewertungen dienen häufig den Gesellschaften (insbesondere Minderheitsaktionären) als Entscheidungsgrundlage für ihre Zustimmung zu Fusionen, Ergebnisabführungsverträgen etc. Gerade diese Bewertungen werden häufig einer detaillierten und kritischen Würdigung der Aktionäre unterzogen. Da es in vielen Fällen zu einer gerichtlichen bzw. außergerichtlichen (Spruchstellenverfahren) Überprüfung der Bewertungsgrundlagen und -methoden kommt, wird in der Praxis überwiegend das in Deutschland traditionell verwendete und bei Gerichten bekannte Ertragswertverfahren herangezogen. Allerdings ist zu beobachten, dass im Zuge fortschreitender Globalisierung, die auch durch die international angelegten Akquisitionsstrategien junger Wachstumsunternehmen forciert wird, das DCF-Verfahren bei den gesetzlich vorgeschriebenen Unternehmensbewertungen zunehmend an Bedeutung gewinnt.

2.3 Discounted-Cash-Flow-Verfahren

2.3.1 Grundlagen

Die Ermittlung des Unternehmenswerts nach dem DCF-Verfahren erfolgt durch Diskontierung zukünftig erwarteter Zahlungsströme an die Kapitalgeber des zu bewertenden Unternehmens. Je nach Definition der Cash Flows und deren anschließender rechentechnischer Behandlung lassen sich verschiedene Varianten des DCF-Verfahrens unterscheiden, von denen die wichtigsten die Brutto- und die Nettomethode sind.

Die Möglichkeiten und Grenzen, Wachstumsunternehmen mit dem DCF-Verfahren zu bewerten, werden exemplarisch anhand der Bruttomethode beschrieben, die in der Literatur auch als „Entity"- oder „WACC"-Methode bezeichnet wird und in der internationalen Praxis am weitesten verbreitet ist. Nach dieser Methode wird der Marktwert des Eigenkapitals eines Unternehmens in zwei Schritten ermittelt: Im ersten Schritt wird der Marktwert des Gesamtkapitals des Unternehmens durch Summation der auf den Bewertungsstichtag abgezinsten erwarteten zukünftigen Free Cash Flows ermittelt:

$$UW = \sum_{t=1}^{\infty} \frac{FCF_t}{(1+WACC)^t} \tag{1}$$

mit

UW: Unternehmenswert;

FCF_t: Free Cash Flow der Periode t;

WACC: Weighted Average Cost of Capital, gewichteter (Gesamt-) Kapitalkostensatz.

Die Free Cash Flows repräsentieren alle Einnahmeüberschüsse, die nach Abzug von Unternehmenssteuern und Nettoinvestitionsauszahlungen zur Ausschüttung an die Eigenkapitalgeber und zur Bedienung der Fremdkapitalgeber zur Verfügung stehen. In einem zweiten Schritt wird der Marktwert des Eigenkapitals berechnet, indem der Marktwert des Fremdkapitals vom Marktwert des Gesamtkapitals („enterprise value") abgezogen wird.

Beim Nettoansatz („Equity"-Ansatz) wird der Marktwert des Eigenkapitals unmittelbar berechnet, indem auf die den Eigentümern zufließenden Cash Flows abgestellt wird. Diese werden mit dem Eigenkapitalkostensatz abgezinst. Damit entspricht der „Equity"-Ansatz dem Ertragswertverfahren. (Ballwieser, 1998) Insofern überrascht es nicht, dass DCF- und Ertragswertverfahren bei entsprechender Prämissensetzung grundsätzlich zu identischen Ergebnissen führen. Auf eine gesonderte Betrachtung des Ertragswertverfahrens wird deshalb hier verzichtet[12].

Die mit der Bruttomethode des DCF-Verfahrens konsistenten Free Cash Flows lassen sich wie folgt bestimmen:

---

[12] Zu den Gemeinsamkeiten und jeweiligen Besonderheiten von Ertragswert- und DCF-Verfahren vergleiche beispielsweise BALLWIESER (Ballwieser, 2001), DRUKARCZYK (Drukarczyk, 2001) oder KOHL/SCHULTE (Kohl/Schulte, 2000).

Free Cash Flow-Ermittlung
Ergebnis vor Zinsen und nach adjustierten Steuern
+   Abschreibungen
+/- Veränderungen der Rückstellungen
-   Investitionsauszahlungen
+/- Verminderung/Erhöhung des Nettoumlaufvermögens
=   Free Cash Flow

Abbildung VII.4: Ableitung der Free Cash Flows im DCF-Verfahren (Bruttomethode)

Hierbei ist zu berücksichtigen, dass sich die Free Cash Flows gemäß Bruttomethode auf ein als rein eigenfinanziert gedachtes Unternehmen beziehen. Der Steuervorteil der Fremdfinanzierung wird im Nenner berücksichtigt. Im Zähler werden fiktive Unternehmenssteuern (adjustierte Steuern) auf das Ergebnis vor Abzug der Fremdkapitalzinsen gerechnet.

Da die erwarteten Free Cash Flows nur für einen bestimmten Zeitraum im Detail abgeleitet werden können, wird üblicherweise ab einem bestimmten Zeitpunkt in der Zukunft ein nachhaltig erzielbarer Free Cash Flow angenommen, der dann mit einer konstanten Rate wächst. Der Barwert dieser sogenannten „ewigen Rente" bestimmt sich gemäß Gleichung (2):

$$BW_{ER} = \frac{\frac{FCF_{T+1}}{WACC - g}}{(1 + WACC)^T} \qquad (2)$$

mit

BW_{ER} = Barwert der „ewigen Rente";

g = Wachstumsrate der Free Cash FlowCash Flows;

T = Dauer des Detailprognosezeitraums.

Der Unternehmenswert ergibt sich somit als Summe der Barwerte der Free Cash Flows aus zwei verschiedenen Phasen des Unternehmens, nämlich der Detailplanungsphase und der sich anschließenden Phase dauerhaften konstanten Free-Cash-Flow-Wachstums. Formal lässt sich diese zweiphasige DCF-Bewertung wie folgt darstellen:

$$UW = \sum_{t=1}^{T} \frac{FCF_t}{(1 + WACC)^t} + \frac{\frac{FCF_{T+1}}{WACC - g}}{(1 + WACC)^T} \qquad (3)$$

Wie bei der Bewertung von bereits etablierten Unternehmen, sind bei der DCF-Bewertung von jungen Wachstumsunternehmen die folgenden Fragen zu klären:

- Welches sind die erwarteten zukünftigen Free Cash Flows?
- Wie hoch sollen Free Cash Flow und Wachstum in der „ewigen Rente" angenommen werden?
- Welche Kapitalkosten sind anzusetzen?

Gerade bei der Ableitung der erwarteten zukünftigen Free Cash Flows sind jedoch die Besonderheiten von Wachstumsunternehmen zu berücksichtigen. Dazu zählen die Beurteilung des Geschäftsmodells und seines erwarteten nachhaltigen Erfolges. Dies muss bei der Ableitung der zukünftigen Free Cash Flows explizit mit in die Betrachtung einbezogen werden.

Die Besonderheiten bei der Bewertung von jungen, stark wachsenden Unternehmen werden im Folgenden zunächst bezüglich der Planung der Free Cash Flows und anschließend im Hinblick auf die Ableitung der Kapitalkosten näher diskutiert.

2.3.2 Planung der Free Cash Flows

Zur Illustration der Besonderheiten der Free-Cash-Flow-Planung sei ein junges Unternehmen angenommen, das vor kurzem seinen Geschäftsbetrieb in einem wachstumsträchtigen Markt aufgenommen hat und in seiner Planungsrechnung für die Jahre 2002 bis 2005 die folgenden Umsätze und EBIT-Margen prognostiziert:

Planjahr	Umsatz (in Mio. €)	Umsatzwachstum	EBIT-Marge
2001	5		-400%
2002	20	300%	-50%
2003	60	200%	25%
2004	120	100%	33%

Abbildung VII.5: Beispiel zur Umsatz- und Ergebnisplanung eines jungen Wachstumsunternehmens

Das Beispielunternehmen plant, das erste Geschäftsjahr noch mit einem operativen Verlust abzuschließen. Aufgrund des angenommenen rasanten Umsatzwachstums soll aber schon bald die kritische Betriebsgröße erreicht sein, die bei Ausnutzung von Skaleneffekten das Unternehmen profitabel werden lässt. Bereits in 2004 wird erstmals mit einem positiven EBIT und Free Cash Flow gerechnet.

Für das Unternehmen ist das erste Geschäftsjahr das schwierigste. Wenn sich das Geschäftsmodell als tragfähig erweist und der Umsatz tatsächlich um 300 % wächst, wird auch das längerfristige Überleben wahrscheinlicher. Die „Going-concern"-Annahme als Voraussetzung, um überhaupt einen Free Cash Flow in der „ewigen Rente" ansetzen zu können, muss sehr gründlich plausibilisiert werden. Hierbei spielt die Frage eine wichtige Rolle, ob es dem Unternehmen in den ersten Jahren gelingt, seinen Finanzmittelbedarf zu decken. Immerhin benötigt das Beispielunternehmen im ersten Planjahr allein schon € 20 Mio. und im zweiten Jahr weitere € 10 Mio., um die operativen Verluste zu finanzieren.[13] Darüber hinaus ist noch zusätzlicher Finanzmittelbedarf für Investitionen in den weiteren Geschäftsaufbau einzuplanen.

Wichtig ist, dass die angesetzten Free Cash Flows tatsächlich Erwartungswerte darstellen,

---

[13] Der Betrag von € 20 Mio. ergibt sich aus dem für 2002 vorgesehenen Umsatz von € 5 Mio. und der EBIT-Marge von 400 %. Der operative Verlust für 2003 berechnet sich analog.

die sich aus Gewichtung der Free Cash Flows verschiedener Szenarien mit den entsprechenden geschätzten Eintrittswahrscheinlichkeiten ergeben (Copeland/Koller/Murrin, 2000, S. 319–320). Das Szenario, dass sich das Unternehmen nicht am Markt behaupten kann, muss in die Ableitung der Erwartungswerte einfließen. Zur Abschätzung der Wahrscheinlichkeit sind eine detaillierte Kenntnis des Marktes, auf dem das Wachstumsunternehmen tätig ist oder tätig sein möchte, sowie eine klare Vorstellung von den Wettbewerbsvorteilen gegenüber seinen Konkurrenten notwendig.

Ein weiterer wesentlicher Einflussfaktor für den Erfolg des Unternehmens ist die Qualität des Managements. Nur wenn dieses in der Lage ist, flexibel auf die Änderung der externen Rahmenbedingungen und die internen Anforderungen an die rasch wachsende Unternehmensorganisation zu reagieren, kann die Wahrscheinlichkeit einer negativen Unternehmensentwicklung als gering veranschlagt werden.

Das hohe Wachstum in den ersten Jahren ist für das Unternehmen wichtig, um durch Ausnutzung von Skaleneffekten schnell in den Bereich positiver Betriebsergebnisse zu kommen. Häufig sind die hohen Wachstumsraten nicht nachhaltig erzielbar. Es dürfte wenig Unternehmen geben, die langfristig stärker als die gesamte Volkswirtschaft wachsen. CHAN/KARCESKI/LAKONISHOK bestätigen dies in einer empirischen Untersuchung und zeigen, dass in den USA Phasen hohen Gewinnwachstums nur bei wenigen Unternehmen von Dauer sind (Chan/Karceski/Lakonishok, 2001). Vielmehr bewegt sich branchenunabhängig die über einen längeren Zeitraum gemessene durchschnittliche Wachstumsrate der Unternehmensgewinne in der Höhe des langfristigen Durchschnitts der nominalen Wachstumsrate des Bruttosozialprodukts. Solange es keine Gründe dafür gibt, weshalb das betrachtete Unternehmen langfristig stärker oder schwächer als der Rest der Volkswirtschaft wachsen sollte, wird in der Regel empfohlen, diesen Wert als Wachstumsrate für die Free Cash Flows in der „ewigen Rente" anzunehmen (Copeland/Koller/Murrin, 2000, S. 279).

Allerdings ist es nicht empfehlenswert, gleich nach dem Ende des Planungszeitraums die Phase der „ewigen Rente" mit einer entsprechend reduzierten Wachstumsrate beginnen zu lassen. Nach dem stürmischen Wachstum der Vorjahre ist ein derartig abruptes Ende der Wachstumsdynamik unwahrscheinlich.

Vielmehr dürfte ein Unternehmen auf dem Weg vom jungen Start-up hin zu einem etablierten Unternehmen, das auf reifen Märkten operiert, mehrere Entwicklungsstadien durchlaufen. Auf das rapide Umsatzwachstum bei zunächst negativen Erträgen der ersten Jahre folgt eine Phase, die durch positive, stark steigende Erträge und hohe Margen bei sich abschwächendem Umsatzwachstum gekennzeichnet ist. Später schwächt sich auch das Ertragswachstum ab, bis eine langfristig erzielbare durchschnittliche Wachstumsrate erreicht ist. (Damodaran , 2001, S. 11 ff.)

Dieser für Wachstumsunternehmen typischen Unternehmensentwicklung kann Rechnung getragen werden, indem die explizite Planphase um eine Phase erweitert wird, die den Übergang von den Jahren hohen Wachstums in die „ewige Rente" beschreibt (Cornell, 2001; Damodoran, 2000). Zur Bewertung von Start-ups sollte also ein dreiphasiges DCF-Verfahren statt eines zweiphasigen angewandt werden.

Anknüpfend an die eingangs betrachtete Planung eines jungen Wachstumsunternehmens für die Jahre 2001 bis 2004 könnte eine bis zum Jahr 2010 fortgeschriebene Planung wie folgt aussehen:

Planjahr	Umsatz (in Mio. €)	Umsatzwachstum	EBIT-Marge
2001	5		-400%
2002	20	300%	-50%
2003	60	200%	25%
2004	120	100%	33%
2005	180	50%	40%
2006	234	30%	35%
2007	281	20%	28%
2008	309	10%	20%
2009	324	5%	15%
2010	331	2%	12%
ab 2011	337	2%	10%

Abbildung VII.6: Beispiel zur Verlängerung des Planungszeitraums bei Wachstumsunternehmen im Rahmen einer Drei-Phasen-DCF-Bewertung

Der Unternehmensentwicklung liegt die Annahme zugrunde, dass die EBIT-Marge, die planmäßig im Jahr 2004 33 % betragen soll, zwar zunächst noch gesteigert, aber in einem sich verschärfenden Wettbewerbsumfeld nicht nachhaltig erzielt werden kann. Die unterstellte Zunahme des Wettbewerbs begründet sich damit, dass die hohen erzielbaren Margen neue Anbieter anziehen werden, wodurch die Margen unter Druck geraten und sinken werden. Ausmaß und Geschwindigkeit des Margenverfalls hängen wesentlich von der Marktposition des Unternehmens, seinem technologischen Vorsprung und der Höhe der Markteintrittsbarrieren ab.

Wichtig ist, bei der Fortschreibung der Unternehmensplanung den zukünftigen Finanzmittelbedarf nicht außer Acht zu lassen. Das angestrebte Umsatz- und Ergebniswachstum dürfte ohne positive Nettoinvestitionen und eine Erhöhung des „working capital" nicht realisierbar sein.[14]

Die Fortschreibung der Unternehmensplanung bis das Unternehmen einen reifen Zustand erreicht hat, bietet den Vorteil, dass sich die Annahmen, die bezüglich EBIT-Marge, Free-Cash-Flow-Höhe und langfristigem Wachstum getroffen werden müssen, besser begründen lassen, da sie sich aus einer Analyse der langfristigen Unternehmensentwicklung heraus ergeben. So wäre es im obigen Beispiel ohne die zusätzlich eingefügte Planphase nur schwer begründbar, die Phase konstant wachsender Free Cash Flows gleich nach dem Jahr 2004 auf einem Umsatz-Level von € 180 Mio. mit einer EBIT-Marge von 10 % beginnen zu lassen. Zu Beginn der Phase der „ewigen Rente" sollte das Unternehmen also auf jeden Fall einen bestimmten Reifegrad erreicht haben, andernfalls kann es zu erheblichen Fehlbewertungen kommen.

---

[14] DAMODARAN geht auch im Detail auf mögliche Verfahren ein, um den langfristigen Investitionsbedarf zu schätzen (Damodaran, 2000, S. 25 ff.).

Die Fortschreibung der Detailplanung führt zu einer Verringerung des Anteils des Unternehmenswertes, der aus der ewigen Rente herrührt. Da die Free Cash Flows der ersten Planjahre bei Start-ups in der Regel negativ sind, kann bei sehr kurzem Detailplanungszeitraum leicht ein Anteil von über 100 % des Unternehmenswertes aus der „ewigen Rente" kommen. Dieser Anteil reduziert sich bei Verlängerung des Detailplanungszeitraumes. Dadurch wird die Zusammensetzung bzw. Entwicklung des Unternehmenswertes transparenter, die Wertauswirkungen unternehmerischer Entscheidungen lassen sich leichter analysieren.

2.3.3 Kapitalkosten

Um aus den vorliegenden Free Cash Flows den Unternehmenswert bestimmen zu können, müssen diese mit einem geeigneten Kalkulationszinsfuß abgezinst werden. Entsprechend der obigen Definition des Free Cash Flows als dem Zahlungsstrom, der von den Eigen- und Fremdkapitalgebern dem Unternehmen entzogen werden kann, ergibt sich der Kapitalkostensatz des Unternehmens als gewichteter Durchschnitt der Opportunitätskostensätze der Eigen- und Fremdkapitalgeber. Formal lässt sich der gewichtete Gesamtkapitalkostensatz des Unternehmens (auch als „Weighted Average Cost of Capital", WACC, bezeichnet) gemäß Gleichung (4) bestimmen:

$$WACC = r_{EK} \frac{EK}{GK} + r_{FK}(1 - s_U)\frac{FK}{GK}, \quad (4)$$

mit:

r_{EK}: Renditeforderung der Eigenkapitalgeber, Eigenkapitalkostensatz

r_{FK}: Renditeforderung der Fremdkapitalgeber, Fremdkapitalkostensatz

EK: Marktwert des Eigenkapitals

FK: Marktwert des Fremdkapitals

GK: Marktwert des gesamten Kapitals des Unternehmens (EK+FK)

s_U: Unternehmensteuersatz

Der Eigenkapitalkostensatz als erwartete Rendite der Eigentümer wird in der Praxis üblicherweise über das „Capital Asset Pricing Model" (CAPM)[15] gemäß Gleichung (5) ermittelt:

$$r_{EK} = r_f + \beta(r_M - r_f), \quad (5)$$

mit:

r_f: risikoloser Zinssatz

β: Beta-Faktor, Maß für das systematische Risiko eines Unternehmens

---

[15] Eine ausführliche Darstellung des CAPM findet sich in allen modernen Lehrbüchern der Finanzierungstheorie (bspw. Brealey/Myers, 2000; Grinblatt/Titman, 1998).

r_M: Rendite des Marktes (d. h. eines Portefeuilles, das alle risikobehafteten Anlagemöglichkeiten, die am Markt verfügbar sind, enthält.)

Um gemäß den Gleichungen (4) und (5) die Kapitalkosten ermitteln zu können, müssen fünf Parameter bestimmt werden:

- Risikoloser Zinssatz,
- Marktrisikoprämie,
- Beta-Faktor,
- Fremdkapitalzinssatz,
- Verschuldungsgrad (gemessen als Verhältnis FK/EK zu Marktwerten).

Die Bestimmung der ersten beiden Parameter stellt keine Besonderheit junger Wachstumsunternehmen dar. In der Praxis wird üblicherweise als risikoloser Zinssatz die Rendite von Staatsanleihen mit langer Restlaufzeit herangezogen. In Deutschland wird die Rendite von Bundesanleihen mit eine Restlaufzeit von zehn bis dreißig Jahren verwendet.

Die Marktrisikoprämie ($r_M - r_f$) ist gemäß Gleichung (5) die Differenz zwischen der erwarteten Rendite des Marktportefeuilles und dem risikolosen Zinssatz. Die erwartete Rendite des Marktportefeuilles wird üblicherweise aus dem langfristigen historischen Durchschnitt eines breiten Aktienindexes berechnet. Ein solcher ist in den USA beispielsweise der S&P 500-Index, in Deutschland der DAX oder CDAX. Als risikoloser Zinssatz kann wiederum die Rendite langfristiger Staatsanleihen verwendet werden. Abbildung VII.7 gibt einen Überblick über die historischen Marktrisikoprämien in den USA und Deutschland über verschiedene Zeiträume. In der Praxis werden häufig Risikoprämien von 3 % bis 6 % angesetzt. Untersuchungen aus der jüngsten Zeit deuten darauf hin, dass die erwartete Marktrisikoprämie niedriger ist als die historisch gemessene. (Dimson/Marsh/Staunton, 2001; Fama/French, 2001).[16] Dessen ungeachtet ist die Höhe der anzusetzenden Marktrisikoprämie unabhängig davon, ob die Kapitalkosten für ein Unternehmen der „Old Economy" oder der „New Economy" bestimmt werden sollen.

Schwieriger ist es, für junge Wachstumsunternehmen den Beta-Faktor zu bestimmen, wenn geeignete Vergleichsunternehmen nicht oder nicht lange genug börsennotiert sind. Für Unternehmen, für die nur kurze Zeitreihen historischer Daten zur Verfügung stehen, lässt sich der Beta-Faktor nur sehr ungenau schätzen. In Ermangelung einer genügend großen Anzahl unmittelbar geeigneter Vergleichsunternehmen bietet sich als Möglichkeit einer gröberen Schätzung an, das Beta des zu bewertenden Unternehmens über den Durchschnitt aus den Beta-Faktoren der börsennotierten Unternehmen derselben Branche zu bestimmen.[17]

---

[16] Auf Schätzfehler bei der Bestimmung historischer Marktrisikoprämien, die den Ausweis einer tendenziell zu hohen Marktrisikoprämie zur Folge hat, weisen JORION/GOETZMANN (Jorion/Goetzmann, 1999) hin.

[17] Auch wenn das zu bewertende Unternehmen zwar bereits börsennotiert ist, die Aktien aber erst seit kurzer Zeit an der Börse gehandelt werden, dürfte die Näherung über den Branchenindex einen statistisch aussagekräftigerer Schätzwert für das Unternehmens-Beta liefern, als die Schätzung aus den historischen Renditen des Unternehmens selbst.

Mit zunehmender Reife des Unternehmens sollte sich sein Risiko dem durchschnittlichen Marktrisiko annähern. (Damodaran, 2000, S. 29–30).[18] In der „ewigen Rente" kann deshalb ein Beta von 1 angenommen werden, selbst wenn in der Detailplanungsphase ein deutlich höheres Beta unterstellt wird.

Land	Untersuchung	Zeitraum	Risikoprämie
USA	Ibbotson Associates (1999)	1926 – 1998	5,9%
	Ibbotson Associates (1999)	1974 – 1998	4,9%
	Ibbotson Associates (1999)	1964 – 1998	3,6%
	Dimson/Marsh/Staunton (2001)	1900 – 2000	5,0%
Deutschland	Stehle/Hartmond (1991)	1954 – 1988	4,6%
	Stehle/Wulff/Richter (1999)	1948 – 1997	7,8%
	Dimson/Marsh/Staunton (2001)	1900 – 2000	5,9%
	Dimson/Marsh/Staunton (2001)	1950 – 2000	5,1%

Die angeführten Berechnungsergebnisse der verschiedenen Untersuchungen basieren alle auf geometrischen Mittelwerten nominaler Renditen. Ibbotson Associates (1999) zitiert nach Copeland/Koller/Murrin (2000), S. 217.

Abbildung VII.7: Historische Marktrisikoprämien in Deutschland und den USA über verschiedene Zeiträume

Denkbar wäre auch, den Beta-Faktor schon nach dem Ende der ersten Detailplanungsphase über die folgenden Jahre linear bis auf einen Wert von 1 sinken zu lassen (Damodaran, 2000, S. 29–30). Ein analoges Vorgehen bietet sich an, wenn das betrachtete Unternehmen noch nicht börsenreif ist und sämtliche aus dem Kapitalmarkt ableitbaren Beta-Faktoren sich auf Unternehmen beziehen, die in ihrer Entwicklung schon weiter fortgeschritten sind. Hier könnte der ermittelte Betafaktor dem Planjahr zugeordnet werden, für das der Börsengang angestrebt oder für denkbar erachtet wird, und ihn ausgehend von einem Beta von eins am Ende des verlängerten Planungszeitraums linear bis zum ersten Planjahr erhöhen. So würde dann im Ergebnis ein periodenspezifischer Beta-Faktor angesetzt, der vom ersten Planjahr bis zu Beginn der „ewigen Rente" linear abfällt, wobei er in einem mittleren Planjahr genau dem Beta entspricht, das die reiferen, bereits börsennotierten Unternehmen derselben Branche aufweisen.

Die dargestellte Ableitung der Eigenkapitalkosten setzt die Gültigkeit des CAPM voraus. Diese ist aber seit einigen Jahren durch die Ergebnisse verschiedener empirischer Untersuchungen in Zweifel gezogen worden. Zu diesen empirischen Beobachtungen, die im Widerspruch zum CAPM stehen, gehört insbesondere der sogenannten „Size"-Effekt.[19] Mit dem „Size"-Effekt wird das empirische Phänomen bezeichnet, dass Unternehmen mit niedrigerer Marktkapitalisierung höhere Eigenkapitalkosten und Unternehmen mit höherer Marktkapitalisierung niedrigere Eigenkapitalkosten aufwiesen als vom CAPM vorhergesagt. Eine wichtige Hypothese zur Erklärung dieses Effektes besteht in Marktunvollkommenheiten, die auf unvollständigen oder asymmetrisch verteilten Informationen beruhen. Bei jungen Wachstumsunternehmen dürften die Informationsdefizite auf Investorenseite tendenziell besonders

---

[18] Dass die Kapitalkosten nach dem CAPM im Multiperiodenfall in der Regel nicht konstant sind, zeigt bereits MERTON (Merton, 1973).
[19] Einen ausführlichen Literaturüberblick über die Untersuchungen zu den CAPM-Anomalien, insbesondere zum „Size"-Effekt, enthält STEHLE/SATTLER/WULFF (Stehle/Sattler/Wulff, 1997).

groß sein. Deshalb müsste, sollte dieser Erklärungsansatz zutreffen, der vom Kapitalmarkt geforderte Zuschlag für die geringe Unternehmensgröße besonders hoch sein. Die über das CAPM bestimmten Kapitalkosten wären in diesem Fall zu niedrig. Zur Zeit sind aber Existenz und Ursachen des „Size"-Effektes noch nicht geklärt, so dass zur Frage der Höhe der gegebenenfalls anzusetzenden „Size"-Prämie noch keine Aussage getroffen werden kann.[20] Hier müssen die Ergebnisse weiterer Forschungsarbeiten abgewartet werden. In der Praxis der Unternehmensbewertung sind Zuschläge im Kapitalisierungszins für kleine Unternehmen oder die mangelnde Fungibilität ihrer Anteile häufig zu beobachten.

Als Fremdkapitalkostensatz sollte stets der marginale Zinssatz verwendet werden, den ein Unternehmen zahlen müsste, wenn es heute weiteres Kapital am Markt aufnehmen würde. Diese Vorgehensweise ergibt sich aus dem Opportunitätskostenprinzip. Junge Wachstumsunternehmen haben in der Regel am Kapitalmarkt noch keine Anleihen begeben, aus deren Börsenkurs ihr gegenwärtiger Fremdkapitalkostensatz errechnet werden kann. Auch verfügen sie nur selten über ein „rating", das es erlauben würde, den Fremdkapitalkostensatz über die Rendite börsennotierter Unternehmensanleihen gleichen „ratings" zu bestimmen.

Deshalb muss auf das „rating" von Vergleichsunternehmen zurückgegriffen werden. Hier kann, ähnlich wie bei der Beta-Faktor-Bestimmung, das Problem bestehen, dass die börsennotierten Unternehmen gleicher Branche sich auf einer fortgeschritteneren Stufe der Unternehmensentwicklung befinden als das zu bewertende Unternehmen.

In diesen Fällen könnten die tatsächlichen von dem Unternehmen zu zahlenden Fremdkapitalzinssätze[21] als Schätzwerte für die zukünftig zu zahlenden Zinssätze bis zu dem Planjahr angesetzt werden, ab dem sich das Unternehmen auf einer Entwicklungsstufe mit den gegenwärtig börsennotierten Unternehmen befindet. Ist das Unternehmen ohnehin eigenfinanziert, kann bis zur geplanten Börsenreife weiterhin vollständige Eigenfinanzierung durch die Unternehmensgründer oder die Venture-Capital-Geber unterstellt werden.

Im Ergebnis bedeutet dies, dass der Fremdkapitalkostensatz nicht über die Zeit konstant bleiben wird, sondern sich durchaus ändern kann. Es ist ohnehin plausibel anzunehmen, dass bei gegebenem Verschuldungsgrad die Fremdkapitalkosten des reifen Unternehmens zu Beginn der Phase der „ewigen Rente" geringer sind als die Fremdkapitalkosten des jungen Wachstumsunternehmens am Anfang des Detailplanungszeitraumes.

Weiterhin ist bei der Ableitung der Fremdkapitalkosten zu berücksichtigen, dass die Zinszahlungen an die Fremdkapitalgeber steuerlich absetzbar sind. Dieser Steuervorteil der Fremdfinanzierung wird im DCF-Verfahren nicht in den Cash Flows abgebildet – hier werden fiktive Unternehmenssteuern auf ein als rein eigenfinanziert gedachtes Unternehmen gerechnet –, sondern über eine Reduktion des Fremdkapitalkostensatzes im WACC berücksichtigt. Der Fremdkapitalkostensatz nach Unternehmenssteuer stellt sich wie folgt dar:

---

[20] STEHLE (Stehle, 1997) weist für den Zeitraum 1954 bis 1990 einen „Size"-Effekt am deutschen Kapitalmarkt nach, zeigt aber auch, dass es im Untersuchungszeitraum verschiedene Perioden eines umgekehrten „Size"-Effektes gegeben hat.
[21] Subventionierte Fremdkapitalzinssätze müssen auf ein marktübliches Niveau korrigiert werden.

Fremdkapitalkostensatz nach Steuern = $r_{FK} (1-s_U)$ (6)

Solange allerdings Verlustvorträge vorhanden sind, reduziert sich der Faktor $(1-s_U)$ entsprechend, da der Steuervorteil der Fremdfinanzierung nicht in vollem Umfang oder erst zu einem späteren Zeitpunkt genutzt werden kann.

Zur Bestimmung der Gewichte, zu denen Eigen- und Fremdkapitalkostensatz in die WACC-Berechnung eingehen, wird häufig eine Zielkapitalstruktur unterstellt (Copeland/Koller/Murrin, 2001, S. 203–204). Die Zielkapitalstruktur stellt die vom Unternehmen langfristig angestrebte Kapitalstruktur zu Marktwerten dar. Ähnlich wie die Eigen- und Fremdkapitalkosten kann sich auch die vom Management als optimal angesehene Kapitalstruktur mit dem Reifegrad des Unternehmens ändern.

2.4 Multiplikatoransätze

Bei der Unternehmensbewertung mittels Multiplikatoransätzen werden aus dem Kapitalmarkt abgeleitete Wertrelationen auf das zu bewertende Unternehmen übertragen.[22] Da die Multiplikatoransätze im Vergleich zur DCF-Methode oder zum Realoptionsansatz vermeintlich einfacher anwendbar sind, erfreuen sie sich in der Praxis zum Teil relativ großer Beliebtheit. Richtig angewandt, erfordern Multiplikatorverfahren aber ebenso genaue Unternehmensanalysen wie die anderen Bewertungsmethoden auch. Die am häufigsten verwendeten Multiplikatoren sind:

- Kurs-Gewinn-Verhältnis (KGV, Price-Earnings-Ratio, P/E-Ratio),
- Enterprise Value (EV)/EBIT,
- Enterprise Value (EV)/EBITDA,
- Enterprise Value (EV)/Umsatz.

Darüber hinaus finden zur Beurteilung junger Wachstumsunternehmen verschiedene branchenspezifische Multiplikatoren Verwendung. (Wullenkord, 2000) Hierzu zählen z. B.

- Enterprise Value (EV)/Kunde,
- Enterprise Value (EV)/Besuch einer Internetseite.

Ein weiterer speziell zur Bewertung von Unternehmen aus Wachstumsbranchen konzipierter Multiplikator ist das sogenannte dynamische KGV, das auch als „Price-Earnings-Growth" (PEG)-Ratio bezeichnet wird (Peemöller/Meister/Beckmann, 2001; Wullenkord, 2000). Er berechnet sich zu

---

[22] Eine ausführliche Behandlung des Multiplikatoransatzes und seiner Anwendbarkeit für Bewertungen von „Old Economy"- und „New Economy"-Unternehmen enthält DAMODARAN (Damodaran, 2001). Für einen Überblick über den Multiplikatoransatz vergleiche auch PEEMÖLLER/MEISTER/BECKMANN (Peemöller/Meister/Beckmann, 2002).

$$KGV_{(dyn)} = \frac{KGV}{CAGR[\%]},$$

wobei CAGR „(Compound Annual Growth Rate") die über einen bestimmten Zeitraum (z. B. 5 Jahre) erwartete durchschnittliche Wachstumsrate des Gewinns bezeichnet. Die Normierung des KGV mit einer Wachstumsrate ermöglicht es, Unternehmen mit unterschiedlichen Wachstumsprofilen besser miteinander zu vergleichen.[23] Als Faustformel für die Interpretation der PEG-Ratio gilt: Solange das Wachstum größer ist als das herkömmliche KGV, ist die Aktie eines Unternehmens als tendenziell unterbewertet einzustufen. Beträgt beispielsweise das KGV eines Wachstumsunternehmens 50, die erwartete Wachstumsrate für die nächsten Jahre aber 100 %, so ergibt sich ein PEG-Faktor von 0,5.

Die Verwendbarkeit der Multiplikatoransätze zur Bewertung junger Wachstumsunternehmen ist aus folgenden Gründen eingeschränkt:

- Auf Gewinngrößen basierende Multiplikatoren können bei negativen Gewinnen (bzw. EBIT/EBITDA-Zahlen) nicht zur Berechnung von Unternehmenswerten verwendet werden. Das betrifft auch den PEG-Faktor.[24]
- Die Identifikation geeigneter Vergleichsunternehmen ist äußerst schwierig.

Der EV/Umsatz-Multiplikator und die branchenspezifischen Multiplikatoren sind auch bei negativen Gewinnen anwendbar, sofern es gelingt, geeignete Vergleichsunternehmen zu finden. In der Praxis werden häufig die Unternehmen derselben Branche als Vergleichsunternehmen herangezogen.

Die Unternehmen einer Branche können allerdings sehr große Unterschiede aufweisen. Ein exemplarischer Blick auf die Zusammensetzung der einzelnen Branchenindizes des „Nemax-All-Share-Index"[25] verdeutlicht die Heterogenität der einzelnen Wachstumsbranchen. Von einer unreflektierten Verwendung des Mittelwertes (oder Medians) von Multiplikatoren aus börsennotierten Vergleichsunternehmen, die allein über die Branchenzugehörigkeit bestimmt wurden, ist deshalb unbedingt abzuraten. Eine Reduktion der Vergleichbarkeit auf die Branchenzugehörigkeit greift zu kurz und kann nur ein erster Schritt bei der Multiplikatorbewertung sein.

Der zweite Schritt, um Multiplikatoren wie EV/Umsatz sinnvoll anwenden zu können, muss in einer sorgfältigen Analyse der potenziellen Vergleichsunternehmen bestehen. Dabei müssen, neben der Branchenzugehörigkeit, weitere Faktoren, die die Höhe des Multiplikators bestimmen, identifiziert und angemessen berücksichtigt werden (Damodaran, 2000, S. 45–46; Richter, 2000, S. 284–285). Beispielsweise können wichtige wertbestimmende

---

[23] Zu den Möglichkeiten und Grenzen der Vergleichbarkeit von Unternehmen mittels PEG-Ratio (Damodaran, 2001, S. 297 ff.)
[24] Die Anwendbarkeit des PEG-Faktors wird darüber hinaus durch die Genauigkeit, mit der Gewinnwachstumsprognosen erstellt werden können, beschränkt.
[25] Gegenwärtig gibt es zum Nemax-All-Share-Index die folgenden zehn Branchen-Subindizes: Biotechnologie, Finanzdienstleistungen, Industrie und industrielle Dienste, Internet, IT-Dienstleistungen, Medien und Entertainment, Med.technik & Gesundheit, Software, Technologie und Telekommunikation.

Faktoren Wachstum, Profitabilität und Risiko sein. Diese führen dazu, dass sich die Multiplikatoren der ausgewählten Vergleichsunternehmen voneinander unterscheiden.

Die branchenspezifischen Multiplikatoren haben den schon aus ihrer Bezeichnung deutlich hervorgehenden Nachteil, dass sie sich eben nicht branchenübergreifend vergleichen lassen. Dadurch wird es schwieriger, Über- oder Unterbewertungen zu erkennen, wenn sie eine ganze Branche betreffen. Auch ist der Zusammenhang zwischen Bezugsgrößen wie Kundenzahl oder Seitenzugriffe und den „klassischen" Bewertungsgrößen Umsatz, EBIT etc. selten deutlich herstellbar. Mit dem Kursverfall der Start-ups in den Jahren 2001 und 2002 haben allerdings die branchenspezifischen Multiplikatoren deutlich an Relevanz verloren.

Eine Möglichkeit, die Einflussgrößen auf den betrachteten Multiplikator zu berücksichtigen, besteht in der Regressionsanalyse. Hierbei wird der Multiplikator (beispielsweise EV/Umsatz) gegen die Einflussfaktoren (beispielsweise die Profitabilität, gemessen über die EBIT-Marge) regressiert. Auf diese Weise erhält man eine lineare Beziehung zwischen EV/Umsatz und der EBIT-Marge. Angenommen, die Vergleichsunternehmen stimmen in allen anderen Faktoren überein, so weisen Unternehmen mit höherem EBIT eine höhere EV/Umsatz-Bewertung auf. Für das zu bewertende Unternehmen kann nun der EV/Umsatz-Multiplikator gewählt werden, der seiner EBIT-Marge entspricht (Damodaran, 2000, S. 45 ff.; Richter, 2000, S. 285–286).

Dieses Verfahren der Regressionsanalyse, das einer einfachen Durchschnittsbildung über die Multiplikatoren der Vergleichsunternehmen überlegen ist, findet auch in der Praxis zunehmende Verbreitung. Es hat allerdings bei Anwendung auf Wachstumsunternehmen seine Tücken: Für den Wert des Unternehmens sind die gegenwärtigen Umsatzzahlen oder EBIT-Margen weniger entscheidend als die zukünftig erwarteten Analystenschätzungen über zukünftige Entwicklung wichtiger Unternehmensgrößen wie Umsatz, EBIT oder EBITDA. Diese werden zwar von Organisationen wie IBES erhoben und sind zugänglich, aber die Ergebnisse verschiedener Untersuchungen deuten daraufhin, dass Analystenschätzungen systematisch verzerrt und deshalb nur eingeschränkt verwendbar sind (Cornell, 2001; Easterwood/Nutt, 1999).

Ein generelles Problem der Verwendung von Multiplikatoransätzen besteht darin, dass sie von effizienter Kapitalmarktbewertung ausgehen. Bei temporärer Überbewertung des ganzen Marktes oder zumindest einzelner Sektoren spiegeln die mittels Multiplikatoren errechneten Unternehmenswerte nicht die eigentlichen Werte wider. Um das zu verhindern, sollten Multiplikatoransätze nicht allein verwendet, sondern über eine DCF-Bewertung ergänzt werden.

2.5 Venture-Capital-Methode

Die Wagniskapitalgeber verwenden häufig ein Praktikerverfahren, die sogenannte Venture-Capital-Methode. Ziel des Verfahrens ist die Bestimmung des relativen Anteils, den der Venture-Capital-Geber für seine Investition erhalten möchte (Achleitner, 2001, S. 927). Die Berechnung erfolgt in vier Schritten. Im ersten Schritt wird der Unternehmenswert zum erwarteten Zeitpunkt des „Exit" mit Hilfe von Multiplikatoren vergleichbarer Unternehmen geschätzt und im zweiten Schritt mit der angestrebten Rendite auf den Bewertungsstichtag diskontiert. In den weiteren Schritten wird die erforderliche zukünftige Beteiligungshöhe und – unter Berücksichtigung von Verwässerungseffekten zukünftiger Finanzierungsrunden – die gegenwärtige Beteiligungshöhe ermittelt.

Obwohl dieses Verfahren für die Bewertung sehr junger Unternehmen („Seed", „Start-up") eine transparente Vorgehensweise aus der Sicht der Kapitalgeber bietet, treten in der Umsetzung Datenbeschaffungsprobleme und Mängel bei der Anwendung der Methode auf. Häufig wird der Bewertung nur eine einzige mögliche zukünftige Unternehmensentwicklung zugrunde gelegt. Da der verwendete Business Plan regelmäßig vom Erfolg des Unternehmens ausgeht, führt dies tendenziell zu überhöhten Ansätzen. Diese versucht man dadurch zu korrigieren, dass die zur Diskontierung verwendeten Zinssätze weit über die im DCF-Verfahren verwendeten Kapitalkosten hinausgehen. In der Praxis sieht man Kapitalisierungszinssätze von 30 % bis 80 %. Darin enthalten sind Prämien für Illiquidität, Dienstleistungen des VC sowie pauschale Adjustierungen der Planung (Achleitner, 2001, S. 930). Gerade die pauschalen Plankorrekturen führen zu ungenauen Ergebnissen.

2.6 Realoptionsansatz

Seit einiger Zeit wird der Realoptionsansatz in Literatur und Praxis als Weiterentwicklung der bestehenden Bewertungsansätze diskutiert (Amram/Kulatilaka, 1999; Copeland/Antikarov, 2001; Hommel/Scholich/Vollrath, 2001). Im Mittelpunkt der Diskussion steht die explizite Berücksichtigung von Flexibilität bei der Bewertung von Unternehmen. Ausgangspunkt der Überlegungen, die zu einer Anwendung des Realoptionsansatzes für die Unternehmensbewertung führte, war die zunehmende Unsicherheit bei der Vorhersage der Unternehmensentwicklungen. Sich permanent verändernde Rahmenbedingungen resultieren in der Notwendigkeit der ständigen Neuausrichtung der Unternehmen. Dies trifft in einem besonderen Maße auf die jungen Wachstumsunternehmen zu, deren Märkte häufig erst entstehen und einem starken Wandel unterliegen werden. Einige Unternehmen werden nicht in der Lage sein, mit ihrem Geschäftskonzept erfolgreich am Markt zu agieren, andere werden strategische Chancen nutzen und Wachstumsoptionen wahrnehmen. Nur in Ausnahmefällen werden die ursprünglichen Business Pläne der Wachstumsunternehmen nach einem oder zwei Jahren realisiert werden. Die veränderten Marktbedingungen werden in der Zwischenzeit die Wege zum Erfolg neu definieren.

Alle bislang betrachteten Bewertungsansätze (DCF, Multiplikatoransätze, Venture-Capital-Methode) erlauben die Berücksichtigung von Handlungsoptionen und deren Quantifizierung in alternativen Szenarien. Der Realoptionsansatz ist den traditionell verwendeten Bewertungsansätzen insofern überlegen, dass er den Bewerter zum Denken in Handlungsalternativen zwingt und die unterschiedlichen Reaktionen des Managements explizit berücksichtigt (Hommel/Lehmann, 2001). Zur Ableitung eines Unternehmenswertes können die Erkenntnisse der Optionspreistheorie sowie der Entscheidungstheorie verwendet werden (Borison, 2001, S. 10; Krolle/Oßwald, 2001, S. 288). Insbesondere die Modellierung von Handlungsoptionen unter Verwendung von Entscheidungsbäumen überwindet die Schwächen in der

Anwendung der anderen Bewertungsansätze. Chancen und Risiken der Wachstumsunternehmen werden transparenter dargestellt.

Je nach Ausgestaltung der Realoptionsbewertung besteht die Möglichkeit, das Ergebnis der Unternehmensbewertung nicht als eine Zahl, sondern vielmehr eine wahrscheinlichkeitsgewichtete Verteilung von Werten darzustellen. Der Adressat einer Bewertung eines jungen Wachstumsunternehmens ist selten ausschließlich an *einem* Erwartungswert interessiert. Er möchte vielmehr Informationen zu den Wahrscheinlichkeiten und der Höhe des sogenanntes „upside potential" seiner Investition sowie des „downside risk" erlangen. Diese Informationen können im Rahmen einer Realoptionsbewertung im Form eines Risikoprofils gegeben werden. Darüber hinaus können einzelne Realoptionen (Wachstumsoptionen, Abbruchoptionen, Verschiebeoptionen) in die Bewertung einbezogen werden.

Die bei einer Realoptionsbewertung generierten Informationen können den Wachstumsunternehmen als Grundlage für die wertorientierte Steuerung des Unternehmens dienen. Die wesentlichen Unternehmensentscheidungen werden quantifiziert und unterstützen daher das Management bei der Findung wertoptimaler Strategien.

Im Vergleich zu den traditionellen Bewertungsansätzen ist der Aufwand bei der Realoptionsbewertung zur Informationsbeschaffung und -verarbeitung erheblich größer. Demgegenüber können die generierten Ergebnisse auch vielfältiger genutzt werden. Aussagen über Chancen und Risiken des Unternehmens können bei einer Investitionsentscheidung von wesentlicher Bedeutung sein.

2.7 Zusammenfassung

Junge Wachstumsunternehmen weisen im Vergleich zu bereits etablierten Unternehmen einige Besonderheiten auf, die die Anwendbarkeit der bekannten Bewertungsverfahren erschweren. Bei geeigneter Anpassung sind diese Verfahren aber grundsätzlich auch zur Bewertung von Wachstumsunternehmen geeignet.

Bei der Auswahl des Bewertungsverfahrens ist der Bewertungsanlass und das Informationsbedürfnis der Adressaten mit dem damit verbundenen Aufwand abzuwägen. Das Hauptproblem bei der Bewertung von Wachstumsunternehmen liegt in der Prognose der zukünftigen zu erwartenden Cash Flows. Regelmäßig erscheint es notwendig, die Bewertung auf unterschiedliche Unternehmensentwicklungen aufzubauen. Die Verwendung eines einzelnen Szenarios zur Ableitung erwarteter Cash Flows kann nur in Ausnahmefällen zielführend sein. Der Realoptionsansatz erscheint vor dem Hintergrund der unsicheren zukünftigen Entwicklung der Wachstumsunternehmen als ein besonders geeignetes Verfahren zur wertorientierten Entscheidungsfindung.

3. Multiples

BERNHARD SCHWETZLER

Price is what you pay; value is what you get.

3.1 Grundlegung: Anlässe und Probleme der Bewertung von Wachstumsunternehmen

Wachstumsunternehmen zeichnen sich durch hohen Kapitalbedarf aus: sie müssen hohe Investitionen in neue Technologien, Verfahren etc., aber auch in die Erschließung neuer Märkte durch Marketing-Auszahlungen oder den Aufbau von neuen Vertriebsorganisationen finanzieren.[26] Im Regelfall geschieht die Deckung des Kapitalbedarfes im Wege der Außenfinanzierung: In vielen Situationen sind die Finanziers der neuen Investitionen nicht identisch mit denjenigen der bisherigen Investitionen. In der „Seed"- oder „Start-up"-Phase des Unternehmens werden sich die Gründer z. B. um die Finanzierung durch eine Venture-Capital-Gesellschaft bemühen. Im Rahmen eines Börsenganges wird der erforderliche Betrag über den Kapitalmarkt durch „anonyme" Investoren aufgebracht; evtl. werden zugleich frühere Finanziers ihre Anteile an der Börse veräußern. Der wichtigste Bewertungsanlass ist deshalb die Bestimmung eines „fairen Eintrittspreises" für die Eigenkapitalgeber, die die entsprechenden Investitionsauszahlungen finanzieren und dafür als Gegenleistung Anteile am Eigenkapital der Unternehmen (und damit Ansprüche auf entsprechende künftige Gewinne aus diesen) erhalten.[27] Die Zufuhr von zusätzlichem Eigenkapital und der Eintritt neuer Gesellschafter (mit ggf. gleichzeitigem Austritt von alten Gesellschaftern) als Charakteristika der Bewertungsanlässe führen zu einigen besonderen Schwierigkeiten bei der Bewertung von Wachstumsunternehmen:

- Zunächst ist die (technische) Frage zu beantworten, wer (Alt- oder Neugesellschafter) welchen Anteil an dem durch die zusätzlichen Investitionen erzielten, über den finanzierten Mittelzufluss hinausgehenden Wertzuwachs des Unternehmens erhält.

- Bei Wachstumsunternehmen besteht eine hohe Informationsasymmetrie zwischen den Altgesellschaftern (den Unternehmensgründern) und den neu eintretenden Eigenkapitalgebern. Dieses Informationsgefälle betrifft zum einen Eigenschaften der Investitionen des Unternehmens: Die Unternehmensgründer sind in der Regel besser über die techni-

---

[26] Zu Wachstums- und Finanzierungsfragen allgemein vgl. BETSCH/GROH/SCHMIDT oder SCHWEEN (Betsch/Groh/Schmidt, 2000, S. 20–34; Schween, 1996, S. 97–124).

[27] Nach einer Erhebung von PEEMÖLLER/GEIGER/BARCHET wird von Venture-Capital-Gesellschaften in 80 % der „Early-stage"-Finanzierungen eine Bewertung durchgeführt, um eine Verhandlungsgrundlage für die Finanzierung zu erhalten. Dabei sind Multiples nach der Anwendung von „Daumenregeln" die am häufigsten angewendete Bewertungsmethode (Peemöller/Geiger/Barchet, 2001, S. 339, S. 342).

schen Eigenschaften der angewendeten Technologien und deren Risiken und Chancen informiert. Zum zweiten besteht ein hohes Maß an Verhaltensunsicherheit für die neuen Finanziers: Wegen der noch kurzen Lebensdauer gibt es kaum Erfahrungen, wie die Qualifikationen der Unternehmensgründer als Manager und ihr Verhalten in Krisensituationen aussehen. Die Verhaltensunsicherheit hat ihre Ursachen auch in möglichen unterschiedlichen Zielsetzungen der Unternehmensgründer und der externen Eigenkapitalgeber: Wissenschaftler könnten z. B. eher daran interessiert sein, ihre Reputation als Forscher zu erhöhen anstatt möglichst schnell verwertbare Produkte zu entwickeln (Bhide, 2001, S. 67–68).[28] Das Problem wird verstärkt durch die Tatsache, dass der Wert der bisherigen Investitionen und auch der neuen, zu finanzierenden Investitionen in Form von zusätzlichem Know-how zu großen Teilen als Humankapital an den oder die Unternehmensgründer gebunden ist (Reich, 2001, S. 29–32; Sahlman/Stevenson, 2001, S. 53); das erleichtert mögliche Strategien zur Ausbeutung externer Eigenkapitalgeber.

Die Verhaltensunsicherheit kann durch die Wahl einer bestimmten Finanzierungsform[29] und durch zusätzliche Vertragsbestandteile (z. B. Chan/Siegel/Thakor, 1990, S. 365–381) verringert werden. Sie nimmt mit zunehmender Lebensdauer des Unternehmens ab: Im Laufe der Zeit werden die Qualifikationen und die tatsächlichen Zielsetzungen der Unternehmensgründer klarer erkennbar und die Investoren können auf ihre bestehenden Erfahrungen zurückgreifen.

Neben diesen in der Person des Unternehmensgründers begründeten Risiken existieren noch die „normalen" Prognoseprobleme im Zusammenhang mit der Bewertung von Wachstumsunternehmen:

- Für innovative Technologien herrscht starke Ungewissheit bezüglich der technischen Funktionsfähigkeiten von Produkten und Präparaten (ggf. erforderliche Zulassung von Aufsichtsbehörden, Etablierung als technologischer Standard, Übergang zur Serienfertigung).

- Die Abschätzung des gesamten Marktpotenzials, der erreichbaren Marktdurchdringung (und der dafür erforderlichen Marketing-Ausgaben), der Entwicklung konkurrierender Produkte und Verfahren ist mit starken Unsicherheiten behaftet.

Zum Teil verstärken sich die Probleme aus der Verhaltensunsicherheit und aus der hohen Prognoseunsicherheit: Wenn sich die Erwartungen der externen Kapitalgeber nicht erfüllen, ist es selbst im Nachhinein schwierig festzustellen, ob die Unternehmensgründer nicht absichtlich zu hohe Erwartungen geweckt hatten. Nicht wenige Investoren, die zur Hausse der Technologiewerte Aktien der entsprechenden Unternehmen im Rahmen eines Börsenganges

---

[28] Der Wertbeitrag eines externen Finanziers wird z. T. gerade darin gesehen, eine schnellere Kommerzialisierung wissenschaftlicher Erkenntnisse durchzusetzen.

[29] Z. B. sind Options- oder Wandelanleihen wegen des damit verbundenen Wandlungsrechtes geeignet, einen Teil der Anreizprobleme zu beseitigen und damit die Verhaltensunsicherheit zu reduzieren (z. B. Stein, 1992, S. 3–21). Vorzugsaktien mit festem Rückzahlungsanspruch im Liquidationsfall sind als „umgekehrtes" Wandlungsinstrument ebenfalls zur Verringerung von Anreizproblemen bei Wachstumsunternehmen geeignet (z. B. Schween, 1996, S. 158–172).

erworben hatten, artikulieren nach realisierten Wertverlusten von 90 % und mehr den Verdacht, die Alteigentümer hätten sie beim Kauf der Anteile übervorteilt.

3.2 Die Vorgehensweise bei der Multiple-Bewertung

Die Unternehmensbewertung mit Hilfe von Multiples folgt der Idee, dass gleiche (oder ähnliche) Vermögensgegenstände gleiche (oder ähnliche) Werte aufweisen sollten. Der erste Schritt besteht deshalb in der Suche nach Unternehmen, die in möglichst vielen wichtigen Eigenschaften vergleichbar mit dem zu bewertenden Unternehmen und bei denen diese Werte beobachtbar sind. Im Regelfall setzt die Beobachtbarkeit der Unternehmenswerte die Börsennotierung der entsprechenden Eigenkapitalanteile voraus;[30] auf Kapitalmarktdaten basierende Multiples sind deshalb erst für Unternehmen erhältlich, die in ihren Lebenszyklen bereits die Börsenreife erreicht haben. Mehrere dieser ausgewählten Unternehmen („comparables") werden zu einer „peer group" zusammengefasst. Für jedes dieser Unternehmen wird der Wert des Eigenkapitals (als Marktkapitalisierung der Anteile), ggf. der Wert von Brutto- bzw. Nettoverbindlichkeiten[31] und der Unternehmensgesamtwert („enterprise value") als Summe des Eigen- und Fremdkapitals berechnet.

Der nächste Schritt besteht in der Auswahl einer oder mehrerer Referenzgrößen, auf denen das Multiple basiert. Die Multiple-Bewertung unterstellt ein lineare Beziehung zwischen dieser Referenzgröße und dem auf diese Weise ermittelten Unternehmens- oder Unternehmensgesamtwert: eine Verdopplung der Referenzgröße führt bei unverändertem Multiple zu einem doppelt so hohen Wertansatz. Nicht alle der in der Praxis angewendeten Referenzgrößen lassen einen solchen Zusammenhang plausibel erscheinen.

Über die Relation der Referenzgröße zu dem entsprechenden Wert werden die entsprechenden Multiples für alle Unternehmen der „peer group" ermittelt. Die folgende Abbildung VII.8 zeigt für die Referenzgröße „Gewinn" und den Wert des Eigenkapitals die Berechnung des Kurs-Gewinn-Verhältnisses (KGV) als Multiple:

	Gewinn p.a.	Kurs p.a.	KGV	1 / KGV
Unternehmen A	3,2	48,0	15,0	0,067
Unternehmen B	12,0	155,0	12,9	0,078
Unternehmen C	8,4	147,0	17,5	0,057
Unternehmen D	7,0	136,5	19,5	0,051
Unternehmen E	2,5	90,0	36,0	0,028

Abbildung VII.8: Ermittlung von Multiples für Vergleichsunternehmen

---

[30] Alternativ dazu wäre die Gewinnung von Marktwerten durch die Beobachtung von gezahlten Kaufpreisen für gleiche oder ähnliche Unternehmen möglich („recent acquisition method"). Weil die Anzahl von öffentlich verfügbaren Kaufpreisen zeitnaher Transaktionen sehr gering ist, ist der Rückgriff auf Börsenwerte der Regelfall.

[31] Die Nettoverbindlichkeiten sind definiert als Differenz zwischen den Wertpapierbeständen und den zinstragenden Verbindlichkeiten des Unternehmens.

Bei der „Verdichtung" der unterschiedlichen Multiple-Werte zu einem „Stellvertreter"-Wert sind folgende Probleme zu lösen:

- „Ausreißer" in der „peer group" (wie das Unternehmen E in obiger Tabelle) sind einer gesonderten Analyse zu unterziehen. Möglicherweise liegt der Grund für die Abweichung darin, dass diese Unternehmen in einer oder in mehreren wichtigen Eigenschaften mit den anderen Unternehmen der „peer group" nicht vergleichbar sind. In diesem Fall sollte das Unternehmen aus der „peer group" entfernt werden.

- Unternehmen mit negativen Ausprägungen der Referenzgröße sollten, soweit diese nicht auf atypische Sondereinflüsse wie z. B. Restrukturierungen zurückzuführen sind, nicht automatisch aus der „peer group" eliminiert werden. Die „peer group" soll einen repräsentativen Querschnitt über die Ausprägungen der Referenzgröße abbilden (Benninga/Sarig, 1997, S. 309; S. 314).

- Für die „Verdichtung" der einbezogenen Beobachtungen wird in der Regel das arithmetische Mittel angewendet. Für die „peer group" des obigen Beispiels ergibt sich ein Mittelwert von 20,2; entschließt sich der Bewerter zur Eliminierung von Unternehmen E, beträgt das arithmetische Mittel nur noch 16,2. Man erkennt an den Zahlen des Beispiels, dass das arithmetische Mittel deutlich auf Ausreißerwerte reagiert. Deshalb wird empfohlen, in diesem Fall auf den weniger stark von Extremwerten beeinflussten Median zurückzugreifen (z. B. Damodaran, 2001b, S. 10); das ist der Wert, der die 50 % niedrigeren von den 50 % höheren Werten der Stichprobe trennt. In unserem Beispiel beträgt der Median für die unbereinigte „peer group" 17,5.

- In der Praxis kaum angewendet, aber von der Wissenschaft empfohlen, wird das harmonische Mittel: Hier werden zuerst die reziproken Werte der einzelnen Multiples gebildet und dann deren Mittelwert errechnet. Der Kehrwert des Mittelwertes ist schließlich das harmonische Mittel der Multiples.[32] Der Mittelwert über die einzelnen Kehrwerte $\frac{1}{KGV}$ beträgt 0,05608; das harmonische Mittel über die Multiples beträgt also 1/0,0568 = 17,83. Wegen der Konvexität der Kehrwertfunktion liegt das harmonische Mittel immer unterhalb dem arithmetischen; die negative Abweichung ist dabei umso größer, je höher die Streuung der Multiples ist.

Schließlich wendet man den ermittelten Stellvertreter-Wert der „peer group" auf die entsprechenden Referenzgröße des zu bewertenden Unternehmens an und berechnet so den Unternehmenswert bzw. den Unternehmensgesamtwert.

Als letzten Schritt werden spezifische Zu- oder Abschläge vorgenommen. Die beiden häufigsten Adjustierungen sind (Böcking/Nowak, 1999, S. 173):

---

[32] Der Schätzfehler bei der Durchschnittsbildung über die Gewinngröße wird beim arithmetischen Mittel über die KGVs der „peer group" im Nenner, beim harmonischen Mittel dagegen im Zähler erfasst. Die Abbildung des Schätzfehlers im Nenner führt zu Konvexität und verzerrt den Durchschnittswert als Schätzer systematisch nach oben (z. B. Baker/Ruback, 1999, S. 16; Beatty/Riffe/Thompson, 1999, S. 182). Die (wenigen) empirischen Erhebungen, die das harmonische Mittel berücksichtigen, kommen zu dem Ergebnis, dass die Erklärungskraft der Multiples durch diese Form der Durchschnittsbildung steigt (Baker/Ruback, 1999, S. 20; Liu/Nissim/Thomas, 2001, S. 22).

- ein Fungibilitätsabschlag: Wurde das Multiple basierend auf einer „peer group" aus börsennotierten Unternehmen ermittelt, während das zu bewertende Unternehmen nicht börsennotiert ist, wird vom ermittelten Wert ein Abschlag für die niedrigere Fungibilität und die dadurch ausgelösten zusätzlichen Kosten beim Wiederverkauf der Anteile vorgenommen.

- ein Kontrollzuschlag: Übernimmt der Bewerter die Aktienmehrheit des zu bewertenden Unternehmens, ermöglicht ihm dies über den Einfluss auf die Unternehmensstrategie die Realisierung zusätzlicher positiver Werteffekte (z. B. die Erzielung von Synergien). Weil die Börsenkurse der „peer group" im Regelfall den Marktpreis für einen atomistischen Anteilseigner ohne Einflussmöglichkeiten auf das Management widerspiegeln, sind diese möglichen Vorteile in den abgeleiteten Multiples nicht enthalten.[33]

Der erste Schritt für die Zusammenstellung der „peer group" ist die Suche nach Unternehmen, die in den gleichen Geschäftsfeldern bzw. der Branche tätig sind wie das zu bewertende Unternehmen. Dazu werden häufig die Brancheneinteilungen der Börsen, an denen die entsprechenden Aktien notiert sind, verwendet.[34]

3.3 Das Kurs-Gewinn-Verhältnis (KGV)

3.3.1 Grundsätzliches

Das Kurs-Gewinn-Verhältnis (bzw. die"Price-Earnings-Ratio") ist der in der Bewertungspraxis am weitesten verbreitete Multiplikator; der Unternehmenswert (bzw. der Wert pro Aktie) wird dazu mit dem entsprechenden Gewinn in Beziehung gesetzt:

$$KGV = \frac{Kurs\ pro\ Aktie}{Gewinn\ pro\ Aktie} = \frac{Marktwert\ Eigenkapital}{Jahresüberschuss}$$

Das KGV gibt also an, mit welchem Faktor des (aktuell erzielten oder geschätzten künftigen) Gewinns das oder die Vergleichsunternehmen derzeit am Kapitalmarkt oder bei vergleichbaren Transaktionen bewertet werden.

Da der Gewinn dem erzielten Nettovermögenszuwachs der Eigentümer pro Periode entspricht, ist die unterstellte Linearität auf den ersten Blick plausibel: eine Verdoppelung des periodisch erzielbaren Gewinns führt zu einer Verdoppelung des Unternehmenswertes.

---

[33] Lediglich dann, wenn die Multiples der „Peer-group"-Unternehmen auf der Basis von beobachtbaren Transaktionspreisen ermittelt werden, sind die Vorteile aus der Kontrollausübung bereits enthalten. Auf einen Kontrollzuschlag wäre dann zu verzichten.

[34] Dabei steigt in der Regel der empirische Erklärungsgehalt der Multiples, je feiner die Einteilung der entsprechenden Branchen ist (Alford, 1992, S. 106).

3.3.2 Die Überschußgröße: der Gewinn

3.3.2.1 Auf der Suche nach dem „nachhaltigen" Gewinn: Bereinigungen

Ausgangspunkt der KGV-Bewertung ist der Jahresüberschuss nach Zinsen und Steuern aus der Gewinn- und Verlustrechnung des Unternehmens. Basis der Wertermittlung ist der Gewinn eines Jahres. Im Gegensatz zu den Diskontierungsmodellen der Unternehmensbewertung besteht hier keine Möglichkeit, die zeitliche Entwicklung der Gewinne (also z. B. Wachstum) explizit in die Bewertung eingehen zu lassen. Der für die Bewertung verwendete Gewinn sollte deshalb als Stellvertreter für die Gewinne aller anderen, nicht explizit berücksichtigten Jahre „typisch" für das zu bewertende Unternehmen sein. Daraus folgt, dass außerordentliche, einmalige Komponenten wie Veräußerungsgewinne, Rückstellungen für einmalige Belastungen etc. aus der Gewinngröße zu eliminieren sind. Das gilt sowohl für die Gewinne des zu bewertenden Unternehmens als auch für die Unternehmen der „peer group". In der Bundesrepublik hat sich bei der Anwendung des KGV das *DVFA*-Schema zur Bereinigung des Ergebnisse pro Aktie durchgesetzt (z. B. Aders/Galli/Wiedemann, 2000, S. 200–201; Eidel, 2000, S. 85). Durch die vorgenommenen Bereinigungen wird auch der mögliche Einfluss von bilanzpolitischen Maßnahmen auf den Jahresüberschuss verringert.

Die Anwendung von unterschiedlichen Rechnungslegungsvorschriften bei Vergleichsunternehmen und dem zu bewertenden Unternehmen (z. B. bei internationalen „peer groups") kann die Multiples verzerren. So ist z. B. die ggf. unterschiedliche bilanzielle Behandlung von F&E-Aufwendungen oder von betrieblichen Pensions- und Versorgungszusagen zu berücksichtigen.

Der Jahresüberschuss entspricht dem Gewinn nach allen Steuern auf Unternehmensebene. Seine Verwendung als Referenzgröße ist insofern nicht konsequent, als sich Investoren bei ihren Entscheidungen ausschließlich an Netto-Überschüssen nach allen Steuern orientieren sollten und daher auch Steuern auf Anteilseignerebene von Bedeutung sind. Die Einbeziehung von Einkommensteuern in die Multiple-Bewertung wird von Praktikern mit dem Verweis auf den progressiven Tarifverlauf und die Abhängigkeit der Einkommensteuerzahlungen von der gewählten Ausschüttungspolitik abgelehnt.[35] Für Wachstumsunternehmen ist diese Differenzierung ohnehin nicht von großer Bedeutung: Im Regelfall sind in absehbarer Zukunft keine Ausschüttungen und damit Einkommensteuerzahlungen zu erwarten.

Wachstumsunternehmen nutzen regelmäßig „Stock Option Plans" (SOP) als Vergütungsbestandteil für ihre Mitarbeiter (vgl. Kapitel III.3). Die bilanzielle Behandlung von „naked options" (und damit auch ihr Effekt auf die verwendete Gewinngröße) ist von den anzuwen-

---

[35] Die Unternehmenssteuern sind im Halbeinkünfte-Verfahren wegen des einheitlichen Körperschaftssteuersatzes unabhängig von der Ausschüttungspolitik. Der im Anrechnungsverfahren mit dem gespaltenen KöSt-Satz noch mögliche „Kniff" durch eine höhere Ausschüttung die Körperschaftssteuerbelastung vom Normaltarif auf den Ausschüttungstarif zu reduzieren und dadurch den Jahresüberschuss nach Unternehmenssteuern zu erhöhen, ist deshalb nicht mehr möglich (Aders/Galli/Wiedemann, 2000, S. 201).

denden Rechnungslegungsvorschriften und von der Ausgestaltung des SOP abhängig. Die bilanzielle Behandlung von „stock options" im Handelsgesetzbuch ist nicht spezifisch geregelt; derzeit werden mehrere Bilanzierungsvorschläge kontrovers diskutiert (DVFA-Methodenkommission, 2001, S. 395; Adam-Müller/Wangler, 2001, S. 5). Die Bilanzierung nach US-GAAP sieht zwei verschiedene Regelungen vor: SFAS No. 123 verpflichtet die Unternehmen, den „fair value" der ausgegebenen Optionen zu ermitteln und als Personalaufwand auf die Zeitdauer der „vesting period", in der die Ausübung der Option untersagt ist, zu verteilen. APB No. 25 geht dagegen vom inneren Wert der Option als entsprechendem Personalaufwand aus. Im Rahmen eines sog. „fixed plan" ist deshalb nach APB No. 25 dann kein Personalaufwand in der GuV zu berücksichtigen, wenn die Optionen als Bezugskurs den aktuellen Börsenkurs (und damit einen inneren Wert von Null) aufweisen (Methodenkommission der DVFA, 2001, S. 394). Nach SFAS No. 123 haben die Unternehmen ein Wahlrecht, die alte Regelung des APB No. 25 anzuwenden und die sich nach SFAS No. 123 ergebenden Aufwendungen im Anhang statt in der GuV auszuweisen. Viele Praktiker befürchten, dass die Wahl eines SOP-Designs, das zum Ausweis eines Personalaufwandes in der GuV führt, über die dadurch verursachte Verringerung des ausgewiesenen Gewinns einen niedrigeren Unternehmenswert im Multiple-Modell zur Folge hat.[36] Bei einer Unternehmensbewertung durch Multiples sollten deshalb bei allen Unternehmen ggf. vorhandene SOP-basierte Personalaufwendungen aus der Gewinngröße eliminiert werden. Die Wirkung von Stock-Option-Plänen auf den Unternehmenswert kann dann durch die separate Ermittlung des „fair value" der bereits ausgereichten und ggf. der künftig auszureichenden „stock options" und den anschließenden Abzug vom ermittelten Unternehmenswert abgebildet werden. Auf diese Weise wird der Effekt der „stock options" auf den Unternehmenswert unabhängig von ihrer bilanziellen Behandlung erfasst (Damodaran, 2001b, S. 8).[37]

Bislang wurde noch nicht die Frage beantwortet, auf welches Jahr sich die Referenzgröße (hier der Gewinn) der Vergleichsunternehmen und des zu bewertenden Unternehmens beziehen soll. (Natürlich soll für die „peer group" und das zu bewertende Unternehmen das gleiche Jahr gelten.) Grundsätzlich besteht die Möglichkeit, historische und zukünftige Gewinne heranzuziehen. Verwendet man über sogenannte „trailing multiples" den letzten tatsächlich erzielten und veröffentlichten Gewinn der Vergleichsunternehmen, hat man zwar an dieser Stelle kein Prognoseproblem, arbeitet aber auf der anderen Seite mit Daten, die für den Kapitalmarkt kaum bewertungsrelevant sind. Empirische Erhebungen zeigen, dass die Multiples auf der Basis von künftigen geschätzten Gewinnen einen deutlich höheren Erklärungsgehalt aufweisen (Kim/Ritter, 1999, S. 430; Liu/Nissim/Thomas, 2001, S. 18). Verfügt der Bewerter über keine eigenen fundierten Schätzungen bezüglich der künftigen Gewinne der Vergleichsunternehmen, kann er auf spezialisierte Informationsdienstleister, wie z. B.

---

[36] Dies wird als Grund für die verbreitete Ausgestaltung des „Stock Option Plan" als „fixed plan" mit einem inneren Wert von Null angesehen.

[37] Dieser Vorschlag weicht von der Behandlung der SOP bei der Ermittlung des DVFA/SG-Ergebnisses ab. Die DVFA-Methodenkommission empfiehlt für den Fall des Bezugs der Aktien über eine bedingte Kapitalerhöhung die Berücksichtigung des Personalaufwandes nach SFAS No. 123. Auch für den Fall des Erwerbs und der Ausgabe eigener Aktien wird der Abzug eines entsprechend ermittelten Personalaufwandes gefordert (Methodenkommission der *DVFA*, 2001, S. 395).

I/B/E/S[38] zurückgreifen, die gegen Entgelt aggregierte Schätzungen von Analysten (sogenannte „consensus beliefs") für zahlreiche Unternehmen anbieten. Im Regelfall sind die Gewinnschätzungen für das laufende, noch nicht abgeschlossene und für das darauffolgende Jahr erhältlich.

3.3.2.2 Gewinne/Verluste und Ausschüttungen bei Wachstumsunternehmen

Wachstumsunternehmen weisen wegen hoher Anlaufverluste häufig aktuelle Jahresfehlbeträge auf; oft sind auch die prognostizierten Jahresüberschüsse der nächsten Jahre negativ. In diesem Fall erscheint die Bewertung über das KGV auf den ersten Blick wenig sinnvoll.[39] Praktiker weichen dann im Regelfall auf „höhere" Multiples aus, die keine negativen Referenzwerte aufweisen (z. B. Umsatz). Eine andere Möglichkeit zu „Rettung" des KGV-Modells besteht in einer besonderen Form der Bereinigung: unabhängig von der bilanziellen Behandlung werden F&E-Aufwendungen und Marketingaufwendungen als Investitionen behandelt. Dieses Vorgehen wird gestützt durch die empirische Beobachtung, dass Kapitalmärkte bei der Bewertung von Wachstumsunternehmen diese Auszahlungen in der Regel als Investitionen interpretieren (z. B. Trueman/Wong/Zhang, 2000a, S. 21; Demers/Lev, 2001, S. 353). Allerdings ist diese Form der Bereinigung nicht nur für das zu bewertende Unternehmen, sondern auch für die Unternehmen der „peer group" durchzuführen. Wenn dies nicht möglich ist und man dennoch nicht auf die Anwendung von KGVs verzichten möchte, bietet sich schließlich die Anwendung von sog. „forward-priced multiples" an: Statt auf den Nächstjahresgewinn wird ein Multiple auf (ausreichend positive) Gewinnschätzung eines zeitlich weiter entfernten Jahres angewendet; der so ermittelte künftige Unternehmenswert wird anschließend mit den entsprechenden Eigenkapitalkosten auf den aktuellen Bewertungszeitpunkt abgezinst.

Das zweite große Problem der KGV-Modelle bei Wachstumsunternehmen ist die Ausschüttungs- bzw. Thesaurierungspolitik: Wegen der hohen Investitionsauszahlungen ist die Ausschüttung an die Anteilseigner in den künftigen Jahren deutlich niedriger als der erzielte Jahresüberschuss. Viele Wachstumsunternehmen zahlen überhaupt keine Dividende und thesaurieren den gesamten erzielten Jahresüberschuss. Investoren sind jedoch ausschließlich an Zahlungen interessiert (Benninga/Sarig, 1997, S. 308)[40]; das KGV basiert mit dem Jahresüberschuss also auf einer Größe, die in dieser Form gar nicht beim Investor „ankommt". Um das daraus resultierende Problem näher zu beschreiben, ist ein Blick auf die Definition

---

[38] Die von *Thomson Financial* angebotenen Datenbanken FirstCall (hauptsächlich USA) und I/B/E/S (insbesondere Europa und Asien) bieten Analystenschätzungen zu diversen Kennzahlen wie Gewinn pro Aktie, Umsatz, Cash Flow, EBITDA, Wachstum etc. an (Vgl. für eine Übersicht www.firstcall.com).

[39] Auch das denkbare Vorgehen, dass aus der „peer group" wegen durchschnittlicher negativer Gewinne ein negatives Multiple abgeleitet und auf die negative Gewinngröße des zu bewertenden Unternehmens angewendet wird, ist wenig sinnvoll. Man erhält bei diesem Vorgehen zwar einen positiven Unternehmenswert, setzt jedoch für die Prognose der Überschüsse des Unternehmens „perverse" Anreize: Der Unternehmenswert steigt bei steigenden Verlusten.

[40] Zur theoretischen Verbindung zwischen Konsum- und Investitionsentscheidung vergleiche DRUKARCZYK (Drukarczyk, 1993, S. 28–50).

des „free cash flow to equity" als der „optimalen Ausschüttung" sinnvoll; diese Größe lässt sich aus dem Jahresüberschuss wie folgt ableiten (Drukarczyk, 2001, S. 151–162; Schwetzler, 2001, S. 65):

Free Cash Flow to Equity-Ermittlung	
	Jahresüberschuss
+	Abschreibungen Anlagevermögen
-	Investitionen in das Anlagevermögen
-	Investitionen in das Umlaufvermögen
+/-	Veränderung der kurzfristigen Verbindlichkeiten
+/-	Veränderung der langfristigen Verbindlichkeiten
+/-	Veränderung der Pensionsrückstellungen
=	Free Cash Flow to Equity

Abbildung VII.9: Retrograde Ermittlung des Free Cash Flow to Equity

Der „free cash flow to equity" ist der Betrag, der nach Realisierung aller werterhöhenden Investitionen und nach der Herstellung der gewünschten Kapitalstruktur an die Anteilseigner ausgezahlt werden könnte. Weist das Unternehmen hohe Netto-Investitionen auf und werden diese nicht durch die Aufnahme zusätzlicher Verbindlichkeiten finanziert, kann der Fall eintreten, dass trotz ausreichend hohem Nächstjahresgewinn ein Free Cash Flow von Null (oder ggf. sogar kleiner Null) resultiert; der gesamte Gewinn wird dann thesauriert und reinvestiert. Die Vorteilhaftigkeit der vorgenommenen Re-investionen entscheidet über den Einfluss dieser Maßnahme auf den Unternehmenswert: ist der Nettokapitalwert der Investition größer als Null, dann ist der Barwert der künftigen zusätzlichen Ausschüttungen höher als der durch die Investitionen verursachte Ausschüttungsverzicht. Der Tausch „Ausschüttung heute" gegen „Ausschüttung morgen" erhöht also den Unternehmenswert. Die Multiple-Bewertung kann sich in ihrer Basisform nur auf den Gewinn des nächsten Jahres stützen; im Gegensatz zu Diskontierungsverfahren besteht keine Möglichkeit, den zeitlichen Verlauf künftiger Ausschüttungen z. B. über eine wachsende Zahlungsreihe zu modellieren. Dieser Einflussfaktor ist deshalb durch eine Adjustierung des Multiples für das mit den heutigen Investitionen erzeugte künftige Wachstum zu erfassen; wie diese Adjustierung aussieht, wird im folgenden Abschnitt 3.3.3. gezeigt.

Abbildung VII.9 zeigt auch, wann der Jahresüberschuss mit dem „free cash flow to equity" identisch ist: die Nettoinvestitionen in das Anlagevermögen (Investitionen minus Abschreibungen), in das Umlaufvermögen und die Veränderung der kurzfristigen und langfristigen Verbindlichkeiten (inkl. der Pensionsrückstellungen) müssen gleich Null sein.

3.3.3 Das KGV-Multiple

3.3.3.1 Der Ausgangspunkt: das Rentenmodell

Was beeinflusst die Höhe des KGVs? Diese Frage kann mit Anleihen beim „Discounted-Cash-Flow"-Modell beantwortet werden. Zunächst wird ein Unternehmen in dem oben skizzierten „Gleichgewichtszustand" der Identität von Jahresüberschuss und „free cash flow to equity" des nächsten Jahres betrachtet. Wird dieser Nächstjahres-Cash-Flow über einen unendlich langen Zeitraum in gleicher Höhe erzielt (was wegen des konstanten Anlage- und Umlaufvermögens nicht unplausibel ist) und weist das Unternehmen Eigenkapitalkosten in Höhe von k_S^F auf, dann ergibt sich der Unternehmenswert E_0 durch die Anwendung der Rentenformel im „Flow to equity"-Ansatz mit

$$E_0 = \frac{FCF_{S,1}}{k_S^F} = \frac{J\ddot{U}_{S,1}}{k_S^F} = \frac{D_{S,1}}{k_S^F}$$

Dabei bezeichnen

$FCF_{S,1}$: den „free cash flow to equity des nächsten Jahres
$J\ddot{U}_{S,1}$: den Jahresüberschuss des nächsten Jahres und
$D_{S,1}$: die (optimale) Dividendenzahlungen des nächsten Jahres.

Im vorliegenden Fall des Rentenmodells sind alle drei Größen über alle künftigen Perioden identisch:

$FCF_{S,1} = FCF_{S,t} = FCF_S \ \forall \ t$; $J\ddot{U}_{S,1} = J\ddot{U}_{S,t} = J\ddot{U}_S \ \forall \ t$ und $D_{S,1} = D_{S,t} = D_S \ \forall \ t$.

Die KGV-Bewertungsformel lautet:

$E_0 = J\ddot{U}_{1,S} * KGV$.

Stellt man die DCF-Bewertungsformel gegenüber, dann wird deutlich, dass im Rentenfall ohne Wachstum das KGV dem Kehrwert der Eigenkapitalkosten entspricht (Eidel, 2000, S. 82; Aders/Galli/Wiedemann, 2000, S. 202; Bausch, 2000, S. 451):

$$KGV = \frac{1}{k_S^F} \qquad (1)$$

Wird z. B. für ein Unternehmen ein gleichbleibend hoher Gewinn pro Aktie in Höhe von € 1,25 prognostiziert, dann beträgt bei einem z. Zt. beobachteten Börsenwert von € 10,4 pro Aktie das KGV auf der Basis des prognostizierten Gewinns $\frac{€10,4}{€1,25} = 8,33$. Der gleiche Wert pro Aktie wird erzielt, wenn man die äquivalenten Eigenkapitalkosten als Kehrwert des KGV mit 1/8,33 = 12 % über die Rentenformel auf den Jahresüberschuss anwendet:

$$\frac{€1,25}{0,12} = €10,4 \ .$$

Ein zentraler Einflussfaktor auf das KGV lässt sich an dieser Stelle bereits gut erkennen: Die Eigenkapitalkosten eines Unternehmens hängen vom Risiko der zukünftigen Free Cash Flows an die Eigenkapitalgeber ab.[41] Das Risiko der künftigen Ausschüttungen beeinflusst deshalb auch das KGV: Je höher ceteris paribus das Risiko der künftigen Überschüsse ist, desto niedriger ist das anzuwendende Multiple. Die Kapitalmarkttheorie erlaubt die weitere Zerlegung des Unternehmensrisikos in zwei verschiedene Komponenten:

---

[41] Für das CAPM z. B. DRUKARCZYK (Drukarczyk, 2001, S. 350–357).

- Das „Asset"-Risiko erfasst die Risiken der Brutto-Zahlungsströme des Unternehmens vor Abzug von Zins- und Tilgungszahlungen. Im CAPM lässt sich dieses Risiko mit Hilfe des „Asset"-Betas bzw. mit Hilfe der Kapitalkosten eines unverschuldeten Unternehmens abbilden.

- Das Kapitalstruktur-Risiko hat seine Ursache in den risikolosen Zins- und Tilgungszahlungen an die Gläubiger, die das Risiko des verbleibenden Zahlungsstromes für die Anteilseigner erhöhen. Bei der Ermittlung der Kapitalkosten lässt sich dieses zusätzliche Risiko durch die Hebelwirkung auf den Beta-Faktor und die Ermittlung des „Equity"-Beta bzw. die Eigenkapitalkosten-Formel erfassen.[42]

Daraus folgt, dass die Unternehmen in der „peer group" hinsichtlich ihres Risikos mit dem zu bewertenden Unternehmen vergleichbar sein sollten.

Weil im Jahresüberschuss des Unternehmens regelmäßig die Wertpapiererträge[43] enthalten sind, gibt es beim KGV ein „Wertpapierproblem", wenn das Risiko des Wertpapierbestandes deutlich von demjenigen des operativen Geschäftes abweicht. Auch dann, wenn die Überschüsse der „Peer-group"-Unternehmen aus dem operativen Geschäft das gleiche Risiko aufweisen wie die des zu bewertenden Unternehmens, können unterschiedlich hohe Wertpapierbestände dazu führen, dass das Risiko der aggregierten Zahlungen und damit die Renditeforderung der Eigenkapitalgeber und das KGV ganz unterschiedlich ausfallen. Besonders gravierend ist dieses Problem bei Unternehmen am Neuen Markt: Viele dieser Unternehmen wiesen unmittelbar nach dem Börsengang hohe Wertpapierbestände aus dem IPO-Mittelzufluss auf. Je nach dem Zeitpunkt des Börsenganges und der „Cash-burn"-Rate dieser Unternehmen ergeben sich deutliche Unterschiede der Wertpapierbestände in der möglichen „peer group". Betrachten wir zur Verdeutlichung zwei (eigenfinanzierte) Unternehmen A und B, die im operativen Kerngeschäft vergleichbar sind und dort dauerhaft Gewinne von € 10 Mio. nach Steuern erzielen; die risikoäquivalente Renditeforderung für das operative Geschäft beträgt je 10 % p. a. Unternehmen B weist zusätzlich festverzinsliche Wertpapiere im Umfang von € 100 Mio. auf, die netto 2 % Zinsen abwerfen. Die beiden Unternehmenswerte und KGVs errechnen sich damit wie folgt:

---

[42] Zur Beta-Zerlegung vgl. z. B. DRUKARCZYK (Drukarczyk, 2001, S.°367-371).
[43] Die Wertpapiererträge beziehen sich vor allem auf die in der Bilanzposition „liquide Mittel" zusammengefassten Bankguthaben, Termingelder und andere Einlagen bei Kreditinstituten. Darüber hinaus entstehen Wertpapiererträge etwa aus Wertpapieren des Umlaufvermögens- und des Anlagevermögens. In der Gewinn- und Verlustrechnung werden die entsprechenden Erträge in den Positionen „Sonstige Zinsen und ähnliche Erträge" und „Erträge aus anderen Wertpapieren und Ausleihungen des Finanzanlagevermögens" erfasst. Vgl. dazu z. B. BAETGE (Baetge, 1998, S. 379–380).

	Unternehmen A	Unternehmen B		
	Operatives Geschäft	Operatives Geschäft	Wertpapierbestand	Insgesamt
Überschüsse	€ 10 Mio.	€ 10 Mio.	100 * 0,02 = € 2 Mio.	€ 12 Mio.
Kapitalkosten	0,10	0,10	0,02	$\frac{100}{200}*0,10+\frac{100}{200}*0,02=0,06$
Wert	$E_0 = \frac{10}{0,10} = $ € 100 Mio.	€ 100 Mio.	€ 100 Mio.	€ 200 Mio. $=\frac{12}{0,06}$
KGV	$\frac{100}{10}=10=\frac{1}{0,1}$	$10=\frac{1}{0,1}$	$50=\frac{1}{0,02}$	$16,67=\frac{1}{0,06}$

Abbildung VII.10: Der Einfluss von risikolosen Wertpapiererträgen auf das KGV

Das Beispiel zeigt den erheblichen Einfluss, den risikolose Wertpapiere und deren Erträge auf das KGV von Unternehmen haben: trotz gleichem operativen Risiko hat Unternehmen B mit 16,67 ein deutlich höheres KGV als Unternehmen A mit 10. Zum zweiten wird ein Vorzug des Diskontierungsmodells und der Kapitalmarkttheorie deutlich: im CAPM sind Risiken und Kapitalkosten additiv.[44] Die gesamte Renditeforderung von Unternehmen B entspricht dem gewichteten Mittel aus den Renditeforderungen der beiden Komponenten „Wertpapiere" und „operatives Geschäft". Die Additivität gilt nur für die Kapitalkosten, aber nicht für die Multiples: Das resultierende Gesamt-KGV von B ist mit 1/0,06 = 16,67 viel niedriger als der Durchschnitt über die Multiples mit (10+50)/2 = 30.[45]

Die Probleme unterschiedlich hoher Wertpapierbestände lassen sich vermeiden, wenn man die Wertpapiere getrennt bewertet. Dazu sind in der „peer group" die Eigenkapitalwerte um die Wertpapierbestände und die Gewinne um die daraus erzielten Erträge zu bereinigen. Die so gewonnenen Multiples werden auf die Gewinngröße des zu bewertenden Unternehmens (ohne Wertpapiererträge) angewendet. Abschließend wird der Wert eines ggf. vorhandenen Bestandes an Wertpapieren auf den so errechneten Unternehmenswert addiert.

Neben dem operativen Risiko sollten die Vergleichsunternehmen der „peer group" auch das gleiche Kapitalstrukturrisiko aufweisen (Eidel/Küting, 1999, S. 229); die Eigenkapitalkosten eines Unternehmens sind von seiner Kapitalstruktur abhängig. Deshalb müsste an dieser Stelle eigentlich eine Warnung vor der unreflektierten Übernahme von Branchen-KGVs stehen: deren Anwendung auf das zu bewertende Unternehmen setzt voraus, dass dessen Verschuldungsgrad dem gewichteten Durchschnitt über die Verschuldungsgrade der Branchen-Unternehmen entspricht. Empirisch zeigt sich jedoch, dass der Einfluss des Verschuldungsgrades auf das KGV im Vergleich zu anderen Einflussfaktoren eher gering ist. Zum Teil verbessert sich der Erklärungsgehalt des KGV-Modells sogar, wenn auf die Einbeziehung der Kapitalstruktur verzichtet wird (Alford, 1992, S. 96; S. 104). Insbesondere bei Wachstumsunternehmen ist der Einfluss der Kapitalstruktur auf das Multiple vergleichsweise gering.

---

[44] Zum Additivitätsprinzip im CAPM vgl. z. B. DRUKARCZYK (Drukarczyk, 2001, S.°371-372).
[45] Das korrekte Multiple des gesamten Unternehmens ist deshalb das harmonische Mittel der Multiples seiner unterschiedlichen Geschäftsbereiche.

3.3.3.2 Die Einbeziehung von Wachstum: von der „aggressiven" Wachstumsformel zum Value-Driver-Modell

Die bisher verwendete Analogie zwischen Eigenkapitalkosten und KGV hat insbesondere für Wachstumsunternehmen keinen besonders hohen Erklärungsgehalt: diese Unternehmen weisen sehr hohe KGVs im deutlich zweistelligen, teilweise sogar dreistelligen Bereich auf, die mit dem bisherigen Modell nicht zu erklären sind. Die *Intershop*-Aktie hatte z. B. im Juni 2000 einen Börsenkurs von DM 450. Bei einem (damals) geschätzten Gewinn für das Jahr 2001 in Höhe von DM 1,07 pro Aktie entsprach dies einem KGV von 450/1,07=421! Versucht man als Kehrwert die entsprechenden Eigenkapitalkosten zu ermitteln, erhält man mit 1/421=0,24 % einen Wert, der bei rationalen Verhalten der Anleger nicht erklärbar ist: die risikoäquivalenten Renditen von riskanten Wertpapieren müssen immer über dem risikolosen Zinssatz liegen, wenn Investoren risiko-avers sind.

Die Ursache für diesen vermeintlichen Widerspruch ist ein Einflussfaktor, der bislang explizit ausgeklammert wurde: Unternehmenswerte und damit auch KGVs werden entscheidend vom Wachstum der künftigen Unternehmensüberschüsse beeinflusst. Die Bedeutung dieses Faktors zeigt die folgende Tabelle mit den KGVs bzw. P/E-Ratios von NEMAX-Unternehmen unterschiedlicher Branchen:

NEMAX Branchen P/Es	Trailling P/E	n	1 YR Forward P/E	n
Biotech	85,133	3	51,040	5
Finance	5,300	1	9,550	2
Industrials	14,480	5	14,217	18
Internet	---	0	62,600	16
IT-Services	---	0	19,126	27
Media & Entertainment	1,933	3	10,341	27
Medtech	20,100	1	14,033	9
Software	7,244	9	21,707	27
Technology	23,472	18	24,027	55
Telecom	---	0	17,214	7
Mittelwert / Gesamt	**22,523**	**40**	**24,386**	**193**

Abbildung VII.11: Branchen KGVs NEMAX zum 31.12.01

Auch nach der deutlichen Kurskorrektur weisen bestimmte Sektoren mit hohen Wachstumsraten, wie z. B. Biotechnologie und Internet mit 51 bzw. 62 außerordentlich hohe KGVs auf.

Die erste Annäherung an das zugehörige Diskontierungsmodell des DCF-Verfahrens ist die sogenannte „Gordon-Wachstums-Formel"[46]; sie ermittelt den Unternehmenswert als Barwert einer unendlichen, jährlich mit der Rate g wachsenden Zahlungsreihe, ausgehend von Nächstjahresgewinn mit

$$E_0 = \frac{J\ddot{U}_{1,S}}{k_S^F - g_{EK}}$$

---

[46] Sie findet auch im DCF-Verfahren häufig Anwendung zur Ermittlung des „terminal value" (Copeland/Koller/Murrin, 2001, S. 267–280).

Dabei bezeichnen k_S^F die risikoäquivalenten Eigenkapitalkosten nach Steuern und g_{EK} die Wachstumsrate der Jahresüberschüsse. In diesem Fall entspricht das KGV dem Kehrwert aus der Differenz zwischen den Eigenkapitalkosten und der dauerhaft unterstellten Wachstumsrate der künftigen Überschüsse

$$E_0 = \frac{J\ddot{U}_{1,S}}{k_S^F - g_{EK}} = J\ddot{U}_{1,S}\,KGV \quad \Leftrightarrow \quad KGV = \frac{1}{k_S^F - g_{EK}} \tag{2}$$

Hat der Bewerter Schätzungen für die Eigenkapitalkosten des betreffenden Unternehmens, kann er aus der Kapitalmarktbewertung der Aktie Rückschlüsse über die vom Kapitalmarkt dauerhaft erwartete Wachstumsrate der Unternehmensüberschüsse ziehen. Unterstellt man z. B. für die *Intershop AG* im Juni 2000 risikoäquivalente Eigenkapitalkosten von 15 %, dann ergibt sich das antizipierte dauerhafte Gewinnwachstum mit 15 % − 0,024 %=14,76 %.

Die Wachstumsrate g_{EK} muss für sinnvolle Unternehmenswerte kleiner sein als der Kapitalkostensatz k_S^F (sonst erhält man negative Unternehmenswerte). Für viele Wachstumsunternehmen sind aktuelle Wachstumsraten oder selbst Durchschnittswerte über mehrere Jahre häufig höher als die aktuellen Kapitalkosten. Bei Anwendung der Wachstumsformel sollte jedoch beachtet werden, dass g_{EK}, einmal festgelegt, unendlich lange gilt. Es gibt natürliche Grenzen für Wachstum: Konkurrenten treten in attraktive Märkte ein und verlangsamen dadurch das Gewinnwachstum des betrachteten Unternehmens. Mit Hilfe von „Fade"-Faktoren, die die periodische Verringerung der Wachstumsrate abbilden, wird die dauerhafte, bis t_∞ geltende, „persistent growth rate" $g^\varnothing$ geschätzt.

Formel (2) wird auch die „aggressive" Wachstumsformel genannt: sie unterstellt, dass das Wachstum g_{EK} bei Vollausschüttung des Jahresüberschusses, also ohne Erweiterungsinvestitionen zustande kommt.[47] Das ist für dauerhaftes Wachstum nur schwer vorstellbar: reales Wachstum der Überschüsse erfordert zusätzliche Investitionen in Anlage- und Umlaufvermögen.[48] Die erforderlichen Netto-Investitionen für die Erreichung der Wachstumsrate g_{EK} lassen sich in das Modell einbinden, indem man zunächst den Jahresüberschuss als Referenzgröße durch die Ausschüttung des nächsten Jahres ersetzt; bezeichnet q die Thesaurierungsquote, dann lautet die Bewertungsgleichung

$$E_0 = \frac{D_{1,S}}{k_S^F - g_{EK}} = \frac{J\ddot{U}_{1,S} \cdot (1-q)}{k_S^F - g_{EK}} \tag{3}$$

(3) ist das „Dividend-discount"-Modell der Unternehmensbewertung.

---

[47] Zumindest denkbar wäre der Fall, dass alle Erweiterungsinvestitionen über die Aufnahme von Fremdkapital gedeckt werden und eine Vollausschüttung von Gewinnen deshalb weiterhin möglich ist. In diesem Fall können wegen der Veränderung der Kapitalstruktur die Eigenkapitalkosten nicht konstant bleiben: der Anstieg des Verschuldungsgrades würde zu einer Erhöhung der Eigenkapitalkosten und einem Rückgang des KGV führen.

[48] Dauerhaftes *nominales* Wachstum ohne Nettoinvestitionen ist lediglich im Zusammenhang mit Inflation denkbar. Die häufig getroffene Annahme eines dauerhaften Wachstums der Gewinne in Höhe vor Inflationsrate unterstellt implizit, dass das betreffende Unternehmen die Preissteigerungen der Auszahlungen in vollem Umfang auf seine Preise weiterwälzen kann. Nur dann steigen Ein- und Auszahlungen mit der identischen Rate.

Das KGV lässt sich dann ausdrücken als

$$KGV = \frac{1-q}{k_S^F - g_{EK}} \qquad (3')$$

Der Einfluss der Thesaurierungsquote q auf das KGV ist leicht interpretierbar; je weniger das Unternehmen thesaurieren und re-investieren muss, um eine bestimmte Wachstumsrate zu erreichen, desto mehr kann es bei unverändertem Wachstum an seine Eigentümer ausschütten. Je niedriger q ist, desto höher ist c. p. das KGV und der Unternehmenswert. Zu beachten ist hier, dass die Anwendung unveränderter Eigenkapitalkosten voraussetzt, dass die Erweiterungsinvestitionen mit der gleichen Kapitalstruktur realisiert werden wie die bisherigen Investitionen. Die Thesaurierungsquote q (bzw. die Ausschüttungsquote 1–q) ist der Maßstab für die Profitabilität des Wachstums: je höher die (Eigenkapital-)Rendite auf die Erweiterungsinvestitionen ist, desto weniger Investitionen bzw. Gewinnthesaurierungen sind erforderlich, um das Wachstum g_{EK} zu erreichen.

Die noch fehlende Verbindung zwischen Thesaurierungsquote q und dem Wachstum der Jahresüberschüsse g_{EK} lässt sich über die Netto-Eigenkapitalrentabilität der geplanten Erweiterungsinvestitionen $r_{EK,S}$ herstellen. Der zusätzliche dauerhafte Gewinn als Wachstum des Jahresüberschusses wird als Rendite auf das in t zusätzlich investierte Eigenkapital (als thesaurierten Gewinnanteil) abgebildet:

$$JÜ_{t,S} \, q \, r_{EK,S} = g_{EK} \, JÜ_{t,S} \Rightarrow q = \frac{g_{EK}}{r_{EK,S}}$$

In dieser Darstellung hat die Rendite auf den durch die Gewinnthesaurierung finanzierten Eigenkapitalanteil der gesamten Erweiterungsinvestitionen entscheidenden Einfluss auf die erforderliche Thesaurierungsquote und damit auch auf den Unternehmenswert: Je höher c. p. die Rendite $r_{EK,S}$ auf die Erweiterungsinvestitionen ist, desto weniger muss in Periode t re-investiert und thesauriert werden, um das angestrebte Wachstum g_{EK} zu erzeugen. Unternehmen mit höherem $r_{EK,S}$ können bei gleichem Wachstum in der laufenden Periode mehr ausschütten und müssen daher mehr wert sein als Unternehmen mit niedrigem $r_{EK,S}$.

Die endgültige Bewertungsformel hat dann folgendes Aussehen:

$$E_0 = \frac{JÜ_{1,S}\left[1 - \dfrac{g_{EK}}{r_{EK,S}}\right]}{k_S^F - g_{EK}} = JÜ_{1,S} \, KGV \quad \Leftrightarrow \quad KGV = \frac{1 - \dfrac{g_{EK}}{r_{EK,S}}}{k_S^F - g_{EK}} \qquad (4)$$

(4) ist die detaillierteste Interpretation des KGV: neben den (vom Risiko des Unternehmens abhängigen) Eigenkapitalkosten und dem Wachstum der Gewinne g_{EK} wird mit $r_{EK,S}$ die Profitabilität des Wachstums in die KGV-Bestimmung einbezogen. Die Relation $r_{EK,S} > < k_S^F$ bestimmt entscheidend darüber, welchen Einfluss die Wachstumsrate auf das KGV nimmt (Benninga/Sarig, 1997, S. 317–318; Aders/Galli/Wiedemann, 2000, S. 200):

- Für $r_{EK,S}=k_S^F$ gilt KGV= $\dfrac{1}{k_S^F}$. Weil die Erweiterungsinvestitionen als Rendite lediglich ihre Kapitalkosten erwirtschaften und damit wertneutral sind, hat die Wachstumsrate keinen Einfluss auf das KGV und den Wert des Unternehmens.

- Für $r_{EK,S}<k_S^F$ sind die Erweiterungsinvestitionen wertvernichtend. KGV und Unternehmenswert sinken bei steigender Wachstumsrate g_{EK}.

- $r_{EK,S}>k_S^F$ bedeutet werterhöhende Erweiterungsinvestitionen; steigende Wachstumsraten führen zu höheren KGVs und Unternehmenswerten.

Die folgende Grafik verdeutlicht noch einmal den Einfluss der Überrendite $r_{EK,S} - k_S^F$ auf das KGV; es zeigt die Abhängigkeit des KGVs vom „spread" ausgehend von Eigenkapitalkosten in Höhe von 10 % für gegebene Wachstumsraten g_{EK} von 3 % bzw. 5 %:

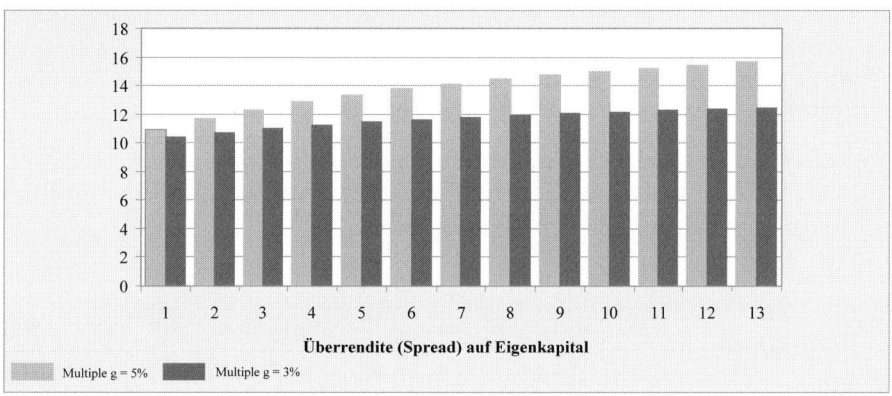

Abbildung VII.12: Überrendite und KGV

3.3.4. „Price/Earnings to Growth" (PEG) als Bewertungsmaßstab für Wachstumsunternehmen?

Von Praktikern wird zur Bewertung von Wachstumsunternehmen anstelle des bzw. ergänzend zum KGV die Anwendung des „Price Earnings to Growth Ratio" (PEG) empfohlen (Wullenkord, 2000, S. 535). PEG setzt das KGV des Unternehmens zur aktuellen oder prognostizierten Ergebniswachstumsrate in Beziehung. Als „benchmark" wird häufig der Wert 1 angenommen. Unternehmen mit einem PEG kleiner als Eins werden als „günstig", Unternehmen mit einem PEG-Wert größer als Eins als „teuer" eingestuft. Die folgende Abbildung verdeutlicht die Bewertungsidee anhand einiger Unternehmen des Neuen Marktes (NM):

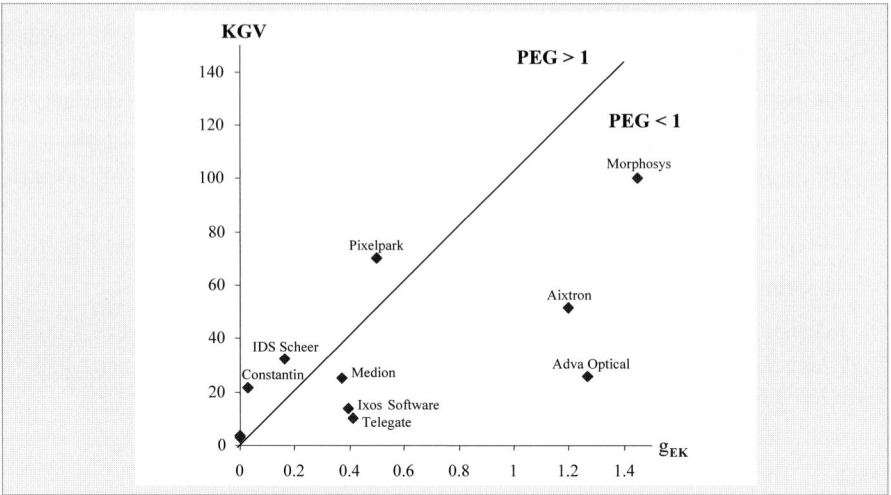

Abbildung VII.13: KGV und Wachstumsraten ausgewählter NM-Unternehmen

Verwendet man als Maßstab für die Beurteilung des PEG-Modells das oben skizzierte „Value-driver"-Modell, dann lässt sich die Bedingung für die „Trennlinie" zwischen billigen und teuren Wachstumsaktien PEG = 1 formulieren als

$$PEG = \frac{KGV}{g_{EK} \cdot 100} = 1 \Leftrightarrow KGV = g_{EK} \cdot 100 \Leftrightarrow \frac{1 - \frac{g_{EK}}{r_{EK,S}}}{k_S^F - g_{EK}} = g_{EK} \cdot 100 \tag{5}$$

Betrachtet man zunächst wertneutrales Wachstum mit $k^F_S = r_{EK,S}$, gilt

$$\frac{1}{k_S^F} = g_{EK} \cdot 100$$

Dieser Vergleich ist unter den hier geltenden Bedingungen offensichtlich wenig sinnvoll: Wenn der Unternehmenswert vom Wachstum der Überschüsse wegen der Wertneutralität des Wachstums unabhängig ist, lässt der Vergleich zwischen Kapitalkosten und Wachstumsrate keine Rückschlüsse auf den Unternehmenswert zu. Das KGV als Kehrwert der Eigenkapitalkosten ist unabhängig von g_{EK}. Weist das zu betrachtende Unternehmen dagegen wertsteigerndes Wachstum auf mit $r_{EK,S} > k_S^F$, dann steigt das KGV bei steigender Wachstumsrate; umgekehrt führt bei wertvernichtendem Wachstum eine steigende Wachstumsrate g_{EK} zu einem sinkenden KGV.

Das PEG als Bewertungsmaßstab blendet deshalb mit der Profitabilität des künftigen Wachstum einen entscheidenden Werttreiber aus. Der Vergleich zwischen Kapitalkosten und Rendite auf die Erweiterungsinvestitionen entscheidet darüber, ob das KGV bei steigender Wachstumsrate zunimmt, abnimmt oder unverändert bleibt.

Die folgende Grafik verdeutlicht den Einfluss des „spread" auf die Erweiterungsinvestitionen auf den Zusammenhang zwischen Wachstum und KGV einmal für den Fall positiver, einmal für den Fall negativer Überrenditen und einmal für den Fall wertneutralen Wachstums; man erkennt deutlich, dass im Fall des wertneutralen Wachstums KGV und Wachstum voneinander unabhängig sind. Für einen negativen „spread" ist der Zusammenhang zwischen Wachstum und KGV genau umgekehrt als von der PEG-Methode unterstellt.

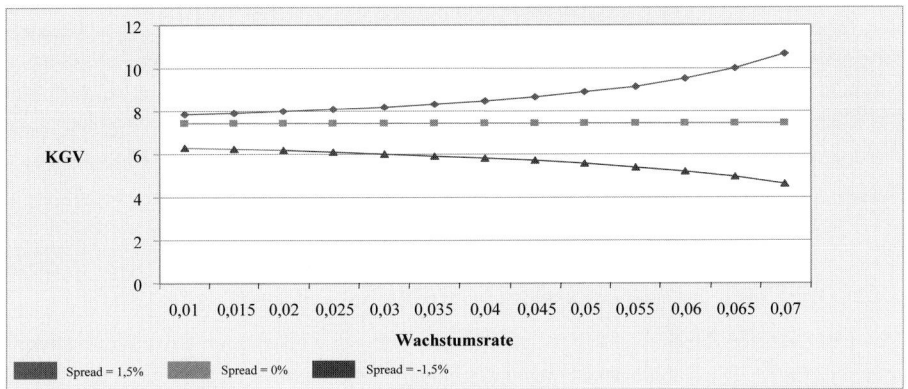

Abbildung VII.14: Der Einfluss der Profitabilität der Erweiterungsinvestitionen auf PEG

Die Anwendung des PEG als Vergleichsmaßstab bevorzugt zudem systematisch Unternehmen, die wegen ihres hohen Risikos hohe Eigenkapitalkosten aufweisen (Damodaran, 1996, S. 298): Je höher die Kapitalkosten sind, desto niedriger liegt das Multiple, das von einer gegebenen Wachstumsrate g_{EK} zu „überspringen" ist. Aktien mit hohen KGVs erscheinen deshalb zu Unrecht billiger als Aktien mit niedrigerem KGV, aber niedrigerem Risiko. Bei Anwendung der „Value-driver"-Formulierung sind zudem bereits alle relevanten Werttreiber im KGV berücksichtigt; die nochmalige Berücksichtigung von Wachstum über das PEG ist deshalb überflüssig.[49]

3.4 Enterprise Value – EBIT Multiple

3.4.1 Grundsätzliches

Die Grundidee des Enterprise-Value-Multiples folgt den entsprechenden „Entity"-Bewertungsmodellen im Discounted-Cash-Flow-Verfahren: In einem ersten Bewertungsschritt wird der Unternehmensgesamtwert („enterprise value") berechnet. Anschließend werden die Schulden des Unternehmens mit den Cash- und Wertpapierbeständen saldiert und vom Unternehmensgesamtwert abgezogen (Eidel, 2000, S. 98–99; Seppelfricke, 1999, S. 303–306).

In der Praxis findet häufig ein Multiple auf der Basis des EBIT „(Earnings before Interest and Taxes") Anwendung. Der Unternehmensgesamtwert wird hier über die Gleichung

$EV_0 = EBIT \cdot M_{EV}^{EBIT}$

---

[49] Auch empirisch schneiden PEG-Modelle meist schlechter ab als KGV-Modelle (z. B. Liu/Nissim/Thomas, 2001, S. 18–19).

Dabei bezeichnet M_{EV}^{EBIT} das entsprechende Multiple. Für die Gewinnung des Multiples aus einer „peer group" von Vergleichsunternehmen gelten die gleichen Aussagen wie für die oben diskutierte KGV-Ermittlung. Auch hier besteht die Möglichkeit, auf EBIT-Größen aus der Vergangenheit oder auf Schätzungen von Analysten für künftige EBITs zurückzugreifen. Weil das EBIT den erwirtschafteten Nettowertzuwachs des gesamten eingesetzten Kapitals darstellt, der auf die Eigentümer und Gläubiger verteilt werden kann, ist auch hier die Bedingung der Linearität von Bezugsgröße zu Unternehmensgesamtwert gegeben: eine Verdopplung des erzielbaren Vermögenszuwachses hat bei unverändertem Multiple einen doppelt so hohen Unternehmensgesamtwert zur Folge.

3.4.2 Die Überschussgröße: Earnings before Interest and Taxes

Das EBIT ist vor Zinsaufwendungen für Kredite und vor Zinserträgen bzw. Wertpapiererträgen definiert. Die Zahlungswirkungen der beiden Positionen lassen sich durch die Saldierung von Wertpapierbeständen und zinstragenden Schulden zum „net debt" und dessen Abzug vom Enterprise Value berücksichtigen. Dabei ist durchaus ein „negatives" „net debt" möglich, wenn der Wertpapierbestand den Bestand an zinstragendem Fremdkapital übersteigt.[50] Für einige Unternehmen der „peer group" kann dann der (in der Praxis kontrovers diskutierte) Fall eintreten, dass der so definierte „enterprise value" niedriger ist als der Wert des Eigenkapitals. Das ist nichts ungewöhnliches, wenn man sich den Zusammenhang zwischen EBIT und dem „enterprise value" noch einmal verdeutlicht: „Enterprise value" ist der Wert, der auf der Basis der operativen Überschüsse abgeleitet wird; Wertpapierbestände und daraus erzielte Erträge werden nicht einbezogen.

Auch hier findet die Bewertung des Unternehmens auf der Basis einer einzigen Ausprägung der Referenzgröße statt; die Ausführungen zur Bereinigung der Ergebnisgröße (Abschreibungen, SOP etc.) gelten hier analog.

Zur Analyse des Multiples kann man auch hier die Beziehungen zwischen EBIT und dem Free Cash Flow im „DCF-Entity"-Modell heranziehen:

	Free Cash Flow-Ermittlung
	EBIT
-	adjusted taxes
=	NOPLAT
+	Abschreibungen
-	Investitionen in das Anlagevermögen
-	Investitionen in das Umlaufvermögen
+/-	Veränderung kurzfristiger Verbindlichkeiten
+/-	Veränderung Pensionsrückstellungen
=	Free Cash Flow

Abbildung VII.15: Retrograde Ermittlung des Freien Cash Flow (Free Cash Flow)

---

[50] Dies ist insbesondere für Unternehmen am Neuen Markt häufiger der Fall, weil diese hohe Wertpapierbestände, finanziert aus dem Mittelzufluss des Börsenganges, aufweisen.

EBIT ist vor Steuern definiert; Investoren sind jedoch ausschließlich an Nach-Steuer-Größen interessiert. Auf den ersten Blick erscheint die Nichtberücksichtigung von Steuern keinen Einfluss auf das Bewertungsmodell zu haben: Die „adjusted taxes" werden auf der Basis der (fiktiven) Steuerbemessungsgrundlage des EBIT ermittelt, so dass wegen

NOPLAT = EBIT·(1–s)

bei identischen Steuersätzen s für die Unternehmen der „peer group" und für das zu bewertende Unternehmen mit und ohne Einbeziehung von Steuern gleiche Unternehmenswerte resultieren. Mit anderen Worten wird der Effekt der Vernachlässigung der Steuer und der „zu hohen" Brutto-Ergebnisgröße durch entsprechend niedrigere Multiples M_{EV}^{NOPLAT} wieder ausgeglichen. Bei genauerer Betrachtung des Multiples im folgenden Abschnitt wird jedoch deutlich werden, dass bei (korrekter) Berücksichtigung von Steuern die Unabhängigkeit des Multiple von der Kapitalstruktur verloren geht.

Für die Differenz zwischen NOPLAT und Free Cash Flow gilt das gleiche wie für das Equity-Multiple KGV: führen positive Nettoinvestitionen dazu, dass der Free Cash Flow deutlich niedriger ist als NOPLAT, findet wiederum ein „Tausch" von aktuellen Entnahmen zugunsten zukünftig möglicher Entnahmen für die Kapitalgeber des Unternehmens statt. Die entsprechenden Wachstumseffekte beeinflussen das anzuwendende Multiple.

3.4.3 Das EBIT-Multiple M_{EV}^{EBIT}

3.4.3.1 Der Ausgangspunkt: das Rentenmodell

Als Ausgangspunkt wird wiederum ein Unternehmen mit dauerhaft konstantem Bestand an Anlage- und Umlaufvermögen (also mit Nettoinvestitionen von Null), unveränderten kurzfristigen Verbindlichkeiten und Pensionsrückstellungen und einem gleichbleibenden Free Cash Flow betrachtet; hier gilt die Identität von EBIT und dem Free Cash Flow vor Zins, Tilgung und Steuern.[51] Im analogen Vor-Steuer-Bewertungsmodell der DCF-Methode lautet die Bewertungsgleichung für den Unternehmensgesamtwert V_0

$$V_0 = \frac{EBIT}{k^\varnothing}$$

$k^\varnothing$ bezeichnet den durchschnittlichen Kapitalkostensatz vor Steuern als den gewichteten Durchschnitt aus Eigenkapitalkosten k^F und Fremdkapitalkosten i:

---

[51] Die Cash-flow-Definition in Abbildung VII.15 folgt für die Einbeziehung von unverzinslichen Verbindlichkeiten und Pensionsrückstellungen dem Netto-Ansatz. Weil die Zahlungswirkungen dieser beiden Fremdkapitalquellen bereits in der Cash-flow-Größe berücksichtigt werden, ist der so ermittelte Unternehmensgesamtwert die Summe aus dem Wert des Eigenkapitals und des verzinslichen Fremdkapitals. Zur Berücksichtigung von „unverzinslichem" Fremdkapital bei der EV-Ermittlung vgl. den folgenden Abschnitt 3.4.4.

$$k^\varnothing = k^F \frac{E_0}{V_0} + i \frac{F_0}{V_0}$$

Die Gewichte für die Durchschnittsbildung entsprechen den anteiligen Marktwerten des Eigen- und des Fremdkapitals.

Für das EBIT-Multiple-Modell gilt folgende Bewertungsgleichung

$EV_0 = EBIT \cdot M_{EV}^{EBIT}$

M_{EV}^{EBIT} ist dabei der EBIT-Multiplikator. Definiert den Free Cash Flow vor ggf. auftretenden Erträgen aus Wertpapieren (und bewertet damit nur das operative Geschäft des betrachteten Unternehmens), erhält man im Rentenmodell folgende Beziehung zwischen den beiden Bewertungsmodellen:

$$M_{EV}^{EBIT} = \frac{1}{k^\varnothing} \qquad (5)$$

Das EBIT-Multiple entspricht dem Kehrwert der durchschnittlichen Kapitalkosten vor Steuern (z. B. Eidel, 2000, S. 98–99); die Einflussfaktoren auf das Multiple M_{EV}^{EBIT} sind deshalb mit denen auf $k^\varnothing$ identisch:

- Der durchschnittliche Kapitalkostensatz wird entscheidend vom Risiko des gesamten Zahlungsstroms des Unternehmens vor Zinsen, Tilgung und Kreditaufnahme beeinflusst. Ist der entsprechende Zahlungsstrom in Analogie zum EBIT auch vor entsprechenden Zinserträgen definiert, ist ausschließlich das operative Risiko des Unternehmens relevant. Das ist ein erheblicher Vorteil gegenüber dem KGV-Multiple: Wählt man die „peer group" anhand der Branchenzugehörigkeit des Unternehmens aus, wird das Risiko der Referenzgröße nur durch die operative Tätigkeit bestimmt und nicht durch zusätzlich auftretende Wertpapiererträge verfälscht.
- In einer Welt ohne Steuern ist der durchschnittliche Kapitalkostensatz von der Kapitalstruktur unabhängig.[52] Die Unabhängigkeit des Multiple von der Finanzierung des Unternehmens wird bisweilen als Vorzug des EBIT-Multiples gegenüber dem KGV formuliert (Benninga/Sarig, 1997, S. 321; Küting/Eidel, 1999, S. 230). Mit der entsprechenden Vor-Steuer-Rechnung ist allerdings ein Problem verbunden: Der durchschnittliche Kapitalkostensatz nach Steuern WACC$_S$ als Kehrwert des NOPLAT ist wegen des Steuervorteils aus der anteiligen Fremdfinanzierung von der Kapitalstruktur abhängig (Drukarczyk, 2001, S. 189–199). Allerdings kann man argumentieren, dass der Einfluss der Kapitalstruktur nicht allzu groß ist: Der wichtigste Einflussfaktor auf WACC$_S$ nach wie vor das operative Risiko der Überschüsse (z. B. Richter/Simon-Keuenhof, 1996, S. 700–701). Der Einfluss der Kapitalstruktur auf den „enterprise value" und damit auch den

---

[52] Dies ist eine der wichtigsten Implikationen der Kapitalstrukturirrelevanz im Modell von MODIGLIANI/MILLER (z. B. Drukarczyk, 2001, S. 182–183).

WACC$_S$ im Steuermodell ist zudem auch noch von der unterstellten Form der Fremdkapitalsteuerung durch das Unternehmen abhängig.[53]

3.4.3.2 Die Einbeziehung von Wachstum

Der Einfluss von Wachstum auf das EBIT-Multiple wird analog zum KGV über die entsprechenden Wachstumsformeln des DCF-Modells abgebildet. Die entsprechende Wachstumsformel lautet

$$EV_0 = \frac{EBIT_1}{k^\varnothing - g_{EBIT}}$$

und führt zu

$$M_{EV}^{EBIT} = \frac{1}{k^\varnothing - g_{EBIT}}. \qquad (6)$$

Dabei bezeichnet g_{EBIT} die „dauerhafte Wachstumsrate des Unternehmens-EBITs. Auch hier ist bei der Analyse zu berücksichtigen, dass g_{EBIT} annahmegemäß bis t_∞ gilt.

Unterstellt man realistischerweise, dass dauerhaft reales Wachstum nur bei positiven Netto-Investitionen in Anlage- und Umlaufvermögen möglich ist, gelangt man über die erforderliche Re-Investitionsquote und die Berücksichtigung der (Brutto-)Rendite der Erweiterungsinvestitionen r_{GK} zur „Value-driver"-Variante auf Gesamtkapitalbasis:

$$EV_0 = \frac{EBIT_1 \left[1 - \frac{g_{EBIT}}{r_{GK}} \right]}{k^\varnothing - g_{EBIT}}$$

Das EBIT-Multiple hat dann folgendes Aussehen

$$M_{EV}^{EBIT} = \frac{\left[1 - \frac{g_{EBIT}}{r_{GK}} \right]}{k^\varnothing - g_{EBIT}} \qquad (7)$$

$\frac{g_{EBIT}}{r_{GK}}$ stellt wiederum die zur Erreichung der Wachstumsrate g_{EBIT} erforderliche Re-Investitionsquote dar. Je höher die Gesamtkapitalrendite der Erweiterungsinvestitionen r_{GK} ist, desto weniger muss das Unternehmen einbehalten und investieren, um die Wachstumsrate g_{EBIT} zu erzeugen. Auch hier entscheidet die Vorteilhaftigkeit der Netto-Investitionen über die Relation $r_{GK} \gtrless k^\varnothing$ über den Effekt der Wachstumsrate g_{EBIT} auf das Multiple EV: Ist das Wachstum werterhöhend ($r_{GK} > k^\varnothing$), steigt M_{EV}^{EBIT} bei steigendem Wachstum, werden

---

[53] Zur Differenzierung zwischen der autonomen und der wertorientierten Finanzierungspolitik vgl. INSELBAG/KAUFOLD (z. B. Inselbag/Kaufold, 1997, S. 114–122). Zu den daraus erwachsenden Problemen SCHWETZLER (Schwetzler, 2000, S. 8–14).

dagegen wertvernichtende Erweiterungsinvestitionen getätigt, sinkt das EBIT-Multiple bei zunehmender Wachstumsrate. Für wertneutrales Wachstum ($r_{GK}=k^{\varnothing}$) ist M_{EV}^{EBIT} von g_{EBIT} unabhängig.

Im Ergebnis wird das EBIT-Multiple von den folgenden Faktoren beeinflusst:

- dem (Investitions-)Risiko des operativen Geschäftes
- dem Wachstum der künftigen operativen Überschüsse (EBITs)
- der Profitabilität des Wachstums.

Zu diskutieren ist hingegen, ob die Kapitalstruktur als Einflussfaktor auf das Multiple bei der Zusammenstellung der „peer group" zu berücksichtigen ist. Theoretisch wäre der Einfluss des Steuervorteils aus der anteiligen Fremdfinanzierung auf den durchschnittlichen Kapitalkostensatz zu berücksichtigen. Weil die Höhe dieses Vorteils von weitergehenden Modellannahmen abhängig ist und empirisch bereits der (theoretisch deutlich größere) Einfluss des Verschuldungsgrades auf das KGV umstritten ist, ließe sich die Vernachlässigung der Kapitalstruktur durchaus rechtfertigen.

3.4.4 Die Abzugsposten vom Enterprise Value

Nach der Ermittlung des „enterprise value" durch die Anwendung des abgeleiteten Multiples auf das (bereinigte) EBIT des zu bewertenden Unternehmens sind dessen Netto-Schulden als Saldo der Brutto-Schulden F_0 und des Wertpapierbestandes WP_0 abzuziehen, um den Unternehmenswert zu berechnen:

$E_0 = EV_0 - (F_0 - WP_0) = EV_0 - F_0 + WP_0$.

Der „Abzug" der Netto-Schulden folgt der Idee der gesonderten Bewertung der Wertpapierbestände: der Marktwert der Wertpapiere wird auf den Wert der operativen Überschüsse geschlagen. Bezüglich der Ermittlung des (Brutto-)Fremdkapitals ist noch die Frage nach der Behandlung des „zinslosen" Fremdkapitals (erhaltene Anzahlungen, Verbindlichkeiten aus Lieferung und Leistung, Pensionsrückstellungen und sonstige Rückstellungen) zu beantworten; diese Frage ist dann besonders offenkundig, wenn der Abzug des Nominalwertes vom ermittelten „enterprise value" zu negativen Unternehmenswerten führt. Beispiel: Ein Unternehmen ist (nominal) mit € 200 Mio. Eigenkapital und € 400 Mio. Anzahlungen finanziert; das EBIT des nächsten Jahres wird auf € 30 Mio. geschätzt; es liegen weder Wertpapiere noch verzinsliches Fremdkapital vor. Aus der „peer group" wurde ein „Enterprise value" –Multiple M_{EV}^{EBIT} von 10 abgeleitet. Zieht man vom so ermittelten „enterprise value" in Höhe von 30·10 = € 300 Mio. die Anzahlungen ab, erhält man einen negativen Unternehmenswert in Höhe von € 300 Mio. − € 400 Mio. = € −100 Mio. Hier ist der Abzug ganz offensichtlich unsinnig. Man kann die Frage nach dem Abzug dieser Verbindlichkeiten durch die Verbindung mit der verwendeten Überschuss-Definition beantworten: sind Kapitalkosten der entsprechenden Kapitalquelle bereits von der Überschussgröße abgezogen worden, haben die entsprechenden Finanzier ihr Entgelt bzw. ihre Kapitalkosten bereits erhalten. Dann ist der entsprechende Fremdkapitalposten nicht mehr vom „enterprise value" abzuziehen.[54] Für „unverzinsliche" Verbindlichkeiten sind die impliziten Kapitalkosten in Form von entgangenen Umsatzerlösen (für erhaltene Anzahlungen) oder höheren Materialaufwendungen (für Verbindlichkeiten aus Lieferung und Leistung) bereits vom EBIT abgesetzt, so dass ein Abzug der entsprechenden Fremdkapitalbestände vom errechneten „enterprise value" nicht mehr erforderlich ist.

3.5 Multiples für Wachstumsunternehmen

Speziell bei Wachstumsunternehmen treten bei der Anwendung von auf Ertragsgrößen (Jahresüberschuss, EBIT) bezogene Multiples Schwierigkeiten wegen negativer Referenzgrößen auf. Die Bewertungspraxis versucht diese Probleme auf zwei Wegen zu lösen:

- Man weicht auf „financial" Multiples aus, die keine negativen Wert annehmen können (z. B. Umsatz, Eigenkapital).
- Man verwendet zusätzlich „non-financial" Multiples.

3.5.1 Spezielle Financial Multiples für Wachstumsunternehmen

3.5.1.1 Umsatzmultiple

In der Bewertungspraxis wird recht häufig das Umsatzmultiple, bezogen auf den Unternehmensgesamtwert („enterprise value"/"sales") oder den Unternehmenswert („price"/"sales") verwendet (Benninga/Sarig, 1997, S. 326–334; Wullenkord, 2000, S. 525–526).[55] Umsätze können keine negativen Werte annehmen.

Die Bewertungsgleichung lautet in diesem Fall für das „Enterprise-value"-Modell

$$EV_0 = U \, M_{EV}^U \quad \Leftrightarrow \quad M_{EV}^U = \frac{EV}{U}$$

Dabei bezeichnet U den (ggf. bereinigten) nachhaltigen künftigen Umsatz des zu bewertenden Unternehmens und M_{EV}^U das entsprechende Multiple. Die Herstellung zur Bewertungsgleichung des EV-EBIT-Multiples macht die Beziehung zwischen den beiden Multiplikatoren deutlich:

$$EV_0 = EBIT \, M_{EV}^{EBIT} \quad \Leftrightarrow \quad M_{EV}^U = M_{EV}^{EBIT} \frac{EBIT}{U}$$

Man erhält also das Umsatzmultiple durch Multiplikation des EBIT-Multiples mit der Umsatzmarge. So können durch den Vergleich der beiden Multiples Aussagen über die Marge des zu bewertenden Unternehmens im Vergleich zu derjenigen der Peer-Group gewonnen

---

[54] Im Rentenmodell ist der Bestand an zinslosem Fremdkapital dauerhaft konstant, so dass Fremdkapitalaufnahmen oder -rückzahlungen nicht berücksichtigt werden müssen.

[55] Im Folgenden werden einige Vorzüge des „Enterprise-value"-Modells gegenüber dem „Price/Sales-Ratio" deutlich gemacht.

werden. Die Darstellung macht ebenfalls deutlich, dass beim Übergang vom EBIT- auf Umsatz-Multiples mit der Umsatzmarge ein wichtiger Werttreiber mit Einfluss auf den „enterprise value" verloren geht.[56] Hier wird besonders deutlich, dass die geforderte lineare Beziehung zwischen Referenzgröße und „enterprise value" nicht mehr vorliegt: eine Verdoppelung des Umsatzes führt in der Regel nicht zu einer Verdoppelung des Unternehmensgesamtwertes. Dazu wäre erforderlich, dass trotz steigender Umsatzzahlen die EBIT-Marge konstant bleibt.

Als Vorzug des Umsatz-Multiples wird seine Unabhängigkeit von bilanziellen Wahlrechten und die fehlende Bedeutung von zu bereinigenden a. o. Komponenten genannt. Die Diskussion um das „Revenue"-Management" amerikanischer Internet Unternehmen zeigt jedoch, dass auch hier eine kritische Überprüfung der ausgewiesenen Umsatzerlöse sinnvoll ist (Fortune 2000, S. 90–96; Wall Street Journal 2000).[57] In bestimmten Branchen wird anstelle des Umsatzes die Gesamtleistung als Referenzgröße empfohlen, um ggf. vorhandene Anlagen im Bau korrekt zu erfassen. Auch die Tatsache, dass die absolute Höhe des Multiples geringer ist als bei den Ertragsgrößen wird als Vorzug angeführt: dadurch fällt die Streuung der Multiplikatoren in der „peer group" und die damit verbundene Bewertungsunsicherheit geringer aus. Allerdings ist das nur ein scheinbarer Vorteil: weil mit dem Umsatz die Referenzgröße erheblich größer ist als bei den Ertrags-Multiples schlagen auch geringe Variationen des Multiples erheblich auf die errechneten „enterprise values" durch.

Nach der Ermittlung des „enterprise value" folgt das allgemeine weitere Vorgehen mit dem Abzug der Nettoschulden und der Ermittlung des Unternehmenswertes. Auch hier ist das „Enterprise-value"-Modell dem alternativen „Equity"-Ansatz der Verwendung von „Price/Sales"-Multiples vorzuziehen: Unterschiedliche Verschuldungsgrade und Wertpapierbestände haben keinen verzerrenden Einfluss auf die Höhe des „EV"-Multiples.

Empirische Erhebungen weisen darauf hin, dass die Erklärungskraft von Umsatz-Multiples geringer ist als diejenige von Ertrags-Multiples (Kim/Ritter, 1999, S. 422; Liu/Nissim/Thomas, 2001, S. 18–19). Das ist vor dem Hintergrund des hier nicht erfassten Werttreibers „Umsatz-Marge" nicht überraschend.

3.5.1.2 Kurs-Buchwert–Verhältnis

Ein weiteres Multiple, das keine negativen Werte annehmen kann und sich deshalb größerer Beliebtheit bei Wachstumsunternehmen erfreut, ist das Kurs-/Buchwertverhältnis. Es setzt den Buchwert des Eigenkapitals zum Marktwert in Beziehung und drückt damit aus, welcher Marktpreis für eine Einheit des bilanziellen Eigenkapitals bezahlt wird.

---

[56] Empirische Untersuchungen zeigen, dass die Höhe des Umsatz-Multiples von der Profitabilität signifikant beeinflusst wird (z. B. Kim/Ritter, 1999, S. 434).

[57] Ein Beispiel für „Revenue"-Management sind sog. „Banner-for-equity"–Vereinbarungen: Dort bezahlen die Werbeagenturen die Gebühren für die Werbebanner auf der Internet-Seite des Unternehmens mit (wenig werthaltigen) Anteilen an ihrem Eigenkapital. Der dadurch erzielte Umsatz wird in voller Höhe ausgewiesen.

Die Einflussgrößen auf das entsprechende Multiple werden deutlich, wenn man den Multiplikator über die "Value-driver"-Variante des KGV herleitet:

$$E_0 = \frac{J\ddot{U}_{1,S}\left[1-\dfrac{g_{EK}}{\bar{r}_{EK,S}}\right]}{k_S^F - g_{EK}}$$

Setzt man nun für den nachhaltigen Gewinn $J\ddot{U}_{1,S}$ die Verzinsung des eingesetzten Eigenkapitals zum Buchwert B_0 mit der nachhaltigen Eigenkapitalrendite ein

$$B_0\,\bar{r}_{EK,S} = J\ddot{U}_{1,S}$$

erhält man einigem Umformen folgende Beziehung für die Kurs-Buchwert-Relation:

$$E_0 = B_0\,\frac{\bar{r}_{EK}\left[1-\dfrac{g_{EK}}{\bar{r}_{EK,S}}\right]}{k_S^F - g_{EK}} \quad\Leftrightarrow\quad \frac{E_0}{B_0} = \frac{\bar{r}_{EK,S} - g_{EK}}{k_S^F - g_{EK}} \tag{8}$$

Die Darstellung zeigt zum einen den Einfluss der Vorteilhaftigkeit der Investitionen: die Relation der Eigenkapitalkosten k_S^F zu der nachhaltigen erwarteten Eigenkapitalrendite $r_{EK,S}$ entscheidet darüber, ob die Kurs-Buchwert-Relation größer oder kleiner als Eins ist. Für vorteilhafte Investitionen ($r_{EK,S} > k_S^F$) liegt der Marktwert über dem Buchwert, für unvorteilhafte Investitionen ($r_{EK,S} < k_S^F$) darunter. Durch eine positive Wachstumsrate $g_{EK} > 0$ wird die Wirkung des (positiven oder negativen) „spread" verstärkt: Im Fall ohne Wachstum führt z. B. die Relation von $r_{EK,S} = 12\,\%$ und $k_S^F = 10\,\%$ zu einem Kurs-Buchwert-Verhältnis von $0{,}12/0{,}10 = 1{,}2$. Bei einem dauerhaften Wachstum von 4 % p. a. erhöht sich die Relation auf $(0{,}12-0{,}04)/(0{,}10-0{,}04) = 1{,}33$. Im Ergebnis erhält man die gleichen Einflussfaktoren wie auf das KGV im „Value-driver"-Ansatz: Die positive oder negative Überrendite bestimmt über den Effekt des Wachstums auf den Multiplikator.

Im Gegensatz zum Umsatzmultiplikator treten hier wiederum Probleme durch unterschiedliche Rechnungslegungsvorschriften und die Ausnutzung bilanzieller Wahlrechte auf: Unterschiedliche Vorgehensweisen z. B. bei der Aktivierung von F&E-Aufwendungen oder Marketingaufwendungen führen zu unterschiedlichen Buchwerten des Eigenkapitals. Allerdings ist der Effekt von „earnings management" wegen der größeren Bezugsgröße deutlich niedriger als bei Ertrags-Multiples. Ein weiterer Vorteil wird häufig in der einfachen Berechnung sowie des im Zeitablauf relativ stabilen Wertes gesehen. Das bilanzielle Eigenkapital eines Unternehmens unterliegt erheblich geringeren Schwankungen als z. B. ertragsbezogene Referenzgrößen. Besonders offensichtlich wird dieser Vorteil bei Unternehmen mit Verlustphasen, in denen ertragsorientierte Kennzahlen wie das KGV oder EV/EBITDA–Kennzahlen keine Aussagekraft haben.

In der empirisch verbreiteten Fassung ist die Markt-/Buchwert-Relation als „market to book-ratio" ein „Equity"-Modell. Das bedeutet, dass es mit den gleichen Problemen und Fehlerquellen behaftet ist wie das KGV-Modell: Risikolose Wertpapiererträge und unterschiedliche Verschuldungsgrade verzerren den Unternehmensvergleich.

Zur Vermeidung von Verzerrungen und Fehlsignalen des „Equity"-Ansatzes empfiehlt sich die Verwendung des entsprechenden „Entity"-Modells. Das entsprechende Multiple wäre dann als „enterprise value" zu Gesamtkapital („capital invested") zu definieren.[58]

Ein (eher theoriegetriebenes) Problem ist die Tatsache, dass in einigen Modellen zur Bestimmung von Kapitalkosten das Kurs-/Buchwert-Verhältnis selbst als eigenständiger Einflussfaktor auf die Renditeforderung angesehen wird. Im 3-Faktor Modell von FAMA/FRENCH ist die geforderte Rendite auf das Eigenkapital auch von der „book-to-market ratio" der Unternehmen abhängig (Fama/French, 1992, S. 427–465).[59] Eigenkapitalkosten und Kurs-/Buchwert-Verhältnis wären dann interdependent.

3.5.2 Non-financial Multiples

3.5.2.1 Internet-Firmen

Bei der Bewertung von Internet-Firmen werden in der Bewertungspraxis regelmäßig zusätzlich sogenannte „non-financial" Multiples verwendet, die nicht auf der Bilanz oder GuV der Unternehmen basieren. Im Mittelpunkt stehen hier insbesondere „Web-traffic"-Daten. Diese „non-financial" Multiples erfüllen folgende Aufgaben:

- Sie reduzieren die Bewertungsunsicherheit, indem sie den Bewertern zusätzlich relevante, objektive und verifizierbare Informationen über das zu bewertende Unternehmen z. B. in Form von „User"-Zahlen, Verweildauern etc. bieten.

- Sie sollen sogenannten „Netzwerkeffekte" abbilden, die zu einer nicht-linearen Beziehung zwischen der Anzahl der Nutzer und einer bewertungsrelevanten Ertragsgröße führen (Rajgopal/Venkatachalam/Kotha, 2001, S. 13–14; Böhmer, 2001, S. 5–6). Für bestimmte Internet-Unternehmen (z. B. sogenannte „communities") wird argumentiert, dass der Nutzen der „user" nicht proportional mit der Zunahme der Nutzerzahlen steigt.

- Bei einigen Internet-Geschäftsmodellen ist die Überschreitung einer bestimmten kritischen Schwelle bei den „User"-Zahlen entscheidend. Diejenigen Unternehmen, die als erste diese Schwelle überspringen, werden den gesamten Markt unter sich aufteilen; die später eintretenden Mitbewerber haben keine Möglichkeit mehr diesen Rückstand einzuholen. Einige Autoren argumentieren, dass „User"-Zahlen und darauf basierende Multiples geeignet sind, diese „Winner-takes-it-all"-Geschäftsmodelle zu bewerten (Hand, 2000b, S. 4).

---

[58] Eine durch unterschiedlich hohe Leasingaufwendungen verursachte Verzerrung bleibt auch beim „Enterprise value/capital-invested" – Modell erhalten. Sie lässt sich beseitigen, indem die kapitalisierten künftigen Leasingraten zur Kapitaleinsatzgröße geschlagen werden.

[59] Empirische Erhebungen haben die Fähigkeit dieser Variable belegt, auf aggregiertem Niveau Marktrenditen zu erklären (Pontiff/Schall, 1998, S. 141–160).

Wegen der unterschiedlichen Geschäftsmodelle der Unternehmen in unterschiedlichen Sektoren ist grundsätzlich vor einer undifferenzierten Anwendung von „Web-traffic"-Multiples auf alle Internet-Unternehmen zu warnen.[60] Bei einem E-tail-Unternehmen wie z. B. *Amazon* wird man im Rahmen einer Kundenanalyse als Werttreiber über die Zahl der Nutzer, die Zahl der Käufer, die „churn rate", den Umsatz pro Kunden und die Umsatz-Marge auf das EBIT als bewertungsrelevante Größe stoßen. Hier werden Netzwerkeffekte eine weniger große Bedeutung aufweisen, weil der Nutzen der bisherigen Kunden durch den Eintritt eines neuen Kunden nicht sehr stark verändert wird. Für ein werbefinanziertes Community-Unternehmen wird die Verbindung zwischen der Nutzerzahl und dem EBIT mit den „page impressions" pro Nutzer, den Werbeeinnahmen pro „page impression" und den operativen Kosten von anderen Werttreibern hergestellt. Bei solchen Unternehmen sind auch Netzwerkeffekte eher vorstellbar.

Folgende Multiples werden in der Bewertungspraxis angewendet:

- Die „cap-customer ratio" setzt die Marktkapitalisierung zur aktuellen Kundenzahl in Beziehung und bildet so den „Marktwert" eines aktuellen Kunden ab.
- Die „cap-stickiness ratio" bildet das Verhältnis von Marktkapitalisierung zur Verweildauer des Nutzers ab.
- Die „cap-pageviews" ist geeignet für Unternehmen mit „werbegetriebenen" Geschäftsmodellen; sie vergleicht die Marktkapitalisierung mit der Zahl der geöffneten Seiten für alle Besucher.

Der empirische Erklärungsgehalt der genannten Multiples variiert über verschiedene Untersuchungen.[61] In jedem Fall gilt, dass die „non-financial" Multiples die „financial" Multiples nicht ersetzen, sondern nur ergänzen können; die auf Finanzdaten basierenden Multiples behalten ihren signifikanten Einfluss auch wenn „non-financial" Multiples in die Analyse einbezogen werden (Hand, 2000a, S. 19; Hand, 2000b, S. 4).[62]

Von besonderer Bedeutung ist hier noch einmal das Thema „earnings-management": Als gut belegt gilt, dass die Kapitalmärkte bei Internet-Unternehmen bestimmte Aufwendungen für Forschung und Entwicklung und Marketing als Investitionen interpretieren und bei der Bewertung auch entsprechend behandeln (Trueman/Wong/Zhang, 2000a, S. 21; Demers/Lev, 2001, S. 353). Unternehmen reagieren darauf und nutzen die sich bietenden Spielräu-

---

[60] TRUEMAN/WANG/ZHANG zeigen, dass „Traffic"-Daten für e-tailer-Unternehmen nicht jedoch für Portale und Communities als Prediktor für künftige Umsatzerlöse relevant sind (Trueman/Wong/Zhang, 2000b, S. 10; Böhmer, 2001, S. 4–5).
[61] DEMERS/LEV leiten einen signifikanten Einfluss von Reichweite (gemessen als Anteil der Homepage-Besucher an der gesamten Internet-Nutzeranzahl) und „Stickiness" ab (Demers/Lev, 2000, S. 333, S. 352). TRUEMAN/WONG/ZHANG zeigen einen signifikanten Einfluss von „Pageviews". Für „unique visitors" lässt sich kein Zusammenhang mit der Marktbewertung belegen (Trueman/Wong/Zhang, 2000a, S. 32). RAJGOPAL ET AL. zeigen die Relevanz von „Web-traffic"-Daten (Zahl der „unique visitors") als Indikator für Netzwerkeffekte (Rajgopal/Venkatachalam/Kotha, 2001, S. 24). In der Analyse von Hand findet sich hingegen nur für die Zahl der „unique visitors" auf der Webseite ein signifikanter Zusammenhang zwischen den Aktienkursen. Andere Maße für „web traffic" sind irrelevant (Hand, 2000a, S. 3).
[62] Nach entsprechender Bereinigung der F&E-Aufwendungen auch TRUEMAN/WONG/ZHANG (Trueman/Wong/Zhang, 2000a, S. 32).

me, um Aufwendungen gezielt in die entsprechende Kategorie (Marketing- oder F&E-Aufwendungen) zu verlagern und so zu einer höheren Bewertung zu gelangen.[63] Sind die „Netto-Investitionen" z. B. in Marketing größer als Null (d. h. sind die Abschreibungen auf die in den Vorjahren aktivierten Marketingkosten niedriger als der neu aktivierte Betrag[64]), dann liegt das so bereinigte Ergebnis über dem unbereinigten. Bei Anwendung des unveränderten Multiples steigt der Unternehmenswert. Der Kapitalmarkt reagiert auf das Bekanntwerden solcher Praktiken „verschnupft": sie sind nicht geeignet, das Vertrauen der Anleger in die Informationspolitik der Unternehmensleitung zu erhöhen.

3.5.2.2 Biotechnologie

Auch bei der Bewertung von Biotechnologieunternehmen findet man häufig zusätzliche „non-financial" Multiples bei der Bewertung; zentraler Grund für ihren Einsatz ist ebenfalls die Reduktion der Unsicherheit für den Bewerter.

Bei Biotechnologie-Unternehmen ist die technologische Unsicherheit besonders hoch. Die Nicht-Zulassung eines entwickelten Präparates kann zum Totalverlust des Investments führen. Deshalb werden bei diesen Unternehmen neben den Finanzdaten zusätzlich folgende Informationen für die Bewertung herangezogen, um die technologische Unsicherheit zu reduzieren:

- Über die Reputation der am Unternehmen beteiligten Personen (Manager, Mitarbeiter, Advisory Board) können Rückschlüsse auf die „Qualität" des Produktes und der Forschung gezogen werden. Dies kann z. B. durch einen „Citation-Index", der die Zahl der Zitationen in Fachzeitschriften angibt oder die Anzahl der Doktoranden und Ph.D´s unter den Mitarbeitern geschehen.[65]

- Die Anzahl der erteilten Patente des Unternehmens, deren „Qualität" und Restlebensdauer dienen als Indikatoren für die Effektivität der Forschungs- und Entwicklungsarbeit des Unternehmens.[66]

- Der Bewerter verwendet die Reputation der vom Unternehmen gewonnenen Partner als Indikator für die Qualität der Forschungsergebnisse. Gelingt es dem Biotech-Unternehmen mit einem renommierten Pharma-Unternehmen eine strategische Allianz einzu-

---

[63] Zur Praxis der Aktivierung von Software-Entwicklungskosten und F&E-Kosten durch Unternehmen am Neuen Markt vgl. z. B. KÜTING (Küting, 2000, S. 675). DEMERS/LEV zeigen, dass die Beurteilung von Marketingaufwand als Investition durch den Kapitalmarkt sich von 1999 auf 2000 verändert hatte und führen dies auf das „Verschieben" von anderen Aufwendungen (Versandkosten etc.) in den Marketingaufwand durch die Internet-Unternehmen zurück (Demers/Lev, 2001, S. 353).

[64] Natürlich wäre der Wechsel auf ein solches Verfahren nur dann akzeptabel, wenn die neue Behandlung konsistent auch auf die Aufwendungen der Vorjahre durchgeführt würde.

[65] Z. B. COOMBS/DEEDS, die allerdings keinen signifikanten Einfluss dieser Variablen auf den Marktwert solcher Unternehmen nachweisen können (Coombs/Deeds, 1997, S. 4).

[66] DENG/LEV/NARIN zeigen, dass die Qualität der Patente, gemessen über den sog. „citation impact" als der Anzahl an Referenzen in nachfolgenden Patenten, signifikanten Einfluss auf die Marktbewertung der betreffenden Unternehmen hat (Deng/Lev/Narin, 1999, S. 24–27).

gehen („prestige alliance"), dann werten dies Bewerter als Zertifizierung der Forschungsqualität.[67]

- Als produktbezogene zusätzliche Einflussfaktoren auf den Wert von Biotech-Unternehmen werden noch die Anzahl der verschiedenen Präparate und die „pipelinebalance" der Entwicklung neuer Präparate genannt. Für die Anzahl der Präparate kann ein werterhöhender Effekt durch die so erreichte bessere Diversifikation begründet werden; sie führt wegen der damit verbundenen Reduktion der Insolvenzwahrscheinlichkeit zur einer Verringerung der (für Biotech-Unternehmen vermutlich sehr hohen) indirekten Konkurskosten.[68] Die „richtige" Balance in der Forschungspipeline sollte den „Aging"-Effekt durch den Abbruch gescheiterter Projektentwicklungen berücksichtigen; eine „ausgeglichene" Forschungslinie führt zum einen zu einer gleichmäßigeren Beanspruchung und Nutzung der Forschungskapazitäten. Zum anderen werden ein ausgeglichenerer erwarteter Zahlungsstrom und ein gleichmäßigerer Fluss von bewertungsrelevanten Informationen an die Investoren als mögliche Vorteile genannt. Empirische Untersuchungen zeigen diesen Faktor als signifikant für den Wert eines Unternehmens (Arojarvi, 2001, S. 107–108).

- Schließlich gewinnt der Cash-Bestand von Biotech-Unternehmen in Verbindung mit der „Cash-burn-Rate"[69] über den „normalen" Effekt der Wertpapiere hinaus an Bedeutung für den Unternehmenswert. Ein ausreichender Cash-Bestand sichert dem Management die erforderliche Unabhängigkeit bei der Entscheidung über Folgeinvestitionen und sichert so die „exercise capacity" der damit verbundenen Realoptionen (Arojärvi, 2001, S. 70).[70]

Auch bei Biotechnologieunternehmen werden F&E-Aufwendungen vom Kapitalmarkt regelmäßig als Investitionen angesehen. Die Manager dieser Unternehmen sind ebenfalls der Versuchung ausgesetzt, vorhandene Spielräume zu nutzen und Aufwendungen gezielt als F&E-Aufwand zu deklarieren.

---

[67] Allerdings konnten COOMBS/DEEDS auch hier keinen signifikanten Einfluss der Anzahl der Pharma-Partnerschaften auf den Unternehmenswert feststellen (Coombs/Deeds, 1997, S. 8).
[68] Die indirekten Kosten der Insolvenz sind für Unternehmen mit einem hohen Anteil an immateriellen „assets" besonders hoch (z. B. Brealey/Myers, 2000, S. 520–521). Der Einfluss dieses Faktors auf den Marktwert ist signifikant (Coombs/Deeds, 1997, S. 8.)
[69] Die „Cash-burn"-Rate setzt den monatlichen Bedarf an Finanzmitteln in Beziehung zum verfügbaren Bestand an liquiden und geldnahen Vermögensbeständen und gibt so den Zeitraum an, den das Unternehmen ohne Mittelzufuhr von außen alleine weiterarbeiten kann.
[70] Für Internet-Unternehmen haben DEMERS/LEV einen negativen Zusammenhang zwischen „Cash-burn"-Rate und dem Umsatzmultiple für Unternehmen mit negativem operativem Cash Flow belegt. Als Erklärung für diesen Einfluss wird dort ebenfalls auf die „option exercise capacity" verwiesen (Demers/Lev, 2001, S. 353).

4. Discounted Cash-Flow

HOLGER WOHLENBERG

Seek simplicity – but distrust it
(Alfred North Whitehead, 1861-1947)

Discounted-Cash-Flow (DCF)-basierte Methoden gelten als „state-of-the-art" bei Bewertungsproblemen (Wullenkord, 2000, S. 522; Hayn, 2000, S. 110). Gerade bei sehr jungen Unternehmen finden sie jedoch in der Praxis nur begrenzte Anwendung. Ziel dieses Beitrages ist es, die Divergenz zwischen theoretischem Anspruch und doch nur spärlichem Praxiseinsatz zu erklären, sowie daraus Anregungen zur vermehrten Verwendung von DCF-Methoden bei Start-up-Bewertungen abzuleiten.

Dazu wird in Abschnitt 4.1 das Bewertungsproblem von Start-ups abgeleitet. Abschnitt 4.2 stellt die Grundlagen von DCF-Methoden dar. In Abschnitt 4.3 wird die Einsetzbarkeit der Methoden vor dem Hintergrund der Besonderheiten von Start-ups gewürdigt, bevor dann in Abschnitt 4 daraus Anregungen für den vermehrten Praxiseinsatz abgeleitet werden.

4.1 Das Bewertungsproblem bei Start-ups

Seine Wurzeln hatte der ökonomische Wertbegriff in der klassischen politischen Ökonomie (z. B. SMITH, RICARDO). Hier bestimmte sich der Wert eines Gutes nach der in der Ware enthaltenen Arbeitsleistung bzw. der Produktionskosten. Der Wert war somit eine eher objektive Größe, man sprach auch vom natürlichen Preis. In der Neoklassik wurde dieser Wertbegriff dann abgelöst von einer subjektiven Wertlehre (z. B. WALRAS). Demnach bestimmt sich der Wert nach dem durch das Gut für den Bewerter gestifteten Nutzen. Preise bilden sich dann am Markt als Tauschverhältnisse heraus. Diese neoklassische Denkweise findet sich im heute vorherrschenden Gebrauch des Wertbegriffs wieder. So definiert der Brockhaus „Wert" als Bedeutung eines Gutes für die Bedürfnisbefriedigung. Auch Unternehmen bzw. Unternehmensanteile sind Güter in diesem Sinne und haben einen Wert.

Aber gibt es überhaupt einen eindeutigen Unternehmenswert? Je nach Bewertungszweck und bewertender Person werden sich unterschiedliche Antworten und Werte herausbilden. Auf Basis der Denkrichtungen der Ökonomie haben sich im Laufe der Zeit unterschiedliche Werttheorien entwickelt, die diese Gegebenheit mehr oder weniger gut reflektieren und daraus Schlüsse für Bewertungsverfahren ziehen:

- **Objektive Bewertung:** In der objektiven Werttheorie ist der Wert eine Eigenschaft des Unternehmens (Peemöller 2001, S. 4). Es herrscht die Annahme vor, dass es für das Unternehmen *einen* Marktpreis gibt, der von jedem realisiert werden kann. Dieser Marktpreis bildet sich aus dem Zusammentreffen von Angebot und Nachfrage basierend auf jeweiligen Wertvorstellungen, also „aus dem Zusammentreffen der einzelnen subjektiven Kosten- und Nutzenschätzungen auf dem Markt" (Busse von Colbe, 1957, S. 9). Die Wertermittlung ist daher ohne Bezug auf Interessengruppen rein auf die Erfolgspotenziale des Unternehmens gerichtet. Nutzt man DCF-Verfahren zur Ermittlung eines „objektiven" Wertes, so sind Zahlungsströme unter der Annahme der Vollausschüttung aus der GuV und Bilanz abzuleiten.

- **Subjektive Bewertung:** In der subjektiven Werttheorie gibt es nicht einen einzigen Wert, sondern so viele Werte wie Personen am Bewertungsanlass beteiligt sind (Jaensch, 1966, S. 10). Der Wert ist daher der Grenzpreis (Untergrenze des Verkäufers, Obergrenze des Käufers), abgeleitet aus der individuellen Nutzenfunktion des jeweiligen Entscheidungsträgers. Bei Einsatz von DCF-Verfahren zur Ermittlung des subjektiven Wertes sind die spezifischen Zahlungsreihen für den jeweiligen Käufer/Verkäufer zu ermitteln. In die Basisannahmen fließen demzufolge auch die geplante Ausschüttungspolitik, die individuelle Steuersituation, die jeweilige Risikoneigung sowie die Verzinsung von individuellen Alternativinvestitionen ein.

- **Funktionale Bewertung:** In der funktionalen Werttheorie wird der Versuch unternommen, den Gegensatz zwischen rein objektiver und rein subjektiver Bewertung durch die Einführung zweckorientierter Werte aufzulösen. Demnach entstehen je nach Funktion bzw. Zweck des Bewerters unterschiedliche Wertbegriffe und damit auch Bewertungsverfahren. Man unterscheidet hier die Kölner Funktionslehre (z. B. Küting, 1981, auch Abbildung VII.16) und die Funktionslehre des IDW (IDW, 2000).

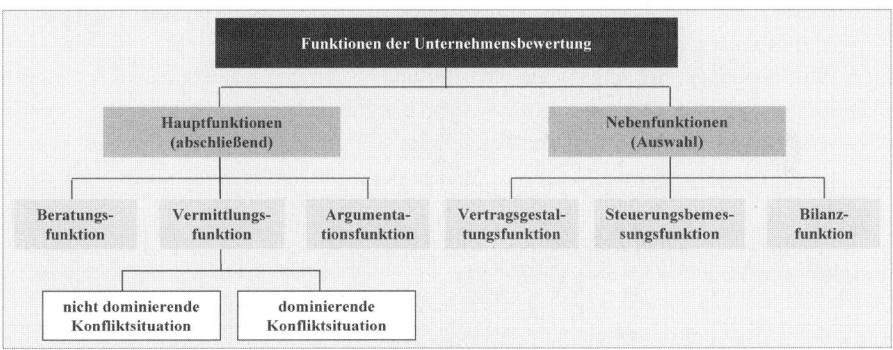

Abbildung VII.16: Funktionen der Unternehmensbewertung – Kölner Funktionslehre (Quelle: Hayn, 2000, S. 42)

In der *Beratungsfunktion* nimmt der Bewerter eine subjektive Position ein und ermittelt die jeweiligen Grenzpreise für seinen Klienten. Der sich tatsächlich herausbildende Preis ist die Resultante eines Verhandlungsprozesses. In der *Vermittlungsfunktion* hat der Bewerter die Funktion, einen Einigungspreises für zwei Parteien zu bestimmen. Hierzu ist es optimal, wenn der Bewerter die Grenzpreise beider Parteien kennt und daraus einen Schiedswert ermittelt. In der *Argumentationsfunktion* hat der Bewerter die Verhandlungsposition seiner Partei zu stärken. Das heißt, dass Verfahren so eingesetzt werden, dass sie das jeweilige Argument bzw. einen Zielwert unterstützen. In der *Gutachterfunktion* (IDW) soll der Bewerter eher einen „objektiven" Unternehmenswert ermitteln. Kritiker der Funktionalen

Bewertungslehre heben immer wieder hervor, dass viele Bewertungszwecke nicht von diesem Schema abgedeckt werden und haben daher einige Ergänzungen hinzugefügt (Peemöller, 2001, S. 17–24, auch Abbildung VII.17).

Lebensphase	Art der Regelung	Interessenlage der Gesellschafter bzw. Investoren	Entscheidungsbezug

■ Gründung
■ Börseneinführung
■ Fusion
■ Spin-off
■ Beteiligungserwerb
■ Sanierung
■ Liquidation
	■ Gesetzliche Vorschriften
	■ Aktiengesetz (AktG)
	  - Abschluss von Unternehmensverträgen
	  - Eingliederung
	■ Umwandlungsgesetz (UmwG)
	  - Verschmelzung
	  - Spaltung
	  - Vermögensübertragung
	■ Vertragliche Regelungen
	  - Ein- und Austritt von Personengesellschaften
	  - Abfindungen im Familienrecht
	■ Firmeninterne Vorschriften, etwa wertorientierte Unternehmensführung mit Performancemessung
		■ Kauf und Verkauf von Unternehmen
		■ Aufnahme und Ausscheiden eines Gesellschafters
		■ Einbringung eines Betriebes
		■ Kauf und Verkauf von Anteilen
			■ Änderung der Eigentumsverhältnisse
			■ Dominierte Anlässe: Die Parteien können ihren Willen durchsetzen
			■ Nicht dominierte Anlässe: Die Parteien müssen Konsens erzielen
			■ Entscheidungsabhängigkeit
			  - Steuerliche Vorschriften
			  - Performancemessungen

Abbildung VII.17: Merkmale der Unternehmensbewertungsanlässe (Quelle: Peemöller, 2001, S.°17)

Bezieht man diese Wertansätze nun auf Start-ups, so ist festzustellen, dass der objektive Wert nur eine untergeordnete Rolle spielen wird. Im Zusammenhang mit Start-ups entstehen nur selten Situationen, bei denen viele Anbieter und Nachfrager einen „objektiven" Marktpreis erzeugen können. Bewertungsfragen entstehen vielmehr in Situationen, wo es einen bzw. weniger Anbieter und einzelne bzw. mehrere Nachfrager gibt (z. B. Anschubfinanzierung, Gesellschafteraufnahme, Kapitalerhöhungen). In all diesen Situationen wird daher meist ein Preis ermittelt, der aus Verhandlungen hervorgeht. Für die Bewertung geht es somit meist um die Ermittlung mehrerer subjektiver Werte, die den Verhandlungsrahmen abstecken.

4.2 Grundlagen der DCF-Bewertung

Nach dem Shareholder-Value-Ansatz (Rappaport, 1986) bestimmt sich der Wert eines Unternehmens durch den Einkommensstrom, der dem Bewertenden zufließt. Entscheidend sind dafür die aus der Geschäftstätigkeit erzielten/erzielbaren Einzahlungsüberschüsse (Cash Flows), die mit Laufzeit und risikoadäquaten Alternativinvestitionen verglichen werden. Die Cash Flows fungieren demnach als Äquivalent für den Einkommensstrom an den Investor. DCF-Modelle nehmen damit immer Vollausschüttung der zugrunde liegenden Cash Flows am Ende jeden Jahres an.

4.2.1 Grundmodell

In der einfachsten Variante eines DCF-Modells wird angenommen, dass der Einkommensstrom aus Dividenden besteht, die mit konstanter Rate in die Ewigkeit wachsen. Der Wert des Eigenkapitals wäre dann:

$$EK = \frac{E(D_{t+1})}{(k_e - g_n)}$$

EK= Marktwert des Eigenkapitals
E= Erwartungswert
D= Dividende
$_{t+1}$= nächste Periode
k_e= Eigenkapitalkosten
g_n= Wachstumsrate Dividende

Diese Gleichung wird als „Gordon Growth Model" bezeichnet (Damodaran, 2001, S. 32 ff.). Ihr liegt die Annahme zugrunde, dass Unternehmen nicht dauerhaft stärker wachsen können als die Gesamtwirtschaft, weil sie sonst zu irgendeinem Zeitpunkt selbst die Gesamtwirtschaft wären.

In der Praxis stellen sich hierbei jedoch folgende Fragen: Was ist mit Unternehmen, die keine Dividende bezahlen, wohl aber Cash Flow generieren? Gibt es überhaupt noch konstante Wachstumsraten? Oder wie sind Unternehmen zu bewerten, die zeitweilig deutlich über dem Bruttosozialprodukt wachsen?

Aus diesen Fragen hat sich ein differenziertes Grundmodell herausgebildet

a) für begrenzte Lebensdauer eines Unternehmens:

$$EK = \sum_{t=1}^{N} \frac{CF_t}{(1+k_e)^t}$$

N= Lebensdauer
CF_t= Cash-Flow der Periode t
k_e= Eigenkapitalkosten

b) für unendliche Lebensdauer eines Unternehmens:

$$EK = \sum_{t=1}^{M} \frac{CF_t}{(1+k_e)^t} + \frac{TV_M}{(1+k_e)^M}$$

$$TV_M = \frac{E(CF_{M+1})}{(k_e - g_n)} \quad , wobei \quad CF_{M+1} = CF_M * (1+g_n)$$

M= Zeitraum differenzierter Planung
CF_t= Cash Flow der Periode t
k_e= Eigenkapitalkosten
TV_M= Terminal Value (Endwert) zum Zeitpunkt M
E= Erwartungswert
g_n= Wachstumsrate der CF nach Zeitpunkt M

Während bei begrenzter Lebensdauer einfach im letzten Jahr im Cash Flow ein Verkauf des Unternehmens bzw. die Einkommensflüsse aus der Liquidation abgebildet werden, kommt bei unbegrenzter Lebensdauer wieder die Gordon-Gleichung zum Einsatz. Hier ist ab dem Zeitpunkt, zu dem eine differenzierte jährliche Cash-Flow-Planung nicht mehr sinnvoll ist, lediglich eine Rentenannahme zu treffen.

Die oben beschriebenen Grundmodelle decken nur eigenkapitalfinanzierte Unternehmen ab. Nehmen Unternehmen Fremdkapital auf, ist das Grundmodell um die Folgewirkung der Fremdfinanzierung zu erweitern. Dabei handelt es sich insbesondere um Steuereffekte, veränderte Renditeforderungen der Eigenkapitalgeber sowie Gesamtkapitalkosten. Dies lässt sich sowohl in den Cash Flows als auch in den Diskontierungssätzen abbilden.

4.2.2 Inputfaktoren

Aus den Darstellungen zum Grundmodell wird deutlich, dass sich DCF-Bewertungen auf vier wesentliche „Input"-Faktoren stützen: Cash Flows, Eigenkapitalkosten, Fremdkapitalkosten sowie Kapitalstruktur.

4.2.2.1 Cash Flows

Bei DCF-Bewertungen fungieren Cash Flows als Äquivalent für die Zahlungsströme an die Stakeholder des zu bewertenden Unternehmens. Man unterscheidet hier zwischen verschiedenen Cash-flow-Konzepten, die sich vor allem in der Behandlung der Fremdkapitalgeber sowie der Steuereffekte unterscheiden.

Der *Total Cash Flow* bezeichnet den theoretischen Netto-Kapitalfluss an Eigen- und Fremdkapitalgeber aus dem operativen Geschäft unter Berücksichtigung der durch die Fremdfinanzierung entstandenen Steuervorteile (Abbildung VII.18).

Total Cash-Flow-Ermittlung	
	Gewinn vor Steuern
-	Unternehmenssteuern
=	Jahresergebnis
+	Zinsen und ähnliche Aufwendungen
+/-	Abschreibungen/Zuschreibungen
+/-	Zuführung/Auflösung Rückstellungen
-/+	Zunahme/Abnahme aktivischer Rechnungsabgrenzungsposten
+/-	Zunahme/Abnahme passivischer Rechnungsabgrenzungsposten
-/+	Zunahme/Abnahme des Bestands betriebsnotwendiger liquider Mittel
-	Investitionen in immaterielle Vermögensgegenstände
-	Investitionen in das Sachanlagevermögen
-	Investitionen in das Finanzanlagevermögen
-/+	Zunahme/Abnahme des Working Capitals
=	Total Cash-Flow

Abbildung VII.18: Total-Cash-Flow-Ermittlung

Der *Free Cash Flow* hingegen bezeichnet den theoretischen Kapitalfluss an Eigen- und Fremdkapitalgeber aus dem operativen Geschäft unter der Annahme vollkommener Eigenfinanzierung (Copeland/Keller/Murrin, 1998, S. 160–161). Das heißt Steuerersparnisse aus anteiliger Fremdfinanzierung werden nicht berücksichtigt (Abbildung VII.19).

Free Cash-Flow-Ermittlung	
	Total Cash Flow
-	Steuereffekt aus Fremdfinanzierung
=	Free Cash-Flow

Abbildung VII.19: Free-Cash-Flow-Ermittlung

In einer dritten Methode werden nur die *Nettokapitalflüsse an Eigenkapitalgeber* erfasst. Sie unterscheiden sich zu den Total Cash Flows in der Behandlung der Fremdkapitalaufnahme/-tilgung sowie der Zinszahlungen (Abbildung VII.20).

Cash-Flow an die Eigentümer	
=	Total Cash Flow
-	Zinsen und ähnliche Aufwendungen
+	Fremdkapitalaufnahmen
-	Fremdkapitaltilgungen
=	Cash-Flow an die Eigentümer

Abbildung II.20: Cas Flow an die Eigentümer

Für die Ermittlung aller Cash-Flow-Typen spielt die zugrunde liegende Rechnungslegungsmethode des zu bewertenden Unternehmens eine nicht unterzuordnende Rolle. Schließlich werden GuV und Bilanz zur Abschätzung der Cash Flows herangezogen. Viele Start-ups bilanzieren heute bereits nach IAS oder US-GAAP. In diesem Fall werden die sogenannten „Earnings before Interest and Tax" (EBIT) als Ausgangspunkt der Berechnung genommen:

Operating Free Cash Flow-Ermittlung	
=	EBIT
-	Cash taxes
+	Depreciation
+/-	Changes in working capital
+/-	Changes in other net assets
-	Capital expenditures
=	Operating Free Cash Flow

Abbildung VII.21: Operating-Free-Cash-Flow-Ermittlung

Das „working capital" ergibt sich dabei aus dem Saldo von Vorräten und Forderungen einerseits sowie nicht-zinstragende Verbindlichkeiten andererseits. Cash- und Wertpapierbestände werden dabei nicht eingerechnet. Aus der Definition ist ersichtlich, dass das „working capital" dem Management Ansatzpunkte liefert, zu gewissen Stichtagen die Cash-Flow Berechnung zu gestalten. So können mit ausgehandelten Zahlungszielen oder Lagerausverkäufen kurzfristig untypische Cash Flows erzeugt werden. Generell gilt jedoch, dass Cash Flows möglichst „typisch" abgebildet werden sollten, um die echte Werthaltigkeit nicht zu verzerren.

Je nach eingesetztem Bewertungsverfahren kommen unterschiedliche Cash-Flow-Konzepte zum Einsatz. Dabei ist klar, dass der Total Cash Flow am einfachsten aus verfügbaren (Plan-) Bilanzen/GuV's abzuleiten ist. Die beiden anderen Methoden erfordern zur Berechnung zusätzliche Analytik bzw. Annahmen.

4.2.2.2 Eigenkapitalkosten

Zur Ermittlung des Eigenkapitalkostensatzes haben sich mehrere Methoden herausgebildet: Capital Asset Pricing Model (CAPM) (Sharpe, 1964, S. 425–442), Arbitrage Pricing Model, Multifactor Models und Regressionsmodelle (Damodaran, 2001, S. 55–56). In der Praxis hat sich dabei das CAPM durchgesetzt. CAPM geht von der Annahme aus, dass jeder Eigenkapitalgeber bereits ein Portfolio hält, das „alle Marktwerte" (zumeist ein breiter Aktienindex des Heimatlandes) beinhaltet. Jede Investmententscheidung wird daher auf Basis des inkrementellen Risikos des betrachteten Einzelwertes getroffen. Daraus ergibt sich folgende Gleichung:

$$k_e = r_F + (r_m - r_F) * \beta$$

k_e = Renditeerwartung Eigenkapitalgeber
r_F = Risk-free Rate
$(r_M - r_F)$ = Risikozuschlag Marktportfolio zu Risk-free rate
β = Risikozuschlag des Unternehmens zu Marktportfolio

Bei der Bestimmung der *Risk-free-Rate* sind Staatsanleihen zu wählen, die der Fristigkeit der Cash Flows aus dem Eigenkapitalinvestment entsprechen. Bei Start-ups sind dies meistens 10-Jahres-Anleihen, da die Cash Flows erst in Zukunft anfallen.

Der *Risikozuschlag des Marktportfolios* ergibt sich entweder aus der historischen Performance-Differenz von Eigenkapital zu langfristigen Staatsanleihen oder aus einer impliziten Zeitpunktbetrachtung. Bei historischer Ermittlung werden rückwirkend über einen längerfristigen Zeitraum jeweilige Jahresperformance-Differenzen zwischen dem Marktportfolio und der Staatsanleihe gebildet. Aus diesem wird dann der arithmetische oder geometrische Durchschnitt gebildet. Der arithmetische Wert liegt dabei nie unter dem geometrischen. Die Differenz zwischen den beiden Alternativen ist eine Funktion der Varianz der jährlich erfassten Risikozuschläge. Nimmt man an, dass die Investoren von jungen Unternehmen risikobereiter sind, eventuell kürzere Halteperioden haben (z. B. VC's) und somit auf Schwankungen spekulieren, ist der arithmetische Ansatz vorzuziehen. Bei der impliziten Betrachtung werden aus derzeitigem Marktwert eines Portfolios, erwarteten Dividendenzahlungen und Langzeiterwartungen retrograd Investorenerwartungen errechnet (Damodaran, 2001, S. 64–65). Zusätzlich zum reinen Marktportfoliorisikozuschlag ist theoretisch noch das *Länderrisiko* des Unternehmens zu bestimmen. Dieses ergibt sich aus dem währungsbereinigten „spread" von Staatsanleihen des Landes über Staatsanleihen des Referenzlandes (meist USA) multipliziert mit der landesspezifischen Differenz von Eigenkapital-Performance zu Staatsanleihen.

Der *unternehmensspezifische Zuschlag* (β) lässt sich für börsennotierte Unternehmen regressiv aus Vergangenheitszahlen ermitteln.

Dabei gilt folgende Gleichung:

$$\beta = \frac{\text{cov}(r_u, r_m)}{\sigma^2(r_m)}$$

β= Risikozuschlag des Unternehmens zu Marktportfolio
cov = Renditeerwartung Eigenkapitalgeber
σ² = Risk-free Rate
r_u = Rendite Unternehmen
r_m = Rendite Marktportfolio

Bei der regressiven Ermittlung ist es aus statistischen Signifikanzgründen wichtig, mindestens 50 Datenpunkte zu erfassen. Da die historischen Werte als Proxy für die zukünftige Entwicklung dienen, ist die Zeitspanne der historischen Betrachtung richtig zu wählen. In der Praxis sind dies meist 36 Monate bzw. 100 Tage, wobei die jeweiligen Renditen in wöchentlichen bzw. täglichen Intervallen gemessen werden. Dabei gilt die Annahme, dass der Verschuldungsgrad der Vergangenheit auch auf die Zukunft übertragen werden kann. Schließlich sind Betas verschuldungsabhängig. Gegebenenfalls müssen berechnete Betas erst um den Verschuldungsgrad bereinigt werden („unlevered") und dann wieder an den neuen Verschuldungsgrad angepasst werden („relevered").

$$\beta_L = \beta_u (1 + (1-t)(FK^{MW} / EK^{MW}))$$

β_L = Beta verschuldetes Unternehmen
β_U = Beta unverschuldetes Unternehmen
t = Steuersatz
FK^{MW} = Marktwert Fremdkapital Vergleichsunternehmen
EK^{MW} = Marktwert Eigenkapital Vergleichsunternehmen

Unter der Annahme, dass sich alle β's langfristig dem Marktportfolio und damit einem Beta von 1 annähern, bieten einige Anbieter sogenannte „adjusted" Betas an, bei denen das Beta mit dem Gewicht 1/3 an 1 angenähert wird (adjusted β_u= 2/3*β_u+1/3*1). Bei jungen Unternehmen macht dies jedoch wenig Sinn. Auch bieten einige Anbieter sogenannte „Forward" Betas an, die Fundamental- und Konjunkturdaten in die Beta-Betrachtung mit einfließen lassen und so eine höhere Prognose-Qualität erzeugen wollen. Zusätzlich – auch für nicht börsennotierte Unternehmen – gibt es die „Bottom-up"-Methode", bei der die Betas vergleichbarer Unternehmen um eventuelle Differenzen in der Kosten- bzw. der Finanzierungsstruktur bereinigt werden (Damodaran, 2001, S. 71 ff.).

4.2.2.3 Fremdkapitalkosten

Falls das zu bewertende Unternehmen beabsichtigt, über den Bewertungszeitraum Fremdkapital aufzunehmen, sind auch die Fremdkapitalkosten zu prognostizieren. Da viele der DCF-

Methoden bei den Cash Flows die Auszahlungsströme an Eigen- und Fremdkapitalgebern kennzeichnen, müssen sie sich mit Alternativrenditen für die Fremdfinanzierung messen lassen.

Die Fremdkapitalkosten bilden daher die Opportunitätskosten, die ein Fremdkapitalgeber bei Finanzierung des Unternehmens hat. Hier kann zum einen auf die echten Fremdfinanzierungskosten des Unternehmens (gewichteter Durchschnittszinssatz über zinstragende Fremdfinanzierungsteile) zurückgegriffen werden. Zum anderen ist es auch möglich, dem Unternehmen ein „rating" zuzuordnen (vollzogenes „rating" einer „Rating"-Agentur oder synthetisch ermitteltes „rating"), mit dessen Hilfe dann der Zinssatz bestimmt wird, zu dem der Fremdkapitalmarkt eine Finanzierung vornehmen würde. Die so ermittelten IST-Fremdkapitalkosten bilden den Repräsentanten für die zu erwartenden Kosten im Betrachtungszeitraum.

Natürlich ist dies eine gewisse Heuristik, da keine Veränderungen der Kosten in Zukunft eingepreist sind. Deshalb sind ggfs. in Niedrig- oder Hochzinsphasen besondere Anpassungen vorzunehmen.

4.2.2.4 Kapitalstruktur

Die Kapitalstruktur beeinflusst die Bewertung auf zweierlei Weise: Einerseits beeinflusst sie durch die unterschiedliche Gewichtung von Eigenkapital und Fremdkapital die Gesamtfinanzierungskosten. Andererseits verändert sich mit wachsender Fremdfinanzierung die erwartete Rendite der Eigenkapitalgeber.

Folgt man der Logik des WACC-Modells („Weighted Average Cost of Capital"), ergeben sich Gesamtkapitalkosten eines Unternehmens aus dem gewichteten Durchschnitt der Eigen- und Fremdkapitalkosten:

$$k_{WACC} = k_e * \frac{EK^{MW}}{GK^{MW}} + i \frac{FK^{MW}}{GK^{MW}}$$

k_{WACC}= Gewichtete Kapitalkosten
k_e= Risikoäquivalente Renditeforderung der Eigenkapitalgeber
EK^{MW}= Marktwert des Eigenkapitals
GK^{MW}= Marktwert des Gesamtkapitals
i= Risikoäqivalente Zinsforderung der Fremdkapitalgeber
FK^{MW}= Marktwert des Fremdkapitals

Die Gewichtung sollte dabei auf Marktwertbasis durchgeführt werden. Nur Marktwerte bilden ein richtiges Abbild des eingesetzten Kapitals. Dabei stellt sich die Frage, wie diese Marktwerte zu ermitteln sind. Beim Fremdkapital ist dies durch die höhere Prognosequalität der Cash Flows in einer separaten DCF-Berechnung möglich. Beim Eigenkapital müsste man theoretisch erst das Gesamtunternehmen richtig bewerten, wozu man nach der WACC-Logik jedoch den Marktwert bereits als Input-Faktor benötigt. In der Literatur wird dies das „Zirkularitätsproblem" (Steiner/Wallmeier 1999, S. 4) oder auch „Henne-Ei-Problematik" genannt. Es trifft je nach Verfahren in unterschiedlicher Form auf und wird dort auch differenziert behandelt. Die einfache Bewertung des Eigenkapitals anhand der Marktkapitalisierung spielt bei Start-ups keine Rolle und würde auch zu falschen Ergebnissen führen.

Bezüglich der erwarteten Rendite der Eigenkapitalgeber gilt nach Modigliani/Miller folgende Beziehung:

$$k_e = k_E^u + (k_E^u - i_F)(1-t)\frac{FK^{MW}}{EK^{MW}}$$

k_e=   Risikoäquivalente Renditeforderung der Eigenkapitalgeber
k_e^u= k_e ohne Verschuldung
EK^{MW}=   Marktwert des Eigenkapitals
FK^{MW}=   Marktwert des Fremdkapitals
t=   Steuersatz
i_F=   Renditeforderung der Fremkapitalgeber

Erhöht sich also der Fremdfinanzierungsanteil, so steigt die Renditeforderung linear unterproportional mit. Erklären lässt sich dies mit dem steigenden Rückzahlungsausfallrisiko. Schließlich werden Fremdkapitalgeber vorrangig bedient, womit das operative Risiko immer stärker auf die EK-Geber entfällt.

4.2.3 Datenquellen

Sind zu bewertende Unternehmen börsennotiert, gestaltet sich die Beschaffung von Daten zur Quantifizierung der DCF-Input-Faktoren weniger problematisch. Bei Start-ups hingegen fehlen zumeist sowohl die internen Systeme zur Erfassung bzw. Analyse betrieblicher Daten als auch die externen Referenzen zur Ableitung von Daten aus Vergleichsunternehmen. Je nach „Input"-Faktor müssen bei Start-ups daher pragmatische Ansätze zur Bewertung herangezogen werden.

- **Cash Flows:** Bei Start-ups werden die Cash-Flow-Projektionen dem Business Plan entnommen. Businesspläne enthalten normalerweise 3-5-Jahresprojektionen der Ergebnisse und wesentliche Bestandteile der Bilanz. Da junge Unternehmen sehr hohe Schwankungen in den einzelnen GuV- und Bilanzpositionen aufweisen, ist der Zeitraum so zu gestalten, dass sich eine gewisse realistische durchschnittliche Entwicklung der Cash Flows zeigt.
  Liegt dem Bewerter kein Business Plan vor, müssen die „Cash Flows outside-in" auf der Basis von IST-Zahlen, vorliegenden Vorhersagen von ähnlichen Unternehmen, verfügbaren Marktabschätzungen sowie Erfahrungswerten prognostiziert werden.
- **Eigenkapitalkosten:** Zur Ermittlung der „risk-free rate" lassen sich die Rendite der zu Grunde liegenden Staatsanleihen in der Finanzpresse nachlesen. Zum Risikozuschlag des Marktportfolios gibt es immer wieder neue Literatur. Eine sehr detaillierte Analyse für verschiedene Marktindizes, Betrachtungszeiträume und Berechnungsmethoden bietet Dimson et al. (Dimson et al., 2002). Auf dieser Basis ergeben sich für Industrieländer typische Prämien von 4 %–6 %. Die unternehmensspezifischen *Betas* werden täglich aktualisiert von Datenanbietern wie *Barra* oder *Bloomberg* angeboten.

- **Fremdkapitalkosten:** Für Fremdkapitalkosten gilt ähnliches wie für die Cash Flows: Anhand der Business Pläne ist der Finanzbedarf sowie die Finanzierungsstruktur für die Vorhersageperiode zu ermitteln. Für Bankkredite ist dann auf Basis von Bankangeboten der Effektivzins anzusetzen. Für kapitalmarktorientierte Finanzierungsinstrumente sind die anzusetzenden Kostensätze entweder aus Bankangeboten oder aus der Finanzpresse zu entnehmen („yield-to-maturities" vergleichbarer Anlagen mit vergleichbarem „rating"). Handelt es sich bei dem zu bewertenden Start-up um ein Unternehmen mit erhöhter Konkursgefahr, sind gegebenenfalls noch entsprechende Zuschläge zu formulieren. Diese lassen sich analytisch ermitteln, indem man die Rendite der Anlagen in seine Einzel-Cash-Flows disaggregiert und dann mit der Wahrscheinlichkeit multipliziert mit der sie eintreten.

- **Kapitalstruktur:** Die Kapitalstruktur ist im Business Plan abgebildet. Allerdings ergeben sich daraus nur die Buchwerte von Eigen- und Fremdkapital. Aus diesen Buchwerten sind dann für das Fremdkapital soweit möglich die Marktwerte zu errechnen. Der Marktwert des Eigenkapitals ergibt sich iterativ aus der DCF-Berechnung.

Gerade bei Start-ups ist die Präzision der Vorhersagen von Cash Flows zwangsweise eingeschränkt. Es macht daher nur wenig Sinn, alle Input-Faktoren mit wissenschaftlicher Genauigkeit zu bewerten. Hier zählt vielmehr ein pragmatischer Ansatz.

4.3 Varianten von DCF-Verfahren

Auf Basis des DCF-Grundgedankens haben sich mehrere Variationen von Ansätzen herausgebildet. Grundsätzlich unterscheidet man zwischen Brutto- und Nettoverfahren. Bei *Bruttoverfahren* („entity approach") wird zunächst der Wert des Gesamtkapitals ermittelt. Daraus wird dann unter Abzug des Wertes des Fremdkapitals der Wert des Eigenkapitals abgeleitet. Bei *Nettoverfahren* („equity approach") wird der Wert des Eigenkapitals direkt bestimmt.

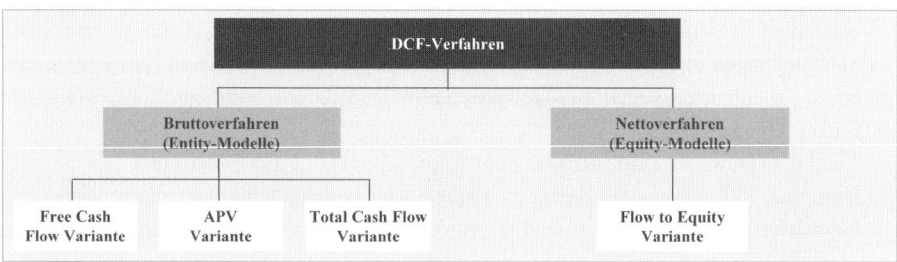

Abbildung VII.22: Varianten von DCF-Verfahren

Zu den Bruttoverfahren gehören FCF(Free Cash Flow)-Ansatz, TCF(Total Cash Flow)-Ansatz und APV(Adjusted Present Value)-Ansatz. Die Nettoverfahren sind im Folgenden durch die „Flow-to-equity Methode" repräsentiert.

4.3.1 Free Cash Flow (FCF)-Variante

Die FCF-Variante ist in der Praxis am meisten verbreitet. Bei dieser Methode werden die periodenspezifischen freien Cash Flows mit den gewogenen durchschnittlichen Kapitalkosten abgezinst, um den Marktwert des Gesamtkapitals zu ermitteln. Durch Abzug des Marktwerts des Fremdkapitals erhält man in vereinfachter Form den Marktwert des Eigenkapitals. Zur genaueren Bestimmung sind eigentlich noch nicht betriebsnotwendige Vermögenswerte zu addieren sowie nicht betriebsnotwendige Verbindlichkeiten zu subtrahieren. Der Einfachheit halber wird dies im Folgenden vernachlässigt.

$$EK^{MW} = GK^{MW} - FK^{MW}$$

$$GK^{MW} = \sum_{t=1}^{M} \frac{FCF_t}{(1+kWACC)^t} + \frac{TV_M}{(1+kWACC)^M}$$

$$TV_M = \frac{E(FCF_{M+1})}{(kWACC - g_n)}$$

$$k_{WACC} = k_e * \frac{EK^{MW}}{GK^{MW}} + i\frac{FK^{MW}}{GK^{MW}}$$

$$FK^{MW} = \sum_{t=1}^{\infty} \frac{CF_t^{FK}}{(1+i)^t}$$

EK^{MW} = Marktwert des Eigenkapitals
GK^{MW} = Marktwert des Gesamtkapitals
FK^{MW} = Marktwert des Fremdkapitals
FCF_t = Free Cash Flow der Periode t
k_{WACC} = Gewichtete Kapitalkosten
k_e = Risikoäquivalente Renditeforderung der Eigenkapitalgeber
i = Risikoäqivalente Zinsforderung der Fremdkapitalgeber
TV_M = Terminal Value in der Periode M
g_n = Ewige Wachstumsrate der FCFs nach Periode M
CF_t^{FK} = Cash Flow an Fremdkapitalgeber in der Periode t

Basis der Bewertung im Zähler sind die Free Cash Flows. Dies bedeutet, dass Kapitalstruktureffekte rein im Nenner abgebildet werden. Für den Diskontfaktor werden die angesprochenen „Weighted Average Cost of Capital" (WACC) herangezogen.

Da im FCF-Ansatz der „tax shield" nicht bei den Cash-Flow-Strömen berücksichtigt wird, wird der Fremdkapitalkostensatz noch um den Steuersatz diskontiert, so dass sich folgende Formel ergibt (Damodaran, 2001, S. 49):

$$i = (r_F + i_u)(1-t)$$

i = Renditeerwartung Fremdkapitalgeber
r_F = Risk-free rate
i_u = Unternehmensspezifischer Spread
t = Unternehmenssteuersatz

Die Ermittlung des Gewichtungsfaktors von Eigen- und Fremdkapitalkosten im FCF-Modell gestaltet sich schwieriger. Es ergibt sich hier das angesprochene Zirkularitätsproblem. Da sich der Marktwert des Eigenkapitals erst aus dem Marktwert des Gesamtkapitals ergibt, lässt sich der Marktwert des Eigenkapitals nicht als Gewichtungsfaktor einsetzen. Dieses Zirkularitätsproblem lässt sich bei progressiver Unternehmenswertermittlung nur lösen, wenn der Verschuldungsgrad fixiert wird (sog. unternehmenswertorientierte Finanzierungsstrategie, Baetge/Niemeyer/Kümmel, 2001, S. 305). Als Verschuldungsgrad wird hier manchmal in der Praxis die Zielkapitalstruktur aufgenommen.

Der FCF-Ansatz bietet eine leicht zugängliche Berechnungsformel. Sie eignet sich sehr gut zur Modellierung und Berechnung von Sensitivitäten, da die einzelnen Werttreiber als Berechnungsgrößen isoliert sind. Diese wiederum lassen sich gut aus Rechnungslegung, Planung und Kapitalmarkinformationen ermitteln. Nachteil der Methode ist die Beschränkung auf deterministische Verschuldungsgrade zur Auflösung des Zirkularitätsproblems, soweit man keine iterative Lösung verfolgt.

4.3.2 Adjusted Present Value (APV)-Variante

Der APV-Ansatz ist dem FCF-Ansatz ähnlich, nur teilt er den Unternehmenswert in verschiedene Komponente auf: Marktwert des Eigenkapitals des unverschuldeten Unternehmens sowie Wertbeitrag der Fremdfinanzierung.

Es ergeben sich die folgenden Berechnungsformeln:

$$EK^{MW} = GK^{MW} - FK^{MW}$$

$$GK^{MW} = V_u + V_T$$

$$V_u = \sum_{t=1}^{\infty} \frac{FCF_t}{(1+k_e^u)^t}$$

$$V_T = \sum_{t=1}^{\infty} \frac{TS_t}{(1+i)^t}$$

$$TS_t = t * i * FK^{MW}_{t-1}$$

EK^{MW} = Marktwert Eigenkapital
GK^{MW} = Marktwert Gesamtkapital
FK^{MW} = Marktwert Fremdkapital
V_u = Marktwert Eigenkapital des unverschuldeten Unternehmen
k_e^u = Renditeforderung Eigenkapitalgeber eines unverschuldeten Unternehmens
V_T = Wertbeitrag der Fremdfinanzierung
TS_t = Tax Shield der Periode t
i = Fremdkapitalzins
t = Steuersatz

Die Ermittlung der Cash Flows erfolgt hier analog zum FCF-Modell mit Hilfe der Free Cash Flows.

Eine größere Herausforderung stellt die Ermittlung der Renditeforderung der Eigenkapitalgeber dar, da in der Praxis solche Renditeforderungen gegenüber unverschuldeten Unternehmen kaum existieren. Man bedient sich hier wieder β's vergleichbarer Unternehmen und bereinigt sie um deren Verschuldung. Es gilt folgende Beziehung (Damodaran, 2001, S. 77):

$$\beta_U = \beta_L / (1 + (1-t)(FK^{MW} / EK^{MW}))$$

β_U= β unverschuldetes Unternehmen
β_L= β verschuldetes Unternehmen
t= Steuersatz
FK^{MW}= Marktwert Fremdkapital Vergleichsunternehmen
EK^{MW}= Marktwert Eigenkapital Vergleichsunternehmen

Aus diesen β's wird dann über das CAPM die Renditeforderung der Eigenkapitalgeber errechnet (siehe CAPM-Gleichung aus Abschnitt 4.2.2.2.).

Der APV-Ansatz besitzt den Vorteil, dass der operative Wert getrennt von Steuer- bzw. Finanzierungseffekten erfasst wird. Auch lässt sich das Zirkularitätsproblem bei progressiver Unternehmenswertermittlung lösen, wenn der Fremdkapitaleinsatz für jedes Jahr bekannt ist (sog. autonome Finanzierungsstrategie).

Den Nachteil des Ansatzes bildet seine Erklärungsbedürftigkeit. In der Praxis hat sich der FCF-Ansatz an vielen Stellen durchgesetzt. Der Einsatz des APV-Verfahrens bedingt daher immer eine Erklärung der Vorteilhaftigkeit der Methode gegenüber dem FCF-Ansatz. Diese Vorteilhaftigkeit beschränkt sich auf bestimmte Sonderfälle. Hinzu kommt, dass die geforderte Eigenkapitalrendite eines unverschuldeten Unternehmens über Vergleichsunternehmen bestimmt werden muss. Oft ist es nur schwer möglich, für Start-ups solche Unternehmen zu finden. Außerdem besteht ein Zirkularitätsproblem für die unternehmenswertorientierte Finanzierungsstrategie (Hachmeister, 1996, S. 257–258).

4.3.3 Total Cash Flow (TCF)-Variante

Auch der „Total-Cash-Flow"-Ansatz ist ein Bruttokapitalisierungsverfahren. Im Gegensatz zum FCF-Ansatz wird der „tax shield" jedoch nicht in den Kapitalkosten berücksichtigt, sondern direkt in die Cash-Flow-Ermittlung miteinbezogen. Es gilt folgendes Gleichungssystem:

$$EK^{MW} = GK^{MW} - FK^{MW}$$

$$GK^{MW} = \sum_{t=1}^{M} \frac{TCF_t}{(1+k_{TCF})^t} + \frac{TV_M}{(1+k_{TCF})^M}$$

$$TV_M = \frac{E(TCF_{M+1})}{(k_{TCF} - g_n)}$$

$$FK^{MW} = \sum_{t=1}^{\infty} \frac{CF_t^{FK}}{(1+i)^t}$$

EK^{MW}= Marktwert des Eigenkapitals
GK^{MW}= Marktwert des Gesamtkapitals
FK^{MW}= Marktwert des Fremdkapitals
TCF_t= Total Cash Flow der Periode t

k_{TCF}= Gewichtete Kapitalkosten
TV_M= Terminal Value in der Periode M
g_n= Ewige Wachstumsrate der TCF's nach Periode M
CF_t^{FK}= Cash Flow an Fremdkapitalgeber in Periode t
i= Risikoäquivalente Zinsforderung der Fremdkapitalgeber

Die gewichteten Kapitalkosten enthalten beim TCF-Ansatz keinen Steuereffekt mehr, so dass folgende Formel gilt:

$$i = r_F + i_u$$

i= Renditeerwartung Fremdkapitalgeber
r_F= Risk-free rate
i_u= unternehmensspezifischer „spread"

Für die Renditeerwartung der Eigenkapitalgeber gilt die gleiche Formel wie beim FCF-Ansatz.

Der Vorteil dieser Methode liegt in der einfacheren Cash-Flow- und Kostenermittlung. Auf der anderen Seite gibt die Wertermittlung keine Transparenz über Finanzierungs- und Steuereffekte, was sie für Modellierungszwecke unbrauchbar macht. Außerdem gilt hier das gleiche Zirkularitätsproblem wie bei der FCF-Methode.

4.3.4 Flow-to-Equity-Variante

Der „Equity"-Ansatz (auch „Flow-to-equity-Methode") ist ein Verfahren der Nettokapitalisierung. Der Marktwert des Eigenkapitals wird direkt ermittelt:

$$EK^{MW} = \sum_{T=1}^{M} \frac{CF_t^{EK}}{(1+k_e)^t} + \frac{TV_M}{(1+k_e)^M}$$

$$TV_M = \frac{E(CF_{M+1}^{EK})}{(k_e - g_n)}$$

EK^{MW}= Marktwert des Eigenkapitals
CF_t^{EK}= Cash Flow an Eigenkapitalgeber in Periode t
TV_M= Terminal Value in der Periode M
E= Erwartungswert
M= Zeitraum differenzierter Planung
g_n= Ewige Wachstumsrate der CF^{EK}'s nach Periode M
k_e= Eigenkapitalkosten

Auf der Cash-Flow-Seite kommen die Cash Flows an die Eigentümer zum Einsatz.

Der Diskontfaktor wird durch die Renditeerwartung der EK-Geber bestimmt. Hier wird in der Praxis wie bei den anderen Verfahren das CAPM zur Ermittlung herangezogen. Dabei ist zu beachten, dass bei der Verwendung fremder Betas der Verschuldungsgrad der Vergleichsunternehmen ähnlich ist.

Insgesamt ist die „Equity"-Methode den gleichen Kritikpunkten ausgesetzt wie das „Total-Cash-Flow"-Verfahren. Dies bedeutet, dass der Aufwand zur Ermittlung des Wertes der gleiche ist. Da sich aus der Methode auch keine zusätzliche Erkenntnisse zum FCF-, APV- oder TCF-Ansatz ableiten lassen, erscheint die Anwendung bei Start-ups in der Praxis weniger empfehlenswert (Steiner/Wallmeier, 1999, S. 6–7), auch wenn andere sie aus theoretischer Sicht für die beste Methode halten (Hayn 2000, S. 236).

4.4 Anwendbarkeit von DCF-Methoden bei Start-ups

Start-ups bewegen sich meist in innovativem Umfeld. Vergleichbare Unternehmen mit Börsennotierung sind nur selten verfügbar. Auch die Substanz in Form von materiellen Vermögensgegenständen ist oft gering. Der Wert wird vielmehr in zukünftigen als in gegenwärtigen Einzahlungsüberschüsse gesehen. Was liegt in dieser Situation näher als der Einsatz von DCF-Verfahren zur Bewertung? Allerdings bestehen bei Start-ups sehr viele Besonderheiten, die eine kritische Betrachtung des Einsatzes von DCF-Verfahren notwendig machen.

4.4.1 Bewertungsrelevante Eigenschaften von Start-ups

Tendenziell zeichnen sich Start-ups durch eine Reihe spezifischer Merkmale aus. Dabei werden nicht immer alle der folgenden Attribute zutreffen.

- **Geringe Profitabilität/Dividendenausschüttung:** Start-ups zeichnen sich in ihren Frühphasen meist nicht durch übermäßige Profitabilität aus. Vielmehr mindern hohe Anlaufkosten/-investitionen sowie mangelnde kritische Masse stark den Cash Flow. Bei Cash-Flow-basierten Bewertungen wird daher der Wert eher durch die positiven Cash Flows in der Zukunft bestimmt. Auch Dividenden bzw. Gesellschafterentnahmen sind demnach selten und schließen verschiedene Bewertungsverfahren von vornherein aus.

- **Hyperwachstum:** Start-ups bewegen sich meist in innovativem Umfeld. Anfänglich sind Marktvolumina und/oder Umsätze gering, wachsen jedoch oft mit dreistelligen Prozentsätzen. Das gleiche gilt natürlich dann auch für Mitarbeiterzahlen. Daraus folgt, dass sich ein Großteil des Unternehmenswertes im „terminal value" niederschlägt.

- **Unsicherheit:** Start-ups leben in einer Welt hoher Unsicherheit. Die Marktnachfrage nach innovativen Angeboten ist unklar. Wettbewerber kommen und gehen. Dienstleistungs- bzw. Produktangebote – sogar gesamte Business Modelle – der Start-ups ändern sich. Shareholder, Management und Mitarbeiter sind konstantem Wandel ausgesetzt. In einem solchen Umfeld ist die Prognosequalität von Bewertungsdaten eine besondere Herausforderung. Es gilt zwangsweise, dass keine „Past-to-future"-Beziehung existiert. Auch Vergleichsdaten von ähnlichen Unternehmen sind nie eins zu eins anwendbar.

- **Mangelnde Historie:** Wie der Begriff „Start-up" beschreibt, haben solche Unternehmen keine lange Historie. Damit gibt es auch keinen besonderen „track record", aus dem gewisse Rückschlüsse für die Zukunft gezogen werden können. Start-up-Unternehmen stoßen ständig auf für sie neue Situationen. Dies bedeutet, dass besonders die Risikokomponente, also die Renditeforderung der EK-Geber, schwer zu bewerten ist. Für Venture-Capital-Geber tritt daher sehr stark der „track record" des Unternehmens bzw. des Managements als Proxy zur Abschätzung in den Vordergrund.

- **Private-Equity Finanzierung:** Aufgrund der oben beschriebenen Eigenschaften ist die Finanzierungsstruktur von Start-ups sehr stark von Venture Capital getrieben. Fremdkapitalfinanzierung kommt anfangs nur begrenzt vor, meist ist sie abgesichert durch das Privatvermögen des Unternehmers oder spezifischer „assets". Die Besonderheit der VC-Finanzierung liegt vor allem in erhöhter Instabilität. VC's maximieren die Rendite ihrer Investitionen über einen bestimmten Zeitraum. Das heißt, sie planen von vornherein einen Exit oder lassen sich zu einem Exit verleiten, wenn attraktive Angebote vorhanden sind. Zusätzlich dosieren sie ihre Investitionen, so dass die Finanzierung immer nur über bestimmte Intervalle sichergestellt ist. In Zeiten schlechter Konjunktur und bei mangelnder Performance des Gesamtportfolios kommt es dabei oft zu kurzfristigen Investitionsstopps und damit zur Insolvenz von Start-ups, obwohl das Investment langfristig eine Chance hätte. Diese Umstände müssen in die Risikokomponente der Bewertungsverfahren einfließen.

- **Gründerzentrierung:** Start-ups sind geprägt durch ihre Gründer. Damit hängt ihr Wert direkt von den Gründern ab. Welchen Wert besitzt ein Start-up noch, wenn die Gründer das Unternehmen verlassen? Auf der anderen Seite sind Gründer oft auch eine zusätzliche Finanzierungsquelle. Bei Engpässen können sie hier „nachschießen", und so das Insolvenzrisiko mindern. Verschiedentlich verschwimmen sogar die Grenzen zwischen Privat- und Unternehmenssphäre bei der Festlegung des eingesetzten Kapitals.

- **Mangelnde Systeme/Strukturen:** Start-ups sind meist klein und daher überschaubar. Damit sind auch häufig Accounting-, Controlling- und Reportingstrukturen einerseits sowie die dahinter liegenden Systeme andererseits wenig ausgeprägt. Dies macht die Erhebung von bewertungsrelevanten IST-Daten sowie Prognosedaten besonders schwer.

All diese Eigenschaften haben Implikationen für die Auswahl und Anwendung der dargestellten DCF-Verfahren.

4.4.2 Eignung der DCF-Methoden für die Bewertung von Start-ups

Die im zweiten Abschnitt beschriebenen DCF-Methoden sind zwar aus der gleichen Systematik heraus entstanden, unterscheiden sich jedoch in der Ermittlung der Zahlungsströme, der Berechnung von Steuereffekten, der Behandlung der Kapitalstruktur sowie der Festlegung der geforderten Rendite der Eigenkapitalgeber. Sie eignen sich daher auch in unterschiedlicher Weise zur Bewertung von Start-ups. Schließlich implizieren die oben beschriebenen Eigenschaften von Start-ups bestimmte Anforderungen an die Behandlung von Cash Flows, Kapitalstrukturen und Risiken.

- **Zahlungsströme/Returns:** Für alle Cash-Flow-basierten Methoden (FCF, APV, TCF) gilt die gleiche Aussage: Hyperwachstum, Unsicherheit und mangelnde Historie machen die Abschätzung der zukünftigen Cash Flows sehr schwierig. Bei der „Equity"-Methode schlägt zusätzlich zur Unsicherheit auch die Gründerzentrierung noch zu Buche. Dadurch, dass die Zahlungsströme als unternehmerinduzierte Nettoströme der Eigenkapitalgeber verstanden werden, sind auch solche Zahlungen mit in die Betrachtung einzubeziehen, die vom Eigenkapitalgeber direkt an Dritte geleistet werden, soweit sie vom Unternehmen verursacht wurden. Außerdem sind Fremdkapitalaufnahmen, -tilgung und -konditionen vorab zu bestimmen, da sie in die Zahlungsströme mit einfließen.

- **Steuereffekte**: Start-ups sind tendenziell kurzfristig keine Steuerzahler. Steuereffekte stellen sich erst in der Zukunft ein. Zudem genießen Start-ups eine Vielzahl von Steuervergütungen, die die operative Performance verzerren. Dies schafft ein interessantes Spannungsfeld. Einerseits sind aufgrund der Schätz-Ungenauigkeit der Ergebnisse die Anforderungen an die Genauigkeit der Steuereffektberechnung bei Start-ups begrenzt. Andererseits ist eine erhöhte Transparenz über die Trennung von operativen Cash Flows und Steuereffekten sehr hilfreich. Am leichtesten wird die Steuer mit TCF- und „Equity"-Verfahren berechnet. Die zu bezahlenden Steuern werden hier einfach als absolute Größe von den Zahlungsströmen abgezogen. Es erfolgt somit keine transparente Trennung zwischen operativen Cash Flows und Finanzierungseffekten. Anschließend wird dann der „tax shield" von der Verschuldung isoliert. Beim FCF- und APV-Verfahren ist der Aufwand generell höher, da hier die Steuereffekte erst fiktiv für das unverschuldete Unternehmen gerechnet werden. Im deutschen Steuersystem können letztere Methoden einen deutlichen Mehraufwand erzeugen, da für jede Steuerart der steuerspezifische Sachverhalt pro Periode berücksichtigt werden muss (Hayn 2000, S. 223). Bezüglich des Einsatzes der Methode bei Start-ups ist demnach die Notwendigkeit der Transparenz gegen den erzeugten Aufwand abzuwägen.

- **Behandlung der Kapitalstruktur**: Je nach Branche unterliegt auch die Kapitalstruktur von Start-ups einer hohen Dynamik. Die Festlegung wertabhängiger Verschuldungsgrade macht daher selten Sinn. Dadurch, dass zukünftige Cash Flows den Marktwert des Eigenkapitals erzeugen, wird der Wert teilweise erheblich verändert. Wäre der Verschuldungsgrad proportional zum Gesamtwert des Unternehmens, stiege das Fremdkapital mit dem Wert sprunghaft an. Bilanz-/Finanzanalysen der FK-Geber werden jedoch eher auf Buchwertbasis vollzogen. Diese Basis steigt nur begrenzt an, wodurch die Fremdkapitalquote übermäßig ansteigt und die Bonität sich verschlechtert. Dies wiederum erzeugt erhöhte Finanzierungskosten und kann bis zur Illiquidität führen. Für die FCF/TCF-Methode bedeutet dies, dass die Zirkularitätsproblematik wohl kaum über eine unternehmenswertorientierte Finanzierungsstrategie gelöst werden kann. Vielmehr müssen periodenspezifische Annahmen über den Marktwert des Fremdkapitals getroffen werden und die Auflösung der Zirkularität dann über ein iteratives Vorgehen erfolgen. Dies erzeugt zwar erhöhten Aufwand, stellt aber in der heutigen Welt von Computer-Modellen kein Problem mehr dar. Beim APV- und „Equity"-Verfahren besteht dieses Zirkularitätsproblem nicht, wodurch sich das iterative Lösungsverfahren erübrigt.

- **Eigenkapitalkostensatz**: Hinsichtlich des Eigenkapitalkostensatzes bestehen nur wenige Unterschiede zwischen den DCF-Methoden. Schließlich greifen alle mehr oder weniger auf CAPM oder APM zur Ermittlung der Renditeforderung von Eigenkapitalgebern zu. Die einzige Ausnahme bildet das APV-Verfahren, das die Renditeforderung der Eigenkapitalgeber nur auf das unverschuldete Unternehmen bezieht. Da jedoch anzunehmen ist, dass sich die Renditeforderung mit zunehmenden Verschuldungsgrad erhöht, werden die realistischen Forderungen verzerrt. Alle anderen Verfahren beziehen den Verschuldungsgrad in die Renditeforderung mit ein. Ansonsten gleichen sich die Kritikpunkte an den Methoden mit Bezug auf die Start-ups. Dazu gehören: (a) die grundsätzliche Verwendbarkeit von β's anderer Unternehmen. Diese sind meist auf der Basis historischer Daten berechnet. Gerade im dynamischen Start-up-Umfeld ist jedoch Zukunft nicht gleich Vergangenheit. Außerdem verändert sich das β eines Start-ups von Jahr zu Jahr. Dazu gehört ferne: (b) die Verwendung statischer Renditeforderungen. Die Renditeforderung der Eigenkapitalgeber ist abhängig von der Verschuldung des Unternehmens. Mit Veränderung der Verschuldung ist daher auch die Renditeforderung zu ändern. Insofern ist mit periodisch differenzierten Eigenkapitalkosten zu rechnen. Außerdem muss (c) die Unternehmerfinanzierungskraft berücksichtigt werden. Hinter einem Start-up stehen häufig Unternehmer, die auch mit ihrem Privatvermögen absichern bzw. sogar haften. Dies ist bei der Ermittlung des unternehmensspezifischen Risikos mit einzukalkulieren.

4.4.3 Implikationen für die Anwendung von DCF-Methoden

Die Ausführungen des vorigen Abschnittes zeigen, dass es keine eindeutig „beste" DCF-Methode für die Bewertung von Start-ups gibt. Vielmehr ist situationsspezifisch anhand von drei Kriterien zu unterscheiden, welcher Ansatz am besten passt:

1. **Gehaltstiefe**: Die beschriebenen Verfahren haben unterschiedliche Tiefe. Die einfachen Verfahren wie TCF- oder „Equity"-Methode liefern nur einen statischen Wert. Andere Methoden geben zumindest zusätzliche Informationen über die Zusammensetzung des Wertes. So trennt die APV-Methode zwischen operativem Wertbeitrag und Wertbeitrag aus Fremdfinanzierung. Die FCF-Methode schließlich macht die einzelnen Werttreiber transparent und vereinfacht damit die Berechnung von Sensitivität sowie die dynamische Modellierung.

2. **Präzision**: Unter vergleichbaren Annahmen müssten alle Verfahren zum gleichen Ergebnis kommen. Die Berechnung einzelner Größen verlangt jedoch je nach Methode gewisse Nebenrechnungen, die mit mehr oder weniger Abkürzungen durchgeführt werden können. In der Praxis ergeben sich dadurch mehr oder weniger „präzise" Werte. Bei der FCF- und TCF-Methode zum Beispiel werden häufig konstante Verschuldungsgrade benutzt, um das Zirkularitätsproblem zu lösen. Die Alternative ist die Herbeiführung eines Näherungswertes über iterative Verfahren. Beim APV-Verfahren werden zur Ermittlung der Renditeforderung des unverschuldeten Unternehmens β's von Vergleichsunternehmen herangezogen, die entweder gar nicht oder mit gegenwärtigen Verschuldungsgraden bereinigt werden. Der „richtige" Wert müsste mit Zukunfts-Betas, bereinigt um zukünftige Verschuldungsgrade, berechnet werden. Bei der „Equity"-Methode müssen im Prinzip alle Nettozahlungen an oder durch Eigenkapitalgeber erfasst werden. Als Proxy werden jedoch Zahlungsströme des Unternehmens verwendet.

3. **Effizienz:** Je nach ausgewählter Methode und angestrebtem Präzisionsgrad entsteht ein mehr oder weniger großer Aufwand bei der Berechnung. Am pragmatischsten ist der TCF-Ansatz. Im Mittelfeld bewegt sich die FCF-Methode. Den größten Aufwand erzeugen APV- Verfahren und Equity-Verfahren.

Die genannten DCF-Methoden zeigen entlang dieser Kriterien ein deutliches Profil (Abbildung VII.23). Diese Profile können die Anwendung der DCF-Methoden in der Praxis erklären.

	FCF	APV	TCF	Equity
Gehaltstiefe	hoch	Hoch (für Spezialfälle)	niedrig	niedrig
Präzision	mittel	mittel	mittel bis hoch	mittel
Effizienz	mittel	niedrig bis mittel	hoch	niedrig

Abbildung VII.23: Merkmale von DCF-Verfahren

Sollte eher überschlägig nur ein „Faustwert" ermittelt werden, ist der TCF-Ansatz der effizienteste. Ist es wichtig, Werttreiber zu modellieren, und verschiedene Szenarien zu entwickeln, kommt meist der FCF-Ansatz zum Einsatz. Für bestimmte Sonderfälle kommt die APV-Methoden zur Anwendung. APV ist dann gefragt, wenn sich die Finanzstruktur häufig verändert oder spezielle Steuersituationen bestehen. Sie generiert weniger Aussage als die FCF-Methode, erzeugt aber den gleichen Ermittlungsaufwand. Die Praxis steht hier in klarem Widerspruch zur theoretischen Empfehlung von HAYN (Hayn 2000, S. 236), der die „Equity"-Methode als die bei Start-ups zu präferierende empfiehlt. Dieser „mismatch" mag sich auch daraus ergeben, dass die mittlerweile zum Einsatz kommenden Tabellenkalkulationsprogramme die iterative Lösung des Zirkularitätsproblems auch bei autonomer Finanzierungsstrategie im FCF-Verfahren ermöglichen.

4.5 Anregungen zum Praxiseinsatz

In der Theorie werden DCF-Methoden als die besten Verfahren zur Bewertung von Startups gepriesen. In der Praxis werden sie aber bei Start-ups nur begrenzt eingesetzt. Am häufigsten finden jedoch Multiplikatoren-Modelle und individuelle VC-Verfahren Anwendung.

Als Begründung dafür wird der niedrigere Bewertungsaufwand sowie die höhere Glaubwürdigkeit durch externe Referenzpunkte genannt (Wullenkord 2000, S. 523). Diese Argumentation bedarf jedoch einer differenzierteren Betrachtung: (1) Werden Multiplikatoren-Modelle präzise angewendet, erzeugen auch sie einen erhöhten Berechnungsaufwand. Zur Herstellung der Vergleichbarkeit müssen häufig Bereinigungen der Basiswerte vorgenommen werden (z. B. Minderheitsbeteiligungen, Pensionsrückstellungen). (2) Das exakt vergleichbare Unternehmen gibt es nie, so dass man Bereinigungen oder Körbe verschiedener Unternehmen zusammenstellen muss, was wieder den Aufwand erhöht. Die Glaubwürdigkeit in Verhandlungen ist jedoch nicht größer als bei DCF-Methoden. Die Diskussion verlagert sich vielmehr auf die Auswahl von Vergleichsunternehmen. (3) Die mittlerweile geltenden Rechnungslegungspflichten sowie die zur Verfügung stehenden Computerhilfen haben den Aufwand zur DCF-Berechnung bereits merklich reduziert.

Insgesamt werden deshalb DCF-Verfahren auch bei Start-ups zunehmend eingesetzt. Welche Verfahren eingesetzt werden, hängt zunächst einmal davon ab, ob das anzuwendende Verfahren für die jeweilige Bewertungssituation gesetzlich, vertraglich oder durch andere Vereinbarungen festgeschrieben ist. Besteht eine gewisse Flexibilität, sollte der Bewerter die Auswahl anhand von drei Fragen beurteilen:

1. Zu welchem Zweck soll Bewertung durchgeführt werden?
2. Welche Machtbasis hat der Bewerter?
3. Welche Daten sind zur Durchführung der Bewertung verfügbar?

- **Zweck der Bewertung:** Generell sind zwei Zwecke zu unterscheiden: feststellende analyse-getriebene und verhandlungsgetriebene Bewertungen. In der *feststellenden* Funktion geht es allein darum, einen Wert zu berechnen. Je nachdem, ob dieser Wert ausschließlich für den Bewerter bestimmt ist oder für eine Mehrzahl von Beteiligten, ist das Verfahren vorher uni-/multilateral festzulegen. Als Kriterium dient hier vordringlich die Nähe des Ergebnisses am „objektiven" Wert, wobei das angestrebte Präzisionsniveau von den Beteiligten vorgegeben wird.

  Bei *analyse-getriebenen* Anlässen ist die Auswahl des Verfahrens vor allem auf Basis der Gehaltstiefe des Verfahrens zu treffen. Stehen z. B. Sensitivitätsanalysen der Werttreiber auf dem Programm, ist vor allem die FCF-Methode einzusetzen. Geht es hingegen um die Separierung des operativen Wertes vom Finanzierungswert, ist die APV-Methode aussagekräftiger. Bei der vergleichenden Analyse mit Wettbewerbern wiederum werden vordringlich Multiplikatoren angewandt. Bei *verhandlungsgetriebenen* Anlässen basiert die Auswahl der anzuwendenden Methode auf anderen Kriterien. Je nachdem, ob in der Verhandlung ein möglichst hoher oder ein möglichst niedriger Wert generiert werden soll, wird die der Argumentation jeweils zuträglichste Methode herangezogen. Dazu wird im Vorfeld zumeist überschlägig der Wert mit vielen verschiedenen Verfahren analysiert, um im Vergleich die passende Methode herauszufiltern. Auch beinhaltet ein Verhandlungsvorgang immer mehrere Analysevorgänge. Bei der Methodenauswahl ist daher auch das Kriterium Gehaltstiefe nicht unbedeutend. Letztlich gibt es bei verhandlungsgetriebenen Bewertungen immer zwei Ebenen: (1) die rein analytische Ebene, auf der der subjektive Wert oder individuelle Wertgrenzen ermittelt bzw. analysiert werden; (2) die argumentative Ebene, auf der die in den Verhandlungen genannten Werte gerechtfertigt werden. Dabei sollten durchaus auf beiden Ebenen unterschiedliche Verfahren zum Einsatz kommen. Dies lässt sich sehr schön am Hexagon Wertframework von *McKinsey* verdeutlichen (Abbildung VII.24):

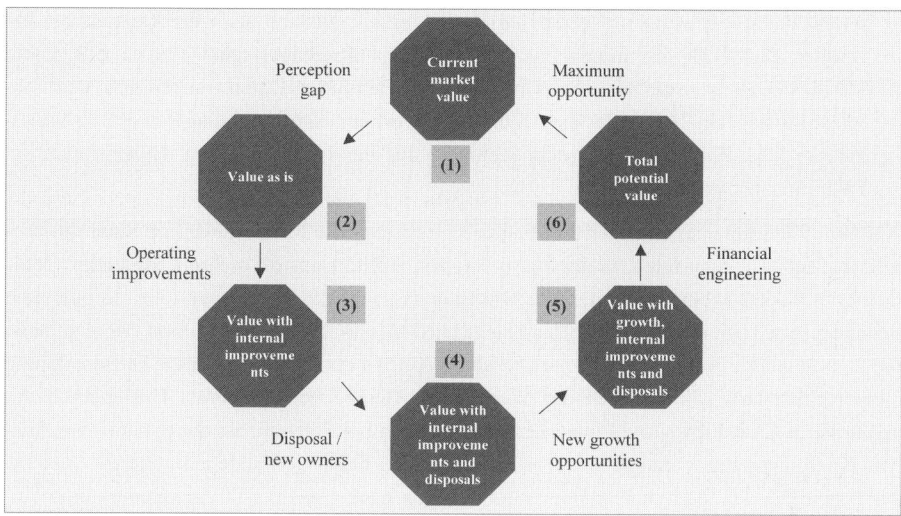

Abbildung VII.24: Hexagon Wert-Framework

Als Verkäufer würde man in Zeiten hoher Marktbewertungen hohe Markt-Multiples zur Argumentation heranziehen. Bei niedrigen Marktbewertungen kommt eher der DCF-Wert als „as is" zum Einsatz. Zusätzlich dazu wird der Verkäufer versuchen, potenzielle Synergien bzw. Restrukturierungsmaßnahmen in seinen DCF einzubeziehen, um so den Preis zu erhöhen. Für den Verkäufer zählen natürlich genau die umgekehrten Argumente.

- **Machtbasis des Bewerter:** Sobald eine Bewertung in Mehrpersonen-Situationen zur Anwendung kommt, entsteht eine mehr oder weniger verdeckte bzw. offene Verhandlungssituation. Jeder Beteiligte wird seine Interessen in Auswahl und Anwendung des Bewertungsverfahrens einbringen. Der Bewerter hat deshalb vor Auswahl der Bewertungsmethode seine Verhandlungsposition zu bestimmen. Dies lässt sich sehr schön am Beispiel der „New Economy" verdeutlichen: In der „Hype"-Zeit der Jahre 1999 und 2000 standen wenige Unternehmer einer Vielzahl von Investoren gegenüber. Die Unternehmer konnten daher sehr optimistische DCF-Bewertungen mit extrem hohen „terminal value" bei ihren Verhandlungen durchsetzen. In der „Downturn"-Zeit nach 2001 ist das Interesse der Investoren an New-Economy-Spielern zurückgegangen. VC's bewerten daher Start-ups häufig auf der Basis ihres Substanz-Wertes. Die Unternehmer können zukunftsbezogene Bewertungen nicht mehr durchsetzen. Insgesamt ergibt sich die Verhandlungsposition aus der Anzahl, der Motivationslage und den Fähigkeiten der anderen Parteien. Parteien können dabei Vertreter der Gegenseite, Mitbieter oder Stakeholder der eigenen Seite sein.

- **Verfügbare Daten:** Jede Methode ist nur so gut wie die Daten, mit denen sie rechnet. Dies bezieht sich sowohl auf eigene Daten, als auch auf die Daten von Vergleichsunternehmen. Vor diesem Hintergrund ist noch einmal kritisch zu überprüfen, ob die zweckmäßigste durchsetzbare Methode mit dem verfügbaren Datenmaterial auch zu sinnvollen Ergebnissen kommt. Verfügbar heißt dabei nicht unbedingt „auf Knopfdruck", sondern mit akzeptablem Aufwand erzeugbar. Dabei muss natürlich auch die Qualität der erzeugten Daten für die ausschlaggebenden Seiten akzeptabel sein. Gibt es z. B. keine Vergleichsdaten, wohl aber konsensfähige Business-Plan-Daten, ist je nach Verhandlungsposition ein DCF oder eine Substanzbewertung einer Multiple-Bewertung vorzuziehen. Sind Plandaten mehr oder weniger „aus der Luft zu greifen", macht auch ein DCF-Ansatz nur bedingt Sinn.

Aus dem Zusammenspiel dieser drei Faktoren lässt sich die für die jeweilige Situation passendste Methode auswählen. In der Praxis werden bei Start-ups oft mehrere Methoden (Multiples, DCF, VC-Methode) eingesetzt. Die Interpretation der Ergebnisse führt zu gewissen Spannen, innerhalb derer ein Wert festgelegt wird. Als DCF-Methode kommt dabei zumeist die FCF-Methode zum Einsatz. Ihr analytischer Aufbau ermöglicht die einfache Berechnung mehrerer Szenarien hinsichtlich der Werttreiber. Gerade bei der hohen Unsicherheit der zukünftigen Cash Flows und Finanzierungsstrukturen bei Start-ups ist die dynamische Analyse einer statischen vorzuziehen. Das Argument des damit verbundenen höheren Aufwandes gegenüber der anderen Methode ist im Zeitalter höchstleistungsfähiger Computermodelle nur noch begrenzt anwendbar, so dass der Einsatz der anderen DCF-Verfahren auf Spezialsituationen konzentriert bleibt.

5. Realoptionen

ULRICH HOMMEL / PHILIPP BAECKER

Business strategy is much more like a series of options than a series of static cash flows.
(Timothy Luehrman)

5.1 Realoptionen und wertorientiertes Management

„Wertorientiertes Management" (Value-Based Management, VBM) bezeichnet üblicherweise die Ausrichtung der Unternehmensführung am Ziel der nachhaltigen Wertsteigerung des Eigenkapitals. Der dem VBM zugrunde liegende Wertbegriff ist somit der des Shareholder Value. Nach angelsächsischem Vorbild ist das wertorientierte Management nun schon seit geraumer Zeit auch in Deutschland zu einer anerkannten Maxime rationaler Unternehmensführung avanciert (Rappaport, 1986).

Gemäß einer relativ weit gefassten Definition des Begriffs „Start-up" bezeichnet dieser alle in einer frühen Phase ihrer Entwicklung befindlichen Unternehmen. Gelegentlich schließt er auch jene nicht erst kürzlich gegründeten Gesellschaften ein, die sich durch besondere Dynamik und Zukunftsorientierung auszeichnen. Diese charakteristischen Eigenschaften sind bei der Planung, Durchführung und Kontrolle wertorientierten Managements zu berücksichtigen.

Mit dem Realoptionsansatz verbindet sich eine Sichtweise, die eine Unternehmung als einen flexiblen Organismus auffasst, der kontinuierlich auf Veränderungen der ökonomischen Rahmenbedingungen reagiert. Die Fähigkeit, sich an neue Marktgesetzmäßigkeiten anzupassen, wird dabei als Basis für die Erhöhung des Shareholder Value und damit die Erzielung einer aus Aktionärssicht adäquaten Kapitalrendite gesehen. Im Gegensatz dazu betrachten DCF-basierte Investitionsrechenverfahren das Unternehmen im Regelfall als Organisation „auf Autopilot", die mit unerschütterlicher Beharrlichkeit an einer einmal fixierten Strategie festhält.[71] Ein wesentlicher Vorteil des Realoptionsansatzes besteht daher in einer von größerem Realismus gekennzeichneten Abbildung des unternehmerischen Entscheidungsumfeldes. Im vorliegenden Beitrag wird der Realoptionsansatz als ein universell anwendbarer, dreistufiger Führungszyklus vorgestellt, der aus der Identifikation, der Bewertung sowie aus dem Management von Realoptionen besteht. Darüber hinaus erfährt der Leser, welche Hindernisse einer problemlosen Anwendung des Realoptionsansatzes im Wege stehen können und wie diese zu überwinden sind.

---

[71] Einzige Ausnahme ist das DCF-basierte Entscheidungsbaumverfahren, mit dem explizit die Auflösung von Investitionsunsicherheit und Managementreaktionen modellhaft abgebildet werden kann. Optimale Verhaltensregeln werden rekursiv analog zu dem Lösungsprinzip der dynamischen Programmierung abgeleitet.

5.2 Bewertungsinstrument und Managementphilosophie

Allgemein gesprochen entsteht Shareholder Value durch die gewinnmaximale Allokation knapper Ressourcen auf konkurrierende Investitionsvorhaben. Effiziente Kapitalmärkte gewährleisten, dass sich eine Steigerung des Shareholder Value in einer entsprechenden Erhöhung der Marktkapitalisierung niederschlägt, die aus diesem Grund regelmäßig als Meßlatte des VBM dient.

Da die Unternehmensleitung eher die langfristige Wertentwicklung des Unternehmens (bzw. des Eigenkapitals) im Blick haben sollte, erfordert wertorientiertes Management die Beherrschung und den Einsatz derjenigen Bewertungsverfahren, welche auch eine geeignete Grundlage auch für strategische Entscheidungen liefern.

Die Kapitalwertmethode, die sich als ein in der Praxis anerkanntes Standardverfahren durchgesetzt hat, weist in dieser Hinsicht Defizite auf. Kapitalmarktorientierte Manager sehen sich deshalb nicht selten mit dem keinesfalls per se gerechtfertigten Vorwurf konfrontiert, sie schenkten langfristigen Entwicklungsperspektiven zu wenig Beachtung und handelten demzufolge myopisch.

Der irrationale Überschwang an den Börsen (Shiller, 2000) und der darauf folgende Kursverfall vieler einstmals vielversprechender junger Technologie- und Medienunternehmen hat zuletzt diese Widersprüche zwischen traditioneller Kapitalbudgetierung und einer im Sinne des VBM zielführenden Unternehmensstrategie deutlich zum Vorschein gebracht. Speziell die Möglichkeit, auf zukünftige Ereignisse flexibel zu reagieren, wird bei der Bestimmung des Unternehmenswertes mittels der Kapitalwertmethode nicht adäquat berücksichtigt. Dies fällt in einer sehr unsicheren und dynamischen Umwelt besonders ins Gewicht, da der positive Wertbeitrag der Flexibilität mit einem höheren Maß an Unsicherheit zunimmt, wenn Optionen situationsabhängig zusätzliche Wertsteigerungsmöglichkeiten eröffnen oder vor Wertverlust schützen. Diese Kernthese unterstreicht das eingangs zitierte Feststellung LUEHRMANS, der sich der zentralen strategischen Bedeutung der Flexibilität wohl bewusst war.

Optionen können aber nicht nur qualitativ, sondern auch quantitativ bewertet werden. Geeignete Verfahren haben sich bei der Bewertung von Finanzprodukten bewährt, werden aber erst seit vergleichsweise kurzer Zeit zur Analyse realwirtschaftlicher Problemstellungen herangezogen. Die Anwendung optionspreistheoretisch basierter Verfahren auf realwirtschaftliche Problemstellungen wurde bereits von MYERS unter dem Begriff „Realoptionen" in den wissenschaftlichen Diskurs eingeführt (Myers, 1977). Jedoch erst der Aufstieg und Fall der New Economy weckte das Interesse von Praktikern. Dies ist erstaunlich, da sich die Bestimmung der Optionsparameter gerade in diesen Sektoren als besonders problematisch darstellt.

Im Gegensatz zu Finanzoptionen sind Realoptionen dadurch gekennzeichnet, dass verschiedene Werttreiber vor der Optionsausübung in einer für die Eigenkapitalgeber vorteilhaften Weise beeinflusst werden können. Der Unternehmensleitung obliegt ferner das Management des unternehmenseigenen Realoptionsportfolios, das beispielsweise durch Investitionen in Forschung und Entwicklung zielgerichtet erweitert werden kann.

Interessant sind Realoptionen vor allem deshalb, weil sie nicht nur ein Bewertungsinstrument darstellen, das die herkömmliche Kapitalwertmethode als Spezialfall einschließt. Vielmehr bilden sie auch die Grundlage einer zeitgemäßen Managementphilosophie. Schließlich liegt in der Ausnutzung von Handlungsspielräumen, die sich bei Entscheidungssituationen unter Unsicherheit in einer dynamischen Umwelt ergeben, die Quintessenz des unternehmerischen Handelns. Der Realoptionsansatz zeigt, unter welchen Bedingungen das Eingehen realwirtschaftlicher Risiken zu einer Steigerung des Shareholder Value führt. Er verspricht nicht weniger als eine enge Verzahnung von Finanzierungspolitik und strategischer Planung.

Da Entscheidungssituationen in Start-ups tendenziell durch ein hohes Maß an Unsicherheit gekennzeichnet sind, erklären Realoptionen dort einen erheblichen Teil des Wertes des Eigenkapitals. Identifikation, Bewertung und Management von Realoptionen sind folglich Schlüsselfunktionen des wertorientierten Managements, mit denen jeder Entscheidungsträger vertraut sein sollte.

5.3 Vorstellung eines dreistufigen Führungszyklus

Der Realoptionsansatz liefert einerseits ein Bewertungsverfahren, welches traditionellen Methoden in mancher Hinsicht überlegen ist. Andererseits bietet er ein vielseitiges Konzept der strategischen Unternehmensführung. Die Konzentration vieler akademischer Beiträge auf Detailaspekte sowie ein vergleichsweise hoher Anspruch an die formal-mathematischen Vorkenntnisse des Lesers haben, neben der zunehmend schwieriger zu überschauenden Vielfalt der Literatur, bislang viele Interessierte von einer tiefergehenden Beschäftigung mit der Materie abgehalten.

Daneben hält sich das Vorurteil, die Anwendungsvoraussetzungen des Realoptionsverfahrens stünden seinem Einsatz in der Praxis entgegen. Im Wesentlichen unterscheiden sich diese jedoch nicht von den denen anderer kapitalmarktorientierter Verfahren. Beispielsweise wird das „Capital-Asset-Pricing-Mode" (CAPM) regelmäßig bei der Bestimmung der Kapitalkosten bzw. des Diskontierungszinssatzes für „Discounted-Cash-Flow"-Verfahren angewandt, ohne dessen Voraussetzungen grundsätzlich in Frage zu stellen. (Sharpe, 1964; Lintner, 1965).[72]

Um den Realoptionsansatz für die Unternehmensführung nutzbar zu machen, haben unter anderem HOMMEL/PRITSCH die Einbettung des Verfahrens in einen dreistufigen Führungszyklus vorgeschlagen (Hommel/Pritsch, 1999). Ein solcher Führungszyklus kann aufgrund seiner systematischen Ausrichtung am Shareholder Value auch dem wertorientierten Management von Start-ups dienen.

Neben der oft thematisierten Bewertung der Optionsrechte umfasst dieser Zyklus auch deren Identifikation sowie das Management sowohl einzelner Optionen als auch des gesamten Optionsportfolios einer Unternehmung. Der Realoptionsansatz wird auf diese Weise über

---

[72] Zur Problematik des Kaptalkostensatzes siehe auch FAMA/FRENCH (Fama/French, 1998).

seine Nützlichkeit als Instrument der Kapitalbudgetierung hinaus zum integralen Bestandteil der strategischen Planung, Durchführung und Kontrolle. Der Veranschaulichung des besagten Zyklus dient die zusammenfassende Darstellung der einzelnen Phasen in Abbildung VII.25.

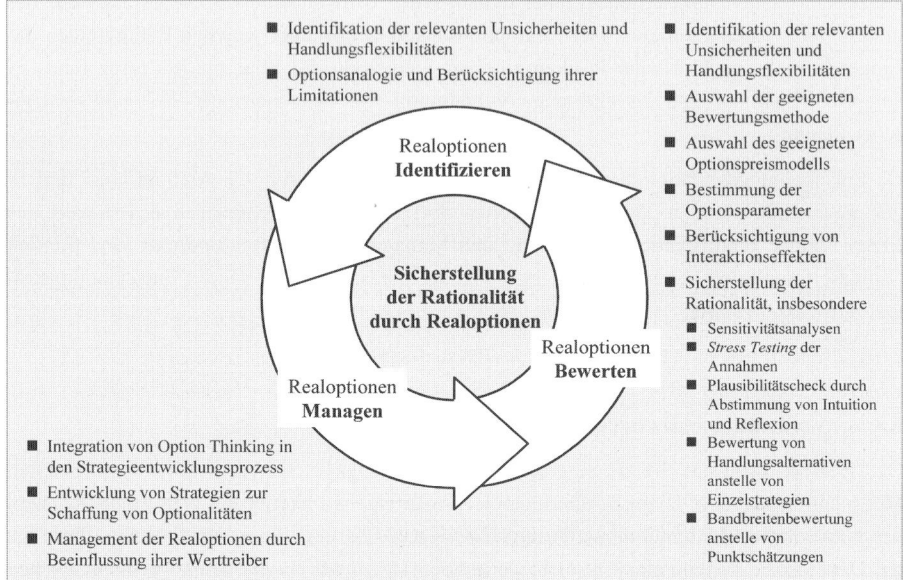

Abbildung VII.25: Führungszyklus von Realoptionen (Quelle: Pritsch, 1999)

Das bloße Vorhandensein von Optionsrechten allein reicht nicht aus, um eine Erhöhung des Shareholder Value herbeizuführen. Die Nutzung realwirtschaftlicher Flexibilität wird erst durch die Identifikation der bestehenden Realoptionen ermöglicht. Ebenso sollte es Ziel der Unternehmensführung sein, systematisch neue Realoptionen zu schaffen und somit für zusätzliche wertsteigernde Flexibilität zu sorgen.

Optionsrechte, die unentdeckt bleiben, haben in der Regel keine positive Auswirkung auf den Wert des Eigenkapitals. Es ist aber beispielsweise denkbar, dass die Existenz solcher „Schattenoptionen" im Anschluss an eine Unternehmensübernahme offenbar wird. Hieraus folgt, dass wertorientiertes Start-up-Management die Implementierung eines Prozesses voraussetzt, der der zielgerichteten Umwandlung besagter „Schattenoptionen" in Realoptionen dient. Zu diesem Zweck müssen die zentralen Akteure mit den notwendigen Kenntnissen ausgestattet werden.

Ist einmal ein Optionsrecht als Bestandteil eines Projektes identifiziert, so ist anschließend der Wert dieses Rechtes zu bestimmen. Je nach Datenlage kann die Bewertung qualitative oder quantitative Ergebnisse liefern. Eine quantitative Bewertung kann – basierend auf dem Prinzip der Arbitragefreiheit – unter Heranziehung einer Analogie zwischen Real- und Finanzoptionen erfolgen. Aus der Finanzmarkttheorie sind hierzu eine Vielzahl von Verfahren bekannt, unter anderem analytische (formelbasierte) Lösungen, Lattice-Verfahren und

Finite-Differenzen-Methoden. (Baecker/Hommel/Lehmann, 2002; Hull, 1997; Wilmott/ Dewynne/Howison, 1993)

Diese Verfahren können auch eingesetzt werden, um zu bestimmen, unter welchen Voraussetzungen die Ausübung des Optionsrechtes den maximalen Nutzen stiftet. Konkret wird ein wertmaximierendes Programm ermittelt, das in Abhängigkeit vom Zustand gewisser Variablen den ökonomisch optimalen Ausübungszeitpunkt anzeigt. Im einzelnen ergeben sich hieraus mitunter Handlungsempfehlungen, die beispielsweise die Fortführung oder Einstellung eines F&E-Projektes, das Volumen von Ersatz- und Erweiterungsinvestitionen oder die Wahl des Produktionsstandortes betreffen.

Insbesondere ist zu betonen, dass das Management im Gegensatz zu Finanzoptionen eine unter Umständen weitreichende Kontrolle über das Optionsportfolio des Unternehmens besitzt. Dementsprechend unterliegen die Werttreiber der Option in eingeschränktem Umfang der zielgerichteten Beeinflussung durch die Unternehmensleitung. Im Rahmen der Optionsbewertung können Sensitivitäten ermittelt werden, welche die für ein bestimmtes Investitionsproblem wesentlichen Stellhebel offen legen. Nicht erst nach Erwerb eines Optionsrechtes, sondern schon in den Vorphasen sollte das Management diesen Aspekt in seine Planung miteinbeziehen und den Einfluss zukünftiger Maßnahmen auf die Werttreiber antizipieren.

Die fortlaufende Analyse des Realoptionsportfolios bildet auch die Basis für die Schaffung neuer Optionsrechte, die den langfristigen Erfolg des Unternehmens sichern. Letztlich sollen die Werttreiber bestehender Optionen dergestalt beeinflusst werden, dass jeweils die Ausübung einer Realoption weitere Realoptionen generiert. Geeignete Maßnahmen des Managements bewirken auf diese Weise eines Schließung des am Realoptionsansatz orientierten Führungszyklus.

An der Fähigkeit des Managements, die systematische Generierung von Optionen mittels des beschriebenen prozessorientierten Vorgehens in die strategische Unternehmensführung zu integrieren, misst sich sein Erfolg in der aktiven Gestaltung der unternehmerischen Wettbewerbsposition. Anders formuliert, operationalisiert die Managementphilosophie des Realoptionsansatzes eher qualitative Konzepte der gängigen Management-Literatur (speziell das des „competitive advantage"), indem sie diese in die Sprache der Unternehmensfinanzierung übersetzt und quantitativen Verfahren zugänglich macht. (Porter, 1980; Porter, 1985; Prahalad/Hamel, 1990).

5.4 Realoptionen identifizieren

Um zu verdeutlichen, wie das Management in der ersten Phase des Führungszyklus Optionsrechte identifizieren kann, wird zunächst die Analogie zwischen Real- und Finanzoptionen hergestellt.

Zur besseren Strukturierung des Identifikationsprozesses kann hierbei zwischen verschiedenen Optionstypen unterschieden werden. Unterschiedliche Formen realwirtschaftlicher

Flexibilität tragen dabei auf unterschiedliche Weise zur Steigerung des Shareholder Value bei.

Nicht zuletzt sollte das Management auch die Grenzen der Analogie beachten, da diese unter Umständen die Zuverlässigkeit gängiger Optionspreisverfahren in Frage stellen und einen Rahmen vorgeben, innerhalb dessen der Realoptionsansatz sinnvoller Weise eingesetzt werden kann („real options frontier").[73] Die Grenzen sind dabei nicht notwendigerweise enger gesteckt als bei traditionellen Instrumenten der Kapitalbudgetierung, die der Ermittlung eines objektivierten, kapitalmarktkonformen Wertes dienen.

5.4.1 Analogie zwischen Realoptionen und Finanzoptionen

Finanzoptionen bestehen im Recht, nicht aber der Pflicht, innerhalb eines vorgegebenen Zeitraumes ein Finanzinstrument zu einem gewissen Preis zu erwerben (Kaufoption oder „call") bzw. zu veräußern (Verkaufoption oder „put"). Da der Wert der Option vom Wert dieses Finanzinstrumentes abhängt, wird dieses auch als „underlying" (zugrunde liegender Vermögensgegenstand) bezeichnet. Konkret zeichnen sich Optionen durch drei wesentliche Merkmale aus:

- **Unsicherheit:** Der Wert des „underlying" und somit auch der Wert des abgeleiteten Finanzierungsinstrumentes (Derivat) verändern sich im Zeitablauf nicht deterministisch, sondern stochastisch, d. h. sie sind zufälligen Einflüssen unterworfen.

- **Flexibilität:** Die Option bedingt keinerlei Verpflichtung, sondern beinhaltet nur die Möglichkeit der Ausübung, sollte sich dies zum gegebenen Zeitpunkt als vorteilhaft erweisen.

- **Irreversibilität:** Die Ausübung führt zur Vernichtung des sogenannten Zeitwertes der Option. Die ursprünglich mit dem Recht verbundene Flexibilität geht verloren. Dies bedeutet, dass die Ausübung zu „versunkenen" Kosten führt.

Diese Eigenschaften sind auch Charakteristika von Realoptionen. Beispielsweise kann im Falle eines F&E-Vorhabens kann auf die Durchführung weiterer Phasen oder auf die Vermarktung des Endproduktes verzichtet werden, sollten sich Nachfrage und Wettbewerbssituation unerwartet negativ entwickeln. Nicht nur technische Aspekte, sondern insbesondere auch allgemeine wirtschaftliche Rahmenbedingungen beeinflussen den Verlauf des Projektes. Diese Rahmenbedingungen können nur mit eingeschränkter Zuverlässigkeit prognostiziert werden. Ausgaben, die zur Realisierung des Vorhabens getätigt werden, sind in der Regel unwiederbringlich verloren und stellen somit „versunkene" Kosten dar.

Im Gegensatz zu Finanzoptionen kann der Halter einer Realoptionen nicht immer eindeutig benannt werden. Eine Benennung ist allerdings möglich, wenn z. B. ein wirksamer Patentschutz die Exklusivität des Rechtes auf Vermarktung eines bestimmten Produktes garantiert. Im Regelfall hat man es jedoch mit geteilter Optionshalterschaft zu tun, weshalb sich mehre-

---

[73] Zum Begriff der „real options frontier" siehe insbesondere AMRAM/KULATILAKA (Amram/Kulatilaka, 1999).

ren Akteuren gleichzeitig die Gelegenheit bietet, gewisse strategische Entscheidungen zu treffen. Dies schließt unter anderem den Markteintritt, Kapazitätserweiterungen oder die Verlagerung der Produktion in andere Währungsräume ein. Selbstverständlich hat mangelnde Exklusivität einen unmittelbaren Einfluss auf den Wert einer Realoption für alle Beteiligten.

Zudem entstehen Optionen nur ausnahmsweise automatisch. Sie müssen in der Regel vielmehr erworben werden, wobei in Entsprechung zur Finanzoption eine Art Optionsprämie fällig wird. Offensichtlich ist dies im Falle von Wachstumsmärkten, die häufig in Form vorgelagerter Studien analysiert werden. In der pharmazeutischen Forschung und Entwicklung müssen beispielsweise die präklinischen und klinischen Phasen abgeschlossen sein, bevor die Patentanmeldung und letztlich die Vermarktung in Angriff genommen werden können.

Genau wie Finanzoptionen zeichnen sich Realoptionen durch ein asymmetrisches Auszahlungsprofil aus. Eine anfänglich symmetrische Cash-Flow-Verteilung kann durch Handlungsflexibilitäten in für das Unternehmen vorteilhafter Weise modifiziert werden. Es entsteht eine rechtsschiefe Verteilung des ökonomischen Ergebnisses, was eine verbesserte Risiko-Rendite-Relation des Investitionsprojektes impliziert.

Bei ungünstiger Entwicklung bewertungsrelevanter Einflussgrößen können unter Annahme ausreichender Flexibilität Ausgaben vermieden werden, ohne dass im positiven Fall auf die Durchführung des vorteilhaften Projektes verzichtet werden müsste. Optionen sind demgemäß wertvoll, weil sie dem Management die Möglichkeit eröffnen, wichtige Entscheidungen zu einem späteren Zeitpunkt zu treffen und zusätzliche Informationen abzuwarten, die eine fundierte Investitionsentscheidung ermöglichen.

Aus diesem Grund wird der wirtschaftliche Wert einer Investition durch einen risikoangepassten Erwartungswert (NPV-Kriterium) nicht zutreffend wiedergegeben. Die folgende Formel bringt diese grundlegende Erkenntnis zum Ausdruck:

$$\text{Erweiterter Kapitalwert} = \text{Statischer Kapitalwert} + \text{Optionswert}.$$

Dabei stellt der statische Kapitalwert denjenigen Wert dar, welcher den diskontierten Zahlungsströmen entspricht, die bei konsequenter Durchführung der zu Beginn als optimal erkannten Vorgehensweise erwartungsgemäß anfallen. Da der einmal festgelegte Plan nicht flexibel ist und neue Informationen keine Berücksichtigung finden, handelt es sich beim statischen Investitionsprogramm streng genommen nicht um eine Strategie, da eine solche ja in sinnvollen Reaktionen auf zukünftige Umweltsituationen besteht. Demgegenüber lassen sich unter dem Optionswert all jene Wertkomponenten subsumieren, die der Möglichkeit flexiblen Handelns im Zeitablauf entspringen.

Grundsätzlich kann bei der Bewertung von Realoptionen zwischen zwei Vorgehensweisen gewählt werden. Betrachtet man das gesamte Projekt als Option, kann einerseits der erweiterte Kapitalwert direkt bestimmt werden. Der eigentliche Optionswert ergibt sich dann durch Subtraktion des statischen Kapitalwertes. Dies setzt allerdings voraus, dass lediglich eine einzige Option zu bewerten ist und folglich auch keinerlei Interaktionseffekte berücksichtigt werden müssen. Unter Umständen ist diese Vorgehensweise auch dann akzeptabel, wenn bei Verzicht auf eine Modellierung der Interaktionseffekte keine wesentlichen Abweichungen vom tatsächlichen Wert zu erwarten sind. Andererseits kann bei komplexeren Fragestellungen in einem ersten Schritt der statische Kapitalwert bestimmt werden, der sich bei Durchführung des momentan gewinnmaximalen Investitionsprogramms ergibt. In einem zweiten Schritt quantifiziert man den Wertbeitrag der Optionsrechte und berücksichtigt dabei etwaige Wechselwirkungen. Dies ist mitunter aufwändig, da im Allgemeinen von der Nicht-Additivität der Optionswerte auszugehen ist und die Vorgehensweise in der Regel an die Spezifika des Bewertungsproblems angepasst werden muss.

Abbildung VII.26 präsentiert die Analogie zwischen Finanz- und Realoptionen anhand der sechs wesentlichen Werttreiber.

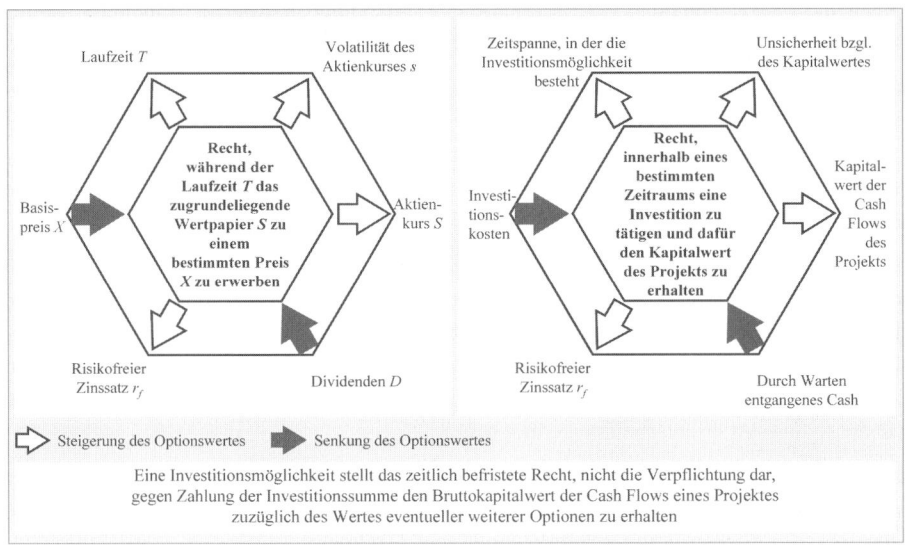

Abbildung VII.26: Optionsanalogie der Werttreiber des Investitionsprojektes

5.4.2 Realoptionstypen

An verschiedener Stelle wurden in der Literatur Klassifizierungsschemata für Realoptionen vorgeschlagen (Kilka, 1995; Trigeorgis, 1993). Eine anwendungsbezogene Sichtweise orientiert sich dabei an den Wirkungszusammenhängen, die Ursprung der Werttreiberfunktion der Realoption sind. Gemäß einer von unter anderem von HOMMEL/PRITSCH vorgestellten Typologie können folgende Spielarten unterschieden werden (Hommel/Pritsch, 1999; Pritsch, 2000):

- **Lernoptionen:** Das Management kann die Auflösung projektrelevanter Unsicherheit abwarten, bevor es endgültige Entscheidungen trifft, die eine langfristige Ressourcenbindung zur Folge haben. Diese Form der Handlungsflexibilität tritt vor und während einer Investitionsphase auf.

- **Wachstumsoptionen:** Das Management kann die Geschäftstätigkeit im Falle einer positiven Entwicklung der Rahmenbedingungen ausweiten und somit zusätzliche Erträge erzielen. Diese Form der Handlungsflexibilität tritt während und nach einer Investitionsphase auf.

- **Versicherungsoptionen:** Das Management kann die Geschäftstätigkeit im Falle einer negativen Entwicklung der Rahmenbedingungen einschränken und somit eventuelle Verluste minimieren. Versicherungsoptionen stellen folglich das Spiegelbild der Wachstumsoptionen dar. Diese Form der Handlungsflexibilität tritt während und nach einer Investitionsphase auf.

Diese zunächst sehr allgemeinen Kategorien können nun gemäß der im Detail relevanten Optionsrechte (Kaufoptionen, Verkaufoptionen, Verbundoptionen u. a.) sowie auf der Grundlage spezifischer Werttreiber (v. a. Basisinstrument und Ausübungspreis) weiter unterteilt werden. Eine mögliche Strukturierung präsentiert Abbildung VII.27.

Die aufgeführten Optionsrechte entsprechen einfachen Kauf- und Verkaufsoptionen (sogenannten „plain-vanilla" „calls" und „puts") oder Verbundoptionen („compound options"). Verbundoptionen („compound options") sind zusammengesetzte Optionen, bei deren Ausübung man eine weitere (Verbund-)Option erhält. Daneben finden sich die aus der Finanzwelt bekannten Kombinationen („spraddle", „spread", „straddle", „strip", „strap" etc.) sowie exotische Optionen (z. B. Bermuda-Optionen, Asiatische Optionen), die ebenso zu Systematisierung realwirtschaftlicher Handlungsflexibilitäten herangezogen werden können (Hull, 1997).

Typ	Bezeichnung	Beschreibung
Call	Verzögerungs-/Warteoption (Option to Wait)	■ Option auf den Bruttobarwert der Cash Flows des Projekts gegen Zahlung der Investitionskosten ■ Amerikanische/Europäische Kaufoption
Compound	Option, auf weitere Investitionen zu verzichten (Option to Stage Investment)	■ Option auf die Durchführung der nachfolgenden Phasen gegen Zahlung der Kosten-Tranche ■ Verbundoption (Call auf Call auf ...)
Call	Abbruch- und Wiedereröffnungsoption (Option to Shut Down and Restart)	■ Option auf den Bruttobarwert der Cash Flows der Folgeperiode gegen Zahlung der operativen Kosten ■ Amerikanische/Europäische Kaufoption
Put	Schließungsoption (Option to Abandon/Exit)	■ Option auf den Liquidationswert des Projektes gegen Aufgabe des Bruttobarwertes der zukünftigen Cash Flows ■ Amerikanische/Europäische Verkaufoption
Call / Put	Erweiterungs-/ Einschränkungsoption (Option to Abandon/Exit)	■ Option auf den Bruttobarwert der zusätzlichen Cash Flows (partiellen Liquidationswert) des Projekts gegen Zahlung der Investitionskosten (gegen Aufgabe der Cash Flows) ■ Amerikanische/Europäische Kaufoption (Verkaufoption)
Call und Put	Umstellungs-/Wechseloption (Option to Switch)	■ Portfolio aus Schließungs-/Einschränkungsoption auf die bestehende Aktivität einer Warte- bzw. Erweiterungsoption auf eine andere Handlungsalternative; simultane Ausübung
Call	Innovationsoption (Option to Innovate)	■ Durchführung einer Investition generiert Optionen auf Folgeprojekte ■ Option auf den Projektwert des Folgeprojektes gegen Akzeptanz des Nettowertes des Vorläuferprojektes (u.U. negativ) ■ Amerikanische/Europäische Kaufoption oder Verbundoption

Abbildung VII.27: Charakterisierung typischer Realoptionsrechte

5.4.3 Grenzen der Analogie

Die Optionsanalogie kann stets konzeptionell, d. h. als qualitatives Analyse- und Kommunikationsinstrument, genutzt werden. Bei einer instrumentellen Nutzung sind jedoch ihre Grenzen zu berücksichtigen. Die im Folgenden erläuterten Beschränkungen führen zu komplexeren Modellen oder verringern die Genauigkeit der ermittelten Ergebnisse. Komplexere Modelle werden z. B. bei mehreren Unsicherheitsquellen („rainbow options") erforderlich. Nur ungenaue Ergebnisse erhält man, wenn grundsätzliche Annahmen verletzt sind. Dies ist beispielsweise bei Marktunvollkommenheiten der Fall.

5.4.3.1 Marktunvollkommenheiten

Eine Finanzoption ist wertmäßig von einem oder mehreren zugrundeliegenden Finanztiteln abhängig. Diese werden als Basisinstrument oder „underlying" bezeichnet. Die eindeutige Bestimmbarkeit des auf den Finanzmärkten aktiv gehandelten und bewerteten Basisinstruments machen die Preisfindung bei Finanzoptionen vergleichsweise unproblematisch. Anders verhält es sich bei Realoptionen. Bestehen beispielsweise Optionsrechte auf lediglich imaginäre Basisinstrumente, die erst mit Ausübung der Option entstehen, treten zusätzliche Komplikationen auf. Wert und Volatilität des Basisinstrumentes müssen in diesem Fall auf Basis einer Discounted-Cash-Flow-Bewertung in Verbindung mit einer Monte-Carlo-Analyse bestimmt werden, was zu größeren Bewertungsbandbreiten führt.

Grenzen der Optionsanalogie werden ebenfalls deutlich, wenn das Basisinstrument zwar existiert, seine Wertentwicklung jedoch nicht mit gehandelten Finanzinstrumenten repliziert werden kann. Das Vorhandensein eines solchen Zwillingsportfolios ist jedoch nicht zwingend erforderlich, um eine risikoneutrale Bewertung durchführen zu können. Erforderlich ist dann aber die Annahme einer Gleichgewichtssituation auf vollständigen Märkten. Im kapitalmarkttheoretischen Sinn vollständige Märkte erlauben die Replizierung jedes denkbaren Auszahlungsprofils durch die Zusammenstellung gehandelter Finanztitel. Diese Annahme ist weniger restriktiv als sie zunächst erscheinen mag. Sie wird z. B. auch bei der Ermittlung der Kapitalkosten für DCF-Bewertungen getroffen. Offen bleibt jedoch zunächst die Frage nach der Bestimmung der Volatilität des betrachteten Vermögensgegenstandes.

Realwirtschaftliche Projekte werden darüber hinaus im Gegensatz zu Finanzoptionen nicht kontinuierlich gehandelt. Mangelnde Liquidität führt zu einem Renditeausfall („rate-of-return shortfall"), dem bei der Bewertung Rechnung zu tragen ist (beispielsweise Trigeorgis, 1996). Der Renditeausfall beeinflusst den Wert des Basisinstruments und somit den Wert aller von ihm abgeleiteten Realoptionen.

5.4.3.2 Komplexitätsprobleme

Im Vergleich zu den entsprechenden Finanzoptionen sind Realoptionen wesentlich komplexer, da beispielsweise Interaktionseffekte zwischen unterschiedlichen Realoptionen den Optionswert mitunter erheblich beeinflussen. Die Additivität der Optionswerte ist nicht gegeben, wenn die jeweils optimalen Ausübungsstrategien nicht unabhängig voneinander bestehen und bewertungsrelevante Parameter wechselseitigen Einflüssen unterliegen. Anschaulich wird dies im Falle einer Erweiterungsoption, die nicht mehr ausgeübt werden kann, sobald die Entscheidung zur Ausübung der Abbruchoption gefallen ist. Derartige Effekte müssen mittels dynamischer Programmierung explizit modelliert werden, was z. B. mit gängigen Binomial-Modellen oft problemlos möglich ist. Aus Praktikersicht stellen Interaktionseffekte kein unüberwindliches Hindernis dar, da die Analyse ohne erheblichen Genauigkeitsverlust auf die jeweils wesentlichen Optionen beschränkt werden kann. Die Nicht-Additivität führt im Regelfall zu sinkenden Wertbeiträgen zusätzlicher Optionen.

Keinesfalls handelt es sich bei Realoptionen immer um gewöhnliche Kauf- oder Verkaufoptionen. Neben den bereits genannten amerikanischen Verbundoptionen sind unter den exotischen Optionen vor allem sogenannte „Rainbow"-Optionen relevant, deren Wert von mindestens zwei Unsicherheitsfaktoren geprägt wird. Der Erfolg einer Produkteinführung kann beispielsweise von (unter Umständen miteinander korrelierten) Nachfrage- und Kostenrisiken abhängen (Copeland/Keenan, 1998a; Copeland/Keenan, 1998b). Gegebenenfalls muss auch mit sogenannten Multifaktormodellen gearbeitet werden, wenn beispielsweise neben dem Wert des Basisinstruments auch Volatilität oder Zinssätze stochastischen Einflüssen unterliegen. Deshalb ist der typische betriebswirtschaftliche Entscheidungsträger aufgrund mangelnder Methodenkenntnis häufig nur bedingt in der Lage, selbst eine Bewertung vorzunehmen oder detailliert nachzuvollziehen.

5.4.3.3 Wettbewerb

Einflüsse des Wettbewerbs auf existierende Realoptionen stellen ein weiteres Hindernis dar. Nicht nur die Laufzeit einer Option, sondern auch die bei Ausübung resultierenden Zahlungsströme ändern sich bei geteilter Optionshalterschaft. Offensichtlich verkürzt die Optionsausübung durch Wettbewerber die Laufzeit der Realoption und senkt den Wert des Basisinstrumentes. Jüngere Beiträge zur Realoptionsliteratur analysieren die Auswirkungen des Wettbewerbs mittels spieltheoretischer Modelle (Huisman, 2001). Bislang besteht jedoch kein anerkanntes, einheitlich anwendbares Verfahren zur systematischen Analyse solcher Problemstellungen. Dementsprechend ist eine gewisse Methodenwillkür zu konstatieren, die wiederum zur mangelnden Akzeptanz spieltheoretischer Ansätze in der Praxis beiträgt.

5.4.3.4 Endogenitätsprobleme

Der Basispreis, der bei Ausübung fällig wird, ist bei Realoptionen nicht a priori festgelegt. Das Management hat beispielsweise die Möglichkeit, Projekte beschleunigt oder verlangsamt durchzuführen. Ebenfalls können die Investitionskosten durch die Wahl der eingesetzten Technologien gesteuert werden. Im Falle deterministischer Investitionskosten kann ihr Barwert mittels dynamischer Programmierung ermittelt werden. Ansonsten muss die Bewertung auf der Basis des Wechseloptionsansatzes (Option, zwischen zwei stochastischen Cash Flows zu wechseln) erfolgen.

Unter gewissen Voraussetzungen unterliegt die Auflösung der Erfolgsunsicherheit der Beeinflussung des Managements. Beispielsweise können zusätzliche Informationen bezüglich Güte und Größe eines Ölfeldes mittels Explorationsbohrungen beschafft werden. Tierversuche können dazu dienen, etwaige Nebenwirkungen pharmazeutischer Substanzen zu ermitteln.

5.4.3.5 Agency-Probleme

Hauptaufgabe der Kapitalbudgetierung ist die Beschaffung sämtlicher bewertungsrelevanter Informationen. Anreizinkompatibilitäten können dabei zur beschönigenden Darstellung von Projekten durch die Projektverantwortlichen führen („sand bagging"). Dieses klassische „Moral-hazard"-Problem (Rubinstein/Yaari, 1983) wird bei Anwendung des Realoptionsansatzes unter Umständen verschärft, da die Menge bewertungsrelevanter Informationen zunimmt. Der Projektverantwortliche (Agent) kann seinen Informationsvorsprung nutzen, um die Geschäftsführung (Prinzipal) von der Vorteilhaftigkeit der Investition zu überzeugen, indem er den ökonomischen Wert des Projekts möglichst hoch ansetzt. Dementsprechend wird der Agent unter Umständen einen zu hohen inneren Wert und einen zu niedrigen Zeitwert der vorhandenen Realoptionen postulieren, so dass die sofortige Durchführung des Vorhabens zweckmäßig erscheint. Zudem kann der Agent Realoptionen mit einem zu hohen Wert veranschlagen und somit bereits begonnene Projekte ungeachtet eines negativen (statischen) Kapitalwertes am Leben erhalten.

5.5 Realoptionen bewerten

An die Identifikation der wesentlichen Realoptionen schließt sich als nächste Phase des Führungszyklus die Bewertung dieser Optionen an. Der spezifische Beitrag des Realoptionsansatzes zur Rationalitätssicherung wird besonders deutlich vor dem Hintergrund der Evolution der Bewertungsverfahren, die zu immer realitätsnäheren (und somit komplexeren) Modellen unternehmerischer Investitionsentscheidungen führt. Um eine Realoptionsbewertung durchführen zu können, ist zunächst ein geeignetes Optionspreisverfahren zu wählen. Weiter müssen die relevanten Parameter bestimmt und schließlich die Interaktion einzelner Optionsrechte berücksichtigt werden. Die Vorgehensweise wird im letzten Unterabschnitt am Beispiel des pharmazeutischen F&E-Prozesses veranschaulicht.

5.5.1 Evolution der Bewertungsverfahren

Zur Projektbewertung können eine Vielzahl von Verfahren der Investitionsrechnung herangezogen werden. Die in Abbildung VII.28 zusammengefassten Modellgenerationen unterscheiden sich primär dadurch, dass das Management in jeweils unterschiedlichem Maße in der Lage ist, die im Laufe des Projektes anfallenden Zahlungsströme zu steuern.

Modelle der ersten Generation basieren auf statischen Verfahren. Annahmegemäß werden sämtliche Entscheidungen vor Projektbeginn getroffen. Die Projektcharakteristika unterliegen im weiteren Verlauf nicht mehr dem Einfluss des Managements und sind daher als Datum zu betrachten. Dementsprechend ist ein Investitionsprojekt mit einer Anleihe vergleichbar, die durch eine bestimmte Wahrscheinlichkeitsverteilung der Zahlungsströme gekennzeichnet ist. Das Management hat nicht die Möglichkeit, diese Wahrscheinlichkeitsverteilung zu verändern. Zweifellos ist die Kapitalwertmethode das bekannteste Verfahren der ersten Generation. Nach angelsächsischem Vorbild spricht man auch häufig von „Discounted-Cash-Flow"-Verfahren (DCF) oder der „Net-Present-Value"-Regel (NPV). Investitionen sind nach dieser Vorschrift immer dann zu tätigen, wenn der risikoadjustierte NPV positiv ist.

Erste Generation	Zweite Generation	Dritte Generation
■ Statische Modelle	■ Dynamische Modelle	■ Spieltheoretische Modelle
Grundannahmen	**Grundannahmen**	**Grundannahmen**
■ Cash Flows sind sicher oder unterliegen exogener Unsicherheit ■ Keine Handlungsflexibilitäten, um auf exogene Unsicherheiten zu reagieren (Verteilung der Cash Flows ist gegeben)	■ Cash Flows unterliegen exogener Unsicherheit und sind (zumindest teilweise) kontrollierbar (Verteilung der Cash Flows kann beeinflusst werden) ■ Beziehungen zwischen Umweltzuständen und optimalem Verhalten werden bei Bewertung *a priori* berücksichtigt	■ Unsicherheit kann exogen und endogen sein ■ Cash Flows sind bezüglich beider Unsicherheiten kontrollierbar ■ Auf exogene Unsicherheiten kann reagiert werden *(Game Against Nature)* ■ Endogene Unsicherheiten können ex ante beeinflußt werden *(Game Against Competition)*
Beispiele	**Beispiele**	**Beispiele**
■ Discounted Cash Flow (DCF) / Net Present Value-Methode	■ Entscheidungsbaumanalyse ■ Dynamische Monte-Carlo-Analyse	■ Verknüpfung dynamischer Modelle mit spieltheoretischen Ansätzen
Probleme	**Probleme**	
■ Cash Flows sind zumindest teilweise kontrollierbar	■ Möglichkeiten, auf exogene Risiken zu reagieren verändern Risikoprofil; Einfluss auf Diskontsatz?	
	Lösung: Optionspreisverfahren	**Integrierbarkeit des Realoptionsansatzes**

Abbildung VII.28: Evolutorische Entwicklung der Bewertungsmethoden

Gegenüber statischen Verfahren sind Modelle der zweiten Generation durch die explizite Berücksichtigung exogener Risiken gekennzeichnet Dies erfordert die Einbeziehung der Fähigkeit des Managements zu strategischem Handeln. Entscheidungen werden nicht bereits vor Projektbeginn, sondern in Abhängigkeit zukünftiger Umweltzustände getroffen. Dynamische Erweiterungen der Kapitalwertmethode sind beispielsweise die Entscheidungsbaumanalyse („Decision Tree Analysis", DTA) sowie die Monte-Carlo-Simulation unter Einbeziehung von Entscheidungsregeln. Beide Verfahren liefern keine überzeugende Antwort auf die Frage nach dem angemessenen Diskontierungssatz. Dieser muss in Abhängigkeit von Ereignissen und Entscheidungen im Zeitablauf angepasst werden, um dem sich verändernden Risikoprofil des Projektes Rechnung zu tragen. Zudem ist bereits die Anwendung bei einfachen Problemstellungen durch einen hohen Komplexitätsgrad gekennzeichnet.

Modelle der dritten Generation berücksichtigen die Endogenität gewisser Unsicherheitsfaktoren, die dem Einfluss des Managements unterliegen. Beispielsweise sinkt das Wettbewerbsrisiko, wenn die beschleunigte Durchführung eines F&E-Projektes Wettbewerber von der Durchführung eigener Projekte Abstand nehmen lässt. Da die Operationalisierung spieltheoretischer Modelle erhebliche Probleme aufwirft, sind Verfahren der dritten Generation in der Praxis bislang von lediglich marginaler Bedeutung.

Realoptionsverfahren sind geeignet, gewissen Schwierigkeiten zu begegnen, die bei Modellen der ersten und zweiten Generation auftreten. Dies schließt die Berücksichtigung von Handlungsflexibilität und die Bestimmung des angemessenen Diskontierungssatzes ein. Die Integration in spieltheoretische Modelle ist möglich, aber methodisch anspruchsvoll.

5.5.2 Wahl des Verfahrens

Im Anschluss an die Identifikation der Realoptionen ist ein geeignetes Bewertungsverfahren zu wählen. Trotz der methodischen Überlegenheit des Realoptionsansatzes können praktische Überlegungen in bestimmten Fällen für den Einsatz eines einfacheren Verfahrens sprechen, mit dem das Management bereits vertraut ist. Der in Abbildung VII.29 gezeigte Bezugsrahmen kann die Verfahrenswahl erleichtern. Liefern traditionelle Verfahren keine zuverlässigen Ergebnisse, ist der Einsatz des Realoptionsverfahrens besonders zu empfehlen. Dies ist immer dann der Fall, wenn ein Projekt gleichermaßen durch hohe Flexibilität als auch Unsicherheit gekennzeichnet ist. Umgekehrt liefern bei einem vergleichsweise geringen Maß an Unsicherheit und Flexibilität bereits traditionelle Verfahren der Kapitalbudgetierung brauchbare Ergebnisse. Herrscht zwar große Unsicherheit, besteht aber gleichzeitig nur wenig Flexibilität, können Sensitivitätsanalysen und Monte-Carlo-Simulationen zum Einsatz kommen. Bei lediglich technischer Unsicherheit, d. h. in Abwesenheit marktkorrelierter Unsicherheitsfaktoren, stellt die dynamische Kapitalwertmethode eine gangbare Alternative zum Realoptionsansatz dar.

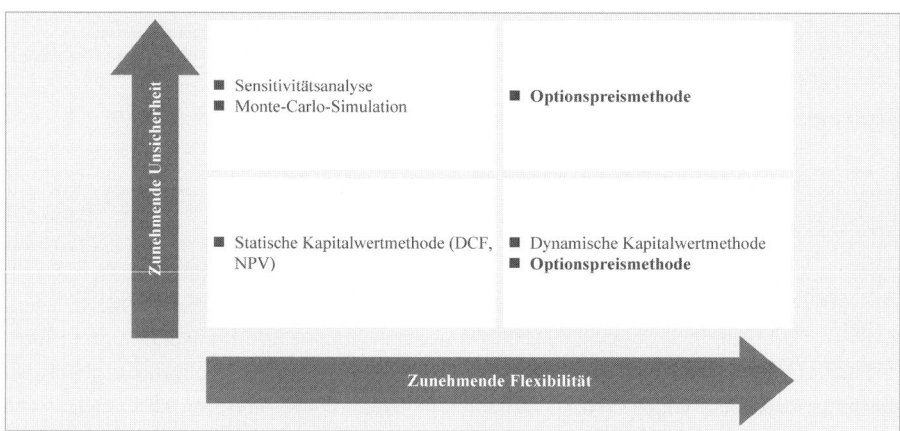

Abbildung VII.29: Traditionelle Methoden vs. Optionspreismethoden

Ist einmal die grundsätzliche Entscheidung zugunsten des Realoptionsansatzes gefallen, sieht sich der Praktiker mit einer Vielzahl von Optionspreismodellen konfrontiert. Vereinfachend kann die Betrachtung auf diejenigen Methoden beschränkt werden, die für den praktischen Einsatz von unmittelbarer Relevanz sind: Analytische Verfahren und sogenannte

„Lattice"-Ansätze. Beide sind hinreichend transparent für den Anwender, liefern genaue Ergebnisse und sind vielfältig einsetzbar. Gleichzeitig weisen die genannten Methoden eine vergleichsweise niedrige Komplexität auf und stellen keine übermäßigen Anforderungen an die Vorkenntnisse der Anwender. Einen umfassenderen Methodenüberblick liefert z. B. HULL (Hull, 1997).

5.5.2.1 Analytische Verfahren

Analytische Verfahren basieren auf geschlossenen Formeln für spezielle Bewertungsprobleme. Prominentestes Beispiel analytischer Optionspreisverfahren ist die „Black-Scholes-Gleichung" zur Bewertung europäischer Kauf- und Verkaufoptionen. (Black/Scholes, 1973; Merton, 1973) Vor allem der geringe Rechenaufwand sowie vordergründig geringe Anforderungen an das Know-how der Anwender sprechen für den Einsatz analytischer Verfahren. Die Kehrseite der Medaille ist das vielzitierte „Black-Box-Problem". Anwender sind unter Umständen versucht, nur eine oberflächliche Analyse der Entscheidungssituation durchzuführen und beschränken sich auf die unreflektierte Anwendung der Methode. Relativ restriktive Prämissen begrenzen den Anwendungsbereich dieser Optionspreismodelle auf bestimmte Spezialfälle. Allerdings sind analytische Verfahren prinzipiell geeignet, Näherungslösungen („Quick-shot-" oder „Back-of-the-envelope-"Werte) zu liefern, die den Ausgangspunkt einer detaillierteren Untersuchung bilden können.

5.5.2.2 Lattice-Verfahren

Lattice-Ansätze haben sich als Standardverfahren der Realoptionsbewertung für den Praktiker etabliert. Die kontinuierliche Wertentwicklung des Basisinstrumentes wird durch einen diskreten Prozess angenähert. Zu diesem Zweck wird die Laufzeit der Option in gleich große Intervalle unterteilt. Das Modell von COX, ROSS und RUBINSTEIN ist das wohl bekannteste Lattice-Verfahren, das die Wertentwicklung mit Hilfe eines Binomialprozesses charakterisiert. (Cox/Rubinstein/Ross, 1979) Mit einer (Zustands-)Wahrscheinlichkeit von p steigt der Wert des „underlying" von S auf uS oder fällt andernfalls auf dS. Daher wird dieses Modell auch als *Binomialmodell* bezeichnet.

Ebenfalls gebräuchlich sind *Trinomialmodelle* oder logarithmierte Varianten, die verbesserte numerische Eigenschaften aufweisen. Solche Methoden sind besonders anschaulich, weil sie in Form von Ereignisbäumen darstellbar sind, die periodenweise mögliche Zustände des Basisinstrumentes einschließlich ihrer Entrittswahrscheinlichkeiten spezifizieren.

Ausgehend von Zustandsbaum des „underlying" wird ein zweiter Baum entwickelt, der der Abbildung des Optionswertes dient. Beginnend mit den Blättern des Baumes wird geprüft, zu welcher Auszahlung („payoff") die Ausübung der Option führt und ob diese bei gegebenem Ausübungspreis vorteilhaft ist. Die so ermittelten Zahlungsströme werden anschließend gemäß dem Prinzip der dynamischen Programmierung abgezinst. Die Herstellung eines risikofreien Hedge-Portfolios erlaubt – wie das nachfolgende Beispiel illustriert – die Verwendung des risikolosen Zinssatzes bei der rekursiven Bestimmung des Optionswertes.

Anstelle des Zinssatzes werden implizit die Zustandswahrscheinlichkeiten des Ereignisbaumes angepasst, so dass dem spezifischen Risiko des Projektes Rechnung getragen wird. Durch die Heranziehung von Kapitalmarktdaten bei der Bestimmung entscheidender Parameter wird zudem die Verwendung nicht objektivierbarer Risikonutzenfunktionen in vielen Fällen überflüssig.

Zwei wesentliche Eigenschaften der Lattice-Verfahren zeichnen diese gegenüber anderen Modellen aus:

- Modelle in diskreter Zeit stellen geringere Anforderungen an die mathematischen Kenntnisse der Anwender als Modelle in kontinuierlicher Zeit. Eventuelle Genauigkeitsverluste sind bei korrekter Anwendung in der Regel vernachlässigbar.

- Durch die Verwendung der Lattice-Verfahren ist der Anwender gezwungen, eine detaillierte Analyse der Entscheidungssituation durchzuführen. Diese Vorgehensweise, die in wesentlichen Teilen der dynamischen Kapitalwertmethode entspricht, sorgt für erhöhte Transparenz und ermöglicht somit eine ökonomisch konsistente und intersubjektiv verifizierbare Bewertung.

Allerdings kommen Geschäfte an den Finanzmärkten nur für marktbezogene Risiken als Hedging-Instrument in Frage. Spielen auch technische Risiken eine bedeutende Rolle, sind Optionspreisverfahren sinnvoller Weise mit einer herkömmlichen Entscheidungsbaumanalyse zu kombinieren. Die Unterscheidung zwischen technischem Risiko und Marktrisiko ist vor allem bei der Bewertung von F&E-Projekten relevant. (Reinhardt, 1997)

5.5.3 Bestimmung der Parameter

Wie bei allen Verfahren der Kapitalbudgetierung sind die Eingabewerte auch beim Realoptionsansatz von zentraler Bedeutung. Welche Parameter zur Ermittlung des Optionswertes erforderlich sind, ergibt sich aus dem verwendeten Optionspreismodell. Grundsätzlich sind diejenigen Eingabewerte zu betrachten, die auch für Finanzoptionen wertbestimmend sind (siehe Abschnitt 5.4.1) Hierzu zählen der risikolose Zinssatz, Wert und Volatilität des Basisinstrumentes, Ausübungspreis, Laufzeit und dividendenähnliche Auszahlungen, die den Optionswert verändern.

Da Optionspreisverfahren auf dem Prinzip der risikoneutralen Bewertung basieren, wird mit dem *risikolosen Zinssatz* diskontiert. In den meisten Fällen ist seine Bestimmung problemlos. Die Referenzanleihe eines Schuldners von bester Bonität (z. B. Bundesanleihen) sollte in Laufzeit und Währung der zu bewertenden Realoption entsprechen.

Zur Berechnung des *Projektwertes* werden die erwarteten Einzahlungsüberschüsse mit dem Kapitalkostensatz des Unternehmens diskontiert. Etwaige Optionsprämien sind nicht in die Kalkulation einzubeziehen. Maßgeblich ist der Wert, der dem zugrunde liegenden Gegenstand ohne Flexibilität beizumessen ist. Im Falle eines F&E-Projektes ist dies beispielsweise der Bruttobarwert bei erfolgreicher Durchführung.

Der *Ausübungspreis* besteht in der zur Optionsausübung erforderlichen Investition. Es sind nur diejenigen Investitionskosten anzusetzen, die bei sofortiger und schnellstmöglicher

Durchführung anfallen. Eventuelle Warteoptionen sind unabhängig vom Ausübungspreis explizit zu modellieren.

Nicht immer ist die *Laufzeit* der Realoption durch ein bestehendes Patent oder eine Lizenz exogen gegeben. In einem dynamischen Bewertungsumfeld haben Wettbewerb und technologische Entwicklung potenziell einen erheblichen Einfluss. Mit Ausnahme des in der Praxis selten anzutreffenden Monopolfalls ist von geteilter Optionshalterschaft auszugehen. Konkurrierende Unternehmen verfügen über ähnliche Realoptionen, so dass wechselseitige strategische Abhängigkeiten einer präzisen Bestimmung der Laufzeit entgegenstehen. Zusätzlich bietet sich die Möglichkeit, Wettbewerbsrisiken in die Bestimmung des Volatilitätsparameters einfließen zu lassen oder auch Dividenden ähnliche Auszahlungen in das Modell aufzunehmen.

Solche *Dividenden ähnlichen Auszahlungen* entsprechen den Opportunitätskosten, welche bei Nichtausübung der Option in Kauf zu nehmen sind. Neben Wettbewerbseffekten stellen Zinsnachteile durch das spätere Eintreten von Cash Flows eine mögliche Ursache von Gewinneinbußen dar. Im Anwendungsbereich der Rohstoffindustrie wird hierunter auch der sogenannte „convenience yield" subsumiert, von dem nur der unmittelbare Besitzer eines Rohstoffes profitiert.[74] Wird der Einfluss des Wettbewerbs in Form von Dividenden modelliert, handelt es sich um eine lediglich exogene Berücksichtigung strategischer Interdependenzen. Von einer Einführung in spieltheoretische Modelle, die durch eine Endogenisierung des Wettbewerbs gekennzeichnet sind, wird allerdings an dieser Stelle abgesehen.[75]

Die Bestimmung der *Volatilität* stellt eine erhebliche Herausforderung dar. Große Nähe des Projektes zu den Finanzmärkten ermöglicht den Zugriff auf zuverlässiges Datenmaterial. Beispielsweise bietet es sich in der Rohstoffindustrie an, Terminmarktpreise zu betrachten und auf die Modellierung des zugrunde liegenden Projektwertes zu verzichten. Anderenfalls muss der Anwender nach vergleichbaren Projekten Ausschau halten. Diese Vorgehensweise entspricht im Wesentlichen der Bestimmung der Kapitalkosten mittels des CAPM. Ein Pharma-Unternehmen könnte beispielsweise auf die historische Volatilität von Pharma-Aktien zurückgreifen. Allerdings wird die Volatilität der Aktienkurse durch die Kapitalstruktur („leverage") der Vergleichsunternehmen mitbeeinflusst. Zudem betreiben nicht nur Pharma-Unternehmen eine Diversifikation ihres F&E-Portfolios, was für zu zusätzliche Ungenauigkeit sorgt. Die Tatsache, dass für die Optionsbewertung das Gesamtrisiko und nicht etwa nur das systematische Risiko maßgeblich ist, macht häufig eine Monte-Carlo-Simulation erforderlich. Sie ermöglicht die explizite Modellierung wesentlicher Projektrisiken und liefert die durchschnittliche Rendite des Projektes und deren Standardabweichung.

5.5.4 Interaktion einzelner Optionsrechte

Bei realwirtschaftlichen Projekten verfügt die Unternehmensleitung in aller Regel über eine Vielzahl von Realoptionen. Da einzelne Optionswerte fast nie additiv sind, muss eine Ge-

---

[74] Der Convenience Yield besitzt eine stochastische Komponente (Schwartz, 1997).
[75] Einen repräsentativen Überblick liefert beispielsweise GRENADIER (Grenadier, 2000).

samtbewertung des Bündels vorgenommen werden. Je höher die Wahrscheinlichkeit, dass Optionen gemeinsam ausgeübt werden, desto bedeutender ist die Rolle von Interaktionseffekte bei der Bewertung der Handlungsflexibilität.

In diesem Zusammenhang kann zwischen Inter- und Intra-Projekt-Interaktion unterschieden werden. Im Falle der Intra-Projekt-Interaktion sind vorwärts und rückwärts gerichtete Wechselwirkungen von Bedeutung.

- **Rückwärts gerichtete Interaktion:** Nachgelagerte Optionen wirken sich werterhöhend auf das Basisinstrument aus und beeinflussen somit die optimale Ausübungsstrategie. Der Wert einer Kaufoption wird dementsprechend durch die Existenz nachgelagerter Optionen erhöht, während der Wert einer Verkaufoption sinkt.

- **Vorwärts gerichtete Interaktion:** Offensichtlich beeinflusst die Ausübung einer Realoption den Wert des Basisinstruments und folglich ebenso den nachgelagerter Optionen. Sehr vereinfachend dargestellt, steigt bei Ausübung einer Kaufoption der Wert des „underlying", weshalb der Wert nachgelagerter Kaufoptionen zunimmt. Zu negativen Interaktionen kommt es bei Verkaufoptionen.

In den meisten Fällen ist mit überwiegend negativen Wechselwirkungen zu rechnen. Lediglich sequenzielle Optionsrechte, die z. B. für die Forschung und Entwicklung typisch sind, führen zu Erweiterungen des Basisintrumentes und steigern den Gesamtwert des Optionsportfolios.

Als allgemeine Regel gilt, dass der Wertbeitrag zusätzlicher Realoption mit der Zahl bereits berücksichtigter Realoptionen abnimmt. Daher führt die Beschränkung der Analyse auf wesentliche Handlungsflexibilitäten eines Projektes in der Regel zu keiner erheblichen Fehlbewertung. Wurden in einem ersten Schritt sämtliche Realoptionen identifiziert und qualitativ beschrieben, sind deshalb in einem zweiten Schritt diejenigen Realoptionen auszuwählen, die sowohl einen nachhaltigen Einfluss auf den Projektwert haben als auch zuverlässig bewertbar sind. Nur diese sollten einer detaillierten quantitativen Analyse unterzogen werden.

Schließlich sind Interaktionseffekte zwischen einzelnen Projekten (Inter-Projekt-Interaktionen) zu berücksichtigen. Ihre Behandlung ist methodisch anspruchsvoll und kann aufwändige numerische Verfahren erfordern. Insbesondere müssen Interaktionen eindeutig spezifizierbar sein, was in der Praxis nur ausnahmsweise der Fall ist.

5.5.5 Anwendung bei einem pharmazeutischen F&E-Prozess

Für gewöhnlich wird der pharmazeutische F&E-Prozess in unterschiedliche Phasen aufgeteilt. Die Forschung dient der Generierung von Wissen über Wirkungszusammenhänge zwischen einer pharmazeutischen Substanz („lead compound") und dem ebenfalls zu ermittelnden *Target*. Im Laufe der präklinischen Entwicklung durchläuft die Substanz eine Vielzahl von Tests, wobei regelmäßig Tierversuche eine besondere Rolle spielen. Bleiben erhebliche toxische Nebenwirkungen aus und legen die Ergebnisse der Untersuchungen die Wirksamkeit des „lead compound" nahe, werden Versuche an gesunden Testpersonen durchgeführt. Diese Phase (Phase I), welche selbstverständlich auch einer behördlichen Genehmigung bedarf, dient der Überprüfung der grundsätzlichen Verträglichkeit. Wurde Phase I erfolgreich abgeschlossen, kann die Substanz anschließend einer etwas größeren Zahl von Testpatienten verabreicht werden, die dem jeweiligen Krankheitsbild entsprechen (Phase II). Hauptziel ist hierbei die Feststellung der Wirksamkeit sowie die Ermittlung der optimalen Dosis. In Phase III finden groß angelegte klinischen Studien statt, die statistisch signifikante Erkenntnisse bezüglich der Wirksamkeit des Medikaments ermöglichen und Aufschluss über die Langzeitwirkung der Substanz liefern. Letzter Schritt des F&E-Prozesses ist die Anmeldung der Medikaments bei den Aufsichtbehörden. Die bei weitem überwiegende Zahl der „lead compounds" erreicht diese Phase nicht. Von 10.000 präklinischen Substanzen werden im Durchschnitt nur 25 am Menschen getestet und lediglich eine einzige Substanz wird zur Marktreife weiterentwickelt.

Unter Berücksichtigung der extrem geringen Erfolgswahrscheinlichkeit und des immensen Zeitbedarfs von wenigstens zehn Jahren sind die Gesamtkosten eines neuen Medikamentes mit mehr als € 500 Mio. zu veranschlagen. Die Abbruchentscheidung ist dementsprechend von zentraler Bedeutung für das Management solcher (und anderer) F&E-Projekte. Der Realoptionsansatz kann vor diesem Hintergrund eine wertvolle Entscheidungshilfe darstellen.

Ein vereinfachtes Beispiel soll die wesentlichen Schritte der Bewertungsmethode veranschaulichen.

Die klinischen Tests der Phase II wurden erfolgreich abgeschlossen. Folgendes Entscheidungsproblem ist nun durch die Controlling- und F&E-Abteilungen des Unternehmens zu lösen.

- Die letzten klinischen Tests der Phase III erfordern eine Investition in Höhe von € 5 Mio.
- Soll die Fabrikanlage mit ausreichender Kapazität für die Produktion des Medikaments ausgestattet werden, entstehen weitere Kosten in Höhe von € 15 Mio..
- Phase III kann nur zum Erfolg oder Misserfolg des Projektes führen.
- Die Erfolgswahrscheinlichkeit der Phase III beträgt 40 %.
- Die Dauer der Phase III beträgt ein Jahr.
- Im Falle eines technischen Erfolges kann das Unternehmen mit einem Zahlungsstrom in Höhe von € 45 Mio. rechnen, der dem Barwert des Nettoerlöses aus dem Verkauf des Medikaments entspricht.
- Umgekehrt bietet sich dem Unternehmen bei einem Misserfolg die Möglichkeit, die errichteten Anlagen einer sekundären Verwendung zuzuführen und auf diesem Wege immerhin noch € 4,5 Mio. einzunehmen.
- Analysen haben ergeben, dass die Kapitalkosten vergleichbarer Projekte 25 % betragen.

Zunächst sei eine „Jetzt-oder-Nie"-Situation betrachtet, in der die Unternehmensleitung über die sofortige Durchführung der Maßnahme entscheidet. Auf Basis eines Nettobarwertes von € −3,44 Mio. ist das Investitionsprojekt abzulehnen:

$$NPV = -20 + \frac{0,4 \cdot 45 + 0,6 \cdot 4,5}{1 + 0,25} = -3,44.$$

Die Erweiterung des obigen Beispiels zur Entscheidungsbaumanalyse verdeutlicht die Ursprünge des Realoptionsansatzes. Besitzt das Unternehmen eine Lizenz oder ein Patent, das es ihm ermöglicht, die Entscheidung über den Bau der Fabrik ein Jahr aufzuschieben, können zusätzliche Informationen, welche erst nach Durchführung der klinischen Tests zur Verfügung stehen, berücksichtigt werden. Der Nettobarwert steigt deshalb auf €°4,6°Mio. Die einfache NPV-Regel vernachlässigt die vorhandene Handlungsflexibilität und führt folglich zur Unterbewertung. Wie Abbildung VII.30 zu entnehmen ist, besteht die optimale Handlungsstrategie im unmittelbaren Eintritt in die klinische Testphase. Im Falle eines Misserfolges wird auf den Ausbau der Kapazitäten verzichtet.

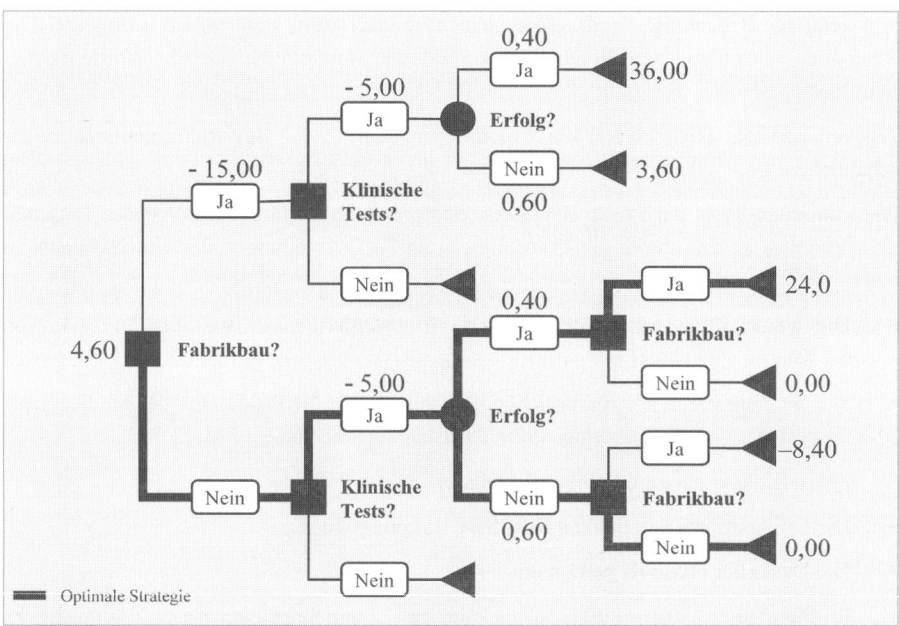

Abbildung VII.30: Beispielrechnung Entscheidungsbaumanalyse

Während bei der Entscheidungsbaumanalyse mit einem konstanten Kapitalkostensatz diskontiert wird, beruht das Realoptionsverfahren auf einer Arbitrageüberlegung. Existiert ein Zwillingsportfolio, welches eine identische Risikostruktur wie das zu bewertende Projekt aufweist, müssen auch die Renditen beider Anlagemöglichkeiten übereinstimmen. Der Wert des Zwillingsportfolios entspricht deshalb dem fairen Wert des Projektes.

Obwohl die Annahme eines solchen Zwillingsportfolios, welches in allen Umweltzuständen die gleichen Auszahlungen wie das Projekt generiert, sehr restriktiv erscheint, ist sie auch für die Anwendung der Kapitalwertmethode erforderlich. Der Kapitalkostensatz wird bei der NPV-Regel üblicherweise durch die Analyse vergleichbarer Unternehmen bestimmt. In Abwesenheit gehandelter Vergleichsunternehmen mit annähernd identischem Risikoprofil ist daher eine kapitalmarktkonforme Ermittlung der risikoadäquaten Mindestrendite nicht möglich.

Es existiere ein Zwillingsportfolio T, das unabhängig vom Erfolg oder Misserfolg der klinischen Tests in allen Umweltzuständen den vierfachen Wert des Investitionsprojektes aufweist und das aktuell einen Marktwert von € 66,24 Mio. besitzt. Kombiniert mit einer risikolosen Anleihe B kann dieses Portfolio verwendet werden, um das Auszahlungsprofil des Projektes C exakt zu replizieren. Bei einem risikolosen Zinssatz von 5 % ergibt sich folgendes Gleichungssystem:

$$\Delta \cdot T_{\text{Erfolg}} + (1+r) \cdot B = C_{\text{Erfolg}} \Rightarrow \Delta \cdot 180 + (1+0,05) \cdot B = 30,$$
$$\Delta \cdot T_{\text{Misserfolg}} + (1+r) \cdot B = C_{\text{Misserfolg}} \Rightarrow \Delta \cdot 18 + (1+0,05) \cdot B = 0.$$

Hierbei repräsentiert Δ die sogenannte „hedge ratio". Beide Umweltzustände sind durch entsprechende Indizes gekennzeichnet.

Auflösen liefert die Zusammensetzung des "Hedge"-Portfolios:

$$\Delta = 0,19 \Leftrightarrow \frac{1}{\Delta} = 5,40,$$

$$B = -3,17.$$

Folglich wird durch den Leerverkauf von 5,4 Einheiten des zu bewertenden Projektes bei gleichzeitigem Erwerb einer Einheit des Zwillingsportfolios ein risikoloses „Hedge"-Portfolio hergestellt. In jedem Fall ist in der Folgeperiode mit einer Auszahlung in Höhe von € 18 Mio. zu rechnen. Aufgrund der Risikolosigkeit des Portfolios kann mit dem risikolosen Zinssatz diskontiert werden. Zusätzlich sind die Kosten der klinischen Forschung zu berücksichtigen:

$$T - 5,40 \cdot C = \frac{18,00}{1,05} \Leftrightarrow C = \frac{66,24 - 17,14}{5,40} = 9,09,$$

Projektwert $= 9,09 - 5,00 = 4,09$.

Der gleiche Wert ergibt sich auch unter Verwendung eines alternativen Portfolios. Hierfür sind 0,19 Einheiten des Zwillingsportfolios zu erwerben und ein Kredit in Höhe von € 3,17 Mio. aufzunehmen. Die Zahlungsströme der Folgeperiode entsprechen denen der betrachteten Anlagemöglichkeit. Ihr Wert gleicht deshalb dem Wert des „Hedge"-Portfolios abzüglich der in der klinischen Forschung anfallenden Kosten:

$0,19 \cdot 66,24 - 3,17 - 5,00 = 4,09$.

Herkömmliche DCF-Verfahren sind offensichtlich nicht geeignet, Handlungsflexibilitäten des Managements unter Unsicherheit adäquat zu bewerten. Zwar verbessern Erweiterungen der Kapitalwertkalküls die Entscheidungsqualität, doch kann die unzureichende Berücksichtigung des sich im Zeitablauf verändernden Risikoprofils zu Fehlbewertungen führen. Die

Realoptionsmethode erfordert gegenüber der traditionellen DCF-Verfahren prinzipiell keinerlei zusätzliche Annahmen. Sie ist aus diesem Grund immer dann in Betracht zu ziehen, wenn die Zuverlässigkeit der Barwertmethode unterstellt wird.

Der Vollständigkeit halber sei betont, dass bei den vorangegangenen Erläuterungen von einer Unterscheidung zwischen technischen Risiken und Marktrisiken abgesehen wurde. Zur besseren Veranschaulichung der Bedeutung des Replikationsportfolios wurde zudem auf eine volatilitätsbezogene Sichtweise verzichtet.[76]

Zusammenfassend können die unterschiedlichen Verfahren der Investitionsbewertung folgendermaßen charakterisiert werden:

- **Kapitalwertmethode:** Sie basiert auf einem einzigen Zukunftsszenario. Sämtliche Handlungsmöglichkeiten und Risiken müssen implizit in die Cash-Flow-Prognose oder den Diskontierungssatz einfließen. Investitionsentscheidungen können ausschließlich entsprechend einer „Jetzt-oder-Nie"-Logik gefällt werden.

- **Sensitivitätsanalyse und herkömmliche Monte-Carlo-Simulation:** Diese Methoden erfassen weder die Handlungsflexibilität der Unternehmensleitung noch liefern sie einen Projektwert. Sensitivitätsanalysen zeigen im engeren Sinn die Abhängigkeit des statischen DCF-Werts von einzelnen Parameterannahmen auf. Sie können jedoch auch in erweiterter Form als Szenarienanalysen eingesetzt werden, so dass ein Vergleich verschiedener Umweltzustände und Strategieansätze möglich ist. Ergebnis der Monte-Carlo-Analyse ist eine Wahrscheinlichkeitsverteilung. Die Interpretation der Verteilung bleibt dem Anwender überlassen, der z. B. Erwartungswert und Varianz bei seiner Entscheidung zu berücksichtigen hat.

- **Entscheidungsbaumanalyse:** Hauptproblem der DTA ist die Bestimmung eines kapitalmarktgerechten Diskontsatzes, der sich verändernde Rahmenbedingungen in adäquater Weise widerspiegelt. Die einfache Anwendung eines konstanten Kapitalkostensatzes liefert inkonsistente Resultate.

- **Optionspreismodelle:** Sie umgehen Schwierigkeiten bei der Bestimmung des korrekten Diskontsatzes durch ein Arbitragekalkül. Die Interaktionen von Unsicherheit und Flexibilität findet auf kapitalmarktkonforme Weise Berücksichtigung. Das Prinzip der risikoneutralen Bewertung erfordert entgegen einem verbreiteten Missverständnis nicht die Risikoneutralität des Bewerters.

---

[76] Die Volatilität des „underlying" σ dient im Modell von Cox, Ross und Rubinstein der Bestimmung der Multiplikatoren u und d sowie der (risikoneutralen) Zustandswahrscheinlichkeit p mittels folgender Formeln:

$$u = e^{\sigma\sqrt{\Delta t}} = 1/d,$$
$$R = e^{r\Delta t},$$
$$p = \frac{R-d}{u-d}.$$

Hierbei bezeichnet R den Diskontsatz, r den risikolosen Zinssatz und Δt die Länge eines Zeitintervalls. Für eine umfassendere Einführung in diese Thematik und andere Aspekte der Theorie und Praxis des Realoptionsansatzes vergleiche HOMMEL/SCHOLICH/BAECKER (Hommel/Scholich/Baecker, 2002).

5.6 Realoptionen „managen"

Letzter Schritt im Führungszyklus ist das Management von Realoptionen. Es verknüpft Unternehmensfinanzierung mit Unternehmensstrategie und erfüllt somit die 1984 von MYERS gestellte Forderung nach einer ganzheitlichen Betrachtung von *Corporate Finance* und *Corporate Strategy*. (Myers, 1984)

Viele strategische Denkansätze, unter ihnen die klassischen Arbeiten von PORTER, sind durch die Betrachtung einer statischen Umwelt gekennzeichnet, an die sich das Unternehmen anzupassen hat. Ein eher inkrementeller Prozess der Strategieformulierung findet sich bei Ansätzen, welche die Interdependenz von Unternehmensstrategie und Wettbewerb betonen (evolutorische Unternehmensführung). (Mintzberg, 2000)

Der Nutzen des Realoptionskonzeptes wir in der pharmazeutischen Industrie besonders deutlich. Während Budgetentscheidungen vielfach noch im Jahresrhythmus getroffen werden, legt der Realoptionsansatzes einen Planungsprozess nahe, der mit dem Schlagwort „discovery-based planning" bezeichnet werden kann. Diese Form der Planung ist an gewissen Meilensteine orientiert, deren Erreichen die Auflösung wesentlicher Projektunsicherheiten voraussetzt. Ebenso sind „project reviews" bei Veränderungen der Marktlage und des Wettbewerbsumfeldes durchzuführen.

In unsicheren und dynamischen Märkten ist der Beitrag eines Projektes zum Shareholder Value nicht immer leicht zu ermitteln. Diese Schwierigkeit führt zu einer gewissen Willkür und macht strategische Planung und Budgetierung zu einer politischen Angelegenheit. Eine klassische Aufgabe des (strategischen) Controlling besteht dementsprechend darin, unter diesen Voraussetzungen die Rationalität der Entscheidungsfindung sicherzustellen. Zu diesem Zweck kann die strategische Unternehmensführung der Disziplin der Finanzmärkte unterworfen werden. Dies ist auch der Grundgedanke des wertorientierten Management. Konsequenterweise ist die aktuelle Marktkapitalisierung eines Unternehmens als entscheidende Zielgröße zu betrachten. Sie reflektiert die Erwartungen der Kapitalmärkte bezüglich zukünftigen Wachstums und Profitabilität. Getreu der Maxime des VBM sind alle Maßnahmen auf ihre Konsistenz mit dem Ziel der Wertmaximierung hin zu überprüfen, so dass die Erwartungen der Aktionäre erfüllt oder sogar übertroffen werden. Die Finanzmärkte tragen auf diese Weise zur Disziplinierung der Strategiefindung und Budgetierung bei. Nicht subjektive Einschätzungen, sondern intersubjektiv verifizierbare Marktdaten dienen der Quantifizierung strategisch relevanter Unsicherheiten. Ein Unternehmen der Erdölbranche, das angesichts niedriger Ölpreise über die Schließung oder temporäre Stilllegung besonders kostenintensiver Ölquellen nachdenkt, kann den Realoptionsansatz zur Bestimmung einer optimalen „operating policy" heranziehen. Eine konsistente Basis liefern die Finanzmärkte mit Informationen über zukünftige Ölpreise.

Ein weiterer Anwendungsbereich des Realoptionsansatzes ist die Analyse von M°&°A-Maßnahmen. Das Unternehmen verbessert seine Wettbewerbsposition, indem es Realoptionen erwirbt, deren entscheidende Werttreiber es aufgrund komparativer Vorteile besonders erfolgreich beeinflussen kann. Fehlen dem Unternehmen die zum proaktiven Management einer Realoption erforderlichen Fähigkeiten, sollte es entweder die notwendigen Kompetenzen durch Zukauf erwerben oder aber die Realoption an Unternehmen mit entsprechendem Know-how („natural owner") weiterveräußern.

Während der Wert von Realoptionen in der akademischen Literatur vorwiegend in der Möglichkeit gesehen wird, auf Umweltveränderungen zu reagieren, verfügt die Unternehmensleitung in der Praxis über gewisse strategische Spielräume bei der Gestaltung des Optionsportfolios. Durch geeignete Maßnahmen können fast sämtliche Parameter zum Vorteil des Unternehmens verändert werden. Abbildung VII.31 veranschaulicht Möglichkeiten des am Shareholder Value ausgerichteten Managements von Realoptionen.

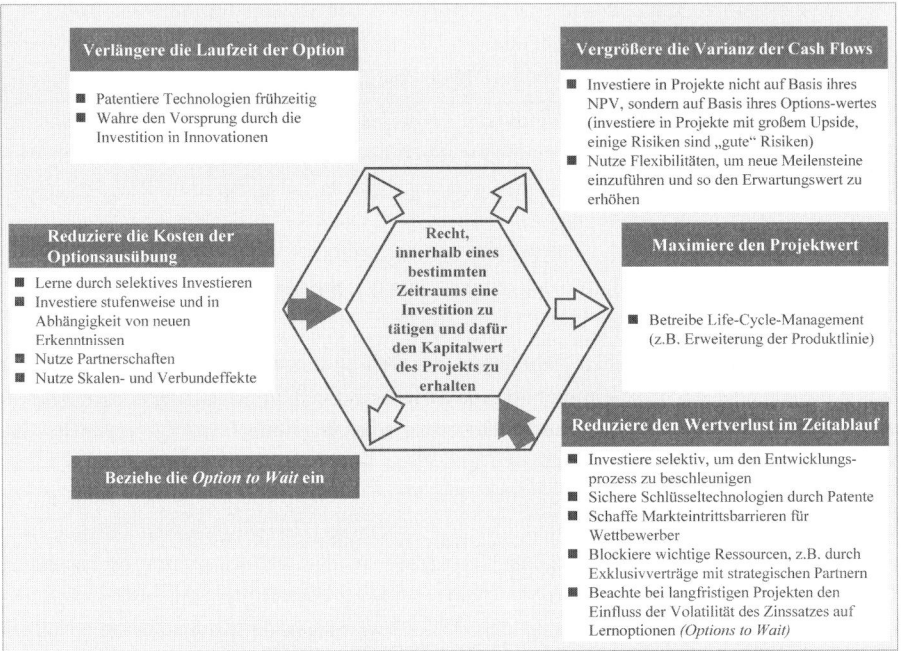

Abbildung VII.31: Shareholder-Value-orientiertes Management des unternehmerischen Realoptionsportfolios

Auf Basis der Kapitalwertmethode ist davon auszugehen, dass der ökonomische Wert einer Investition ausschließlich durch systematische, nicht diversifizierbare Risiken beeinflusst wird. Erhöhtes systematischen Risikos führt zu erhöhten Kapitalkosten und mindert folglich den resultierenden Projektwert. Im Umkehrschluss ist eine Erhöhung des unsystematischen Risikos ceteris paribus wertneutral. Im Gegensatz dazu steht die Erkenntnis der Optionspreistheorie, dass das Gesamtrisiko für den Wert eines Projekts entscheidend ist. Aufgrund des asymmetrischen Auszahlungsprofils führen Volatilitätssteigerungen zu höheren Optionswerten. Zusätzliche Risiken bedeuten in diesem Fall zusätzliche Chancen.

Einschränkend sind jedoch die folgenden Punkte besonders hervorzuheben. Das Risiko eines Unternehmens kann keinesfalls unbegrenzt gesteigert werden. Große Risiken erhöhen die Wahrscheinlichkeit eines Konkurses und mit ihm die erwarteten direkten und indirekten Konkurskosten. Soll ein Mehr an unsystematischem Risiko zur Steigerung des Unternehmenswertes beitragen, setzt dies die Möglichkeit des Unternehmens zum operativen „hedging" voraus. Nur dann kann bei Ausnutzung der „upside" einer Investition die eventuelle „downside" begrenzt werden. Steigt das technische Risiko des Erfolges in einem F&E-Projekt und sinkt damit die Erfolgswahrscheinlichkeit, führt dies natürlich zu einem geringeren Projektwert.

Die verbleibenden Stellhebel des Optionsmodells können ebenso auf vielfältige Weise beeinflusst werden. Zwar sind solche Maßnahmen nur selten kostenlos, doch versetzt erst der Realoptionsansatz die Unternehmensleitung in die Lage, Kosten- und Nutzen gewisser Strategien zu quantifizieren und gegeneinander abzuwägen.

5.7 Zukunft des Realoptionsansatzes in der Praxis

Der Realoptionsansatz als modernes Verfahren der Investitionsrechnung wird in Zukunft an Bedeutung gewinnen. Angesichts einer ständig wachsenden Zahl akademischer Publikationen ist auch mit entscheidenden Impulsen seitens der Praxis zu rechnen, die dem Konzept nun offener gegenübersteht als noch vor einigen Jahren. Mit dem Ende des Internet-Booms hat die stets auf einen anfänglichen Überschwang folgende Ernüchterung der Praktiker die Basis für eine realistische Betrachtung des Realoptionsansatzes, seiner Einsatzmöglichkeiten und Grenzen geschaffen. Der Realoptionsansatz kann traditionelle Verfahren nicht ersetzen, aber er stellt eine sinnvolle Erweiterung und Ergänzung bekannter Konzepte der strategischen Unternehmensführung und Unternehmensfinanzierung dar.

Nach wie vor wird die Verbreitung des Realoptionsansatzes in dem Maße zunehmen, wie das Konzept Eingang in die Lehrprogramme der Universitäten und Business Schools findet. Schon heute bieten fast alle gängigen Lehrbücher eine einführende Darstellung. Hersteller finanzmathematischer Analyse-Software haben mit der Entwicklung spezieller Realoptionsmodule auf die steigende Nachfrage reagiert.

Wenn auch nicht von einem Paradigmenwechsel gesprochen werden kann, bleibt zu hoffen, dass die Verbreitung des Realoptionsansatzes unter Praktikern weniger Zeit in Anspruch nehmen wird als dies bei der Kapitalwertmethode der Fall war.

Neben der theoretischen Überlegenheit der Rechenmethode ist in erster Linie der hohe Nutzen einer optionsbasierten Denkweise und Sprache zu betonen, die gleichzeitig strategische Flexibilität fördert und das Management zum kapitalmarktkonformen Risikomanagement anhält.

Jeder Start-up-Manager kann vom Realoptionsansatz als Managementphilosophie profitieren, da er der gezielten Schaffung und Wahrung von Wettbewerbsvorteilen dient und somit einen wesentlichen Beitrag zum Shareholder Value darstellt. Der in diesem Beitrag vorgestellte Führungszyklus aus Identifikation, Bewertung und Management von Realoptionen verdient es deshalb, ein klassisches Tool des Start-up-Managements zu werden.

Teil VIII: Wachstum und Etablierung

1. Wachstumsmanagement

CARL JOACHIM KOCK

Success now does not mean success in the next at all.
(Nathan Myhrvold, CTO Microsoft)

1.1 Wachstum

Wachstum stellt sowohl ein Lebenselexier für die Gesamtwirtschaft als auch für jedes einzelne Unternehmen dar. So vergrößern wachsende Unternehmen ihre Gewinne und Marktanteile, schaffen neue Produkte und neue Arbeitsplätze und motivieren die talentiertesten Spitzenkräfte des Marktes zur Mitarbeit.

Ausgewählte europäische Unternehmen, die auf der Basis zukunftsträchtiger, innovativer Ideen gegründet wurden, haben diese Chancen bereits genutzt und erzielen profitables Wachstum in Größenordnungen, die sich im weltweiten Vergleich nicht verstecken müssen: Exemplarisch lässt sich dies am Biotech-Zulieferunternehmen *Qiagen N.V.* verdeutlichen. Das 1984 gegründete Unternehmen ist innerhalb weniger Jahre zum Weltmarkt- und Technologieführer aufgestiegen. In seinem Markt, der ein Volumen von rund $ 1 Mrd. aufweist, besitzt das Unternehmen einen Marktanteil von ca. 15 % und ist damit gut zwanzigmal größer als der nächst größte Wettbewerber. Realisiert wurde dieses Wachsatum durch intellektuelles Wissen/Technologie sowie konsequente Akquisitionen. Das starke Wachstum in Umsatz und Ergebnis zeigt sich seit 1997 durch Notierungen am Neuen Markt sowie an der NYSE, wobei die Marktkapitalisierung gegenwärtig mehr als EUR 986 Mio. aufweist. Überdurchschnittliches Wachstum ist aber nicht nur bei börsennotierten Unternehmen vorhanden, sondern vor allem auch in den jungen Gründungsunternehmen in dynamischen Wachstumsmärkten.

Wachstum ist jedoch kein automatischer Prozess. Vielmehr führen eine ganze Reihe von Einflüssen wie z. B. die Antriebe, Fähigkeiten, und Strategie-Alternativen einer Unternehmung zu der bewussten oder sogar der Unternehmung durch bestimmte Umweltsituationen aufgezwungenen Entscheidung für eine Wachstumsstrategie. Das direkte Resultat dieser Entscheidung ist dann eine auf Wachstum ausgerichtete Reihe strategischer Handlungen, die die Unternehmung in einer spezifischen Art am Markt neu positioniert und bei Erfolg zu einer Zunahme bzw. bei Misserfolg zu einer Abnahme quantitativer Unternehmensgrößen wie Umsatz, Gewinn oder Anzahl der Beschäftigten führt. Der erste Teil dieses Beitrages widmet sich den Bestimmungsgründen und Strategieansätzen, die ein solches „Unternehmenswachstum" ermöglichen und die daher von zentraler Bedeutung für ein bewusstes „Wachstumsmanagement" sind.

Neben diesen rein quantitativen Veränderungen führt Unternehmenswachstum jedoch auch zu weitgreifenden qualitativen Veränderungen in der Unternehmung, die von der Unternehmensleitung explizit berücksichtigt werden müssen, um eine langfristig profitable Existenz eines wachsenden Unternehmens zu gewährleisten. In dieser Hinsicht wird im Folgenden der Begriff „Unternehmensentwicklung" verwendet, der oft synonym mit dem Begriff „Unternehmenswachstum" gebraucht wird. Während letzterer auf rein quantitative Veränderungen fokussiert, schließt der Begriff „Unternehmensentwicklung" Modifikationen in allen Bereichen, von der Unternehmensstrategie bis hin zu den Wertesystemen der Mitarbeiter, ein. Im Sinne des Wachstumsmanagements gilt es hier insbesondere die allgemeinen Veränderungsprozesse, die ein Unternehmen im Zeitablauf, bzw. bei Erreichen verschiedener Größenstufen, erlebt, zu antizipieren und proaktiv weitgreifende Veränderungen wie Reorganisation oder Eigentümerwechsel in den strategischen Entscheidungsprozess zu integrieren. Der zweite Hauptabschnitt dieses Beitrages stellt daher ausgewählte Phasenmodelle des Unternehmenslebenszyklus vor, die Aufschluss über die zu erwartenden Probleme und Handlungsalternativen in einzelnen Phasen bzw. Phasenübergängen geben.

Um konkrete Handlungsanweisungen für die betriebliche Praxis abzuleiten, münden die beiden Hauptabschnitte in eine Betrachtung der jeweiligen Implikationen für das Wachstumsmanagement. Diese Diskussion unterscheidet dabei explizit zwischen Empfehlungen für junge Start-up-Unternehmen auf der einen Seite sowie für größere, etablierte Unternehmen auf der anderen Seite.

Bevor dieser Beitrag sich der Betrachtung von Unternehmenswachstum und Unternehmensentwicklung widmet, gilt es zunächst, den Begriff „Wachstum" näher zu definieren und einen geeigneten Wachstumsmaßstab zu finden. Weiterhin bietet der folgende einleitende Abschnitt eine kurze Diskussion des Phänomens „Wachstum" im Bereich der Volks- und Betriebswirtschaftslehre als Basis für die tiefer gehenden Analysen in den darauffolgenden Abschnitten.

1.1.1 Wachstumsdefinition und Wachstumsmaßstab

Es stellt sich zuallererst die Frage, was unter Wachstum zu verstehen ist. Bereits die einführenden Fakten zeigen, dass eine Vielzahl von Kriterien zur Beurteilung herangezogen werden können. So wird im Allgemeinen eine Steigerung in „realen" Größen wie Umsatz, Absatz, Gewinn oder Anzahl der Arbeitskräfte genauso mit Wachstum gleichgesetzt wie eine Steigerung der Aktienrenditen beziehungsweise der „Bewertung" eines Unternehmens durch den Kapitalmarkt. Diese Betrachtung führt zu der Frage nach dem geeignetsten Maßstab für Unternehmenswachstum als Bewertungslatte und Handlungswegweiser für die Unternehmensführung von Firmen mit Wachstumsintentionen.

Mit den in der Einleitung angeführten quantitativen Wachstumsindikatoren, z. B. Buchgewinn, Erweiterung des Personalstammes oder der Anlagen, lässt sich Wachstum nicht unproblematisch messen, was folgende Ausführung veranschaulicht. Ausgehend von der Annahme, dass Unternehmen eine Gewinnerzielungsabsicht verfolgen und insbesondere an der Maximierung (oder zumindest an der Erhöhung) der Verzinsung der Eigenkapitalanlagen der Investoren interessiert sind (sonstige Stakeholder-Interessen werden hier zunächst ignoriert), wird klar, dass unter diesen Wachstumsindikatoren nur ein steigender Buchgewinn ein direktes Signal für „erstrebenswertes" Wachstum im Sinne des Unternehmenszieles darstellt. Eine Erhöhung des Umsatzes oder des Personalbestandes an sich deutet zwar auf ein Wachstum des Unternehmens hin. Wenn diese jedoch nicht ebenfalls in einer Erhöhung des Gewinns mündet, stellt sich die Frage, ob ein derartiges Wachstum sinnvoll ist und, wenn es nicht sinnvoll ist, nicht unter Umständen verhindert werden sollte. Andererseits können Erhöhungen im Personalbestand oder Umsatz durchaus in späteren Perioden zu erhöhten Gewinnen führen, was wiederum in einer statischen Betrachtung von Buchgewinnen nicht ersichtlich ist. Dies demonstriert die Unzulänglichkeit prinzipiell aller „Buchgrößen" für die Messung der Erreichung des Unternehmenszieles einer langfristigen Wertsteigerung. Als Ausweg bietet sich die Betrachtung der Firmenbewertungen durch Aktienmärkte an, die ausdrücklich auf einer vorausschauenden Bewertung der Wachstumschancen des Unternehmens beruht und im Aktienkurs das (abgezinste) zukünftige Gewinnpotenzial, im Sinne der Generierung freier Cash Flows, die an die Anteilseigner ausgeschüttet werden können, ausdrückt (Modigliani/Miller, 1958; Brealey/Myers, 2000). So wird deutlich, dass der Fokus einer Analyse des Unternehmenswachstums in der Betrachtung der Einflussfaktoren zukünftiger Gewinnpotenziale liegen sollte. Nur diese Gewinne erhöhen letztendlich das Eigenkapital der Investoren und stellen „erstrebenswertes" Wachstum der Unternehmen dar.

1.1.2 Unternehmenswachstums in der volks- und betriebswirtschaftlichen Forschung

Die neoklassische Volkswirtschaftslehre hat lange Zeit ein Denken in Gleichgewichtsmodellen propagiert und Wachstum („output") nur im Sinne einer Erhöhung von „Input"-Faktoren, getrieben durch die Spar- und Investitionsquote der Volkswirtschaft, betrachtet. Die empirische Forschung, beginnend mit SOLOW (Solow, 1957) hat jedoch gezeigt, dass die historischen Erhöhungen der „Input"-Faktoren nur einen kleinen Teil des volkswirtschaftlichen Wachstums erklären können. Alle durch diese Beziehung nicht erfassbaren Auswirkungen auf das Wachstum wurden in klassischen volkswirtschaftlichen Modellen als „technischer Fortschritt" bezeichnet, aber nicht detaillierter diskutiert.

SCHUMPETER hat bereits 1911 verdeutlicht, dass der als „technischer Fortschritt" ausgewiesene Variablenblock erhebliche Bedeutung für das Wachstum und die Entwicklung einzelner Unternehmen und der Gesamtwirtschaft hat. Dabei zeigt er, dass diese Entwicklung von der Erstellung neuer Kombinationen existenter oder neuer produktiver Ressourcen getrieben wird. Die zentrale Figur dieses positiven Veränderungsprozesses ist der Unternehmensgründer („Entrepreneur"). Durch diesen wird letztlich eine der fünf verschiedenen Arten von Innovationen hervorgebracht, die SCHUMPETER wie folgt unterscheidet:

- Innovation durch Einführung neuer Produkte,
- Innovation durch Generierung neuer Produktionsprozesse,

- Innovation durch Begründung neuer Absatzmärkte,
- Innovation durch Entdeckung neuer Beschaffungsmärkte,
- Innovation durch Schaffung neuer Organisationsstrukturen (in diesem Zusammenhang bezieht sich SCHUMPETER hauptsächlich auf die Schaffung einer monopolistischen Industriestruktur).

Diese Anregungen wurden lange Zeit in der (neoklassischen) Volkswirtschaftslehre weitgehend ignoriert, da die geeigneten mathematischen Methoden fehlten, um die notwendigerweise dynamischen und von zahlreichen Interaktionen geprägten Wachstumsprozesse zu modellieren.

NELSON und WINTER (Nelson/Winter, 1982) haben sich schließlich mit den dynamischen Entwicklungsprozessen auseinandergesetzt und verdeutlicht, dass Wachstum von Märkten und somit auch von Unternehmen durch die Interaktion von technologischer Innovation und Imitation vorangetrieben werden kann.[1] Dieser der evolutionären Volkswirtschaftslehre zurechenbare Ansatz fokussiert jedoch nicht auf das Wachstum einzelner, ausgewählter Unternehmen, sondern stellt auf die Interaktion ganzer Generationen von Firmen eines Marktsegments ab. Dabei wird das Wachstum von Märkten und Unternehmen vorangetrieben, indem die jeweils den Rahmenbedingungen am besten angepassten Unternehmensmodelle positiv selektiert werden. Dieses „Selektionsmodell" basiert im Wesentlichen auf einer Übertragung von Darwins evolutionärem Modell aus der Biologie (Kauffmann, 1993) auf den Bereich der Ökonomie. Dabei wird angenommen, dass alte oder neue Unternehmen durch Innovationen neue Variationen in den Markt hineintragen, wo der Wert dieser neuen produktiven Kombinationen durch das Selektionsumfeld (Kundenbedürfnisse, Kaufkraft, Konkurrenzkräfte) bestimmt wird. Im Zeitablauf werden dann nur diejenigen Firmen am Markt überleben, die positiv selektiert worden sind, d. h. an das Marktumfeld angepasste Produktkombinationen generiert haben.

Unter der Annahme, dass sich das Selektionsumfeld selbst in schwer vorhersehbarer Weise weiterentwickelt, führt eine solche „Populationen"- (Generationen-) Sichtweise schnell zu der Annahme, dass Wachstum einzelner Firmen eher auf dem Zufall beruht, zur richtigen Zeit die richtige Kombination für ein schwer vorhersehbares Marktumfeld zu haben, als auf dem bewussten, strategischen Handeln der Unternehmensführung.

Diese Sichtweise wird vor allem von der „Population Ecology School" vertreten (Hannan/Freeman, 1977; Hannan/Freeman, 1984). Unter der zusätzlichen Annahme, dass Firmen mit zunehmendem Alter und Größe organisationale „Inertia", d. h. starke, firmeninterne Widerstände gegen Veränderungen (Cyert/March, 1963), aufbauen, argumentieren sie, dass Industrien sich nicht durch die bewussten Anstrengungen einzelner Firmen verändern, sondern durch die Interaktion verschiedener Generationen von Firmen. Während die älteren Generationen ihre produktiven Kombinationen, welche in vorherigen Perioden vom Markt selektiert worden sind, ausbeuten und dadurch schnell an Größe gewinnen, kommen ständig

---

[1] Mit Hilfe der mathematischen Markov-Ketten-Methode und verschiedenen Computersimulationen konnten diese einen starken Zusammenhang zwischen technologischem Fortschritt und Wachstum formal verdeutlichen.

neue Generationen von Firmen in den Markt, die zufällig zusammengesetzte Neukombinationen dem Selektionsumfeld des Marktes präsentieren. Sollten diese Neuerungen dem Selektionsumfeld besser angepasst sein als die alten Kombinationen, so werden die Firmen der neuen Generation belohnt, und die Firmen der alten Generation (da sie sich auf Grund hoher Inertia nicht anpassen können) werden langfristig aus dem Markt ausscheiden. Sind die neuen Kombinationen nicht ausreichend attraktiv für den Markt, so wird der Konkurrenzdruck die neuen Firmen gleich wieder aus dem Markt austreten lassen.

Dieser rein darwinistische Mechanismus essenziell blinder Selektion, der in der „Population Ecology" vorherrscht, ist in dem vorhergehenden Ansatz von NELSON und WINTER dadurch abgeschwächt, dass der Unternehmensleitung die Fähigkeit zugesprochen wird, sich bewusst auf die Anforderungen der Umwelt einzustellen und entsprechende Strategien bzw. Kombinationen auszuwählen.[2]

Evolutionäre Ansätze sind in letzter Zeit von einer Vielzahl von Autoren weiter entwickelt worden. Insbesondere werden in verstärktem Masse die Beziehungen zwischen einzelnen Marktteilnehmern und dem Marktumfeld als solchem berücksichtigt. In solchen „coevolutionären" Ansätzen (Lewin/Volberda, 1999) wird untersucht, wie einerseits das Verhalten einzelner Firmen vom Selektionsumfeld des Marktes geprägt wird („microevolution"), wie jedoch andererseits eben dieses Verhalten das Selektionsumfeld als solches verändert (z. B. durch Einführung neuer Produkte) und damit für alle Firmen eine neue Situation geschaffen wird („macro-evolution"). Das Verhalten einzelner Firmen hat daher direkte Einflüsse auf das Verhalten anderer Firmen, was sich wiederum auf die erste Firma auswirkt, usw. Diese komplexen Interaktionen stellen besondere Anforderungen an die Forschung, die bislang nur teilweise bewältigt werden können (z. B. mit Computer-Simulationen).

Die Ausführungen in den folgenden Hauptabschnitten, die sich mit Unternehmenswachstum und -entwicklung beschäftigen, basieren auf den hier zusammengefassten Erkenntnissen, indem explizit eine evolutionäre Sichtweise zur Analyse herangezogen wird.

1.2 Unternehmenswachstum und Wachstumsmanagement

Dieser Abschnitt beschäftigt sich mit zwei Hauptfragen. Im Folgenden wird zunächst die Frage behandelt, aus welchen Gründen Unternehmungen einen Wachstumspfad einschlagen. Hier gilt es zu hinterfragen, welche Einflussfaktoren die bewusste Entscheidungsbildung der Unternehmensleitung in Richtung einer positiven Bewertung einer Wachstumsstrategie beeinflussen.

Sofern die Unternehmensleitung sich für die Verfolgung von Wachstum entscheidet, gilt es,

---

[2] HANNAN und FREEMAN (Hannan/Freemann, 1984) argumentieren jedoch, dass Versuche seitens des Managements, rational auf veränderte Umweltbedingungen mit „maßgeschneiderten" Kombinationen zu antworten, nur dann Erfolg versprechen, wenn die Umwelt in der Zeit zwischen Wahrnehmung von Umweltbedingungen seitens der Firma und Realisierung der auf diese Bedingungen optimierten Kombinationen nicht bereits wieder eine völlig neue Konstellation angenommen hat.

die konkrete Ausgestaltung einer auf das jeweilige Unternehmen angepassten Wachstumsstrategie vorzunehmen. Hierzu werden im zweiten Unterabschnitt die grundsätzlichen Strategieansätze und -alternativen in Bezug auf ein erfolgreiches Wachstumsmanagement behandelt. Dieser Abschnitt schließt dann mit einer Diskussion der Implikationen für Start-ups und etablierte Firmen.

1.2.1 Bestimmungsgründe und Triebkräfte des Wachstums von Unternehmen

Die folgende Diskussion widmet sich der Frage, aus welchen Gründen Unternehmen versuchen zu wachsen. Es werden dabei bewusste Wachstumsintentionen, Wachstumsanreize, die sich aus der Existenz bestehender aber nicht vollständig ausgenutzter Ressourcen ergeben (Wachstumsfähigkeit), sowie Wachstumszwänge, die aus der Natur des Absatzmarktes oder der Produktionstechnologie erwachsen, unterschieden.

1.2.1.1 Wachstumsintention

Es können generell zwei sehr unterschiedliche Begründungen für das Wachstum von Unternehmen herausgearbeitet werden. Zum einen liegt eine sehr rationale Zielsetzung darin, die Wertschöpfungsfähigkeit des Unternehmens durch erhöhte Ausschöpfung existenter Wettbewerbsvorteile (siehe Diskussion der Wettbewerbsvorteile weiter unten), d. h. durch eine Replizierung effizienter Unternehmensabläufe (Winter/Szulanski, 1998), bzw. Schaffung neuer Wettbewerbsvorteile, zu erweitern. Dies harmoniert mit der übergeordneten Zielsetzung der Maximierung bzw. Optimierung des Unternehmenswertes.

Zum anderen wird vor allem in der Finanzierungsliteratur das Phänomen des Wachstums mit fehlender ökonomischer Begründung im Rahmen der „Free-Cash-Flow"-Hypothese (Jensen/Meckling, 1976) diskutiert. Kernpunkt dieser Blickrichtung ist die Vermutung, dass Manager freie Mittel aus dem Betriebsprozess, die als Gewinne den Anteilseignern zustehen, wieder in das Unternehmen investieren, selbst wenn diese Investitionen nur eine Rendite erzielen, die unterhalb der erforderlichen Verzinsung des Eigenkapitals liegt.[3] Der Grund für ein solches Verhalten wird darin gesehen, dass Manager (in diesem Falle sogenannte „empire builders") versuchen, durch die Vergrößerung des Unternehmens ihre eigene Position zu festigen sowie ihre monetäre Vergütung zu maximieren (Jensen/Meckling, 1976).

---

[3] Die „erforderliche" Verzinsung kann dabei als die vom Unternehmen in der Vergangenheit erwirtschaftete Rendite angenommen werden. Zur Verdeutlichung sei angenommen, ein Unternehmen erwirtschaftete bislang eine Eigenkapitalrendite von 15 %, und einen Gewinn von 100 Einheiten, die entweder als Dividende an die Anteilseigner ausgezahlt, oder wieder in den Betrieb zurückinvestiert werden können. Im Rahmen einer solchen Re-Investition würde die Firma diese 100 Einheiten zu 10 % investieren und den Gesamtertrag (d. h. 110) im nächsten Jahr ausschütten. Der Gegenwartswert, d. h. abgezinst mit der erforderlichen Verzinsung von 15°%, dieser verzögerten Ausschüttung ist dann 110/1,15 = 95,65. Es folgt, dass die Anteilseigner eine sofortige Auszahlung als Dividende bevorzugen, da eine spätere Auszahlung einen verringerten Wert für die Aktionäre hat. Sofern der Aktienkurs (oder eine ähnliche Kapitalmarktbewertung) einer Firma auf der existierenden Firmenrendite und dem Risiko der Firma beruht, so wird eine sinkende Rendite den Aktienkurs und damit den Unternehmenswert negativ beeinflussen. Eine sehr gute Darstellung dieser Zusam-

1.2.1.2 Wachstumsfähigkeit

Die Existenz unausgelasteter Ressourcen stellt einen natürlichen Antrieb für ein Wachstum im Sinne einer Ausweitung der Produktions- bzw. Marketinganstrengungen eines Unternehmens und damit einer Erhöhung der Umsatzerlöse dar. Letztlich kann nur eine produktive Umsetzung ansonsten brach liegender Ressourcen einen Mehrwert für die Unternehmung bzw. deren Anteilseigner bewirken. Sofern Märkte für diese Ressourcen existieren, kann ein solcher Mehrwert grundsätzlich auch durch den Verkauf dieser „Überschussressourcen" realisiert werden. Liegt jedoch ein sogenanntes „Marktversagen" vor, so führt die Präsenz und Ausnutzung von Überschussressourcen automatisch zu internem Wachstum.

Dies gilt insbesondere für solche Überschussressourcen, die von der Unternehmung selbst produziert werden. Neben einer Unterauslastung von Maschinen oder Personal, die z. B. aus einer vorhergehenden Schrumpfung der Absatzmenge oder einer Überinvestition resultieren mag, entstehen nämlich auch in einer vollständig ausgelasteten Unternehmung im Laufe der Zeit im normalen Geschäftsbetrieb derartige Überschussressourcen, die für weiteres Wachstum in bestehenden oder neuen Bahnen (siehe unten) zur Verfügung stehen (Penrose, 1959). Dies geschieht insbesondere durch „learning by doing" und die Entstehung effizienter „Routinen" (Nelson/Winter, 1982), wobei sich letztere auf die Entwicklung effizienter Handlungsabläufe zwischen einer Mehrzahl von Personen und Objekten beziehen. Insbesondere personelle Kapazitäten werden im Zeitablauf weniger ausgelastet (da ständige Wiederholungen ähnlicher Aufgaben im Normalfall die Effizienz der Aufgabenerfüllung erhöht), sind jedoch schwer an andere Firmen zu verkaufen. Gleichzeitig entsteht firmeneigenes Wissen, welches sehr häufig gleichfalls einem Marktversagen unterliegt (Teece, 1982; Arrow, 1971). Dieses Marktversagen resultiert aus der Problematik, dass der Wert solch neuen Wissens einem potenziellen Kunden nur schwer begreiflich gemacht werden kann, ohne dieses Wissen als solches bereits vor dem Kauf preiszugeben. Andere Ressourcen mögen schlicht unteilbar sein – so wäre es beispielsweise schwierig, 10 % einer spezialisierten Arbeitskraft an ein anderes Unternehmen zu verkaufen. Sofern ein solches Marktversagen vorliegt, stellt also die Existenz von Überschussressourcen eine Begründung für internes Wachstum dar. Falls jedoch kein Marktversagen existiert, könnte das Unternehmen etwaige Überschussressourcen ebenso gut an andere Unternehmen verkaufen und die Erlöse an die Anteilseigner weiterleiten – dies würde zwar den Wert des Unternehmens im Sinne (einmalig) erhöhter Cash Flows vergrößern, jedoch nicht zu einer dauerhaften Ausweitung des Produktionsapparates führen.

Neben diesen betriebsbedingten Überschussressourcen ist auch noch auf eine weitere Quelle von Ressourcen hinzuweisen. Der letzte Unterpunkt erwähnte bereits die Möglichkeit, Gewinne aus Vorperioden wieder in den Betriebsprozess zu investieren, was jedoch nur sinnvoll ist, solange Investitionsprojekte verfügbar sind, die mindestens die Opportunitätskosten des Kapitals decken. Über die Einbehaltung von Gewinnen hinaus können dem Unternehmen jedoch auch weitere Kapitalmittel durch die Vermittlung von Kapitalmärkten zufließen

---

menhänge findet sich in MODIGLIANI und MILLER (Modigliani/Miller, 1958).

und damit weitere Investitionen auslösen. Steigende Aktienkurse ermöglichen es Unternehmen, zusätzliches Eigenkapital aufzunehmen, sowie Kredite zu günstigen Konditionen zu erhalten (z. B. Morck/Shleifer/Vishny; 1990; Turnbull, 1979). So wird beispielsweise ein hoher Wert (>1) von Tobin's „q" (Marktwert der Aktien und Verbindlichkeiten einer Firma dividiert durch Wiederbeschaffungswert der betrieblichen Ressourcen) von Investoren als Signal interpretiert, dass eine Firma für eine bestimmte eingesetzte Summe Kapital in der Lage ist, einen überdurchschnittlichen Gewinn zu erzielen,[4] und dass daher weitere Investitionen in gleiche oder ähnliche Produktionsprozesse gerechtfertigt sind (Brainard/Tobin, 1968; Fazzari/Hubbard/Petersen, 1988). Die extrem hohen Aktienkurse der verschiedenen jungen Internetfirmen in den späten Neinzigerjahren liefern eine hervorragende Illustration dieser Zusammenhänge. In der Aktienmakler-Industrie kann beispielsweise beobachtet werden, wie junge Start-up Firmen wie *E*Trade* oder *Datek Online* mit Hilfe hoher Firmenbewertungen in die Lage versetzt wurden, Hunderte von Millionen US Dollar an Eigenkapital und Krediten aufzunehmen, die diese Firmen dann primär für hohe Werbeinvestitionen eingesetzt haben. Als Resultat dieser Aufwendungen sind sowohl Umsätze als auch Betriebsgrößen (Mitarbeiter, Produktionsmittel) dieser Firmen nahezu exponentiell angestiegen (Kock, 2001).

Schließlich bringen auch Umwälzungen in Nachfragemärkten oder die Entdeckung neuer Technologien Anreize mit sich, in diese neuen Bereiche zu investieren und dadurch eine bestehende Unternehmung zu vergrößern, bzw. eine neue Unternehmung auf einen Wachstumspfad zu setzen. Um solche neuen „opportunities" jedoch voll auszuschöpfen und insbesondere gegenüber Mitbewerbern einen Wettbewerbsvorteil – ohne den eine solche Strategie nicht betriebswirtschaftlich sinnvoll wäre und nicht in Wachstum sondern eher in Gefährdung der bestehenden Unternehmung münden würde – zu errichten bzw. beizubehalten, sollten solche Vorstöße in attraktive neue Marktnischen jedoch gleichfalls von dem Vorhandensein betrieblicher Ressourcen getragen sein. Die oben vorgestellte Logik des auf betrieblichen Ressourcen basierenden Wachstums ist daher auch hier anwendbar. Es drängt sich jedoch die Frage auf, welche Rolle Start-up-Firmen, die laut Definition am Anfang ihres Lebenszyklus nur über wenige wertvolle Ressourcen verfügen, hier spielen können. Diese Frage wird am Ende dieses Unterabschnitts, nach der Behandlung der Strategiealternativen, näher untersucht.

---

[4] Anmerkung: Wenn eine Firma nur in der Lage ist, denselben Gewinn (d. h. Verzinsung) zu erzielen, den Investoren mit einer anderen Anlage gleichen Risikos erreichen können, so würden zukünftige Cash Flows mit diesem Zinssatz diskontiert werden und mit dem Buch- bzw. Wiederbeschaffungswert der eingesetzten Ressourcen übereinstimmen. Eine positive Abweichung der erwarteten abgezinsten zukünftigen Cash Flows vom Wiederbeschaffungswert zeigt dann, dass Investoren eine höhere Verzinsung von dem Unternehmen erwarten, als sie anderswo bekommen würden. Ein Nachteil von Tobin's „q" ist, dass diese Wiederbeschaffungswerte empirisch nur sehr unzureichend bestimmt werden können. Insbesondere die in der Managementliteratur als wertbestimmend angesehenen intangiblen Ressourcen finden meistens keine Berücksichtigung in diesem Maßstab. Dennoch kann davon ausgegangen werden, dass hohe Aktienkurse einen leichteren Zugang zu Kapital bedeuten, da Kapitalgeber der Unternehmung mehr Gewinnpotenzial zutrauen als einer Firma mit einem geringeren Aktienwert.

1.2.1.3 Wachstumszwang

Während Wachstum bislang als erwünschter Prozess bzw. als Wahrnehmung profitabler Gelegenheiten betrachtet wurde, muss nun auch auf eine Reihe von Faktoren eingegangen werden, die Wachstum als eine quasi unausweichliche Voraussetzung einer nichtmarginalen Existenz des Unternehmens darstellen.

Zum einen unterliegen diverse Industrien bzw. Fertigungsprozesse stark ausgeprägten positiven „Skaleneffekten". Dies bedeutet, dass mit einer Ausweitung des Produktionsapparates die Durchschnitts- (und marginalen) Kosten sinken (u. U. über einen sehr langen Produktionszeitraum, bevor diese Kosten eventuell wieder ansteigen). Um in einer solchen Situation mit „economies of scale" in der Konkurrenz mit anderen Unternehmen zu bestehen, müssen Firmen zumindest eine „minimum efficient scale" erreichen, die dadurch bestimmt ist, dass die Durchschnittskosten mit einer weiteren Ausweitung der Produktion nur noch marginal weiter fallen. Falls jedoch die Eigenheiten der Produktionstechnologie eine derart hohe „minimum efficient scale" diktieren, dass eine einzige effiziente Produktionseinheit bereits den gesamten Marktbedarf abdeckt, so existiert eine klassische natürliche Monopolsituation. Nur die am schnellsten wachsende Firma kann dann darauf hoffen, in diesem Markt zu bestehen. Als Beispiele sind Eisenbahnnetzwerke, Erdölraffinerien und andere großtechnische Anlagen zu nennen; in all diesen Industrien hat es im neunzehnten Jahrhundert entweder Monopole gegeben (z. B. Rockefeller's *Standard Oil* in den USA), oder Verstaatlichungen, um den Problemen eines natürlichen Monopols für den freien Wettbewerb zu entgehen (z. B. die Eisenbahnen in den meisten europäischen Staaten).

Während diese Skaleneffekte, die auch als „increasing returns to scale" bezeichnet werden können, auf der Produktionsseite auftreten, können ähnliche Effekte auch auf der Nachfrageseite festgestellt werden. In diesem Falle handelt es sich um „increasing returns to adoption", d. h. dass der Nutzen eines Produktes für einen Konsumenten positiv von der Anzahl der Kunden, die das Produkt bereits gekauft haben, abhängt. Das klassische Beispiel für einen solchen Effekt ist das TeleFax – wenn es nur ein Faxgerät auf der Welt gäbe, so wäre dieses Produkt essenziell wertlos; mit steigender Verbreitung dieser Technologie steigt jedoch der Nutzen (d. h. die Zahl der möglichen Kommunikationsverbindungen) für alle Benutzer. Der zusätzliche Nutzen ergibt sich daraus, dass verschiedene Konsumenten ihre Produktnutzung „koordinieren", indem sie kompatible Produkte wählen, wodurch das Netzwerk der Benutzer vergrößert wird (deshalb auch „Network-Effekt"). Auch Produkte, die keine direkten Koordinierungseffekte aufweisen, wie z. B. Filme oder Videospiele auf Kassetten, können von solchen Nachfrage-Skaleneffekten berührt werden. Je mehr Videorecorder oder Spielsysteme verkauft werden, desto größer die Nachfrage nach Video oder Spielsoftware und desto größer die Produktion an neuen Titeln. Dies wiederum erhöht den Nutzen der Basissysteme, da mehr Software verfügbar ist, usw. – es entsteht ein positiver „Teufelskreis", der auf durch Nachfrage induzierten Produktverbesserungen basiert (Katz/ Shapiro, 1985; Farrell/Saloner, 1986).

Märkte und/oder Technologien, die „increasing returns to adoption" unterliegen, führen in vielen Fällen zu einem „lock-in", d. h. einer völligen Dominanz einer Technologie oder Firma (Arthur, 1989). Solche „increasing returns" bestehen vor allem in wissensintensiven

Gebieten (Kelly, 1997) und werden daher mit Sicht auf die New Economy (Informations- und Biotechnologie) in Zukunft voraussichtlich immer stärker den Wettbewerb in vielen Industrien bestimmen. Ähnlich wie bei „economies of scale" auf der Produktionsseite, können auch solche nachfrageseitigen „increasing returns to adoption" (z. B. bei Computerstandards, Videorecordern) zu natürlichen Monopolen tendieren, d. h. nur die größte Firma wird überleben.[5]

Einen dritten Wachstumszwang könnte man schließlich in den Erwartungen der Investoren bzw. Aktienmärkte sehen. Insbesondere Aktienbewertungen, die eine hohe Wachstumserwartung beinhalten (d. h. dass die derzeitige Bewertung sich hauptsächlich an einer erwarteten Steigerung von Gewinnen in der Zukunft orientiert), stellen Unternehmensmanager vor die Wahl, entweder das Unternehmen auf einem hohen Wachstumskurs zu halten oder eine negative Kurskorrektur und damit einen Wertverlust für die Anteilseigner des Unternehmens hinzunehmen. Der aktuelle Konkursfall der US amerikanischen Firma *Enron* ist ein hervorragendes Beispiel sowohl für die Wachstumstriebkräfte, die Erwartungen seitens Aktienanalysten und -märkten auslösen können, als auch für die Gefahrenpotenziale, die einer Überdehnung betriebswirtschaftlicher Ressourcen immanent sind.

1.1.2.4 Zusammenfassung

Die vorangehende Diskussion hat gezeigt, dass eine Vielzahl von Faktoren Firmen zur Wahl einer Wachstumsstrategie bewegen kann. Es sollte jedoch klar geworden sein, dass es insbesondere die zuletzt behandelten Wachstumszwänge sind, die „Wachstum" zunehmend von einer Strategiealternative, die die Unternehmungsführung nach Belieben oder bei Vorliegen einer günstigen Situation verfolgen kann, in einen Handlungszwang verwandelt. Während durchaus eine große Anzahl von Firmen pro Industrie wachsen kann, wird es in Industrien mit stark ausgeprägten Wachstumszwängen nur eine oder maximal eine kleine Anzahl von Wachstums- und letztendlich Industrieführern geben. Der nächste Abschnitt widmet sich daher möglichen Strategieansätzen, die profitables Unternehmenswachstum ermöglichen können.

1.2.2   Wachstumsstrategien

1.2.2.1 Innovationsinduzierte Wettbewerbsvorteile als Wachstumsgrundlage

Der Erfolg einer Unternehmung hängt nachhaltig von der Existenz von Wettbewerbsvorteilen („competitive advantage") ab. Diese Wettbewerbsvorteile stammen entweder aus einer günstigen Positionierung des Unternehmens mit Bezug auf eine gegebene Branchenstruktur (Porter, 1980) oder aus der Präsenz von organisationalen Ressourcen oder Fähigkeiten, die

---

[5] Natürlich gibt es hier Abstufungen, d. h. es stellt sich beispielsweise die Frage, ob eine Firma den Markt monopolisiert, wie z. B. *Microsoft* im Bereich Computerbetriebssysteme, oder eine Technologie, die von mehreren Firmen gesponsert wird, die Führung übernimmt, wie z. B. die Politik der „open standards" die der Workstationhersteller *Sun Microsystems* betreibt, um für seine jeweils neuesten Produkte schnell eine kritische Angebotsmasse zu schaffen.

wertvoll, rar, schwer zu imitieren sowie schwer zu substituieren sind und es der Firma erlauben, sich von der Konkurrenz abzusetzen (Wernerfelt, 1984; Barney, 1991; Rumelt, 1984; Peteraf, 1993). Gemein ist all diesen Ansätzen, dass erfolgreiche Firmen ein zumindest temporäres Monopol auf erhöhten Kundennutzen oder erhöhte interne Effizienz besitzen (McGrath/Venkatamaran/MacMillan, 1994). Eine derartige Alleinstellung erlaubt es Unternehmen dann, Gewinne zu erwirtschaften, die über das Maß hinausgehen, das unter vollkommener Konkurrenz möglich wäre. Re-Investition dieser Gewinne bewirkt dann ein Wachstum des betrieblichen Produktionsapparates und ermöglicht weitere Gewinne in der Zukunft, sofern die derzeitige Alleinstellung beibehalten wird bzw. neue Alleinstellungen kreiert werden können.

Der Wert einer Branchenposition oder des betrieblichen Ressourcenbündels hängt von der Interaktion der verschiedenen Marktteilnehmer ab. Im Sinne der evolutionären Volkswirtschaftslehre (Nelson/Winter, 1982) kann der Markt als ein Selektionsumfeld verstanden werden, das aus der Vielzahl der Firmen diejenigen belohnt, deren Produkt-Markt-Kombination den gegebenen Nachfrage- und Konkurrenzverhältnissen relativ am besten gewachsen sind. Soweit andere Firmen in der Lage sind, im Zeitablauf ähnliche Ressourcen zu erstellen oder die Position des Unternehmens im Markt anzugreifen, verliert das Unternehmen seine Fähigkeit, monopolistische Gewinne zu erzielen. Um einer derartigen Aufweichung ihrer Wettbewerbsposition zu entgehen, müssen Wachstumsunternehmen entweder Ressourcen aufwenden, um eine bestehende Markt- oder Ressourcenposition zu verteidigen oder in die Entwicklung einer neuen Position investieren. Ersteres korrespondiert mit dem Konzept der Ausbeutung („exploitation") einer gegebenen Position, d. h. eine Firma versucht, den möglichen Gewinn einer bestehenden Produkt-Markt-Kombination abzuschöpfen und zu verteidigen. Letzteres dagegen ist der Versuch, neue Gewinnmöglichkeiten zu entdecken („exploration") (March, 1991; Penrose, 1959).

Das erstmalige Erreichen einer Alleinstellung sowie weiterführende Versuche, neue Ressourcen oder Marktpositionen zu entwickeln, zeigen deutlich die entscheidende Wichtigkeit von Innovationen in der Verfolgung der betrieblichen Ziele Gewinn und Wachstum. Dies entspricht dem zentralen Ansatz von SCHUMPETER (Schumpeter, 1934, S. 65–66), der wirtschaftliche Entwicklung getrieben sah durch die Neu- oder Re-Kombination existierender Materialien und Kräfte zur Produktion neuer Produkte oder existierender Produkte mit anderen Methoden. Die Hervorbringung dieser neuen Kombinationen bzw. „Innovationen" ist dabei die Aufgabe des Unternehmers, der nicht notwendigerweise identisch ist mit dem Erfinder neuen technologischen Wissens. Im Gegenteil, nicht selten ist der Unternehmer die Person, die neue und alte Technologien zu neuartigen Produktionsprozessen oder Produkt-Markt-Kombinationen verbindet.

In einem der neuesten Ansätze heben TEECE, PISANO und SHUEN (Teece/Pisano/Shuen, 1997) die Fähigkeit einer Unternehmung zu konstantem Wandel hervor. Diesen zufolge liegt die Quelle von Wettbewerbsvorteilen in den dynamischen Fähigkeiten („dynamic capabilities"):

> *„[...] the term ‚dynamic' refers to the capacity to renew competences so as to achieve congruence with the changing business environment [...]. The term ‚capability' emphasizes the key role of strategic management in appropriately*

adapting, integrating, and reconfiguring internal and external organizational skills, resources, and functional competences to match the requirements of a changing environment." (Teece/Pisano/Shuen, 1997, S. 515)

Grundlage dieser dynamischen Fähigkeiten sind die Führungs- und Organisationsprozesse innerhalb des Unternehmens, wie die Koordination, das Lernen und die Re-Konfiguration des Systems. Darüber hinaus stellen die gegenwärtige Position des Unternehmens, getrieben durch die idiosynkratischen Ressourcen wie problembezogenes Wissen sowie die Nutzungsmöglichkeiten der strategischen Optionen durch das Unternehmen Eckpfeiler dieser dynamischen Fähigkeiten dar.

Aufbauend auf der Existenz eines innovationsinduzierten Wettbewerbsvorteils kann sich Wachstum generell auf zwei verschiedene Arten vollziehen. Zum einen kann eine bestimmte Produkt-Markt-Kombination in großem Umfang eingesetzt und vervielfältigt werden (z. B. die Vervielfältigung von Franchiseunternehmen). Solch eine Replikations- (Winter/ Szulanski, 1998) oder Exploitationsstrategie inkrementeller Verbesserungen mag zu einer erhöhten Effizienz des Unternehmens durch Lerneffekte und insbesondere die Entwicklung effizienter „Routinen" (Nelson/Winter, 1982) beitragen sowie weiterhin von der Präsenz oder Akkummulation von organisationaler Legitimität (DiMaggio/Powell, 1983; Deephouse, 1999) profitieren. Von einem Wachstumsunternehmen wird jedoch die Fähigkeit verlangt, sich von Konkurrenten absetzen zu können, die durch die stete Replikation der existierenden Position die Möglichkeit erhalten, über kurz oder lang die unterliegenden Produktionsprozesse nachzuahmen (Nelson/Winter, 1982; Kock, 2001). Eine solche Verteidigungskompetenz ist umso größer, je mehr komplementäre Ressourcen (Teece, 1986), wie beispielsweise Verkaufs- oder Service-Netzwerke oder bekannte Markennamen, eine Firma unter Kontrolle hält.

Zum anderen kann die Firma versuchen, stets eine Alleinstellung aufrecht zu erhalten, indem sie konstant neue Produkt-Markt-Kombinationen durch drastische Innovationsanstrengungen einführt. So verfolgt beispielsweise die *Intel Corporation* mit ihrer erklärten Strategie der achtzehnmonatigen Lebenszyklen für Mikroprozessoren eine solche „Time-pacing"-Strategie (Eisenhardt/Brown, 1998). Der Erfolg einer solchen Innovationsstrategie hängt somit zum einen von der Fähigkeit des Unternehmens zur konstanten Innovation ab, zum anderen aber auch von der Fähigkeit der Konkurrenten, mit solchen Innovationen Schritt zu halten. So finden sich in der Literatur zahllose Beispiele für Wachstumsunternehmen, die nicht in der Lage waren, drastischen Innovationen in ihrem Technologiefeld zu folgen. Als Resultat sind viele einstmalige Marktführer aus den von ihnen beherrschten Industrien ausgeschieden, obwohl diese Firmen bei kleineren Innovationen marktführend waren (Christensen/Bower, 1996; Tushman/Anderson, 1986).

Daraus wird deutlich, dass unterschiedlich große Innovationssprünge unterschiedliche Anforderungen an die Wachstumsunternehmen stellen. Während inkrementelle Produktweiterentwicklungen insbesondere im Rahmen bestehender technologischer Entwicklungsbahnen („technological trajectories") (Nelson/Winter, 1982) von den meisten Unternehmen gemeistert werden können, überschreiten große Sprünge und die damit verbundenen Veränderungen innerhalb des Unternehmens (z. B. neue Ressourcenverteilung, Änderung der Machtstrukturen) die Belastungsgrenze derselben und zerspaltet damit das Unternehmen.[6] Während das Unternehmen zwar durchaus versuchen mag, Veränderungen durchzusetzen, ist trotzdem die Effizienz geschwächt und damit seine Überlebensfähigkeit vermindert.

Dieses Spannungsfeld zwischen inkrementellen und disruptiven Veränderungen innerhalb des Unternehmens findet sich auch auf Ebene des Technologiefeldes bzw. der Industrie wieder. Wenn solch starke Veränderungen eingeführt werden, dass die Mehrzahl der existenten Unternehmen unfähig ist, ihnen zu folgen, mündet dies in drastische (disruptive/revolutionäre) Veränderungen in der Industriestruktur und der Ablösung der alten durch neue Unternehmen. MEYER, BROOK und GOES (Meyer/Brook/Goes, 1990) haben diese inkrementalen („first order change") und disruptiven („second order change") Veränderungen auf Unternehmens- und Industrieebene wie folgt zusammengefasst und benannt:

	First order change	Second order change
	Adaption	**Metamorphosis**
Firm level	■ **Focus**: Incremental change within organizations ■ **Mechanisms**: Incrementalism, Resource Dependence	■ **Focus**: Frame-breaking change within organizations ■ **Mechanisms**: Life cycle stages, configuration transitions
	Evolution	**Revolution**
Industry level	■ **Focus**: Incremental change within established industries ■ **Mechanisms**: Natural selection, institutional isomorphism	■ **Focus**: Emergence, transformation, decline of industries ■ **Mechanisms**: Punctuated equilibrium, quantum speciation

Abbildung VIII.1: Innovationswirkung auf Unternehmen und Technologiefeld (Quelle: Meyer/Brook/Goes, 1990, S. 96)

1.2.2.2 Konzentration versus Diversifikation

Eine Ausweitung der Aktivitäten des Unternehmens kann, wie oben beschrieben, zum einen durch verstärkte Exploitation existierender produktiver Kombinationen und zum anderen durch die Exploration und anschließende Exploitation neuer Kombinationen geschehen. Letzteres impliziert bereits, dass wesentliche Elemente der Produkt-Markt-Kombination des Unternehmens verändert bzw. als zusätzliche Kombination seinem Portfolio hinzugefügt werden – in anderen Worten, das Unternehmen diversifiziert in neue Produkte[7] und/oder

---

[6] Es sollte hier angemerkt werden, dass eine bestimmte Innovation, z. B. ein Einstieg in den Internet-Commerce, sehr unterschiedliche Auswirkungen auf verschiedene Unternehmen haben kann. Firmen, die auf Grund bestehender technologischer Kompetenzen bereits eine relativ „nahe" Ressourcenkombination aufweisen, dürften weniger Schwierigkeiten beim Einstieg in das Internet haben, als solche, die über keinerlei technologisches Know-how verfügen und ein eher traditionelles Geschäftsmodell verfolgen. Während letztere die Umstellung auf Internet-basierte Geschäftssysteme als durchaus „disruptiv" wahrnehmen können, stellt diese Umstellung für die zuerst genannten Firmen nur eine eher inkrementelle Anpassung dar.

[7] Anmerkung: Im Sinne obiger Diskussion bezieht sich „neues Produkt" nicht nur auf völlig neue Bereiche, z. B. eine Diversifikation von Radios zu Autos, sondern auch auf Produkte, die ähnliche Nutzen erfüllen, jedoch substanziell stark unterschiedlich sind, z. B. Transistoren und integrierte Schaltkreise.

Märkte. ANSOFFS Produkt-Markt-Matrix zeigt und benennt die möglichen Kombinationen einer solchen Erweiterung (Abbildung VIII.2).

	Bestehende Produkte	Neue Produkte
Bestehende Märkte	Markt-durchdringung	Produkterweiterung
Neue Märkte	Markt-erweiterung	Diversifikation

Abbildung VIII.2: Produkt-Markt-Matrix nach ANSOFF (Quelle: Ansoff, 1965, S. 77)

Aber auch eine Exploitationsstrategie inkrementeller Veränderungen kann zu erhöhter Marktdurchdringung oder sogar Markterweiterung führen.

Das Konzept von ANSOFF bestimmt, ob ein Unternehmen eher nahe seiner existenten Positionen bleibt oder stark diversifiziert. Dieser Ansatz ist von TEECE, RUMELT, DOSI und WINTER (Teece/Rumelt/Dosi/Winter, 1994) weiter entwickelt worden. Sie zeigen, dass Wachstumsunternehmen ihre Produktpalette nicht beliebig ausweiten, sondern sich auf Gebiete konzentrieren, die in synergetischem Zusammenhang mit existierenden Produkt-Markt-Kombinationen stehen. In solchen „nahen" Gebieten haben die bereits existierenden Ressourcen der Firma den höchsten Anwendungswert, bzw. können neue Ressourcen und Fähigkeiten am ehesten schnell und effizient erworben werden. Dies ist umso wichtiger, als die kritischen Ressourcen (d. h. solche, welche die o. g. Kriterien für Quasi-Monopolstellungen erfüllen) mit hoher Wahrscheinlichkeit ein hohes Maß an „tacitness" und „causal ambiguity"[8] aufweisen und nur in einem aktiven, „Learning-by-doing"-Prozess, aufbauend auf existierenden Ressourcen, erstellt werden können (Dierickx/Cool, 1989). Eine Entscheidung bezüglich des Grades zukünftiger Diversifizierung ist deshalb vor dem Hintergrund der individuellen, situativen Ausprägungen (existierende Ressourcen, Umweltbedingungen, usw.) zu formulieren.

1.2.2.3 Internes versus externes Wachstum

Im Rahmen der Unternehmensevolution bieten sich weiterhin zwei Optionen der Fortentwicklung – *internes* Wachstum im Sinne eines organischen Aufbaus zusätzlicher Kapazitä-

---

[8] „Tacitness" bezieht sich darauf, dass vielfach Handlungen oder effiziente Arbeitschritte von dem jeweilig Ausführenden nicht hinreichend beschrieben werden können. „Causal ambiguity" bezieht sich auf Unsicherheit in Bezug auf die Kausalzusammenhänge betrieblicher Handlungen – so fällt es beispielsweise schwer, die kritischen Handlungen oder Ressourcen zu identifizieren, die den Erfolg (z. B. im Sinne hoher Fertigungseffizienz) einer Hochtechnologiefabrik ausmacht. Aus genau diesem Grunde repliziert beispielsweise die Firma *Intel* bei einem Fabrikneubau jede Einzelheit ihrer existierenden, hocheffizienten Fabriken, da sich der Effekt auch nur kleinster Veränderungen nicht vorhersehen lässt.

ten oder *externes* Unternehmenswachstum durch Aufkauf anderer, bestehender Unternehmen. Externes Wachstum bietet eine Reihe von Vorteilen, wie zügige Eintrittsmöglichkeit in neue Zielmärkte, Überwindung struktureller bzw. organisationaler Inertia oder Zugang zu bislang nicht darstellbaren Ressourcen, an. Insbesondere die Möglichkeit, komplette Ressourcenbündel samt effizienter Routinen zu übernehmen, hilft bei solch externem Wachstum, die Hürde der zuvor diskutierten „tacitness" und „causal ambiguity" zu überwinden. Wachstum via Akquisition wirft jedoch auch Probleme auf wie beispielsweise Schwierigkeiten bei der Eingliederung in fremde Unternehmenskulturen oder eine ungenügende Weiterentwicklung existierender Ressourcen durch eine Konzentration auf die Eingliederung. Des Weiteren stellt sich die Frage, ob der Wert eines dazugekauften Unternehmens den bezahlten Kaufpreis übersteigt oder nicht. Insbesondere wenn andere Unternehmen ebenfalls Kaufinteresse an einem Übernahmekandidaten anmelden, ist davon auszugehen, dass die Verkäufer versuchen werden, den Gesamtnutzen, den ein Kaufinteressent mit einer Übernahme verbindet, im Kaufpreis abzuschöpfen. Das Resultat ist dann, dass die übernehmende Firma keinen oder eventuell sogar einen negativen Gewinn aus der Übernahme erzielt (Jensen/Ruback, 1983). Aus der Perspektive der vorangegangenen Diskussion erscheint eine Übernahme immer dann sinnvoll, wenn die Aussicht besteht, dass die zu erwartenden zukünftigen Cash Flows des Übernahmekandidaten signifikant durch eine Kombination mit den existierenden Ressourcen des übernehmenden Unternehmens gesteigert werden können (Wernerfelt, 1984; Teece et al., 1994). Wenn zudem diese Steigerung der betrieblichen Leistungsfähigkeit größer ist als ähnliche Effekte, die andere Kaufinteressenten realisieren könnten, entfällt zudem weitgehend die Gefahr des Überbietens.

Die Probleme beim Aufkauf und bei der Integrierung aufgekaufter Unternehmen sprechen für die zweite Entwicklungsoption, d. h. für internes Wachstum, insbesondere wenn die genannten Vorteile externen Wachstums nur gering ausgeprägt sind. Eine strategische Entscheidung für internes bzw. externes Wachstum verlangt daher eine sorgfältige Abwägung der Vor- und Nachteile der beiden Strategien vor dem Hintergrund der finanziellen und strategischen Ausrichtung des Wachstumsunternehmens.

1.2.3 Implikationen für etablierte und Start-up-Unternehmen

Profitables Wachstum stellt recht unterschiedliche Herausforderungen an Start-up-, bzw. etablierte Unternehmen. Eine Auswahl der herausragenden Themen wird im Folgenden kurz dargestellt.

Eines der Hauptprobleme von Start-up-Unternehmen ist sicherlich die Akquisition von Ressourcen, d. h. die anfängliche Beschaffung finanzieller Mittel sowie die Umwandlung dieser Mittel in spezialisierte tangible und intangible Kapitalgüter/Ressourcen, die schließlich einen Wettbewerbsvorteil begründen mögen. In anderen Worten, Start-up-Unternehmen werden relativ wenige Wachstumsanreize aus dem Vorhandensein von Überschussressourcen beziehen. Im Gegenteil, falls diese Firmen interessante Wachstumsmöglichkeiten in neuen Technologien, Nachfragenischen oder aber auch in Industrien mit Wachstumszwängen entdeckt haben, werden sie einen signifikanten Teil ihrer Anstrengungen darauf verwenden müssen, Kapitalgeber von dem potenziellen Wert dieser Strategien zu überzeugen, um überhaupt erste Ressourcen zu erhalten. Die generelle Unsicherheit, die mit ungetesteten Ideen und Firmen ohne nennenswerte vorherige Erfolgserfahrungen verbunden ist, führt einerseits dazu, dass Kreditfinanzierung mangels Sicherheiten besonders schwierig, wenn nicht gar unmöglich ist. Als Ausweg bietet sich die Finanzierung über Eigenkapital, insbesondere durch sogenannte „Venture-Capital"-Firmen an, die ihrerseits darauf spezialisiert sind, risikoreiche Projekte zu analysieren, zu bewerten und zu finanzieren (Gompers, 1995).

Andererseits bedeutet ein genereller Mangel an Ressourcen aber auch, dass Strategien, die eine direkte Konfrontation mit großen, etablierten Unternehmen beinhalten, ein besonderes Risiko für Start-up-Firmen bergen. Von daher bietet sich für Start-up-Firmen mit Wachstumsintentionen eine Strategie der „Exploration" neuer produktiver Kombinationen bzw. Produkt/Marktpositionen an, um durch Innovation eine Alleinstellung, isoliert von mächtigeren Mitbewerbern, zu erreichen.

Eine solche Strategie neuerer Unternehmen verspricht besonders dann Erfolg, wenn etablierte Firmen eine „Exploitationsstrategie" verfolgen und darauf konzentriert sind, in etablierten Bahnen bzw. „technological trajectories" (Nelson/Winter, 1982; Teece et al., 1994), zu wachsen. Einerseits verfügen große, etablierte Unternehmen zwar über einen großen Bestand an Ressourcen aller Art, inklusive freier finanzieller Mittel, die diese Firmen in die Lage versetzen sollten, neue Technologien oder Nachfragemärkte auszuschöpfen. Andererseits hält jedoch die Präsenz organisationeller Inertia etablierte Unternehmen von einer Ausschöpfung solcher Innovationspotenziale zurück. Gleichzeitig erlaubt ihnen die ausreichende Ausstattung mit Ressourcen durchaus auch in Bereichen erfolgreich zu sein, in denen Mitbewerber ebenfalls tätig sind. Eine Quasi-Alleinstellung wird hier durch überdurchschnittliche Effizienz, hervorgebracht durch pfad-abhängige (Dierickx/Cool, 1989) Entwicklung effizienter Routinen und anderer Ressourcen, erreicht.

Ein großes Problem für Start-up-Unternehmen besteht jedoch darin, dass überdurchschnittliche Erfolge dieser Unternehmen in innovativen Positionen etablierte Firmen „wachrütteln" werden. Die Start-up-Firmen „signalisieren" in diesem Falle den etablierten Firmen den Wert dieser innovativen Positionen, was wiederum zur Folge haben kann, dass etablierte Unternehmen ihre Inertia überwinden und ihrerseits diese Positionen angreifen, was selbstverständlich zum Nachteil der dort bereits agierenden Start-up-Unternehmen geschieht. Diese Gefahr besteht insbesondere dann, wenn Aktienmärkte diese Signaleffekte noch dadurch verstärken, dass innovative Positionen neuer Firmen extrem hohe Aktienbewertungen erhalten. So kann beispielsweise in der Aktienmakler-Industrie in der Internet-Era um 1999 herum beobachtet werden, dass extrem hohe Aktienbewertungen von Start-up-Unternehmen sehr schnell von strategischen Reaktionen ansonsten eher lethargischer etablierter Firmen gefolgt wurden (Kock, 2001).

1.3 Probleme des Unternehmenswachstums: Unternehmensentwicklung und Wachstumsmanagement

Nachdem im vorangehenden Abschnitt Anreize, Herausforderungen und Strategieansätze für ein profitables Unternehmenswachstum betrachtet wurden, widmet sich dieser Beitrag nun den Effekten, welche ein solches Wachstum auf Betriebsorganisation und Unternehmensführung hat. Nachdem grundsätzliche Entscheidungen in Bezug auf Wachstum an sich bzw. bezüglich geeigneter Wachstumsstrategien gefallen sind, müssen nun auch die betrieblichen Konsequenzen entsprechend adressiert werden, um eine langfristige Optimierung der Unternehmenszielerreichung zu ermöglichen. In diesem Abschnitt werden daher die typischen Stadien bzw. Phasen diskutiert, die Unternehmungen im Verlaufe ihres Wachstums durchlaufen (können), sowie die strategischen Einflussnahmemöglichkeiten und die organisationellen Herausforderungen an das Management.

1.3.1 Grundgedanken der Unternehmensevolution

Die unternehmerischen Implikationen des Unternehmenswachstums fußen auf der dynamischen Betrachtung einer Organisation und der damit verbundenen theoretischen Analyse des Entwicklungsverlaufs von Unternehmen nach PENROSE (Penrose, 1959, S. 24). Durch das Unternehmenswachstum kann unter Umständen eine wesentliche Veränderung im Unternehmen und in seinen Teilbereichen ausgelöst werden. Der Einfluss der Unternehmensführung ist in derartigen Wachstumsprozessen zwar von zentraler Bedeutung, wenngleich auch stets eigen-evolutorische Kräfte innerhalb und außerhalb der Organisation bestehen bleiben, welche nicht durch die Unternehmensführung gesteuert werden können (Bleicher, 1991, S. 323). Zur Verdeutlichung dieser Entwicklungsdynamik sind im Rahmen der Organisationsforschung Modellansätze entwickelt worden, die versuchen, die idealtypische Entwicklung von Unternehmen aufzuzeigen und die Handhabung der phasenspezifischen Evolutionsprobleme zu ermöglichen.

Entwicklungs- bzw. Wachstumsverläufe werden in der betriebswirtschaftlichen Literatur meist mit Hilfe von Lebenszykluskonzepten dargestellt. Die aus der Biologie übernommenen Konzepte fokussieren dabei den „evolutionären Prozess des Werdens, Wachsens, Veränderns und Vergehens lebender Systeme zwischen einem Anfangsereignis (Geburt) und einem Endereignis (Tod)" (Pümpin/Prange, 1991, S. 23). Die phasengerechte Betrachtung im Zeitablauf des Lebenszyklus ermöglicht die Beschreibung der typischen und prognostizierbaren Veränderungen, die durch das Wachstum initiiert werden. Für jede Phase sind so „objektspezifische" Charakteristika und Regeln zu unterscheiden, die auch phasenspezifisch gehandhabt werden können. Dabei gilt es zu beachten, dass sowohl systemimmanente als auch externe Einflüsse diesen Wachstumsprozess nachhaltig beeinflussen. Dass dieses Konzept umfangreiche Anwendung gefunden hat, zeigen beispielhaft folgende Einsatzbereiche:

- Lebenszyklus von Völkern und Nationen (Porter, 1990, S. 545 ff.),
- Lebenszyklus gesellschaftlicher Eliten,
- Lebenszyklus von Gesetzen und moralischen Fundamenten,
- Lebenszyklus von Märkten und Produkten (Oettinger, 1997).

Die Verdeutlichung dieses evolutionären Prozesses lässt sich auch auf das Wachstum einzelner Organisationen und Unternehmen übertragen und wird dann meist als Unternehmenslebenszyklus bezeichnet. In verschiedenen Modellansätzen finden verschiedene Variablenblöcke, wie z. B. das Alter der Unternehmen oder der Differenzierungsgrad der Produkte, stärkere Berücksichtigung. Nach MINTZBERG unterliegen jedoch alle diese Entwicklungsstadien fokussierenden Modellansätze zwei Annahmen (Mintzberg, 1991, S. 287):

- Es wird von der Tatsache ausgegangen, dass die Strukturen der Unternehmen langzeitig stabil sind und sich somit in einem Gleichgewicht befinden. Durch wachstumsinitiierte Krisen entstehen Probleme, welche zu einer relativ kurzfristigen Modifikation innerhalb eines Phasenabschnittes führen.

- Jede Form der Unternehmensstruktur kann dabei einer Entwicklungsphase zugeordnet werden, die wiederum durch eine bestimmte Form der Unternehmensführung und -philosophie gehandhabt werden kann.

Im Folgenden werden beispielhaft zwei ausgewählte Modellansätze vorgestellt und diskutiert, welche das Phänomen des Unternehmenswachstums fokussieren und hinreichende Implikationen für die Unternehmensführung liefern. Nach NATHUSIUS lassen sich dabei fünf Grundtypen von Modellansätzen identifizieren, die dieser wie folgt unterscheidet (Nathusius, 1979, S. 103–121):

- Marktentwicklungsmodelle – Das Unternehmenswachstum stellt eine Funktion des vom Unternehmen fokussierten Zielmarktes dar. Dabei stehen externe Einflussfaktoren auf das Unternehmen im Zentrum der Betrachtung.

- Strukturänderungsmodelle – Das Unternehmenswachstum wird wesentlich durch Modifikationen der Organisationsstruktur und der Führungskonzepte verdeutlicht (Adizes, 1982, S. 169–182).

- Verhaltensänderungsmodelle – Das Unternehmenswachstum wird durch die Grundausrichtung des Führungsstils und das Innovationsverhalten im Unternehmen bestimmt.

- Metamorphosemodelle – Das Unternehmenswachstum wird als zwingende Fortentwicklung von typischen Unternehmenszuständen und Systemänderungen erklärt (Mintzberg, 1984).

- Krisenmodelle – Das Unternehmenswachstum wird anhand der Existenz von Entwicklungskrisen und Alters- bzw. Größenschwellen betrachtet. Dabei sind diese weitgehend kompatibel mit den Metamorphosemodellen (Albach, 1976, S. 683–696).

1.3.2 Modellansätze

1.3.2.1 Der Ansatz von BECKER: Das marktphasenorientierte Unternehmen

In dem Ansatz von 1988 widmet sich BECKER dem Lebenszyklus von Organisationen, den er auch als Unternehmenslebenszyklus definiert (Becker, 1988, S. 605–609). Das Wachstum des Unternehmens wird dabei aus der Perspektive der Marktentwicklung und des zum jeweiligen Zeitpunkt zu Grunde liegenden Marketingkonzeptes betrachtet. Er differenziert dabei fünf Phasen des Unternehmenslebenszyklus, die durch ihre Marktorientierung auch eine gewisse Analogie zum Produktlebenszyklus deutlich werden lassen (Abbildung VIII.3):

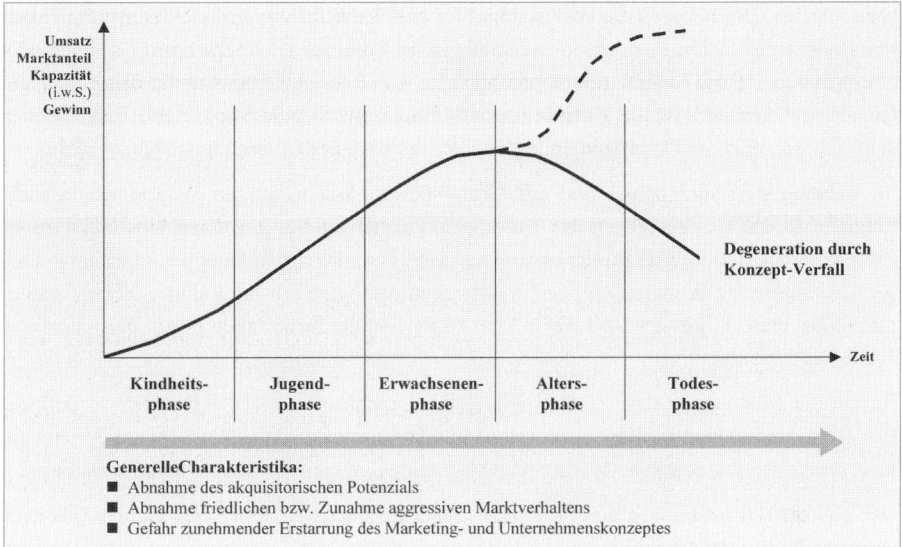

Abbildung VIII.3: Der marktphasenorientierte Unternehmenslebenszyklus (Quelle: Becker, 1988, S. 606)

Unmittelbar nach der Gründung beginnt die erste Phase des Unternehmenslebenszyklus, die sogenannte Kindheitsphase. In diesem Lebensabschnitt befindet sich das Markt- und Marketingkonzept meist erst in der Vorbereitung. Dies drückt sich nicht selten dadurch aus, dass der Gründer das Konzept noch nicht schriftlich fixiert hat. Dadurch geprägt, lässt sich konstatieren, dass diese Phase der mentalen Konzeption sowohl bewussten als auch unbewussten Veränderungsprozessen der Unternehmensgründer unterliegt und als intuitiv bezeichnet werden kann.

Durch klar gekennzeichneten internen und externen Wandel, getragen durch Wachstumsprozesse der Organisation, erfolgt der Übergang in den zweiten „Lebensabschnitt", die sogenannte Jugendphase. Jetzt werden weitgehend neue interne und externe Organisationsstrukturen notwendig. Nicht zuletzt durch das starke personelle Wachstum wird zur einheitlichen Kommunikation eine schriftliche Fixierung der Markt- und Marketingkonzeption wesentlich. Das starke Wachstum führt zu einem erlahmenden Innovationspotenzial, zu Führungsfehlern der Unternehmensgründer, zu bürokratischer werdenden Strukturen durch einheitliche Kommunikations- und Arbeitsabläufe und zu einer zunehmend verschärften Wettbewerbssituation durch weitere externe Faktoren wie die verstärkte Marktkonkurrenz. Die Unternehmensführung hat daher in dieser Phase die Aufgabe, sowohl ihre eigenen Führungskompetenzen zu modifizieren bzw. zu verbessern als auch eine Neu- bzw. Re-Definition des Unternehmensmodells (Unternehmenskonzeptes) vorzunehmen.

Die sich anschließende Erwachsenenphase weist erstmals im Lebenszyklus ein negatives Wachstum des Unternehmens auf, bezogen auf Größen wie beispielsweise Absatz, Umsatz oder Marktwettbewerb. Durch Modifikation oder sogar Evolution des Markt- und Marketingkonzeptes soll in dieser Phase das weiterführende Wachstum des Unternehmens gesichert werden. Die betriebliche Praxis zeigt hier eine Vielzahl von Entwicklungsmöglichkeiten, wie beispielsweise Kooperationen, strategische Allianzen, Beteiligungen, Fusionen oder unternehmensinterne Revitalisierungsprogramme, wie Reorganisationen oder Vergütungsanreize für Mitarbeiter. Ist die Unternehmensführung zur erneuten Marktetablierung nicht in der Lage, so gerät das Unternehmen in die nächste Phase des Unternehmenslebenszyklus.

Im Rahmen der Altersphase sind auf Grund des starken negativen Wachstums radikale Eingriffe in das Gesamtsystem der Unternehmung notwendig, um deren Überleben zu sichern. Hierbei sind Schrumpfungskonzepte anzuführen, die ein verändertes, manchmal auch stark verkleinertes Weiterleben der Unternehmen ermöglichen. Im Rahmen der Schrumpfungskonzepte erfolgen auch teilweise Modifikationen der juristischen Form, beispielsweise durch Übernahmen.

Haben alle Maßnahmen zur Revitalisierung der Organisation nicht gefruchtet, so befindet sich das Unternehmen in der Todes- oder Liquidationsphase. Das Unternehmen ist jetzt ein Insolvenzfall geworden; eine Markt- oder Marketingkonzeption ist daher kaum notwendig.

Den genannten fünf Phasen des Unternehmenslebenszyklus ist dabei gemein, dass nur eine permanente Weiterentwicklung der Markt- und Marketingkonzeption zu einem erneuten positiven Wachstum führen kann und dass ein erfolgreiches Überleben am Markt nur durch die Annahme der Herausforderung der Veränderung sichergestellt werden kann.

1.3.2.2 Der Ansatz von GREINER: Das wachsende Unternehmen

GREINER beschreibt in dem viel beachteten Modell des wachsenden Unternehmens das Wachstum von Unternehmen im Zeitablauf, wobei im Gegensatz zu dem bereits vorgestellten Modellansatz am Ende des Lebenszyklus nicht der Verfall des Unternehmens steht, sondern eine Reifeperiode des Organisationssystems (Greiner, 1972, S. 37–46). GREINER verdeutlicht dabei den Prozess des Unternehmenswachstums als eine Funktion unternehmensinterner Variablen, wobei die relative Unternehmensgröße, welche über die Mitarbeiteranzahl und das Umsatzvolumen bestimmt wird, die Dauer und die Abfolge der verschiedenen Entwicklungsphasen bestimmt. Externe Einflussgrößen wie die Wettbewerbsdynamik haben dabei explizit keinen Einfluss auf die Abfolge der Phasen, bestenfalls beeinflussen sie die Phasendauer. Die einzelnen Phasenabschnitte umfassen dabei eine Zeitspanne von jeweils vier bis acht Jahren, wobei sie durch unterschiedliche Konzepte der Unternehmensführung gehandhabt werden können (Schulte-Zurhausen, 1999, S. 305).

GREINER unterstellt in seinem Modell fünf Wachstumsphasen, die Unternehmen ab dem Zeitpunkt der Gründung durchlaufen (Abbildung VIII.4). Wenngleich die graphische Visualisierung des Unternehmenswachstums im Sinne einer linearen Wachstumsgeraden aufgezeigt wird, so ist hier anzumerken, dass dies in der betrieblichen Praxis nicht stets so umsetzbar ist. Selbst wenn für das Unternehmenswachstum eine weitgehend stetige Entwicklung angenommen werden mag, so ist es am Ende jedes Lebensphasenabschnittes mit einer turbulenten Krise konfrontiert, die in Abbildung VIII.4 ebenfalls gekennzeichnet ist. Die erfolgreiche Bewältigung der bezeichneten Krisen durch Reorganisation der Strukturen ist dabei als Voraussetzung anzuführen, um den nächsten Lebensabschnitt zu erreichen. Ist die

Unternehmensführung des Wachstumsunternehmens hingegen nicht in der Lage, diesen Konfliktbereich mit Hilfe geeigneten Instrumentariums unter Kontrolle zu bekommen, so wird das Unternehmen bestenfalls auf dem erreichten Wachstumspfad stagnieren, schlechtesten Falls aber in Konkurs gehen.

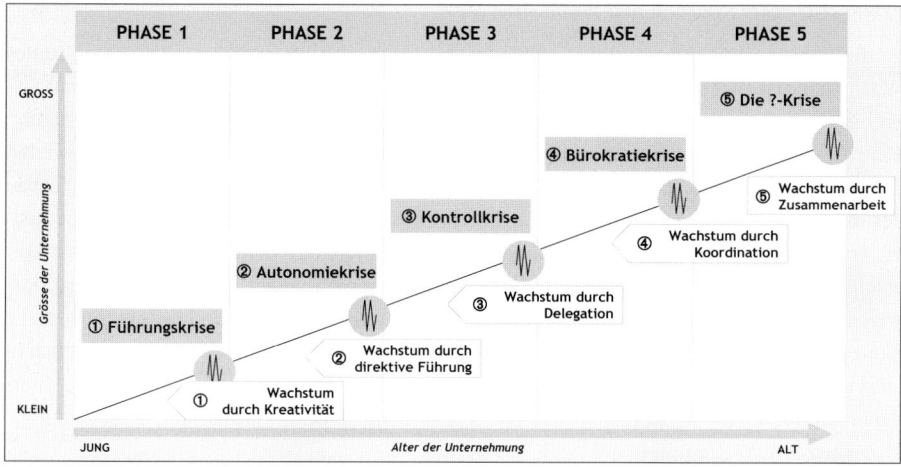

Abbildung VIII.4: Das wachsende Unternehmen nach GREINER (Quelle: Greiner, 1972, S. 41)

Die einzelnen Phasen des Unternehmenswachstums nach GREINER lassen sich dabei wie folgt darstellen:

Phase 1: Kreativität und Führungsstil

In diesem Phasenabschnitt steht zunächst der Innovationsprozess des Produktes im Vordergrund. So fokussieren die Aktivitäten der Gründer nahezu ausschließlich auf die Entwicklung einer gewonnenen Geschäftsidee in ein marktfähiges Produkt. Dabei werden bis zur Fertigstellung des Produkts jegliche Prozessschritte durchlaufen. Im Rahmen der dazugehörenden wirtschaftlichen Verwertung (Exploitation) werden auch alle Aktivitäten betrachtet, die zum Absatz an den Kunden notwendig sind. Um dieser Zielsetzung gerecht zu werden, bringen die beteiligten Mitglieder des Unternehmens in der Regel einen enormen Einsatz, der zunächst noch nicht wirklich umfangreich entgolten wird. Da die Mitarbeitergruppe meist noch klein ist, erfolgt die Kommunikation informal, wobei der Einzelne sehr weite Freiheiten in der Arbeitsgestaltung genießt. Dadurch können Kreativität und flexibler, unbeschwerter Aktionismus bewahrt werden. Im Zuge fortschreitenden Wachstums ändert sich jedoch die Anzahl der Mitarbeiter. Der Führungsstil und die Leitungskapazität sind den modifizierten Bedingungen anzupassen. Der starken evolutionären Wachstumsphase des Unternehmens folgt nun eine erste Führungskrise, da die Gründer meist im Zuge der Produktorientierung nicht über notwendige Fähigkeiten der professionellen Unternehmensführung nachgedacht haben bzw. solche Fähigkeiten auch nur eingeschränkt besitzen. Diese Führungskrise, in der sowohl die Schwächen des Führungsstils als auch die Schwächen der

Führungskompetenz des Gründers zum Vorschein kommen, endet meist mit der Ablösung des Gründers als Unternehmenschef durch einen professionellen Manager.

Phase 2: Direkte Führung und Autonomie

Ist die Führungskrise überwunden, realisiert das Unternehmen in der zweiten Phase steiles Wachstum, das auf der straffen Führung bei der Lösung der Effizienz- und Koordinationsprobleme und auf einer zentralisierten Führungskraft an der Unternehmensspitze beruht. Eine funktionale Organisationsstruktur mit direkten Leitungsbeziehungen, spezialisierten Stellen und Hierarchieebenen kennzeichnet diesen Phasenabschnitt ebenso wie der Ausbau des durch die professionelle Unternehmensführung eingeführten Rechnungswesens inklusive der Finanzpläne und der Abrechnungssysteme. Basierend auf der Organisationsstruktur erfolgen eine zunehmend formalisierte Kommunikation und länger werdende Informationswege, die zu einer Abnahme der Flexibilität des Unternehmens führen. Dies und die starke Konzentration der Entscheidungskompetenzen in der Unternehmensleitung führt das wachsende Unternehmen in eine Krise der fehlenden Autonomie. Dabei haben vor allem Mitarbeiter mittlerer Hierarchieebenen das Bedürfnis, mehr Eigeninitiative und Entscheidungskompetenz zu erhalten.

Phase 3: Delegation und Kontrolle

Als Konsequenz aus der Autonomiekrise delegiert die Unternehmensleitung Aufgaben und Prozesse im Unternehmen stärker als vollständige Bausteine. Vollständig bedeutet hier, dass sowohl Aufgaben als auch die dazugehörige Kompetenz und Verantwortung an die Hauptbetroffenen der Autonomiekrise (z. B. Fabrik- und Marktbereichsleiter) weitergegeben werden. Somit steht hier also die erfolgreiche Einführung dezentraler Strukturen im Vordergrund, wodurch sich letztlich auch die Kommunikation der Unternehmensleitung stark reduziert. Durch Führungskonzepte wie „management by objectives" oder „management by exception" erfolgen die Kontrolle und die Koordination dieser delegierten Aufgabenelemente. Des Weiteren können sich hier Auswirkungen auf die Organisationsstruktur ergeben, so dass beispielsweise eigenständige Profit-Center etabliert werden, was auch positiv zur Motivationssteigerung auf den mittleren und unteren Hierarchieebenen beiträgt. Getrieben durch das rasante Wachstum des Unternehmens, verliert jedoch die Unternehmensleitung die Übersicht und die Kontrolle über die verschiedenen, unabhängigen Aktivitäten.

Phase 4: Koordination und Bürokratismus

Instrumente zur Kontrolle und Koordination der Funktionen von Absatz-, Personal- und Finanzplanung erreichen wesentlichen Stellenwert. Somit werden also in der vierten Phase zur teilweisen Re-Zentralisierung formalisierte Koordinationsmechanismen eingeführt. Dazu erfolgen die Etablierung von Planungs- und Kontrollsystemen sowie der Aufbau von Stabs- und Dienstleistungsabteilungen. Die Investitionsausgaben werden sorgfältig über die Finanzplanung bedacht, die Ressourcenzuteilung erfolgt streng an der Rendite orientiert

(z. B. über ein Portfolio-Management), und die Kontrolle der Einhaltung der Zielvorgaben erfolgt durch die etablierten Stäbe. Als Anreiz zur Zielerreichung wird für die Mitarbeiter ein Gewinnbeteiligungsprogramm eingeführt. Die Verflechtung der Vielzahl von formalen Systemen und Vorschriften fördert die systemimmanente Komplexität, die zwischen den kontrollierenden Stäben und den operativ umsetzenden Linien zunehmende Diskrepanz hervorbringt. Die zu starke Bürokratisierung erstickt jeglichen Innovationstrieb und Kreativitätsanflug der Mitarbeiter im Unternehmen, das eigentliche Geschäft wird vernachlässigt, da „Grabenkämpfe" im Vordergrund stehen.

Phase 5: Zusammenarbeit und „?"

Die letzte Wachstumsphase kann durchschritten werden, indem die Unternehmensführung den Teamgeist und die Zusammenarbeit in multifunktionalen Projektgruppen als „Rezept" zur Überwindung der Bürokratiekrise ausgibt. Durch den Abbau der Stäbe und deren Integration in die Projektgruppen entstehen mehrdimensionale Organisationsformen mit meist matrixähnlichen Strukturen. Dadurch erfolgt eine zunehmende Flexibilisierung des Systems, da Kommunikation, Kreativität und Innovation wieder gefördert werden. In den kleinen Gruppen, die bereits in der ersten Phase das Wachstum vorangetrieben haben, können auch wieder soziale Bedürfnisse der Mitglieder sowie informelle Kontrollmechanismen berücksichtigt werden. Die Krise der fünften Wachstumsphase trägt ein Fragezeichen, da GREINER diese nur unzureichend thematisiert. Diese Phase könnte ein Ende erfahren, indem Mitarbeiter eine psychologische Ermüdung erleiden, die schließlich zum Wechsel in ein anderes Unternehmen veranlasst, das einer jüngeren Wachstumsphase angehört.

Kritisch ist zu diesem Wachstumsmodell von GREINER anzuführen, dass dieser den Gedankengang, dass Unternehmen auch relativ zügig vom Markt abtreten können, nicht berücksichtigt hat. Dieser Mangel ist zwar in der Weiterentwicklung dieses Modells von SCOTT/ BRUCE (Scott/Bruce, 1987, S. 45–52) berücksichtigt, der zweite wesentliche Kritikpunkt wurde jedoch auch dort vernachlässigt. So berücksichtigen diese Modelle nicht die Vorgründung, also die Aktivitäten, die im Rahmen der Vorgründungsphase zu erfüllen sind. Nicht eindeutig thematisiert wird auch das Messproblem von Wachstum im Modell von GREINER. So wird hier nicht deutlich, ob das Unternehmenswachstum durch Umsatz, Anzahl der Beschäftigten oder einen sonstigen Indikator bemessen wird.

1.3.3 Implikationen

Neben der Hilfestellung der verschiedenen Modellansätze zur Verdeutlichung des Unternehmenswachstums sollen hier auch einige kritische Anmerkungen zu diesen Konzepten angeführt werden. Gemeinsam ist allen bislang bekannten Ansätzen, dass es ihnen an empirischer Absicherung der Wachstumsverläufe mangelt. Somit ist auch die Einteilung bzw. Abgrenzung der verschiedenen Wachstumsphasen als durchaus kritisch zu sehen. So sind Ansätze mit drei, aber auch Ansätze mit zehn Phasenabschnitten zu finden (Taylor, 1976, S. 84; Adizes, 1982, S. 171). Die fehlenden qualitativen und quantitativen Abgrenzungskriterien der einzelnen Phasen sollten letztlich Merkmale der Wachstumsraten bzw. des Wachstumsmaßstabs sein.

Die betriebliche Praxis erwartet nun sicherlich auch einige Implikationen für ein „Modell der idealen Unternehmensentwicklung". Aus der Vielzahl der Ansätze ist deutlich geworden, dass ein solches Modell nicht existiert. Dennoch kann aus den verschiedenen Ansätzen eine deutliche Tendenz formuliert werden. Bewegt sich ein Unternehmen auf das Ende eines Wachstumsprozesses zu, der sich durch sinkende Grenzraten der betrachteten Wachstumsvariable zeigt, so sollte die Unternehmensführung versuchen, dort wieder pionierhafte Grundsätze einzuführen, um einen neuen Wachstumszyklus zu veranlassen. Das Ende des Wachstumsprozesses stellt der Unternehmensführung die Aufgabe, neue Nutzenpotenziale zu identifizieren. Dies könnten beispielsweise neue Technologieprodukte, neue Kooperations- oder auch Übernahmepotenziale sein. Dabei sollten diese Potenziale einerseits die Pionier-Eigenschaften wie Innovation, Experimentierfreude und unternehmerische Leidenschaft einschließen, andererseits eine rasche multiplikative Exploitation (Marktverwertung), die durch Standardisierung und Stückkostendegression gekennzeichnet ist, ermöglichen. Diese neuen Nutzenpotenziale sind dabei vor dem Hintergrund einer einheitlichen Führungsform auszugestalten, die Machtkämpfe in den Hintergrund des Erkenntnisinteresses rückt. Es sollte also Ziel sein, eine Kombination von Pionier- und Wachstumsunternehmen anzustreben, welche die genannten Eigenschaften einschließt und von PÜMPIN/PRANGE als „dynamisches Unternehmen" (Pümpin/Prange, 1991, S. 249 ff.), bzw. von TUSHMAN und ANDERSON als „ambidexterous organization" bezeichnet wird. Denn nur wer einer dauerhaften Veränderung standhalten kann, wird auch dauerhaft Erträge erzielen können.

Für junge Start-up-Unternehmungen und etablierte Firmen stellen sich hier jedoch recht unterschiedliche Anforderungen. Die andauernde Existenz großer, etablierter Unternehmen bedeutet offensichtlich, dass diese Firmen bereits erfolgreich viele der genannten Wachstumsphasen durchschritten haben, während junge Firmen diese Selektionstests noch vor sich haben. Anstatt wie junge Start-up-Firmen mit den Fährnissen des Übergangs von einer Unternehmensgröße/Lebensabschnitt zur/zum nächsten zu kämpfen, gilt es daher für etablierte Firmen, etwaige Wachstumsgrenzen durch Initiierung völlig neuer Lebenszyklen zu überkommen. Wie im letzten Hauptabschnitt beschrieben, ist es jedoch gerade der offenkundige Erfolg etablierter Firmen, der organisationelle „Inertia" wachsen lässt, welche weitere Transitionen in zunehmenden Masse erschwert. Es ist also der Bereich der Vergrößerung organisationeller Flexibilität, wo etablierte Firmen den höchsten Nutzen erwarten können. Dies mag beispielsweise die Einrichtung von „Incentive-pay"-Strukturen beinhalten die, wie z. B. die Gewährung von Aktienoptionen für breite Schichten des Managements, dafür sorgen, dass Unternehmensmitarbeiter stärker auch unternehmensexterne Signale, wie z. B. Aktienmärkte, in ihre Entscheidungsbildung mit einbeziehen und daher weniger „firmenblind" werden. Eine weitere Möglichkeit besteht in der bewussten Emulierung kleiner, flexibler Organisationseinheiten, welche z. B. Firmen in der Festplattenspeicherindustrie erfolgreich eingesetzt haben, um eigene Inertia zu überwinden und neue Markttrends auch als etabliertes Unternehmen mitzumachen bzw. zu lenken (Christensen/Bower, 1996).

Während also etablierte Firmen versuchen müssen, mehr wie Start-up-Firmen zu handeln, haben letztere genau das entgegengesetzte Problem. Diese Firmen müssen in zunehmenden

Masse spezialisierte Ressourcen und effiziente Routinen entwickeln, die es ihnen erlauben, einstmals extrem flexible Arbeitsabläufe mehr und mehr zu strukturieren und damit die einzelnen Phasen des Lebenszyklus zu durchschreiten. Gleichzeitig zu dem Auswahldruck, der von dem Zwang zur erfolgreichen organisationellen Umgestaltung herrührt, müssen diese neuen, kleinen Firmen sich auch mit der Konkurrenzsituation am Markt auseinandersetzen, die vielfach Anforderungen stellt, die ein Unternehmen nicht alleine bewältigen kann. Um diese doppelte Problematik fehlender, bzw. in kürzester Zeit zu erstellender Ressourcen zu überkommen, bieten sich wenigstens zwei Alternativen an, die es Start-up-Unternehmen erlauben, ihrerseits „größere" Firmen zu emulieren. Zum einen sind „Joint Ventures" kleinerer Forschungsfirmen mit etablierten Pharma-Unternehmen in der Biotechnologie ein gutes Beispiel für die Ergänzung zweier Ressourcenbündel – während die kleineren Firmen Zugang zu enormen Ressourcen (Marketing, Produktion, etc.) bekommen und damit in die Lage versetzt werden, gegenüber anderen Marktteilnehmern als „große" Firmen aufzutreten, erhalten die etablierten Unternehmen Zugang zu quasi-angegliederten kleineren Organisationseinheiten, in denen mit Neuerungen experimentiert werden kann, bevor selbige eventuell in der Gesamtunternehmung eingeführt werden. Für Start-up-Firmen bedeutet solche Hilfe im Bereich des Marktwettbewerbs auch, dass mehr Ressourcen zur Bewältigung der Probleme interner Wachstumsphasen zur Verfügung stehen. Eine ähnliche Wirkung dürfte auch von strategischen Allianzen zwischen mehreren kleineren Firmen ausgehen – auch hier erlaubt die Kombination mehrerer Ressourcenbündel ein koordiniertes Auftreten am Markt sowie die Überwindung eigener Wachstumskrisen.

1.4 Wachstum ist kein Allheilmittel

Nach einer Darstellung des Phänomens Wachstums hat dieser Beitrag ausführlich Triebkräfte und Gründe des Wachstums von Unternehmen beleuchtet. Die Erkenntnis, dass viele Industrien in zunehmenden Masse „increasing returns" aufweisen, die Konsumenten nahezu zwangsläufig zur Bevorzugung bestimmter Technologien oder Firmen treibt, wurde als einer der Hauptantriebe für das Einschlagen einer klar akzentuierten Wachstumsstrategie erkannt.

Wachstum und insbesondere die Übernahme von Wachstums- oder Industrieführerschaft erscheint jedoch nur möglich, wenn als ein Unternehmen über Wettbewerbsvorteile im Markt verfügt und diese entsprechend ausbeutet, repliziert, sowie neu bildet im Sinne des „Dynamic-capability"-Ansatzes. Dieser Beitrag ist daher eingehend auf die strategischen Alternativen für wachstumsorientierte Firmen eingegangen.

Wachstum ist allerdings kein Allheilmittel, sondern führt vielmehr nahezu zwangsläufig zu einer Reihe von Problemen, die es zu lösen gilt, bevor eine Steigerung der Unternehmensgröße tatsächlich in einer andauernden Wertsteigerung des Unternehmens mündet. Der letzte Teil dieses Beitrages hat aus diesem Grunde ausgewählte Lebenszyklusmodelle skizziert, die sowohl auftretende Probleme als auch Lösungsmöglichkeiten für das Management betrieblichen Wachstums beleuchten.

2. Konstitution und Leistung von Inkubatoren bei der Unterstützung von Unternehmensgründungen

ANN-KRISTIN ACHLEITNER / RONALD ENGEL

When it comes to control of resources ... all I need from a source is the ability to use (the resource).
(Howard H. Stevenson)

2.1 Inkubatoren – eine bloße Zeiterscheinung?

Wenn man einigen Zeitungsberichten der letzten Monate glaubt, ist das Inkubatorphänomen allenfalls noch retrospektiv interessant. Dort wird argumentiert, solche Unternehmensbrutkästen hätten vielmehr dem Namen „Incinerator" als „Incubator" alle Ehre gemacht und wären eine bloße Zeiterscheinung gewesen. Gegen solche Pauschalurteile spricht jedoch, dass auch in den momentan für Frühphasenfinanzierung schwierigeren Zeiten erfolgreiche Inkubatoren am Markt tätig sind und dass an angesehenen Universitäten weltweit weiterhin Forschungsprojekte zu diesen Finanzierungsanbietern durchgeführt werden.

Weiterhin ist zu berücksichtigen, dass das zunächst vorrangig in den USA verbreitete Konzept der „Business Incubation" bereits seit weit über vierzig Jahren etabliert ist. Zwar stellt der häufig zitierte Befund der National Business Incubators Association (NBIA), dass 87 % der durch Inkubatoren geförderten Unternehmen (Incubatees) nach vier Jahren noch tätig sind, während der Durchschnittswert bei nicht-inkubierten Unternehmen nur bei 25 % liegt (NBIA, 1997), entgegen dem Wunsch vieler Zitierenden, keinen repräsentativen Durchschnitt dar,[9] aber er legt die Annahme grundsätzlich positiver Effekte dieses Geschäftsmodells nahe.[10]

Auf dem Markt der so genannten New-Economy-Inkubatoren, also Inkubatoren, die ihren Branchenfokus auf internetnahe und internetbasierte Unternehmenskonzepte ausgerichtet haben, zeigte sich nach Jahren außerordentlichen Wachstums in den vergangenen Monaten die erwartete Konsolidierung. Viele Anbieter, die im Zusammenhang mit dem Internet-Hype durch hohe Renditeerwartungen bei der Frühphasenfinanzierung derartiger Unternehmen[11] und aufgrund der niedrigen Markteintrittsbarrieren auf diesem intransparenten Markt angelockt wurden, ziehen sich zurück oder richten ihr Geschäftsmodell neu aus.

---

[9] So zeigt BEARSE (Bearse, 1998, S. 322–323), dass diese Zahl auf 50 der über 600 zum damaligen Zeitpunkt in der NBIA zusammengeschlossenen US-Inkubatoren basiert, diese 50 aber kein repräsentatives Sample darstellen, sondern es sich bei ihnen vielmehr um überdurchschnittlich erfolgreiche Anbieter handelt.

[10] Für den deutschen Markt können aufgrund der vergleichsweise kurzen Historie dieser Anbieter noch keine vergleichbaren Zahlen erhoben werden. Eine Übertragung von Erfahrungen im Zusammenhang mit Technologie- und Gründerzentren ist aufgrund noch zu erläuternder Unterschiede zwischen den beiden Geschäftstypen nicht möglich.

[11] Zu einem Überblick erwarteter Renditen vgl. ENGEL/HOFACKER (Engel/Hofacker, 2001, S. 206).

Die Folge dieser Entwicklung, dass Leistung angesichts der sich verschlechterten Marktsituation wieder wichtiger wird, ist gerade aus Wettbewerber- und Nachfragesicht durchaus zu begrüßen. Denn es zeigt sich, dass Marktteilnehmer, die aufgrund ihrer Branchenkenntnisse und eigenen Gründungserfahrung imstande sind, über die Finanzierungsfunktion hinaus erheblichen Mehrwert zu schaffen, im Vergleich zur allgemeinen Marktsituation deutlich geringere Probleme haben.

2.2 Konstitution von Inkubatoren

2.2.1 Inkubatoren als Mehrwertschaffer

Der Begriff des „Inkubators" ist, stellt man auf seine derzeitige Verwendung in der Presse ab, relativ unscharf. Dies liegt vor allem daran, dass diese Finanziererform, wie in der Folge erörtert wird, in den letzten Monaten verstärkt öffentlicher Kritik ausgesetzt wurde und sich daher viele Anbieter, obwohl sie Inkubationsdienstleistungen erbringen, nicht mehr als "Inkubator" bezeichnen. Dies ändert jedoch nichts daran, dass ein gemeinsamer Begriffskern aufgezeigt werden kann, der einen eigenständigen, von Venture-Capital-Gebern und anderen Dienstleistern abgegrenzten Anbietertyp umschreibt.

Ein Inkubator unterstützt nach dem hier zugrunde gelegten Verständnis ein Unternehmen vorrangig in seiner Seed- und Start-up-Phase. Hierbei versucht er als Dienstleistungszentrum, den Unternehmensgründern ganzheitliche Unterstützung bei der Umsetzung ihrer Geschäftsideen zukommen zu lassen. Damit begleitet er das Unternehmen von der Phase der Idee bis zu seiner Konstitution als Unternehmen und zum anschließenden Markteintritt. Im weiteren Verlauf der Unternehmensentwicklung werden sich in der Regel Venture Capitalists als Kapitalgeber engagieren, allerdings lassen sich in der Praxis auch Inkubatoren identifizieren, welche die Finanzierung ihrer „incubatees" auch in weiteren Finanzierungsrunden leisten (Achleitner/Engel, 2001a, S. 5; Achleitner/Engel, 2001b, S. 97; Hansen/Nohria/Berger, 2000, S. 97; Lee et al., 2000, S. 3).[12]

Ziel eines Inkubators ist es, für das in Gründung befindliche oder neu gegründete Unternehmen möglichst alle Dienstleistungen zu erbringen oder zu vermitteln, die dieses benötigt, um seine Geschäftsidee in möglichst kurzer Zeit in ein marktfähiges Produkt zu transformieren. Hierzu werden dem Gründerteam idealer Weise auch diejenigen Tätigkeiten abgenommen, die zwar zum Geschäftsaufbau notwendig sind, aber nicht unmittelbar der Generierung des Produktes oder der Dienstleistung dienen.

Inkubatoren setzen mit ihren Dienstleistungen daher an den vier typischen „bottlenecks" zeitsensitiver Geschäftsmodelle an:

- Liquiditätsschonendes Kapital
- Sachmittel/Infrastruktur
- Know-how

---

[12] Eine engere Auffassung vertreten hingegen bspw. WITT/ZILLMER (Witt/Zillmer, 2002, S. 190).

- Kontakte

Durch die ausreichende Bereitstellung von langfristigem Kapital ermöglichen sie dem Start-up die Durchführung notwendiger Investitionen sowie frühzeitiges Wachstum. Mindestens ebenso wichtig ist jedoch der Know-how-Transfer, der von bloßen Beratungsleistungen bis hin zu zeitweiliger operativer Mitarbeit reichen kann. Der Mehrwert von Kontakten und materiellen Aktiva liegt primär in der Verkürzung der Entwicklungszeit des Unternehmens, das hierdurch zu einem früheren Zeitpunkt positive Cash Flows erwirtschaften kann und auf diese Weise seinen Unternehmenswert erhöht (Engel/Hofacker, 2001, S. 207).

Diese Leistungen werden in der Mehrzahl der Fälle (64 %) ausschließlich durch die Überlassung von Eigenkapitalanteilen abgegolten. In den übrigen Fällen kommt in aller Regel eine Mischvergütung zum Einsatz, die es ermöglicht, dass einzelne Leistungskomponenten, so vor allem die Sachmittel (19 % der Fälle) respektive die Infrastruktur (17 %), nur bei entsprechendem Bedarf erbracht und durch Barzahlung separat vergütet werden. Die Höhe der Vergütung hängt bei beiden Varianten vom zur Verfügung gestellten Leistungsbündel, insbesondere dem Finanzierungsvolumen, ab und bewegt sich bei vollständiger Vergütung über Unternehmensanteile im „Normalfall" zwischen 10 % und 25 % (Achleitner/Engel, 2001a, S. 70). Mehrheitsbeteiligungen, wie sie in der Presse teilweise beschrieben wurden, treten bei seriösen Anbietern nur in zwei Fällen auf, z. B. wenn es sich um ein intern entwickeltes Geschäftskonzept handelt, für das von externer Seite nur die Humankapazitäten akquiriert werden, oder wenn der Inkubator die vollständige Gründungsfinanzierung des Start-ups inklusive der üblicherweise durch Venture-Capital-Geber abgedeckten Finanzierungsrunden in der Expansionsphase leistet.

Damit weisen Inkubatoren viele Parallelen mit den in Deutschland bereits seit Beginn der Achtzigerjahre bekannten, häufig regionalwirtschaftlich ausgerichteten Technologie- und Gründungszentren (TGZ) auf. Diese sind jedoch im Hinblick auf die Kapitalbereitstellung beinahe ausschließlich als Vermittler tätig und legen aufgrund ihrer abweichenden Ausrichtung weniger Gewicht auf umfassende Beratung in gründungsspezifischen und betriebswirtschaftlichen Belangen sowie auf die Bereitstellung eines umfassenden Kontaktnetzwerkes als auf die in der Regel mehrjährige Bereitstellung von Geschäftsräumen und Infrastruktur.[13]

Gerade in letzter Zeit zeigt sich ein zunehmend fließender Übergang zwischen Inkubatoren und „seed capitalists". Dies sind Venture-Capital-Geber, die entgegen der allgemeinen Ausrichtung dieser Kapitalgeber bereits in Unternehmen investieren, die sich noch in ihren frühesten Entwicklungsstadien befinden. Bei einem Vergleich der jeweiligen Leistungsspektren lassen sich, wenn man von der Bereitstellung materieller Aktiva absieht, keine grundlegenden Unterschiede, sondern nur eine individuelle Gewichtung der einzelnen Leistungskomponenten ausmachen. Während bei „seed capitalists", wie bei „venture capitalists" im Allgemeinen, der Leistungsschwerpunkt im Finanzierungsbereich liegt, akzentuieren Inkubatoren den Know-how-Transfer stärker und verstehen sich demzufolge häufig eher als „Mitgründer" denn als bloße Anbieter von so genanntem „smart money".

---

[13] Vgl. zu den Unterschieden zwischen Inkubatoren und Technologie- und Gründerzentren ergänzend die Ausführungen bei WEITNAUER (Weitnauer, 2001, S. 243–244).

2.2.2 USA: Von klassischen Inkubatoren zu EcoNets

Das Konzept der „Business Incubation" ist nicht neu. So datiert die Gründung des ersten außeruniversitären Inkubators auf 1959[14]. Dieser Inkubator in Batavia im Bundesstaat New York, der in einer alten Lagerhalle angesiedelt war, wurde ins Leben gerufen, um in dieser strukturschwachen landwirtschaftlichen Region Arbeitsplätze zu schaffen. Diese Erwartungen erfüllte er auch – seit seiner Gründung war er an der Entwicklung von mehr als tausend Unternehmen beteiligt. Nach seinem Vorbild wurden in den USA zahlreiche Inkubatoren etabliert, die sich zum überwiegenden Teil als Non-profit-Dienstleister darstellten.

Diese „klassischen" Inkubatoren in den USA können im Hinblick auf ihren Ansatz zur Mehrwertschaffung in zwei Extremtypen differenziert werden, die ein Kontinuum hybrider Ausrichtungen aufspannen.[15] Die ersten Inkubatoren waren stark immobilienökonomisch orientiert. Sie sahen sich primär als Vermieter bestehender Geschäftsräume zu günstigen Konditionen und erst in einem zweiten Schritt als darüber hinausgehende Dienstleister. Der zeitlich etwas später auftretende zweite Inkubatortyp versuchte durch eine optimale Ressourcenallokation Start-ups zu eigenständigen erfolgreichen Unternehmen zu unterstützen, wobei die Sachmittelkomponente zwar nicht vernachlässigt wurde, aber gegenüber den übrigen Leistungen in den Hintergrund trat. Zwischen diesen beiden auch heute noch marktpräsenten Geschäftsmodellen können, je nach Gewichtung der beiden Komponenten, weitere Inkubatortypen identifiziert werden. Hierzu gehören Inkubatoren zur Exploitation in Universitäten und Forschungseinrichtungen entwickelter Inventionen, „Corporate Incubators" mit ihren strategischen Geschäftsmotivationen oder regionalwirtschaftliche Intentionen verfolgende Inkubatoren.

1998 veröffentlichte die US-amerikanische *National Business Incubators Association* (NBIA) eine Studie, die den Markt für Inkubatoren in den USA dementsprechend aufzeigt (NBIA, 1998)[16]. Hiernach sind die 587 Inkubatoren zu 92 % Non Profit-Unternehmen. 51 % werden seitens der Regierung oder gemeinnütziger Institutionen finanziert und dienen primär der Wirtschaftsförderung, insbesondere in strukturschwächeren Gebieten der USA. 27 % aller US-Inkubatoren stehen in Verbindung mit Universitäten und Colleges. 14 % schließlich sind hybrid, d. h. sie werden von der Regierung, gemeinnützigen Institutionen und/oder privaten Trägern sowie sonstigen Förderern wie beispielsweise Handelskammern getragen.

Von den nur 8 % der US-Inkubatoren mit ertragswirtschaftlicher Orientierung wiederum wurde ein Teil von Unternehmen der Immobilienwirtschaft gehalten und entsprach demzufolge dem aufgezeigten immobilienökonomischen Geschäftsmodell. Das bedeutet, dass nur ein sehr kleiner Bruchteil der US-Inkubatoren 1998 privatwirtschaftlich initiiert und er-

---

[14] Vgl. CHINSOMBOON mit Hinweisen auf die ersten Inkubatoren im Zusammenhang mit Universitäten aus den Jahren 1942 und 1946 (Chinsomboon, 2000, S. 27–28).
[15] Vgl. SMILOR/GILL (Smilor/Gill 1986, S. 3–4); hierauf aufbauend ALLEN/MCCLUSKEY (Allen/McCluskey, 1990, S. 61–78); aus aktueller Perspektive ACHLEITNER/ENGEL (Achleitner/Engel, 2001c, S. 80–82).
[16] Entsprechend der längeren Historie von Inkubatoren und deren wissenschaftlicher Beachtung bestehen dort zahlreiche weitere Untersuchungen (bspw. Allen/McCluskey, 1990; Markley/McNamara, 1995; Sherman/Chappell, 1998).

tragswirtschaftlich orientiert unter obiges Begriffsverständnis subsumiert werden kann. Dieses Ergebnis wird auch durch eine jüngst erschienene Studie der *Harvard Business School* unterstützt. Sie geht für 1997 von 18 derartigen Inkubatoren in den USA aus (Hansen/Nohria/Berger, 2000, S. 8).

Hier ist es in den letzten Jahren zu einer drastischen Veränderung gekommen. Kurz nach dem Gründungsboom im Bereich der TIME-Industries, d. h. der Telekommunikations-, der Internet-, der Medien- und der Entertainment-Branchen, und den damit zusammenhängenden veränderten Anforderungen entstanden die häufig als New-Economy-Inkubatoren bezeichneten Geschäftsmodelle. Dabei handelt es sich um Inkubatoren des letztgenannten Typs, die sich auf Geschäftsmodelle dieser Branchen fokussieren und sich eng an deren Anforderungen ausrichten. Im Zuge der weiteren Entwicklung haben sich einige dieser Dienstleister zu so genannten EcoNets oder Venture Networks weiterentwickelt. Als EcoNet oder Venture Network bezeichnet man ein Netzwerk von Unternehmen, das durch gegenseitige Beteiligungen und Leistungsbeziehungen verbunden ist. Es handelt sich hierbei oft um eine Internet-Holding, innerhalb derer alle Leistungen zur schnellen Überwindung der „bottlenecks" erbracht werden. Diese Netzwerke entstehen, wenn Inkubatoren, häufig einhergehend mit einer längeren Betreuung, ihre Beteiligungen relativ lange halten und bei der Wahl neuer Beteiligungsgesellschaften auf solche Fähigkeiten und Leistungsangebote Wert legen, die das Netzwerk weiterentwickeln und vervollständigen. Hierbei bestehen deutliche Parallelen zum japanischen Keiretsu-Ansatz. In den USA bestehen derzeit ca. 30 derartiger Netzwerke, die bekanntesten hiervon sind *CMGI*, *Softbank* mit dem angegliederten Inkubator *Hotbank* und *Internet Capital Group*.

2.2.3 Deutschland: Boom der New-Economy-Inkubatoren

Nach einer Studie der Autoren, die in den Monaten Oktober und November 2000 durchgeführt wurde (Achleitner/Engel, 2001a)[17], agierten zu diesem Zeitpunkt in Deutschland 65 Inkubatoren, die sich unter obiges Begriffsverständnis fassen lassen (Achleitner/Engel, 2001a, S. 27). Hierbei handelt es sich zum größten Teil um New-Economy-Inkubatoren. Dieser Umstand beruht darauf, dass das Konzept der Business Incubation im Vorfeld des Booms der New Economy kaum verbreitet war und wenn, dann in den bereits erwähnten und innerhalb dieser Untersuchung unberücksichtigten TGZ[18] praktiziert wurde. Diese entsprechen in ihrer grundsätzlichen Ausrichtung weitgehend den skizzierten klassischen Inkubatoren in den USA. Grundlegende Unterschiede lassen sich jedoch in der Zielgruppenfokussierung sowie in der Trägerschaft ausmachen. Während in den USA aufgrund der

---

[17] Eine Zusammenfassung der wesentlichen Ergebnisse findet sich bei ACHLEITNER/ENGEL (Achleitner/Engel, 2001c, S. 76–82).

[18] Dies beruht auf grundlegenden Unterschieden zwischen Inkubatoren und TGZ im Hinblick auf Leistungsspektrum, Trägerschaft, Vergütungsstruktur und strategischer Ausrichtung. Zu den TGZ existieren aufgrund ihres längeren Bestehens bereits zahlreiche Studien. Vgl. stellvertretend die Untersuchungen von BAUER/HANNIG, STEINKÜHLER, STERNBERG und STERNBERG et al. (Bauer/Hannig, 1992; Steinkühler, 1994; Sternberg, 1988; Sternberg et al., 1996).

starken Verbreitung immobilienökonomisch ausgerichteter Anbieter und der daraus resultierenden geringen Ressourcenspezifität sowie innerhalb der Gruppe der regionalwirtschaftlich orientierten Anbieter zahlreiche unfokussierte Inkubatoren (NBIA, 1998) bestehen, weisen alle TGZ in Deutschland einen mehr oder weniger ausgeprägten Technologiefokus auf. Im Hinblick auf die Trägerschaft fällt auf, dass die deutschen TGZ sämtlich staatlich initiiert oder gefördert sind, also keine rein privatwirtschaftlichen Geschäftsmodelle existieren. Demgegenüber treten als Träger klassischer Inkubatoren in den USA die verschiedensten Handlungssubjekte wie Universitäten, öffentliche und staatliche Einrichtungen oder Interessengemeinschaften alleine oder in Kombination auf.

Die Entwicklung des deutschen Marktes für Inkubatoren begann Mitte der Neunzigerjahre und verlief vor allem in den letzten Jahren stürmisch. Allein 1999 verdreifachte sich die Zahl der Inkubatoren beinahe von 13 auf 38. Es ist somit in Deutschland ohne bedeutende zeitliche Verzögerung zu einer gleichlaufenden Entwicklung wie in den USA gekommen – dort allerdings stieg die vergleichbare Zahl im gleichen Zeitraum um das 4,5-fache (Hansen/Nohria/Berger, 2000, S. 8).

Inkubatoren in Deutschland wie auch in den USA sind jedoch nicht pauschal zu betrachten, sondern lassen sich anhand zahlreicher Dimensionen, wie ihrer Fokussierung und ihrer Trägerschaft, verschiedenen Typen mit voneinander abweichenden Charakteristika zuordnen.

2.3 Differenzierung des deutschen Inkubator-Angebotes

2.3.1 Differenzierung nach Betreiber

Die deutschen Inkubatoren wurden von unterschiedlichen Personen/Gruppen geschaffen. 68 % aller Inkubatoren sind dabei als *Stand-alone-Inkubatoren* zu bezeichnen. Sie stellen echte Neugründungen dar, die durch den Zusammenschluss mehrerer natürlicher Personen zu einem Team entstanden sind. Ziel ist es hierbei, durch die Addition der komplementären Kompetenzen der Teammitglieder ein einheitliches und umfassendes Leistungsangebot aufzuweisen. Von ihnen abzugrenzen sind diejenigen Inkubatoren, die als Abteilung oder selbstständige Einheit an ein bestehendes Unternehmen angegliedert sind oder aus einem solchen ausgegründet wurden. Man bezeichnet diese Gruppe, der 16 % aller Inkubatoren zuzurechnen sind, auch als *Corporate Incubators*. Sie verfolgen neben den ertragswirtschaftlichen Zielen eines Inkubators – vergleichbar dem Corporate-Venture-Capital-Gedanken – meist strategische Ziele wie den zeitnahen Zugang zu Innovationen oder die Bindung von unternehmerisch motivierten Mitarbeitern, die ansonsten das Unternehmen verlassen würden, wie es häufig im Bereich von Dienstleistungsunternehmen in den vergangenen Jahren der Fall war. Die dritte Gruppe mit einem Anteil von 11 % bilden *VC-Inkubatoren*, die entweder an die Venture Capitalists (VC) angegliedert sind oder selbständig als Unterform des bereits angesprochenen Kapitalgebertyps „seed capitalist" mit einem den übrigen Inkubatoren vergleichbaren Leistungsspektrum agieren. Schließlich stellen die als *Venture Networks* beschriebenen Holdingstrukturen 5 % der im deutschen Markt tätigen Inkubatoren dar.

Die Betreiberstruktur der Inkubatoren hat nun vielfältige Auswirkungen. Hierzu zählt unter anderem auch ein zwischen den verschiedenen Gruppen divergierendes Profil des Managements bzw. der Mitarbeiter[19]. So weisen *Stand-alone-Inkubatoren* einen hohen Grad an Heterogenität bezüglich des fachlichen Hintergrundes auf. Typischerweise handelt es sich dabei bei den Gründern um Personen, die selbst bereits ein oder mehrere Unternehmen gegründet haben und damit wissen, mit welchen Hindernissen Unternehmen in der Gründungsphase kämpfen (in der Praxis sind dies 29 %), sowie Personen, die über längere Zeiträume in den Branchen Investment Banking, Management Consulting oder in der Industrie gearbeitet habe, und ihre langjährige Berufs- und Branchenerfahrung sowie wertvolle Kontaktnetzwerke mit einbringen. *Corporate Incubators* hingegen beschäftigen sowohl auf der Management- als auf der Mitarbeiterebene häufig ehemalige Mitarbeiter des Betriebs und ergänzen diese dann je nach Bedarf gezielt mit Trägern der fehlenden Kompetenzen. Ingesamt weisen sie eine deutlich homogenere Mitarbeiterstruktur auf.

2.3.2 Differenzierung nach Grad und Art der Fokussierung

Kompetenzen und Know-how können in der Regel nicht über alle Markt- und Klientensegmente hinweg gleich stark entwickelt und gehalten werden. Es ist folglich nur schwer möglich, im Bereich der beratungsintensiven und damit branchenspezifischen Leistungen in vielen Bereichen qualitativ hochwertige Leistungen anzubieten. Gleichzeitig müssen Inkubatoren die Geschäftsmodelle ihrer „incubatees" beurteilen können, um Erfolgschancen einzuschätzen und eventuelle Korrekturen zu initiieren sowie die Unternehmen im Hinblick auf die einzugehende Finanzierungsbeziehung aus Selektions- und Preisfindungsgründen zu bewerten.

Aus diesen Gründen haben sich die meisten Inkubatoren fokussiert, wobei neben der Konzentration auf gründungsnahe Entwicklungsphasen mit Ausnahme der besonderen Situation von internationalen „roll-outs" vor allem eine Fokussierung auf

1. Branchen und Branchensegmente und
2. Zielgruppen erfolgt.

(1) Für Deutschland kann man innerhalb der neuen Technologien, auf die sich praktisch alle Inkubatoren beschränken, eine bereits relativ deutliche Ausrichtung der einzelnen Anbieter auf einzelne Branchen und Sektoren (Achleitner/Engel, 2001a, S. 43–48) erkennen, wobei auch bei dem zugrunde gelegten und in Abbildung VIII.5 visualisierten Differenzierungskonzept auffällig ist, dass sich die einzelnen Branchen und Sektoren nicht immer trennscharf auseinanderhalten lassen. Dies zeigt bereits der Sektor M-Commerce, der den Branchen Internet und Telekommunikation zugerechnet werden kann.

---

[19] Siehe hierfür im Detail ACHLEITNER/ENGEL (Achleitner/Engel, 2001a, S. 40); ACHLEITNER/ENGEL (Achleitner/Engel, 2001c, S. 79).

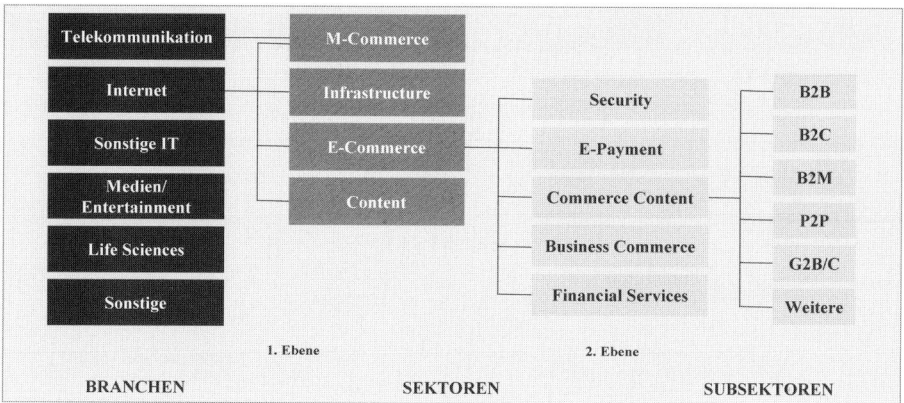

Abbildung VIII.5: Branchenstruktur (Quelle: In Anlehnung an Schlütz/Köttner, 2000, S. 17–19)

Abbildung VIII.6 zeigt den ermittelten Branchenfokus der auf dem deutschen Markt tätigen Inkubatoren auf. Es zeigt sich aufgrund der geringen Zahl an Mehrfachnennungen, dass nahezu alle Inkubatoren eine deutliche inhaltliche Fokussierung vornehmen.

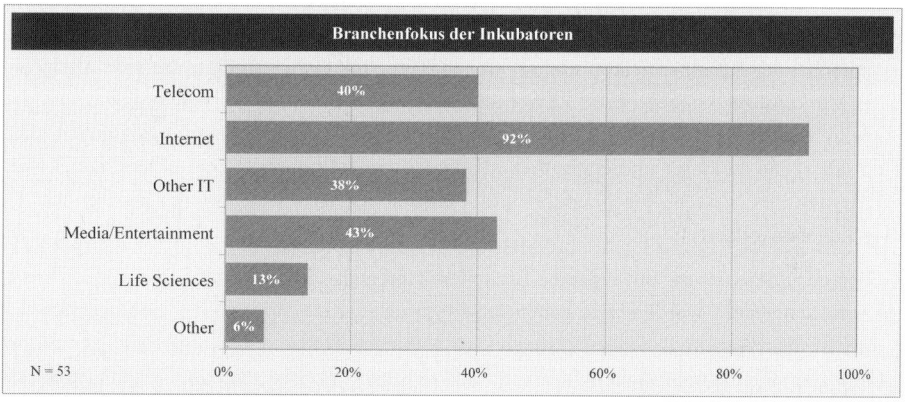

Abbildung VIII.6: Branchenfokus der Inkubatoren in Deutschland (Quelle: Achleitner/Engel, 2001a, S. 45)

Bereits mehr als die Hälfte (58 %) der untersuchten Inkubatoren weist, wie Abbildung VIII.7 aufzeigt, einen über einen bloßen Branchenfokus hinaus gehenden Sektoren- oder sogar Subsektorenfokus auf (Achleitner/Engel, 2001a, S. 42–47).

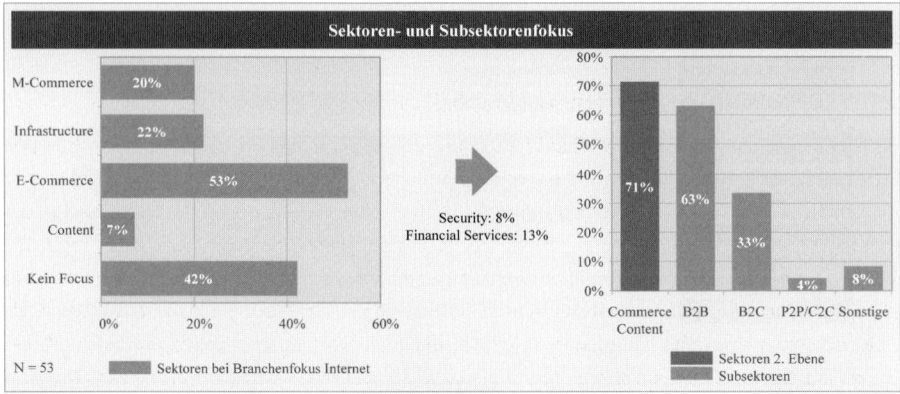

Abbildung VIII.7: Tiefer gehende Fokussierung von Inkubatoren (Quelle: Achleitner/Engel, 2001a, S. 46)

Durch die thematische Fokussierung soll sichergestellt werden, dass die Mitarbeiter des Inkubators die für die Managementunterstützung und das Networking notwendigen Kenntnisse der Branche haben und damit das Start-up-Unternehmen sachkundig beraten und unterstützen können. Gleichzeitig reduzieren die Inkubatoren durch höhere Marktkenntnis das Bewertungs- und Auswahlrisiko ihrer Beteiligungen. Dies geht zwar mit einer Erhöhung entsprechender Klumpenrisiken einher, wie sich bei Inkubatoren zeigt, die sich allein auf B2B-Marktplätze konzentrieren. Ungeachtet dieser weiterhin untersuchungsbedürftigen Aspekte des Risikomanagements von Frühphasenkapitalgebern ist davon auszugehen, dass sich der Trend zu klarer und enger thematischer Ausrichtung angesichts zunehmender Spezifizierung des Wissens bei gleichzeitiger Verschärfung des Wettbewerbs im Bereich der Kapitalgeber fortsetzen wird.

Neben der Fokussierung auf einzelne Branchen kann auch eine *zielgruppenbezogene Fokussierung* festgestellt werden. Die größte und typischste Kategorie stellen externe Gründerteams in der Form natürlicher Personen dar. Natürliche Personen können aber gerade bei „Corporate Incubators" auch Mitarbeiter des Mutterkonzerns sein, die einen „spin-off" initiieren. Bei „roll-outs" in den deutschen Markt handelt es sich hingegen um Gründungen ausländischer juristischer Personen, die ihre Geschäftsaktivitäten auch auf den deutschen Markt ausdehnen wollen. Gerade in den USA haben viele Unternehmensgründungen der vergangenen Jahre inzwischen eine Größe erreicht, die es ihnen erlaubt, ihr Geschäft auf eine internationale Basis zu stellen, indem sie auf die europäischen Märkte expandieren. Neben der Notwendigkeit an Kontakten ergibt sich in diesen Fällen besonderer Beratungsbedarf im Zusammenhang mit regionalen und kulturellen Besonderheiten, die mitunter gewisse Unterschiede in der Geschäftsstrategie bedingen. „Incumbents" sind bestehende Unternehmen, die unter Inanspruchnahme eines Inkubators eigene Ideen verwirklichen möchten, dies allerdings nicht innerhalb ihrer bestehenden Unternehmensgrenzen können oder wollen.

2.4 Leistungsspektrum von Inkubatoren

2.4.1 Dienstleistungsspektrum im Überblick

Während das Dienstleistungsspektrum von Inkubatoren grundsätzlich die Deckung bestehender Ressourcenbedürfnisse in den Bereichen Kapital, Know-how, Sachmittel/ Infrastruktur und Kontakten umfasst, unterscheiden sich die einzelnen Anbieter neben der Leistungsqualität auch danach, ob sie das ganze Leistungsspektrum abdecken oder nur einen Teil hiervon und inwieweit dies geschieht, beispielsweise ob einzelne Leistungen originär erbracht oder lediglich vermittelt werden. Abbildung VIII.8 zeigt dies auf. Differenzierungspotenzial zeigt sich zuvorderst in den im unteren Bereich der Abbildung aufgeschlüsselten sonstigen Leistungen zur Unterstützung der Unternehmensgründung, die zur Deckung von Know-how-Bedürfnissen dienen und vom Inkubator selbst und nicht etwa über die Bereitstellung entsprechender Kontakte aus dem Netzwerk vermittelt werden.

Von Interesse ist hierbei vor allem die Unterscheidung zwischen Inkubatoren, welche alle vier Dienstleistungen anbieten, und solchen, die keine Sachmittel zur Verfügung stellen (man spricht in diesem Zusammenhang von „virtuellen Inkubatoren"). Während Finanzierung, Beratung und der Zugang zu einem Netzwerk von mehr als vier Fünfteln aller Inkubatoren geleistet oder vermittelt werden, bieten nur 47 % die Bereitstellung von Büroflächen und nur 58 % jene von Infrastruktur an. Angesichts der jüngsten Marktentwicklungen und Stellungnahmen von Teilnehmern ist davon auszugehen, dass der Anteil der virtuellen Inkubatoren weiter steigen wird. Dies macht auch Sinn, da diese Inkubatoren anders als die immobilienökonomisch ausgerichteten Geschäftskonzepte in den USA ihre Kernkompetenzen nicht in diesem Bereich haben und daher eine Abdeckung gegebener Bedürfnisse über den entsprechenden Markt in vielen Fällen vorteilhaft ist.

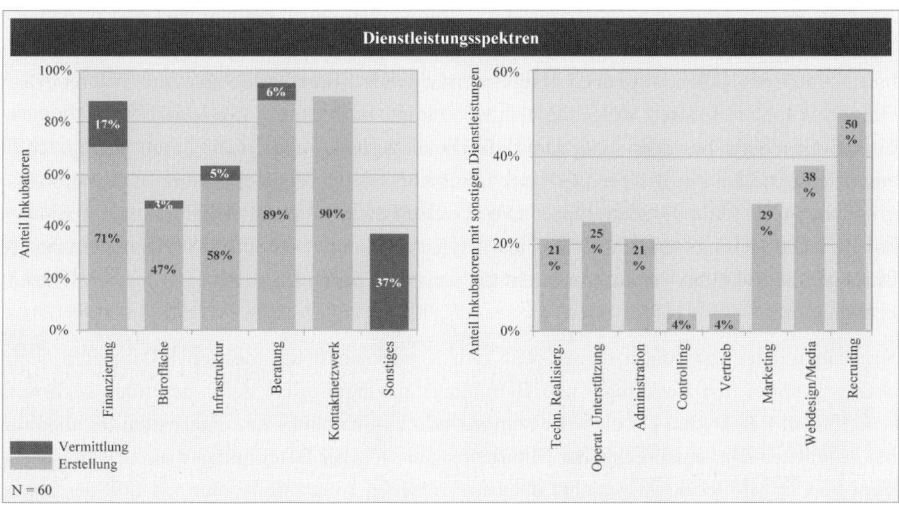

Abbildung VIII.8: Dienstleistungsspektrum von Inkubatoren (Quelle: Achleitner/Engel, 2001a, S. 60)

2.4.2 Finanzierung

Die Finanzierung der Unternehmen ist eine wichtige, aber nicht entscheidende Funktion von Inkubatoren. Dies zeigt sich schon daran, dass diese Leistung im Vergleich zu den anderen am häufigsten vom Inkubator nicht selber erbracht, sondern nur vermittelt wird. Bei originärer Erbringung der Finanzierungsleistungen ergeben sich häufig geringe Kapitalvolumina, da sich Inkubatoren in aller Regel bei den jeweiligen Unternehmen in sehr frühen Entwicklungsstadien engagieren, in denen der Finanzierungsbedarf deutlich geringer als im Bereich späterer Wachstumsfinanzierungsrunden ist. Abbildung VIII.9 gibt einen Eindruck, in welcher Höhe sich typische Investitionsvolumina von Inkubatoren bewegen.

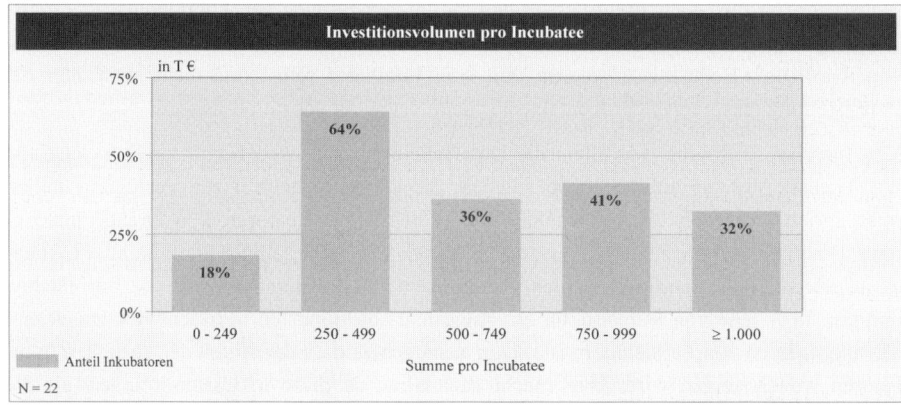

Abbildung VIII.9: Investitionsvolumen pro Incubatee (Quelle: Achleitner/Engel, 2001a, S. 65)

Auch wenn von derartigen Zahlen nur Tendenzaussagen abgeleitet werden können, da viele Inkubatoren unterschiedlich hohe Beteiligungen eingehen und diese auch unterschiedlich lang finanzieren, lassen sich doch einige grundlegende Erkenntnisse ableiten. Während sich einige Inkubatoren durch steigende Fondsvolumina in Richtung des klassischen Venture-Capital-Geschäfts bewegen und damit die Finanzierungsfunktion zu ihrem Kerngeschäft entwickeln, stellen bei der Mehrheit der Inkubatoren technologieorientierte Unternehmensgründungen die Hauptkundengruppe. Diese weisen zwar in ihrem Anfangsstadium zumeist höhere Finanzierungsbedürfnisse auf als klassische Handwerks- und Handelsunternehmen, benötigen aber darüber hinaus vor allem die sonstigen durch Inkubatoren erbrachten Dienstleistungen.

Kapitalbereitstellung gehört damit zwar zum Kerngeschäft der meisten Inkubatoren, stellt aber gegenüber den Beratungs- und Betreuungsleistungen nicht deren zentralen Mehrwert schaffenden Faktor dar. Da diese Leistungen sehr zeitintensiv sind, unterhalten Inkubatoren bei gegebener Zahl entsprechender Mitarbeiter nur weniger Beteiligungen als beispielsweise Venture-Capital-Geber. Angesichts der beschriebenen Investitionsvolumina und der hohen Zahl bloßer Kapitalvermittlungen folgt hieraus auch eine geringere Notwendigkeit hoher Finanzkraft. So verfügen 44 % aller deutschen Inkubatoren über Investitionsmittel von weniger als € 30 Mio., was jedoch teilweise auch auf das junge Alter der Inkubatoren und häufige Schwierigkeiten gerade von *Stand-alone-Inkubatoren* im Bereich des Fundraising zurückzuführen ist.

2.4.3 Sachmittel

Sachmittel, d. h. Bürofläche und Infrastruktur, sind diejenige Dienstleistung, die – wie aufgezeigt fälschlicherweise – am häufigsten mit dem Inkubatormodell in Verbindung gebracht wird. Dabei besteht die Meinung, der eigentliche differenzierende Beitrag von Inkubatoren läge in der – überteuerten – Bereitstellung derselben. In der Tat ist die Frage berechtigt, ob die Zuführung der materiellen Aktiva zwingend kostenpflichtig durch den Finanzierer erfolgen soll. In vielen Fällen kann dies verneint werden, und so bietet auch nur knapp die Hälfte der auf dem deutschen Markt tätigen Inkubatoren überhaupt eigene Geschäftsräume an. Unter dem Gesichtspunkt der Mehrwertschaffung passt die Bereitstellung von Sachmitteln eher in den Non-Profit-, als in den Profit-Bereich, in dem die von den Geldgebern geforderte Rendite so hoch ist, dass entweder der von den Gründern hierfür abzugebende Eigenkapitalanteil aus deren Perspektive zu hoch ist, oder aber sich die Bereitstellung der Dienstleistung für den Inkubator nicht rechnet. Anders fällt diese Beurteilung nur dann aus, wenn Zeit ein erfolgskritischer, gegebenenfalls sogar erfolgsentscheidender Faktor ist. Hier kann die direkte Bereitstellung dennoch einen Beitrag liefern.

2.4.4 Beratungsleistungen

Die Kernkompetenz von Inkubatoren liegt zumeist im Bereich der Beratung. Es erstaunt daher nicht, dass 89 % der Inkubatoren sie erbringen und weitere 6 % sie vermitteln. Dabei kann die Beratung verschiedene Züge annehmen. Sie kann sich von der bloßen Hilfe bei einzelnen Fragen bis hin zu einer Unterstützung oder einem Mitgründer-gleichen Verhalten bewegen. Grundsätzlich wird sie dabei sehr viel umfassender sein, als dies in späteren Stadien seitens regulärer Venture-Capital-Geber der Fall ist.

Aufgrund des zeitlichen Fokus von Inkubatoren setzt ihre Leistung schon maßgeblich vor der Entstehung des eigentlichen Unternehmens an. So erstellen Inkubatoren Business Pläne oder überprüfen und korrigieren sie gegebenenfalls gemeinsam mit den Gründern. Sie komplettieren Teams, indem sie Defizite feststellen und kompensieren. In Einzelfällen werden sie sogar aufgrund einer Idee tätig werden und auf dieser Grundlage das gesamte Team für die Unternehmensgründung zusammenstellen. Damit helfen sie, einen Fit von Team und Produkt/Dienstleistung zu erstellen und im Business Plan zu dokumentieren, der zu einem späteren Zeitpunkt andere Venture-Capital-Geber überzeugen kann.

Hinsichtlich der gelieferten Beratungsleistungen differenzieren sich die einzelnen Anbieter nicht nur in Bezug auf ihren Ansatz (Liefern sie Beratung, Unterstützung oder nur Kontrolle?), sondern auch hinsichtlich des faktischen Beitrags, den sie vor dem Hintergrund des Wissens und der Erfahrung des Managements und der Mitarbeiter erbringen können und zu erbringen bereit sind. Bei der Auswahl des Inkubators ist daher auf diesen Aspekt besonders zu achten. Wie zuvor aufgezeigt, ist er dabei schon in Gemeinsamkeit mit der Konstitution des Inkubators zu sehen.

2.4.5 Networking

Der zweite wichtige Mehrwertbeitrag von Inkubatoren liegt im Networking. Dieses betrifft zum einen die Seite der Marktteilnehmer, hier insbesondere potenzielle Kunden, Lieferanten und strategische Partner für das Unternehmen, zum anderen die Seite der Dienstleister in der Venture-Capital-Szene.

Dienstleister sollen nicht in erster Linie kostengünstig Dienstleistungen besorgen, sondern vielmehr überhaupt und schnell Kontakt zu anderen Dienstleistern aufbauen. Um dies gewährleisten zu können, verfügen daher einige Inkubatoren über ein Netz an strategischen Allianzen mit Wirtschaftsprüfern, Rechtsanwälten, Public-Relations-Agenturen, Personalberatern etc. Eine entsprechende Funktion kommt Beiräten zu.

90 % der Inkubatoren gewähren ihren Beteiligungsunternehmen Zugang zu ihrem Netzwerk. Dieses wiederum variiert allerdings zwischen den einzelnen Inkubatoren im Hinblick auf die Größe und Qualität der Netzwerkpartner, der Art der Zusammenarbeit mit diesen, der Art der Vergütung und der Nähe der Beziehungen erheblich. Hierin liegt neben der Beratungsleistung der entscheidende Differenzierungsunterschied zwischen den einzelnen Anbietern. Auch hier ist dabei neben der Qualität entscheidend, wie gut der Fit zwischen den Anforderungen des Unternehmens und den Möglichkeiten des Inkubators ist. Gleichzeitig stellt das Networking für den einzelnen Inkubator eine gute Möglichkeit zur Differenzierung durch Institutionalisierung und Professionalisierung dar (Hansen/Chesbrough/Nohria/Sull, 2000, S. 74–76).

2.5 Potenzial für eine wertorientierte Unterstützung von Unternehmensgründungen

Die Mehrzahl der auf dem deutschen Markt tätigen Inkubatoren ist in den letzten zwei Jahren gegründet worden. Das junge Alter dieser Anbieter und die geringe Erfahrung vieler ihrer Mitarbeiter, die zwar häufig über gute Branchenkenntnisse verfügen, aber nur zu einem geringen Prozentsatz auf eigene Gründungserfahrungen zurückgreifen können, erklärt, warum sich viele Inkubatoren ähnlichen Problemen ausgesetzt sehen wie die von ihnen betreuten Unternehmen.

Die mit dem Gründungsboom im Bereich der neuen Technologien zusammenhängende Dynamik des Marktes, der sich durch niedrige Eintrittsbarrieren und geringe Transparenz auszeichnete, begünstigte dabei das verstärkte Aufkommen qualitativ minderwertiger Anbieter, die von den aufgrund ihrer kurzen Historie fehlenden Reputations- und hierauf beruhenden Differenzierungsmöglichkeiten der Konkurrenten profitierten. Mit zunehmender Reife des Marktes und der Herausbildung von „track records" der einzelnen Anbieter ist dies jedoch immer schwerer. Neben anderen Gründen, wie dem generellen Abflachen der relevanten Nachfrage und schwierigeren Desinvestitionsmöglichkeiten sowie strategischen Fehlern einzelner Inkubatoren, ist dies eine Triebfeder der derzeitigen Marktkonsolidierung. Letztere kann daher als ein positiv zu wertendes „Gesundschrumpfen" bei Erhöhung der durchschnittlichen Leistungsqualität gesehen werden.

Angesichts der sich derzeit auf dem Markt für Gründungsfinanzierungen abzeichnenden Verschärfung der Rahmenbedingungen sowohl für die Kapitalgeber als auch für die Start-up-Unternehmen kommt einer auf bestimmten Fähigkeiten fußenden Möglichkeit zur inhaltlichen Differenzierung von der Konkurrenz und der Qualität der Leistungen insgesamt eine steigende Rolle zu. Vergleicht man Inkubatoren und ihre Wettbewerber im Hinblick auf die Abdeckung bestehender Leistungsbedürfnisse, wie dies Abbildung VIII.10 aufzeigt, scheinen Inkubatoren, die ihrem Geschäftskonzept nach möglichst alle Leistungen erbringen möchten, um Unternehmensgründungen zu eigenständig lebensfähigen Unternehmen zu entwickeln, das größte Potenzial im Hinblick auf eine wertorientierte Unterstützung von Unternehmensgründungen aufzuweisen.

	Staatliche Förderung	Venture Capital	Business Angels	TGZ	Inkubatoren
Kapital	Ja	Ja	Eingeschränkt	---	Ja
Sachmittel	---	---	---	Ja	Teilweise
Beratung	Teilweise	Eingeschränkt	Ja	Eingeschränkt	Ja
Kontakte	---	Eingeschränkt	Eingeschränkt	Eingeschränkt	Ja

Abbildung VIII.10: Abdeckung der Leistungsbedürfnisse durch Inkubatoren und Wettbewerber (Quelle: In Anlehnung an Engelmann, 2000, S. 331; Engel/Hofacker, 2001, S. 209)

Dies gilt vor allem für zeitsensitive Geschäftskonzepte, wie sie im Bereich der Wachstumsunternehmen vorherrschen. Bei anderen Unternehmensmodellen ist einzelfallspezifisch zu entscheiden, inwieweit die zusätzlichen Leistungen der Inkubatoren, die oft erfolgserhöhend aber immer kostenbehaftet sind, Mehrwert schaffen. Dabei gilt es, nicht nur eine grundsätzliche Entscheidung für oder gegen eine derartige Betreuung zu treffen, sondern genau auszuwählen, welcher Inkubator den gewünschten Mehrwert leisten kann.

3. Partizipation an globalen strategischen Netzwerken

MICHAEL BEHNAM / DIRK ULRICH GILBERT

3.1 Determinanten der Globalisierung

In der Diskussion um das wertorientierte Management werden Fragen im Hinblick auf die internationale Unternehmenstätigkeit von Start-up-Unternehmen bislang nur am Rande behandelt. Bei näherer Betrachtung ergeben sich aber – insbesondere für die im Folgenden im Mittelpunkt stehenden technologieorientierten Start-ups – besondere Chancen und Risiken aus dem momentan stattfindenden Globalisierungsprozess. Vor allem in der Partizipation an globalen strategischen Netzwerken sehen wir eine Möglichkeit, den Herausforderungen der Globalisierung zu begegnen.

Globalisierung findet sich seit Beginn der Neunzigerjahre des vergangenen Jahrhunderts nicht nur als Schlagwort in den öffentlichen Medien, sondern zunehmend als Gegenstand wissenschaftlicher Veröffentlichungen wieder. Dabei ist der Begriff selbst diffus geblieben, und es existiert in den Wirtschaftswissenschaften – geschweige denn disziplinübergreifend – keine Einigkeit darüber, was unter dem Begriff zu verstehen sei (Schmid, 2000, S. 1). Daher soll hier zunächst geklärt werden, was im Folgenden mit dem Begriff „global" bzw. „Globalisierung" gemeint ist. Während das Adjektiv „global" gemäß Duden Phänomene bezeichnet, die sich auf die ganze Erde beziehen, umfassend und/oder allgemein sind, bedeutet das Verb „globalisieren" „weltweit ausrichten"; konsequenterweise ist unter Globalisierung dann die „weltweite Ausrichtung" zu verstehen. Obwohl streng genommen „global" eine Zustandsbeschreibung abgibt und „Globalisierung" als Prozessbeschreibung zu verstehen ist, hat es sich eingebürgert, den Begriff der Globalisierung sowohl als Zustands- als auch als Prozessbeschreibung zu verwenden.

Dabei bezieht sich Globalisierung noch nicht auf einen bestimmten Objektbereich, sondern weist eine inhaltliche Offenheit auf (Germann/Rürup/Setzer, 1996, S. 23). So versteht BECK unter Globalisierung die Existenz weltumspannender, offener Systeme, die dauerhaft durch interdependente Beziehungen in sachlicher, räumlicher und zeitlicher Hinsicht miteinander verknüpft sind. Dabei stellen Konnektivität und Reflexivität konstitutive Merkmale der Globalisierung dar (Beck, 1997). Auch GIDDENS verweist auf die weltweite Verflechtung und beschreibt Globalisierung als „Intensivierung weltweiter sozialer Beziehungen, durch die entfernte Orte in einer solchen Weise miteinander verbunden werden, dass Ereignisse an einem Ort durch Vorgänge geprägt werden, die sich an einem viele Kilometer entfernten Ort abspielen, und umgekehrt" (Giddens 1999, S. 85). Obwohl Globalisierung häufig direkt mit „Markt" oder „Unternehmen" verbunden wird, lassen sich zahlreiche weitere Lebensbereiche als Globalisierungsobjekte betrachten. So wird beispielsweise auch von der Globalisierung der Politik, des Rechts, der Kommunikation oder der ökologischen Umwelt gesprochen (Schmid, 2000, S. 7–9). Die verstärkte weltweite Ausrichtung von Unternehmen lässt sich daher nicht singulär auf eine starke Zunahme der internationalen Wirtschaftstätigkeit zurückführen, sondern basiert gleichzeitig auf veränderten Rahmenbedingungen.

3.1.1 Globalisierung von Märkten

Für unsere Fragestellung ist insbesondere die Globalisierung von Märkten und Unternehmen von Interesse. Märkte, die zunächst mehr oder weniger verschieden und voneinander unabhängig waren, weisen im Verlauf der Globalisierung zwei entscheidende Merkmale auf: erstens werden sie gleichartiger und zweitens nimmt ihre Interdependenz zu. Zu beachten ist dabei, dass wachsende Gleichartigkeit und zunehmende Interdependenz zwar zwei unterschiedliche Phänomene darstellen, sie aber vor allem in ihrer praktischen Wirkung miteinander verbunden sind. Die sogenannte Asienkrise Ende der Neunzigerjahre des vergangenen Jahrhunderts zeigt diese Verbundenheit beispielhaft auf. Historisch und geographisch lässt sich eine parallele Entwicklung der Finanz- und Kapitalmärkte beobachten, die in einer hohen Gleichartigkeit mündete. Während der Zusammenbruch der Aktien- und Devisenmärkte ursprünglich nur die Länder Südkorea, Malaysia, Thailand und Indonesien betraf, blieb die Krise nicht auf Asien beschränkt, sondern weitete sich mit unterschiedlichen Konsequenzen auf eine Vielzahl außerasiatischer Länder aus (Schmid, 2000, S. 5).

Zahlreiche Indikatoren deuten darauf hin, dass Märkte und Wettbewerbsumfelder, die in der Vergangenheit vor allem auf nationaler oder regionaler Ebene existierten, zunehmend globale Dimensionen annehmen (Riedl, 1999, S. 26–29). Die Transformation eines fragmentierten Weltmarktes in einen globalen Markt lässt sich primär auf drei Ebenen beobachten: auf der politisch-geographischen Ebene, der Kapitalmarktebene sowie der technologischen Ebene. Es bestehen empirische Belege dafür, dass sich diejenigen Märkte überdurchschnittlich entwickeln, die keinen oder nur geringen geographisch-politischen Restriktionen unterliegen (Bryan/Fraser, 1999). Handelsbarrieren werden durch politische Umwälzungen seit Anfang der Neunzigerjahre zunehmend beseitigt, wie sich an der Öffnung und Transition ehemaliger Planwirtschaften oder dem WTO-Beitritt Chinas erkennen lässt (Kutschker/Schmid, 2002, S. 177–179). Was sich auf politisch-geographischer Ebene vollzieht, lässt sich auch auf den Kapitalmärkten nachweisen. Ein Beispiel hierfür ist die Defragmentierung der Devisenmärkte durch die Einführung des Euro und die Bindung einzelner Landeswährungen an den Dollar oder Euro. Auch ist eine zunehmende Kapitalmobilität zu konstatieren, was sich z. B. im rapiden Anstieg des Welthandelsvolumens und der internationalen Direktinvestitionen seit Mitte der Sechzigerjahre festmacht (Koch, 2000, S. 22; Deutsche Bundesbank, 2001). Mit dem Globalisierungsphänomen eng verknüpft ist die technologische Entwicklung. Wir werden diesen Aspekt weiter unten ausführlicher beleuchten, daher seien hier nur zwei wesentliche Punkte genannt: Erstens ermöglichten neue Technologien die zunehmend leichtere Überbrückung geographischer Grenzen durch neue Transport- und Verkehrsmittel. Zweitens folgte durch die Entwicklungen in der Informationstechnologie eine massive Senkung von Kommunikationsgrenzen und -kosten auf internationaler Ebene. Dieser technologische Nährboden schafft eine infrastrukturelle Basis für die zunehmende Vernetzung weltweiter wirtschaftlicher Aktivitäten.

Diese Entwicklungen führen dazu, dass eine Sicherung der unternehmerischen Wettbewerbsfähigkeit auf nationalen Märkten nicht mehr möglich ist. Wenn der privilegierte Zugang zu Kunden, Arbeitsangebot, Kapital, Technologie oder Produktionsverfahren auf nationalen Märkten versperrt ist, dann verliert der „Heimvorteil" als globales Sprungbrett zunehmend an Bedeutung (Porter, 1989, S. 43).

3.1.2 Globalisierung von Unternehmen

Schaut man sich die Vielzahl an Verknüpfungen von einzelnen Funktionsbereichen bzw. Aktivitäten eines Unternehmens mit dem Begriff „global" an, erhält man einen Hinweis auf die sehr breit geführte Diskussion der Globalisierung von Unternehmen. So wird beispielsweise von Global Purchasing, Global Operations Management, Global Brands, Global Human Resource Management oder Global Structures gesprochen (hierzu ausführlicher Kutschker/Schmid, 2002, S. 153–156). Dies verdeutlicht, dass bei der Diskussion über die Globalisierung von Unternehmen unterschiedliche Bereiche betrachtet werden. So kann ein bestimmtes Unternehmen in einem Bereich global ausgerichtet sein, in einem anderen Bereich hingegen eine lokale Anpassung vornehmen. Die Globalisierungsfrage stellt sich daher insbesondere bezüglich der Art und Weise, wie das Unternehmen seine grenzüberschreitenden Aktivitäten koordiniert und konfiguriert (Porter, 1989). Bei der Konfiguration handelt es sich darum, welche Aktivitäten (der Wertschöpfungskette) das Unternehmen im Ausland ansiedelt, während die Koordination dieser Aktivitäten aufzeigt, wie das Unternehmen mit potenziellen Interdependenzen umgeht. Von Globalisierung lässt sich am ehesten dann sprechen, wenn die grenzüberschreitende Koordination nicht nur innerhalb eines bestimmten Bereiches, sondern auch eine darüber hinausgehende grenzüberschreitende interfunktionale Koordination erfolgt. Unternehmen bzw. Branchen können sich dabei hinsichtlich ihrer Globalisierungsbetroffenheit unterscheiden, womit das Ausmaß gemeint ist, welches die Auswirkungen der Globalisierung von Märkten auf die Entwicklung und den Erfolg von Unternehmen haben (Wrona, 1999, S. 133–135).

Bezüglich der Globalisierung von Märkten und Unternehmen lässt sich festhalten, dass die auf allgemeine Phänomene abzielenden Globalisierungsdefinitionen von BECK und GIDDENS auch hier zutreffen: Globale Märkte und Unternehmen sind durch ein hohes Maß an Reflexivität und Konnektivität gekennzeichnet. Interdependente Beziehungen sind nicht nur auf Märkten, sondern auch bezüglich des Unternehmensgefüges beobachtbar. Kritische Positionen sind demgegenüber der Ansicht, dass eine globalisierte Wirtschaft ein rein theoretisches Konstrukt sei, die tatsächliche Entwicklung beschränke sich auf wenige Schlüsselmärkte und Regionen (Friedman, 2000; Rugman, 2001). Dem ist allerdings entgegenzuhalten, dass mit Globalisierung nicht die gleichmäßige Entwicklung aller Kontinente, Märkte, Branchen oder gar Unternehmen gemeint ist. Statt dessen stehen die – zugegebenermaßen abstrakten – konstitutiven Merkmale der Vernetztheit und Rückbezüglichkeit und ihre Beobachtbarkeit bzw. Auswirkungen in wirtschaftlichen Zusammenhängen im Vordergrund. Es bleibt daher abzuwarten, ob die Kritiker tatsächlich bereits den „nicht-globalisierten" Endzustand eines realen Prozesses beschreiben oder eine voreilige Schlussfolgerung ziehen.

Um klären zu können, welche strategischen Anforderungen sich für Start-up-Unternehmen aus dem Globalisierungsprozess ergeben, bedarf es einer Betrachtung der Determinanten der Globalisierung. Wesentliche Determinanten sind die zunehmenden *Deregulierungs- und Integrationstendenzen*, die fortschreitende *technologische Entwicklung* und *sozioökonomische Aspekte*.

3.1.3 Deregulierungs- und Integrationstendenzen

In den letzten Jahrzehnten hat es eine Vielzahl an Förderungsmaßnahmen für den internationalen Austausch von Waren und Dienstleistungen gegeben, was sich insbesondere an der Entwicklung der GATT-Runden und der Nachfolgeinstitution WTO festmachen lässt. Im Zentrum stehen hier internationale Handelsvereinbarungen, die zur Beseitigung bzw. Reduktion von tarifären und non-tarifären Handelshemmnissen führen. Besonders eindrücklich ist dies bezüglich des Absinkens der durchschnittlichen Warenzölle zu beobachten: Betrugen im Jahre 1940 die durchschnittlichen Warenzölle weltweit noch ca. 40 %, so sanken sie kontinuierlich auf weniger als 4 % bis 1995 (Govindarajan/Gupta, 2000, S. 277–278). Die Liberalisierung der Geld- und Kapitalströme beruht insbesondere auf den Aktivitäten des *Internationalen Währungsfonds* und hat zu einem deutlichen Abbau der Kapitalverkehrsbeschränkungen geführt. Mehr als 140 Länder haben vertragliche Regelungen unterzeichnet, die einen freien Zahlungsverkehr gewährleisten (Kutschker/Schmid, 2002, S. 171). Trotz prinzipiell marktwirtschaftlicher Rahmenordnungen waren in vielen Ländern zahlreiche Branchen (z. B. Telekommunikation, Energieversorgung, Transport oder Finanzdienstleistungen) über einen langen Zeitraum hinweg hoch reguliert. In den USA sind bereits seit Mitte der Siebzigerjahre Deregulierungstendenzen zu verzeichnen. Dieser Trend setzte sich dann seit Anfang der Achtzigerjahre auch in Westeuropa und Japan durch. Die Deregulierung der genannten Bereiche vollzog sich nicht nur durch eine Privatisierung der Unternehmen, sondern ebenfalls durch den Wegfall zahlreicher rechtlicher Auflagen. Dies ermöglichte auch ausländischen Unternehmen einen freien Marktzugang, was zu einer enormen Intensivierung des Wettbewerbs führte. Die Liberalisierung und Entmonopolisierung des Wettbewerbs hatte eine Zunahme grenzüberschreitender Verflechtungen zur Folge, was sich auch in dem Anstieg ausländischer Direktinvestitionen niederschlägt (Härtel/Jungnickel, 1998).

Bei der Integration wirtschaftlicher Aktivitäten lassen sich mehrere Formen hinsichtlich ihres Ausmaßes unterscheiden. Dabei nimmt die Intensität der Integration von der Freihandelszone über die Zollunion, den Gemeinsamen Markt, die Wirtschaftsunion bis hin zur Politischen Union stetig zu. Während bei der Freihandelszone die Aufhebung von Handelshemmnissen gegenüber den Mitgliedsstaaten im Vordergrund steht, weist die stärkste Form der Integration – die Politische Union – eine einheitliche Legislative, Exekutive und Judikative auf. Am häufigsten ist die Integrationsform einer Freihandelszone anzutreffen, eine Politische Union dürfte nur in den seltensten Fällen erreicht werden (Kutschker/Schmid, 2002, S. 173–177).

3.1.4 Technologische Entwicklung

Es liegt auf der Hand, dass technologische Entwicklungen im Rahmen der Globalisierung gerade für technologiebasierte Start-up-Unternehmen eine bedeutende Rolle einnehmen. Als wesentliche Triebkräfte sind die folgenden zu nennen (Engelhard, 1999, S. 319–322; Kutschker, 1999, S. 20–23; Welge/Holtbrügge, 2001, S. 36; Kutschker/Schmid, 2002, S. 179–181):

- **Entwicklungskosten neuer Technologien**: Diese Kosten sind in den letzten Jahren sprunghaft angestiegen und machen es notwendig, möglichst schnell eine hohe Produktionszahl zu erreichen. Wenn die Belieferung mehrerer Ländermärkte von vorneherein angestrebt wird, lassen sich die Produktionskapazitäten größer auslegen, was durch Größendegressionseffekte nicht nur eine schnellere Kostensenkung ermöglicht, sondern auch die Diffusionsgeschwindigkeit erhöht.

- **Standardisierung und Normierung von Technologien**: Die Harmonisierung nationaler Industrienormen ging mit dem Abbau von Handelshemmnissen einher. Zwar existieren auch weiterhin noch Unterschiedlichkeiten, dennoch ist ein Trend zur Vereinheitlichung in vielen Bereichen erkennbar. Die mit einheitlichen Normen einhergehende Produktstandardisierung verringert die Entwicklungs- und Zulassungskosten zum Teil enorm und ermöglicht oftmals erst die Produktion großer Stückzahlen. Dieser Effekt weitet sich noch aus, wenn man bedenkt, dass sich dadurch auch für vor- und nachgelagerte Produkte Globalisierungsmöglichkeiten bzw. -notwendigkeiten ergeben.

- **Kürzere Produktlebenszyklen**: Typischerweise erfolgen beim Wechsel zu einer innovativen Technologie anfangs sehr schnelle Produktwechsel, da sich der technologische Fortschritt noch sehr rasch vollzieht. Dass die eigenen Produkte den Technologiestandard setzen wird dann wahrscheinlicher, wenn die Diffusion der neuen Produkte schnell erfolgt und je mehr verschiedene Ländermärkte versorgt werden. So lässt sich die zeitliche Restriktion unter Umständen durch eine geographische Expansion wettmachen.

- **Reduzierung der Transportkosten und -zeiten**: Gesunkene Transportkosten ermöglichen es, Angebot und Nachfrage auch über große Entfernungen hinweg zu verbinden. Moderne Logistikkonzepte und -technologien führen dazu, dass Raum und Zeit zunehmend ihre Funktion der Marktdifferenzierung verlieren. Die weltweite Mobilität von Personen und Gütern nimmt zu, was dazu führt, dass nahezu jeder Ort in relativ kurzer Zeit zu erreichen ist. Teilweise geht damit auch eine Verringerung der subjektiven, emotionalen Distanz zwischen Ländern einher.

- **Neue Informations- und Kommunikationstechnologien**: Diese Technologien stehen zwar bereits seit längerer Zeit zur Verfügung, aber erst seit Anfang der Achtzigerjahre wurde ihr Anwendungs- und Verwertungspotenzial auf breiter Basis entdeckt und realisiert. Keine anderen Technologien beschleunigen die Globalisierung so sehr wie die Informations- und Kommunikationstechnologien, da sie den weltweiten Austausch von Ressourcen zwischen Unternehmen und innerhalb von Unternehmen enorm erleichtern. Oftmals ersetzt die virtuelle Kommunikation heutzutage den physischen Transport. Wurden beispielsweise interne Berichte des Rechnungswesens früher per Luftpost zwischen geographisch verstreuten Einheiten verschickt, lässt sich das heute per E-Mail in Sekundenschnelle erledigen. Noch einen Schritt weiter gehen intern abrufbare Datenbanksysteme, die einen permanenten und aktuellen Datenzugriff für alle Beteiligten ermöglichen. Intranet und Internet verändern aber nicht nur die internen Geschäftsabläufe von Unternehmen, sondern in hohem Maße auch deren Verbindungen zur Umwelt. Als Schlagworte seien hier nur „Worldwide Online Shopping", „Virtuelle Marktplätze" oder „Virtual Communities" genannt.

Es lässt sich festhalten, dass neue Technologien eine Vielzahl neuer Produkte ermöglichen und neue Kundenbedürfnisse schaffen. Die Entwicklung solcher Technologien und oft auch der Aufbau der dafür erforderlichen Infrastruktur erfordern so hohe Investitionen, dass die Unternehmen hierfür immer häufiger länderübergreifende Kooperationen eingehen müssen. Davon erhoffen sie sich eine zügige weltweite Vermarktung, um so die erforderliche Amortisation schnell genug zu gewährleisten (Borrmann, 1997, S. 816).

3.1.5 Sozio-ökonomische Aspekte

Man ist sich zwar weitgehend darüber einig, dass die sozio-ökonomischen Aspekte eine wesentliche Rolle hinsichtlich der Globalisierung einnehmen. Allerdings lassen sich zwei Auffassungen bezüglich ihrer Wirkungsrichtung unterscheiden.

LEVITTS Konvergenzthese stellt die Aussage auf, dass es weltweit zu einer Homogenisierung der Konsumentenpräferenzen kommt, was unter anderem mit der Angleichung von Einkommensstrukturen, einem höheren Bildungsniveau, verbesserten Informations- und Kommunikationsmöglichkeiten oder höherer personeller Mobilität erklärt wird (Levitt, 1983, S. 92–93). Diese Nachfragekonvergenz führt auf der anderen Seite auch zu einer höheren Angebotskonvergenz, da die Standardisierung von Waren und Dienstleistungen erleichtert wird und oftmals eine zentralisierte Produktion nach sich zieht. Dies wiederum ermöglicht die Erzielung von Skalenvorteilen, die dadurch erzielten Kostenvorteile können dann in Form von Preisvorteilen an den Konsumenten weitergegeben werden. Wenn solche Preisvorteile den Anreiz setzen, die kostengünstigeren Produkte nachzufragen, dann kann dies zu einer weiteren Aufwärtsbewegung auf der „Homogenisierungsspirale" führen. Für Unternehmen steigt dann nicht nur der Anreiz, sondern unter Umständen auch die Notwendigkeit, ihre Produkte weltweit anzubieten.

KOTLER hingegen argumentiert entgegengesetzt, indem er von einer Divergenz der Nachfrage ausgeht, die ein entsprechend differenziertes Angebot nach sich ziehen müsse, um auf die lokalen Bedürfnisse und kulturellen Eigenheiten einzugehen (Kotler, 1990). Da dies aber typischerweise mit einer Dezentralisierung der Aktivitäten einhergeht, müssen die Unternehmen auch in diesem Falle ihre Internationalisierungsbemühungen verstärken, um eine lokale Präsenz zu ermöglichen.

Letztlich stellen beide Auffassungen für sich genommen eine verkürzte Sichtweise dar, da sie entweder die Globalisierung oder die Lokalisierung von Aktivitäten in den Vordergrund stellen und mit sozio-ökonomischen Aspekten verbinden. Globalisierungs- und Lokalisierungskräfte stellen aber nicht zwei entgegengesetzte Enden eines Kontinuums dar, sondern sind gleichzeitig wirksam (bzw. unwirksam). Globalisierungs- und Lokalisierungskräfte sind also eher als Achsen einer Matrix aufzufassen.

3.2 Technologieorientierte Start-up-Unternehmen

Die Frage nach zweckmäßigen Internationalisierungsstrategien für Start-up-Unternehmen lässt sich nicht generalisierend beantworten. Da die Bandbreite der unternehmerischen Betätigungsfelder von Start-up-Unternehmen alle Branchen umfasst, erfordert die differenzierte Beschäftigung mit einem geeigneten Internationalisierungsvorgehen die Auswahl bestimmter Unternehmen, die hinsichtlich ihrer Internationalisierung möglichst homogene Charakteristika aufweisen. Technologieorientierte Start-ups, die beispielsweise aus den Branchen Informations- und Kommunikationstechnologie, Biotechnologie oder Medizintechnik stammen, weisen trotz unterschiedlicher Branchenmerkmale einige Charakteristika auf, die sie aus unserer Sicht bezüglich ihres Internationalisierungspotenzials und -vorgehens vergleichbar machen. Jungen Unternehmen aus diesen Branchen ist gemeinsam, dass sie noch am Anfang ihres Lebenszyklus stehen und eher im Bereich von Schrittmacher- oder Schlüsseltechnologien tätig sind, statt bereits Basistechnologien anzubieten, die schon breitere Verwendung finden und deren Nutzungspotenzial weiter ausgeschöpft ist. Diese Unternehmen bieten neuartige Produkte und/oder Dienstleistungen mit überdurchschnittlichem Wachstumspotenzial an, wobei deren Neuartigkeit in der Regel erhebliche Aufwendungen im Forschungs- und Entwicklungsbereich, Marketing und Produktion notwendig machen (Klandt/Hakannson/Motte, 2001, S. 5–6). In Verbindung mit den in diesen Branchen typischerweise auftretenden kurzen Produktlebenszyklen sehen sich viele technologieorientierte Start-up-Unternehmen geradezu gezwungen, eine schnelle Internationalisierung vorzunehmen, da die Größe des Heimatmarktes oftmals nicht ausreicht, um die hohen Aufwendungen in der gebotenen Zeit zu amortisieren (Schmidt-Buchholz, 2001, S. 48). Die Reduktion der sog. „time to the market" wird somit zu einem immer entscheidenderen Erfolgsfaktor.

Für die vorliegende Fragestellung eignen sich technologiebasierte Start-ups insbesondere, weil sie empirisch gesehen einen deutlich schnelleren Internationalisierungsverlauf aufweisen als Start-ups anderer Branchen (McDougall/Oviatt, 1996; Coviello/Munro, 1999; Zaby, 1999). Sie werden daher auch oft als „born globals" bezeichnet, da sie schon bei ihrer Gründung oder kurz danach internationale Aktivitäten verfolgen, wie dies in der Definition von KNIGHT/CAVUSGIL deutlich wird:

> „Born globals are small, technology-oriented companies that operate in international markets from the earliest days of their establishment" (Knight/Cavusgil, 1996, S. 11).

Neben einer bereits früh erfolgenden Internationalisierung vollzieht sie sich zudem mit hoher Geschwindigkeit. So haben beispielsweise ca. 80 % aller deutschen Internet-Start-ups innerhalb von zwei Jahren die Expansion in die für sie relevanten Auslandsmärkte vollzogen (Schmidt-Buchholz, 2001, S. 2). Es lässt sich generell feststellen, dass die Technologieintensität der Unternehmen ein sogenannter „Schlüsselfaktor" für eine schnelle Internationalisierung ist (Bürgel, 2000; Alahuhta, 1990). Typisch für technologieorientierte Branchen ist, dass die Grenzkosten eines zusätzlichen Nutzers (z. B. von Software oder Mobilfunksystemen) gemessen am Nutzungsertrag sehr gering sind. In diesen Branchen gilt in besonderem Maße, dass das Geschäft umso ertragreicher ist, je größer die technologisch erreichbare Zahl an Nutzern ist. Dies führt geradezu zwingend zu Geschäftsmodellen, die eine frühe und schnelle Internationalisierung befördern und belohnen (Kutschker, 1999, S. 22).

Damit stellt sich die Frage, welche Anforderungen sich für technologieorientierte Start-up-Unternehmen aus dem Globalisierungsprozess ergeben. Unseres Erachtens lassen sich hier in Anlehnung an HAGEL/SINGER drei wesentliche Aspekte herausstellen (Hagel/Singer, 1999, S. 135–138): *„Battle for Scale"*, *„Battle for Scope"* und *„Battle for Talent"*:

- **„Battle for Scale"** bezeichnet die Notwendigkeit, innerhalb relativ kurzer Zeit eine kritische Größe zu erreichen und das Wachstum zu konsolidieren. Hohe Fixkosten erfordern die Produktion von großen Stückzahlen, um die auf weltweiter Ebene erforderlichen Effizienzvorteile realisieren zu können. Dazu ist ein gewisses Maß an Standardisierung nötig.

- **„Battle for Scope"** bezeichnet die Notwendigkeit, aufgrund hoher Kosten der Kundenakquisition schnell einen relativ hohen Marktanteil zu erlangen. Die damit einhergehende ausgeprägte Kundenorientierung macht es zudem erforderlich, auf Kundenbedürfnisse angepasste Lösungen anzubieten. Dazu ist ein gewisses Maß an Differenzierung nötig.

- **„Battle for Talent"** bezeichnet die Notwendigkeit, Produktinnovationen früh auf den Markt zu bringen, um Premiumpreise erzielen zu können. Hierfür sind gut ausgebildete, kreative Mitarbeiter und ein schneller Wissenstransfer erforderlich. Dazu ist ein gewisses Maß an Spezialisierung nötig.

Diese Anforderungen zeigen bereits auf, dass es für einen Großteil technologieorientierter Start-ups relativ schwierig ist, überhaupt am Markt zu bestehen, geschweige denn eine erfolgreiche Internationalisierung zu durchlaufen. Entgegen der weitverbreiteten Ansicht, dass sich gerade technologiebasierte Start-ups aufgrund einer überlegenen Produktidee oder Technologie „irgendwie und irgendwann" am Markt durchsetzen, lässt sich empirisch zeigen, dass dies nicht der Fall ist (Nesheim, 2000, S. 1–5):

- Aus einer Million Ideen münden nur sechs schließlich in einem erfolgreichen High-Tech-Unternehmen, das börsennotiert ist.

- Weniger als 20 % aller Start-up-Unternehmen, die sich erfolgreich um Venture Capital bemüht haben, schaffen letztlich den Gang an die Börse.

- Ungefähr 60 % aller High-Tech-Unternehmen gehen trotz einer zunächst erfolgenden Venture-Capital-Finanzierung in die Insolvenz.

Die aufgezeigten Anforderungen, verbunden mit den hohen Misserfolgsraten, machen deutlich, dass gerade für technologiebasierte Start-ups fundierte strategische Überlegungen notwendig sind, um dauerhaft erfolgreich zu sein und ein adäquates Internationalisierungskonzept zu erarbeiten. Um dies zu gewährleisten, müssen die Unternehmen die richtigen wettbewerbsstrategischen Schwerpunkte setzen.

3.3 Wettbewerbsstrategische Schwerpunkte im Rahmen der Internationalisierung

3.3.1 Wettbewerbsstrategische Problematik: Eindimensionalität

Technologieorientierte Start-up-Unternehmen müssen sich aus strategischer Sicht mit der Frage auseinandersetzen, inwiefern und mit welcher Intensität sie Globalisierungs- und/oder Lokalisierungskräften ausgesetzt sind. Das damit typischerweise verbundene Problem liegt darin, dass die zuvor bereits erwähnte Vorstellung eines Kontinuums dieser Kräfte zu eindimensionalen Strategien führt. BARTLETT/GHOSHAL haben eine Rollentypologie entwickelt, um auf die Beschränktheit eindimensionaler Strategien hinzuweisen (Bartlett/Ghoshal, 1987a; Bartlett/Ghoshal, 1987b; Bartlett/Ghoshal, 1989). Hierzu unterscheiden sie zwischen dem *internationalen, multinationalen, globalen* und *transnationalen Unternehmenstyp*. Die ersten drei Typen sind ihrer Ansicht nach durch die Anwendung solcher eindimensionalen Strategien gekennzeichnet, während ein transnationales Unternehmen multidimensional vorgehe. Die vier Rollentypen sollen daher kurz vorgestellt werden:

- Ein **internationales Unternehmen** wird dadurch charakterisiert, dass die Muttergesellschaft zentral die Strategien entwirft, die dann unverändert auf die Tochtergesellschaften übertragen werden. Die Muttergesellschaft behält dabei weitgehend die weltweiten Entscheidungskompetenzen für sich, um dem Ziel der Nutzung von Wissen und Fähigkeiten der Zentrale durch weltweite Diffusion nachkommen zu können. Das Organisationsmodell eines internationalen Unternehmens wird als koordinierte Föderation charakterisiert. Das Produktlebenszyklusmodell wird als gegeben vorausgesetzt, bestimmte Produkte werden demnach zunächst im Heimatmarkt abgesetzt, bevor ein Transfer auf andere Industrieländer und schließlich auf Entwicklungsländer erfolgt. Die vorherrschende strategische Dimension ist der Wissenstransfer.

- Ein **multinationales Unternehmen** zeichnet sich durch ein Portfolio von nationalen Einheiten aus, die weitgehende strategische Unabhängigkeit von der Muttergesellschaft genießen. Die relativ große Autonomie der Tochtergesellschaften soll dazu führen, dass diese als einheimische Akteure auf den einzelnen Ländermärkten auftreten und länderspezifische Anpassungen vornehmen können. Die Unterschiedlichkeit der Ländermärkte wird betont, indem ein differenziertes Angebot an Produkten und Dienstleistungen erfolgt. Das Organisationsmodell eines multinationalen Unternehmens wird als dezentralisierte Föderation bezeichnet. Die vorherrschende strategische Dimension ist die flexible Anpassung an lokale Märkte.

- Ein **globales Unternehmen** entwickelt seine Strategien grundsätzlich zentral in der Muttergesellschaft und richtet diese konsequent am Weltmarkt aus. Der Aufbau von Kostenvorteilen wird durch zentralisierte, aber gleichzeitig weltmarktorientierte Aktivitäten angestrebt, indem standardisierte Produkte und Dienstleistungen angeboten werden. Die damit verbundene mangelnde Anpassung an lokale Ländermärkte wird bewusst in Kauf genommen, da das Streben nach allgemeiner Effizienz im Vordergrund steht. Das Organisationsmodell eines globalen Unternehmens wird durch eine zentralisierte Knotenpunktstruktur charakterisiert. Die vorherrschende strategische Dimension ist das Erreichen von Effizienz und Größenvorteilen.

- Ein **transnationales Unternehmen** ist durch den Versuch gekennzeichnet, globale Effizienz, lokale Anpassungsfähigkeit und weltweites Lernen simultan zu erreichen. Den Tochtergesellschaften kommen differenzierte und spezialisierte Rollen zu, sie werden zu Kompetenzzentren – den sogenannten „centers of excellence" – aufgebaut. Hierdurch sollen weitgestreute und interdependente Werte und Ressourcen entwickelt und genutzt werden. Das Organisationsmodell eines transnationalen Unternehmens wird als integriertes Netzwerk verstanden. Statt einer vorherrschenden strategischen Dimension gilt es, mehrfache strategische Kompetenzen zu entwickeln.

Die folgende Abbildung ordnet die vorgestellten Typen in eine Matrix ein, deren Achsen durch die Globalisierungs- und Lokalisierungskräfte gekennzeichnet werden.

	niedrig	hoch
Kräfte in Richtung globale Integration hoch	**Global** Das Unternehmen sieht die Welt als einheitlichen Markt, das primäre Ziel ist die Schaffung von standardisierten Gütern und Dienstleistungen, die die Bedürfnisse von Konsumenten weltweit befriedigen	**Transnational** Das Unternehmen versucht, die Vorteile von globalen Skaleneffekten mit lokaler Anpassungsfähigkeit und weltweitem Lernen zu verbinden
niedrig	**International** Das Unternehmen nutzt die im Heimatmarkt erworbenen Kernkompetenzen als wesentlichen Wettbewerbsvorteil auf den ausländischen Märkten	**Multinational** Das Unternehmen sieht sich selbst als Portfolio relativ unabhängig operierender Einheiten, die sich über ein differenziertes Angebot auf einen spezifischen Ländermarkt fokussieren

Kräfte in Richtung lokale Anpassung

Abbildung VIII.11: Globalisierungs- versus Lokalisierungskräfte

BARTLETT/GHOSHAL sind der Auffassung, dass eindimensionale Strategien bis Mitte der Achtzigerjahre dann erfolgversprechend waren, wenn sie zu den vorherrschenden Branchenerfordernissen „passten". Seit dieser Zeit seien die Triebkräfte der globalen Integration, eines differenzierten Marketings und weltweiter Innovation so zwingend geworden, dass in einer Vielzahl von Branchen eindimensionale Strategien nicht mehr erfolgversprechend sein könnten. Sie vertreten die Ansicht, dass sich diese Eindimensionalität zu einer zentralen wettbewerbsstrategischen Problematik entwickelt habe. BARTLETT/GHOSHAL postulieren daher die Notwendigkeit multidimensionaler strategischer Fähigkeiten, um mit den gestiegenen Anforderungen aus dem Globalisierungsprozess umgehen zu können. Damit drängt sich die Frage auf, ob diese Notwendigkeit auch im Falle von technologieorientierten Start-up-Unternehmen gegeben ist.

3.3.2 Wettbewerbsstrategische Notwendigkeit: Multidimensionalität

Vor dem Hintergrund der oben herausgearbeiteten Globalisierungsanforderungen müssen technologieorientierte Start-up-Unternehmen eine adäquate Internationalisierungsstrategie finden.

Aus unserer Sicht sollten sie sich daher mit (zumindest) den folgenden wettbewerbsstrategischen Fragen auseinandersetzen:

- Welcher Wettbewerbsfokus besteht?
- Was ist die geeignete Wettbewerbsstrategie?
- Wo soll der Fokus auf die Wertschöpfungskette gelegt werden?
- Was ist die geeignete Internationalisierungsstrategie?
- Welches Organisationsmodell erscheint adäquat?

Die Wettbewerbsfähigkeit, also die Fähigkeit eines Unternehmens, sich am Markt gegenüber den Konkurrenten zu behaupten, basiert auf Wettbewerbsvorteilen, die im Kern auf überlegener Technologie, der Ausnutzung von Größenvorteilen und kostengünstiger Produktion sowie überlegenen Marken und effektiver Vermarktung beruhen können. Wir schlagen daher vor, diese Wettbewerbsvorteile in drei idealtypische Kategorien zu unterteilen, wobei der Fokus des Wettbewerbs mit der entsprechenden Wettbewerbsstrategie verknüpft wird:

- „Battle for Scale": Standardisierung zur Erzielung von Größenvorteilen und Effizienz.
- „Battle for Scope": Differenzierung zur Gewinnung von Marktanteilen durch Anpassung an lokale Märkte.
- „Battle for Talent": Spezialisierung zur Erzeugung von Innovationen und Wissenstransfer.

Für die systematische Untersuchung der Wettbewerbsdimensionen bietet es sich unseres Erachtens an, eine generische Wertschöpfungskette technologieorientierter Start-up-Unternehmen zu betrachten. Statt der häufig verwendeten Grobgliederung in vor- und nachgelagerte Aktivitäten, schlagen wir vor, Forschung und Entwicklung als weiteren Bereich explizit zu untersuchen, da er für die hier betrachteten Unternehmen von herausragender Bedeutung ist. Bei der optimalen Gestaltung der vorgelagerten Aktivitäten stehen die Optimierung von Fertigungsabläufen und die Logistik mit dem Ziel größtmöglicher Effizienz im Vordergrund. Der Wettbewerb wird in erster Linie über Kostenersparnisse durch die Ausnutzung von Größeneffekten und überlegenen Prozessen getragen. Bei den nachgelagerten Aktivitäten liegt der Schwerpunkt darauf, die Vertriebs-, Marketing- und Servicetätigkeiten auf die lokalen Kundenbedürfnisse auszurichten und so einen möglichst großen Marktanteil zu gewinnen. Die Wettbewerbsfähigkeit eines technologieorientierten Unternehmens wird aber nicht nur von Qualität, Leistung und Preis der angebotenen Produkte bestimmt, sondern langfristig vor allem dadurch gesichert, dass das Unternehmen seine Kernkompetenzen zu entwickeln und auszubauen vermag (Hamel/Prahalad, 1989, S. 137). Damit steht der Bereich Forschung und Entwicklung im Fokus, da hier Innovationen und Wissenstransfer vorangetrieben werden. Diese zunächst erfolgende Fokussierung wirkt sich im zweiten Schritt auf die gesamte Wertschöpfungskette aus.

Die oben betrachteten Kategorien von Wettbewerbsvorteilen lassen sich nun den eben genannten Bereichen der Wertschöpfungskette zuordnen. Der „Battle for Scale" bezieht sich auf die vorgelagerten Aktivitäten, der „Battle for Scope" auf die nachgelagerten Aktivitäten und der „Battle for Talent" auf den Bereich Forschung und Entwicklung. Wie eben bereits gezeigt, stoßen traditionelle Strukturen und Strategien bei dem Versuch an Grenzen, in allen drei Bereichen gleichzeitig Wettbewerbsvorteile zu erreichen. Auf diesen scheinbaren Zielkonflikt wird im Rahmen der Netzwerkbetrachtung noch einzugehen sein.

Eine weitere Verknüpfung lässt sich nun insofern vornehmen, dass die im vorigen Abschnitt erläuterten Internationalisierungsstrategien und die damit verbundenen Organisationsmodelle mit den einzelnen Bereichen der Wertschöpfungskette zusammengefügt werden. So lassen sich beispielsweise vorgelagerte Produktionsaktivitäten am ehesten mit der globalen Strategie und zentralisierter Knotenpunktstruktur verbinden, nachgelagerte Serviceaktivitäten finden eine Entsprechung in der multinationalen Strategie und in dezentralisierter Föderation, während der Bereich Forschung und Entwicklung bei der internationalen Strategie und bei der koordinierten Föderation anzusiedeln ist.

Die betrachteten wettbewerbsstrategischen Fragen lassen sich nun mit den zuvor herausgearbeiteten Determinanten der Globalisierung zu einer Matrix verbinden, wie sie in folgender Abbildung aufgezeigt wird.

Abbildung VIII.12: Notwendigkeit multidimensionaler strategischer Fähigkeiten

Betrachtet man technologieorientierte Start-up-Unternehmen, so lässt sich feststellen, dass sie nicht nur von „Battle for Scale", „Battle for Scope" und „Battle for Talent" betroffen sind, sondern auch von allen drei betrachteten Determinanten der Globalisierung. Diese komplexe Situation führt im Ergebnis dazu, dass von einer erhöhten Globalisierungsbetroffenheit technologieorientierter Start-up-Unternehmen bei gleichzeitig hoher Wettbewerbskomplexität gesprochen werden kann.

Als erstes Zwischenfazit kann daher festgehalten werden, dass die von BARTLETT/GHOSHAL postulierte Notwendigkeit multidimensionaler Strategiekompetenzen auch und insbesondere für die hier betrachteten Unternehmen gilt. Die sich daran anschließende Frage betrifft nun die Fähigkeiten bzw. Möglichkeiten für und von technologieorientierten Start-up-Unternehmen, diese multidimensionalen Strategiekompetenzen zu erlangen.

3.3.3 Wettbewerbsstrategische Möglichkeit: Netzwerke

Im Verlauf der Ausführungen wurde deutlich, dass die transnationale Strategie eine geeignete Strategie für technologieorientierte Start-up-Unternehmen wäre, um mit den Herausforderungen der Globalisierung umzugehen. Sie konzentriert sich darauf, Effizienz („Battle for Scale"), flexible Anpassung an lokale Märkte („Battle for Scope") und weltweiten Wissenstransfer („Battle for Talent") gleichzeitig zu realisieren. Durch die Etablierung eines integrierten Netzwerks wäre es zudem möglich, sowohl vor- als auch nachgelagerte Aktivitäten der Wertschöpfungskette, insbesondere Forschungs- und Entwicklungsaktivitäten, abzubilden.

Bei näherer Betrachtung wird jedoch deutlich, dass die transnationale Strategie nur auf den ersten Blick eine wettbewerbsstrategische Möglichkeit für die hier im Mittelpunkt stehenden technologieorientierten Start-up-Unternehmen darstellt. Dies liegt vor allem darin begründet, dass die mit der transnationalen Strategie einhergehenden Koordinationsprobleme und die erforderlichen organisatorischen Konsequenzen (z. B. Installierung weltweiter Kommunikationsnetzwerke und Gründung lokaler Tochtergesellschaften) von neugegründeten Unternehmen in der Regel nicht alleine zu meistern sind. Die Start-ups verfügen weder über die notwendigen finanziellen oder personellen Ressourcen, noch besitzen sie die Kompetenz zum Management eines komplexen transnationalen Unternehmens. Da sie keine eigenen Tochtergesellschaften oder internationale Kooperationspartner haben, gelingt es ihnen nicht, die Chancen der zunehmenden Deregulierung und Integration zu nutzen. Zudem ist zu vermuten, dass technologieorientierte Start-up-Unternehmen ihre Stärken vor allem in den Bereichen Forschung und Entwicklung haben und nur beschränkt in der Lage sind, in vorgelagerten Aktivitäten Standardisierung zu betreiben oder mittels nachgelagerter Aktivitäten Differenzierung auf lokalen Märkten vorzunehmen.

Um das überdurchschnittliche Wachstumspotenzial neuartiger Produkte und Dienstleistungen dennoch ausschöpfen zu können, bieten sich aus unserer Sicht insbesondere zwei wettbewerbsstrategische Möglichkeiten für technologieorientierte Start-up-Unternehmen:

- Die erste Möglichkeit besteht darin, die unternehmerische Selbständigkeit aufzugeben und zur Tochtergesellschaft eines großen transnationalen Unternehmens zu werden. Durch eine Mehrheitsbeteiligung würde die unternehmerische Freiheit der Gründer zwar drastisch eingeschränkt, ihnen würde aber die Option eröffnet, von den Ressourcenpotenzialen des Mutterunternehmens zu profitieren. Im Rahmen des integrierten Netzwerks der Muttergesellschaft wäre das Start-up-Unternehmen in der Lage, den oben genannten Herausforderungen der Globalisierung zu begegnen und eine transnationale Strategie zu verwirklichen. Welche Rolle das Start-up-Unternehmen in einem integrierten Netzwerk langfristig spielen würde, ist jedoch unklar. Aufgrund der Kapitalmehrheit der Muttergesellschaft würde die zukünftige strategische Flexibilität des Start-up-

Unternehmens wesentlich eingeschränkt und die Exitoption aus dem Netzwerk wäre verbaut.

- Eine zweite Möglichkeit, welche die Erhaltung der unternehmerischen Freiheit für das technologieorientierte Start-up-Unternehmen weiterhin gewährleistet, liegt im Anschluss an ein globales *inter*organisatorisches Unternehmensnetzwerk. Diese Netzwerkform zeichnet sich durch eine über einzelne Unternehmen hinausgehende Zusammenarbeit mit externen Marktpartnern in einer Vielzahl von Gastländern aus. Entscheidend ist hier, dass verschiedene, rechtlich selbständige Unternehmen auf internationaler Ebene in einem oder mehreren Bereichen der Wertschöpfung kooperieren, ohne ihre unternehmerische Freiheit aufzugeben (Kreikebaum/Gilbert/Reinhardt, 2002, S. 147).

Da im Mittelpunkt dieses Buches das wertorientierte Start-up-Management steht, beschränken wir uns im Folgenden auf die zweite von uns genannte Option und untersuchen ausschließlich globale interorganisatorische Netzwerke. Nur bei dieser wettbewerbsstrategischen Möglichkeit bleibt die rechtliche Selbständigkeit des Start-ups und somit die Chance auf eine eigenverantwortliche wertorientierte Führung erhalten.

3.4 Partizipation technologieorientierter Start-up-Unternehmen an globalen strategischen Netzwerken

3.4.1 Typologie interorganisatorischer Netzwerke

Interorganisatorische Unternehmensnetzwerke als Organisationsform sind Ursache und Resultat der Veränderung gesamter Märkte und Branchenstrukturen zugleich. Wollen Unternehmen neue Strategien etablieren und auf Veränderungen der globalen Umweltbedingungen adäquat reagieren, benötigen sie neue Strukturen, um ihre Wettbewerbsfähigkeit zu erhalten. Eine Analyse der mittlerweile sehr umfangreichen Literatur zur Netzwerkforschung zeigt jedoch, dass man von einem einheitlichen Begriffsverständnis im Hinblick auf Netzwerke bzw. Unternehmensnetzwerke noch weit entfernt ist (Renz, 1998; Picot/Reichwald/Wigand, 2001; Windeler, 2001). Die zum Teil sehr kontrovers geführte Diskussion im Hinblick auf Netzwerkabgrenzungen wird an dieser Stelle nicht nachvollzogen. Wir orientieren uns an der im deutschen Sprachraum am häufigsten zitierten begrifflichen Abgrenzung von SYDOW. Danach versteht man unter einem interorganisatorischen Unternehmensnetzwerk

> *„[...] eine auf die Realisierung von Wettbewerbsvorteilen zielende Organisationsform ökonomischer Aktivitäten [...], die sich durch komplex reziproke, eher kooperative denn kompetitive und relativ stabile Beziehungen zwischen rechtlich selbständigen, wirtschaftlich zumeist abhängigen Unternehmen auszeichnet. Ein derartiges Netzwerk, das entweder in einer oder mehreren miteinander verflochtenen Branchen agiert, ist das Ergebnis einer Unternehmungsgrenzen übergreifenden Differenzierung und Integration ökonomischer Aktivitäten." (Sydow, 1992, S. 79).*

Hervorzuheben ist, dass die Netzwerkbeziehungen die Grenzen einzelner Unternehmen überschreiten und so organisiert sind, dass sie intra-organisatorischen Beziehungen ähneln.

Dennoch bleibt der „Market Test" zwischen den Netzwerkpartnern wirksam (Gilbert/ Metten, 2001, S. 7–9).

Für technologieorientierte Start-up-Unternehmen wäre die Teilnahme an interorganisatorischen Netzwerken eine interessante wettbewerbsstrategische Option, denn ein Unternehmen kann mit ganzen Geschäfts- oder Funktionsbereichen, einzelnen Abteilungen oder lediglich mit einzelnen Beziehungsmustern zu Systemlieferanten oder Schlüsselkunden („key customers") in (verschiedene) Netzwerke eingebunden sein. Es besteht somit ein weites Feld an Kooperationsmöglichkeiten für die „born globals" (Behnam/Gilbert, 2001).

Da es eine große Zahl verschiedener Netzwerkformen gibt, erscheint es uns zunächst sinnvoll, eine Abgrenzung der unterschiedlichen Typen vorzunehmen. Nur so lässt sich bestimmen, inwieweit die einzelnen Netzwerktypen geeignet sind, die notwendigen multidimensionalen strategischen Fähigkeiten abzubilden, die technologieorientierte Start-up-Unternehmen benötigen, um Wettbewerbvorteile aufzubauen. Eine Netzwerkklassifizierung bietet Führungskräften von Start-up-Unternehmen – vor dem Hintergrund der wettbewerbsstrategischen Herausforderungen der Globalisierung – außerdem eine Übersicht über die mit den einzelnen Netzwerkformen verbundenen Chancen und Risiken.

Eine mögliche Typologie orientiert sich an der vorherrschenden Steuerungsform (heterarchisch vs. hierarchisch) einerseits und der zeitlichen Stabilität, d. h. Fristigkeit und Dauer (statisch vs. dynamisch) des Netzwerks andererseits. Überführt man das Kriterium Steuerungsform als auch das Kriterium Stabilität in eine Vierfelder-Matrix, dann lassen sich vier unterschiedliche Netzwerktypen voneinander abgrenzen (Sydow, 1999, S. 284–287; Sydow, 2001, S. 282).

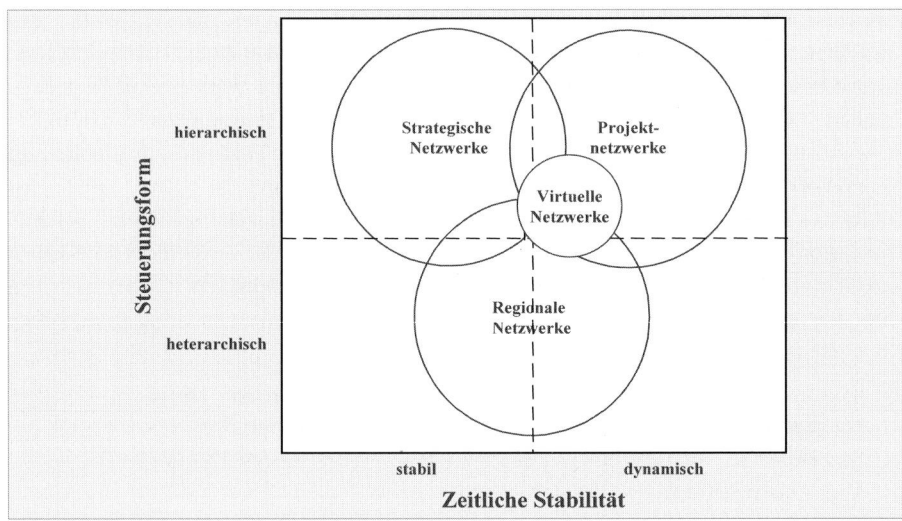

Abbildung VIII.13: Eine Typologie interorganisatorischer Netzwerke (Quelle: in Anlehnung an Sydow, 1999, S. 287)

Im Einzelnen lassen sich folgende Netzwerktypen unterscheiden:

- **Regionale Netzwerke**: Gemäß ihrer Verortung in der Vierfelder-Matrix zeichnen sich regionale Netzwerke durch eine heterarchische Organisation aus, die vor allem aus einer Polyzentriertheit und der fehlenden Netzwerkführerschaft durch einen fokalen Akteur resultiert. Charakteristisch für regionale Netzwerke ist eine räumliche Agglomeration der dem Netzwerk angehörenden Unternehmen, weshalb dieser Netzwerktyp auch unter der Bezeichnung „*industrial districts*" bekannt ist (Powell, 1990, S. 309–314). Innerhalb regionaler Netzwerke arbeiten vorwiegend kleine und mittlere Unternehmen zusammen. Sie entwickeln oftmals kooperativ Schlüsseltechnologien zur Marktreife weiter. Die Unternehmen operieren im Netzwerk als Zulieferer füreinander und bleiben dabei weitgehend selbständig. Die Zusammenarbeit ist je nach Inhalt der Kooperation längerfristig stabil oder dynamisch. Beispiele für regionale Netzwerke sind die Region Emilia Romagna (Maschinenbau, Textilindustrie) in Norditalien oder das Silicon Valley (Mikroelektronik) in den USA (Powell, 1990, S. 309; Sydow 1991, S. 8). Obwohl regionale Netzwerke sich vorwiegend aus kleinen und mittleren Unternehmen konstituieren und oftmals technologieorientierte Start-up-Unternehmen einschließen, eignen sie sich nur bedingt, den von uns oben herausgearbeiteten wettbewerbsstrategischen Notwendigkeiten der transnationalen Strategie gerecht zu werden. Dies liegt vor allem daran, dass regionale Netzwerke per se nur auf eine Region beschränkt sind. Ein paralleler Markteintritt in einer Vielzahl von Ländern, um schnellstmöglich Effizienzvorteile („Battle for Scale") zu erzielen, erscheint ebenso wenig möglich, wie die differenzierte Anpassung an lokale Märkte („Battle for Scope"). Lediglich der Wissenstransfer („Battle for Talent") ist leicht zu realisieren.

- **Projektnetzwerke**: Hauptunterscheidungsmerkmale von Projektnetzwerken gegenüber regionalen Netzwerken sind ihre zeitliche Befristung und die hohe Fluktuation der Netzwerkmitglieder, die das Netzwerk sehr dynamisch machen. Beispiele für diesen Netzwerktyp sind Großbaustellen oder Film- und Fernsehproduktionen. Projektnetzwerke werden überwiegend von einem oder mehreren fokalen Unternehmen geführt. Bedingt durch ihre zeitliche Befristung und die Projektstruktur eignen sie sich nicht zum Aufbau multidimensionaler strategischer Fähigkeiten. Es wäre zwar möglich, bestimmte Forschungs- und Entwicklungsvorhaben in einem Projektnetzwerk zu organisieren. Aber Projektnetzwerken fehlt die langfristige Orientierung, die zur Verfolgung einer transnationalen Strategie und zum Aufbau integrierter Netzwerkstrukturen notwendig wäre.

- **Virtuelle Unternehmensnetzwerke**: Basiert die kooperative Zusammenarbeit auf einem verstärkten Einsatz von Informations- und Kommunikationstechnik, dann spricht man von virtuellen Unternehmensnetzwerken (Davidow/Malone, 1992). Bei diesem Netzwerktyp handelt es sich um ein eher dynamisches Netzwerk. Man verzichtet weitgehend auf die feste Institutionalisierung von zentralen Funktionen und die Etablierung hierarchischer Prinzipien. Durch Kooperationen wollen Personen, Institutionen, einzelne unternehmerische Funktionsbereiche und/oder ganze Unternehmen Ressourcen gemeinsam nutzen und in einer (zumeist) temporären Zusammenarbeit ein bestimmtes Kundenproblem lösen (Wüthrich/Phillip/Frentz, 1997, S. 46–48). Durch Teilung und Koordination von Fertigkeiten, Kosten und Marktzugangsmöglichkeiten streben die Akteure Wettbewerbsvorteile auf nationaler und internationaler Ebene an (Scholz, 1997, S. 365;

Picot/Reichwald/Wigand, 2001, S. 429–431). Virtuelle Unternehmensnetzwerke sind sicherlich eine interessante Option zur Erlangung von Wettbewerbsvorteilen für technologieorientierte Start-up-Unternehmen. Da sich PICOT/NEUBURGER in diesem Buch jedoch ausführlich dem Thema virtuelle Netzwerke widmen, verzichten wir an dieser Stelle auf eine genauere Darstellung dieser Organisationsalternative.

- **Strategische Unternehmensnetzwerke**: In Abgrenzung zu den anderen Netzwerktypen zeichnen sich strategische Netzwerke durch eine eher hierarchische Struktur aus, und die Zusammenarbeit der Netzwerkpartner ist auf Dauer angelegt. Da strategische Netzwerke mit Abstand den bedeutendsten Stellenwert in der Praxis einnehmen, kann man sie als dominante Form interorganisationaler Netzwerke bezeichnen (Krystek/Redel/Reppegather, 1997, S. 196). Strategische Netzwerke zeichnen sich insbesondere dadurch aus, dass sie durch einen oder mehrere fokale Akteure (bzw. fokale Unternehmen) gesteuert werden, die mehr als andere Netzwerkpartner Einfluss auf die Entwicklung des Netzwerks nehmen (Jarillo, 1988). Das fokale Unternehmen übernimmt die Meta-Koordination im Netzwerk und erfüllt strategische Aufgaben, wie z. B. die Definition des Marktes, die Festlegung der lokalen Marktbearbeitungsstrategie oder die Regelung der internationalen Interorganisationsbeziehungen. Oftmals handelt es sich bei fokalen Akteuren um große international tätige Unternehmen, die in einer Vielzahl von Ländermärkten tätig sind und mittels des strategischen Netzwerks versuchen, Wettbewerbsvorteile auf globaler Ebene zu erzielen. Die neben dem fokalen Akteur eingebundenen Mitglieder eines strategischen Unternehmensnetzwerks bezeichnet man als periphere (Netzwerk-)Akteure oder Netzwerkpartner (Kreikebaum/Gilbert/Reinhardt, 2002, S. 159–168). Es handelt sich bei diesen oftmals um lokale strategische Partner.

Als strategisch bezeichnet man diesen Netzwerktypus immer dann, wenn die kooperative Zusammenarbeit für mindestens einige der beteiligten Netzwerkakteure eine strategische Bedeutung hat, d. h. die Beziehungen sind langfristig auf die Erzielung von Wettbewerbsvorteilen angelegt und beeinflussen entscheidend die Vermögens- und Ertragslage der Unternehmen (Winkler, 1999, S. 27). Das ausgeprägte intentionale Handeln in strategischen Netzwerken zeigt sich in expliziten Zielformulierungen, einer formalen Struktur mit internationaler Rollenverteilung und einer eigenen Netzwerkidentität. Letztere offenbart sich oftmals darin, dass fokale Unternehmen Endprodukthersteller oder Handelsunternehmen mit international bekannten Markennamen sind (z. B. *BWM, Puma, Dell*). Die Netzwerkakteure erbringen im Endmarkt eine gemeinsame Leistung und stehen zu anderen Unternehmen außerhalb des Netzwerkes in Konkurrenz. Aus Sicht der Kunden entsteht der Eindruck einer integrierten Einheit, die die von ihnen gewünschten Dienstleistungen oder Produkte in einer Vielzahl lokaler Märkte anbieten (Wildemann, 1997, S. 419). Entscheidend ist, dass es sich bei strategischen Netzwerken sowohl um vertikale, horizontale als auch diagonal ausgerichtete Kooperationen entlang der gesamten Wertschöpfungskette handeln kann. Im Rahmen der oftmals stattfindenden Konzentration auf Kernkompetenzen kommt es meist zu einer Kombination dieser Kooperationsmuster auf internationaler Ebene.

Betrachtet man die dargestellten Merkmale strategischer Netzwerke, dann deutet sich das Potenzial dieser Organisationsalternative, multidimensionale strategische Fähigkeiten aufzubauen, bereits an. Da der Zugang zu einem globalen strategischen Unternehmensnetzwerk uns als eine besonders erfolgversprechende wettbewerbsstrategische Option für „born globals" erscheint, stehen diese im Mittelpunkt der folgenden Betrachtung.

3.4.2 Chancen und Risiken der Partizipation an globalen strategischen Netzwerken

Von der Annahme ausgehend, dass wir ein bislang noch nicht in Netzwerke eingebundenes Start-up-Unternehmen betrachten, erscheinen uns verschiedene Aspekte im Hinblick auf die Partizipation an einem globalen strategischen Netzwerk von besonderer Relevanz. Zunächst ist herauszustellen, inwiefern strategische Netzwerke in der Lage sind, multidimensionale strategische Fähigkeiten abzubilden. Außerdem ist von Interesse, welche Chancen und Risiken sich für das Start-up-Unternehmen als auch die anderen Netzwerkakteure, insbesondere das fokale Unternehmen, aus der Kooperation ergeben. Von der Beantwortung dieser Frage hängt unmittelbar ab, ob ein fokaler Akteur überhaupt Interesse entfaltet, einem Start-up den Zugang zu einem strategischen Netzwerk zu ermöglichen.

Der Hauptgrund für technologieorientierte Start-up-Unternehmen, an einem globalen strategischen Netzwerk zu partizipieren, liegt sicherlich im Zugang zu dringend benötigten finanziellen und personellen Ressourcen. In den letzten Jahren spiegelt sich diese Entwicklung in einer Zunahme von Netzwerkbeziehungen wider, die anfangs durch Minderheitsbeteiligungen auf der Basis von Corporate Venture Capital entstehen. Große, global agierende Konzerne (z. B. *DaimlerChrysler* und *Deutsche Telekom*) beteiligen sich bei dieser Finanzierungsform über Tochtergesellschaften (*DaimlerChrysler Venture GmbH* und *T-Venture GmbH*) an technologieorientierten Start-up-Unternehmen, die eine Affinität zum Kerngeschäft aufweisen. Neben der strategischen und operativen Beratung gewährt die Kapitalverflechtung den Start-ups Zugang zum globalen Netzwerk des Kapitalgebers (Tümpen, 2001, S. 94–102).

Neben finanziellen sprechen aber vor allem auch strategische Gründe für den Anschluss an ein globales strategisches Netzwerk. Diese erfüllen nämlich in hohem Maße die Erfordernisse, die sich aus der transnationalen Strategie ergeben. Von entscheidender Bedeutung ist in diesem Kontext, dass die einzelnen Netzwerkpartner an ihren jeweiligen lokalen Standorten verschiedene Aufgaben im Rahmen der Wertschöpfungskette wahrnehmen können. Interaktive Lernprozesse und der weltweite Wissenstransfer zwischen den Netzwerkpartnern ermöglichen die Gewinnung und Nutzbarmachung lokalen Know hows und dessen netzwerkweite Anwendung („Battle for Talent"). Ein offener Informationsaustausch erhöht die Innovationsfähigkeit im Netzwerk und ursprünglich sequenziell ablaufende Forschungs- und Entwicklungsprozesse können parallel stattfinden (Krystek/Redel/Reppegather, 1997, S. 209). Forschungs- und Entwicklungsergebnisse der Start-ups lassen sich zwischen den Kooperationspartnern transferieren und vor Ort an lokale Märkte anpassen. Die durch den fokalen Akteur stattfindende Koordination der vorgelagerten Aktivitäten (z. B. Logistik und Produktion) ermöglicht die Generierung von Standardisierungsvorteilen auf globaler Ebene („Battle for Scale") und eine schnellere Amortisation hoher Forschungs- und Entwicklungskosten. Lokale Netzwerkpartner setzen die Innovationen in marktreife Produkte um und stellen dafür auch nachgelagerte Aktivitäten (z. B. Marketing und Vertrieb) zur Verfügung

("Battle for Scope"). Da strategische Netzwerke oftmals vertikal integriert sind, besteht für die Start-ups die Möglichkeit, die gesamte Wertschöpfungskette zu reproduzieren und Produkte und Dienstleistungen parallel in einer Vielzahl von Märkte anzubieten. Die Reduzierung der „time to the market", die wir als wesentliche Erfolgsvoraussetzung für die Produkte der „born globals" herausgearbeitet haben, ist insofern ein weiterer Vorteil strategischer Netzwerke. Durch weltweit verstreut agierende Netzwerkpartner lassen sich Wettbewerbsvorteile flexibel und ohne Zeitverzögerung auf globaler Basis realisieren. Angemerkt sei zudem, dass die Erschließung bestimmter ausländischer Märkte oft nur durch Kooperationsbeziehungen möglich ist, da einer alleinigen Betätigung in vielen Gastländern – trotz der zunehmenden Deregulierungstendenzen – rechtliche und politische Beschränkungen entgegenstehen (Kreikebaum/Gilbert/Reinhardt, 2002, S. 175).

Ein technologieorientiertes Start-up-Unternehmen wird aber nur Aufnahme in ein globales strategisches Netzwerk finden, wenn daraus auch Vorteile für die bereits kooperierenden Akteure, insbesondere den fokalen Akteur, resultieren. Von größter Bedeutung in diesem Zusammenhang sind sicherlich die Spezifität der Innovation und das technologische Knowhow des Start-ups sowie das Markt- und Gewinnpotenzial des neuen Produktes. Handelt es sich dabei um eine wirklich renditeträchtige Idee, dann ist der Zugang zum Netzwerk prinzipiell möglich. Ein weiterer Grund für die Aufnahme in das Netzwerk liegt in der Partizipation an den möglicherweise erfolgversprechenden Zukunftstechnologien des Start-ups. Betrachtet man die (netzwerkspezifischen) Investitionen in „born globals" beispielsweise als Realoptionen (Luehrmann, 1998; Kapitel VII.5), dann erweitern die Netzwerkpartner mittels Kooperationen ihre gegenwärtigen und zukünftigen Handlungsspielräume. Durch den Realoptionsansatz können abweichende, sich verändernde Entwicklungen in der Zukunft besser in der Planung berücksichtigt werden (Behnam/Gilbert, 2002). Je nach aktueller Einschätzung des Start-up-Unternehmens wird es dann beispielsweise als eine Fortsetzungs-, Erweiterungs-, Stilllegungs- oder Innovationsoption betrachtet. Aus Sicht des fokalen Akteurs könnte ein Realoptionsansatz zudem dazu führen, dass man mehreren Start-ups mit ähnlicher Technologie gleichzeitig den Zutritt zum Netzwerk ermöglicht. Die einzelnen Start-ups würden in einem Portfolio von Realoptionen abgebildet, um eine Planung und Priorisierung vorzunehmen. Dies würde das Risiko senken und mehrere sogenannte „Windows on Technology" eröffnen. Je nachdem, welche Technologie erfolgreicher am Markt ist, können Kooperationen dann ausgebaut (Erweiterungsoption) oder eingestellt (Stilllegungsoption) werden.

Neben den genannten Chancen ist eine Partizipation an einem globalen strategischen Netzwerk mit nicht unbeträchtlichen Risiken für das Start-up-Unternehmen verbunden. Mit dem Eintritt in ein Netzwerk begeben sich diese Unternehmen in eine starke Abhängigkeitsposition. Die größte Gefahr liegt hier sicherlich in dem auf globaler Ebene nur schwer zu kontrollierenden Wissensabfluss an den fokalen Akteur und die lokalen Netzwerkpartner („Battle for Talent"). Ein Know-how-Verlust kann für das Start-up-Unternehmen im schlimmsten Fall zum vollständigen Verlust des Wettbewerbsvorteils führen, wenn er von den Netzwerkpartnern opportunistisch ausgenutzt wird (Gilbert/Metten, 2001, S. 17). Die Teilnahme an einem globalen strategischen Netzwerk kann auch am sogenannten „Not invented here"-Syndrom scheitern, wenn es dem fokalen Akteur nicht gelingt, auf der Ebene der lokalen

Netzwerkpartner Akzeptanz für fremde Ideen und eine Anpassung an lokale Märkte zu schaffen („Battle for Scope"). Eine Vielzahl von Innovationen scheitert nicht an technischen, sondern vielmehr an emotionalen Barrieren. Diese sind auf interkultureller Ebene noch beträchtlich höher als im nationalen Kontext (Gilbert, 1998; Kreikebaum/Behnam/Gilbert, 2001).

Als Zwischenfazit bleibt festzuhalten: Durch die Partizipation an globalen strategischen Netzwerken erlangen „born globals" Zugang zu dringend erforderlichen finanziellen sowie personellen Ressourcen und fehlenden Aktivitäten der Wertschöpfungskette. Neben „Battle for Talent" gelingt es ihnen, den Fokus des Wettbewerbs um „Battle for Scope" und „Battle for Scale" zu erweitern. Hohe Investitionen in die Forschung und Entwicklung lassen sich im Netzwerk teilen und amortisieren sich schneller, weil Produkte parallel in verschiedenen Ländermärkten angeboten werden können. Die Umsetzung einer transnationalen Strategie ist dadurch prinzipiell möglich, ohne die rechtliche Selbständigkeit des Start-ups und die Option auf ein wertorientiertes Management infrage zu stellen. Die Teilnahme an globalen strategischen Netzwerken ist jedoch auch mit beträchtlichen Risiken, bis hin zum vollständigen Verlust des Wettbewerbsvorteils für das Start-up-Unternehmen verbunden. Die Höhe dieses Risikos wird dabei vor allem durch die Spezifität der individuellen Ressourcenausstattung des Start-ups determiniert. Es schließt sich deshalb die Frage an, welche strategischen Entwicklungspfade sich für technologieorientierte Start-up-Unternehmen – vor dem Hintergrund ihrer Ressourcenpotenziale – anbieten, um diesen Risiken zu begegnen.

3.4.3 Strategische Entwicklungspfade für technologieorientierte Start-up-Unternehmen

Eine wesentliche Eigenschaft strategischer Netzwerke ist, dass die eingebundenen Unternehmen in eine wirtschaftliche Abhängigkeit geraten, d. h. es bestehen funktionale Interdependenzen und gegenseitige ökonomische und moralische Verpflichtungen. Dies gilt vor allem für technologieorientierte Start-up-Unternehmen, die vom fokalen Unternehmen im Hinblick auf Ressourcen, Aufnahme ins Netzwerk, Auftragsvergabe und Zielvorgaben abhängig sind, aber auch für das fokale Unternehmen selber, welches von den Netzwerkpartnern die Erstellung von Nicht-Kernaktivitäten erwartet. Aus rechtlicher Sicht bleiben die Akteure aber weitgehend selbständig. Es kommt höchstens zu Minderheitsbeteiligungen an den Start-ups oder anderen peripheren Akteuren, damit die unternehmerische Verantwortung und Innovationskraft der einzelnen Netzwerkpartner erhalten bleibt. Aus der rechtlichen Unabhängigkeit folgt, dass die Akteure sich einen gewissen Freiheitsgrad bewahren, verschiedene strategische Entwicklungspfade einzuschlagen. Neben dem Verbleib im Netzwerk, steht ihnen prinzipiell die Möglichkeit offen, das Unternehmensnetzwerk zu verlassen und sich neue Kooperationspartner zu suchen oder doch einen unternehmerischen Alleingang zu wagen. Im Mittelpunkt unseres Interesses steht insbesondere die Frage, wie groß das weltweit vorhandene Kooperationspotenzial für das technologieorientierte Start-up-Unternehmen ist. Die Höhe des Kooperationspotenzials hängt dabei vor allem von der Branche und den jeweiligen lokalen Marktgegebenheiten ab.

Wie oben bereits angedeutet, determiniert sich das Risiko der Netzwerkpartizipation für ein technologieorientiertes Start-up-Unternehmen und somit dessen Wettbewerbsposition vor allem durch seine individuelle Ressourcenausstattung. Je nachdem, wie spezifisch die Ressourcen sind, variiert der Handlungsspielraum des Start-ups und damit verbunden das Drohpotenzial zum Austritt aus dem Netzwerk. Im einzelnen determinieren folgende Aspekte diese Wettbewerbsposition (Padberg, 2000, S. 82–100):

- **Ausstattung an materiellen und immateriellen Ressourcen**: Materielle Ressourcen beinhalten physische Produktionsmittel und finanzielle Mittel, immaterielle Ressourcen vor allem Wissen und Reputation.

- **Transferierbarkeit der Ressourcen**: Je schwieriger es ist, eine Ressource marktlich zu erwerben, umso nachhaltiger ist der Wettbewerbsvorteil des Ressourcenhalters.

- **Imitierbarkeit der Ressourcen**: Je schwieriger Ressourcenausstattungen zu imitieren sind, desto stärker ist die Wettbewerbsposition.

- **Substituierbarkeit der Ressourcen**: Je schwieriger eine spezifische Ressource durch Konkurrenten zu substituieren ist, desto stärker ist die Wettbewerbsposition.

Fasst man die genannten Aspekte im Hinblick auf Ressourcen zusammen, dann ist die Wettbewerbsposition eines Start-up-Unternehmens, und somit sein Drohpotenzial zum Austritt aus einem Netzwerks, umso stärker, je weniger transferierbar, imitierbar und substituierbar dessen unternehmensspezifischen Ressourcenausstattungen sind. Die zur Verfügung stehenden Ressourcen sind dabei vorwiegend immaterielle Ressourcen in Form von Wissen.

Um im Anschluss verschiedene strategische Entwicklungspfade für technologieorientierte Start-up-Unternehmen ableiten zu können, spannen wir eine zweidimensionale Matrix auf, deren Achsen zum einen das *weltweite Kooperationspotenzial* und zum anderen das *Drohpotenzial zum Austritt aus dem Netzwerk* widerspiegeln (Abbildung VIII.14). Das Kooperationspotenzial drückt eine externe, vom Unternehmen kaum beeinflussbare Größe und das Drohpotenzial eine unternehmensinterne (ressourcenbedingte) Determinante aus. Zur Vereinfachung der Darstellung nehmen wir eine Dichotomisierung der Achsen vor. Durch die individuelle Beurteilung des jeweils vorhandenen Kooperations- als auch des Drohpotenzials des einzelnen Start-ups lassen sich im Anschluss Strategien aus dem Portfolio ableiten.

Aus der Positionierung im Portfolio ergeben sich vier verschiedene strategische Entwicklungspfade:

- **Defending Strategy**: Befindet sich ein Start-up-Unternehmen in der Position einer „Defending"-Strategie, dann besteht die Gefahr, dass das vorhandene Wissen („Battle for Talent") oder sogar das gesamte Start-up-Unternehmen vom fokalen Akteur und/oder den lokalen Netzwerkpartnern absorbiert wird und sich ein vorhandener Wettbewerbsvorteil nicht langfristig verteidigen lässt. Bei der Umsetzung der transnationalen Strategie ist man vollständig auf die Netzwerkpartner angewiesen. Das Start-up kommt über die Rolle eines peripheren Akteurs nicht hinaus und ist permanent vom Opportunismus der Netzwerkpartner bedroht. Ziel strategischer Handlungen sollte es sein, den Abfluss des Wissens an die weltweiten Kooperationspartner zu begrenzen. Außerdem müssen neue Innovationen entwickelt werden, um auch weiterhin ein interessanter Partner im bestehenden Netzwerk zu bleiben. Die Möglichkeit zum Aufbau neuer Kooperationsbeziehungen besteht kaum.

- **Positioning Strategy**: Wenn ein Start-up-Unternehmen ein niedriges Drohpotenzial aufweist, sich aber in einer Branche bewegt, in der es auf internationaler Ebene eine Vielzahl von Kooperationsoptionen gibt, dann bietet es sich an, den Zugang zu mehreren Netzwerken anzustreben. Da das vorhandene Wissen bzw. der Wettbewerbsvorteil fragil ist, müssen Renditen schnell abgeschöpft werden. Den Erfordernissen der transnationalen Strategie kann man gerecht werden, wenn man sich parallel in verschiedenen Ländern engagiert bzw. das Wissen dorthin transferiert (z. B. Lizenzierung).

- **Improvement Strategy**: In dieser Position verfügt das Start-up-Unternehmen über ein hohes Drohpotenzial zum Austritt aus dem Netzwerk, d. h. die Ressourcen sind nicht leicht transferierbar und imitierbar und sie sind nicht leicht durch andere Ressourcen zu substituieren. Es könnte sich dabei um den Besitz von für das gesamte Netzwerk hochgradig wettbewerbsrelevantem Wissen handeln (z. B. weltweites Patent an einer Technologie). Das Start-up ist zwar ein peripherer Akteur, hat aber eine relativ starke Machtposition im Netzwerk inne, die es nutzen kann, um seine netzwerkinterne Position zu verbessern. Das Start-up könnte z. B. versuchen, in die Rolle eines „center of excellence" hineinzuwachsen und so die Machtdistanz zum fokalen Akteur zu verringern. Strategisches Ziel des Start-ups sollte es außerdem sein, den Wissensabfluss an den fokalen Akteur und die lokalen Netzwerkpartner zu kontrollieren, um den Wettbewerbsvorteil langfristig zu schützen. Vor dem Hintergrund relativ weniger weltweiter Kooperationsoptionen bietet es sich an, alternative Marktbearbeitungsformen zu evaluieren. Droht opportunistisches Verhalten von Seiten der Netzwerkpartner, sind der Weg in die Selbständigkeit mithilfe der Generierung von Venture Capital in mehreren Ländern oder der rechtzeitige Verkauf der unternehmensspezifischen Ressourcenausstattung alternative Handlungsoptionen.

- **Scouting Strategy**: Weist ein technologieorientiertes Start-up-Unternehmen ein hohes Drohpotenzial zum Netzwerkaustritt auf und gibt es zudem ein hohes weltweites Kooperationspotenzial, dann decken sich die strategischen Empfehlungen weitgehend mit denen der „Improvement"-Strategie. Das Start-up hat eine starke Machtposition, die es nutzen kann, um seine Rolle im globalen Netzwerk zu verbessern. Wenn keine vertraglichen Restriktionen bestehen, dann ist es im Rahmen der „Scouting"-Strategie zudem leichter möglich, in ein anderes Netzwerk zu wechseln oder sich parallel in unterschiedlichen Netzwerken zu engagieren. Da die Wettbewerbsvorteile der hier im Mittelpunkt stehenden Start-ups vor allem aus Wissen bestehen, ist es in der Regel unproblematisch, dieses Wissen zu teilen und lokalen Partnern zur Verfügung zu stellen. Die erzielten Renditen sollten dazu eingesetzt werden, den Wissensvorsprung auszubauen und neue Innovationen zu entwickeln.

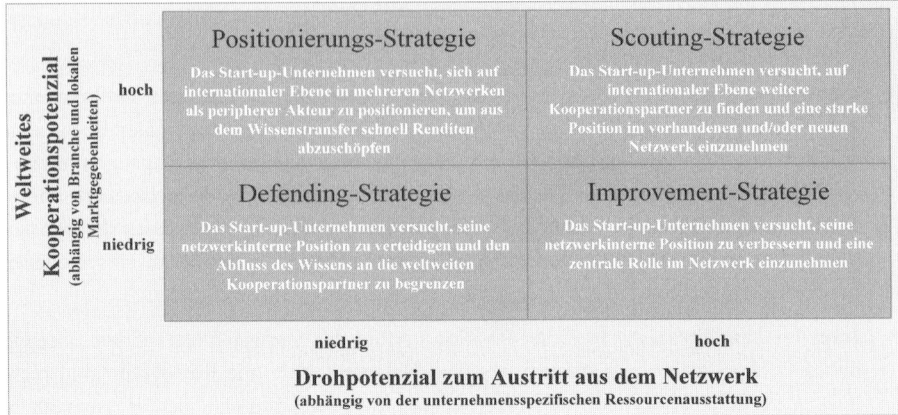

Abbildung VIII.14: Strategische Entwicklungspfade für technologieorientierte Start-up-Unternehmen

Abschließend sei angemerkt, dass die von uns diskutierte Chance für technologieorientierte Start-up-Unternehmen mittels einer Partizipation an globalen strategischen Netzwerken auf die Herausforderungen der Globalisierung adäquat zu reagieren, hohe Anforderungen an das Management dieser Unternehmen stellt. Zudem muss die Bereitschaft vorliegen, eine Einschränkung der wirtschaftlichen Selbständigkeit zu akzeptieren. Auf der anderen Seite bieten globale strategische Netzwerke Start-ups die Chance, „Battle for Scale", „Battle for Scope" und „Battle for Talent" gleichzeitig zu realisieren und dadurch den Anforderungen einer transnationalen Strategie zu begegnen. Auf der organisatorischen Ebene finden die von uns zu Beginn dieses Aufsatzes konstatierten Merkmale der Globalisierung (Konnektivität und Reflexivität) ihre Entsprechung in der reflexiven Organisation globaler strategischer Netzwerke.

4. Mergers & Acquisitions

SIEGFRIED DRUEKER / HEIKE ALBRECHT / ROBIN MAJER

"If you don't know where you're going, you might end up somewhere else!"

4.1 Mergers & Acquisitions bei Start-up Unternehmen

Unter wertorientierten Gesichtspunkten lässt sich das übergeordnete Ziel jeder unternehmerischen Tätigkeit als die Steigerung des Shareholder Value definieren. Die Herausforderungen, denen sich Unternehmen dabei zu stellen haben, ändern sich im Laufe des Unternehmenslebenszyklus. Unternehmen in der Wachstumsphase, so würde man erwarten, widmen sich vorwiegend der operativen Umsetzung des eigenen Geschäftsmodells und der Sicherung der entsprechenden Finanzierung. Während reife Unternehmen in traditionellen Industrien Mergers & Acquisitions zur schnelleren Steigerung des Unternehmenswertes erst dann in den Mittelpunkt rücken, wenn die internen Optimierungspotenziale weitgehend ausgeschöpft sind, erscheint diese Handlungsalternative für Unternehmen, die unmittelbar der Gründungsphase entwachsen sind, nicht eben naheliegend.

Dennoch ist gerade im Segment der Wachstumsunternehmen eine gestiegene M&A-Aktivität zu beobachten. Von über 300 Unternehmen am Neuen Markt haben die akquirierenden Unternehmen im Durchschnitt 2,1 M&A-Transaktionen in einem Zeitraum von 18 Monaten durchgeführt (Welzbacher/Müller/Ricken, 2001). Diese überdurchschnittliche Anzahl legt nahe, dass Wachstumsstrategien mittels M&A-Transaktionen auch von Start-ups verstärkt verfolgt werden. Dieser Zusammenhang wirft die folgenden Fragen auf.

Erstens: die Frage nach der Motivation und den Zielen solcher Wachstumsstrategien. Mergers & Acquisitions bieten sich als Handlungsalternative an, wenn organisches Unternehmenswachstum trotz der hohen Wachstumsraten in vielen typischerweise von Start-ups bedienten Märkten an Grenzen stößt und den anspruchsvollen Erwartungen der Märkte – Absatz- und Kapitalmärkte gleichermaßen – nicht gerecht werden kann. Wer als Sieger aus der Konkurrenz um Kunden, Mitarbeiter und Kapital hervorgehen will, wer sein Geschäftsmodell schnell etablieren und sich damit nachhaltige Wettbewerbsvorteile sichern will, der kann seine Ziele oft nur durch externes Wachstum erreichen. Proaktive Wachstumsstrategien oder der reine Existenzdruck innerhalb eines natürlichen Auswahlprozesses treiben Unternehmen gerade in der Wachstumsphase zunehmend auf den Pfad des externen Wachstums. Mergers & Acquisitions können also durchaus in sehr frühen Phasen des Unternehmenslebenszyklus zum Thema werden.

Zweitens: die Frage nach dem Risikoprofil von Akquisitionen, die nunmehr parallel zur Etablierung des Geschäftsmodells stattfinden sollen. Akquisitionen stellen eine Herausforderung dar und sind durch ihre in jeder Hinsicht außerhalb des Tagesgeschäftes liegende

Natur ein risikobeladenes Betätigungsfeld. Der Erfolg einer M&A-getriebenen Strategie misst sich am Shareholder Value: Eine Akquisition ist dann erfolgreich, wenn sie zusätzlichen Shareholder Value generiert, das heißt, wenn ihr Nettokapitalwert größer Null ist. Aus praktischer Sicht kann der Nettokapitalwert einer Akquisition definiert werden als der Barwert der Erträge bzw. der Cash Flows abzüglich des bezahlten Kaufpreises (Sirower, 1997). Entsprechend dieser wertorientierten Definition verweisen zahlreiche branchenübergreifende empirische Studien auf eine geringe Erfolgsquote von Akquisitionen (Chatterjee/Meeks, 1996; Sudarsanam/Holl/Salami, 1996). Obwohl in der Praxis einige Beispiele für weniger erfolgreich umgesetzte Akquisitionsstrategien zu nennen sind, ist jedoch zu berücksichtigen, dass einige dieser Studien durch die Definition von Erfolg und Misserfolg die Ergebnisse negativ überzeichnen. Auch lässt der allgemeine Kursverfall an den neuen Märkten in 2001 und 2002 eine isolierte Betrachtung der Werteffekte von Akquisitionen kaum zu. Demgegenüber hat eine Reihe erwerbsorientierter Unternehmen gezeigt, dass Wachstumsstrategien, die im Wesentlichen auf Zukäufen basieren, auch unter wertorientierten Gesichtspunkten erfolgreich umgesetzt werden können. Damit stellt sich die Frage, was getan werden kann, um eine Transaktion erfolgreich zu gestalten.

Das Spannungsfeld, das durch die mehrschichtige Komplexität entsteht (Start-up-Phase, dynamisches Marktumfeld, Risikoprofil von Akquisitionsprojekten) macht Mergers & Acquisitions zu einem höchst anspruchsvollen Thema. Werden solche Projekte nun im Umfeld eines Wachstumsunternehmens vor dem Hintergrund einer hohen allgemeinen Misserfolgsquote unternommen, gilt es, die Besonderheiten dieser Strategie bei Wachstumsunternehmen, in Verbindung mit den erfolgskritischen Faktoren im Rahmen der Umsetzung, zu erörtern.

Im ersten Teil dieses Beitrages werden verschiedene Transaktionsstrukturen behandelt, die innerhalb einer M&A-Strategie Anwendung finden können. Der zweite Teil geht auf Akquisitionsmotive ein, bevor dann im dritten Teil innerhalb einer chronologischen Abfolge eines Akquisitionsprozesses Erfolgsfaktoren deutlich werden, die für die Umsetzung einer erfolgreichen Akquisitionsstrategie von Wachstumsunternehmen von Bedeutung sind. Sieben wichtige Erfolgsfaktoren zur Umsetzung einer Akquisitionsstrategie werden in einem abschließenden Kapitel hervorgehoben.

4.2 Transaktionsstrukturen zum Unternehmenskauf / -verkauf

In der Literatur wie im täglichen Sprachgebrauch werden die Begriffe Unternehmenszusammenschluss (bzw. Fusion) und Unternehmensakquisition häufig gleichgesetzt (Haspeslagh/Jemison, 1992, S. 15). Es handelt sich dabei um Transaktionen, in deren Rahmen die Eigentums- und Kontrollrechte an einem Unternehmen übertragen werden. Bei einer Fusion werden zwei Unternehmen juristisch verschmolzen, wobei eines oder beide ihre Rechtspersönlichkeit verlieren. Der Begriff Akquisition bezieht sich auf den Erwerb von ganzen Unternehmen bzw. Unternehmensteilen oder einzelnen Anteilen. Stellvertretend für die verschiedenen Erscheinungsformen von Unternehmenstransaktionen hat sich dabei der angelsächsische Oberbegriff *Mergers & Acquisitions* herausgebildet, unter dem alle Formen von

Unternehmenstransaktionen zusammengefasst werden. Dazu gehören Unternehmenszusammenschlüsse, Unternehmenskäufe bzw. -verkäufe, Restrukturierungen und gesellschaftsrechtlich verankerte Kooperationen gleichermaßen. Die Spanne reicht demnach vom strategischen Erwerb von zum Teil sehr kleinen Anteilspaketen bis hin zur vollständigen Übernahme von Unternehmen. (Müller-Stewens/Spickers/Deiss, 1999). Als Anfang 1999 von der Fusionswelle gesprochen wurde, implizierte dieser Terminus stets Unternehmensübernahmen sowie auch Unternehmenszusammenschlüsse. Beide Transaktionsformen sind Konzentrationsformen, im Rahmen derer einzelne Gesellschaften ihre wirtschaftliche und gesellschaftsrechtliche Souveränität verlieren.

4.2.1 Akquisitionen

Eine Akquisition kann definiert werden als der Erwerb einer Minderheit oder Mehrheit oder der Gesamtheit der Anteile eines Unternehmens. Die Höhe der Beteiligung entscheidet neben den gesellschaftsrechtlichen und vertraglichen Vereinbarungen über den Einfluss und die Kontrollmöglichkeiten der Gesellschafter. Eine einheitliche Definition der Anteilshöhe, mit der ein Erwerber eine beherrschende Stellung erreicht, gibt es nicht. Vielfach wird jedoch in der Praxis davon ausgegangen, dass mit 50 plus x Prozent die unternehmerische Kontrolle ausgeübt werden kann, während 75 plus x Prozent auch zu wesentlichen Beschlüssen wie z. B. Satzungsänderungen ermächtigen.

Der Erwerb eines Unternehmens kann als „asset deal" oder als „share deal" strukturiert werden. Bei einem „asset deal" werden die zum Unternehmen gehörenden Wirtschaftsgüter und Rechte erworben wohingegen bei einem „share deal" Anteile an Gesellschaften erworben werden. Bei der Entscheidung für eine der beiden Strukturen sind im Wesentlichen deren steuerliche und rechtliche Folgen zu berücksichtigen. Insbesondere geht es dabei um die steuerrechtliche Gestaltung der Transaktion aus Erwerbersicht (Generierung von Abschreibungspotenzial) sowie um die selektive Übernahme bestimmter Rechte und Pflichten. Im Vergleich zu einer oftmals hohen vertraglichen Komplexität bei einem „asset deal" ist die Durchführung eines Unternehmenskaufs im Rahmen eines „share deal" in der Regel einfacher.

Des Weiteren können horizontale, vertikale und diversifizierte Akquisitionen unterschieden werden. Bei einer horizontalen Akquisition stellt das erwerbende Unternehmen gleiche oder sehr ähnliche Produkte derselben Wertschöpfungsstufe wie das zu akquirierende Unternehmen her. Aus einer horizontalen Akquisition resultiert in der Regel eine Verstärkung der Marktposition, z. B. durch Gewinnung neuer Kunden, neuer Technologien oder ökonomischer Skaleneffekte. Von einer vertikalen Akquisition wird dann gesprochen, wenn das akquirierende Unternehmen ein Unternehmen mit in der Wertschöpfungskette vorgelagerten (Rückwärtsintegration) oder nachgelagerten Aktivitäten (Vorwärtsintegration) erwirbt. Vertikale Integration verändert die Positionierung eines Unternehmens entlang der Wertschöpfungskette und damit die Margenstruktur sowie den Lieferanten- bzw. Abnehmerkreis. Während jede Akquisition (auch vertikale und horizontale Akquisitionen) eine Diversifizierung im weiteren Sinne darstellt, kann als Diversifizierung im engeren Sinne eine Akquisition verstanden werden, die mit dem Ziel der Risikodiversifizierung das Portfolio um Beteiligungen erweitert, die oft keine unmittelbare Stärkung des Kerngeschäfts bedeuten.

4.2.2 Fusionen

Unter einer Fusion, auch als Merger oder Verschmelzung bezeichnet, wird die Verbindung von zwei oder mehreren Unternehmen bzw. von deren Vermögen verstanden. Es wird hier zwischen einer Fusion durch Aufnahme und einer Fusion durch Neubildung unterschieden. Während bei einer Fusion durch Aufnahme ein Unternehmen sein Vermögen als Ganzes an ein anderes Unternehmen überträgt, wird bei einer Fusion durch Neubildung das Vermögen der verschmelzenden Gesellschaften auf ein neu zu gründendes Unternehmen übertragen. Im Wesentlichen können Fusionen nach dem Umwandlungsgesetz oder nach dem Aktiengesetz durchgeführt werden. Nach dem Umwandlungsgesetz wird ein Rechtsträger auf einen anderen gegen Gewährung von Anteilen oder Mitgliedschaftsrechten verschmolzen. Im Rahmen des Aktiengesetzes kann ein börsennotiertes Unternehmen durch die Erhöhung seines Grundkapitals gegen Sacheinlage das Vermögen eines nichtbörsennotierten Unternehmens übernehmen. Unter Kontrollgesichtspunkten entspricht jede Fusion einer Übernahme, da eine paritätische Verteilung der Gesellschafterkontrollrechte sowie der Managementführung in der Praxis kaum darzustellen ist. Um genau diesen Anschein zu vermeiden, wird im Rahmen der Fusion von Unternehmen, die sich in Größe und Führungsanspruch ähnlich sind, von einem „merger of equals", d. h. einer Fusion unter Gleichen gesprochen. Zahlreiche Beispiele belegen jedoch, dass nach einer Phase des Übergangs der eigentlich akquisitive Charakter solcher Transaktionen anhand von Kontrollfragen offen zu Tage tritt (vgl. Fusion zwischen *DaimlerBenz* und *Chrysler*).

Im Falle einer Verschmelzung eines größeren Unternehmens auf ein kleineres Unternehmen handelt es sich um einen „reverse merger". Ist das kleine Unternehmen börsennotiert, so kann dies eine attraktive Alternative zum „Going Public" darstellen. Das größere nichtbörsennotierte Unternehmen sichert sich dadurch einen schnellen indirekten und kostengünstigen Zugang zum Kapitalmarkt. Diese Form der Fusion gewinnt auch in Deutschland immer mehr an Bedeutung, insbesondere vor dem Hintergrund der aktuell schwierigen Entwicklung des Neuen Marktes.

In der Praxis ist die Bewertung der Anteile der beteiligten Unternehmen und damit das Austauschverhältnis der jeweiligen alten Anteile in Anteile der resultierenden neuen Gesellschaft von großer Bedeutung. Hierbei können Wertverschiebungen zu Gunsten bestimmter Gesellschaftergruppen stattfinden, insbesondere wenn die jeweiligen alten Anteile tendenziell unterschiedlich, d. h. über- oder unterbewertet, sind.

4.3 Motive für Akquisitionen und Fusionen

Durch die schnelllebigen Veränderungen im Rahmen des Marktumfeldes, wie z. B. die Internationalisierung der Märkte, die Verkürzung der Produktlebenszyklen und das Zusammenwachsen der europäischen Märkte steigen auch die Anforderungen an junge Unternehmen. Unternehmensstrategien müssen klar definiert werden und die Mittel zur Erreichung der Ziele analysiert werden. Neben den oben dargestellten Transaktionsstrukturen existiert auch die Möglichkeit des internen/organischen Wachstums durch Investitionen. Obwohl das Ziel des Wachstums und letztendlich der Wertsteigerung[20] durch jede einzelne bzw. eine Kombination von Alternativen erreicht werden kann, erscheinen Akquisitionen trotz erheblicher Risiken besonders erfolgsversprechend zu sein, insbesondere da organisches Unternehmenswachstum häufig an natürliche Grenzen stößt, Neugründungen lange Anlaufzeiten benötigen und Kooperationen im Allgemeinen weniger dauerhaft und belastbar sind.

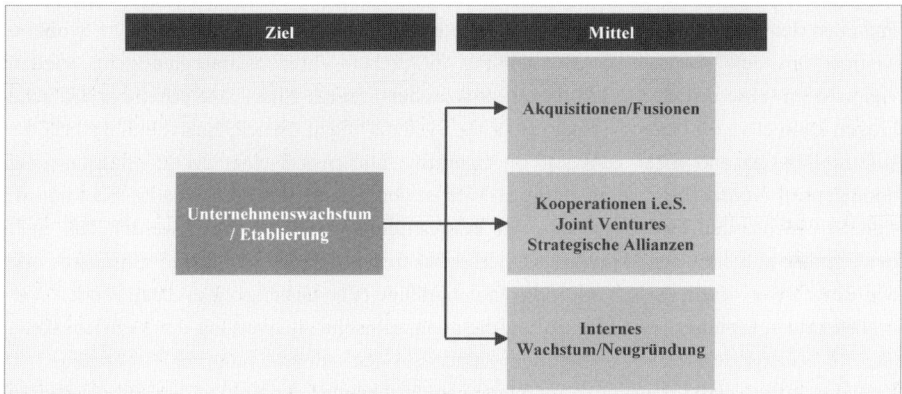

Abbildung VIII.15: Möglichkeiten des Unternehmenswachstums

Die Praxis zeigt, wie oft von der Alternative einer Akquisition Gebrauch gemacht wird: In der Zeit von August 1999 bis Ende Januar 2001 wurden 253 M&A-Transaktionen durchgeführt, an denen Unternehmen des Neuen Marktes beteiligt waren (Welzbacher/Müller/Ricken, 2001, S. 138). Die bereits 1999 angekündigte Fusionswelle scheint abgesehen von der derzeitigen Marktschwäche auch zukünftig weiter zu rollen.

Mit jeder Akquisition sollte letztendlich das Ziel der Steigerung des Unternehmenswertes verfolgt werden. Die Wahrscheinlichkeit der Erreichung dieses Ziels lässt sich oft schon an der Qualität und Stringenz der strategischen Begründung einer Akquisitionsentscheidung ablesen. In Gesprächen mit Managern wie auch in Analystenberichten über Wachstumsunternehmen werden häufig allgemein gängige und oft akzeptierte Begründungen für Akquisitionsbemühungen zitiert. Schlagworte wie Vertriebsstärkung, Internationalisierung, Produktdiversifizierung, Kauf von Technologien oder horizontale bzw. vertikale Integration werden immer wieder als Erklärungen genannt (Arthur Andersen 2001, S. 2; Karkowski, 2001, S. 13). Durch den begrenzten Entscheidungsspielraum und die gegebene Marktsituation ist es möglich, dass sich der Start-up-Unternehmer einem externen Druck ausgesetzt fühlt, der die Entscheidung über eine Akquisition erheblich beeinflussen kann. Die Gefahr besteht, dass diesem Entschluss keine fundierte Strategie zu Grunde liegt, dass es eine reine

---

[20] Wertsteigerung im Sinne von Shareholder Value ist vor allem durch RAPPAPORT (Rappaport, 1987) geprägt.

Defensivstrategie ist oder dass er aufgrund einer selektiven Wahrnehmung des Marktumfeldes handelt.

Anhand der meistgenannten Entscheidungsfaktoren wird dargestellt, dass die strategische Begründung für Akquisitionen aufgrund des Umfeldes sehr vielfältig sein kann. So können z. B. mit einer einzigen Akquisition auch mehrere Ziele erreicht werden.[21]

Eine **Stärkung des Vertriebs** im Rahmen eines Unternehmenszukaufs wird nur dann erfolgen, wenn der zugekaufte Vertrieb den bestehenden ergänzt, indem er – je nach Notwendigkeiten – die Stärken verstärkt oder die Schwächen mindert. Idealerweise sind die Notwendigkeiten des Vertriebs im Vorfeld durch eine entsprechende Analyse identifiziert, wobei es weniger um eine theoretische Betrachtung möglicher Vertriebsstrategien geht, sondern vielmehr um eine direkte Beantwortung praktischer Fragen. Eine Liste scheinbar einfacher Fragen kann etwa im Rahmen eines „Scoring-Systems" dazu dienen, Entscheidungskriterien aufzustellen, anhand derer zunächst die operative Dimension einer Akquisitionsentscheidung geprüft werden kann. Zum Beispiel: Wie ist der bestehende Vertrieb aufgebaut und wo sind Schwachstellen bzw. wie kann der bestehende Vertrieb verstärkt werden, um mehr bzw. besser zu verkaufen? Handelt es sich dabei um eine Erweiterung des Umfanges oder der Reichweite? Geht es um die rein zahlenmäßige Verstärkung eines bestehenden Vertriebsteams in bestehenden Märkten, um die geographische Ausweitung der Vertriebsaktivität, um Vertriebsexpertise hinsichtlich Kundenservice oder technischer Kompetenz, um Kontakte oder Netzwerke und damit Zugangsmöglichkeiten zu Neukunden, um Ausschöpfung von „Cross-selling"-Potenzialen oder um ergänzende Vertriebssysteme wie Direktvertrieb?

Eine schlüssige operative Begründung einer Akquisitionsstrategie im Vertriebsbereich ergibt sich dann, wenn die dadurch erreichten komplementären Verstärkungen die Akquisitionskriterien weitgehend erfüllen. Zur Vervollständigung der Strategie ist zudem eine Quantifizierung der zu erwartenden Verbesserungen notwendig. Hierzu sind weitere Konkretisierungen nötig, wie die folgenden Fragen darlegen. Wie viele bzw. welche Neukunden können mit welcher Wahrscheinlichkeit gewonnen werden, welches zusätzliche Umsatzpotenzial ergibt sich bei welchem zusätzlichen Aufwand, was ist das Umsatzpotenzial pro Kunde und welche Anlaufzeit ist einzuplanen? Die Qualität der Begründung eines Zukaufs korreliert jedoch nicht mit dem Detaillierungsgrad der Analyse. Entscheidend ist die Qualität der Aussagen und die Beständigkeit von Einschätzungen über die Zukunft.

Auch die Begründung einer Strategie der **Internationalisierung** ist keine Einbahnstraße. Auch hier geht es darum, die Notwendigkeiten zur Internationalisierung eines Geschäftes zu hinterfragen und einen Anforderungskatalog für internationale Zukäufe zu entwickeln. Wieder können die Zielsetzungen zu durchaus unterschiedlichen Kaufentscheidungen führen, je nachdem, ob es um eine internationale Multiplizierung des eigenen Geschäftsmodells in neuen geographischen Märkten, um vertriebsorientierte Marktdurchdringung oder um die Erfüllung von Kundenwünschen zur gesteigerten internationalen Präsenz geht. Die finan-

---

[21] Ein Praxisbeispiel zeigt, dass durch eine einzige Akquisition sowohl Internationalisierung, Produktdiversifizierung und Stärkung des Vertriebs gleichzeitig erfolgte.

ziellen Auswirkungen eines solchen Engagements sind allein schon hinsichtlich der Umsatzprognosen ohne detaillierte Marktkenntnis vor Ort in den wenigsten Fällen verlässlich abzuschätzen. Die Komplexität von Internationalisierungsstrategien wird durch die internationale Dimension beeinflusst. In der Regel wird für eine internationale Transaktion mehr Zeit benötigt und werden zudem höhere Kosten verursacht als dies im Vorfeld oft einzuschätzen ist. Selbst in einer Zeit, in der die Internationalisierungsfähigkeit von Personen als selbstverständlich gilt (vor allem durch verbreitete Fremdsprachenkenntnisse und temporäre Mobilität), ist zur hinreichenden Beurteilung einer Akquisitionsstrategie die rein strategisch-operative Sichtweise durch personell-kulturelle Fragen der Umsetzung zu ergänzen. Die mögliche Wertsteigerung durch eine operativ wie finanziell stringente Internationalisierungsstrategie kann nur dann realisiert werden, wenn eine fundierte Landeskompetenz des Käufers existiert.

Produktdiversifizierung kann zur Reduzierung des Umsatzrisikos vor allem bei denjenigen Unternehmen Sinn machen, die von einem oder wenigen Produkten abhängig sind. Gerade diese Merkmale sind kennzeichnend für Start-ups, da die jungen Unternehmen aus einer einzigen Idee, einem einzigen Produkt entstanden sind und durch eine Produktdiversifizierung ihre Position stabilisieren wollen. Dadurch kann Zugang zu neuen Kunden geschaffen werden, sofern der bestehende Vertrieb über freie Kapazitäten und das notwendige technische Know-how verfügt, um diese Produkte zusätzlich zu verkaufen. Durch das verbreiterte Produktangebot kann im Rahmen von Verbundeffekten ein Schritt in Richtung immer wieder geforderter „One-stop-shops" unternommen werden. Ebenfalls können neue Produkte Entwicklungen beschleunigen oder aber neue Technologien ins Haus bringen. Produktdiversifizierung kann die Wertschöpfung erhöhen und damit das Hauptelement eines Integrationskonzepts darstellen. In einer Studie der M&A-Aktivitäten des Neuen Marktes wurden die Diversifizierung gefolgt von der Vertriebsstärkung als häufigste Motive für Akquisitionen genannt (Karkowski, 2001, S. 13).

Ein weiterer Erklärungsansatz zielt auf die **horizontale oder vertikale Integration** ab. Mit Hilfe der horizontalen Integration verspricht sich der Start-up-Unternehmer Verbundeffekte zu erzielen, die ihm in seinem Umfeld zu einer stärkeren Marktposition und damit zu höheren Marktanteilen verhelfen. Hierdurch werden die Voraussetzungen für eine kritische Größe z. B. im Hinblick auf Investitionen im Forschungs- und Entwicklungsbereich geschaffen. Zudem kann durch die Übernahme eines Unternehmens der gleichen Branche und Produktionsstufe auch ein Wettbewerber ausgeschaltet werden und somit die komplementären Aktiva, die Technologie und das Know-how übernommen werden (Achleitner, 2001). Bei vertikaler Integration werden Vorwärts- und Rückwärtsintegrationen unterschieden, wobei Rückwärtsintegrationen als Motiv für Akquisitionen kaum eine Bedeutung zukommt (Karkowski, 2001, S. 12). Die Erweiterung der Wertschöpfungskette ist für die akquirierenden Unternehmen eine Möglichkeit, die Lieferanten- oder Absatzwege zu sichern und somit Synergien zu erzielen. Als Beispiel für vertikale Integration ist in diesem Zusammenhang die seit einiger Zeit zu beobachtende Tendenz der Übernahmen von Anbietern multimedialer Inhalte durch Betreiber von Internet-Portalen zu nennen. Bei vertikaler Integration ist generell zu berücksichtigen, dass aufgrund der oft nachhaltig veränderten Marktposition Konflikte mit Kunden bzw. Lieferanten auftreten können. Dieser Kannibalisierungseffekt sollte insbesondere hinsichtlich seiner finanziellen Auswirkungen bestmöglich antizipiert werden.

Bei allen genannten Motiven dienen Synergien, die nur im Verbund mit dem zu erwerbenden Unternehmen zu erzielen sind, regelmäßig als Rechtfertigung für bezahlte Kaufpreise oder für Akquisitionen an sich. Der verlässlichen Quantifizierung von Synergien sind jedoch in der Praxis aufgrund der zu treffenden Annahmen erhebliche Grenzen gesetzt. Es erweist sich als hilfreich, bei der Quantifizierung von Synergien den Fokus auf eine spätere Umsetzung zu legen und diese mit konkreten Verantwortlichkeiten zu verbinden. Dies kann zwar auf dem Papier zu geringeren quantifizierten Synergiepotenzialen führen, jedoch ist die tatsächliche Realisierung in diesem Fall wahrscheinlicher.

Bei der Analyse von Akquisitionsprojekten kommen jedoch nicht immer die hier zugrunde gelegten rationalen Entscheidungsprinzipien zur Geltung. Häufig führen Akquisitionsprojekte zu Situationen, in denen die Verantwortlichen durch ihr besonderes Umfeld beeinflusst werden. Dabei ist es gerade in der „Hitze" eines Abschlusses von entscheidender Bedeutung, dass die Beteiligten das übergeordnete Ziel einer Akquisition nicht aus dem Auge verlieren (Myers, 1983). Den Verantwortlichen hilft dabei, während eines Projektes ihre eigenen Entscheidungen regelmäßig kritisch zu hinterfragen, wie z. B.: Ist die beste und nicht die möglicherweise nur zweitbeste Alternative gewählt worden? Sind Entscheidungsalternativen ausreichend geprüft worden und lag die Hürde für eine eventuelle Ablehnung der gewählten Option ausreichend hoch?

4.4 Der Transaktionsprozess

Akquisitionen lassen sich auch im schwierigen Umfeld eines Wachstumsunternehmens durchaus erfolgreich gestalten. Entscheidend ist neben der Qualität der grundsätzlichen Entscheidung für eine Akquisitionsstrategie die Umsetzung des Akquisitionsprojektes sowie die anschließende Integrationsphase. Am Beispiel eines Akquisitionsprozesses wird auf die Besonderheiten im Rahmen der Umsetzung von Transaktionen bei Start-ups eingegangen. Prinzipiell unterliegt ein Akquisitionsprozess keinen festen Regeln. Es können allerdings typische Phasen eines Transaktionsprozesses aufgezeigt werden, die alle einzeln eine kritische Rolle für eine erfolgreiche Akquisition darstellen. Dauer und Ausprägung der einzelnen Phasen variieren erheblich in der Praxis.

Die Größe des Unternehmens lässt keine unmittelbaren Schlüsse auf die Komplexität bzw. den Umfang der Transaktion zu. Die entsprechenden Phasen werden auch bei kleinen Transaktionen durchlaufen und erfordern diesbezüglich eine ebenso sorgfältige Planung wie dies auch bei größeren Transaktionen der Fall ist.

Mergers & Acquisitions

Vorbereitungsphase	Screeningphase	Durchführungs- und Verhandlungsphase	Integrationsphase
■ Festlegung strategischer Grundlagen ■ Stärken- und Schwächenanalyse des eigenen Unternehmens ■ Anforderungsprofil definieren ■ Festlegung der Akquisitionskriterien ■ Organisation und Führung einer Akquisition	■ Gezielte Partnersuche und Partnerevaluation ■ Definition einer klaren Anspracherstrategie ■ Erste Überlegungen einer möglichen Transaktionsstruktur ■ Erstkontakt mit Akquisitionskandidaten	■ Auswertung der Information (Start-Quo-Analyse, Stärken-Schwächen-Analyse) ■ Unternehmensbewertung ■ Letter of Intent ■ Due Diligence ■ Strukturierung der Transaktion ■ Festlegung der Verhandlungsmethodik ■ Schlussverhandlungen und Kaufvertrag	■ Integration in die Geschäftsbereiche ■ Detaillierte Organisations- und Implementierungsplanung
Planung		Umsetzung	Weiterführung

Abbildung VIII.16: Phasen des Akquisitionsprozesses und wesentliche Aufgaben innerhalb der Phasen

4.4.1 Vorbereitungsphase

In der Vorbereitungsphase werden die strategischen Grundlagen für eine Akquisitionsentscheidung festgelegt, indem die strategischen Ziele formuliert werden und eine Stärken-Schwächen-Analyse (SWOT-Analyse) des eigenen Unternehmens durchgeführt wird. Als Ergebnis wird ein Anforderungsprofil eines „Target"-Unternehmens definiert und die Akquisitionskriterien festgehalten. Eine solche Vorarbeit schafft die Basis für die Entscheidung für eine Akquisitionsstrategie und beeinflusst, wie im vorherigen Kapitel beschrieben, die Qualität der Entscheidung für oder gegen ein Akquisitionsprojekt.

Bei der Vorgehensweise im Rahmen einer „Target"-Suche kann prinzipiell der aktive und passive Ansatz unterschieden werden. Beim aktiven Ansatz wird die Expansionsentscheidung im Unternehmen aufgrund von definierten Akquisitionsstrategien und gezielter Suche nach „Target"-Unternehmen umgesetzt. Es wird hierbei eine gezielte Verfolgung der strategischen Ziele ermöglicht, indem der entsprechende Markt detailliert analysiert wird und die Möglichkeiten gegenübergestellt werden. Im Rahmen der aktiven Direktansprache von „Target"-Unternehmen vermeidet der Käufer die Konkurrenz mit anderen Bietern und bewahrt sich die maximale Handlungsflexibilität. Der aktive Käufer versetzt sich damit in die Lage, in den anfänglichen Positionsbestimmungen gegenüber dem Verkäufer hinsichtlich Initiative und Prozesskontrolle die Oberhand zu gewinnen. Der Verkäufer sieht sich in diesem Fall anfänglich in einer bequemen Situation: Er erhält ein Angebot von einem interessierten Erwerber, das er annehmen oder ablehnen kann. Er hat jedoch keine unmittelbare Vergleichsmöglichkeiten alternativer Angebote und wird vor allem im weiteren Verlauf der Transaktion seine Verhandlungsposition durch das Fehlen von Alternativen geschwächt sehen. Im Gegensatz dazu steht der passive Ansatz des Erwerbers beim Bieterverfahren. Die Akquisitionsmöglichkeiten werden durch Externe an das Unternehmen herangetragen, wobei kein Zeitaufwand bei der Suche der „targets" entsteht und lediglich ein „screening" des vorgestellten Objekts als Entscheidungsgrundlage für die Weiterverfolgung eines Projekts stattfindet. Da der Prozess in diesem Fall allerdings von der Verkäuferseite vorgegeben ist, muss sich das akquirierende Unternehmen entsprechend den Zeitvorgaben anpassen, der eigene Handlungsspielraum wird eingeschränkt, ein Wettbewerb unter den Bietern entsteht. Abgesehen davon, dass der passive Ansatz als weniger gezielt und damit als opportunistischer zu sehen ist, kann auch hier ohne eine intensive Vorbereitung eine Auswahl der zu verfolgenden Akquisitionsprojekte nur unzureichend getroffen werden. Nicht zu unterschätzen ist die Möglichkeit, dass ein zunächst aktiver Ansatz zu einem Bieterprozess werden kann; insbesondere dann, wenn der Verkäufer von der Attraktivität seines Unternehmens zunehmend überzeugt ist und an dem Gedanken einer Maximierung des Verkaufserlöses Gefallen findet.

Eine klare und detaillierte Definition der strategischen Ziele ist einer der wichtigsten Aspekte bei einem M&A-Projekt. Ein entscheidender Grund für gescheiterte Unternehmenszusammenschlüsse wird in der Literatur immer wieder zitiert: das Fehlen einer klaren Akquisitionsstrategie (Picot, 1999a; Töpfer, 2000, S. 10–17). Die Definition der strategischen Ziele sollte zum einen den Grund für das Vorhaben beinhalten wie zum anderen den konkreten Einfluss der Akquisition auf die operativen Geschicke des Unternehmens und damit letztendlich die voraussichtlichen Auswirkungen auf den Unternehmenswert darstellen. Zur Feststellung der eigenen Position empfiehlt es sich, eine umfassende und unvoreingenommene Analyse des eigenen Unternehmens durchzuführen. Vorhandene Erkenntnisse aus existierenden oder neu zu erstellenden eigenen oder externen Beraterstudien oder durch bereits erfolgte Analysen im Rahmen von IPO-Vorbereitungen sollten hierbei als Basis dienen.

Die sichere Einschätzung und Planung der erforderlichen Managementkapazität ist eine Voraussetzung für die erfolgreiche Umsetzung eines Akquisitionsprojekts. Oft werden dabei die an das Top-Management gestellten Anforderungen unterschätzt. Die Durchführung eines Akquisitionsprojekts bindet die Ressourcen des Top-Managements sowohl für die Zeit der Transaktion als auch für die danach folgende Post-Merger-Phase in erheblichem Maße. Das Management eines Start-ups ist verstärkt dem Dilemma ausgesetzt, dass zum einen die Anforderungen an die personelle Besetzung von Arbeitsgruppen und Projektteams im Rahmen des Transaktionsprozesses sehr hoch sind und zum anderen sich das Management auf die operative Umsetzung des Business Modells konzentrieren muss. Demzufolge ist eine realistische Beurteilung der Anforderungen sowie der entsprechend zur Verfügung stehenden Personalressourcen von großer Bedeutung, insbesondere bei unerfahrenen „Erstkäufern".

Im Rahmen dieser Überlegungen spielt auch die mögliche Einbindung von Beratern eine große Rolle, wie z. B. von M&A-Beratern, Rechtsanwälten, Steuerberatern und Wirtschaftsprüfern. Ein M&A-erfahrenes Management wird bereits genaue Vorstellungen über den Beratungsbedarf und die Art der Zusammenarbeit mit externen Beratern haben, was sich im Falle von „Erstkäufern" möglicherweise erst während eines Projekts herauskristallisiert. Von Bedeutung ist jedoch die möglichst frühzeitige Definition der einzelnen Rollen, die Arbeitsteilung im Team und die Erwartungen, die an den Beitrag jedes Einzelnen geknüpft werden. Gerade das Zusammenspiel von erfahrenen Beratern kann die Effizienz des Projektablaufs spürbar erhöhen sowie dem Erwerber auf Spezialgebieten, die nicht zu seinem Kernwissen zählen, wertvolle Unterstützung bieten.

Auch die Alternativen zur Finanzierung einer möglichen Akquisition sind in einer frühen Projektphase von Bedeutung. Insbesondere wenn Bedarf an externer Finanzierung besteht, können verschiedene Wege eingehend geprüft werden. Vor allem im Falle von zusätzlich benötigter Eigenkapitalfinanzierung wird es entscheidend sein, mögliche Kapitalgeber von dem Geschäftsmodell im Allgemeinen und von der Akquistionsmöglichkeit im besonderen zu überzeugen. Auch solche Kapitalgeber (z. B. Venture-Capital-Gesellschaften) können sich als sehr hilfreicher Wegbegleiter erweisen.

Resultierend aus der definierten Strategie sowie aus den erkannten Stärken und Schwächen des eigenen Unternehmens, sollte ein Anforderungsprofil erstellt werden, das die systematische Suche nach einem potenziellen Partner erleichtert.

Als Erfolgsfaktoren für die Vorbereitungsphase lassen sich folgende Punkte festhalten:

- Klare "roadmaps" entwickeln,
- starke Einbindung des Top-Managements in der Planungsphase,
- klares Verständnis für den Prozess entwickeln,
- Verantwortlichkeitsbereiche rechtzeitig definieren.

4.4.2 Screening-Phase

Nachdem die Strategie definiert ist, die Entscheidung zur Akquisition getroffen und das Anforderungsprofil erstellt wurde, muss nun intern die systematische Suche nach einem Partner organisiert werden. Hierbei steht die Informationsbeschaffung zur Auswahl des Partners im Vordergrund, bevor dann das oder die ausgewählten „Target"-Unternehmen angesprochen werden können.

Da im Rahmen einer Akquisition, initiiert von einem Start-up, davon auszugehen ist, dass es sich bei dem zu akquirierenden Unternehmen oftmals um ein kleineres, nichtbörsennotiertes Unternehmen handelt, ist die Informationsbeschaffung ein kritischer Aspekt im Rahmen der „Screening"-Phase. Dabei müssen sowohl generelle operative, rechtliche und finanzielle Informationen als auch die Kontaktdetails der richtigen Ansprechpartner über potenzielle Akquisitionskandidaten beschafft werden. Ein Vorteil der Start-ups besteht darin, dass sie in vielen Fällen auf das umfangreiche Netzwerk der Venture-Capital-Gesellschaften oder auch der Business-Angel-Investoren zurückgreifen können.

Durch den Detaillierungsgrad des in der vorhergehenden Phase definierten Anforderungsprofils wird die Anzahl der Unternehmen festgelegt, die angesprochen werden sollen. Beschränkt wird die Auswahl der Unternehmen durch die vorherrschende Marktsituation, d. h. das Angebot und die Nachfrage in den einzelnen Industriesektoren. Verschiedenste Marktfaktoren können hierbei eine wichtige Rolle spielen. Zum Beispiel wird erwartet, dass sich das Angebot an verfügbaren Unternehmen durch die Steuerreform 2001 und die damit verbundenen Neuregelungen zum 1. Januar 2002 erheblich erhöhen wird (Freshfields/Bruckhaus/Deringer, 2000). Die aktuelle Entwicklung am Neuen Markt mit den signifikanten Kursverlusten einzelner Unternehmen erhöht ebenfalls die Anzahl der potenziellen Übernahmekandidaten, da die Unternehmen häufig aus eigener Kraft nicht mehr überleben können (Welzbacher/Müller/Ricken, 2001, S. 142). Die mögliche Anzahl der Zielunternehmen kann aber auch dadurch beschränkt werden, dass aufgrund der noch nicht etablierten Geschäftsidee nur eine unzureichende Marktübersicht besteht. Die Identifizierung eines idealen Partners wird daher zu einer schwierigen Aufgabe.

Die Auswahl möglicher Zielunternehmen erfolgt oft in mehreren Stufen. Aus einer anfänglich umfangreichen Liste („long list") werden entsprechend dem Anforderungsprofil die geeignetsten Zielunternehmen ausgewählt und in einer „short list" zusammengefasst. Auf Basis dieser Liste wird mit den Akquisitionskandidaten Kontakt aufgenommen, um Gespräche zu führen und erste Informationen auszutauschen.

Im Allgemeinen hat die typische „Screening"-Phase für Wachstumsunternehmen nicht den üblichen Stellenwert wie in traditionellen, reifen Industrien. Aufgrund der bereits aufgebauten Netzwerke besteht oft eine gute Kenntnis über verwandte oder möglicherweise geeignete Unternehmen, woraus sich durchaus Überlegungen im Sinne einer ergänzenden Strategie ergeben können. In gewisser Weise wird dadurch der eigentlich gebotene Ansatz umgedreht, gemäß der Fragestellung: wenn mit Kandidat A, dann wäre Strategie X möglich, wenn mit Kandidat B, dann wäre Strategie Y möglich. Im Grunde ist dies jedoch ein opportunistischer Ansatz mit der Gefahr, dass die Strategie eine gewisse Beliebigkeit erhält. Der Sinn könnte in vielen Fällen darin liegen, dass es sich nicht lohnt, eine „richtige" Strategie zu verfolgen, wenn es dafür keine Kandidaten gibt. Mit anderen Worten geht es dann darum, alternative Strategien auf ihre Wirksamkeit und Umsetzbarkeit zu überprüfen.

Als Erfolgsfaktoren lassen sich für die „Screening"-Phase folgende Punkte festhalten:

- Sorgfältige Analyse des Marktumfeldes,
- Beschaffung von ausreichenden Informationen zur Auswahl der „Target"-Unternehmen (u. a. Research Tools),
- Verantwortlicher Umgang mit opportunistischeren „Screening"-Ansätzen.

4.4.3 Durchführungs- und Verhandlungsphase

Nach einer ersten Kontaktaufnahme, die bei Wachstumsunternehmen oft viel weniger formal abläuft als gewöhnlich, und mit der Bereitschaft zu weiteren Gesprächen startet die Durchführungs- und Verhandlungsphase, die in jedem Prozess die komplexeste Phase einer Transaktion darstellt.

Zu den Milestones dieser Phase zählen im Wesentlichen die Informationsauswertung des „Target"-Unternehmens, Unternehmensbewertung und Kaufpreisbestimmung, „Letter of Intent", Due Diligence, Strukturierung, das endgültige Angebot und zum Abschluss die Verhandlungen. Start-ups haben ebenso wie jedes andere Unternehmen die oben angeführten Aufgaben zu bewältigen, wenn auch dem einen oder anderen Schritt eine größere bzw.

differenziertere Bedeutung beigemessen werden kann, wie z. B. der Due Diligence, der Strukturierung und damit verbunden der Finanzierung der Transaktion.

Häufig wird in der Durchführungsphase aufgrund mangelnder Erfahrungen oder knapper Ressourcen kein klarer, konsistenter Prozess verfolgt. Ein Fokus auf die wesentlichen Schritte und ein detaillierter Zeitplan sind für diese komplexe Phase von zentraler Bedeutung.

Im Vorfeld eines indikativen, nicht bindenden Angebots ist es erforderlich, dass die vorhandenen Informationen über das zu akquirierende Unternehmen ausgewertet und in einem Stärken-Schwächen-Profil zusammengefasst werden. Werden Start-ups in diesem Zusammenhang mit traditionellen mittelständischen Unternehmen verglichen, so fällt insbesondere auf, dass die Voraussetzungen für die Entscheidungsfindung unterschiedlich sind. Der Start-up-Unternehmer sieht sich oft einem Kreis von Gesellschaftern gegenüber, die sehr detaillierte Anforderungen an die Vorlage einer Investitionsentscheidung stellen. So finanzieren die Venture-Capital-Gesellschaften meist einen hohen Eigenkapitalbedarf einer Wachstumsfinanzierung und übernehmen damit das volle unternehmerische Risiko (Berens/Hoffjan/Pakulla, 2000, S. 287). Sie verlangen daher detaillierte Analysen des „Target"-Unternehmens, die eine Einschätzung der zukünftigen Ertragschancen zulassen und damit eine Rechtfertigung der Investition darstellen.

Ein kritischer Punkt innerhalb der Durchführungsphase ist die Due Diligence. Im Rahmen der sogenannten Sorgfältigkeitsprüfungen sollte das „Target"-Unternehmen sehr detailliert durchleuchtet werden.[22] Dabei ist entscheidend, dass sich der Käufer uneingeschränkten Zugang zu den Unternehmensinformationen und zum Management verschafft. Im Rahmen von Bieterverfahren werden oftmals Informationen zunächst selektiv, z. B. in einem sogenannten Datenraum, zur Verfügung gestellt und der uneingeschränkte Zugang erst zu einem späteren Zeitpunkt gewährt. Diese Phase des Prozesses ermöglicht es dem Käufer, ein besseres Verständnis des Zielunternehmens zu erlangen, ein indikatives Angebot neu zu definieren und Risiken und Chancen zu identifizieren. Hierfür stehen dem Käufer externe Berater zur Verfügung, die in einem abschließenden Bericht ihre Ergebnisse aus den Untersuchungen zusammenfassen. Betrachtet man Start-ups, die verstärkt einen Fokus auf Technologie legen, lässt sich feststellen, dass „intangible assets" (unabhängig von ihrer bilanziellen Erfassung) immer mehr an Bedeutung gewinnen. Dem Markennamen und dem technologischen Know-how wird vermehrt ein wesentlicher Wert beigemessen ebenso Kundendatenbanken und innovativen Geschäftsmodellen, die für den jungen Unternehmer ein besonderes „asset" darstellen. Diese immateriellen Vermögensgegenstände stellen ebenso wie Markttrends und -studien einen entscheidenden Faktor bei der Beurteilung des zu übernehmenden Unternehmens dar (Picot, 1999, S. 65 ff.). Die Ergebnisse aus den unterschiedlichen Due-Diligence-Bereichen sind ausschlaggebend für die Verhandlungen und die Vertragsgestaltung. Sie entscheiden im Wesentlichen über den Umfang der Garantien und Gewährleistungen, die zur Absicherung gewisser Risiken von dem akquirierenden Unternehmen gefordert werden.

---

[22] In der Regel werden Legal Due Diligence, Financial Due Diligence, Market Due Diligence, Tax Due Diligence und Environmental Due Diligence unterschieden (Achleitner, 2001, S. 172 ff.)

Innerhalb der Due Diligence ist in diesem Zusammenhang ebenfalls eine Plausibilitätsuntersuchung des Business Modells des zu akquirierenden Unternehmens erforderlich. Diese Plausibilitätsuntersuchung erfolgt im Rahmen der Bewertung des „Target"-Unternehmens. Bei den Business Plänen von Start-ups handelt es sich um Prognosen in einem sehr unsicheren Marktumfeld, deren Plausibilisierung sowohl das Management als auch die externen Berater und Experten vor große Herausforderungen stellen. Ein Rückgriff auf unabhängige externe Expertise kann dabei die Innensicht auf wertvolle Art erweitern.

Werden die Finanzierungsmöglichkeiten bei Start-ups betrachtet, lässt sich feststellen, dass immer mehr Unternehmen anstelle der Barkäufe mit ihren eigenen Aktien bezahlen („share offer"). Aufgrund einer Studie kann bestätigt werden, dass bei 98 % aller Transaktionen von Unternehmen des Neuen Marktes der Kaufpreis eine Aktienkomponente enthält (Welzbacher/Müller/Ricken, 2001, S. 140). Aktien sind für Start-ups häufig die einzig mögliche Finanzierungsform, da besonders Banken ihre Kreditvergabepolitik den Marktgegebenheiten anpassen, z. B. wenn es um Finanzierungen von Unternehmensakquisitionen geht, bei denen auch die finanzierende Bank ein hohes Risiko eingeht. Ähnlich zur Transaktionsstruktur sind bei der Auswahl der Zahlungsmittel der Akquisition die Auswirkungen auf die steuerliche Situation des Start-ups und des Verkäufers zu berücksichtigen.

Auch Wertüberlegungen spielen bei der Verhandlung des Kaufpreises und der Auswahl der Akquisitionswährung eine große Rolle. So wird ein Käufer seine Aktien vor allem dann als Akquisitionswährung einsetzen, wenn er von einer tendenziellen Überbewertung der Aktien überzeugt ist; nur dann findet eine Wertverschiebung auf die Aktionäre des Käufers statt. Zahlreiche Studien zeigen, dass dies jedoch häufig einen Aktienkursverlust des Käufers nach sich ziehen kann. Zu beachten sind außerdem steuerliche Implikationen, die sich aus Kurseinbrüchen ergeben. Neben der Wertsteigerung im Sinne des Shareholder Value wird insbesondere bei börsennotierten Unternehmen die Entwicklung der „Earnings Per Share" (EPS) nach einer Akquisition beobachtet. Verwendet z.B. ein Unternehmen seine Aktie mit niedrigem Kurs-Gewinn-Verhältnis (KGV) zum Kauf von Aktien eines Unternehmens mit hohem KGV, so wird die resultierende Anzahl der Aktien verhältnismäßig stärker zunehmen als die resultierenden Gewinne. Dies führt zu einer Verwässerung der EPS. Angesichts der Benachteiligung der Altaktionäre wird eine glaubwürdige Strategie zur mittelfristigen Steigerung der EPS von Bedeutung sein. Eine Steigerung der EPS führt jedoch nicht zwangsweise zu einer Steigerung des Shareholder Value, vor allem dann, wenn ein Akquisitionsprojekt zwar die EPS erhöht, die Rendite aber unterhalb der Kapitalkosten liegt (Rappaport, 1995, S. 28–29).

Die Verhandlung eines" „Letter of Intent" stellt häufig eine kritische Phase dar, in der sich die Rahmenbedingungen einer Transaktion erstmals konkretisieren. Der „Letter of Intent" ist eine Absichtserklärung, welche die wesentlichen Eckdaten einer Transaktion schriftlich festhält. Der Begriff des „Letter of Intent" ist hinsichtlich Inhalt und Form nicht definiert. Er reicht von einer einseitigen Interessensbekundung bis hin zu vorvertragsähnlichen Festlegungen der Rahmenbedingungen einer Transaktion. Obwohl in vielen Fällen ein „Letter of Intent" nicht als rechtsbindendes Dokument angesehen wird, sind mögliche Verpflichtungen, die sich daraus ergeben können, genau zu überprüfen, insbesondere wenn ein solches Dokument beidseitig unterzeichnet wird. Nicht zu unterschätzen sind jedoch die impliziten

Verpflichtungen, die sich aus solchen Dokumenten für beide Parteien ergeben können. Oft werden im „Letter of Intent" wichtige Zwischenergebnisse der ersten Verhandlungen festgehalten, nicht selten unter Einbeziehung des Kaufpreises und der anvisierten Transaktionsstruktur. Eine grundlegende einseitige Änderung der Intentionen ist im weiteren Verlauf der Verhandlungen im Rahmen der Prozessdynamik oft nur eingeschränkt möglich.

Bereits in der Vorbereitungs- und „Screening"-Phase werden erste Überlegungen zur Transaktionsstruktur gemacht, wobei sehr stark die Interessen des akquirierenden Unternehmens, wie z. B. hinsichtlich steuerlich und rechtlich optimaler Strukturierungen, berücksichtigt werden. Kennzeichnend für Start-ups und New-Economy-Unternehmen sind häufig die vorhandenen steuerlichen Verlustvorträge, die auch im Rahmen einer M&A-Transaktion nicht verloren gehen sollen. Hierbei kann die Form der Transaktion und damit auch die Transaktionsstruktur erhebliche Auswirkungen auf die steuerliche Situation nach Abschluss der Transaktion haben.[23] Im Hinblick auf einen später geplanten Börsengang sind insbesondere diese Strukturierungsmöglichkeiten sorgfältig vorzubereiten und die externen Experten zu entsprechende Stellungnahmen aufzufordern.

Die Verhandlungsphase dauert genau genommen von der ersten Kontaktaufnahme bis zum letzten Zusammentreffen beim Übergang der Geschäftsanteile an. Jegliche „Kommunikation" während des gesamten Prozesses hat eine explizite oder implizite Wirkung auf die wahrgenommenen und zum Ausdruck gebrachten Verhandlungspositionen der Parteien. Weitgehend abzugrenzen sind die Verhandlungen des Kaufvertrages. Diese beginnen, nachdem eine detaillierte Due Diligence durchgeführt wurde. Die Resultate der verschiedenen Phasen werden mit Hilfe einer Quantifizierung der Risiken zusammengefasst und werden entsprechend in den Vertragstexten berücksichtigt.

Als Erfolgsfaktoren für die Durchführungsphase lassen sich folgende Punkte festhalten:

- Klar definierte Ziele beider Gesellschaften,
- gute Vorbereitung der kritischen Prozessschritte,
- Anwendbarkeit der einzelnen Prozessschritte für das jeweilige Projekt überprüfen,
- Kontrolle über Emotionen behalten,
- Bereitschaft, die Transaktionsbemühungen abzubrechen, wenn keine kontinuierliche Entwicklung erkennbar ist.

4.4.4 Integrationsphase

Nachdem in den vorhergehenden Phasen alle Voraussetzungen für eine effiziente Transaktion geschaffen worden sind, handelt es sich bei der Integrationsphase um die längste, schwierigste und letztlich mit über den Erfolg entscheidende Phase, in der die Umsetzung der einer Akquisition zugrunde liegenden Annahmen erfolgen muss. Hierin unterscheidet sich ein Start-up in keiner Weise von anderen Unternehmen.

---

[23] Insbesondere die Bedingungen des § 8 KStG bei Kapitalgesellschaften schränken die Nutzung der

Der häufig gebrauchte Begriff der „Post-Merger-Integration" (PMI) impliziert die intensiven Integrationsbemühungen, nachdem die Transaktion erfolgt ist. Die Integration von Unternehmen sollte allerdings bereits in einer frühen Phase des Prozesses mit einer Integrationsplanung starten, um rechtzeitig mögliche Probleme identifizieren zu können und Gegenmaßnahmen einzuleiten. Mangel an Integrationsplanung ist ein immer wieder genannter Grund für gescheiterte Transaktionen. Dabei geht es nicht nur um Fusionen, bei denen eine komplette Integration anzustreben ist, sondern auch um lose Integrationen von Tochtergesellschaften, insbesondere auch von ausländischen Gesellschaften.

Schon im Vorfeld der Integrationsphase sollte die realistische Perspektive auf eine zeitnahe und erfolgreiche Umsetzung mit Blick auf das Integrationspotenzial bei Produkten und Technologien, auf die organisatorische Integrationskapazität und nicht zuletzt auf den Markt sichergestellt werden. Im Rahmen der Integrationsplanung sollte das Management Definitionen bezüglich der Integrationspotenziale, -notwendigkeiten, -aktivitäten und -maßnahmen entwickeln, die eine zügige Umsetzung der Integration ermöglichen (Jansen, 1999, S. K3). Gerade in dieser Phase wird durch die Realisierung von Synergien oft über die Höhe des wertsteigernden Effekts einer Akquisition entschieden. Insbesondere geplante Führungsstrukturen und unternehmenskulturelle Ziele sollten schnell und klar kommuniziert werden. Den „menschenbezogenen Faktoren" (Thom, 1999, S. 12) ist in dieser Phase besondere Aufmerksamkeit zu widmen. Der Start-up hat einerseits hierbei den Vorteil, dass meistens geringe Hierarchiestufen existieren und eine Kommunikation dadurch erleichtert wird. Es handelt sich um einen kleinen Kreis von Involvierten. Andererseits ist die Integration von Gründerpersönlichkeiten, die nach der Akquisition in ihrem unternehmerischen Freiraum möglicherweise erheblich eingeschränkt werden, von Bedeutung.

Da die existierende Kundenbasis sowohl bei dem akquirierenden Start-up als auch bei dem „Target"-Unternehmen in der Regel eine bedeutende Rolle spielt, sollten die Kunden in dem Integrationsprozess berücksichtigt werden. So kann verhindert werden, dass durch das Eingebundensein des Managements oder durch die Unsicherheiten bezüglich der künftigen Entwicklung die Kundenbeziehungen leiden.

Zur Kontrolle, ob eine Integration erfolgreich verlaufen ist, werden „Post-Merger Audits" angeboten, die sowohl die weichen als auch harten finanziellen Faktoren beleuchten.

Als Erfolgsfaktoren für die Integrationsphase lassen sich folgende Punkte festhalten:

- Verfügbarkeit von entsprechenden Ressourcen sicherstellen,
- klare Kommunikation (intern und extern) fördern,
- Anreize schaffen,
- Stellen konsequent besetzen.

---

steuerlichen Verlustvorträge nach einer Transaktion unter Umständen stark ein.

4.5 Erfolgsfaktoren zur Umsetzung von Akquisitionen

Bei der Betrachtung eines Start-up-Unternehmens mit seinem spezifischen Umfeld lassen sich im Wesentlichen sieben Erfolgsfaktoren zusammenfassen, die eine erhebliche Auswirkung auf die erfolgreiche Umsetzung von Akquisitionen und damit auf die Steigerung des Shareholder Value haben.

Akquisitionsstrategie

Das Fehlen einer klaren Akquisitionsstrategie wird immer wieder als häufigster Grund für das Scheitern einer Akquisition genannt. Vor diesem Hintergrund wurde hier die Bedeutung einer stringenten und belastbaren Strategie hervorgehoben. Die Definition der strategischen Ziele sollte zum einen die Akquisitionsmotive beinhalten und damit eine Grundlage für eine fundierte Akquisitionsentscheidung schaffen. Zum anderen sollte mit Hilfe der Strategiedefinition der konkrete Einfluss der Akquisition auf die operativen Geschicke des Unternehmens und damit letztendlich die voraussichtlichen Auswirkungen auf den Unternehmenswert berücksichtigt werden. Bei Wachstumsunternehmen ist es entscheidend, unterschiedliche Anforderungen und Voraussetzungen einer Akquisitionsstrategie in Abhängigkeit vom jeweiligen Entwicklungsstadium und vom unsicheren Marktumfeld des Unternehmens zu definieren.

Kaufpreis

Eine Akquisition wird wie jedes andere Investitionsprojekt generell dann als erfolgreich angesehen, wenn ihr Nettokapitalwert deutlich positiv ist. Allein aufgrund dieser Definition hat der gezahlte Kaufpreis eine direkte Auswirkung auf den Erfolg. Die Wertsteigerung durch Akquisitionen wird oft dadurch erschwert, dass erhebliche Kaufpreisprämien z. B. auf Basis von Synergiepotenzialen bezahlt werden. Die Prämie reflektiert lediglich die erwarteten, nicht aber die tatsächlich realisierten Synergien, die nur von den zusätzlichen Cash Flows in der Zukunft abhängen. Dieser Zusammenhang gilt sowohl für Start-ups als auch für jedes andere Unternehmen. Eine Verifizierung des Business Plans sowie eine detaillierte Quantifizierung der möglichen Synergien ist notwendig, um die Auswirkungen auf die Wertentwicklung des Unternehmens antizipieren zu können.

Zeit

Insbesondere bei Start-ups wird von einem „first mover advantage" gesprochen und Schnelligkeit somit als überlebensnotwendig definiert. Zeit spielt sicherlich in mehrfacher Hinsicht eine wichtige Rolle. Hier sei die Zeit im Hinblick auf die Finanzierung des Unternehmens und mögliche Cash-Erfordernisse („financing requirements") in der Zukunft genannt. Die Zeit will daher gut genutzt sein, um das Unternehmen so zu entwickeln, dass der zunehmend kurzfristig orientierte Kapitalmarkt positiv darauf reagiert. Zeit spielt im Marktumfeld eine

Rolle: Wer als „first mover" gelten will, muss den Vorsprung vor Konkurrenten ausbauen. Es ist allerdings festzuhalten, dass der Zeitdruck auch eine gravierende Auswirkung auf den Erfolg der Transaktion haben kann. Die Entscheidungen müssen in einem unsicheren Umfeld und mit mangelnder Erfahrung schnell getroffen werden und können sich daher auch als Fehlentscheidungen herausstellen.

Managementkapazität

Wer ein Unternehmen in der Phase des Wachstums und der Etablierung betreut, sieht sich einer großen Anzahl von internen und externen Aufgaben gegenüber. Die Entwicklung der operativen Angelegenheiten wie Produkte, Dienstleistungen, Organisation oder Vertrieb sowie die Erschließung von neuen Märkten erfordert den vollen Management-Fokus. Ein Akquisitionsprojekt bindet selbst bei Beauftragung von Beratern einen großen Teil der Zeit und Energie des Top-Managements. Das Top-Management wird auch nach Abschluss des Kaufvertrages bis hin zur erfolgreichen Integration einer andauernden Doppelbelastung ausgesetzt. Aus diesen Gründen ist eine realistische Beurteilung der Anforderungen sowie der entsprechend zur Verfügung stehenden Personalressourcen von großer Bedeutung.

Due Diligence

Neue Unternehmen mit neuen Technologien in neuen Märkten erfordern eine besondere Expertise in der Due-Diligence-Prüfung, die der Kaufentscheidung vorangeht. Aufgrund der oft kurzen Unternehmensgeschichte kann nicht auf aussagekräftige Daten der Vergangenheit zurückgegriffen werden und deshalb muss die entscheidende Beurteilung der Gegenwart und der Zukunft ohne die Sicherheit eines bestehenden „track record" in den verschiedensten Unternehmensbereichen erfolgen. Durch die Unreife vieler Produkte ist besonderes Gespür bei der Untersuchung des technologischen Potenzials sowie der Marktaussichten erforderlich. Das für die operative Beurteilung einer Transaktion eingesetzte Expertenwissen ist ebenfalls in der juristischen Beurteilung von etwa IT oder immateriellen Vermögensgegenständen wichtig. Die zukünftige Umsetzung des oft erst in der Entwicklung befindlichen Geschäftsmodells muss auf einer rechtlich abgesicherten Basis stehen. Dazu gehört die Beurteilung von Rechten wie zum Beispiel einer Internet-Domain oder aber die Prüfung möglicher Hindernisse durch die gegebenen rechtlichen Rahmenbedingungen. Auch die entsprechende Absicherung dieser Punkte in Form von geeigneten Garantien und Gewährleistungen ist insbesondere dann wichtig, wenn deren Prüfung an Grenzen stößt.

Finanzierung

Die Entscheidung über die Finanzierung einer Akquisition findet in einem Umfeld knapper finanzieller Ressourcen statt. Akquisitionen im Bereich von Wachstumsunternehmen können häufig nicht aus einem vorhandenen positiven Cash Flow des „Target"-Unternehmens finanziert werden. Vielmehr ist ein zusätzlicher Finanzierungsbedarf für „working capital" und Investitionen zu gewährleisten. Die durch Börsengänge, bzw. „private placements" geschaffenen Bar-Reserven können für Akquisitionen zur Verfügung stehen, sofern sie nicht im Rahmen des operativen Geschäfts gebunden sind. Insbesondere bei einer hohen „burnrate" bieten sich Aktien häufig als einzige Finanzierungsform von Akquisitionen an, da die Kreditwürdigkeit bei vielen Start-ups nur bedingt gegeben ist. Die Aktie als Akquisitionswährung kann durch entsprechende Wertverschiebungen einen negativen oder positiven Einfluss auf den Shareholder Value des Start-ups haben, je nachdem ob die Aktien des Käufers unter- oder überbewertet sind. Hierbei ist allerdings zu berücksichtigen, dass der Verkäufer bereit sein muss, einen Teil des Risikos der Transaktion zu tragen. Die Wahl der Finanzierungsform kann sowohl erhebliche Auswirkungen auf die existierende Aktionärsstruktur wie auch auf die steuerliche Transaktionsstruktur haben und sollte daher sorgfältig geprüft werden.

Integration

Mangelnde Umsetzung der Integration wird häufig als Grund für den Misserfolg von Akquisitionen genannt. In diesem Zusammenhang kann beobachtet werden, dass der Integrationsphase im Vergleich zu den vorgelagerten Phasen des Transaktionsprozesses nur eine untergeordnete Rolle beigemessen wird. Die Integrationsplanung sollte bei jeder Akquisitionsüberlegung bereits in den ersten Phasen angedacht werden. Der Start-up-Unternehmer unterscheidet sich hierbei in keiner Weise von anderen Unternehmern. Da durch eine Akquisition nicht nur auf der operativen Ebene vielfältige Veränderungen anstehen, die oftmals für die Stakeholder eine Unsicherheit darstellen, ist eine klare und direkte Kommunikation mit allen erforderlich. Insbesondere geplante Führungsstrukturen und unternehmenskulturelle Ziele sollten schnell und deutlich mitgeteilt werden.

Der Faktor Zeit ist während der Integrationsphase nicht zu vernachlässigen. Einerseits ist eine schnelle Integration für die erfolgreiche Umsetzung erforderlich, es wird aber andererseits zusätzlicher Zeitdruck aufgebaut, der eine Vernachlässigung von vorher definierten Zielen zur Folge haben kann. Auch dieser Gefahr ist durch frühzeitige Integrationsplanung zu begegnen.

4.6 Fazit

Mergers°&°Acquisitions können gerade auch für Wachstumsunternehmen ein sinnvolles Mittel zur Umsetzung der Unternehmensstrategie darstellen. Mehr noch als bei etablierten Unternehmen gilt jedoch im Start-up-Bereich der Zusammenhang „high risk" – „high return". Während es oft leicht fällt, die positiven Effekte im Sinne eines „high return" eines Akquisitionsprojektes als plausibel darzustellen, bleiben die Risiken und Unwägbarkeiten oft unzureichend beachtet. Ausschlaggebend für den Erfolg einer Akquisition im Sinne der erzielten Wertsteigerung ist neben der Qualität der grundsätzlichen Entscheidung für eine Akquisitionsstrategie die Umsetzung des Akquisitionsprojektes sowie die anschließende Integration. Ein allgemeingültiges Erfolgsrezept zur Durchführung von Akquisitionen gibt es nicht. Ein gesunder Respekt vor dieser Handlungsalternative kann deshalb von Vorteil sein.

5. Buy-out-Strategien

STEFAN CONSTANTIN / HELGE RAU

Wirklich innovativ ist man nur dann, wenn einmal etwas danebengegangen ist.
(Woody Allen)

5.1 Innovative Geschäftsideen und neue Finanzierungsquellen

Die New Economy ist in die Jahre gekommen. Insbesondere die weitere Ausbreitung des Internets und der Fortschritt von Telekommunikationstechnologien bieten zwar neue Mittel und Wege für Kommunikation und Information, jedoch nur wenig wirklich innovative Geschäftsideen. Flexible Netzwerke und situative Partnerschaften haben auch in der Vergangenheit Wettbewerbsvorteile gegenüber starren Organisationen geschaffen.

In dieser New Economy wurden in hohem Tempo neue Märkte geschaffen und bestehende Märkte neu definiert. Im Internet entstanden und entstehen neue, ebenso globale wie transparente Marktplätze für Waren, Dienstleistungen und Informationen. Basis für die Ausbreitung und die Erweiterungen der Anwendungsfelder des Internets ist die Entwicklung neuer Hard- und Softwaretechnologien. Mit Hilfe des Internets definieren Unternehmen darüber hinaus ihre gesamten Prozessketten – vom Einkauf über die Leistungserstellung bis zum Kunden – inklusive der entsprechenden Schnittstellen neu unter Nutzung dieses „Tools" zur Informationsgenerierung, -aufnahme und -verteilung. Die Entwicklung in den Jahren 2000 und 2001 hat jedoch gezeigt, dass sich die Finanzierungsarten und –quellen für derartige Unternehmen verändern. Neben den typischen Vertretern der New Economy – jungen Start-up-Unternehmen mit Wagniskapitalfinanzierungen – treten in zunehmendem Maße auch traditionelle Unternehmen auf diesen Märkten auf.

Nachfolgend wird gezeigt, wie Bereiche der New Economy, die heute einen Entwicklungsstand erreicht haben, der die Finanzierung mit Hilfe von Venture Capital weit übersteigt, in den nächsten Stufen finanziert werden könnten. Ins Blickfeld rückt hier die Finanzierung über Private Equity durch professionelle „Later-stage"-Finanzinvestoren (oder sogenanntes „Corporate Private Equity" von Unternehmen wie *Bertelsmann*, *DaimlerChrysler*), die sich in der jüngeren Vergangenheit zunehmend an größeren Unternehmen der New Economy beteiligen.

Einen Schwerpunkt bildet hierbei die Transaktionsform des „Management-Buy-Out", der nicht zuletzt dem Umstand Rechnung trägt, dass die einzelnen Managementpersönlichkeiten und deren Beteiligung am Unternehmenserfolg für die finanzielle Entwicklung des Unternehmens eine wichtige Rolle einnehmen. Hierbei zeigt sich, dass für einige Manager die Entscheidung zwischen der eingeräumten „Stock Option" des Start-ups (die in vielen Fällen ihren Wert „gezehntelt" oder „gehundertelt" hat) und dem Einsatz von eigenen Mitteln zum

Erwerb von Geschäftsanteilen an dem vom Finanzinvestor gekauften Unternehmen in Richtung einer MBO-Beteiligung getroffen wird.

5.2 Finanzinvestoren/Kapitalbeteiligungsgesellschaften und Buy-Outs

Die häufigste und traditionelle Form des „Buy-Out" ist der „Management-Buy-Out" (MBO), bei dem sich das Management am Eigenkapital des von ihm geführten Unternehmens beteiligt. Der Erwerb der Anteile und die Finanzierung des Kaufpreises erfolgen dabei meist zusammen mit Finanzinvestoren.

Bei solchen Finanzinvestoren bzw. „Private-Equity"-Häusern handelt es sich um Kapitalbeteiligungsgesellschaften, die in der Regel Beteiligungsfonds auflegen, an denen sich z. B. Banken, Versicherungen, Pensionskassen (vor allem in den USA und Großbritannien) oder Stiftungen beteiligen. Die Mittel dieser Fonds werden anschließend in Unternehmensbeteiligungen nicht börsennotierter („Private-Equity")-Unternehmen investiert. Die Haltedauer der Beteiligungen bei „Private-Equity"-Häusern liegt ca. zwischen drei und fünf Jahren. Ziel der Fonds ist in erster Linie, die Beteiligungen am Ende der Haltedauer über einen Verkauf der Anteile mit einer hohen „Internal Rate of Return" (IRR) zu veräußern. Die durchschnittliche Verzinsung sollte dabei je nach Fonds mindestens zwischen 20 % und 35 % p. a. liegen.

Hierbei ist selbstverständlich auch eine Dividendenrendite in der angegebenen Höhe p. a. möglich, der praxisrelevantere Fall ist – insbesondere vor dem Hintergrund der Finanzierung des Unternehmens mittels Aufnahme von hohem Fremdkapital (auch „Leveraged Buy-Out" (LBO)) – jedoch der Exit. Dies belegt auch eine Umfrage des *BVK e.V.* (Bundesverband deutscher Kapitalbeteiligungsgesellschaften e.V.) aus dem Jahr 2000 (Abgänge aus den Portfolios der deutschen Kapitalbeteiligungsgesellschaften im BVK insgesamt in Höhe von EUR 1,28 Mrd.)

Formen dieses Exits sind:

- der sogenannte „trade sale", d. h. der Verkauf der Beteiligung an einen strategischen /industriellen Investor (39,0 % der Abgänge),
- der Börsengang (9,2 % der Abgänge + 3,2 % nach „Lock-up"),
- der Verkauf an einen anderen Finanzinvestor mit dem Ziel einer Refinanzierung („Secondary Buy-Out"),
- der („Shareholder) Buy-Back", d. h. Rückkauf der Unternehmensanteile durch den oder die Altgesellschafter bzw. die Mitgesellschafter (MBO/MBI-Manager). Hier besteht jedoch das Problem, dass in der Regel der bei den Erwerbern entstehende Finanzierungsbedarf sehr hoch ist.

Neben dem MBO sind als weitere wichtige Formen des Buy-Out der „Management-Buy-In" (MBI), bei dem ein externes Management die Anteile des Unternehmens gemeinsam mit dem Finanzinvestor erwirbt, und der „Buy-In-Management-Buy-Out" (BIMBO) zu nennen, eine Mischform, bei der das zu beteiligende bestehende Management beispielsweise durch einen Manager mit Erfahrung bei der Integration weiterer zu akquirierender Unternehmen ergänzt wird.

Weitere Sonderformen, die jedoch häufig nicht klar abgrenzbar sind oder in Mischformen vorkommen, sind der sogenannte EBO („Employee-Buy-Out") und der OBO („Owners-Buy-Out") (Betsch/Groh/Lohmann, 1998, S. 238). Der EBO, der beispielsweise in Sanierungsfällen kleiner und mittelgroßer Unternehmen auftritt und gegebenenfalls auch in der sich konsolidieren New Economy eine größere Rolle spielen wird, wurde früher in erster Linie zur Abwehr feindlicher Übernahmen genutzt.

Der OBO dient in erster Linie der Nachfolgeregelung und wird meist so ausgestaltet, dass sich der Alteigentümer an einer Erwerbergesellschaft beteiligt, der er die Anteile überträgt.

Auf die Ausgestaltung eines solchen Buy-Out soll im Abschnitt 5.4 eingegangen werden.

5.3   Anlässe für Buy-Outs in der New Economy

In der zweiten Hälfte der Sechzigerjahre wurden die ersten Venture-Capital-Gesellschaften und Private-Equity-Häuser von Banken und privaten Investoren gegründet. Der erste Boom Ende der Achtzigerjahre wurde von amerikanischen Häusern wie *Kohlberg/Kravis/Roberts* (KKR), *Clayton Dublier & Rice* (CD&R) und *The Blackstone Group* mit hoch fremdfinanzierten Transaktionen, teilweise unter Ausgabe von „junk bonds", geprägt (Allen, 1999, S. 709). Daraus resultierte ein starkes Wachstum der Kapitalbeteiligungsbranche auch in Deutschland in den späten Achtziger- und frühen Neunzigerjahren.

Zu Beginn der Neunzigerjahre bildeten sich im deutschsprachigen Raum erste Spezialisten für den Erwerb und die Finanzierung von „Early-stage"-Technologie-Unternehmen (erste New-Economy Welle) sowie für MBO/MBIs. Das Wachstum der „Private-Equity"-Branche in den vergangenen fünf Jahren von einem Gesamtportfolio aller vom BVK erfassten Finanzinvestoren in Deutschland in Höhe von EUR 2,86 Mrd. in 1995 auf rund EUR 9,71 Mrd. in 2000 zeigt neben dem stark wachsenden Fondsvolumen auch einen hohen Anteil von Neuinvestitionen im Jahr 2000 in Höhe von EUR 3,78 Mrd. Dabei dominierten im Jahr 2000" Early-stage"-Finanzierungen mit 35,9 % und Expansionsfinanzierungen mit 35,1 % (Fromann, 2001). Es ist davon auszugehen, dass ein Großteil dieser Investitionen auf New-Economy-Unternehmen entfiel, allein 54 % waren orientiert an Computer-, Kommunikations-, Bio- und Medizintechnologie. Abbildung VIII.17: Europäische Buy-Outs (1997–1999) (Becker, 2000, S. 19):

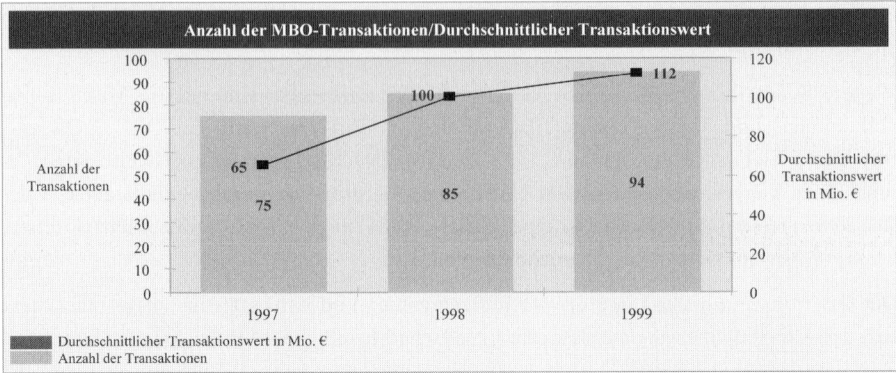

Abbildung VIII.17: Anzahl der MBO-Transaktionen/Durchschnittlicher Transaktionswert (Quelle: Becker, 2000, S. 18)

Vor diesem Hintergrund und im Hinblick auf die höheren Renditeerwartungen von Investoren, wendeten sich traditionelle Finanzinvestoren zunehmend auch risikoreicheren Engagements in wachstumsstarken New-Economy-Unternehmen zu (Wright/Burrows/Loihl, 2000). Dieser Trend ist jedoch aufgrund der Markt- Und Börsenentwicklung eher rückläufig. Die Nachfolgeregelung bildet bei Unternehmen der New Economy aufgrund des Alters der Gesellschafter eher selten den Grund für einen Buy-Out, daher rücken im Wesentlichen drei andere Anlässe für Buy-Outs in der New Economy ins Blickfeld: der Wechsel vom Venture-Capital-Geber zum Finanzinvestor, der Spin-off aus einem Konzern oder der Rückzug von der Börse („Taking Private").

5.3.1 Der Wechsel vom Venture Capitalist zum Finanzinvestor

Die der anglo-amerikanischen Definition entsprechenden „klassischen" Venture Capitalists (im folgenden VCs), stellen jungen Unternehmen in einem sehr frühen Stadium („Seed- and Start-up-Financing") Finanzmittel zur Verfügung. Für das Risiko, das sie hierbei eingehen, erwarten diese VCs eine entsprechend hohe Verzinsung des eingesetzten Kapitals bzw. für einen festgesetzten Betrag, der meist per Kapitalerhöhung in das Unternehmen eingebracht wird, einen hohen Anteil am Eigenkapital des Unternehmens.

Nachdem die ersten Phasen durchschritten sind (beispielsweise Entwicklung eines Prototyps; klinische Tests des Biotech-Medikaments), tritt in der Regel die erste Wachstumsphase („expansion stage" I) mit weiterem Kapitalbedarf ein. Dies kann beispielhaft wie folgt dargestellt werden: Das Produkt des New-Economy-Unternehmens wird am Markt lanciert, eine Vertriebsorganisation soll aufgebaut werden oder der bereits im Inland generierte – noch geringe – Umsatz soll durch gezielte Marketingaktivitäten im benachbarten Ausland ausgebaut werden. Hierzu sind hohe Investitionen seitens der Gesellschaft notwendig, sei es in Personalsuche und Aufbau, in Aufbau des „working capital" oder in zusätzliche Produktionskapazitäten.

An dieser Stelle bewegt sich die New Economy in bekannten Gefilden, das Wachstumskapital des Automobilzulieferers für die Spritzgussanlage in der Nähe des *VW*-Werkes in Sao Paulo unterscheidet sich finanztechnisch nur unwesentlich von der Herstellung eines Satelitennetzes zur Erschließung neuer Märkte in der Internet-Telephonie. Beiden ist der zunächst negative Free Cash Flow ebenso gemein wie die Anlaufverluste und die Fehlerbehebung in der Testphase.

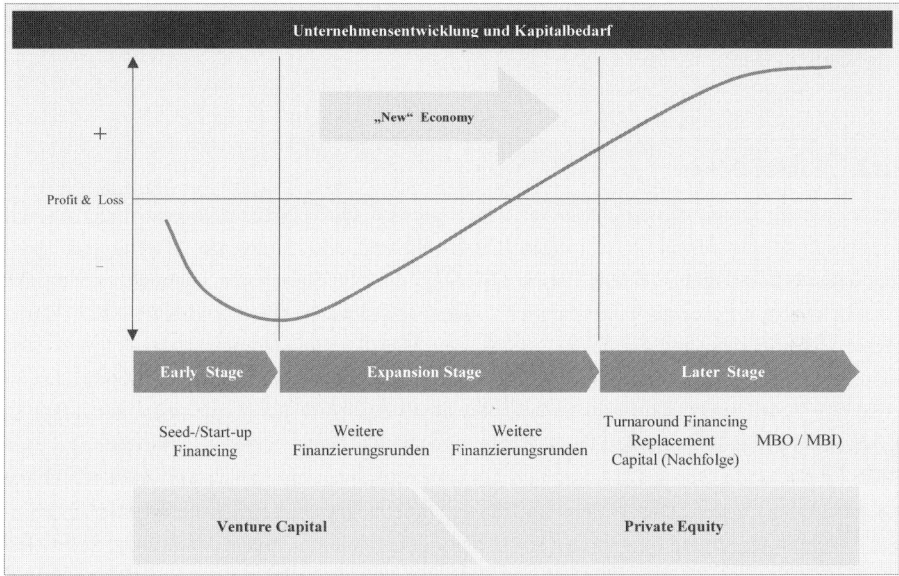

Abbildung VIII.18: Unternehmensentwicklung und Kapitalbedarf

Der nächste Finanzierungsschritt im Rahmen der Beteiligung von Finanzinvestoren kann die sogenannte „Bridge"- oder „Pre-IPO"-Finanzierung sein. Diese Überbrückungsfinanzierung, bei der einem Unternehmen Kapital zur Vorbereitung eines Börsenganges oder zur Überwindung von Wachstumsschwellen vor dem „trade sale" zur Verfügung gestellt wird, ist im Rahmen des Börsenganges vieler New-Economy-Unternehmen inzwischen eine Standardfinanzierungsform geworden. Vor dem Hintergrund der Entwicklung des Kapitalmarktes innerhalb der Jahre 2000/2001 kann jedoch davon ausgegangen werden, dass auch diese „Bridge"-Finanzierung immer häufiger erst erfolgen wird, wenn der „Break-even" bereits erreicht wurde und somit die „Bridge"-Finanzierung definitionsgemäß eher als „Laterstage"-Finanzierung bezeichnet werden müsste.

Zu diesen „Later-stage"-Finanzierungen gehört auch das sogenannte „replacement capital". Um die Basis einer dem Marktwachstum angepassten Investitionsentwicklung zu schaffen und/oder zu stärken, werden die Altgesellschafter vom Finanzinvestor ausgekauft. Dieser Gedanke liegt auch in einigen Fällen dem „turn-around-financing" zugrunde, welches im Rahmen der Finanzierung von Unternehmen nach einer Verlust- oder Sanierungsphase ebenfalls zur Nachholung notwendiger Investitionen mit anschließendem Wachstum genutzt werden sollte (Schefczyk, 2000b, S. 23).

Über die Finanzierung hinaus bringen Finanzinvestoren in der Regel auch Know-how über externe Berater, Aufsichtsratsmitglieder oder Unternehmer anderer Portfolio-Unternehmen ein. Selbstverständlich verfügen viele der renommierten Kapitalbeteiligungsgesellschaften über umfangreiche Netzwerke, die von der Finanzierungsseite bis zum Audit einen Wertzuwachs für das Unternehmen schaffen können. Die Vergangenheit hat gezeigt, dass junge Unternehmen der New Economy in der sich an die Gründung und den Markteintritt anschließenden Wachstumsphase operativ überfordert waren[24]. Erfahrungen aus der „Old Economy", die die Finanzinvestoren und ihr Netzwerk in der Regel mitbringen, können hier sehr wertvoll sein.

5.3.2 Taking Private

Bei vielen der Unternehmen, die in der Vergangenheit an die NASDAQ bzw. in den letzten 2½ Jahren an den europäischen jungen Börsen Neuer Markt, Nouveaux Marche und Techmark ihren Börsengang (Initial Public Offering) durchgeführt haben, handelt es sich um klassische New-Economy-Unternehmen. Eine Betrachtung der Entwicklung der Kurse dieser Unternehmen und damit der gesunkenen Marktkapitalisierungen zum Zeitpunkt der Erstellung dieses Buches bestätigt die Vermutung, dass neben den bereits viel beschriebenen „Internet Dot-Gones" auch alle anderen Bereiche der New Economy unter der TIMES-Krankheit (wie z. B. hohe Anfangsverluste nach Börsengang, keine oder nur niedrige Free Cash Flows, widerrufene Forecasts und Gewinnwarnungen, zu hohe Kaufpreise für kleine Akquisitionen) leiden. Die Aktienkurse dieser stark risikobehafteten Unternehmen unterliegen – schon ausgehend von ihren Geschäftsmodellen – einer hohen Volatilität. Selbst bei reinen Old-Economy-Unternehmen hat sich in den letzten 30 Jahren die Volatilität verdoppelt (Borison, 2001, S. 5). Aufgrund dieser hohen Volatilität und der derzeit niedrigen Marktkapitalisierung sind die börsennotierten New-Economy-Unternehmen potenzielle Ziele für sogenannte „taking privates" durch Finanzinvestoren. Geht die Initiative zu einem Rückzug von der Börse vom Vorstand des Unternehmens aus, wird vom sogenannten „going private" gesprochen.

Eine Untersuchung einer britischen Investmentbank ergab hierzu, dass institutionelle Anleger dazu tendieren, sich von „small caps" mit einer Marktkapitalisierung, die unter € 150 Mio. liegt, zu trennen, da aus ihrer Sicht Unternehmen einer solchen Größe nicht an die Börse, sondern wieder zurück in „private Hände" gehören. Damit wird sich der in den USA und im UK schon lange anhaltende Trend der „Delistings" auch auf dem europäischen Kontinent durchsetzen. Das „Delisting" oder der „Börsenweggang" soll kurz an einem Beispiel dargestellt werden:

Der für diese Darstellung von uns erfundene Internet Solution Provider *„New ECO" AG* notiert im August des Jahres 2001, d. h. zwei Jahre nach dem Börsengang in 1999 bereits 40 % unter dem Emissionskurs und weist eine Börsenkapitalisierung in Höhe von nur noch

---

[24] Symptomatisch hierfür sind die Probleme, die Internet-Retailer wie z. B. die mittlerweile in Konkurs gegangene *E-Toys*, bei der termingerechten Auslieferung von bestellten Artikeln zu Weihnachten hatten.

€ 40 Mio. auf. Der „free-float" des Unternehmens beläuft sich auf 65 %, die Gründungsgesellschafter (nicht mehr im Management) sind mit 35 % am Unternehmen beteiligt.

Der Private-Equity-Fonds BUYIT valuiert das New-Economy-Unternehmen auf Basis einer Analyse des Marktes, der Erfolgsaussichten und einer eingehenden Discounted-Cash-Flow-(DCF-)Betrachtung mit einer Eigenkapitalbewertung von € 70 Mio. An der Aktie besteht nur sehr wenig Interesse, und die Volumina sind seit Mitte des Jahres 2000 gering. Das Unternehmen muss in eine neue Technologie investieren, würde aber im Rahmen einer Kapitalerhöhung nicht die notwendigen Mittel zur Verfügung gestellt bekommen. Nun wird BUYIT den Altgesellschaftern einen Vorschlag unterbreiten, der wie folgt lautet:

Die Paketaktionäre verpflichten sich, in einem sogenannten „Lock-up"-Vertrag ihre Anteile an BUYIT mit einer festgesetzten Prämie (Premium) über dem derzeitigen Börsenkurs zu verkaufen, wenn im Rahmen des darauffolgenden öffentlichen Übernahmeangebots an die freien Aktionäre BUYIT erfolgreich die erforderlichen Anteile erwerben kann. Das Premium auf den aktuellen Börsenkurs kann sich bei einer solchen "freundlichen" Übernahme zwischen 20 % und 35 % bewegen. Sollte die Übernahme feindlich, das heißt gegen den Vorstand des Unternehmens erfolgen, kann durchaus mit einem Kontrollerwerbs-Agio von 50 % gerechnet werden.

So die Paketaktionäre zustimmen, werden im Anschluss die Aktien des Unternehmens erworben. Sind die für einen solchen Vorgang erforderlichen Aktien im Besitz des Finanzinvestors, wird das Unternehmen „delisted", d. h. die Börsennotierung wird aufgehoben und das Unternehmen in ein „Privat"-Unternehmen umgewandelt.

Im nächsten Schritt wird im Falle der freundlichen Übernahme der Investor das einzubindende Management am Eigenkapital der neugegründeten Erwerber-Holding beteiligen. Auf die Möglichkeiten der Ausgestaltung dieser Beteiligung soll in Abschnitt 5.4.3 eingegangen werden.

5.3.3 Spin-Off

Unter anderem durch die revolutionäre Entwicklung und den Einsatz des Internet entstanden und entstehen auch innerhalb traditioneller Unternehmen neue Geschäftsideen und -konzepte. Beispiele hierfür sind neben den „outgesourcten" Biotech-Einheiten der großen Pharmakonzerne professionelle Internet-Marktplätze[25], neue Softwareprodukte oder spezielle Logistik- und Beratungsdienstleistungen. Ursprünglich für den „Konzernbedarf" entwickelte Produkte und erworbenes Know-how lässt sich häufig auch extern vermarkten und ist im Gebilde des Großunternehmens auch durch die Nachfrage interner Konsumenten geprägt – und beschränkt. Daraus kann ein sogenannter „Spin-Off" entstehen, worunter die Abspaltung oder Verselbständigung von Unternehmensteilen verstanden wird. Ein Spin-Off kann dienen zur

---

[25] Beispiele hierfür sind "COVISINT" als Einkaufsplattform wesentlicher Automobilkonzerne wie *DaimlerChrysler*, *General Motors*, *Renault/Nissan* und *Ford* und "Cheop" als Chemiehandelsbörse der Metallgesellschaft.

- Trennung von „Nicht-Kern"-Bereichen, die nicht mehr zur Konzernstrategie passen,
- Externalisierung von Unternehmensfunktionen mit entsprechender Kostenreduzierung und/oder
- Vermeidung von Sozialplankosten

und einem „Entrepreneurial/Pro-active Spin-Off", getrieben meist durch eine oder mehrere Personen, die ein neues Unternehmen auf der Basis des in einem Konzern oder im Institut einer Universität erworbenen Know-how gründen.

Wie in der Old-Economy können beim Spin-Off insbesondere die Kapazitäten für außerhalb des Unternehmensverbundes befindliche Kunden genutzt werden. Der Werkzeugmaschinenbauer im großen Maschinenbaukonzern, dessen hergestellte Werkzeuge im Konzern eingesetzt und unter Verrechnungspreisgestaltung von der Schwestergesellschaft erworben werden, würde mit seinem Know-how gerne auch den Wettbewerb bedienen. Ist er nach dem Spin-Off wirtschaftlich und rechtlich selbständig, können häufig Ressourcen besser alloziiert werden. Das gleiche gilt für den Internet-Einkaufs-Marktplatz des Automobilkonzerns, der die gleiche Plattform auch an Wettbewerber veräußern oder aber auf einen anderen Sektor übertragen könnte.

Liegen die betreffenden Aktivitäten außerhalb der Kernkompetenzen des betreffenden Unternehmens und wird ihnen keine strategische Bedeutung beigemessen, wird von einem „Streamlining Spin-Off", häufig in Form eines MBO gesprochen. Der veräußernde Konzern muss für die Aktivität keine Ressourcen für das weitere Wachstum mehr zur Verfügung stellen und erhält darüber hinaus aus der Veräußerung finanzielle Mittel, die er in sein Kerngeschäft investieren kann.

5.4 Die Gestaltung eines Buy-Out

5.4.1 Ablauf

Der idealtypische Verlauf beim Buy-Out eines privaten (d. h. nicht börsennotierten) Unternehmens kann wie folgt dargestellt werden:

Zunächst wird einer der Transaktionsbeteiligten den ersten Prozessschritt einleiten. Dies können in der Regel (1) der potenzielle Finanzinvestor, (2) der Veräußerer oder (3) das Management(-team) bei MBO/MBI Transaktionen sein. Die zur Zeit noch relativ seltene Form ist die Direktansprache des Managements oder des Veräußerers durch den Investor (1). Es ist jedoch davon auszugehen, dass gerade im Zuge der zunehmenden Aktivitäten im oben dargestellten Bereich „Taking Private" diese Form zunimmt, weil hier klar identifizierbare Ansprechpartner und erste Bewertungseinschätzungen den Prozessbeginn beschleunigen.

(2) Der Veräußerer kann, gegebenenfalls unter Zuhilfenahme eines Corporate-Finance-Beraters/einer Investmentbank, einen Prozess beginnen, bei dem er z. B. den zu veräußernden Teil des Unternehmens im Rahmen eines klassischen Parallelverfahrens oder einer

(limitierten) Auktion potenziellen Käufern nach Unterzeichnung einer Vertraulichkeitserklärung („confidentiality agreement") mittels eines vom Berater oder Unternehmen zu erstellenden „Vertraulichen Informationsmemorandums" nahe bringt. Diese Variante ist in erster Linie bei Konzern-Spin-Offs, Secondary Buy-Outs von Kapitalgesellschaften an Kapitalgesellschaften sowie „modernen Nachfolgeregelungen" zu finden. Viele der nicht börsennotierten New-Economy-Unternehmen haben zumeist einen so kleinen Gesellschafterkreis, dass sich bei einer Veräußerung die Anteilseigner sehr schnell über einen möglichen Verkauf abstimmen, so dass entweder ein gemeinsamer Veräußerungsprozess angestrengt wird oder aber – wie in vielen traditionellen Mittelstandsunternehmen – der ausscheidende Anteilsveräußerer lange Verhandlungsprozesse mit den verbleibenden Gesellschaftern führt, die nicht selten mit vergleichenden Wertgutachten von Wirtschaftsprüfern oder den persönlichen Steuerberatern enden.

Gehen wir hier von dem Beispielfall einer Initiierung durch das noch nicht beteiligte Management (3) der Internetplattform eines Einzelhandelsunternehmens (beispielsweise Kaufhauskette) aus. Der Internethandel profitiert einerseits vom Zentraleinkauf des großen Handelshauses, hat jedoch eine vollkommen konzernunabhängige Aufstellung. Im ersten Schritt erarbeiten die Manager einen Business Plan, der den Bereich als „Stand-alone"-Unternehmen betrachten sollte.

Neben der Darstellung des Geschäftsmodells und dessen Erweiterung nach Ausgliederung aus dem Unternehmensverbund spielt die daraus resultierende Finanzplanung eine entscheidende Rolle in der Betrachtung des Business Planes durch den Finanzinvestor. Im Gegensatz zu Venture-Capital-Gebern, welche in den Frühphasen zur Reduzierung ihrer (durch Informationsasymmetrie bedingten) Agency-Kosten teilweise sogar bei der Erstellung des Business Planes entscheidend mitwirken (Pape/Beyer, 2001, S. 630 und S. 633), werden bei „Later-Stage MBO's" sehr hohe Anforderungen an den „Financial Business Plan" gestellt. Daher sollte die Finanzplanung auf Basis der Geschäftsstrategie sowie der aktuellen Finanzdaten für die nächsten drei bis fünf Jahre entwickelt und durch detaillierte Annahmen bezüglich der einzelnen Positionen der Gewinn- und Verlustrechnung sowie der Bilanz unterlegt werden. Diese Ausarbeitungen dienen zunächst als Basis für die Unternehmensbewertung und schaffen erste Transparenz sowie eine Argumentationsgrundlage für alle am Buy-Out beteiligten Parteien.

Den sich rasch verändernden Marktbedingungen bei Technologieunternehmen sollte bei der Finanzplanung durch Sensitivitätsanalysen und durch die Abbildung einer Bandbreite der möglichen zukünftigen Entwicklung Rechnung getragen werden.

Zudem erstellt im Beispiel das Management eine Art „Informationsmemorandum", das eine umfassende Beschreibung aller relevanten Aspekte des Unternehmens beinhaltet. Hierzu gehören in unserem Fall die logistischen Abläufe, der gegebenenfalls geänderte Einkauf, die Zielgruppendefinition für das Internet-Retailing, die EDV-Plattform und, als zweites zentrales Element, die Beschreibung des Management-Teams. Selbstverständlich ist für einen Finanzinvestor, der in ein Unternehmen investiert, in dem er voraussichtlich maximal als "aktiver Beirat" tätig sein wird, essenziell, ein gutes und branchenerfahrenes Management in der Führung der Beteiligung zu haben. Die sich aus dieser Beziehung ergebenden Anreiz/Kontroll-(Prinzipal-Agenten)-Problematiken und mögliche Lösungswege (einschließlich praktischer Ansätze) sollen im Abschnitt 5.4.3. dargestellt werden, in dem die Rolle des Management im Buy-Out betrachtet wird.

In einem nächsten Schritt stellt das Management-Team in unserem vereinfachten Fall den Gesellschaftern des Unternehmens seine Pläne vor und kann diese überzeugen, dass eine Veräußerung des Teilbereiches zu diesem Zeitpunkt sinnvoll ist. Im Zuge der Beauftragung eines Corporate-Finance-Beraters mit dem Verkauf überarbeitet dieser das Informationsmemorandum so, dass es an die Finanzinvestoren im Rahmen eines Parallelverfahrens übersendet werden kann. Vor Nennung des Unternehmensnamens und Übersendung des Informationsmemorandums unterzeichnen die Finanzinvestoren oder andere Interessenten in der Regel eine Vertraulichkeitserklärung (NDA = Non-Disclosure-Agreement) mit der sie sich verpflichten, alle nicht öffentlich zugänglichen Unternehmensinformationen sowie die Tatsache, dass das Unternehmen zum Verkauf steht, vertraulich zu behandeln und entsprechende Informationen nur Mitarbeitern oder Beratern zugänglich zu machen, die mit der Durchführung der Transaktion betraut sind. Üblicherweise ist die Laufzeit solcher Vertraulichkeitserklärungen auf einen Zeitraum von zwei bis drei Jahren begrenzt. Allerdings ist die Nachweisbarkeit des Bruches einer Vertraulichkeitserklärung in der Praxis nur sehr eingeschränkt gegeben.

Nach der Prüfung des Memorandums und des Business Planes durch die potenziellen Investoren und nach einem Unternehmensbesuch werden diese ein indikatives Angebot („Letter of Intent" (LOI)) abgeben, das neben dem Kaufpreis in der Regel Angaben über die Struktur des Buy-Outs sowie die Bedingungen für das Angebot enthält (Gremienvorbehalte der Investmentkomitees, zufriedenstellende Due Diligence, Klausel über den Verbleib des Managements im Unternehmen u. Ä.).Anschließend wird der Verkäufer einem oder mehreren Interessenten die Gelegenheit zu einer Due Diligence, d. h. einer sogenannten Sorgfältigkeitsprüfung des Unternehmensbereiches, geben.

Auf diese Prüfung, bei der unter anderem alle Finanzdaten, wichtigen Verträge sowie Prozesse seitens des Finanzinvestors und seiner Berater (insbesondere Wirtschaftsprüfer, Rechtsanwälte und technische Consultants) untersucht werden, folgt in unserem Beispielfall eine Bestätigung des LOI und somit der Eckpunkte des anschließend zu verhandelnden Kaufvertrages zwischen dem Alteigentümer und dem Finanzinvestor. Der beste Bieter erhält nun in einem weiteren Schritt besonders sensible Daten des Unternehmens zur Einsicht („last-minute due diligence").

Zum Abschluss der Transaktion („closing") werden die genauen Parameter der Transaktion in einem Vertragswerk festgelegt, welches neben der genauen Determinierung der oben genannten Elemente insbesondere die Rechte und Pflichten des Verkäufers und des Käufers festlegt. Hier werden die Gewährleistungen und Garantien, sowie die Zusicherungen und Freistellungen definiert. Mögliche Transaktionsstrukturen und deren Finanzierung sind im folgenden Abschnitt 5.4.2. dargestellt.

Ebenso von entscheidender Bedeutung für den Buy-Out ist jedoch die Ausgestaltung des Beteiligungsvertrages (oder Aktionärsvereinbarung) für das Management, denn hier gilt es den Großteil der Prinzipal-Agenten-Probleme im Rahmen der Transaktion, der Zukunft des Unternehmens und des Exit zu lösen. Darauf soll im Abschnitt 5.4.3. eingegangen werden.

5.4.2 Übernahmestruktur und Finanzierung

Die Realisierung eines Buy-Outs kann entweder durch den Erwerb von Geschäftsanteilen („share deal") oder von Vermögensgegenständen („asset deal") erfolgen (Becker, 2000, S. 67).

Beim „share deal" werden die Geschäftsanteile des Zielunternehmens vom Erwerber übernommen und entsprechend in der Bilanz des Erwerbers als Beteiligung bilanziert. Diese Transaktionsform ist für den Verkäufer aus folgenden Gründen vorteilhaft:

- Haftungsrechtlich gehen beim „share-deal" mit den Anteilen auch die Verbindlichkeiten des Veräußerers auf den Erwerber über.
- Steuerlich ist das Verfahren in den meisten Fällen günstiger, insbesondere vor dem Hintergrund der steuerlichen Befreiung von Kapitalgesellschaften bei der Veräußerung von Kapitalgesellschaften, die seit dem 1. Januar 2002 gilt, wird diese Transaktionsform weiter vom Verkäufer präferiert sein.
- Gegebenenfalls spielen Kosten- und Vereinfachungsgründe eine Rolle (für Wirtschaftsprüfer und Rechtsanwälte bei Aufstellung, wertmäßiger Erfassung und Übertragung der einzelnen Vermögensgegenstände).

Insbesondere aus steuerlicher Sicht sind jedoch die Finanzinvestoren an dieser Transaktionsform – dem reinen „share deal" – nicht interessiert. Die Erwerber-Gesellschaft kann in diesem Fall lediglich die Anschaffungskosten der Beteiligung aktivieren. Diese Anschaffungskosten sind die Differenz zwischen dem Kaufpreis für die Beteiligung und dem steuerlichen Zeitwert der Aktiva und der Verbindlichkeiten der Gesellschaft. Somit ist keine „Goodwill"-Abschreibung möglich.

Beim in der Regel von Finanzinvestoren bevorzugten „asset deal" werden (ausgewählte) Aktiva und Verbindlichkeiten des Zielunternehmens von einer vorhandenen oder neu zu gründenden Gesellschaft übernommen. Diese Erwerber-Gesellschaft wird in der Literatur als „NewCo." bezeichnet. In der Bilanz des Käufers werden somit das gesamte Vermögen und die Verbindlichkeiten in den betreffenden Einzelpositionen bilanziert.[26]

Um eine Lösung des Interessenkonfliktes herbeizuführen, wurden in der Vergangenheit insbesondere zwei Modelle entwickelt, das sogenannte Umwandlungsmodell und das Kombinationsmodell.

Beim Umwandlungsmodell erwirbt zunächst die „NewCo." in Form einer Personengesellschaft die Anteile an der Zielgesellschaft. Im nächsten Schritt wird die Zielgesellschaft auf

---

[26] Der hier entstehende Goodwill, der sich aus der gleichen Differenz wie bei der Berechnung der Anschaffungskosten ergibt, kann entsprechend der geltenden Gesetzgebung über den jeweils gültigen Zeitraum (EStG/KöStG: von 15 Jahren/IAS: 20 Jahre/US-GAAP: nach Impairment-Prüfung bleibt der Wertansatz bestehen) amortisiert werden.

die Erwerber-Gesellschaft verschmolzen. Anschließend folgt die eigentliche Umwandlung der Gesellschaft von einer Personen- in eine Kapitalgesellschaft. Bei diesem Modell machten die Käufer sich die sogenannte Buchwertaufstockung in der Ergänzungsbilanz des Gesellschafters der Personengesellschaft zu nutze. Dieses Modell wird nach dem 1. Januar 2001 nur eingeschränkt verwendet, da der Fiskus die Buchwertaufstockung und die damit entstehenden Abschreibungsmöglichkeit nicht mehr ermöglicht.

Die von einigen Steuerrechtlern vertretenen „Organschaftsmodelle" oder die „Modelle der steuerlichen Mitunternehmerschaft" (Dautel, 2001, S. 423–427) werden jedoch noch in Einzelfällen verwendet werden.

Das Kombinationsmodell (in der englischsprachigen Literatur auch als „roll-over" bezeichnet) beginnt ebenfalls mit der Gründung einer „NewCo". Diese wird vom Finanzinvestor zunächst mit Eigenkapital ausgestattet. Die Fremdkapitalgeber (und ggfs. Mezzanine-Finanzierer) statten die „NewCo." mit den entsprechenden Fremdmitteln aus. Nun erwirbt die „NewCo." die Anteile am Zielunternehmen vom Verkäufer und dann die Assets aller Tochtergesellschaften zum Verkehrswert. Damit entsteht Abschreibungspotential in der „NewCo.", denn dort werden die stillen Reserven des Zielunternehmens aktiviert. In einem letzten Schritt wird der Veräußerungsgewinn an die „NewCo." ausgeschüttet und bei der Beteiligung derselbe (wertmindernde) Betrag abgeschrieben. Auch hier ist die Abschreibungsmöglichkeit durch die neue Gesetzgebung § 3c Abs. 2, 3 Nr. 40 EStG n. F. auf die Hälfte reduziert worden (Dautel, 2001, S. 423).

Einer der die Rendite bestimmenden Parameter in einer solchen Transaktion ist der „leverage", das heißt, inwieweit ist die Transaktion fremdfinanzierbar[27]. Der „Leverage"-Effekt bei LBOs setzt voraus, dass das Fremdkapital mit dem angenommenen Zinssatz bedient und dies als betrieblicher Aufwand geltend gemacht wird. Daraus folgt, dass die EK-Rendite mit steigender Verschuldung zunimmt, solange die Gesamtkapitalrendite höher ist als der Fremkapitalzinssatz. Dieser Möglichkeit der Fremdfinanzierung steht jedoch ein erhöhtes Kapitalstruktur-Risiko gegenüber. Somit sind neben dem positiven „Leverage"-Effekt die Vorrangigkeit bei der Tilgung sowie die Besicherung von Assets des Unternehmens bei der Verwendung von sogenanntem „senior sebt" bei der Finanzierungsstruktur zu berücksichtigen. In dem von uns betrachteten Sektor haben einige Vermögensgegenstände jedoch häufig nur einen geringen nachhaltigen Wert (oder sind nicht bilanzierbar) und sind damit zur Besicherung ungeeignet.

Ein „Leverage-buy-out"-Kredit könnte daher aufgrund seiner spezifischen Anforderungen im Rahmen der Finanzierung von Technologie-Buy-outs beispielsweise folgende Ausgestaltung haben: Das Zielunternehmen besitzt eigene Grundstücke, auf die eine erstrangige Grundschuld eingetragen wird. Zudem werden die Anlagen, die einen höheren Wert haben, sicherungsübereignet. Um das Ausfallrisiko weiter zu senken, werden sogenannte „covenants" vereinbart, die bei Nichterreichen zur sofortigen Fälligstellung des Kredites führen. Ebenso wird eine Marge von beispielsweise 2 % auf den aktuellen EURIBOR festgelegt.

---

[27] Zur historischen Entwicklung der Finanzierung von Buy-Outs siehe auch KAPLAN/STEIN und ALLEN (Kaplan/Stein, 1999, S. 691–707; Allen,1999, S. 708 ff.)

Damit ist der „Senior-debt"-Anteil der Kaufpreisfinanzierung abgeschlossen. Bei einer Buy-out-üblichen Finanzierungsstruktur wird dieser Anteil häufig einschließlich weiterer Fremd- und Mezzanine-Mittel 2/3 bis über 80 % des gesamten Kaufpreises ausmachen.

Im Hinblick auf New-Economy-Buy-Outs kann sehr stark zwischen kleineren und mittleren und großen Projekten differenziert werden. Je kleiner der Transaktionswert, desto wahrscheinlicher ist, dass lediglich „senior debt" zur Transaktionsfinanzierung herangezogen werden kann (Becker, 2000, S. 34) und somit besicherbare Assets zur Verfügung stehen sollten. Im Falle von Hochtechnologie-Buy-Outs, mit wenig besicherbaren Assets, liegen – in Abhängigkeit von der Buy-out-Phase – hohe positive Cash Flows häufig erst in der Zukunft, so dass die Bedienung von Kreditverbindlichkeiten zunächst nur eingeschränkt möglich ist.

Daher werden sogenannte „Mezzanine-Instrumente", bei denen es sich um Fremdkapital mit Eigenkapitalcharakter handelt, eingesetzt. In den USA und Großbritannien genießen Mezzanine-Instrumente seit längerer Zeit eine hohe Akzeptanz insbesondere bei Akquisitions- und Projektfinanzierungen (wie beispielsweise „junk-bonds" oder „high-yield-bonds"). Mezzanine-Finanzierungen haben ein großes Strukturierungspotenzial, das den Interessen beider Seiten gerecht werden kann, weil es über Laufzeit, Rang, Tilgungszeitpunkt, Wandelbarkeit ggfs. Stimmrechte und selbstverständlich über den Zins gesteuert werden kann. Beispielsweise gilt: Je länger die Laufzeit eines nachrangigen Darlehens, desto höher kann der Zinsatz sein. Für den „Senior-debt"-Geber ist die Mezzanine-Finanzierung in den meisten Fällen praktisch Eigenkapital, es kann zur Bedienung seines (Fremd-)Kapitals eingesetzt werden.

In Deutschland gebräuchliche Formen von Mezzanine-Instrumenten sind (Betsch/Groh/Lohmann, 1998, S. 219):

Mezzanine-Instrumente	
Privatplazierungsinstrumente	**Kapitalmarktinstrumente**
■ Nachrangiges Darlehen ■ Patriarchalisches Darlehen ■ Stille Beteiligung ■ Seller's Note	■ Zero-Bond ■ Wandelanleihe ■ Going-Public-Optionsanleihe ■ Genussschein

Abbildung VIII.19: „Mezzanine"

Die nachrangigen Darlehen („subordinated debt" oder „junior debt") sind überwiegend unbesicherte Darlehen, deren Gläubiger im Falle der Insolvenz erst nachrangig aus der Masse befriedigt werden (Betsch/Groh/Lohmann, 1998, S. 217).

Die Tilgung von Mezzanine-Mitteln erfolgt ebenfalls häufig erst nach Rückführung der vorrangigen Darlehen. Daher haben Mezzanine-Instrumente häufig längere Laufzeiten und können mit einer anfänglichen Tilgungsaussetzung ausgestattet werden. Ebenfalls besteht die Möglichkeit, zur „Schonung" des Cash Flow der ersten Jahre, auf die Zinsen zu verzichten und diese erst am Laufzeitende einzunehmen.

Beim patriachischen Darlehen wird neben einer festen Verzinsung das Recht auf eine Gewinnbeteiligung gewährt. Eine Ausgestaltungsmöglichkeit des Verkäuferdarlehens (oder „seller's note") ist der bereits oben beschriebene „earn-out". Die in der Abbildung aufgeführte „Stille Beteiligung" gilt zwar auch als Mezzanine-Finanzierung, ist aber durch die nicht vereinbarte Laufzeit kein klassisches mezzanines Instrument.

Als Risikoausgleich sind diese Mezzanine-Instrumente in der Regel mit einem „interest-kicker" ausgestattet, der eine Prämie von 3 %–8 % gegenüber den gängigen Referenzzinssätzen beinhaltet.

Eine weitere Möglichkeit des Risikoausgleichs für den Mezzanine-Geber ist ein sogenannter „equity-kicker" in Form von Besserungsscheinen (siehe auch „earn-out") oder Wandel- und Optionsanleihen. Bei den kapitalmarktorientierten Mezzanine-Instrumenten hat sich in Europa für kleinere und mittlere Transaktionsgrößen noch kein Markt gebildet. Lediglich der Genussschein mit einem verbrieften Recht beispielsweise auf Gewinnanteile, Bezugs- oder Umtauschrechte ist in Deutschland etwas weiter verbreitet.

Dagegen gibt es in den USA bereits zahlreiche „mezzanine funds", die sich auf die Bereitstellung von nachrangigem Fremdkapital spezialisiert haben. In Europa gibt es nur eine Hand voll bekannter Anbieter wie z. B. *Indigo Capital*, *Intermediate Capital Group* oder *Pricoa Capital*.

Diese Finanzierungsgesellschaften könnten beispielsweise für eine MBO-Finanzierung folgende Ausgestaltung anbieten, um die typischen New Economy Anforderungen zu berücksichtigen:

- Laufzeit sieben Jahre, bzw. wenn der Exit vorher stattfindet, bis zu diesem Zeitpunkt Tilgungsaussetzung vier Jahre/ Mit dieser Ausgestaltung kann der (gegebenenfalls etwas längere) Weg zum IPO überbrückt sowie der Cash Flow der ersten Jahre zur Tilgung des „senior debt" verwendet werden.
- Keine Zinszahlungen über zwei Jahre/ebenfalls zur Cash-flow-Schonung,
- Wandlung eines 20 %-igen Anteils des „mezzanine loan" in Aktien beim IPO/ Auch am Ende der Laufzeit ist kein Cash-Abfluss (Tilgung) erforderlich; das Agio kann beispielsweise für „Add-on"-Akquisitionen nach dem Börsengang verwendet werden.

5.4.3 Die Einbindung des Managements

Das Management-Buy-Out mit einem Finanzinvestor birgt für das Management in der Regel zunächst einen Interessenskonflikt zwischen der Loyalität zu den Altgesellschaftern und dem optimierten eigenen Einstieg als Gesellschafter des neuen Unternehmens. Einerseits sollte das Management versuchen, einen möglichst hohen Kaufpreis für die Anteile im Sinne der Gesellschafter zu erzielen, andererseits werden die Finanzinvestoren die Manager an den geplanten Budgets messen und anhand der Gesamtbewertung die zu verteilenden Anteile (Rückbeteiligung) des Managements festlegen[28].

Um diesen klassischen Agency-Konflikten zu entgehen, bieten sich einige Methoden, die auch den Altgesellschaftern zukünftiges Wachstum honorieren und „konservativen" Planungen den Effekt der Kaufpreisminderung nehmen. Die Alt-Gesellschafter können im Rahmen von sogenannten „Earn-out"-Modellen noch an der Ergebnisentwicklung der Folgejahre partizipieren, weil Teile der Kaufpreiszahlung an zukünftige Ergebnisdaten (wie z. B. EBITDA der nächsten drei bis vier Jahre) gebunden werden. Ebenso können beispielsweise stille Beteiligungen oder höher verzinsliche Verkäuferdarlehen gewährt werden.

Zur transaktionstechnischen Trennung der unterschiedlichen Zielsetzungen zwischen Investor und Management bei den Verhandlungen wird beim Management Buy-Out üblicherweise ein zweistufiger Prozess gewählt. Zunächst erwirbt der Finanzinvestor 100 % der Anteile des Zielunternehmens, um die Kontrolle über das Zielunternehmen zu erlangen. Sobald alle im Kaufvertrag zwischen Verkäufer und Finanzinvestor bis zum „closing" vereinbarten Voraussetzungen erfüllt sind, die Anteile übertragen wurden und in der Regel der Kaufpreis geflossen ist, wird das Management in der vereinbarten Höhe mittels Anteilen am Unternehmen „rückbeteiligt". Dazu wird eine Aktionärsvereinbarung zwischen dem Finanzinvestor und dem Management geschlossen, welche die weitere Zusammenarbeit bis zum Verkauf der Anteile regelt.

Bei der klassischen VC-Finanzierung ist ein grundsätzliches Instrument der Agency-Kostenreduzierung seitens des Finanzinvestors die Stufenfinanzierung oder „Milestone-Finanzierung". Bei der Stufenfinanzierung wird vor jeder neuen Finanzierungsrunde eine Neubewertung der Anteile vorgenommen und dem Unternehmen in jeder Stufe nur soviel Kapital zur Verfügung gestellt, wie für Investitionen notwendig ist (Pape/Beyer, 2001, S. 635). „Milestone"-Finanzierung bedeutet, dass bei Erreichen detailliert vorgegebener Ziele zusätzliche Mittel freigegeben werden. Hier können beispielsweise das Erreichen von Umsatz-, Ergebnis- oder Kundenzahlen vereinbart werden. Im Falle des „Later-stage"-Engagements sind solche Vereinbarungen jedoch oftmals nicht möglich.

Das heißt, dass im Rahmen der oben genannten Aktionärsvereinbarung der Finanzinvestor und das beteiligte Management Interessenkonflikte und deren Lösung möglichst im Vorfeld festlegen. Die Erzeugung von „Interessensidentität" sollte im MBO-Fall kein grundsätzliches Problem darstellen, denn der vorher abhängig beschäftigte Manager erhält sowohl die Möglichkeit quasi selbständig und eigenverantwortlich zu arbeiten als auch den Wert seiner unternehmerischen Beteiligung als Eigenkapitalgeber zu erhöhen und an diesem Wertzuwachs nach Ablauf des Beteiligungszeitraumes zu partizipieren. Daraus resultiert jedoch, dass gegebenenfalls unterschiedliche Zeithorizonte zur Erreichung der gemeinsamen Ziele bestehen. Zum Beispiel könnten die eingesetzten Buy-Out-Manager, die lediglich über das für ihren Bereich notwendige „Nischen-Know-how" verfügen, bei einem „trade sale" –

---

[28] Siehe hierzu die "Theorie und Praxis"-Darstellung von HAWKINS/HANNINGTON (Hawkins/Hannington, 1998).

bereits nach zwei Jahren – an den größten Wettbewerber keine adäquate Position in einem anderen Unternehmen finden und somit einem Verkauf widersprechen.

Unserer Erfahrung nach findet sich bei vielen Buy-Outs in Deutschland immer noch eine „IPO-Präferenz" des Managements, die ein typisches vom Mittelstand geprägtes und somit deutsches Phänomen darstellt. In England, einem der aktiveren MBO Märkte, ist der „trade sale" mit mehr als 80 % die meist gewählte Exit-Form (Becker, 2000, S. 109), die auch von vielen Managern präferiert wird.

Grundsätzlich sollten der Finanzinvestor und das Management bei der Gestaltung der Aktionärsvereinbarung drei Eckpunkte der Transaktion berücksichtigen:

- Beteiligungseinstieg,
- Laufzeit der Beteiligung,
- Exit.

Im Anschluss werden beispielhaft mögliche Vertragselemente dargestellt. Dabei wird kein Anspruch auf Vollständigkeit erhoben; es sollen lediglich praxisrelevante Gestaltungsoptionen aufgezeigt werden.

5.4.3.1 Beteiligungseinstieg

Beim Einstieg des Managements in das Unternehmen ist ein wichtiger Bestandteil der Preis für und die Höhe der jeweiligen Beteiligung. Grundsätzlich sollte dem Management ein „relevanter" Anteil am Unternehmen gewährt werden, um die Anreizfunktion zu gewährleisten. Die Aussage vieler Finanzinvestoren, wie viel Kapital der Buy-Out-Manager zur Verfügung stellen sollte, ist in hohem Maße transaktionsabhängig. Es gilt jedoch die Regel: „Wenn es dem Unternehmen während der Beteiligungsdauer schlecht geht, sollte es dem Management „richtig weh tun"; es darf jedoch nicht so sein, dass der Manager jede Nacht schlecht schläft, weil sein eingesetztes Kapital existenzbedrohend hoch ist". Der zweite Teil des Satzes meint, dass das Management seine Aufmerksamkeit vollständig auf die Wertsteigerung ausrichten soll. In der Praxis kann als Regel ein Eigenkapitaleinsatz des jeweiligen Managers von zwei Jahresgehältern einschließlich Boni gelten.

Der Manager soll einen signifikanten Anteil am Unternehmen erhalten, damit ein grundsätzliches Prinzipal-Agenten-Problem vorab dadurch gelöst wird, dass der Agent selbst zum Prinzipal wird.

Ein Beispiel soll darstellen, wie für den Fall eines New-Economy-Spin-Offs eine Managementbeteiligung gestaltet werden könnte. Das Unternehmen welches veräußert werden soll, ist die *PAINT GmbH*, die zu einem großen Elektronik-/Fotokonzern gehört. Die *PAINT GmbH* verfügt über eine Internet-Plattform, die Privatpersonen und der Industrie erlaubt, eigene Fotoalben bzw. Fotoproduktionen zu entwickeln und ins Netz zu stellen bzw. einem Intranet zum „downloading" zur Verfügung zu stellen. In einem weiteren Serviceschritt können die Alben oder Präsentationen bei geeigneten Druckereien und Fotogeschäften vor

Ort bearbeitet werden, sowie die „print-outs" direkt dort abgeholt werden. Mit diesen Services werden Umsätze in Höhe von € 100 Mio. bei steigender Profitabilität durch Skaleneffekte generiert. Der Konzern, der in den Aufbau der Webseite, die Erstellung der notwendigen Software sowie in das Personal investiert hat, möchte sich auf seinen Kernbereich Elektronik fokussieren und sieht, dass das Umsatzpotenzial der *PAINT* höher wäre, wenn nicht nur Produkte und Kunden des eigenen Unternehmens eingebunden würden. Die vier Buy-Out-Manager haben bereits den Wettbewerber *Albums & Co. KG* ausgemacht, der ein hervorragendes „add-on" zum eigenen Unternehmen wäre.

Nachdem der Finanzinvestor *Look Fonds* für das Projekt gewonnen wurde, konnte nach erfolgter Due Diligence ein Kaufvertrag geschlossen werden, der eine Kaufpreiszahlung von € 100 Mio. vorsieht. Dieser könnte in der oben gestalteten Form wie in der folgenden Abbildung dargestellt in der „NewCo." abgebildet werden. Für die dargestellte Berechnung werden Transaktionskosten, die normalerweise ebenfalls in die Kalkulation einfließen, nicht berücksichtigt.

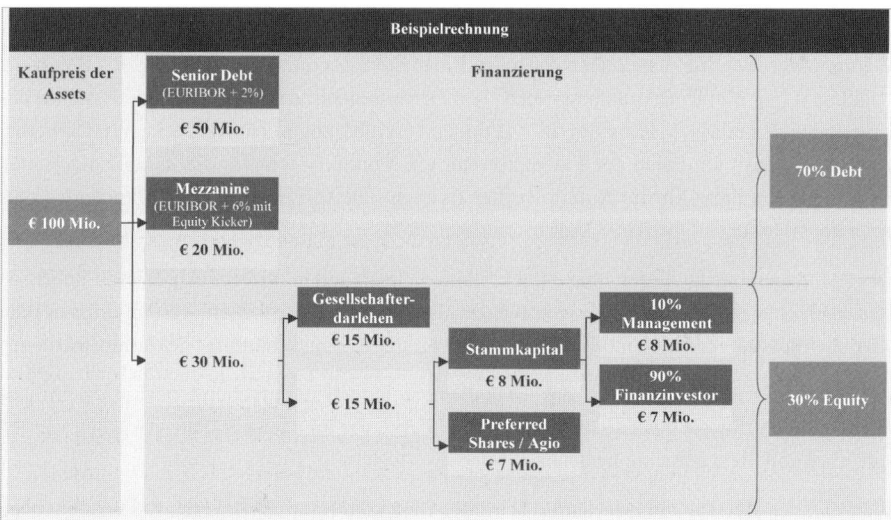

Abbildung VIII.20: Beispielrechnung zur Kaufpreisfinanzierung

Für die Besicherung des „senior debt" mit einer Verzinsung von EURIBOR + 2 % in Höhe von € 50 Mio. werden die Immobilie der Gesellschaft sowie die wertvollen CAD-Anlagen herangezogen. Das Gleiche gilt für die aktivierte Software. Im „mezzanine-layer" von € 20 Mio. ist Tilgungsaussetzung vereinbart, es besteht jedoch ein „equity kicker", der beim Verkauf des Unternehmens oder Börsengang ein Wandlungsrecht auf € 5 Mio. in Equity einräumt. Daraus ergibt sich eine für einen Buy-Out durchaus übliche Eigen-/Fremdmittelstruktur von 30/70.

Die verbleibenden € 30 Mio. will der *Look Fonds* mit Eigenmitteln finanzieren. Das *PAINT*-Management soll mit 10 % an der „NewCo." beteiligt werden. Auf Basis eines Eigenkapitales von € 30 Mio. würde das einen Kapitaleinsatz der vier Manager des Unternehmens von € 3 Mio. bedeuten.

Ein solches Finanzierungsvolumen ist jedoch für viele Privatpersonen nicht darstellbar, daher wird folgende Konstruktion gewählt:

Zunächst werden € 15 Mio. als Gesellschafterdarlehen gewährt. Das Gesellschafterdarlehen wird am Ende der Laufzeit mit den kapitalisierten Zinsen – um die sich das Gesellschafterdarlehen jeweils p. a. erhöht – zurückgeführt. Die verbleibenden Eigenmittel von € 15 Mio. werden der „NewCo." als Stammkapital von € 8 Mio. sowie als stimmrechtslose Vorzugsaktien (sogenannte „preferred shares") von € 7 Mio. (als Agio) zugeführt.

Eine Beteiligung von 10 % pro Manager ist durch diese Konstruktion mittels eines Kapitaleinsatzes von jeweils € 200.000 möglich. Um weiteres Risiko umzuverteilen, kann in der Aktionärsvereinbarung festgelegt werden, dass beispielsweise die oben erwähnten zwei Bruttogehälter als Barmittel eingebracht werden müssen (in unserem Fall könnten das € 150.000 sein).

5.4.3.2 Laufzeit der Beteiligung

Während der Beteiligungsdauer wird vom Finanzinvestor oftmals ein „aktiver" Beirat als Lenkungs- und Kontrollorgan eingesetzt. Um zu vermeiden, dass die Manager vorzeitig das Unternehmen verlassen, enthalten die Aktionärsvereinbarungen häufig starke Wettbewerbsklauseln. Ebenso wird sich der Finanzinvestor ein Vorkaufsrecht für die Anteile einräumen lassen und den Preis für die Anteile vorher fixieren – beispielsweise zu Einstandspreis plus einer angemessenen jährlichen Verzinsung von 10 %.

Dem Management in dieser Phase über Tantiemenzahlungen weitere Anreize zu geben ist steuerlich eher ungünstig, da diese entweder als Arbeitslohn versteuert werden müssen oder aber ebenfalls steuerwirksam als VGA (verdeckte Gewinnausschüttung) deklariert würden.

In unserem Beispiel-Fall kann das Management jedoch dahingehend positiv beeinflusst werden, indem für die Anteile der *Albums & Co. KG*, die im nächsten Jahr erworben werden soll, ebenfalls Bezugsrechte bestehen.

Während des Beteiligungszeitraumes wird der Finanzinvestor im Rahmen der entstehenden Prinzipal-Agenten-Problematik eine Einbindung des Managements als Prinzipal anstreben um eine – auch zeitlich – gleichlaufende Interessenlage zu erzeugen. Mögliche Maßnahmen werden in Abschnitt 5.4.3.3 dargestellt.

Die Laufzeit der Beteiligung bestimmt dabei auch die Möglichkeiten der Ergebnis-Beeinflussung durch das Management. Zu beobachten ist, dass die Zahl der „Secondary-buy-out"- und „Shareholder-buy-back"-Transaktionen, d. h. der Rückkauf der Anteile des Finanzinvestors durch das MBO-Management, mit längerer Laufzeit steigt.

5.4.3.3 Der Exit

Um die Liquidität des Unternehmens während des Wachstums zu gewährleisten, realisieren die Finanzinvestoren ihre kapitalisierte Rendite am Ende des Beteiligungszeitraumes. Daher werden zur Vorbereitung auf diesen Zeitpunkt auch besonders strenge Vertragsklauseln erarbeitet. Im Beteiligungsvertrag üblich sind zur Vorbereitung eines möglichen Exits (IPO/Trade Sale) die sogenannten „Take-along"-/„Drag-along"-Vereinbarungen. Hierin wird vertraglich festgelegt, dass im Fall der Veräußerung an einen industriellen Investor das Management seine Anteile mitveräußern muss, respektive das Management seine Anteile nicht veräußern darf, wenn nicht auch der Finanzinvestor die Anteile verkauft.

Auf der Anreiz-Seite für das Management ist der sogenannte „equity kicker" zu sehen. Sollte beispielsweise der angestrebte EBIT im Exitjahr erreicht werden, bekommt das Management zusätzliche Anteile in der logischen Sekunde des Exit. Auf die dabei auftretenden Steuerproblematiken soll in dieser Darstellung nicht eingegangen werden.

Zusätzlich wird der Finanzinvestor in der Regel eine sogenannte Liquidationspräferenz im Vertrag vereinbaren. Diese Klausel regelt, dass der Finanzinvestor im Falle der Anteilsverkaufes bevorzugt wird, indem er sich vorab den absoluten Betrag der Beteiligung auszahlt[29].

5.4.4 Managementpflichten

Selbstverständlich ist die Rolle des MBO-Managements im Prozess schwierig. Rechtlich gesehen bestehen umfassende Sorgfaltspflichten seitens des Managements, das während des Prozesses Informationen an unternehmensfremde Dritte herausgibt. Die Herausgabe an sich sowie die Erarbeitung weiterer Informationen im Rahmen der Transaktion birgt – in Verbindung mit den gesellschaftsrechtlichen Verpflichtungen des Managements gegenüber den Anteilseignern – Gefahren für das Management. Der Vorstand einer AG hat im Rahmen der Verschwiegenheitsregelungen § 93 AktG und § 404 AktG Verschwiegenheitspflichten zu beachten; die unbefugte Weitergabe kann beispielsweise bis hin zu einem strafrechtlich relevanten Sachverhalt führen (Becker, 1996, S. 75–85). Im Rahmen von „Taking-private"-Transaktionen und MBOs bei börsennotierten Unternehmen sollten die potenziellen MBO-Manager ebenfalls neben den Texten des AktG auch die Stellungnahme der Börsensachverständigenkommission zum Übernahmegesetz in ihre Gestaltungsüberlegungen einbeziehen.

5.4.5 Bewertung

(Junge) Technologieunternehmen sind durch ein ungewisses Zukunftspotenzial mit möglicherweise enormen Ertragschancen und gleichzeitig hohen Risiken gekennzeichnet. Daher haben sich die Vertreter der Unternehmensbewertung mit Hilfe eher statischer Ertragswertverfahren wie der Discounted-Cash-Flow-Methode (DCF-Verfahren) im Umfeld des Booms am Neuen Markt schwer getan. Das DCF-Verfahren ist häufig ein nur eingeschränkt anwendbares Verfahren, welches Handlungsflexibilitäten – insbesondere ohne Entscheidungsbäume – nicht systematisch abbilden kann. Gerade für Unternehmen im Umfeld der New Economy stellen Optionen wie z. B. die Verzögerung einer Investition bis zur Auflösung von Marktunsicherheit, die Möglichkeit, über die Weiterführung eines Entwicklungsprojektes in einzelnen Etappen zu entscheiden oder die Nutzung von globalen Lieferanten- und Produktionsnetzwerken zur reaktiven Anpassung von Kostenstrukturen an sich ändernde Marktverhältnisse, einen erheblichen Wert dar (Hommel, 1999, S. 25–26). Solche Handlungsflexibilitäten bzw. Optionen sichern Ertragschancen bei gleichzeitiger Minimierung von Risiken.

Das Denken in und das Managen von Optionen beginnt bei einem Buy-Out jedoch schon vor der Umsetzung einzelner Projekte im Unternehmen oder vor „Add-on"-Akquisitionen, nämlich bei der Gestaltung des Buy-Outs. Konkrete Anwendungsgebiete sind hier die Management-Beteiligung in Form von „Stock Options"[30] oder der Einbezug von „Earn-out"-Komponenten in die Kaufpreis- und Vertragsgestaltung. Beispielsweise kann der „Earn-Out" bei einem „Spin-Off" über eine kombinierte „Call-Put"-Option geregelt werden, indem der Verkäufer mit einem Minderheitsanteil am Unternehmen beteiligt bleibt und zu einem festgelegten Zeitpunkt und einem vorher bestimmten Wert diesen Anteil verkaufen kann. Gleichzeitig hat der Finanzinvestor das Recht zum Erwerb des beim Verkäufer verbliebenen Anteils. Risiko und Ausübungsstrategie hängen bei dieser „Earn-out"-Komponente neben der zukünftigen Unternehmensentwicklung insbesondere von der Wahl der Laufzeiten und der Ausübungspreise der jeweiligen Option ab.

Im Rahmen von Buy-Outs von jungen Technologieunternehmen, die häufig zwar eine Option auf die Zukunft aber nur einen geringen Wert für die Gegenwart darstellen, sollten solche Optionen erkannt und bei der Bewertung berücksichtigt werden.

5.5 Buy-Out-Strategien

Die durch moderne Informations- und Kommunikationstechnologien bedingten Veränderungen in der Unternehmenslandschaft bieten im unter Abschnitt 5.3 genannten Rahmen eine Reihe von Möglichkeiten für Buy-Outs. Nachfolgend sollen einige grundsätzliche Strategien beschrieben werden, in deren Rahmen Finanzinvestoren und Manager gezielt „Buy-out"-Konzepte initiieren und evaluieren können. Ausgangspunkte solcher Strategien sind beispielsweise ein gemeinsamer Branchenbezug („Buy-and-Build"/Branchenkonsolidierung), gleiche Managementaufgaben in Unternehmen unterschiedlicher Branchen (Übergang von der Old zur New Economy) oder finanztechnische Überlegungen im Rahmen einer optimalen Ertrags- und Risikosteuerung (Buy-Out als Management von Optionen).

---

[29] Vgl. hierzu die Kontrollrechtsregelungen in BASCHA/WALZ (Bascha/Walz, 2000, S. 410–418).
[30] Zur Ausgestaltung von Stock-Option und der steuerrechtlichen Problematik vergleiche ETTINGER (Ettinger, 1999).

5.5.1 Buy-and-Build und Branchenkonsolidierung

In den ersten drei Quartalen des Jahres 2001 ist sowohl die Anzahl als auch das Volumen von Firmenübernahmen zurückgegangen. Trotz der angespannten konjunkturellen Entwicklung bieten sich für Finanzinvestoren gute Möglichkeiten, mit dem Management im Rahmen eines Managemen-Buy-Out gemeinsam weitere Unternehmen zu erwerben. Durch sogenannte „Add-on"-Akquisitionen – und nicht nur durch organisches Wachstum – besteht die Chance, noch schneller zu wachsen und durch konsequent genutzte Synergien die Profitabilität zu erhöhen. Gerade bei New-Economy-Unternehmen sind häufig entweder Wettbewerber der gleichen Branche, die den Markteintritt nicht in gleicher Weise geschafft haben, oder komplementär aufgestellte Unternehmen Ziel einer „Buy-and-Build"- oder Konsolidierungsstrategie. Die Aufnahme von *Toyzone* bei *Primus Online* im Februar 2001 zeigt einen klassischen New-Economy-Fall.

Ziel der „Buy-and-Build"-Strategie eines Unternehmens mit einem ausreichend starken finanziellen Hintergrund (z. B. in Form eines Finanzinvestors) ist die Marktführerschaft – bezogen auf Produkt-Segmente, geographische Ausdehnung und/oder Kundengruppen/-branchen durch Zukauf von Konkurrenten – im In- und Ausland zu erreichen. Die erfolgreiche Integration dieser Unternehmen führt zu einer Reduzierung der Kosten und einer Steigerung der Profitabilität. Die Bereinigung des Marktes auf der Anbieterseite bei sich konsolidierenden Märkten führt zu steigenden Margen und einer weiteren Verbesserung der Profitabilität. Der Prozess sollte in einem Zeitraum von drei bis fünf Jahren ablaufen und durch die Verbesserung der Ertragslage und die Entschuldung des Unternehmens zu einer deutlichen Unternehmenswertsteigerung führen (Oertel/Constantin, 2001).

Auf Unternehmensebene müssen prognostizierbare Synergien bestehen, die durch die wirtschaftliche Verschmelzung oder Integration von zwei oder mehreren Unternehmen entstehen. Diese Synergie-Effekte resultieren z. B. bei e-Business aus der Zusammenlegung von Marketingaktivitäten und der Reduzierung des Verwaltungsaufwandes. Die Produkte können unter einer bereits am Markt etablierten Marke vertrieben werden, die gegebenenfalls durch die Marke des zu übernehmenden Unternehmens ergänzt wird. Die Bündelung des Einkaufs beispielsweise bei den oben genannten e-Retailern führt aufgrund der größeren Bestellmengen zu einer Senkung der variablen Kosten.

Viele New-Economy-Unternehmen sind in Bereichen tätig, in denen „Buy-and-Build"-Strategien umgesetzt werden können. Der Markt ist aufgrund der vielen Start-ups häufig stark fragmentiert mit einem anhaltenden Trend zur Konsolidierung auf wenige große Anbieter (z. B. *Amazon.com, Buecher.de*) und einige Nischenanbieter. Nach dieser Konsolidierung ist in der Old Economy in vielen Fällen eine Margenverbesserung eingetreten, die entsprechend zu einer erhöhten Profitabilität geführt hat.

Es ist zu vermuten, dass nur einige der „Spieler" übrig bleiben werden und die Finanzinvestoren, die Beteiligungen an profitablen New-Economy-Unternehmen haben, diese durch den Zukauf von „günstigen" Wettbewerbern stärken.

5.5.2 Übergang von der Old zur New Economy

Eine mögliche Strategie für Buy-Outs in der New Economy ist der Erwerb eines traditionell geprägten Unternehmens mit dem Ziel, dieses in ein New-Economy-Unternehmen umzuwandeln. Sinnvoll ist ein so motivierter Buy-Out, wenn dadurch dem Unternehmen entweder fehlende Managementkapazitäten/-kompetenzen oder aber das für die Entwicklung des Unternehmens notwendige Kapital zur Verfügung gestellt werden.

Als Beispiel soll hier die *Logistik GmbH* genannt werden. Das Unternehmen hat seine Wurzeln im traditionellen Speditionsgeschäft, verfügt über eine hohe Reputation in Bezug auf Zuverlässigkeit und Qualität und hat entsprechend enge Bindungen zu namhaften Kunden. In den letzten Jahren wurden bereits erhebliche Mittel in den Aufbau der IT-Infrastruktur investiert, um einerseits den Kunden Transparenz bei der Sendungsverfolgung zu ermöglichen und andererseits durch aktives Flottenmanagement Kostensenkungspotenziale zu realisieren. Der sechzigjährige geschäftsführende Gesellschafter, der das Unternehmen gegründet und aufgebaut hat, möchte im Rahmen einer Nachfolgeregelung den Bestand des Unternehmens sichern und verkauft seine Geschäftsanteile im Rahmen eines Buy-Outs an einen Finanzinvestor mit Beteiligung der zweiten Managementebene des Unternehmens sowie eines externen Managers aus der IT-Branche. Finanzinvestor und Management sehen erhebliche Potenziale für das Unternehmen durch eine Konzentration auf das logistische Know-how und die Weiterentwicklung der internen Software. In den nächsten Jahren nutzt das Unternehmen seine guten Kundenbeziehungen, sein logistische Know-how und die Kenntnis der Warenströme der Kunden und entwickelt sich – unter anderem durch eine Reihe von Akquisitionen kleinerer Softwareunternehmen – zunehmend zum Anbieter von Materialfluss- und Telematiksoftware sowie Logistikberatung. Zum Abbau der im Rahmen des Buy-Outs aufgenommenen Fremdverbindlichkeiten werden nach und nach der eigene Fuhrpark sowie (die innenstadtnahen) Lagerhallen veräußert bzw. „outgesourct" und das Unternehmen agiert nunmehr als Frachtmakler. Nach einigen Jahren realisiert der Finanzinvestor seinen Exit aus dem mittlerweile in eine AG umgewandelten Unternehmen über die Börse, während das Management zum Teil im Unternehmen verbleibt.

5.5.3 Der Buy-Out als Management von Optionen

Unternehmen der New Economy bieten im Rahmen von Buy-Outs eine Fülle von Optionen. Über einzelne Investitionsprojekte und Entwicklungschancen in einem konkreten Unternehmen hinaus kann der Erwerb eines ganzen Unternehmens als Option betrachtet werden. Beispiele für eine solche Strategie sind der Erwerb einer Minderheitsbeteiligung an dem israelischen Internet-Telefonie-Pionier *Vocaltec* durch die *Deutsche Telekom* oder die Übernahme von *CDNow* und *Napster* durch *Bertelsmann*. Alle drei Unternehmen schrieben zum Zeitpunkt der Akquisition Verluste, der Erwerber konnte sich jeweils den Zugang zu einer Technologie bzw. einem Markt und damit die Option auf ein zukünftig erschließbares Umsatz- und Ertragspotenzial sichern.

Vor diesem Hintergrund kann die Realisierung eines Buy-Out- Konzeptes durch den Erwerb und die Kombination mehrerer Technologie-Unternehmen als Aufbau eines Portfolios von strategischen Optionen betrachtet werden (Luehrmann, 1998, S. 89–99). Einschränkend ist hierbei allerdings zu berücksichtigen, dass, da der Optionspreis (bzw. der Kaufpreis eines Unternehmens) bei entsprechendem Risiko zum Totalverlust werden kann, Finanzinvestoren unter anderem aufgrund der Höhe der angestrebten Einzelinvestitionen[31] – anders als Venture-Capital-Geber – eine entsprechende Risikoaversion haben. Steht jedoch das Investment in die einzelne Option in einem angemessenen Verhältnis zur Gesamtinvestition, wie z. B. beim Erwerb eines größeren, relativ stabilen Kernunternehmens, um das weitere, kleinere Unternehmen als Optionen gruppiert werden („Add-on" Akquisitionen), ist die dargestellte Portfolio-Strategie durchaus eine realistische Alternative für Finanzinvestoren.

Optionsmanagement und -bewertung können in der dargestellten Weise eine Plattform für die strategischen Entscheidungen im Rahmen von Buy-Out-Konzeptionen bieten.

5.6 Taking Private für die Profitablen

Der Anteil von durch Finanzinvestoren durchgeführten Management Buy-Outs in der New Economy wird sukzessive zunehmen. Von den „Taking-private"-Transaktionen am Neuen Markt über Spin-Offs großer Konzerne – (die sich auf das Kerngeschäft konzentrieren) bis hin zur klassischen Konsolidierung im IT-Markt – Treiber für diesen Trend wird es geben. Die Manager, die einerseits innovativ und andererseits traditionell „wirtschaftlich" genug waren, auch in den schwierigen Jahren 2000/2001 die von ihnen geführten Unternehmen am Leben zu erhalten, „cash-burn-rates" zu reduzieren und die Machbarkeit der von ihnen vertretenen Geschäftsmodelle zu zeigen, werden Akteure eines „Later-stage"-Szenarios werden. Die Wachstums- und LBO-Finanzierung mit ihrem speziellen Risiko-Rendite-Profil und der starke Drang der Finanzinvestoren zu Management-Buy-Outs werden die „Share-*Option*-Holders" der New Economy (Schiffer/Schubert, 2000, S. 733–738) zu den „*Share*-Holders" innovativer, mittel- bis langfristiger Geschäftsmodelle machen.

---

[31] Beispielsweise streben zahlreiche der in Deutschland vertretenen Finanzinvestoren Transaktionen mit einem Mindestvolumen von EUR 50 Mio. an.

Literaturverzeichnis

Aaker, David A. / Biel, Alexander L. (1993): Brand Equity and Advertising: An Overview, in: Aaker, David A./Biel, Alexander L. (Hrsg.): Brand Equity and Advertising, Hillsdale, NJ.

Abernathy, William J. / Utterback, James M. (1975): A dynamic model of process and product innovation, in: The International Journal of Management, Volume 3, S. 639–656.

Abernathy, William J. / Utterback, James M. (1978): Patterns of industrial innovation in: Technology Review, Volume 80, Number 7 (June-July), S. 40–47.

Abernathy, William J. / Utterback, James M. (1988): Patterns of Industrial Innovation, in: Tushman, M. L./Moore, W. L. (Hrsg.): Readings in the Management of Innovation, 2nd edition, Verlag Harper Business, S. 25–36.

Achleitner, Ann-Kristin (1995): Going Concern-Prinzip vor dem Hintergrund der Corporate Governance-Debatte, in: Schweizer Treuhänder, ohne Jahrgang, S. 881–890.

Achleitner, Ann-Kristin (2001): Start-up-Unternehmen: Bewertung mit der Venture-Capital-Methode, in: Betriebs-Berater, Heft 18/2001, S. 927–933.

Achleitner, Ann-Kristin (2001b): Handbuch Investment Banking, Gabler Verlag, Wiesbaden.

Achleitner, Ann-Kristin / Bassen, Alexander (2001): Gestaltung von Stock-Option-Programmen beim IPO , in: Wirtz, Bernd (Hrsg.): IPO-Management, Wiesbaden, S. 121–141.

Achleitner, Ann-Kristin / Bassen, Alexander (2001b): Investor Relations von Wachstumsunternehmen und etablierten Unternehmen im Vergleich, in: Achleitner, Ann-Kristin/Bassen, Alexander (Hrsg.): Investor Relations am Neuen Markt, Schäffer-Poeschel Verlag, Stuttgart, S. 3–20.

Achleitner, Ann-Kristin / Bassen, Alexander (2001c): Investor Relations von Wachstumsunternehmen und etablierten Unternehmen im Vergleich, in: Knüppel, H./Lindner, C. (Hrsg.): Die Aktie als Marke – Wie Unternehmen mit Investoren kommunizieren sollen, Frankfurt, S. 25–47.

Achleitner, Ann-Kristin / Bassen, Alexander / Funke, Florian (2001): Kritische Erfolgsfaktoren bei Börsengängen am Neuen Markt – eine empirische Studie, in: Die Bank, 7. Jahrgang, S. 34–39.

Achleitner, Ann-Kristin / Bassen, Alexander / Pietzsch, Luisa (2001a): Empirische Studien zu Investor Relations in Deutschland – Eine kritische Analyse und Auswertung des Forschungsstandes, in: Achleitner, A.-K./Bassen, A. (Hrsg.): Investor Relations am Neuen Markt – Zielgruppen, Instrumente, rechtliche Rahmenbedingungen und Kommunikationsinhalte, Stuttgart, S. 23–59.

Achleitner, Ann-Kristin / Bassen, Alexander / Pietzsch, Luisa (2001b): Kapitalmarktkommunikation von Wachstumsunternehmen – Kriterien zur effizienten Ansprache von Finanzanalysten, Stuttgart.

Achleitner, Ann-Kristin / Behr, Giorgio (2000): International Accounting Standards. Ein Lehrbuch zur internationalen Rechnungslegung, 2. Auflage , Verlag C. H. Beck, München.

Achleitner, Ann-Kristin / Engel, Ronald (2001a): Der Markt für Inkubatoren in Deutschland, Oestrich-Winkel.

Achleitner, Ann-Kristin / Engel, Ronald (2001b): Gründungsfinanzierung durch Business Incubation, in: Siegwart, Hans (Hrsg.): Jahrbuch zum Finanz- und Rechnungswesen 2001, Zürich, S. 81–110.

Achleitner, Ann-Kristin / Engel, Ronald (2001c): Situation und Entwicklungstendenzen auf dem Markt für Inkubatoren in Deutschland, in: Finanz Betrieb, 3. Jahrgang, S. 76–82.

Achleitner, Ann-Kristin / Wichels, Daniel (2000): Stock Option-Pläne als Vergütungsbestandteil wertorientierter Entsohnungssysteme, in: Achleitner, Ann-Kristin/Wollmert, Peter (Hrsg.): Stock Options: Finanzwirtschaft, Gesellschaftsrecht, Bilanzierung, Steuerrecht, Unternehmensbewertung, Verlag Schäffer-Poeschel, Stuttgart, S. 1–25.

Adam, Dietrich (1996): Planung und Entscheidung: Modelle-Ziele-Methoden, mit Fallstudien und Lösungen, Verlag Gabler, Wiesbaden.

Adam-Müller, Axel / Wangler, Clemens (2001): Das Positionspapier der Arbeitsgruppe Stock Options des DSR: Implikationen für Bilanzierung und Besteuerung, in: Finanz Betrieb, 3. Jahrgang, Beilage „Kapitalmarktorientierte Rechnungslegung", Nummer 1, S. 1–12.

Adams, Michael (1994): Die Usurpation von Aktionärsbefugnissen mittels Ringverflechtung in der 'Deutschland AG', in: Die Aktiengesellschaft, Band 39, S. 148–158.

Aders, Christian / Galli, Albert / Wiedemann, Florian (2000): Unternehmenswerte auf Basis der Multiplikatormethode?, in: Finanzbetrieb, 2. Jahrgang, S. 197–204.

Adizes, Ichak (1982): Organizational Passages – Diagnosting and Treating Lifecycle Problems of Organizations, in: Tushman, Michael L./Moore, William L. (Hrsg.): Readings in the Management of Innovation, Boston, S. 169–187.

Adler, Hans / Düring, Walther / Schmalz, Kurt (1996): Rechnungslegung und Prüfung der Unternehmen, § 289 HGB, 6. Auflage, Schäffer Poeschel Verlag, Stuttgart.

Adler, Jost (1996): Informationsökonomische Fundierung von Austauschprozessen: Eine nachfragerorientierte Analyse, Wiesbaden.

AICPA (Hrsg.) (1994): Improving Business Reporting – A Customer Focus: Meeting the Information Needs of Investors and Creditors, Comprehensive Report of the Special Committee on Financial Reporting, New York.

AIMR (Hrsg.) (1993): Financial Reporting in the 1990s and Beyond, Charlottesville.

Akerlof, George A. (1970): The Market for „Lemons": Quality Uncertainty and the Market Mechanism, in: Quarterly Journal of Economics, Volume 84, S. 488–500.

Alahuhta, Matti (1990): Global Growth Strategies for High Technology Challengers, Helsinki.

Albach, Horst (1976): Kritische Wachstumsschwellen in der Unternehmensentwicklung, in: Zeitschrift für Betriebswirtschaftslehre, 46, S. 683–696.

Albach, Horst (1998): Unternehmensgründungen in Deutschland – Potentiale und Lücken, Discussion Paper FS IV 98–1, Wissenschaftszentrum, Berlin.

Albrecht, Frank (1992): Strategisches Management der strategischen Unternehmensressource Wissen, Verlag Peter Lang, Frankfurt/Main u.a.

Alchian, Armen A. / Demsetz, Harold (1973): The Property Rights Paradigm, in: Journal of Economic History, Nr. 33, S. 16–27.

Aldrich, Howard E. / Zimmer, Catherine (1986): Entrepreneurship through social networks, in: Sexton, Donald E./Smilor, Raymond W. (Hrsg.): The Art and Science of Entrepreneurship, Ballinger, Cambridge, S. 3–23.

Alford, Andrew (1992): The Effect of the Set of Comparable Firms on the Accuracy of the PE – Valuation Method, in: Journal of Accounting Research, Volume 30, S. 94–108.

Allen, David N. / McCluskey, Richard (1990): Structure, policy, services and performance in the business incubator industry, in : Entrepreneurship, Theory & Practice, Volume 15, S. 61–78.

Allen, Jay R. (1999): LBOs – The Evolution of Finacial Structures and Strategies, in: Chew, Donald H. jr. (Hrsg.): The New Corporate Finance-Where theory meets Practice, Second Edition, New York, S. 617–629.

Allen, Tom J. (1984): Managing the Flow of Technology: Technology Transfer and the Dissemination of Technological Information within the R&D Organization, MIT Press, Cambridge, London.

Almus, Matthias / Nerlinger, Eric (1998): Growth Determinants of New Technology-Based Firms: Empirical Results for West-Germany, in: o.V. (Hrsg.): High-Technology Small Firms Conference, The 6th Annual International Conference, Proceedings, Volume 1, 4.–5. Juni 1998, Twente, S. 157–173.

Almus, Matthias / Prantl, Susanne (2001): Bessere Unternehmensentwicklung durch Gründungsförderung?, in: Wissenschaftliche Reihe der DtA (Hrsg.), Band 15, Bonn.

Alter, Scott (2000): The effects of State Street: the year-and-a-half in review, in: Berkowitz, Jeffrey (Hrsg.): Patenting the new business model: building fences in cyberspace, New York, S. 59–74.

Althoff, Stefan (1993): Auswahlverfahren in der Markt-, Meinungs- und empirischen Sozialforschung, Band 19 der Reihe Sozialwissenschaften, Centaurus, Pfaffenweiler.

American Marketing Association (Hrsg.) (1960): Definition of Terms, Chicago.

Amit, Raphael / Brander, James / Zott, Christoph (1998): Why do Venture Capital firms exist? Theory and Canadian evidence, in: Journal of Business Venturing, Volume 13, S. 441–466.

Amit, Raphael / Glosten, Lawrence / Muller, Eitan (1993): Challenges to theory development in entrepreneurship research, in: Journal of Management Studies, Volume 30, Issue 5, S. 815–835.

Amit, Raphael / Schoemaker, Paul J. H. (1993): Strategic Assets and Organizational Rent, in: Strategic Management Journal, Volume 14, Number 1, S. 33–46.

Amit, Raphael / Zott, Christoph (2001): Value Creation in E-Business, in: Strategic Management Journal, Volume 22, Special Issue (June-July), S. 493–520.

Amram, Martha / Kulatilaka, Nalin (1999): Real Options. Managing Strategic Investments in an Uncertain World, Harvard Business School Press, Boston.

Amram, Martha / Kulatilaka, Nalin (1999b): Disciplined Decisions: Aligning Strategy With the Financial Markets, in: Harvard Business Review, Januar–Februar, S. 95–104.

Andrews, Kenneth R. (1971): The Concept of Corporate Strategy, Dow Jones-Irwin, 3rd edition, Homewood/IL.

Ansoff, Igor H. (1965): Corporate Strategy, New York, San Francisco.

Antoni, Conny H. (1994): Gruppenarbeit – mehr als ein Konzept. Darstellung und Vergleich unterschiedlicher Formen der Gruppenarbeit, in: Antoni, Conny H. (Hrsg.): Gruppenarbeit im Unternehmen – Konzepte, Erfahrungen, Perspektiven, Weinheim, S. 19–48.

Antrecht, Rolf / Friese, Ulrich (1996): Das Geheimnis der starken Marken, in: Capital, 35. Jahrgang, Heft 7, S. 37–52.

Arbeitskreis „Immaterielle Werte im Rechnungswesen" der Schmalenbach-Gesellschaft für Betriebswirtschaft e.V. (2001): Kategorisierung und bilanzielle Erfassung immaterieller Werte, in: Der Betrieb, 54. Jahrgang, S. 989–995.

Argyis, Chris / Schön, Donald A. (1978): Organizational Learning: A Theory of Action Perspective, Reading, Massachusetts.

Arnold, Jürgen (1997): Existenzgründung. Von der Idee zum Erfolg, 2. Auflage, Schimmel, Würzburg.

Arntz, Carsten H. / Bindewald, Armin (1998): Innovation versus Tradition, in: Wissenschaftliche Reihe der DtA (Hrsg.), Band 12, Bonn.

Arojärvi, Olli (2001): How to Value Biotechnology Firms: A Study of Current Approaches and Key Value Drivers, PhD Thesis, Helsinki School of Economics and Business Administration.

Arrow, Kenneth J. (1971): Essays in the theory of risk bearing, Markham Publishers, Chicago.

Arthur Andersen Worldwide SC (2001): Beyond the headlines: A survey of lessons learned from merger and acquisition activity, April, S. 2.

Arthur, Brian W. (1989): Competing technologies, increasing returns, and lock-in by historical events, in: The Economic Journal, Volume 99, Issue 394, S. 116–131.

Assmann, Heinz-Dieter (1995): Corporate Governance, in: Die Aktiengesellschaft, 40. Jahrgang, S. 289–290.

Assmann, Heinz–Dieter / Basaldua, Nathalie / Bozenhardt, Friedrich / Peltzer, Martin (1990): Übernahmeangebote, Zeitschrift für Unternehmens- und Gesellschaftsrecht Sonderheft 9.

Assmann, Heinz-Dieter / Lenz, Jürgen / Ritz, Corinna (2001): Verkaufsprospektgesetz, Verkaufsprospekt-Verordnung, Verkaufsprospektgebühren-Verordnung – Kommentar, Köln.

Atteslander, Peter (1995): Methoden der empirischen Sozialforschung, 8. Auflage, Gruyter, Berlin et al.

Austin, David H. (1993): An event-study approach to measuring innovative output: The case of biotechnology, in: American Economic Review, Band 83, Nummer 2, S. 253–258.

Austin, David H. (1995): The power of patents, in: Resources, Nummer 119, S. 2–5.

Baaken, Thomas (1989): Bewertung technologieorientierter Unternehmensgrün-dungen – Kriterien und Methoden zur Bewertung von Gründungspersönlichkeit, Technologie und Markt für Banken und Venture-Capital-Gesellschaften sowie für die staatliche Wirtschafts- und Technologieförderung, Verlag Erich Schmidt, Berlin.

Backhaus, Klaus / Erichson, Bernd / Plinke, Wulff / Weiber, Rolf (2000): Multivariate Analysemethoden: eine anwendungsorientierte Einführung, 9. Auflage, Verlag Springer, Berlin/Heidelberg/New York.

Backhaus, Klaus / Plinke, Wulf (1990): Strategische Allianzen als Antwort auf veränderte Wettbewerbsstrukturen?, in: Backhaus, Klaus/Plinke, Wulf (Hrsg.): Zeitschrift für betriebswirtschaftliche Forschung, Sonderheft Nummer 27, S. 21–33.

Baecker, Philipp N. / Hommel, Ulrich / Lehmann, Hanna (2002): Die Bewertung von Investitionsprojekten mit dem Realoptionsansatz: Ein Methodenüberblick, in: Hommel, Ulrich/Scholich, Martin/Baecker, Philipp N.: Wert Schaffen durch Flexibilität: Realoptionen in der Unternehmenspraxis, Berlin.

Baetge, Jörg (1998): Bilanzanalyse, Düsseldorf.

Baetge, Jörg / Niemeyer, Kai / Kümmel, Jens (2001): Bewertungsverfahren Teil B: Darstellung der Discounted-Cash-flow-Verfahren (DCF-Verfahren) mit Beispiel, in: Peemöller (Hrsg.): Praxishandbuch der Unternehmensbewertung, S. 264–360.

Bagley, Constance E. / Dauchy, Craig E. (1998): The Entrepreneur's Guide to Business Law, Palo Alto.

Bagozzi, Richard P. (1986): Principles of Marketing Management, Chicago.

Baier, Wolfgang / Pleschak, Franz (1996): Marketing und Finanzierung junger Technologieunternehmen – Den Gründungserfolg sichern, Wiesbaden.

Bain, Joe S. (1959): Industrial Organization, New York/NY.

Baker, Malcolm / Ruback, Richard (1999): Estimating Industry Multiples, Working Paper, Harvard School of Business.

Baker, Malcom P. / Gompers, Paul A. (1999): The Determinants of Board Structure and Function in Entrepreneurial Forms, Harvard Business School, Working Paper.

Ballwieser, Wolfgang (1998): Unternehmensbewertung mit Discounted Cash-Flow-Verfahren, in: Die Wirtschaftsprüfung, S. 81–92.

Ballwieser, Wolfgang (2001): Verbindungen von Ertragswert- und Discounted-Cashflow-Verfahren, in: Peemöller, Volker (Hrsg.): Praxishandbuch der Unternehmensbewertung, Verlag Neue Wirtschaftsbriefe, Herne/Berlin, S. 361–373.

Bamberg, Günter / Baur, Franz (2001): Statistik, 11. Auflage, München/Wien.

Bamberger, Ingolf / Pleitner, Hans Jobst (1988): Strategische Ausrichtung kleiner und mittlerer Unternehmen, Berlin/München/St. Gallen.

Bangs, David H. (1995): The Business Planning Guide, Creating practical plans for your start-up venture's success, 7. Auflage, Upstart Publishing, Chicago.

Bantel, Karen A. / Jackson, Susan E. (1989): Top management and innovations in banking: Does the composition of the top team make a difference?, in: Strategic Management Journal, Volume 10, Special Issue, S. 107–124.

Barney, Jay (1986): Strategic factor markets: Expectations, luck, and business strategy, in: Management Science, Volume 32, Issue 10, S. 1231–1241.

Barney, Jay (1991): Firm resources and sustained competitive advantage, in: Journal of Management, Volume 17, Number 3, S. 656–665.

Barney, Jay (1996): Gaining and sustaining competitive advantage, Reading (Mass.).

Bartlett, Christopher A. / Ghoshal, Sumantra (1987a): Managing Across Borders: New Strategic Requirements, in: Sloan Management Review, Volume 28, S. 7–17.

Bartlett, Christopher A. / Ghoshal, Sumantra (1987b): Managing Across Borders: New Organizational Responses, in: Sloan Management Review, Volume 29, S. 43–53.

Bartlett, Christopher A. / Ghoshal, Sumantra (1989): Managing Across Borders. The Transnational Solution, Boston.

Bartlett, Joseph W. (1995): Equity Finance: Venture Capital, Buyouts, Restructurings and Reorganizations, Volume 1, 2nd Edition, New York, NY, 1995.

Basberg, Bjørn L. (1987): Patents and the measurement of technological change: A survey of the literature, in: Research Policy, Band 16, S. 131–141.

Bascha, Andreas / Walz, Uwe (2000): Hybride Finanzierungsinstrumente als Anreiz- und Kontrollmechanismen bei Venture Capital, in: Finanzbetrieb Zeitschrift für Unternehmensfinanzierung und Finanzmanagement, Ausgabe 6/2000, S. 410–418.

Baseler Ausschuss für Bankenaufsicht (2001): Overview of The New Basel Capital Accord, Basel.

Bassen, Alexander (2002): Institutionelle Investoren und Corporate Governance. Analyse der Einflussnahme unter besonderer Berücksichtigung börsennotierter Wachstumsunternehmen, Verlag Gabler, Wiesbaden.

Bassen, Alexander / Behnam, Michael / Gilbert, Dirk U. (2001): Internationalisierung des Mittelstands. Ergebnisse einer empirischen Studie zum Internationalisierungsverhalten deutscher mittelständischer Unternehmen, in: Zeitschrift für Betriebswirtschaft, 71. Jahrgang, S. 413–432.

Bassen, Alexander / Böcking, Hans-Joachim / Loistl, Otto / Strenger, Christian (2000): Die Analyse von Unternehmen mit der "Scorecard for German Corporate Governance", in: Finanz Betrieb, 2. Jahrgang, S. 693–698.

Bauer, Hans H. (1994): Marktabgrenzung, in: Diller, Hermann (Hrsg.): Vahlens großes Marketing Lexikon, Verlag C. H. Beck, München, S. 711–713.

Bauer, Hans H. (1995): Marktabgrenzung, in: Tietz, Bruno (Hrsg.): Handwörterbuch des Marketing, 2. Auflage, Stuttgart, Sp. 1709–1721.

Bauer, Hans H. / Fischer, Marc / Pfahlert, Volker (2001): Lohnt sich für Pharmaunternehmen der Markteintritt als Late Mover? – Ergebnisse einer Rentabilitätsanalyse, in: Zeitschrift für betriebswirtschaftliche Forschung, 53. Jahrgang, Heft 6, S. 632–648.

Bauer, Hans H. / Hannig, U. (1992): Kritische Erfolgsfaktoren deutscher Technologiezentren, Koblenz.

Baum, Robert J. / Locke, Edwin A. / Smith, Ken G. (2001): A multidimensional model of venture growth, in: Academy of Management Journal, Volume 44, Issue 2, S. 292–303.

Baumann, Peter / Meißner, Dirk (1999): Technologietransfer und Unternehmensgründung, in: Sabisch, Helmut (Hrsg.): Management technologieorientierter Unternehmensgründungen, Stuttgart, S. 161–174.

Baums, Theodor (1997): Aktienoptionen für Vorstandsmitglieder, in: Martens Klaus-Peter/Westermann Harm Peter/Zöllner Wolfgang (Hrsg.): Festschrift für Carsten Peter Claussen zum 70. Geburtstag, Köln/Berlin/Bonn/München 1997, S. 3–58.

Baums, Theodor / Fraune, Christian (1995): Institutionelle Anleger und Publikumsgesellschaft: Eine empirische Untersuchung, in: Die Aktiengesellschaft, Band 40, S. 97–112.

Baums, Theodor / Gilson, Ronald J. (1999): The Legal Infrastructure of the German Venture Capital Market, in: Alternative Forms of Organisations, Volume 1, 1999, S. 84–92.

Baums, Theodor / Möller Matthias (2000): Venture Capital: Das U.S.-amerikanische Modell und deutsches Aktienrecht, in: Baums, Theodor/Hopt, Klaus J./Horn, Norbert (Hrsg.): Corporations, Capital Markets and Business in the Law, Liber Amicorum Richard M. Buxbaum, London/The Hague/Boston, S. 33–87.

Bausch, Andreas (2000): Die Multiplikator-Methode – Ein betriebswirtschaftlich sinnvolles Instrument zur Unternehmenswert- und Kaufpreisfindung in Akquisitionsprozessen?, in: Finanz Betrieb, 2. Jahrgang, S. 448–459.

Bausch, Andreas (2002): Value-based Management – Führungsgrößen, Instrumente, Konzepte und Anwendung, unveröffentlichtes Arbeitspapier für die Deutsche Telekom, Bad Honnef, Januar.

Bausch, Andreas / Kaufmann, Lutz (2000): Innovationen im Controlling – am Beispiel der Entwicklung monetärer Kennzahlensysteme, in: Controlling, 12. Jahrgang, S. 121–128.

Bausch, Theodor / Opitz, Otto (1993): PC-gestützte Datenanalyse mit Fallstudien aus der Marktforschung, München.

Baxter, Mike (1995): Product design: A practical guide to systematic methods of new product development, Chapman&Hall, London et al..

Baysinger, Barry / Butler, Henry (1985): Corporate Governance and the Board of Directors. Performance Effects of Changes in Board Composition, in: Journal of Law, Economics, and Organization, Volume 1, S. 101–124.

Bea, Franz X. / Scheurer, S. / Gutwein, D. (1996): Institutionalisieruung bei der GmbH durch einen Beirat, in: Der Betrieb, 49. Jahrgang, Heft 24, S. 1193–1198.

Bearse, Peter (1998): A question of evaluation: NBIA's impact assessment of business incubators, in: Economic Development Quarterly, Volume 12, S. 322–333.

Beatty, Randolph P. / Riffe, Susan M. / Thompson, Rex (1999): The Method of Comparables and Tax Court Valuations of Private Firms: An Empirical Examination, in: Accounting Horizons, Volume 13, S. 177–199.

Beck, Ulrich (1997): Was ist Globalisierung? Irrtümer des Globalismus – Antworten auf Globalisierung, Frankfurt am Main.

Becker, Jochen (1988): Marketing-Konzeption, Grundlagen des strategischen Marketing-Managements, 2. Auflage, Verlag Vahlen, München.

Becker, Jörg / Rosemann, Michael / Schütte, Reinhard (1995): Grundsätze ordnungsgemäßer Modellierung, in: Wirtschaftsinformatik, Band 37, Heft 5, S. 435–445.

Becker, Reimund (2000): Buy-Outs in Deutschland – Handbuch für Manager, Consultants und Investoren, Köln.

Beer, M. (1976): The Technology of Organization Development, in: Dunnette, Marvin D. (Hrsg.): Handbook of Industrial and Organizational Psychology, Chicago, S. 937–993.

Begley, Thomas M. / Boyd David P. (1987): Psychological characteristics associated with performance in entrepreneurial firms and smaller businesses, in: Journal of Business Venturing, Volume 2, Issue 1, S. 79–93.

Behnam, Michael / Gilbert, Dirk U. (2001): Internationalization Strategies of Medium-Sized German Companies: An Empirical Survey, in: Journal of International Business and Economy, Volume 2, S. 95–109.

Behnam, Michael / Gilbert, Dirk U. (2002): A New Concept of Strategic Management for M-Commerce Companies, Proceedings of the 2002 Annual Conference of the National Business and Economics Society, Lakewood, S. 1–24.

Behr, Giorgi / Kind, Alexander (1999): Wie können junge Wachstumsunternehmen beurteilt werden?, Der Schweizer Treuhänder, S. 63–70.

Behrens, Karl C. (1974): Handbuch der Marktforschung, Verlag Gabler, Wiesbaden.

Beike, Rolf / Barckow, Andreas (1998): Risk-Management mit Finanzderivaten. 2. Auflage, München.

Bekmeier, Sigrid (1994): Markenwert und Markenstärke: Markenevaluierung aus konsumenten-orientierter Sicht, in: Markenartikel, Heft 8, S. 383–387.

Bekmeier-Feuerhahn, Sigrid (1998): Marktorientierte Markenbewertung: Eine konsumenten- und unternehmensbezogene Betrachtung, Wiesbaden.

Bell, Markus G. (1998): Der informelle Venture-Capital-Markt in Deutschland – die Suche nach den Angels in Deutschland, in: Sparkasse, 115. Jahrgang, S. 301–306.

Benninga, Simon / Sarig, Oded (1997): Corporate Finance: A Valuation Approach, McGraw-Hill.

Bennis, Warren G. / Mische, Michael (1995): The 21st Century Organization. Reinventing Through Reengineering, San Diego u. a..

Benton, Lee F. / Gunderson jr., Robert V. (1997): Portfolio Company Investments, in: Halloran, Michael J. (Hrsg.): Venture Capital and Public Offering Negotiation, 3rd edition, New York 1997.

Berekoven, Ludwig (1992): Von der Markierung zur Marke, in: Dichtl, Erwin/Eggers, Walter (Hrsg.): Marke und Markenartikel als Instrumente des Wettbewerbs, München, S. 25–46.

Berekoven, Ludwig / Eckert, Werner / Ellenrieder, Peter (1999): Markfortschung: Methodische Grundlagen und praktische Anwendung, 8. Auflage, Verlag Gabler, Wiesbaden.

Berens, Wolfgang / Brauner, Hans Ulrich (1999): Due Diligence bei Unternehmensakquisitionen, 2. Auflage, Verlag Schäffer-Poeschel, Stuttgart.

Berens, Wolfgang / Hoffjan, Andreas / Pakulla, Regina (2000): Venture-Capital-Finanzierung, in: WiST, April, 29. Jahrgang, Heft 5, Verlag C.H. Beck, München, S. 287–291.

Berens, Wolfgang / Strauch, Joachim (1999): Herkunft und Inhalt des Begriffs Due Dilligence, in: Berens, Wolfgang/Brauner, Hans U. (Hrsg.): Due Dilligence bei Unternehmensakquisitionen, 2. Auflage, Schriftenreihe Der Betrieb, Schäffer-Poeschel Verlag, Stuttgart, S. 3–21.

Berger, Philip. G. / Ofek, Eli (1994): Diversification's Effect on Firm Value, in: Journal of Financial Economics, Volume 37, S. 39–65.

Berger, Philip. G. / Ofek, Eli / Yermack, David L. (1997): Managerial Entrenchment and Capital Structure Decisions, in: Journal of Finance, Volume 52, S. 1411–1438.

Berkowitz, Ruth / Malisuwan, Amy / Shimizu, Shun (2001): Trade dress: creating competitive advantage on the internet, Kellogg Graduate School of Management, Evanston.

Berle, Adolf A. / Means, Gardiner (1932): The Modern Corporation and Private Property, New York.

Berliner Initiativkreis German Code of Corporate Governance (2000): German Code of Corporate Governance (GCCG), in: Der Betrieb, 53. Jahrgang, S. 1573–1581.

Bessen, James / Maskin, Eric (2000): Sequential innovation, patents and imitation, Massachusetts Institute of Technology, Working Paper Nr. 00-01, Cambridge, Mass.

Betsch, Oskar / Groh, Alexander / Lohmann, Lutz (1998): Corporate Finance: Unternehmensbewertung, M&A und innovative Kapitalmarktfinanzierung, München.

Betsch, Oskar / Groh, Alexander / Schmidt, Kay (2000): Gründungs- und Wachstumsfinanzierung innovativer Unternehmen, München.

Betten, Jürgen (1995): Patentschutz von Computerprogrammen, in: Gewerblicher Rechtsschutz und Urheberrecht, Heft 12, S. 775–789.

BGH (1991): Urteil vom 25.3.1991, in: Der Betrieb, 44. Jahrgang, S. 1212–1215.

Bhave, Mahesh P. (1994): A process model of entrepreneurial venture creation, in: Journal of Business Venturing, Volume 9, Issue 3, S. 223–242.

Bhide, Amar (1994): The questions every entrepreneur must answer, in: Harvard Business Review, November–December, S. 120–130.

Bhide, Amar (2001): Bootstrap Finance, in: Bhidé, Amar/Roberts, Michael J./Sahlman, William A./Stevenson, Howard H. (Hrsg.): The Entrepreneurial Venture, 2. Auflage, Boston, S. 223–237.

Bidlingmaier, Johannes (1983): Marketing, Band 1, 10. Auflage, Opladen, Westdeutscher Verlag.

Bird, Barbara J. (1989): Entrepreneurial behavior, Addison-Wesley, Reading.

Birley, Sue / Stockley, Simon (2000): Entrepreneurial teams and venture growth, in: Sexton, Donald E./Landström, Hans (Hrsg.): The Blackwell handbook of entrepreneurship, Blackwell Publishers, Oxford/Malden, S. 287–307.

Bischoff, Johannes G. (1993): Operatives Controlling bei jungen Unternehmungen, in: Federmann, Rudolf (Hrsg.): Betriebswirtschaftslehre, Unternehmenspolitik und Unternehmensbesteuerung, Erich Schmidt Verlag, Berlin, S. 93–107.

Black, Fischer / Scholes, Myron S. (1973): The Pricing of Options and Corporate Liabilities, in: Journal of Political Economy, 81. Jahrgang, S. 637–659.

Blair, Margaret M. / Wallman, Steve (2001): Unseen Wealth. Report of the Brookings Task Force on Intangibles, Brookings Institution Press, Washington.

Blake, Robert / McCanse, Anne A. (1995): Das GRID-Führungsmodell, 3. Auflage, Düsseldorf u.a.

Blake, Robert / Shepard, Herbert A. / Mouton, Jane S. (1964): Managing Intergroup Conflict in Industry, Houston.

Blanchard, Oliver / Lopez-de-Silanes, Florencio / Shleifer, Andrei (1994): What do Firms Do with Cash Windfall, in: Journal of Financial Economics, Volume 36, S. 337–360.

Blättchen, Wolfgang (1995): Börsenzulassung, in: Gerke, Wolfgang/Steiner, Manfred (Hrsg.): Handwörterbuch des Bank- und Finanzwesens, 2. Auflage, Stuttgart, S. 345–354.

Bleicher, Knut (1990): Organisation, Verlag Gabler, Wiesbaden.

Bleicher, Knut (1991): Das Konzept Integriertes Management – Das St. Galler Management-Konzept, Verlag Campus, Frankfurt am Main/NewYork.

Bleicher, Knut (1999): Das Konzept Integriertes Management: Visionen – Missionen – Programme, 5. Auflage, Verlag Campus, Frankfurt am Main/New York.

Block, Zenas / MacMillan, Ian C. (1993): Corporate venturing: Creating new businesses within the firm, Harvard Business School Press, Boston.

BMBF – Bundesministerium für Bildung, Wissenschaft, Forschung und Technologie (1998): Förderfibel 1998 – Förderung von Forschung, Entwicklung und Innovation, Bonn.

BMBF (2001): Bericht zur technologischen Leistungsfähigkeit Deutschlands. Zusammenfassender Endbericht 2000.

Bock, Hans Hermann (1974): Automatische Klassifikation, Theoretische und praktische Methoden zur Gruppierung und Strukturierung von Daten, Göttingen.

Böcking, Hans-Joachim (1998): Zum Verhältnis von Rechnungslegung und Kapitalmarkt: Vom „financial accounting" zum „business reporting", in: Zfbf Sonderheft 40, S. 17–54.

Böcking, Hans-Joachim / Nowak, Karsten (1999): Marktwertorientierte Unternehmensbewertung, in: Finanzbetrieb, 1. Jahrgang, S. 169–176.

Böcking, Hans-Joachim / Orth, Christian (2001): Risikokommunikation am Neuen Markt, in: Achleitner, Ann-Kristin/Bassen, Alexander (Hrsg.): Investor Relations am Neuen Markt. Stuttgart, S. 653–676.

Boehm-Bezing von, Carl L. (1999): Business Angels und ihre Netzwerke, in: Die Bank, ohne Jahrgang, Heft 9, S. 598–601.

Boehm-Bezing von, Carl-Ludwig (1999): Neue Formen der Innovationsfinanzierung durch Banken, in: Barske, Heiko/Gerybadze, Alexander/Hünninghausen, Lars Sommerlatte, Tom (Hrsg.): Das Innovative Unternehmen – Produkte, Prozesse, Dienstleistungen, Gabler Verlag, Wiesbaden, Kapitel 14.05 (Loseblattsammlung).

Böhler, Heymo (1995): Marktforschung, in: Tietz, Bruno (Hrsg.): Handwörterbuch des Marketing, 2. Auflage, Verlag Schäffer-Poeschel, Stuttgart, Sp. 1768–1781.

Böhmer, Christiane (2001): Valuation of Dot.coms, Working Paper, Hochschule Sankt Gallen.

Bontis, Nick (2000): Assessing Knowledge Assets: A Review of the Models to Measure Intellectual Capital, Working Paper School of Business McMaster University, Hamilton.

Booth, James R. / Smith, Richard L. II (1986): Capital Raising, Underwriting and the Certification Hypothesis, in: Journal of Financial Economics, Volume 15, S.°261–281.

Borison, Adam (2001): Real Option Valuation™ - Der neue Standard für die Bewertung, die Auswahl und das Management von strategischen Investitionen, in: Hommel, Ulrich/Scholich, Martin/Vollrath, Robert (Hrsg.): Realoptionen in der Unternehmenspraxis, Berlin/Heidelberg/New York, S. 3–12.

Born, Karl (2001): Bilanzanalyse international – Deutsche und ausländische Jahresabschlüsse lesen und beurteilen, 2. Auflage, Verlag Schäffer-Poeschel, Stuttgart.

Borowicz, Frank / Scherm, Ewald (2001): Standardisierungsstrategien: Eine erweiterte Betrachtung des Wettbewerbs auf Netzeffektmärkten, in: Zeitschrift für betriebswirtschaftliche Forschung, 53. Jahrgang, Heft 6, S. 391–416.

Borrmann, Werner A. (1997): Erfolgsfaktoren für die Globalisierung von Unternehmen – Ergebnisse einer Studie von A.T.Kearney, in: Macharzina, Klaus/Oesterle, Michael-Jörg (Hrsg.): Handbuch Internationales Management. Grundlagen – Instrumente – Perspektiven, Wiesbaden, S. 809–823.

Borst, S. (2000): Vom Programm zum Software-Patent, in: Business 2.0, November, S. 118–124.

Bösl, Konrad (1996): Hohe Börsenreife, aber die Bereitschaft zum Going Public ist gering: Ergebnisse einer empirischen Untersuchung, in: Betriebswirtschaftliche Forschung und Praxis, 48. Jahrgang, S. 183–207.

Botosan, Christiane A. (1997): Disclosure Level and Cost of Capital, in: The Accounting Review, S. 323–349.

Botosan, Christine A. (2000): Evidence that Greater Disclosure Lowers the Cost of Equity Capital, in: Journal of Applied Corporate Finance, S. 60–69.

Boulton, Richard E. S. / Libert Barry D. / Samek, Steve M. (2000): Cracking the Value Code, HarperBusiness Verlag, New York.

Bound, John / Cummins, Clint / Griliches, Zvi / Hall, Bronwyn / Jaffe, Adam (1984): Who does R&D and who patents?, in: Griliches, Zvi (Hrsg.): R&D, patents and productivity, Chicago, S. 21–54.

Bowers, David G. (1973): OD Techniques and Their Results in 23 Organizations – The Michigan ICL Study, in: Journal of Applied Behavioral Science, Volume 9, S. 21–43.

Bowman Douglas / Gatignon, Hubert (1996): Order of Entry as a Moderator of the Effect of Marketing Mix on Market Share, in: Marketing Science, Volume 15, Issue 3, S. 222–242.

Bowman, Edward H. (1974): Epistemology, corporate strategy and academe, in: Sloan Management Review, Volume 15, S. 35–50.

Bowonder, B. / Yadav, S. / Kumar, S. (2000): R&D spending patterns of global firms, in: Research Technology Management, September–Oktober, S. 40–56.

Box, Tom M. / Watts, Larry R. / Hisrich, Robert D. (1992): An empirical study of manufacturing entrepreneurs in Tulsa and East Texas, Kelce School of Business and Economics, Working Paper, Fall 1992.

Boyd, David P. / Gumpert, David E. (1983): Coping with entrepreneurial stress, in: Harvard Business Review, Volume 61, Issue 2, S. 44–64.

Brainard, William C. / Tobin, James (1968): Pitfalls in financial model building, in: The Amerian Economic Review, Volume 58, Issue 2, S. 99–122.

Brandenburger, Adam M. / Nalebuff, Barry J. (1996): Co-opetition, Doubleday, New York, NY.

Brauer, Wolfgang (1996): Die Betriebsform im stationären Einzelhandels als Marke, München.

Brav, Alon / Gompers, Paul A. (1997): Myth or reality? The long-run underperformance of initial public offerings: Evidence from venture and nonventure capital-backed companies, in: Journal of Finance, Volume 52, S. 1791–1821.

Braverman, Harry (1974): Labor and monopoly capital, The degeneration of work in the 20th Century, New York, London.

Brazeal, Deborah V. / Herbert, Theodore T. (1997): Toward conceptual consistency in the foundation of entrepreneurship, International Council For Small Business, 42nd World Conference: Entrepreneurship The Engine of Global Economic Development, San Francisco, 1997 (aus dem Internet zitiert).

Brealey, Richard A. / Myers, Steward C. (2000): Principles of Corporate Finance, 6th edition, McGraw-Hill, New York.

Brealey, Richard A. / Myers, Stewart C. (1996): Principles of Corporate Finance, 5th edition, New York.

Bresemann, Hans-Joachim / Zimdars, Jürgen / Skalski, Detlef (1995): Wie finde ich Normen, Patente, Reports, 2. Auflage, Berlin.

Brettel, Malte / Jaugey, Cyril / Rost, Cornelius (2000): Business Angels: Der informelle Beteiligungskapitalmarkt in Deutschland, Verlag Gabler, Wiesbaden.

Brinker, Barry (1999): Intellectual Capital: Tomorrow's Asset, Today's Challenge, http://www.cpavision.org/vision/wpaper05b.cfm (Stand: 5.12.99).

Bristol, Tom / Fern, Edward F. (1996): Exploring the atmosphere created by focus groups: Comparing consumers' feelings across qualitative techniques, in: Journal of the Market Research Society, Volume 38, Issue 2, S. 185–195.

Brockhoff, Klaus (1988): Produktpolitik, 2. Auflage, Stuttgart.

Brockhoff, Klaus (1992): Instruments for patent data analysis in business firms, in: Technovation, Band 12, Nummer 1, S. 41–58.

Brockhoff, Klaus (1993): Forschung und Entwicklung, in: Bitz, M. (Hrsg.): Vahlens Kompendium der Betriebswirtschaftslehre, Band 1, 3. Auflage, Verlag Vahlen, München, S. 173–201.

Brockhoff, Klaus (1997): Industrial research for future competitiveness, Heidelberg.

Brockhoff, Klaus (1999a): Forschung und Entwicklung, Planung und Kontrolle, 5. Auflage, München.

Brockhoff, Klaus (1999b): Produktpolitik, 4. Auflage, Stuttgart.

Brockhoff, Klaus (1999c): Technological progress and the market value of firms, in: International Journal of Management Reviews, Band 1, Nummer 4, S. 485–501.

Brockhoff, Klaus (2001): Neue Herausforderungen an die Berichterstattung über Forschung und Entwicklung, in: Boysen, Kurt/Dyckerhoff, Christian/Otte, Holger (Hrsg.), Der Wirtschaftsprüfer und sein Umfeld zwischen Tradition und Wandel zu Beginn des 21. Jahrhunderts, Festschrift zum 75. Geburtstag von Hans-Heinrich Otte, Düsseldorf, S. 51–65.

Brockhoff, Klaus / Chakrabarti, Alok (1997): Take a Proactive Approach to Negotiating your R&D Budget, in: Research Technology Management, Band 40, Nummer 5, S. 37–41.

Brockhoff, Klaus / Ernst, Holger / Hundhausen, Eckhard (1999): Gains and Pains from Licensing – Patent-Portfolios as Strategic Weapons in the Cardiac Rhythm Management Industry, in: Technovation, Volume 19, Nummer 10, S. 605–614.

Brotte, Jörg (1997): US-amerikanische und deutsche Geschäftsberichte. Notwendigkeit, Regulierung und Praxis jahresabschlußergänzender Informationen, Gabler Verlag, Wiesbaden.

Brown, Shona L. / Eisenhardt, Kathleen M. (1995): Product Development: Past Research, Present Findings, and Future Directions, in: Academy of Management Review, Volume 20, Number 2, S. 343–378.

Brüderl, Josef / Preisendörfer, Peter / Zieler, Rolf (1996): Der Erfolg neugegründeter Betriebe – Eine empirische Studie zu den Chancen und Risiken von Unternehmensgründungen, Duncker & Humblot, Berlin.

Brüggelambert, Gregor (1999): Deregulierungsbedarf im Bereich von Existenzgründungen: Sind legale Existenzgründungen überhaupt möglich? Abschlussbericht einer Vorstudie an der Professur für Wirtschaftspolitik des Fachbereichs Wirtschaftswissenschaften der Universität Essen.

Bruns, Hans-Georg / Renner, Wolfgang (2001): Finanzanalytische SEC-Berichterstattung in der Form 20-F-„Operating and Financial Review and Prospects" (OFR), in: Betriebswirtschaftliche Forschung und Praxis (BfuP), S. 7–26.

Brush, Candia G. / Vanderwerf, Piter A. (1992): A Comparison of Methods and Sources for obtaining estimates of New Venture Performance, in: Journal of Business Venturing, Volume 7, Number 2, S. 157–170.

Bryan, Lowell L. / Fraser, Jane N. (1999): Getting to Global, in: McKinsey Quarterly, Number 4, S. 68–81.

Buchholz, Wolfgang (1998): Timingstrategien – Zeitoptimale Ausgestaltung von Produktentwicklungsbeginn und Markteintritt, in: Zeitschrift für betriebswirtschaftliche Forschung, 50. Jahrgang, Heft 1, S. 21–40.

Bucklew, Maylun / Edvinsson, Leif (1999): Intellectual Capital at Skandia, http://fpm.com/cases/el3.html (Stand: 17.4.01).

Budde, Wolfgang / Hense, Burkhard (1999): Kommentierung des § 323 HGB in: Budde, Wolfgang Dieter/Schnicke, Christian/Stöffler, Michael (Hrsg.): Beck'scher Bilanzkommentar. Handels- und Steuerecht - §§ 238 bis 339 HGB -, 4. Auflage, Verlag C.H. Beck, München.

Bühler, Wolfgang (1998): Risikocontrolling in Industrieunternehmen. In: Börsig, Clemens/Coenenberg, Adolf G. (Hrsg.): Controlling und Rechnungswesen im internationalen Wettbewerb. Stuttgart, S. 205–233.

Bühner, Rolf (1999): Betriebswirtschaftliche Organisationslehre, 9. Auflage, München.

Bull, Ivan / Willard, Gary E. (1993): Towards a Theory of Entrepreneurship, in: Journal of Business Venturing, Volume 8, Issue 3 (May), S. 183–195.

Bullinger, Hans Jörg / Warnecke, Hans Jürgen (1996): Neue Organisationsformen im Unternehmen, Berlin/Heidelberg.

Bundesaufsichtsamt für den Wertpapierhandel (1998): Insiderhandelsverbote und Ad hoc-Publizität nach dem Wertpapierhandelsgesetz, 2. Auflage, Frankfurt am Main.

Bundesministerium für Wirtschaft (1996): Bericht der Ressortarbeitsgruppe, Risikokapital für Existenzgründer und Mittelständische Unternehmen, BMWi, Bonn.

Bundesverband der Deutschen Industrie e.V./PwC Deutsche Revisions AG Wirtschaftsprüfungsgesellschaft (Hrsg.) (2000): Corporate Govenance in Deutschland, Berlin.

Bürgel, Hans D. / Haller, Christine / Binder, Markus (1996): F&E-Management, Verlag Vahlen, München.

Bürgel, Oliver (2000): The Internationalisation of British Start-up Companies in High-Technology Industries, Heidelberg.

Burger, Anton (1995): Jahresabschlussanalyse, Verlag Oldenbourg, München/Wien.

Bürgi, Wolfhart F. (1950): Rechtliche und wirtschaftliche Überlegungen zum Problem der Markenlizenz, in: Wirtschaft und Recht, 2. Jahrgang, S. 85–98.

Bürki, Daniel Marc (1996): Der ‚ressourcenorientierte Ansatz' Ansatz als neues Denkmodell des strategischen Managements, Bamberg.

Bushee, Brian J. (1998): The Influence of Institutional Investors on Myopic R&D Investment Behavior, in: the Accounting Review, Volume 73, S. 305–333.

Busse von Colbe, Walther (1957): Der Zukunftserfolg, Wiesbaden.

Buzzell, Robert D. (1983): Is vertical integration profitable?, in: Harvard Business Review, Heft 1, S. 92–102.

Buzzell, Robert D. / Gale, Bradley T. (1987): The PIMS Principles – Linking Strategy to Performance, The Free Press, New York.

BVK – Bundesverband deutscher Kapitalbeteiligungsgesellschaften e.V. (1996): BVK Statistik 1996, Berlin.

BVK – Bundesverband deutscher Kapitalbeteiligungsgesellschaften e.V. (1997): BVK Statistik 1997, Berlin.

BVK – Bundesverband deutscher Kapitalbeteiligungsgesellschaften e.V. (1998): BVK Statistik 1998, Berlin.

BVK – Bundesverband deutscher Kapitalbeteiligungsgesellschaften e.V. (1999): BVK Statistik 1999, Berlin.

BVK – Bundesverband deutscher Kapitalbeteiligungsgesellschaften e.V. (2000): BVK Statistik 2000, Berlin.

BVK – Bundesverband deutscher Kapitalbeteiligungsgesellschaften e.V. (2001): BVK Statistik 2001, Berlin.

BVK – Bundesverband deutscher Kapitalbeteiligungsgesellschaften e.V. (2002): BVK Statistik 2002, Berlin.

Bygrave, William D. / Hofer, Charles W. (1991): Theorizing about Entrepreneurship, in: Entrepreneurship Theory and Practice, Volume 16, Issue 2, S. 13–22.

Bygrave, William D. / Johnstone, Gregory / Lewis, Julie / Ullman, Robert (1998): Venture Capitalists´ Criteria for selecting High-Tech Investments: Prescriptive wisdom Compared with Actuality, in: Frontiers of Entrepreneurship Research, Babson College, Wellesley/MA, S. 544–555.

Bygrave, William D. / Timmons, Jeffrey A. (1992): Venture Capital at the Crossroads, Harvard Business School Press.

C&L Deutsche Revision AG (1998): Risikomanagement. Maßnahmen zur Sicherung Ihres Unternehmenserfolgs, Frankfurt am Main.

Caird, Sally (1993): What do psychological tests suggest about entrepreneurs?, in: Journal of Managerial Psychology, Volume 8, Issue 6, S. 11–20.

Call, Guido (1997): Entstehung und Markteinführung von Produktneuheiten: Entwicklung eines prozeßintegrierten Konzepts, Verlag Gabler, Wiesbaden.

Carter, Richard B. / Manaster, Steven (1990): Initial Public Offerings and Underwriter Reputation, in: Journal of Finance, Volume 45, Nummer 4 (September), S. 1045–1067.

Chalsen, Christopher / Griem, John (2000): Drafting and prosecuting the business method patent: building the cyberspace fence, in: Berkowitz, Jeffrey (Hrsg.): Patenting the new business model: building fences in cyberspace, New York, NY, S. 163–173.

Chan, Louis K. C. / Karceski, Jason / Lakonishok, Josef (2001): The Level and Persistence of Growth Rates, Working Paper, University of Illinois.

Chan, Yuk-Shee / Siegel, Daniel / Thakor, Anjan (1990): Learning, Corporate Control and Performance Requirements in Venture Capital Contracts, in: International Economic Review, Volume 31, S. 365–381.

Chandler, Alfred D. Jr. (1962): Strategy and Structure: Chapters in the history of American industrial enterprise, MIT Press, Cambridge/MA.

Chandler, Alfred D. Jr. (1977): The Visible Hand, Cambridge u.a., 1977.

Chandler, Gaylen N. / Hanks, Steven H. (1993): Measuring the Performance of Emerging Businesses: A validation study, in: Journal of Business Venturing, Volume 8, Number 5 (September), S. 391–408.

Chandler, Gaylen N. / Hanks, Steven H. (1994): Market Attractiveness, Resource-Based Capabilities, Venture Strategies, and Venture Performance, in: Journal of Business Venturing, Volume 9, Number 3, S. 331–349.

Chandler, Gaylen N. / Jansen, Erik (1992): The founder's self-assessed competence and venture performance, in: Journal of Business Venturing, Volume 7, Issue 3, S. 223–236.

Chandrasekaran, Balakrishnan (1989): A Framework for Design Problem-Solving, in: Research in Engineering Design, 1. Jahrgang, Heft 2, S. 75–86.

Chang, Sea Jin / Singh, Harbir (1999): The Impact of Modes of Entry and Resource Fit on Modes of Exit by Multibusiness Firms, in: Strategic Management Journal, Volume 20, Issue 11, S. 1019–1035.

Chatterjee, Robin / Meeks, Geoffrey (1996): The financial effects of takeovers: accounting rates of return and accounting regulation, in: Journal of Business Finance & Accounting, Volume 23, Number 5, S. 851–868.

Chinsomboon, Oonut Mac (2000): Incubators in the New Economy, Boston.

Christensen, Clayton M. / Bower, Joseph L. (1996): Customer power, strategic investment, and the failure of leading firms, in: Strategic Management Journal, Volume 17, Issue 3, S. 197–218.

Churchill, Neil C. / Mullins, John W. (2001): How Fast Can Your Company Afford to Grow?, in: Harvard Business Review, Volume 79, May, S. 135–143.

Clark, Kim B. (1985): The Interaction of Design Hierarchies and Market Concepts in Technological Evolution, in: Research Policy, 14. Jahrgang, Heft 5, S. 235–251.

Claussen, Carsten Peter (1996): Insiderhandelsverbot und Ad hoc-Publizität, Verlag Dr. Otto Schmidt, Köln.

Clotten, Cornelius (1999): Management Stock Options – Grundsätzliche Überlegungen und das Modell der Dresdner Bank, in: Pellens, Berhard (Hrsg.): Unternehmenswertorientierte Entsohnungssysteme, Verlag Schäffer-Poeschel, Stuttgart, S. 101 ff.

Coase, Ronald H. (1937): The Nature of the Firm, in: Economia, Nr. 4, S. 386–405.

Cockburn, Ian M. / Henderson, Rebecca M. / Stern, Scott (2000): Untangling the origins of competitive advantage, in: Strategic Management Journal, Volume 21, S. 1123–1145.

Coenenberg, Adolf G. (1997): Kostenrechnung und Kostenanalyse, 3. Auflage, Verlag Moderne Industrie, Landsberg am Lech.

Cohen, Wesley M. / Levinthal, Daniel A. (1990): Absorptive capacity: A new perspective on learning and innovation, in: Administrative Science Quarterly, Band 35, Nummer 1, S. 128–152.

Collins, Orvis F. / Moore, David G. (1964): The entreprising man, Bureau of Business and Economic Research, Graduate School of Business Administration, Michigan State University, East Lansing.

Comelli, Gerhard (1985): Training als Beitrag zur OE, München, Wien.

Conrads, Michael (1975): Human Resource Accounting, Köln.

Constantin Film AG (2001): Geschäftsbericht 2000, München.

Contractor, Farok J. / Lorange, Peter (1988): Why should firms cooperate? The strategy and economics basis for cooperative ventures, In: Contractor, Farok J./ Lorange, Peter (Hrsg.): Cooperative strategies in international business. Joint ventures and technology partnerships between firms, Lexington (Mass.), S. 3–30.

Coombs, Joseph E. / Deeds, David L. (1997): The Market Value of Intangible Ressources: Evidence from the Biotechnology Industry, Working Paper, Temple University.

Cooper, Arnold C. (1995): Challenges in Predicting New Firm Performance, in: Bull, I./Thomas, H./Willard, G. (Hrsg.): Entrepreneurship: Perspectives and Theory Building, Elsevier Science, Tarrytown/NY, S. 109–128.

Cooper, Arnold C. / Daily, Catherine M. (1997): Entrrpreneurial teams, in: Sexton, Donald L./Smilor, Raymond W. (Hrsg.): Entrepreneurship 2000, Upstart Publishing Company, Chicago, S. 127–150.

Cooper, Arnold C. / Gimeno-Gascón, F. Javier (1992): Entrepreneurs, processes of founding, and new-firm performance, in: Sexton, Donald L./Kasarda, John D. (Hrsg.): The state of the art of entrepreneurship, Boston, PWS-Kent Publishing Company, S. 301–340.

Cooper, Arnold C. / Gimeno-Gascón, F. Javier / Woo, Carolyn Y. (1994): Initial Human and Financial Capital as Predictors of New Venture Performance, in: Journal of Business Venturing, Volume 9, Number 5 (September), S. 371–395.

Cooper, Arnold C. / William, C. Dunkelberg / Carolyn, Y. Woo / William, J. Dennis Jr. (1990): New business in America: The firms and their owners, National Foundation of Independent Business, Washington, D.C..

Cooper, Robert G. / Kleinschmidt, E. J. (1995): Benchmarking Firms' New Product Performance & Practices, in: Engineering Management Review, 23. Jahrgang, Heft 3, S. 112–120.

Copeland, Thomas E. / Keenan, Philipp T. (1998a): How Much is Flexibility Worth?, in: The McKinsey Quarterly, Nummer 2, S. 38–49.

Copeland, Thomas E. / Keenan, Philipp T. (1998b): Making Real Options Real, in: The McKinsey Quarterly, Nummer 3, S. 128–141.

Copeland, Tom / Antikarov, Vladimir (2001): Real Options, A Practitioner's Guide, Verlag Texere Publishing, New York/London.

Copeland, Tom / Koller, Tim / Murrin, Jack (1998): Unternehmenswert – Methoden und Strategien für eine wertorientierte Unternehmensführung, 2. Auflage, Verlag Campus, Frankfurt am Main/New York.

Copeland, Tom / Koller, Tim / Murrin, Jack (2000): Valuation. Measuring and Managing the Value of Companies, 3rd edition, Wiley, New York.

Cornell, Bradford (2001): Is the Response of Analysts to Information Consistent with Fundamental Valuation? The Case of Intel, in: Financial Management, Volume 30, S. 113–136.

Cornelsen, Jens (2000): Kundenwertanalysen im Beziehungsmarketing: Theoretische Grundlegung und Ergebnisse einer empirischen Analyse im Automobilbereich, Nürnberg.

Council Directive (1993): Council Directive 93/22/EEC of 10 May 1993 on Investment Services in the Securities Field.

Coveney, Patrick / Moore, Karl (1998): Business angels: securing start-up finance, Wiley.

Coviello, Nicole E. / Munro, Hugh J. (1999): Network Relationships and the Internationalization Process of Small Software Firms, in: Buckley, Peter J./Ghauri, Pervew N. (Hrsg.): The Internationalization of the Firm, 2. Auflage, London et al., S. 114–135.

Covin, Jeffrey G. / Slevin, Dennis P. / Heeley, Michael B. (2000): Pioneers and Followers: Competitive Tactics, Environment, and Firm Growth, in: Journal of Business Venturing, Volume 15, Number 2, S. 175–210.

Cox, John C. / Rubinstein, Mark E. / Ross, Stephen A. (1979): Option Pricing: A Simplified Approach, in: Journal of Financial Economics, 7. Jahrgang, Nummer 3, S. 229–263.

Cravens, Karen S. / Guilding, Chris (1999): Strategic Brand Valuation: A Cross-Functional Perspective, in: Business Horizons, 42. Jahrgang, Heft 4, S. 53–62.

Crawford, C. Merle (1980): The idea evaluation function in smaller firms, in: Journal of Small Business Management, Volume 18, Issue 2, S. 31–40.

Cummings, Thomas G. / Huse, Edgar F. (1989): Organization Development and Change, 4. Auflage, St. Paul.

Cummings, Thomas G. / Worley, Christopher G. (2001): Organization Development and Change, 7. Auflage, St. Paul.

Cyert, Richard M. / March, James G. (1963): A behavioral theory of the firm, Prentice-Hall, Englewood Cliffs, New York.

Damodaran, Aswath (1996): Investment Valuation. New York.

Damodaran, Aswath (2000): The Dark Side of Valuation: Firms with no Earnings, no History and no Comparables. Can Amazon.com be valued?, Arbeitspapier Stern School of Business, New York/NY.

Damodaran, Aswath (2001): The Dark Side of Valuation. Valuing Old Tech, New Tech, and New Economy Companies, Prentice Hall, Upper Saddle River.

Damodaran, Aswath (2001b): Management Options and Value Per Share, Working Paper, Stern School of Management, New York University.

Daniel, Ronald (1961): Management Information Crisis, in: Harvard Business Review, September-October, S. 111–121.

Darby, Michael R. / Karni, Edi (1973): Free Competition and the Optimal Amount of Fraud, in: The Journal of Law and Economics, Volume 16, Issue 1, S. 67–88.

Daschmann, Hans-Achim (1994): Erfolgsfaktoren mittelständischer Unternehmen – Ein Beispiel zur Erfolgsfaktorenforschung, Verlag Schäffer-Poeschel, Stuttgart.

Daumenlang, Konrad (1994): Querschnitt- und Längsschnittmethoden, in: Roth, Erwin/Holling, Heinz (Hrsg.): Sozialwissenschaftliche Methoden: Lehr- und Handbuch für Forschung und Praxis, 5. Auflage, Verlag Oldenbourg, München et al., S. 309–340.

Dautel, Ralph (2000): Besteuerung von Mitarbeiterbeteiligungen, in: Der Betriebs-Berater, 55. Jahrgang, Heft 35, S. 1757–1762.

Dautel, Ralph (2001): Steueroptimierter Unternehmenskauf nach der Unternehmenssteuerreform, in: Finanzbetrieb Zeitschrift für Unternehmensfinanzierung und Finanzmanagement, 3. Jahrgang, Juli-August, S. 423–426.

Davczyk, Spencer (2000): Aesthetic functionality in trade dress: post-secondary aesthetic functionality proposed, in: Commercial Law Journal, Band 105, Nummer 3, S. 309–330.

Davenport, Thomas H. (1993): Process Innovation – Reengineering Work through Information Technology, Harvard Business School Press, Cambridge, MA.

Davidow, William H. / Malone, Michael S. (1992): The Virtual Corporation: Structuring and Revitalizing the Corporation for the 21st Century, New York.

Day, John / Dean, Aftab Ahmed / Reynolds, Paul L. (1998): Relationship Marketing: Its Key Role in Entrepreneurship, in: Long Range Planning, Volume 31, Issue 6, S. 828–837.

de Bono, Edward (1986): Laterales Denken für Führungskräfte, Hamburg.

Deeds, David L. / DeCarolis, Dona / Coombs, Joseph E. (1997): The Impact of Firm specific Capabilities on the amount of Capital raised in an Initial Public Offering: Evidence from the Biotechnology Industry, in: Journal of Business Venturing, Volume 12, Number 1, S. 31–46.

Deeds, David L. / DeCarolis, Dona / Coombs, Joseph E. (1998): Firm-specific Resources and Wealth Creation in High-Technology Ventures: Evidence from newly public Biotechnology firms, in: Entrepreneurship Theory and Practice, Volume 22, Issue 3, S. 55–73.

Deeds, David L. / DeCarolis, Dona / Coombs, Joseph E. (2000): Dynamic Capabilities and New Product Development in High Technology ventures: An Empirical Analysis of New Biotechnology Firms, in: Journal of Business Venturing, Volume 15, Number 3, S. 211–229.

Deephouse, David L. (1999): To be different, or to be the same? It's a question (and theory) of strategic balance, in: Strategic Management Journal, Volume 20, Issue 2, S. 147–166.

Demers, Elizabeth / Lev, Baruch (2001): A Rude Awakening: Internet Shakeout in 2000, in: Review of Accounting Studies, Volume 6, S. 331–359.

Deng, Zhen / Lev, Baruch / Narin, Francis (1999): Science and Technology as Predictors of Stock Performance, in: Financial Analysts Journal, S. 20–32.

Desmet, Driek / Francis, Tracy / Hu, Alice / Koller, Timothy M. / Riedel, George A. (2000): Valuing dot-coms, in: The McKinsey Quarterly, Volume 36, Number 1, S. 148–157.

Deutsche Börse AG (2001): Regelwerk Neuer Markt (Stand 18.10.2001). www.deutsche-boerse.com/nm/ (Download Area, Dezember).

Deutsche Börse AG (2002): Regelwerk Neuer Markt, Online im Internet, URL: http://deutsche-boerse.com/nm [Stand: 05.03.2002].

Deutsche Bundesbank (2001): Kapitalverflechtung mit dem Ausland, Statistische Sonderveröffentlichungen, Frankfurt am Main.

Deutscher Investor Relations Kreis e.v. (Hrsg.) (2000): Investor Relations. Professionelle Kapitalmarktkommunikation, Gabler Verlag, Wiesbaden.

Dichtl, Erwin (1991): Orientierungspunkte für die Festlegung der Fertigungstiefe, in: Wirtschaftswissenschaftliches Studium, Heft 2, S. 54–59.

Dierickx, Ingemar / Cool, Karel (1989): Asset stock accumulation and sustainability of competitive advantage, in: Management Science, Volume 35, Number 12, S. 1504–1513.

Diller, Hermann (1994a): Marktanalyse, in: Diller, Hermann (Hrsg.): Vahlens großes Marketing Lexikon, Verlag C. H. Beck, München, S. 713.

Diller, Hermann (1994b): Marktforschung, in: Diller, Hermann (Hrsg.): Vahlens großes Marketing Lexikon, Verlag C. H. Beck, München, S. 721–724.

DiMaggio, Paul J. / Powell, Walter W. (1983): The iron cage revisited: Institutional isomorphism and collective rationality in organizational fields, in: American Sociological Review, Volume 48, Issue 2, S. 147–160.

Dimson, Elroy / Marsh, Paul / Staunton, Mike (2001): Millennium Book II, 101 Years of Investment Returns, London Business School, London.

Dimson, Elroy / Marsh, Paul / Staunton, Mike (2002): Triumph of the Optimists, Princeton University Press.

Dollinger, Marc J. (1999): Entrepreneurship – Strategies and Resources, 2nd Edition, Prentice-Hall, NewJersey.

Dorenbeck, Bernd (1985): Firmen- und Markenimage: Bilder, die der Verbraucher sich macht, in: Markenartikel, 47. Jahrgang, Heft 3, S. 132–133.

Dornau, Robert (1999): Alternative Handelssysteme in den USA und in Europa – Entstehung, Regulierung und Marktpotenzial, Deutsche Börse, Frankfurt am Main.

Dörner, Dietrich (2002): Entwicklungstendenzen in der deutschen Corporate Governance, Bad Reichenhall et al.

Dörner, Dietrich / Horvarth, Peter / Kagermann, Henning (Hrsg.): (2000): Praxis des Risikomanagement. Stuttgart.

Dörner, Dietrich / Wirth, Michael (1995): Kommentierung der §§ 284-288 HGB, in: Küting, K. H./Weber, J. (Hrsg.): Handbuch der Rechnungslegung. Kommentar zur Bilanzierung und Prüfung, 4. Auflage, Schäffer Poeschel Verlag, Stuttgart.

Dörtelmann, Thomas (1997): Marke und Markenführung: Eine institutionentheoretische Analyse, Diss., Bochum.

Dowling, Michael (2002): Erfolgs- und Risikofaktoren bei Neugründungen, in: Dowling, Michael/Drumm, Hans Jürgen (Hrsg.): Gründungsmanagement, Berlin/Heidelberg/ New York, S. 17–28.

DPA (1999): Jahresbericht des deutschen Patent- und Markenamtes, München.

Drazin, Robert / Kazanjian, Robert K. (1993): Applying the del technique to the analysis of cross-classification data: A test of CEO succession and top management team development, in: Academy of Management Journal, Volume 36, Issue 6, S. 1374–1399.

Drieseberg, Thomas J. (1995): Lebensstil-Forschung: theoretische Grundlagen und praktische Anwendungen, Heidelberg.

DRSC – Deutsches Rechnungslegungs Standards Committee e. V. (2000): Entwurf des Deutscher Rechnungslegungs Standard Nr. 5 „Risikoberichterstattung", Berlin.

Drucker, Peter F. (1999): Innovation and entrepreneurship, 2. Auflage, Oxford et al..

Drukarczyk, Jochen (1993): Theorie und Politik der Finanzierung, München.

Drukarczyk, Jochen (2001): Unternehmensbewertung, 3. Auflage, Verlag Vahlen, München.

Drumm, Hans J. (1980): Matrix-Organisation, in: Grochla, Erwin (Hrsg.): Handwörterbuch der Organisation, 2. Auflage, Stuttgart, Sp. 1291–1301.

Dufey, Gunter / Hommel, Ulrich (1999): Einsatz von Optionskontrakten im Währungsmanagement von Industrie- und Handelsunternehmen. In: Giesel, Franz/Glaum, Martin (Hrsg.): Globalisierung – Herausforderung an die Unternehmensführung zu Beginn des 21. Jahrhunderts, München, S. 381–404.

Dürr, Michael (1995): Investor Relations, 2. Auflage, R. Oldenbourg Verlag, München.

Dusemond, Michael / Kessler, Harald (2001): Rechnungslegung kompakt: Einzel- und Konzernabschluss nach HGB mit Erläuterung abweichender Rechnungslegungspraktiken nach IAS und US-GAAP, Oldenbourg Wissenschaftsverlag, München/Wien.

DVFA (2000) (Hrsg.): Corporate Governance-Grundsätze (‚Code of Best Practice') für deutsche börsennotierte Unternehmen, Frankfurt.

DVFA-Methodenkommission (2001): Info 8/2000 – Zum Ergebnis nach DVFA/SG: Behandlung von Stock Options und Wandelschuldverschreibungen im Ergebnis nach DVFA/SG, in: Finanz Betrieb, 3. Jahrgang, S. 394–396.

Dyer, Jeffrey H. / Singh, Harbir (1998): The relational view: Cooperative strategy and sources of interorganizational competitive advantage, in: Academy of Management Review, Volume 23, Number 4, S. 660–679.

Easterbrook, Frank H. / Fischel, Daniel R. (1991): The Economic Structure of Corporate Law, Harvard University Press, Cambridge/London.

Easterwood, John C. / Nutt, Stacey R. (1999): Inefficiency in Analysts' Earnings Forecasts: Systematic Misreaction or Systematic Optimism?, in: Journal of Finance, S. 1777–1797.

Eccles, Robert G. / Herz, Robert H. / Keegan, E. Mary / Phillips, David M. H. (2001): The ValueReportingTM Revolution. Moving Beyond the Earnings Game, John Wiley Verlag, New York u.a.

Edvinsson, Leif / Melone, Michael S. (1997): Intellectual Capital, HarperBusiness, New York.

Egeln, Jürgen (2000): Die volkswirtschaftliche Bedeutung junger Unternehmen, in: Buttler, Günter et al. (Hrsg.): Existenzgründung. Verlag Physica, Heidelberg, S. 3–32.

Eglau, Otto / Kluge, Jürgen / Meffert, Jürgen / Stein, Lothar (2000): Durchstarten zur Spitze, McKinseys Strategien für mehr Innovation, 2. Auflage, Verlag Campus, Frankfurt am Main.

Ehrlenspiel, Klaus (1995): Integrierte Produktentwicklung: Methoden für Prozeßorganisation, Produkterstellung und Konstruktion, Verlag Carl Hanser, München/Wien.

Ehrlenspiel, Klaus (1996): Konstruktion, in: Kern, W./Schröder, H.-H./Weber, J. (Hrsg.): Handwörterbuch der Produktionswirtschaft, 2. Auflage, Verlag Schäffer-Poeschel, S. 904–922.

Eichmann, Klaus (1992): Marktorientierte Unternehmensbewertung, Augsburg.

Eichmann, Klaus (1993): Industrielles Marketing, in: Meyer, Paul W./Meyer, Anton (Hrsg.): Marketing-Systeme: Grundlagen des institutionalen Marketing, 2. Auflage, Stuttgart, S. 13–76.

Eichmann, Klaus (1995): Unternehmensbewertung, marktorientierte, in: Tietz, Bruno/Köhler, Richard/Zentes, Joachim (Hrsg.): Handwörterbuch des Marketing, 2. Auflage, Stuttgart, S. 2495–2506.

Eidel, Ulrike (2000): Moderne Verfahren der Unternehmensbewertung und Performance-Messung, Herne/Berlin.

Einsele, Rolf (2001): Strategisches Schutzrechtsmanagement, Vortrag auf der Konferenz Patentportfolio-Management, München, 9.2.2001.

Eisenhardt, Kathleen M. / Brown, Shona L. (1998): Time pacing: Competing in markets that won't stand still, in: Harvard Business Review, March-April, S. 59–69.

Eisenhardt, Kathleen M. / Schoonhoven, Claudia B. (1990): Organizational growth: Linking founding team, strategy, environment and growth among U.S. semiconductor ventures, 1978–1988, in: Administrative Science Quarterly, Volume 35, Issue 3, S. 504–529.

Eisenhardt, Kathleen M. / Schoonhoven, Claudia B. (1996): Resource-based view of strategic alliance formation: strategic and social effects in entrepreneurial firms, in: Organization Science, Volume 7, Issue 2, S. 136–150.

Eisenhardt, Kathleen M. / Sull, Donald N. (2001): Strategy as simple rules, in: Harvard Business Review, January 2001, S. 106–116.

Ellrott, Helmut (1999): Kommentierung des § 289 HGB in: Budde, Wolfgang Dieter/Schnicke, Christian/Stöffler, Michael (Hrsg.): Beck'scher Bilanzkommentar. Handels- und Steuerecht – §§ 238 bis 339 HGB –, 4. Auflage, Verlag C.H. Beck, München.

Elschen, Rainer (1991): Shareholder Value und Agency Theory. Anreiz- und Kontrollsysteme für Zielsetzung der Anteilseiger, in: Betriebswirtschaftliche Forschung und Praxis, 43. Jahrgang, S. 209–220.

Engel, Ronald / Hofacker, Karsten (2001): Mehrwertschaffung durch Beteiligungskapitalgeber im Lebenszyklus des finanzierten Unternehmens, in: Finanz Betrieb, 3. Jahrgang, S. 204–214.

Engelhard, Johann (1999): Virtualisierung in der internationalen Unternehmenstätigkeit – Zum Einfluß der Informations- und Kommunikationstechnologie auf das Arrangement Internationaler Unternehmen, in: Engelhard, Johann/Oechsler, Walter A. (Hrsg.): Internationales Management. Auswirkungen globaler Veränderungen auf Wettbewerb, Unternehmensstrategie und Märkte, Wiesbaden.

Engelmann, Andree (2000): Das Inkubationsprinzip – Ein ganzheitlicher Ansatz zur Unterstützung der Existenzgründung, in: Finanz Betrieb, 2. Jahrgang, S. 329–335.

Ensley, Michael D. (1999): Entrepreneurial teams as determinants of new venture performance, Garland Publishing Inc., New York.

Ensley, Michael D. / Pearce, Craig L. (2001): Shared cognition in top management teams: Implications for new venture performance, in: Journal of Organizational Behavior, Volume 22, Issue 2, S. 145–160.

EPA (1994a): Nutzung des Patentschutzes in Europa, Schriftenreihe des Europäischen Patentamtes, 3. Band, München.

EPA (1994b): Jahresbericht des Europäischen Patentamtes, München.

EPA (1999): Jahresbericht des Europäischen Patentamtes, München.

Erdell, Jason / Haug, Kevin / Higgins, Doug (2001): Qualcomm case study. strategies for value creation through intellectual property, Kellogg Graduate School of Management, Evanston.

Ernst & Young (1997) (Hrsg.): Measures that Matter, o.O.

Ernst, Holger (1996): Patentinformationen für die strategische Planung von Forschung und Entwicklung, Verlag Gabler, Wiesbaden.

Ernst, Holger (1997): The Use of Patent Data for Technological Forecasting: The Diffusion of CNC-Technology in the Machine Tool Industry, in: Small Business Economics, Volume 9, Number 4, S. 361–381.

Ernst, Holger (1998a): Industrial Research as a Source of Important Patents, in: Research Policy, Volume 27, Number 1, S. 1–15.

Ernst, Holger (1998b): Patent Portfolios for Strategic R&D Planning, in: Journal of Engineering and Technology Management, Volume 15, Number 4, S. 279–308.

Ernst, Holger (1999): Evaluation of Dynamic Technological Developments by Means of Patent Data, in: Brockhoff, Klaus/Chakrabarti, Alok/Hauschildt, Jürgen (Hrsg.): The Dynamics of Innovation. Strategic and Managerial Implications, Springer Verlag, Berlin, S. 107–132.

Ernst, Holger (2001a): Patentmanagement, in: Specht, Dieter/Möhrle, Martin (Hrsg.): Lexikon Technologiemanagement, Wiesbaden.

Ernst, Holger (2001b): Patent Applications and Subsequent Changes of Performance: Evidence from Time-Series Cross-Section Analyses on the Firm Level, in: Research Policy, Volume 30, Number 1, S. 143–157.

Ernst, Holger / Leptien, Christopher / Vitt, Jan (1999): Schlüsselerfinder in F&E: Implikationen für das F&E-Personalmanagement, in: Zeitschrift für Betriebswirtschaft, Ergänzungsheft 1/1999, S. 91–118.

Ernst, Holger / Schnoor, Anje (2000): Einflußfaktoren auf die Glaubwürdigkeit kundenorientierter Produktvorankündigungen: Ein signaltheoretischer Ansatz, in: Zeitschrift für Betriebswirtschaft, 70. Jahrgang, Heft 12, 2000, S. 1331–1350.

Ernst, Holger / Vitt, Jan (2000): The Influence of Corporate Acquisitions on the Behaviour of Key Inventors, in: R&D Management, Volume 30, Number 2, S. 105–119.

Esch, Franz-Rudolf (1999): Ansätze zur Messung des Markenwertes, in: Esch, Franz-Rudolf (Hrsg.): Moderne Markenführung. Grundlagen, Innovative Ansätze, praktische Umsetzungen, Wiesbaden, S. 959–987.

Ettinger, Jochen (1999): Stock Options, Gesellschaftsrechtliche Rahmenbedingungen und einkommenssteuerrechtliche Behandlung von Aktienoptionen als Vergütungsbestandteil, Verlag Dr. Otto Schmidt, Köln.

Eurofi 2000 (2000): Banking and financial Europe after the euro, Paris.

EVCA (1998): European Private Equity & Venture Capital Association – Yearbook 1998 – Annual Survey of Pan-European Private Equity & Venture Capital Activity.

EVCA (2001): European Private Equity & Venture Capital Association – Yearbook 2001 – Annual Survey of Pan-European Private Equity & Venture Capital Activity.

Fabry, Bernd (2001): Aufbau von strategischen Patentportfolios, Vortrag auf der Konferenz Patentportfolio-Management, München, 9.2.2001.

Faccio, Mara / Lasfer, Ameziane (1999): Managerial Ownership, Board Structure and Firm Value: The UK Evidence, City University Business School London, Working Paper.

Fama, Eugene F. (1980): Agency Problems and the Theory of the Firm, in: Journal of Political Economics, Volume 88, S. 288–307.

Fama, Eugene F. / Babiak, H. (1968): Dividend Policy: An Empirical Analysis, in: Journal of the American Statistical Association, Volume 63, Nummer 324, S. 1132–1161.

Fama, Eugene F. / French, Kenneth (1992): The Cross-Section of Expected Stock Returns, in: Journal of Finance, Volume 47, S. 427–465.

Fama, Eugene F. / French, Kenneth R. (1995): Size and Book-to-Market Factors in Earnings and Returns, in: Journal of Finance, Band 50, S. 131–155.

Fama, Eugene F. / French, Kenneth R. (1998): Value versus Growth: The International Evidence, Journal of Finance, 53. Jahrgang, S. 1975–1999.

Fama, Eugene F. / French, Kenneth R. (1999): The Cost of Capital and the Return on Corporate Investments, in: Journal of Finance, Volume 54, S. 1939–1967.

Fama, Eugene F. / French, Kenneth R. (2002): The Equity Premium, in: Journal of Finance, April, Volume 57, Issue 2, S. 637–659.

Fanselow, Karl-Heinz (1999): Venture Capital Finanzierung, in: Barske, Heiko/Gerybadze, Alexander/Hünninghausen, Lars/Sommerlatte, Tom (Hrsg.): Das Innovative Unternehmen – Produkte, Prozesse, Dienstleistungen, Gabler Verlag, Wiesbaden Kapitel 14.06 (Loseblattsammlung).

Farrell, Joseph / Saloner, Garth (1986): Installed base and compatibility: Innovation, product preannouncements, and predation, in: American Economic Review, 76, S. 940–955.

FASB (2000) (Hrsg.): Improving Business Reporting: Electronic Distribution of Business Reporting Information, Steering Committee Report, Norwalk Connecticut.

FASB (2001a) (Hrsg.): Business and Financial Reporting, Challenges from the New Economy, Special Report, Financial Accounting Series, No. 219-A, Norwalk Connecticut.

FASB (2001b) (Hrsg.): Improving Business Reporting: GAAP-SEC Disclosure Reqirements, Steering Committee Report, Norwalk Connecticut.

FASB (2001c) (Hrsg.): Improving Business Reporting: Insights into Enhancing Voluntary Disclosures, Steering Committee Report, Norwalk Connecticut.

Faust, Konrad (1993): Ifo-Patentstatistik: Deutsche Unternehmen bleiben hinter ihren Konkurrenten aus den USA und Japan zurück, in: Ifo-Schnelldienst, 46. Jahrgang, Nummer 31, S. 14–21.

Fayol, Henri (1916): Administration industrielle et générale, Paris.

Fazzari, Steven M. / Hubbard, R. Glenn / Petersen, Bruce C. (1988): Financing constraints and corporate investment, in: Brookings Papers on Economic Activity, Volume 0, Issue 1, S. 141–195.

Feddersen, Dieter (1997): Aktienoptionsprogramme für Führungskräfte aus kapitalmarktrechtlicher und steuerrechtlicher Sicht, in: Zeitschrift für das gesamte Handels- und Wirtschaftsrecht, 161. Jahrgang, S. 269 ff.

Feddersen, Dieter / Pohl, Marcus (2001): Die Praxis der Mitarbeiterbeteiligung seit Einführung des KonTraG, in: Die Aktiengesellschaft, S. 26 ff.

Feeser, Henry R. / Willard, Gary E. (1990): Founding Strategy and Performance: A Comparison of High- and Low-growth High-Tech Firms, in: Strategic Management Journal, Volume 11, Issue 1, S. 87–98.

Fendel, Andreas (1987): Investmententscheidungsprozesse in Venture Capital-Unternehmungen: Darstellung und Möglichkeiten der instrumentellen Unterstützung, Deutscher Wirtschaftsdienst, Köln.

Festinger, Leon (1950): Informal social communication, in: Psychological Review, Volume 57, S. 271–292.

Financial Times (2000): Next Level. In: Financial Times v. 25.08.2000, S. 16.

Finger, Max / Samwer, Oliver (1998): America's Most Successful Startups: Lessons for Entrepreneurs, Verlag Gaberl, Wiesbaden.

Fischer, Hellmuth (1996): Unternehmensplanung: Eine praxisorientierte Einführung, Verlag Vahlen, München.

Fischer, Marc (1993): Make-or-Buy-Entscheidungen im Marketing, Verlag Gabler, Wiesbaden.

Fockenbrock, Dieter (2001): Starke Typen, in: Capital 20/2001, S. 171–187.

Fornell, Claes / Menko, Richard D. (1981): Problem analysis: A consumer-based methodology for the discovery of new product ideas, in: European Journal of Marketing, Volume 15, Issue 5, S. 61–72.

Foster, Richard / Kaplan, Sarah (2001): Creative Destruction – Why Companies that are Built to Last Underperform the Market – and How to Successfully Transform Them, New York et al.

Fox, Stephen (1998): Intellectual property management: from theory to practice, in: Sullivan, Patrick (Hrsg.): Profiting from intellectual capital. Extracting value from innovation, New York, NY, S. 142–156.

Francioni, Reto (2000a): Der neue Markt im Kontext europäischer Wachstumssegmente, in: Detlev Hummel/Rolf. E. Breuer (Hrsg.): Handbuch Europäischer Kapitalmarkt, Wiesbaden.

Francioni, Reto (2000b): Börsengang von Mittelstands- und Familienunternehmen, in: Jeschke, Dieter/Kirchdörfer, Rainer/Lorz, Rainer (Hrsg.): Planung, Finanzierung und

Kontrolle im Familienunternehmen, Festschrift für Prof. Dr. Brun-Hagen Hennerkes, München.

Franke, Günter. / Hax, Herbert (1999): Finanzwirtschaft des Unternehmens und Kapitalmarkt. 4. Auflage, Berlin.

Franke, Jörg (1999) in: Assmann, Heinz-Dieter/Schütze, Rolf A. (Hrsg.): Handbuch des Kapitalanlagerechts, 1. Ergänzungslieferung zur 2. Auflage, München.

Franke, Jürgen F. (1993): Die Bedeutung des Patentwesens im Innovationsprozeß. Probleme und Verbesserungsmöglichkeiten, in: Ifo-Studien, 39. Jahrgang, Nummer 3–4, S. 307–326.

Franke, Nikolaus / Lüthje, Christian (2002): Studentische Unternehmensgründungen – dank oder trotz Förderung?, in: Zeitschrift für betriebswirtschaftliche Forschung, Volume 54, März, S. 96–112.

Franzen Ottmar (1995): Die praktische Nutzung der Markenbewertungssysteme, in: Markenartikel, 57. Jahrgang, Heft 12, S. 562–566.

Franzen, Ottmar (1994a): Markenbewertung mit Hilfe von Ertragswertansätzen, in: Deutsches Steuerrecht, 32. Jahrgang, Heft 44, S. 1625–1629.

Franzen, Ottmar (1994b): Neue Wege in der Bewertung des immateriellen Vermögensgutes Marke, hrsg. v. A.C. Nielsen, Frankfurt am Main.

Frauenfelder, Paul / Meier, Anton (1998): Marketing junger Technologieunternehmen, in: io management, 67. Jahrgang, Heft 9, S. 18–23.

Freear, John / Sohl, Jeffrey E. / Wetzel, William E. Jr. (1994): Angels and Non-Angels: Are there Differences?, in: Journal of Business Venturing, 9. Jahrgang, S. 109–123.

Freear, John / Sohl, Jeffrey E. / Wetzel, William E. Jr. (1997): The informal venture capital market: milestones passed ans the road ahead, in: Sexton, Donald L. / Smilor, Raymond W. (Hrsg.): Entrepreneurship 2000, S. 47–69.

Freear, John / Sohl, Jeffrey E. / Wetzel, William E., Jr. (1995): Angels: Personal Investors in the Venture Capital Market, in: Entrepreneurship & Regional Development, 7. Jahrgang, S. 85–94.

Freeman, Peter / Newell, Allen (1971): A Model for Functional Reasoning in Design. Second International Joint Conference on Artificial Intelligence, London.

Freier, Peter B. (2000): Etablierungsmanagement innovativer Unternehmensgründungen – Eine empirische Untersuchung der Biotechnologie, Verlag Gabler (DUV), Wiesbaden.

French, Wendell L. / Bell, Cecil H. jr. (1977): Zur Geschichte der Organisationsentwicklung, in: Sievers, Burkhard (Hrsg.): Organisationsentwicklung als Problem, Stuttgart.

Frese, Erich (2000a): Grundlagen der Organisation. Konzept – Prinzipien – Strukturen, 8. Auflage, Wiesbaden.

Frese, Erich (2000b): Organisatorische Strukturkonzepte im Wandel. Aussagen der Organisationstheorie zu Änderung und Innovation, in: Wojda, Franz (Hrsg.): Innovative Organisationsformen. Neue Entwicklungen in der Unternehmensorganisation, Stuttgart, S. 59–88.

Freshfields Bruckhaus Deringer (2000): Unternehmenssteuerreform, NJW-Beilage 51/2000.

Freter, Hermann (1981): Marketing mittelständischer Unternehmen. Ergebnisse eines empirischen Forschungsprojekts, in: Wossidlo, Peter/Freter, Hermann/Schidt,

K./Sigloch, Jochen (Hrsg.): Mittelstand und Betriebswirtschaft. Beiträge aus Wissenschaft und Praxis, Band 2, BF/M, Bayreuth.

Freter, Hermann / Obermeier, Otto (1999): Marktsegmentierung, in: Herrmann Andreas/Homburg, Christian (Hrsg.): Marktforschung: Methoden, Anwendungen, Praxisbeispiele, Verlag Gabler, Wiesbaden, S. 739–764.

Friedman, Steven / Biemer, Thomas / Callahan, Christie (2000): State Street and Trust Company v. Signature Financial Group, Inc.: Seeking the keys to cyberspace, in: Berkowitz, Jeffrey (Hrsg.): Patenting the new business model: building fences in cyberspace, New York, NY, S. 31–57.

Friedman, Thomas L. (2000): The Lexus and The Olive Tree: Understanding Globalization, New York.

Fromann, Holger (2001): Overview of recent developments in the German Market, Vortrag auf der City and Financial Conference: Unlocking Value in the Private Equity Market in Germany am 22./23. März 2001.

Frommann, Holger (1995): Venture Capital, in: Dieterle, Willi K. M./Winckler, Eike M. (Hrsg.): Gründungsplanung und Gründungsfinanzierung, 2. Auflage, dtv-Verlag, München, S. 370–388.

Fuchs, Andreas (1997): Aktienoptionen für Führungskräfte und bedingte Kapitalerhöhung – Anmerkungen zur geplanten Neuregelung nach dem Referentenentwurf zur Änderung des Aktiengesetzes („KonTraG"), in: Der Betrieb, S. 661–668.

Fülbier, Rolf-U. / Honold, Dietmar / Klar, Andreas (2000): Bilanzierung immaterieller Vermögenswerte, Möglichkeiten und Grenzen der Bilanzierung nach US-GAAP und IAS bei Biotechnologieunternehmen, in: Recht der Internationalen Wirtschaft, S. 833–844.

Füser, Karsten / Gleißner, Werner / Meier, Günter (1999): Risikomanagement (KontraG) – Erfahrungen aus der Praxis. In: Der Betrieb, 52. Jahrgang, Nummer 15, S. 753–758.

Gaglio, Connie M. (1997): Opportunity identification: Review, critique and suggested research directions, in: Katz, Jerome A./Brockhaus, Robert (Hrsg.): Advances in entrepreneurship, firm emergence, and growth, 3. Auflage, JAI Press, S. 139–202.

Gale, Bradley T. (1994): Managing Customer Value: Creating Quality and Service that Customers can see, New York, NY.

Gannon, Donald J. (1998): Current Accounting Projects, 1998 Twenty-Sixth Annual National Conference on Current SEC Developments, Washington, http://www.sec.gov/news/speech/speecharchive/1998/spch237.htm (Stand: 24.4.2001).

Garcia-Ayuso, Manuel / Monterrey, Juan / Pineda, Carmen (1998): A Comporative Analysis Of The Value Relevance Of Accounting Information In The Capital Markets Of The European Union, Working Paper Department of Accounting University of Seville.

Gartner, William B. (1985): A conceptual framework for describing the phenomenon of new venture creation, in: Academy of Management Review, Volume 10, Issue 4, S. 696–706.

Garud, Raghu / Kumaraswamy, Arun (1995): Technological and organizational design for economies of substitution, in: Strategic Management Journal, 16. Jahrgang, Heft Sonderausgabe Sommer, S. 93–109.

Gebert, Diether (1974): Organisationsentwicklung, Stuttgart.

Gebert, Diether (1987): Der personale Ansatz: Änderung des Sozialverhaltens durch Lernprozesse, in: Rosenstiel, Lutz von et al. (Hrsg.): Motivation durch Mitwirkung, Stuttgart, S. 39–47.

Geibel, Stephan (1998) in: Schäfer, Frank A. (Hrsg.): Kommentar zu Wertpapierhandelsgesetz, Börsengesetz mit BörsZulV, Verkaufsprospektegesetz mit VerkProspV, § 4 WpHG, Rdn. 1 ff.

Gerhard, Andrea (1995): Die Unsicherheit des Konsumenten bei der Kaufentscheidung: Verhaltensweisen von Konsumenten und Anbietern, Gießen.

Gerke, Wolfgang (1993): Informationsasymmetrien am Markt für Beteiligungen an mittelständischen Unternehmen, in: Gebhardt, Günther/Gerke, Wolfgang/Steiner, Manfred (Hrsg.): Handbuch des Finanzmanagements, München.

Gerke, Wolfgang (1998): Market Failure in Venture Capital Markets for New Medium and Small Enterprises, in: Hopt, Klaus J./Kanda Hideki/Roe Mark J./Wymeersch Eddy/ Prigge Stefan (Hrsg.): Comparative Corporate Governance: The State of the Art and Emerging Research, Oxford, S. 607–635.

Gerke, Wolfgang / Bank, Matthias / Ehrlich, Frank / Fleischer, Jörg (2001): Ranking der Emissionsbanken 1999 und 2000 – Zusammenfassung, Arbeitspapier, Friedrich-Alexander-Universität Erlangen-Nürnberg.

Gerke, Wolfgang / Bank, Matthias / Neukirchen, D. / Rasch, S. / Rasch, S. / Schröder Michael / Spengel, C. / Steiger, M. / Westerheide, Peter (1995): Probleme deutscher mittelständischer Unternehmen beim Zugang zum Kapitalmarkt: Analyse und wirtschaftspolitische Schlussfolgerungen, Verlag Nomos, Baden-Baden.

Gerke, Wolfgang / Pfeufer, Gabriele (1995): Finanzintermediation, in: Gerke, Wolfgang/Steiner, Manfred (Hrsg.): Handwörterbuch des Bank- und Finanzwesens, 2. Auflage, Stuttgart, S. 727–735.

Germann, Harald / Rürup, Bert / Setzer, Martin (1996): Globalisierung der Wirtschaft. Begriff, Bereiche, Indikatoren, in: Steger, Ulrich (Hrsg.): Globalisierung der Wirtschaft. Konsequenzen für Arbeit, Technik und Umwelt, Berlin/Heidelberg/New York, S. 18–55.

Gerpott, Torsten J. (1999): Strategisches Technologie- und Innovationsmanagement: Eine konzentrierte Einführung, Verlag Schäffer-Poeschel, Stuttgart.

Gerstenberger, Wolfgang (1992): Zur Wettbewerbssituation der deutschen Industrie im High-Tech-Bereich, in: Ifo-Schnelldienst, 45 Jahrgang, Nummer 13, S. 14–23.

Gerum, Elmar / Steinmann, Horst / Fees, Werner (1988): Der mitbestimmte Aufsichtrat. Eine empirische Untersuchung, Stuttgart.

Geschka, Horst (1996): Creativity techniques in Germany, in: Creativity and Innovation Management, Volume 5, Issue 2, S. 87–92.

Ghemawat, Pankaj (1986): Sustainable Advantage, in: Harvard Business Review, September-October, S. 53–58.

Ghemawat, Pankaj (1991): Commitment – the Dynamics of Strategy, Verlag Maxwell MacMillan International, New York.

Gibbons, Robert / Murphy, Kevin J. (1992): Does Executive Compensation Effects Investment, NBER Working Paper.

Giddens, Anthony (1999): Konsequenzen der Moderne, 3. Auflage, Frankfurt am Main.

Gierl, Heribert / Helm, Roland (2002): Marktexploration, Marketingstrategien und Preisfindung, in: Dowling, Michael/Drumm, Hans Jürgen (Hrsg.): Gründungsmanagement, Berlin/Heidelberg/New York, S. 51–68.

Gilbert, Dirk U. (1998): Konfliktmanagement in international tätigen Unternehmen. Ein diskursethischer Ansatz zur Regelung von Konflikten im interkulturellen Management, Sternenfels–Berlin.

Gilbert, Dirk U. / Metten, Tobias (2001): Vertrauen als Medium der Steuerung in strategischen Unternehmensnetzwerken. Arbeitsbericht Nr. 2, Institut für Internationale Unternehmensführung (IIU) an der EUROPEAN BUSINESS SCHOOL, Oestrich-Winkel.

Glasl, Friedrich (1983): Verwaltungsreform durch OE, Bern, Stuttgart.

Glaum, Martin (2000): Finanzwirtschaftliches Risikomanagement in deutschen Industrie- und Handelsunternehmungen. Frankfurt am Main.

Glaum, Martin (2002): The determinants of selective exchange-risk management – Evidence from German non-financial corporations. Erscheint in: Journal of Applied Corporate Finance.

Glaum, Martin / Wirth, Andrea (1998): Finanzinstrumente und Risikomanagement – Publizitätspflichten und Anforderungen an Treasury-Informationssysteme, in: Zeitschrift für Betriebswirtschaft, Ergänzungsband „Finanzierung" (2/1998), S. 201–227.

Gleich, Ronald (2001): Das System des Performance Measurement, Vahlen Verlag, München.

Gomez, Peter / Zimmermann, Tim (1993): Unternehmensorganisation. Profile, Dynamik, Methodik, 2. Auflage, Frankfurt/Main, New York.

Gomory, Ralph E. (1989): From the „Ladder of Science" to the Product Development Cycle, in: Harvard Business Review, 67. Jahrgang, Heft November/December, S. 99–105.

Gompers, Paul A. (1995): Optimal Investment, Monitoring and Staging of Venture Capital, in: Journal of Finance, Volume 50, Issue 5 (December), S. 1461–1491.

Gompers, Paul A. / Lerner, Josh (1998): Venture capital distributions: Short-run and long-run reactions, in: Journal of Finance, Volume 53, S. 2161–2183.

Göpfert, Jan R. (1998): Modulare Produktentwicklung. Zur gemeinsamen Gestaltung von Technik und Organisation, Verlag Gabler, Wiesbaden.

Göpfert, Jan R. / Steinbrecher, Michael (2000): Modulare Produktentwicklung leistet mehr, in: Harvard Business Manager, Heft 3, S. 20–30.

Gorman, Michael / Sahlmann, William A. (1989): What do venture capitalists do?, in: Journal of Business Venturing, Volume 4, S. 231–248.

Götzke, Wolfgang / Sieben, Günter (1979): Risk Management. Strategien zur Risikobeherrschung. Köln.

Govindarajan, Vijay / Gupta, Anil K. (2000): Analysis of the Emerging Global Arena, in: European Management Journal, Volume 18, S. 274–283.

Grabner-Kräuter, Sonja (1992): Markterschließungsstrategien unter Risikoaspekten, in: Wirtschaftswissenschaftliches Studium, 21. Jahrgang, Heft 9, S. 434–439.

Granstrand, Ove (2000): Corporate management of intellectual property in Japan, in: International Journal of Technology Management, Band 19, Nummer 1 und 2, S. 121–148.

Grant, Robert M. (1999): Contemporary strategy analysis: concepts, techniques, applications (3rd Edition), Malden, MA.

Grass, Doris (2001): Freie Wahl der Abwickler soll Abschottung stoppen und Kosten senken, in: Financial Times Deutschland, 8. August, Hamburg, S. 18.

Green, Paul E. / Tull, Donald S. (1982): Methoden und Techniken der Marketingforschung, 4. Auflage, Stuttgart.

Greiner, Larry E. (1972): Evolution and Revolution as Organizations grow, in: Harvard Business Review, Volume 50, Number 4, S. 37–46 (ebenso: Harvard Business Review, May–June 1998, S. 55–66).

Grenadier, Steven R. (2000): Game Choices: The Intersection of Real Options and Game Theory, London, UK.

Grenzmann, Christoph / Marquardt, Rüdiger / Wudtke, Joachim (2000): FuE Datenreport 1999, Forschung und Entwicklung in der Wirtschaft 1997-1999, Essen.

Greth, Michael (1998): Managemententlohnung aufgrund des Economic Value Added (EVA), in: Pellens, Berhard (Hrsg.): Unternehmenswertorientierte Entsohnungssysteme, Verlag Schäffer-Poeschel, Stuttgart, S. 69–100.

Griffin, Abbie / Hauser, John R. (1993): The Voice of the Customer, in: Marketing Science, 12. Jahrgang, Heft 1, S. 1–27.

Griliches, Zvi (1990): Patent statistics as economic indicators: A survey, in: Journal of Economic Literature, Band 18, Nummer 4, S. 1661–1707.

Grinblatt, Mark / Titman, Sheridan (1998): Financial Markets and Corporate Strategy, McGraw-Hill, New York.

Grindley, Peter / Teece, David (1997): Managing intellectual capital: licensing and cross-licensing in semiconductors and electronics, in: California Management Review, Band 39, Nummer 2, S. 8–41.

Grochla, Erwin (1995): Grundlage der organisatorischen Gestaltung, Stuttgart (Nachdruck von 1982).

Gromer, Simone / Everling, Oliver (2001): Rating als Herausforderung für Mittelstand und Banken. Basel II und seine Auswirkungen, IWK-Studie, München.

Grote, Gerd (1994): Auswirkungen elektronischer Kommunikation auf Führungsprozesse, in: Zeitschrift für Arbeits- und Organisationspsychologie, 12. Jahrgang, S. 71–75.

Gruber, Marc (2000): Der Wandel von Erfolgsfaktoren mittelständischer Unternehmen, Wiesbaden.

Grundsatzkommission Corporate Governance (2000): Corporate Governance-Grundsätze für börsennotierte Unternehmen. Anlass, Konzept, rechtlicher Hintergrund und Fragen der Durch- und Umsetzung, Frankfurt am Main.

Günther, Thomas (1997): Unternehmenswertorientiertes Controlling, Verlag Franz Vahlen, München.

Günther, Thomas / Otterbein, Simone (1996): Gestaltung der Investor Relations am Beispiel deutscher Aktiengesellschaften, in: Zeitschrift für Betriebswirtschaft, Band 66, S. 389–417.

Gupta, Anil K. (1984): Contingency linkages between strategy and general manager competencies: A conceptual examination, in: Academy of Management Review, Volume 9, Issue 3, S. 399–412.

Gutenberg, Erich (1979): Grundlagen der Betriebswirtschaftslehre: Erster Band – Die Produktion, 23. Auflage, Springer Verlag, Berlin.

Haarmann, Wilhelm (2002): Bilanzierungsfragen bei der Vergütung durch Stock Options in Deutschland, in: Achleitner, Ann-Kristin/Wollmert, Peter (Hrsg.): Stock Options: Finanzwirtschaft, Gesellschaftsrecht, Bilanzierung, Steuerrecht, Unternehmensbewertung, Verlag Schäffer-Poeschel, Stuttgart, S. 119–149.

Haberfellner, Reinhard (1992): Projektmanagement, in: Frese, E. (Hrsg.): Handwörterbuch der Organisation, 3. Auflage, Verlag Schäffer-Poeschel, Stuttgart, S. 2090–2102.

Hachenburg, Max (1992): Gesetz betreffend die Gesellschaften mit beschränkter Haftung: (GmbHG); Großkommentar, Band 1: Allgemeine Einleitung, §§ 1–34, 8. Auflage, Berlin, (zit.: Hachenburg/Bearbeiter).

Hachenburg, Max (1997): Gesetz betreffend die Gesellschaften mit beschränkter Haftung: (GmbHG); Großkommentar, Band 2: §§ 35–52, 8. Auflage, Berlin und Gesetz betreffend die Gesellschaften mit beschränkter Haftung: (GmbHG); Großkommentar, Band 3: §§ 53–85, Register, 8. Auflage, Berlin, (zit.: Hachenburg/Bearbeiter).

Hachmeister, Dirk (1996): Die Abbildung der Finanzierung im Rahmen verschiedener Discounted Cash-flow-Verfahren, in: Zeitschrift für betriebswirtschaftliche Forschung, S. 251–277.

Häcker, Joachim (2000): Bewertung von Start-Up-Unternehmen im Bereich E-Commerce, in: M&A Review 3/2000, S. 111–115.

Haeckel, Stephan H. / Nolan, Richard L. (1993): Management by wire, in: Harvard Business Review, Volume 71, September-October, S. 122–132.

Hagel, John / Singer, Marc (1999): Unbundling the Corporation, in: Harvard Business Review, Volume 77, S. 133–141.

Hagemann, Oliver N. (1999): Innovationsmarketing für technologieorientierte kleine und mittlere Unternehmen, Deutscher Universitätsverlag (DUV), Wiesbaden.

Hahn, Dietger (1986): Stand und Entwicklungstendenzen des Controlling in der Industrie, in: Gaugler, Eduard/Meissner, Hans Günther/Thom, Norbert (Hrsg.): Zukunftsaspekte der anwendungsorientierten Betriebswirtschaftslehre, C. E. Poeschel Verlag, Stuttgart, S. 267–287.

Hahn, Dietger (1990): Strategische Führung und Controlling unter besonderer Berücksichtigung internationaler Aspekte, in: Controlling, 2. Jahrgang, S. 176–185.

Hahn, Dietger (1998): Konzepte strategischer Führung – Entwicklungstendenzen in Theorie und Praxis unter besonderer Berücksichtigung der Globalisierung, in: Zeitschrift für Betriebswirtschaftslehre, Heft 6, S. 563–579.

Hahn, Dietger / Bausch, Andreas / Mayer, Alexander (2000): Instrumente zur Beurteilung von Geschäftsfeldstrategien unter besonderer Berücksichtigung von Innovationen – Stand und Entwicklungstendenzen, in: Häfliger, Gerold E./Meier, Jörg D. (Hrsg.): Aktuelle Tendenzen im Innovationsmanagement, Physica-Verlag, Heidelberg, S. 217–248.

Hahn, Dietger / Hungenberg, Harald (2001): PuK – Wertorientierte Controllingkonzepte, 6. Auflage, Gabler Verlag, Wiesbaden.

Hake, Bruno (1997): Wer finanziert amerikanische Firmengründer? in: Technische Rundschau, Nummer 37/38, S. 104ff.

Hall, Bronwyn / Ham, Rose M. (1999): The patent paradox revisited: determinants of patenting in the US semiconductor industry, 1980-94, NBER Working Paper Nr. 7062, Cambridge, Mass.

Hall, John / Hofer, Charles W. (1993): Venture Capitalists´ Decision Criteria in New Venture Evaluation, in: Journal of Business Venturing, Volume 8, Number 1, S. 25–42.

Hall, Richard (1993): A Framework Linking Intangible Resources and Capabilities to Sustainable Competitive Advantage, in: Strategic Management Journal, Volume 14, Issue 8, S. 607–618.

Haller, Axel (1998): Immaterielle Vermögenswerte - Wesentliche Herausforderungen für die Zukunft der Unternehmensbeurteilung, in: Möller, Hans Peter/Schmidt, Franz (Hrsg.): Rechnungswesen als Instrument für Führungsentscheidungen, Festschrift für Professor Dr. Dr. h.c. Adolf G. Coenenberg zum 60. Geburtstag, Schäffer Poeschel Verlag, Stuttgart, S. 561–596.

Haller, Axel/Dietrich, Ralph (2001): Kapitalmarktorientierte Gestaltung der Lageberichterstattung, in: Kostenrechnung, S. 164–174.

Hambrick, Donald C. / Cho, Theresa S. / Chen, Ming-Jer (1996): The influence of top management team heterogeneity on firms' competitive moves, in: Administrative Science Quarterly, Volume 44, Issue 2, S. 659–684.

Hambrick, Donald C. / Mason, Phyllis A. (1984): Upper echelons: The organization as a reflection of its top managers, in: Academy of Management Review, Volume 9, Issue 2, S. 193– 206.

Hamel, Gary (1999): Bringing Silicon Valley Inside, in: Harvard Business Review, September–October, S. 71–84.

Hamel, Gary / Prahalad, C. K. (1994): Competing for the Future, Boston.

Hamer, Eberhard (1997): Volkswirtschaftliche Bedeutung von Klein- und Mittelbetrieben, in: Pfohl, Hans-Christian (Hrsg.).: Betriebswirtschaftslehre der Mittel- und Kleinbetriebe, 3. Auflage, Verlag Erich Schmidt, Berlin, S. 27–49.

Hammann, Peter / Erichson, Bernd (1994): Marktforschung, 3. Auflage, Gustav Fischer, Stuttgart.

Hammer, Michael / Champy, James (1994): Business Reengineering. Die Radikalkur für das Unternehmen, 3. Auflage, Frankfurt am Main, New York.

Hand, John R. M. (2000a): The role of economic fundamentals, web traffic and suplly and demand in the pricing of US internet stocks, Working Paper, Kenan Flagler Business School, UNC Chapel Hill.

Hand, John R. M. (2000b): Profits, losses and non-linear pricing of Internet Stocks, Working Paper, Kenan Flagler Business School, UNC Chapel Hill.

Handelsblatt (Hrsg.) (1998): Investor Relations von Aktiengesellschaften. Bewertungen und Erfahrungen – 1991 versus 1998, Düsseldorf.

Handy, Charles (1995): Trust and Virtual Organisation, in Harvard Business Review, Volume 73, S. 40–50.

Hanks, Steven H. / Watson, Collin, J. / Jansen, Erik / Chandler, Gaylen N. (1993): Tightening the Life-Cycle Construct: A Taxonomic Study of Growth Stage Configurations in High-Technology Organizations, in: Entrepreneurship Theory and Practice, Volume 18, No. 2, S. 5–29.

Hannan, Michael T. / Freeman, John (1977): The Population Ecology of Organizations, in: American Journal of Sociology, Volume 82, Issue 5, S. 929–964.

Hannan, Michael T. / Freeman, John (1984): Structural inertia and organizational change, in: American Sociological Review, Volume 49, Issue 2, S. 149–164.

Hansen, Eric L. (1991): Structure and process in entrepreneurial networks as partial determinants of initial venture growth, in: Churchill, Neil et al. (Hrsg.): Frontiers of Entrepreneurship Research, Babson College, Wellesly, S. 320–334.

Hansen, Morten T. / Chesbrough, Henry W. / Nohria, Nitin / Sull, Donald N. (2000): Networked Incubators – Hothouses of the New Economy, in: Harvard Business Review, September-Oktober, S. 74–84.

Hansen, Morten T. / Nohria, Nitin / Berger, Jeffrey A. (2000): The State of the Incubator Marketspace, Cambridge/MA.

Hansen, Ursula / Raabe, Thorsten (1988): Konsumentenbeteiligung an der Produktentwicklung als Form des Dialoges zwischen Unternehmen und Verbrauchern, in: Hansen, Ursula/Raabe, Thorsten/Schoenheit, Ingo (Hrsg.): Konsumentenbeteiligung an der Produktentwicklung, Hannover, S. 1–22.

Harhoff, Dietmar / Reitzig, Markus (2001): Strategien zur Gewinnmaximierung bei der Anmeldung von Patenten, in: Zeitschrift für Betriebswirtschaft, 71. Jahrgang, Nummer 5, S. 509–529.

Harhoff, Dietmar / Woywode, Michael (1994): Überlebenschancen von Unternehmen. Eine empirische Analyse auf der Basis des Mannheimer Unternehmenspanels, in: Schmude, Jürgen (Hrsg.): Neue Unternehmen. Interdisziplinäre Beiträge zur Gründungsforschung, S. 110–126.

Harrigan, Kathryn Rudie (1985a): Exit Barriers and Vertical Integration, in: Acadamy of Management Journal, Band 28, Heft September, S. 686–697.

Harrigan, Kathryn Rudie (1985b): Vertical Integration and Corporate Strategy, in: Academy of Management Journal, Bd. 28, Heft 2, S. 397–425.

Harrison, Suzanne / Rivette, Kevin (1998): The IP portfolio as a competitive tool, in: Sullivan, Patrick (Hrsg.), Profiting from intellectual capital. Extracting value from innovation, New York, NY, S. 119–128.

Härtel, Hans-Hagen / Jungnickel, Rolf (1998): Strukturprobleme einer reifen Volkswirtschaft in der Globalisierung. Analyse des sektoralen Strukturwandels in Deutschland, Baden-Baden.

Hartmann, Matthias (1997): Technologiebilanzierung. Instrument einer zukunftsorientierten Unternehmensbeurteilung, Verlag Vandenhoeck & Ruprecht, Göttingen.

Hartung, Joachim / Elpelt Bärbel / Klösener Karl-Heinz (1989): Statistik, Lehr- und Handbuch der angewandten Statistik, 7. Auflage, München/Wien.

Haspeslagh, Philippe / David, Jemison (1992): Akquisitionsmanagement: Wertschöpfung durch strategische Neuausrichtung des Unternehmens: Managing acquisitions – Aus dem Englischen übersetzt, Frankfurt am Main/New York.

Hauschildt, Jürgen (1993): Innovationsmanagement, Verlag Vahlen, München.

Hauschildt, Jürgen (1997): Innovationsmanagement, 2. Auflage, Verlag Vahlen, München.

Hauschildt, Jürgen / Leker, Jens (1995): Bilanzanalyse unter dem Einfluß moderner Analyse- und Prognosemethoden, in: Betriebswirtschaftliche Forschung und Praxis (BfuP), 47. Jahrgang, Nummer 3, S. 249–268.

Hawkins, Ian / Hannington, Barry (1998): Valuation, negotiation and structure, in: IOD Institute of Directors (Hrsg.): Management buy-outs – The critical success factors for directors, London.

Hax, Arnoldo C. / Majluf, Nicolas S. (1988): Strategisches Management – Ein integratives Konzept aus dem MIT, Verlag Campus, Frankfurt am Main/New York.

Hax, Herbert (1998): Finanzierung, in: Bitz, Michael/Dellmann, Klaus/Domsch, Michel E./Wagner, Franz W. (Hrsg.): Vahlens Kompendium der Betriebswirtschaftslehre, Band 1, 4. Auflage, München, S. 177–232.

Hayek, Friedrich A. von (1945): The Use of Knowledge in Society, in: American Economic Review, Volume 35, Nummer 4, S. 519–530.

Hayn, Marc (1998): Bewertung junger Unternehmen, in: Küting, K./Weber C.-P. (Hrsg.): Rechnungs- und Prüfungswesen, Verlag Neue Wirtschafts-Briefe, Herne/Berlin.

Hayn, Marc (2000): Bewertung junger Unternehmen, 2. Auflage, Verlag Neue Wirtschafts-Briefe, Herne/Berlin.

Hayn, Marc / Ostheim, Stefan / Sulzbach, Klaus (2000): Optionsorientierte Vergütungssysteme in der Unternehmensbewertung, in: Achleitner, Ann-Kristin/Wollmert, Peter (Hrsg.): Stock Options: Finanzwirtschaft, Gesellschaftsrecht, Bilanzierung, Steuerrecht, Unternehmensbewertung, Verlag Schäffer-Poeschel, Stuttgart, S. 321–349.

Hedberg, Bo (1981): How Organizations Learn and Unlearn, in: Nystrom, Paul C./Starbuck, William H. (Hrsg.): Handbook of Organizational Design, Volume 1, London, New York, S. 3–37.

Heiden, Matthias (2002): Risikomanagement, in: Blickpunkt: Film 25/2002, S. 10.

Heidrick and Struggles International (1999): Is your Board Fit for the Global Challenge? Corporate Governance in Europe.

Heil, A. Heinrike (1999): Erfolgsfaktoren von Wachstumsführern, in: Wissenschaftliche Reihe der DtA (Hrsg.), Band 11, Bonn.

Heinen, Edmund (1971): Der entscheidungsorientierte Ansatz der Betriebswirtschaftslehre, in: Zeitschrift für Betriebswirtschaft, 41. Jahrgang, S. 429–444.

Helber, Stefan (1996): Produktionstiefenbestimmung, in: Kern, Werner/Schröder, Hans-Horst/Weber, Jürgen (Hrsg.): Handwörterbuch der Produktionswirtschaft, Schäffer-Poeschel, Stuttgart, 2. Auflage, S. 1603–1617.

Helkon Media AG (2000): Geschäftsbericht 1999/2000, München.

Hemer, Joachim (1999): Business Angels und Junge Technologieunternehmen, in: Koschatzky, Knut/Marianne Kulicke/Oliver Nellen/Franz Pleschak (Hrsg.): Finanzierung von KMU im Innovationsprozeß – Akteure, Strategien, Probleme, Stuttgart.

Hermalin, Benjamin E. / Weisbach, Michael S. (1998): Endogenously Chosen Boards of Directors and their Monitoring of Management, in American Economic Review, Volume 88, S. 96–119.

Hermalin, Benjamin E. / Weisbach, Michael S. (2000): Boards of Directors as an Endogenously Determined Institution: A Survey of the Economic Literature, University of California at Berkley Working Paper.

Herrmann, Andreas / Homburg, Christian (1999): Marktforschung: Ziele, Vorgehensweise und Methoden, in: Herrmann Andreas/Homburg, Chistian (Hrsg.): Marktforschung: Methoden, Anwendungen, Praxisbeispiele, Verlag Gabler, Wiesbaden, S. 13–32.

Herstatt, Cornelius (2000): Woran sich Biotech-Firmen mit Zukunft erkennen lassen, in: Financial Times Deutschland, 28.3.2000, S. 39.

Heskett, James L. / Sasser, Earl W. / Schlesinger, Leonard A. (1997): The Service Profit Chain. How leading comapanies link profit and growth to loyality satisfaction and value, The Free Press, New York.

Heslin, P. A. / Donaldson, L. (1999): An Organizational Portfolio Theory of Board Composition, in: Corporate Governance, 7. Jahrgang, Heft 1, S. 81–87.

Heucher, Martin / Ilar, Daniel / Kubr, Thomas (1999): Planen, Gründen, Wachsen – Mit dem professionellen Businessplan zum Erfolg, 2. Auflage, Zürich.

Higgins, Robert C. (2001): Analysis for Financial Management, 6. Auflage, Irwin McGraw-Hill, Boston u.a.

Hildebrandt, Lutz (1984): Kausalanalytische Validierung in der Marketingforschung, in: Marketing ZFP, Heft 1, S. 41–51.

Hill, Wilhelm / Fehlbaum, Raymond / Ulrich, Peter (1994): Organisationslehre 1: Ziele, Instrumente und Bedingungen der Organisation sozialer Systeme, 5. Auflage, Bern/Stuttgart/Wien.

Hills, Gerald E. / Lumpkin, G. Thomas / Singh, Robert P. (1997): Opportunity recognition: Perceptions and behaviors of entrepreneurs, in: Frontiers of Entrepreneurship Research, Vol. 17, Babson College/Kauffman entrepreneurship research conference, Center for Entrepreneurial Studies, Babson College, Wellesley, 1997, S. 168–182 (http://www.babson.edu/ entrep/fer/papers97/hills/hill1.htm).

Hills, Gerald E. / Shrader, Rodney C. (1998): Successful entrepreneurs' insights into opportunity recognition, in: Frontiers of Entrepreneurship Research, Volume 18, Babson College/Kauffman entrepreneurship research conference, Center for Entrepreneurial Studies, Babson College, Wellesley.

Hinkel, Knud (2001): Erfolgsfaktoren von Frühphasenfinanzierungen durch Wagniskapitalgesellschaften, Dissertation, Christian-Albrechts-Universität zu Kiel.

Hinterhuber, Hans H. / Friedrich, Stephan A. (1997): Markt- und ressourcenorientierte Sichtweise zur Steigerung des Unternehmungswertes, in: Hahn, Dietger, Taylor, Bernard (Hrsg.), Strategische Unternehmensplanung – Strategische Unternehmensführung – Stand und Entwicklungstendenzen, 7. Auflage, Heidelberg, S. 988–1013.

Hirn, Wolfgang (2001): Die Jagd auf Jungwild, in: Manager Magazin, Band 3, S. 132–139.

Hisrich Robert D. / Peters, Michael P. (1988): Entrepreneurship, fourth Edition, Mc Graw Hill, Boston.

Hitt, Michael A. / Ireland, R. Duane / Camp, S. Michael / Sexton, Donald L. (2001): Guest editors' introduction to the special issue strategic entrepreneurship: Entrepreneurial strategies for wealth creation, in: Strategic Management Journal, Volume 22, S. 479–491.

Hochrein, Kilian (2001): Internationales Patentportfolio-Management. Die Eckpfeiler des Patent Management bei GORE heute, Vortrag auf der Konferenz „Intellectual Property Management", Königswinter, 16.5.2001.

Hofer, Charles W. / Sandberg, William R. (1987): Improving new venture performance: Some guidelines for success, in: American Journal of Small Business, Volume 12, Issue 1, S. 11–25.

Hofinger, Stephan (1999): Patente müssen sich rechnen, in: Harvard Business Manager, Heft 1, S. 101–106.

Holland, Andrea / Löbel, Silvio (1997): Erfahrungen zur Geschäftsprozeßmodellierung mit dem ARIS-Toolset bei einem Versorgungsunternehmen, in: Wirtschaftsinformatik, Band 39, Heft 2, S. 187–188.

Homburg, Christian / Hildebrandt, Lutz (1998): Die Kausalanalyse: Bestandsaufnahme, Entwicklungsrichtungen, Problemfelder, in: Hildebrandt, Lutz/Homburg, Christian (Hrsg.): Die Kausalanalyse: ein Instrument der empirischen betriebswirtschaftlichen Forschung, Stuttgart.

Homburg, Christian / Pflesser, Christian (1999): Konfirmatorische Faktorenanalyse, in: Herrmann, Andreas/Homburg, Christian (Hrsg.): Marktforschung, Wiesbaden, S. 413–437.

Homburg, Christian / Simon, Hermann (1995): Wettbewerbsstrategien, in: Tietz, Bruno/Köhler, Richard/Zentes, Joachim (Hrsg.): Handwörterbuch des Marketing, Schäffer-Poeschel, Stuttgart, 2. vollständig überarbeitete Auflage, 1995, S. 2753–2762.

Hommel, Ulrich (1999): Der Realoptionsansatz: Das neue Standardverfahren der Investitionsrechnung, in: M&A Review, 1999, Heft 1, S. 22–29.

Hommel, Ulrich (2001): Sachgerechte Bewertung von Wachstumsunternehmen mit dem Realoptionsansatz, in: Kleeberg, J. M./Rehkugler, H. (Hrsg.): Handbuch Portfoliomanagement – Systematische Ansätze und ihre praktische Anwendung im Wertpapiermanagement, 2. Auflage (in Druck), Uhlenbruch-Verlag, Bad Soden/Ts., S. 1–27.

Hommel, Ulrich / Lehmann, Hanna (2001): Die Bewertung von Investitionsprojekten mit dem Realoptionsansatz – Ein Methodenüberblick, in: Hommel, Ulrich/Scholich, Martin/Vollrath, Robert (Hrsg.): Realoptionen in der Unternehmenspraxis. Wert schaffen durch Flexibilität, Springer Verlag, Berlin/Heidelberg/New York, S. 113–129.

Hommel, Ulrich / Pritsch, Gunnar (1998): Anreizprobleme zwischen Management und Unternehmenseignern – Implikationen für Investoren und Shareholder Value, in: Achleitner, Ann-Kristin/Thoma, Georg F. (Hrsg.): Handbuch Corporate Finance: Konzepte, Strategien und Praxiswissen für das moderne Finanzmanagement, Köln, S. 1–40.

Hommel, Ulrich / Pritsch, Gunnar (1998b): Bausteine des Risikomanagement-Prozesses, in: Achleitner, Ann-Kristin/Thoma, G. F. (Hrsg.): Handbuch Corporate Finance, Abschnitt 9.1.1, 6. Ergänzungslieferung, März.

Hommel, Ulrich / Pritsch, Gunnar (1999): Marktorientierte Investitionsbewertung mit dem Realoptionsansatz: Ein Implementierungsleitfaden für die Praxis, in: Finanzmarkt und Portfolio Management, 13. Jahrgang, S. 121–144.

Hommel, Ulrich / Pritsch, Gunnar (1999b): Investitionsbewertung und Unternehmensführung mit dem Realoptionenansatz, in: Achleitner, Ann-Kristin/Thoma, Georg F. (Hrsg.): Handbuch Corporate Finance, Köln.

Hommel, Ulrich / Riemer-Hommel, Petra (1999): Die Evolution nationaler Unternehmensüberwachungssysteme. Der Einfluss von Regulierung und internationalem Wettbewerb aufgezeigt am Beispiel der Vereinigten Staaten und der Bundesrepublik Deutschland, in: Kutschker, Michael (Hrsg.): Management verteilter Kompetenzen in multinationalen Unternehmen, Wiesbaden, S. 149–176.

Hommel, Ulrich / Scholich, Martin / Baecker, Philipp N. (2002): Wert Schaffen durch Flexibilität: Realoptionen in der Unternehmenspraxis, Berlin.

Hommel, Ulrich / Scholich, Martin / Vollrath, Robert (Hrsg.) (2001): Realoptionen in der Unternehmenspraxis. Wert schaffen durch Flexibilität, Springer Verlag, Berlin/Heidelberg/New York.

Hommelhoff, Peter / Mattheus, Daniela (2000): Gesetzliche Grundlagen: Deutschland und international, in: Dörner, Dietrich et al. (2000): Praxis des Risikomanagement, Stuttgart, S. 5–40.

Hopt, Klaus J. / Baum, Harald (1997): Börsenrechtsreform, in: Hopt, Klaus J./Baum, Harald/Rudolph, Bernd (Hrsg.): Börsenreform, Stuttgart, S. 378 ff. (oder: 417–420).

Hopt, Klaus J. / Kanda, Hideki / Roe, Mark J. / Wymeersch, Eddy / Prigge, Stefan (1998) (Hrsg.): Comparative Corporate Governance. The State of the Art an Emerging Research, Oxford.

Horstmann, Walter (1997): Der Balanced Scorecard-Ansatz als Instrument zur Umsetzung von Unternehmensstrategien, in: Controlling, S. 193–199.

Horváth, Péter (1998a): Controlling, 7. Auflage, Vahlen Verlag, München.

Horváth, Péter (1998b): Mit Balanced Scorecard Strategien erfolgreich umsetzen, in: Scheer, August-Wilhelm (Hrsg.), Neue Märkte, neue Medien, neue Methoden – Roadmap zur agilen Organisation, Physica Verlag, Heidelberg, S. 433–445.

Horváth, Péter (2001): Controlling, 8. Auflage, Vahlen Verlag, München.

Horváth, Péter / Knust, Patrick / Schindera Frank (2001): Internet-Geschäfte erfordern ein wirksames E-Controlling, in: Harvard Business Manager, 23. Jahrgang, Heft 5, S. 45–54.

HSBC Trinkaus & Burkhardt (2001): Deutscher Medienmarkt, Deutsche Medien nach dem Sturm – Die See bleibt tückisch, Düsseldorf.

Huber, Ulrich (1970): Vermögensanteil, Kapitalanteil und Gesellschaftsanteil an Personengesellschaften des Handelsrechts, Heidelberg.

Huber, Ulrich (1988): Gesellschafterkonten in der Personengesellschaft, in: ZGR, S. 1 ff..

Huber, Ulrich (1997): Freie Rücklagen in Kommanditgesellschaften, in: Schön, Wolfgang (Hrsg.): Gedächtnisschrift für Brigitte Knobbe–Keuk, Köln, S. 203 ff..

Huberts, Lex C. / Fuller, Russel J. (1995): Predictability Bias in the U.S. Equity Market, in: Financial Analysts Journal, März/April, S. 12–28.

Huczynski, Andrzej / Buchanan, David (2001): Organizational Behaviour. An Introductory Text, 4. Auflage, Harlow.

Hueck, Götz (1973): Erwerbsvorrechte im Gesellschaftsrecht, in: Gotthard Paulus et al. (Hrsg.): Festschrift für Karl Larenz, München, S. 749–767.

Hüffer, Uwe (1999): Aktiengesetz, 4. Auflage, Verlag C.H. Beck, München.

Hüffer, Uwe (2001): Aktiengesetz-Kommentar, 5. Auflage, München.

Huisman, Kuno J. M. (2001): Technology Investment: A Game Theoretic Real Options Approach, Boston/MA.

Hull, John C. (1997): Options, Futures and Other Derivative Securities, Englewood Cliffs, NJ.

Hung, H. (1998): A Typology of the Theories of the Roles of Governing Boards, in: Corporate Governance, 6. Jahrgang, S. 101–111.

Hüser, Annette (1992): Institutionelle Regelungen und Marketinginstrumente zur Überwindung von Kaufbarrieren auf ökologischen Märkten, Arbeitspapier Nr. 3 des Forschungsprojektes "Marketing und ökonomische Theorie", Frankfurt am Main.

Hütten, Christoph (2000): Der Geschäftsbericht als Informationsinstrument, Hagemann Verlag, Düsseldorf.

Hütten, Christoph / Lorson, Peter (2000a): Internationale Rechnungslegung in Deutschland, Teil 3: Grundlagen der angelsächsischen Finanzberichterstattung, in: Betrieb und Wirtschaft, S. 801–811.

Hütten, Christoph / Lorson, Peter (2000b): Internationale Rechnungslegung in Deutschland, Teil 4: Die Rechnungslegungssysteme der USA und des IASC, in: Betrieb und Wirtschaft, S. 985–997.

Hutton, Amy (2001): Four Rules for Taking Your Message to Wall Street, in: Harvard Business Review, Volume 79, May, S. 4–11.

ICAEW (1999) (Hrsg.): Inside Out, London.

ICAS (1999) (Hrsg.): Business Reporting: The Inevitable Change?, Glasgow.

IDW (2000): IDW Standard: Grundsätze zur Durchführung von Unternehmensbewertungen (IDW S. 1), in : Die Wirtschaftsprüfung, 17/2000, S. 825–842.

IFAC (1998) (Hrsg.): The Measurement and Management of Intellectual Capital, http://www.ifac.org/StandardsAndGuidance/FMAC/IMAS7.html (Stand: 21.01.00).

IfM Bonn (2001): Jahrbuch zur Mittelstandsforschung, Bonn.

Ilzhöfer, Volker (1999): Patent-, Marken- und Urheberrecht, 3. Auflage, München.

Initial Report Of The Committee Of Wise Men (2000): On The Regulation Of European Securities Markets, 9 November, Brüssel.

Inselbag, Isik / Kaufold, Harold (1997): Two Discounted Cash flow Approaches for Valuing Companies under alternative Financing Strategies (and how to Choose between them), in: Journal of Applied Corporate Finance, Volume 10, S. 114–122.

Internationalmedia AG (2001): Geschäftsbericht 2000, München.

IOSCO (2000) (Hrsg.): Report on Implementation of International Disclosure Standards, o.O.

Irmscher, Markus (1997): Markenwertmanagement. Aufbau und Erhalt von Markenwissen und -vertrauen im Wettbewerb: Eine informationsökonomische Analyse, Franfurt am Main.

Isenmann, Ralf / Lenz, Christian / Schweren, Christof (2000): Interneteinsatz zur integrierten Geschäfts- und Umweltberichterstattung, Arbeitspapier Lehrstuhl für Betriebsinformatik/Operations Research Universität Kaiserslautern, Kaiserslautern.

IUP (Institut für Unternehmungsplanung)/Schaerf AG (1999): Praxisorientierter Leitfaden für Unternehmensgründungen, dargestellt am Beispiel des Bürohandels, in: Hahn, Dietger/Esser, Klaus (Hrsg.): Unternehmensgründungen – Wege in die Selbständigkeit, Chancen für innovative Unternehmen, Schäffer-Poeschel Verlag, Stuttgart, S. 71–175.

Jackson, Susan E. / Brett, Joan F. / Sessa, Valerie I. (1991): Some differences make a difference: Individual dissimilarity and group heterogeneity as correlates of recruitment, promotion and turnover, in: Journal of Applied Psychology, Volume 76, Issue 5, S. 675–689.

Jacobs, Otto H. / Portner, Rosemarie (2002): Die steuerliche Behandlung von Stock Option-Plans in Deutschland, in: Achleitner, Ann-Kristin/Wollmert, Peter (Hrsg.): Stock Options: Finanzwirtschaft, Gesellschaftsrecht, Bilanzierung, Steuerrecht, Unternehmensbewertung, Verlag Schäffer-Poeschel, Stuttgart, S. 173–193.

Jaensch, Günter (1966): Wert und Praxis der ganzen Unternehmung, Westdeutscher Verlag, Köln/Opladen

Jäger, Axel (1999): Thema Börse (4): Wahl der richtigen Rechtsform, in: Neue Zeitschrift für Gesellschaftsrecht (NZG), S. 102–104.

Jährig, Alfred / Schuck, Hans(1989): Handbuch des Kreditgeschäfts, Verlag Gabler, Wiesbaden.

Jakob,Elmar (1998): Initial Public Offerings, Aktuelle Entwicklungen des Aktienemissionsgeschäfts, Gabler Verlag, Wiesbaden.

Jansen, Stephan (1999): Post Merger Integration, in: Handelsblatt, Verlagsgruppe Handelsblatt, Düsseldorf, 06./07.08.1999, S. K3.

Jarillo, Juan C. (1988): On Strategic Networks, in: Strategic Management Journal, Volume 9, S. 31–41.

Jensen, Michael C. (1989): Eclipse of the Public Corporation, in: Harvard Business Review, 1989, September/Oktober, S. 61–74.

Jensen, Michael C. / Meckling, William H. (1976): Theory of the firm: Managerial behavior, agency costs, and ownership structure, in: Journal of Financial Economics, Volume 3, October, S. 305–360.

Jensen, Michael C. / Ruback, Richard S. (1983): The market for corporate control: The scientific evidence, in: Journal of Financial Economics, 11, S. 5–50.

Joas, August (1992): Marktforschung, in: Meyer, Paul W. (Hrsg.): Integrierte Marketingfunktionen, 3. Auflage, Stuttgart et al., S. 32–51.

Johnson, Bradley R. (1990): Toward a multidimensional model of entrepreneurship: The case of achievement motivation and the entrepreneur, in: Entrepreneurship Theory and Practice, Volume 14, Issue 3, S. 39–54.

Jöreskog, Karl (1978): Structural Analysis of Covariance and Correlation Matrices, in: Psychometrika, Volume 43, S. 443–477.

Jorion, Philippe (2000): Value at risk: The new benchmark for controlling market risk. 2. Auflage, New York u.a.

Jorion, Philippe / Goetzmann, William N. (2000): Global Stock Markets in the Twentieth Century, Working Paper, Yale School of Management.

Jugel, Stefan (1991): Ansatzpunkte einer Marketingkonzeption für technologische Innovationen, M&P Verlag für Wissenschaft und Forschung, Stuttgart.

Just, Carsten (2000): Business Angels und technologieorientierte Unternehmensgründung: Lösungsansätze zur Behebung von Informationsdefiziten am informellen Beteiligungskapitalmarkt aus Sicht der Kapitalgeber, Verlag Fraunhofer IRB, Stuttgart.

Kaas, Klaus P. (1990a): Langfristige Werbewirkung und Brand Equity, in: Werbeforschung und Praxis, Heft 3, S. 48–52.

Kaas, Klaus P. (1990b): Marketing als Bewältigung von Informations- und Unsicherheitsproblemen im Markt, in: Die Betriebswirtschaft, 50. Jahrgang, Heft 4, S. 539–548.

Kaas, Klaus P. (1994): Ansätze einer institutionenökonomischen Theorie des Konsumentenverhaltens, in: Forschungsgruppe Konsum und Verhalten (Hrsg.): Konsumentenforschung – gewidmet Werner Kroeber-Riel zum 60. Geburtstag, München, S. 245–259.

Kaas, Klaus P. (1995): Marketing und Neue Institutionenökonomik, in: Kaas, Klaus P. (Hrsg.): Kontrakte, Geschäftsbeziehungen, Netzwerke: Marketing und Neue Institutionenökonomik, in: Zeitschrift für betriebswirtschaftliche Forschung Sonderheft 35/95, Düsseldorf, S. 1–17.

Kaiser, Lars / Gläser, Joachim (2000): Entwicklungsphasen neugegründeter Unternehmen. Arbeitspapiere zur Mittelstandökonomie Nr. 6, InMit, Trier.

Kallmeyer, Harald (1999): Aktienoptionspläne für Führungskräfte im Konzern, in: Die Aktiengesellschaft, 44. Jahrgang, S. 97–103.

Kamm, Judith B. (1987): An integrative approach to managing innovation, Lexington Books, Lexington.

Kamm, Judith B. / Nurick, Aaron J. (1993): The stages of team venture formation: A decision-making model, in: Entrepreneurship Theory and Practice, Volume 17, Issue 2, S. 17–28.

Kamm, Judith B. / Seeger, John / Shuman, Jeffrey / Nurick, Aaron (1990): Entrepreneurial teams in new venture creation: A research agenda, in: Entrepreneurship Theory and Practice, Volume 14, Issue 4, S. 7–17.

Kamm, Judith B. / Shuman, Jeffrey C. / Nurick, Arron J. (1989): Are well-balanced teams more successful?, in: Brockhaus, Robert H. (Hrsg.): Frontiers of Entrepreneurship Research, Babson College, Wellesly, S. 428–429.

Kaplan, Robert S. / Norton, David P. (1992): The Balanced Scorecard - Measures That Drive Performance, in: Havard Business Review, S. 71–79.

Kaplan, Robert S. / Norton, David P. (1996): The Balanced Scorecard: Translating Strategy into Action, Harvard Business School Press, Boston/MA.

Kaplan, Robert S. / Norton, David P. (1997): Balanced Scorecard, Schäffer Poeschel Verlag, Stuttgart.

Kaplan, Robert S. / Norton, David P. (1997): Balanced Scorecard: Strategien erfolgreich umsetzen, Schäffer-Poeschel Verlag, Stuttgart.

Kaplan, Steve N. / Stein, Jeremy C. (1999): The Evolution of Buy-Out pricing and Financial structure (or what went wrong) in the 1980s, in: Chew, Donald H. jr. (Hrsg): The New Corporate Finance-Where theory meets Practice, Second Edition, New York.

Kaplan, Steven N. (1995): The Start up, in: Fortune International, May 29, S. 62–69.

Käppeler, Franz / Sanft, Erhard (1998): Leifaden für Existenzgründer, 3. Auflage, Berlin et al..

Karkowski, Boris (2001): Kaufen was kommt: M&A am Neuen Markt, in: Finance, April 2001.

Kasperzak, Rainer / Krag, Joachim / Wiedenhofer, Marco (2001): Konzepte zur Erfassung von Intellectual Capital, in: Deutsches Steuerrecht (DStR), S. 1494–1500.

Katz, Michael / Shapiro, Carl (1985): Network externalities, competition, and compatibility, in: American Economic Review, 75, S. 424–440.

Kau, Wolfgang M. / Leverenz, Niklas (1998): Mitarbeiterbeteiligung und leistungsgerechte Vergütung durch Aktien-Options-Pläne, in: Betriebsberater, 53. Jahrgang, S. 2269–2276.

Kauffmann, Stuart A. (1993): The origins of order, Oxford University Press, New York.

Kaufmann, Geir (1988): Problem solving and creativity, in: Gronhaug, Kjell/Kaufmann, Geir (Hrsg.): Innovation: A cross-disciplinary perspective, Verlag Springer, Oslo, S. 81–137.

Kaufmann, Lutz (1997): Balanced Scorecard, in: Zeitschrift für Planung, 8. Jahrgang, S. 421–428.

Kazanjian, Robert K. (1988): Relation of Dominant Problems to Stages of Growth in Technology-Based New Ventures, in: Academy of Management Journal, Volume 31, S. 257–279.

Keeley, Robert H. / Roure, Juan B. (1990): Management, Strategy, and Industry Structure as influences on the Success of New Firms: A Structural Model, in: Management Science, Volume 36, Number 10, S. 1256–1267.

Kelly, Kevin (1997): New rules for the new economy: twelve dependable principles for thriving in a turbulent world, in: Wired, September, S. 140–144 und S. 186–197.

Kelm, Kathryn M. / Narayanan, V. K. / Pinches, George E. (1995): Shareholder Value Creation during R&D Innovation and Commercialization Stages, in: Academy of Management Journal, Volume 38, Issue 3, S. 770–786.

Kepper, Gaby (1999): Methoden der Qualitativen Marktforschung, in: Herrmann Andreas/Homburg, Christian (Hrsg.): Marktforschung: Methoden, Anwendungen, Praxisbeispiele, Wiesbaden, S. 159–202.

Kerin, Rodger A. / Varadarajan, P. Rajan / Peterson, Robert A. (1992): First-Mover Advantage: A Synthesis, Conceptual Framework, and Research Propositions, in: Journal of Marketing, Band 56, Heft 10, S. 33–52.

Kern, Werner (1962): Bewertung von Warenzeichen, in: Betriebswirtschaftliche Forschung und Praxis, 14. Jahrgang, Heft 1, S. 17–31.

Kern, Werner / Schröder, Hans-Horst (1977): Forschung und Entwicklung in der Unternehmung, Verlag Rowohlt, Reinbek bei Hamburg.

Khan, Arshad M. (1987): Assessing venture capital investments with non-compensatory behavioral decision models, in: Journal of Business Venturing, Volume 2, Issue 2, S. 193–205.

Kieser, Alfred (1981): Organisationstheoretische Ansätze, München.

Kieser, Alfred (1987): Der strukturale Ansatz, in: Rosenstiel, Lutz von/Einsiedler, Herbert E./Streich, Richard K./Rau, Sabine (Hrsg.): Motivation durch Mitwirkung, Stuttgart, S. 48–59.

Kieser, Alfred / Kubicek, Herbert (1992): Organisation, 3. Auflage, de Gruyter Verlag, Berlin/New York.

Kilka, Michael (1995): Realoptionen: Optionspreistheoretische Ansätze bei Investitionsentscheidungen unter Unsicherheit, Frankfurt/Main.

Kim, Moonchal / Ritter, Jay R. (1999): Valuing IPOs, in: Journal of Financial Economics, Volume 53, S. 409–437.

Kirzner, Israel M. (1973): Competition and entrepreneurship, University of Chicage Press.

Kirzner, Israel M. (1978): Wettbewerb und Unternehmertum, Verlag Mohr, Tübingen.

Kirzner, Israel M. (1985): Discovery and the capitalist process, Chicago, 1985.

Klandt, Heinz (1984): Aktivität und Erfolg des Unternehmensgründers, Eine empirische Analyse unter Einbeziehung des mikrosozialen Umfeldes, Band 1 der Reihe Gründung, Innovation und Beratung, Bergisch-Gladbach.

Klandt, Heinz / Håkansson, Pär-Ola / Motte, Frank (2001): Vademecum für Unternehmensgründer, Business Angels und Netzwerke. Ein Beitrag zum Wissenstransfer zwischen Wissenschaft und Unternehmen, Norderstedt.

Klandt, Heinz / Kirchhoff-Kestel, Susanne / Struck, Jochen (1998): Zur Wirkung der Existenzgründungsförderung auf junge Unternehmen, in: FGF-Entrepreneurship-Research-Monographien, Band 15, Köln/Dortmund.

Klandt, Heinz / Knecht, Thomas C. (1999): „Entrepreneurship" – Ausbildung an Hochschulen, in: Bögenhold, Dieter (Hrsg.): Unternehmensgründung und Dezentralität, Renaissance der beruflichen Selbständigkeit in Europa?, Westdeutscher Verlag, Opladen / Wiesbaden, S. 76–92.

Klandt, Heinz / Schulte, Reinhart (1996): Aus- und Weiterbildungsangebote für Unternehmensgründer und selbständige Unternehmer an deutschen Hochschulen, Bonn.

Klawitter, Uta K. / Waskönig, Peter (2000): Besonderheiten des Einsatzes von Stock Options im Konzern und in international tätigen Unternehmen, in: Achleitner, Ann-Kristin/Wollmert, Peter (Hrsg.): Stock Options: Finanzwirtschaft, Gesellschaftsrecht, Bilanzierung, Steuerrecht, Unternehmensbewertung, Verlag Schäffer-Poeschel, Stuttgart, S. 67–85.

Klein, Benjamin / Leffler, Keith B. (1981): The Role of Market Forces in Assuring Contractual Performances, in: Journal of Political Economy, 89. Jahrgang, Heft 4, S. 615–641.

Kleinschmidt, Elko / Geschka, Horst / Cooper, Robert (1996): Erfolgsfaktor Markt: Kundenorientierte Produktinnovation, Verlag Springer, Berlin et al.

Klenter, Guido (1995): Zeit – Strategischer Erfolgsfaktor von Industrieunternehmen, S+W Steuer- und Wirtschaftsverlag, Hamburg.

Klingebiel, Norbert (2000): Balanced Scorecard als Verbindungsglied externes – internes Rechnungswesen, in: Deutsches Steuerrecht (DStR), S. 651–655.

Klodt, Henning (1994): Grundlagen staatlicher Forschungs- und Technologiepolitik, Kieler Arbeitspapiere Nr. 664, Kiel.

Knaese, Birgit / Probst, Gilbert (2001): Wissensorientiertes Management der Mitarbeiterfluktuation, in: Zeitschrift Führung und Organisation, Heft 1, S. 35–41.

Knecht, Thomas C. (1998): Universitäten als Inkubatororganisationen – Ein theoretischer Bezugsrahmen und die Ergebnisse einer empirischen Bestandsaufnahme in Bayern, Verlag FGF Entrepreneurship Research Monographien, Band 14, Köln/Dortmund/Oestrich-Winkel.

Knecht, Thomas C. (2002): Bewertung innovativer Spin-off-Unternehmen, Eine empirische Analyse zur Quantifizierung von Werttreibern aus der Perspektive eines externen Investors, Verlag Duncker & Humblot, Berlin (in Druck).

Knight, Frank H. (1921): Risk, uncertainty and profit, Houghton-Mifflin, Boston/New York.

Knight, Frank H. (1967): The economic organization, New York.

Knight, Gary A. / Cavusgil, Tamer S. (1996): The Born Global Firm: A Challenge to Traditional Internationalization Theory, in: Advances in International Marketing, Volume 8, S. 11–26.

Knorren, Norbert (1998): Wertorientierte Gestaltung der Unternehmensführung, Gabler Verlag, Wiesbaden.

Koch, Eckart (2000): Globalisierung der Wirtschaft. Über Weltkonzerne und Weltpolitik, München.

Koch, Hans-Dieter (1997): Informations- und Controllingstrukturen in dezentralisierten Unternehmen, in: Picot, A. (Hrsg.): Information als Wettbewerbsfaktor, Verlag Schäffer-Poeschel, Stuttgart, S. 303–314.

Koch, Jörg (1997): Marktforschung: Begriffe und Methoden, 2. Auflage, München et al.

Kock, Carl J. (2001): The Impact of Equity Markets on Firm Capabilities and Industry Evolution: Theory and Case Study of the Retail Brokerage Industry. Arbeitspapier, The Wharton School. Vorgestellt auf dem Academy of Management Annual Meeting 2001, Washington, DC.

Ködel, Wilhelm (1997): Risikoorientierte Abschlußprüfung: Integration in das Risikomanagement von Prüfungsgesellschaften, Wiesbaden.

Kohl, Torsten / Schulte, Jörn (2000): Ertragswertverfahren und DCF-Verfahren – Ein Überblick vor dem Hintergrund der Anforderungen des IDW S1, in: Die Wirtschaftsprüfung, S. 1147–1164.

Korn Ferry International (1996): European Board of Directors Study.

Korn Ferry International (1998): European Board of Directors Study.

Kortum, Samuel / Lerner, Josh (1999): What is behind the Recent Surge in Patenting?, in: Research Policy, Band 28, S. 1–22.

Kotler, Philip (1990): Globalization – Realities and Strategies, in: Die Unternehmung, 44. Jahrgang, S. 79–99.

Kotler, Philip (1994): Marketing Management: analysis, planning, implementation, and control, 8. Auflage, Englewood Cliffs, NJ.

Kotler, Philip (1997): Marketing Management: analysis, planning, implementation, and control, 9th edition, Prentice Hall International, Upper Saddle River.

Kotler, Philip / Armstrong, Gary / Saunders, John / Wong, Victor (1999): Principles of Marketing, 2. europ. Auflage, Prentice Hall Europe, London et al..

Kotler, Philip / Bliemel, Friedhelm (1995): Marketing-Management: Analyse, Planung, Umsetzung und Steuerung, 8. Auflage, C.E. Poeschel, Stuttgart.

Kotzbauer, Norbert (1992): Erfolgsfaktoren neuer Produkte: Synopsis der empirischen Forschung (Teil II), in: GfK-Jahrbuch der Absatz- und Verbrauchsforschung (2), S. 108–128.

Kreikebaum, Hartmut / Behnam, Michael / Gilbert, Dirk U. (2001): Management ethischer Konflikte in international tätigen Unternehmen, Wiesbaden.

Kreikebaum, Hartmut / Gilbert, Dirk U. / Reinhardt, Glenn O. (2002): Organisationsmanagement internationaler Unternehmen. Grundlagen und neue Netzwerkstrukturen, 2. Auflage, Wiesbaden.

Kriegesmann, Bernd (2000): Unternehmensgründungen aus der Wissenschaft, in: Zeitschrift für Betriebswirtschaft, 70. Jahrgang, Heft 4, S. 397–414.

Kroeber-Riel, Werner / Weinberg, Peter (1999): Konsumentenverhalten, 7. Auflage, München.

Krolle, Sigrid / Oßwald, Ulrich (2001): Real Option Valuation™ : Synthese von Strategie und Wert – Anwendungsbeispiel für ein Internet Portal, in: Hommel, Ulrich/Scholich, Martin/Vollrath, Robert (Hrsg.): Realoptionen in der Unternehmenspraxis – Wert schaffen durch Flexibilität, Berlin/Heidelberg/New York, S. 279–302.

Krömer, Sabine (1999): E-commerce: Die eigene Filiale im Netz, in: Der Handel, ohne Jahrgang, Heft 11, S. 30–33.

Kruskal, Joseph B. (1964): Nonmetric Multidimensional Scaling: A Numerical Method, in: Psychometrika, Volume 29, 1964, S. 115–129.

Krystek, Ulrich / Redel, Wolfgang / Reppegather, Sebastian (1997): Grundzüge virtueller Organisationen. Elemente und Erfolgsfaktoren, Chancen und Risiken, Wiesbaden.

Kubr, Thomas / Ilar, Daniel / Marchesi, Heinz (1997): Planen, gründen, wachsen – Mit dem professionellen Businessplan zum Erfolg, Verlag Ueberreuther, Zürich.

Kubr, Thomas / Ilar, Daniel / Marchesi, Heinz (1999): Planen, Gründen, Wachsen, 2. Auflage, Verlag Ueberreuter, München.

Kulicke, Marianne (1993): Chancen und Risiken junger Technologieunternehmen: Ergebnisse des Modellversuchs "Förderung technologieorientierter Unternehmensgründungen", Verlag Physica, Heidelberg.

Küpper, Hans-Ulrich (2001): Controlling, 3. Auflage, Schäffer-Poeschel Verlag, Stuttgart.

Küpper, Hans-Ulrich / Winckler, Barbara / Zhang, Suixin (1990): Planungsverfahren und Planungsinformationen als Instrumente des Controlling, in: Die Betriebswirtschaft, 50. Jahrgang, S. 435–458.

Kurth, Ekkehard (2001): Alternative Systeme wie Börse-light regulieren, in: Börsen-Zeitung, 30.5.2001.

Kurz, E. / Entenmann, M. (1997): Touristikindustrie, in: A. D. Little (Hrsg.): Management von Innovation und Wachstum, Verlag Gabler, Wiesbaden, S. 41–64.

Kurz, Peter (2000): Intellectual capital management and value maximization, in: Technology, Law and Insurance, Band 5, S. 27–32.

Küting, Karlheinz (1978): Die Wertschöpfungsgröße – ein Indikator des einzelwirtschaftlichen Wachstumsphänomens, in: Die Unternehmung, S. 137–164.

Küting, Karlheinz (1981): Zur Bedeutung und Analyse von Verbundeffekten im Rahmen der Unternehmensbewertung, in: Betriebswirtschaftliche Forschung und Praxis, S. 175–189.

Küting, Karlheinz (2000): Möglichkeiten und Grenzen der Bilanzanalyse am Neuen Markt (Teil II), in: Finanz Betrieb, 2. Jahrgang, S. 674–683.

Küting, Karlheinz (2000a): Perspektiven der externen Rechnungslegung, in: Der Schweizer Treuhänder, S. 153–168.

Küting, Karlheinz (2000b): Bilanzpolitik, in: Küting, Karlheinz (Hrsg.), Saarbrücker Handbuch der Betriebswirtschaftlichen Beratung, Verlag Neue Wirtschafts-Briefe, Herne/Berlin, S. 581–660.

Küting, Karlheinz / Dawo, Sascha / Heiden, Matthias (2001a): Internet und externe Rechnungslegung, Verlag Recht und Wirtschaft, Heidelberg.

Küting, Karlheinz / Dawo, Sascha / Heiden, Matthias (2001b): Rechnungslegung und Wirtschaftsprüfung im Internet-Zeitalter, in: Betriebs-Berater, S. 615–620.

Küting, Karlheinz / Dawo, Sascha / Heiden, Matthias (2002): Internet-Investor Relations – The Impact of the Internet on Corporate Reporting, in: Scholz, Christian/Zentes, Joachim (Hrsg.): Strategic Management. A European Approach, Gabler Verlag, Wiesbaden, S. 48–67.

Küting, Karlheinz / Eidel, Ulrike (1999): Markwertansatz contra Ertragswert- und Discounted Cash-Flow-Verfahren, in: Finanz Betrieb, 1. Jahrgang, S. 225–231.

Küting, Karlheinz / Hütten, Christoph (2000): Darstellung und Prüfung der künftigen Entwicklungsrisiken und –chancen im Lagebericht, in: Lachnit, Laurenz/Freidank, Carl-Christian (Hrsg.), Investororientierte Unternhemenspublizität, Gabler Verlag, Wiesbaden, S. 403–431.

Küting, Karlheinz / Weber, Claus-Peter (2000): Die Bilanzanalyse – Lehrbuch zur Beurteilung von Einzel- und Konzernabschlüssen, 5. Auflage, Verlag Schäffer-Poeschel, Stuttgart.

Küting, Karlheinz / Zwirner, Christian (2001): Bilanzierung und Bewertung bei Film- und Medienunternehmen des Neuen Marktes, in: Finanz Betrieb Beilage 3 zu Heft 4 vom 03.04.2001.

Kutschker, Michael (1995): Joint Venture, in: Tietz, Bruno/Köhler, Richard/Zentes, Joachim (Hrsg.): Handwörterbuch des Marketing, Schäffer-Poeschel, Stuttgart, 2. vollständig überarbeitete Auflage, S. 1079–1090.

Kutschker, Michael (1999): Internationalisierung der Wirtschaft, in: Kutschker, Michael (Hrsg.): Perspektiven der internationalen Wirtschaft, Wiesbaden, S. 1–25.

Kutschker, Michael / Schmid, Stefan (2002): Internationales Management, München/Wien.

Labhart, Peter A. (1999): Value Reporting. Informationsbedürfnisse des Kapitalmarktes und Wertsteigerung durch Reporting, Versus Verlag, Zürich.

Lagemann, Bernhard (1999): Mittelstandspolitik und Unternehmensgründungen in Deutschland, in: Welfens, Paul/Graack, Cornelius (Hrsg.): Technologieorientierte Unternehmensgründungen und Mittelstandspolitik in Europa, Verlag Physica, Heidelberg, S. 95–128.

Lagemann, Bernhard / Löbbe, Klaus (1999): Kleine und mittlere Unternehmen im sektoralen Strukturwandel, Verlag RWI, Essen.

Lambsdorff, Otto Graf (1996): Die Überwachungstätigkeit des Aufsichtsrats. Verbesserungsmöglichkeiten de lege lata und de lege ferenda, in: Feddersen, Dieter/Hommelhoff, Peter/Schneider, Uwe H. (Hrsg.): Corporate Governance, Optimierung der Unternehmensführung und der Unternehmenskontrolle im deutschen und amerikanischen Aktienrecht, Köln, S. 217–233.

Lange, Edgar C. (1993): Abbruchentscheidung bei F&E-Projekten, Gabler Verlag, Wiesbaden.

Lange, Knut Werner (2001): Risikoberichterstattung nach KonTraG und KapCoRiLiG, in: Deutsches Steuerrecht (DStR), Heft 6, S. 227–232.

Lange, Veronica (1994): Technologische Konkurrenzanalyse, DUV, Wiesbaden.

Larenz, Karl (1955): Die rechtliche Bedeutung von Optionsvereinbarungen, in: Der Betrieb (DB), S. 209–211.

Laub, Ulf Dieter (1989): Zur Bewertung innovativer Unternehmensgründungen im institutionellen Zusammenhang – Eine empirisch gestützte Analyse, in: Picot, A./Reichwald,

R. (Hrsg.): Schriftenreihe Unternehmensentwicklung, Band 2, Verlag V. Florentz, München.

Laudeman, Mark (1993): Risk-Rating Systems Bring Consistency to Commercial Lending, in: Commercial Lending Review, Band 8, Heft 3, S. 28–39.

Lawson, Bryan (1980): How Designers Think, The Architectural Press, London.

Learned, Edward P. / Christensen Charles R. / Andrews, Kenneth / Guth, William (1969): Business policy: text and cases, Irwin/Homewood, IL.

Lechler, Thomas / Gemünden, Hans G. (2001): Gründerteams: Chancen und Risiken für den Unternehmenserfolg. Ergebnisse einer empirischen Untersuchung, Arbeitspapier.

Lee, Joanne / Ma, Christina / Maloney, Patrick / Martens, Victoria / Ramirez, Oswaldo (2000): Business Incubators in the U.S. and Europe: A Comparative Study, Berkeley.

Leibenstein, Harvey (1968): Entrepreneurship and development, in: American Economic Review, Volume 58, Issue 2, S. 72–83.

Leimkühler, C. (1996): Ist die öffentliche Kritik am deutschen Aufsichtsratssystem gerechtfertigt? Empirische Untersuchung über die personelle Verflechtung zwischen Vorständen und Aufsichtsräten der in Deutschland börsennotierten Akteingesellschaften, in: Die Wirtschaftsprüfung, 49. Jahrgang, S. 305–313.

Leinbach, Joachim (1996): Referenzmodell und Sollmodellgenerierung zur Unterstützung von Verbesserungsprojekten in einer Buntweberei, Denkendorf: Diplomarbeit an dem Institut für Textil- und Verfahrenstechnik Universität Stuttgart.

Leland, Hayne E. / Pyle, David H. (1977): Informational Asymmetries, Financial Structure, and Financial Intermediation, in: Journal of Finance, Volume 32, Nummer 2 (Mai), S. 371–387.

Lennertz, Dieter (2002): Projektorganisation, in: Thommen, Jean-Paul (Hrsg.): Management und Organisation, Zürich, S. 307–347.

Leopold, Günter (1993): Gewinnung von externem Eigenkapital für nicht börsennotierte Unternehmen, in: Gebhardt, Günther/Gerke, Wolfgang/Steiner, Manfred (Hrsg.), Handbuch des Finanzmanagements, Verlag Beck, München, S. 345–364.

Leopold, Günter / Frommann, Holger (1998): Eigenkapital für den Mittelstand, Venture Capital im In- und Ausland, Beck-Verlag, München.

Leptien, Christopher (1996): Anreizsysteme in Forschung und Entwicklung, Wiesbaden.

Lerner, Jushua (1995): Venture Capitalists and the Oversight of Private Firms, in: Journal of Finance, 50. Jahrgang, S. 301–318.

Lessat, Vera / Hemer, Joachim / Eckerle, Tobias H. / Kulicke, Marianne / Licht, Georg / Nerlinger, Eric / Steiger, Max / Steil, Fabian (1999): Beteiligungskapital und technologieorientierte Unternehmensgründung: Markt – Finanzierung – Rahmenbedingungen, Gabler Verlag, Wiesbaden.

Lev, Baruch (2001): Intangibles: Management, Measurement, and Reporting, Brookings Institution Press, Washington.

Lev, Baruch / Zarrowin, Paul (1999): The Boundaries Of Financial Reporting and How to Expand Them, in: Journal of Accounting Research, Supplement 37, S. 353–385.

Leven, Franz-Josef (1998): Investor Relations und Shareholder Value, in: Müller, Michael/Leven, Franz-Josef (Hrsg.): Shareholder Value Reporting, Wirtschaftsverlag Carl Ueberreuter, Wien, S. 45–62.

Levin, Richard C. / Klevorick, Alvin K. / Nelson, Richard R. / Winter, Sidney G. (1987): Appropriating the returns from industrial research and development, in: Brookings Papers on Economic Activity, Band 3, S. 783–820.

Levitt, Jason (1997): Music to a pirate's ear, in: Informationweek, 30. Juni, S. 76.

Levitt, Theodore (1983): The Globalization of Markets, in: Harvard Business Review, Volume 61, S. 92–102.

Lewin, Aire Y. / Volberda, Henk W. (1999): A framework for research on strategy and new organizational forms, in: Organization Science, 10, S. 519–534.

Lewin, Kurt (1947): Frontiers in Group Dynamics, in: Human Relations, Volume 1, S. 5–41.

Lieberman, Marvin B. / Montgomery, David B. (1998): First-Mover (Dis)Advantages: Retrospective and Link with the Resource-Based-View, in: Strategic Management Journal, Volume 19, Number 12 (December), S. 1111–1125.

Lieven, Theo (2000): Unternehmer sein heißt frei sein: Mein Weg in die Unabhängigkeit, Hanser Verlag, München.

Likert, Rensis (1967): The Human Organization, New York u.a.

Likin, M. (1972): Experimental Groups: The Use of Interpersonal Encounter, Psychotherapy Groups, and Sensitivity Training, Morristown.

Lin, Timothy H. (1996): The certification role of large block shareholders in initial public offerings: The case of venture capitalists, in: Quarterly Journal of Business Economics, Volume 35, Issue 2, S. 55–65.

Link, Rainer (1991): Aktienmarketing in deutschen Publikumsgesellschaften, Gabler Verlag, Wiesbaden.

Link, Rainer (1994): Die Hauptversammlung im Rahmen des Aktienmarketing und der Investor Relations, in: Die Aktiengesellschaft, Band 39, S. 364–369.

Linneweh, Klaus (1984): Kreatives Denken: Techniken und Organisation produktiver Kreativität, 4. Auflage, Verlag Dieter Gitzel, Rheinzabern.

Lint, Onno / Pennings, Enrico (1999): Finance and Strategy: Time-to-wait or Time-to-market? in: Long Range Planning, Volume 32, Issue 5, S. 483–493.

Lintner, John (1956): Distribution of Incomes of Corporations Among Dividends, Retained Earnings and Taxes, in: American Economic Review, Mai, S. 97–113.

Lintner, John (1965): The Valuation of Risk Assets and the Selection of Risky Investments in Stock Portfolios and Capital Budgets, in: Review of Economics and Statistics, 47. Jahrgang, S. 13–37.

Litan, Robert E. / Wallison Peter J. (2000): The GAAP Gap. Corporate Disclosure in the Internet Age, Washington.

Liu, Jing / Nissim, Doron / Thomas, Jacob (2001): Equity Valuation Using Multiples, Working Paper, UCLA and Columbia University.

Lochridge, Richard K. (2000): Schaffung der adaptiven Organisation, in: Oetinger, Bolko von (Hrsg.): Das Boston Consulting Group Strategie-Buch, 7. Auflage, Econ Verlag, München.

Long, Wayne / McMullan, Wallache E. (1984): Mapping the new venture opportunity identification process, in: Hornaday, John A. et. al. (Hrsg.): Frontiers of Entrepreneurship Research, Volume 4, Babson College/Kauffman entrepreneurship research conference, Center for Entrepreneurial Studies, Babson College, Wellesley, 1984, S. 567–591.

Lorson, Peter / Heiden, Matthias (2002): Intellectual Capital Statement und Goodwill-Impairment – "Internationale" Impulse zur Unternehmenswertorientierung?, in: Seicht, Gerhard (Hrsg.): Jahrbuch für Controlling und Rechnungswesen 2002, Lexis-Nexis Verlag, Wien, S. 369–403.

Low, Murray B. / MacMillan, Ian C. (1988): Entrepreneurship: Past Research and Future Challenges, in: Journal of Management, Volume 14, Number 2, S. 139–161.

Löwe, Claus / Sieber, Ulrich D. (2000): Erfahrung mit dem Einsatz von Stock Option-Plänen, Die Reaktion des Kapitalmarktes, in: Achleitner, Ann-Kristin/Wollmert, Peter (Hrsg.): Stock Options: Finanzwirtschaft, Gesellschaftsrecht, Bilanzierung, Steuerrecht, Unternehmensbewertung, Verlag Schäffer-Poeschel, Stuttgart, S. 45–59.

Lube, Marc-Milo (1997): Strategisches Controlling in international tätigen Konzernen: Aufgaben – Instrumente – Maßnahmen, Gabler Verlag, Wiesbaden.

Lück, Wolfgang (1990): Audit Committee – Eine Einrichtung zur Effizienzsteigerung betriebswirtschaftlicher Überwachungssysteme?, in: ZfbF, 42. Jahrgang, S. 995–1013.

Lück, Wolfgang (2000): Managementrisiken, in: Dörner, Dietrich et al. (Hrsg.): (2000): Praxis des Risikomanagement, Stuttgart, S. 311–343.

Luehrmann, Timothy A. (1998): Strategy as a Portfolio of Real Options, in: Harvard Business Review, Volume 76, September-October, S. 89–99.

Lumme, Annareetta / Mason, Colin M. / Suomi, Markku (1998): Informal Venture Capital: Investors, Investments and Policy Issues in Finland, Boston.

Lutter, Marcus / Hommelhoff, Peter (2000): GmbH–Gesetz: Kommentar, 15. Auflage, Köln.

Macharzina, Klaus (1999): Unternehmensführung: Das internationale Managementwissen: Konzepte – Methoden – Praxis, 3. Auflage, Verlag Gabler, Wiesbaden.

MacMillan, Ian C. / Kulow, David M. / Khoylian, Roubina (1988): Venture Capitalists' Involvement in their Investments: Extent and Performance, in: Journal of Business Venturing, Volume 4, Number 1, S. 27–47.

MacMillan, Ian C. / Zemann, Lauriann / Subbanarasimha, P. N. (1987): Criteria Distinguishing Successful from Unsuccessful Ventures in the Venture Screening Process, in: Journal of Business Venturing, Volume 3, Number 2, S. 123–137.

Mag, Wolfgang (1977): Entscheidung und Information, Verlag Vahlen, München.

Mahoney, Joseph T. / Pandian, J. Rajendran (1992): The Resource-Based-View within the Conversation of Strategic Management, in: Strategic Management Journal, Volume 13, Number 5 (June), S. 363–380.

Makridakis, Spyros / Wheelright, Steven C. (1987): The Handbook of Forecasting: A Manager's Guide, in: Makridakis, Spyros/Wheelright, Steven C. (Hrsg.): The Handbook of Forecasting: A Manager's Guide, 2. Auflage, John Wiley & Sons, NewYork.

Malik, Fredmund (1997): Wirksame Unternehmensaufsicht. Corporate Governance in Umbruchzeiten, FAZ-Verlag, Frankfurt am Main.

Männel, Wolfgang (1981): Die Wahl zwischen Eigenfertigung und Fremdbezug: Theoretische Grundlagen - Praktische Fälle, 2. Auflage, Schäffer-Poeschel, Stuttgart.

Mansfield, Edwin (1985): How rapidly does new industrial technology leak out?, in: The Journal of Industrial Economics, Band 34, Nummer 2, S. 217–223.

Mansfield, Edwin (1986): Patents and innovations: An empirical study, in: Management Science, Band 32, Nummer 2, S. 173–181.

Mansfield, Edwin / Schwartz, Mark / Wagner, Samuel (1981): Imitation costs and patents: An empirical study, in: The Economic Journal, Band 91, S. 907–918.

Manstedten, Björn C. (1996): Entwicklung von Organisationsstrukturen in der Gründungs- und Frühentwicklungsphase von Unternehmungen, Förderkreis Gründungs-Forschung, Köln/Dortmund.

March, James G. (1991): Exploration and exploitation in organizational learning, in: Organizational Science, Volume 2, Issue 1, S. 71–87.

March, James G. / Olsen, Johan P. / Cohen, Michael D. (1986): A Garbage Can Model of Organizational Choice, in: March, James G. (Hrsg.): Decisions and Organizations, Oxford, S. 294–334.

March, James G. / Olsen, Johan. P. (1979): Organizational Learning and the Ambiguity of the Past, in: March, James G./Olsen, Johan P. (Hrsg.): Ambiguity and Choice of Organizations, 2. Auflage, Bergen, S. 54–67.

Marcus, Bruce W. / Wallace, Sherwood Lee (1997): New Dimensions in Investor Relations, John Wiley & Sons, New York.

Maretzki, Jürgen / Wildner, Raimund (1994): Messung von Markenkraft, in: Markenartikel, Heft 3, S. 101–105.

Markley, Deborah M. / McNamara, Kevin T. (1995): Economic and fiscal aspects of a business incubator, in: Economic Development Quarterly, Volume 9, S. 273–279.

Marples, David L. (1961): The Decisions of Engineering Design, in: IREE Transactions on Engineering Management, 8. Jahrgang, Heft 2, S. 55–71.

Martens, Klaus-Peter (1996): Erwerb und Veräußerung eigener Aktien im Börsenhandel, in: Die Aktiengesellschaft, S. 337–449.

Martens, Knuth (2000): Managementüberwachung durch den Aufsichtsrat, Josef Eul Verlag, Lohmar und Köln 2000.

Martin, Michael J. (1994): Managing innovation and entrepreneurship in technology-based firms, New York et al.

Martin, Russell / Owens, Damon / Wright, Ursula (2001): Orphan drug designation for lysosomal storage disease: a biotechnology intellectual property war, Kellogg Graduate School of Management, Evanston.

Martino, Joseph P. (1993): Technological forecasting for decision making, 3. Auflage, McGraw-Hill, New York, London.

Martino, Joseph P. (1993): Technological forecasting for decision making, 3. Auflage, McGraw-Hill, New York.

Mason, Colin M. / Harrison, Richard T. (1993): Strategies for Expanding the Informal Venture Capital Market, in: International Small Business Journal, 11. Jahrgang, Nummer 4, S. 23–38.

Mason, Colin M. / Harrison, Richard T. (1994): Informal Venture Capital in the UK, in: Hughes, A./Storey, David J. (Hrsg.): Finance and the Small Firm, London.

Mason, Colin M. / Harrison, Richard T. (1995): Closing the Regional Equity Capital Gap: The Role of Informal Venture Capital, in: Small Business Economics, 7. Jahrgang, S. 152–172.

Mason, Colin M. / Harrison, Richard T. (1996): Informal Venture Capital: A Study of the Investment Process, the Post-Investment Experience and Investment Performance, in: Entrepreneurship & Regional Development, 8. Jahrgang, S. 105–125.

Mason, Edward (1949): The current state of the monopoly problem in the U.S., in: Harvard Law Review, Volume 62, S. 1265–1285.

Mathews, John (1994): The Governance of Inter-Organizational-Networks, in: Corporate Governance, Volume 2, Issue 1, S. 14–19.

Mattmüller, Roland (2000): Integrativ-Prozessuales Marketing. Eine Einführung. Mit durchgehender Schwarzkopf & Henkel-Fallstudie, Wiesbaden.

Mattmüller, Roland / Tunder, Ralph (1999): Das prozessorientierte Marketingverständnis. Eine neoinstitutionenökonomische Begründung, in: Jahrbuch der Absatz- und Verbrauchsforschung, 45. Jahrgang, Heft 4, S. 435–451.

Maul, Karl-Heinz / Menninger, Jutta (2000): Das „Intellectual Property Statement" – eine notwendige Ergänzung des Jahresabschlusses?, in: Der Betrieb, S. 529–533.

May, Don O. (1995): Do Manorial Motives Influence Firm Risk Reduction Strategies?, in: Journal of Finance, Volume 50, S. 1291–1308.

McDougall, Patricia P. / Oviatt, Benjamin M. (1996): New Venture Internationalization, Strategic Change, and Performance: A Follow-Up-Study, in: Journal of Business Venturing, Volume 11, S. 23–40.

McDougall, Patricia P. / Robinson, Richard B. / DeNisi, Angelo S. (1992): Modeling New Venture Performance: An Analysis of New Venture Strategy, Industry Structure, and Venture Origin, in: Journal of Business Venturing, Volume 7, Number 4 (July), S. 267–289.

McGrath, Joseph E. (1964): Social psychology: A brief introduction, New York.

McGrath, Rita G. / Venkataraman, Shivakumar / MacMillan, Ian C. (1994): The Advantage Chain: Antecedents to Rents from internal Corporate Venturing, in: Journal of Business Venturing, Volume 9, Number 5 (September), S. 351–369.

McGrath, Rita Gunther / MacMillan, Ian C. (2000): The entrepreneurial mindset – strategies for continuously creating opportunity in an age of uncertainty, Boston, MA.

Meckl, Reinhard (2002): Internationalisierungsstrategien für Neugründungen und junge Unternehmungen, in: Dowling, Michael/Drumm, Hans Jürgen (Hrsg.): Gründungsmanagement, Berlin/Heidelberg/ New York, S. 295–313.

Meffert, Heribert (1992): Marketingforschung und Käuferverhalten, 2. Auflage, Verlag Gabler, Wiesbaden.

Meffert, Heribert (1998): Marketing: Grundlagen marktorientierter Unternehmensführung: Konzepte – Instrumente – Praxisbeispiele, 8. Auflage, Verlag Gabler, Wiesbaden.

Meier, Anton (1998): Marketing junger Technologieunternehmen, Verlag Gabler, Wiesbaden.

Mellerowicz, Konrad (1963): Markenartikel: Die ökonomischen Grenzen ihrer Preisbildung und Preisbindung, 2. Auflage, München.

Mellewigt, Thomas / Witt, Peter (2002): Die Bedeutung des Vorgründungsprozesses für die Evolution von Unternehmen: Stand der empirischen Forschung, in: Zeitschrift für Betriebswirtschaft, 72. Jahrgang, Heft 1, S. 81–110.

Mertens, Peter / Faisst, Wolfgang (1997): Virtuelle Unternehmen. Idee, Informationsverarbeitung, Illusion. 18. Saarbrücker Arbeitstag für Industrie, Dienstleistung und Verwaltung, Verlag Springer, Berlin u. a..

Merton, R. C. (1973): Theory of Rational Option Pricing, in: Bell Journal of Economics and Management Science, Nummer 4, S. 141–183.

Merton, Robert C. (1973): An Intertemporal Capital Asset Pricing Model, in: Economitrica, S. 867–887.

Meyer, Alan D. / Brook, Geoffrey R. / Goes, James B. (1990): Environmental jolts and industry revolutions: Organizational responses to discontinuous change, in: Strategic Management Journal, 11 (Sommer), S. 93–110.

Meyer, Jörn-Axel (1999): Kundenzufriedenheit in Technologiezentren, Berlin-Verlag, Berlin.

Meyer, Marc H. / Lehnerd, Alvin P. (1997): The Power of Product Platforms, The Free Press, New York.

Meyer, Marc H. / Tertzakian, Peter / Utterback, James M. (1997): Metrics for Managing Research and Development in the Context of the Product Family, in: Management Science, 43. Jahrgang, Heft 1, S. 88–111.

Meyer, Paul W. (1978): Markenspezifisches Herstellermarketing, in: Markenartikel heute – Marke, Markt und Marketing, Gabler Verlag (Hrsg.), Wiesbaden, S. 159–181.

Meyers (1980): Meyers Enzyklopädisches Lexikon, Band 8, 9. Auflage, Mannheim.

Michel, Uwe (1997): Strategien zur Wertsteigerung erfolgreich umsetzen – Wie die Balanced Scorecard ein wirkungsvolles Shareholder Value Management unterstützt, in: Horváth, Péter (Hrsg.): Das neue Steuerungssystem des Controllers – Von Balanced Scorecard bis US-GAAP, Schäffer Poeschel Verlag, Stuttgart, S. 273–287.

Miles, Ian / Andersen, Brigitte / Boden, Mark / Howells, Jeremy (2000): Service production and intellectual property, in: International Journal of Technology Management, Band 20, Nummer 1 und 2, S. 95–115.

Miles, Raymond E. / Snow, Charles C. (1986): Organizations: New Concepts for New Forms, in: California Management Review, Volume 28, Number 3, S. 62–73.

Miles, Raymond E. / Snow, Charles C. (1995): The New Network Firm: A Spherical Structure Built on a Human Investment Philosophy, in: Organizational Dynamics, Volume 23, S. 5–18.

Milgrom, Paul / Roberts, John (1992): Economics, Organization, and Management, Verlag Prentice-Hall, Englewood Cliffs.

Miner, John B. (1996): Evidence for the existence of a set of personality types, defined by psychological tests, that predict entrepreneurial success, in: Reynolds, Paul D. et al. (Hrsg.): Frontiers of Entrepreneurship Research, Babson Park, Babson College, S. 62–76.

Miner, John B. (1997): A psychological typology of successful entrepreneurs, Quorum Books, Westport.

Miner, John B. (2000): Testing a psychological typology of entrepreneurship using business founders, in: The Journal of Applied Behavioral Science, Volume 36, Issue 1, S. 43–69.

Mintzberg, Henry (1984): Power and Organization Life Cycles, in: Academy of Management Review, Volume 9, Issue 2, S. 207–224.

Mintzberg, Henry (1991): Mintzberg über Management, Führung und Organisation - Mythos und Realität, Verlag Gabler, Wiesbaden.

Mintzberg, Henry (1999): Strategy Safari – A Guided Tour Through the Wilds of Strategic Management, Verlag Simon & Schuster.

Mintzberg, Henry (2000): Strategy Formulation: Schools of Thought, in: Fredrickson, James: Perspectives on Strategic Management, New York/NY.

Mitchiner, James (2000): Patenting methods of doing business in European patent convention and allied countries contrasted with the decision of the US Federal Court of Appeal, State Street Bank v. Signature Financial Group, in: Berkowitz, Jeffrey (Hrsg.): Patenting the new business model: building fences in cyberspace, New York, NY, S. 345–370.

Modigliani, Franco / Miller, Merton H. (1958): The cost of capital, corporation finance and the theory of investment, in: The American Economic Review, Volume 48, Issue 3, S. 261–297.

Möller, Matthias (2002): Rechtsformen der Wagnisfinanzierung (Venture Capital) – Eine rechtsvergleichende Studie zu den USA und zu Deutschland, Dissertation, Osnabrück.

Morck, Randall / Shleifer, Aandrei / Vishny, Robert W. (1990): The stock market and investment: Is the market a sideshow?, in: Brookings Papers on Economic Activity, Volume 2, S. 157–202.

Morrison, Pamela / Lillien, Gary L. / Searls, Kathleen / Sonnack, Mary / Hippel, Eric von (2001): Performance assessment of the Lead User idea generation process for new product design and development, Working Paper, WP 4151, Sloan School of Management, Massachusetts Institute of Technology, Cambridge, Mass.

Mrzyk, Alexander Philipp (1999): Ertragswertorientierte Kreditwürdigkeitsprüfung bei Existenzgründungen, Verlag Gabler, Wiesbaden.

Mugler, Josef (1998): Betriebswirtschaftslehre der Klein- und Mittelbetriebe, 3. Auflage, Verlag Springer, Wien.

Müller, Ralph (2000): Erfolgsfaktoren schnell wachsender Software-Startups – Eine lebenszyklusorientierte Untersuchung von Softwareunternehmen des Produktgeschäfts, Verlag Peter Lang, Frankfurt am Main.

Müller-Böhling, Detlef / Klandt, Heinz (1990): Bezugsrahmen für die Gründungsforschung mit einigen empirischen Ergebnissen, in: Szyperski, Norbert/Roth, Paul (Hrsg.): Entrepreneurship: Innovative Unternehmensgründung als Aufgabe, Stuttgart, S. 143–169.

Müller-Stewens, Günter / Pautzke, Gunnar (1996): Führungskräfteentwicklung und organisationales Lernen, in: Sattelberger, Thomas (Hrsg.): Die lernende Organisation. Konzepte für eine neue Qualität der Unternehmensentwicklung, 3. Auflage, Wiesbaden, S. 183–205.

Müller-Stewens, Günter / Spickers, Jürgen / Deiss, Christian (1999): Mergers & Acquisitions. Markttendenzen und Beraterprofile, Stuttgart.

Murphy, Gregory B. / Trailer, Jeff W. / Hill, Robert C. (1996): Measuring Performance in Entrepreneurship Research, in: Journal of Business Research, Volume 36, Issue 1, S. 15–23.

Murray, Alan I. (1989): Top management group heterogenity and firm performance, in: Strategic Management Journal, Volume 10, Special Issue, S. 125–141.

Muth, Melinda M. / Donaldson, Lex (1998): Stewardship Theory and Board Structure: A Contingency Approach, in: Corporate Governance, Volume 6, Heft 1, S. 5–29.

Myers, Stewart (1983): The evaluation of an acquisition target, in: Midland Corporate Finance Journal, 4, S. 39–46.

Myers, Stuart C. (1977): Determinants of Corporate Borrowing, in: Journal of Financial Economics, 5. Jahrgang, S. 91–119.

Myers, Stuart C. (1984): Finance Theory and Financial Strategy, in: Interfaces, 14. Jahrgang, Nummer 1, S. 126–137.

Naffziger, Douglas (1995): Entrepreneurship: A person-based Theory Approach, in: Advances in Entrepreneurship, Firm Emergence, and Growth, Volume 2, JAI Press, Greenwich, S. 21–50.

Nathusius, Klaus (1979): Venture Management. Ein Instrument zur innovativen Unternehmensentwicklung, Berlin.

National Research Council (1994): Research Recommendations to Facilitate Distributed Work, Technology and Telecommuting: Issues and Impact Committee, Computer Science and Telecommunications Board, Commission on Physical Sciences, Mathematics, and Applications, Washington.

NBIA (1997): Impact of Incubator Investment Study, Athens, OH.

NBIA (1998): The State of the Business Incubation Industry, Athens, OH.

Nelson Richard R. / Winter Sidney G. (1982): An Evolutionary Theory of Economic Change, Harvard University Press, Cambridge/MA.

Nelson, Philip (1974): Advertising as Information, in: The Journal of Political Economy, 82. Jahrgang, S. 729–753.

Nelson, Richard R. / Winter, Sidney G. (1982): An Evolutionary Theory of Economic Change, Harvard University Press, Cambridge, MA.

Nenninger, Michael (1998): Electronic Commerce. Starkes Instrument zur Markterschließung, in: Unternehmer-Magazin, 46. Jahrgang, Heft 9, S. 52–53.

Nesheim, John L. (2000): High Tech Start Up. The Complete Handbook for Creating Successful New High Tech Companies, New York et al..

Nieschlag, Robert / Dichtl, Erwin / Hörschgen, Hans (1997): Marketing, 18. Auflage, Verlag Duncker & Humblot, Berlin.

Nippel, Peter (1999): Monitoring and Consulting by an Imperfect Supervisor, in: Journal of Institutional and Theoretical Economics, Volume 155, S. 136–153.

Nitschke, Ralf M. (1996): Wagnisfinanzierung: eine Untersuchung nach US-amerikanischem und deutschem Gesellschaftsrecht, Dissertation, Bonn.

Nix, Petra (2000): Investor Relations – Die unternehmerische Herausforderung nach dem Börsengang, in: Kirchhoff, Klaus-Rainer/Piwinger, Manfred: Die Praxis der Investor Relations – Effiziente Kommunikation zwischen Unternehmen und Kapitalmarkt.

Noack, Ulrich (1994): Gesellschaftervereinbarungen bei Kapitalgesellschaften, Tübingen 1994.

Nonaka, Ikujiro/Takeuchi, Hirotaka (1997): Die Organisation des Wissens. Wie japanische Unternehmen eine brachliegende Ressource nutzbar machen, Frankfurt, New York.

Nystrom, Paul C. / Starbuck, William H. (1984): To Avoid Organizational Crisis, Unlearn, in: Organizational Dynamics, Spring, S. 53–65.

o.V. (1995): Kiekert geht an die Börse, Anzeige in der FAZ, 23.5.1995, S. 31.

o.V. (1997): Heidelberg ist überall, Anzeige in der FAZ, 26.11.1997, S. 29.

o.V. (1999a): Weniger Stolpersteine für neue Biotechnologieunternehmen, in: FAZ, 20.9.1999, S. 30.

o.V. (1999b): Mit patenter Forschung an die Börse, Anzeige in der FAZ, 10.4.1999, S. 16.

o.V. (2000): Qualcomm und Texas Instruments mit strategischer Mobilfunkallianz, 4.12.2000 (über http://www.comdirect.com; Abfrage am 6.12.2000).

o.V. (2001a): Intel und Amd erneuern Patentvereinbarung, dpa-AFX-Nachricht, 4.5.2001 (über http://www.comdirect.com; Abfrage am 22.6.2001).

o.V. (2001b): Pirelli baut E-Fabrik, 28.7.2000 (über http://www.comdirect.com; Abfrage am 4.2.2001).

OECD (1999): OECD Principles of Corporate Governance, Paris.

Oertel, Gerald / Constantin, Stefan (2001): Mehr Wachstum durch Verkauf? Management Buy-Out im Rahmen von Buy-and-Build-Strategien, in: Finance-Magazin der Frankfurter Allgemeinen Zeitung, Juli 2001.

Oetinger, Bolko von (1997): Das Boston Consulting Group Strategie-Buch – Die wichtigsten Managementkonzepte für den Praktiker, Econ Verlag, München.

Olsson, Henrik / McQueen, Douglas H. (2000): Factors influencing patenting in small computer software producing companies, in: Technovation, Band 20, S. 563–576.

Osborn, Alex E. (1966): Applied imagination: Principles and procedures of creative problem solving, 3. Auflage, New York et al..

Oser, Peter / Vater, Hendrik (2001): Bilanzierung von Stock Options nach US-GAAP und IAS, in: Der Betrieb, 54. Jahrgang, S. 1261–1268.

Osnabrugge, Mark van (1998): Comparison of Business Angels and Venture Capitalists: Financiers of Entrepreneurial Firms, Said Business School, University of Oxford, Oxford.

Osterloh, Margit / Frost, Jetta (1998): Organisation, in: Berndt, Ralf/Fantapié Altobelli, Claudia/Schuster, Peter (Hrsg.): Springers Handbuch der Betriebswirtschaftslehre 1, Berlin u.a., S. 186–235.

Otto, Hans–Jochen (1996): Gesellschafterstreit und Anteilsfungibilität in der gesellschaftlichen Vertragspraxis, in: GmbH Rundschau (GmbHR), S. 16–22.

Otto, Regina (1993): Industriedesign und qualitative Trendforschung, München.

Owen, Harrison (1997): Open Space Technology – A User's Guide, San Francisco.

Owen, Harrison (2001a): Erweiterung des Möglichen – Die Entdeckung des Open Space, Stuttgart.

Owen, Harrison (2001b): Open Space Technology – Ein Leitfaden für die Praxis, Stuttgart.

Padberg, Andreas (2000): Strategische Unternehmensnetzwerke versus Cross-border-Unternehmensakquisitionen. Analyse alternativer Markteintrittsformen, Wiesbaden.

Palandt, Otto (2000): Bürgerliches Gesetzbuch, 61. Auflage, München, (zit. Palandt/Bearbeiter).

Pape, Ulrich / Beyer, Stefan (2001): Venture Capital als Finanzierungsalternative innovativer Wachstumsunternehmen, in: Finanzbetrieb Zeitschrift für Unternehmensfinanzierung und Finanzmanagement, Ausgabe 11/2001, S. 627–638.

Parr, Russell (1999): Intangible assets dominate hidden corporate value, in: Bermann, B. (Hrsg.): Hidden value: profiting from the intellectual property economy, London, S. 64–79.

Patt, Paul-Josef (1990): Strategische Erfolgsfaktoren im Einzelhandel: Eine empirische Analyse am Beispiel des Bekleidungsfachhandels, 2. Auflage, Verlag Peter Lang, Frankfurt am Main.

Pautzke, Gunnar (1989): Die Evolution der organisatorischen Wissensbasis: Bausteine zu einer Theorie des organisatorischen Lernens, Herrsching.

Peemöller, Volker (2001): Praxishandbuch der Unternehmensbewertung, Verlag Neue Wirtschafts-Briefe, Herne/Berlin.

Peemöller, Volker / Geiger, Thomas / Barchet, Hartmut (2001): Bewertung von Early-Stage-Investments im Rahmen der Venture Capital-Finanzierung, in: Finanz Betrieb, 3. Jahrgang, S. 334–344.

Peemöller, Volker H. / Meister, Jan M. / Beckmann, C. (2002): Der Multiplikatoransatz als eigenständiges Verfahren in der Unternehmensbewertung, in: Finanzbetrieb, 4. Jahrgang, S. 197–276.

Pejic, Pilip (1997): Segmentberichterstattung im externen Jahresabschluß, Deutscher Universitäts Verlag, Wiesbaden.

Pellens, Bernhard / Crasselt, Nils / Rockholtz, Carsten (1998): Wertorientierte Entlohnungssysteme für Führungskräfte – Anforderungen und empirische Evidenz, in: Pellens, Berhard (Hrsg.): Unternehmenswertorientierte Entsohnungssysteme, Verlag Schäffer-Poeschel, Stuttgart, S. 1–28.

Pellens, Bernhard / Hillebrandt, Franca / Tomaszewski, Claude (2000): Value Reporting – Eine empirische Analyse der DAX-Unternehmen, in: Wagenhofer, Alfred/Hrebicek, Gerhard (Hrsg.): Wertorientiertes Management. Konzepte und Umsetzungen zur Unternehmenswertsteigerung, Schäffer Poeschel Verlag, Stuttgart, S. 177–207.

Peltzer, Martin (1996): Steuer- und Rechtsfragen bei der Mitarbeiterbeteiligung und der Einräumung von Aktienoptionen, in: Die Aktiengesellschaft, 41. Jahrgang, Heft 7, S. 307–314.

Penrose, Edith T. (1959): The theory of the growth of the firm, Blackwell, Oxford.

Penrose, Noel (1989): Valuation of Brand Names and Trade Marks, in: Murphy, John (Hrsg.): Brand Valuation: Establishing a True and Fair View, London, S. 32–46.

Perridon, Louis / Steiner, Manfred (1999): Finanzwirtschaft der Unternehmung, 10. Auflage, Verlag Vahlen, München.

Pertl, Markus / Koch Maximilian / Santorum, Fabio (2002): Aktienoptionspläne und EVA$^®$, in: Achleitner, Ann-Kristin/Wollmert, Peter (Hrsg.): Stock Options: Finanzwirtschaft, Gesellschaftsrecht, Bilanzierung, Steuerrecht, Unternehmensbewertung, Verlag Schäffer-Poeschel, Stuttgart, S. 349–373.

Peteraf, Margaret A. (1993): The Cornerstones of Competitive Advantage: A Resource-Based View, in: Strategic Management Journal, Volume 14, Issue 3, S. 179–191.

Peterhoff, G. (1998) in: Schäfer, Frank. A. (Hrsg.): Kommentar zu Wertpapierhandelsgesetz, Börsengesetz mit BörsZulV, Verkaufsprospektegesetz mit VerkProspV, § 1 Börsengesetz, Rn 19, Köln.

Peters, Thomas J. / Waterman, Robert H. (1982): In Search of Excellence – Lessons from America's Best-Run Companies, Warner Books, New York.

Petrash, Gordon (1998): Intellectual asset management at Dow Chemical, in: Sullivan, Patrick (Hrsg.): Profiting from intellectual capital. Extracting value from innovation, New York, NY, S. 205–220.

Pfannschmidt, Arno (1993): Personelle Verflechtungen über Aufsichtsräte. Mehrfachmandate in deutschen Unternehmen, Verlag Gabler, Wiesbaden.

Pfeifer, Axel (1999): Venture Capital als Finanzierungs- und Beteiligungsinstrument, in: Betriebs Berater (BB), S. 1665–1672.

Pfeiffer, Werner / Schneider, Walter / Dögl, Rudolf (1986): Technologie-Portfolio-Management, in: Staudt, Erich (Hrsg.), Das Management von Innovationen, Frankfurt am Main, S. 107–124.

Philipps, Gordian (1999): Das Konzept der Organisationsentwicklung, Frankfurt am Main u. a..

Picot, Arnold (1982): Transaktionskostenansatz in der Organisationstheorie: Stand der Diskussion und Aussagewert, in: Die Betriebswirtschaft, 42. Jahrgang, S. 267–284.

Picot, Arnold (1997): Information als Wettbewerbsfaktor – Veränderungen in Organisation und Controlling, in: Picot, A. (Hrsg.): Information als Wettbewerbsfaktor, Verlag Schäffer-Poeschel, Stuttgart, S. 175–199.

Picot, Arnold / Dietl, Helmut (1990): Transaktionskostentheorie, in: Wirtschaftswissenschaftliches Studium, Heft 4, S. 178–184.

Picot, Arnold / Dietl, Helmut / Franck, Egon (1999): Organisation: Eine ökonomische Perspektive, 2. Auflage, Verlag Schäffer-Poeschel, Stuttgart.

Picot, Arnold / Laub, Ulf / Schneider, Dietram (1989): Innovative Unternehmensgründungen: Eine ökonomisch-empirische Analyse, Verlag Springer, Berlin et al..

Picot, Arnold / Neuburger, Rahild (1997): Der Beitrag virtueller Unternehmen zur Marktorientierung, in: Bruhn, M./Steffenhagen H. (Hrsg.): Marktorientierte Unternehmensführung: Reflexionen, Denkanstöße, Perspektiven, Verlag Gabler, Wiesbaden, S. 119–140.

Picot, Arnold / Neuburger, Rahild (1999): Strategische Neuausrichtung durch innere und äußere Netze, in: Steinle, C./Eggers, B./Thiem, H./Vogel, B. (Hrsg.): Vitalisierung – Das Management der neuen Lebendigkeit, Verlag Frankfurter Allgemeine, Frankfurt, S. 107–121.

Picot, Arnold / Neuburger, Rahild (2000): Informationsbasierte (Re)-Organisation von Unternehmen, in: Weiber, R. (Hrsg.): Handbuch Electronic Business, Verlag Gabler, Wiesbaden, S. 383–401.

Picot, Arnold / Reichwald, Ralf / Nippa, Michael (1988): Zur Bedeutung der Entwicklungsaufgabe für die Entwicklungszeit – Ansätze für die Entwicklungsgestaltung, in: Zeitschrift für betriebswirtschaftliche Forschung, 23. Jahrgang, Heft Sonderheft 23 (Zeitmanagement in Forschung und Entwicklung), S. 112–137.

Picot, Arnold / Reichwald, Ralf / Wigand, Rolf T. (2001): Die grenzenlose Unternehmung: Information, Organisation und Management, 4. Auflage, Verlag Gabler, Wiesbaden.

Picot, Gerhard (1999a): Mergers & Acquisitions optimal managen: Teil 1: Fusionseuphorie oder Überlebensstrategie?, in: Handelsblatt, Verlagsgruppe Handelsblatt, Düsseldorf, 19./20.02.1999, S. K3.

Picot, Gerhard (1999b): Mergers & Acquisitions in Telekommunikation und Internet, Finanz Betrieb, Verlagsgruppe Handelsblatt, Düsseldorf.

Pinkwart, Andreas (2000): Entrepreneurship als Gegenstand wirtschaftswissenschaftlicher Ausbildung, in: Buttler, Günter et al. (Hrsg.): Existenzgründung, Verlag Physica, Heidelberg, S. 179-209.

Pleschak, Franz (1995): Technologiezentren in den neuen Bundesländern, Verlag Physica, Heidelberg.

Pleschak, Franz (1997): Entwicklungsprobleme junger Technologieunternehmen und deren Überwindung, in: Koschatzky, Knut (Hrsg.): Technologieunternehmen im Innovationsprozess. Verlag Physica, Heidelberg, S. 13–32.

Pleschak, Franz (2001): Management in Technologieunternehmen. Wie Führungskräfte erfolgsorientiert entscheiden, Verlag Gabler, Wiesbaden.

Pleschak, Franz / Werner, Henning (1998): Technologieorientierte Unternehmensgründungen in den neuen Bundesländern.Verlag Physica, Heidelberg.

Plinke, Wulff (1989): Die Geschäftsbeziehung als Investition, in: Specht, Günter/Silberer, Günter/Engelhardt, Werner H. (Hrsg.), Marketing-Schnittstellen: Herausforderungen für das Management, Stuttgart, S. 305–325.

Plinke, Wulff (1997): Grundlagen des Geschäftsbeziehungsmanagements, in: Kleinaltenkamp, Michael/Plinke, Wulff: Geschäftsbeziehungsmanagement, Verlag Springer, Berlin/Heidelberg, S. 1–62.

Pohl, Hans-Christian (1997): Abgrenzung der Klein- und Mittelbetriebe von Großbetrieben, in: Pohl, Hans-Chrisitan et al. (Hrsg.): Betriebswirtschaftslehre der Mittel- und Kleinbetriebe. 3. Auflage, Erich Schmidt Verlag, Berlin, S. 1–26.

Pontiff, Jeffrey / Schall, Lawrence D. (1998): Book-to-markt ratios as predictors of market returns, in: Journal of Financial Economics, Volume 49, S. 141–160.

Popp, Christine (1990): Sozialbilanzen: gesellschaftsbezogene Verfahren der Public Relations, in: PR-Magazin, S. 35–42.

Porter, Michael E. (1980): Competitive Strategy: Techniques for Analyzing Industries and Competitors, Free Press, New York, NY.

Porter, Michael E. (1985): Competitive Advantage: Creating and Sustaining Superior Performance. New York/NY.

Porter, Michael E. (1989): Der Wettbewerb auf globalen Märkten: Ein Rahmenkonzept, in: Porter, Michael E. (Hrsg.): Globaler Wettbewerb. Strategien der neuen Internationalisierung, Wiesbaden, S. 17–68.

Porter, Michael E. (1990): The Competitive Advantage of Nations, in: Harvard Business Review, March-April 1990, S. 73–93.

Porter, Michael E. (1991): Towards a dynamic theory of strategy, in: Strategic Management Journal, Special Issue, S. 95–117.

Porter, Michael E. (1992): Wettbewerbsstrategie – Methoden zur Analyse von Branchen und Konkurrenten, 7. Auflage, Verlag Campus, Frankfurt am Main/New York.

Porter, Michael E. (1996): What Is Strategy?, in: Harvard Business Review, Heft 6, S. 61–78.

Porter, Michael E. (1998a): Competitive Strategy, New York, NY.

Porter, Michael E. (1998b): Competitive Advantage, New York, NY.

Porter, Michael E. (1999a): Wettbewerbsstrategie: Methoden zur Analyse von Branchen und Konkurrenten, 10. Auflage, Verlag Campus, Frankfurt am Main/New York, NY.

Porter, Michael E. (1999b): Wettbewerbsvorteile, Spitzenleistungen erreichen und behaupten, 5. Auflage, Verlag Campus, Frankfurt am Main, New York.

Porter, Michael E. (2001): Strategy and the Internet, in: Harvard Business Review, March, S. 63–78.

Powell, Walter W. (1990): Neither market nor hierarchy. Network forms of organizations, in: Research in Organizational Behavior, Volume 12, S. 295–336.

Prahalad, C. K. / Hamel, Gary (1990): The Core Competence of the Corporation, in: Harvard Business Review, 68. Jahrgang, Nummer 3, S. 79–91.

Pratt, John W. / Zeckhauser, Richard. J. (1985): Principals and Agents: The Structure of Business, Harvard Business School Press, Boston.

Prentice, Robert A. (1998): The Future of Corporate Disclosure: The Internet, Securities Fraud and Rule 10b-5, Emory Law Journal, S. 1–88.

Prigge, Stefan (1998): A Survey of German Corporate Governance, in: Hopt, Klaus J./Kanda, Hideki/Roe, Mark J./Wymeersch, Eddy/Prigge, Stefan (1998) (Hrsg.): Comparative Corporate Governance. The State of the Art an Emerging Research, Oxford, S. 943–1042.

Pritsch, Gunnar (2000): Realoptionen als Controlling-Instrument: Das Beispiel pharmazeutische Forschung und Entwicklung, Wiesbaden.

Pritsch, Gunnar / Hommel, Ulrich (1997): Hedging im Sinne des Aktionärs, in: Die Betriebswirtschaft, 57. Jahrgang, Nummer 5, S. 672–693.

Probst, Gilbert / Raub, Steffen / Romhardt, Kai (1998): Wissen managen: Wie Unternehmen ihre wertvollste Ressource optimal nutzen, 2. Auflage, Verlag Gabler, Frankfurt am Main/Wiesbaden.

Probst, Gilbert J. (1994): Organisationales Lernen und die Bewältigung von Wandel, in: Gomez, Peter/Hahn, Dietger/Müller-Stewens, Günter/Wunderer, Rolf (Hrsg.): Unternehmerischer Wandel – Konzepte zur organisatorischen Erneuerung, Wiesbaden, S. 295–320.

Probst, Gilbert J. / Büchel, Bettina (1998): Organisationales Lernen. Wettbewerbsvorteil der Zukunft, 2. Auflage, Wiesbaden.

Probst, Gilbert J. / Raub, Steffen / Romhardt, Kai (1999): Wissen managen. Wie Unternehmen ihre wertvollste Ressource optimal nutzen, Frankfurt am Main, 3. Auflage, Wiesbaden.

Puhakka, Vesu (1999): Creative-cognitive model of business opportunity recognition: Conceptual approach, University of Vaasa, Discussion Papers, Nr. 257, Vaasa, 1999.

Pümpin, Cuno / Prange, Jürgen (1991): Management der Unternehmensentwicklung, Phasengerechte Führung und der Umgang mit Krisen, Campus Verlag, Frankfurt am Main/NewYork.

Püschel, Ulf R. / Specht, Andreas von (1997): Report Deutschland. Kandidatenidentifikation und Auswahlverfahren für Aufsichtsräte, in: Egon Zehnder International (Hrsg.): Focus, 16. Jahrgang, S. 15–19.

Quinn, James Brian / Doorlea, Thomas L. / Parquette, Penny C. (1996): Wie Dienstleister Industrien umkrempeln, in: Montgomery, Cynthia A. / Porter, Michael E. (Hrsg.): Strategie, Wirtschaftsverlag Carl Ueberreuter, Wien, S. 337–354.

Rabe, James G. / Lefteroff, Tracy (1999): Valuation of Emerging Growth Companies, in: Reilly, R. F./Schweihs, R. P. (Hrsg.): Handbook of Advanced Business Valuation, McGraw-Hill, NewYork, S. 467–488.

Rafeiner, Otmar / Weidinger, Ingrid (1999): Industrial property protection: insurance for innovation, in: Technology, Law and Insurance, Band 4, S. 3–12.

Rah, Joongdong / Jung, Kyungjin / Lee, Jinjoo (1994): Validation of the Venture Evaluation Model in Korea, in: Journal of Business Venturing, Volume 9, Number 6 (November), S. 509–524.

Rajgopal, Shivaram / Venkatachalam, Mohan / Kotha, Suresh (2001): Why is Web Traffic Value-Relevant for Internet Firms?, Working Paper, University of Washington.

Ramme, Iris (2000): Marketing: Einführung mit Fallbeispielen, Aufgaben und Lösungen, Verlag Schäffer-Poeschel, Stuttgart.

Rappaport, Alfred (1986): Creating Shareholder Value: The New Standard for Business Performance, New York/NY.

Rappaport, Alfred (1995): Shareholder Value: Wertsteigerung als Maßstab für die Unternehmensführung, 1. Auflage, Schäffer Poeschel Verlag, Stuttgart.

Rappaport, Alfred (1999): Shareholder Value – Ein Handbuch für Manager und Investoren, 2. Auflage, Verlag Schäffer-Poeschel, Stuttgart.

Ratnatunga, Janek / Romano, Glaudio A. (1997): A „citation classics" analysis of articles in contemporary small enterprise research, in: Journal of Business Venturing, Volume 12, S. 197–212.

Ray, Denis M. (1993): Understanding the entrepreneur: Entrepreneurial attributes, experience, and skills, in: Entrepreneurship and Regional Development, Volume 5, Issue 4, S. 345–357.

Rebel, Dieter (1993): Handbuch gewerbliche Schutzrechte: Übersichten und Strategien Europa - USA -Japan, Wiesbaden.

Rehn Götz (1979): Modelle der Organisationsentwicklung, Bern, Stuttgart.

Rehn, Götz (1980): Grundlagen und Problemstellung der Organisationsentwicklung, in: Koch, Ulrich/Meuers, Hans/Schuck, Manfred (Hrsg.): Organisationsentwicklung in Theorie und Praxis, Frankfurt am Main.

Reich, Robert B. (2001): Entrepreneurship Reconsidered, in: Bhide, A./Roberts, M./Sahlman, W./Stevenson, H. (Hrsg.): The Entrepreneurial Venture, 2. Auflage, Boston, S. 23–34.

Reichmann, Thomas (2001): Controlling mit Kennzahlen und Managementberichten, 6. Auflage, Vahlen Verlag, München.

Reichmann, Thomas / Weber, Hans W. / Crawford, Alistair (1998): Vorwort: Die Herausforderung annehmen, in: Reichmann, Thomas (Hrsg.), Globale Datennetze: innovative Potentiale für Informationsmanagement und Controlling, Vahlen Verlag, München, S. V–VII.

Reichwald, Ralf (1997): Neue Arbeitsformen in der vernetzten Unternehmung: Flexibilität und Controlling, in: Picot, A. (Hrsg.): Information als Wettbewerbsfaktor, Verlag Schäffer-Poeschel, Stuttgart, S. 233–265.

Reichwald, Ralf / Möslein, Katrin / Sachenbacher, Hans / Englberger, Hermann / Oldenburg, Stephan (1998): Telekooperation: Verteilte Arbeits- und Organisationsformen, Verlag Springer, Berlin u. a..

Reingold, Jeniffer (2000): Dot.Com Boards are Flouting the Rules, in: Business Week vom 17.1.2000, S. 56EU1-56EU4.

Reinhardt, Hans-Christian (1997): Kapitalmarktorientierte Bewertung industrieller F&E-Projekte, Wiesbaden.

Renz, Timo (1998): Management in internationalen Unternehmensnetzwerken, Wiesbaden.

Ricardo, David (1817): Principles of political economy and taxation, London.

Rich, Stanley R. / Gumpert, David E. (1985): How to write a winning Business Plan, in: Harvard Business Review, May-June, S. 2–8.

Richter, Frank (2000): Unternehmensbewertung, in: Picot, Gerhard (Hrsg.): Handbuch Mergers & Acquisitions: Planung, Durchführung, Integration, Schäffer-Poeschel Verlag, Stuttgart, S. 255–288.

Richter, Frank / Simon-Keuenhof, Kai (1996): Bestimmung durchschnittlicher Kapitalkostensätze deutscher Industrieunternehmen, in: Betriebswirtschaftliche Forschung und Praxis, 48 Jahrgang, S. 199–212.

Riedel, Frank (1996): Die Markenwertmessung als Grundlage strategischer Markenführung, Heidelberg.

Riedl, Clemens (1999): Organisatorischer Wandel durch Globalisierung: Optionen für multinationale Unternehmen, Berlin et al..

Ringbeck, Jürgen (1986): Qualitäts- und Werbestrategien bei Qualitätsunsicherheit der Konsumenten, Wiesbaden.

Ripperger, Tanja (1998): Ökonomik des Vertrauens: Analyse eines Organisationsprinzips, in der Reihe: Die Einheit der Gesellschaftswissenschaften, Verlag Mohr Siebeck, Tübingen.

Roberts, Edward B. (1970): Influences upon performance of new technical enterprises, in: Cooper, A./Komives J. (Hrsg.): Technical entrepreneurship: A symposium, Center for Venture Management, Milwaukee, S. 126–149.

Roberts, Edward. B. (1991): Entrepreneurs in High Technology, Lessons from MIT and Beyond, Cambridge, MA.

Robertson, Morgan / Henderson, Rebecca / Harvey, D. (1996): Where Angels Fear to Tread?, in: Certified Accountant, April 1996, S. 43–45.

Rodewald, Jörg (2001): Lagebericht als Investor-Relations-Instrument – Möglichkeiten und Grenzen aus rechtlicher Sicht, in: Betriebs-Berater, S. 2155–2161.

Rogge, Hans-Jürgen (1992): Marktforschung: Elemente und Methoden betrieblicher Informationsgewinnung, 2. Auflage, Verlag Hanser, München/Wien.

Ronen, Joshua (1983): Entrepreneurship, Lexington et al, 1983.

Roos, Johan / Roos, Göran / Dragonetti, Nicola C. / Edvinsson, Leif (1998): Intellectual Capital, New York.

Roschmann / Erwe (2000): in: Harrer, Herbert (Hrsg.): Mitarbeiterbeteiligungen und Stock-Option-Pläne, Verlag C.H. Beck, München, S. 46–185.

Rosenstiel, Lutz von (1987): Organisationsentwicklung: Ziele und Modelle der Organisationsentwicklung, in: Rosenstiel, Lutz von/Einsiedler, Herbert E./Streich Richard K./Rau, Sabine (Hrsg.): Motivation durch Mitwirkung, Stuttgart, S. 25–38.

Rotter, Julian B. (1954): Socical learning and clinical psychology, Prentice-Hall, Englewood Cliffs.

Roure, Juan B. / Keeley, Robert H. (1990): Predictors of success in new technology based ventures, in: Journal of Business Venturing, Volume 5, Issue 4, S. 201–220.

Roure, Juan B. / Maidique, Modesto A. (1986): Linking the prefunding factors and high-technology venture success: An exploratory study, in: Journal of Business Venturing, Volume 1, Issue 3, S. 295–306.

Rowedder, Heinz (1997): Gesetz betreffend die Gesellschaften mit beschränkter Haftung (GmbHG), Kommentar, 3. Auflage, München, (zit. Rowedder/Bearbeiter).

Rubinstein, Ariel / Yaari, Menahem E. (1983): Repeated Insurance Contracts and Moral Hazard, Journal of Economic Theory, 30. Jahrgang, S. 74–97.

Rüdiger, Mathias / Vanini, Sven (1998): Das Tacit knowledge-Phänomen und seine Implikationen für das Innovationsmanagement, in: Die Betriebswirtschaft, 58. Jahrgang., S. 467–480.

Rüggeberg, Harald (1997): Strategisches Markteintrittsverhalten junger Technologieunternehmen: Erfolgsfaktoren der Vermarktung von Produktinnovationen, Deutscher Universitätsverlag, Wiesbaden.

Rugman, Alan M. (2001): The End of Global Strategy, in: European Management Journal, Volume 19, S. 332–344.

Rühli, Edwin (1994): Der Resource-based View of Strategy, in: Gomez, Peter/Hahn, Dietger/Müller-Stewens, Günter/Wunderer, Rolf (Hrsg.): Unternehmerischer Wandel: Konzepte zur organisatorischen Erneuerung, Wiesbaden, S. 31–57.

Ruhnka, John C. / Feldmann, Howard D. / Dean, Thomas J. (1992): The „Living Dead" Pheonomenon in Venture Capital Investments, in: Journal of Business Venturing, Volume 7, Number 2 (March), S. 137–155.

Rumelt, Richard P. (1984): Toward a strategic theory of the firm, in: Lamb, Richard B. (ed.): The competitive challenge, Harper, New York.

Rumelt, Richard P. / Schendel, Dan / Teece, David J. (1991): Strategic management and economics, in: Strategic Management Journal, Volume 12, S. 5–29.

Russo, Jack / Milanese, Wendy (1997): Trade dress in the "look and feel" of web site graphical user interfaces, Computer Law Association Conference Papers, S. 1–17.

Sahlman, William A. (1990): The Structure of Governance of Venture Capital Organizations, in: Journal of Financial Economics, Volume 27, Issue 2, S. 473–521.

Sahlman, William A. (1997): How to write a great businessplan, in: Harvard Business Review, Volume 75, July-August, S. 98–108.

Sahlman, William A. / Stevenson, Howard H. (2001): Capital Market Myopia, in: Bhidé, Amar/Roberts, Michael J./Sahlman, William A./Stevenson, Howard H. (Hrsg.): The Entrepreneurial Venture, 2. Auflage, Boston, S. 35–46.

Saitz, Bernd (1999): Risikomanagement als umfassende Aufgabe der Unternehmensleitung. In: Saitz, Bernd/Braun, Frank (Hrsg.): Das Kontroll- und Transparenzgesetz – Herausforderungen und Chancen für das Risikomanagement, Wiesbaden, S. 69–98.

Samuelson, Robert J. (2000): A High-Tech Accounting?, in: Newsweek v. 3.4.2000, S. 62.

Sanchez, Julio C. (1993): The long and thorny way to an organizational taxonomy, in: Organization Studies, Volume 14, Issue 1, S. 73–92.

Sanchez, Ron / Sudharshan, Devanathan (1993): Real-time Market Research, in: Marketing Intelligence and Planning, 11. Jahrgang, Heft 7, S. 29–38.

Sandberg, William R. / Hofer Charles W. (1987): Improving new venture performance: The role of strategy, industry structure, and the entrepreneur, in: Journal of Business Venturing, Volume 2, Issue 1, S. 5–28.

Sander, Matthias (1994): Die Bestimmung und Steuerung des Wertes von Marken, Heidelberg.

Sanderson, Susan / Urumeri, Mustafa (1995): Managing Product Families: The Case of the Sony Walkman, in: Research Policy, 24. Jahrgang, S. 761–782.

Sänger, Henrike (2001): Investor relations im Internet: Eine Untersuchung auf der Grundlage funktionenorientierter und institutionenökonomischer Überlegungen, Verlag Lang, Frankfurt am Main.

Sarrazin, Jürgen (1995): Die besonderen Aufgaben des Aufsichtsratsvorsitzenden, in: Scheffler, Eberhard (Hrsg.): Corporate Governance, Wiesbaden, S. 125–146.

Sattler, Hendrik (1995): Markenbewertung, in: Zeitschrift für Betriebswirtschaft, 65. Jahrgang, Heft 6, S. 663–682.

Sattler, Hendrik (1997): Monetäre Bewertung von Markenstrategien für neue Produkte, Stuttgart.

Sattler, Hendrik (1998): Markenbewertung als Instrument zur wertorientierten Unternehmensführung , in: Bruhn, Manfred/Lusti, Markus/Müller, Werner R./Schierenbeck, Henner/Studer, Tobias (Hrsg.): Wertorientierte Unternehmensführung, Wiesbaden, S. 190–212.

Sattler, Hendrik (1999): Ein Indikatorenmodell zur langfristigen monetären Markenwertbestimmung, in: Die Betriebswirtschaft, S. 633–653.

Sattler, Hendrik (2000): Markenbewertung, in: Albers, Sönke/Herrmann, Andreas (Hrsg.): Handbuch Produktmanagement: Strategieentwicklung – Produktplanung – Organisation – Kontrolle, Wiesbaden, S. 219–240.

Scarborough, Norman M. / Zimmerer, Thomas W. (1999): Effective Small Business Management: An Entrepreneurial Approach, Prentice Hall.

Schäfer, Dirk (1997): Systeme der betrieblichen Altersvorsorge im Vergleich, Bamberg.

Schäfer, Frank A. (1999): Kommentar zu Wertpapierhandelsgesetz, Börsengesetz mit BörsZulV, Verkaufsprospektegesetz mit VerkProspV, Stuttgart.

Schanz, Kay-Michael (2000): Börseneinführung: Recht und Praxis des Börsengangs, Verlag C. H. Beck, München.

Scharfenkamp, Norbert (1987): Organisatorische Gestaltung und wirtschaftlicher Erfolg. Organizational Slack der formalen Organisationsstruktur, Berlin u.a.

Schefczyk, Michael (2000a): Erfolgsstrategien deutscher Venture Capital-Gesellschaften – Analyse der Investitionsaktivitäten und des Beteiligungsmanagement von Venture Capital-Gesellschaften, 2. Auflage, Betriebswirtschaftliche Abhandlungen, Neue Folge, Band 106, Verlag Schäffer-Poeschel, Stuttgart.

Schefczyk, Michael (2000b): Finanzieren mit Venture Capital: Grundlagen für Investoren, Finanzintermediäre, Unternehmer und Wissenschaftler, Verlag Schäffer-Poeschel, Stuttgart.

Schefczyk, Michael / Pankotsch, Frank (2000): Betriebswirtschaftlehre junger Unternehmen als wirtschaftswissenschaftliches Lehrgebiet, in: Dresdner Beiträge zur Unternehmensgründung, 1. Jahrgang, Heft 1, S. 43–60.

Scheffler, Eberhard (2000): Aufsichtsrat und Beirat als Teil des Risiko- und Überwachungsmanagements eines Unternehmens, in: Dörner, Dietrich/Horvath, Peter/Kagermann, Henning (Hrsg.): Praxis des Risikomanagement, Stuttgart, S. 837–860.

Schein, Edgar H. (1969): Process Consultation: Its Role in Organization Development, Reading/Mass.

Schein, Edgar H. / Bennis, William G. (1965): Personal and organizational change through group methods: the laboratory approach, New York.

Scheinfeld, Robert (2000): The impact of State Street Bank on our business, in: Berkowitz, Jeffrey (Hrsg.): Patenting the new business model: building fences in cyberspace, New York, NY, S. 7–28.

Schellberg, Bernhard (2001): Die Cash-burn rate, in: Finanz Betrieb, 3. Jahrgang, S. 184–191.

Scherer, Mirko (2000): Aktienoptionen in Wachstumsunternehmen, in: Achleitner, Ann-Kristin/Wollmert, Peter (Hrsg.): Stock Options, Verlag Schäffer-Poeschel, Stuttgart, S. 61–68.

Schiereck, Dirk (2001): IPO und Neuer Markt – Neuere Erkenntnisse aus der empirischen Kapitalmarktforschung, unveröffentlichtes Vortragsmanuskript, Mandantenseminar Kapitalmarkt, Haarmann, Hemmelrath & Partner, 30. Januar 2001, Frankfurt am Main.

Schiffer, Jan K. / Schubert, Michael von (2000): Venture-Capital-Finanzierung im E-Business – Das Umfeld und das Vertragswerk, in: Finanzbetrieb Zeitschrift für Unternehmensfinanzierung und Finanzmanagement, Ausgabe 11/2000, S. 733–738.

Schildbach, Thomas (1997): Der handelsrechtliche Jahresabschluss, 5. Auflage, Verlag Herne, Berlin.

Schlicksupp, Helmut (1995): Kreativitätstechniken, in: Tietz, Bruno/Köhler, Richard/Zentes, Joachim (Hrsg.): Handwörterbuch des Marketing, 2. Auflage, Verlag Schäffer-Poeschel, Stuttgart, Sp. 1289–1318.

Schlicksupp, Helmut (1999): Ideenfindung, 5. Auflage, Verlag Vogel, Würzburg.

Schlütz, Johannes / Köttner, Andre (2000): Internet-Aktien. Investieren im Markt der Zukunft, Stuttgart.

Schmid, Stefan (2000): Was versteht man eigentlich unter Globalisierung? Ein kritischer Überblick über die Globalisierungsdiskussion, Diskussionsbeiträge der Wirtschaftswissenschaftlichen Fakultät Ingolstadt, Nr. 144, Ingolstadt.

Schmidt, Hartmut / Prigge, Stefan (1995): Börsenkursbildung, in: Gerke, Wolfgang/Steiner, Manfred (Hrsg.): Handwörterbuch des Bank- und Finanzwesens, 2. Auflage, Stuttgart, S. 311–321.

Schmidt, Karsten (1997): Gesellschaftsrecht, 3. Auflage, Köln.

Schmidt-Buchholz, Alexandra (2001): Born Globals. Die schnelle Internationalisierung von High-tech Start-ups, Lohmar/Köln.

Schneider, Dieter (1993): Betriebswirtschaftslehre, Band 1: Grundlagen, München.

Schneider, Dietram / Baur Cornelius / Hopfman, Lienhard (1994): Re-Design der Wertkette durch Make or Buy, Verlag Gabler, Wiesbaden.

Schneider, Dietram / Zieringer, Carmen (1991): Make-or-Buy Strategien für F & E, Verlag Gabler, Wiesbaden.

Schneider, Dirk / Schnetkamp, Gerd (2000): E-Markets: B2B-Strategien im Electronic Commerce: Marktplätze, Fachportale, Plattformen, Verlag Gabler, Wiesbaden.

Schneider, Uwe H. / Strenger, Christian (2000): Die „Corporate Governance-Grundsätze" der Grundsatzkommission Corporate Governance, in: Die Aktiengesellschaft, 45. Jahrgang, S. 106–113.

Schnell, Rainer / Hill, Paul / Esser, Elke (1999): Methoden der empirischen Sozialforschung, Verlag Oldenbourg, München/Wien.

Schoenecker, Timothy S. / Cooper, Arnold C. (1998): The Role of Firm Resources and Organizational Attributes in Determining Entry Timing: A Cross-Industry Study, in: Strategic Management Journal, Volume 19, Issue 12, S. 1127–1143.

Scholz, Christian (1997): Strategische Organisation: Prinzipien zur Vitalisierung und Virtualisierung, Verlag Moderne Industrie, Landsberg/Lech.

Scholz, Franz (1993): Kommentar zum GmbH–Gesetz – mit Nebengesetzen und den Anhängen Konzernrecht sowie Umwandlung und Verschmelzung, Band 1: §§ 1–44, Anh. Konzernrecht, 8. Auflage, Köln, (zit. Scholz/Bearbeiter).

Schoonhoven, Claudia B. / Eisenhardt, Kathleen M. / Lyman, Katherine (1990): Speeding Products to Market: Waiting Time to First Product Introduction in New Firms, in: Administrative Science Quarterly, Volume 35, Issue 1 (March), S. 177–207.

Schrader, Stephan (1995): Management der Schnittstellen zwischen Lieferant, Hersteller und Kunde, in: Zahn, Erich (Hrsg.): Handbuch Technologiemanagement, Verlag Schäffer-Poeschel, Stuttgart, S. 455–468.

Schrader, Stephan (1996): Innovationsmanagement, in: Kern, W. (Hrsg.): Handwörterbuch der Produktionswirtschaft, Enzyklopädie der Betriebswirtschaftslehre, Band 7, 2. Auflage, Schäffer-Poeschel Verlag, Stuttgart, S. 743–758.

Schrader, Stephan / Göpfert, Jan R. (1996): Structuring manufacturer-supplier interaction in new-product-development teams, in: Gemünden, H. G./Ritter, T./Walter, A. (Hrsg.): Relationships and Networks in International Markets, Verlag Pergamon, Oxford/NewYork, S. 248–268.

Schrader, Stephan / Riggs, William M. / Smith, Robert P. (1993): Choice over Uncertainty and Ambiguity in Technical Problem Solving, in: Journal of Engineering and Technology Management, 10. Jahrgang, S. 73–99.

Schreyögg, Georg (1996): Organisation. Grundlagen moderner Organisationsgestaltung mit Fallstudien, Verlag Gabler, Wiesbaden.

Schreyögg, Georg / Noss, Christian (1995): Organisatorischer Wandel: Von der Organisationsentwicklung zur lernenden Organisation, Die Betriebswirtschaft, 55. Jahrgang, Heft 2, S. 169–185.

Schroiff, Hans-Willi (1998): Marketingcontrolling durch Marktforschung, in: Reinecke, Sven/Tomczak, Torsten/Dittrich, Sabine: Marketingcontrolling, St.Gallen, S. 274–281.

Schulte-Zurhausen, Manfred (1999): Organisation, 2. Auflage, Verlag Vahlen, München.

Schumacher, Claudia (2001): Investor-relations-Management und Ad-hoc-Publizität: So erfüllen Sie die gesetzlichen Vorgaben und die Forderungen der Kapitalanleger, Verlag Beck, München.

Schumpeter, Joseph A. (1928): Unternehmer, in: Elster, Ludwig/Weber, Adolf/Wieser, Friedrich (Hrsg.): Handwörterbuch der Staatswissenschaften, 4. Auflage, Verlag Fischer, Jena, S. 476–487.

Schumpeter, Joseph A. (1934): The theory of economic development, Harvard University Press, Cambridge / MA.

Schumpeter, Joseph A. (1975): Kapitalismus, Sozialismus, Demokratie, 4. Auflage, Francke, München.

Schumpeter, Joseph A. (1987): Theorie der wirtschaftlichen Entwicklung, 7. Auflage, Duncker & Humblot, Berlin.

Schwaiger, Manfred (1993): Hochrechnungsverfahren im Marketing, Verlag Vahlen, München.

Schwaiger, Manfred (1997): Multivariate Werbewirkungskontrolle: Konzepte zur Auswertung von Werbetests, Verlag Gabler, Wiesbaden.

Schwaninger, Markus (1989): Integrale Unternehmensplanung. Frankfurt am Main, New York, NY.

Schwaninger, Markus (1994): Managementsysteme. Frankfurt am Main, New York, NY.

Schwartz, Eduardo S. (1997): The Stochastic Behavior of Commodity Prices: Implications for Valuation and Hedging, in: The Journal of Finance, 52. Jahrgang, S. 923–973.

Schwartz, Robert A. (2000): Reshaping the Equity Markets, New York.

Schwarz, F. (1999): Die beste Geschäftsidee entwickeln, in: Siepe, Werner (Hrsg.): Existenzgründung mit Erfolg, Verlag ECON, München et al., S. 67–112.

Schween, Karsten (1996): Corporate Venture Capital: Risikokapitalfinanzierung deutscher Industrieunternehmen, Verlag Gabler, Wiesbaden.

Schwennicke, Andreas (2001): Der Ausschluß der Verbriefung bei der kleinen AG, in: Die Aktiengesellschaft (AG), S. 118–124.

Schwetzler, Bernhard (2000): Corporate Valuation, Standard Recapitalization Strategies and the Value of Tax Savings in Textbook Valuation Formulas, Working Paper 46/2000, Insead, Fontainebleau.

Schwetzler, Bernhard (2001): Bewertung von Wachstumsunternehmen, in: Achleitner, Ann-Kristin/Bassen, Alexander (Hrsg.) Investor Relations am Neuen Markt, Stuttgart, S. 61–96.

Scott, Mel / Bruce, Richard (1987): Five Stages of Growth in Small Business, in: Long Range Planning, Volume 20, Number 3, S. 45–52.

SEC (Hrsg.) (2001): Strenghtening Financial Markets: Do Investors Have the Information They Need?, Report of an SEC-Inspired Task Force, Washington.

Seger, Frank (1997): Banken, Erfolg und Finanzierung. Eine Analyse für deutsche Industrieunternehmen, Gabler Verlag, Wiesbaden.

Seibert, Siegfried (1987): Strategische Erfolgsfaktoren in mittleren Unternehmen – untersucht am Beispiel der Fördertechnikindustrie, Verlag Peter Lang, Frankfurt am Main/Bern.

Seibert, Ulrich (1998): Stock Options für Führungskräfte – zur Regelung im Kontrolle- und Transparenzgesetz (KonTraG), in Pellens, Bernhard (Hrsg.): Unternehmenswertorientierte Entlohnungssysteme, Verlag Schäffer-Poeschel, Stuttgart, S. 31 ff.

Seibert, Ulrich / Kiem, Roger (1996): Handbuch der kleinen AG: gesellschaftsrechtliche, umwandlungsrechtliche und steuerrechtliche Aspekte, 3. Auflage, Köln.

Semler, Johannes (1983): Aufgaben und Funktionen des aktienrechtlichen Aufsichtsrats in der Unternehmenskrise, in: Die Aktiengesellschaft, 28. Jahrgang, S. 141–148.

Sengupta, Partha (1998): Corporate Disclosure and the Cost of Capital, in: The Accounting Review, S. 459–474.

Seppelfricke, Peter (1999): Moderne Multiplikatorverfahren bei der Aktien- und Unternehmensbewertung, in: Finanz Betrieb, 1. Jahrgang, S. 300–307.

Seta, F. (1964): Das INDEX-Buch. Eine Festschrift zum 50jährigen Bestehen der INDEX-WERKE, Stuttgart.

Shan, Weijan / Walker, Gordon / Kogut, Bruce (1994): Interfirm Cooperation and Startup Innovation in the Biotechnology Industry, in: Strategic Management Journal, Volume 15, Number 5 (June), S. 387–394.

Shane, Scott (2000): Prior knowledge and the discovery of entrepreneurial opportunities, in: Organization Science, Volume 11, Issue 4, S. 448–469.

Shapiro, Amram (1990): Responding to the changing patent system, in: Research Technology Management, September-Oktober, S. 38–43.

Sharpe, William F. (1964): Capital Asset Prices: A Theory of Market Equilibrium under Conditions of Risk, in: Journal of Finance, Volume 19, Issue 3, S. 425–442.

Shell (Hrsg.): Shell Report 2000 – Dow do we stand?, London.

Shepherd, Dean A. / Ettenson, Richard / Crouch, Andrew (2000): New Venture Strategy and Profitability: A Venture Capitalist's Assessment, in: Journal of Business Venturing, Volume 15, Number 5/6, S. 449–467.

Sherman, Hugh / Chappell, David S. (1998): Methodological challenges in evaluating business incubator outcomes, in: Economic Development Quarterly, Volume 12, S. 313–322.

Shiller, Robert J. (2000): Irrational Exuberance, Princeton, NJ.

Shivdasani, Anil / Yermack, David (1999): CEO Involvement in the Selection of New Board Members. An Empirical Analysis, in: Journal of Finance, Volume 54, S. 1829–1853.

Shleifer, Aandrei / Vishny, Robert (1997): A Survey on Corporate Governance, in: Journal of Finance, Volume 52, S. 737–783.

Siebel, U. R. / Gebauer, S. (2001): Prognosen im Aktien- und Kapitalmarktrecht – Lagebericht, Zwischenbericht, Verschmelzungsbericht, Prospekt usw. – Teil II, in: Wertpapiermitteilungen – Zeitschrift für Wirtschafts- und Bankrecht, 55. Jahrgang, Nummer 4 (27. Januar), S. 173–220.

Siegel, Robin / Siegel, Eric / MacMillan, Ian C. (1993): Characteristics distinguishing high-growth ventures, in: Journal of Business Venturing, Volume 8, Issue 2, S. 169–180.

Sigle, Walter (1993): Zur Beteiligung familienfremder Manager an Familien-Personengesellschaften, in: Bierich, Marcus (Hrsg.): Festschrift für Johannes Semler, Berlin 1993, S. 767–785.

Simon, Hermann / Pohl, Alexander / Tesch, Andreas (2000): Die Equity Story als Marketing-Instrument, in: Frankfurter Allgemeine Zeitung, Nr. 199, 28.08.2000, S. 31.

Simon, Mark / Houghton, Susan M. / Aquino, Karl (1999): Cognitive biases, risk perception, and venture formation: How individuals decide to start companies, in: Journal of Business Venturing, Volume 15, Issue 2, S. 113–134.

Simons, Tony L. / Peterson, Randall S. (2000): Task conflict and relationship conflict in top management teams: The pivotal role of intragroup trust, in: Journal of Applied Psychology, Volume 85, Issue 1, S. 102–111.

Singh, Robert P. / Hills, Gerald E. / Lumpkin, G. Thomas (1999): New venture ideas and entrepreneurial opportunities: Understanding the process of opportunity recognition,, in: Frontiers of Entrepreneurship Research, Vol. 19, Babson College/Kauffman entrepreneurship research conference, Center for Entrepreneurial Studies, Babson College, Wellesley, 1999 (aus dem Internet zitiert).

Sirower, Mark L. (1997): The Synergy Trap: How Companies Lose the Acquisition Game, in: The Free Press, New York, S. 5–15.

Smart Valley (1996): Smart Valley Telecommuting Pilot Project: Results of the Second Survey, February 12.

Smilor, Raymond W./Gill, Michael D. jr. (1986): The new Business Incubator, Lexington/MA.

Smith, Adam (1971): The Wealth of Nations, Band II, Neudruck, London/New York.

Smith, Clifford. W. jr. / Watts, Ross L. (1992): The Investment Opportunity Set and Corporate Financing, Dividend, and Compensation Policies, in: Journal of Financial Economics, Volume 32, S. 263–292.

Smith, Gordon / Parr, Russell (1994): Valuation of intellectual property and intangible assets, 2. Auflage, New York, NY.

Smith, Ken G. / Ken A. Smith / Judy D. Olian / Henry P. Sims, Jr. / Douglas P. O'Bannon / Judith A. Scully (1994): Top management team demography and process: The role of social integration and communication, in: Administrative Science Quarterly, Volume 39, Issue 3, S. 412–438.

Smith, Norman R. (1967): The entrepreneur and his firm: The relationship between type of man and type of company, Bureau of Business and Economic Research, Graduate School of Business Administration, Michigan State University, East Lansing.

Smith, Robert P. (1986): Development and Verification of Engineering Design Iteration Models, Thesis, Doctor of Philosophy, Massachusetts Institute of Technology.

Solomon, M. B. (1996): Targeting Trendsetters: Cyberstudies Capture the Perceptions and Insights of Early Adopters, in: Marketing Research, 8. Jahrgang, Heft 2, S. 9–11.

Solow, Robert (1957): Technical change and the aggregate production function, in: Review of Economics and Statistics, 39, S. 312–320.

South West Investment Group (1996): "Business Angels": Finance and Expertise for Small and Medium Sized Enterprises, Presentation to EBAN Conference in Torquay, February 1996.

Späth, Helmuth (1983): Cluster-Formation und Analyse, Theorie, FORTRAN-Programme, Beispiele, München/Wien.

Specht, Günter / Beckmann, Christoph (1996): F&E Management, Verlag Schäffer-Poeschel, Stuttgart.

Spence, Miachel A. (1976): Informational Aspects of Market Structure: An Introduction, in: Quarterly Journal of Economics, 90. Jahrgang, S. 591–597.

Spero, Donald M. (1990): Patent protection or piracy - A CEO views Japan, in: Harvard Business Review, Band 90, Nummer 5, S. 58–67.

Spinner, Werner (1999): "Wir wollen unsere Marken emotionalisieren", in: Markenartikel, 61. Jahrgang, Heft 4, S. 10.

Spremann, Klaus (1988): Reputation, Garantie und Information, in: Zeitschrift für Betriebswirtschaft, 58. Jahrgang, Heft 5/6, S. 613–629.

Srivastava, Rajenda K. / Shervani, Tasadduq. A. / Fahey, Liam (1998): Market-Based Assets and Shareholder Value: A Framework for Analysis, in: Journal of Marketing, 62. Jahrgang, Heft 1, S. 2–18.

Staehle, Wolfgang H. (1999): Management – Eine verhaltenswissenschaftliche Perspektive, 8. Auflage, Verlag Franz Vahlen, München.

Statistisches Bundesamt (2002): Gewerbeanmeldungen nach Rechtsform für die Jahre 1997 bis 2001, Wiesbaden.

Staudt, Erich / Kriegesmann, Bernd (1994): Erfolgs- und Mißerfolgsfaktoren von Produktinnovationen, in: Corsten, Hans (Hrsg.): Handbuch Produktionsmanagement: Strategie-Führung-Technologie-Schnittstelle, Verlag Gabler, Wiesbaden, S. 131–150.

Stearns, Timothy M. / Carter, Nancy M. / Reynolds, Paul D. / Williams, Mary L. (1995): New Firm Survival: Industry, Strategy, and Location, in: Journal of Business Venturing, Volume 10, Number 1 (January), S. 23–42.

Stehle, Richard (1997): Der Size-Effekt am deutschen Aktienmarkt, in: Zeitschrift für Bankrecht und Bankwirtschaft, 9. Jahrgang, S. 237–260.

Stehle, Richard / Sattler, Ralf / Wulff, Christian (1997): Der Size-Effekt am US-amerikanischen Aktienmarkt, Working Paper, Humboldt-Universität zu Berlin.

Steil, Fabian (1999): Determinanten regionaler Unterschiede in der Gründungsdynamik, Verlag Nomos, Baden-Baden.

Stein, Jeremy (1992): Convertible Bonds as Backdoor Equity Financing, in: Journal of Financial Economics Volume 32, S. 3–21.

Steiner, Manfred / Wallmeier, Martin (1999): Unternehmensbewertung mit Discounted Cash-flow-Methoden und dem Economic Value Added Konzept, in: Finanz Betrieb, 5/1999, S. 1–10.

Steinkühler, Ralf-Hendrik (1994): Technologiezentren und Erfolg von Unternehmensgründungen, Wiesbaden.

Stemmann, Mario / Treptow, Gregor (2001): Empirische Analyse von Unternehmen der New Economy vor dem Hintergrund des Technology-Builder Modells von Price Waterhouse, in: Finanz Betrieb, 3. Jahrgang, S. 404–410.

Sternberg, Rolf (1988): Technologie- und Gründerzentren als Instrument kommunaler Wirtschaftsförderung, Dortmund.

Sternberg, Rolf / Behrendt, Heiko / Seeger, Heike / Tamásy, Christine (1996): Bilanz eines Booms – Wirkungsanalyse von Technologie- und Gründerzentren in Deutschland, Dortmund.

Stevens, Greg A. / Burley, James (1997): 3.000 raw ideas equals 1 commercial success, in: Research and Technology Management, Volume 40, Issue 3, S. 16–27.

Stevenson, Howard H. (1976): Defining Corporate Strengths and Weaknesses, in: Strategic Management Review, Band 17, Heft Spring, S. 51–68.

Stevenson, Howard H. (1989): A perspective on entrepreneurship, in: Kao. J. J.: Entrepreneurship, creativity, and organization, Prentice-Hall, S. 167–176.

Stevenson, Howard H. / Jarillo, Carlos J. (1990): A paradigm of entrepreneurship: Entrepreneurial management, in: Strategic Management Journal, Volume 11, Issue 2, S. 17–27.

Stevenson, Howard H. / Roberts, Michael J. / Grousenbeck, H. Irvine (1989): New business ventures and the entrepreneur, 3. Auflage, Irwin, Homewood.

Stewart, Thomas A. (1998): Der vierte Produktionsfaktor, Hanser Fachbuch Verlag, München u.a.

Stinchcombe, Arthur L. (1965): Social structure and organizations, in: March, James G. (Ed.): Handbook of Organizations, Chicago.

Stippel, Nicola (1999): Innovations-Controlling, Vahlen Verlag, München.

Stoi, Roman (2002): New Economy Controlling, in: Gleich, Ronald/Möller, Klaus/Seidenschwarz, Werner/Roman, Stoi (Hrsg): Controllingfortschritte, Verlag Franz Vahlen, München, S. 149–170

Stolze, William J. (1989): Startup: An entrepreneur's guide to launching and managing a new venture, Rock Beach Press, Rochester.

Struck, Jochen (1998): Gründungsstatistik als Informationsquelle der Wirtschaftspolitik, in: FGF-Entrepreneurship-Research-Monographien, Band 13, Köln/Dortmund.

Struck, Jochen (1999): Quo Vadis Gründungsstatistik, in: Wissenschaftliche Reihe der DtA (Hrsg.), Band 10, Bonn.

Struck, Uwe (1998): Geschäftspläne für erfolgreiche Expansions- und Gründungsfinanzierung, 2. Auflage, Verlag Schäffer-Poeschel, Stuttgart.

Stulz, René M. (2002): Financial Engineering and Risk Management, (in Vorbereitung).

Süchting, Joachim (1995): Finanzmanagement, 6. Auflage, Verlag Gabler, Wiesbaden.

Sudarsanam, Sudi / Holl, Peter / Salami, Ayo (1996): Shareholder wealth gains in mergers: effect of synergy and ownership structure, in: Journal of Business Finance & Accounting, Blackwell Publishers, Volume 23, Number 5 (Juli).

Sullivan, M. K. (1990): Segmenting the Informal Investment Market: A Benefit-based Typology of Informal Investors, Dissertation, The University of Tennessee, Knoxville.

Sullivan, Patrick (1998a): Profiting from intellectual capital. Extracting value from innovation, New York, NY.

Sullivan, Patrick (1998b): Extracting value from intellectual property, in: Sullivan, Patrick (Hrsg.), Profiting from intellectual capital. Extracting value from innovation, New York, NY, S. 103–118.

Suter, Rene (2000): Corporate Governance & Management Compensation. Wertsteigerung durch die Lösung des Management-Investoren-Konflikts, Zürich.

Sveiby, Karl Erik (1997): Wissenskapital – Das unentdeckte Vermögen. Immaterielle Unternehmenswerte aufspüren, messen und steigern, Landsberg/Lech.

Sveiby, Karl-Erik (1997a): The Intangible Assets Monitor, http://www.sveiby.com.au/ IntangAss/CompanyMonitor.html (Stand: 14.4.01).

Sydow, Jörg (1991): Unternehmungsnetzwerke. Begriffe, Erscheinungsformen und Implikationen für die Mitbestimmung, Bremen.

Sydow, Jörg (1992): Strategische Netzwerke, Evolution und Organisation, Verlag Gabler, Wiesbaden.

Sydow, Jörg (1996): Virtuelle Unternehmung: Erfolg durch Vertrauensorganisation?, in: Office Management, 44. Jahrgang, Heft 7–8, S. 10–13.

Sydow, Jörg (1999): Management von Netzwerkorganisationen. Zum Stand der Forschung, in: Sydow, J. (Hrsg.): Management von Netzwerkorganisationen. Beiträge aus der Managementforschung, Wiesbaden, S. 279–314.

Sydow, Jörg (2001): Zum Verhältnis von Netzwerken und Konzernen: Implikationen für das strategische Management, in: Ortmann, G./Sydow, J. (Hrsg.): Strategie und Strukturation. Strategisches Management von Unternehmen, Netzwerken und Konzernen, Wiesbaden, S. 271–298.

Sydow, Jörg / Windeler, Arnold (2000): Steuerung von und in Netzwerken – Perspektiven, Konzepte, vor allem aber offene Fragen, in: Sydow, Jörg/Windeler, Arnold (Hrsg.): Steuerung von Netzwerken. Konzepte und Praktiken, Opladen, Wiesbaden, S. 1–24.

Sydow, Jörg / Windeler, Arnold / Krebs, Michael / Loose, Achim / Well, Bennet van (1995): Organisation von Netzwerken. Strukturationstheoretische Analysen der Vermittlungspraxis in Versicherungsnetzwerken, Westdeutscher Verlag, Opladen.

Szyperski, Norbert / Nathusius, Klaus (1999): Probleme der Unternehmensgründung – Eine betriebswirtschaftliche Analyse unternehmerischer Startbedingungen, 2. Auflage, Josef Eul Verlag, Lohmar/Köln.

Täger, Uwe C. (1989): Entwicklungstendenzen im Patentverhalten deutscher Erfinder und Unternehmen, in: Ifo-Schnelldienst, 42. Jahrgang, Nummer 23, S. 14–26.

Talaulicar, Till / Grundei, Jens / v. Werder, Axel (2001): Corporate Governance deutscher Start-ups: Ergebnisse einer empirischen Studie, in: Finanz Betrieb, 3. Jahrgang, S. 511–519.

Taylor, Bernard (1976): Managing the Process of Corporate Development, in: Long Range Planning, Volume 9, Issue 3, S. 81–100.

Taylor, L. E. / Henderson, Mark R. (1994): The Role of Features and Abstraction in Mechanical Design, in: Design Theory and Methodology (ASME), 68. Jahrgang, S. 131–140.

Teece, David J. (1982): Towards an economic theory of the multiproduct firm, in: Journal of Economic Behavior and Organization, 3, S. 39–63.

Teece, David J. (1986): Profiting from technological innovation: Implications for integration, collaboration, licensing and public policy, in: Research Policy, Volume 15, Number 6, S. 285–305.

Teece, David J. (1988): Capturing Value from Technological Innovation: Integration, Strategic Partnering, and Licensing Decisions, in: Interfaces, Volume 18, Issue 3, S. 46–61.

Teece, David J. / Pisano, Gary (1998): The Dynamic Capabilities of Firms: An Introduction, in: Dosi, G./Teece, D. J./Chytry, J. (Hrsg.): Technology, Organization and Competitiveness – Perspectives on Industrial and Corporate Change, Oxford University Press, NewYork, S. 193–212.

Teece, David J. / Pisano, Gary / Shuen, Amy (1997): Dynamic capabilities and strategic management, in: Strategic Management Journal, Volume 18, Issue 7, S. 509–533.

Teece, David J. / Rumelt, Richard / Dosi, Giovanni / Winter, Sidney G. (1994): Understanding corporate coherence. Theory and evidence, in: Journal of Economic Behavior and Organization, Volume 23, Issue 1, S. 1–30.

Telgheder, Maike (1997): Vereinigung zur Marke machen, in: Horizont, 23.10.1997, S. 14.

Temaguide (1998a): Neumag: Technological competitor monitoring & implementation of a patent information system, CD-Rom, Brighton/Kiel/Madrid/Manchester.

Temaguide (1998b): Index: Patent analysis for strategic R&D planning, CD-Rom, Brighton, Kiel, Madrid, Manchester.

Testa, Richard J. (1994): The Legal Process of Venture Capital Investment, in: Pratt´s Guide to Venture Capital Sources, 18th edition, Wellesley Hills, Bosten/MA.

The Trade and Industry Development/The Danish Agency for Development of Trade and Industry (1997) (Hrsg.): Intellectual Capital - Reporting and managing intellectual capital, Copenhagen, http://www.efs.dk/publikationer/rapporter/ engvidenregn/all.html (Stand: 15.4.01).

Theis, Michael M. (1995): Finanzierung mit Beteiligungsgesellschaften, in: Henerkes, Brun-Hagen (Hrsg.): Unternehmenshandbuch Familiengesellschaften, Verlag Heymanns Köln, S. 151–165.

Theisen, Manuel R. (1987): Die Überwachung der Unternehmensführung: betriebswirtschaftliche Ansätze zur Entwicklung erster Grundsätze ordnungsmäßiger Überwachung, Stuttgart.

Theisen, Manuel R. (1992): Der Aufsichtsrat als Berater seines Vorstands? in: Der Betrieb, 45. Jahrgang, S. 1106.

Theisen, Manuel R. (1999): Reform des Aufsichtsrats, in: Dörner, Dietrich/Menold, Dieter/Pfitzer, Norbert (Hrsg.): Reform des Aktienrechts, der Rechnungslegung und Prüfung, Verlag Schäffer-Poeschel, Stuttgart, S. 203–252.

Thom, Norbert (1992): Organisationsentwicklung, in: Frese, Erich (Hrsg.): Handwörterbuch der Organisation, 3. Auflage, Stuttgart, Sp. 1477–1491.

Thom, Norbert (1995): Change Management, in: Corsten, Hans/Reiss, Michael (Hrsg.): Handbuch Unternehmensführung. Konzepte, Instrumente, Schnittstellen, Wiesbaden.

Thom, Norbert (1999): Fusionen: Erfolgsfaktor Unternehmenskultur, in: Basler Zeitung, 05.07.1999, S. 12.

Thommen, Jean-Paul (1996a): Betriebswirtschaftslehre, Band 3: Personal, Organisation, Führung, spezielle Gebiete des Managements, 4. Auflage, Zürich.

Thommen, Jean-Paul (1996b): Organisationales Lernen, um sich aus der Krise zu bewegen, in: European Business School (Hrsg.): Erfahrung – Bewegung – Strategie, Wiesbaden, S. 247–279.

Thommen, Jean-Paul (1999): Lexikon der Betriebswirtschaft. Management-Kompetenz von A bis Z, Zürich.

Thommen, Jean-Paul (2000): Managementorientierte Betriebswirtschaftslehre, 6. Auflage, Zürich.

Thommen, Jean-Paul (2001): Synergien durch organisationales Lernen, in: MER Journal für Management und Entwicklung, 3. Jahrgang, Heft 6–7, S. 115–120.

Thommen, Jean-Paul (2002): Management und Organisation. Konzepte – Instrumente – Umsetzung, Zürich.

Thommen, Jean-Paul / Struß, Nicola (2001): Organisatorische Einbindung von Investor Relations, in: Achleitner, Ann-Kristin/Bassen, Alexander (Hrsg.): Investor Relations am Neuen Markt, Verlag Schäffer-Poeschel, Stuttgart, S. 159–178.

Thompson, Tracy A. / Valley, Kathleen L. (1998): Changing Formal and Informal Structure to Enhance Organizational Knowledge, in: Hamel, Gary/Prahalad, C. K./Thomas, Howard/O'Neal, Don (Hrsg.): Strategic Flexibility. Managing a Turbulent Environment, Chichester, New York, S. 137–154.

Tiemann, Karsten (1997): Investor Relations, Deutscher Universitäts Verlag, Wiesbaden.

Tietz, Bruno (1993): Marketing, 3. Auflage, Verlag Werner, Düsseldorf.

Tilman, Gerhardt / Nippa, Michael / Picot, Arnold (1992): Optimierung der Leistungstiefe, in: HARVARDmanager, Heft 3, S. 136–142.

Timmons, Jeffrey A. (1994): New venture creation: Entrepreneurship for the 21st century, 4. Auflage, Verlag McGraw Hill, Burr Ridge/IL.

Timmons, Jeffrey A. (1999): New venture creation: Entrepreneurship for the 21st century, 5. Auflage, Verlag McGraw Hill, Burr Ridge/IL.

Timmons, Jeffrey A. / Muzyka, Daniel F. / Stevenson, Howard H. / Bygrave, William D. (1987): Opportunity recognition: The core of entrepreneurship, in: Frontiers of Entrepreneurship Research, Volume 7, Babson College/Kauffman entrepreneurship research conference, Center for Entrepreneurial Studies, Babson College, Wellesley, 1987.

Tolle, Elisabeth (1994): Informationsökonomische Erkenntnisse für das Marketing bei Qualitätsunsicherheit der Konsumenten, in: Zeitschrift für betriebswirtschaftliche Forschung, 46. Jahrgang, Heft 11, S. 926–938.

Töpfer, Armin (2000): Mergers & Acquisitions: Anforderungen und Stolpersteine, in: zfo, Verlag Schäffer-Poeschel, Stuttgart, 69. Jahrgang, Heft 1 (Januar), S. 10–17.

Trebesch, Karsten (1982): 50 Definitionen zur Organisationsentwicklung – und kein Ende, in: Organisationsentwicklung, x. Jahrgang, Heft 2, S. 37–62.

Tress, Dietmar W. (1985): Organisationsentwicklung, Frankfurt am Main, Bern u.a..

Trigeorgis, Lenos (1996): Real Options: managerial flexibility and strategy in resource allocation, Verlag MIT Press, Cambridge u.a.

Trigeorgis, Lenos. (1993): Real Options and Interactions with Financial Flexibility, Financial Management, 22. Jahrgang, Nummer 3, S. 202–224.

Trueman, Brett / Wong, Franco / Zhang, Xiao-Jun (2000a): The Eyeballs have it: Searching for the Value in Internet Stocks, Working Paper, Haas School of Management, University of California, Berkeley.

Trueman, Brett / Wong, Franco / Zhang, Xiao-Jun (2000b): Back to Basics: Forecasting the Revenues of Internet Firms, Working Paper, Haas School of Management, University of California, Berkeley.

Tsai, William Ming-Hone / MacMillan, Ian C. / Low, Murray B. (1991): Effects of Strategy and Environment on Corporate Venture Success in Industrial Markets, in: Journal of Business Venturing, Volume 6, Number 1 (January), S. 9–28.

Tschammer-Osten, Georg (1996): Business Angel, in: Die Betriebswirtschaft (DBW), 56. Jahrgang, Nummer 5, S. 716–719.

Tufano, Peter (1989): Tree Essays on Financial Innovation, UMI, Ann Arbor.

Tukey, John .W. (1980): We need both exploratory and confirmatory, in: The American Statistician, Volume 34, S. 23–25.

Tümpen, Marianne (2001): Corporate Venture Capital. Ein Instrument für eine erfolgreiche Partnerschaft von Großorganisationen und Start-up-Unternehmen, in: Sadowski, Dieter (Hrsg.): Entrepreneurial Spirits, Wiesbaden, S. 91–102.

Tunder, Ralph (2000): Der Transaktionswert der Hersteller-Handel-Beziehung: Hintergründe, Konzeptualisierung und Implikationen auf Basis der Neuen Institutionenökonmik, Wiesbaden.

Turnbull, Stuart M. (1979): Debt capacity, in: Journal of Finance, Volume 34, Issue 4, S. 931–940.

Tushman, Michael L. / Anderson, Philip (1986): Technological Discontinuities and Organizational Environments, in: Administrative Science Quarterly, Volume 31, Issue 3, S. 439–465.

Tyebjee, Tyzoon T. / Bruno, Albert V. (1984): A Model of Venture Capitalist Investment Activity, in: Management Science, Volume 30, Issue 9, S. 1051–1066.

Uebele, Herbert (1988): Zur Praxis der Kreativitätstechniken: Anwendungserfahrungen bei der Produktinnovation, in: Die Betriebswirtschaft, Jahrgang 48, Heft 6, S. 777–785.

Ulrich, Hans / Krieg, Walter (1974): St. Galler Management-Modell, Bern.

Ulrich, Karl T. (1995): The Role of Product Architecture in the Manufacturing Firm, in: Research Policy, 24. Jahrgang, S. 419–440.

Ulrich, Karl T. / Eppinger, Steven D. (1995): Product Design and Development, McGraw-Hill, NewYork u. a.

Ungern-Sternberg, Th. v. / Weizsäcker, Carl-Christian v. (1981): Marktstruktur und Marktverhalten bei Qualitätsunsicherheit, in: Zeitschrift für Wirtschaft- und Sozialwissenschaft, 101. Jahrgang, Heft 6, S. 609–626.

USPTO (2001): Patentdatenbank des US-amerikanischen Patentamtes (Zugang unter http://uspto.gov), letzte Abfrage am 15.6.2001.

Uzumeri, Mustafa / Sanderson, Susan (1995): A Framework for Model and Product Family Competition, in: Research Policy, 24. Jahrgang, S. 583–607.

Vahs, Dietmar / Burmester, Ralf (1999): Innovationsmanagement: Von der Produktidee zur erfolgreichen Vermarktung, Stuttgart.

Van Olffen, Woody (1999): John B. Miner: A psychological typology of successful entrepreneurs, in: Organization Studies, Volume 20, Issue 5, S. 883–888.

Vasconcellos e Sá, Jorge Alberto Sousa De / Hambrick, Donald C. (1989): Key Success Factors: Test of a general theory in the mature industrial-product sector, in: Strategic Management Journal, Volume 10, S. 367–382.

Ven de, Andrew V. (1986): Central Problems in the Management of Innovation, in: Management Science, 32. Jahrgang, Heft 5, S. 590–607.

Venkataraman, Shivakumar (1997): The distinctive domain of entrepreneurship research, in: Katz, Jerome A. (Hrsg.): Advances in entrepreneurship, firm emergence, and growth, 3. Auflage, S. 119–140.

Vesper, Karl H. (1990): New venture strategies, Prentice-Hall, Englewood Cliffs.

Vesper, Karl H. (1996): New venture experience – Cases, Text and Exercises, revised edition, Vector Books.

Veverka, Mark (1999): Internet Stock Mavens Beware: The SEC Is Cracking Down on Dot-Com Accounting, in: Barron's v. 22.12.1999, S. 57.

Vogt, Jörg (1997): Vertrauen und Kontrolle in Transaktionen: eine institutionenökonomische Analyse, Verlag Gabler, Wiesbaden.

Vollmer, Lothar / Grupp, Alexander (1995): Der Schutz der Aktionäre beim Börseneintritt und Börsenaustritt, in: Zeitschrift für Unternehmens- und Gesellschaftsrecht (ZGR), S. 459–475.

Vollrath, Robert (2002): Performanceindikatoren von Wachstumsunternehmen – Eine theoretische und empirische Analyse von Emissionsprospektangaben, Dissertation, Oestrich-Winkel.

Von Einem, Christoph (1998a): Arbeitsunterlagen zur 49. Jahresarbeitstagung der Fachanwälte für Steuerrecht, S. 455 ff.

Von Einem, Christoph (1998b): Stock Options: Eine aktuelle Gestaltungsform der Mitarbeiterbeteiligung für Wachstumsunternehmen, in: Haarmann, Hemmelrath & Partner (Hrsg.): Gestaltung und Analyse in der Rechts-, Wirtschafts- und Steuerberatung, Köln, S. 389 ff.

Von Einem, Christoph / Pajunk, Axel (1999): Gestaltungstool für Start-up's, High-Techs und IPO-Aspiranten, in: Going Public Sonderausgabe Praxis, Herbst 1999, S. 65 ff.

Von Einem, Christoph / Pajunk, Axel (2002): Zivil- und gesellschaftsrechtliche Anforderungen an die Ausgestaltung von Stock Options nach deutschem Recht und deren Ausstrahlungswirkung auf die steuerliche und bilanzielle Behandlung, in Achleitner, Ann-Kristin/Wollmert, Peter (Hrsg.): Stock Options: Finanzwirtschaft, Gesellschaftsrecht, Bilanzierung, Steuerrecht, Unternehmensbewertung, Verlag Schäffer-Poeschel, Stuttgart, S. 85 ff.

Von Hippel, Eric (1986): Lead Users: A Source of Novel Product Concepts, in: Management Science, 32. Jahrgang, Heft 7, S. 791–805.

Von Hippel, Eric (1988): The Sources of Innovation, Oxford University Press, New York/Oxford.

Von Hippel, Eric (1994): Sticky Information and the Locus of Problem Solving: Implications for Innovations, in: Management Science, Band 40, S. 429–439.

Von Rosen / Leven (2000): in: Harrer, Herbert (Hrsg.): Mitarbeiterbeteiligungen und Stock-Option-Pläne, Verlag C.H. Beck, München.

Voss, Christopher A. (1985): Determinants of success in the development of application software, in: Journal of Product Innovation Management, Volume 2, Issue 1, S. 122–129.

Vyakarman, Shailendra / Jacobs, Robin C. / Handelberg, Jari (1997): The formation and development of entrepreneurial teams in rapid growth businesses, Babson College/Kauffmann Entrepreneurship Research Conference, Boston, 16-20 April, 1997.

Walton, Kenneth / Dismukes, John / Browning, Jon (1989): An information specialist joins the R&D team, in: Research Technology Management, September-Oktober, S. 32–37.

Ward, Allen / Liker, Jeffrey V. / Christiano, John J. / Sobek II, Durward K. (1995): The Second Toyota Paradox: How Delaying Decisiions Can Make Better Cars Faster, in: Sloan Management Review, Heft Spring Issue, S. 43–61.

Watson, Warren E. / Ponthieu, Louis D. / Critelli, Joseph W. (1995): Team interpersonal process effectiveness in venture partnerships and its connection to perceived success, in: Journal of Business Venturing, Volume 10, Issue 5, S. 393–411.

Weber, Christiana / Dierkes, Meinolf (2002): Risikokapitalgeber in Deutschland, edition sigma Verlag, Berlin.

Weber, Claus-Peter (2001): Risikoberichterstattung nach dem E-DRS 5, in: Betriebs-Berater, S. 140–144.

Weber, Jürgen (1995): Einführung in das Controlling, 6. Auflage, Verlag Schäffer-Poeschel, Stuttgart.

Weber, Jürgen (1999): Einführung in das Controlling, 8. Auflage, Verlag Schäffer-Poeschel, Stuttgart.

Weber, Jürgen / Freise, Hans-Ulrich / Schäffer, Utz (2002): E-Business und Controlling, Reihe Advanced Controlling, Band 22, Vallendar.

Weber, Jürgen / Schäffer, Utz (1999): Balanced Scorecard & Controlling, Gabler Verlag, Wiesbaden.

Weiber, Rolf / Adler, Jost (1995): Der Einsatz von Unsicherheitsreduktionsstrategien im Kaufprozeß: Eine informationsökonomische Analyse, in: Kaas, Klaus P. (Hrsg.): Kontrakte, Geschäftsbeziehungen, Netzwerke: Marketing und Neue Institutionenökonomik, Düsseldorf, S. 61–77.

Weiber, Rolf / Adler, Jost (1995): Informationsökonomisch begründete Typologisierung von Kaufprozessen, in: Zeitschrift für betriebswirtschaftliche Forschung, 47. Jahrgang, Heft 1, S. 43–65.

Weisenfeld-Schenk, Ursula (1995): Marketing- und Technologiestrategien: Unternehmen der Biotechnologie im internationalen Vergleich, Stuttgart.

Weiß, Daniel (1999a): Aktienoptionsprogramme nach dem KonTraG, in: Wertpapier-Mitteilungen, 53. Jahrgang, S. 353–363.

Weiß, Daniel (1999b): Aktienoptionsprogramme für Führungskräfte, Verlag Dr. Otto Schmidt, Köln.

Weiss, Heinz-Jürgen (2000): Integrierte Konzernsteuerung – Das Managementinstrumentarium zur Optimierung mittel- und langfristiger Stakeholderinteressen, in: Küting, Karlheinz/Weber, Claus-Peter (Hrsg.): Wertorientierte Konzernführung, Schäffer Poeschel Verlag, Stuttgart, S. 203–234.

Weiss, Heinz-Jürgen / Heiden, Matthias (2001): Investor Relations Online – Wie Unternehmen mit der „Financial Community" kommunizieren. Mit Beispielen aus der Praxis, in: Hinterhuber, Hans H./Stahl, Heinz K. (Hrsg.), Fallen die Unternehmensgrenzen? Beiträge zur Außenorientierung der Unternehmensführung, expert Verlag, Renningen, S. 144–163.

Weiss, Heinz-Jürgen /Heiden, Matthias (2000): Elektronische Kapitalmarktkommunikation – Der Einsatz des Internet als Instrument der Investor Relations, in: BBK Fach 29, S. 981–994.

Weitnauer, Wolfgang (2001): Handbuch Venture Capital. Von der Innovation zum Börsengang, 2. Auflage, München.

Welge, Martin K. / Al-Laham, Andreas (1992): Planung – Prozesse – Strategien – Maßnahmen, Verlag Gabler, Wiesbaden.

Welge, Martin K. / Al-Laham, Andreas (1999): Strategisches Management: Grundlagen – Prozess – Implementierung, 2. Auflage, Verlag Gabler, Wiesbaden.

Welge, Martin K. / Holtbrügge, Dirk (2001): Internationales Management, 2. Auflage, Landsberg am Lech.

Welteke, Ernst, (1995): Börsenaufsicht, in: Gerke, Wolfgang/Steiner, Manfred (Hrsg.): Handwörterbuch des Bank- und Finanzwesens, 2. Auflage, Stuttgart, S. 292–301.

Welter, Friederike / von Rosenbladt, Bernhard (1998): Der Schritt in die Selbständigkeit: Gründungsneigung und Gründungsfähigkeit in Deutschland, in: Zeitschrift für Klein- und Mittelunternehmen, internationales Gewerbearchiv, S. 234–248.

Welzbacher, Roland / Müller, Ulrich / Ricken, Steffen (2001): Neuer Markt – Kommt nach der IPO- die M&A-Welle?, in: M&A Review, S. 138–142.

Werner, Henning (2000): Junge Technologieunternehmen: Entwicklungsverläufe und Erfolgsfaktoren, DUV Gabler, Wiesbaden.

Wernerfelt, Birger (1984): A resource-based view of the firm, in: Strategic Management Journal, Volume 5, Issue 2, S. 171–180.

Wetzel, William E. Jr. (1983): Angels and Informal Risk Capital, in: Sloan Management Review, 24. Jahrgang, Nummer 4 , S. 23–34.

Wetzel, William E., Jr. / Freear, Jeffrey (1996): Promoting Informal Venture Capital in the United States: Reflections on the History of the Venture Capital Network, in: Harrison, Richard T./Mason, Colin M. (Hrsg.): Informal Venture Capital: Evaluating the Impact of Business Introduction Services, Prentice-Hall/Woodhead-Faulkner, Hemel Hertfordshire, S. 61–74.

Wheeler,Mike / Zackin, David (1994): Work-Family Roundtable: Telecommuting, The Conference Board, Volume 4, Number 1, Spring 1994.

Wheelright, Steven / Clark, Kim (1992): Revolutionizing Product Development: Quantum Leaps in Speed, Efficiency, and Quality, The Free Press, NewYork.

Whincop, Michael J. (2001): Entrepreneurial Governance, Griffith University, Working Paper.

Wicher, Hans (1992): Innovative Teamgründungen: Entwicklung, Bedeutung, Probleme, Verlag an der Lotterbek, Ammersberk bei Hamburg.

Wicher, Hans (1994): Innovative Teamgründungen, in: Das Wirtschaftsstudium, 23. Jahrgang, Heft 12, S. 1003–1009.

Wiegand, Martin (1996): Prozesse organisationalen Lernens, Wiesbaden.

Wildemann, Horst (1997): Koordination von Unternehmensnetzwerken, in: Zeitschrift für Betriebswirtschaft, 67. Jahrgang, S. 417–439.

Willard, Gary E. / Krueger, David A. / Feeser, Henry R. (1992): In order to grow must the founder go: A comparison of performance between founder and non-founder managed high-growth firms, in: Journal of Business Venturing, Volume 7, Issue 3, S. 181–194.

Williams, Jeffrey R. (1992): How sustainable is your competitive advantage?, in: California Management Review, Spring 1992, S. 29–51.

Williamson, Oliver E. (1975): Marktes and Hierarchies: Analysis and Antitrust Implications. A Study in the Economics of Internal Organization, Free Press, NewYork.

Wilmott, Paul / Dewynne, Jeff N. / Howison, Samuel. D. (1993): Option Pricing: Mathematical Models and Computation, Oxford.

Wimmer, Ronald (1996): Regionale Hemmnisse in der Gründungs- und Frühentwicklungsphase, Verlag FGF, Dortmund.

Windeler, Arnold (2001): Unternehmungsnetzwerke. Konstitution und Strukturation, Wiesbaden.

Winkler, Gabriele (1999): Koordination in strategischen Netzwerken, Wiesbaden.

Winter, Sidney G. (1995): Four Rs of Profitability: Rents, Resources, Routines and Replication, in: Montgomery, Cynthia, (Ed.): Resource-based and evolutionary theories of the firm – towards a synthesis. Boston, S. 147–178.

Winter, Sidney G. / Szulanski, Gabriel (1998): Replication as strategy. Reginald Jones Center, The Wharton School, Working Paper No. 10.

Wippler, Armgard (1998): Innovative Unternehmensgründungen in Deutschland und den USA, Verlag Gabler, Wiesbaden.

Witt, Peter (2000): Corporate Governance im Wandel, in: Zeitschrift Führung + Organisation, Band 69, S. 159–163.

Witt, Peter (2001): Nutzen und Kosten der Beteiligung der Mitarbeiter am Eigenkapital von Gründungsunternehmen, in: Zeitschrift für Personalforschung, Band 15, S. 113–131.

Witt, Peter / Zillmer, Peter (2002): Strategie- und Strukturveränderungen bei renditeorientierten Business Inkubatoren in Deutschland, in: Finanz Betrieb, 4. Jahrgang, S. 190–194.

Wittmann, Alfred (1992): Grundlage der Patentinformationen und Patentdokumentationen, Berlin, Offenbach.

Wittmann, Edgar (1999): Organisatorische Einbindung des Risikomanagements, in: Saitz, Bernd/Braun, Frank (Hrsg.): Das Kontroll- und Transparenzgesetz – Herausforderungen und Chancen für das Risikomanagement, Wiesbaden, S. 129–143.

Wittmann, Edgar (2000): Risikomanagement im internationalen Konzern, in: Dörner, Dietrich/Horvath, Peter/Kagermann, Henning (Hrsg.): Praxis des Risikomanagement, Stuttgart, S. 791–820.

Wöhe, Günter (2000): Einführung in die Allgemeine Betriebswirtschaftslehre, 20. Auflage, Vahlen Verlag, München.

Wöhe, Günter / Bilstein, Jürgen (1998): Grundzüge der Unternehmensfinanzierung, 8. Auflage, Verlag Vahlen, München.

Wohlgemuth, André C. (1991): Das Beratungskonzept der Organisationsentwicklung. Neue Formen der Unternehmungsberatung auf Grundlage des sozio-technischen Systemansatzes, 3. Auflage, Bern/Stuttgart.

Wolf, Joachim (2000): Der Gestaltansatz in der Management- und Organisationslehre, DUV Gabler, Wiesbaden.

Wolfrum, Bernd (1991): Strategisches Innovationsmanagement, Verlag Gabler, Wiesbaden.

Wragg, David W. (1992): The Public Relations Handbook, Blackwell Business, Oxford.

Wrede, Thomas (1987): Venture Capital: Das US-amerikanische Modell und seine Umsetzung in der Bundesrepublik Deutschland, Verlag Eul, Bergisch Gladbach.

Wright, Mike / Burrows, Andrew / Loihl, Angela (2000): Technology Sector Buyouts, in: European Venture Capital Journal, December Issue, S. 12–15.

Wright, Mike / Robbie, Ken (1998): Venture capital and private equity: A review and synthesis, in: Journal of Business Finance & Accounting, Volume 25, S. 521–570.

Wrona, Thomas (1999): Globalisierung und Strategien der vertikalen Integration, Wiesbaden.

Wulff, Jakob (2000): Aktienoptionen für das Management, Carl Heymanns Verlag, Köln/Berlin/Bonn/München.

Wullenkord, Axel (2000): New Economy Valuation – Moderne Bewertungsverfahren für Hightech-Unternehmen, in: Finanzbetrieb, 2. Jahrgang, S. 522–527.

Wupperfeld, Udo (1994): Strategien und Management von Beteiligungsgesellschaften im deutschen Seed-Capital-Markt, Fraunhofer-Institut, Karlsruhe.

Wupperfeld, Udo (1999): Der Businessplan für den erfolgreichen Start, mug-Verlag, Landsberg am Lech.

Wüthrich, Hans A. / Philipp, Andreas F. / Frentz, Martin H. (1997): Vorsprung durch Virtualisierung – Lernen von Pionierunternehmen, Verlag Gabler, Wiesbaden.

Wyatt, Sally / Bertin, Gilles / Pavitt, Keith (1985): Patents and multinational corporations: Results from questionnaires, in: World Patent Information, Band 7, Nummer 3, S. 196–212.

Wymeersch, Eddy (1995): Unternehmensführung in Westeuropa. Ein Beitrag zur Corporate Governance-Diskussion, in: Die Aktiengesellschaft, 40. Jahrgang, S. 299–316.

Yermack, David (1996): Higher Market Valuation of Companies with a Small Board of Directors, in: Journal of Financial Economics, Volume 40, S. 185–211.

Yoches, E. Robert (2000): Enforcing business-method patents, in: Berkowitz, Jeffrey (Hrsg.): Patenting the new business model: building fences in cyberspace, New York, NY, S. 243–324.

Young, S. David / O'Byrne, Stephen F. (2000): EVA and Value-Based Management – A Practical Guide to Implementation, Verlag McGraw-Hill, New York.

Zaby, Andreas M. (1999): Internationalization of High-Technology Firms. Cases from Biotechnology and Multimedia, Wiesbaden.

Zacharias, Erwin (2000): Börseneinführung mittelständischer Unternehmen: Rechtliche und wirtschaftliche Grundlagen sowie strategische Konzepte bei der Vorbereitung und der Durchführung des Going Public, Verlag Schmidt, Bielefeld.

Zacharkakis, Andrew L. / Meyer, Dale G. (1998): A Lack of Insight: Do Venture Capitalists Really Understand Their Own Decision Process?, in: Journal of Business Venturing, Volume 13, Number 1, S. 57–76.

Zahn, Erich / Braun, F. / Dogan, D. / Weidler, A. (1992): Ganzheitliche Produktentwicklung als Schlüssel zur Reduzierung von Entwicklungszeiten, in: Scheer, A. W. (Hrsg.):

Simultane Produktentwicklung, St. Gallen: Gesellschaft für Management und Technologie (gfmt), S. 429–484.

Zahra, Shaker A. (1996): Technology Strategy and Performance: A Study of Corporate-sponsored and Independent Biotechnology Ventures, in: Journal of Business Venturing, Volume 11, Issue 4, S. 289–321.

Zahra, Shaker A. / Bogner, William C. (1999): Technology Strategy and Software New Ventures' Performance: Exploring the Moderating Effect of the Competitive Environment, in: Journal of Business Venturing, Volume 15, Numbe 2, S. 135–173.

Zellentin, Rüdiger (1989): Patentanmelder, Patentanwaltschaft und Kosten für Patentanmeldungen, in: Ifo-Studien, 35. Jahrgang, Nummer 1–4, S. 357–366.

Zeller, Roman (1995): Maßgeschneidertes Reengineering - Ein pragmatischer Ansatz von Bain & Company, in: Nippa, Michael/Picot, Arnold (Hrsg.): Prozeßmanagement und Reengineering, Verlag Campus, Frankfurt am Main, S. 108–125.

Zemke, Ingo (1995): Die Unternehmensverfassung von Beteiligungskapital-Gesellschaften: Analyse des institutionellen Designs deutscher Venture Capital-Gesellschaften, Verlag DUV, Wiesbaden.

Zentgraf, Christian (1999): High-Tech-Marketing in kleinen und mittleren Unternehmen, Deutscher Universitäts-Verlag, Wiesbaden.

Zhan, Sherie E. (1999): Choosing a Market Entry Strategy, in: World Trade, Volume 12, Issue 5, S. 40–50.

Zietsma, Charlene (1999): Opportunity knocks – or does it hide? An examination of the role of opportunity recognition in entrepreneurship, in: Frontiers of Entrepreneurship Research, Volume 19, Babson College/Kauffman entrepreneurship research conference, Center for Entrepreneurial Studies, Babson College, Wellesley, 1999.

Zimmermann, Christian (1988): Ertragswertgutachten, in: Die Betriebswirtschaft , 48. Jahrgang., Heft 4, S. 417–420.

Zitzmann, Axel / Taubert, Helmut (2001): Rechtsfragen der Investor Relations, in: Kirchhoff, Klaus Rainer/Piwinger, Manfred (Hrsg.): Die Praxis dere Investor Relations, Neuwied, S. 56–95.

Zschiedrich, Harald (1998): EU/Mittel- und Osteuropa: Markterschließungsformen auf dem Prüfstand, in: EUmagazin, ohne Jahrgang, Heft 9, S. 32–33.

Zwirner, Christian / Ranker, Daniel / Wohlgemuth, Frank (2001): Rechnungslegung am Neuen Markt – Grundlagen, Anforderungen und Auswertung, in: Steuern und Bilanzen, S. 473–483.

Personenverzeichnis

Prof. Dr. Dr. Ann-Kristin Achleitner ist seit 2001 Inhaberin des DtA-Stiftungslehrstuhls für Entrepreneurial Finance an der TU München. Zuvor war sie seit 1995, erst als Inhaberin des Lehrstuhls für Investition und Finanzierung, dann seit 1997 als Inhaberin des Stiftungslehrstuhls Bank- und Finanzmanagement an der EUROPEAN BUSINESS SCHOOL (beurlaubt seit 1. März 2001) in Oestrich-Winkel. Dort ist sie heute Honorarprofessorin. Ihre Studien und Promotionen sowie die Habilitation absolvierte sie an der Universität St. Gallen (HSG), deren Fakultät sie weiterhin angehört. Frau Achleitner ist Mitglied im *Bayerischen Börsenrat*, im Vorstand der *Deutschen Schutzvereinigung für Wertpapierbesitz e.V.* und im Präsidium des *Förderkreis Gründungsforschung e.V.* und war Mitglied der EU-Expertenkommission zur Finanzierung von kleinen und mittelgroßen Unternehmen. Zudem gehört sie mehreren Aufsichts- und Beiräten an, so ist sie insbesondere Gründungspartnerin und Aufsichtsratsvorsitzende der *GI Ventures AG*.

Heike Albrecht ist seit November 2000 bei *Drueker & Co* tätig. Zuvor arbeitete sie von 1996 bis 2000 bei *PricewaterhouseCoopers* im Bereich Mergers & Acquisitions. Dort hat sie in den ersten Jahren den Aufbau des Mergers & Acquisitions-Bereichs innerhalb der Corporate Finance Beratung in Frankfurt von *Price Waterhouse* mit begleitet bis zur Fusion mit *Coopers & Lybrand*. Heike Albrecht hat als Projektverantwortliche zahlreiche internationale Verkaufs- und Kaufprojekte u.a. in der Automobilzulieferindustrie, dem Maschinenbau und der Verpackungsindustrie geleitet. Weitere Erfahrungen hat sie in internationalen Projekten in der Zusammenarbeit mit Finanzinvestoren gesammelt. Heike Albrecht hat in Gießen an der Justus-Liebig-Universität Betriebswritschaft studiert.

Dipl.-Kfm. **Philipp Baecker** studierte Betriebswirtschaftslehre und Informatik an der EUROPEAN BUSINESS SCHOOL (**ebs**). Seit August 2001 ist er wissenschaftlicher Assistent am Stiftungslehrstuhl Investitions- und Risikomanagement derselben Hochschule. Thema seiner Dissertation ist die optionspreistheoretische Untersuchung von Geschäftsmodellen in der Biotechnologiebranche. Zu seinen Hauptinteressen zählen der Realoptionsansatz sowie simulationsgestützte Finanzmodelle. Als Visiting Scholar verbringt er den Herbst 2002 an der Wharton School der Universität von Pennsylvania, wo er sich mit Problemen des Risikomanagements in Biotechnologie-Start-ups auseinandersetzt. Philipp Baecker ist Promotionsstipendiat der Studienstiftung des Deutschen Volkes.

Dr. **Niklas Bartelt** studierte von 1990 bis 1994 Betriebswirtschaftslehre an der WHU Koblenz – Wissenschaftliche Hochschule für Unternehmensführung, Cranfield School of Management und Ecole Supérieure de Commerce Lyon. Von 1994 bis 1998 arbeitete er als wissenschaftlicher Mitarbeiter am Lehrstuhl für Finanz- und Bankmanagement der WHU Koblenz. Dort promovierte er bei Prof. A. F. Jacob mit der Dissertation zu Asset Backed Securities als Produkt für deutsche Banken. Seit 1998 arbeitet er bei *Bain & Company, Inc.*, München. Er ist dort Manager mit dem Scherpunkt Start-up Unternehmen und Finanzdienstleistungsunternehmen.

PD Dr. **Alexander Bassen** studierte Betriebswirtschaftlehre an den Universitäten Gießen und Tübingen. Promotion (1997) und Habilitation (2001) an der EUROPEAN BUSINESS SCHOOL, Schloß Reichartshausen, in Oestrich-Winkel. Dort war er Mitarbeiter am Lehrstuhl für Controlling und anschließend am Stiftungslehrstuhl Bank-und Finanzmanagement. Seit 1.1.2002 ist er wissenschaftlicher Mitarbeiter am DtA-Stiftungslehrstuhl für Unternehmensgründung/Entrepreneurial Finance (Prof. Dr. Dr. Ann-Kristin Achleitner) an der Technischen Universität München. Er ist u. a. Sprecher des Arbeitskreises Corporate Governance der *Deutschen Vereinigung für Finanzanalyse und Asset Management* (DVFA) und Mitglied im wissenschaftlichen Beirat des *Deutschen Investor Relations Kreises* (DIRK). Herr Bassen forscht und lehrt in den Bereichen Controlling, Entrepreneurship und Kapitalmärkte.

Prof. Dr. Dr. h.c. **Theodor Baums** , Jahrgang 1947, studierte nach Ableistung des Grundwehrdienstes Rechtswissenschaften und katholische Theologie an der Universität Bonn. Nach Ablegung seiner beiden juristischen Staatsexamina war er von 1977 bis 1985 wissenschaftlicher Assistent am *Institut für Handels- und Wirtschaftsrecht* an der Universität Bonn. 1978 nahm er an einem Steuerrechtslehrgang des *Instituts für Steuerrecht der Rechtsanwaltschaft* teil. 1979 erhielt er für seine Dissertaton den Universitätspreis und promovierte zum Dr. jur. 1985 habilitierte er an der Universität Bonn und erhielt die venia legendi für Bürgerliches Recht sowie Handels- und Wirtschaftsrecht. Der Professur an der Universität Münster/Westfalen (1986-1987) folgten eine Professur an der Universität Osnabrück (1987-2000) und eine Visiting Scholarship an der University of California, Berkley. Theodor Baums nahm 1991 den Ruf auf das Ordinariat für Handelsrecht an der Universität Bonn an. Während des Sommersemesters 1992 lehrte er als Gastprofessor an der Universität Wien. Seit 1992 leitet er das Institut für Handels- und Wirtschaftsrecht der Universität Osnabrück.

PD Dr. **Andreas Bausch** studierte Betriebs- und Volkswirtschaftslehre an der Justus-Liebig-Universität Gießen und war hier an der Professur für Industrielles Management und Controlling und am Institut für Unternehmungsplanung (IUP, Gießen/Berlin) von 1992 bis 1996 als wissenschaftlicher Mitarbeiter tätig. 1996 wechselte Dr. Bausch in die Zentralabteilung Unternehmensstrategie und Unternehmensentwicklung der *Siemens AG*, München, wo er Projektleiter für Kooperationen und Akquisitionen war. Seit 1999 ist er wissenschaftlicher Assistent an der Justus-Liebig-Universität Gießen. Zu seinen Forschungsschwerpunkten zählen Unternehmensplanung und Controlling, Strategisches Management, Entrepreneurship und Unternehmenszusammenschlüsse.

Dr. **Michael Behnam** studierte Betriebswirtschaftslehre an der Johann Wolfgang Goethe-Universität in Frankfurt/M. Nach praktischer Tätigkeit in einer Investmentbank war Dr. Behnam als Wissenschaftlicher Assistent bei Prof. Dr. Hartmut Kreikebaum am Lehrstuhl für Internationales Management an der EUROPEAN BUSINESS SCHOOL in Oestrich-Winkel von 1992 bis 1997 tätig. Gleichzeitig absolvierte er diverse mehrmonatige Forschungsaufenthalte in den USA (u. a. Harvard University, Stanford University). Dr. Behnam promovierte an der Johann Wolfgang Goethe-Universität mit einer Arbeit über "Strategische Unternehmensplanung und ethische Reflexion" (summa cum laude). Seit Januar 1998 ist Dr. Behnam als Wissenschaftlicher Dozent an der EUROPEAN BUSINESS SCHOOL am Lehrstuhl für Internationales Management tätig und seit September 2001 leitet er diesen kommissarisch. Er schreibt eine Habilitation zur Organisationsentwicklung international tätiger Unternehmen aus radikal-konstruktivistischer Sicht. Seine Forschungsschwerpunkte liegen in den Bereichen Internationales und Strategisches Management, Organisation sowie Wirtschafts- und Unternehmensethik.

Dr. **Cornelius Boersch** ist Gründer der *ACG AG* in Wiesbaden und zeichnet seit April 2002 als CEO (Chief Executive Officer) des Unternehmens für die Bereiche Mergers & Acquisitions, Finanzmarktkommunikation und die Außendarstellung verantwortlich. Als Business Angel engagiert er sich für junge Unternehmen, die er mit seinem Know-how und Finanzmitteln unterstützt. 1998 promovierte er an der Universität Essen zum Thema Risikokapital. Zuvor studierte er an der Universität Rabelais in Tour, der EUROPEAN BUSINESS SCHOOL in Oestrich-Winkel, der Paris Business School und der University of Colorado in Colorado Springs. Das Studium schloss er als Diplom-Kaufmann ab.

Diplomvolkswirtin **Silke Brandts** studierte von 1994 bis 1999 Volkswirtschaftslehre an der Rheinischen Friedrich-Wilhelms-Universität in Bonn und der University of California, Berkeley, USA. Seit Januar 2000 ist sie als Beraterin in der Unternehmensberatung *Bain & Company* tätig. Ihr Schwerpunkt liegt dabei im Bereich Financial Services. Seit Oktober 2001 promoviert sie im Rahmen des DFG-Graduiertenkollegs „Finance and Monetary Economics" an der Goethe Universität in Frankfurt am Main. Der Fokus ihrer Forschungsarbeiten liegt in den Bereichen Finance und Banking, sowie speziell auf den Themen Operational Risk, Security Pricing und Realoptionen.

Dr. **Malte Brettel** vertritt seit Anfang 2002 den Lehrstuhl für internationales Management an der Handelshochschule Leipzig – HHL. Seine akademische Laufbahn führte ihn von der TU Darmstadt an die Wissenschaftliche Hochschule für Unternehmensführung – WHU – und schließlich an die HHL. Im Rahmen seiner Forschung beschäftigt sich Malte Brettel mit der Finanzierung von jungen Unternehmen im internationalen Vergleich und dem Unternehmertum allgemein. Darüber hinaus befasst er sich mit Fragen des Managements von Veränderungen und des Managements in sich stark verändernden Umfeldern. Die praktische Laufbahn von Malte Brettel führte ihn nach seinen diversen Praktika während seines Studiums über die freie Beratungstätigkeit zu einem Beratungsunternehmen, in dem er von 1993 bis 1999 als Berater und Projektleiter tätig war. In 1999 gründete er mit anderen ein eigenes Unternehmen, in dem er bis zum Verkauf dieses Unternehmens als Geschäftsführer und Managing Director fungierte. Im Rahmen seiner Tätigkeiten hat Malte Brettel unter anderem Projekte bei *Lufthansa* und *Lufthansa Cargo*, *Porsche*, *Bertelsmann* (Deutschland, Koreas und China), *BMG*, *RTL*, *Beiersdorf*, *o.tel.o*, *Deutsche Bahn*, *Deutsche Post*, *3i Deutschland*, *12snap*, *ciao.com*, *datango* und weiteren Internet- und Biotechnologieunternehmen betreut.

Dipl. Kfm. **Stefan Constantin** absolvierte sein Studium der Betriebswirtschaft an den Universitäten Saarbrücken und Frankfurt mit Schwerpunkt Wirtschaftsprüfung und Organisation und begann anschließend seine Karriere im Corporate Finance bei *Doertenbach & Co*. Nach seiner Ausbildung als Financial Analyst wurde er im Jahr 1995 zum Projektleiter ernannt. Er war als Teamleiter verantwortlich für das Transaktionsmanagement einer Reihe von Mittelmarkt-Transaktionen, wie Kaufmandate internationaler Unternehmen auf dem deutschen Markt, MBO's, grenzüberschreitende Verkaufsmandate und Restrukturierungen. Im Jahre 1998 gründete er gemeinsam mit weiteren Gesellschaftern die bankenunabhängige Corporate Finance Beratungsgesellschaft *C·H·Reynolds Luchterhand AG* und fokussiert sich als Partner auf die Sektoren Nahrungs- und Genussmittel, Medien und Informationstechnologie, sowie auf Finanzinvestoren.

Dipl.-Kfm. **Sascha Dawo** ist seit 1996 wissenschaftlicher Mitarbeiter bei Prof. Dr. Karlheinz Küting am Institut für Wirtschaftsprüfung an der Universität des Saarlandes. Zuvor studierte er in den Jahren 1991-1996 Betriebswirtschaftslehre ebenfalls in Saarbrücken. Während des Studiums konzipierte und realisierte er Datenbanklösungen für betriebswirtschaftliche Fragestellungen. Zu seinen Forschungsschwerpunkten zählen die externe Rechnungslegung und Berichterstattung sowie die Bilanzanalyse (insbesondere wissensbasierter Unternehmen). Im Rahmen seines Promotionsvorhaben widmet er sich Fragen der Abbildung immaterieller Werte in einer kapitalmarktorientierten Rechnungslegung.

Siegfried L. Drueker gründete das Unternehmen 1989 im Blick auf den entstehenden Markt für professionelles Investment Banking mit Ausrichtung auf vom Ausland ausgehende, länderübergreifende Transaktionen. Vor Gründung des Unternehmens war Siegfried L. Drueker im Mergers & Acquisitions Department von *Morgan Stanley* in New York tätig, zuletzt als Geschäftsführer und Leiter des Geschäftsbereichs M&A in Frankfurt. Bei einer Vielzahl inländischer und grenzüberschreitender Transaktionen, Privatisierungen und Finanzierungen war Siegfried L. Drueker federführend. Dazu zählen beispielsweise rund ein Dutzend weltweiter Akquisitionen für die *DGF Stoess AG* und wichtige Meilensteine bei der Restrukturierung der Bankgesellschaft *Berlin AG*. Siegfried L. Drueker graduierte in Wirtschaftswissenschaften an der Universität von St. Gallen in der Schweiz.

Prof. Dr. **Rainer Elschen** studierte von 1972 bis 1976 Wirtschaftswissenschaft in Bochum. 1982 folgte dort die Promotion und 1987 die Habilitation. Nach Vertretungsprofessuren 1988 (C 4) in Köln und Trier sowie Rufen nach Bremen (Finanzwirtschaft) und Duisburg (Steuerlehre), nahm er 1989 eine Professur in Duisburg an. Es folgten 1992 Ruf und ab 1993 Professur in Aachen, 1993 Ruf und Professur in Halle-Wittenberg, 1997 Ruf nach Wuppertal und Essen, 1997 Professur in Wuppertal und seit 1998 Professur in Essen (Finanzwirtschaft und Banken). Seine wissenschaftlichen Forschungsschwerpunkte sind Gründungsmanagement und Gründungsfinanzierung, Kapitalmarktorientierte Unternehmensführung, Kapitalmarkttheorie, Risikomanagement, Bankmanagement sowie Finanzwirtschaft und Besteuerung.

Dipl.-Kfm. **Bert Elsenmüller**, M.B.A. studierte Betriebswirtschaftslehre an der Johann Wolfgang Goethe-Universität Frankfurt am Main sowie an der University of Iowa. Seitdem ist er als Prokurist der *KPMG Deutsche Treuhand Gesellschaft* im Bereich Financial Advisory Services in München tätig. Seine Arbeitsschwerpunkte liegen in der Betreuung von Wachstumsunternehmen aus dem Internet- und Lifescience-Bereich. Darüber hinaus ist er Mitglied des Advisory Boards verschiedener junger High-Tech Unternehmen.

Dr. **Ronald Engel** (geb. 1973) schloss seine Studien in Rechtswissenschaft, Betriebswirtschaftslehre an der Ludwig Maximilians Universität in München mit dem Titel des Diplom-Kaufmannes und beiden juristischen Staatsexamina ab. Währenddessen war er in die Entstehung zweier kleiner Unternehmen involviert. Im Anschluss arbeitete er von 1999 bis 2001 als wissenschaftlicher Mitarbeiter am Stiftungslehrstuhl für Bank- und Finanzmanagement an der EUROPEAN BUSINESS SCHOOL (**ebs**) in Oestrich-Winkel. Dort promovierte er bei Prof. Dr. Dr. A.-K. Achleitner mit einer Dissertation zur „Seed"-Finanzierung wachstumsorientierter Unternehmensgründungen. Daneben erwarb er erste praktische Erfahrungen im Venture Capital-Bereich. Seit 2002 ist er als wissenschaftlicher Mitarbeiter am DtA-Stiftungslehrstuhl für Entrepreneurship und Entrepreneurial Finance an der Technischen Universität München (Prof. Dr. Dr. A.-K.Achleitner) beschäftigt. Sein Forschungsschwerpunkt liegt im Bereich der Frühphasenfinanzierung. Derzeit ist er als Visiting Scholar an der Graduate School of Business der Stanford University tätig.

Prof. Dr. **Holger Ernst** ist Inhaber des Lehrstuhls für Betriebswirtschaftslehre, insbesondere Technologie- und Innovationsmanagement und Co-Direktor des Zentrums für Unternehmertum und Existenzgründung an der Wissenschaftlichen Hochschule für Unternehmensführung (WHU) in Vallendar. Seine Forschungsinteressen liegen auf den Gebieten des Technologie- und Innovationsmanagement, Gründungsmanagement, Marketing und E-Business. Er ist Autor zahlreicher Publikationen in namhaften nationalen und internationalen Zeitschriften, u.a. im *Journal of Engineering and Technology Management, IEEE Transactions on Engineering Management, International Journal of Management Reviews, Research Policy, R&D Management, Technovation, Zeitschrift für Betriebswirtschaft* und *Zeitschrift für betriebswirtschaftliche Forschung*.

Dr. **Reto Francioni** kam im April 2000 zur *Consors Discount-Broker AG*, die er gemeinsam mit Karl Matthäus Schmidt als Co-CEO führt. Zuvor war er nach dem Studium der Rechtswissenschaften in Zürich in leitenden Tätigkeiten im Börsen- und Bankenbereich der Schweiz sowie in den USA tätig. 1992 wechselte er in das Direktorium der *Hoffmann LaRoche AG*, Basel, wo er für Finanzierung und Controlling lateinamerikanischer Tochtergesellschaften verantwortlich war. 1993 wechselte er als Mitglied des Vorstands zur *Deutsche Börse AG* und übernahm dort die Verantwortung für den gesamten Kassamarkt, ab 1999 war er stellvertretender Vorstandsvorsitzender.

Dr. **Dirk Ulrich Gilbert** studierte nach kaufmännischer Lehre und praktischer Tätigkeit in der chemischen Industrie Betriebswirtschaftslehre in Frankfurt/M. Anschließend war er bei Prof. Dr. Hartmut Kreikebaum am Lehrstuhl für Internationales Management an der EUROPEAN BUSINESS SCHOOL (**ebs**) in Oestrich-Winkel (1993–1996) und am Seminar für Industriewirtschaft in Frankfurt/M. (1997–1998) tätig. Dort promovierte er zum Thema „Konfliktmanagement in international tätigen Unternehmen: Ein diskursethischer Ansatz zur Regelung von Konflikten im interkulturellen Management". Heute ist er als Wissenschaftlicher Dozent an der **ebs** in den Bereichen Internationales Management und Unternehmensentwicklung tätig. Er habilitiert sich über das Thema „Vertrauen in strategischen Unternehmensnetzwerken – ein strukturationstheoretischer Ansatz". Seine Forschungsschwerpunkte liegen in den Bereichen Unternehmensnetzwerke, Internationales und Strategisches Management sowie Unternehmensethik.

Personenverzeichnis

Martin Glaum ist Professor für Internationales Management und Kommunikation an der Justus-Liebig-Universität Gießen. Er studierte Wirtschaftswissenschaften in Gießen und Bath (England). Nach seinem Abschluß als Diplom-Ökonom (1987) folge ein Forschungsaufenthalt an der Loughborough University of Technology (England; M.Phil. 1989). Von 1988-1995 bis war er Wissenschaftlicher Mitarbeiter bzw. (seit 1993) Wissenschaftlicher Assistent an der Justus-Liebig-Universität Gießen (Promotion 1991, Habilitation 1995). Von 1995 bis 1999 war er Professor für Internationales Management an der Europa-Universität Viadrina in Frankfurt (Oder). Darüber hinaus war er Gastprofessor an der DePaul University, Chicago (1998), und an der University of Michigan, Ann Arbor (1999). Seine Forschungsschwerpunkte liegen in den Bereichen Internationales Finanzmanagement und internationale Rechnungslegung. Er hat zu diesen Gebieten mehrere Bücher und zahlreiche Beiträge in deutschen und internationalen Fachzeitschriften veröffentlicht. Professor Glaum war Mitglied der Arbeitsgruppe „Risikoberichterstattung" des *Deutschen Rechnungslegungs Standards Committee* (DRSC). Er ist akademischer Leiter des Arbeitskreises "Unternehmenswachstum und Internationales Management" der *Schmalenbach-Gesellschaft für Betriebswirtschaft e.V.* und Vorsitzender der Kommission „Internationales Management" im *Verband der Hochschullehrer für Betriebswirtschaft e.V.*

Dipl.-Ing. Dr. **Jan R. Göpfert** studierte Wirtschaftsingenieurwesen in Darmstadt und Berlin. 1993–94 arbeitete an einem Forschungsprojekt des Massachusetts Institute of Technology in Boston zum Thema Produktentwicklung in der Automobilindustrie. 1994–1998 promovierte er am Institut für Innovationsforschung und Technologiemanagement der Universität München. In Kooperation mit der *DaimlerChrysler AG* entwickelte er im Rahmen seiner Dissertation eine Methodik zum technischen und organisatorischen Management komplexer Entwicklungsprozesse. 1998 gründete er die id-consult Innovations- und Technologieberatung, München. Zum Kundenkreis zählen heute namhafte Großunternehmen, die er insbesondere in der Phase der Produktkonzeption berät.

Michael Grampp studierte bis 1997 Wirtschaftswissenschaften an der Friedrich Alexander Universität Erlangen-Nürnberg und dem University College Galway/Irland. Von 1997 bis 1998 arbeitete er als Analyst im Bereich Produktentwicklung an der Londoner Terminbörse *LIFFE*. Anschließend war er bei der amerikanischen Investmentbank Bankers Trust in London im Bereich „Corporate Finance Research" tätig. Seit 1999 ist er bei der *KPMG Deutsche Treuhandgesellschaft* im Bereich Financial Advisory Services beschäftigt. Als Assistant Manager betreut er überwiegend Unternehmen in Gründungs- und Wachstumsphasen. Darüber hinaus ist Herr Grampp Lehrbeauftragter der Ludwig-Maximilians-Universität München (Professor Harhoff) und der Universität Leipzig (Professor Singer).

Dr. oec. **Marc Gruber** Jahrgang 1972, studierte Betriebswirtschaftslehre an der Universität St. Gallen. Nach Assistenz- und Dozententätigkeit in St. Gallen und Zürich sowie einem Forschungsaufenthalt an der Wharton School (University of Pennsylvania) schloss er im Jahr 2000 seine Promotion zum Thema „Der Wandel von Erfolgsfaktoren mittelständischer Unternehmen" bei Prof. Dr. H. J. Pleitner (St. Gallen) ab. Marc Gruber ist heute Habilitand am Institut für Innovationsforschung und Technologiemanagement an der Ludwig-Maximilians-Universität München (Lehrstuhl Prof. Dietmar Harhoff, Ph.D.), Geschäftsführer des *ODEON Center for Entrepreneurship* der LMU sowie Lehrbeauftragter an der Universität St. Gallen.

Dipl.-Wi.-Ing. **Martin Haberstroh** studierte von 1993 bis 1999 Wirtschaftsingenieurwesen und Angewandte Kulturwissenschaft (Begleitstudium) an der Universität Karlsruhe (TH), der University of Glasgow, Schottland, sowie der University of Georgia, USA. Seit 2000 ist er als wissenschaftlicher Mitarbeiter am Lehrstuhl für Organisation an der Christian-Albrechts-Universität zu Kiel (Prof. Dr. Joachim Wolf) tätig. Sein Forschungsschwerpunkt liegt im Bereich des Managements und der Selbstführung von Projektteams.

Prof. **Dietmar Harhoff**, Ph.D. ist Lehrstuhlinhaber und Professor für Betriebswirtschaftslehre an der Ludwig-Maximilians-Universität (LMU) München. Er leitet dort das Institut für Innovationsforschung und Technologiemanagement (INNO-tec) und ist außerdem Ko-Direktor am ODEON Center for Entrepreneurship der LMU. Nach Abschluß seines Maschinenbaustudiums an der Universität Dortmung (Dipl.-Ing.), erwarb er einen Master of Public Administration an der Harvard University und einen Ph.D. am Massachusetts Institute of Technology (MIT). Ebenso war Dietmar Harhoff als Stellvertretender Institutsdirektor des *Zentrums für Europäische Wirtschaftsforschung* (ZEW) in Mannheim sowie als Gastprofessor am *Wissenschaftszentrum für Sozialforschung* Berlin und am *MIT* tätig. Neben seiner Lehr- und Forschungstätigkeit ist Professor Harhoff in München als Berater für Startup-Inkubatoren und neugegründete Unternehmen tätig.

Dipl.-Kfm. **Matthias Heiden** absolvierte von 1992–1994 eine Ausbildung zum Bankkaufmann bei der Deutsche Bank AG London und studierte gleichzeitig am Suffolk College mit Abschluss HND Business and Finance. Studium der Betriebswirtschaftslehre an der Universität des Saarlandes von 1994–1999. Während des berufsbegleitenden Studiums war er mit verschiedenen Aufgaben im Unternehmensbereich Unternehmen und Immobilien der *Deutsche Bank Saar AG* tätig. Seit Ende 1998 ist er wissenschaftlicher Mitarbeiter der *Arthur Andersen Business Consulting GmbH*. Seit Anfang 2000 ist er darüber hinaus wissenschaftlicher Mitarbeiter bei Prof. Dr. Karlheinz Küting am Institut für Wirtschaftsprüfung in Saarbrücken. Seine Forschungsschwerpunkte liegen in den Bereichen wertorientierte Konzernsteuerung, Investor Relations und Risikomanagement.

Axel Hochgesand ist Partner von *ADL Ventures Advisory GmbH*, der Managementgesellschaft des Private Equity Fonds *ADL Ventures Europe LP.*, u.a. unterstützt durch das Beratungsunternehmen *Arthur D. Little*. Seine rund zehnjährige Erfahrung im Private Equity/Corporate Finance und Industrie-Bereich sammelte er in verantwortlichen Positionen bei *DB Investor*, *Warburg & Suchan*, *BHF Private Equity* und *Metallgesellschaft AG*. Schwerpunkte seiner Tätigkeit waren Beratung, Strukturierung und Finanzierung von Wachstumskapital und Buyout-Transaktionen aus dem Mittelstand und Technologie-Sektor. Axel Hochgesand studierte von 1989 bis 1993 Betriebswirtschaftslehre an der Johann Wolfgang Goethe-Universität in Frankfurt. Davor absolvierte er eine Ausbildung zum Groß- und Außenhandelskaufmann bei der *Metallgesellschaft AG*.

Prof. **Ulrich Hommel**, Ph.D., Jahrgang 1963, promovierte 1994 an der University of Michigan, Ann Arbor, zum Ph.D. 1994 war er Visiting Assistant Professor of Business Economics and Public Policy und von 1995 bis 1996 für Internatinal Business an der University of Michigan. Zugleich war er von 1994 bis 1999 Assistant Professor am Lehrstuhl für International Corporate Finance an der WHU in Koblenz.
Im Frühjahr 2000 übernahm er die Leitung des Lehrstuhls für Investitions- und Risikomanagement an der EUROPEAN BUSINEES SCHOOL (**ebs**), Oesrich-Winkel, der im Herbst 2000 zum Stiftungslehrstuhl ernannt wurde. Von März 2000 bis Februar 2002 war er Dekan der **ebs**. Ulrich Hommel habilierte 2001 an der WHU und ist heute Inhaber des Stiftungslehrstuhls Investitions- und Risikomanagement und Akademischer Direktor des der Hochschule angegliederten *Center for International Corporate Finance* (cicf). 2002 rief er das erste Summer-School-Programm für in- und ausländische Studenten an der **ebs** ins Leben und leitete es als akademischer Direktor. Seine Forschungsschwerpunkte liegen auf den Themen Risikomanagement, Realoptionen, Corporate Governance und Entrepreneurial Finance. Er hat zu diesen Bereichen mehrere Bücher und zahlreiche Beiträge in deutschen und internationalen Fachzeitschriften veröffentlicht. Darüber hinaus ist er Vorsitzender des Arbeitskreises Biotechnologie bei der *Deutschen Vereinigung für Finanzanalyse und Asset Management* (DVFA) sowie Mitglied des Fachbeirats der Zeitschrift *Finanz Betrieb* und Mitglied des Arbeitskreises "Unternehmenswachstum und Internationales Management" der *Schmalenbach-Gesellschaft für Betriebswirtschaft e.V.*

Dr. **Thomas C. Knecht** studierte von 1993 bis 1998 Wirtschafts- und Rechtswissenschaften an der Ludwig-Maximilians-Universität München. Im unmittelbaren Anschluss hat er sein Promotionsvorhaben an der Wharton School, University of Pennsylvania und an der EUROPEAN BUSINESS SCHOOL (**ebs**), Oestrich-Winkel, aufgenommen, an der er bis Frühjahr 2001 als wissenschaftlicher Assistent beschäftigt Mit der Betreuung von Herrn Prof. Ulrich Hommel, Ph.D. (cirm) wurde er mit der Dissertation zum Thema „Bewertung innovativer Spin-off-Unternehmen – Eine empirische Analyse zur Quantifizierung von Werttreibern aus der Perspektives eines externen Investors" (Summa-cum-laude) promoviert. Seit 2001 ist er im Bereich Mergers & Acquisitions (Investment Banking) der Privatbank Sal. Oppenheim jr. & Cie. KGaA in Köln beschäftigt.

Dipl. Kfm. **Carl Joachim Kock** studierte von 1986 bis 1992 Betriebswirtschaftslehre an der Philipps-Universität Marburg mit einer Unterbrechung für ein Austauschstudium im MBA Program an der Syracuse University, Syracuse, New York. Von 1992 bis 1996 war er in verschiedenen Management Funktionen bei der Firma *Langnese* im *Unilever*-Konzern tätig. Seine Aufgaben beinhalteten insbesondere Verkauf und Marketing Management, sowie die Erarbeitung und Umsetzung innovativer integrierter Vertriebs- und Marketingkonzepte. Seit 1996 ist er an der Wharton School der University of Pennsylvania, Philadelphia, USA als wissenschaftlicher Mitarbeiter, Dozent und Doktorand (PhD) tätig. Die Promotion mit dem Titel „The Impact of Financial Markets on Firm Behavior and Industry Evolution" wird im Sommer 2002 unter der Anleitung von Prof. Ian C. MacMillan (Entrepreneurship) und Sidney G. Winter (Strategy) beendet. Schwerpunkt seiner wissenschaftlichen Arbeit ist die evolutionäre Volkswirtschaftslehre und insbesondere die Auswirkungen die starke Schwankungen in Finanzmärkten auf das Markt-Selektionsumfeld haben. Hierbei sind insbesondere die Implikationen für existierende Unternehmen, im Sinne erhöhter oder verminderter Innovationsneigung, als auch für Gründungsunternehmen von vorrangiger Bedeutung.

Personenverzeichnis

Prof. Dr. **Karlheinz Küting** studierte an der Ruhr-Universität Bochum, an der er auch promoviert wurde. Anschließend habilitierte er sich an der Universität Duisburg, Gesamthochschule, ehe er 1981 seinen ersten Ruf an die Universität Kaiserslautern erhielt. 1983 folgte der Wechsel auf den Lehrstuhl für Betriebswirtschaftslehre, insbesondere Wirtschaftsprüfung, an der Universität des Saarlandes, wo er seit Mai 1992 auch Direktor des Instituts für Wirtschaftsprüfung ist. Zu den Schwerpunkten seiner wissenschaftlichen Arbeit zählen: Internationale Rechnungslegung, Bilanzanalyse, Konzernrechnungslegung, Unternehmensbewertung und Unternehmenszusammenschlüsse sowie die wertorientierte Unternehmensführung. Er ist Autor zahlreicher Lehrbücher und Mitherausgeber von zwei Standardkommentaren zur Bilanzierung und Prüfung und führt zahlreiche Vortrags- und Seminarveranstaltungen zum nationalen und internationalen Bilanzrecht durch. Prof. Dr. Küting wurde im Jahre 1999 der renommierte Dr.-Kausch-Preis der Hochschule St. Gallen verliehen.

Prof. Dr. **Otto Loistl** absolvierte sein Studium der Betriebswirtschaftslehre an der LMU München. Seiner Assistentenzeit mit Promotion und Habilitation an der Technischen Universität Berlin folgte eine Gastprofessur in den USA. 1975-1991 war er ordentlicher Professor für Finanzwirtschaft und Bankbetriebslehre an der Universität Paderborn. Seit April 1991 ist er Vorstand des *Instituts für Finanzierung und Finanzmärkte* der Wirtschaftsuniversität Wien. Seit 1993 ist Prof. Loistl wissenschaftlicher Leiter der *DVFA- Aus- und Weiterbildung.*

Besondere Forschungsschwerpunkte sind Modellierung und Effizienzmessung der Mikrostruktur der Kapitalmärkte, ganzheitliches Asset Management und Kapitalmarktkommunikation.

Dr. **Christian Lüthje** studierte von 1989 bis 1995 Betriebswirtschaftslehre an der Christian-Albrechts-Universität zu Kiel. Von 1995 bis 1999 arbeitete er als wissenschaftlicher Mitarbeiter am Institut für Innovationsforschung und Technologiemanagement an der Ludwig-Maximilians-Universität München (Prof. S. Schrader †, kommissarisch Prof. E. Witte, ab 1998 Prof. D. Harhoff). Dort promovierte er bei Prof. E. Witte mit der Dissertation zur Kundenorientierung in Innovationsprozessen. Seit 1999 ist er als wissenschaftlicher Assistent beim Arbeitsbereich Technologie- und Innovationsmanagement (Prof. C. Herstatt) an der TU Hamburg-Harburg beschäftigt. Sein Forschungsschwerpunkt liegt im Schnittstellenbereich von Marketing und Innovation. Zudem publiziert er im Themenfeld des Gründungsmanagement.

Robin Majer ist seit Anfang 2001 für *Drueker & Co.* tätig. Zuvor arbeitete er seit 1994 für *PricewaterhouseCoopers Corporate Finance* in Madrid, London und Frankfurt. Neben dem Aufbau des M&A Bereichs in Madrid beriet er zahlreiche internationale Kunden bei Akquisitionen in Spanien sowie spanische Kunden v.a. bei Veräußerungen. Von London aus war er in erster Linie für britische Kunden bei Transaktionen im deutschen Markt tätig. Seit 1999 hat Robin Majer weitere M&A- und Privatisierungserfahrung im deutschen Markt erlangt, wo er bei zahlreichen Projekten in verschiedenen Sektoren tätig war, u.a. im Bereich der Fachinformationen sowie im produzierenden Gewerbe. Robin Majer hat in Reutlingen (ESB) und Madrid (ICADE) Betriebswirtschaft studiert und erwarb einen MSc an der University of Manchester.

Prof. Dr. **Roland Mattmüller** studierte von 1982 bis 1986 an der Universität Augsburg Betriebswirtschaftslehre mit den Schwerpunkten Marketing, Bank- und Finanzwissenschaft sowie Jura. Nach der Tätigkeit als Assistent am dortigen Marketing-Lehrstuhl folgten 1990 die Promotion und 1996 die Habilitation an der Universität Augsburg. Von Oktober 1992 bis März 1995 vertrat er die Professur für Marketing an der TU München-Weihenstephan und von April 1995 bis September 1995 den Lehrstuhl für BWL, insbesondere Marketing an der Ernst-Moritz-Arndt-Universität zu Greifswald, auf welchen ihm ein Ruf erteilt worden war. Seit 01.10.1995 ist er Inhaber des Lehrstuhls für Allgemeine Betriebswirtschaftslehre, insbesondere Marketing und Handel, an der EUROPEAN BUSINESS SCHOOL und seit 1996 leitet Prof. Dr. Mattmüller außerdem das dortige *ImmF: Institut für Marketing-Management und -Forschung an der EUROPEAN BUSINESS SCHOOL e.V.* Er ist u.a. Fachkoordinator für den Bereich Marketing am Deutsch-Chinesischen Hochschulkolleg an der Tongji-Universität in Shanghai und Mitglied in verschiedenen Jurys und Vereinigungen. Darüber hinaus ist Prof. Dr. Mattmüller als Leiter verschiedener Aus- und Weiterbildungsprojekte sowie als Referent für zahlreiche Unternehmen bzw. Organisationen im In- und Ausland tätig.

Dr. **Matthias Möller** legte im März 1997 nach dem Studium der Rechtswissenschaften an der Universität Osnabrück die erste juristische Staatsprüfung ab. Nach Praktika bei der Sächsischen Aufbaubank in Dresden und bei der KPMG Deutsche Treuhand-Gesellschaft in Frankfurt wurde er wissenschaftlicher Mitarbeiter am Institut für Handels- und Wirtschaftsrecht an der Universität Osnabrück bei Herrn Prof. Dr. Dr. h.c. Theodor Baums. Mit seiner Dissertation zum Thema „Rechtsformen der Wagnisfinanzierung – eine rechtsvergleichende Studie zu den USA und zu Deutschland", die er unter anderem auch während eines fünfmonatigen Forschungsaufenthalt an der Stanford University/Kalifornien, USA verfasste, wurde er im März 2002 promoviert. Zur Zeit ist er als Rechtsreferendar in der Wahlstation bei der u.a. auf Venture Capital-Finanzierung spezialisierten Frankfurter Rechtsanwaltssozietät *Michaelis Pfeifer König* beschäftigt.

Dr. **Rahild Neuburger** studierte Betriebswirtschaftslehre an der Ludwig-Maximilians-Universität München und promovierte anschließend im Rahmen eines interdisziplinären Forschungsprojektes über Ausbreitungsbedingungen und Auswirkungen des elektronischen Datenaustausches (EDI) am *Institut für Unternehmensentwicklung und Organisation* an der Ludwig-Maximilians-Universität München. Seitdem ist sie Wissenschaftliche Assistentin bei Prof. Picot und beschäftigt sich primär mit dem Zusammenhang zwischen Informations- und Kommunikationstechniken und neuen Organisationsformen, E-Commerce und E-Business.

Frank Pankotsch , Jahrgang 1973, studierte von 1993 bis 1999 Wirtschaftsingenieurwesen an der TU Dresden. Seine Forschungsschwerpunkte lagen auf den Gebieten Produktionswirtschaft, Organisaton, Controlling und Maschinenbau. Seit Mitte 1999 ist er wissenschaftlicher Mitarbeiter von Prof. Dr. Schefczyk am *SAP*-Stiftungslehrstuhl für Technologieorientierte Existenzgründung und Innovationsmanagement an der TU Dresden.

Prof. Dr. Dr. h.c. **Arnold Picot** Jahrgang 1944, promovierte und habilitierte an der Ludwig-Maximilians-Universität München und übernahm anschließend die Leitung des Lehrstuhls für Betriebswirtschaftslehre, insbesondere Unternehmensführung und Organisation an der Universität Hannover. 1984 kehrte er nach München zurück, übernahm zunächst den Lehrstuhl für Allgemeine und Industrielle Betriebswirtschaftslehre an der Technischen Universität München, bevor er 1988 Vorstand *des Instituts für Unternehmensentwicklung und Organisation* an der Ludwig-Maximilians-Universität München wurde. Zudem ist er Vorsitzender des *Münchner Kreis*, Mitglied in diversen Wissenschaftlichen Beiräten, Vorständen und Kommissionen sowie (Mit)-Herausgeber von zahlreichen Zeitschriften, Schriftreihen und Publikationen. Seine Forschungsschwerpunkte liegen in den Bereichen Informations- und Kommunikationstechniken und neue Organisationsformen, sich hieraus ergebende neue Herausforderungen an die Führung sowie E-Commerce und E-Business.

Dipl. Oec. **Helge Rau** absolvierte nach einer Ausbildung zum Bankkaufmann bei der *Dresdner Bank* sein Oekonomie-Studium an der Privaten Universität Witten/Herdecke mit den Studienschwerpunkten Finanzierung und Unternehmensführung und einem Studien-Aufenthalt an der Standford University, USA. Studienbegleitend war er als Assistent des Geschäftsführenden Gesellschafters in einem mittelständischen Industriebetrieb tätig. 1997 begann er seine Karriere als Junior Berater im Bereich Corporate Finance bei *Doertenbach & Co.* und wechselte 1998 zur *C▪H▪Reynolds Luchterhand AG* wo er Senior Executive und Gesellschafter ist. Im Laufe seiner Karriere war Helge Rau bei einer Reihe von internationalen Mittelmarkttransaktionen in verschiedenen Branchen für private und börsennotierte Unternehmen, deren Gesellschafter und Finanzinvestoren beratend tätig.

Eckart von Reden, Jahrgang 1945, studierte nach einer Banklehre in München Betriebswirtschaftslehre. Seine Studienschwerpunkte waren Bankbetriebslehre, Wirtschaftsprüfungswesen und Recht. Nach seiner Funktion als Generalbevollmächtigter bei der *Bay. Landesanstalt für Aufbaufinanzierung München* (*LfA-Förderbank Bayern*) wechselte er 1994 in den Vorstand der *DtA* Bonn (*Deutsche Ausgleichsbank – Bundesförderbank*). Reden war maßgeblich verantwortlich für den Aufbau einer neuen Organisationsstruktur („Lean"-Banking), die eine administrative Förderbank zu einem kundenorientierten Dienstleistungsbetrieb wandelte. In seiner Funktion als Sprecher des Vorstandes von Febr. 1995 bis Dezember 2000 war v. Redens Hauptanliegen die KMU-Beratung und KMU-Produktinnovationen. Er regte Veränderungen in den deutschen Ausbildungssystemen an und initiierte den ersten Existenzgründergründerlehrstuhl an einer Hochschule und gab damit den Impuls zur Nachahmung für andere Unternehmen. Die Verbesserung des Gründerklimas durch Abbau der Bürokratie ist für ihn ein entscheidender Faktor, um für Existenzgründungen Anreize zu geben (*DtA* = one-stop-shop). Er ist Wegbereiter für die Umstellung der Mittelstandsfinanzierung (Venture Capital, Kapitalmarkt, Kreditderivate). Zu den vorgenannten Themen hat er zahlreiche Vorträge gehalten und Aufsätze veröffentlicht. Im April 2001 wurde Eckart v. Reden wegen seiner unternehmerischen Leistung sowie für seine innovativen Impulse zur wissenschaftlichen Unternehmerforschung, insbesondere der Gründungs- und Mittelstandsforschung, von der EUROPEAN BUSINESS SCHOOL die Würde und der Grad Dr. rer. pol. h. c. verliehen.

Personenverzeichnis

Prof. Dr. **Michael Schefczyk** „Jahrgang 1967, studierte Wirtschaftsingenieurwesen an der Universität Hamburg und, als Fulbright-Stpiendiat, Industrial Engineering am Georgia Institute of Technology, Atlanta. 1994 promovierte er zum Dr. rer.pol. an der Rheinisch-Westfälischen TH Aachen mit einer empirischen Arbeit zum Thema „Kritische Erfolgsfaktoren in schrumpfenden Branchen, dargestellt am Beispiel der Gießerei-Industrie". Ende 1997 erfolgte seine Habilitation im Fachgebiet Betriebswirtschaftslehre an der Gerhard-Mercator-Universität Duisburg mit einer empirischen Studie zu „Erfolgsstrategien deutscher Venture-Capital-Gesellschaften". Von 1991 bis 1999 war Michael Schefczyk bei der internationalen Unternehmensberatungsfesellschaft *Booz Allen & Hamilton* in Düsseldorf tätig, wo er 1997 zum Principal ernannt wurde. Sein Beschäftigungsfeld umfasste als Industrie-Schwerpunkte Telekomunikation und Produktion sowie als funktionale Schwerpunkte Strategische Unternehmensführung, Innovationsmanagement und Prozessoptimierung. Seit Mai 1999 ist er Inhaber des *SAP*-Stiftungslehrstuhls für technologieorientierte Existenzgründung und Innovationsmanagement an der TU Dresden. Er hat rund 25 Beiträge in deutsch- und englischsprachigen Zeitschriften veröffentlicht und auf nationalen wie internationalen Konferenzen rund 60 Vorträge zu Management-Themen gehalten.

Martin Scholich ist Vorstand der *PwC Deutsche Revision*. Er verantwortet den Bereich Valuation & Strategy. Seine Studienabschlüsse als Diplom-Kaufmann und Master of Business Administration erwarb er an der Universität zu Köln und der Eastern Illinois University (USA). Er ist seit 1991 bei *PricewaterhouseCoopers* im Bereich Corporate Finance tätig. Seine Tätigkeitsschwerpunkte sind Unternehmensbewertung, Shareholder Value Management und Transaktionsberatung. Zu diesen Themengebieten hat er zahlreiche Aufsätze veröffentlicht.

Prof. Dr. rer. pol. habil. **Manfred Schwaiger,** 1963 in Bad Reichenhall geboren, studierte Wirtschafts- und Sozialwissenschaften an der Universität Augsburg. Nach Promotion und Habilitation über Marketing-Themen ist er seit 1998 Vorstand des *Instituts für Unternehmensentwicklung und Organisation (EFOplan)* am Department für Betriebswirtschaft der Ludwig-Maximilians-Universität München. Aktuelle Forschungsschwerpunkte bilden Unternehmensentwicklung, Kommunikationsmanagement und explorative Datenanalyse (insbesondere ist hier die Entwicklung eines weltweit einsetzbaren Instrumentes zur Messung und Visualisierung der Corporate Reputation zu nennen). Daneben hat Prof. Dr. Schwaiger zahlreiche Beratungsprojekte mit deutschen Großunternehmen durchgeführt (z.B. zu den Themen Kundenzufriedenheit- und -bindung, Mitarbeitermotivation, Corporate Communications sowie Marketingstrategie). Er kann auch auf mehrjährige Erfahrungen als Aufsichtsrat bzw. Aufsichtsratsvorsitzender in deutschen Aktiengesellschaften verweisen. Publikationen, Forschungsberichte und Informationen zum Lehrstuhl können unter www.efoplan.de abgerufen werden.

Prof. Dr. **Bernhard Schwetzler** ist seit 1995 Inhaber des Lehrstuhles für Finanzmanagement und Banken an der Handelshochschule Leipzig. Promotion und Habilitation erfolgten an der Universität Regensburg. Schwerpunkte der Forschung sind Probleme der Unternehmensbewertung, Kapitalkosten der Innenfinanzierung bei Kapitalgesellschaften und Fragestellungen der wertgesteuerten Unternehmensführung. Prof. Schwetzler ist stellvertretender Vorsitzender des Arbeitskreises „Bewertung" der *Deutschen Vereinigung für Finanzanalyse und Asset Management* (DVFA) und Mitglied in mehreren Aufsichts- und Beiräten.

Dr. **Jochen Struck**, Jahrgang 1958, absolvierte im elterlichen Unternehmen zunächst eine Lehre als Groß- und Einzelhandelskaufmann. Anschließend studierte er Wirtschafts- und Sozialwissenschaften an der Universität Dortmund. Von 1989 bis 1994 arbeitete er als wissenschaftlicher Assistent am Lehrtuhl für empirische Sozialforschung sowie am *bifego*, dem *betriebswirtschaftlichen Institut für empirische Gründungs- und Organisationsforschung* bei Prof. Dr. Klandt und Prof. Dr. Müller-Bölnig an der Universität Dortmund. 1994 wechselte er zur *Deutschen Ausgleichsbank*, wo er heute die Abteilung Markt- und Mittelstandsforschung leitet.

Dipl.-Kffr. **Nicola Struß** studierte von 1993 bis 1998 Betriebswirtschaftslehre an der Heinrich-Heine-Universität Düsseldorf. Von 1998 bis 1999 arbeitete sie als Assistentin des Vorstandes in einer Unternehmensberatung in Düsseldorf. Von 1999 bis 2002 arbeitete sie als wissenschaftlicher Mitarbeiterin am Lehrstuhl für Organisation und Personal (Prof. Dr. Jean-Paul Thommen) an der EUROPEAN BUSINESS SCHOOL (**ebs**), Schloss Reichartshausen, in Oestrich-Winkel. Dort promoviert sie zum Thema Führungswechsel in Managementteams innovativer Wachstumsunternehmen.

Prof. Dr. **Jean-Paul Thommen** studierte von 1973 bis 1977 an der Universität Zürich Wirtschaftswissenschaften, promovierte 1982 und war anschließend als Oberassistent am Institut für betriebswirtschaftliche Forschung an der Universität Zürich (Prof. Edwin Rühli) tätig. Seit 1991 ist er Privatdozent an der Universität Zürich. Von 1989 bis 1993 arbeitete er als wissenschaftlicher Dozent, seit 1993 als Assistenzprofessor für Allgemeine Betriebswirtschaftslehre an der Universität St. Gallen. Von 1993 bis 1995 war er als Direktor des Executive MBA der Universität St. Gallen tätig. Seit 1996 ist er Inhaber des Lehrstuhls Organisation und Personal an der EUROPEAN BUSINESS SCHOOL, Schloss Reichartshausen. Besondere Forschungsschwerpunkte sind Wissensmanagement und organisationales Lernen, systemisches Management und Coaching für Führungskräfte.

Dr. **Ralph Tunder** studierte von 1990 bis 1994 Betriebswirtschaftslehre mit den Schwerpunktfächern Marketing sowie Unternehmensführung und Organisation an der Universität Augsburg. Vor dem Studium absolvierte er eine Ausbildung zum Werbekaufmann bei der Werbeagentur *Grey-Gruppe* Deutschland in Düsseldorf. Seit Mai 1995 ist er wissenschaftlicher Mitarbeiter bei Herrn Professor Dr. Roland Mattmüller – davon bis Oktober 1995 an der Ernst-Moritz-Arndt-Universität Greifswald. Er promovierte Ende 1999 an der EUROPEAN BUSINESS SCHOOL mit einer Arbeit über den Transaktionswert von Hersteller-Handel-Beziehungen. Seit Oktober 1995 hat Dr. Ralph Tunder Lehraufträge an den Württembergischen *Verwaltungs- und Wirtschafts-Akademien* (VWA) in Stuttgart und Ulm und ist zudem als Referent und Dozent an verschiedenen Institutionen der Erwachsenenbildung tätig. Daneben wirkt er an zahlreichen Studien, Seminaren, Vortragsveranstaltungen, Forschungs- und Kooperationsprojekten auf unterschiedlichen Gebieten des Marketing und der strategischen Unternehmensführung mit. Dr. Ralph Tunder ist seit 1996 Gründungsvorstand des *ImmF: Institut für Marketing-Management und -Forschung e.V.* an der EUROPEAN BUSINESS SCHOOL.

Personenverzeichnis

Dr. **Christoph von Einem** war nach dem Jura-Studium in Göttingen, Freiburg und Berkeley, USA zwischen 1986 und 1989 Rechtsanwalt in einer großen europäischen Sozietät in Düsseldorf. Seit 1989 ist er bei der international ausgerichteten Sozietät *Haarmann, Hemmelrath & Partner, Rechtsanwälte, Wirtschaftsprüfer, Steuerberater* in München tätig und dort seit 1990 Partner der Sozietät und Leiter der Beraterteams für die Bereiche „Wettbewerbsrecht, EU-Recht, Kartellrecht und gewerblicher Rechtsschutz einschließlich Biotechnologie und Information Technology" sowie „Private Equity, Venture Capital und Stock Options". Sein Beratungsbereich umfasst u. a. deutsches und europäisches Kartellrecht, Wettbewerbsrecht, Europarecht, Gesellschaftsrecht (GmbH- und Aktienrecht), Mitarbeiterbeteiligungen, gewerb-licher Rechtsschutz mit Schwerpunkten des Lizenzrechts vor allem bei Biotechnologieunternehmen. Einen weiteren Schwerpunkt seiner Praxis bilden insbesondere Fragen der steuerlichen und rechtlichen Strukturierung von deutschen und internationalen Venture-Capital-Fonds und Investments.

Dr. **Robert Vollrath** studierte von 1995 bis 1999 Betriebswirtschaftslehre mit dem Schwerpunkt Finanzen an der WHU Koblenz, der Kellogg Graduate School of Management und der ESC Rouen. Von 1999 bis 2001 war er als wissenschaftlicher Mitarbeiter am Stiftungslehrstuhl Investitions- und Risikomanagement an der EUROPEAN BUSINESS SCHOOL (Prof. Ulrich Hommel, Ph.D.) tätig. Während dieser Zeit promovierte er zum Thema "Performanceindikatoren von Wachstumsunternehmen". Seit 2001 arbeitet er als Unternehmensberater bei *McKinsey & Company, Inc.* in München. Sein Schwerpunkt liegt in der Beratung von Unternehmen der Finanzdienstleistungsbranche.

Dipl.-Ing. **Gunnar Walter** studierte von 1993 bis 1999 Wirtschaftsingenieurwesen an der Technischen Universität Berlin und an der Norwegian School of Management, Sandvika, Norwegen. Seit 1999 arbeitet er an der TU Berlin als wissenschaftlicher Mitarbeiter am Fachgebiet Strategisches Management und am Institut für Unternehmungsplanung (IUP, Gießen/Berlin). Seine Forschungsschwerpunkte sind Strategisches Management, Unternehmungsbewertung und Entrepreneurship.

Dr. **Peter Witt** studierte von 1986 bis 1992 Volkswirtschaftslehre an der Universität Bonn. Von 1992 bis 1997 arbeitete er als wissenschaftlicher Mitarbeiter am Lehrstuhl für Internationales Management an der WHU. Dort promovierte er bei Prof. Horst Albach im April 1996 mit einer Dissertation zur Planung betrieblicher Transformationsprozesse. Von 1997 bis 2000 war Peter Witt wissenschaftlicher Mitarbeiter am *Institut für Unternehmenstheorie und –politik* an der Humboldt-Universität zu Berlin. Seit Mai 2000 ist er als Vertreter des Lehrstuhls für Unternehmertum und Existenzgründung an der WHU in Vallendar bei Koblenz beschäftigt. Seine Forschungsschwerpunkte liegen in den Bereichen Corporate Governance, Gründungsfinanzierung und Gründungsmanagement.

Dr. **Holger Wohlenberg** studierte von 1986 bis 1990 Betriebswirtschaft, Informations- und Kommunikationswissenschaften an der Ludwig-Maximilian-Universität München. Dort promovierte er 1994 bei Prof. Arnold Picot mit der Dissertation „Anwendungspotential gruppenunterstützender Systeme in F+E". Von 1991 bis 2000 war er bei *McKinsey & Company* tätig. Sein Klientenschwerpunkt lag bei Großunternehmen und Startups im Bereich Telekommunikation, (Multi)Media, Technologie (Hardware, Software, Services). Seit 2000 betreut er als Managing Director im Corporate und Investment Banking Bereich der *Deutschen Bank AG* diverse Unternehmen im Technologie und Medien-Umfeld. Bisherige Veröffentlichungen sind im Bereich E-Commerce, Start-up/Venture Companies angesiedelt.

Prof. Dr. **Joachim Wolf** studierte von 1977 bis 1983 Betriebswirtschaftslehre mit technischer Orientierung an der Universität Stuttgart. Von 1984 bis 1999 war er wissenschaftlicher Mitarbeiter, Akademischer Rat bzw. Akademischer Oberrat am Lehrstuhl für Unternehmensführung, Organisation und Personalwesen der Universität Hohenheim (Professor Dr. Profs. h.c. Dr. h.c. Klaus Macharzina). 1993 hat er an dieser Universität mit einer Arbeit über die Koordination von Personalentscheidungen in internationalen Unternehmen promoviert. Im September 1994 übernahm er aufgrund der Präsidentschaft von Professor Macharzina die Aufgaben einer Vertretung dessen Lehrstuhls (zusammen mit Prof. Dr. Michael-Jörg Oesterle). 1999 habilitierte er sich dort und erhielt die venia legendi im Fach Betriebswirtschaftslehre. Die Habilitationsschrift beinhaltet eine empirische Untersuchung über die Entwicklung von Strategien und Organisationsstrukturen deutscher nationaler und internationaler Unternehmen. Zwischen 1998 und 2000 hat Joachim Wolf in Bamberg und Konstanz Lehrstühle bzw. Professuren vertreten. Seit April 2000 hat er den Lehrstuhl für Organisation der Christian-Albrechts-Universität zu Kiel inne. Darüber hinaus ist er seit 1994 Assistant Editor der englischsprachigen Fachzeitschrift *Management International Review*. Im Mittelpunkt von Joachim Wolfs Forschung stehen die organisatorische Gestaltung internationaler Unternehmen sowie personalwirtschaftliche und landeskulturelle Fragestellungen. Seine Forschungsarbeiten sind in double-blind-begutachteten Zeitschriften wie *Die Betriebswirtschaft, Management International Review, Schmalenbach Business Review (ZfbF), Strategic Management Journal,*

Dr. **Christian Wulff** ist Manager im Bereich Corporate Finance bei *PricewaterhouseCoopers* in Frankfurt am Main. Seine Studienabschlüsse in den Fächern Wirtschaftsingenieurwesen und Volkswirtschaftslehre erwarb er an der Technischen Universität Berlin und der University of Kent at Canterbury. Anschließend war er als wissenschaftlicher Mitarbeiter am *Institut für Bank- und Börsenwesen* der Humboldt-Universität zu Berlin (Lehrstuhl Prof. R. Stehle, Ph.D.) tätig. In seiner Dissertation beschäftigte er sich mit dem Zusammenhang zwischen Informationspolitik und Unternehmenswert börsennotierter Aktiengesellschaften. Seit 1999 arbeitet er bei *PricewaterhouseCoopers*. Dort liegen seine Beratungsschwerpunkte auf dem Gebiet der transaktionsorientierten Unternehmensbewertung und des Shareholder-Value-Managements.

Dipl.-Kfm. **Markus Zinnbauer**, Jahrgang 1973, studierte Betriebswirtschaft an der Universität München und verbrachte währenddessen einen Forschungsaufenthalt am M.I.T. in Cambridge. Zur Zeit ist er Mitarbeiter am Institut für Unternehmensentwicklung und Organisation am Department für Betriebswirtschaft der Ludwig-Maximilians-Universität München. Aktuelle Forschungsschwerpunkte bilden Einflüsse der Mediatisierung auf Geschäftsbeziehungen sowie Themen der Innovationsmarktforschung. Daneben hat Markus Zinnbauer zahlreiche Beratungsprojekte mit deutschen und internationalen Großunternehmen (z.B. Marktanalysen für Neuproduktentwicklungen, Mitarbeitermotivationsstudien) durchgeführt.